Kapitalanlage und Steuern 2007

Effiziente Geldanlagen mit steueroptimalen Anlageformen

axis-Beratungsgruppe
Axer Partnerschaft (Hrsg.)

Kapitalanlage und Steuern 2007

Effiziente Geldanlagen mit
steueroptimalen Anlageformen

IMPRESSUM

Bibliografische Information Der Deutschen Bibliothek
Die Deutsche Bibliothek verzeichnet diese Publikation in der Deutschen Nationalbibliografie; detaillierte bibliografische Daten sind im Internet über http://dnb.ddb.de abrufbar.

Herausgeber: axis-Beratungsgruppe, Axer Partnerschaft

Deubner Verlag GmbH & Co. KG
Sitz in Köln
Registergericht Köln
HRA 16268

Persönlich haftende Gesellschafterin:
Deubner Verlag Beteiligungs GmbH
Sitz in Köln
Registergericht Köln
HRB 37127
Geschäftsführer: Wolfgang Materna, Alfred Mertens

Deubner Verlag GmbH & Co. KG
Oststraße 11, D-50996 Köln
Telefon +49 221 937018-18
Telefax +49 221 937018-90
kundenservice@deubner-verlag.de
www.deubner-steuern.de

Umschlag geschützt als Geschmacksmuster der
Deubner Verlag GmbH & Co. KG
Satz: Pospischil Vladimir, Stadtbergen
Druck: Druckerei Kessler, Bobingen
Printed in Germany 2007

ISBN-13 978-3-88606-663-6

Vorwort

Eine umfassende private Vermögensanlage wird zur Finanzierung der Altersvorsorge und Absicherung des Ruhestands immer wichtiger. Aber auch während der Erwerbsphase dienen die Erträge aus Geldmarktprodukten oft zur Bestreitung von Teilen des Lebensunterhalts. Dabei können nur die Einnahmen verwendet werden, die nach Abzug der Steuern verbleiben; maßgebend ist also stets die Nettorendite. Somit gewinnt das Stichwort von der steueroptimierten Geldanlage eine zunehmende Bedeutung. Dies beinhaltet einen effektiven Einsatz sämtlicher konservativer und spekulativer Angebote an Kapitalmarktprodukten.

Doch der Teufel steckt hier im Detail. Die Besteuerung der privaten Kapitaleinkünfte gehört mit zu den kompliziertesten Bereichen des ohnehin schon unübersichtlichen Einkommensteuerrechts. Das liegt auch an den immer neuen Produkten, die sowohl aus Anlage- als auch aus Steuersicht eingeordnet werden müssen. Ein sofortiger Durchblick auf beiden Sachgebieten ist für Anleger und Steuer- sowie Bankberater nur schwer möglich. Hinzu kommen neue Tendenzen, auf die sich Steuerpflichtige einstellen müssen. Erweiterte Kontrollmaßnahmen, Änderungen in der Besteuerung der Alterseinkünfte, gekürzter Sparerfreibetrag, Erhebungsdefizite bei der Erfassung von Kapitaleinkünften und Widrigkeiten mit EU-Vorschriften flankieren die Vorschriften der §§ 20, 23 EStG sowie des InvStG.

Diese unübersichtliche Situation verschärft sich noch durch die Vielzahl von Urteilen, Gesetzesänderungen und Verwaltungsverfügungen, die alljährlich veröffentlicht werden. Kein leichtes Unterfangen für Sparer, die kurz- oder langfristig ordentliche Renditen erzielen möchten, die dann gesichert nur einer moderaten Abgabenlast unterliegen.

Der vorliegende Ratgeber soll privaten Anlegern, aber auch beruflich mit dem Thema befassten Steuerberatern, Bankangestellten, Vermögensverwaltern und sonstigen an der Geldanlage Interessierten einen Weg durch den Dschungel der aktuellen Besteuerungspraxis weisen. Dies geschieht nicht nur aus Sicht der steuerlichen Behandlung, sondern auch durch eine kritische Bewertung der einzelnen Kapitalprodukte.

Die Verfasser haben versucht, praxisbezogen eine Analyse der einzelnen Geldanlagemöglichkeiten vorzunehmen, die Vor- und Nachteile aufzuzeigen und dann ein griffiges Fazit zu ziehen. Dies wird in Kombination mit den steuerlichen Vorschriften anhand von Beispielen, Checklisten und Hinweisen dargestellt. Die Auflistung erfolgt dabei im Lexikonformat, um ein schnelles Auffinden einzelner Stichworte auch im hektischen Alltagsgeschäft zu erleichtern.

Ergänzt wird der Ratgeber durch einen vorgeschalteten Teil, der die gegenwärtigen Tendenzen der Geldanlage aus steuerlicher Sicht darlegt, damit die Leser vorab auf den aktuellen Stand gebracht werden.

Köln, im November 2006

Die Autoren der
Axer Partnerschaft, Rechtsanwälte – Wirtschaftsprüfer – Steuerberater, Köln

Kapitalanlage und Steuern 2007

Herausgegeben von
axis-Beratungsgruppe
Axer Partnerschaft
www.axis.de

Die Autoren:

Prof. Dr. Jochen Axer
Rechtsanwalt • Wirtschaftsprüfer • Steuerberater
Fachanwalt für Steuerrecht

Dr. Stephan Bellin
Rechtsanwalt • Steuerberater
M.I.C.L. (Univ. of California)

Hans-Helmuth Delbrück
Rechtsanwalt • Steuerberater
Fachanwalt für Steuerrecht
Vereidigter Buchprüfer

Frank S. Diehl
Rechtsanwalt
Fachanwalt für Steuerrecht

Dipl.-Betriebswirt Bernhard Fuchs
Rechtsanwalt • Wirtschaftsprüfer • Steuerberater

Rolfjosef Hamacher
Rechtsanwalt
Fachanwalt für Steuerrecht

Dr. Horst Schäfer
Rechtsanwalt • Steuerberater

2., völlig neu bearbeitete Auflage 2007

Deubner Verlag GmbH & Co. KG 2007

Abkürzungsverzeichnis

A

AA .... Auswärtiges Amt
ABl. .... Amtsblatt der Europäischen Gemeinschaft
Abs. .... Absatz
A. .... Abschnitt
AdV .... Aussetzung der Vollziehung
a.F. .... alte Fassung
AfA .... Absetzungen für Abnutzung
AG .... Aktiengesellschaft
AktG .... Aktiengesetz
AO .... Abgabenordnung
Art. .... Artikel
AStG .... Außensteuergesetz
AuslInvestmG Auslands-Investment-Gesetz
Az. .... Aktenzeichen

B

BaFin ...... Bundesanstalt für Finanzdienstleistungsaufsicht
BB .... Zeitschrift Betriebsberater
BewG ...... Bewertungsgesetz
bez. .... bezüglich
BFH .... Bundesfinanzhof
BFH/NV .... Sammlung der Entscheidung des Bundesfinanzhofs
BGB .... Bürgerliches Gesetzbuch
BfF .... Bundesamt für Finanzen, ab 2006 Bundeszentralamt für Steuern
BGBl. ...... Bundesgesetzblatt
BMF .... Bundesministerium der Finanzen
BR-Drucks. .. Bundesrats-Drucksache
BT-Drucks. .. Bundestags-Drucksache
BStBl .... Bundessteuerblatt
BVerfG ..... Bundesverfassungsgericht
BverfGE .... Entscheidungen des Bundesverfassungsgerichts
BWpV ...... Bundeswertpapierverwaltung
BZSt .... Bundeszentralamt für Steuern
bzw. .... beziehungsweise

D

DAX .... Deutscher Aktienindex
DB .... Zeitschrift Der Betrieb
DBA .... Doppelbesteuerungsabkommen
d.h. .... das heißt
DStR .... Zeitschrift Deutsches Steuerrecht

E

EEG .... Erneuerbare Energien Gesetz
EFG .... Entscheidungen der Finanzgerichte
ErbStG ..... Erbschaft- und Schenkungsteuergesetz
ErbStR ..... Erbschaftsteuer-Richtlinien
EStDV ...... Einkommensteuer-Durchführungsverordnung
EStG .... Einkommensteuergesetz
EStR .... Einkommensteuer-Richtlinien
EU .... Europäische Union
EuGH ...... Europäischer Gerichtshof
EURIBOR ... Euro Interbank Offered Rate
EURLUmsG . Gesetz zur Umsetzung von EU-Richtlinien in nationales Steuerrecht und zur Änderung weiterer Vorschriften
EWR .... Europäischer Wirtschaftsraum
EZB .... Europäische Zentralbank

F

ff. .... folgende
FG .... Finanzgericht
FiFo .... Verwendungsreihenfolge First in First out
FinMin ..... Finanzministerium
FR .... Zeitschrift Finanz-Rundschau

G

gem. .... gemäß

grds. .... grundsätzlich
GBP .... Britisches Pfund
GewStG .... Gewerbesteuergesetz
GmbH ..... Gesellschaft mit beschränkter Haftung
GmbHR .... Zeitschrift Gmbh-Rundschau
GrESt ...... Grunderwerbsteuer
GuV .... Gewinn- und Verlustrechnung
GWG ...... Geringwertige Wirtschaftsgüter

H

H .... Hinweise zu den Einkommensteuer-Richtlinien

I

i.d.R. .... in der Regel
inkl. .... inklusive
InvG .... Investmentgesetz
InvStG ..... Investmentsteuergesetz
i.H.v. ...... in Höhe von
i.S.d. .... im Sinne des

K

KAGG ..... Gesetz über Kapitalanlagegesellschaften
Kap .... Kapitel
KapErhG ... Gesetz über steuerrechtliche Maßnahmen bei Erhöhung des Nennkapitals aus Gesellschaftsmitteln (Kapitalerhöhungssteuergesetz)
KG .... Kommanditgesellschaft
KStG .... Körperschaftsteuergesetz
KWG ...... Kreditwesengesetz

L

LfSt .... Landesamt für Steuern
LIBOR ..... London Inter Bank Offered Rate
LiFo .... Verwendungsreihenfolge Last in First out

M

Mio. .... Millionen
Mrd. .... Milliarden

N

n.F. .... neue Fassung
Nr. .... Nummer
NV .... nicht veröffentlicht

O

OFD .... Oberfinanzdirektion

P

PM .... Pressemitteilung

Q

qm .... Quadratmeter

R

R .... Richtlinie
Rdnr. ...... Randnummer
Rz. .... Randziffer
rkr. .... rechtskräftig

S

S. .... Seite
SolZ .... Solidaritätszuschlag
StEntlG ..... Steuerentlastungsgesetz
StraBEG .... Gesetz über die strafbefreiende Erklärung (Strafbefreiungserklärungsgesetz)

T

Tz. .... Textziffer

U

UmwStG .... Umwandlungssteuergesetz
US-$ .... Amerikanischer Dollar
UStG ...... Umsatzsteuergesetz

V

VermBG .... Vermögensbildungsgesetz
VermG ..... Vermögenszuordnungsgesetz
vgl. .... vergleiche
VZ .... Veranlagungszeitraum

Z

z.B. .... zum Beispiel
zzgl. .... zuzüglich

Inhalt

1 Überblick

Wie auch den anderen Einkunftsarten bescheren die Jahre 2006 und 2007 Anlegern, Sparern und Spekulanten eine Reihe von Steueränderungen, Verwaltungserlassen, Finanzgerichtsurteilen und ungeklärten Streitpunkten. Die Jahresbescheinigung nach § 24c EStG war für das Jahr 2005 in Hinblick auf private Veräußerungsgeschäfte erstmalig vollständig im Bereich der privaten Veräußerungsgeschäfte auszufüllen und bescherte eine Reihe von Defiziten, die Bankkunden oder Steuerberater erst in mühevoller Kleinarbeit für die Anlagen KAP, SO und AUS korrigieren mussten. Die Kontrollen rund um die Geldanlage haben weiter zugenommen – diesseits und jenseits der Grenze. Zudem hat sich die Aktienbesteuerung bei einigen Sachverhalten wie Kapitalerhöhung oder Sachdividenden um wichtige Details erweitert.

Auffallend zurückgehalten hat sich der Gesetzgeber im Bereich der §§ 17, 20, 23 EStG. Obwohl die neue Bundesregierung eine Reihe von Gesetzespaketen verabschiedet hatte, tangierten diese Anleger kaum. Lediglich die Einschränkung der Verlustverrechnung über § 15b EStG ab dem November 2005 sorgte für einige Bereinigungen bei geschlossenen Fonds.

Aber diese Ruhe in der Gesetzgebung war nur vorübergehend. Denn für die kommenden Jahre steht nicht nur eine Minderung des Sparerfreibetrags ab 2007 auf 750 € pro Person auf der Agenda, sondern auch die Abschaffung der Spekulationsfrist für Wertpapiere, generell die Frage einer Abgeltungsteuer auf sämtliche Kapitalerträge sowie eine Reihe kleinerer Änderungen über das Jahressteuergesetz 2007.

Zudem ist die Finanzverwaltung aktiv und begleitet das noch junge Alterseinkünftegesetz mit neuen Einführungserlassen. Nicht zu vergessen sind eine Reihe von anhängigen Verfahren bei BFH, EuGH und BVerfG, die sich mit den steuerlichen Regeln zu Kapitaleinnahmen und Veräußerungsgeschäften beschäftigen.

Nachfolgend werden die wichtigsten Punkte im Überblick vorgestellt, die für die Geldanlage aus Steuersicht eine Rolle spielen oder noch bekommen werden. Die nachfolgenden Kapitel zu Neuheiten, Modifikationen und Tendenzen zeigen den aktuellen Sachstand Ende 2006 in Bezug auf Gesetzgebung, Finanzverwaltung, Urteilen von BFH, EuGH und den Finanzgerichten und geben einen Ausblick auf kommende Tendenzen.

Die jeweilig angesprochenen Themen sind bei den einzelnen Stichworten im Lexikon zu den Produkten bereits integriert, jeweils mit Aktenzeichen und Fundstelle.

2 Aktuelle gesetzliche Änderungen für Anleger

Nachfolgend im Überblick bereits für 2006 geltende oder erst 2007 anzuwendende gesetzliche Änderungen im Überblick.

2.1 Minderung beim Sparerfreibetrag

Die Grenze des § 20 Abs. 4 EStG, bis zu der Kapitaleinnahmen wie Zinsen, Dividenden, GmbH-Ausschüttungen oder Kursgewinne aus Finanzinnovationen steuerfrei bleiben, sinkt ab 2007 von 1.370 auf 750 € pro Person (Verheiratete 1.500 €). Bis 1999 lag der Sparerfreibetrag noch bei umgerechnet 3.068 € pro Person. Diese Maßnahme führt bei einer angenommenen 4%igen Verzinsung dazu, das Erträge aus Anlagesummen ab 20.000 € den Freibetrag übersteigen. Zuvor waren für Sparer bei gleicher Verzinsung erst ab Anlagesummen von 35.000 € Abgaben fällig.

Die Herabsetzung des Sparerfreibetrags hat auch Auswirkung auf erteilte Freistellungsaufträge, die werden automatisch an die neue Höhe angepasst. Kreditinstitute dürfen den angegebenen Freistellungsbetrag nur noch zu 56,37 % berücksichtigen (§ 52 Abs. 55f EStG). Ein neuer Freistellungsauftrag muss also nur erteilt werden, wenn Anleger das reduzierte Freistellungsvolumen ändern möchten. Sofern der Freistellungsauftrag bei einem Institut in voller Höhe erteilt war, dürfen 801 € (Verheiratete 1.602 €) angesetzt werden, also auch der volle Werbungskosten-Pauschbetrag nach § 9a Nr. 2 EStG.

Die Finanzverwaltung hat aufgrund des geminderten Sparerfreibetrags auch ein neues Muster des Freistellungsauftrags kreiert, der für die Kapitaleinnahmen ab 2007 Anwendung findet (BMF v. 04.08.2006 – IV C 1 – S 2056 – 3/06).

Steuer-Hinweise

Neben dem geminderten Sparerfreibetrag kommt es zu einer weiteren Belastung über den auf 45 % erhöhten Steuersatz bei Spitzenverdienern, der auch bei den Kapitaleinkünften und privaten Veräußerungsgeschäften wirkt. Beide Maßnahmen sorgen dafür, dass die Nachsteuerrendite ohne Gegenmaßnahmen sinken wird. Im Ergebnis werden insbesondere Zinserträge nicht nur vermehrt erfasst; zudem gibt es auch keinen Ausgleich für die permanente Geldwertminderung durch die Inflation. Das führt dazu, dass Rentenpapiere im Durchschnitt kaum Renditen abwerfen, die Steuerlast und Preissteigerungsrate ausgleichen können. Ein Wechsel von Festverzinslichen auf andere Kapitalmarktprodukte kann hierbei für Entlastung sorgen, zumal bei einer Reihe von ihnen zugleich auch attraktive Ertragsaussichten bestehen. Das gilt für Wertpapiere, die lediglich im Rahmen des § 23 EStG erfasst werden. Sie haben aber für konservative Anleger den Makel, dass sie mit Kursrisiken ausgestattet sind. Hier kommen dann Anleiheformen in Betracht, die Zinsen in progressionsarme Zeiten verschieben, und Zertifikate, die mögliche Kursverluste durch eingebaute Puffer minimieren.

Ob sich die Mühen solcher Einmalaktionen allerdings langfristig auszahlen, ist ungewiss. Denn sofern es wie geplant 2009 zu einer 25%igen Abgeltungsteuer und dem Wegfall der Spekulationsfrist kommt, werden Anleihen wieder auf Augenhöhe mit anderen Produkten und per Saldo geringer besteuert. Das gilt vor allem, da das Halbeinkünfteverfahren entfallen soll. Dann sind Aktien, die derzeit noch für Steuerentlastung sorgen, aufgrund der Kursrisiken nicht mehr erste Wahl. Einen Königsweg für Anleger mit hoher Progression könnte hier die Beteilung an geschlossenen Fonds im In- und Ausland darstellen.

2.2 Änderungen bei den Werbungskosten

Beim Aufwand für die Geldanlage ergeben sich lediglich indirekte Auswirkungen.

Kinderbetreuungskosten
Ab 2006 werden bei der steuerlichen Berücksichtigung der erwerbsbedingten Kinderbetreuung Familien mit Kindern stärker entlastet. Begünstigt werden auch Elternteile, die Einkünfte aus Kapitalvermögen oder privaten Veräußerungsgeschäften erzielen, und dies in drei verschiedenen Konstellationen:

- Bis zum 14. Lebensjahr und bei Eintritt einer Behinderung vor dem 27. Lebensjahr können Alleinerziehende und zusammenwohnende Elternteile die Betreuungskosten zu zwei Dritteln bis zu maximal 4.000 € im Jahr wie Werbungskosten absetzen, wenn sie berufstätig sind.
- Für Kinder zwischen drei und fünf Jahren können die Aufwendungen als Sonderausgaben geltend gemacht werden, wenn nur ein Partner von zusammenlebenden Eltern erwerbstätig ist. Das gilt ebenfalls für Anleger.
- Ist ein Partner erwerbstätig (aktiv tätiger Anleger) und der andere krank, behindert oder befindet sich in Ausbildung, können ebenfalls Sonderausgaben nach § 10 Abs. 1 Nr. 8 EStG von bis zu 4.000 € geltend gemacht werden.

Dieser Vorteil gilt grundsätzlich für Anleger, die sich aktiv um ihre Vermögensverwaltung kümmern müssen. Nicht entscheidend ist die Höhe der Einkünfte, sondern der Zeitaufwand zur Verwendung auf die Geldanlage.

Steuer-Hinweis
Sofern die Kinderbetreuung als Werbungskosten absetzbar ist, müssen Anleger den Pauschbetrag von 51 € pro Person einbeziehen. Denn die Ausklammerung erfolgt ausdrücklich nur bei Arbeitnehmern.

Steuerberaterkosten
Die privat veranlassten Kosten für den Steuerberater sind nicht mehr als Sonderausgaben absetzbar, § 10 Abs. 1 Nr. 6 EStG wurde für Zahlungen ab dem VZ 2006 aufgehoben. Betroffen hiervon sind insbesondere die Erstellung des Mantelbogens, der Anlagen Kind sowie Erbschaft- und Schenkungsteuererklärungen. Die Steuerberaterhonorare zur Ermittlung der Einkünfte aus Kapitalvermögen oder privaten Veräußerungsgeschäften (Anlagen KAP, AUS und SO) können hingegen weiterhin unbegrenzt als Werbungskosten angesetzt werden. Bei Zahlungen ab 2006 kommt es darauf an, wie dem Finanzamt der anfallende Aufwand begründet werden kann. Wer etwa als Anleger ein umfangreiches Depot verwaltet, dürfte beim nahezu kompletten Abzug von Büchern oder Software kaum Probleme haben.

Ansatz von Damnum und Disagio
Durch die ergänzende Klarstellung in § 11 Abs. 2 Satz 4 EStG wird die geltende Verwaltungsregelung (BMF v. 15.12.2005 – IV C 3 – S 2253 a – 19/05, BStBl I, 1052) in § 11 Abs. 2 Satz 3 EStG übernommen. Somit gibt es für Damnum/Disagio eine Ausnahme von der Regel, dass für mehr als fünf Jahre im Voraus geleistete Ausgaben für eine Nutzungsüberlassung insgesamt auf den Zeitraum gleichmäßig zu verteilen sind, für den die Vorauszahlung geleistet wird. Diese Einschränkung war Ende 2004 durch das EG-Richtlinien-Umsetzungsgesetz eingeführt worden, ohne die Besonderheiten beim Disagio zu beachten.

Die Aufwendungen für ein Damnum oder Disagio sind demnach wie bisher in Höhe des vom jeweiligen Darlehensnehmer an das Kreditinstitut gezahlten Betrags als Werbungskosten abziehbar, soweit unter Berücksichtigung der jährlichen Zinsbelastung die marktüblichen Beträge nicht überschritten werden. Der über die marktüblichen Beträge hinausgehende Teil ist auf den Zinsfestschreibungszeitraum oder bei dessen Fehlen auf die Laufzeit des Darlehens zu verteilen. Als Marktüblichkeit gilt, wenn für ein Darlehen mit einem Zinsfestschreibungszeitraum von mindestens fünf Jahren ein Damnum i.H.v. bis zu 5 % vereinbart worden ist (BMF v. 20.10.2003 – IV C 3 – S 2253 a – 48/03, BStBl I, 546, Tz. 15).

Arbeitszimmer

Das häusliche Arbeitszimmer wird ab 2007 nur noch dann steuerlich anerkannt, wenn es den Mittelpunkt der gesamten Tätigkeit darstellt. Nach der Rechtsprechung des BFH gilt hierbei ein qualitativer Mittelpunktsbegriff. Dies bedeutet, dass es darauf ankommt, ob im häuslichen Arbeitszimmer die für die Tätigkeit prägenden Arbeiten verrichtet werden (Urt. v. 13.11.2002, BStBl II 2004, 59, 62 und 65). Damit sind diese Kosten nicht mehr absetzbar, soweit es bis 2006 noch im Rahmen von 1.250 € jährlich möglich ist. Diese Einschränkung gilt bei allen Überschuss- und somit auch bei den Kapitaleinkünften. Nicht betroffen sind außerhäusliche Arbeitszimmer, die generell nicht unter die Abzugsbeschränkung fallen. Dieses Büro kann sich sogar im gleichen Mehrfamilienhaus befinden, in dem auch die eigene Wohnung liegt.

Steuer-Hinweis

Vom Abzugsverbot nicht betroffen sind Aufwendungen für Arbeitsmittel wie z.B. Schreibtisch, Bücherregal und PC. Denn hierbei handelt es sich um nicht zur Ausstattung des Arbeitszimmers gehörende Arbeitsmittel (BMF v. 07.01.2004 – IV A 6 – S 2145 – 71/03, BStBl I, 143, Rdnr. 20). Diese Aufwendungen sind weiterhin als Werbungskosten zu berücksichtigen.

Abzug von Quellensteuer

Bis Ende 2006 durfte auf Auslandsdividenden entfallende Quellensteuer über § 34c Abs. 2 EStG in voller Höhe wie Werbungskosten abgezogen werden, auch wenn die Dividendeneinnahmen nur zur Hälfte erfasst werden (R 34c Abs. 2 Satz 3 EStR). Das wird beim Zufluss ab 2007 geändert, der Werbungskostenabzug gelingt ebenfalls nur mit 50 %. Die Anrechnung nach § 34c Abs. 1 von der Steuerlast ist weiterhin in voller Höhe möglich.

Steuer-Hinweis

Nach § 4 Abs. 2 InvStG kann ausländische Steuer ebenfalls abgezogen werden. Diese ist jedoch nach § 4 Abs. 3 InvStG nicht anrechnungsfähig oder abziehbar, soweit sie auf steuerfreie ausgeschüttete oder ausschüttungsgleiche Erträge entfällt. Demnach dürfen die ausländischen Steuern auf Dividenden in- und ausländischer Investmentanteile im Rahmen der Einkommensteuer aufgrund der Anwendung des Halbeinkünfteverfahrens nur hälftig berücksichtigt werden. Dies gilt bereits vor dem VZ 2007.

Kein Werbungskostenabzug bei Schätzungszuschlägen

Nach § 4 Abs. 5 Nr. 12, § 9 Abs. 5 Satz 1 EStG werden Zuschläge nach § 162 Abs. 4 AO bei Schätzungen in den Katalog der nicht abzugsfähigen Werbungskosten aufgenommen.

2.3 Änderungen 2007 durch das Alterseinkünftegesetz

Dieses aus dem Jahr 2004 stammende Gesetz bringt für 2007 einige betragsmäßige Planänderungen und gesetzliche Neuerungen mit sich:

- Renten aus der gesetzlichen Rentenversicherung sowie der privaten kapitalgedeckten Altersversorgung werden für neu hinzu kommende Rentnerjahrgänge mit 54 statt 52 % besteuert.
- Alle Beitragszahler können ihre Vorsorgebeiträge (Rentenversicherung, berufsständische Versorgungseinrichtung und Rürup-Rente) mit 64 statt 62 % absetzen. Die abzugsfähige Höchstgrenze steigt damit um 400 auf 12.800 € pro Person.
- Die Vorsorgepauschale erhöht sich um 2 auf 14 %.
- Der Versorgungsfreibetrag für Neupensionäre sinkt von 38,4 auf 36,8 % und von maximal 2.880 auf 2.760 €. Gleichzeitig sinkt der Zuschlag zum Versorgungsfreibetrag von 864 auf 828 €.
- Der Altersentlastungsbetrag mindert sich im Jahr 2007 für 65 Jahre alt werdende Bürger von 1.824 auf maximal 1.748 € und der Prozentsatz von 38,4 auf 36,8.
- Bei der Rürup-Rente kommt es ab dem VZ 2006 nicht mehr dazu, dass Beiträge im Rahmen der Günstigerprüfung gem. § 10 Abs. 4a EStG verpuffen. Mit der Neuregelung wird sichergestellt, dass zusätzliche Beiträge für eine Basisrente immer mit mindestens dem sich aus § 10 Abs. 3 Satz 4 und Satz 6 EStG ergebenden Prozentsatz als Versorgungsaufwendungen berücksichtigt werden. Dies ist vor allem für Selbständige und Rentner günstig.
- Rürup-Verträge dürfen von den Instituten angeboten werden, die auch Riester-Policen vertreiben. Das gilt für Banken und Fondsgesellschaften bereits ab 2006.

2.4 Riester-Rente

Bei der Riester-Rente haben sich für 2006/2007 sowohl die Grund- als auch die Kinderzulage sowie die abzugsfähigen Sonderausgaben erhöht. Männer werden über die sogenannten Unisex-Tarife den Frauen gleichgestellt.

- Grundzulage: 114 € statt 76 €
- Kinderzulage: 138 € statt 92 €
- Sonderausgaben nach § 10a EStG: 1.575 € statt 1.050 €

Steuerpflichtige, bei denen Kindererziehungszeiten versorgungsrechtlich zu berücksichtigen und die beurlaubt sind, gehören unabhängig vom formalen Grund der Beurlaubung ab 2006 zum Kreis der nach § 10a Abs. 1 Satz 1 Nr. 5 EStG begünstigten Personengruppen.

2.5 Begrenzung bei Steuerstundungsmodellen

Das Gesetz zur Beschränkung der Verlustverrechnung im Zusammenhang mit Steuerstundungsmodellen (BGBl I 2005, 2683) beschränkt die vorherige Steuerbegünstigung von Film-, Videogame-, Windkraft-, Solarenergie-, Leasing- und Wertpapierhandels-Fonds drastisch. Nach einem neuen § 15b EStG, der den bisherigen § 2b EStG bei Fondsbeitritten ab dem 11.11.2005 ersetzt, sind die Verluste nur noch mit Gewinnen aus dem gleichen Modell, aber nicht mehr mit anderen Einkünften verrechenbar. Die Anwendung für die Verlustverrechnungsbeschränkung greift für Verluste aus Steuerstundungsmodellen,

- denen ein Steuerpflichtiger nach dem 10.11.2005 beigetreten ist oder
- für die nach dem 10.11.2005 mit dem Außenvertrieb begonnen wurde.

Betroffen von dieser Regelung sind alle modellhaft konzipierten Anlageformen, die in der Investitionsphase mit negativen Einkünften kalkulieren, die höher als 10 % des Eigenkapitals sind. Das galt in der ersten Gesetzesfassung neben geschlossenen Fonds auch für stille

Gesellschaften sowie die fremdfinanzierte Privatrente. Einkünfte aus Kapitalvermögen waren hingegen ausgenommen, da § 20 EStG keinen Bezug auf den eingeführten § 15b EStG nimmt. Dies wurde aber über die Einfügung von § 20 Abs. 2b EStG nachgeholt. Somit können auch in diesem Bereich Verluste in der Investitionsphase nur mit späteren Überschüssen aus dem gleichen Modell verrechnet werden, sofern diese über 10 % der Anlagesumme ausmachen. Das gilt bereits rückwirkend für das gesamte Jahr 2006 und ebenfalls für Beitritte ab dem 11.11.2005 (§ 52 Abs. 37d EStG). Fondsanleger haben von diesem Vorhaben aber erst durch den Kabinettsbeschluss vom 23.08.2006 erfahren, sodass verfassungsrechtliche Bedenken bestehen. Der Gesetzgeber begründet die Rückwirkung mit ansonsten massiven Steuerausfällen.

Grundsätzlich betroffen sind vier Modelle:

- Fonds, die abgezinste Wertpapiere zum Großteil auf Kredit erwerben und die Schuldzinsen sowie das Disagio vorab als Werbungskosten absetzen, bevor Kapitaleinnahmen fließen.
- Lebensversicherungsfonds, die vermögensverwaltend tätig sind. Die heimischen Angebote sind derzeit jedoch alle gewerblich ausgerichtet und somit ohnehin bereits von § 15b EStG erfasst. Allerdings spielen negative Einkünfte bei diesen Policenbeteiligungen nur eine untergeordnete Rolle.
- Vermögensverwaltende Private-Equity- und Venture-Capital-Fonds erhalten zwar Zinsen und Dividenden, machen aber nahezu keine Schulden. Somit kommt es hier nicht zu vorzeitigen Werbungskosten. Sofern Anleger ihre Beteiligung über Kredit finanzieren, kommt es bereits heute nicht zu abzugsfähigen Werbungskosten. Die Schuldzinsen stehen gem. § 3c Abs. 1 EStG vorrangig im Zusammenhang mit später steuerfreien Einkünften.
- Angebote über die fremdfinanzierte Einmalzahlung einer Kapitallebensversicherung. Die Schuldzinsen können erst bei späterer Fälligkeit oder Kündigung verrechnet werden.

Steuer-Hinweis

Eine pauschale Abgeltungsteuer auf Kapitalerträge ist zwar erst für 2009 geplant. Im Vorgriff darauf soll die begrenzte Verlustverrechnung gem. § 20 Abs. 2b EStG auch dann gelten, wenn die positiven Einkünfte nicht der tariflichen Einkommensteuer unterliegen. Betroffen hiervon sind etwa abgezinste Wertpapiere wie Zerobonds, deren Erwerb fremdfinanziert wird.

2.6 Rechtshilfe in Strafsachen zwischen den Mitgliedstaaten der EU

Neben der Zinsrichtlinie haben die EU-Mitgliedstaaten vereinbart, sich gegenseitig Auskünfte über Bankkonten zur Durchführung von Steuerstrafverfahren zu erteilen (Protokoll v. 16.10.2001 zum Übereinkommen über die Rechtshilfe in Strafsachen zwischen den Mitgliedstaaten der Europäischen Union, ABl 2001 v. 21.11.2001 – C 326/01). Dieser neue Weg gilt selbst dann, wenn es im entsprechenden Land ein strenges Bankgeheimnis geben sollte. Denn in diesem Fall gehen die EU-Vorschriften den nationalen Gesetzen vor. So muss z.B. Österreich jetzt Bankdaten an deutsche Behörden preisgeben, wenn die heimischen Beamten wegen Steuerhinterziehung ermitteln und in der Alpenrepublik vorstellig werden. Dies gilt allerdings erst für Hinterziehungen ab bestimmter Höhe.

Am 02.02.2006 war das Gesetz zur Umsetzung des Protokolls in Deutschland in Kraft getreten (BGBl II 2005, 661). Es ermöglicht den nationalen Strafverfolgungsbehörden, nach Einleitung eines strafrechtlichen Ermittlungsverfahrens (etwa wegen Verdachts der Steuerhinterziehung) in anderen EU-Mitgliedstaaten befindliche Bankkonten inklusive Kontobewegungen und Empfängerkonten zu erfragen. Die Steuerfahndungsstellen müssen zudem den betroffenen Steuerpflichtigen nicht zuvor wie beim innerdeutschen Kontenabruf nach § 93 AO die Gelegenheit zu freiwilligen Auskünften geben.

Das Protokoll sieht Auskunftsersuchen mit folgenden Inhalten vor:

- Feststellung von Bankkonten,
- Übermittlung von Angaben über bestimmte Bankkonten und -geschäfte,
- Überwachung von Bankgeschäften oder -konten.

Steuer-Hinweis

Zu den Hintergründen der Einführung empfiehlt sich die Lektüre einer Denkschrift der Bundesregierung (BT-Drucks. 15/4230).

Bisher haben außer Deutschland noch 17 weitere EU-Länder das Protokoll umgesetzt, darunter Österreich, Belgien, Dänemark, Spanien und die Niederlande. Diese EU-Staaten können sich damit künftig nicht mehr auf das bestehende inländische Bankgeheimnis berufen, wenn im Wege der Rechtshilfe in Strafsachen deutsche Steuerfahnder um Konteninformationen ersuchen.

Anders als bei der Zinsrichtlinie gibt es hier keine flächendeckenden Mitteilungen, sondern die Auskünfte erfolgen anlassbezogen. Das hat zur Folge, dass inländische Steuerfahndungsstellen unmittelbar nach Einleitung eines Strafverfahrens inländische Bankverbindungen gezielt über einen Kontenabruf sowie Auslandskonten und -depots durch ein Auskunftsersuchen ermitteln können. Die EU-Staaten müssen für diesen neuen Ermittlungsweg zwar keinen automatischen Datenpool vergleichbar dem in Deutschland aufbauen. Sie haben aber dafür zu sorgen, dass bei konkreten grenzüberschreitenden Anfragen gewährleistet ist, dass für eine bestimmte Person alle Bankverbindungen im Land ausfindig gemacht werden können. Durch ein Zusatzprotokoll hat die EU noch dafür gesorgt, dass dieses Auskunftsverfahren auch in Norwegen und Island eingeführt wird, Staaten, die im Gegensatz zur Schweiz nicht an der Zinsrichtlinie beteiligt sind.

Die neuen grenzüberschreitenden Ermittlungsersuchen sind allerdings erst zulässig, wenn gegen eine Person ein Steuerstrafverfahren nach § 397 AO eingeleitet worden ist. Dies setzt einen strafrechtlichen Anfangsverdacht gem. § 152 Abs. 2 StPO voraus. Ausreichend sind hierbei zielgerichtete Ermittlungen der Steuerfahndung. Im Unterschied zum Kontenabruf nach § 93 Abs. 7 und 8 AO muss vor dem Auskunftsersuchen ein konkreter Verdacht gegen einen bestimmten Anleger vorliegen. Unstimmigkeiten in einer Steuererklärung oder die bloße Möglichkeit von Schwarzgeldern im Ausland genügen noch nicht zur Auslandsabfrage, wohl aber für den Kontenabruf.

Steuer-Hinweis

Um den Ermittlungserfolg nicht zu gefährden, darf der Konteninhaber durch die Bank nicht über die laufende Maßnahme informiert werden. Anders als beim inländischen Kontenabruf ist auch keine nachträgliche Information vorgesehen. Auch Dritte werden nicht informiert, die im Wege der Ermittlungen ins Blickfeld rücken, aber noch nicht in ein strafrechtliches Verfahren einbezogen sind. Diese Regelungen begegnen erheblichen verfassungsrechtlichen Bedenken, da das Justizgewährungsrecht nach Art. 19 Abs. 4 GG missachtet wird.

Die Finanzverwaltung will von der Möglichkeit des grenzüberschreitenden Kontenabrufs insbesondere in Bezug auf die Aufdeckung von Geldtransfers nach Österreich vermehrt Gebrauch machen. Da Betroffene wegen der Vertraulichkeit weder Kenntnis noch Rechtschutzmöglichkeit gegen den Kontenabruf haben, kommt es zur ersten Information i.d.R. erst im Rahmen des rechtlichen Gehörs im Strafverfahren. Damit ist die Möglichkeit zur strafbefreienden Selbstanzeige ausgeschlossen.

Steuer-Hinweis

Der österreichische Verwaltungsgerichtshof (VwGH v. 26.07.2006, 2004/14/0022) hat festgestellt, dass nicht jedes ausländische Finanzstrafverfahren eine Durchbrechung der Verschwiegenheitspflicht österreichischer Banken rechtfertigt. Das Bankgeheimnis in der Alpenrepublik mit Verfassungsrang bietet ein Auskunftsverweigerungsrecht gegenüber Behörden, was allerdings bei eingeleiteten Strafverfahren eingeschränkt ist. Doch nicht jedes ausländische Steuervergehen rechtfertigt eine Durchbrechung des Bankgeheimnisses, so der VwGH. Bevor die Banken Auskunft erteilen dürfen, muss die ausländische Finanzbehörde stichhaltige Gründe vorlegen, die nach der Lebenserfahrung auf ein Finanzvergehen schließen lassen. Ansonsten darf ein Geldhaus das strenge Bankgeheimnis nicht durchbrechen. Zudem muss der betroffene Anleger die Möglichkeit erhalten, sich mit Rechtsmitteln gegen das Auskunftsersuchen zu wehren. Das deutsche Recht kennt allerdings keine vorbeugenden Rechtsmittel, sodass österreichische Bankhäuser das Ersuchen mit Verweis auf das Bankgeheimnis ablehnen müssten.

Dieses Urteil kann allerdings nicht unmittelbar auf das EU-Rechtshilfeersuchen angewendet werden. Denn das Bankgeheimnis wird bei der Umsetzung dieser EU-Richtlinie gerade ausgehebelt. Aber die anfragende Finanzbehörde muss nachweisen, warum undeklarierte Konten vermutet werden. Sonst kann ein Staat die Antwort ablehnen. Benötigt hierfür wird aber kein vorher mögliches Rechtsmittel durch den Betroffenen.

2.7 Änderungen für Investmentfonds

Im Bereich des InvStG haben sich drei Änderungen ergeben:

- Hedge-Fonds sind gesetzlich von der Zwischengewinnbesteuerung ausgenommen (Änderung von § 5 Abs. 3 Satz 4 InvStG). Damit werden sie nicht als intransparente Fonds eingestuft, wenn sie diese Vorgabe nicht erfüllen. Bislang sind sie bis Ende 2006 auf dem Erlassweg hiervon befreit (z.B. OFD Münster v. 03.04.2006 – S 1980 – 123 – St 22 – 23, DB 2006, 868).
- Bei ausländischen thesaurierenden Investmentfonds wird der Zinsabschlag erst bei der Rückgabe oder Veräußerung über eine inländische auszahlende Stelle erhoben. Bemessungsgrundlage ist grundsätzlich die Summe der nach 1993 als zugeflossen geltenden, aber noch keinem Steuerabzug unterworfenen Erträge, § 7 Abs. 1 Nr. 3 InvStG. Hier kommt es insoweit zu einer Erleichterung, indem der Zinsabschlag auch im Erb- und Schenkungsfall erst ab dem Erwerb durch den Rechtsnachfolger und nicht generell auf ab 1994 als zugeflossen geltende Erträge berechnet wird. Somit bemisst sich der Abschlag beim Neubesitzer erst ab dem Zeitpunkt des unentgeltlichen Übergangs. Das gilt für Übergänge, sofern die Fondswerte anschließend bei der gleichen Depotbank verbleiben. Diese Vereinfachung gilt für nach 2003 beginnende Fondsgeschäftsjahre.
- Die Berechnung des Quellvermögens als Grundlage des Werbungskostenabzugs allgemeiner Kosten soll sowohl für natürliche Personen als auch für Körperschaften gleich sein. Dies wird durch Angleichung des Wortlauts an die Formulierung in § 3 Abs. 3 Satz 2 Nr. 3 klargestellt.

2.8 Erhöhte Freigrenze bei Meldepflichten der Banken im Todesfall

Banken, Vermögensverwalter und Versicherungsunternehmen sind gem. § 33 Abs. 1 ErbStG verpflichtet, dem Finanzamt innerhalb von einem Monat nach Bekanntwerden die beim Tod eines Kunden in ihrem Gewahrsam befindlichen Vermögensgegenstände anzuzeigen. In diesem Zusammenhang wurde die Freigrenze des § 1 Abs. 4 ErbStDV, wonach eine Meldung bis zu einer gewissen Guthabenhöhe unterbleiben kann, für Erwerbe ab 2006 von 1.200 auf 2.500 € angehoben (Verordnung zur Änderung der ErbStDV v. 02.11.2005, BGBl I 2005, 3126). Diese Grenze gilt wie bisher nicht pro Konto oder Depot, sondern für das Gesamtguthaben bei einem Institut. Damit kann künftig in vielen Fällen eine Anzeige unterbleiben, so dass sich der Aufwand für Banken und Finanzverwaltung entsprechend verringert. Darüber hinaus müssen Finanzinstitute die Meldung nicht mehr unterschreiben.

Steuer-Hinweis

Die Anzeigepflicht eines inländischen Kreditinstituts umfasst auch die unselbständigen Zweigniederlassungen im Ausland. Ergibt sich, dass eine Bank bisher keine Anzeigen bezüglich ihrer ausländischen Filialen erstattet hat, besteht hinreichender Anlass für ein Tätigwerden der Steuerfahndung (FG Baden-Württemberg v. 12.03.2004 – 9 K 338/99, EFG 2005, 461, Revision unter II R 66/04).

2.9 Einkünfte nach § 20 EStG bei privater Rentenversicherung

Rentenversicherungen unterliegen nur dann der Besteuerung nach § 22 EStG mit dem Ertragsanteil, wenn es sich um gleichbleibende oder steigende wiederkehrende lebenslange Leibrenten handelt. Die übrigen Zahlungen etwa aus Zeitrenten stellen Kapitaleinnahmen gem. § 20 Abs. 1 Nr. 6 Satz 1 EStG dar. Diese Zuordnung gilt auch für Policen, bei denen die Rentenzahlung anschließend durch Kündigung vorzeitig beendet und der Anspruch abgefunden wird. Bislang wurde der Rückkauf einer Rentenversicherung ohne Kapitalwahlrecht steuerlich nicht erfasst. Diese Erweiterung gilt erst bei einem Rückkauf ab 2007. Der Einbezug von Versicherungen ohne Kapitalwahlrecht und keiner lebenslangen Rentenzahlung unter § 20 EStG ist erst auf nach 2006 abgeschlossene Verträge anzuwenden.

2.10 Prüfungsrecht bei Jahresbescheinigungen

Die Finanzbehörde darf im Rahmen des § 50b bei Kreditinstituten rückwirkend prüfen, ob diese die Jahresbescheinigungen korrekt ausfüllen. Diese bislang vorrangig im Rahmen des Zinsabschlags vorgenommene Maßnahme dient nicht der Kontrolle der Kunden; die Kontrollbefugnis der Finanzbehörde nach § 50b EStG unterliegt auch schon derzeit den von der Rechtsprechung postulierten Einschränkungen zu §§ 193 bis 203 AO sowie zum Schutz von Bankkunden nach § 30a AO.

Wird nunmehr der Finanzverwaltung eine Kontrollmöglichkeit hinsichtlich der Jahresbescheinigung bereits beim erstellenden Institut eröffnet, schafft dies im Ergebnis eine Möglichkeit zur Einsichtnahme. Hierdurch könnten Kundendaten transparent werden. Auf der anderen Seite übernehmen viele Anleger die Daten der Jahresbescheinigung kritiklos für ihre Steuererklärung und damit möglicherweise auch Fehler. Sofern es 2008 zur Einführung der Abgeltungsteuer auf alle Kapitalerträge kommen sollte, stellt sich allerdings die Frage, inwieweit jetzt noch ein solcher umfangreicher Prüfmechanismus aufgebaut werden muss. Es ist aber abzuwarten, in welche Richtung sich diese neue Prüfmöglichkeit entwickeln wird.

Steuer-Hinweis

Nach § 43 Nr. 7b Satz 2 EStG sind auch Zinsen aus Beitrags- oder Ablaufdepots mit Einlagegeschäften bei Kreditinstituten vergleichbar und damit auch im Rahmen des Zinsabschlags und der Ausstellung der Jahresbescheinigung nach § 24c EStG gleich zu behandeln. Damit wird das Prüfrecht auch auf Versicherungen ausgeweitet. Das gilt aber erst für Verträge (Zinsvereinbarungen), die nach 2006 abgeschlossen werden (§ 52 Abs. 53a EStG).

2.11 Reichensteuer für Sparer und Spekulanten

Bei der Einkommensteuer wird ab dem VZ 2007 ein erhöhter Spitzensatz für Einkommen über 250.000 € für Ledige und 500.000 € für Verheiratete eingeführt. Für diese Einkommensgruppe steigt der Tarif dann von 42 % auf 45 %. Bis zum In-Kraft-Treten der Unternehmenssteuerreform zum 01.01.2008 soll dieser Zuschlag nur die Überschusseinkünfte betreffen, also auch die §§ 20, 22, 23 EStG, nicht hingegen die wesentliche Beteiligung nach § 17 EStG. Über den neuen § 32c EStG von der tariflichen Einkommensteuer wird nach § 32a EStG ein Entlastungsbetrag für den Anteil der Gewinneinkünfte abgezogen.

2.12 Ergänzung zu den Dividendeneinnahmen

§ 20 Abs. 1 Nr. 1 EStG wurde um einen Satz 4 erweitert, wonach als sonstige Bezüge auch Einnahmen gelten, die an Stelle der Bezüge i.S.d. Satzes 1 von einem anderen als dem Anteilseigner nach Absatz 2a bezogen werden, wenn die Aktien mit Dividendenberechtigung erworben, aber ohne Dividendenanspruch geliefert werden. Diese erweiterte Regelung dient der Verringerung von Steuerausfällen, die derzeit bei der Abwicklung von Aktiengeschäften an der Börse in zeitlicher Nähe zum Gewinnverteilungsbeschluss dadurch entstehen, dass Kapitalertragsteuer bescheinigt wird, die nicht abgeführt wurde. Mit der Regelung wird für solche Geschäfte eine einheitliche Verfahrensregelung festgelegt, die eine eindeutige Zurechnung der Aktien nach den deutschen steuerrechtlichen und wertpapierrechtlichen Vorschriften sicherstellt und den abwicklungstechnischen Erfordernissen Rechnung trägt.

Bei einem Leerverkauf, bei dem der Verkäufer die Aktien selbst erst beschaffen muss, und der Erwerb dieser Wertpapiere durch den Veräußerer erst zu einem Zeitpunkt möglich ist, in dem bereits der Dividendenabschlag vorgenommen wurde, ist der Aktienbestand im Zeitpunkt der Dividendenzahlung noch im Eigentum eines Dritten, dem seinerseits Dividende und Kapitalertragsteuer-Anspruch zustehen. Deshalb waren in diesem Fall zusätzliche Regelungen notwendig, um dem Fiskus die Kapitalertragsteuer betragsmäßig zur Verfügung zu stellen, die dem Anrechnungsanspruch entspricht, der dem Aktienerwerber als wirtschaftlichem Eigentümer und Dividendenbezieher zusteht.

2.13 Keine fiktive Quellensteuer mehr bei Brasilien-Anleihen

Ausländische Steuern auf Zinsen aus verschiedenen Ländern, die der deutschen Einkommensteuer entsprechen, können nach § 34c Abs. 6 EStG fiktiv auf die deutsche Einkommensteuer angerechnet werden. In welcher Höhe diese Anrechnung dem Grunde nach möglich ist, wird im jeweiligen DBA geregelt. Besonders interessant bei deutschen Anlegern waren lange Zeit fiktive Anleihen aus Brasilien, da hier 20 % auf die ohnehin schon hohen Zinskupons angerechnet werden dürfen. Die Bundesregierung hat das aus dem Jahr 1975 stammende DBA mit dem südamerikanischen Staat am 07.04.2005 gekündigt (BGBl II, 599, BStBl I, 799). Dies wird mit Ablauf des Jahres 2006 wirksam, so dass auf im laufenden Jahr zugeflossene Zinsen letztmalig eine fiktive Anrechnung erfolgen kann (BMF v. 06.01.2006 – IV B 3 – S 1301 – BRA – 77/05, BStBl I, 83).

Steuer-Hinweis

Neben Brasilien ist die fiktive Steueranrechnung auch ein Auslaufmodell bei Anleihen aus Indien (Ende 2008), Malta (Ende 2011), Venezuela (August 2007) und Vietnam (Ende 2006).

2.14 Halbeinkünfteverfahren bei verdeckter Gewinnausschüttung

Über § 3 Nr. 40d EStG wird gewährleistet, dass beim Beteiligten auch dann das Halbeinkünfteverfahren angewendet werden kann, wenn auf Gesellschaftsebene erst im Nachhinein eine verdeckte Gewinnausschüttung festgestellt wird. Das Halbeinkünfteverfahren soll dann anwendbar sein, wenn die in Frage stehenden Bezüge das Einkommen der zahlenden Gesellschaft nicht gemindert haben (§ 8 Abs. 3 Satz 2 KStG). Gleiches gilt für die Einnahmen i.S.d. § 20 Abs. 1 Nr. 9 EStG.

Mit den Änderungen in den § 3 Nr. 40 EStG, § 8b KStG wird auch der umgekehrte Sachverhalt geregelt, wonach die Vergünstigungen des Halbeinkünfteverfahrens beim Anteilseigner nur unter der Voraussetzung zu gewähren sind, dass die verdeckte Gewinnausschüttung auf Ebene der leistenden Kapitalgesellschaft das Einkommen gem. § 8 Abs. 3 Satz 2 KStG nicht gemindert hat.

2.15 Auskehrungen von Stiftungen

Nach § 20 Abs. 1 Nr. 9 bzw. Nr. 10a EStG führen Leistungen einer unbeschränkt steuerpflichtigen Stiftung, die Gewinnausschüttungen i.S.d. § 20 Abs. 1 Nr. 1 EStG wirtschaftlich vergleichbar sind, zu Einkünften aus Kapitalvermögen. Da es nur auf die wirtschaftliche Vergleichbarkeit ankommt, fallen hierunter nicht nur laufende Zahlungen, sondern auch Zahlungen bei Auflösung der Körperschaft (Bezüge i.S.d. § 20 Abs. 1 Nr. 2 EStG). Dies wurde gesetzlich klargestellt.

3 Wichtige Finanzgerichtsurteile für die Geldanlage

Nachfolgend im Überblick die wichtigsten Urteile von BFH und FG.

3.1 Kontrollen durch die Finanzverwaltung

Im Rahmen der umfangreichen Kontrollmöglichkeiten der Finanzbehörden sind einige Urteile ergangen, die eine Reihe von Maßnahmen billigen – aber auch verwerfen.

- Eine Wohnungsdurchsuchung darf nicht vorschnell und auf unzureichender Verdachtsgrundlage angeordnet werden. In einem solchen Fall ist das Grundrecht auf Unverletzlichkeit der Wohnung verletzt. Durchsuchungen kommen vielmehr als letztes Mittel erst dann in Frage, wenn die Behörden alle anderen Aufklärungs- und Ermittlungsmöglichkeiten zuvor erfolglos ausgeschöpft haben. Unstimmigkeiten in der Steuererklärung allein reichen nicht aus. Wenn sich anhand der Steuererklärung die Herkunft der Gelder nicht sofort feststellen lässt, ist dies nur ein vager Anhaltspunkt für ein strafbares Delikt und damit noch kein Grund für Durchsuchungen (BVerfG v. 03.06.2006 – 2 BvR 2030/04).
- Es bleibt offen, ob der „kriminalistische Erfahrungssatz", dass die grenzüberschreitenden Vermögensanlagen dann den Anfangsverdacht einer Steuerhinterziehung begründen, wenn die Anlagen gezielt anonym im inländischen Zahlungsverkehr getätigt werden, einen „hinreichenden Anlass" für steuerrechtliche Ermittlungen ohne Verstoß gegen den Bankkundenschutz begründet. Ungewöhnliche und nicht banktypische Geldgeschäfte reichen für einen Anfangsverdacht jedoch aus (BFH v. 25.11.2005 – VIII B 271/04, BFH/NV 2006, 483).
- Die Steuerfahndung darf Kontrollmaterial über von einem inländischen legitimationsgeprüften Konto aus getätigte Kapitalanlagen in der Schweiz bei hinreichendem Anlass an das Wohnsitz-Finanzamt weiterleiten, ohne dass ein strafrechtlicher Anfangsverdacht bestehen muss (BFH v. 29.06.2005 – II R 3/04, BFH/NV 2006, 1).
- Ein Tätigwerden der Steuerfahndung setzt keinen strafrechtlichen Anfangsverdacht voraus. Vielmehr reicht ein hinreichender Anlass aus, der dann vorliegt, wenn aufgrund konkreter Anhaltspunkte oder aufgrund allgemeiner Erfahrung die Möglichkeit einer Steuerverkürzung in Betracht kommt und daher im Rahmen der Steueraufsicht eine Anordnung bestimmter Art angezeigt ist. Solch ein hinreichender Anlass besteht, wenn ein Bankkunde Kapital mittels Tafelpapieren, die bei der Bank außerhalb legitimationsgeprüfter Konten erworben wurden, ins Ausland transferiert hat (BFH v. 24.10.2005 – II B 131/04, BFH/NV 2006, 476).
- Ein ausdrücklich auf § 208 Abs. 1 Satz 1 Nr. 3 AO gestütztes Sammelauskunftsersuchen einer Steuerfahndungsstelle in Baden-Württemberg an ein Kreditinstitut, mit dem dieses verpflichtet wurde, Daten von Bankkunden zu benennen, die im Jahr 2000 Bonusaktien aus dem zweiten Börsengang der Deutschen Telekom AG erhalten haben, ist rechtmäßig (FG Baden-Württemberg v. 14.07.2005 – 4 V 24/04, EFG 2005, 1822).
- Bei der Bestimmung nicht erklärter Zinseinkünfte sind nur diejenigen Beträge anzusetzen, die mit an Sicherheit grenzender Wahrscheinlichkeit erzielt wurden. Damit wird der Grundsatz in dubio pro reo berücksichtigt (BFH v. 25.10.2005 – VIII B 175/04, BFH/NV 2006, 477).

3.2 Wertlos verfallende Optionsscheine gelten als Termingeschäft

Verfallen Optionsscheine wertlos, akzeptiert die Finanzverwaltung mangels Verkauf kein privates Veräußerungsgeschäft, sondern sieht einen nichtsteuerbaren Vorgang auf der Vermögensebene. Ob diese Auffassung mit § 23 EStG vereinbar ist, bezweifeln neben den Finanzgerichten Rheinland-Pfalz (19.05.2005 – 4 K 1678/02) und Baden-Württemberg (05.05.2003 – 14 K 190/02, EFG 2004, 907) für Jahre vor 1999 auch das FG Münster für den aktuellen Zeitraum (07.12.2005 – 10 K 5715/04 F, EFG 2006, 669, Revision unter IX R 11/06). Denn durch den im Jahre 1999 eingefügten § 23 Abs. 1 Satz 1 Nr. 4 EStG zählen Optionsscheine zu den Termingeschäften. Somit ist nicht eine Veräußerung der maßgebende Faktor für die Vollendung des steuerlich relevanten Vorgangs, sondern die Beendigung des Rechts. Dies kann auch der Verfall einer Option sein.

3.3 Bezugsrechte unterliegen dem Halbeinkünfteverfahren

Der Verkauf von im Rahmen einer Kapitalerhöhung erhaltenen Bezugsrechten ist steuerpflichtig, sofern die mit dem Erwerb der Altaktien beginnende Spekulationsfrist zu diesem Zeitpunkt noch nicht abgelaufen ist. Hierbei ist das Halbeinkünfteverfahren nach § 3 Nr. 40j EStG anzuwenden (BFH v. 27.10.2005 – IX R 15/05, BStBl II 2006, 171). Bei einer Kapitalerhöhung verkörpern die Bezugsrechte die bisher allein durch die Altaktien repräsentierte Substanz der AG. Ihre Veräußerung ist steuerrechtlich wie die Veräußerung von Anteilen zu behandeln und somit nur zur Hälfte zu besteuern.

3.4 Verluste aus Stillhaltergeschäften sind in Jahren vor 1999 verrechenbar

Spekulationsverluste können für Jahre vor 1997 voll mit anderen Einkunftsarten verrechnet werden, da der Gesetzgeber insoweit einer Vorgabe des BVerfG nicht nachgekommen ist. Dies gilt laut dem FG Düsseldorf (28.02.2006 – 7 K 6452/03 E, EFG 2006, 889) auch für Stillhalteroptionsgeschäfte gem. § 22 Nr. 3 EStG. Dieses Minus kann daher mit sonstigen positiven Einkünften verrechnet werden, was auch für entstandene Verluste der Jahre 1997 und 1998 gilt, obwohl dies wegen der Verfassungswidrigkeit bei Spekulationsverlusten nach § 23 EStG nicht zulässig ist.

3.5 Sachdividenden sind mit der Hälfte des Ausschüttungsbetrags steuerpflichtig

Im Rahmen einer Kapitalerhöhung erhaltene Stock-Dividenden stellen eine steuerpflichtige Dividendeneinnahme dar, wenn sich Aktionäre statt für eine Barausschüttung für die Ausgabe von zusätzlichen Aktien der Gesellschaft entscheiden (BFH v. 14.02.2006 – VIII R 49/03, BStBl II, 520). Denn der Bezug der Aktien stellt einen Verzicht des Dividendenanspruchs zugunsten der Wertpapierlieferung dar. Daher spielt es auch keine Rolle, ob die Aktien aus einer Kapitalerhöhung der Gesellschaft oder Eigenbestand stammen. Als Kapitaleinnahme gilt gem. § 8 Abs. 2 EStG die Höhe der beschlossenen Bardividende und nicht der Kurswert der Aktien bei Einbuchung ins Depot. Denn Freiaktien und der alternative Dividendenbezug sind austauschbar und gleichwertig. Dabei ist auch das Halbeinkünfteverfahren auf die Sachdividende anwendbar.

Steuer-Hinweis

Werden die Freiaktien unterhalb des aktuellen Kurses bezogen, erfolgt insoweit keine Besteuerung dieses Vorteils. Maßgebend ist ausschließlich die Höhe der Dividende, auf die im Gegenzug verzichtet wird. Zudem erfolgt bei ausländischen Sachdividenden der Einbehalt von Quellensteuer.

3.6 Erstattungszinsen führen zu Kapitaleinnahmen

Wer vom Finanzamt für zu viel gezahlte Steuern Erstattungszinsen erhält, muss diese als Einnahmen aus Kapitalvermögen nach 20 Abs. 1 Nr. 7 EStG versteuern. Laut BFH (08.11.2005 – VIII R 105/03, BFH/NV 2006, 527) spielt es keine Rolle, dass der Steuerzahler dazu gezwungen ist, dem Fiskus das Kapital im Voraus zu überlassen. Als unproblematisch gilt auch die fehlende Einkünfteerzielungsabsicht. Entscheidend ist vielmehr, dass die Erstattungszinsen als Entgelt für einen entgangenen Ertrag angesehen werden, der bei einem anderen Kapitaleinsatz angefallen wäre.

3.7 Selbstanzeige auch bei Erstattung von Zinsabschlag

Werden nicht versteuerte Kapitaleinkünfte im Rahmen einer Selbstanzeige nacherklärt, ist der Tatbestand der Steuerhinterziehung erfüllt. Daher gilt die auf zehn Jahre verlängerte Festsetzungsfrist auch dann, wenn sich infolge ebenfalls nacherklärter anrechenbarer Körperschaftsteuer sowie von Zinsabschlag insgesamt gesehen eine Erstattung ergibt (FG München v. 10.11.2005 – 15 K 3231/05, EFG 2006, 473).

Die Steuerhinterziehung liegt vor, weil der Sparer den Finanzbehörden unvollständige Angaben über die Einkünfte aus Kapitalvermögen gemacht hat und dadurch Steuern nach § 370 AO verkürzt hat. Der vorherige Steuerabzug berührt weder die Erklärungspflicht noch die Höhe der Einkommensteuer. Somit hat das Finanzamt die hinterzogene Steuer festzusetzen, Anrechnungsbeträge nach § 36 EStG abzuziehen und den negativen Saldo zu erstatten.

3.8 Steuerpflicht der Kapitallebensversicherungen bei schädlicher Absicherung

Zinsen aus vor 2005 abgeschlossenen Lebensversicherungen sind nach § 20 Abs. 1 Nr. 6 EStG steuerpflichtig, wenn die Voraussetzungen für den Sonderausgabenabzug nicht erfüllt sind. Nach § 10 Abs. 2 EStG sind Versicherungsbeiträge nicht absetzbar, wenn die Ansprüche aus dem Vertrag der Tilgung oder Sicherung eines Darlehens dienen, dessen Finanzierungskosten Werbungskosten sind. Diese Grundsätze treffen auch auf den Erwerb von Aktienfonds unter Einsatz einer Lebensversicherung zu. Denn Aktienfonds gehören nicht zu den privilegierten Wirtschaftsgütern, weil das zulässige Vermögen eines solchen Investmentfonds auch Kapitalforderungen umfassen darf (FG Köln v. 24.11.2005 – 10 K 1364/02, EFG 2006, 492, Revision unter VIII R 1/06). Damit ist der Anteilserwerb unter Einsatz einer Lebensversicherung insgesamt steuerschädlich. Auch wenn das abgesicherte Darlehen nur teilweise steuerschädlich verwendet wird, sind die Zinsen aus der Lebensversicherung insgesamt und nicht nur anteilig steuerpflichtig.

Das Gleiche gilt, wenn zwar ein begünstigtes Wirtschaftsgut angeschafft, dies aber erst einmal über das Girokonto vorfinanziert wird. Kommt der Ausgleich der Kontokorrentverbindlichkeit erst kurze Zeit später über einen mit einer Lebensversicherung besicherten Kredit, fehlt es bez. der Anschaffung des Wirtschaftsguts an einer begünstigten unmittelbaren Investition der Darlehensvaluta i.S.d. § 10 Abs. 2 Satz 2a EStG (FG Baden-Württemberg v. 25.01.2006 – 5 K 21/06, Revision unter VIII R 15/06).

Auch die Absicherung eines Avalkredits führt zur Steuerpflicht, da es sich insoweit um ein Darlehen i.S.d. § 10 Abs. 2 Satz 2 EStG handelt. Wird der Avalkredit gegenüber der Bank durch Abtretung und Beleihung von Lebensversicherungsansprüchen abgesichert, führt das zu einer steuerschädlichen Verwendung der Lebensversicherung und zu einer Steuerpflicht der Zinsen aus den Sparanteilen der Lebensversicherung (FG München v. 22.03.2005 – 13 K 1565/03, Revision unter VIII R 27/05).

Bei der Erzielung von Mieteinkünften infiziert die steuerschädliche Verwendung eines durch eine Kapitallebensversicherung besicherten Darlehens zu anderen Zwecken als der Finanzierung von Anschaffungs- oder Herstellungskosten den Gesamtkredit mit der Folge, dass die Zinsen aus den Lebensversicherungen in vollem Umfang steuerpflichtig sind. Die Ungleichbehandlung der Überschuss- gegenüber den Gewinneinkünften in § 10 Abs. 2 Satz 2c EStG geht darauf zurück, dass der Gesetzgeber den Einsatz von Lebensversicherungen zur Sicherung von Betriebsmittelkrediten im Sinne einer Überbrückung kurzfristiger Liquiditätsengpässe ermöglichen wollte. Dies stellt einen hinreichenden Differenzierungsgrund dar (FG Düsseldorf v. 12.05.2006 – 18 K 2888/04 F).

3.9 Zu hohe Darlehenssumme bei Lebensversicherungen ist steuerschädlich

Die Voraussetzungen für den Sonderausgabenabzug bei vor 2005 abgeschlossenen Lebensversicherungspolicen ist nicht erfüllt, wenn das zum Erwerb einer fremdvermieteten Wohnung aufgenommene Darlehen die Anschaffungskosten dieses Grundbesitzes übersteigt. Auch wenn die zur Kreditabsicherung verwendete Lebensversicherung nur leicht über den mit dem Darlehen finanzierten Anschaffungskosten liegen sollte, wird dies insgesamt als eine steuerschädliche Verwendung gewertet. Das führt in vollem Umfang zur Steuerpflicht der Zinsen nach § 20 Abs. 1 Nr. 6 EStG, da eine Aufteilung in einen schädlichen und einen unbeachtlichen Teil nicht in Betracht kommt (BFH v. 12.10.2005 – VIII R 19/04, BFH/NV 2006, 288).

Steuer-Hinweis

Die Finanzverwaltung hat bei übersteigenden Beträgen eine Bagatellgrenze von 2.550 € eingeführt. Soweit die erstmaligen Finanzierungskosten diesen Betrag nicht übersteigen, liegt insgesamt keine schädliche Verwendung vor.

3.10 Zinsen aus weiterlaufender Versicherungspolice bleiben steuerfrei

Zinsen aus einer Kapitallebensversicherung bleiben steuerfrei, wenn sie nach Ablauf eines Zeitraums von mehr als zwölf Jahren nach Vertragsabschluss ausgezahlt werden. Dieser Grundsatz für vor 2005 abgeschlossene Policen gilt auch dann, wenn der Vertrag weiterläuft (BFH v. 12.10.2005 – VIII R 87/03, BStBl II 2006, 251).

Zwar ist die Auszahlung im Rahmen eines laufenden Vertrags weder gesetzlich noch durch Rechtsprechung geregelt. Dieser Fall ist vergleichbar mit einer Kündigung oder Fälligkeit frühestens zwölf Jahr nach Vertragsabschluss. Denn der Gesetzgeber wollte diese Zinsen nicht anders behandeln als bei einem Rückkauf der Police. Kann der Versicherungsnehmer nach Ablauf von zwölf Jahren sogar den gesamten Vertrag steuerunschädlich zurückkaufen, muss das nach Ablauf dieses Zeitraums auch für die Auszahlung von Zinsen bei Weiterlaufen des Vertrags gelten.

3.11 Abschlussgebühr der Lebensversicherung stellt Anschaffungskosten dar

Anschaffungskosten und entsprechende Nebenkosten für den Erwerb einer Kapitalanlage zählen nicht zu den Werbungskosten. Das gilt auch für die beim Abschluss der beiden Lebensversicherungsverträge entrichteten Abschlusskosten, zumal die Abschlusskosten im Versicherungsvertrag nicht festgelegt sind und ihre Berechnung nicht im Einzelnen nachvollziehbar ist (BFH v. 12.10.2005 – VIII B 38/04, BFH/NV 2006, 288).

3.12 Steuerfreiheit von Zahlungen einer ausländischen Lebensversicherung

Die Steuerbefreiung in § 20 Abs. 1 Nr. 6 Satz 2 EStG a.F. für Zinsen aus vor 2005 abgeschlossenen Lebensversicherungen ist nicht an die Voraussetzungen des Sonderausgabenabzugs für die Versicherungsbeiträge geknüpft. Die Vorschrift nimmt nämlich lediglich Bezug auf § 10 Abs. 1 Nr. 2b EStG, nicht aber auch auf § 10 Abs. 2 EStG. Für die Anwendung des § 20 Abs. 1 Nr. 6 EStG kommt es deshalb lediglich darauf an, ob der betreffende Versicherungsvertrag generell zu den nach § 10 Abs. 1 Nr. 2b EStG begünstigten Vertragstypen gehört. Es ist daher unschädlich, wenn der ausländischen Lebensversicherungsgesellschaft die Erlaubnis zum Betrieb im Inland nicht erteilt worden ist (BFH v. 01.03.2005 – VIII R 47/01, BStBl II 2006, 365).

3.13 Feststellung von Spekulationsverlusten erst im Verrechnungsjahr

Soweit aus privaten Veräußerungsgeschäften i.S.d. § 23 Abs. 1 Satz 1 Nr. 2 EStG nicht ausgleichsfähige Verluste erzielt werden, ist über deren Verrechnung erst in dem VZ zu entscheiden, in dem verrechenbare positive Einkünfte aus solchen Geschäften erzielt werden. § 23 EStG sieht kein gesondertes Feststellungsverfahren für negative Einkünfte aus privaten Veräußerungsgeschäften vor (BFH v. 22.09.2005 – IX R 21/04, BFH/NV 2006, 1185; 26.04.2006 – IX R 8/04, BFH/NV 2006, 1657; v. 08.06.2006 – IX B 30/06, BFH/NV 2006, 1689).

Nach der Verwaltungsauffassung (BMF v. 05.10.2000 – IV C 3 – S 2256 – 263/00, BStBl I, 1383, Tz. 42 und v. 29.11.2004 – IV C 8 – S 2225 – 5/04, BStBl I, 1097) kommen die verfahrensrechtlichen Bestimmungen des § 10d EStG zu Ansatz, so dass ein Verlustfeststellungsbescheid für das Entstehungsjahr benötigt wird.

Nach § 23 Abs. 3 Satz 9 EStG mindern nicht sofort ausgleichsfähige Verluste die Einkünfte aus privaten Veräußerungsgeschäften in dem unmittelbar vorangegangenen oder in den folgenden Veranlagungszeiträumen. Hätte der Gesetzgeber hierfür ein gesondertes Feststellungsverfahren vorgesehen, wäre dies in § 23 EStG eingefügt worden. Somit kommt es beim Ansatz der Verluste auf das Jahr der Verrechnung und nicht den Bescheid aus dem Entstehungsjahr an.

Soweit eine Verrechnung nicht ausgleichsfähiger Verluste mit positiven Einkünften aus privaten Veräußerungsgeschäften in bereits abgelaufenen Veranlagungszeiträumen unterblieben ist, kann dies trotz eingetretener Bestandskraft von Einkommensteuerbescheiden nach Maßgabe des § 174 Abs. 3 AO nachgeholt werden. Nach dieser Vorschrift kann eine Steuerfestsetzung geändert werden, wenn bei ihr ein Sachverhalt in der erkennbaren Annahme nicht berücksichtigt wurde, dass dieser in einem anderen Steuerbescheid zu berücksichtigen sei.

Steuer-Hinweis

Diese neue Sichtweise hat aber auch die negative Konsequenz zur Folge, dass über rechtliche Streitpunkte oder die Ermittlung der zutreffenden Verluste erst viel später entschieden wird, sollte es im Entstehungsjahr keine Gewinne geben (BFH v. 26.04.2006 – IX R 8/04, BFH/NV 2006, 1657). Somit bleiben zu klärende Sachverhalte unter Umständen über einen langen Zeitraum unbearbeitet liegen. Anleger sollten in jedem Fall ihre Belege aufbewahren, um die roten Zahlen später dokumentieren zu können.

Die Auswirkungen der BFH-Rechtsprechung werden über das Jahressteuergesetz 2007 wieder in die Verwaltungsauffassung korrigiert. Nach § 23 Abs. 3 Satz 9 ist der am Schluss eines

Veranlagungszeitraums verbleibende Verlustvortrag nach Maßgabe des § 10d Abs. 4 gesondert festzustellen. Dies gilt gem. § 52 Abs. 39 Satz 5 EStG für alle bei In-Kraft-Treten dieses Gesetzes noch nicht abgelaufenen Feststellungsfristen.

3.14 Besteuerung der Spekulationsgewinne ab 1999 ist verfassungsgemäß

Das BVerfG hatte die Besteuerung von privaten Wertpapiergeschäften für 1997 und 1998 wegen struktureller Vollzugsdefizite als verfassungswidrig beurteilt. Der BFH hat für die Jahre ab 1999 eine andere Meinung, da wegen der Einführung des Kontenabrufs kein gleichheitswidriges Erhebungsdefizit mehr vorliegt (BFH v. 29.11.2005 – IX R 49/04, BStBl II 2006, 178, beim BVerfG unter 2 BvR 294/06). Zwar gilt das Verfahren erst seit April 2005, hierdurch können aber auch vorherige Sachverhalte erstmalig und in Kombination mit der Jahresbescheinigung rückwirkend ermittelt werden. Das gilt insbesondere, da die Festsetzungsfrist von zehn Jahren bei Steuerhinterziehung gilt und noch nicht abgelaufen ist.

Steuer-Hinweis

Aufgrund dieses noch nicht rechtskräftigen Urteils wird bei Einkommensteuerbescheiden ab 1999 in Hinsicht auf Spekulationsgewinne keine Aussetzung der Vollziehung mehr gewährt, sie ergehen aber weiterhin vorläufig nach § 165 AO (BMF v. 31.03.2006 – IV A 7 – S 0623 – 6/06, BStBl I, 290).

Das BVerfG (v. 18.04.2006 – 2 BvL 8/05, 12/05) hat die Beschlussvorlagen des FG Münster (v. 08.08.2005 – 8 K 4710/01 E, FG Münster v. 13.07.2005 – 10 K 6837/03 E) als unzulässig abgewiesen, wonach Zweifel an der Verfassungswidrigkeit bei Spekulationsgeschäften in 1996 wegen struktureller Vollzugshindernisse bestehen sollen. Ähnlich hat sich auch der BFH (v. 29.11.2005 – IX B 80/05, BFH/NV 2006, 719) geäußert, wonach Spekulationsgewinne in 1995 besteuert werden dürfen.

3.15 Besteuerung der Kapitaleinnahmen ab 1994 ist verfassungsgemäß

Die Besteuerung der Einkünfte aus Kapitalvermögen i.S.d. § 20 Abs. 1 Nr. 7 EStG ist auch in den VZ seit 1994 nicht verfassungswidrig (BFH v. 07.09.2005 – VIII R 90/04, BStBl II 2006, 61). Die Finanzverwaltung hat seit Einführung des Zinsabschlags im Jahr 1993 sukzessive die Kontrollen bei der Geldanlage erhöht, so dass nicht von einem Erhebungsdefizit ausgegangen werden kann.

Steuer-Hinweis

Zu diesem Sachverhalt liegen dem BVerfG allerdings noch Beschwerden vor, so dass die Frage noch nicht abschließend geklärt ist. Die Finanzverwaltung setzt Bescheide aber weder vorläufig fest, noch gewährt sie Aussetzung der Vollziehung (OFD Münster v. 04.01.2006, DB 2006, 75).

3.16 Anwendung des § 17 EStG für 2001

Bei der Beteiligung an einer ausländischen Kapitalgesellschaft sind die auf 1 % abgesenkte Beteiligungsgrenze des § 17 Abs. 1 EStG und das Halbeinkünfteverfahren nach § 52 Abs. 1 EStG i.d.F. des StSenkG bereits ab 2001 anzuwenden. Dies gilt nicht nur für Auflösungsgewinne oder -verluste, sondern auch für Gewinne oder Verluste aus Anteilsveräußerungen und für Gewinnausschüttungen (H 6 Nr. 40 EStH). Das stellt nach einem BFH-Beschluss eine gegen EU-Recht verstoßende diskriminierende Beschränkungen des Kapitalverkehrs dar (v. 14.02.2006 – VIII B 107/04, BStBl II, 526).

Bei der Beteiligung an einer inländischen Kapitalgesellschaft sind nach § 52 Abs. 4b Nr. 2 und Abs. 34a EStG das Halbeinkünfteverfahren und die auf 1 % abgesenkte Beteiligungsgrenze grundsätzlich ab dem zweiten Wirtschaftsjahr der Kapitalgesellschaft anzuwenden, für das neues Recht gilt. Das bedeutet, bei Körperschaften mit kalenderjahrgleichem Wirtschaftsjahr fallen Veräußerungsgewinne oder -verluste ab dem Veranlagungszeitraum 2002 unter neues Recht. Diese Grundsätze sind nach der Verwaltungsauffassung (BMF v. 26.08.2003 – IV A 2 – S 2760 – 4/03, BStBl I, 434, OFD Magdeburg v. 30.03.2006 – S 2244 – 43 – St 214, FR 2006, 562) nicht auf Kapitalgesellschaften übertragbar, die sich in der Liquidation befinden.

Die Anwendungsvorschriften zum § 17 EStG und § 3 Nr. 40 Satz 1 Buchst. c) EStG für den Anteilseigner setzen den Ablauf des ersten Wirtschaftsjahres der Kapitalgesellschaft, für das das neue KSt-Recht anzuwenden ist, voraus. Im Liquidationsfall bestimmt jedoch § 11 KStG, dass bei Auflösung und Abwicklung der im Zeitraum der Abwicklung erzielte Gewinn der Besteuerung unterliegt. Maßgeblich ist hier nicht der in einem oder mehreren Wirtschaftsjahr(en), sondern der im Besteuerungszeitraum ermittelte Gewinn.

Steuer-Hinweis

Die FG Rheinland-Pfalz (v. 15.03.2005 – 2 K 1437/03, EFG 2005, 1347, Revision unter VIII R 25/05) und Düsseldorf (v. 13.09.2005 – 9 K 745/04 E, Revision unter VIII R 60/05) haben hierzu entschieden, dass im Fall der Auflösung und Liquidation einer Kapitalgesellschaft der steuerrechtliche Gewinnermittlungszeitraum nach § 11 Abs. 1 KStG als Wirtschaftsjahr zu verstehen ist. Dies hat zur Folge, dass auf Gewinne oder Verluste aus der Auflösung der Kapitalgesellschaft i.S.d. § 17 Abs. 4 EStG das Halbeinkünfteverfahren entsprechend der Regelung des § 52 Abs. 4b Nr. 2 EStG i.d.F. StSenkG abweichend von der Grundregel in § 52 Abs. 1 EStG anzuwenden wäre.

3.17 Kein Halbeinkünfteverfahren bei Stock Options

Die Ausübung von Aktienoptionen durch Arbeitnehmer führt zu steuerpflichtigem Arbeitslohn. Dabei ist dieser geldwerte Vorteil nicht nach § 3 Nr. 40 EStG zur Hälfte steuerfrei (FG München, Beschl. v. 26.01.2006 – 5 V 3496/05, EFG 2006, 628, Beschwerde unter VI B 21/06). Seit der Einführung des Halbeinkünfteverfahrens haben Gesellschafter nach § 3 Nr. 40 EStG nur die Hälfte der ausgeschütteten Gewinne mit ihrem persönlichen Einkommensteuersatz zu versteuern. Das gilt für Einkünfte aus Beteiligungen, aus wiederkehrenden Bezügen und auf Veräußerungspreise i.S.d. § 23 Abs. 3 EStG bei der Veräußerung von Anteilen an Körperschaften. Sinn und Zweck des Halbeinkünfteverfahrens ist, den Gewinn aus der Veräußerung von Beteiligungen nur hälftig zu besteuern, weil die Veräußerung einer Beteiligung einer Totalausschüttung gleichkommt (BFH v. 27.10.2005 – IX R 15/05, BFH/NV 2006, 191). Der Gesetzgeber hat sich hierbei von der Überlegung leiten lassen, dass Veräußerungsgewinne des Anteilseigners regelmäßig offene und stille Reserven oder einen Geschäftswert und damit zukünftige Dividenden der Gesellschaft repräsentierten.

3.18 Genereller Ansatz von Finanzinnovationen

Laut BFH bestehen ernstliche Bedenken, ob Wandeldarlehen mit Aktienoptionsrecht die Voraussetzung von § 20 Abs. 2 Nr. 4c EStG als Finanzinnovationen erfüllen. Zwar handelt es sich bei dem Darlehen um eine Kapitalforderung. Deren Zinsertrag ist jedoch fest bestimmt und insoweit nicht ungewiss. Hingegen ergibt sich nicht zwingend, dass ein ungewisser Ertrag aus dem zur Darlehensforderung hinzutretenden Optionsrecht auf den Aktienerwerb folgt. Vielmehr spricht bei wirtschaftlicher Betrachtung viel dafür, dass eine Veräußerung der nicht steuerbaren Vermögenssphäre zuzuordnen ist. In dem Entgelt für die Veräußerung ist wirtschaftlich der potentiell aus der Wahrnehmung des Wandlungsrechts zu erzielende Erlös vorweggenommen. Es bestehen Zweifel daran, ob dieser sogenannte Wandlungsgewinn als Entgelt für die Kapitalüberlassung i.S.d. § 20 Abs. 1 Nr. 7 EStG zu beurteilen ist.

Gegen eine Anwendung von § 20 Abs. 2 EStG bestehen auch gleichheitsrechtliche Bedenken (Art. 3 Abs. 1 GG). Die fehlende Unterscheidung zwischen Vermögens- und Ertragsebene im Rahmen von § 20 Abs. 2 Nr. 4c EStG bedeutet eine Systemabweichung, die der Rechtfertigung aus der besonderen wirtschaftlichen Struktur der erfassenden Finanzinnovationen bedarf (BFH v. 23.01.2006 – VIII B 116/05, BFH/NV 2006, 1081).

3.19 Erfassung einer vGA mit dem Bruttowert

Eine verdeckte Gewinnausschüttung ist bei den Einnahmen aus Kapitalvermögen mit dem Bruttobetrag zu erfassen. Sie kann auch ohne tatsächlichen Zufluss beim Gesellschafter anzunehmen sein, wenn der Vorteil dem Gesellschafter mittelbar in der Weise zugewendet wird, dass eine ihm nahestehende Person aus der Vermögensverlagerung Nutzen zieht. Sofern es sich um überhöhte Provisionszahlungen handelt, ist die vGA einschließlich der dadurch ausgelösten Umsatzsteuer anzusetzen (BFH v. 06.12.2005 – VIII R 70/04, BFH/NV 2006, 722).

3.20 Zurechnung einer Vorfälligkeitsentschädigung

Durch die Verpflichtung zur lastenfreien Veräußerung von Grundbesitz veranlasste Vorfälligkeitsentschädigungen sind auch dann als Veräußerungskosten dem Vorgang der Veräußerung zuzurechnen, wenn der hierbei erzielte Veräußerungsgewinn nicht steuerbar ist. Die Vorfälligkeitsentschädigungen können deshalb auch nicht als Werbungskosten berücksichtigt werden, selbst wenn in diesem Zusammenhang mit dem Veräußerungserlös aus dem Haus die neue Einkunftsquelle Kapitalanlagen nach § 20 Abs. 1 Nr. 7 EStG finanziert wird (BFH v. 06.12.2005 – VIII R 34/04, BStBl II 2006, 265).

3.21 Keine Korrektur bestandskräftiger Steuerbescheide bei Verfassungswidrigkeit

Ein bestandskräftiger Einkommensteuerbescheid, in dem private Wertpapiergeschäfte gem. § 23 EStG der Besteuerung unterworfen wurden, die vom BVerfG für verfassungswidrig erklärt wurde, kann nicht zugunsten des betroffenen Steuerpflichtigen im Billigkeitswege nachträglich gem. § 163 AO korrigiert werden. Ließe man dies zu, würde die vom Gesetzgeber in § 79 Abs. 2 Satz 1 BVerfGG getroffene Entscheidung ausgehöhlt bzw. aufgehoben (BFH v. 29.11.2005 – IX B 161/05, BFH/NV 2006, 897).

3.22 Maß der Schätzung von Kapitaleinnahmen

Grundsätzlich führen selbst grobe Schätzungsfehler bei der Ermittlung der Kapitaleinnahmen nur zur Rechtswidrigkeit, nicht hingegen zur Nichtigkeit des Bescheids. Etwas anderes gilt aber, wenn die Schätzung des Finanzamts willkürlich ist und den zulässigen Rahmen in einem erheblichen Umfang verlässt, sodass es sich eher um eine unzulässige Strafschätzung handelt (FG Münster v. 25.04.2006 – 11 K 1172/05 E). Grobe Schätzungsfehler bei subjektiver und auch objektiver Willkür des Finanzamts begründen zwar nur eine Rechtswidrigkeit. Willkür liegt hingegen vor, wenn das Schätzungsergebnis trotz vorhandener Möglichkeiten zur Ermittlung der Schätzungsgrundlagen krass von den tatsächlichen Gegebenheiten abweicht und in keiner Weise erkennbar ist, welche Schätzungserwägungen angestellt wurden. Ein Anhaltspunkt bieten hier Erkenntnisse aus den Vorjahren.

3.23 Umfangreiche Börsengeschäfte führen nicht zur Gewerblichkeit

Das Unterhalten und die Pflege eines Aktiendepots sind im Regelfall nichtunternehmerisch. Dieses wird weder durch die Zahl noch den Umfang der einzelnen Transaktionen gewerblich, sondern im Regelfall erst durch hiervon unabhängige Merkmale der Professionalität, die dann dem Bild des Wertpapierhändlers ähneln (BFH v. 10.04.2006 – X B 209/05). Börsengeschäfte sind anders zu beurteilen als eine Betätigung auf dem Grundstücksmarkt, wo die zunehmende Zahl der An- und Verkäufe eine gewerbliche Tätigkeit indiziert.

Etwas anderes gilt jedoch für eigene Optionsgeschäfte von angestellten Börsenmaklern, die als gewerblich zu qualifizieren sind und daher auch der Gewerbesteuer unterliegen. In diesem Fall verhält sich der Anleger wie ein Händler und nutzt ohne eigenen Kapitaleinsatz und unter Zuhilfenahme beruflich erlangter Kenntnisse Kursdifferenzen aus. Liegt ein Mindestmaß an kaufmännischer Organisation vor, spielt keine Rolle mehr, dass der Händler seine Tätigkeit nicht am Markt für Dritte anbietet. Wichtiger für die Einstufung ist, dass die Eigengeschäfte unmittelbar mit Börsenpartnern abgeschlossen wurden und nicht wie allgemein üblich über eine Bank (FG München v. 15.03.2006 – 1 K 2294/03, EFG 2006, 1322).

3.24 Schuldzinsen für Mitarbeiterdarlehen sind bei Kapitaleinnahmen abziehbar

Finanziert der Arbeitnehmer den Erwerb von Aktien seines Arbeitgebers, sind die Schuldzinsen bei den Einkünften aus Kapitalvermögen abzusetzen. Diese Zuordnung gilt auch, wenn damit die arbeitsvertraglichen Voraussetzungen für eine höher dotierte Position erfüllt werden (BFH v. 05.04.2006 – IX R 111/00, DB 2006, 1534). Denn Schuldzinsen für Kredite, die ein Arbeitnehmer für die Finanzierung einer Beteiligung an der Gesellschaft aufwendet, sind grundsätzlich nicht durch den Beruf, sondern durch die angestrebte Gesellschafterstellung veranlasst und deshalb unter § 20 EStG zu berücksichtigen. Das gilt auch, wenn durch die Beteiligung der eigene Arbeitsplatz erhalten werden soll. Denn der wirtschaftliche Zusammenhang der Aufwendungen mit den Kapiteleinkünften steht weiterhin im Vordergrund. Maßgebend für die Abgrenzung ist die Einkunftsart, die im Vordergrund steht und die Beziehungen zu den anderen Einkünften verdrängt. Das ist im Regelfall bei § 20 EStG der Fall. Denn zwischen Arbeitsverhältnis und Zinszahlung stellt der Aktienbesitz eine eigenständige Erwerbsquelle dar. Dies hat die negative Konsequenz, dass später eintretende Kursverluste auch nur zu negativen Einkünften nach § 23 oder 17 EStG führen und die Aufwendungen in Höhe des Sparerfreibetrags verpuffen.

3.25 Gewerbliche Tarifbegrenzung war verfassungsgemäß

Die ehemalige Tarifbegrenzung für gewerbliche Einkünfte für die VZ 1994 bis 2000 gem. § 32c EStG war verfassungsgemäß, weil die Kappung des Einkommensteuertarifs mit dem allgemeinen Gleichheitssatz vereinbar ist (BVerfG v. 21.06.2006 – 2 BvL 2/99, DB 2006, 1817). Der Gesetzgeber darf gewerbliche Einkünfte durch steuer- und wirtschaftspolitische Maßnahmen besser stellen, um den inländischen Standort zu stärken. Dieser Beschluss hat auch Auswirkungen auf aktuelle gesetzliche Maßnahmen:

- § 32c EStG kann ab 2007 in Hinsicht auf die Reichensteuer wieder eingeführt und Gewinneinkünfte dürfen von dieser Tariferhöhung ausgenommen werden.

- Eine Abgeltungsteuer auf Kapitalerträge unterhalb des allgemeinen Steuersatzes verstößt ebenfalls nicht gegen den Gleichheitsgrundsatz, wenn hierdurch die Kapitalflucht ins Ausland verhindert werden soll.
- Im Rahmen der ErbSt darf Betriebsvermögen begünstigt werden.

3.26 Solidaritätszuschlag ist verfassungsgemäß

Nach dem Beschluss des BFH (v. 28.06.2006 – VII B 324/05, DStR 2006, 1362) stehen der weiteren Erhebung des Solidaritätszuschlags keine verfassungsrechtlichen Zweifel entgegen. Der BFH hat die Beschwerde gegen das Urteil des FG Münster (v. 27.09.2005 – 12 K 6263/03 E A, EFG 2006, 371) mit Hinweis auf die Rechtsprechung des BVerfG (v. 09.02.1972 – 1 BvL 16/69) zurückgewiesen, wonach eine Ergänzungsabgabe auf Dauer angelegt sein kann und zeitlich nicht begrenzt werden muss. Eine hiergegen eingelegte Beschwerde beim BVerfG (2 BvR 1708/06) verfolgt das Ziel, dass der BFH die Beschwerde zulässt. Einkommen- und Körperschaftsteuerbescheide sollten insoweit weiterhin offen gehalten werden, ein Ruhen des Verfahrens kommt aber nicht in Betracht. Allerdings sollten sich Anleger darauf einstellen, dass auf ihre Einkünfte und vorab beim Steuereinbehalt weiterhin und dauerhaft eine Zusatzbelastung von 5,5 % anfällt.

3.27 Vorfälligkeitsentschädigungen sind keine Werbungskosten

Werden Immobilien veräußert und in diesem Zusammenhang grundschuldgesicherte Darlehensschulden vorzeitig getilgt, kann die hierfür zu zahlende Vorfälligkeitsentschädigung nicht als Werbungskosten bei den Einkünften aus Kapitalvermögen berücksichtigt werden, auch wenn der Erlös aus dem Grundstücksverkauf verzinslich angelegt wird. Denn Vorfälligkeitsentschädigungen stellen ein Nutzungsentgelt für das auf die verkürzte Laufzeit in Anspruch genommene Darlehen dar. Sie zählen daher nur dann zu den Werbungskosten, wenn sie im wirtschaftlichen Zusammenhang mit einer Einkunftsart stehen. Das ist in diesem Fall die nicht steuerbare Veräußerung des Grundbesitzes, sodass keine Zuordnung zu der im Anschluss hieran begründeten neuen Einkunftsquelle Kapitalanlage möglich ist (BFH v. 06.12.2005 – VIII R 34/04, BStBl II 2006, 265).

3.28 Erweiterte Frist für die Antragsveranlagung

Arbeitnehmer können eine Antragsveranlagung gem. § 46 Abs. 2 Nr. 8 EStG nur innerhalb von zwei Jahren eingereichen. Nach Auffassung des BFH verstößt dies gegen den allgemeinen Gleichheitssatz in Art. 3 GG (v. 22.05.2006 – VI R 49/04 und VI R 46/05, beim BVerfG unter 2 BvL 55/06 und 2 BvL 56/06). Diese Frage wurde daher dem BVerfG zur Entscheidung vorgelegt, weil es zu einer verfassungswidrigen Benachteiligung von Arbeitnehmern gegenüber anderen Steuerpflichtigen kommt. Diese vom BFH aufgeworfene Frage können auch Anleger nutzen, die mit ihren Einnahmen unter dem Sparerfreibetrag bleiben oder Kapitaleinkünfte bis maximal 410 € vorweisen. Als Arbeitnehmer können sie sich entrichteten Zinsabschlag oder einbehaltene Kapitalertragsteuer auch jetzt noch für Jahre vor 2004 über eine Antragsveranlagung erstatten lassen. Zudem hat der BFH entschieden, dass Arbeitnehmern Wiedereinsetzung in den vorigen Stand zu gewähren ist, wenn sie die Frist ohne Verschulden nicht kannten (v. 22.05.2006 – VI R 51/04). Damit kommt die Erstattung für alte Jahre auch jetzt schon in Betracht, selbst wenn sich das BVerfG den beiden Beschlüssen zum Verstoß gegen den Gleichheitsgrundsatz nicht anschließen sollte.

4 Offene Verfahren zu §§ 20, 23 EStG

Nach § 363 AO ruht ein Einspruch kraft Gesetz, wenn wegen einer Rechtsfrage ein Verfahren beim EuGH, BVerfG oder BFH anhängig ist und sich der Rechtsbehelf auf das Musterverfahren bezieht. Steuerzahler können von den schwebenden Verfahren profitieren, indem sie sich ihre Fälle mittels Einspruch offen halten. Finanzämter lassen dann die Rechtsbehelfe so lange ruhen, bis BFH, EuGH oder das BVerfG ein Urteil gefällt haben. Bei positivem Ausgang profitieren sie dann vom Erfolg anderer Bürger und ansonsten haben sie keine negativen Folgen zu befürchten. In einigen Fällen gewährt die Finanzverwaltung sogar Aussetzung der Vollziehung.

Diese Vorschrift sollten auch Sparer für sich in Anspruch nehmen, denn eine Vielzahl von Themen rund um die Geldanlage ist strittig. Nachfolgend werden die wichtigsten offenen Verfahren zu den §§ 20, 22, 23 EStG dargestellt.

4.1 Einkünfte aus Kapitalvermögen nach § 20 EStG

Erhebungsdefizite bei der Erfassung von Einnahmen
Das BVerfG hatte 1991 Erhebungsdefizite bei der Erfassung von Kapitaleinnahmen nach § 20 Abs. 1 Nr. 7 EStG für die Zeiträume vor 1993 festgestellt (BVerfG v. 27.06.1991 – 2 BvR 1493/89, BStBl II, 654) und dem Gesetzgeber eine gleichmäßige Belastung aller Bürger auferlegt. Daraufhin wurde 1993 der Zinsabschlag eingeführt. Dieses Vorhaben führte bekanntlich zu massiven Geldbewegungen über die Grenze. Zudem erklären einige Anleger, deren Progression über den 30 % des Zinsabschlags liegt, ihre Kapitaleinnahmen nicht im Rahmen der Veranlagung.

Dem BVerfG liegen zu diesem Themenbereich derzeit drei Verfahren vor (2 BvR 620/03 – 2 BvR 2077/05 und 2 BvL 14/05). Dabei geht es auch noch zusätzlich um die vom FG Köln (v. 22.09.2005 – 10 K 1880/05, EFG 2005, 1378) aufgeworfene Frage, inwieweit § 20 EStG mit dem Grundgesetz unvereinbar sei, da steuerunehrliche Sparer im Rahmen der Amnestie deutlich weniger Abgaben leisten mussten als redliche Anleger.

Steuer-Hinweis
Der BFH hält die Besteuerung der Zinseinkünfte i.S.d. § 20 Abs. 1 Nr. 7 EStG ab 1994 mangels struktureller Vollzugsdefizite nicht für verfassungswidrig (v. 07.09.2005 – VIII R 90/04, BStBl II 2006, 61). Die zuvor vom BVerfG festgestellten Mängel wurden vom Gesetzgeber fortwährend und angemessen beseitigt.

In Hinblick auf die beim BVerfG anhängigen Verfahren sollten Steuerbescheide weiterhin offen gehalten werden, sofern die Einnahmen des jeweiligen Jahres über dem Sparerfreibetrag lagen. Die Finanzverwaltung lässt die Fälle ruhen, gewährt aber keine AdV (OFD Münster v. 04.01.2006, Kurzinformation 001, DB 2006, 75).

Steuer-Hinweis
Wer gegen seine im Rahmen der strafbefreienden Erklärung deklarierten Kapitaleinnahmen in Hinsicht auf die laufenden Verfahren Einspruch eingelegt hat, läuft hingegen Gefahr, dass es zur Nachversteuerung und Bestrafung kommt, sollte die Amnestie für verfassungswidrig erklärt werden (BMF, PM 09.02.2006).

Besteuerung von Finanzinnovationen
Bei Finanzinnovationen i.S.v. § 20 Abs. 2 Nr. 4 EStG entstehen Kursgewinne bei Rating-Anleihen, deren Zinskupon ansteigt, wenn die Bonität des Emittenten schlechter eingestuft

wird. Ähnliches geschieht bei Floatern, wenn der Referenzzins steigt. Dies stellt nach Ansicht des Niedersächsischen FG (v. 25.11.2004 – 11 K 269/04, EFG 2005, 662) einen verfassungsrechtlich bedenklichen Systembruch dar, weil auch Wertänderungen ohne den Charakter eines Nutzungsentgelts als Kapitalertrag erfasst werden. Dies führt im Vergleich zu anderen Kapitalanlagen zu einer Ungleichbehandlung. Gegen dieses Urteil wurde Revision (VIII R 6/05) eingelegt. Das FG Rheinland-Pfalz (Urt. v. 28.10.2002 – 1 K 1807/99) ist hingegen der Ansicht, dass marktbedingte Kursveränderungen bei Reverse Floatern als Kapitaleinnahmen zu erfassen sind. Auch hiergegen ist eine Revision anhängig (VIII R 97/02).

Werden Festverzinsliche, Floater oder Zerobonds notleidend, weil der Emittent die Tilgung aussetzt oder bereits insolvent ist, erkennt die Finanzverwaltung keine negativen Kapitaleinnahmen an, da diese auf der Vermögensebene anfallen sollen. Hierzu sind insgesamt fünf Revisionen anhängig:

- VIII R 48/04, Vorinstanz FG Berlin v. 22.04.2004 – 1 K 1100/03: Hierbei geht es um Verluste aus Argentinien-Anleihen, die infolge der Zinsaussetzung flat gehandelt werden und somit Finanzinnovation i.S.v. § 20 Abs. 2 Satz 1 Nr. 4 Satz 1 EStG darstellen könnten.
- VIII R 62/04, Vorinstanz FG Münster v. 16.06.2004 – 10 K 2963/03 E: Auch hier geht es um die Frage, on eine argentinische Staatsanleihe, die nach der Zahlungseinstellung Argentiniens auf unbestimmte Zeit auf den Wertpapierhandel ohne Stückzinsabrechnung umgestellt worden ist, nunmehr entsprechend internationaler Praxis eine Finanzinnovation geworden ist. Dann würde der Kursverlust über die Marktrendite zu negativen Kapitaleinkünften führen.
- VIII R 67/04, Vorinstanz FG Köln v. 15.07.2004 – 13 K 6946/01, EFG 2004, 1598: Hier geht es um eine Gleitzinsanleihe, die grundsätzlich eine Finanzinnovation darstellt. Kann in diesem Fall der Verlust aus einem vorzeitigen Verkauf als negative Kapitaleinnahme geltend gemacht werden, obwohl der Zahlungsverpflichtete notleidend geworden ist?
- VIII R 53/05, Vorinstanz FG München v. 04.05.2004 – 2 K 2385/03, EFG 2005, 1868: Sagt der Emittent von Zertifikaten den Besitzern eine Rückzahlung zu, liegen in Hinsicht auf die Kursveränderungen Finanzinnovationen und somit Kapitaleinnahmen vor. Das gilt nach Ansicht der Finanzverwaltung auch dann, wenn nur die teilweise Rückzahlung des Vermögens garantiert wird. Ist diese Garantie aber nur geringfügig, soll dies laut FG München bei einer Rückzahlungszusage von lediglich rund 10 % nicht gelten, da hier kein Erhalt des Vermögens mehr gesichert ist.
- VIII R 30/06, Vorinstanz FG Saarland v. 23.05.2006 – 1 K 420/02: Obwohl Genuss-Scheine ohne Stückzins-Ausweis gehandelt werden, gelten sie nach ausdrücklicher gesetzlicher Anordnung nicht als Finanzinnovationen. Bei Erwerb können im Kurs enthaltene Zinsen nicht als negative Kapitaleinnahmen angesetzt werden. Kommt es anschließend zu einer Ausschüttung, ist hingegen der gesamte aufgelaufene Zins als Einnahme aus § 20 EStG zu erfassen, der hierdurch automatisch entstehende entsprechende Kursverlust hingegen nicht. Diese Regelung gilt auch für Genuss-Schein-Fonds. Hier fließen die Ausschüttungen der Unternehmen in den Zwischengewinn, ohne dass es zu einer Minderung von gezahlten Stückzinsen kommt. Ob dies systemgerecht ist, muss der BFH klären.

Im Rahmen der Steueramnestie gemeldete Stiftungsvorgänge

Nach Frage 19 des überarbeiteten Frage-Antwort-Katalogs zum StraBEG (BMF v. 16.09.2004 – IV A 4 – S 1928 – 120/04) ist die Übertragung bzw. die Rückübertragung von

Vermögen auf bzw. von einer Stiftung nicht schenkungsteuerpflichtig, wenn die Stiftung von Anfang an zivilrechtlich zur Herausgabe des Überlassenen verpflichtet ist. Dann soll eine sogenannte unechte Treuhandschaft vorliegen, so dass nur die erwirtschafteten Erträge der Steuer unterliegen. Das FG Rheinland-Pfalz (Urt. v. 14.03.2005 – 4 K 1590/03, EFG 2005, 981) kommt hingegen abweichend von der Verwaltungsauffassung zu der Ansicht, dass die Übertragung von Vermögen auf eine liechtensteinische Stiftung durch einen inländischen Stifter der Schenkungsteuer unterliegt. Denn ihre Rechtsfähigkeit behält eine liechtensteinische Stiftung selbst dann, wenn der Verwaltungssitz in Deutschland liegt. Ob dem Stifter dabei das Recht eingeräumt wurde, über das hingegebene Vermögen quasi wie ein Kontoinhaber zu verfügen, ist für die Frage der Bereicherung ohne Bedeutung. Hiergegen wurde Revision eingelegt (II R 21/05).

Für den Fall, dass der BFH die Auffassung des FG Rheinland-Pfalz bestätigt, besteht hinsichtlich einer wirksam abgegebenen strafbefreienden Erklärung Vertrauensschutz. Das gilt zumindest dann, wenn die Rückübertragung des Vermögens vor Veröffentlichung einer vom Merkblatt abweichenden Verwaltungsanweisung erfolgt. Wurde hingegen die Amnestie nicht in Anspruch genommen, besteht kein Anspruch auf Vertrauensschutz.

Steuerliche Behandlung einer Abspaltung
Wird von einer Aktiengesellschaft ein Teil abgespalten, gibt es für die Altaktionäre neue Aktien. Für diese beginnt eine neue Spekulationsfrist. Für die alten Aktien gilt der ehemalige Anschaffungszeitpunkt. Der Kaufpreis wird im Spaltungsverhältnis auf beide Aktien verteilt. Bei ausländischen Gesellschaften, die eine solche Abspaltung nicht nach §§ 13 Abs. 2, 15 Abs. 1 UmwStG durchführen, liegt eine Sachausschüttung vor, die Kapitaleinkünfte gem. § 20 Abs. 1 Nr. 1 EStG in Höhe des Börsenkurses darstellt.

Nach dem Urteil des FG Rheinland-Pfalz (v. 08.06.2004 – 2 K 2223/02, EFG 2005, 1047) fließen die neuen Aktien im Rahmen eines der verdeckten Gewinnausschüttung gleichkommenden Vorgangs zu. Daher ist der Kaufzeitpunkt der Aktien von der abgebenden Gesellschaft entscheidend. Liegt dieser zumindest ein Jahr zurück, können die Aktien somit steuerfrei verkauft werden. Zudem könnte es gegen das Diskriminierungsverbot verstoßen, dass ein Spin-Off bei Auslandsfirmen mangels Anwendung des UmwStG als Kapitaleinnahme gilt. Der Sachverhalt ist beim BFH unter I R 24/05 anhängig.

Pauschbesteuerung bei ausländischen Investmentfonds
Erfüllen Investmentfonds ihre Veröffentlichungspflichten nicht, erfolgte bis Ende 2003 über das AuslInvestmG für diese schwarzen Fonds eine pauschale und zumeist deutlich überhöhte Besteuerung der Erträge. Gemäß § 18 Abs. 3 Satz 1 AuslInvestmG sind hier nämlich beim Empfänger als Einkünfte aus Kapitalvermögen die Ausschüttungen auf ausländische Investmentanteile sowie 90 % des Mehrbetrags anzusetzen, der sich zwischen dem ersten im Kalenderjahr festgesetzten Rücknahmepreis und dem letzten im Kalenderjahr festgesetzten Rücknahmepreis eines ausländischen Investmentanteils ergibt. Mindestens sind 10 % des letzten im Kalenderjahr festgesetzten Rücknahmepreises anzusetzen. Nach § 18 Abs. 3 Satz 3 AuslInvestmG gilt der anzusetzende Teil des Mehrbetrags mit Ablauf des jeweiligen Kalenderjahres als zugeflossen.

Dies ist nach Auffassung des FG Berlin (v. 08.02.2005 – 7 K 7396/02, EFG 2005, 1094) EU-rechtswidrig, da es restriktiv ausländische Investmentfonds benachteiligt und damit gegen das Gebot des freien Kapitalverkehrs zwischen den Mitgliedstaaten verstößt. Die hiergegen eingelegte Revision unter VIII R 20/05 hat die Verwaltung mittlerweile zurückgenommen. Der BFH hat in einem Beschluss vom 14.09.2005 (VIII B 40/05, BFH/NV 2006, 508) ebenfalls ernstliche Zweifel geäußert, dass § 18 Abs. 3 Satz 4 AuslInvestmG mit Art. 3 GG vereinbar ist und daher AdV gewährt. Diese Vorschrift fingiert einen Zwischengewinn, der bei inländischen sowie weißen ausländischen Investmentfonds realitätsgerecht erfasst wird. Bei den nach § 18 Abs. 3 AuslInvestmG zu besteuernden Einkünften tritt die Rechtsfolge der Fiktion unabhängig von den tatsächlichen Fondserträgen und Wertzuwächsen sowie der Besitzdauer ein. Die maßgebliche Ungleichbehandlung i.S.v. Art. 3 Abs. 1 GG besteht darin, dass es eine entsprechende Pauschalbesteuerung für inländische Investmentanteile nicht gibt. § 18 Abs. 3 Satz 4 AuslInvestmG überschreitet die Grenzen der Gestaltungsfreiheit des Steuergesetzgebers bei gesetzlichen Typisierungen.

Steuer-Tipp

Anleger mit pauschal besteuerten Auslandsfonds halten ihre Bescheide mit Hinweis auf die Revision VIII R 2/06 (zuvor FG Düsseldorf v. 22.12.2005 – 12 K 5252/02, EFG 2006, 866) offen. Das gilt auch für Gesellschaften mit Sitz außerhalb der EU, denn das Gebot der Kapitalverkehrsfreiheit gilt auch zwischen EU- und Drittländern.

Berechnung der Marktrendite bei ausländischen Währungen

Durch die rückwirkende Anwendung des geänderten § 20 Abs. 2 Satz 1 Nr. 4 Satz 2 EStG erfolgt die Berechnung der Marktrendite bei Finanzinnovationen in ausländischer Währung nur für den Unterschied zwischen dem Entgelt für den Erwerb und den Einnahmen aus der Veräußerung, so dass Wechselkursschwankungen zwischen Kauf und Verkauf unberücksichtigt bleiben. Hier ist zu klären, ob eine verfassungsrechtlich unzulässige Rückwirkung vorliegt. Vorinstanz FG Düsseldorf v. 03.06.2004 – 12 K 6536/02 E, beim BFH unter VIII R 43/05.

4.2 Anrechenbare Körperschaftsteuer bei Auslandsdividenden

Durch das bis ins Jahr 2001 hinein geltende Anrechnungsverfahren nach § 36 EStG wurden Auslandsdividenden benachteiligt. Denn die auf ausgeschüttete Gewinne entfallende Körperschaftsteuer durfte nur auf die eigene Steuerschuld angerechnet werden, wenn die AG ihren Sitz im Inland hatte. Bei Auslandsfirmen versagte das Gesetz diese Vergünstigung. In einem ähnlichen Fall hatte der EuGH (v. 07.09.2004 – C-319/02, HFR 2004, 1262, NJW 2005, 814) die steuerliche Ungleichbehandlung zwischen in- und ausländischen Dividenden bereits für Finnland in der Sache Manninen beanstandet.

Das FG Köln hat dem EuGH einen vergleichbaren Sachverhalt mit Beschluss vom 24.06.2004 vorgelegt (2 K 2241/02, EFG 2004, 1374, beim EuGH unter Rs. C-292/04 anhängig). In dem Fall Meilicke ging es um einen Privatanleger aus dem Rheinland, der aus niederländischen und dänischen Aktien rund 20.000 € an Dividenden vereinnahmte. Die hierauf von den ausländischen Kapitalgesellschaften bezahlte Körperschaftsteuer konnte im Gegensatz zur Abgabe von hiesigen Unternehmen nicht angerechnet werden.

Der ehemalige Generalanwalt und jetzige Richter beim EuGH, Antonio Tizzano, hatte in seinem Schlussantrag vom 10.11.2005 zwar den Verstoß gegen EU-Recht und die Kapitalverkehrsfreiheit bejaht, allerdings eine zeitliche Beschränkung der Urteilswirkung vorgeschlagen, was beim Urteil Manninen nicht der Fall war. Maßgebend sollen zwei Daten sein:

- Dividenden, die nach dem 06.06.2000 einem deutschen Empfänger zugeflossen sind. Dies ist der Tag des EuGH-Urteils Rs. C-35/98, Verkooijen. In dieser Rechtssache wurde die Unvereinbarkeit eines holländischen Freibetrags bei der Einkommensteuer nur für Dividenden inländischer Herkunft festgestellt.

- Haben Aktionäre noch vor dem 11.09.2004 entsprechende Steuergutschriften beantragt und sind ihre Fälle noch nicht abschließend geregelt, soll das EuGH-Urteil auch vor dem 06.06.2000 anzuwenden sein. Der 11.09.2004 ist der Tag der Veröffentlichung des Vorlagebeschlusses Meilicke im Amtsblatt der EU.

Die nunmehr zuständige Erste Generalanwältin Stix-Hackl schlägt jedoch in einem neuerlichen Schlussantrag vom 05.10.2006 vor, die Wirkung des Urteils in der Rechtssache Meilicke zeitlich nicht zu beschränken. Deutschland habe nicht hinreichend substanziiert dargelegt, dass eine vom EuGH festgestellte Unvereinbarkeit die Gefahr schwerwiegender wirtschaftlicher Auswirkungen nach sich zieht. Die Höhe der finanziellen Haushaltsauswirkungen ist für sich allein kein ausreichender Nachweis dieser Gefahr. Das BMF geht von einer Zusatzbelastung von 5 Mrd. € aus.

Steuer-Hinweis

Anleger mit Auslandsdividenden sollten ihre Fälle bis zur Umstellung auf das Halbeinkünfteverfahren offen halten. Vor allem ist ratsam, die entsprechenden Bankbelege über die jeweiligen Ausschüttungen vorrätig zu halten. Sofern sich der EuGH für eine zeitlich unbeschränkte Wirkung seines Urteils ausspricht, kommt ein Antrag auf Rücknahme nach § 130 AO in Betracht. Diese Vorschrift greift insbesondere bei Verfügungen über die Anrechnung von Steuerabzugsbeträgen (BFH v. 15.04.1997 – VII R 100/96, BStBl II, 787; v. 26.11.1997 – I R 110/97, BFH/NV 1998, 581 sowie LfSt Bayern v. 22.09.2005 – S 0450 – 4 St 41 M). Das hat den Vorteil, dass die Anrechnung auch bei bereits bestandskräftigen Bescheiden erfolgen kann.

Die Vorschrift des § 130 AO ist anwendbar, da sich die vom Finanzamt bei Erlass des Verwaltungsakts zugrunde gelegte Rechtsauffassung nach dem Urteil des EuGH als unrichtig erweist. Somit liegt ein ursprünglich rechtmäßiger Verwaltungsakt vor, der durch die Änderung der Rechtslage nachträglich rechtswidrig wird. Folge: Ein Widerruf nach § 130 AO ist die konsequente Handlung durch das Finanzamt.

4.3 Einkünfte aus privaten Veräußerungsgeschäften nach § 23 EStG

Spekulationsgewinne

Steuern auf Spekulationsgewinne dürfen für 1997/98 wegen struktureller Erhebungsdefizite nicht mehr erhoben werden (BVerfG v. 09.03.2004 – 2 BvL 17/02, BStBl II 2005, 56). Eine Entscheidung über die Folgejahre hatte Karlsruhe offen gelassen. Ab 1999 hat die Finanzverwaltung durch den Kontenabruf aber bessere Kontrollmöglichkeiten, so dass nach dem BFH-Urteil vom 29.11.2005 (IX R 49/04, BStBl II 2006, 178) kein Defizit mehr vorliegt. Derzeit vorläufig ergehende Steuerbescheide bei Gewinnen nach § 23 EStG ab dem Jahr 1999 setzt die Finanzverwaltung auch weiterhin nicht endgültig fest, da gegen das Urteil Verfassungsbeschwerde eingelegt wurde (beim BVerfG unter 2 BvR 294/06 anhängig).

Bei Spekulationsgewinnen vor 1997 darf die Steuer auf Wertpapier- und Optionsgeschäfte weiterhin erhoben werden (BFH v. 01.06.2004 – IX R 35/01, BStBl II 2005, 26; v. 29.06.2004 – IX R 26/03, BStBl II, 995; v. 29.11.2005 – IX B 80/05, BFH/NV 2006, 719; v. 14.12.2004 – VIII R 81/03, BStBl II 2005, 746). Die hiergegen eingelegte Verfassungs- sowie Nichtzulassungsbeschwerde hat das BVerfG nicht angenommen (v. 25.11.2005 – 2 BvR 359/05) bzw. zurückgewiesen (v. 19.04.2006 – 2 BvR 300/06, HFR 2006, 718). Der BFH geht zwar davon aus, dass zwar ein vergleichbares Vollzugsdefizit gegeben war, wie es das BVerfG für die Jahre 1997 und 1998 festgestellt hat. Er hat aber ausgeschlossen, dass das BVerfG § 23 EStG in Bezug auf Wertpapiergeschäfte für nichtig erklären wird, weil die verfassungsrechtliche Rechtslage bisher nicht erkannt worden sei und deshalb Anlass bestehe, das bisherige Recht noch für eine Übergangszeit hinzunehmen.

Nach zwei Urteilen des FG Münster (v. 17.05.2005 – 8 K 4710/01 E, EFG 2005, 1117 sowie v. 13.07.2005 – 10 K 6837/03 E) ist die Besteuerung von Spekulationsgewinnen bei Wertpapieren und Optionsrechten auch in den VZ 1994 bis 1996 verfassungswidrig. Ebenso wie in den Jahren 1997/98, für die das BVerfG die Verfassungswidrigkeit bereits festgestellt hat, bestehe auch für frühere Zeiträume ein vergleichbares strukturelles Vollzugsdefizit. Das BVerfG habe dem Gesetzgeber lediglich eine Frist zur Beseitigung der verfassungswidrigen Rechtslage bei den Zinseinnahmen bis zum 01.01.1993 eingeräumt. Diese zeitliche Einschränkung müsse auch für die Besteuerung von Spekulationsgewinnen gelten. Die beiden Verfahren hat das BVerfG allerdings ebenfalls nicht zur Entscheidung angenommen (v. 18.04.2006 – 2 BvL 8/05, HFR 2006, 716 und 2 BvL 12/05). Für Anleger besteht damit wenig Hoffnung, festgesetzte Steuer auf Spekulationsgewinne alter Jahre noch erstattet zu bekommen. Denn mangels anhängiger Verfahren müssen sie den Fall selber durchfechten; vorläufig ergehen die Bescheide ohnehin erst ab 1999.

Spekulationsverluste
Ab 1999 können die Verluste aus privaten Veräußerungsgeschäften gem. § 23 Abs. 3 Satz 9 EStG jahresübergreifend zumindest mit gleichen positiven Einnahmen ausgeglichen werden. Für die davor liegenden Jahre hat der Gesetzgeber dies ausdrücklich ausgeschlossen, obwohl das BVerfG (v. 30.09.1998 – 2 BvR 1818/91, BVerfGE 1999, 88) die fehlende Verrechnungsmöglichkeit als nicht verfassungsgemäß eingestuft hatte. Daher dürfen Spekulationsverluste der Jahre vor 1997 in allen noch offenen Fällen unbeschränkt – also nicht nur mit Spekulationsgewinnen – mit anderen Einkunftsarten verrechnet werden (BFH v. 01.07.2004 – IX R 35/01, BStBl II 2005, 26). In den noch offenen Altfällen sind die allgemeinen einkommensteuerlichen Regelungen über Verlustausgleich und Verlustabzug (§ 10 d EStG) anzuwenden. Dies bezieht sich nach Auffassung des FG Köln (v. 16.02.2006 – 2 K 7423/00, Revision unter IX R 23/06) aber nur auf laufende Einkünfte aus der Vermietung von beweglichen Gegenständen. Auf die Erzielung von einmaligen sonstigen Einkünften wie Verluste aus dem Verkauf von Kaufoptionen sei diese Rechtsprechung nicht übertragbar.

Für Verluste der Jahre 1997 und 1998 gilt das nicht, da für diesen Zeitraum eine Verfassungswidrigkeit vorliegt (BFH v. 14.07.2004 – IX R 13/01, BStBl II 2005, 125). Die hiergegen eingelegte Verfassungsbeschwerde unter 2 BvR 1935/04 hat das BVerfG nicht angenommen, so dass die Verwaltung entsprechend anhängige Einsprüche nunmehr entscheiden wird (OFD Münster v. 28.06.2006, Kurzinformation 16/2005).

Verluste sind ab 1999 laut Gesetz nur mit entsprechenden Spekulationsgewinnen verrechenbar, allerdings auch jahresübergreifend. Ob eine Verlustverrechnung mit anderen Einkunftsarten erfolgen darf, muss der BFH in fünf anhängigen Revisionen entscheiden:

- IX R 45/04, Vorinstanz FG Köln v. 15.09.2004 – 7 K 1268/03, EFG 2004, 1843
- IX R 31/04, Vorinstanz FG Berlin v. 22.06.2004 – 7 K 7500/02, EFG 2004, 1843
- IX R 28/05, Vorinstanz FG München v. 22.07.2005 – 8 K 4787/03, EFG 2006, 27
- IX R 42/05, Vorinstanz FG Düsseldorf v. 29.09.2005 – 16 K 1482/03 E
- IX R 43/05, Vorinstanz FG Düsseldorf v. 29.09.2005 – 16 K 1483/03 E.

Nach Auffassung der einzelnen FG bestehen keine verfassungsrechtlichen Bedenken gegen die Berücksichtigung der Verluste aus privaten Veräußerungsgeschäften. Einsprüche ruhen im Hinblick auf die anhängigen Revisionsverfahren. AdV wird jedoch grundsätzlich nicht gewährt. Der BFH wird sich der Auffassung der FG vermutlich anschließen, wie der Urteilstenor zu anderen aktuellen Fällen erkennen lässt.

Wertlos verfallende Optionsscheine gelten als Termingeschäft
Mit Optionsscheinen lässt sich auf fallende und steigende Kurse von diversen Bezugsgrößen setzen. Geht die Erwartung dann nicht auf, verfällt das Papier wertlos und der Besitzer erleidet einen Totalverlust. Aus Steuersicht hilft hier, die Wertpapiere kurz vor ihrer Fälligkeit noch für ein paar Cent über die Börse zu verkaufen. Dieses Verlustgeschäft kann dann innerhalb der Jahresfrist noch gem. § 23 EStG verrechnet werden. Verfallen die Papiere hingegen wertlos, akzeptiert die Finanzverwaltung mangels Verkauf kein privates Veräußerungsgeschäft, sondern sieht einen nichtsteuerbaren Vorgang auf der Vermögensebene.

Ob diese Auffassung mit § 23 EStG vereinbar ist, bezweifelten bereits die FG Rheinland-Pfalz (v. 19.05.2005 – 4 K 1678/02) und Baden-Württemberg (v. 05.05.2003 – 14 K 190/02, EFG 2004, 907). Denn durch den im Jahre 1999 eingefügten § 23 Abs. 1 Satz 1 Nr. 4 EStG zählen Optionsscheine zu den Termingeschäften. Somit ist nicht eine Veräußerung der maßgebende Faktor für die Vollendung des steuerlich relevanten Vorgangs, sondern die Beendigung des Rechts. Dies kann auch der Verfall einer Option sein, so dass der hierfür gezahlte Kaufpreis einen Aufwand für den verfallenen Optionsschein darstellt und somit zu einem steuerlich zu berücksichtigenden Verlust führt. In beiden Urteilsfällen war diese gegenteilige Ansicht allerdings nicht weiter relevant, da es sich noch um Anschaffungsvorgänge aus dem Jahr 1998 gehandelt hatte. Mangels höchstrichterlicher Entscheidung geht die Finanzverwaltung weiterhin von nichtsteuerbaren Verlusten aus. Anleger müssen daher eine gegenteilige Auffassung auf dem Rechtsbehelfswege selber durchsetzen.

Steuer-Hinweis

Nunmehr ist erstmals eine Revision beim BFH unter IX R – 11/06 anhängig. Das FG Münster (v. 07.12.2005 – 10 K 5715/04 F, EFG 2006, 669) ordnet den wertlosen Verfall von Optionsrechten durch Fristablauf zu den Termingeschäften gem. § 23 Abs. 1 Satz 1 Nr. 4 EStG ein. Somit stellt dieser Verlust wie auch die Beendigung des Rechts mittels Barausgleich oder Ausübung ein privates Veräußerungsgeschäft dar. Anleger halten entsprechende Fälle offen.

4.4 Sparerfreibetrag auf Renten aus Veräußerungsgeschäften

Dem BVerfG liegt die Frage des BFH (v. 14.11.2001 – X R 32-33/01, BStBl II 2002, 183) vor, ob bei der Besteuerung der Ertragsanteile von Bezügen aus Leibrenten der Ansatz des Sparerfreibetrags erforderlich ist. Das soll zumindest dann gelten, wenn es sich bei der Rente um die Gegenleistung für den Erwerb eines Wirtschaftsguts des Privatvermögens handelt, da es sich um pauschalierte Einkünfte aus Kapitalvermögen handelt. In Karlsruhe ist das Verfahren unter 2 BvL 3/02 anhängig. Nach Auffassung des FG Schleswig-Holstein (v. 27.05.2003 – 5 K 140/01) stellt sich die Frage des Sparerfreibetrags nicht, wenn das Wahlrecht der Zuflussbesteuerung gem. R 139 Abs. 11 EStR in Anspruch genommen wird. Hierbei handelt es sich nämlich ab dem Zeitpunkt des Überschreitens des Buchwerts in vollem Umfang um nachträgliche gewerbliche Einkünfte gem. §§ 15 Abs. 1, 24 Nr. 2 EStG. Eine Aufteilung dieser Raten in einen Zins- und einen Tilgungsanteil mit der Folge der Anwendung des Sparerfreibetrags ist nicht vorzunehmen.

4.5 Wesentliche Beteiligungen nach § 17 EStG

Zulässigkeit einer gesetzlichen Rückwirkung bei GmbH-Anteilen
Die rückwirkende Absenkung der Wesentlichkeitsgrenze Ende 1998 oder 2001 ist nach drei Urteilen des BFH nicht verfassungswidrig (v. 01.03.2005 – VIII R 92/03, BStBl II, 398, v. 01.03.2005 – VIII R 25/02, BStBl II, 436, v. 10.08.2005 – VIII R 22/05, BFH/NV 2005, 2188).

- Bei der Beurteilung der Frage, ob innerhalb der letzten fünf Jahre eine wesentliche Beteiligung bestanden hat, ist auf die im Zeitpunkt der Veräußerung gültige Wesentlichkeitsgrenze abzustellen.
- Gegen die Herabsetzung der Wesentlichkeitsgrenze bestehen jedenfalls dann keine verfassungsrechtlichen Bedenken, wenn Veräußerungen nach dem Bundestagsbeschluss vom 04.03.1999 erfolgen. In diesen Fällen ist lediglich von einer unechten Rückwirkung auszugehen, die nicht gegen das Rechtsstaatsprinzip verstößt.

Gegen zwei Urteile wurde Verfassungsbeschwerde beim BVerfG eingereicht (2 BvR 753/05, 2 BvR 748/05). Einsprüche, die sich gegen beide Sachverhalte wenden, ruhen daher nach § 363 Abs. 2 Satz 2 AO. AdV gewährt die Verwaltung nicht.

Ansatz von Verlusten
Verluste aus einer GmbH-Beteiligung können steuerlich nur berücksichtigt werden, sofern der Besitzer fünf Jahre lang wesentlich beteiligt war. Schuldzinsen sind nur dann als Werbungskosten absetzbar, wenn die Einkunftsquelle auch weiterhin noch besteht. In drei Revisionsverfahren sind in diesem Zusammenhang einige Fragen offen:

- VIII R 38/04, Vorinstanz FG Münster v. 25.02.2004 – 1 K 5537/01 E, F: Stellen nach dem Verkauf einer wesentlichen Beteiligung an einer GmbH entstehende Schuldzinsen für ein Darlehen, das zum Kauf der Beteiligung aufgenommen worden war, nachträgliche Werbungskosten bei den Kapitaleinkünften dar?
- VIII R 28/04, Vorinstanz FG München v. 26.01.2004 – 2 K 2468/97: Hat der wesentlich beteiligte Gesellschafter Darlehen aufgenommen, um der GmbH ein Gesellschafterdarlehen geben bzw. nach Inanspruchnahme aus einer für die GmbH übernommenen Bürgschaft die geforderten Zahlungen leisten zu können, und wird die GmbH nunmehr im Rahmen einer Kapitalerhöhung in eine andere GmbH eingebracht, an welcher der Steuerpflichtige ebenfalls wesentlich beteiligt ist, können dann die nach der Einbringung entstandenen und geleisteten Schuldzinsen weiter als (nachträgliche) Werbungskosten bei den Kapitaleinkünften des Steuerpflichtigen abzogen werden?

4.6 Werbungskosten und das Halbeinkünfteverfahren

Vor der Einführung des Halbeinkünfteverfahrens galt bis zum Jahr 2000 das Anrechnungsverfahren, wonach die von einer inländischen Gesellschaft auf ausgeschüttete Gewinne bezahlte Körperschaftsteuer beim Anleger voll angerechnet wurde. Das führte dann im Endeffekt dazu, dass es lediglich zu einer Besteuerung nach der individuellen Progression des Besitzers kam. Durch die Umstellung der Steuersystematik kam es dann zu einer Doppelbesteuerung, da die mit Körperschaftsteuer vorbelasteten Ausschüttungen beim Empfänger erneut als Kapitaleinnahme erfasst wurden. Um dies zumindest in Maßen auszugleichen, wurden 50 % der Einnahmen über § 3 Nr. 40 EStG steuerfrei gestellt, die auch nicht dem Progressionsvorbehalt unterliegen.

Gleichzeitig sind die hierauf entfallenden Aufwendungen auch nur zur Hälfte abzugsfähig. Darüber hinaus ist noch die Besonderheit zu beachten, dass das Halbeinkünfteverfahren bei inländischen Ausschüttungen erstmals 2002 zur Anwendung kam, da die in 2001 ausgekehrten Gewinne noch aus dem Vorjahr mit Anrechnungsverfahren stammten. Aufwendungen sollten hingen bereits 2001 nur noch zur Hälfte abgezogen werden. Zu diesen beiden Aspekten liegen dem BFH nun Revisionen vor:

- VIII R 69/05: Sind Werbungskosten, die im Zusammenhang mit Aktien oder GmbH-Beteiligungen stehen, über § 3c Abs. 2 EStG zu Recht nur zur Hälfte absetzbar? Betroffen hiervon sind insbesondere fremdfinanzierte Erwerbe, da die Schuldzinsen nur mit 50 % gelten. Das könnte insoweit gegen das GG verstoßen, weil das Halbeinkünfteverfahren eine Doppelbelastung von Gewinnausschüttungen vermeiden soll. Werden nun die Kosten nicht voll berücksichtigt, ist dies jedoch zumeist nicht mehr der Fall. Das FG Niedersachsen (v. 08.11.2005 – 15 K 646/04, EFG 2006, 1404) hat keine verfassungsrechtlichen Bedenken.
- VIII R 10/06: Gilt die Abzugsbeschränkung des § 3c Abs. 2 EStG bereits für Gewinnausschüttungen ab 2001, obwohl die halbierte Einnahmebesteuerung bei inländischen Ausschüttungen erst 2002 angewendet wurde? Das FG Köln meldet in seinem rechtskräftigen Beschluss vom 20.07.2005 (15 V 2441/05) ernsthafte Bedenken an und gewährt daher Aussetzung der Vollziehung.

Steuer-Tipp

Aktionäre und GmbH-Gesellschafter sollten ihre Bescheide in Bezug auf die anhängigen Revisionen offen halten und ein Ruhen des Verfahrens beantragen. Das gilt insbesondere bei Kreditaufnahmen oder anderen hohen Aufwendungen im Zusammenhang mit der Geldanlage. Betroffen von der Anwendungsfrage sind auch Veräußerungserlöse nach §§ 17, 23 EStG, da es hier ebenfalls zu einer verzögerten Anwendung des Halbeinkünfteverfahrens kam. Nur bei ausländischen Beteiligungen galt das Halbeinkünfteverfahren bereits vorzeitig im Jahr 2001 (BFH v. 14.02.2006 – VIII B 107/04, HFR 2006, 679).

5 Wichtige Verwaltungserlasse

Nachfolgend im Überblick aktuelle Schreiben von BMF, FinMin sowie OFD.

5.1 Keine Steueraussetzung bei Spekulationsgewinnen

Die Finanzverwaltung gewährt bei Steuern auf Gewinne aus privaten Veräußerungs- und Terminmarktgeschäften keine Aussetzung der Vollziehung mehr (BMF v. 31.03.2006 – IV A 7 – S 0623 – 6/06, BStBl I, 290). Diese geänderte Sichtweise beruht auf zwei aktuellen BFH-Entscheidungen, wonach die Spekulationsbesteuerung ab 1999 verfassungsgemäß ist, weil zunehmende Kontrollmechanismen wie etwa Kontenabruf sowie Jahresbescheinigungen eingeführt worden sind (BFH v. 29.11.2005 – IX R 49/04, BStBl II 2006, 178, beim BVerfG unter 2 BvR 294/06). Zudem billigt der BFH dem Gesetzgeber für die Jahre vor 1997 einen Übergangszeitraum zu, um die bestehenden Erhebungsdefizite zu beseitigen. Somit liegt auch hier keine Verfassungswidrigkeit vor (BFH, Beschl. v. 29.11.2005 – IX B 80/05, BFH/NV 2006, 719).

Steuer-Hinweis
Die Steuer auf Spekulationsgewinne ab 1999 wird jedoch auch weiterhin vorläufig festgesetzt (BMF v. 16.02.2006 – IV A 7 – S 0338 – 14/06, BStBl I, 214), Einsprüche gegen Bescheide der Jahre 1994 bis 1996 ruhen unverändert weiter.

5.2 Treuhänderisch gehaltene geschlossene Fonds stellen kein Betriebsvermögen dar

Um Besitz steuergünstig auf Kinder zu übertragen, wählen viele Eltern den Umweg über geschlossene Immobilien-, Schiffs- oder Medienfonds. Wird nämlich statt Geld anschließend der Fondsanteil auf den Nachwuchs übertragen, können hierfür bei gewerblichen Beteiligungen Freibetrag und Bewertungsabschlag nach § 13a ErbStG in Anspruch genommen werden. Diese derzeit übliche Praxis erkennt die Finanzverwaltung nicht mehr an (FinMin Baden-Württemberg v. 25.06.2005 – 3-S 3806/51, DB 2005, 1439, ZEV 2005, 341 sowie verschiedene weitere FinMin). Hiernach stellt treuhänderisch gehaltener Besitz kein begünstigtes Betriebsvermögen, sondern einen Herausgabeanspruch gegen den Treuhänder dar. Bemessungsgrundlage als Sachleistungsanspruch ist dann der gemeine Wert der Fondsanteile. Neben dem Ansatz des höheren Verkehrswertes entfallen dann auch die Begünstigen nach §§ 13a, 19a ErbStG.

Die Finanzverwaltung bezieht sich hierbei auf das BFH-Urteil vom 25.01.2001(II R 39/98, BFH/NV 2001, 908), wonach eine freigebige Zuwendung i.S.d. § 7 ErbStG erfordert, dass der Empfänger über das Zugewendete im Verhältnis zum Leistenden tatsächlich und rechtlich frei verfügen kann. Hierfür kommt es ausschließlich auf die Zivilrechtslage und nicht darauf an, wem nach wirtschaftlicher Betrachtungsweise das übertragene Vermögen nach § 39 Abs. 2 AO zuzurechnen ist. Vor einer geplanten Schenkung sollten Fondsanleger daher auf die direkte Beteiligung umsteigen. Um Nachteile für den Todesfall auszuschließen, sind Gesellschaftsverträge sinnvoll, in denen die Rechtsnachfolger unmittelbar mit Eintritt des Erbfalls eine unmittelbare Kommanditbeteiligung erwerben.

Steuer-Hinweis
Die Verwaltungsauffassung gilt bei allen Fondsbeitritten ab dem 01.07.2005 sowie bei vorherigen Erwerben, wenn der unentgeltliche Übergang nach dem 30.06.2006 erfolgt war. Bei Neuabschlüssen sollte daher sofort eine direkte Kommanditbeteiligung gewählt werden, die viele Initiatoren

anstelle der Treuhandschaft erst auf Antrag oder konkrete Nachfrage einräumen. Sofern Fondsbesitzer eine treuhänderische Beteiligung besitzen, sollten sie zumindest vor einer geplanten Schenkung umsteigen. Derzeit noch wenig Auswirkung hat dies auf Fonds jenseits der Grenze, da hier ohnehin der Verkehrswert angesetzt wird. Sofern ein DBA besteht (etwa Österreich), sind jedoch Nachteile zu befürchten.

5.3 Anwendung des FiFo-Verfahrens außerhalb von § 23 EStG

Die nach § 23 Abs. 1 Nr. 2 Satz 2 EStG ab 2005 gesetzlich fingierte FiFo-Methode bei der Ermittlung von privaten Veräußerungsgeschäften gilt ab 2006 auch für den Verkauf von Finanzinnovationen gem. § 20 Abs. 2 Nr. 4 EStG (BMF v. 28.10.2005 – IV C 1 – S 2406 – 7/05, OFD Magdeburg v. 19.06.2006 – S 2406 – 3 – St 214, DB 2006, 2092). Zuvor galt das gegenläufige Lifo-Verfahren, sofern mehrere Wertpapiere gleicher Art im Depot lagen. Damit können Banken aus Vereinfachungsgründen für die Jahresbescheinigung ab 2006 keine verschiedenen Rechenmethoden mehr verwenden. Das FiFo-Verfahren gilt auch für die Bemessung des Zinsabschlags.

Das FiFo-Verfahren kann allerdings im Rahmen der Ermittlung der Einkünfte nach § 17 EStG für die Fälle der Girosammelverwahrung nicht entsprechend angewendet werden. Hier sind vielmehr gemäß den BFH-Grundsätzen (v. 24.11.1993 – X R 49/90, BStBl II 1994, 591) Durchschnittswerte anzusetzen. Jedes einzelne Wertpapier gilt danach als anteilig verkauft. Nach diesem allgemeinen Grundsatz wird verfahren, wenn ein Teil einer Gruppe von vertretbaren Wirtschaftsgütern veräußert wird. Auch handelsrechtlich werden Wertpapiere, die sich in einem Girosammeldepot befinden, grundsätzlich mit den durchschnittlichen Anschaffungskosten sämtlicher Wertpapiere derselben Art bewertet (OFD Magdeburg v. 15.05.2006, DStR 2006, 1281). § 17 EStG enthält keine Sonderregelung für die Ermittlung des Veräußerungsgewinns bei der Veräußerung von Anteilen an Kapitalgesellschaften, so dass ein Abweichen von der bisherigen Verfahrensweise weder geboten noch zulässig ist (FinBeh Berlin v. 31.01.2006 – III A – S 2244 – 3/2005, DB 2006, 476).

5.4 Zinsabschlag und Versicherungsunternehmen

Für Erträge aus der Verzinsung von Beitragsdepots eines Versicherungsunternehmens besteht die Pflicht zum Einbehalt und zur Abführung von Kapitalertragsteuer. Dies gilt für ab 2006 abgeschlossene Verträge (BMF v. 28.04.2005 – IV C 1 – S 2400 – 10/05, BStBl I, 669). Es bestehen Zweifel, ob diese Ansicht rechtmäßig ist. Denn Versicherungsunternehmen sind weder Kreditinstitute noch Finanzdienstleistungsinstitute, und nur diese sind neben Fondsgesellschaften zum Steuerabzug verpflichtet.

Steuer-Hinweis

§ 43 Abs. 1 Nr. 7b Satz 2 EStG wird um Versicherungsunternehmen erweitert, soweit es sich um Erträge aus Kapitalanlagen handelt, die mit Einlagegeschäften bei Kreditinstituten vergleichbar sind. Damit wird gesetzlich klargestellt, dass Zinsen aus Beitrags- oder Ablaufdepots mit Einlagegeschäften bei Kreditinstituten vergleichbar sind und damit auch im Rahmen des Zinsabschlags und der Ausstellung der Jahresbescheinigung nach § 24c EStG gleich zu behandeln sind. Die Erhebung des Zinsabschlags gilt für Verträge, die ab 2007 abgeschlossen werden (§ 52 Abs. 53a EStG).

5.5 Einführungserlass zu nach 2004 abgeschlossenen Lebensversicherungen

Durch das Alterseinkünftegesetz wurde § 20 Abs. 1 Nr. 6 EStG ab 2005 geändert. Nunmehr gilt die Differenz zwischen Versicherungsleistung und der Summe der eingezahlten Beiträge bei Fälligkeit oder vorzeitiger Kündigung als Kapitaleinnahme. Das BMF hat hierzu ein umfangreiches Einführungsschreiben veröffentlicht (BMF v. 22.12.2005 – IV C 1 – S 2252 – 343/05, BStBl I 2006, 92). Hiernach können beispielsweise Werbungskosten in voller Höhe abgezogen werden, auch wenn nur die Hälfte der Einnahmen erfasst wird. Bemessungsgrundlage für die Kapitalertragsteuer ist der volle oder halbe Unterschiedsbetrag.

Besonders zu beachten ist, dass bei einer Kapitallebensversicherung mit dem Wahlrecht der Rentenzahlung in der Ausübung der Rentenoption eine Verfügung über die auszahlbare Versicherungsleistung vorliegt.

5.6 Neue Berechnung bei der Ausgabe von Bezugsrechten

Nach Auffassung des BFH ist bei einer Kapitalerhöhung gegen Zuzahlung auch der Wert des Bezugsrechts auf die neuen Anteile anzusetzen (BFH v. 21.09.2004 – IX R 36/01, BStBl II 2006, 12). Dieses Urteil hat die Verwaltung als Anlass für ein Anwendungsschreiben genommen (BMF v. 20.12.2005 – IV C 3 – S 2256 – 255/05, BStBl I 2006, 8). Hiernach führt die Zuteilung der Bezugsrechte nicht zu Einkünften aus Kapitalvermögen, die Ausübung ist aber beim bisherigen Aktionär als Veräußerung anzusehen. Das führt dazu, dass ein steuerpflichtiger Ertrag nicht nur beim Verkauf, sondern auch bei Ausübung des Bezugsrechtsangebots vorliegt, wenn die Altaktien zu diesem Zeitpunkt noch kein Jahr im Depot liegen.

Als maßgebender fiktiver Veräußerungspreis gilt hierbei der niedrigste Börsenkurs des Bezugsrechts an diesem Tag. Als Anschaffungskosten gegenübergestellt wird die Minderung des Börsenkurses der Altaktie durch den Bezugsrechtsabschlag. Gleichzeitig vermindern sich die Anschaffungskosten der Altaktien um das Bezugsrecht. Das BMF-Schreiben erläutert die einzelnen Vorgänge anhand verschiedener Beispiele. Für die richtige Darstellung in der Jahresbescheinigung 2005 kommt der Verwaltungserlass allerdings zu spät. Ob die komplizierten Einzelschritte in der Liste für 2006 richtig aufgenommen wird, bleibt abzuwarten.

5.7 Wertausgleich bei Investmentfonds

Gleicht eine Investmentgesellschaft Verluste durch eine Ausgleichszahlung an die Besitzer aus, liegen bei Privatanlegern keine Kapitaleinnahmen nach § 20 EStG vor (Bayerisches LfSt v. 24.04.2006 – S 1980 – 8 St 32/St 33, DB 2006, 1186). Aktuell kann diese Sichtweise auf den offenen Immobilienfonds grunbesitz-invest der Deutschen Bank angewendet werden. Der Fonds wurde Ende 2005 für einige Wochen geschlossen, die Anleger sollten bei Wiedereröffnung entschädigt werden.

- Beim privaten Anleger gehören die Kompensationszahlungen nicht zu den Einkünften aus Kapitalvermögen gem. § 2 Abs. 1 InvStG i.V.m. § 20 Abs. 1 Nr. 1 oder Abs. 2 Nr. 1 EStG. Die Entschädigung wird für den erlittenen Kursverlust und nicht für entgangene Einnahmen gezahlt.
- Bei Veräußerung der Fondsanteile innerhalb eines Jahres ist der Betrag bei der Ermittlung des Gewinns oder Verlusts aus privaten Veräußerungsgeschäften gem. § 23 Abs. 1 Satz 1 Nr. 2 EStG zu berücksichtigen. Insoweit muss die Ausgleichszahlung mindernd bei den Anschaffungskosten berücksichtigt werden. Liegen die Immobilienfonds hingegen bereits länger als ein Jahr im Depot, können die Anteile sofort steuerfrei verkauft werden, ohne dass sich der erhaltene Betrag negativ auswirkt.
- Beim betrieblichen Anleger zählen die Ausgleichszahlungen zu den Betriebseinnahmen.

5.8 Garantieprodukte als Finanzinnovation

Sagt der Emittent von Zertifikaten eine Rückzahlung deutlich unter dem Nennwert zu, liegt nach Auffassung des FG München (v. 04.05.2004 – 2 K 2385/03, EFG 2005, 1868, Revision unter VIII R 53/05) keine Finanzinnovation mehr vor, da solche Papiere eher die Eigenschaften nach § 23 EStG aufweisen. Die Finanzverwaltung geht jedoch bei Garantiezertifikaten weiterhin von einer Besteuerung nach § 20 Abs. 2 Nr. 4 EStG aus, wenn nur die teilweise Rückzahlung zugesagt wird. Denn nach § 20 Abs. 1 Nr. 7 EStG gehören Erträge aus sonstigen Kapitalforderungen jeder Art zu den Einkünften aus Kapitalvermögen, wenn die Rückzahlung des Kapitalvermögens oder ein Entgelt für die Überlassung des Kapitalvermögens zugesagt oder gewährt worden ist, auch wenn die Höhe des Entgelts von einem ungewissen Ereignis abhängt. Diese Vorschrift setzt für die Annahme von Einkünften aus Kapitalvermögen nicht die vollständige Rückzahlung des überlassenen Kapitalvermögens voraus. Die Erträge gehören nach dieser Vorschrift auch dann zu den Einkünften aus § 20 EStG, wenn nur die teilweise Rückzahlung des Kapitalvermögens zugesagt worden ist (OFD Frankfurt v. 06.04.2006 – S 2252 A – 42 – St 219).

5.9 Freistellungsaufträge sind auch online möglich

Bislang war die Erteilung oder Änderung eines Freistellungsauftrags nach amtlich vorgeschriebenem Vordruck (BMF v. 17.02.2004 – IV C 1 – S 2056 – 4/04, BStBl I, 335) nur schriftlich mit Unterschrift des Kunden möglich. Neben der Übermittlung per Fax ist jetzt auch eine Erteilung im elektronischen Verfahren zulässig (BMF v. 13.12.2005 – IV C 1 – S 2404 – 31/05, BStBl I, 1051). In diesem Fall muss die Unterschrift durch eine elektronische Authentifizierung des Kunden in Form des banküblichen gesicherten PIN/TAN-Verfahrens ersetzt werden. Hierbei wird zur Identifikation die persönliche Identifikationsnummer PIN verwendet und die Unterschrift durch Eingabe der Transaktionsnummer TAN ersetzt. Bei Ehegatten reicht die Übersendung durch eine Person, anschließend erhält der vertretene Ehegatte von der Bank sowohl eine gesonderte schriftliche Benachrichtigung als auch eine Kopie des Freistellungsauftrags.

5.10 DBA mit den Vereinigten Arabischen Emiraten wird verlängert

Das zwischen Deutschland und den Vereinigten Arabischen Emiraten (VAE) geschlossene DBA (BGBl II 1996, 518) sollte eigentlich am 10.08.2006 außer Kraft treten. In einer Verhandlungsrunde mit den Vereinigten Arabischen Emiraten im Juni 2006 wurde nunmehr vereinbart, das Abkommen um zwei Jahre bis zum 09.08.2008 zu verlängern. Der Delegation der VAE wurde unmissverständlich verdeutlicht, dass das DBA über die zwei Jahre in der vorliegenden Form nicht verlängert werden wird. Es ist beabsichtigt, zügig mit Neuverhandlungen zu einem DBA zu beginnen (BMF, PM v. 22.06.06).

5.11 Kapitaleinnahmen bei Auskehrungen von Stiftungen

Nach § 20 Abs. 1 Nr. 9 EStG gehören zu den Einkünften aus Kapitalvermögen auch die Einnahmen aus Leistungen einer nicht steuerbefreiten Stiftungen nach § 1 Abs. 1 Nr. 5 KStG, die Gewinnausschüttungen gem. § 20 Abs. 1 Nr. 1 EStG wirtschaftlich vergleichbar sind. Hierunter fallen auch alle Leistungen einer Stiftung, die von den Stiftungsgremien aus den Erträgen an den Stifter oder seine Angehörigen ausgekehrt werden. Der Empfänger erzielt entsprechende Einkünfte aus Kapitalvermögen. Dies gilt auch, wenn die Leistungen anlässlich der Auflösung der Stiftung erbracht werden (BMF v. 27.06.2006 – IV B 7 – S 2252 – 4/06).

5.12 Ertragsteuerliche Behandlung der Erbengemeinschaft

Mit dem Tod des Erblassers geht der gesamte Nachlass unentgeltlich im Wege der Gesamtrechtsnachfolge auf den Alleinerben oder die Erbengemeinschaft über. Der Nachlass ist Gesamthandsvermögen der Erben. Für den Bereich des Kapitalvermögens bilden Erbfall und Erbauseinandersetzung keine rechtliche Einheit. Hinterlässt ein Erblasser mehrere Erben, geht sein Vermögen mit dem Tod im Ganzen auf die Erben über und wird bei ihnen zu gemeinschaftlichem Vermögen. Die Miterben verwalten den Nachlass gemeinsam und können über Nachlassgegenstände nur gemeinschaftlich verfügen. Die Erbengemeinschaft kann unbegrenzt bestehen bleiben. Hieraus ergeben sich Folgerungen für das Entstehen und die Zurechnung von steuerlichen Einkünften bei den Miterben, was das BMF in einem Schreiben vom 14.03.2006 (IV B 2 – S 2242 – 7/06, BStBl I, 253) erläutert.

5.13 Umsatzsteuer auf Vermögensverwaltungsgebühren

Treten Kreditinstitute und freie Vermögensverwalter als Vermögensverwalter auf, ist in Bezug auf die Umsatzsteuer von einer einheitlichen Leistung auszugehen, wenn der Kunde bei Vermögensverwaltungsverträgen keine eigene Entscheidungsbefugnis über Transaktionsleistungen hat. Die Ausführung der Wertpapierumsätze ohne vorherige Rücksprache mit dem Kunden ist dann lediglich als Nebenleistung anzusehen. Es ist unerheblich, ob die Abrechnung der Transaktionsleistungen pauschal oder nach der tatsächlichen Anzahl der Transaktionen durchgeführt wird. Diese Art der Vermögensverwaltung ist deshalb als einheitliche Leistung insgesamt steuerpflichtig. Eine Trennung in eine steuerpflichtige Vermögensverwaltung und steuerfreie Transaktionsleistungen (§ 4 Nr. 8e UStG) kommt in diesen Fällen nicht in Betracht (OFD Frankfurt v. 14.02.2006 – S 7160 A – 68 – St I 2.30).

6 Steuerlicher Ausblick

Neben bereits beschlossenen Gesetzesänderungen steht für 2009 eine grundsätzliche Umstellung in der steuerlichen Behandlung der Geldanlage bevor. Die Abgeltungsteuer wirft bereits ihre Schatten voraus, wonach Erträge aus Kapitaleinnahmen und Wertpapierverkäufen pauschal erfasst werden und die Spekulationsfrist entfallen soll. Aber auch der in den vergangenen Jahren deutlich zunehmende Trend zum gläsernen Anleger hält weiter an.

6.1 Der Trend zum gläsernen Anleger

Die Informationsgier des Staates am Wissen über die persönlichen Verhältnisse seiner Bürger ist in den letzten Jahrzehnten zunehmend gewachsen und mündet derzeit in einem bisher nicht für möglich gehaltenen Kontrollnetz. Quelle sind hierbei zumeist die Kreditinstitute, denen die Verhältnisse ihrer Kunden bestens bekannt sind. Dies gilt nicht nur im finanziellen, sondern auch im persönlichen Bereich. Gerade der Ausbau des bargeldlosen Zahlungsverkehrs gibt tiefe Einblicke in Vorlieben der Deutschen, sei es die Überweisung auf Auslandskonten oder an eine politische Partei.

Kein Wunder, dass staatliche Stellen bestrebt sind, sich dieser Datenparadiese möglichst weitgehend schrankenfrei zu bedienen. Das gelingt mit herkömmlichen Mitteln durch Anforderung von Unterlagen. Einfacher und zeitgemäß ist der Aufbau eines Datenpools nach vorgegeben Mitteln, zu dem die Kreditwirtschaft gezwungen wird. Online-Abfragen nach vorgegebenen Suchrastern erleichtern die Arbeit, die mühselige Zettelwirtschaft entfällt.

Eine neue Kontrollwelle wurde durch die Ereignisse am 11.09.2001 ausgelöst. Unter dem Stichwort Terrorismusbekämpfung waren plötzlich staatliche Vorgaben möglich, die zuvor unter datenschutzrechtlichen Aspekten als nicht hinnehmbar abgelehnt worden wären. Doch der Anschlag war nur ein weiterer letzter Baustein. Denn bereits zuvor lassen sich vier weitere Entwicklungslinien ausmachen – alleine in den vergangenen zehn Jahren:

1. Zinsabschlag 1993. Im Zusammenhang mit den Ermittlungen zur Kapitalflucht ins Ausland als Gegenreaktion zur Einführung des Zinsabschlags haben die Gerichte das Erfordernis des strafrechtlichen Anfangsverdachts nach § 152 StPO immer mehr aufgeweicht. So genügt zur Aufnahme strafrechtlicher Ermittlungen bereits der bloße Umstand, dass Gelder im Ausland angelegt wurden.
2. Die Grenzbereiche zwischen Staat und Bürger verschwimmen immer mehr. Polizeirechtlich lebt der Eingriff in die persönlichen Verhältnisse vom Vorliegen einer konkreten Gefahr für die öffentliche Sicherheit oder Ordnung. Doch besonders das Wertpapierhandels- und das Geldwäschegesetz kehren die Verhältnisse um. Denn auf das Vorliegen einer konkreten Gefahr wird verzichtet, personenbezogene Daten sind im Vorfeld präventiv auszuwerten.
3. Kreditinstitute mit der Gesamtheit ihres Wissens und ihrer technischen Möglichkeiten werden staatlichen Ermittlungszwecken dienstbar gemacht.
4. Vorläufiger und aktueller Höhepunkt sind Normen, die den heimlichen oder voraussetzungslosen Eingriff zulassen wollen wie etwa § 24 KWG (Vorhalten von Kontendaten auf EDV-Basis) oder § 93b AO (Online-Zugriff der Finanzbehörden).

Die Tendenz ist somit eindeutig: Die Finanzverwaltung verschafft sich zunehmend Informationsquellen über die Kapitalerträge der Deutschen, ein Bankgeheimnis in Bezug auf die Finanzverwaltung gibt es eigentlich schon lange nicht mehr. Die Überwachung erreichte

2005 ihren bisherigen Höhepunkt mit zumindest im Inland kaum noch Steigerungspotential. Da wird es dem BVerfG schwer fallen, aktuell noch Erhebungsdefizite bei den Spekulationsgeschäften und in Bezug auf die Erfassung von Kapitaleinnahmen anzumahnen. Der BFH hat dies bereits erkannt und insbesondere aus dem Zusammenwirken von Kontenzugriff und Jahresbescheinigung ein ideales Mittel zum Erforschen bislang verschwiegener Einkunftsquellen gesehen. Da diese Kontrollmaßnahmen auch rückwirkend verwendbar sind, ist von Erhebungsdefiziten nicht mehr die Rede.

Besonders seit dem Ablauf der Amnestiemöglichkeit Ende März weht ein rauerer Wind. Steuersünder, welche die Brücke zur Steuerehrlichkeit nicht genutzt haben, müssen sich auf eine härtere Gangart einstellen. Nahtlos schließt sich die neue Möglichkeit des Fiskus an, die Bankdaten der Bürger zu erforschen. Seit April 2005 sind gezielte Kontoabfragen möglich. Darüber hinaus erstellen die Banken bereits für 2004 Jahresbescheinigungen über alle Einnahmen und Wertpapiergeschäfte. Bei Depots jenseits der Grenze gilt ab Juli die EU-Zinsrichtlinie, die auch diese Verbindungen transparenter macht. Seit Februar 2006 ist es zudem über die Rechtshilfe in Strafsachen zwischen den EU-Mitgliedstaaten möglich, konkrete Anfragen jenseits der Grenze zu stellen.

Wer dann auffällt, kann kaum noch mit Milde der Behörden rechnen. Strafverfahren werden häufiger eröffnet und Bußen sowie Nachzahlungen deutlich schärfere Konsequenzen für die Ertappten bringen. Nun werden Selbständige und Unternehmer nicht nur von Betriebsprüfungen kontrolliert, sondern auch ihre privaten Konten diesseits und jenseits der Grenze noch transparenter. Und private Investoren werden in Hinblick auf ihre Geldanlagen kräftig durchleuchtet. Ein zusätzliches Mittel wird hierbei die voraussichtlich 2007 eingeführte einheitliche Steuer-Identifikationsnummer sein.

Einsatz von Kontrollmitteilungen

Die Diskussion um den gläsernen Steuerzahler hat zwar insbesondere durch die neuen Kontenabfragemöglichkeiten der Finanzbehörden bei inländischen Kreditinstituten deutlich zugenommen. Doch diese Maßnahme ist nur ein Mosaikstein auf dem Weg, mehr und bessere Informationen über die Einkünfte der Bürger zu erhalten. Ein bewährtes und seit Jahren angewendetes Mittel ist das Ausstellen von Kontrollmitteilungen, wovon Finanzbeamte besonders im Rahmen von Betriebsprüfungen regen Gebrauch machen. Unter den Begriff Kontrollmitteilungen fallen in erster Linie Mitteilungen einer Finanzbehörde an eine andere Finanzbehörde zur Überprüfung von steuerlichen Verhältnissen eines Steuerpflichtigen. Sie werden insbesondere angefertigt anlässlich einer Außenprüfung (§ 194 Abs. 3 AO), darüber hinaus aber auch zum Informationsaustausch zwischen Finanz- an anderen Behörden zur Bekämpfung von illegaler Beschäftigung und Leistungsmissbrauch (§ 31a AO). Jüngst haben die Kontrollmitteilungen weiter an Bedeutung zugenommen, ausgelöst durch die schon erwähnten gesetzlichen Maßnahmen:

- **EU-Zinsrichtlinie**: 22 EU-Staaten melden grenzübergreifend Kapitalerträge der Anleger mit ausländischem Wohnsitz.
- **Identifikationsmerkmal**: Eine auf Dauer vergebene Steuer- oder Wirtschafts-Identifikationsnummer (§§ 139a f. AO) soll zur eindeutigen Identifizierung des Steuerpflichtigen führen und etwa bei der Zuordnung von Kontrollmitteilungen helfen.
- **Jahresbescheinigung**: Diese Auflistung der Banken nach § 24c EStG ist zwar kein direkter Austausch von Behörden. Sie kann aber durch den Umweg über den Anleger effektiv zur Kontrolle der Kapital- und Veräußerungseinkünfte verwendet werden.

Ihren Haupteinsatz erfahren Kontrollmitteilungen im Rahmen von Betriebsprüfungen. Dem Grunde nach dient eine Außenprüfung vornehmlich dem Ziel, Steuergerechtigkeit durch gerechte Vollziehung der Steuergesetze zu verwirklichen. Sie darf nicht eigens zu dem Zweck durchgeführt werden, die Verhältnisse anderer Personen zu erforschen (BFH v. 18.02.1997 – VIII R 33/95, BStBl II, 499). Trotzdem darf und muss die Finanzverwaltung bestimmte, durch den Betriebsprüfer gewonnene Erkenntnisse weiterleiten. Werden anlässlich einer Außenprüfung Verhältnisse anderer Personen als des geprüften Steuerpflichtigen festgestellt, ist die Auswertung der Feststellungen insoweit zulässig, als ihre Kenntnis für die Besteuerung dieser anderen Personen von Bedeutung ist oder die Feststellungen eine unerlaubte Hilfeleistung in Steuersachen betreffen (§ 194 Abs. 3 AO). Dies geschieht dadurch, dass der Prüfer eine Kontrollmitteilung über die Feststellungen anfertigt und der für die andere Person zuständigen Finanzbehörde zusendet. Die prüft dann, ob diese mitgeteilten Verhältnisse bei der Besteuerung berücksichtigt sind.

Somit stellt die Kontrollmitteilung eines der effektivsten Nebenprodukte der Betriebsprüfung dar. Sie wird ohne Ersuchen erteilt und betrifft nicht den geprüften Steuerpflichtigen selbst, sondern die steuerlichen Belange Dritter. Dies kann dann eine Kettenreaktion auslösen, wenn anlässlich der Kontrollmitteilung auch beim betroffenen Dritten eine Außenprüfung durchgeführt wird und es anschließend sogar noch zu einem strafrechtlichen Ermittlungsverfahren kommt.

Steuer-Hinweis

Es steht im Ermessen des Prüfers, in welchen Fällen und in welchem Umfang er Kontrollmitteilungen anfertigt. Nicht vorgesehen ist die Pflicht des Betriebsprüfers, den Geprüften über die Fertigung von Kontrollmitteilungen zu unterrichten. Er kann ihn jedoch nach seinem Ermessen hiervon unterrichten, insbesondere wenn er hierzu befragt wird.

Bei Betriebsprüfungen von Kreditinstituten ist die Ausschreibung von Kontrollmitteilungen eingeschränkt (§ 30a AO). Die Prüfer dürfen anlässlich der Außenprüfung bei einem Kreditinstitut die Guthaben oder Depots von Bankkunden nicht mit dem Zweck feststellen und abschreiben, um die ordnungsgemäße Versteuerung beim Bankkunden nachzuprüfen. Dementsprechend soll insoweit auch die Ausschreibung von Kontrollmitteilungen unterbleiben (§ 30a Abs. 3 Satz 2 AO). Dieses Verbot erfasst aber nicht andere Konten, wie etwa Kreditkonten. Die Prüfung einer Bank darf daher nicht zur Prüfung ihrer Kunden genutzt werden. Ein Streitpunkt ist hierbei immer wieder die Auswertung der internen CpD-Konten, um Tafelgeschäfte oder anonyme Geldtransfers ins Ausland aufzudecken. Umgekehrt ist jedoch unter engen Voraussetzungen ein Sammelauskunftsersuchen zulässig, wenn sich im Rahmen der Außenprüfung bei einem Kreditinstitut Besonderheiten ergeben sollten.

Eine Kontrollmitteilung ist kein Verwaltungsakt, da sie weder gegenüber dem geprüften Steuerpflichtigen noch gegenüber der anderen Person etwas regelt und somit auch keine Außenwirkung entwickelt, § 118 AO. Dies gilt auch dann, wenn der Prüfer Mitteilung von der Kontrollmitteilung macht. Der Betroffene oder der geprüfte Unternehmer kann sich jedoch unmittelbar mit einer Leistungsklage gegen die Weiterleitung der Kontrollmitteilung wenden, wenn sie in ihren Rechten verletzt sind. Anders sieht es aus, wenn der Betriebsprüfer gezielt um Auskunft oder Vorlage von Unterlagen bittet, die zur Ausfertigung von Kontrollmitteilungen verwendet werden sollen. Dann liegt ein unzulässiges Ausforschen von Verhältnissen Dritter vor. Gegen dieses Auskunfts- und Vorlageersuchen als Verwaltungsakt kann mittels Einspruch oder einer Anfechtungsklage vorgegangen werden.

Weitere Kontrollmaßnahmen

Freistellungsauftrag: Es gibt schon länger ein Mittel, den Umfang bestehender Kontenverbindungen im Inland zu überprüfen. Denn Banken und Fondsgesellschaften melden dem BfF gem. § 45d EStG bereits seit 1999, was sie aufgrund vorliegender Freistellungsaufträge ohne Steuerabzug ausbezahlen. Das betrifft Erträge, Kontoinhaber und Bankverbindung. Wegen des Halbeinkünfteverfahrens sind freigestellte Zinsen und Dividenden getrennt auszuweisen, ein Rückschluss auf mögliche Aktienverkäufe war also bereits in der Vergangenheit möglich. Auf diese Daten können neben Finanz- auch Sozialbehörden zugreifen. Das beide tun sie bereits heute intensiv, Finanzbeamte rund 300.000 mal pro Jahr und Mitarbeiter von Sozialleistungsträgern starten jährlich rund 3 Mio. Anfragen auf Datenabgleich.

Steuerliche Identifikationsnummer: Gemäß §§ 139a ff. AO soll ein bundeseinheitliches Ordnungsmerkmal die bisherige Steuernummer ersetzen. Diese Identifikationsnummer gilt dann ein Leben lang, unabhängig von Ortswechseln. Allerdings fehlen bisher noch die technischen Voraussetzungen. Sofern das angedachte Nummernsystem eingeführt ist, wird es der Finanzverwaltung viel leichter fallen, steuerliche Sachverhalte flächendeckend zu ermitteln. So wird die steuerliche Identifikationsnummer bei der EU-Zinsrichtlinie verwendet. Anleger mit ausländischem Wohnsitz müssen ihrer Bank neben Name und Anschrift bereits ab 2004 auch dieses Merkmal zur Verfügung stellen. Deutsche Sparer sind mangels eigener Nummer bislang noch ausgenommen. Die Vorlage einer eindeutigen Identifikationsnummer wird zusätzlich dafür sorgen, das Auswertungen und Suchläufe mittels EDV in Zukunft noch zielgenauer erfolgen werden.

Steuer-Hinweis

Ab 2005 werden ausgezahlte Rentenbeträge, auch von Versorgungskassen oder Versicherungen, gem. § 22a EStG an die Zentrale Zulagestelle für Altersvermögen (ZfA) in Brandenburg gemeldet. Auch hierbei ist die Identifikationsnummer anzugeben. Dies erfolgt allerdings frühestens Anfang 2008, dann allerdings rückwirkend für Auszahlungen ab 2005.

Bankenrazzien: Die Welle der medienwirksamen Bankenfahndungen ab 1994 ist mittlerweile zum Erliegen gekommen. Hinsichtlich der ins Ausland transferierten Gelder sind die Beamten noch mit der Auswertung beschlagnahmter Akten beschäftigt. Dies entwickelt sich zu einem Kampf gegen die Zeit, da die ehemaligen Fälle zunehmend verjähren. Und neue Fahndungsansätze in späteren Jahren sind nur noch in Einzelfällen mit konkretem Anfangsverdacht zulässig. Den gibt es durch die erweiterten Informationsmöglichkeiten ab kommendem Jahr wieder. Anders sieht es bei der Suche nach nicht deklarierten Spekulationsgeschäften aus. Hier war es der Steuerfahndung – Einzelfälle ausgenommen – bisher nicht möglich, bei Banken oder gar flächendeckend an Informationen über Wertpapierverkäufe zu kommen. Dem standen meist Beschlüsse der Finanzgerichte entgegen. Die erkannten keinen hinreichender Anfangsverdacht für Sammelauskünfte von Kreditinstituten (zuletzt FG Münster v. 25.06.2004, DStRE 2004, 1137).

Hinzu kam die jahrelang schwebende Frage zur Verfassungswidrigkeit der Besteuerung von Spekulationsgeschäften. Dieser mittlerweile für 1997/98 entschiedene Streitpunkt führte dazu, dass der BFH Sammelauskunftsersuchen generell stoppte. Und für Jahre ab 2000 wird sich die Finanzverwaltung angesichts fallender Börsen kaum die Mühe machen, nach potentiellen Verlustgeschäften zu suchen. Diese Geschäfte werden ab 2004 wieder interessant, da die Jahresbescheinigung sämtliche Börsenaktivitäten auflistet. Anlass genug für Finanzbeamte, sich nach den alten Jahren zu erkundigen und ohne hinreichende Antworten an die einzelnen Banken zu wenden. Dies gelingt dann gezielt und ohne Razzia.

Erweiterte Meldepflichten: Deutsche Kreditinstitute gem. § 9 WpHG sind verpflichtet, jedes Börsengeschäft mit Wertpapieren oder Derivaten zu melden. Diese Vorschrift dient grundsätzlich zur Vermeidung des Insiderhandels. Doch die Erfassung von Auftraggeber und Depotinhaber führt nicht nur zur Übermittlung von insiderrelevanten Daten an die BaFin. Bekannt werden neben den Handelsdaten wie Kurs, Stückzahl und Kennnummer auch Informationen über Bezugsrechte, dem Erhalt von Gratisaktien oder den Tausch von Wertpapieren.

Außenprüfung: Bei vielen Selbständigen und Kleinunternehmern war der Betriebsprüfer in der Vergangenheit ein nur selten gesehener Gast. Die Gewinn- und Einnahmesituation führte meist dazu, dass Praxen und Kanzleien unterhalb der prüfungswürdigen Grenzen blieben. Dies könnte sich künftig ändern, wenn das Finanzamt intern konkrete Anhaltspunkte für eine intensive Nachschau vor Ort ermittelt. Die zuvor beschriebenen Maßnahmen in Bezug auf die Kapitaleinkünfte werden dazu führen, dass vermehrt Unschlüssigkeiten zwischen vorliegendem Kontrollmaterial und den Daten der Steuererklärungen auftauchen. Sofern sich diese nicht einfach vom Schreibtisch aus erledigen lassen, werden diese Unstimmigkeiten als Anlass für eine Prüfungsanordnung genommen. Die umfasst dann den privaten und beruflichen Teil. Zumal die von diesseits und jenseits der Grenze stammenden Informationen die Beamten zweifach interessieren werden. Denn es geht nicht nur um die Erfassung der Kapitaleinnahmen und Spekulationsgewinne. Darüber hinaus wird auch die Herkunft dieser Gelder erforscht, wobei der Fokus auf in der Vergangenheit unversteuerten Betriebseinnahmen liegen wird.

Erbschaftsteuer: Sollte es in Deutschland bei der Verbindung Kreditinstitut – Finanzbehörde überhaupt so etwas wie ein Bankgeheimnis geben, im Todesfall des Kontoinhabers werden sämtliche Bankverbindungen transparent – zumindest inländische. Denn Banken und Versicherungen erfüllen gem. §§ 33 ErbStG, 1, 3 ErbStDV gegenüber dem Finanzamt umfangreiche Anzeigepflichten. Gemeldet werden die Kontenstände von Vortodestag inklusive aufgelaufener Erträge. Versicherungen teilen der Finanzbehörde mit, wenn sie Guthaben (auch zu Lebzeiten) an einen anderen als den Versicherungsnehmer auszahlen. Nur bei Beträgen unter 2.500 € kann die Meldung unterbleiben.

Durch die Meldepflicht im Todesfall wird sicher gestellt, dass Erben, Vermächtnisnehmer und sonstige Begünstigte zumindest mit dem zugewendeten Vermögen steuerlich erfasst sind. Beim Erblasser bilden die Mitteilungen den Einstieg in die Überprüfung vergangener Jahre. Für den überlebenden Ehepartner kann sich hieraus besonderes Konfliktpotential ergeben. Er kann im Gegensatz zu den übrigen Erben eine Steuerhinterziehung begangen haben.

Liegen Konten jenseits der Grenze, sind Informationen im Ausgleichsverkehr zur Durchführung von DBA-Regelungen denkbar. Hierzu kommt es aber nur, wenn der Erbfall auch dort steuerpflichtig ist, etwa in Österreich oder der Schweiz. Hierzu muss der Verstorbene allerdings in diesen Ländern einen (Zweit-)Wohnsitz besessen haben. Im Regelfall geht ausländisches Kapitalvermögen daher derzeit ohne Kenntnis deutscher Finanzbehörden auf die Nachkommen über. Noch. Denn im Rahmen der EU-Zinsrichtlinie werden der Finanzbehörde die Kontoverbindungen jenseits der Grenze zunehmend bekannt.

Geldwäsche: Innerhalb der EU werden immer mehr Institutionen und Berufsgruppen Pflichten im Kampf gegen Geldwäsche auferlegt. Bei Kreditinstituten sind die einschlägigen Vorschriften längst Usus. Trotz Bankgeheimnis ist es nicht möglich, ein anonymes Nummernkonto zu unterhalten. Die Identität des Kunden ist bekannt. Lediglich im Auskunftsverhalten zu den Finanzbehörden gibt es länderspezifische Unterschiede. Eine neue EU-Richtlinie 2001/97 sieht vor, dass die Mitgliedstaaten auch Steuerhinterziehung in die Geldwäschebekämpfung einbeziehen müssen. Im Inland wurden entsprechende Maßnahmen in § 31b AO berücksichtigt. Neben Finanzdienstleistern unterliegen jetzt weitere Personengruppen gem. § 3 GwG Identifizierungspflichten:

- Rechtsanwälte, Rechtsbeistände, die Mitglied einer Rechtsanwaltskammer sind, Patentanwälte und Notare bei Verwaltung von Geldvermögen und Gründung von Treuhandgesellschaften für Mandanten,
- Steuerberater und Wirtschaftsprüfer für sämtliche ihrer Tätigkeiten,
- Immobilienmakler ohne Einschränkung,
- Spielbanken gegenüber Kunden, die Spielmarken im Wert von 1.000 € oder mehr kaufen oder verkaufen,
- Unternehmer, die Bares ab 15.000 € entgegennehmen,
- Vermögensverwalter in Ausübung ihrer Tätigkeit bei Annahme von Bargeld ab 15.000 €.

Die Strafverfolgungsbehörden der Geldwäsche melden bereits Transaktion, die für Besteuerungs- oder Steuerstrafverfahren Bedeutung haben könnten. Somit löst bereits die bloße Vermutung eines Steuersachverhalts Kontrollmitteilungen ans Finanzamt aus. Folge: Jede Verdachtsmeldung eines Steuerberaters geht in Kopie an die Finanzverwaltung, die Beratung eines Anlegers mit ausländischem Schwarzgeld ist ein sehr schmaler Grad. Diese oder ähnliche Maßnahmen wirken auch in den anderen EU-Staaten. Selbst Liechtenstein und die Schweiz haben sich davon befreit, als internationale Geldwaschzentralen zu gelten. Kein Konto ohne Identifizierung des Inhabers und Kampf gegen Terroristengelder ist in diesen Ländern angesagt. Allerdings ist der Privatanleger mit Depot oder Stiftung nicht betroffen – unabhängig davon, ob er steuerliche oder spartechnische Motive für seine Auslandsgelder hat.

Grenzkontrollen: Zugenommen haben in diesem Zusammenhang Grenzkontrollen durch die Zollbehörden. Gemäß § 12a ZollVG sind Bargeld und Wertpapiere im Wert von über 15.000 € auf Nachfrage zu deklarieren. Dabei können die Zollbediensteten Bargeld oder Wertpapiere drei Werktage lang in Verwahrung nehmen, um die Herkunft oder den Verwendungszweck aufzudecken. Das gilt immer dann, wenn Grund zu der Annahme besteht, dass Geldwäsche betrieben wird. Besonders in den Gebieten nahe Luxemburg und der Schweiz sind die mobilen Einsatztruppen unterwegs. Dabei darf der Zoll personenbezogene Daten erheben, verarbeiten und nutzen und diese Angaben an die zuständigen Strafverfolgungs- und Verwaltungsbehörde übermitteln. Eine Weitergabe an Finanzbehörden ist zulässig, soweit ihre Kenntnis zur Durchführung eines Verwaltungsverfahrens in Steuersachen oder eines Strafverfahrens wegen einer Steuerstraftat oder eines Bußgeldverfahrens wegen einer Steuerordnungswidrigkeit von Bedeutung sein kann.

Steuer-Hinweis

Die Mitnahme von Barem oder Tafelpapieren ist zwar nicht verboten, macht aber verdächtig. So gehen die Daten von mitgeführten Kontounterlagen im Zweifel an die Finanzbehörden, auch wenn die Beträge unter 15.000 € liegen oder pflichtgemäß gemeldet werden.

Laut Plänen der EU soll der Betrag bei Grenzübertritten zu Drittländern ab Mitte 2007 auf 10.000 € gesenkt werden. Damit die Eindämmung illegaler Finanztransaktionen nicht zu einer erhöhten Bewegung von Barmitteln führt, sieht eine EG-Verordnung ab Mitte 2007 vor, dass natürliche Personen Barmittel i.H.v. 10.000 € oder mehr, die sie bei der Einreise in oder bei der Ausreise aus dem Gemeinschaftsgebiet mitführen, zwingend in dem Mitgliedsstaat, über das sie ein- oder ausreisen, anmelden müssen. Bewegung von Bargeld in die Schweiz von über 10.000 € ist danach automatisch meldepflichtig. Diese EG-Verordnung bedarf keiner Umsetzung in nationales Recht, sie ist verbindlich und gilt unmittelbar in jedem Mitgliedsstaat.

Auslandsbeteiligung: Nach § 138 Abs. 2 AO müssen unbeschränkt Steuerpflichtige dem Finanzamt nach amtlich vorgeschriebenem Vordruck die Beteiligung an ausländischen Personengesellschaften sowie den Erwerb von Beteiligungen an einer Körperschaft, Personenvereinigung oder Vermögensmasse mitteilen, wenn damit unmittelbar eine Beteiligung von mindestens 10 % oder mittelbar von mindestens 25 % am Kapital oder Vermögen der Körperschaft erreicht wird oder die Summe der Anschaffungskosten aller Beteiligungen mehr als 150.000 € beträgt.

6.2 Abgeltungsteuer auf sämtliche Kapitalerträge

Bis zu 400 Mrd. € haben die Deutschen im Ausland angelegt, so zumindest die Schätzung der Deutschen Steuergewerkschaft. Verschärfte Kontrollen scheinen nicht der richtige Weg zu sein, wurden doch dem Vernehmen nach vor Einführung des Kontenzugriffs der Finanzverwaltung nach § 93 AO noch massenweise Gelder über die Grenze gebracht. Ein Weg, Kapitalvermögen wieder zu legalisieren und zurück ins Heimatland zu bringen, scheint generell die Einführung einer Abgeltungsteuer zu sein. Ein Verfahren, mit dem Österreich bereits im Jahre 1993 große Erfolge vermelden konnte. In zehn der alten EU-Mitgliedsstaaten (Belgien, Finnland, Frankreich, Griechenland, Irland, Italien, Luxemburg, Österreich, Portugal, Schweden) wird bereits heute eine Abgeltungsteuer praktiziert. Auch vier neue Länder (Malta, Polen, Slowakei, Tschechien) haben sich dem angeschlossen.

Hierzulande war der Versuch erst einmal am politischen Willen gescheitert. Bereits im Zusammenhang mit der Brücke zur Steuerehrlichkeit hatte das BMF im Frühjahr 2003 einen Referentenentwurf für ein Zinsabgeltungssteuergesetz vorgelegt. Dieses wurde auf Eis gelegt, die Regelungen zur Steueramnestie wurden als eigenes Gesetz verabschiedet.

Grundsätzlich bietet eine Abgeltungsteuer auf den ersten Blick einige Vorteile:

- Die Kapitalabgeltungssteuer ist eine anonyme Abzugsteuer, die von den Kreditinstituten pauschal einbehalten wird. Das Finanzamt bleibt daher erst einmal bei dieser Steuer außen vor.
- Vereinfachung für Anleger, Kreditinstitute und Finanzverwaltung gleichermaßen.
- Kreditinstitute erledigen alle Formalitäten.
- Ein attraktiver Steuersatz verhindert Steuerflucht.
- Jenseits der Grenze angelegtes Kapital fließt wieder zurück und löst Investitionen aus.
- Veräußerungsgewinne aus Wertpapiergeschäften werden generell erfasst und den Einnahmen gleichgestellt.
- Sparerfreibetrag und Freistellungsauftrag bleiben erhalten.
- Kontrollen sind nicht mehr notwendig.
- Der Sonderweg für Finanzinnovationen kann entfallen.
- Die alljährliche Steuererklärung wird verringert.
- Kapitalerträge belasten nicht die Progression für andere Einkunftsarten.

Ob diese Argumente auch bei der für Deutschland vorgesehenen Abgeltungsteuer trumpfen, darf aber schwer bezweifelt werden. Zwar sind eine Reihe von Details noch unklar, aber sowohl der hohe Pauschalsatz von 30 % als auch der Wegfall der Spekulationsfrist lassen bei Sparern wenig Freude aufkommen.

Steuer-Hinweis

In der vor rund vier Jahren geplanten Änderung im Rahmen der Steueramnestie war in Hinsicht auf § 23 EStG vorgesehen, sämtliche privaten Veräußerungen pauschal mit 15 % zu besteuern. Dabei war eine Übergangsregelung geplant, wonach vor einem bestimmten Stichtag erworbene Wirtschaftsgüter pauschal mit 1,5 % des Verkaufspreises besteuert werden sollten. Nicht in Erwägung gezogen wird wohl wie im Modell Österreich, dass auch gleichzeitig die Erbschaftsteuer auf Kapitalvermögen abgegolten ist.

Die Planungen im Überblick

Durch die Unternehmensteuerreform 2008 soll die Steuerlast von Kapitalgesellschaften von gegenwärtig knapp 39 % auf unter 30 % gesenkt werden. Dies gelingt vor allem durch eine Reduzierung des Körperschaftsteuersatzes von 25 % auf 15 %. Die Gewerbesteuermesszahl sinkt von bis zu 5 % auf 3,5 % und die Hinzurechnung der Hälfte der Dauerschuldzinsen bei der Gewerbesteuer wird abgeschafft. Stattdessen sollen 25 % aller Zinsen sowie die Finanzierungsanteile von Mieten, Pachten, Leasingraten und Lizenzen hinzugerechnet werden. Hier soll es einen Freibetrag geben. Im KStG wird eine modifizierte Zinsschranke eingeführt, die den Betriebsausgabenabzug bei hoher Kreditfinanzierung begrenzt. Dafür werden die Vorschriften zur Gesellschafterfremdfinanzierung in § 8a KStG abgeschafft.

Im Gegenzug sind aber auch Maßnahmen geplant, die Anleger in Hinsicht auf die Unternehmensteuerreform betreffen werden:

- Kompletter Wegfall des Halbeinkünfteverfahrens.
- Über eine Abgeltungsteuer werden Zinsen, Dividenden und private Verkaufsgewinne pauschal ab 2009 dann mit 25 % erfasst. Hinzu kommt der Solidaritätszuschlag.
- Der Steuerabzug wird direkt bei der auszahlenden inländischen Bank vorgenommen und anonym ans Finanzamt weitergeleitet. In der Steuererklärung brauchen diese bereits besteuerten Kapitalerträge dann nicht mehr angegeben zu werden.
- Geringverdienern mit einer individuellen Progression unter den Pauschalsätzen können ihre Einkünfte wie bisher veranlagen lassen.
- Spekulationsgewinne mit Wertpapieren und Optionsgeschäften werden ebenfalls pauschal besteuert. Gleichzeitig fällt die einjährige Spekulationsfrist, so dass realisierte Erträge aus Zertifikaten, Aktien oder Investmentfonds nicht mehr durch Abwarten in die Steuerfreiheit gerettet werden können.
- Ein Vorteil der Abgeltungsteuer ist, dass die pauschal erfassten Erträge nicht mehr die Progression der übrigen Einkünfte belasten, so dass es auch bei einem individuellen Steuersatz von leicht über 25 % noch zu Vergünstigungen kommt.
- Es ergeben sich keine Nachteile mehr, wenn es wie etwa im Falle von Zerobonds zu einer Zusammenballung von Zinseinnahmen kommt. Der Satz bleibt immer gleich.

Ob es durch den anonymen und pauschalen Einbehalt zu einer Minderung von Kontrollen kommt, darf bezweifelt werden. Jahresbescheinigungen sind für die Option Veranlagung weiterhin notwendig und der Kontenabruf dient auch der Vollstreckung und außersteuerlichen Maßnahmen. Auch Schwarzgeld wird angesichts des hohen Steuersatzes von 25 % plus Solidaritätszuschlag eher spärlich zurück auf heimische Konten fließen. Erschwerend kommt hinzu, dass das Halbeinkünfteverfahren bei Dividenden und Aktienverkäufen nicht mehr gelten soll. Werden derzeit Dividenden höchstens mit rund 22 % besteuert, 2009 sind es dann über 26 %.

Hier ist zudem bei Investitionen wie etwa einem Immobilienverkauf damit zu rechnen, das Rückfragen auf das Steuerverhalten vor 2009 gestellt werden. Denn anders als bei der früheren Planung wird die Abgeltungsteuer nicht von einer Amnestiemöglichkeit flankiert. Auch von der so viel gepriesenen Vereinfachung ist wenig in Sicht. So sollen Anleger mit geringer Progression weiterhin ihre Kapitaleinkünfte bei der Veranlagung berücksichtigen dürfen. Das bisherige Verfahren mit Jahressteuerbescheinigung und Erträgnisaufstellung wird also nicht hinfällig. Zudem soll die einjährige Spekulationsfrist abgeschafft werden, so dass deutlich mehr Börsengeschäfte in die Steuerpflicht rutschen. Hier müssen dann noch nach Jahrzehnten ehemalige Kapitalmaßnahmen der AG berücksichtigt werden.

Zudem stellt sich noch die Frage, wie Werbungskosten, ausländische Quellensteuer und Verluste berücksichtigt werden dürfen. Haben Anleger Depots jenseits der Grenze, kommt es wahrscheinlich noch zu einem dritten Steuerweg. Denn die Auslandsbanken werden das heimische Verfahren nicht umsetzen. Aber die zu diesem Thema eingesetzte Arbeitsgruppe hat ja noch ausreichend Zeit, die Einzelheiten im Sinne von Steuerzahlern zu regeln. Auf das Ergebnis und die Diskussionen bis dahin darf man auf jeden Fall gespannt sein.

Es steht noch im Raum, was mit bis Ende 2008 angeschafften Wertpapieren und anfgelaufenem Verlustvermögen passiert.

Auswirkungen in der Praxis
Die Vorteile des deutschen Wegs einer Abgeltungsteuer überwiegen nur auf den ersten Blick. Zudem bestehen noch eine Reihe zu klärende Fragen, die Auswirkungen auf das Gesamtfazit haben werden:

Doch es gibt noch einige ungeklärte Fragen im Zusammenhang mit der Abgeltungsteuer:

- *Wie sollen die Kirchen entschädigt werden? Dem pauschalen Steuerabzug ist nämlich nicht zu entnehmen, ob der Anleger evangelisch oder katholisch ist.*
- *Wie dürfen Verkaufsverluste mindernd berücksichtigt werden?*
- *Wie werden vor 2009 angesammelte Buchgewinne behandelt?*
- *Wie werden Finanzinnovationen behandelt, die derzeit noch einen steuerlichen Sonderweg gehen?*
- *Was ist mit Wertpapiererträgen aus Depots jenseits der Grenze? Hier kann Deutschland die ausländischen Banken nicht zu einem Steuereinbehalt zwingen.*
- *Wie dürfen ausländische Quellensteuern angerechnet werden?*
- *Wie werden künftig Werbungskosten bei der Geldanlage berücksichtigt?*
- *Werden auch innerhalb von Investmentfonds realisierte Gewinne erfasst? Die sind derzeit komplett steuerfrei.*
- *Wie sieht die Regelung für Optionsgeschäfte nach § 22 EStG aus?*
- *Wie werden private Verkäufe (Goldbarren, Münzen oder Schmuck) erfasst, die nicht über Kreditinstitute abgewickelt werden?*
- *Wird es wie bisher ein Freistellungsvolumen geben?*
- *Was passiert mit der Freigrenze nach § 23 EStG?*
- *Wird auf die Ausstellung von Steuerbescheinigungen, Jahresbescheinigungen oder das Kontenabrufsystem künftig verzichtet?*
- *Bleibt die Spekulationsfrist für Hausverkäufe bestehen?*

Grundsätzlich besteht bei der Besteuerung von Kapitaleinkünften ein außerordentlich großes Vereinfachungsbedürfnis, so Untersuchungen durch hessische Finanzämter. Selbst sachkundigen Steuerzahlern gelingt es heute nur noch in wenigen glücklichen Stunden, die Anlage KAP fehlerfrei auszufüllen. Intransparente Regelungen sind neben dem hohen Steuersatz Auslöser für die mangelnde Akzeptanz der Kapitalertragsbesteuerung.

Primäres Ziel einer Abgeltungssteuer muss deshalb eine wirkliche Steuervereinfachung sein, mit attraktiven Steuersätzen ohne nachfolgende Veranlagung. Die Besteuerung inländischer Kapitalerträge wird vollständig in die Kreditinstitute verlagert, da dort auch das nötige Know-how zur Verfügung steht. Eine Steuererklärung sollte daher in den meisten Fällen überflüssig werden. Zudem stößt die Besteuerung der Kapitalerträge traditionsgemäß auf Widerstand. Viele Bürger akzeptieren nicht, dass Zinsen voll besteuert werden, obwohl die Inflation im Regelfall fast die Hälfte der Einnahmen aufzehrt. Das reale Zinseinkommen wird im Ergebnis zweifach besteuert. Entsprechend hoch sind der Steuerwiderstand und das Hinterziehungs- und Steuerfluchtpotential.

Der Gesetzgeber wiederum ist aus Verfassungsgründen gezwungen, bestehende Kontrolldefizite zu vermindern. Der Fiskus reagiert deshalb mit umfangreichen Kontrollmaßnahmen. Eine möglichst lückenlose Erfassung von privaten Zinsen und Dividenden zwingt andererseits die Finanzbehörden zu hohem Personal- und Sachaufwand. Zudem stößt das Kontrollsystem schnell an seine Grenzen. Bei einer Geldanlage im Ausland hat der Wohnsitzstaat große Probleme, sein Besteuerungsrecht durchzusetzen. Er verfügt über keine direkten Informationsmöglichkeiten, die Zusammenarbeit der Finanzbehörden funktioniert meist nur schleppend und viele Steueroasen bewahren den Anleger vollständig vor dem Zugriff des Wohnsitzstaates. Auch die am 01.07.2005 in Kraft getretene EU-Zinsrichtlinie und die darin verankerten Kontrollmechanismen bieten nur eine Scheinlösung. Moderne Anlageformen sind vom Anwendungsbereich der Richtlinie ausdrücklich ausgenommen. Daneben werden Dividenden und ähnliche Erträge sowie alle Erträge aus Aktienfonds nicht erfasst. Daher gibt es eine ganze Reihe von Anlagemöglichkeiten, die aus dem Zielbereich der Richtlinie von vornherein herausfallen.

15 der 25 EU-Staaten praktizieren bereits Abgeltungsteuersysteme, die den Bürokratieaufwand und die Steuerlast klein halten. Die großen Vorteile liegen in der Einfachheit (kein Unterschied in der Besteuerung von Zinsen, Dividenden und Veräußerungsgewinnen), keiner Steuererklärungspflicht sowie der Anonymität. Von Verfassung wegen muss sichergestellt sein, dass das Existenzminimum freigestellt bleibt und die Abgeltungsteuer nicht zu einer höheren Steuer führt als eine reguläre Besteuerung im Veranlagungsverfahren. Deshalb sollte der Abgeltungsteuersatz nicht höher sein als der Einkommensteuer-Eingangssatz zuzüglich Kirchensteuer und Solidaritätszuschlag.

Steuer-Hinweis

Das BVerfG hat bereits im seinem ehemaligen Zinsurteil (v. 27.06.1991 – 2 BvR 1493/89, BStBl II, 6542, BVR 1493/89) die Höhe des Abgeltungsteuersatzes vorgezeichnet. Demnach wäre es verfassungsrechtlich unbedenklich, die gesteigerte Inflationsanfälligkeit der Einkunftsart Kapitalvermögen bei der Besteuerung zu berücksichtigen, indem der Gesetzgeber alle Kapitaleinkünfte an der Quelle besteuert und mit einer Definitivsteuer belastet, die in einem linearen Satz den absetzbaren Aufwand und den Progressionssatz in Durchschnittswerten typisiert.

Fazit: Es gibt eine Vielzahl von Argumenten für eine Abgeltungsteuer. Das Modell kann Charme für Kapitalanleger entwickeln, wenn es sowohl für weniger Belastung sorgt als auch Vereinfachung bringt. Dies ist aber leider nicht in Sicht. Zumindest für konservative Anleger mit hoher Progression sind Verbesserungen in Sicht, sofern sie ihr Depot vorwiegend mit Festverzinslichen, Renten- und Geldmarktfonds oder Zerobonds bestückt haben. Für Aktionäre sieht es hingegen düster aus. Hier hilft auch das Argument wenig, dass die AG aufgrund sinkender Unternehmensteuer mehr ausschütten kann. Für ausländische Aktien im Depot ist dies keine Hilfe.

6.3 Deutsche REITs in Sichtweite

Im Jahr 2007 kommt es auch hierzulande zur Einführung von Real Estate Investment Trusts, die in mehr als 20 Ländern schon längst zum Börsenalltag gehören. Ein inländischer REIT muss in der Rechtsform einer AG firmieren, börsennotiert sein und seinen Gewinn zu mindestens 90 % ausschütten. Dabei ist die Gesellschaft selbst von Körperschaft- und Gewerbesteuer befreit, wenn einige Mindestbedingungen wie Vermögens-, Aktionärs- und Einkommenszusammensetzung eingehalten werden.

Die Ausschüttungen inländischer REITs werden wie herkömmliche Dividenden nach § 20 Abs. 1 Nr. 1 EStG erfasst, sofern sie nicht einer anderen Einkunftsart unterliegen. Von den Ausschüttungen wird Kapitalertragsteuer von 25 % erhoben. Mangels Vorbelastung auf Ebene der REITs scheidet allerdings das Halbeinkünfteverfahren aus, sowohl für Dividenden als auch private Veräußerungsgeschäfte nach § 23 EStG. Das gilt dann entsprechend auch für ausländische REITs, die bislang den Aktien gleichgestellt sind. Anleger können dann für ihre Auslandspapiere nicht mehr § 3 Nr. 40 EStG nutzen, allerdings bleibt es bei der generellen Steuerfreiheit nach Ablauf der Spekulationsfrist. Auch Fonds, die in ausländische REITs investieren, können insoweit das Halbeinkünfteverfahren nicht mehr an ihre Besitzer weiterreichen. Immerhin bleiben die im Fonds realisierten Verkaufsgewinne weiterhin unbelastet.

Es bleibt abzuwarten, ob und inwieweit sich deutsche REITs auf dem Markt durchsetzen werden und ob sie langfristig den offenen Immobilienfonds den Rang ablaufen.

7 Lexikon der Geldanlage von A bis Z

Abfindung
Abgeld
Abschlagsdividende
Abschlagsfloater
Abspaltung
Abwertung
Abzinsungspapiere
ADR
Agio
Agio-Anleihe
Agio-Zerobonds
Airbag-Zertifikate
Aktien
- Grundsätze zu Aktie und AG
- Vorteile der Geldanlage in Aktien
- Arten der Aktienverwahrung
- Anlagestrategien mit Aktien
- Aktien und ihre steuerliche Behandlung
- Steuerunterschiede zwischen Aktienfonds und Direktanlage
- Gewichtung von Aktien und Anleihen im Depot

Aktienabhängige Anleihen
Aktienanleihen
- Das Grundprinzip der Aktienanleihe
- Anlagestrategien
- Die steuerliche Behandlung
- Alternative: Aktien-Zertifikat

Aktieneinbringung
Aktienfonds
Aktiengewinn
Aktienindex-Future
Aktien, junge
Aktiensplit
Aktientausch
Aktienverschmelzung
Aktienzertifikate
Amnestie
Anderkonto (-depot)
Anlegerschutz
Anleihen
- Grundsätze
- Geldanlage in Anleihen
- Anleihe-Renditen
- Anlagestrategie
- Steuerliche Einordnung von Anleihen
- Steuerliche Strategien mit Anleihen
- Einsatz besonderer Anleiheformen

Annuitäten-Bonds
Anschaffungskosten
Arbeitgeber-Darlehen
Arbeitnehmer-Darlehen
Arbeitnehmer-Optionen
Arbeitnehmer-Sparzulage
Arbitrage-Geschäfte
Argentinien-Anleihen
AS-Fonds
AS-Investmentrente
Asset Backed Securities
Aufwertung
Aufzinsungspapiere
Ausgabekurs
Auslandsanleihen
Auslandserträge
Außerrechnungsmäßige Zinsen

Back-End-Load-Fonds
Bahn-Anleihe
Bandbreiten-Optionsscheine
Bankgeheimnis
Bankschuldverschreibung
Basket-Optionsschein
Basket-Zertifikate
Bausparen
- Die Funktion des Bausparens
- Steuerliche Behandlung

Belegschaftsaktien
Berlin-Darlehen

Die Kreativität der Kreditinstitute ist weiterhin unerschöpflich. Neue Produktideen prasseln nahezu wöchentlich auf konservative Sparer und spekulative Anleger nieder. Bei freundlichen Börsen sind es Zertifikate, die auf steigende Aktienkurse setzen, bei geringen Kapitalmarktzinsen Anleihen, die hohe Zinsen unter bestimmten Bedingungen versprechen, und bei fallenden Märkten Angebote mit garantierter Rückzahlung oder neuerdings Gewinnen bei flauer Börsenlage. Gegen die generellen Schwankungen an den Aktien- und Rentenbörsen versprechen Hedge-Fonds die richtige Erfolgsstrategie und neuerdings bieten Zertifikate Erträge, egal ob die Kurse steigen oder fallen.

Bei vielen dieser Angebote wird die steuerliche Komponente meist nur im Kleingedruckten des Prospekts erläutert und taucht in den bunten Werbeflyern überhaupt nicht auf. Dabei ist für den Erfolg einer Geldanlage die Rendite nach Steuern ausschlaggebend. Und die Sichtweise des Finanzamts ist einem stetigen Wandel unterzogen. Neue Gesetze und Vorhaben, unzählige Urteile der Finanzgerichte und des EuGH halten auch die Steuerregeln laufend im Fluss. Das Alterseinkünftegesetz zwingt nun auch viele Ruheständler, ihre Geldanlage zunehmend unter steuerlichen Gesichtspunkten vorzunehmen. Wegen des gesunkenen Sparerfreibetrags gilt dies ab 2007 für nahezu jeden Anleger.

Nicht viel anders sieht es bei vielen geschlossenen Fonds aus. Hier ist die steuerliche Verlustzuweisung schon längst in den Hintergrund getreten, ein zügiges Erreichen der Gewinnschwelle und moderate Abgabenbelastung ist hier das aktuelle Motto. Die eingeführten Beschränkungen bei Steuersparfonds lassen den Initiatoren auch keine andere Wahl, wollen sie ihre Produkte noch an Mann oder Frau bringen.

Wie bei den Lohn- und Mieteinkünften werden auch die Einkünfte aus Kapitalvermögen (Zinsen oder Dividenden) oder aus privaten Veräußerungsgeschäften (Plus und Minus aus Wertpapierverkäufen) durch den Überschuss der Einnahmen über die Werbungskosten ermittelt. Zwischen beiden Einkunftsarten liegen die sogenannten Finanzinnovationen, bei denen Kurserträge als Kapitaleinnahmen gewertet werden. Daher müssen die einzelnen Ertragsarten von Kapitalmarktprodukten jeweils gesondert behandelt werden. Denn sie werden nicht nur in verschiedenen Formen versteuert, sondern auch noch nach unterschiedlichen Vorschriften. Hinzu kommen dann noch der Vorwegabzug von Kapitalertragsteuer oder Zinsabschlag sowie der Einbehalt von Quellensteuer und die Auswirkungen von DBA.

Eine Fülle von Einzelaspekten, die bei der Auswahl des passenden Produkts beachtet werden müssen, zumal sich die Rendite einzelner Anlageformen zum großen Teil nach der Steuerbelastung richtet, andere Produkte hingegen abgabenfrei bleiben. Dabei ergibt sich i.d.R. die Konstellation, dass Angebote mit einem hohen Chance-/Risiko-Verhältnis steuerlich am wenigsten belastet werden und der Fiskus bei den eher sicheren Anlagen beherzt zugreift.

Da macht es Sinn, die einzelnen Kapitalmarktangebote kritisch unter die Lupe zu nehmen. Die folgende Darstellung in alphabetischer Form soll Anlegern, Beratern sowie steuerlich Interessierten ermöglichen, die Funktion einzelner Produkte zu verstehen, die Vor- und Nachteile für die künftige Geldanlage besser einzuordnen zu können sowie steuerliche Aspekte in den richtigen Rahmen zu setzen.

Die Darstellung folgt dabei dem Grundsatz, Funktion der Produkte, Vor- und Nachteile, Eignung für Anlegertypen, Verweis auf bessere Alternativen sowie die steuerliche Behandlung darzustellen. Ein Fazit soll dann schnell und auf einen Blick die Quintessenz transparent machen.

Abfindung

Diese stellt eine Kapitaleinnahme nach § 20 Abs. 1 Nr. 4 EStG dar, wenn etwa ein stiller Gesellschafter abgefunden wird (BFH v. 14.02.1984 – VIII R 126/82, BStBl II, 580). Erhält ein Aktionär als Abfindung für bestimmte Vorrechte eine Sonderausschüttung, ist diese wie herkömmliche Dividenden nach § 20 Abs. 1 Nr. 1 EStG zur Hälfte als Einnahme zu erfassen. Wird hingegen ein Anleger dafür abgefunden, dass er seine Wertpapiere vorzeitig zurück gibt, liegt ein privates Veräußerungsgeschäft i.S.d. § 23 EStG vor.

Abgeld

→ *Disagio.*

Abschlagsdividende

Es handelt sich um eine von der AG im Voraus auf das Jahresergebnis ausgezahlte Dividende. Dies ist häufig bei ausländischen Firmen der Fall, die zweimal pro Jahr ausschütten und ihre Aktionäre bereits im Herbst des laufenden Jahres am erwarteten Ergebnis partizipieren lassen. Bezugsberechtigt ist der Anleger, der die Aktie am entsprechenden Tag und nicht im Zeitpunkt der Hauptversammlung besitzt. Die Dividende stellt bei Zufluss eine Kapitaleinnahme dar. → *Aktie* und → *Dividende.*

Abschlagsfloater

Floating Rate Notes sind börsenfähige Schuldverschreibungen mit einer variablen Verzinsung. Der Zinssatz bei dieser Variante wird zwar auch wie bei herkömmlichen Floatern in regelmäßigen Abständen an die aktuelle Geldmarktzinsentwicklung angepasst, aber nur mit einem Abschlag an den Referenzzins wie EURIBOR oder der LIBOR. Dieses Angebot wird nur bei Hochzinsphasen auf Nachfrage stoßen. Abschlagsfloater gelten als Finanzinnovationen, da sich der Ertrag nicht ausschließlich nach einem Referenzzins richtet (BMF v. 20.01.1994 – IV B 4 – S 1980 – 5/94, FR 1994, 206). Mangels Emissionsrendite ist stets der Kursertrag als Kapitaleinnahme zu erfassen. Ausführlich → *Floater.*

Abspaltung

Wird von einer Aktiengesellschaft ein Teil abgespalten, gibt es hierfür neue Aktien. Für diese beginnt eine neue Spekulationsfrist. Für die alten Aktien gilt der ehemalige Anschaffungszeitpunkt. Der Kaufpreis wird im Spaltungsverhältnis auf beide Aktien verteilt. Die Abspaltung, auch unter dem Begriff Spin-Off bekannt, stellt zwar eine Veräußerung dar, diese wird aber mit den ehemaligen Anschaffungskosten angesetzt (BMF v. 25.10.2004 – IV C 3 – S 2256 – 238/04, BStBl I, 1034, Tz. 30ff). Diese Sichtweise gilt jedoch nur bei inländischen Kapitalgesellschaften, die eine Abspaltung nach §§ 13 Abs. 2, 15 Abs. 1 UmwStG durchführen (BMF v. 25.03.1998 – IV B 7 – S 1978 – 21/98/IV B 2 – S 1909 – 33/98, BStBl I, 268). Bei den übrigen in- sowie ausländischen AG stellt die Spaltung eine Sachausschüttung mit der Folge dar, dass Kapitaleinkünfte gem. § 20 Abs. 1 Nr. 1 EStG in Höhe des Börsenkurses vorliegen.

Unabhängig von der Einnahmebeurteilung der neu ins Depot gebuchten Aktien beginnt nach Auffassung der Finanzverwaltung für diese Werte eine neue Spekulationsfrist. Somit löst ein Verkauf innerhalb der nächsten zwölf Monate einen Vorgang nach § 23 EStG als privates Veräußerungsgeschäft aus, selbst wenn die Aktien der Mutterfirma bereits seit Jahren im

Depot liegen. Anschaffungszeitpunkt ist hierbei die Eintragung der Abspaltung ins Handelsregister.

Beispiel

Eine AG beschließt die Aufspaltung zu 2/3 auf A1 und zu 1/3 auf A2. Zu diesem Zeitpunkt beträgt der Wert der Altaktien 210 €. Ein Anleger hat am 01.02.2001 100 Aktien der A-AG zum Kurswert von 150 € erworben und erhält im Rahmen der Spaltung jeweils 100 Aktien von A1 und A2. Am 02.11.2001 veräußert er die Aktien von A2 zu 65 €.

- Die Voraussetzungen des § 15 UmwStG sind erfüllt: Durch die Aufspaltung entsteht kein steuerpflichtiger Veräußerungsgewinn. Die Anschaffungskosten der A1-Aktien betragen je 100, die der A2-Aktien 50 €. Durch die Veräußerung der A2-Aktien wird ein privater Veräußerungsgewinn von (100 x 15) 1.500 € erzielt, der unter das Halbeinkünfteverfahren fällt.
- § 15 UmwStG ist nicht erfüllt: Die Einnahmen aus Kapitalvermögen betragen 11.000 € (100 x (210 – 100)). Durch die Spaltung gelten je 100 A1 und A2-Aktien als angeschafft. Die Anschaffungskosten der A1-Aktien betragen 140, die von A2 70 €. Durch die Veräußerung der A2-Aktien wird ein Veräußerungsverlust von (100 x 5) 500 € erzielt, der dem Halbeinkünfteverfahren unterliegt.

Steuer-Hinweis

Nach dem Urteil des FG Rheinland-Pfalz vom 08.06.2004 (2 K 2223/02 – EFG 2005, 1047, Revision unter I R 24/05) liegt bezogen auf die neuen Aktien kein Anschaffungsvorgang vor. Diese Anteile fließen Aktionären vielmehr im Rahmen eines der verdeckten Gewinnausschüttung gleichkommenden Vorgangs zu. Daher ist der Kaufzeitpunkt der Aktien von der abgebenden Gesellschaft entscheidend. Liegt dieser zumindest ein Jahr zurück, können die Aktien somit steuerfrei verkauft werden. Anleger sollten solche Aktienverkäufe in der Steuererklärung separat ausweisen, da die Banken sie in der Jahresbescheinigung gemäß der Verwaltungsvorgabe als normale Veräußerung auflisten. Im Revisionsverfahren ist auch noch zu klären, ob es gegen das Diskriminierungsverbot verstößt, wenn Spin-Offs bei Auslandsfirmen mangels Anwendung des UmwStG als Kapitaleinnahmen gelten.

Abwertung

Der Verfall einer Währung hat enorme Einflüsse auf die internationalen Kapitalmärkte, insbesondere bei wichtigen Devisen, wie US-$, Yen oder Pfund. Bei Abwertung des Euros sind exportorientierte Aktienwerte interessant, auf der anderen Seite wächst die Gefahr von importierter Inflation. Ein Kursminus, das sich aufgrund von Veränderungen einer Währung gegenüber dem Euro ergibt, wird steuerlich nicht berücksichtigt. Ausnahmen:

- Beim Verkauf eines Wertpapiers binnen Jahresfrist beinhaltet der Spekulationsertrag auch Devisenveränderungen, eine Abwertung wirkt sich damit mindernd auf das Ergebnis nach § 23 EStG aus.
- Bei Finanzinnovationen führt eine Abwertung grundsätzlich nicht zu geringeren steuerpflichtigen Erträgen, da erst der in Euro umgerechnete Kursertrag als Kapitaleinnahme erfasst wird, § 20 Abs. 2 Nr. 4 Satz 2 EStG. Hier sieht die Rechnung wie folgt aus:

Die Steuerrechnung

	Kurs beim Verkauf oder Fälligkeit in Fremdwährung
–	Kurs bei Anschaffung in Fremdwährung
=	Zwischenergebnis in Fremdwährung
x	Aktueller Umrechnungskurs zum Euro
=	Steuerlich maßgebende Kapitaleinnahme

- Laufende Erträge. Hier hat eine Abwertung insoweit Einfluss, als die Einnahmen mit dem am Zuflusstag in Euro umgerechneten Wert versteuert werden.
- Erbschaft und Schenkung. Maßgebend ist der abgewertete Betrag am Stichtag, umgerechnet in Euro.

Abzinsungspapiere

Diese Wertpapiere werden unter ihrem Rückzahlungswert ausgegeben, wie beispielsweise Zerobonds, Finanzierungsschätze oder abgezinste Sparbriefe. Ihre Besonderheit: Sie werfen keine laufenden Zinsen ab.

Der Ertrag des Anlegers ergibt sich aus der Differenz von Ausgabe- und höherem Rückzahlungskurs. Dabei kann es – je nach Laufzeit und aktuellem Marktzins – zu erheblichen Kursabschlägen beim Kauf kommen:

Beispiel

Kursentwicklung bei einem Abzinsungspapier im Nennwert von 100 €

Kaufpreis in Abhängigkeit von Zins und Laufzeit

Laufzeit	4 % Zinsen	6 % Zinsen	8 % Zinsen	10 % Zinsen
30 Jahre	30,81 €	17,39 €	9,92 €	5,72 €
20 Jahre	45,62 €	31,16 €	21,44 €	14,85 €
15 Jahre	55,51 €	41,71 €	31,50 €	23,92 €
10 Jahre	67,54 €	55,82 €	46,30 €	38,53 €
5 Jahre	82,18 €	74,71 €	68,04 €	62,08 €
2 Jahre	97,46 €	89,00 €	85,73 €	82,64 €

Ergebnis: Wer bei einem 6%igen Zinssatz ein Papier 30 Jahre lang im Depot liegen lässt, kassiert anschließend einen garantierten Gewinn vor Steuern i.H.v. 82,61 €. Die Rechnung des Anlegers lautet: 100 € Nennwert – 17,39 € Kaufkurs.

Der Kursertrag ist bei Fälligkeit oder vorzeitigem Verkauf als Kapitaleinnahme in einem Rutsch zu versteuern, § 20 Abs. 2 Nr. 4 EStG. Dabei gilt grundsätzlich die Differenz zwischen An- und Verkaufspreis als Berechnungsgrundlage. Nebenkosten wie Spesen oder Gebühren dürfen nach Auffassung der Finanzverwaltung nicht berücksichtigt werden (OFD Frankfurt v. 23.10.2003 – S 2252 A – 42 – St II 3.04, StEd 2003, 756). Anleger können dem Finanzamt alternativ aber auch die Emissionsrendite nachweisen, da diese bei Abzinsungspapieren bekannt ist. Ausführlich → *Zerobonds und Finanzinnovationen*.

Steuer-Hinweis

Der realisierte Kursgewinn ist auch Bemessungsgrundlage für den Zinsabschlag. Kann die Bank diesen während der Haltedauer nicht ermitteln, werden gem. § 43a Abs. 2 Satz 3 EStG pauschal 30 % vom Verkaufspreis angesetzt. Das ist beispielsweise dann der Fall, wenn die Papiere während der Laufzeit bei verschiedenen Kreditinstituten deponiert waren. Eine Korrektur erfolgt dann über die Veranlagung. In der Jahresbescheinigung wird diese Ersatzbemessungsgrundlage nicht separat ausgewiesen.

Fazit: Abzinsungspapiere eignen sich hervorragend, um steuerliche Erträge in Zeiten mit geringer Progression zu verlagern. Damit kann der ab 2007 auf 750 € gesunkene Sparerfreibetrag bis zur Fälligkeit für andere Kapitaleinnahmen verwendet werden. Denn erst bei Fälligkeit oder einem vorherigen Verkauf sind sämtliche aufgelaufenen Zinsen steuerpflichtig. Sofern diese Anlagen bis zur Fälligkeit gehalten werden, ist allerdings besonders bei langen Laufzeiten eine Zusammenballung von Einkünften zu beachten. Dies wird voraussichtlich über die 2008 geplante Abgeltungsteuer jedoch entfallen.

ADR

Solche American Depositary Receipt sind amerikanische Zertifikate über die Hinterlegung ausländischer Aktien. Sie sind von einer US-Bank aufgelegte Wertpapiere, die das Eigentum an einer genau bestimmten Anzahl an ausländischen Aktien verbriefen, die im Herkunftsland des emittierenden Unternehmens in einem Depot verwahrt werden. Zertifizierung, Übertragung und Abwicklungsverfahren von ADRs sind identisch mit denen von US-Wertpapieren.

Aufgrund des besseren Zugangs zu Kursinformationen, den niedrigeren Transaktionskosten und der pünktlichen Dividendenauszahlung ziehen US-Anleger ADRs häufig dem direkten Kauf von ausländischen Aktien vor. Auch an den deutschen Börsen werden ADRs von ausländischen Aktien gehandelt, die sich im Kurs nicht oder nur marginal vom Wert der Originalaktie unterscheiden.

Steuerlich ergeben sich keine Besonderheiten zu Aktien, das Halbeinkünfteverfahren ist anzuwenden.

Agio

Ein Aufgeld beschreibt am Kapitalmarkt gleich mehrere Sachverhalte:

- Die Differenz zwischen Nennwert und dem ihn übersteigenden Kurswert einer Anleihe. Diese resultiert aus dem höheren Nominalzins im Vergleich zum aktuellen Marktzinsniveau. Die höheren Zinsen sind voll zu versteuern, das Aufgeld kann aber nicht mindernd berücksichtigt werden. Solche Anleihen eignen sich für Anleger mit niedrigen Steuersätzen, da meist die Rendite über der von vergleichbaren Anleihen ohne Agio liegt.
- Das Agio, das bei Emission einer Optionsanleihe gezahlt wird.
- Das Aufgeld bei Optionsscheinen.
- Der Ausgabeaufschlag bei der Ausgabe von Investmentfonds.
- Der Zusatzpreis bei der Emission einiger Zertifikate.
- Das Agio von i.d.R. 5 %, dass ein Investor bei der Zeichnung von Anteilen an geschlossenen Fonds zusätzlich zum Kaufpreis zu zahlen hat.
- Bei aufgezinsten Sparbriefen liegt das Agio in der Differenz zwischen Nennwert (Ausgabepreis) und aktuellem Kurs (Rückzahlungswert) und berechnet sich aufgrund der inzwischen aufgelaufenen und noch nicht ausgezahlten Zinsen.

Aufgelder stellen zusätzliche Anschaffungskosten für ein Wertpapier dar, für den Veräußerer erhöht sich der Verkaufspreis und somit der gesamte Erlös. Das Agio stellt weder Einnahmen noch Werbungskosten aus Kapitalvermögen dar, muss aber bei der Berechnung von Spekulationserträgen berücksichtigt werden. Aufgelder bei Finanzinnovationen fließen hingegen in die Einnahmen ein.

Anlage-Tipp
Da die Nettorendite (Ertrag – Steuer) von Anleihen mit Aufgeld geringer ist als bei vergleichbaren Anleihen unter Nennwert, ist die Bruttorendite meist leicht höher, d.h., der Kurs an der Börse notiert aufgrund geringerer Nachfrage unter dem rechnerischen Wert. Diesen Zinsvorteil sollten die Anleger ausnutzen, die in der Steuerprogression sehr niedrig liegen, keine Steuer zahlen oder ihren Sparerfreibetrag noch nicht ausgenutzt haben.

Fazit: Für Anleger ist das Kursaufgeld bei herkömmlichen Anleihen steuerlich wenig interessant. Ein Agio mindert die Rendite, da es bis zur Rückzahlung von der Verzinsung abgezogen werden muss. Da die über dem Marktniveau liegenden Zinsen in voller Höhe versteuert werden müssen, das Aufgeld aber nicht mindernd berücksichtigt werden kann, eignen sich Anleihen mit Aufgeld nur für Anleger mit niedrigen Steuersätzen oder Luft beim Sparerfreibetrag.

Agio-Anleihe

Dies sind festverzinsliche Schuldverschreibungen, die zum Nennwert ausgegeben und zu einem darüber liegenden Kurs zurückgezahlt werden. Neben den Zinsen gilt auch der Kursgewinn als Kapitaleinnahme.

Agio-Zerobonds

Es handelt sich um eine besondere Form von Zerobonds oder Sparbriefen in einer Aufzinsungsvariante. Im Gegensatz zur herkömmlichen Anlageform wird bei der Emission kein Agio vom Rückzahlungspreis bzw. Nennwert abgezogen, sondern der Nennwert zzgl. des Aufgeldes wird am Ende der Laufzeit zurückgezahlt. Der Anleger muss bei Emission somit den vollen Nennbetrag als Kaufpreis zahlen.

Steuerlich ergeben sich keine Besonderheiten zu den abgezinsten Alternativen. Als Finanzinnovation sind sämtliche Kursgewinne oder ein Emissionsdisagio unabhängig von Laufzeiten als Kapitaleinnahmen zu versteuern.

Airbag-Zertifikate

Risikominimierung bei voller Gewinnchance: Das ist die Eigenart dieses Zertifikats, das bis zu einem bestimmten Niveau jegliche Verluste abfängt. Geht das Kursminus darüber hinaus, wird der Verlust für den Anleger zudem abgemildert. Dass die Papiere keine Obergrenze besitzen, partizipieren die Besitzer an Gewinnen des Bezugswerts unbegrenzt. Somit sind drei Szenarien denkbar: Der Basiswert (Aktie oder Index)

1. fällt moderat, z.B. maximal 20 %: Der Anleger erhält bei Fälligkeit den vollen Nennwert zurück.
2. steigt an: Besitzer erhalten das volle Kursplus.
3. bricht stark ein, beispielweise 50 %: Der Anleger erhält 75 % des Nennwerts zurück, erleidet also einen geringeren Verlust.

Die Investition in ein Airbag-Zertifikat zahlt sich nicht aus, wenn der Kurs nur leicht ansteigt. Dann sind die Varianten mit Bonus oder Discount besser. Sogar die Direktanlage bringt dann eine bessere Rendite, da es während der Laufzeit Dividenden gegeben hätte. Ideal ist das Papier für Anleger, die mit stark ansteigenden Kursen rechnen, wegen den allgemein heftigen Börsenschwankungen aber auch Verluste nicht ausschließen.

Steuerlich ergeben sich keine Unterschiede zu herkömmlichen → *Zertifikaten*. Das verminderte Kursrisiko führt nicht zur Einstufung als Finanzinnovation, da es immer noch theoretisch zu einem Totalverlust kommen kann.

Aktien

Historische Langzeitvergleiche kommen trotz eingerechneter Kurseinbrüche immer wieder zum gleichen Ergebnis: Aktien sind eine hervorragende – wenn nicht sogar die beste – Geldanlage und schlagen Rentenwerte auf Dauer gesehen um Längen. Diese Form der Investition in Sachwerte ist deutlich liquider als der Besitz von Immobilien. Solch positive Ergebnisse können nur auf kurzfristige Sicht nicht garantiert werden. Die Deutschen sind trotz dieser Ergebnisse auch weiterhin kein Volk von Aktionären. Insbesondere für die Altersversorgung wird die Aktienanlage – im Gegensatz zum Ausland – oftmals zugunsten von anderen Sparformen vernachlässigt.

Der Aktienkauf zieht steuerlich erst einmal keine Folgen nach sich; der anschließende Verkauf nur dann, wenn er binnen Jahresfrist erfolgt. Zu versteuern sind hingegen die Dividenden im Zeitpunkt des Zuflusses. Hier greift das Halbeinkünfteverfahren – ein Ergebnis der Steuerreform aus dem Jahre 2001. Motto: Die Gewinne von Kapitalgesellschaften unterliegen nur noch mit 25 % der Körperschaftsteuer, ihre Besitzer müssen diese Ausschüttungen nur noch zur Hälfte versteuern. Im Gegenzug dürfen Aktionäre die von der deutschen Firma bezahlte Körperschaftsteuer nicht mehr auf ihre eigene Steuerlast anrechnen. Für die 50%ige Steuerfreiheit spielt keine Rolle, ob die AG ihren Sitz diesseits oder jenseits der Grenze hat. Eine Besonderheit gilt beim Steuerabzug. Die 20 %ige Kapitalertragsteuer wird nur bei Dividenden von inländischen Kapitalgesellschaften einbehalten. Dafür verlangen die meisten ausländischen Staaten Quellensteuer auf die über die Grenze fließenden Beträge, die sich auch nicht mit einem Freistellungsauftrag vermeiden lässt.

Grundsätze zu Aktie und AG
Aktien sind Wertpapiere, die das Mitgliedsrecht an einer Aktien- und somit Kapitalgesellschaft verbriefen. Durch den Kauf beteiligt sich der Aktionär am Kapital der AG und wird dadurch Teilhaber. Sein Risiko ist begrenzt auf den totalen Verlust des Werts seiner Aktie, persönlich haftet er nicht. Als Gegenleistung für die Beteiligung schüttet die AG einen Teil des Gewinns in Form von Dividenden aus, stellt sie zumindest in Aussicht oder thesauriert die Erträge zugunsten von Wertzuwächsen. Das für private Anleger wohl wichtigste Motiv für den Aktienerwerb ist die Erwartung von Kursgewinnen. Die Aussicht auf Dividenden ist eher zweitrangig und wird oft nur als angenehmer Nebeneffekt empfunden. Eine mögliche Einflussnahme auf die Geschicke des Unternehmens trifft nur auf Groß- oder Mehrheitsaktionäre zu.

Aktiengesellschaften entstanden in der Vergangenheit aus dem einfachsten Grund, den man sich vorstellen kann, nämlich aus Geldbedarf. Es war einfach unmöglich, dass eine einzelne Person oder Firma die benötigten Finanzmittel z.B. für Eisenbahn-, Schiffsbau oder ähnliche Großprojekte alleine aufbringen konnte. Die Einführung eines regelmäßigen Börsenhandels forcierte den Aufschwung der Aktie. Der ehemalige Grundgedanke lag auch den umfangreichen Neugründungen Ende des letzten Jahrtausends zugrunde, als jedes Internet-Start-up plötzlich seinen Geldbedarf mittels Neuemission ankündigte und sich eine riesige Spekulationsblase aufbaute.

Die Organe einer Aktiengesellschaft sind

- der **Vorstand**, der allein zur Geschäftsführung befugt und berechtigt ist und die AG nach außen vertritt. Der Vorstand wird durch den Aufsichtsrat bestellt.
- der **Aufsichtsrat**, welcher die Geschäftsführung des Vorstands überwacht; er ist das Kontrollorgan der AG. Er erteilt dem Abschlussprüfer den Prüfungsauftrag für Jahres- und Konzernabschluss.
- Die (mindestens einmal jährlich) stattfindende **Hauptversammlung** beschließt die Verwendung des Bilanzgewinns, Kapitalmaßnahmen, die Bestellung der Mitglieder des Aufsichtsrats und der Abschlussprüfer, die Entlastung der Vorstandsmitglieder und des Aufsichtsrats, also die Zustimmung zum Ergebnis der Tätigkeit im vergangenen Wirtschaftsjahr. Das Stimmrecht richtet sich nach der Aktienanzahl und -art des Aktionärs, die bei einigen Gesellschaften auf einen bestimmten Prozentsatz beschränkt sind (Höchststimmrecht).

Aktien beinhalten das zerlegte Grundkapital einer Aktiengesellschaft. Sie sind die Anteilsscheine an diesen Gesellschaften und bilden deren bilanzmäßiges Grundkapital (im Inland mindestens 50.000 €). Der Inhaber von Aktien (= Aktionär) ist Miteigentümer entsprechend seinem Anteil an der Summe aller Vermögenswerte und nicht Gläubiger, wie der Besitzer von Anleihen oder Genuss-Scheinen. An einer AG können eine oder mehrere Personen beteiligt sein. Mit der Teilhaberschaft an einer AG hat der Aktieninhaber eine Reihe von Aktionärsrechten erworben.

Checkliste zu den Aktionärsrechten	
Beteiligung am Gewinn	❑
Teilnahme an der Hauptversammlung	❑
Stimmrecht in der Hauptversammlung (Ausnahme Vorzugsaktionär)	❑
Beteiligung am Liquidationserlös	❑
Bezug junger Aktien bei einer Kapitalerhöhung (Ausnahmen möglich)	❑
Auskunftserteilung durch den Vorstand	❑
Anspruch auf Anteil am Gewinn (Dividende)	❑

Aktien können entweder als Nennbetrags- oder als Stückaktien ausgegeben werden. Nennbetragsaktien müssen in Deutschland auf mindestens 1 € lauten, Stückaktien lauten auf keinen Nennbetrag. Die Stückaktien einer Gesellschaft sind am Grundkapital in gleichem Umfang beteiligt. Der auf die einzelne Aktie entfallende Betrag des Grundkapitals darf 1 € nicht unterschreiten. Der Anteil am Grundkapital bestimmt sich bei Nennbetragsaktien nach dem Verhältnis ihres Nennbetrags zum Grundkapital, bei Stückaktien nach der Zahl der Aktien.

Vorteile der Geldanlage in Aktien

Durch die Anlage in Aktien erfolgen Investitionen in Unternehmen mit all ihrem Besitz, in Grundstücke, Maschinen, Lagerhallen, Produkte sowie in Know-how. Im Gegensatz hierzu stehen Rentenpapiere, hier wird das Ersparte lediglich verzinslich angelegt. Die Aktie sichert das Eigentum an Produktionsmitteln. Der Aktionär partizipiert an Gewinnen, wirtschaftlicher Fortentwicklung und konjunkturellen Aufschwüngen. Er erhält steigende Dividenden und genießt die Kurszuwächse, wenn die Geschäftsführung erfolgreich arbeitet. Keine Bank zahlt auf das Sparbuch ihrer Kunden mehr Zinsen, wenn es ihr wirtschaftlich gut geht, sondern sie erhöht die Dividende ihrer Aktionäre.

Keine andere liquide Form der Geldanlage vermag wie die Aktie den Vorteil zu gewähren, jeden Wirtschaftstrend auszunutzen, denn alle Branchenkategorien stehen dem Anleger zur Auswahl. Er kann für sich persönlich jeden Trend nutzen, frei und unvoreingenommen diesem folgen und hieraus profitieren. Der Aktionär kann an technischen Innovationen und Zukunftsaussichten, aber auch an klassischen Branchen wie dem Stahl verdienen – und das rund um den Globus. Viele Untersuchungen der letzten Jahre kommen zu dem gleichen Ergebnis: Aktien schlagen Anleihen oder sonstige Anlagemöglichkeiten um Längen. Je länger der Anlagezeitraum, umso deutlicher fällt das Ergebnis pro Aktie aus. Hinzu kommt, dass die Aktienanlage steuerlich attraktiv ist; Anleihenerträge können von Inflation und steuerlicher Belastung nahezu aufgefressen werden.

Arten der Aktienverwahrung

Die Aufbewahrung von Aktien erfolgt nach vier verschiedenen Möglichkeiten:

1. **Girosammelverwahrung oder -verwaltung:** Dies ist die einfachste und billigste Lösung und ist im börsentäglichen Aktienhandel die Regel. Zahlreiche in- und ausländische Wertpapiere werden in Globalurkunden ausgestellt, die bei einer Wertpapiersammelbank hinterlegt sind. Bei Transaktionen dieser Papiere erfolgt eine einfache Umbuchung ohne tatsächliche Verlagerung von effektiven Stücken. Dem Anleger gehören nicht etwa ganz bestimmte Stücke, sondern er ist prozentualer Miteigentümer am Gesamtbestand. Dividenden werden automatisch gutgeschrieben, Termine von der depotführenden Bank automatisch überwacht.
2. **Streifbanddepot:** Die Aktien werden für den einzelnen Anleger einzeln verwahrt. Jeder Anleger bekommt exakt „seine“ Stücke zugeordnet, deren Wertpapiernummern genau vermerkt werden und somit identifizierbar sind. Diese Aufbewahrungsart bringt keine Vorteile, nur erheblich höhere Aufbewahrungskosten mit sich. Ohne konkreten Auftrag wird die Bank Aktien nicht im Streifbanddepot aufbewahren, es sei denn, für bestimmte Aktiengattungen (z.B. teileingezahlte oder vinkulierte Namensaktien) ist diese Aufbewahrung Pflicht.
3. **Wertpapierrechnung:** Bei einigen ausländischen Aktien werden die Urkunden nicht im Inland verwahrt, der ausländische „Verwahrer“ gilt als Eigentümer. Der Aktionär hat lediglich anteilig seines Besitzes ein Auslieferungsrecht.
4. **Eigenverwahrung:** Wer Aktien in den eigenen vier Wänden oder einem Banksafe deponieren möchte, lässt sich effektive Stücke aushändigen. Ein Vorgang, der nur noch selten praktiziert wird, mit hohen Kosten verbunden und bei einigen Wertpapieren gar nicht mehr möglich ist. Der Besitzer muss sich selbst um Dividendenauszahlungen sowie die Zuteilung von jungen Aktien kümmern.

Anlagestrategien mit Aktien

Vor dem Aktienkauf oder -verkauf lautet meist die alles entscheidende Frage: Ist der Kurs derzeit billig oder teuer? Die Antwort fällt stets gleich aus, da Angebot und Nachfrage immer zu einem angemessenen Preis führen. Dieses Ergebnis führt jedoch aus Anlagegesichtspunkten zu keiner Entscheidung. Hierzu wird oftmals die Gegenüberstellung vom inneren Wert einer Aktie und ihrer aktuellen Kursnotierung herangezogen. Maßstab hierbei ist das Kurs-Gewinn-Verhältnis einer einzelnen Aktie oder eines Gesamtmarkts. Doch zur optimalen Analyse kommt noch ein zweites, äußerst wichtiges Kriterium hinzu: Die aktuelle und künftig erwartete Höhe der Kapitalmarktzinsen.

Das Kurs-Gewinn-Verhältnis (KGV) ist ein wichtiger Maßstab dafür, ob Aktie, Branche, Land oder Region unterbewertet, angemessen bewertet oder überbewertet sind. Als Berechnungsgrundlage dient der Gewinn des einzelnen Unternehmens, umgerechnet auf einen Anteil:

$$\text{KGV} = \frac{\text{aktueller Aktienkurs}}{\text{Gewinn pro Aktie}}$$

Den Gewinn pro Aktie kann regelmäßig aus Börsenzeitungen, diversen Internetseiten sowie den Jahresberichten der einzelnen Unternehmen entnommen werden. Aus dem publizierten Gewinn einer Firma werden außerordentliche und aperiodische Erträge und Aufwendungen herausgerechnet, um zu einem typischen Ergebnis zu kommen. Hierzu gehören insbesondere Veräußerungsgewinne und -verluste, die nicht regelmäßig anfallen.

Anlage-Hinweis

Wichtig bei der Angabe eines KGV ist das Jahr, auf das sich die Angaben beziehen. Ist es bereits abgelaufen, kann die Zahl durch aktuelle Entwicklungen bereits überholt sein. Basiert das KGV hingegen auf Schätzungen künftiger Jahre, wächst der Unsicherheitsfaktor. Faustregel: Die erwartete Zahl für das aktuelle Jahr kombiniert mit dem Trend ergibt die richtige Kombination zur Bewertung.

Kennt man nun den Wert pro Aktie, so muss er interpretiert werden. Ist das KGV niedrig, weil künftig mit einer wirtschaftlichen Rezession gerechnet wird? Nimmt die Bewertung also die Zukunft bereits vorweg? Diese Bewertung sollte sich auf den Gesamtmarkt oder eine Gesamtbranche beziehen. Die Aussage, bezogen auf eine einzelne Aktie, muss nämlich nicht immer aussagekräftig sein. So kann der umgekehrte Fall eines hohen KGV durchaus seine Gründe haben, wenn mit stark steigenden Gewinnen gerechnet werden kann oder das Unternehmen über hohe Substanzwerte verfügt. Das aktuelle Verhältnis ist zwar bei steigender Gewinntendenz aus jetziger Sicht sehr hoch, relativiert sich aber in den Folgejahren, wenn die Gewinnhöhe entsprechend nachgezogen ist.

Anlage-Tipp

Unternehmen mit extrem hohen KGV sollten gemieden werden. Die Aussicht auf weitere Kurszuwächse ist sehr gering, und die Firma müsste binnen kurzer Zeit außerordentliche Gewinnsprünge vorweisen. Die Erwartung in Aktien mit hohem KGV ist dermaßen euphorisch, dass selbst beste Unternehmensmeldungen zu Enttäuschung und in der Folge zu Kursverlusten führen können. Es hat sich in den vergangenen Jahren besonders deutlich gezeigt, dass „hochgejubelte" Aktien mit einem hohen KGV oder Verlusten niemals die in sie gesteckten Erwartungen erfüllen konnten. Die galt besonders für die Wachstumsaktien am ehemaligen Neuen Markt oder an der NASDAQ.

Neben der wirtschaftlichen Lage spielt das allgemeine Zinsniveau eine mindestens gleichgewichtige, wenn nicht sogar die entscheidende Rolle. Sind die Zinsen hoch, ist die Anlagealternative in festverzinsliche Wertpapiere verlockend. Dann steht vielleicht ein garantierter Jahreszins von 8 % einer risikoreicheren Aktienanlage entgegen. Außer in einigen Sondersituationen galt in der Vergangenheit immer die Regel:

Fallende Zinssätze = steigende Aktien- und Anleihenkurse
Steigende Zinsen = fallende Aktien- und Anleihenkurse

Mit der Zinslage in unmittelbarem Zusammenhang steht die Geldliquidität, denn die Zinsen sind i.d.R. deshalb hoch, weil wenig freies Geld zur Verfügung steht. Und das Kapital fehlt auch an der Börse. Diese Korrelation von Aktien- und Anleihemarkt wird auch zukünftig die Börsen bestimmen. Die Beobachtung des Zinstrends ist dabei ungleich einfacher als die der Aktienkursentwicklung. Die Zinsentwicklung ist nicht so sprunghaft und verläuft über längere Zeiträume gradlinig. Die Reaktion der Aktienmärkte auf die Zinsen ist nicht immer unmittelbar nachvollziehbar. Oft läuft der Zinstrend bereits mehrere Monate in eine Richtung, ehe die Aktien hierauf reagieren. Gefährlich wird es, wenn die Zinsen bereits seit einem längeren Zeitraum im Steigen begriffen sind, die Aktienmärkte aber noch nicht reagiert haben. Bemerkungen wie „diesmal ist es aber anders" werden nur kurzfristig Erfolg haben, die Aktienkurse werden sich immer im Schlepptau der Zinsen bewegen, mal sofort und mal mit zeitlicher Verzögerung. Die in den letzten Jahren vorherrschende Phase mit historisch niedrigen Zinsen sollte Anleger nicht blenden. Viele können sich vielleicht nicht mehr an Bundesanleihen mit zweistelligem Kupon erinnern.

Anlage-Tipp

Für Anleger besonders interessant sind Verhältnisse, in denen die Aktienkurse am Boden liegen, da die Zinsen extrem hoch sind. Leichte Zinssenkungen haben bereits stattgefunden, die Aktienkurse haben aber noch nicht reagiert. Dieser Kaufzeitpunkt ist nahezu ideal, da eine längere Phase mit fallenden Zinsen und steigenden Aktienkursen bevorstehen kann.

Aktien und ihre steuerliche Behandlung

Die mit Aktien erzielbaren Renditen lassen andere Wertpapieranlagen auf Dauer gesehen weit hinter sich. Kommt auch noch der steuerliche Aspekt hinzu, verbessert sich die Bilanz weiter. So entfällt beispielsweise für mittel- und langfristig orientierte Aktionäre die Steuerlast auf Kurserträge. Kurzfristig realisierte Gewinne und erhaltene Dividenden unterliegen nur zur Hälfte der Erfassung durch das Finanzamt. Mit diesen einfachen Grundsätzen zur Besteuerung lassen sich aber nicht sämtliche Vorgänge rund um die Aktienanlage abbilden. So sorgen beispielsweise Stock-Dividenden, Kapitalerhöhungen aus Gesellschaftsmitteln und gegen Einlage, Umtauschangebote, Abfindungen, Bezugsrechte oder Bonuspapiere nicht nur für frischen Wind im Depot, sondern auch für neue Berechnungsgrundlagen.

– Einnahmen aus Kapitalvermögen

Zu den Einnahmen aus Kapitalvermögen gehören nach § 20 Abs. 1 Nr. 1 EStG Gewinnanteile und sonstige Bezüge aus Aktien. Dabei handelt es sich üblicherweise um die ausgezahlten Dividenden. Deutsche und viele ausländische Firmen schütten einmal, amerikanische viermal (Quartalsdividende), niederländische, britische oder spanische beispielsweise durch eine Vorabdividende auf das erwartete Jahresergebnis zweimal jährlich aus.

Maßgebender Besteuerungszeitpunkt ist jeweils die Gutschrift auf dem Konto des Aktionärs, sofern die Wertpapiere in den normalen Rahmen einer privaten Vermögensverwaltung fallen (Zuflussprinzip des § 11 EStG). Keine Rolle spielt, für welches Wirtschaftsjahr die Dividende gezahlt wird und wie lange der Anleger die Papiere zuvor im Besitz hatte. So ist die Dividende auch beim Erwerb der Aktie unmittelbar vor oder noch am Ausschüttungstermin für ein ganzes Wirtschaftsjahr als Kapitaleinnahme zu erfassen.

Bei US-Aktien ist es üblich, dass die Quartalsdividende erst rund einen Monat nach dem Termin ausgezahlt wird, an dem der Anspruch entfällt. Selbst wenn der Anleger das Wertpapier bei Zufluss auf dem Konto nicht mehr besitzt, ist die Ausschüttung an diesem Tag zu versteuern.

Auch Bonus- oder Sonderausschüttungen gehören mit zur Dividende. Hierbei handelt es sich zumeist um einmalig angefallene Vorgänge wie Veräußerungsgewinne oder Ausschüttungen aufgrund von Firmenjubiläen oder steuerlichen Besonderheiten.

Steuer-Tipp

Am Ausschüttungstag erfolgt der Dividendenabschlag vom Kurs. Die Auswirkung auf den Kursverlauf der Aktie wird maßgeblich von der Höhe der Ausschüttung bestimmt. Der Tag nach der Hauptversammlung (= Ausschüttungstermin, Ex-Tag) eignet sich besonders für Anleger mit hohem Steuersatz zum Kauf. Denn die dann nicht mehr erhaltene Dividende spiegelt sich im entsprechend geringeren Kaufkurs wider.

– Das Halbeinkünfteverfahren

Steuerlich herrschen seit 2001 für inländische Aktiengesellschaften und seit 2002 für ihre Aktionäre völlig neue Verhältnisse – bedingt durch die Unternehmensteuerreform. Die wesentliche Neuerung: Während zuvor die Dividenden von Aktionären nach dem Anrechnungsverfahren besteuert wurden, erfolgt dies nun im Halbeinkünfteverfahren. Ist der Aktionär eine natürliche Person, werden Dividenden nur zur Hälfte besteuert. Die andere Hälfte der Ausschüttung ist steuerfrei, § 3 Nr. 40 EStG. Dafür kann der Aktionär die von der AG entrichtete Körperschaftsteuer nicht mehr abziehen. Die halbierte Besteuerung greift auch bei Ausschüttungen von jenseits der Grenze, auch wenn die dort ansässigen Firmen von der inländischen Steuerumstellung nicht betroffen sind.

Der steuerfreie Anteil unterliegt nicht dem Progressionsvorbehalt. Vorteil: Die halbierte Besteuerung mindert auch den Steuersatz für die übrigen zu versteuernden Einkünfte. Das Halbeinkünfteverfahren gilt auch für Dividenden, die einer anderen Einkunftsart zuzurechnen sind – etwa Aktien in einem betrieblichen Depot von Einzelunternehmern oder Personengesellschaften. Im Gegenzug können Ausgaben, die mit der Aktienanlage zusammenhängen, gem. § 3 c Abs. 2 EStG nur zur Hälfte als Werbungskosten oder Betriebsausgaben abgezogen werden. Umstritten ist noch, ob der halbierte Abzug bereits für 2001 oder erst ab 2002 gilt (Revisionen beim BFH unter VIII R 10/06 und VIII R 60/05) und ob der begrenzte Kostenansatz zu einer unzulässigen Doppelbesteuerung führt (Revision unter VIII R 69/05).

Steuer-Hinweis

Der steuerfreie Teil der Dividende spielt aber für einige Nebenrechnungen eine Rolle. So wird dieser Betrag zur Berechnung der Kirchensteuer wieder zugeschlagen und zählt zu den Bezügen. Sie sind maßgebend bei der Beurteilung, ob bei volljährigen Kindern oder bei unterhaltenen Person steuerliche Vergünstigungen in Anspruch genommen werden können, etwa Kinderfreibeträge oder Unterhaltsleistungen als außergewöhnliche Belastung.

Der Sparerfreibetrag i.H.v. 750 € (bis Ende 2005: 1.370 €) je Person wird nur von den steuerpflichtigen Einnahmen abgezogen. Damit verdoppelt das Halbeinkünfteverfahren die Steuerbegünstigung aus diesem Freibetrag. Gleichzeitig wird auf den darüber hinausgehenden Betrag statt dem 30%igen Zinsabschlag eine 20%ige Kapitalertragsteuer erhoben, dann allerdings auf die komplette und nicht die halbierte Dividende.

Beispiel
Berechnung des Steuerabzugs auf Kapitalerträge

Anlageform	**Aktie**	**Anleihe**
Einnahmen 2007	4.000	4.000
Davon zu versteuern	2.000	4.000
– Freistellungsbetrag	- 801	- 801
Bemessungsgrundlage	1.199	3.199
Steuerabzug	20 %	30 %
Abzugsbetrag	239,80	959,70
Solidaritätszuschlag	13,19	52,78
Summe Steuereinbehalt	252,99	1.012,48
Vorteil Aktienanlage	759,49	

Das ehemalige Anrechnungsverfahren sorgt derzeit noch für Schlagzeilen. Dabei geht es nicht um Inlandsdividenden, sondern um Ausschüttungen von jenseits der Grenze. Bis ins Jahr 2001 hinein konnte über das Anrechnungsverfahren nach § 36 EStG die auf ausgeschüttete Gewinne entfallende Körperschaftsteuer nur bei inländischen AGs angerechnet werden. Bei Auslandsfirmen versagte das Gesetz diese Vergünstigung. Diese Regelung hatte der EuGH in einem vergleichbaren Fall aus Finnland als europarechtswidrig eingestuft (v. 07.09.2004 – Rs. C-319/02 Manninen, HFR 2004, 1262). Ähnlich hatte das FG Köln (v. 24.06.2004 – 2 K 2241/02, EFG 2004, 1374) den Fall bei einem deutschen Aktionär gesehen und den Fall Meilicke (Rs. C-292/04) dem EuGH zur Entscheidung vorgelegt. Luxemburg hat nun zu prüfen, ob die Benachteiligung von Auslandsdividenden gegen die Kapitalverkehrsfreiheit verstößt. Aus dem Schlussantrag vor dem EuGH vom 05.10.2006 ergibt sich, dass die Wirkung des Urteils in der Rs. Meilicke zeitlich nicht beschränkt werden soll. Denn Deutschland hat nicht hinreichend dargelegt, dass das Urteil schwerwiegende wirtschaftliche Auswirkungen nach sich zieht. Betroffene Aktionäre halten ihre Altfälle mit Auslandsdividenden bis einschließlich 2001 offen.

Steuer-Hinweis
Neben der üblichen Dividende, die einmal jährlich oder auch quartalsweise ausgezahlt wird, können sich aus dem Aktienbesitz noch einige besondere Ereignisse ergeben. Diese können als sonstiger Vorteil oder als Verkaufsgewinn der Steuer unterliegen. Zu einer Reihe von Zweifelsfragen in Hinblick auf Spekulationsgeschäfte (BMF v. 25.10.2004 – IV C 3 – S2256 – 238/04, BStBl I, 1034) oder zu Kapitalerhöhungen (BMF v. 20.12.2005 – IV C 3 – S 2256 – 255/05, BStBl I 2006, 8) hat sich die Finanzverwaltung in umfangreichen Schreiben geäußert.

Steuerunterschiede zwischen Aktienfonds und Direktanlage
Ob Aktien oder Fonds im Depot bessere Renditen bringen, hängt vom Geschick des Anlegers oder Fondsmanagers ab. Steuerlich gehen beide Papiere aber getrennte Wege, vor allem wenn es um Verkäufe geht. Dividenden sind in beiden Fällen stets nur zur Hälfte steuerpflichtig. Das gilt seit 2004 auch für jenseits der Grenze verwaltete Fonds, sofern sie die erforderlichen Veröffentlichungspflichten erfüllen. Die 20 %ige Kapitalertragsteuer bei Ausschüttungen deutscher Firmen lässt sich bei beiden Produkten mit einem Freistellungsauftrag verhindern. Maßgebender Steuerzeitpunkt ist immer der Zufluss, der sich bei Fonds nach

dem Ablauf des Geschäftsjahres bestimmt. Wer Aktie oder Fonds einen Tag zuvor abstößt, verbucht weder Kapitaleinnahmen noch Steuerabzug. Somit herrscht hier Chancengleichheit.

Steuer-Hinweis

Diese Gleichbehandlung von Aktie und Fonds gilt, auch wenn beim Fondsverkauf generell seit 2005 ein Zwischengewinn anfällt. Diese Rechengröße tendiert jedoch bei Aktienfonds eher gegen null, da in den Zwischengewinn gem. § 1 Abs. 4 InvStG keine Dividenden einfließen.

Beim Verkauf von Aktien oder Fonds gilt zwar für beide die einjährige Spekulationsfrist, aber nur bei Aktien greift innerhalb dieses Zeitraums das Halbeinkünfteverfahren. Dies ist für Fondsbesitzer im Gewinnfall negativ und bei Verlusten positiv. Beide können eine Freigrenze von 512 € pro Jahr gem. § 23 Abs. 3 Satz 6 EStG geltend machen.

Beispiel

Unterschiedliche Berechnung des Verkaufserlöses bei Aktien und Fonds

Ein Anleger kauft für 10.000 € Aktien bzw. Aktienfonds. Die verkauft er nach neun Monaten wieder und erhält hierfür 11.000 € bzw. 8.000 €.

Wertpapiere	**Aktien (in €)**		**Aktienfonds (in €)**	
Verkaufspreis	11.000	8.000	11.000	8.000
– Anschaffungskosten	– 10.000	– 10.000	– 10.000	– 10.000
= Anlageergebnis	+ 1.000	– 2.000	+ 1.000	– 2.000
Steuerlich maßgebend	500	– 1.000	1.000	– 2.000
Zu versteuern sind	0	0	1.000	0

Ergebnis: Während der Aktionär seine Erträge wegen der Freigrenze von 512 € ohne Abgaben vereinnahmt, muss der Fondsbesitzer den gesamten Gewinn versteuern. Im Verlustfall sieht die Rechnung anders aus. Hier kann das Aktienminus nur zur Hälfte mit anderen Spekulationsgewinnen verrechnet werden.

Anlage-Tipp

Die Geldanlage über Aktienfonds bringt steuerlich auch Vorteile, vor allem bei freundlichen Börsen und langfristigem Anlagehorizont. Denn die Fondsmanager können munter an- und verkaufen, ohne dass für Privatanleger Steuern anfallen. Denn die innerhalb des Fondsvermögens erzielten Kurserträge bleiben gem. § 2 Abs. 3 InvStG unabhängig von Haltefristen steuerfrei. Schüttet der Fonds dieses realisierte Aktienplus anschließend aus, ändert sich nichts an dieser Tatsache. So kann auf Dauer eine hohe Nachsteuerrendite aufgebaut werden.

Beispiel

Berechnung Vor- und Nachteile bei Kurzfristspekulationen mit Aktien

Ein Anleger erzielt durch kurzfristige Aktiengeschäfte einen Jahresgewinn von 10.000 € bzw. einen Verlust in gleicher Höhe. Hätte er das Geld in Aktienfonds investiert, hätten die Manager ein Ergebnis von 9.000 € erreicht.

Szenario	Gewinnfall		Verlustfall	
Wertpapier	**Aktie**	**Fonds**	**Aktie**	**Fonds**
Kursergebnis	+ 10.000	+ 9.000	– 10.000	– 9.000
Davon steuerpflichtig	5.000	0	– 5.000	0
Fällige Steuer (Satz 35 %)	– 1.750	0	0	0
Nettoergebnis	8.250	9.000		

Ergebnis: Im Gewinnfall steht sich der Fondsanleger besser; er kann aber die im Fonds realisierten Verluste im Gegensatz zur Direktanlage nicht verrechnen.

Gewichtung von Aktien und Anleihen im Depot

Von der eher mäßigen, aber bis zum Laufzeitende hin regelmäßig sicheren Rendite bei Festverzinslichen kassiert das Finanzamt deutlich mehr als beim Aktieninvestment. Dafür ist die Anlage in Sachwerte riskanter und unterliegt hohen Schwankungen. Dennoch gehören beide Wertpapierarten ins Depot, um für Ausgewogenheit und Stabilität zu sorgen. Viele Untersuchungen der letzten Jahre kommen zum gleichen Ergebnis: Je länger der Anlagezeitraum, um so deutlicher ist der Vorteil von Aktien im Vergleich zu Anleihen. Darüber hinaus sind Aktien steuerlich attraktiv, Zinsen hingegen werden von Inflation und Steuerlast nahezu aufgefressen. Über Aktien erfolgt die Anlage in Unternehmen mit all ihrem Besitz sowie in Know-how. Bei Rentenpapieren wird das Ersparte lediglich verzinslich angelegt.

Bei Anleihen sind die Gewinnmöglichkeiten stark eingeschränkt, und Verluste bei höheren Inflationsraten vernichten zwar nicht das Kapital, lassen aber negative Ertragsraten erwirtschaften. Wer beispielsweise Ende 1981 exakt 100 € in europäische Aktien investierte, bekam Ende 2004 1.778 € zurück. Wurde das Geld hingegen in Bundesanleihen angelegt, gab es lediglich 547 €, vor Steuern. Und das gute alte Sparbuch kommt auf 347 €. Allerdings war die Schwankungsbreite in den einzelnen Jahren bei den Aktien deutlich höher – sowohl in positiver als auch in negativer Richtung. Dennoch gehören Anleihen neben Aktien als Basisinvestment ins Depot, auch wenn die Zinsen kaum über 4 % liegen und Kursgewinne eher selten sind. Wer Festverzinsliche bis zur Fälligkeit hält, kalkuliert ohne Kursverlust mit planbaren laufenden Zinserträgen.

Checkliste Aktien und Anleihen

Plus und Minus bei Aktien

+ Liquide und inflationsresistente Geldanlage in Sachwerte
+ Halbierte Steuerlast auf laufende Kapitaleinnahmen nach § 20 EStG
+ Sparerfreibetrag wird geschont
+ Realisierte Kursgewinne zählen im Rahmen des § 23 EStG nur zu 50 %
+ Steuerfreiheit auf Kurserträge nach Ablauf der Spekulationsfrist
+ Bequeme Sparmöglichkeit über Fonds
+ Für Spekulationen ideal geeignet
+ Diverse Anlagemöglichkeiten auf Umwegen über Zertifikate
+ Auf Dauer hohe Renditen

Checkliste Aktien und Anleihen (Fortsetzung)
+ Für jedes Alter und Einkommen geeignet
– Verluste und hohe Schwankungen möglich
– Zeit- und Wissensbedarf bei der Direktanlage
– Nicht zum kurzfristigen Geldparken geeignet
– Quellensteuer kann Rendite bei Auslandsaktien mindern
– Ab 2008 voraussichtlich Kursgewinnsteuer unabhängig von Haltefristen
– Wegfall des Halbeinkünfteverfahrens durch die Abgeltungsteuer geplant
Plus und Minus bei Anleihen
+ Basisinvestment für das Anlagedepot
+ Geringe Kursrisiken bei Fälligkeit
+ Fest kalkulierbare Einnahmequelle
+ Gewinne bei sinkenden Zinssätzen möglich
+ Schwankungsbreite geringer als bei Aktien
+ Steuergestaltung über Stückzinsen möglich
+ Alternativprodukte zu reinen Festverzinslichen im Angebot
+ Steuerliche Vorteile durch die geplante Abgeltungsteuer in Sicht
± Fonds wegen der Gebühren nur für riskante Märkte eine Alternative
– Zinsen voll steuerpflichtig
– Wenig geeignet für Kurzfristspekulationen
– Derzeit geringe Kapitalmarktzinsen
– Inflation nagt an der Rendite

Aktien schlagen Anleihen langfristig immer. Diese pauschal richtige Aussage schlägt umso mehr zugunsten der Sachwerte aus, je höher die individuelle Progression ist. Denn bei der Rendite nach Steuern können Aktien ihr Ergebnis noch einmal verbessern, abhängig von der persönlichen Einkommenslage des einzelnen Anlegers. Auf der anderen Seite sprechen die möglichen Schwankungen eher für Festverzinsliche. Mussten europäische Anleihenbesitzer in den vergangenen 26 Jahren nur in zwei Fällen einen Wertverlust hinnehmen, war dies bei Aktiensparern in sechs Jahren der Fall. Der maximale Verlust betrug dabei 31 %, Renten wiesen lediglich ein Minus von 2,5 % aus. Dafür trumpft die Aktie in den Gewinnjahren auf. Renditen bis zu 50 % waren möglich, bei europäischen Anleihen noch nicht einmal 20 %.

Alleine die 30 Dax-Unternehmen schütten im Jahr 2006 mehr als 20 Mrd. € an ihre Aktionäre aus. Manche Aktie bietet eine höhere Dividendenrendite (Ausschüttung/Aktienkurs) als der Zinssatz bei Anleihen. Diesen Aspekt beachten viele Anleger nur als Nebensache, da für sie die Kurserträge im Vordergrund stehen. Diese Sichtweise ist aber eher falsch. Denn ein großer Teil der Aktienrendite entfällt auf die jährlichen Ausschüttungen, und Werte mit hoher Dividende zeigen zumeist auch eine bessere Kursperformance. Dies wird deutlich bei der Entwicklung des DAX. Bei diesem deutschen Aktienindex werden die Dividenden sofort wieder dem Kursverlauf zugeschlagen. Würde dieser Aspekt herausgerechnet, läge das Deutsche Kursbarometer, gemessen an den vergangenen 15 Jahren, rund 1.000 Punkte unter dem heutigen Stand. So ist der DAX als Performance-Index um rund 140 % gestiegen, ohne die Dividenden wären es weniger als 80 % gewesen.

Da sowohl Aktien als auch Anleihen in ein gut strukturiertes Depot gehören, stellt sich die Frage nach der optimalen Gewichtung. Das Ziel sollte dabei sein, die Vorteile auch den beiden Anlagewelten zu kombinieren und die Nachteile zumindest zu minimieren. Werden beispielsweise 70 % Aktien und 30 % Renten ins Depot gelegt, mindern sich die Kursschwankungen im Vergleich zur reinen Aktienanlage deutlich. Die durchschnittliche Jahresperformance ist dabei deutlich besser als bei der Investition zu 100 % in Festverzinsliche. Erhöht sich der Rentenanteil hingegen auf 70 %, fällt die Rendite deutlich schlechter aus. In keinem Jahr – bezogen auf die Vergangenheit – konnte ein Plus von 20 % verbucht werden, dafür lag das maximale Minus auch nur bei 5 %. Zur Erinnerung: Die reine Aktienanlage brachte ein durchschnittliches Plus von knapp 50 % und ein Maximalverlust von 31 %.

Die historischen Ergebnisse lassen sich auf die Zukunft übertragen. Risiko und Chancen liegen eng beieinander. Je geringer das Risiko, desto magerer der Ertrag. Auf lange Sicht zahlt es sich aus, mehr Risiko einzugehen. Als Prämie winken deutlich höhere durchschnittliche Erträge. Motto: Hohe Kursschwankungen glätten sich über lange Anlagezeiträume aus und führen per Saldo zu ordentlichen Ergebnissen. Je kürzer Gelder investiert werden sollen, umso eher wirken die Vorzüge von Anleihen durch ihre geringe Schwankungsbreite. Diese flache Volatilität schlägt sich allerdings in gleichem Maße in der Rendite nieder.

Fazit: Die Geldanlage in Aktien ist als Langfristinvestment ideal. Steuerlich nur moderat belastet, sind auch die Risiken auf lange Zeiträume eher überschaubar, wenn eine breite Streuung erfolgt. Bei Festverzinslichen erhalten die Besitzer zwar ihr eingesetztes Geld bei Laufzeitende zurück. Bei Aktien hingegen ist das Ende stets offen, eine Garantie auf Rückzahlung gibt es nicht. In einem gut sortierten Wertpapierdepot dürfen Aktien dennoch nicht fehlen. Denn die Ertragschancen gleichen das Kursrisiko auf Dauer mehr als aus. Allerdings kann auch der Umweg über Aktien- und Wandelanleihen sowie Zertifikate und Fonds je nach Geschmack die bessere Alternative als eine Direktanlage sein. Über die ab 2008 geplante Unternehmensteuerreform ziehen für die Aktienanlage allerdings einige düstere Wolken auf. Sollten sowohl Halbeinkünfteverfahren als auch Spekulationsfrist gestrichen werden, bedeutet dies eine herbe Einbuße in der Nachsteuerrendite. Entscheidend ist hierbei allerdings noch, wie realisierte Verluste angesetzt werden dürfen.

Aktienabhängige Anleihen

Bei diesen strukturierten Anleihen schwankt im Gegensatz zu → *Aktienanleihen* der Zinssatz, der Nennbetrag wird aber in jedem Fall zurückgezahlt. Bei Aktienanleihen hingegen sind die Zinsen garantiert, nicht jedoch der Rückzahlungsbetrag. Der jährliche Zinskupon ist abhängig vom Kursverlauf der zugrunde liegenden Basiswerte wie Aktien, Zinsen oder Indizes. Fällt beispielsweise keiner von zehn Werten eines zuvor definierten Aktienkorbs innerhalb eines Jahres um mehr als 30 %, gibt es für das Jahr 8 % Zinsen, ansonsten nur 1 %. Die Anleihe ist somit mit wenig Risiken verbunden, lediglich der Ertrag kann unterdurchschnittlich ausfallen. Auch Kursgewinne sind möglich. Ist absehbar, dass die Kurse auf Dauer über der definierten Untergrenze liegen werden, sind die sehr hohen Zinsen sicher. Dies sorgt für Kursaufschläge, die erst gegen Ende der Laufzeit wieder gegen 100 % tendieren.

Die Emittenten geben diesen Bonds verheißungsvolle Namen wie etwa Frühlings-, Silvester-, Nikolaus oder Weltspartag-Anleihen. Meist werden im ersten und auch im zweiten Jahr noch feste Zinssätze garantiert und die kursabhängige Komponente greift erst für die restliche Laufzeit und kann auch schon mal für ein Jahr ausfallen.

Steuerlich gelten die Anleihen wie → *Floater* als Finanzinnovation gem. § 20 Abs. 2 Nr. 4c EStG, da der Ertrag (Höhe des Zinskupons) von einem ungewissen Ereignis abhängt. Folglich gelten alle Kurserträge als Kapitaleinnahmen und auf Gewinne wird Zinsabschlag erhoben. Zu beachten ist, dass die Papiere wie Genuss-Scheine ohne Stückzinsen gehandelt werden, der Kurs am Tag der Ausschüttung also um diesen Betrag fällt. Die Einstufung als Finanzinnovation kann sich auch als positiv erweisen, wenn diese Anleihen während der Laufzeit aufgrund geringer Zinskupons mit Verlust verkauft werden und dann zu negativen Kapitaleinnahmen führen.

Fazit: Die an der Kursentwicklung orientierten Anleihen werden von einer Vielzahl von Banken in Zeiten mit geringem Kapitalzinsniveau emittiert. Sie sind als Depotbeimischung besonders für konservative Sparer geeignet, da sie zumindest die Aussicht auf eine bessere Rendite bieten. Das Risiko liegt angesichts der Kapitalrückzahlung bei Fälligkeit lediglich in einer unterdurchschnittlichen Verzinsung, sollten sich die Basiswerte nicht wie erwartet verhalten. Sofern Anleger eine solche strukturierte Anleihe bis zur Fälligkeit halten, ist das Risiko gering. Denn eine Mindestverzinsung zu Beginn der Laufzeit und die Rückzahlung des eingesetzten Geldes ist sicher. Die börsengehandelten Papiere können jedoch zwischenzeitlich unter ihren Ausgabepreis fallen, wenn etwa die Kapitalmarktzinsen stark ansteigen oder eine Ausschüttung aufgrund der Kursentwicklung der Referenzwerte unwahrscheinlich ist.

Aktienanleihen

3 % Zinsen oder mehr erhalten Anleger derzeit für kurzlaufende Rentenpapiere höchstens, wenn sie auf mindere Bonität oder schwache Währungen setzen. Kommt es in diesen Fällen zu Kursverlusten, fallen diese meist in den steuerlich unerheblichen Privatbereich. Aktionäre verbuchen sofort einen Buchverlust, wenn ihre Aktie im Kurs auch nur einen Cent fällt. Ein realisiertes Minus kann steuerlich meist überhaupt nicht, zumindest aber nicht mit Kapitaleinnahmen oder anderen Einkünften verrechnet werden. Keiner dieser negativen Aspekte trifft auf Aktienanleihen zu: Zweistellige Euro-Zinssätze für die Einjahresanlage bei guter Schuldnerbonität sind die Regel, ein Aktienminus führt erst bei größeren Verlusten zu roten Zahlen, und die gelten steuerlich dann als negative Kapitaleinnahmen.

Für Aktionäre sind diese Papiere ideal, um Aktien für die Langfristanlage kurzfristig mit Rabatt zu erwerben. Geht die Spekulation nicht auf, beteiligen sie das Finanzamt an den Verlusten und mindern damit ihre Kapitaleinkünfte. Somit stellen Aktienanleihen eine gute Geldanlage dar und erfahren derzeit bei Privatanlegen zu Recht eine Renaissance.

Das Grundprinzip der Aktienanleihe

Das Produkt (auch unter dem Begriff Reverse Convertible bekannt) weist zumeist Laufzeiten von etwas mehr als einem Jahr auf. In jüngster Zeit werden auch länger laufende Anleihen bis zu Jahren angeboten. Der Zinssatz ist garantiert und wird beim An- und Verkauf taggenau über die Stückzinsberechnung ermittelt. Insoweit unterscheiden sich Aktienanleihen nicht von herkömmlichen festverzinslichen Papieren. Es gibt jedoch zwei wesentliche Abweichungen:

1. Der Zinssatz ist bei Aktienanleihen deutlich höher und kann auch zweistellig ausfallen.
2. Der Emittent zahlt bei Fälligkeit nicht immer den Nennwert zurück, sondern darf alternativ eine festlegte Anzahl von Aktien liefern.

Bei diesen Hochzinsanleihen besitzt der Emittent das Recht, bei Fälligkeit dem Inhaber an Stelle der Rückzahlung des Nominalbetrags der Anleihe eine vorher festgelegte Anzahl von Aktien anzudienen. Mit der Ausübung der Option erlischt die Verpflichtung zur Rückzahlung des Nominalbetrags der Anleihe. Diese Auswirkung ergibt sich auch bei Wandelanleihen. Dort kann aber der Anleger entscheiden, ob er in Aktien umtauschen möchte oder nicht.

Beispiel

So funktionieren Aktienanleihen

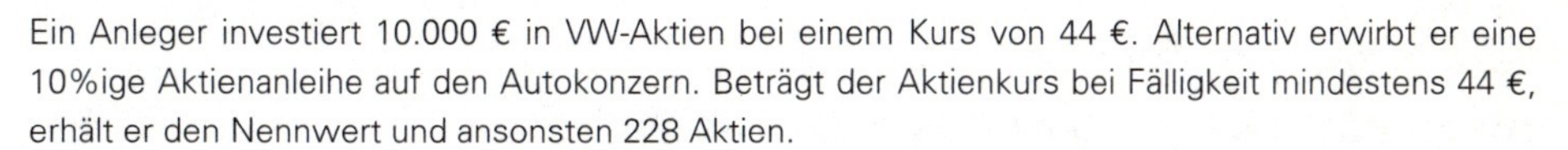
Ein Anleger investiert 10.000 € in VW-Aktien bei einem Kurs von 44 €. Alternativ erwirbt er eine 10%ige Aktienanleihe auf den Autokonzern. Beträgt der Aktienkurs bei Fälligkeit mindestens 44 €, erhält er den Nennwert und ansonsten 228 Aktien.

Kurs liegt bei	Aktienkauf	Anleihekauf
50	(228 x 50) 11.400	Nennwert 10.000 + Zinsen 1.000 = 11.000
44	10.032	Nennwert 10.000 + Zinsen 1.000 = 11.000
40	9.120	Aktien 9.120 + Zinsen 1.000 = 10.120
30	6.840	Aktien 6.840 + Zinsen 1.000 = 7.840

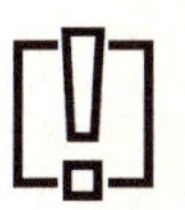

Ergebnis: Bei stagnierenden oder fallenden Kursen gewinnt die Anleihe aufgrund der hohen Zinsen immer gegenüber der Direktanlage. Nur bei stark ansteigendem Kurs rentiert die Direktanlage besser.

Käufer von Aktienanleihen gehen das Risiko ein, ihr eingesetztes Geld mittels Aktien zurückgezahlt zu bekommen. Sie verkaufen dem Emittenten das Recht, ihm Aktien andienen zu können, und verpflichten sich, diese Aktien statt einer Anleihetilgung zu akzeptieren. Das Produkt besteht eigentlich aus zwei Komponenten, einer kurzlaufenden Anleihe und einer Verkaufsoption auf die zugrunde liegende Aktie. Der Anleger geht somit eine Stillhalterposition ein. Der Nominalzins ist bis zur Fälligkeit garantiert, nicht aber die Rendite. Für dieses Risiko zahlt die Bank eine Prämie in Form von deutlich über dem Marktniveau liegenden Zinsen. Die Höhe des Kupons hängt im Wesentlichen von der Volatilität der zugrunde liegenden Aktie sowie der während der Laufzeit erwarteten Dividendenzahlung ab. Die Ausschüttung kommt nämlich nicht beim Anleihebesitzer an. Eher zweitrangig für die Bemessung der Zinsen ist das aktuelle Geldmarktniveau.

Jeder Anleihe liegt eine bestimmte Aktie zugrunde – der Basiswert. Der ist meist ein Standardwert aus DAX, EuroStoxx oder dem US-Markt. Der Basispreis ist bereits vor Emission bekannt und beziffert die Kursuntergrenze, ab der Aktien geliefert werden. Käufer können somit das Risikopotential selbst einschätzen. Aktienanleihen notieren in Prozent, der Kurs errechnet sich aus dem Wert der beinhalteten Aktienoption sowie dem Zinsniveau. Steigende Aktienkurse geben zunehmend die Sicherheit, den Nennbetrag zu erhalten, eine Aktienlieferung wird immer unwahrscheinlicher. Die maximale Kurshöhe ergibt sich aus der Differenz von gezahlten zu tatsächlichen Kapitalmarktzinsen, orientiert sich nach Anleihemaßstäben. Bei fallendem Aktienkurs wird eine Rückzahlung in Aktien immer realistischer, der Anleihekurs orientiert sich mehr am Aktienkurs.

Die Zinsen werden bei Laufzeitende und somit nicht exakt nach einem Jahr fällig – unabhängig vom Kursverlauf der Aktie. Verkaufen Anleger vorher über die Börse, erhalten sie ihren Ertrag taggenau wie bei Festverzinslichen über die Stückzinsen, Aktien werden nicht geliefert. Ob Nennwert oder Aktien zum Tragen kommen, bestimmt sich stets nach dem Aktienkurs unmittelbar vor Fälligkeit, am Ausübungstag. Liegt der Kurs dann unter dem Basispreis, werden die Aktien geliefert, ansonsten erfolgt eine Barauszahlung des Nennwerts. Von einem deutlich gestiegenen Aktienkurs profitieren Anleger nicht, die Rendite ist somit begrenzt. Immerhin kassieren sie aber einen überdurchschnittlichen Zinsertrag. Die gelieferten Aktien können sofort veräußert werden.

Beispiel

Auswirkung des Aktienkurses auf die Rückzahlung

Basispreis 20 €, Nennwert 5.000 €, Aktienanzahl 250 Stück

Aktienkurs	Zahlung	Betrag in €	Ertrag in %
50	Nennwert	5.000	100
21	Nennwert	5.000	100
18	250 Aktien	4.500	90
15	250 Aktien	3.750	75
8	250 Aktien	2.000	40

Werden beispielsweise Aktien zu 18 € geliefert, ergibt sich per Saldo inklusive einem Zinsertrag von rund 1.000 € ein Gewinn von 500 €. Selbst ein Kurs von 15 € ergibt noch eine positive Rendite. Kurse über dem Basispreis erhöhen die Rendite nicht mehr.

Anlage-Hinweis

Aktienanleihen beinhalten im Vergleich zu herkömmlichen Anleihen ein Verlustpotential. Denn die Rückzahlung ist von der Kursentwicklung einer Aktie abhängig. Über dieses Risiko muss der Emittent oder die Bank einen erfahrenen Anleger nicht ungefragt aufklären. Denn der Erwerber einer Aktienanleihe muss davon ausgehen, dass sich der Emittent bei Unterschreitung des Basiskurses für die für ihn günstigere Alternative der Aktienlieferung entscheidet (BGH v. 28.06.2005 – XI ZR 363/04, DStR 2005, 1500).

Anlagestrategien

Aktienanleihen sind das richtige Produkt für Investoren, die mit leicht schwankenden Kursen bei einer Aktie rechnen. Werden die Erwartungen erfüllt, sorgen die Zinsen für eine hohe Rendite. Bei extremen Kursverlusten ist aber noch nicht alles verloren. Durch die garantierten Zinsen erhält der Anleger die Aktien mit Discount und kann den Verkauf auf bessere Börsenzeiten hinausschieben. Das aktuelle Zinsniveau spielt eher eine untergeordnete Rolle, da sich die Sätze i.d.R. innerhalb der kurzen Laufzeit nicht drastisch verändern.

Checkliste der Anlagestrategie	
Hohe Renditen bei seitwärts tendierenden oder nur leicht schwankenden Aktienkursen.	☐
Bei leichten Kursgewinnen oder -verlusten schlägt die Aktienanleihe die Direktinvestition in die entsprechende Aktie.	☐
Werden bei Fälligkeit Aktien geliefert, sind die Anschaffungskosten stets deutlich geringer, als wäre die Aktie sofort erworben worden.	☐
Wer die Aktie ohnehin erwerben will, steht sich mit dem Umweg über die Anleihe günstiger.	☐
Erst wenn der Aktienertrag (Kursgewinn + Dividende) während der Laufzeit die Zinseinnahmen übersteigt, ist die Direktanlage günstiger.	☐
Gute Alternative zu Festverzinslichen, wenn der Käufer einer Aktienanlage grundsätzlich nicht negativ gegenübersteht.	☐
Risikominimierte Spekulation im Vergleich zum direkten Aktienkauf.	☐
Ist die Differenz zwischen Kurs und Basispreis am Kauftag hoch und die Wahrscheinlichkeit einer Aktienandienung somit gering, werden hohe Renditen mit vermindertem Risiko erzielt.	☐
Mittels Varianten bietet die Aktienanleihe auch besondere Angebote sowohl für konservative als auch für spekulative Anleger.	☐
Spesengünstiger Handel über die Emissionsbanken ist oft möglich	☐
Kaufpreise unter 100 % erhöhen die Rendite.	☐
Mögliche Verluste können – im Gegensatz zum Aktienminus – mit Zinsen und anderen Kapitalerträgen verrechnet werden.	☐
Optimale Nutzung der steuerlichen Stückzinsenregelung über die hohen Kupons.	☐

Das Produkt lohnt für Investoren, die an hohen Zinsen und auch an der Aktienanlage interessiert sind. Sie erwarten auf Jahressicht eine Seitwärtsbewegung an der Börse und speziell beim Basiswert. Kursverluste werden einkalkuliert, da die dann gelieferten Aktien als längerfristige Investition ansehen werden. Die Rendite einer Aktienanleihe kann erst im Nachhinein errechnet werden, nach folgender Formel:

$$\text{Rendite p.a.} = \frac{\text{Zinsbetrag} + (\text{Rückzahlung} - \text{Kaufkurs})}{\text{Kaufkurs}} \times \frac{365}{\text{Laufzeit in Tagen}} \times 100$$

Die Rendite mindert sich um Steuerbeträge auf die Zinsen, die bei der Direktanlage nicht angefallen wären, sowie möglicherweise entgangene Dividendenausschüttung der zugrunde liegenden Aktie innerhalb der Laufzeit. Gegenzurechnen sind realisierte Kursverluste, welche die steuerliche Belastung mindern.

Die Investition in Aktienanleihen lohnt sich ganz besonders, wenn

- die Aktie innerhalb der Laufzeit nur wenig schwankt, die hohen Zinsen also zu einer stattlichen Rendite führen,
- die Aktie leicht unter dem Basispreis notiert, so dass aus der Summe von Zinsen und (kleinem) Kursverlust immer noch ein Renditevorsprung zu herkömmlichen Anleihen verbleibt,
- die Aktie zwar stark gefallen ist, der Anleger den Wert aber sowieso kaufen wollte und sich über die kassierten Zinsen per Saldo besser als mit dem Direktinvestment steht,
- beim Kauf die Erwartung der Aktienandienung minimal ist.

Wann lohnen Aktienanleihen speziell für konservative Anleger? Wer mittels Aktien mehr Rendite ins Depot bringen möchte, ist mit dieser Alternative auf dem richtigen Weg. Lagern dort beispielsweise zehn verschiedene Bonds und bei fünf von ihnen werden Aktien geliefert, bringt die andere Hälfte der Papiere schon mal eine rund dreimal höhere Rendite als Festverzinsliche. Und die erhaltenen Aktien werden durch die üppigen Zinsen mit Rabatt geliefert. Zusätzlich wirkt sich das Kursminus besonders bei hoher Progression mindernd auf andere Einkünfte aus.

Anlage-Hinweis

Vergleichbar hohe Zinssätze gibt es bei Fremdwährungsanleihen und Bonds von Schuldnern mit geringer Bonität. Die Risiken sind bei Aktienanleihen jedoch deutlich geringer. Währungsschwankungen sind durch die Anlage im Euro ausgeschlossen, die Bonität der Schuldner erstklassig. Von Bedeutung ist einzig das Risiko der Kursschwankung der zugrunde liegenden Aktie. Da die Aktie bei Andienung aber unbegrenzt gehalten werden kann, ist eine sinnvolle Daueranlage mit Aussicht auf Kurssteigerung möglich. Zudem gelten Verluste als negative Kapitaleinnahmen. Bei Währungsverlusten oder Zahlungsausfällen ist die Aussicht auf langfristige Erholung eher gering, zudem sind die Einbußen nicht mit anderen Einkunftsarten verrechenbar.

Die steuerliche Behandlung

Aktienanleihen laufen steuerlich unter dem Begriff Hochzinsanleihen und gelten nach Ansicht der Finanzverwaltung als Finanzinnovationen (BMF v. 02.03.2001 – IV C 1 – S 2252 – 56/01, BStBl I, 206). Denn hierbei hängt die Höhe des Ertrags von einem ungewissen Ereignis ab. Im Zeitpunkt des Erwerbs steht noch nicht fest, in welchem Umfang dem Anleger Einnahmen zufließen. Somit ist neben den Zinsen auch der Kursertrag als Kapitaleinnahme nach § 20 Abs. 2 Satz 1 Nr. 4c EStG zu versteuern.

Da die Anleihen keine Emissionsrendite haben, ist als Kapitalertrag der Unterschiedsbetrag zwischen dem Entgelt für den Erwerb und den Einnahmen aus der Veräußerung, Abtretung oder Einlösung (sogenannte Marktrendite) der Besteuerung zugrunde zu legen (§ 20 Abs. 2 Satz 1 Nr. 4 Satz 2 EStG). Dies gilt auch für Fälle der Einlösung durch Ersterwerber. Eine Emissionsrendite können Anleger nicht geltend machen, da diese bei Ausgabe nicht errechnet werden kann.

Effekt der steuerlichen Einschätzung: Kursverluste bei Fälligkeit oder einem vorzeitigen Verkauf können unabhängig von Fristen als negative Kapitaleinnahme geltend gemacht und mit den Zinsen oder anderen Einkünften verrechnet werden. Da bei Aktienanleihen i.d.R. keine oder nur geringe Kursgewinne anfallen, wirkt sich diese steuerliche Einordnung positiv aus.

Checkliste der steuerlich relevanten Sachverhalte	
Die Zinsen stellen bei Zufluss steuerpflichtige Kapitaleinnahmen i.S.d. § 20 Abs. 1 Nr. 7 EStG dar und unterliegen dem Zinsabschlag.	❑
Kursveränderungen sind Kapitaleinnahmen i.S.d. § 20 Abs. 2 Nr. 4c EStG; die Spekulationsfrist sowie § 23 EStG spielen keine Rolle.	❑
Realisierte Kursgewinne unterliegen dem Zinsabschlag.	❑
Stückzinsen stellen beim vorzeitigen Verkauf Kapitalerlöse und beim Kauf negative Einnahmen dar.	❑
Wer seine Einkünfte vor Jahresende noch effektiv mindern möchte, kann dies mit Aktienanleihen durch den hohen Kupon optimal ausnutzen.	❑
Werden bei Fälligkeit Aktien geliefert, kann der Verlust (Kaufkurs der Anleihe – Aktienwert) auch nach Ablauf der Spekulationsfrist mit anderen Kapitaleinnahmen verrechnet werden.	❑
Das Kursminus wird nicht mit dem Zinsabschlag verrechnet, obwohl es sich um negative Kapitaleinnahmen handelt.	❑
Die erhaltenen Aktien werden zum Zeitpunkt ihrer Depoteinbuchung als Kauf behandelt. Folge: Es beginnt eine neue Spekulationsfrist.	❑
Maßgebender Anschaffungspreis ist der niedrigste Aktienkurs am Tag der Lieferung (BMF v. 25.10.2004 – IV C 3 - S 2256 - 238/04, BStBl I, 1034).	❑
Die Spekulationsfrist läuft ab dem Tag, an dem sich der Schuldner gemäß den Emissionsbedingungen für die Rückzahlung in Aktien entscheidet. Der liegt meist einige Tage vor der Fälligkeit. Den Vorgang sollten Anleger dokumentieren, um ihn später dem Finanzamt nachweisen zu können.	❑
Wird die Anleihe vor Fälligkeit verkauft, ist das Plus oder Minus unabhängig von Fristen als Kapitaleinnahme zu deklarieren. Auf einen Kursgewinn wird Zinsabschlag fällig.	❑
Gibt es bei Fälligkeit den Nennwert zurück, unterliegt ein Kursgewinn dem Zinsabschlag.	❑

Der Zinsabschlag bemisst sich ebenfalls nach der positiven Marktrendite. Sollte die depotführende Bank während der Besitzdauer gewechselt haben, errechnet sich die Bemessungsgrundlage aus 30 % der Einnahmen aus Verkauf oder Einlösung, also vom vollen Erlös. Das gilt unabhängig davon, ob überhaupt ein Gewinn angefallen ist, § 43a Abs. 2 EStG.

Beispiel

Rechnung zur steuerlichen Behandlung von Aktienanleihen

Zinskupon der Anleihe	15 %
Kaufkurs = Nennwert	5.000
Wert der Aktien bei Fälligkeit	4.000
Aktienverkauf sechs Monate später zu	4.600
Ermittlung der Kapitaleinnahmen	
Wert bei Fälligkeit	4.000
– Kaufkurs	– 5.000
= Kapitaleinnahme § 20 Abs. 2 EStG	– 1.000
+ Zinseinnahmen § 20 Abs. 1 EStG, 15 %	+ 750
= Kapitaleinnahmen insgesamt	– 250
Zinsabschlag auf 750 €	225
Zinsabschlag auf Kursverlust	–
Ermittlung des Veräußerungsgeschäfts § 23 EStG	
Kurswert der Aktien bei Fälligkeit	4.000
Kurs der Aktien beim späteren Verkauf	4.600
Veräußerungsgewinn	600
Davon gem. § 3 Nr. 40 EStG steuerfrei	50 %
Zu versteuern 300, unter Freigrenze	0

Ergebnis: Weisen Anleger diese Konstellation beim Finanzamt vor, bleibt ihr positiver Gesamtertrag insgesamt steuerfrei und mindert i.H.v. 225 € zusätzlich ihr übriges Einkommen. Hätten sie den Nennwert – also ohne Kursminus – erhalten, wären die Zinsen unter dem Sparerfreibetrag geblieben.

Neben der klassischen Aktienanleihe gibt es eine Vielzahl von Angeboten mit spezieller Ausstattung. Steuerlich ergeben sich keine Änderungen zur Grundform, so dass lediglich der Anlageaspekt für diese besonderen Angebote maßgebend ist. → *Discount-Aktienanleihen, Protect-Aktienanleihen, Break-Aktienanleihen, Garantie-Aktienanleihen sowie Doppel-Aktienanleihen.*

Alternative: Aktien-Zertifikat

Bei stagnierenden Märkten profitieren und bei fallenden Kursen Aktien mit Rabatt erwerben. Diese Merkmale gelten neben der Aktienanleihe auch für Discount-Zertifikate. Die bieten statt hoher Zinsen beim Kauf einen Kursabschlag. Bei beiden Papieren ist der Gewinn begrenzt und ansonsten eine bessere Rendite als bei der Direktanlage garantiert.

Beispiel

Vergleich von Anleihe und Zertifikat

Die Anleihe auf die Deutsche Telekom bietet 10 % Zinsen, das Zertifikat kostet bei gleicher Laufzeit 13 €. Liegt die Telekom-Aktie bei Fälligkeit über 15 €, gibt es den Nennwert, sonst die Aktie. Investition 5.000 €.

Aktienkurs	Anleihe	Zertifikat
20	Zinsen 500	Kursgewinn (333 x 2) 666
14	Kursverlust 333 + Zinsen 500 = Rendite 167	Kursgewinn 333
11	Kursverlust (333 x 4) 1.332 + Zins 500 = Rendite – 832	Kursverlust (333 x 2) 666

Ergebnis: Beide Papiere weisen in etwa vergleichbare Ergebnisse auf, doch die steuerliche Komponente bringt den Unterschied.

- Das Discount beim Zertifikat bleibt nach einem Jahr steuerfrei, die Zinsen bei der Anleihe hingegen sind stets steuerpflichtig.
- Der Verlust bei den Bonds ist mit anderen Einkünften, bei Zertifikaten nur mit Spekulationsgewinnen verrechenbar.

Bei Anlegern mit hoher Progression beeinflusst diese Steuerrechnung die Rendite deutlich. Da beide Produkte auf stagnierende Kurse setzen, fahren sie mit dem Zertifikat besser. Sind sie Kurzfristanleger, holt die Anleihe auf, da in beiden Fällen Gewinne zu versteuern sind, Verluste aber nur bei den Bonds effektiv wirken. Anleger mit geringen Einkünften oder Luft beim Sparerfreibetrag setzen auf die Anleihe, genießen die Zinsen steuerfrei und machen bei einem schlechten Börsenverlauf Verluste geltend.

Fazit: Aktienanleihen sind ein ideales Produkt für Anleger, die ohnehin auf Aktien setzen wollen. Die Bonds sind weniger risikoreich und haben über den Zins einen Verlustpuffer. Auch steuerlich sind sie der Aktie durch die Verlustverrechnungsmöglichkeit überlegen. Bei extrem anziehenden Kursen gewinnt allerdings die Direktanlage. Da die Anleihe eine Fälligkeit besitzt, ist sie als Langfristinvestment weniger geeignet.

Aktieneinbringung

Werden Aktien gegen Gewährung von Gesellschaftsrechten eingebracht, liegt eine Veräußerung nach § 23 Abs. 1 Nr. 2 EStG vor. Allerdings ist dieser Vorgang auch innerhalb der Spekulationsfrist gem. § 20 Abs. 1 Satz 2 UmwStG steuerneutral, sofern die AG die eingebrachten Anteile mit den Anschaffungskosten des Einbringenden fortführt (BMF v. 25.10.2004 – IV C 3 – S 2256 – 238/04, BStBl I, 1034, Tz. 33). Die erhaltenen neuen Anteile stellen dann im Gegenzug einbringungsgeborene Anteile gem. § 21 UmwStG dar. Sofern die AG die eingebrachten Aktien allerdings mit einem Zwischenwert oder dem Teilwert ansetzt, muss der Aktionär den entstehenden Gewinn nach § 20 Abs. 4 UmwStG, § 23 EStG versteuern.

Aktienfonds

Es handelt sich um Investmentfonds, die das eingezahlte Kapital (nahezu) ausschließlich in Aktien investieren. Die Aktienauswahl ist abhängig von den Anlagegrundsätzen des Fonds. Dabei kann folgende Einteilung vorgenommen werden: Fonds, die

- ausschließlich in deutsche Aktien investieren,
- ausschließlich in ausländische Aktien investieren,
- auf Aktien aus Euro-Ländern setzen,
- in deutsche und ausländische Aktien investieren,
- in Aktien bestimmter Branchen und Sektoren investieren sowie
- nur in bestimmte Länder investieren.

Aktienfonds stellen rund ein Drittel der Publikumsfonds in Deutschland. Ein Grund hierfür ist die Regel, dass von Aktienfonds erzielte Kursgewinne gem. § 2 Abs. 3 InvStG steuerfrei bleiben. Damit wird ihren Besitzern bei einer gewünschten Rückzahlung des angesparten Fondsvermögens nahezu der gesamte Betrag netto und steuerfrei ausgezahlt. Denn: Spekulationsgewinne, die ein Fonds erzielt, sind nicht zu versteuern, weder über die Gesellschaft noch über den Fondsinhaber. Die Gesellschaft kann also munter kurzfristig je nach Börsenlage an- und verkaufen und braucht die Zwölfmonatsfrist nicht zu beachten, die ein privater Anleger beim Verkauf seiner Wertpapiere überschreiten muss, um das Finanzamt nicht an den Kursgewinnen zu beteiligen. Die realisierten, unversteuerten Kursgewinne schlagen sich im Fondsvermögen wieder, der Fondsinhaber profitiert durch den entsprechend höheren Anteilspreis.

Egal ob die Fondsmanager die Kursgewinne an die Anteilseigner ausschütten oder in neue Wertpapiere anlegen, für den privaten Investor bleibt es bei der Steuerfreiheit. Sollte eine Fondsgesellschaft also ausschließlich auf Unternehmen setzen, die keine Ausschüttungen vornehmen oder die Aktien immer kurz vor der Hauptversammlung veräußern, wären sämtliche Kurszuwächse des Fonds steuerfrei. Wenn die Manager dann entsprechend die richtige Aktienauswahl treffen, ergeben sich Zuwächse, die mit vergleichbaren steuerpflichtigen Anlagen auf Dauer nicht zu erzielen sind.

Neben den Kursgewinnen haben auch zugeflossene Dividenden aus den Aktien Auswirkungen auf den Fondspreis. Diese Erträge werden nicht vom Fonds selbst, sondern vom Anleger versteuert, in Form der jährlichen Ausschüttung oder Thesaurierung. Hierbei gilt das Halbeinkünfteverfahren.

Steuer-Hinweis

Wird ein Aktienfonds kurz vor dem Ausschüttungs- oder Thesaurierungstermin veräußert, können die im Anteil angesammelten Dividenden nach einjähriger Haltefrist steuerfrei vereinnahmt werden. Denn der 2005 wieder eingeführte Zwischengewinn gem. § 1 Abs. 4 InvStG gilt nicht für Dividenden.

Wer sich für eine Altersvorsorge durch Investmentfonds entschieden hat, investiert idealerweise in einer monatlichen Sparrate über einen längeren Zeitraum in einen oder mehrere verschiedene Fonds. Mit Eintritt des Rentenalters wird sich für den Anleger eine stattliche Summe ergeben, die durch Kurszuwächse sowie Zins- und Dividendenerträge während des gesamten Anlagezeitraums entstanden sind. Eine Besteuerung der laufenden Erträge erfolgt nur jährlich hinsichtlich der laufenden Dividendenerträge zur Hälfte. Bei einer Auszahlung des gesamten Aktienfondsvermögens zu einem gewünschten Zeitpunkt können alle aufgelaufenen Gewinne in den Ansparjahren vollständig steuerfrei vereinnahmt werden.

Bei Aktienfonds im Rahmen von zertifizierten Altersvorsorgeverträgen erfolgt während der Ansparphase keine Besteuerung von Erträgen und Wertsteigerungen (§ 2 Abs. 1 Satz 2 InvStG). Laufende Erträge, die unverzüglich und kostenfrei wieder angelegt werden, werden in der Ansparphase nicht besteuert. Dafür kommt es bei der späteren Auszahlung zu einer vollen nachgelagerten Besteuerung über § 22 Nr. 5 EStG.

Checkliste zur erfolgreichen Langfristanlage in Aktienfonds	
Fonds, die nahezu ausschließlich in Aktien investieren, bringen auf Dauer die beste Rendite.	❑
Aus steuerlicher Sicht ist unerheblich, ob es sich um in- oder ausländische Fondsunternehmen handelt, beide sind seit 2004 durch das InvStG gleichgestellt.	❑
Die einjährige Spekulationsfrist gilt auch für Aktienfondsbesitzer, hierbei ist das Halbeinkünfteverfahren nicht anzuwenden.	❑
Eine Fondsveräußerung mit Verlust innerhalb eines Jahres kann Aktiengewinne in zweifacher Höhe ausgleichen.	❑
Vom Fonds realisierte Kursgewinne, Termingeschäfte sowie Optionsprämien gem. § 22 EStG sind vom Anleger nicht zu versteuern.	❑
Fonds, die ihren Veröffentlichungspflichten im Inland nicht nachkommen, lohnen sich aufgrund ihrer pauschalen Versteuerung nach § 6 InvStG nicht zur Anlage, auch wenn die Wertentwicklung noch so positiv sein sollte.	❑
Die Anlage in thesaurierenden Fonds hat sich als insgesamt günstiger erwiesen, da die Gesellschaft alle erhaltenen Gewinne sofort wieder reinvestieren kann. Sie muss nicht bis zum Ausschüttungstermin kurzfristige (niedrig verzinsliche) Geldanlagen vorhalten, um die benötigten Mittel vorrätig zu haben.	❑
Hohe Ausschüttungen sind irrelevant für die Fondsperformance. Denn alle ausgeschütteten Beträge mindern den Kurswert und machen Anleger um keinen Cent reicher.	❑

Weitere Details zu Aktienfonds → *Investmentfonds*

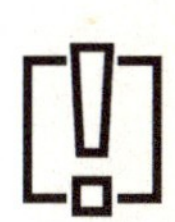

Fazit: Die langfristige Geldanlage über Aktienfonds bringt trotz Gebühren und Ausgabeaufschlägen ordentliche und zumeist steuerfreie Erträge. Wer beispielsweise in den vergangenen 30 Jahren monatlich über Sparpläne einzahlte, erzielte eine Jahresrendite von durchschnittlich 7,8 % bei deutschen und 7,6 % bei europäischen Aktienfonds – nach Gebühren und Ausgabeaufschlag. Da können weder Renten- noch Immobilienfonds mithalten. Einen zusätzlichen Vorteil erreichen Aktienfonds in Auslandsdepots; sie unterliegen nicht der EU-Zinsrichtlinie. Allerdings drohen steuerliche Nachteile durch die ab 2008 geplante Abgeltungsteuer.

Aktiengewinn

Dieser Begriff gem. § 8 InvStG bezeichnet die Kursanteile eines Investmentfonds, die sich bei einem Verkauf aus Dividenden und Aktienkurserträgen zusammensetzen. Im betrieblichen Bereich sind die im Fondsvermögen aufgelaufenen Gewinne bei einem Verkauf der Anteile steuerlich zu erfassen. Grundsätzlich ist dies erst einmal die Differenz zwischen Buchwert/Anschaffungskosten und dem Verkaufspreis. In Bezug auf die im Kurs enthaltenen Aktiengewinne muss jedoch noch eine Korrektur vorgenommen werden, da diese Erlöse zur Hälfte oder ganz steuerfrei sind. Dies erfolgt über den von der Fondsgesellschaft ausgewiesenen Aktiengewinn. Einzelheiten hierzu: BMF v. 02.06.2005 – IV C 1 – S 1980 – 1 – 87/05, BStBl I, 728, Rdnr. 165 ff.

Beim Fonds-Aktiengewinn sind die Erträge des Investmentvermögens aus Aktien zu berücksichtigen, solange sie dem Anleger noch nicht zugeflossen sind oder als zugeflossen gelten. Diese unterjährig in den Fonds-Aktiengewinn eingehenden laufenden Erträge aus den Aktien sind bei Thesaurierung zum Ende des Geschäftsjahres und bei Ausschüttung mit Ausschüttungsbeschluss vom Fonds-Aktiengewinn abzusetzen. Der Aktiengewinn wird von der Investmentgesellschaft gem. § 5 Abs. 2 InvStG börsentäglich ermittelt und mit dem Rücknahmepreis als Prozentsatz des Investmentvermögens veröffentlicht und in den Verkaufsabrechnungen ausgewiesen.

Beispiel

Berechnung des besitzzeitanteiligen Aktiengewinns

Ein Fonds wurde im Betriebsvermögen zu 50 € erworben und zu 90 € wieder verkauft. Die Kurse enthielten einen Aktiengewinn von 10 % beim Kauf und von 40 % beim Verkauf.

Der gesamte Verkaufsgewinn beträgt 90 – 50 €		40 €
Aktiengewinn beim Verkauf: 90 x 40 %	36 €	
– Aktiengewinn beim Kauf: 50 x 10 %	– 5 €	
Ergibt besitzzeitanteiligen Aktiengewinn	31 €	
Voll oder zu 50 % steuerfrei		31 €
Voll zu versteuern sind		9 €

Als Gegenstück zum positiven Aktiengewinn wird in § 8 Abs. 2 InvStG der negative Aktiengewinn geregelt. Als negativen Aktiengewinn bezeichnet das Gesetz alle Vermögensminderungen innerhalb des Investmentvermögens, die auf Beteiligungen an Körperschaften, Personenvereinigungen und Vermögensmassen entfallen, deren Leistungen beim Empfänger zu den Einnahmen gem. § 20 Abs. 1 Nr. 1 EStG gehören. Erfasst wird jedoch nur ein negativer Saldo, der entsteht, wenn die realisierten und nicht realisierten Wertverluste auf Aktienbeteiligungen im Zeitpunkt der Rückgabe bzw. Veräußerung nicht durch Gewinnausschüttungen und positive Wertveränderungen ausgeglichen werden. Im Falle der Veräußerung oder Rückgabe der Investmentanteile unterliegt der negative Aktiengewinn den Abzugsbeschränkungen des § 3c Abs. 2 EStG bzw. § 8b KStG.

Aktienindex-Future

Mit einem Aktienindex-Future hat der Anleger Gelegenheit, auf steigende oder fallende Börsentendenzen zu setzen, sein Aktiendepot abzusichern (Hedging) oder derzeit günstige Kurse zum späteren Aktienkauf zu sichern. Wer etwa den DAX-Future erwirbt oder verkauft, ist verpflichtet, den entsprechenden Index zu einem bestimmten Preis und zu einem festgelegten Termin abzunehmen oder zu liefern. Die physische Geschäftserfüllung ist hierbei im Gegensatz zu Optionsgeschäften ausgeschlossen, die Differenz wird durch Barausgleich verrechnet.

Die Laufzeiten der Aktienindex-Futures liegen zwischen einigen Tagen und höchstens neun Monaten. Ein Handel findet an den großen Börsen in ausreichendem Umfang statt, so dass man von einem sehr liquiden Markt sprechen kann. Wichtige Handelsplätze sind die Eurex (Deutschland, Schweiz), MATIF (Frankreich) sowie die LIFFE (Großbritannien).

Die Veräußerung oder Ausübung von Aktienindex-Futures ist ein Termingeschäft und somit binnen Jahresfrist als privates Veräußerungsgeschäft zu versteuern. Verluste können mit anderen Verkaufsgewinnen (auch aus Aktien oder Immobilien) verrechnet werden. Sie sind rück- und vortragsfähig. Ausführlich hierzu BMF-Schreiben vom 27.11.2001 (IV C 3 – S 2256 – 265/01, BStBl I, 986) sowie → *Termingeschäfte.*

Aktien, junge

Als Folge einer Kapitalerhöhung gegen Bareinlage, wenn eine Aktiengesellschaft frisches Geld benötigt, entstehen junge Aktien. Sie sind manchmal im Jahr ihrer Ausgabe nur teilweise dividendenberechtigt und werden erst nach der nächsten Dividendenausschüttung mit den alten Aktien zusammengeführt. Die jungen Aktien werden meist bevorzugt den bisherigen Aktionären zum Bezug angeboten. Bei Genehmigung durch die Hauptversammlung können junge Aktien und somit die Kapitalerhöhung auch Investoren unter Ausschluss des Bezugsrechts angeboten werden. Sie werden meist zu einem niedrigeren Preis als dem aktuellen Kurswert der alten Aktien herausgegeben. Bis zum Termin der Kapitalerhöhung werden nur alte Aktien, also mit Bezugsrecht, an der Börse gehandelt. Am ersten Tag der Bezugshandelsfrist erfolgt dann der Bezugsrechtsabschlag, ab jetzt gibt es alte und neue Aktien.

Wer die Offerte zum Bezug junger Aktien annimmt, muss anschließend zweimal rechnen. Denn für die jungen Aktien beginnt mit Erwerb der hierfür benötigten Bezugsrechte eine neue Spekulationsfrist. Für die alten Papiere ändert sich terminlich nichts, wohl aber der Anschaffungskurs. So kann bei einem gemeinsamen Verkauf der eine Teil der Aktien steuerpflichtig und der andere steuerfrei sein. Siehe ausführlich → *Bezugsrechte.*

Aktiensplit

Geht der Börsenkurs über 100 €, wirken die Aktien optisch teuer. Daher schrecken dreistellige Kurse oft potentielle Käufer ab. Um Anreize für Neuaktionäre zu schaffen, verbilligen viele Gesellschaften ihre Werte, in dem sie pro alter etwa eine oder zwei neue Aktien kostenlos ausgeben. Dann notiert das Papier statt mit 120 € nur noch mit 60 € oder 40 € an der Börse. Hierfür wird einfach die Aktienanzahl aufgestockt, ohne dass sich am Gesamtwert des Unternehmens etwas ändert. Die optische Preisreduzierung zahlt sich meist für Gesellschaft und Aktionäre aus. Dank steigender Nachfrage kommt es im Anschluss oft zu höheren Kursen.

Bei einem solchen Aktiensplit wird die Anzahl der Aktien durch eine Aufteilung vermehrt, ohne dass sich das Kapital der Gesellschaft verändert. Der Gesellschaftsanteil, den der einzelne Aktionär an dem Unternehmen hält, sowie das Grundkapital der Gesellschaft sind vor und nach dem Aktiensplit gleich. Insbesondere US-Unternehmen führen bereits seit Jahrzehnten einen Split durch, wenn ihre Aktie einen hohen Kurswert von über 100 US-$ erreicht hat.

Anlage-Hinweis

Aus den historischen Erfahrungswerten lässt sich die Regel ableiten, dass es insbesondere zwischen der Ankündigung und der Durchführung des Aktiensplits zu steigenden Kursen kommt. Diese höhere Notierung wird nach dem Split i.d.R. nicht wieder aufgezehrt. Daher sollten Anleger nicht erst bei den verbilligten Kursen zugreifen, sondern bereist unmittelbar nach der Verlautbarung durch die AG.

Die durch den Split zugeteilten kostenlosen Aktien stellen einen nicht steuerbaren Vorgang auf der Vermögensebene und keine gesonderte Anschaffung dar. Der ursprüngliche Kaufkurs wird nun auf die vermehrte Anzahl verteilt und ist für die Bemessung eines Veräußerungsgeschäfts nach § 23 EStG maßgebend. Es beginnt für die neuen Aktien auch keine neue Spekulationsfrist, da es sich nicht um einen Anschaffungsvorgang handelt (BMF v. 25.10.2004 – IV C 3 – S 2256 – 238/04, BStBl I, 1034, Tz. 15). Folge: Sind die alten Aktien bereits ein Jahr im Depot, können alle Anteile steuerfrei veräußert werden.

Aktientausch

Eine AG bietet den Aktionären einer anderen Gesellschaft bei der Übernahme eigene Aktien als Zahlungsmittel an. Dieser Tausch ergibt keine Kapitaleinnahmen, kann aber zu Spekulationserträgen führen, sofern die Haltefrist von einem Jahr noch nicht abgelaufen ist. Als Zeitpunkt der Veräußerung gilt der Tag, an dem das Angebot zum Tausch der Aktien bindend angenommen wird. Der Ablauf einer Eintauschfrist sowie die Zuteilung der erlangten Aktien sind ohne Bedeutung. Als Veräußerungserlös für die hingegebenen Aktien ist der Börsenkurs der erlangten Aktien im Zeitpunkt der Zuteilung anzusetzen. Gibt es darüber hinaus noch eine Barabfindung, erhöht diese den Erlös.

Erfolgt die Veräußerung der neuen Aktien innerhalb eines Jahres nach dem Tausch, liegt ebenfalls ein privates Veräußerungsgeschäft i.S.d. § 23 Abs. 1 Satz 1 Nr. 2 EStG vor. Als Zeitpunkt der Anschaffung gilt der Tag, an dem die eingetauschten Aktien als veräußert gelten, also bei Annahme des Zuteilungsangebotes. Als Anschaffungskosten ist der Börsenkurs der hingegebenen Aktien im Zeitpunkt der Zuteilung anzusetzen (BMF v. 25.10.2004 – IV C 3 – S 2256 – 238/04, BStBl I, 1034, Tz. 24).

Aktienverschmelzung

Hierbei erhalten die Altaktionäre Aktien der neuen Gesellschaft oder werden in Bar abgefunden. Es werden entweder zwei Gesellschaften auf eine bereits bestehende oder auf eine neu gegründete Kapitalgesellschaft übertragen. Bei der Verschmelzung zweier Körperschaften i.S.d. §§ 11 ff. UmwStG gelten die Anteile an der übertragenden Körperschaft nach § 13 Abs. 2 UmwStG zu ihren Anschaffungskosten als veräußert (BMF v. 25.03.1998 – IV B 7 – S 1978 – 21/98/IV B 2 – S 1909 – 33/98, BStBl I, 268, Rdnr. 13.06 ff). Ein steuerpflichtiger Veräußerungsgewinn i.S.d. § 23 Abs. 3 Satz 1 EStG entsteht insoweit nicht. Sofern es Bares gibt, müssen Anleger einen Verkauf deklarieren. Dieser ist steuerpflichtig, sofern die Aktien weniger als ein Jahr im Besitz waren.

Die an die Stelle der Altanteile tretenden Aktien der übernehmenden AG gelten mit den Anschaffungskosten der Anteile an der übertragenden Körperschaft als angeschafft. Die Verschmelzung setzt eine neue einjährige Spekulationsfrist in Gang. Beginn ist hierbei die Eintragung der Umwandlung ins Handelsregister beim übernehmenden Rechtsträger (BMF v. 25.10.2004 – IV C 3 – S 2256 – 238/04, BStBl I, 1034, Tz. 27).

Steuer-Hinweis

Beim Aktionär der übernehmenden AG ergeben sich keine steuerlichen Veränderungen. Weder gelten die Aktien an der übernehmenden Körperschaft als veräußert, noch werden Anteile an einer anderen Körperschaft erworben.

Aktienzertifikate

Es handelt sich hierbei um eine besondere Form von Zertifikaten. Mit Aktienzertifikaten profitieren Anleger nicht am Anstieg eines bestimmten Index, sondern verschiedenen Aktien einer Branche oder Region. Der Vorteil: Sie müssen sich nicht auf eine spezielle Aktie festlegen, sondern können in einen ganzen Aktienkorb investieren. Der Inhaber profitiert bei steigenden und verliert bei fallenden Kursen der im Zertifikat enthaltenen Werte. Sofern sich das Produkt auf eine Aktie bezieht, wird es meist als Discount-Zertifikat angeboten. Ausführlich → *Zertifikate* und *Discount-Zertifikate.*

Amnestie

→ *Steueramnestie*

Anderkonto (-depot)

Es handelt sich um ein Treuhandkonto (-depot), das nur für Angehörige bestimmter Berufsgruppen (Rechtsanwälte, Steuerberater, Wirtschaftsprüfer, Notare, Patentanwälte) eröffnet wird, die einem besonderen Standesrecht unterliegen. Auf das Konto werden ausschließlich Dritten gehörende Gelder und Wertpapiere eingezahlt. Notaren und Wirtschaftsprüfern ist es gesetzlich untersagt, die Anderkonten gemeinsam zu verwalten. Daher muss für jeden Dritten ein separates Konto geführt werden. Die auf einem Anderkonto angefallenen Zinsen sind dem jeweiligen Treugeber im Zeitpunkt der Gutschrift zuzurechnen, auch wenn das Konto zu dieser Zeit gesperrt ist. Wird ein Kontoguthaben wegen nicht ausgeführtem Geschäft wieder zurückgezahlt, entstehen insoweit negative Einnahmen beim (ursprünglichen) Käufer und Kapitaleinnahmen beim Verkäufer.

Probleme ergeben sich beim Zinsabschlag sowie der Kapitalertragsteuer, da das Konto auf Namen des Treuhänders lautet. Konten, auf denen vom Treuhänder für seinen Treugeber Gelder verwahrt werden, unterliegen dem Zinsabschlag. Das Kreditinstitut hat die Steuerbescheinigung auf den Namen des Treuhänders als Kontoinhaber auszustellen und als „Anderkonto" zu kennzeichnen (BMF v. 05.11.2002 – IV C 1 – S 2401 – 22/02, BStBl I, 1338). Der Treuhänder leitet die Bescheinigung an den Berechtigten weiter, der sie beim Finanzamt vorlegen kann. Entfallen die Zinsen auf mehrere Berechtigte, teilt der Treuhänder Zinsen und Zinsabschlag anteilig auf die einzelnen Treugeber auf und stellt beglaubigte Abschriften aus. Wenn die Aufteilungsverhältnisse für ihn schwer ermittelbar sind, ist dem Finanzamt eine einheitlich und gesonderte Erklärung für die Kapitaleinkünfte der Treugeber abzugeben. Entsprechendes gilt auch für die ab 2004 zu erstellende Jahresbescheinigung nach § 24c EStG (BMF v. 31.08.2004 – IV C 1 – S 2401 – 19/04/IV C 3 – S 2256 – 206/04, BStBl I, 854).

Anlegerschutz

Geht es um offene Investmentfonds, sind die Pflichten für Zulassung und Veröffentlichungen durch das InvG umfassend geregelt. Die geschlossene Variante unterwirft sich zwar größtenteils freiwillig einem IDW-Standard, der aber nicht bindend ist. Das eingeführte Anlegerschutzverbesserungsgesetz (AnSVG) soll den Privatanleger in diesem Bereich besser vor Nachteiligem schützen und setzt die EU-Missbrauchsrichtline 2003/6/EG um. Zuvor gab es lediglich für Wertpapiere Regelungen durch das Verkaufsprospektgesetz. Mit den Änderungen wird die Bandbreite um nicht in Wertpapiere verbriefte Anteile an Vermögensgegenstände erweitert. Hierzu zählen Beteiligungen an BGB-, Kommandit- und offener Handelsgesellschaft, Anteile an GmbH oder Genossenschaft sowie die stille Gesellschaft. Betroffen sind etwa Medien-, Schiffs-, Immobilien- und Windkraftfonds. Der Prüfung unterliegen Prospekte, die ab Juli 2005 neu aufgelegt werden oder zu diesem Zeitpunkt noch im Vertrieb sind.

Die BaFin überwacht die Einhaltung der neuen Vorschriften und prüft, ob im vorgelegten Prospekt alle erforderlichen Informationen enthalten sind. Dafür hat sie 20 Tage Zeit. Äußert sich die BaFin nicht, kann mit dem Vertrieb begonnen werden. Ausnahmen von der Prospektpflicht sind vorgesehen, wenn im Angebot nicht mehr als 20 Anteile sind oder der Verkaufspreis oberhalb von 100.000 € liegt. Hieraus lässt sich bereits ablesen, dass es vorrangig um den Schutz des Kleinanlegers geht. Der Verkaufsprospekt muss alle Angaben enthalten, die potentiellen Investoren eine zutreffende Beurteilung der Emittenten und der Kapitalanlage ermöglicht. Das reicht vom Kapital des Unternehmens bis hin zu dessen Vermögens- Finanz-, und Ertragslage. Bei fehlendem oder mangelhaftem Prospekt kann der Anleger künftig die Rücknahme der erworbenen Kapitalanlage gegen Erstattung sämtlicher Aufwendungen verlangen. Diese bei Wertpapieren bereits bestehende Option greift aber nur, wenn die Anlage nach Auflage des Prospekts und innerhalb von sechs Monaten nach dem ersten öffentlichen Angebot getätigt wurde. Bei fehlendem Prospekt kann sich der Käufer entweder an den Emittenten oder den Anbieter wenden.

Anlage-Hinweis

Die BaFin prüft den vorgelegten Prospekt nicht auf inhaltliche Richtigkeit wie etwa die prognostizierten Renditen. Es geht mehr um Formalien als um Qualitäten und Renditen der für den Vertrieb vorgesehenen Anlageform. Investoren können sich also weder auf den Erfolg eines geschlossenen Fonds noch auf die prognostizierten Ertragsaussichten verlassen, auch wenn die Initiatoren mit „BaFin-geprüft" werben.

Anleihen

Tendiert die Börse freundlich, wird allgemein von steigenden Aktienkursen ausgegangen. Ist von einer Wertpapierorder die Rede, meinen nur wenige den Kauf von Anleihen. Dass auch ein lebhafter Rentenhandel mit immensen Umsätzen und teils heftigen Kursschwankungen existiert, wird kaum wahrgenommen. Anleihen im Wert von rund 50 Mrd. € wechseln monatlich über deutsche Börsen ihren Besitzer. Der Bund-Future (Terminkontrakt auf Bundesanleihen) ist der weltweit am meisten gehandelte Finanzterminkontrakt überhaupt mit einem auf Euro lautenden Basiswert. Und sein Kursverlauf bestimmt maßgebend die Entwicklung der Aktienmärkte.

Anleihen gehören als Basisinvestment in jedes gut strukturierte Depot. Dabei können Anleger aus einer Vielzahl von Angeboten auswählen, die grundsätzlich von Laufzeit, Art der

Zinszahlung, Währung und Bonität des Emittenten bestimmt werden. Die Mischung aus Kupon und möglichem Kursertrag ergibt dann eine Rendite, die zwar nicht außergewöhnlich hoch, dafür aber i.d.R. sicher und auf Dauer kalkulierbar ist.

Grundsätze

Anleihe ist die allgemeine Bezeichnung für verzinsliche Wertpapiere im weitesten Sinne. Im Sprachgebrauch wird auch der Begriff Renten, Bonds, Obligationen oder Schuldverschreibung verwendet. Durch den Erwerb (Zeichnung) einer Anleihe erwirbt der Wertpapierkäufer gegen Bezahlung die Rechte eines Gläubigers gegenüber dem die Anleihe ausgebenden Emittenten (Person, Firma oder Institution). Nicht umsonst nennt man Anleihen auch oft Gläubigerpapiere. Anleihen dienen den Emittenten zur langfristigen Kreditbeschaffung und damit zur Deckung von benötigtem Kapitalbedarf. Im Gegensatz zur Aktienausgabe stellt die Anleihe in der Bilanz des Emittenten Fremdkapital dar, die gezahlten Zinsen sind Betriebsausgaben und mindern den Gewinn. Dies tritt auch dann ein, wenn die Zinsen nicht jährlich, sondern erst zum Ende der Laufzeit fällig werden.

Der Betrag, den der Aussteller des Papiers schuldet, wird als Nennwert oder Nominalwert bezeichnet. Aufgrund der fest vorgegebenen Verzinsung, der Rückzahlungsgarantie in vollem Umfang sowie fest vereinbarten Laufzeiten werden Anleihen auch Renten genannt. Zur Bewertung einer Anleihe gehört neben den Ausstattungskriterien auch die Bonität des Schuldners. Grundsätzlich gilt, dass bei mangelnder oder minderer Bonität und daher höherem Ausfallrisiko ein Aufschlag auf den aktuellen Zinssatz gezahlt wird. Der größte Teil der Anleihen wird ebenso wie Aktien an der Börse gehandelt. Einige Werte (insbesondere Bundesanleihen) werden im variablen Handel geführt, es erfolgt eine fortlaufende Kursfeststellung.

Der Kurs von Anleihen wird – anders als bei Aktien – nicht in absoluten Beträgen, sondern in Prozentsätzen ausgegeben. Dieser Satz wird dann auf den Nennwert angewendet. Weiterhin müssen beim Erwerb für den aufgelaufenen Zinszeitraum bis zum Kauftag Stückzinsen entrichtet werden, die dem Veräußerer der Anleihe gutgeschrieben werden. Die Zinsen entstehen dem Inhaber einer Anleihe somit täglich mit 1/360tel Teil, das Zinsauszahlungsdatum ist hierbei unerheblich. Aus der Differenz zwischen dem aktuellen Kaufkurs und dem Wert bei Endfälligkeit ergibt sich ein Kapitalgewinn bzw. -verlust. Werden Festverzinsliche von der Emission bis zur Fälligkeit durchgehalten, ergeben sich im Vergleich beider Stichtage i.d.R. keine Kursveränderungen, wohl aber während der Laufzeit. Die Gesamtrendite einer Anleihe setzt sich aus der laufenden Zinszahlung (Nominalzins) und der Differenz zwischen Kauf- und Rückzahlungskurs zusammen.

Beispiel

Berechnung der Gesamtrendite bei Anleihen

Nominalzins einer Anleihe	4 %
Laufzeit	10 Jahre
Kurswert	94 %
Nennwert	10.000 €
Kaufkurs	9.400 €
Die Renditerechnung	
Zinsertrag 4 % von 10.000 € x 10 Jahre	4.000 €
Kursgewinn	600 €
Gesamtrendite	4.600 €

Ergebnis: Da die Anleihe unter pari zu 94 % erworben wurde, beträgt die Rendite aus den Zinsen 4,25 % – und somit mehr als der Kupon. Zum eigentlichen Zins kommt noch ein rechnerischer Kursertrag von 60 € pro Jahr.

Steuer-Tipp

Anleger können die Steuerlast zum Teil selbst bestimmen. So sind zwar die laufenden Zinsen zu versteuern, die Differenz zwischen Kauf- und Verkaufskurs bleibt aber nach einem Jahr steuerfrei. Faustregel: Je höher der persönliche Steuersatz, umso günstiger ist der Erwerb niedrig verzinslicher Anleihen mit vergleichbar preiswerterem Kurs. In der momentanen Niedrigzinsphase weist der Kurszettel in Euro allerdings nur wenige Kurse unter 100 % aus. Lediglich Pfandbriefe und Emissionen von Hypothekenbanken notieren oft unter pari.

Checkliste der Einteilung von Anleihen	
Eine sinnvolle Einteilung von Anleihen lässt sich wie folgt vornehmen:	
Nach der **Laufzeit**. Vom Grundsatz her unterscheidet man zwischen Geldmarktpapieren (Anleihen bis zu einem Jahr) und Kapitalmarktpapieren. Diese werden wiederum in Kurzläufer (Laufzeit von maximal fünf Jahren), Langläufer (mindestens noch zehn Jahre Laufzeit) und mittelfristigen Anleihen eingeteilt.	❑
Nach dem **Schuldner** (Emittent). Anleihen der öffentlichen Hand (Bund, Länder, Gemeinden) werden öffentliche Anleihen, von Unternehmen Industrieanleihen, von Banken und Sparkassen Bankschuldverschreibungen sowie von ausländischen Emittenten Auslandsanleihen genannt.	❑
Nach der **Verzinsungsart**. Neben festverzinslichen Wertpapieren, die jährlich den gleichen Zinssatz abwerfen, werden zinsvariable Anleihen (Floating Rate Notes), unverzinsliche Anleihen (Zerobonds, Sparbriefe) sowie Wertpapiere mit schwankendem Zinssatz (Genuss-Scheine, indexgebundene Anleihen) angeboten.	❑
Nach der **Anleihewährung**. Hier unterscheidet man zwischen Inlandsanleihen, die von deutschen Emittenten in Euro angeboten werden, Fremdwährungsanleihen, Euro-Anleihen sowie Doppelwährungsanleihen.	❑
Nach **Ausgabebesonderheiten**. Es werden Wandelanleihen sowie Optionsanleihen als besondere Formen angeboten.	❑
Nach der **Bonität**. Das Urteil der Rating-Agenturen Moody´s und Standard & Poors entscheidet über die voraussichtliche Zahlungsfähigkeit des Emittenten. Man unterscheidet zwischen Anleihen, die von Emittenten mit erstklassiger Bonität (Rating AAA) ausgegeben werden bis hin zu Junk-Bonds, deren Emittent keine oder nur eine sehr geringe Bonität (Rating C) vorzuweisen hat.	❑
Nach der **Handelbarkeit**. Hier unterscheidet man zwischen börsen- und nicht börsenfähigen Wertpapieren. Die börsenfähigen Papiere (Bundesanleihen oder Pfandbriefe) können wie Aktien täglich über die Börse ge- und verkauft werden. Bei nicht börsenfähigen Anleihen (z.B. Sparbriefe oder Bundesschatzbriefe) wird das Wertpapier bei Laufzeitende oder je nach Kondition vorzeitig an den Emittenten zurückgegeben.	❑
Nach der **Kursschwankung**. Hierbei unterscheidet man zwischen Anleihen ohne Kursschwankungen (Sparbriefe, Bundesschatzbriefe und Finanzierungsschätze) und an den Börsen gehandelten Anleihen mit Kursgewinn und -verlustmöglichkeiten.	❑

Geldanlage in Anleihen

Ein weitverbreiteter Irrtum lautet: Aktienkurse schwanken, Anleihekurse verhalten sich stabil. Der Unterschied zu Aktien besteht lediglich in der Tatsache, dass Anleihebesitzer i.d.R. genau wissen, welchen Kurs eine Anleihe zum Laufzeitende aufweisen wird. Während der gesamten Laufzeit ergeben sich bei börsennotierten Rentenpapieren Kursschwankungen. Hierin steckt die Chance, neben den Zinsen auch (steuerfreie) Kursgewinne zu erzielen und damit die Gesamtrendite beträchtlich zu erhöhen. Das Risiko eines Kursminus tritt i.d.R. nur auf, wenn das Papier während der Laufzeit verkauft (möglicher Verlust) oder zu Kursen über 100 % erworben wird (garantierter Verlust).

Anlage-Tipp

Anleihen mit niedrigem Kurs und geringer Nominalverzinsung eignen sich immer für Anleger mit hohem, Renten mit hohem Kurs und Nominalverzinsung für Anleger mit niedrigem Steuersatz oder sofern die Freibeträge (Sparerfrei- und Werbungskostenpauschbetrag) noch nicht ausgenutzt worden sind. Die Gesamtrendite (Zins und Kurssteigerungen) von niedrigverzinslichen Anleihen ist am Markt meistens leicht geringer als vergleichbare mit hoher Verzinsung und lohnen sich nur unter Steuerberücksichtigung.

Die Kurse von Anleihen werden durch das Marktzinsniveau beeinflusst: Steigen die Zinsen, fallen die Kurse und umgekehrt. Bei der Neuemission richten sich Ausgabekurs und Nominalzins meist nach dem aktuellen Zinsniveau und bewegen sich um 100 %. Während der Laufzeit der Anleihe wird sich das Zinsniveau jedoch verändern; je länger die Laufzeit, umso höher die Wahrscheinlichkeit. Die Zinsen sind abhängig von Notenbanken wie der EZB, der Haushaltspolitik, der Konjunktur- und Währungsentwicklung sowie der Inflationsrate. Mit welcher Heftigkeit Anleihekurse auf Zinsveränderungen reagieren, hängt von der Restlaufzeit und der Nominalverzinsung der Anleihe ab. Grundsatz: Je länger die Restlaufzeit und je niedriger die Verzinsung, umso größer ist die Kursschwankung. Daher ist die Volatilität und somit das Kursrisiko, aber auch die Chance bei Nullkupon-Anleihen am höchsten.

Festverzinsliche, börsennotierte Anleihen werden nach Ablauf der Laufzeit zu 100 % zurückgezahlt, die Kursentwicklung ist in diesem Moment irrelevant. Derjenige Anleger, der von der Emission bis zum Laufzeitende durchhält, hat keinerlei Kursschwankungen zu befürchten. Dafür geht er das Risiko ein, höhere Zinsen während der Laufzeit zu verpassen.

Anlage-Tipp

Eine risikoarme Alternative stellen Bundesschatzbriefe dar. Sie können nach einjähriger Laufzeit jederzeit (Höchstbetrag 5.000 € monatlich pro Person) zu 100 % zurückgegeben werden. Fällt der Marktzins, erfreut sich der Anleger an der hohen Rendite, sinkt er, tauscht er seine Schätzchen in neue, höher verzinsliche Papiere – und das ohne jegliches Kursrisiko. Dafür ergeben sich keinerlei (steuerfreie) Kursgewinne.

Anleihe-Renditen

Die Rendite ist das wichtigste Kriterium für die Anlageentscheidung. Je höher die Rendite, umso mehr Geld locken Anleihen an und machen andere Anlagealternativen, wie beispielsweise Aktien, unattraktiver. Die Nominalverzinsung entspricht i.d.R. nicht der Rendite, da diese beispielsweise von Wechselkursveränderungen bei Fremdwährungsanleihen sowie Kursveränderungen zwischen An- und Verkauf beeinflusst wird. Die laufende Verzinsung errechnet sich unter Ansatz des Kaufkurses und der gezahlten Stückzinsen.

Beispiel

Verzinsung der Anleihe	3,5 %
Kaufkurs	95 %
Rendite: Zins 3,5 % x Nennwert 100 / Kaufkurs 95	3,68 %

Zur laufenden Verzinsung muss noch der Kursgewinn bzw. -verlust der Anleihe hinzugerechnet werden, sofern Kauf- und Verkaufs- bzw. Einlösekurs nicht identisch sind.

Eine Besonderheit ist die Emissionsrendite, die bei der Berechnung für abgezinste Anleihen, wie Zerobonds oder abgezinsten Sparbriefen, verwendet wird.

Beispiel

Laufzeit eines Zerobonds	15 Jahre
Kaufkurs	40 %
Rückzahlungskurs	100 %
Formel zur Berechnung	$((100/40)^{1/15} - 1) \times 100$
Emissionsrendite	6,30 %

Die Emissionsrendite ist steuerlich eine wichtige Komponente und wird für Wertpapiere verwendet, bei denen der Kursgewinn als Kapitaleinnahme anzusetzen ist. Damit wird verhindert, dass Kursgewinne aufgrund von Veränderungen im Marktzinsniveau versteuert werden.

Anlage-Tipp

Eine unterjährige Zinszahlung, die bei einigen Anleihen (Floatern, US-Treasurys) gezahlt wird, wirkt sich positiv aus. Faustregel: Je häufiger die Zinszahlung, umso höher die Rendite. Aufgrund des Zinseszinseffekts sind die unterjährigen Auszahlungen bereits vorzeitig wieder verzinslich anzulegen. Eine 10%ige Anleihe zum Kurs von 100 % bringt bei halbjährlicher Ausschüttung einen Renditevorsprung von jährlich 0,25 %.

Anlagestrategie

Bei der Rentenanlage gilt als oberstes Prinzip: Nie ausschließlich nach der höchsten Rendite Ausschau halten. Denn eine deutlich über dem Markt liegende Rendite signalisiert immer auch ein erhöhtes Risiko. Zuerst sollte die Anlagedauer auf die persönlichen Bedürfnisse angepasst werden. Faustregel: Je länger die Laufzeit, umso höher ist die Rendite und das Risiko eines zwischenzeitlichen Kursverlusts. Daher ist vorab grob der künftige Liquiditätsbedarf zu ermitteln, um nicht während der Laufzeit unter Verkaufszwang zu geraten.

Checkliste zur optimalen Streuung eine Anleihedepots	
Anleihebesitzer sollten	
• immer mehr als eine und nicht mehr als 20 verschiedene Anleihen im Depot halten,	❑
• eine vernünftige Risikostreuung vornehmen nach Laufzeiten, Währungen, Bonitäten,	❑
• bei kleinerem Anlagevermögen Fremdwährungen und mindere Bonitäten meiden,	❑
• nicht nur in eine Wertpapierart investieren,	❑
• das Depot in Zinshochphasen eher langfristig und beim Zinstief eher kurzfristig ausrichten,	❑
• immer ausreichend kurzfristige Mittel zur Verfügung haben. Hierzu zählen auch Renten im Depot, die in den nächsten Wochen fällig werden, oder Anleihen mit wenig Kursschwankungen wie Floater.	❑

Da bei der Rentenanlage stark schwankende Renditen vorherrschen, wissen Anleger beim Kauf von Anleihen nie, welches Zinsniveau zum Zeitpunkt der einzelnen Zinszahlungen und vor allem bei Fälligkeit vorliegen wird. Dieses Wiederanlagerisiko sollten Anleihebesitzer beachten. Vorteil allerdings im Vergleich zur Aktienanlage: Zinstrends verlaufen eher längerfristig, bei rechtzeitigem Erkennen einer Trendwende bleibt ausreichend Zeit, eine neue Strategie aufzubauen.

Anlage-Tipp

Zum Ende einer Niedrigzinsphase hin ist es ratsam, langlaufende Renten (mit Kursgewinnen) in kurzlaufende oder variabel verzinste Werte zu tauschen. Zum Ende einer Hochzinsphase sollten die hohen Renditen langfristig gesichert werden – etwa mit Zerobonds. Auch eine Umschichtung in Aktien kommt in Betracht, da Unternehmen von fallenden Zinssätzen profitieren.

Zinstrends und deren Veränderungen sind nicht immer rechzeitig zu erkennen. Allerdings gibt es einige nützliche Hilfsmittel, die Anlegern beim richtigen Timing helfen können. Dabei gilt immer ein langfristiger Horizont. Denn selbst wenn nur in dreijährige Rentenwerte investiert wird, so ist bei einem erkennbaren Zinssenkungstrend eine andere Anleihenauswahl möglich als bei drohenden Zinserhöhungen. Faustregel: Eine Aufwärtsbewegung der Konjunktur bringt steigende Zinsen mit sich, ab dem Boom geht es mit den Renditen wieder abwärts. Dies liegt insbesondere an den Bedürfnissen der Wirtschaft, die bei steigender Auftragslage mehr Kapital für Investitionen benötigt.

Steuerliche Einordnung von Anleihen

Der Erfolg einer Geldanlage lässt sich erst beurteilen, wenn die Rendite nach Steuern ausgewiesen wird. So kann beispielsweise ein 4%iger Ertrag mit Aktien oder Zertifikaten per Saldo über dem garantierten Zinskupon einer Anleihe von 6 % liegen. Ausschlaggebend ist die steuerliche Behandlung der einzelnen Wertpapierarten. Hierbei gilt das Motto: Je spekulativer ein Produkt, umso geringer die Belastung. Ein Risiko wird vom Finanzamt also mit der Aussicht auf Steuerfreiheit belohnt. Anleihen gehören in ihrer Grundform als festverzinsliches Wertpapier eher zu den risikoloseren Anlageprodukten. Das hat zur Folge, dass die steuerliche Erfassung der Erträge sehr ausgeprägt ist und wenig Raum für steuerfreie Einnahmen lässt. Da Rentenwerte aber als solider Grundstock in nahezu jedes Anlegerdepot gehören, ist die Auseinandersetzung mit der steuerlichen Komponente unvermeidbar.

Betrachtet man die vergangenen Jahre, ist die allgemeine Gesetzeshektik an der Besteuerung von Anleihen nahezu ereignislos vorbeigegangen. Die letzten großen Änderungen stammen aus dem Jahr 1993, als der Zinsabschlag eingeführt wurde, sowie aus 1994, als die Behandlung von Finanzinnovationen gesetzlich normiert wurde. Das Halbeinkünfteverfahren greift nicht auf Anleihen durch, das neue Investmentsteuergesetz wirkt sich lediglich auf Rentenfonds aus und die Jahresbescheinigung sowie die EU-Zinsrichtlinie tangieren steuerehrliche Anleger kaum. Immerhin führen die gesunkenen Steuersätze zu einer geringeren Belastung, was sich gerade im Rentenbereich positiv bemerkbar macht. Das Interesse an Kapitalmarktprodukten wird durch die Reform zur Besteuerung von Renteneinkünften zunehmen. Nicht nur die Notwendigkeit zur privaten Altersvorsorge, sondern auch die zunehmende Steuerprogression bei Rentnern wird dafür sorgen, dass Aktien, Zertifikate, Fonds, aber auch die große Produktauswahl an Anleihen stärken in den Blickpunkt rücken werden. Zwar wirken Festverzinsliche mit Blick auf das aktuell niedrige Zinsniveau und mögliche Kursverluste nicht gerade attraktiv, doch wird sich die Stimmungslage bei dieser soliden Grundanlageform auch wieder aufhellen.

– Kapitaleinnahmen und Kursveränderungen

Zinsen aus Anleihen zählen bei Gutschrift auf dem Depot als Erträge aus sonstigen Kapitalforderungen zu den Einnahmen i.S.d. der Sammelvorschrift § 20 Abs. 1 Nr. 7 EStG. Dabei spielt keine Rolle, ob die Zinsen regelmäßig, in unterschiedlicher Höhe oder aperiodisch fließen. So gelingt beispielsweise mit Stufen- oder Kombizinsanleihen eine optimale Anpassung der Auszahlungshöhe an die eigene Progression oder die Ausnutzung des Sparerfreibetrags. Realisierte Kursgewinne und -verluste sind nur im Rahmen eines privaten Veräußerungsgeschäfts i.S.d. § 23 EStG und somit binnen Jahresfrist steuerlich zu erfassen. Das gilt auch, wenn ein Verkauf zu einem Kurs über dem Nennwert erfolgt. Denn hierbei handelt es sich nicht um ein Entgelt für die Kapitalnutzung (BFH v. 05.08.2005 – VIII B 133/04, BFH/NV 2005, 2187).

Die Vorschrift des § 23 EStG tangiert Sparer nicht, die ihre Anleihen von der Emission bis zur Fälligkeit halten, da Ausgabe- und Rückzahlungskurs i.d.R. identisch sind. Werden Papiere hingegen unter 100 % (unter pari) erworben, kann der kalkulierbare Kurszuwachs bis zum Nennwert nach zwölf Monaten steuerfrei gestellt werden.

Fremdwährungspapiere werden mit dem in Euro umgerechneten Kurs besteuert. Das gilt neben der Zinszahlung auch für ein Spekulationsgeschäft. Damit wirken sich Währungsschwankungen im Rahmen des § 23 EStG aus, da sowohl Kauf- als auch Verkaufskurs – anders als bei Finanzinnovationen – in Euro umgerechnet werden.

  Kurs beim Verkauf oder Fälligkeit, umgerechnet in Euro
– Kurs bei Anschaffung, umgerechnet in Euro
= Kursgewinn/-verlust innerhalb eines Jahres in Euro
= Steuerlich maßgebender Gewinn/Verlust

Währungsverluste nach Ablauf eines Jahres oder ein Forderungsausfall sind nicht steuerbare Vorgänge auf der Vermögensebene, sofern die Anleihe nicht als Papier gem. § 20 Abs. 2 Nr. 4 EStG einzustufen ist. Das ist bei herkömmlichen Festverzinslichen unabhängig von der Währung aber nicht der Fall.

– Zinsabschlag
Der seit 1993 vorgenommene Abschlag auf Zinserträge aus verzinslichen Wertpapieren in- und ausländischer Emittenten beträgt grundsätzlich 30 (Tafelgeschäfte 35) % und wird von den Kreditinstituten einbehalten und an das Finanzamt abgeführt. Ähnlich wie die Lohnsteuer vom Arbeitslohn wird der Zinsabschlag als Vorauszahlung auf die Einkommensteuer angerechnet. Der Steuerabzug beschränkt sich auf Erträge von Schuldnern, die ihren Wohnsitz oder gewöhnlichen Aufenthalt im Inland haben; die Staatsangehörigkeit ist unbeachtlich. Alle inländischen sowie ausländische Erträge, die im Inland ausgezahlt werden, unterliegen dem Abzug. Jenseits der Grenze einbehaltene Quellensteuer ist bei Anleihen – im Gegensatz zu Aktien – selten.

Der Anfang 2004 auf 1.370 € und 2007 erneut verminderte Freistellungsbetrag auf nunmehr 750 (Ehepaare 1.500) € sorgt dafür, dass Kapitalerträge bis zu dieser Höhe ohne Zinsabschlag ausgezahlt werden. Allerdings werden auf diesen Betrag auch Dividenden (zur Hälfte) und Erträge aus Finanzinnovationen angerechnet. So wird selbst bei den momentan geringen Zinsen bereits bei einem Anleihedepot eines Ledigen von mehr als 20.000 € Zinsabschlag fällig. Bis Ende 1999 lag der Sparerfreibetrag noch bei umgerechnet 3.068 € pro Person, was Erträge aus Sparsummen von bis zu 80.000 € steuerfrei stellte. Der Trend ist also eindeutig: Mit herkömmlichen Anleihen sinkt die Nettorendite zunehmend, zumal auch die Zinskupons in den letzten Jahren nicht zu Höhenflügen angesetzt haben. Aber es sind Verbesserungen in Sicht. Die ab 2009 geplante Abgeltungsteuer mit 30 % und später 25 % sorgt für eine Entlastung bei der Zinsbesteuerung, zumal die Kapitaleinnahmen dann auch nicht durch die Progression für die übrigen Einkünfte belasten werden.

Steuerliche Strategien mit Anleihen
Trotz der generellen Steuerpflicht der Zinsen sowie der Kurserträge bei Finanzinnovationen gibt es eine Reihe von Möglichkeiten, die Nachsteuerrendite zu erhöhen. Nachfolgend werden einige Wege aufgezeigt.

– Niedrig verzinste Renten
Anleger können die Steuerlast zum Teil selbst bestimmen, da die Differenz zwischen Kauf- und Verkaufskurs bei Festverzinslichen nach einem Jahr steuerfrei bleibt. Je höher der persönliche Steuersatz, umso günstiger ist der Erwerb niedrigverzinslicher Anleihen mit entsprechend gemindertem Kurs. Diese Strategie lässt sich in Zeiten mit hohem Zinsniveau bestens nutzen, da hier eine breite Auswahl an Papieren besteht, die deutlich unter pari notieren. Im derzeitigen Zinstief notieren solche Anleihen eher unter 100 %, die eine geringe Bonität ausweisen. Dennoch ist der Kauf von niedrig verzinsten Anleihen eine lukrative und risikoarme Steuersparstrategie.

Beispiel

Die Daten der Anleihe		
	Niedrig verzinst	**Normal verzinst**
Kapitaleinsatz	100.000 €	100.000 €
Nominalbetrag	110.000 €	100.000 €
Zinssatz	4,75 %	7,00 %
Kurs	91,00 %	100,50 %
Laufzeit	fünf Jahre	fünf Jahre
Jährliche Zinsen	5.225 €	7.000 €
Die Renditeberechnung nach Steuern		
Steuerpflichtige Zinsen	5.225 €	7.000 €
Insgesamt in fünf Jahren	26.125 €	35.000 €
- Steuer 40 %	- 10.450 €	- 14.000 €
= Ertrag nach Steuern	= 15.413 €	21.000 €
+ Kursgewinn	+ 9.900 €	- 500 €
= Nettoertrag	25.313 €	20.500 €
Rendite vor Steuer	6,9 %	6,9 %
Rendite nach Steuer	3,8 %	2,8 %

Beim Kauf der niedrig verzinsten Anleihe ergibt sich per Saldo einen Mehrertrag nach Steuern von 4.813 € oder 23,5 %.

Anlage-Tipp

Anleihen mit Kursen über 100 % und hoher Nominalverzinsung müssen aber nicht immer uninteressant sein. Anleger mit niedrigem Steuersatz, Verlustvorträgen oder Luft beim Sparerfreibetrag können die hohen Zinskupons gut verwerten. Denn die Gesamtrendite ist am Markt meistens leicht höher als bei vergleichbaren Bonds mit geringer Verzinsung.

Steuerlich zu beachten ist jedoch ein Emissionsdiskont. Dieser Abschlag vom Nennwert beinhaltet wirtschaftlich ganz oder teilweise Wertpapiererträge, wenn bei Laufzeitende der Nennwert ausgezahlt wird. Mit solchen Papieren (etwa bei Optionsanleihen) würde das vorbeschriebene Steuersparmodell mit steuerfreien Kursgewinnen vom Grundsatz her optimal funktionieren. Die Finanzverwaltung gewährt die Vorteile allerdings nur für normal verzinste Anleihen innerhalb bestimmter Bandbreiten, berechnet am Tag der Emission. Ansonsten handelt es sich bei Kursgewinnen um Kapitaleinnahmen. Die Besteuerung entfällt aus Vereinfachungsgründen nur, wenn folgende Disagiosätze bei der Emission nicht überschritten werden (BMF v. 24.11.1986 – IV B 4 – S 2252 – 180/86, BStBl I, 539):

Laufzeit in Jahren	Disagio in %	Laufzeit in Jahren	Disagio in %
bis 0,5	0,5*	4 bis 6	3
bis 1	0,99*	6 bis 8	4
1 bis 2	1	8 bis 10	5
2 bis 4	2	über 10	6

* Bei Laufzeiten von unter einem Jahr wird ein Emissionsdisagio steuerlich nicht erfasst, wenn es umgerechnet auf eine Laufzeit von einem Jahr höchstens 1 % des Nennwerts beträgt (OFD Düsseldorf v. 06.05.1996 – S 2252 A – St 121, StEd 1996, 366, FR 1996, 432). Es ist also umzurechnen:

$$\frac{\text{Emissionsdisagio/-diskont in \% x 12}}{\text{Laufzeit in Monaten}} = \text{Disagio/Diskont für 1 Jahr}$$

Anlage-Tipp

Die vorstehend beschriebenen Maximalabschläge beziehen sich lediglich auf den Zeitpunkt der Emission. Beim späteren Kauf über die Börse darf der Discount auch deutlich darüber liegen, weil beispielsweise die Marktzinsen deutlich gestiegen sind oder der Schuldner eine schlechtere Bonitätseinstufung erhalten hat. Faustregel: Bundesanleihen sowie festverzinsliche Wertpapiere, die von inländischen Schuldnern ausgegeben werden, halten sich an die steuerlichen Grenzen. Nur bei ausländischen Emittenten sollte bei der Bank das Emissionsdisagio erfragt werden.

Werden die oben genannten Prozentsätze überschritten, ist zur Berechnung des Kapitalertrags das BMF-Schreiben vom 24.01.1985 (IV B 4 – S 2252 – 4/85, BStBl I, 77) während der gesamten Laufzeit der Emission anzuwenden. Der aus dem Kursertrag resultierende Gewinn kann daher nach der Emissionsrendite oder nach der Kurswertmethode angesetzt werden.

– Stückzinsen

Der rechnerische Ertragsanteil von Anleihen, der zeitanteilig auf den Zeitraum zwischen zwei Zinsterminen entfällt, entsteht bei der Veräußerung vor Endfälligkeit. Stückzinsen werden dem Verkäufer bis einen Tag vor dem Verkauf zugerechnet und stehen dem Käufer ab dem Kauftag zu. Dieses Verfahren können Anleger steuerlich nutzen, denn Stückzinsen stellen im Jahr des Kaufs negative Kapitaleinnahmen dar.

Steuer-Tipp

Stückzinsen werden auf der Kaufabrechnung separat ausgewiesen. Da sie in der Jahressteuerbescheinigung der Bank manchmal nicht als Minusposten auftauchen, dies aber zumindest aufgrund des Summenausweises der Einnahmen nicht erkennbar ist, sind die Einzelabrechnungen aufzubewahren.

Für den Verkäufer sind die gesondert in Rechnung gestellten und erhaltenen Stückzinsen Einnahmen aus Kapitalvermögen und unterliegen dem Zinsabschlag. Die Ermittlung erfolgt dabei nach dem Nettoprinzip: Alle vom Anleger im Jahr gezahlten Stückzinsen werden mit Zinserträgen verrechnet und erst danach mit dem Zinsabschlag belegt. Kapitalanleger können durch den gezielten Kauf von Wertpapieren am Jahresende ihre persönliche Steuerlast senken und auch Erträge gezielt innerhalb von zwei Jahren verschieben.

Einsatz besonderer Anleiheformen
Neben herkömmlichen Festverzinslichen gibt es eine Reihe Anleiheformen, die mit speziellen Konditionen ausgestattet sind. Sie eignen sich sowohl für spezielle Anlagehorizonte als auch für steuerliche Gestaltungen.

Floater vermeiden nicht nur Kursschwankungen, sondern bieten mit der unterjährigen Zinsauszahlung eine Alternative zum Festgeld und eine stets marktgerechte Verzinsung.

Bei **Zerobonds** erfolgt die Ansammlung von Zinsen über Kurszuwächse. Sie eignen sich besonders, um Kapitaleinnahmen in Zeiten mit geringer Progression zu verschieben, entweder durch einen Verkauf oder die gezielte Wahl des Fälligkeitstermins.

Bei **Zins-Zertifikaten** handelt es sich oft lediglich um eine Sonderform von Festgeld, die Zinsen schlagen sich im ansteigenden Kurs wider. Interessant aus Steuersicht und neu am Markt sind Discount-Zertifikate auf Bundesanleihen. Der Abschlag ist wie bei Aktien nur als Veräußerungsgeschäft nach § 23 EStG steuerpflichtig.

Strukturierte Produkte wie Gleit-, Kombizins, Stripped oder Stepup/down-Anleihen steuern den Zinsverlauf gezielt nach der individuellen Progression. Je nach Geschmack steigt oder fällt der Kupon, wird ausgesetzt oder in bestimmten Zeiten extrem hoch gewählt. Über die gesamte Fälligkeit wird zwar nur eine marktkonforme Verzinsung erreicht, die Rendite nach Steuern liegt aber bei geschickter Wahl über der von Festverzinslichen.

Hybridanleihen bringen höhere Zinsen, so dass die Nettorendite besser ausfällt. Die Risiken sind steuerlich verwertbar, da es sich um eine Finanzinnovation handelt.

Bei **Inflationsanleihen** sind die Zinsen an einen Preisindex gekoppelt, der Rückzahlungskurs bewegt sich parallel hierzu. Die Bonds bieten somit einen Inflationsschutz, in Zeiten mit niedrigen Preisanstiegen allerdings keine hohen Zinsen.

Genuss-Scheine werden flat gehandelt, laufende Zinsen bis zur Ausschüttung im Kurswert angesammelt. Steuerpflichtige Einnahmen erzielt derjenige, der die Genüsse am Ausschüttungstermin besitzt. Durch diese Regel können die Erträge alle zwei Jahre steuerfrei gestellt werden.

Von steigenden Aktienkursen profitieren und gegen fallende abgesichert sein: Diese Strategie gelingt mit **Wandelanleihen**. Die Papiere mit festem Zinssatz kann der Anleihebesitzer in Aktien des emittierenden Unternehmens wandeln. Für dieses Recht bietet die Anleihe aber nur geringe Zinsen.

Optionsanleihen sind in Zeiten freundlicher Börsen beliebt. Der Anleger erwirbt eine Anleihe sowie einen Optionsschein. Beide Papiere sind separat handelbar.

Fazit: Anleihen stellen in jedem gut sortierten Wertpapierdepot den Grundstock dar und dürfen daher nicht fehlen. Durch die Vielzahl der Angebote ist sowohl für spekulative als auch konservative Strategien etwas dabei. Da herkömmliche Festverzinsliche einer hohen Steuerbelastung ausgesetzt sind, eignen sich für viele Sparer anleiheähnliche Produkte eher zur Steigerung der Nettorendite. Unter Kostengesichtspunkten sind bei kurzen Laufzeiten Festgelder und langfristig Bundeswertpapiere attraktiver. Aufgrund der geplanten Abgeltungsteuer sind immerhin Entlastungen im Anleihebereich in Sichtweite.

Annuitäten-Bonds

Bei einer Annuitätenanleihe, kurz ABOs, erfolgt die Rückzahlung nach einem bestimmten Tilgungsplan. Laufende Zinsen werden nicht gezahlt. Der Emittent gibt das vom Anleger investierte Geld in regelmäßigen Ratenbeträgen zurück, so dass bei Laufzeitende das Kapital bereits vollständig zurückgezahlt worden ist. In den einzelnen Ratenbeträgen ist dabei neben dem Tilgungs- auch ein anteiliger Zinsanteil enthalten. Im Prinzip sind Annuitäten-Bonds nichts anderes als mehrere hintereinander geschaltete Zerobonds. Der Vorteil im Vergleich zu den herkömmlichen Anleihen liegt in der vorzeitigen Verfügbarkeit von Teilbeträgen seines angesparten Kapitals, was ein laufendes zusätzliches Einkommen sichert. Interessant für den Anlegertyp, der sich über eine bestimmte Dauer ein festes zusätzliches Einkommen sichern möchte und nach Ablauf der Laufzeit auf andere Mittel zurückgreifen kann, etwa die Auszahlung einer Lebensversicherung.

Die vereinnahmten, anteiligen Zinsen aus den Ratenbeträgen stellen Einnahmen aus Kapitalvermögen dar und unterliegen dem Zinsabschlag. Der zurückgezahlte Tilgungsanteil der Rate ist steuerlich unbeachtlich. Bei einer Veräußerung innerhalb der Laufzeit erfolgt die Besteuerung von Kursdifferenzen nach der Marktrendite.

Steuer-Hinweis

Vor dem Kauf sollte in Erfahrung gebracht werden, ob der Emittent die einzelnen Annuitäten in Zinsen und Tilgung aufteilt. Wenn nicht, bemisst die Depotbank den Zinsabschlag von 30 % der gesamten Einnahme.

Fazit: Diese Bonds haben einen Steuerstundungseffekt und im Vergleich zu Zerobonds den Vorteil, dass es bereits während der Laufzeit von bis zu 30 Jahren Geld zurückgibt. Die Rendite liegt meist über der von Festverzinslichen, hinzu kommt dann noch der Zinseszinseffekt für die Jahre ohne Auszahlung. Annuitätenanleihen reagieren seht kursempfindlich auf Änderungen des Marktzinses – in positive und negative Richtung. Nicht alle angebotenen Papiere werden marktbreit gehandelt, ein jederzeitiger Verkauf zu marktgerechten Preisen über liquide Börsen ist nicht garantiert. Sofern der Emittent stimmig ist und ein reger Börsenhandel vorliegt, sind Annuitäten-Bonds ein hervorragendes Investment zur Depotbeimischung.

Anschaffungskosten

Anschaffungskosten sowie damit in Zusammenhang stehende Nebenkosten beim Erwerb von Wertpapieren gehören zur Vermögensebene des Inhabers und werden für die Ermittlung von privaten Veräußerungsgeschäften benötigt. Insbesondere die Nebenkosten beim An- und Verkauf von Wertpapieren sind vom Anleger beeinflussbare Größen und mindern die Rendite. Daher sollte sich der Investor jeweils vor dem Erwerb auch über Spesen, Courtage, Ausgabeaufschläge, Aufgelder und Fremdgebühren Gedanken machen.

Anlage-Tipp

Je kürzer die Anlagedauer, umso stärker mindern Spesen den Ertrag. Daher sollte bei Kurzfristinvestitionen auf Anlagen gesetzt werden, die ohne oder mit geringen Kosten belegt werden – etwa Festgeld oder Geldmarktfonds.

Arbeitgeber-Darlehen

Gewährt der Arbeitgeber dem Arbeitnehmer ein unverzinsliches oder zinsverbilligtes Darlehen, so ist der Zinsvorteil in gewissen Grenzen als Arbeitslohn zu versteuern. Kapitaleinkünfte liegen nicht vor.

Arbeitnehmer-Darlehen

Gewährt ein Arbeitnehmer seinem Arbeitgeber einen Kredit, kann dies aus verschiedenen Motiven erfolgen. Wird das Darlehen zur Sicherung des eigenen Arbeitsplatzes gewährt und nicht marktgerecht verzinst, gehören die Zinsen zu den Lohneinnahmen. Gleichzeitig stellt der Darlehensverlust Werbungskosten aus nichtselbständiger Arbeit dar. Grundsätzlich gilt diese Sichtweise auch bei marktgerechter Verzinsung, sofern nicht ausschließlich Renditegesichtspunkte eine Rolle spielen. Dann gehören die Erträge zu den Kapitaleinnahmen.

Steuer-Hinweis

Ist ein GmbH-Geschäftsführer an einer insolventen Gesellschaft beteiligt, ist das Darlehen regelmäßig durch das Gesellschaftsverhältnis veranlasst und ein Verlust nicht als Werbungskosten absetzbar (FG Schleswig-Holstein v. 19.04.2005 – 3 K 50163/03).

Finanziert der Arbeitnehmer den Erwerb von Aktien seines Arbeitgebers, sind die Schuldzinsen bei den Einkünften aus Kapitalvermögen abzusetzen. Denn Schuldzinsen für Kredite, die ein Arbeitnehmer für die Finanzierung einer Beteiligung an der Gesellschaft aufwendet, sind grundsätzlich nicht durch den Beruf, sondern durch die angestrebte Gesellschafterstellung veranlasst und deshalb unter § 20 EStG zu berücksichtigen. Das gilt auch, wenn durch die Beteiligung der eigene Arbeitsplatz erhalten werden soll. Denn der wirtschaftliche Zusammenhang der Aufwendungen mit den Kapiteleinkünften steht weiterhin im Vordergrund (BFH v. 05.04.2006 – IX R 111/00, DB 2006, 1534). Anders sieht es nur in wirtschaftlich schlechten Situationen aus, wenn der Arbeitnehmer über die Finanzierung den Arbeitsplatz erhalten will. Hier sind die Kapitaleinnahmen nebensächlich.

Arbeitnehmer-Optionen

Es handelt sich um Optionen, die vom Arbeitgeber zum Bezug von eigenen Aktien oder von einer anderen Gesellschaft an Mitarbeiter eingeräumt wird, zumeist aus dem Vorstand und in leitender Position. Diese Optionen werden zusätzlich zum festgelegten Gehalt gewährt, der Arbeitnehmer kann die Option jederzeit während seines Arbeitsverhältnisses ausüben. Befindet sich die Firma erst in der Aufbauphase, warten die Angestellten i.d.R. mit der Ausübung, bis sich der erhoffte Firmenerfolg einstellt. Der Inhaber der Option profitiert also direkt mit seiner Arbeitsleistung am Erfolg der Aktien seines Unternehmens.

Den Mitarbeitern werden die Kaufoptionen – auch Stock Options genannt – auf Aktien übertragen, die sie berechtigen, eine bestimmte Anzahl der Aktien des ausgebenden Unternehmens zu bestimmten Bedingungen, einem fixierten Basis- oder Bezugspreis, zu erwerben. Die Ausübung ist oftmals erst nach Ablauf einer Sperrfrist möglich.

Die eingeräumten Rechte stellen zusätzlichen, laufenden Arbeitslohn dar. Der Zuflusszeitpunkt hängt von der Einordnung als börsennotiertes oder nicht handelbares Optionsrecht ab. Keine Rolle spielt, ob die Rechte übertragbar sind oder einer Sperrfrist unterliegen.

- Bei handelbaren Optionen liegt der Zuflusszeitpunkt als geldwerter Vorteil beim Erwerb des Rechts vor. Maßgebend ist der Tag der Ausbuchung der Aktien aus dem Depot der Firma (BMF v. 10.03.2003 – IV C 5 – S 2332 – 11/03; SIS 03 18 75, BStBl I, 234). Nicht maßgebend ist der Zeitpunkt der Ausübung der Option (FG Köln v. 05.10.2005 – 5 K 5130/03).
- Bei einem nicht handelbaren Optionsrecht erfolgt der Zufluss erst, wenn die Aktien aus dem Recht überlassen werden. Maßgebend ist die Differenz zwischen Kurswert der entsprechenden Aktie und dem zu zahlenden Ausübungspreis.

Aus der Sicht des Arbeitnehmers wirkt sich die verspätete Versteuerung in Form des preisgünstigen Aktienerwerbs nach Ausübung der Option nachteilig aus, denn eine (denkbare) Besteuerung zum Zeitpunkt der Einräumung des Optionsrechtes würde die späteren Kurssteigerungen nicht erfassen (BFH v. 24.01.2001 – I R 100/98, BStBl II, 509). Ist die Option ausgeübt und werden dem Arbeitnehmer Aktien ins Depot gebucht, erfolgt die Besteuerung wie bei normalen Anlegern.

Übt der Arbeitnehmer die Option zum Bezug von Aktien aus, gelten die Aktien für § 23 Abs. 1 Nr. 2 EStG am Tag der Ausübung als angeschafft. Der Tag des Lohnzuflusses ist für die Spekulationsfrist ohne Bedeutung, weil § 23 EStG auf das obligatorische Anschaffungsgeschäft abstellt. Ist der Aktienbezug noch von Zusatzleistungen wie etwa einer Betriebszugehörigkeit abhängig, gelten die Wertpapiere erst mit Erbringen dieser Leistung als angeschafft.

Als Anschaffungskosten sind die Zuzahlung sowie der Betrag anzusetzen, der als geldwerter Vorteil bei den Einkünften aus nichtselbständiger Arbeit angesetzt wird. Hierbei erfolgt keine Minderung, wenn der Vorteil etwa über § 8 Abs. 3 Satz 2 EStG nicht besteuert wird (BMF v. 25.10.2004 – IV C 3 – S 2256 – 238/04, BStBl I, 1034).

Steuer-Hinweis

Diese Grundsätze gelten auch bei Wandelschuldverschreiben und Darlehen mit Wandlungsrecht zum Bezug von Aktien (BFH v. 23.06.2005 – VI R 124/99, BStBl II, 766 sowie VI R 10/03, BStBl II, 770).

Arbeitnehmer-Sparzulage

Nach dem 5. VermBG werden seit 2004 18 % von maximal 400 € bei Wertpapiersparverträgen und 9 % von maximal 470 € bei Bausparverträgen als Sparzulage gewährt (§§ 13 Abs. 2, 17 Abs. 7 VermBG). Beide Zulagen gibt es nebeneinander, wenn zwei unterschiedliche Verträge für Wertpapiere und Bausparen bespart werden.

Steuer-Hinweis

Die Kürzung der Sparzulage ab 2004 erfolgte erst im Vermittlungsverfahren durch das Haushaltsbegleitgesetz. Es bestehen verfassungsrechtliche Zweifel, ob das Gesetzgebungsverfahren ordnungsgemäß erfolgt ist. Daher ergehen Zulagenbescheide nur vorläufig (BMF v. 16.02.2006 – IV A 7 – S 0338 – 14/06, BStBl I, 214).

Die Zulage gibt es nur bis zum versteuernden Einkommen von 17.900 € für Arbeitnehmer, Beamte, Richter, Berufs- und Zeitsoldaten – Rentner und Pensionäre hingegen nicht. Ausgeschlossen sind weiterhin Vorstandsmitglieder und GmbH-Geschäftsführer. Teilzeitbeschäftigte, auch 400-€-Jobber, können vom Arbeitgeber VWL erhalten oder Teile ihres Lohns verwenden. Begünstigt sind Leistungen, die der Arbeitgeber zusätzlich zum Arbeitslohn erbringt und Beträge, die der Arbeitnehmer abzweigt. Zusätzliche Arbeitgeberleistungen können in Einzelverträgen, Betriebsvereinbarungen, Tarifverträgen festgelegt sein. Der Arbeitgeber ist verpflichtet, auf Verlangen des Arbeitnehmers einen VWL-Vertrag abzuschließen. Der Arbeitnehmer kann Anlageart und -institut frei wählen und seine VWL auch auf Verträge von Ehepartner oder Kinder anlegen, wenn diese maximal 16 Jahre alt sind.

Anlageformen	**Höchstbetrag**	**Zulage**
Wertpapier-Sparvertrag mit einem Kreditinstitut zum Erwerb von Wertpapieren oder anderen Vermögensbeteiligungen (§ 4 Abschn. 5. VermBG). Begünstigt sind einmalige oder für die Dauer von sechs Jahren laufende Einzahlungen. Die Sperrfrist beträgt sieben Jahre.	400 €	20 %
Gewinnschuldverschreibungen und Genuss-Scheine von Kreditinstituten an Nichtmitarbeiter sind nur noch zulagenbegünstigt, wenn der Vertrag vor 1989 abgeschlossen worden ist.	400 €	20 %
Wertpapier-Kaufvertrag mit dem Arbeitgeber zum Erwerb bestimmter Vermögensbeteiligungen (§ 5 Abschn. 5. VermBG). Begünstigt ist die Verrechnung des vom Arbeitnehmer geschuldeten Kaufpreises mit vermögenswirksamen Leistungen. Die Sperrfrist beträgt sechs Jahre.	400 €	20 %
Kaufverträge zum Erwerb von Gewinnschuldverschreibungen und Genuss-Scheinen. Begünstigt sind einmalige oder für die Dauer von sechs Jahren laufende Einzahlungen. Die Sperrfrist beträgt sieben Jahre.	400 €	20 %
Beteiligungsvertrag (§ 6 Abschn. 5. VermBG) oder Beteiligungs-Kaufvertrag (§ 7 Abschn. 5. VermBG) mit dem Arbeitgeber. Auch hier besteht die Begünstigung in Form der Verrechnung der VWL mit dem Kaufpreis der Vermögensbeteiligung. Die Sperrfrist umfasst sechs Jahre.	400 €	20 %
Bausparvertrag, begünstigt sind Aufwendungen nach dem Wohnungsbau-Prämiengesetz. Für Bausparkassenbeiträge gilt eine Sperrfrist von sieben Jahren.	470 €	10 %
Sonstiger Wohnungsbau, VWL können unmittelbar für Aufwendungen zum Bau, Erwerb, Erweiterung oder Entschuldung eines inländischen Bauobjekts verwendet werden (§ 2 Abs. 1 Nr. 5 VermBG). Eine Sperrfrist ist nicht zu beachten.	470 €	10 %
Kontensparvertrag mit einer inländischen Bank oder Sparkasse; zulagenbegünstigt sind nur noch Verträge, die vor 1989 abgeschlossen worden sind. Nach Ablauf der sechsjährigen Einzahlungsfrist, also spätestens ab 1995, kann hierfür keine Sparzulage gewährt werden.	320 €	0 %
Kapitalversicherungsvertrag mit Versicherungsunternehmen; zulagenbegünstigt sind nur noch Verträge, die vor 1989 abgeschlossen worden sind. Nach Ablauf der zwölfjährigen Sperrfrist für den Lebensversicherungsvertrag kann auch bei Altverträgen keine Sparzulage mehr gewährt werden.	320 €	0 %

Zu den Voraussetzungen gibt es ein ausführliches Verwaltungsschreiben (BMF v. 09.08.2004 – IV C 5 – S 2430 – 18/04, BStBl I, 717).

Arbitrage-Geschäfte

Bei diesem Geschäft werden Preisunterschiede bei gleichartigen Gütern auf verschiedenen Märkten ausgenutzt, um damit Gewinne zu erzielen. Unterschieden wird zwischen

- Effektenarbitrage: Ausnutzen von Kursunterschieden derselben Wertpapiere an verschiedenen Börsen zum gleichen Zeitpunkt. Am Platz der niedrigeren Kurse wird gekauft, am Platz der höheren Kurse verkauft.
- Devisenarbitrage: Ermöglicht den Banken im Devisenhandel, Kursdifferenzen zwischen Fremdwährungsnotierungen an verschiedenen Handelsplätzen am gleich Tag auszunutzen.
- Ausnutzen unterschiedlicher Preise für Waren und Geld an verschiedenen Börsenplätzen am gleichen Tag.

Diese Geschäfte lohnen für Privatanleger nicht, da die Spesen höher als die erreichten Kursvorteile sind. → *Hedge-Fonds* hingegen nutzen solche Arbitrage-Geschäfte, um Gewinne zu erzielen.

Steuerlich handelt es sich um kurzfristige Spekulationsgeschäfte, → *Termingeschäfte.*

Argentinien-Anleihen

Bei der Emission waren Argentinien-Bonds ganz normale festverzinsliche Anleihen. Aufgrund der Zahlungsschwierigkeiten setzte das Land Ende 2001 Zinszahlung und Tilgung aus. Die Wertpapiere wurden nunmehr von den Banken als Finanzinnovation einklassifiziert, weil bei notleidenden Papieren kein offener Ausweis von Stückzinsen erfolgen darf. Die Wertpapiere wurden seitdem flat gehandelt.

Aus steuerlicher Sicht gelten Veräußerungsverluste bei Finanzinnovationen als negative Kapitaleinnahmen i.S.d. § 20 Abs. 2 Nr. 4 EStG. Ausdrücklich als Finanzinnovation weist § 20 Abs. 2 Nr. 4c EStG Schuldverschreibungen auf, bei denen Stückzinsen nicht gesondert in Rechnung gestellt, also flat gehandelt werden. Nach Auffassung der Finanzverwaltung (BMF v. 14.07.2004 – IV C 1 – S 2252 – 171/04, BStBl I, 611) wird ein ursprünglich festverzinsliches Papier aber nicht durch eine spätere Zahlungsaussetzung zur Finanzinnovation. Maßgebend sind vielmehr die Verhältnisse zum Zeitpunkt der Emission; nachträgliche Veränderungen sind steuerlich irrelevant. Eine solche spätere Umklassifizierung wie im Falle der Argentinien-Bonds führt nicht zur Einstufung als Finanzinnovation.

Steuer-Tipp

Anleger mit Argentinien-Anleihen im Depot sollten ihre Veräußerungsverluste weiterhin bei den Kapitaleinnahmen geltend machen. Sie verweisen auf die drei beim BFH anhängigen Verfahren (FG Münster v. 16.06.2004 – 10 K 2963/03 E, Revision unter VIII R 62/04); (FG Berlin v. 22.04.2004 – 1 K 1100/03 EFG 2004, 1450, Revision unter VIII R 48/04 sowie FG Köln v. 15.07.2004 – 13 K 6946/01, EFG 2004, 1598, Revision unter VIII R 67/04). Gute Aussichten bestehen zumindest dann, wenn die Papiere bereits nach der Flat-Stellung erworben wurden.

Mittlerweile ist das Umschuldungsangebot des Staates Argentinien abgelaufen, wobei Anleger durch einen Umtausch bis zu 66 % ihres Nennwerts verloren und drei Jahre lang auf Zinsen verzichtet haben. Der Tausch von alten in neue Anleihen ist nur als privates Veräußerungsgeschäft zu erfassen, da die Finanzverwaltung die notleidenden Argentinien-Bonds nicht als Finanzinnovation eingestuft hat. Als Veräußerungserlös ist dann der Börsenkurs der neuen Bonds maßgebend. Auf jeden Fall als Finanzinnovation gelten die im Rahmen der Umschuldung angebotenen neuen Argentinien-Bonds. Denn bei den drei offerierten Varianten handelt es sich entweder um Stufenzinsanleihen oder Papiere mit Aufzinsungscharakter.

Rund 24 % der Anleger sind nicht auf das Umtauschangebot eingegangen und sitzen folglich noch auf ihren Bonds. Diese notieren an der Börse bei rund 30 %, ohne Aussicht auf Tilgung zum Nennwert oder Zinszahlungen. Sparer verbleiben nunmehr drei Möglichkeiten. Sie verkaufen ihre Anleihen an der Börse, hoffen auf ein besseres Angebot aus Argentinien oder schließen sich einer Sammelklage an. Hier werden dann allerdings Gebühren fällig, mit unsicheren Erfolgsaussichten.

AS-Fonds

Die Abkürzung AS steht für Altersvorsorge-Sondervermögen. Es handelt sich um Investmentfonds zur Altersvorsorge, die ab Oktober 1998 am Markt angeboten werden. Da es keine steuerlichen Anreize zum Sparen in AS-Fonds gibt, sind keine Vorteile zur regelmäßigen Einzahlung in herkömmliche Sparpläne bei Fonds erkennbar. Für AS-Fonds sind einige gesetzliche Voraussetzungen vorgeschrieben:

- Mindestlaufzeit 18 Jahre oder bis zur Vollendung des 60. Lebensjahres.
- Investition mindestens in 75 % Substanzwerte.
- Per Definition ist ein Aktienanteil zwischen 21 und 75 % erlaubt.
- In Immobilienwerte darf maximal 30 % des Fondsvermögens investiert werden.
- Maximal 30 % der Anlagen dürfen Wechselkursrisiken ausgesetzt sein.
- Absicherung durch Derivate ist erlaubt, jedoch kein Einsatz zu Spekulationszwecken am Terminmarkt.
- Pflicht zur Wiederanlage der Erträge.
- Kündigungsfrist während der Laufzeit: drei Monate.
- Nach 3/4 der Laufzeit kostenfreie Umschichtung in sicherheitsorientiertere Anlagen.

Steuerlich ergeben sich keine Unterschiede zu herkömmlichen → *Investmentfonds.*

Fazit: AS-Fonds spielen unter den Investmentfonds keine große Rolle und sollten dies auch im Anlegerdepot nicht. Wer vergleichbare Produkte für die Altersvorsorge sucht, sollte auf Investmentfonds setzen, die eine Zertifizierung für die Riester-Rente haben.

AS-Investmentrente

Hierbei handelt es sich um ein zielorientiertes dreistufiges Altersvorsorgesystem:

1. Einzahlplan in AS-Fonds.
2. Anschließender Auszahlplan auf der Basis eines Investmentfonds mit sicherheitsorientierter Anlagepolitik.
3. Teilweise oder vollständige Überführung des Restkapitals in eine private Rentenversicherung.

Über die AS-Investmentrente können Teilbeträge während der gesamten Laufzeit der Auszahlungsperiode entnommen oder jederzeit in eine private Altersrentenversicherung gewechselt werden. Bei vorzeitigem Tod bleibt das vorhandene Kapital erhalten.

Fazit: Vergleichbare Altersvorsorgesysteme lassen sich mit anderen Produkten besser und renditestärker darstellen. Steuerlich ergeben sich keine Privilegien.

Asset Backed Securities

Es handelt sich bei Asset Backed Securities (ABS) um Anleihen, deren Nominalbetrag durch verschiedene andere Forderungen des Emittenten gesichert wird. Hierbei gliedern Unternehmen, zumeist Banken, Forderungen aus ihrer Bilanz an eine Zweckgesellschaft aus. Diese begibt dann Anleihen in verschiedenen Tranchen, die mit den Forderungen unterlegt sind. Die Emissionen sind meist so strukturiert, dass die größte Tranche von den Rating-Agenturen die Höchstnote erhält. So hat zum Beispiel der Bund Pensionsverpflichtungen an die Nachfolgeunternehmen der Deutschen Bundespost verbrieft.

Der Gläubiger finanziert die laufenden Zinszahlungen sowie die Rückzahlung der Anleihe somit aus den laufenden Einnahmen der zugrunde liegenden Forderungen. In Deutschland wird diese Anleiheform oft bei Pfandbriefen angewandt, die durch ausgegebene Grundschulden und Hypotheken des Pfandbriefschuldners abgesichert werden. Zu den größten Käufern von Asset Backed Securities gehören Banken und Fonds. Vor allem Geldmarktfonds versuchen, über ABS eine leicht höhere Rendite zu erzielen. Privatanleger können diese Anleiheform kaum kaufen, da sie nur selten an der Börse, sondern vor allem unter den Banken gehandelt werden. Zugenommen hat die Verbriefung von Krediten an mittelständische Unternehmen. Die KfW-Bank bündelt Kredite an mittelständische Unternehmen von vielen Banken und platziert diese am Kapitalmarkt. Auch Privatbanken greifen zunehmen auf dieses Mittel zurück und verbriefen Genuss-Scheine von Mittelständlern.

Zinsen aus dieser Anleiheart stellen Einnahmen aus Kapitalvermögen dar und unterliegen dem Zinsabschlag.

Aufwertung

Bei einer Aufwertung des Euros leiden exportorientierte und profitieren konsumnahe Aktienwerte; zusätzlich entspannt sich die Inflationsgefahr. Ein Kursplus aus der Veränderung einer Währung zum Euro kann steuerlich nicht berücksichtigt werden. Ausnahmen:

- Beim Verkauf eines Wertpapiers binnen Jahresfrist beinhaltet der Spekulationsertrag auch Devisengewinne.
- Bei Finanzinnovationen führen zwar Kursveränderungen zu Kapitaleinnahmen und damit zu höheren steuerpflichtigen Erträgen, nicht aber Wechselkursschwankungen gem. § 20 Abs. 2 Nr. 4 Satz 2 EStG.
- Bei den laufenden Erträgen erhöht eine Aufwertung die Einnahmen mit dem am Zuflusstag in Euro umgerechneten Wert.

Aufzinsungspapiere

Es handelt sich hierbei um Anleihen, bei denen die Zinsen nicht laufend ausgezahlt, sondern jeweils kontinuierlich dem Nenn- oder Nominalwert zugeschlagen und somit auf den Ausgabepreis verzinst werden. Am Ende der Laufzeit erfolgt die Rückzahlung von Anleihe und aufgelaufenen Zinsen in einem Betrag. Bei Veräußerung vor Fälligkeit fließen die anteilig aufgelaufenen Zinsen in den Verkaufspreis ein. In den häufigsten Fällen wird diese Anlageart als aufgezinster Sparbrief oder börsengängig als Zerobonds angeboten.

Der Vorteil dieser Papiere liegt in der Verlagerung der steuerpflichtigen Zinsen auf einen späteren Zeitpunkt sowie aufgrund der laufenden Wiederanlage durch den (zwischenzeitlich unversteuerten und nicht zinsabschlagbelasteten) Zinseszinseffekt zu einem höheren Gesamtertrag. Ein Nachteil besteht in der Versteuerung der gesamten Zinseinnahmen zu einem Zeitpunkt und dem höheren Steuersatz durch die geballte Zinsauszahlung. Der Freistellungsbetrag kann während der Laufzeit zwar nicht ausgenutzt, dafür aber bei anderen Anlagen verwendet werden. Bei Sparkassenbriefen kommt als negativer Aspekt hinzu, dass sie während der Laufzeit nicht oder nur gegen Vorfälligkeitsentschädigung veräußerbar sind, dafür aber meist keine höhere Rendite abwerfen.

Beispiel

Berechnung der Nachsteuerrendite

Alternative 1: Festverzinsliche Anleihe, Laufzeit zehn Jahre, Zinssatz 8 %

Investierter Betrag 100.000 €

Steuersatz des Anlegers 50 %

Laufzeit	Zinsen (in €)	– Steuer (in €)	verbleibt (in €)
1. Jahr	8.000	– 4.000	104.000
2. Jahr	8.320	– 4.160	108.160
3. Jahr	8.653	– 4.326	112.487
4. Jahr	8.999	– 4.499	116.987
5. Jahr	9.359	– 4.679	121.667
6. Jahr	9.733	– 4.867	126.533
7. Jahr	10.123	– 5.061	131.595
8. Jahr	10.528	– 5.264	136.859
9. Jahr	10.949	– 5.474	142.333
10. Jahr	11.387	– 5.693	148.026

Alternative 2: Aufgezinste Anleihe, Laufzeit zehn Jahre, Zinssatz 8 %

Investierter Betrag 100.000 €

Steuersatz des Anlegers 50 %

Endkapital 215.892 €

Fällige Steuer – 57.946 €

Nettoertrag 157.969 €

Vorteil zur Festverzinslichen 9.943 €

Ergebnis: Der Vorteil macht, bezogen auf das eingesetzte Kapital, rund 10 % aus. Wenn bei Laufzeitende eine niedrigere Steuerprogression vorliegt – etwa als Altersrentner –, so ist der Vorteil eines aufgezinsten Wertpapiers enorm.

Beim vorzeitigen Verkauf von Aufzinsungspapieren fällt der Kursgewinn in die Steuerpflicht und unterliegt dem Zinsabschlag. Die steuerpflichtige Kapitaleinnahme liegt in der Differenz zwischen Kaufkurs und dem späterem Gesamtauszahlungsbetrag und wird nach der Emissionsrendite oder der Marktrendite errechnet. Bei Durchhalten der Anleihe von der Emission bis zur Fälligkeit ist der gesamte Differenzbetrag zwischen An- und Verkaufspreis als Kapitaleinnahme steuerpflichtig; in diesem Fall kommen Emissions- und Marktwertrendite zum gleichen Ergebnis, da zwischenzeitliche Marktzinseinflüsse keine Rolle spielen. Ein Spekulationsertrag kann nicht anfallen.

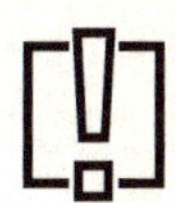

Fazit: Durch den Zinseszinseffekt und mangels steuerlicher Belastung bis zu Fälligkeit oder Verkauf sind Aufzinsungspapiere immer dann lukrativ, wenn die Progression im Steuerzeitpunkt unter der während der Sparphase liegt. Allerdings sind aufgrund des geballten Anfalls von steuerpflichtigen Einnahmen Nachteile möglich, besonders, wenn der Sparerfreibetrag während der Laufzeit nicht durch andere Erträge genutzt werden kann.

Ausgabekurs

Dies ist der Kurs, den Anleger beim Ersterwerb von Wertpapieren zu zahlen haben. Er entspricht bei Anleihen i.d.R. dem Nennwert. Bei Aktien ist der Ausgabekurs meist höher als der Nennwert, er darf aber nicht geringer sein. Bei Investmentfonds ist der Ausgabekurs der um den Ausgabeaufschlag erhöhte Wert eines Fondsanteils. Der Ausgabekurs gilt als Anschaffungskosten bei einem privaten Veräußerungsgeschäft sowie zur Berechnung der Marktrendite bei Finanzinnovationen. Bei Anleihen ist der Ausgabekurs von Bedeutung, wenn er unter dem Nennwert liegt. Hohe Abschläge führen zur Einstufung als → *Finanzinnovation*.

Auslandsanleihen

Sofern die Papiere in Euro notieren, ergeben sich keine Besonderheiten im Vergleich zu Anleihen hiesiger Emittenten. Sofern die Werte in inländischen Depots liegen, fällt Zinsabschlag an. Ausländische Quellensteuer wird nur selten wie im Fall von Papieren schweizer Schuldner einbehalten.

Anders ist es bei Anlagen in Pfund, Dollar, Zloty, Rand und weiteren Währungen. Hier konnten Anleger aufgrund des schwachen Euro in den vergangenen Jahren oftmals Währungsgewinne verbuchen. Ein solches Devisenplus bleibt steuerfrei, wenn die Anleihe erst nach mehr als einem Jahr fällig oder verkauft wird. Werden Auslandsanleihen unter dem Nennwert erworben, kann sich dies steuerlich sogar zweifach lohnen. Neben dem Währungsplus bleibt nämlich auch der Kursgewinn steuerfrei. Die laufenden Zinsen sind hingegen stets mit dem in Euro umgerechneten Wert am Zuflusstag zu versteuern. Dieser Wert ist auch Bemessungsgrundlage für den Zinsabschlag.

Fällt hingegen die ausländische Währung gegenüber dem Euro, spielt das Finanzamt nach mehr als zwölf Monaten nicht mehr mit. Lediglich die in Euro umgerechneten niedrigeren Zinsen sind weiterhin steuerpflichtig. Ein Währungsverlust ist selbst dann unerheblich, wenn er höher als die kassierten Zinsen sein sollte.

Fremdwährungsanleihen gelten i.d.R. nicht als Finanzinnovation, Kurserträge sind daher nur innerhalb der Spekulationsfrist steuerpflichtig. Einige dieser Papiere werden – im Ausland nicht unüblich – flat gehandelt, Stückzinsen also nicht gesondert in Rechnung gestellt. Solche Anleihen gelten stets als Finanzinnovation, da sich der Zinsertrag im Kurswert niederschlägt.

Anlage-Tipp

Oftmals rentieren sich Fremdwährungsanleihen, auch wenn die Währung im Vergleich zum Euro fallen sollte. Das ist der Fall, wenn der Zinsvorteil sehr hoch ist und Devisenverluste damit mehr als ausgeglichen werden können. Dieser sogenannte kritische Wechselkurs ergibt sich aus einer Formel, mit der jeder Anleger selbst ausrechnen kann, welches Devisenrisiko er eingehen kann, bis zu dem sich eine Auslandsanleihe noch lohnt:

$$\text{Kritischer Kurs} = \left(\frac{1 + \text{inländischer Zinssatz}}{1 + \text{ausländischer Zinssatz}}\right)^{\text{Anlagedauer in Jahren}}$$

Fazit: Da höhere Zinsen i.d.R. nur bei schwachen Währungen geboten werden, sind sie für in Euro anlegende Sparer riskant. Die Kursverluste können über die Laufzeit hinweg schnell sämtliche Zinsen übersteigen. Sollte die ausgewählte Währung sich allerdings positiv entwickeln, ergeben sich außergewöhnlich hohe und zum Teil auch steuerfreie Erträge. Auslandsanleihen sollten zumindest größeren Rentendepots beigemischt werden.

Auslandserträge

Zinsen und Dividenden von jenseits der Grenze werden grundsätzlich wie Erträge vergleichbarer inländischer Anlagen behandelt. Denn Kapitaleinnahmen werden grundsätzlich im Wohnsitzland erfasst:

- Auf ausländische Anleihen wird Zinsabschlag einbehalten, sofern sie in einem inländischen Depot lagern.
- Für Auslandsdividenden gilt das Halbeinkünfteverfahren.
- Die ausländischen Erträge sind auf der Anlage KAP zu erfassen.
- Bei Einhaltung der Veröffentlichungspflichten werden in- und ausländische Investmentfonds über das InvStG gleich behandelt.

Dennoch gibt es einige Besonderheiten. So kassiert der deutsche Fiskus von Auslandsdividenden keine Kapitalertragsteuer, und diese Erträge mindern nicht den Freistellungsauftrag. Im Gegenzug behält der ausländische Staat zumeist eine Quellensteuer ein. Diese Auslandsabgabe kann dann entweder auf die Einkommensteuer angerechnet oder als Werbungskosten abgezogen werden. Diese Wahl nehmen Anleger über die Anlage AUS vor, in der Auslandserträge zusätzlich angegeben werden. Bei geschlossenen Fonds liegt das Besteuerungsrecht i.d.R. laut DBA jenseits der Grenze.

Außerrechnungsmäßige Zinsen

Es handelt sich um Erträge, die bei Lebensversicherungen über den rechnungsmäßigen Zins hinaus bei der Anlage des Sparanteils der Versicherungsprämien erzielt werden und entweder zur Beitragsrückerstattung oder zur Erhöhung der Versicherungssumme verwendet werden. Außer- sowie rechnungsmäßige Zinsen werden nur dann über § 20 Abs. 1 Nr. 6 EStG a.F. einkommensteuerpflichtig, wenn die gesamte Lebensversicherung nicht steuerbegünstigt ist (Laufzeit unter zwölf Jahren) oder die Verwendung der Versicherungssumme steuerschädlich erfolgt (Kündigung). Nicht steuerpflichtig ist hingegen der Verkauf der gebrauchten Police an Dritte.

Diese Berechnung ist aus Steuersicht nur für bis zum 31.12.2004 abgeschlossene Verträge maßgebend. Ab 2005 erfolgt die Berechnung der Kapitaleinnahmen über die Differenz zwischen Auszahlungsbetrag und Summe der bis dahin eingezahlten Prämien, § 20 Abs. 1 Nr. 6 EStG n.F.

Back-End-Load-Fonds

Es handelt sich um Investmentfonds, die beim Kauf von Anteilen keinen Ausgabeaufschlag berechnen. Sie erheben zumeist eine höhere Managementgebühr. Ansonsten ergeben sich keine Änderungen zu herkömmlichen Fonds. Sie eignen sich für Kurzfristinvestoren, da ein Ausgabeaufschlag die Rendite eines schnellen Verkaufs mindert. Langfristig ist die jährlich anfallende höhere Gebühr eher nachteilig als ein einmaliger Aufschlag. Steuerlich gelten die Gebühren jedoch im Gegensatz zum Ausgabeaufschlag zu den Werbungskosten.

Bahn-Anleihe

Festverzinsliche Anleihen, die von der Deutschen Bahn AG sowie dem Vorgänger Bundesbahn ausgegeben werden. Die Laufzeit beträgt zumeist zehn Jahre. Hinsichtlich der Rendite ergibt sich meist kein Unterschied zu vergleichbaren Anleihen des Bundes oder der Post. Allerdings können Bahn-Anleihen nicht kostenfrei bei der Bundesschuldenverwaltung aufbewahrt werden. Die Zinsen aus Bahnanleihen stellen Kapitaleinnahmen dar, die dem Zinsabschlag unterliegen.

Bandbreiten-Optionsscheine

Hierbei handelt es sich um Wertpapiere (Range Warrants, Korridor-Optionsscheine), die entweder auf einen Index oder den Kurs einer bestimmten Aktie lauten. Befindet sich der betreffende Wert am Fälligkeitstag innerhalb der vereinbarten Bandbreite, erhält der Anleger neben dem Nennwert auch einen Zusatzbetrag. Liegt der Kurs von Index oder Aktie außerhalb der Zone, gibt es lediglich das eingesetzte Kapital zurück.

Beispiel

Kursverlauf eines Optionsscheins

Die Emission erfolgt bei einem DAX-Stand von 5.000 Punkten zu 7 €. Der Schein berechtigt zu einer täglichen Kapitalansammlung von 0,05 €, wenn der DAX zwischen 4.500 und 5.500 Punkten liegt. Bei Fälligkeit beträgt die maximale Auszahlung 10 €. Der innere Wert des Scheins beträgt zu Beginn 0 €, da die 10 € erst über die maximale Tagesansammlung von (200 Tage x 0,05 €) erreichbar sind. Die maximale Rendite liegt bei 43 % (3 € Gewinn bei einem Einsatz von 7 €). Die Möglichkeit der täglichen Ansammlung ist sehr hoch, da sich der Index in der Mitte des Korridors bewegt. Bei einer Laufzeit von etwas mehr als einem halben Jahr steht die Aussicht also gut, dass ein Anleger stattliche Gewinne aus diesem Investment erzielt.

Mangels laufender Erträge können als Kapitaleinnahme lediglich Kursgewinne bei einem Verkauf vor Fälligkeit sowie der Zusatzbetrag in Betracht kommen. Hierbei sind zwei Alternativangebote zu unterscheiden:

- Sofern die Rückzahlung des Kapitalvermögens nicht garantiert ist, können lediglich Spekulationserträge binnen Jahresfrist vorliegen.
- Bei den herkömmlichen Bandbreiten-Optionsscheinen handelt es sich um Finanzinnovationen, bei denen Kurserträge und der Zusatzbetrag bei Fälligkeit stets Kapitaleinnahmen sind (BMF v. 27.11.2001 – IV C 3 – S 2256 – 265/01, BStBl I, 986, Rdnr. 13).

Ausführlich hierzu die Verfügung der OFD Kiel vom 03.07.2003 – S 2252 A – St 231, StEK EStG § 20/308.

Fazit: Bandbreiten-Optionsscheine sind eine konservative Variante von Warrants. Sie eignen sich für seitwärts tendierende Aktienmärkte und bringen dann überdurchschnittliche Renditen in kurzer Zeit. Allerdings besteht das Risiko, dass bei einem unerwarteten Kurssturz oder -anstieg deutliche Verluste eingefahren werden, wenn sich die Kurse lange Zeit außerhalb des Korridors bewegen.

Bankgeheimnis

Die Geldanlage ist ein äußerst sensibles Geschäft, daher hat das Bankgeheimnis sowohl für die Kreditinstitute als auch für ihre Kunden grundlegende Bedeutung. Erst durch dessen Existenz ist ein Vertrauensverhältnis gegeben, das es dem Kunden erlaubt, dem Institut seine finanziellen und somit persönlichen Verhältnisse offen zu legen. Das Bankgeheimnis ist in Deutschland gesetzlich nicht allgemein gültig geregelt. Das GG gewährleistet aber allein ein unerlässliches Schutzminimum, das durch privatrechtliche Regelungen erweitert wird. Die Allgemeinen Geschäftsbedingungen der Banken (AGB) definieren das Bankgeheimnis näher: Die Bank ist zur Verschwiegenheit über alle kundenbezogenen Tatsachen und Wertungen verpflichtet, von denen sie Kenntnis erlangt. Derartige Daten darf sie nur offenbaren, wenn dazu eine gesetzliche Verpflichtung besteht oder der Kunde der Weitergabe von Informationen zustimmt. Das Bankgeheimnis ist das Berufs- und Geschäftsgeheimnis im Kreditgewerbe. Die Bank schuldet ihren Kunden aufgrund des zivilrechtlichen Bankvertrags oder der Geschäftsverbindung umfassende Geheimhaltung. Dieses Vertrauensverhältnis ergibt sich aus den allgemeinen Geschäftsbedingungen der Banken. Das Bankgeheimnis besteht aus zwei Hauptfaktoren:

1. Der Verpflichtung des Kreditinstituts, über Konten und sonstige Tatsachen, die im Rahmen der Geschäftsbeziehung bekannt geworden sind, keine Auskünfte zu erteilen,
2. Dem Recht des Kreditinstituts, Auskünfte über die Verhältnisse des Kunden an Dritte zu verweigern.

Hieraus wird bereits deutlich, dass das Bankgeheimnis – im Gegensatz etwa zu den Verhältnissen in der Schweiz, Österreich und Luxemburg – ein rein privatrechtliches Normengeflecht ist, das sich als solches öffentlich-rechtlichen Auskunfts- und Inpflichtnahmebegehren nicht entgegenstellen lässt. Es ist einerseits das Geschäftsgeheimnis der Bank selbst und andererseits das Recht des Kunden, nicht ohne entgegengesetzte vorrangige Normen Auskunftsobjekt zu werden. Dies erzeugt Wirkung im privatrechtlichen Bereich.

Für das Steuerrecht ist das Bankgeheimnis generell in der AO geregelt. Dabei soll die Finanzverwaltung auf das Vertrauensverhältnis zwischen Bank und Kunden Rücksicht nehmen und von den Banken keine periodischen Mitteilungen verlangen. Guthabenkonten und Depots dürfen anlässlich der Außenprüfung bei einem Kreditinstitut nicht zwecks Nachprüfung der ordnungsgemäßen Versteuerung festgestellt oder abgeschrieben werden. Kontrollmitteilungen sollen nicht gefertigt werden. Sofern kein Steuerstrafverfahren oder ein Verfahren wegen Ordnungswidrigkeit eingeleitet worden ist, soll das Kreditinstitut bei der Steuerfahndung erst um Auskunft und Vorlage von Urkunden gebeten werden, wenn das Auskunftsersuchen beim Anleger nicht zum Ziel führt oder keinen Erfolg verspricht. Ermittlungen „ins Blaue hinein" sind unzulässig. Man beachte jedoch das Wort „soll" bei der Steuerfahndung.

Die graue Theorie wird jedoch durch die Praxis ausgehöhlt. Bankrazzien in den vergangenen Jahren haben bereits gezeigt, dass das Bankgeheimnis oft nur auf dem Papier besteht. In diesen Fällen begründete der Fiskus seine Vorgehensweise mit begründetem Anfangsverdacht, der sich auf den massiven Kapitaltransfer über die Grenze bezog. Das gilt sowohl für den

Kontenstand als auch für die Kontenbewegungen. Die Verschwiegenheitspflicht beginnt mit dem ersten Beratungsgespräch und wirkt auch über die Dauer der Verträge mit der Bank hinaus. Auch mit dem Tod erlischt die Pflicht der Bank grundsätzlich nicht, sondern geht auf die Erben über. Die Geheimhaltungspflicht beschränkt sich nicht auf die reinen Vermögensverhältnisse, sondern auch auf Privatangelegenheiten.

Für das Steuerrecht ist das Bankgeheimnis generell in § 30a AO geregelt. Dabei soll aus der Grundintension des Gesetzes heraus die Finanzverwaltung auf das Vertrauensverhältnis zwischen Bank und Kunden Rücksicht nehmen. Das Bankgeheimnis gilt grundsätzlich gegenüber jedermann, wenn nicht zwingendes Recht etwas anderes bestimmt. Grundsätzlich kann man sagen, dass eine Aufhebung dann in Frage kommt, wenn öffentliches Interesse bzw. ein Gemeinwohl an einer Veröffentlichung besteht.

Eine der wohl größten Einschränkungen des Bankgeheimnisses regelt das ErbStG. Denn Kreditinstitute und Versicherungen melden dem Finanzamt sämtliche Vermögensgegenstände des Erblassers am Todestag, und dies bereits seit dem Jahr 1919. Die Meldepflicht gilt für:

- Kontoguthaben,
- Spareinlagen,
- Depots,
- Schließfächer,
- Lebensversicherungssummen,
- Sterbefallversicherungen,
- Bausparverträge,
- Rentenansprüche zugunsten Dritter,
- Umschreibungen von Namensaktien und Namensschuldverschreibungen,
- Verträge zugunsten Dritter auf den Todesfall.

§ 33 ErbStG höhlt in großem Umfang § 30a AO aus; alles in Bezug auf das Vertrauensverhältnis Bank – Kunde gilt im Todesfall nicht mehr. Aber auch der BFH (02.04.1992 – VIII B 129/91, BStBl I, 616) hat deutlich zu erkennen gegeben, dass die Mitteilungspflicht und die damit verbundenen Auswertungen durch die Finanzbehörden rechtmäßig sind. Im Todesfall werden somit sämtliche Bankverbindungen transparent, indem die Kontenstände von Vortodestag (BMF v. 02.03.1989 – IV C 3 – S 3844 – 1206/88, DB 1989, 605 sowie 12.06.1989 – IV C 3 – S 3844 – 172/88, DStZ/E 1989, 203) gemeldet werden. Hinzu kommen die aufgelaufenen Erträge, § 1 Abs. 1 Satz 2 ErbStDV. Hierauf dürfen Banken nur bei Girokonten mit Zinssätzen unter 1 verzichten (BMF v. 24.02.2000 – IV C 7 – S 3844 – 12/00, DB 2000, 748). Versicherungen teilen der Finanzbehörde mit, wenn sie Guthaben an einen anderen als den Versicherungsnehmer auszahlen. Diese Vorschrift ist nicht auf den Todesfall beschränkt.

Bei Beträgen unter 2.500 € (vor 2006: 1.200 €) kann die Meldung unterbleiben. Diese Grenze bezieht sich aber auf die einzelne Bankbeziehung und nicht etwa auf jeden Kontenstand. Konten juristischer Personen werden nicht gemeldet. Das gilt auch dann, wenn der Erblasser Alleininhaber des Kontos war. Überschreitet der Nachlass bestimmte Wertgrenzen, werden Kontrollmitteilungen für die Wohnsitzfinanzämter von Verstorbenem und Erwerber erstellt. Während für den gesamten Nachlass ein Reinvermögen von mehr als 250.000 € vorhanden sein muss, reicht bereits Kapitalvermögen i.H.v. 50.000 € aus (gleichlautender Ländererlass v. 18.06.2003, BStBl I, 392). Damit wird sichergestellt, dass Erben, Vermächtnisnehmer und sonstige Begünstigte zumindest mit dem zugewendeten Vermögen ab dem Übergang steuerlich erfasst sind. Beim Erblasser bilden die Mitteilungen den Einstieg in die Überprüfung vergangener Jahre. Übertragungen von Kapitalvermögen zu Lebzeiten hingegen sind von solchen Kontrollen verschont.

Liegen Konten jenseits der Grenze, sind Informationen im Ausgleichsverkehr zur Durchführung von DBA-Regelungen denkbar. Hierzu kommt es aber nur, wenn der Erbfall auch dort steuerpflichtig ist, etwa in Österreich oder der Schweiz. Hierzu muss der Verstorbene allerdings in diesen Ländern einen (Zweit-)Wohnsitz besessen haben. Im Regelfall geht das ausländische Kapitalvermögen daher ohne Kenntnis deutscher Finanzbehörden auf die Nachkommen über – und verbleibt dort. Die EU-Zinsrichtlinie ändert an dieser Verschwiegenheit wenig. Denn die aus Anlegersicht interessanten Staaten wie Luxemburg, Österreich, Liechtenstein oder die Schweiz führen lediglich eine anonyme Quellensteuer ein, und dies auch nur für bestimmte Zinspapiere. Bankverbindungen in den Niederlanden, Italien oder Dänemark hingegen werden dem BZSt gemeldet, sofern auch nur ein Euro Zinsen aus von der Richtlinie betroffenen Anlageformen fließt.

Man kann beruhigt davon ausgehen, dass alle Kreditinstitute die Vermögensstände automatisch und detailliert mitteilen. Denn bei Zuwiderhandlung gegen § 33 ErbStG droht Geldstrafe aufgrund einer vorliegenden Ordnungswidrigkeit. Weitere wichtige Punkte sind zu beachten, die von Beratern und ihren Mandanten vielleicht im ersten Moment in Zusammenhang mit der Mitteilungspflicht nicht bedacht werden:

- Auch Kontenstände von **Gemeinschaftskonten** (Und/Oder-Konten) werden gemeldet. Insbesondere bei Ehegattenkonten wird somit auch das Vermögen des überlebenden Ehegatten (teilweise) bekannt, auch wenn es bei der Erbschaftsbesteuerung nicht angesetzt wird. Im Normalfall wird das Finanzamt die Bestände der Gemeinschaftskonten zur Hälfte der Besteuerung unterwerfen, es wird für den überlebenden Ehegatten schwierig sein, der Finanzbehörde einen niedrigeren Anteil zu erläutern.
- Aufgrund der Vorlage von **Testamentsabschriften** erfährt die Finanzbehörde auch von sonstigen Vermögensgegenständen wie beispielsweise Schmuck, Münzen, Medaillen, Briefmarkensammlungen oder sonstigen Luxusgegenständen.
- Im Testament, das vielleicht schon vor einigen Jahren erstellt wurde, können Gegenstände aufgeführt sein, die am Todestag gar **nicht mehr im Besitz** des Erblassers waren, da er sie vorher veräußert oder verschenkt hat. Hieraus können sich dann bisher nicht erfasste Schenkungssteuervorgänge oder Spekulationsgewinne ergeben.
- Aufgrund der detaillierten Depotaufstellung kann das Finanzamt leichter einen möglichen **Spekulationsgewinn** durch den Erben ermitteln. Durch die Verlängerung der steuerlichen Frist auf ein Jahr kann es durchaus vorkommen, dass der Erwerber Wertpapiere veräußert, die innerhalb eines Jahres vom Erblasser erworben worden sind.
- Ist im letzten Willen ein Verweis auf **ausländische Kontoverbindungen** enthalten, werden Finanzbeamte hellhörig. Denn solche Erträge sind oftmals nicht deklariert worden.
- Die Mitteilungspflicht der Banken zu **Schließfächern** des Verstorbenen beschränkt sich darauf, dass ein solcher Gewahrsam bestand. Die Höhe bzw. die Art des dort aufbewahrten Vermögens wird dem Finanzamt nicht mitgeteilt. Das Kreditinstitut teilt also nur mit, dass der Erblasser ein Schließfach besessen hat, über den Inhalt hat es keinerlei Auskunft zu erteilen. Die Mitteilung über den Schließfachinhalt hat dann detailliert von den Erben innerhalb der Erbschaftsteuererklärung zu den sonstigen Angaben zu erfolgen. Dabei kann es sich natürlich auch nur um Vertragsunterlagen, z.B. für eine Versicherung oder einen Notarvertrag, handeln, die steuerlich gar keine Rolle spielen.
- Die Bankenmitteilungen dienen den Finanzämtern lediglich als **Kontrollmaterial** und befreien die Erben nicht von der Pflicht, in der Erbschaftsteuererklärung das Guthaben

und das Wertpapiervermögen des Erblassers mit dem tatsächlichen Wert im Zeitpunkt des Todes anzugeben. Wird also von den Erben in der Steuererklärung ein – von der Bankenanzeige abweichendes – Vermögen erklärt, dann ist es Aufgabe des Finanzamts, das richtige Erblasservermögen zu ermitteln und der Besteuerung zugrunde zu legen.

- Werden Konten oder Depots einige Tage vor dem Todestag aufgelöst, so ist die Bank von jeglicher Mitteilungsfrist befreit, die Finanzbehörden erfahren auf dem Wege der Vermögensanzeige nichts von derartigen Beträgen. Natürlich sind auch solche Kapitalvermögen bei der Erbschaftsteuererklärung anzugeben.
- In vielen Fällen erfährt die Bank erst nach Jahren von einem Todesfall. Insbesondere bei Oder-Konten von Ehegatten kann der überlebende Teil jahrelang weiter über ein Konto problemlos verfügen. Die Banken müssen bis zu 15 Jahre zurückliegend noch Meldung machen. Das hängt mit der zehnjährigen Verjährungsfrist für Steuerhinterziehung zusammen, die durch den gesetzlichen Fristenlauf in den meisten Fällen erst nach 15 Jahren regelmäßig abgelaufen sein wird.
- Die Mitteilungspflicht umfasst auch die **Todesanzeige** durch die Standesämter, die Erteilung von **Erbscheinen** und Fortsetzung von Nachlassverwaltungen durch Gerichte und Notare sowie die Veröffentlichung von Testamenten und Erbauseinandersetzungen.
- Die Anzeigepflicht bezieht sich natürlich nur auf inländische Banken; Guthaben bei ausländischen Kreditinstituten oder aus Zollanschlussgebieten werden nicht den deutschen Finanzbehörden gemeldet.
- Erben, die ihren **Wohnsitz im Ausland** haben, bekommen ihren Erbanteil von Banken nur dann ausgezahlt, wenn sie die fällige Erbschaftsteuer in Deutschland gezahlt haben (§ 20 Abs. 6 ErbStG). Sollten die Beträge vorzeitig ausgezahlt worden sein, so haftet die Bank für die geschuldeten Steuern.

Steuer-Hinweis

Wenig bekannt ist, dass hiesige Kreditinstitute auch Meldungen im Todesfall für ihre ausländischen Zweigniederlassungen vornehmen müssen (FG Baden-Württemberg v. 12.03.2004 – 9 K 338/99, EFG 2005, 461, Revision unter II R 66/04 sowie BMF v. 21.03.2001 – IV C 7 – S 3844 – 6/01, DB 2001, 1282, FR 2001, 712 und v. 22.12.1999 – IV C 7 – S 3844 – 14/99, DB 2000, 2350). Betroffen hiervon sind insbesondere deutsche Institute in Grenznähe mit Auslandsfilialen.

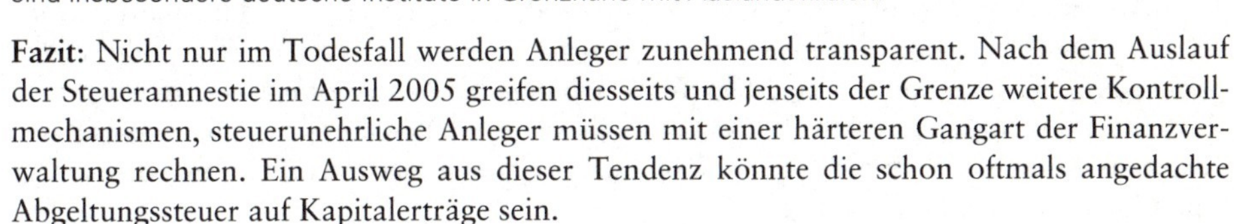

Fazit: Nicht nur im Todesfall werden Anleger zunehmend transparent. Nach dem Auslauf der Steueramnestie im April 2005 greifen diesseits und jenseits der Grenze weitere Kontrollmechanismen, steuerunehrliche Anleger müssen mit einer härteren Gangart der Finanzverwaltung rechnen. Ein Ausweg aus dieser Tendenz könnte die schon oftmals angedachte Abgeltungssteuer auf Kapitalerträge sein.

Bankschuldverschreibung

Dies sind Anleihen, die von Kreditinstituten begeben werden. In diesem Zusammenhang unterscheidet man zwischen:

Gedeckte Anleihen: Die Emission von Kommunalobligationen oder Pfandbriefen richtet sich nach dem Hypothekenbankgesetz und dem Pfandbriefgesetz. Während ihrer Laufzeit müssen die Anleihen jederzeit in voller Höhe durch Grundpfandrechte oder Kredite an öffentliche Schuldner besichert sein. Im Konkursfall des Anleiheschuldners steht dem Pfandgläubiger an diesen Deckungswerten ein Vorrecht zur Befriedigung seiner Forderungen vor allen anderen Gläubigern zu.

Ungedeckte Anleihen: Dies sind Inhaberschuldverschreibungen, die nur durch die Finanzkraft des Emittenten gesichert sind.

Steuerlich ergeben sich keine Unterschiede zu herkömmlichen → *Anleihen.*

Fazit: Sie bieten bei hoher Sicherheit bessere Renditen als Bundesanleihen und sind für konservative Rentendepots hervorragend geeignet.

Basket-Optionsschein

Hierbei handelt es sich um Optionsscheine (Warrants), die sich auf die Wertentwicklung eines Aktienkorbs (Basket) beziehen. Das können beispielsweise Automobil-, Banken-, Chemie,- Konsum-, Maschinenbau- oder US-Biotechnologieaktien sein. Problem für den privaten Anleger: Er kann nicht immer verfolgen, wie sich der zugrunde liegende Basket entwickelt oder zusammensetzt. Oftmals wird von den Emittenten eine Zusammenstellung von Werten gewählt, die weniger volatil sind und somit weniger Gewinnaussichten für den Erwerber bieten als Optionsscheine auf herkömmliche Aktienindizes.

Steuerlich ergeben sich keine Besonderheiten zu herkömmlichen → *Optionsscheinen.*

Basket-Zertifikate

Wie das englische Wort basket bereits andeutet, handelt es sich bei diesem Typ eines Zertifikats um einen Korb verschiedener Wertpapiere. Mit dem Kauf eines Basket-Zertifikats erwirbt der Anleger entsprechend dem Bezugsverhältnis einen Bruchteil dieses Wertpapierkorbs. Die Zusammenstellung des Korbs bestimmt der Emittent bereits vor der Erstausgabe. Verbreitet sind Zertifikate auf Aktienkörbe, die in ihrer Zusammenstellung Aktienfonds ähneln. Doch anders als bei Aktienfonds weiß der Käufer eines Basket-Zertifikats immer, welche Wertpapiere sich im Korb befinden. Ein aktives Management, wie bei Fonds üblich, findet bei Zertifikaten nicht statt. Die Auswahlkriterien für die enthaltenen Aktien oder Wertpapiere sind bekannt und bleiben während der Laufzeit unverändert.

Dennoch kann sich die Zusammensetzung des Aktienkorbs mit der Zeit ändern. Verfolgt der Emittent mit dem Zertifikat eine gezielte Auswahl, etwa Aktien der Marktführer in der Automobilbranche oder mit hoher Dividendenrendite, muss er den Korb zu bestimmten Stichtagen anpassen, sofern sich Marktführerschaft oder Ausschüttung ändern. Bleibt die Zusammensetzung eines Aktienkorbs immer bestehen, fallen für den Anleger meist nur geringe Gebühren oder Aufschläge an. Zertifikate mit laufender Umschichtung kosten meist eine Managementgebühr.

Steuerlich ergeben sich bei diesem Produkt keine Besonderheiten zu herkömmlichen → *Zertifikaten.*

Fazit: Vorteilhaft sind Basket-Zertifikate, wenn Anleger gezielt auf die Entwicklung bestimmter Branchen, Regionen oder Märkte setzen wollen. Sie brauchen dann nicht die einzelnen Aktien zu kaufen, sparen Transaktionskosten und erreichen nach einem Jahr Steuerfreiheit. Sie sind meist günstiger als vergleichbare Fonds, die allerdings marktbreiter investieren.

Bausparen

Die Funktion des Bausparens

Dies ist eine besonders in Deutschland äußerst beliebte Form der Geldanlage und -vorsorge. Die Finanzierung über Bausparverträge beträgt beim Wohnungsbau ca. 40–50 % der Gesamtfinanzierung. Staatliche Prämien und niedrige Zinsen locken jährlich eine große Zahl von Anlegern zum Abschluss eines Bausparvertrags. Der Grundgedanke des Bausparens liegt darin, einem großen Teil der Bevölkerung den Wunsch nach dem eigenen Heim zu erfüllen. Die Grundidee des Bausparens liegt in der Solidargemeinschaft; alle Mitglieder sparen in einen Topf und leihen einigen Mitgliedern billig Geld, um später selbst an die Reihe zu kommen. In den Spartopf werden regelmäßig Sparbeiträge eingezahlt; die Bausparkasse als „Sammelstelle“ vergibt die Darlehen und nimmt das ausgeliehene Geld, Zins- und Tilgungsleistungen wieder für den Topf ein.

Die Praxis sieht so aus: Der Bausparer zahlt über einen längeren Zeitraum monatlich einen bestimmten Betrag auf sein Bausparkonto ein. Erreicht er etwa 40 % der vereinbarten Bausparsumme, wird ihm der gesamte Betrag als Darlehen zum Hausbau oder zur Wohnungsrenovierung zur Verfügung gestellt. Der Bausparvertrag ist somit ein kombinierter Spar- und Darlehensvertrag. Alternativ kann der Sparer auch entscheiden, das angesparte Vermögen ausgezahlt zu bekommen und auf ein Darlehen zu verzichten. Der Wunsch des Bausparers nach einem nachrangig gesicherten Darlehen zur Eigenheimfinanzierung wird durch grundbuchmäßig schlechtere Sicherheiten für Bauspardarlehen erfüllt.

Sowohl in der Ansparphase als auch nach der Darlehensgewährung werden vergleichbar niedrigere Zinssätze vereinbart. Eine Verpflichtung zum Bauen besteht für die Sparphase nicht. Nur die Auszahlung des Bauspardarlehens ist hieran geknüpft. Die in der Ansparphase gezahlten Zinsen werden dem Bausparkonto gutgeschrieben. Grundsatz hierbei: Höhere Sparzinsen = höhere Kreditzinsen. Die Zinssätze sind von Beginn an festgelegt und folgen nicht der allgemeinen Marktzinsentwicklung am Kapitalmarkt.

Um die Wartezeit bis zum Erlangen des Darlehens relativ kurz zu halten, muss das Darlehen entsprechend schnell und daher mit hohen Annuitäten getilgt werden. Die Tilgungsdauer beträgt meist zwölf Jahre, die Tilgung liegt somit bei jährlich rund 7 %. Durch die kurze Rückzahlungsfrist wird meist verhindert, dass eine vollständige Finanzierung der Immobilie durch ein Bauspardarlehen erreicht werden kann.

In der Ansparphase werden dem Bausparer eine Abschlussgebühr (etwa 1 % der Bausparsumme) sowie jährliche Kontoführungsgebühren in Rechnung gestellt. Eine Verpflichtung zur Leistung der Regelsparbeiträge besteht in den meisten Verträgen nicht, eine Aussetzung führt jedoch zu einer Verlängerung der Wartezeit. Die Einzahlung von Sonderbeiträgen über die Regelleistungen ist jederzeit möglich.

Ein wesentlicher Punkt des Bausparens ist der Termin, an dem aus der Anspar- eine Darlehensphase wird. Ab diesem Zeitpunkt wechselt die Stellung des Bausparers gegenüber dem Bausparinstituts von der eines Gläubigers in die eines Schuldners. In diesem Moment erfolgt die Zuteilung. Hierfür sind jedoch einige Voraussetzungen zu erfüllen, wie

- die Einhaltung einer Mindestansparzeit,
- die Zahlung der geforderten Mindestansparsumme,
- die ausreichende Verfügbarkeit von Geldern bei der Bausparkasse.

Während die ersten beiden Punkte bei Vertragsabschluss meist bestimmbar sind, ist der dritte Punkt nicht genau kalkulierbar und bei den einzelnen Instituten unterschiedlich. Der Sparer benötigt eine hinreichend hohe Bewertungszahl, die sich nach dem Faktor Zeit x Geld bemisst. Einen Anspruch auf Zuteilung zu einem bestimmten Zeitpunkt hat der Bausparer nicht, da das Gesamtaufkommen der Spar- und Tilgungsbeiträge von der Bausparkasse nicht absehbar ist.

Durch die Unbestimmbarkeit der Zuteilung lassen sich in der Praxis der Zeitpunkt des Eigenheimerwerbs und die Zuteilung nicht aufeinander abstimmen. In vielen Fällen ist daher eine Vor- und Zwischenfinanzierung notwendig, um den Erwerb zu zahlen. Sobald die Zuteilung erfolgt ist, wird der Kredit durch das zinsgünstige Bauspardarlehen abgelöst. Daher erfolgt zumeist keine Tilgung in die Zwischenkredite.

Die Bausparkassen bieten einige Tarifvarianten an, um dem Bausparer zu einer gewünschten Zuteilung zu verhelfen:

- Beim **Schnellspartarif** wird das erforderliche Mindestsparguthaben möglichst schnell eingezahlt, um hierdurch die Wartezeit zu verkürzen. Nachteilig für den Sparer wirken sich die nachfolgend kürzeren Tilgungszeiträume und die i.d.R. höhere Abschlussgebühr aus.
- Beim **Langzeittarif** werden dem Bausparer in der Ansparphase höhere Guthabenzinsen gewährt. Nachteilig ist jedoch der höhere Darlehenszins, so dass dieser Tarif für den Sparer in Frage kommt, der noch nicht schlüssig ist, ob er überhaupt bauen möchte. Dafür sind sowohl die Spar- als auch die späteren Tilgungsbeiträge geringer.
- Der **Steuerspartarif** ist darauf ausgerichtet, dass alle fiskalischen Möglichkeiten (Einkommensteuer + Sparprämie) optimal ausgenutzt werden.
- Der **Optionstarif** ermöglicht es dem Bausparer, während der Sparphase von einem normalen auf einen höheren Guthabenzins zu wechseln. Bei einigen Bausparkassen ist eine schnellere Zuteilung ebenfalls möglich, mit der Option auf höhere Tilgungsraten.

Anlage-Tipp

Ob die Bausparfinanzierung eine gute Anlagemöglichkeit darstellt, lässt sich nicht generell und auch erst im Nachhinein beantworten. Faustregel: Sind die Kapitalmarktzinsen in der Ansparphase gering und bei Zuteilung hoch, ist das Bausparen eine günstige Finanzierungsform. In allen anderen Fällen stellt sich das Bausparen nicht als die günstigste Sparform dar, insbesondere dann nicht, wenn aufgrund der Einkommenshöhe keine Zulagen gewährt werden können. Ganz schlecht sieht es für den Bausparer aus, der in einer Hochzinsphase einen Bausparvertrag abschließt. Er verschenkt die hohen Kapitalmarktzinsen und begibt sich zusätzlich in die Unsicherheit des Zuteilungstermins.

Die vergangenen Jahre brachten den Bausparkassen bei Neuabschlüssen mit die höchsten Ergebnisse in ihrer Geschichte. Dies überrascht insoweit, als dass die staatliche Förderung bei Wohnungsbauprämie und Arbeitnehmer-Sparzulage eher minimal ist. Ein Motiv für die zunehmende Zahl der Bausparer sind die aktuell historisch niedrigen Kapitalmarktzinssätze. So rentieren zehnjährige Bundesanleihen gerade einmal mit 3 %; ein Satz, der auch bei Bauspargutgaben keine Seltenheit ist. Wird anschließend dann auf das fällige Darlehen verzichtet, gewähren viele Institute noch einen zusätzlichen Bonus. Somit liegt die Rendite über der von herkömmlichen Anleihen. Kommt dann noch die staatliche Förderung hinzu, sind Renditen über 5 % möglich.

Für die Bausparkassen stellt sich jedoch das Problem, die Guthabenzinsen im aktuellen Marktumfeld auf konservative Weise zu erwirtschaften. Das gilt besonders aufgrund der Tatsache, dass immer mehr Sparer auf den anschließenden Kredit verzichten. Denn mit dem

Wechsel von der Anspar- in die Auszahlungsphase wendet sich das Blatt. Der Zinssatz für das Darlehen ist nämlich derzeit oft höher als die Bankangebote für Hypotheken, die rund 3,5 % betragen. Bei Bausparverträgen können die Sätze durchaus über 5 % liegen. Kein Wunder also, dass immer mehr Bausparer zwar einen neuen Vertrag abschließen, ordentliche Zinsen ohne Risiko mitnehmen und bei Ablauf der Ansparphase aussteigen.

Steuerliche Behandlung
Die laufenden Bausparzinsen gehören zu den Kapitaleinnahmen, sofern der Vertrag zur Finanzierung des Eigenheims genutzt wird oder noch keine konkrete Verwendung über das Guthaben vorliegt. Wird die Finanzierung des Eigenheims über einen Auffüllkredit zwischenfinanziert, können die Schuldzinsen nicht als Werbungskosten geltend gemacht werden, mindern allerdings die Kapitaleinnahmen – maximal auf 0 €. Soll der Vertrag aber für ein Mietobjekt eingesetzt oder eine Bankhypothek mit der Bausparsumme getilgt werden, so sind bereits die Zinsen vor dem Kauf der Immobilie wie Mieteinnahmen zu behandeln. Nachteil: Sie können nicht auf den Sparerfreibetrag angerechnet werden.

Bei Bausparverträgen mit einer Nullzins-Variante gibt es während der Sparphase keine Zinsen. Dafür verbilligt sich anschließend das Darlehen und ansonsten wird eine Mindestverzinsung nachgezahlt. Steuerlich beurteilt die Finanzverwaltung (BMF v. 22.02.1995 – IV B 4 – S 2252 – 46/95, FR 1995, 322, DB 1995, 652) diese Fälle folgendermaßen:

- Nimmt der Bausparer das Bauspardarlehen nicht in Anspruch, erzielt er Kapitalerträge durch die gewährte Mindestvergütung.
- Bei Inanspruchnahme des Bauspardarlehens liegt ebenfalls Kapitalertrag in Höhe der Mindestvergütung vor. Zuflusszeitpunkt ist die Auszahlung des Darlehens.
- Die Kapitalerträge unterliegen dem Zinsabschlag, ohne Auszahlung hat der Bausparer der Kasse den zum Abzug erforderlichen Geldbetrag zur Verfügung zu stellen (§ 44 Abs. 1 Satz 7 EStG).
- Der Verzicht auf die Auszahlung der Mindestvergütung bedeutet eine Zinsvorauszahlung für das Bauspardarlehen. Dementsprechend erhöht sich ein Schuldzinsenabzug.

Die Wohnungsbauprämie beträgt ab 2004 nur noch 8,8 % des eingezahlten jährlichen Sparbetrages bis zu 512 € pro Person und wird auf Antrag beim Wohnsitzfinanzamt des Sparers gewährt. Zusätzlich wird das Bausparen Im Rahmen von vermögenswirksamen Leistungen mit einer Sparzulage von 9 % auf eine maximal begünstigte Sparrate pro Jahr von 470 € gefördert. Für viele Sparer kommen diese beiden Vergünstigungen wegen der Einkommensgrenze eines zu versteuernden Einkommens von 17.900 € (VWL) sowie 25.600 € (Wohnungsprämie) ohnehin nicht in Betracht. Den Abzug als Sonderausgaben gibt es schon seit 1996 nicht mehr.

Bausparzinsen unterliegen dem Zinsabschlag, auch wenn es sich um Einnahmen aus Vermietung und Verpachtung handelt. Der Abschlag entfällt, wenn

- der Zinssatz nicht mehr als 1 % beträgt,
- der Sparer eine Arbeitnehmer-Sparzulage oder Wohnungsbauprämie erhält,
- die Zinsen im Jahr pro Bausparvertrag unter 10 € liegen oder
- der Bausparkasse ein Freistellungsauftrag erteilt worden ist.

Fazit: Bausparen ist immer dann besonders lukrativ, wenn staatliche Zuschüsse in Betracht kommen. Allerdings kommen die nicht mehr für viele Sparer in Betracht. Als Ergänzung zur herkömmlichen Bankfinanzierung eignet sich das Angebot besonders in Hochzinsphasen – für künftige Hausbesitzer derzeit also weniger.

Belegschaftsaktien

Es handelt sich um Aktien, die von einer AG zu Vorzugsbedingungen an eigene Mitarbeiter ausgegeben werden. Der verbilligte Bezug ist steuerfrei, sofern der sich ergebende Vorteil nicht höher ist als die Hälfte des Kurswerts und 135 € im Jahr nicht übersteigt, § 19a Abs. 1 EStG. Die Überlassung muss aufgrund eines laufenden Beschäftigungsverhältnisses erfolgen, für Rentner und Pensionäre ist sie daher nicht möglich.

Der Arbeitgeber kann die Beteiligungen sowohl selbst an den Arbeitnehmer ausgeben als auch ein Kreditinstitut damit beauftragen. Es muss sich jedoch immer um die Anteile am eigenen Unternehmen (auch Tochter- oder Muttergesellschaft) handeln und die Ausgabe darf nur als Sachbezug erfolgen. Die Ausgabe von Bargeld, mit der Verpflichtung, hierfür die Anteile zu erwerben, ist nicht begünstigt. Die Leistung muss zusätzlich zum geschuldeten Arbeitslohn erfolgen; die Verrechnung mit Teilen des Lohns ist nicht begünstigt. Die Überlassung von Anteilen kann auch mit der vermögenswirksamen Leistung verbunden werden. In diesem Fall werden mit einer Übertragung zwei Begünstigungsmöglichkeiten ausgeschöpft.

Die überlassenen Belegschaftsaktien beinhalten dieselben Rechte wie Aktien, die über die Börse erworben werden. Die Arbeitnehmer können auf der Hauptversammlung ihr Stimmrecht ausüben und erhalten die fälligen Dividenden ausgezahlt.

Berlin-Darlehen

Diese steuerbegünstigten Darlehen wurden bis Ende 1991 speziell für den Wohnungsbau in West-Berlin nach § 17 BerlinFG ausgegeben. Ausgangspunkt war das Berlinförderungsgesetz, nach dem es der Stadt Berlin ermöglicht wurde, langfristige Darlehen zu günstigen Konditionen am Kapitalmarkt aufzunehmen. Anleger konnten im Jahr der Darlehensvergabe bis zu 20 % des Nennbetrags von der Einkommensteuerschuld abziehen. Durch diese Steuerersparnis verringerte sich der Kapitaleinsatz auf bis zu 80 % des Darlehensbetrags. Die Laufzeit der Berlin-Darlehen betrug mindestens 25 Jahre, so dass diese Konstruktion noch mindestens bis zum Jahre 2016 bestehen wird.

Die Zinsen aus dieser auslaufenden Darlehensform sind weiterhin als Einnahmen aus Kapitalvermögen ohne Besonderheiten zu versteuern. Sofern die Darlehenshingabe durch Aufnahme von Krediten erfolgte, können die geleisteten Schuldzinsen als Werbungskosten abgezogen werden und erhöhen den Steuervorteil des Erstjahres weiter. Sofern das Darlehen an Verwandte verschenkt wird, mindert sich die ursprüngliche Steuerersparnis nicht.

Besondere Entgelte und Vorteile

Neben den herkömmlichen Kapitaleinnahmen wie Zinsen oder Dividenden sind auch besondere Entgelte und Vorteile zu versteuern, die in § 20 Abs. 2 EStG ausdrücklich aufgeführt sind. Hierzu zählen:

- Erhalt von Bonusaktien,
- Veräußerung von Dividendenscheinen ohne das zugehörende Wertpapier,
- Veräußerung von Zinsscheinen ohne das zugehörende Wertpapier,
- Einlösung von erworbenen Zinsscheinen ohne das zugehörende Wertpapier,
- Einnahmen aus Stückzinsen,
- abgezinste Wertpapiere wie Zerobonds und Sparbriefe,

- Veräußerung von Kursdifferenzpapieren mit versteckten Veräußerungszinserträgen. Es handelt sich um Veräußerungen von Anleihen, bei denen die Gestaltung so ausgelegt ist, dass hohe Veräußerungsgewinne eigentlich nur die enthaltenen Zinserträge tarnen sollen. Grundlage für die Besteuerung ist die vom Emittenten kalkulierte Emissions- oder Marktrendite. Hierunter fallen etwa Kombizins- oder Gleitzinsanleihen sowie Garantiezertifikate.
- Schuldverschreibungen ohne Stückzinsausweis,
- Anleihen, dessen Ertragshöhe von einem ungewissen Ereignis abhängig ist, wie Aktienanleihen oder Sonderformen von Floatern.

Best-Chance-Zertifikat

Dieses Zertifikat auf einen Index oder eine einzelne Aktie bietet die Möglichkeit, einen günstigen Einstiegskurs zu erwischen. Zwischen der Emission und einem späteren Termin erfolgt die Festlegung des Kaufkurses. Der niedrigere Wert zählt. Als Gegenleistung für dieses Angebot müssen Anleger ein Cap, also eine Kursobergrenze, in Kauf nehmen.

Beispiel

Kauf eines Zertifikats zu 50 € (Kurs der Aktie bei Emission). Sollte der Kurs am Best-Chance-Datum darunter liegen, ist der maßgebend.

- Der Kurs liegt bei 40 €: Nun gibt es (50/40) 1,25 Anteile.
- Der Kurs liegt bei 55 €: Anleger kaufen ein Zertifikat zu 50 € ein.

Dieses Zertifikat bietet keine sonderlichen Vorteile. Anleger fahren i.d.R. mit Discountpapieren auf dieselbe Aktie besser. Ist der Chance-Zeitpunkt verstrichen, lohnt der Kauf des Papiers nicht mehr. Steuerlich ergeben sich keine Besonderheiten zu herkömmlichen → *Zertifikaten.*

Beteiligungs-Fonds (Ost)

Es handelt sich um ein ehemaliges Steuersparmodell, bei dem der Anleger – ähnlich dem ausgelaufenen Berlin-Darlehen – der KfW oder der Deutschen Ausgleichsbank ein Darlehen gibt, das unter dem Marktzins liegt und eine Laufzeit von zehn Jahren hat. 12 % des Anlagebetrags dürfen im Jahr der Zeichnung direkt von der Steuerschuld abgesetzt werden, maximal 50 % der festgesetzten Einkommensteuer. Für den Anleger ergibt sich auf die gesamte Laufzeit bezogen nur dann eine über dem Marktzins liegende Rendite, wenn seine Steuerprogression entsprechend hoch und der Sparerfreibetrag bereits ausgeschöpft ist.

Die vereinnahmten Zinsen aus dem Darlehen stellen Einnahmen aus Kapitalvermögen dar und unterliegen dem Zinsabschlag. Die Darlehenshingabe war auf die Jahre 1996 bis 1998 beschränkt, die letzte Einnahmebesteuerung wird also im Jahre 2008 erfolgen.

Betriebliche Altersvorsorge

Absichern können Arbeitnehmer hierdurch die eigene Altersversorgung oder im Todesfall die von Ehepartner, Kinder oder Lebensgefährten. Bereits aufgebautes Betriebsrentenkapital darf beim Jobwechsel mitgenommen werden und löst keine schädliche Verwendung der Vorsorgebeiträge aus. Damit muss nicht bei jedem neuen Arbeitgeber wieder eine andere Vorsorgeform angespart werden. Zur betrieblichen Altersvorsorge mit den Änderungen durch das Alterseinkünftegesetz hat sich das BMF in mehreren umfangreichen Schreiben geäußert:

v. 17.11.2004 – IV C 4 – S 2222 – 177/04/IV C 5 – S 2333 – 269/04, BStBl I, 1065; v. 20.09.2005 – IV C 5 – S 2333 – 205/05; v. 24.02.2005 – IV C 3 – S 2255 – 51/05/IV C 4 – S 2221 – 37/05/IV C 5 – S 2345 – 9/05, BStBl I, 429; v. 22.12.2005 – IV C 1 – S 2252 – 343/05, BStBl I 2006, 92; BMF v. 30.05.2006 – IV C 5 – S 2333 – 53/06, BStBl I, 415.

Fünf Varianten stehen hierbei zur Verfügung:

- **Direktzusage:** Bei einer solchen Pensionszusage zahlt der Arbeitgeber dem Beschäftigten oder dessen Hinterbliebenen im Rentenalter, bei Invalidität oder Tod eine vereinbarte Leistung wie eine Betriebsrente. Die Höhe richtet sich meist nach Dauer der Betriebszugehörigkeit und dem früheren Einkommen. Die Bildung der Pensionsrückstellung ist für den Arbeitnehmer abgabenfrei und mindert bereits vorab im Rahmen des § 6a EStG den Gewinn, bei Auszahlung wird der Bilanzposten dann sukzessive abgebaut. Für den Arbeitnehmer handelt es sich erst bei Zufluss im Alter um Lohn nach § 19 EStG.
- **Unterstützungskasse:** Sie ist eine rechtlich selbständige Versorgungseinrichtung einer oder mehrerer Firmen. Entweder zahlt die Firma oder der Arbeitnehmer über Entgeltumwandlung ein. Bei Unterstützungskassen besitzen Arbeitnehmer anders als bei Pensionsrückstellungen keinen Rechtsanspruch auf die zugesagten Leistungen.
- **Direktversicherung:** Hier schließt der Arbeitgeber per Einzel- oder Gruppenvertrag eine Lebensversicherung für seine Mitarbeiter ab. Versicherungsnehmer und Beitragsschuldner ist der Arbeitgeber. Häufig zahlen die Beschäftigten die Beiträge über Entgeltumwandlung. Bei vor 2005 abgeschlossenen Verträgen kommt eine pauschale Lohnversteuerung in Betracht, bei Neuabschlüssen ab 2005 bleiben die Einzahlungen in gewissen Höhen ohne Abgaben (Sozialversicherung bis 2008), bei Zufluss erfolgt eine nachgelagerte Besteuerung gem. § 22 Nr. 5 EStG in voller Höhe.
- **Pensionskasse:** Dabei handelt es sich um rechtlich selbständige Unternehmen. Sie werden von einem oder mehreren Unternehmen getragen und gelten aufsichtsrechtlich als Versicherungen. Bietet der Arbeitgeber eine Pensionskasse an, ist der Beschäftigte daran gebunden.
- **Pensionsfonds:** Dies sind rechtlich selbständige Versorgungsträger, die von einem Arbeitgeber oder branchenübergreifend gegründet werden können. Die Beiträge zahlt der Arbeitgeber oder der Arbeitnehmer durch Gehaltsumwandlung. Beschäftigte sind an diese Variante gebunden, wenn ihr Arbeitgeber sie anbietet. Beiträge bleiben mit bis zu 4 % der Beitragsbemessungsgrenze plus 1.800 € pro Jahr steuerfrei. Möglich ist auch, die Beiträge zu Pensionsfonds aus versteuertem Lohn zu zahlen. Dann greift auf die spätere Rentenzahlung nur der ab 2005 geminderte Ertragsanteil.

Bei Beendigung des Arbeitsverhältnisses können Abfindungen und Guthaben aus Zeitkonten steuerfrei für den Aufbau der betrieblichen Altersversorgung genutzt werden. Pro Jahr der Betriebszugehörigkeit dürfen 1.800 € umgewandelt werden.

Bezugsrechte

Es handelt sich um das gesetzliche Recht des Aktionärs, bei einer Kapitalerhöhung der Gesellschaft entsprechend seinem Aktienbesitz am bisherigem Grundkapital neue (junge) Aktien im Rahmen einer Kapitalerhöhung zu erwerben, § 186 AktG.

Die Kapitalerhöhung aus Anlagesicht

Um den Bezug den potentiellen Erwerbern schmackhaft zu machen, werden die neuen Aktien meistens unter dem aktuellen Börsenkurs ausgegeben, sofern es keine andere wirtschaftlichen Vorteile gibt. Ein Preis unter dem Aktiennennwert ist jedoch nicht zulässig. Die Aktiengesellschaft hat die Möglichkeit zum Ausschluss des Bezugsrechts für die Altaktionäre gem. § 186 Abs. 3 AktG, wenn

- der Ausgabepreis der neuen Aktien nicht wesentlich (etwa 5 %) unter dem Kurs der Altaktie liegt,
- die Kapitalerhöhung 10 % des Grundkapitals nicht übersteigt,
- die Satzung der Gesellschaft dies vorsieht,
- der Ausschluss zuvor mit mindestens 75%iger Mehrheit beschlossen wurde und
- der Vorstand die Hauptversammlung über den Grund informiert.

Durch den Ausschluss der Altaktionäre erweitert sich die potentielle Käuferschaft für die AG: Sie kann einen Großteil der Aktien oder ein ganzes Aktienpaket einem Interessenten anbieten, der dann bereit ist, insgesamt einen höheren Kaufpreis zu zahlen. Sofern das Recht des Aktionärs nicht ausgeschlossen worden ist, wird das Bezugsrecht zwei Wochen lang an der Börse gehandelt. Während dieser Zeit wird das Recht wie ein selbständiges Wertpapier notiert. Über Xetra ist der Handel allerdings nur bei Mindestgrößen ab 1.000 Stück möglich.

Über den Bezugsrechtshandel sind folgende Möglichkeiten denkbar:

- Der Altaktionär kann das Bezugsrecht an der Börse veräußern,
- er kann sein (Vor-)Kaufsrecht wahrnehmen und die neuen Aktien beziehen oder
- einem Anleger, der bisher keine Aktien der Gesellschaft besaß, wird über den Bezugsrechtskauf ebenfalls die Möglichkeit eröffnet, in den Besitz der jungen Aktien zu kommen.

Beispiel

Gestaltung bei den Bezugsrechten

Grundkapital der AG bisher	4.000.000 €
Erhöhung auf	6.000.000 €
Ein Aktionär besitzt	100 Aktien
Bezugsrechtsverhältnis	2 zu 1

Zum Bezug einer jungen benötigt man also zwei alte Aktien.

Die möglichen Optionen:

- Bezug von 50 neuen Aktien
- Verkauf von 100 Bezugsrechten
- Teilerwerb, etwa 50 Bezugsrechte verkaufen und über die restlichen 25 Aktien beziehen
- Kauf weiterer Bezugsrechte, etwa 200, um damit 150 Aktien erwerben zu können
- Verkauf der Altaktien und Bezug der neuen über die Bezugsrechte
- Verkauf der Altaktien vor dem Bezugsrechtsabschlag

Das Bezugsrecht wird zwei Wochen lang an der Börse gesondert gehandelt. Die depotführende Bank informiert den Aktionär meist rechtzeitig über eine bevorstehende Kapitalerhöhung und bittet um seinen Auftrag. Sofern er keine Weisung erteilt oder ein vom ihm erteiltes Verkaufslimit nicht ausgeführt werden konnte, werden die Rechte am letzten Handelstag von der Bank ohne jegliches Kurslimit an der Börse bestens veräußert.

Anlage-Tipp

Da viele Aktionäre ihrer Bank keinen Auftrag erteilen, werden am letzten Handelstag massenhaft Bezugsrechte automatisch veräußert. Dementsprechend ist der Kurs an diesem Tag niedrig. Selbst wenn der Besitzer alle Rechte verkaufen möchte, sollte er seine Bank frühzeitig hierüber informieren; bei einem Zukauf kann er am letzten Tag besonders kursgünstig Bezugsrechte erwerben.

Der Wert des Bezugsrechts errechnet sich nach der Formel:

$$\frac{\text{Kurs Altaktie} - \text{Kurs junge Aktie} - \text{Dividendennachteil der jungen Aktie}}{\text{Bezugsverhältnis} + 1}$$

Beispiel

Beim Angebot eines Bezugsrechts notiert die Altaktie bei 20 €. Für je drei alte gibt es eine junge Aktie zum Preis von 16 € mit gleichen Dividendenansprüchen. Der Börsenwert des Bezugsrechts beträgt (20 – 16) / (3 + 1) = 1 €. Dabei kann der erste Börsenkurs hiervon leicht abweichen, da er von Angebot/Nachfrage und der allgemeinen Marktlage beeinflusst wird.

Die jungen Aktien werden teilweise bis zur nächsten Hauptversammlung separat neben den alten an der Börse gehandelt. Das ist immer dann der Fall, wenn sie nur einen anteiligen Dividendenanspruch beinhalten. Hierbei ist jedoch darauf zu achten, dass die Marktgängigkeit dieser Aktien oftmals nur sehr spärlich ist und mangels ausreichender Nachfrage nur Zufallskurse gestellt werden können.

In selteneren Fällen werden durch eine Kapitalerhöhung und die Ausgabe von Bezugsrechten auch andere Wertpapierarten angeboten, wie z.B. Optionsschein- oder Wandelanleihen sowie Genuss-Scheine (= bedingte Kapitalerhöhung). Auch die Ausgabe von Belegschaftsaktien fällt unter diese Kategorie.

Die Kapitalerhöhung aus Steuersicht

Durch die Ausgabe von Bezugsrechten an die Aktionäre zum Erwerb junger Aktien werden grundsätzlich weder Kapitaleinnahmen als sonstige Bezügen aus Aktien nach § 20 Abs. 1 Nr. 1 EStG noch besondere Entgelte oder Vorteile gem. § 20 Abs. 2 Nr. 1 EStG erzielt (BFH v. 22.05.2003 – IX R 9/00, BStBl II, 712). Denn ein Bezugsrecht ist kein Entgelt der AG für die Überlassung von Kapital, sondern Teil der bisherigen Rechte des Aktionärs. Die Veräußerung des Bezugsrechts führt ebenfalls zu keiner Kapitaleinnahme nach § 20 Abs. 2 Nr. 2a EStG, weil der Aktionär nicht den Ertrag der Aktie, sondern einen Teil ihrer Substanz verwertet.

Ein Erlös aus dem Verkauf der Rechte kann jedoch ein steuerpflichtiges Veräußerungsgeschäft nach § 23 EStG auslösen (BMF v. 20.12.2005 – IV C 3 – S 2256 – 255/05, BStBl I 2006, 8). Das ist dann der Fall, wenn die Altaktien, aus denen die Bezugsrechte stammen, binnen Jahresfrist erworben wurden. Hierbei sind fünf Fälle zu unterscheiden, die anschließend anhand von Beispielsfällen für die praktische Umsetzung erläutert werden:

1. Der Aktionär bezieht im Rahmen seiner Bezugsrechte neue Aktien.
2. Die Bezugsrechte werden verkauft.
3. Bezugsrechte werden erworben.
4. Ein Anleger kauft und verkauft die Bezugsrechte.
5. Die Bezugsrechte werden nicht ausgeübt.

Die nachfolgenden Berechnungen gelten analog auch bei Bezugsrechten zu GmbH-Anteilen (BFH v. 21.09.2004 – IX R 36/01, BStBl II 2006, 12; v. 19.04.2005 – VIII R 68/04, BStBl II, 762).

Berechnungsfall 1: Neue Aktien werden bezogen

Wird das Bezugsrecht ausgeübt und erhält der Aktionär neue Aktien aus der Kapitalerhöhung, so mindern sich die bisherigen Anschaffungskosten um den Wert des Bezugsrechts. Dann gilt als rechnerischer Anschaffungspreis der Bezugsrechte der anteilige Kurswert der Altaktie vor Kapitalerhöhung (BFH v. 22.05.2003 – IX R 9/00, BStBl II, 712). Die Ausübung selbst ist als Veräußerung der Bezugsrechte anzusehen (BFH v. 21.09.2004 – IX R 36/01, BStBl II 2006, 12). Erfolgt sie innerhalb eines Jahres nach der Anschaffung der Altaktien, liegt ein steuerpflichtiges privates Veräußerungsgeschäft gem. § 23 Abs. 1 Satz 1 Nr. 2 EStG vor.

Zur Ermittlung der Anschaffungskosten des Bezugsrechts wird das Gesamtwertverfahren angewendet (BFH v. 06.12.1968, BStBl II 1969, 105 und v. 19.12.2000 – IX R 100/97, BStBl II 2001, 345). In diesem Zusammenhang sind folgende Termine und Werte entscheidend:

- Die neuen Aktien gelten zu dem Zeitpunkt als angeschafft, zu dem die Bezugsrechte ausgeübt worden sind.
- Die Minderung der Anschaffungskosten errechnet sich nach dem Verhältnis des niedrigsten Börsenkurses der Bezugsrechte am ersten Handelstag zum niedrigsten Börsenschlusskurs der Altaktien am letzten Tag vor dem Bezugsrechtshandel.
- Als Zeitpunkt der Anschaffung der Bezugsrechte gilt der Anschaffungstag der Altaktien.
- Als Zeitpunkt der Veräußerung gilt der Tag der Annahme des Bezugsrechtsangebots.
- Als Veräußerungserlös ist der Börsenkurs der Bezugsrechte im Zeitpunkt der Annahme des Bezugsrechtsangebots zu sehen.
- Mit der Ausübung der Bezugsrechte werden die bezogenen Aktien angeschafft. Zu den Anschaffungskosten dieser Aktien gehört auch der Veräußerungserlös der Bezugsrechte.
- Der Gewinn aus der Veräußerung von Bezugsrechten aus einer Kapitalerhöhung gegen Einlage innerhalb eines Jahres nach der Anschaffung der Altaktien ist ein steuerpflichtiger Veräußerungsgewinn i.S.d. § 23 Abs. 1 Nr. 2 EStG.

Beispiel

Eine AG beschließt eine Kapitalerhöhung, indem sie ihren Besitzern am 20.12.2006 neue Aktien im Verhältnis 2 zu 1 anbietet. Der erste Börsenkurs der Bezugsrechte liegt bei 2,00 €. Ein Anleger bezieht über seine 100 Aktien, die er im Juli 2006 für 10 € erworben hatte, 50 neue Aktien zu je 6 €. Der Börsenkurs vor dem Bezugsrechtsabschlag lag bei 11 €.

Minderung der Anschaffungskosten für die Altaktien

Historische Anschaffungskosten	10 €
Kürzung um Bezugsrechte (2/11 x 10)	– 1,81 €
Neuer Anschaffungspreis	8,21 €

Fiktive Veräußerung der Bezugsrechte

Kurs Bezugsrecht bei Ausübung	2,00 €
Wert Bezugsrecht 2/11	18,18 %
Anschaffungskosten 10 x 18,18 %	– 1,82 €
Veräußerungsgewinn je Bezugsrecht	0,18 €
Davon zu versteuern	0,09 v

Der Anleger verkauft seinen erhöhten Aktienbestand von nunmehr 150 Stück Anfang 2007 zum Kurs von 14 €. Hier liegt sowohl bei den alten als auch bei den jungen Aktien ein steuerpflichtiges Veräußerungsgeschäft vor, das zur Hälfte erfasst wird. Denn die Spekulationsfrist ist insgesamt noch nicht abgelaufen.

Verkauf der jungen Aktien nach Abschluss der Kapitalerhöhung

Veräußerungserlös junge Aktien	14 €
Anschaffungskosten Zuzahlung	– 6 €
Fiktiver Veräußerungspreis Bezugsrechte	+ 2 €
Veräußerungsgewinn je Aktie	10 €
Davon zu versteuern	5 €

Verkauf der alten Aktien nach Abschluss der Kapitalerhöhung

Veräußerungserlös Altaktien	14,00 €
Anschaffungskosten	– 8,21 €
Veräußerungsgewinn	5,79 €
Davon zu versteuern	2,89 €

- Verkauft er nun seinen Bestand erst im August 2007, liegt das Geschäft in Hinsicht auf die Altaktien außerhalb der Spekulationsfrist und bleibt steuerfrei. Das gilt aber nicht für die jungen Aktien, da die weniger als ein Jahr im Depot liegen. Somit sind 10 € dem Halbeinkünfteverfahren zu unterwerfen.
- Verkauft er nun seinen Bestand Anfang 2008, liegt das Geschäft in Hinsicht auf sämtliche Aktien außerhalb der Spekulationsfrist und bleibt steuerfrei.

Berechnungsfall 2: Die Bezugsrechte werden verkauft

Werden die Bezugsrechte bei Erhalt nicht ausgeübt, sondern veräußert, liegt ebenfalls ein steuerpflichtiges Veräußerungsgeschäft vor, wenn die Altaktien zu diesem Zeitpunkt noch kein Jahr im Depot liegen. Denn die Bezugsrechte werden bereits mit den ursprünglich erworbenen Aktien angeschafft, aus deren Substanz sie lediglich abgespalten werden.

Beispiel
Eine AG beschließt eine Kapitalerhöhung, indem sie ihren Besitzern am 20.12.2006 neue Aktien im Verhältnis 2 zu 1 anbietet. Der erste Börsenkurs der Bezugsrechte liegt bei 2,00 €. Ein Anleger veräußert seine Rechte ein paar Tage später zu 2,30 €. Der Börsenkurs der Altaktie lag vor dem Bezugsrechtsabschlag bei 11 €.

Minderung der Anschaffungskosten

Historische Anschaffungskosten	10 €
Kürzung um Bezugsrechte (2/11 x 10)	– 1,81 €
Neuer Anschaffungspreis	8,21 €

Veräußerung der Bezugsrechte

Kurs Bezugsrecht beim Verkauf	2,30 €
Wert Bezugsrecht 2/11	18,18 %
Anschaffungskosten 10 x 18,18 %	– 1,82 €
Veräußerungsgewinn je Bezugsrecht	0,48 €

Berechnungsfall 3: Der Aktienerwerb über Bezugsrechte

Werden junge Aktien über den Kauf von Bezugsrechten erworben, liegt ein privates Veräußerungsgeschäft vor, wenn die Papiere innerhalb eines Jahres veräußert werden.

Beispiel
Ein Anleger erwirbt Bezugsrechte zu je 0,50 € und bezieht die Aktien anschließend zu 15 €. Nach zehn Monaten verkauft er die Aktien zu 20 €.

Veräußerungserlös	20,00 €
Zuzahlungspreis	– 15,00 €
Kaufpreis Bezugsrecht	– 0,50 €
Veräußerungsgewinn je Aktie	4,50 €

Berechnungsfall 4: Der Handel mit Bezugsrechten

Werden die Rechte über die Börse erworben und gleich wieder innerhalb des zweiwöchentlichen Handels veräußert, liegt stets ein Veräußerungsgeschäft des § 23 EStG vor, das zur Hälfte steuerpflichtig ist.

Berechnungsfall 5: Die Bezugsrechte werden nicht ausgeübt

Dieses Szenario kommt in der Praxis im Regelfall nur bei nicht börsennotierten Bezugsrechten vor. Ungeachtet des Verfalls des Bezugsrechts bleibt es bei der Aufteilung der Anschaffungskosten der Altaktien auf die Altaktien und die Bezugsrechte. Den eingetretenen Vermögensverlust aus dem Verfall des Bezugsrechts behandelt die Finanzverwaltung analog zum Verfall von Optionsrechten als steuerlich unbeachtlichen Vorgang auf der Vermögensebene, so dass kein Anwendungsfall von § 23 Abs. 1 Satz 1 Nr. 4 EStG vorliegt (BMF v. 27.11.2001 – IV C 3 – S 2256 – 265/01, BStBl I, 986).

Steuer-Hinweis
Aktionäre sollten diesen Fall offen halten. Denn die steuerliche Relevanz von verfallenen Optionsrechten ist derzeit Gegenstand eines Revisionsverfahren (beim BFH unter IX R 11/06). Das FG Münster (v. 07.12.2005 – 10 K 5715/04 F, EFG 2006, 669) erkennt nämlich insoweit ein Termingeschäft.

Entspricht die Kapitalerhöhung nicht den Vorschriften des KapErhStG, stellt die Zuteilung der Bezugsrechte Einkünfte gem. § 20 Abs. 1 Nr. 1 EStG dar. Die Höhe der Kapitalerträge bemisst sich nach dem niedrigsten am ersten Handelstag an einer Börse notierten Kurs der Teilrechte. Dieser Wert gilt zugleich als Anschaffungskosten der Bezugsrechte; eine Veräußerung der Rechte innerhalb eines Jahres nach der Beschlussfassung über die Kapitalerhöhung führt zur Steuerpflicht eines dabei erzielten privaten Veräußerungsgewinns.

Fazit: AG führen Kapitalerhöhungen meist nur durch, wenn die Börse freundlich und die eigenen wirtschaftlichen Aussichten gut sind. Aktionäre, die auf diesem Weg verbilligt an neue Aktien kommen, müssen einige Aspekte beachten:

- Da mehr Aktien im Umlauf sind, wird der Gewinn verwässert.
- Meist bleibt die Dividende pro Aktie konstant, der Aktionär erhält in Summe also mehr Ausschüttung.
- Ziehen Großaktionäre bei der Kapitalerhöhung nicht oder nicht im Verhältnis ihres Besitzes mit, kommt es anschließend zu einem höheren Streubesitz – oder zu einem neuen Großaktionär.
- Die steuerliche Berechnung der einzelnen Schritte ist kompliziert. Daher ist nicht auszuschließen, dass die Jahresbescheinigung weder den Spekulationsertrag, Beginn der Spekulationsfrist für die jungen Aktien, noch die Korrektur der Anschaffungskosten zutreffend ausweist.

Bobl-Future

Der Euro-Bobl-Future (= mittelfristiger Bund-Future) ist ein Zinsterminkontrakt, der auf eine fiktive 6%ige Bundesanleihe mit einer Restlaufzeit von 4,5 bis 5,5 Jahren standardisiert ist. Es handelt sich um einen Terminkontrakt (Abschluss auf einen festen Termin) auf den deutschen Rentenmarkt, der an der deutsch-schweizerischen Terminbörse EUREX zwischen 8.00 Uhr und 19.00 Uhr gehandelt wird. Der Mindest-Handelswert und auch ein Kontrakt beträgt 100.000 €. Der Bobl-Future dient der Spekulation auf Zinsveränderungen am deutschen Kapitalmarkt und zum Absichern von Zinsänderungsrisiken (Hedging). Fallender Zinssatz bedeutet steigenden Future-Kurs und umgekehrt.

Die Notierung des Bobl-Future wird durch Angebot und Nachfrage bestimmt und richtet sich hauptsächlich nach der Marktzinsentwicklung. Die Notierung erfolgt in Prozent vom Nominalwert; 0,01 % ist ein Tick, der 10 € ausmacht. Hinweise zur Anwendung sind den analogen Beispielen zu → *Bund-Future* zu entnehmen.

Eine Lieferverpflichtung aus einer Short-Position in einem Kontrakt des Euro-Bobl-Future kann nur durch Bundesanleihen, Bundesobligationen, Bundesschatzanweisungen oder börsennotierte, von der Bundesrepublik Deutschland uneingeschränkt und unmittelbar garantierte Schuldverschreibungen der Treuhand mit einer Restlaufzeit von 4,5 – 5,5 Jahren – erfüllt werden. Die Schuldverschreibungen müssen ein Mindestemissionsvolumen von 5 Mrd. € aufweisen. Private Gewinne oder Verluste, die aus dem Handel mit einem Future anfallen, stellen stets steuerpflichtige Veräußerungsgewinne gem. § 23 Abs. 1 Nr. 4 EStG dar, da die maximale Laufzeit auf die nächsten drei Jahresquartale beschränkt ist, also immer unter einem Jahr beträgt. Kommt es entgegen der ursprünglichen Differenzerzielungsabsicht ausnahmsweise zu einer Lieferung von Anleihen durch die Glattstellung einer Short-Position, liegt für den Verkäufer eines Future-Kontrakts ein Veräußerungsgeschäft vor. Für den Käufer dieses Futures liegen bei einer weiteren Veräußerung der erworbenen Bundesanleihen ebenfalls Einnahmen aus der Veräußerung der Anleihen vor, sofern diese Veräußerung innerhalb eines Jahres erfolgt.

Steuer-Hinweis

Häufige Geschäfte mit Optionen selbst in größerem Umfang begründen im Allgemeinen keinen Gewerbebetrieb, sofern sich der Anleger nicht wie ein Händler verhält (BFH v. 30.07.2003 – X R 7/99, BStBl II 2004, 408; v. 20.12.2000 – X R 1/97, BStBl II 2001, 706, FG München v. 15.03.2006 – 1 K 2294/03, EFG 2006, 1322). Ausführliche Informationen zu privaten Termingeschäften sind im BMF-

Schreiben vom 27.11.2001 enthalten (IV C 3 – S 2256 – 265/01, BStBl I, 986, DStR 2002, 172, DB 2002, 116).

Fazit: Solche Terminmarktgeschäfte müssen nicht hochspekulativ sein. Eine Grundvoraussetzung ist jedoch, dass der Anleger sich in diesem Bereich auskennt und Verluste einkalkuliert. Für den Kleinanleger sind zur Spekulation auf Zinsveränderungen eher Optionsscheine geeignet, die durch den Börsenhandel auch einfacher zu praktizieren sind.

Bonifikation

Gibt eine Bank die für die Emission von Wertpapieren erhaltene Provision an Privatanleger weiter, mindert dies die Anschaffungskosten. Dies kann bei Anleihen dazu führen, dass der Kaufpreis so deutlich unter dem Nennwert liegt, dass eine Disagio-Anleihe mit der Einstufung als Finanzinnovation vorliegt.

Bonität

Sie gibt Auskunft über die Fähigkeit eines Schuldners zur Zinszahlung und Schuldentilgung. Bei Anleihen sowie lang laufenden Zertifikaten ist neben den Ausstattungsmerkmalen von größter Wichtigkeit, wie hoch die Wahrscheinlichkeit einer Rückzahlung durch den Emittenten ist. Der Käufer einer Anleihe geht davon aus, dass er am Ende der Laufzeit sein eingezahltes Kapital zurückbekommt. Voraussetzung hierfür ist, dass der Schuldner im Rückzahlungszeitpunkt zahlungsfähig ist. Bei Konkurs oder ähnlichen Schwierigkeiten besteht die Gefahr, zusammen mit anderen Schuldnern nichts oder nur einen Teil zu erhalten.

Als Grundsätze gelten:

- Je höher die Wahrscheinlichkeit der Rückzahlung, umso weniger Zinsen muss der Schuldner als Risikoprämie zahlen.
- Bessere Bonität sorgt beim Anleger für zusätzliche Sicherheit und im Gegenzug zu niedrigeren Renditen.
- Je schlechter die Bonität, umso größer ist das Risiko des Anlegers, aber auch die Aussicht auf überproportionale Rendite.
- Die Bonitätseinstufung ist nicht statisch, so dass es während der Laufzeit von Anleihen zu Auf- und Abstufungen und damit zu Kursbewegungen kommen kann.

Objektive amerikanische Rating-Agenturen wie Standard & Poor`s, Moody`s Investor Services und Fitch bewerten die wichtigsten Schuldner (Firmen und Länder) in einem sehr aufwendigen Prozess bezüglich ihrer Fähigkeit, eine Anleihe fristgerecht bedienen zu können (Zins, Rückzahlung), sowie der dem Anleiheinhaber im Fall eines Konkurses gewährten Sicherheiten. Die qualitative Bewertung bzw. das Rating wird international angewandt und in folgenden Einteilungen vorgenommen:

Bonität	Moody`s	S & P, Fitch
Sehr gut Höchste Bonität, geringstes Ausfallrisiko	Aaa	AAA
Hoch Sehr gute bis gute Bonität, aber etwas größeres Risiko als die Spitzengruppe	Aa1 Aa2 Aa3	AA+ AA AA–
Gut bis befriedigend Gute Qualität, aber auch Elemente, die sich bei veränderter Wirtschaftsentwicklung negativ auswirken können	A 1 A 2 A 3	A+ A A–
Befriedigend Mangelnder Schutz gegen die Einflüsse sich verändernder Wirtschaftsentwicklungen	Baa 1 Baa 2 Baa 3	BBB+ BBB BBB–
Ausreichend Spekulative Anlage, nur mäßige Deckung für Zins- und Tilgungsleistungen	Ba1 Ba2 Ba3	BB BB BB
Mangelhaft Generell fehlende Charakteristika eines wünschenswerten Investments, langfristige Zinszahlungserwartung gering	B 1 B 2 B 3	B+ B B–
Ungenügend Müllanleihen (Junk-Bonds), niedrigste Qualität, geringster Anlegerschutz, in Zahlungsverzug oder Gefahr des Verzugs	Caa1 Caa2 Caa3	CCC CC C
Zahlungsunfähig	C	D

Beim Rating AAA/Aaa spricht man oftmals vom sogenannten „Triple-A“. Das Ausfallrisiko beim Rating BB beträgt bereits 25 %. Diese Bewertungen werden von S & P sowie Moody`s in regelmäßigen Abständen veröffentlicht; rund 99 % aller Emissionen am US-Anleihemarkt sowie 70 % am europäischen Markt haben ein offizielles Rating. Grundsatz: Je ungünstiger eine Bonität bewertet wird, desto höhere Zinsen muss dieser Emittent für sein schlechtes Rating zahlen.

Anlage-Tipp

Der Normalanleger sollte nur in Anleihen investieren, die ein Rating von Baa3 oder höher (Moody`s) bzw. BBB- oder höher (Standard & Poor`s) vorweisen. Eine Investition in Werte, die niedrig bewertet werden, lohnt sich nur, wenn der Renditevorteil erheblich ist und die Investition nur einen geringen Teil des Vermögens ausmacht.

Je schlechter das Rating und je länger die Laufzeit, umso höher wird das Ausfallrisiko. Das kann bezogen auf eine einzelne Anleihe besonders gravierende Auswirkungen haben, wenn gerade auf den Schuldner gesetzt wird, der seine Zahlungen einstellt. Daher sollte in Wertpapiere mit schlechter Bonität nur breit gestreut oder über entsprechende High Yield Fonds investiert werden.

Ausfallwahrscheinlichkeit im Verhältnis von Laufzeit und Rating

Laufzeit	1 Jahr	3 Jahre	5 Jahre	7 Jahre	10 Jahre
Aaa	0,00	0,00	0,14	0,35	0,77
Aa	0,03	0,09	0,36	0,64	0,99
A	0,01	0,20	0,50	0,85	1,55
Baa	0,12	0,74	1,67	2,67	4,39
Ba	1,29	6,03	11,1	15,2	20,63
B	6,47	18,5	23,3	35	43,91

Anlage-Hinweis
Die Bonitätseinstufung bezieht sich auf herkömmliche Schulden des Emittenten. Bei nachrangigen Schuldverschreibungen wie → ***Hybridanleihen*** ist das Rating i.d.R. wegen des höheren Ausfallrisikos um zwei Stufen geringer.

Fazit: Geht die Spekulation auf eine schlechte Bonität auf, sind hohe Renditen zu erzielen. Die bleiben auch noch steuerfrei, wenn beispielsweise Anleihen deutlich unter ihrem Nennwert erworben werden. So waren etwa russische Bonds vor Jahren spekulativ und sind derzeit erste Adressen – mit erheblichen Kursaufschlägen. Als negatives Beispiel gilt Argentinien, hier haben Anleger einen Großteil ihres Einsatzes verloren. Aktuell weisen Anleihen von General Motors und Ford ein schlechtes Rating und damit hohe Renditen auf.

Bonus

Den gibt es bei vielen Sparverträgen am Ende der Laufzeit als Einmalbetrag. Der Bonus ist beim Zufluss eine steuerpflichtige Einnahme, er wird nicht anteilig auf die Laufzeit verteilt. Aus steuerlicher Sicht ist dies nachteilig, wenn in den Vorjahren der Sparerfreibetrag stets unterschritten wird und nur im Jahr der Bonuszahlung Steuern fällig werden. Da lohnt in den meisten Fällen ein Sparvertrag mit höheren Zinsen während der Laufzeit und ohne Bonus bei Fälligkeit. Zahlt eine AG einen Bonus, anstatt einer oder zusätzlich zur normalen Ausschüttung, wird das Extra ganz normal als sogenannte Stock-Dividende besteuert – zur Hälfte.

Bonusaktien

Dies sind Aktien, die ohne zusätzliches Entgelt an die Aktionäre ausgegeben werden und nicht aus einer Kapitalerhöhung aus Gesellschaftsmitteln stammen. Diese Bonusaktien lagern vor ihrer Ausgabe entweder als Eigenbestand bei der AG oder bei einem bisherigen Großaktionär. Wie der Wert dieser Treue-Papiere steuerlich behandelt wird, war lange Zeit strittig. Betroffen hiervon sind etwa die Bonusaktien von Deutscher Telekom und auch Deutscher Post. Der BFH hat mit Urteil vom 07.12.2004 (BStBl II 2005 – VIII R 70/02, 468) auf Einnahmen aus Kapitalvermögen als besondere Entgelte nach § 20 Abs. 2 Nr. 1 EStG entschieden. Zwar steht die Zuteilung auch im Zusammenhang mit dem Erwerb der jungen Aktien, dennoch kann die Bonusgewährung nicht diesem Anschaffungsvorgang und somit der Vermögensebene zugeordnet werden. Vielmehr sei es nach dem Veranlassungsprinzip für die Erzielung steuerbarer Aktienerträge ausreichend, dass der Bonusanspruch an die Nichtveräußerung der jungen Aktien und damit an die Aufrechterhaltung der Aktionärsstellung gebunden ist. Dies gelte unabhängig davon, ob der Bonusanspruch sich zivilrechtlich gegen Aktiengesellschaft oder den Vorbesitzer der Anteile gerichtet habe.

Als Kapitaleinnahme gilt der niedrigste Börsenkurs der Aktien am Tag der Einbuchung der Bonusaktien ins Depot des Anlegers. Positiv wirkt das Urteil in Bezug auf die Deutsche Post sowie den dritten Börsengang der Telekom. In diesen Fällen nahm die Finanzverwaltung sonstige Einnahme nach § 22 EStG an. Über den Wechsel der Einkunftsart kommen diese Aktionäre nun in allen offenen Fällen noch in den Genuss des Halbeinkünfteverfahrens (OFD Frankfurt v. 03.01.2006 – S 2252 A – 71 – St II 3.04, FR 2006, 242).

Steuer-Hinweis

Die Zuteilung der Bonusaktien aus dem dritten Börsengang der Telekom sind Aktionären am 02.01.2002 mit 19,05 € (Xetra) zugeflossen. Beim ersten Börsengang der Telekom gab es im Jahr 1999 ebenfalls Bonusaktien. Die waren jedoch aus Gründen des Vertrauensschutzes nicht zu versteuern. Der Wert der Bonusaktien aus dem zweiten Börsengang stellt im Jahre 2000 mit 42,15 € Kapitaleinnahmen dar. Hier galt das Halbeinkünfteverfahren noch nicht.

Bonusaktien gelten für die Anwendung des § 23 Abs. 1 Satz 1 Nr. 2 EStG in dem Zeitpunkt als angeschafft, in dem die Gesellschaft die Ausgabe beschließt (BMF v. 25.10.2004 – IV C 3 – S 2256 – 238/04, BStBl I, 1034). Ist der Bezug von einer bestimmten Leistung des Aktionärs wie der Einhaltung von Mindesthaltefristen für die bereits erworbenen Aktien abhängig, gelten die Bonusaktien erst mit dem Erbringen dieser Leistung als angeschafft. Als Anschaffungskosten ist der Wert anzusetzen, der bei ihrem Bezug als Einkünfte angesetzt wurde, also der niedrigste Börsenkurs der Aktien am Tag der Einbuchung ins Depot.

Steuer-Hinweis

Seit dem vorgenannten BFH-Urteil interessiert sich die Finanzverwaltung verstärkt für diese bisher aus Unwissenheit oder wegen anderer rechtlicher Auffassung nicht deklarierten Einnahmen. Nach dem Beschluss des FG Baden-Württemberg (v. 18.07.2005 – 4 V 24/04, EFG 2005, 1822) muss eine Bank die Daten der Inhaber von Bonusaktien der Telekom nennen, wenn ihr hierzu ein Ersuchen der Steuerfahndung vorliegt. Denn das Interesse der Allgemeinheit an einer Verhinderung von Steuerverkürzungen berechtigt nach § 93 AO zu solchen Sammelauskunftsersuchen. Betroffenen Bankkunden ist zu empfehlen, nach Überprüfung ihrer bereits erklärten Einkünfte aus Kapitalvermögen im Jahr 2000 und bei Überschreitung des Sparerfreibetrags Selbstanzeige zu erstatten.

Bonus-Zertifikate

Das Versprechen erfüllt eigentlich den Wunsch vieler Anleger. In großem Maße Schutz für ihr Kapital, Partizipation an Kursgewinnen und bei fallenden Märkten zumindest eine Mindestverzinsung. Diese Strategie lässt sich mit Bonus-Zertifikaten realisieren. Steuerlich sind sie ebenfalls attraktiv, da der gewährte Kapitalschutz so gewählt ist, dass die Papiere nicht als Finanzinnovation gelten und Gewinne somit nach einem Jahr steuerfrei bleiben.

Grundsätzlich gehen Aktionäre beim Kauf davon aus, dass die ausgewählte Aktie oder ein Index längerfristig steigende Kurse einbringt. Dabei schließen sie nicht aus, dass sich die Werte auch mal seitwärts bewegen oder sogar fallen. An einen starken Kursrutsch oder einen Einbruch während der beabsichtigten Haltedauer glaubt allerdings kaum jemand. Wer diese Erwartung mit in den Aktienmarkt bringt, liegt mit Bonus-Zertifikaten goldrichtig. Sie lassen den Besitzer an Kursanstiegen partizipieren und geben Schutz gegen Kursrückgänge bis zu realistischen Größenordnungen. Darüber hinaus zahlt der Emittent auch noch einen Bonus, allerdings nicht die während der Laufzeit ausgeschütteten Dividenden.

Funktionsweise
Mit einem Bonus-Zertifikat können Anleger einen höheren Gewinn erzielen als mit einem Direktinvestment in die entsprechenden Basiswerte. Als solche stehen bei den Bonuspapieren Aktien, Aktienkörbe, Indizes oder Rohstoffkurse zur Verfügung. Ein Bonus-Zertifikat verspricht einen festen Mindestgewinn, allerdings nur bei Fälligkeit. Diese Prämie erhalten Anleger unabhängig vom Stand des zugrunde liegenden Basiswerts, sofern die Aktie oder der Index während der Laufzeit nicht extrem stark gefallen ist.

Ob es den Bonus am Fälligkeitstermin gibt, hängt also vom Kursverlauf während der gesamten Laufzeit ab. Steigen Aktie oder Index jedoch deutlich und sogar über den versprochenen Bonus, gibt es das volle Kursplus in bar ausbezahlt. Der Gewinn ist somit, anders als bei Discount-Zertifikaten, nicht nach oben durch ein Cap begrenzt. Bei der Neuemission und innerhalb der Zeichnungsfrist kostet ein Bonus-Zertifikat in etwa genauso viel wie die zugrunde liegende Aktie oder der Stand des gewählten Index. Maßgeblich ist dann zunächst der Kursverlauf des Basiswerts während der Laufzeit, denn er entscheidet über den Bonus. Solange der Kurs nicht auf oder unter eine bestimmte Wertuntergrenze fällt, erhalten Anleger den Emissionspreis und zusätzlich einen vorher festgelegten Bonusbetrag.

Damit ist ein Mindestgewinn immer dann sicher, wenn der Protect-Kurs nicht nach unten touchiert wurde, Aktie oder Index also nicht stark gefallen sind. Dabei spielt keine Rolle, auf welchem Niveau sich der Basiswert bei Fälligkeit gerade befindet. Notiert die Aktie bei Fälligkeit über dem Bonus-Niveau, dann profitieren Anleger in vollem Umfang von jedem Kursplus. Sollte der Basiswert allerdings einmal, und sei es nur kurz, das Protect-Niveau verletzt haben, gibt es den Indexstand in bar oder die Aktie. In diesem Fall erleiden die Besitzer nur dann einen Verlust, wenn der Index oder die Aktie unter ihrem Kaufpreis notiert.

Anlagestrategie
Bonus-Zertifikate sind die optimale Wahl für alle die Anleger, die längerfristig grundsätzlich in eine bestimmte Aktie oder einen Börsenindex investieren wollen. Dabei kann es sich sowohl um eine Neuinvestition als auch ein Depottausch von Aktien in Zertifikate handeln. Faustregel: Ein Bonus-Zertifikat weist im Ergebnis, bezogen auf das Ende der Laufzeit, nie ein höheres Risiko auf als die Direktinvestition in die entsprechende Aktie oder den Index. Einziger Aspekt, der die Rendite mindert, ist die während der Laufzeit entgangene Dividendenzahlung, entweder in einer Aktie oder im mangelnden Zuschlag auf einen Index.

Gezahlt wird der bereits bei Emission festgelegte Bonus allerdings immer nur dann, wenn der Basiswert während der gesamten Laufzeit eine zu Beginn festgelegte Wertuntergrenze nicht berührt oder unterschreitet. Je nach Ausstattung liegt diese untere Kursschwelle zwischen 20 und 40 % unterhalb des Kursniveaus des Basiswerts zum Emissionszeitpunkt der Zertifikate. Wird die Schwelle erreicht, verwandelt sich das Bonuspapier in ein herkömmliches Index- oder Aktien-Zertifikat. Schutz und der zugesagte Bonus sind damit zwar entfallen, eine anschließend möglicherweise eintretende Markterholung macht das Investment jedoch vollständig mit. Liegt ein Kurs bei Fälligkeit über dem zugesagten Bonuswert, spielt es keine Rolle, ob der Kurs irgendwann einmal das Schutz-Niveau unterschritten hat.

Das folgende Beispiel soll die Renditechancen bei unterschiedlichen Marktsituationen erläutern. Dabei wird ein Beispiel für den Einjahresbereich gewählt. Bei längeren Laufzeiten ist zwar das Schutzniveau nicht größer, allerdings fällt der Bonus deutlich stärker aus und kann bei sechs Jahren Laufzeit auch 40 % betragen.

Beispiel
Ein Bonus-Zertifikat auf den EuroStoxx 50 wird mit einem Emissionspreis von 100 € ausgegeben. Zu diesem Zeitpunkt notiert der Index bei 3.000 Punkten. Während die untere Kursschwelle bei 75 % (2.250 Punkte) liegt, beträgt der Bonus 8 % (3.240 Punkte). Aus der Kursentwicklung des europäischen Aktienmarktbarometers lassen sich für das beschriebene Bonus-Zertifikat bei Fälligkeit in gut einem Jahr folgende Szenarien ableiten.

Indexverlauf	Anleger erhält	Die Rendite
Index fällt nie unter die Kursschwelle und weist bei Fälligkeit 2.800 Punkte auf	den zugesagten Bonus von 8 € je Zertifikat plus die Rückzahlung des Nennwerts	beträgt 8 % für ein Jahr, die nach Ablauf der Spekulationsfrist steuerfrei ist.
Index fällt nie unter die Kursschwelle und weist bei Fälligkeit 4.000 Punkte auf	den kompletten Kursanstieg von 33 € je Zertifikat plus den Nennwert	beträgt 33 %, die nach Ablauf der Spekulationsfrist steuerfrei ist.
Index fällt unter die Kursschwelle und weist bei Fälligkeit 2.800 Punkte auf	93,35 € entsprechend dem Indexrückgang von 6,66 %	weist einen Verlust von 6,66 % aus, der sich steuerlich nur in der Spekulationsfrist auswirkt.
Index fällt unter die Kursschwelle und weist bei Fälligkeit 4.000 Punkte auf	den kompletten Kursanstieg von 33 % = 33 € je Zertifikat plus den Nennwert	beträgt 33 %, die Verletzung der Kursschwelle spielt keine Rolle.
Index fällt unter die Kursschwelle und weist bei Fälligkeit 3.000 Punkte auf	100 €, also den Nennbetrag zurück	lautet: außer Spesen nichts gewesen. Bei einem Direktinvestment wären zumindest Dividenden möglich gewesen.

Ergebnis: Bonus-Zertifikate als kostengünstiges und transparentes Anlageprodukt sind somit genau das richtige Instrument für Anleger, die auch bei einer länger anhaltenden Seitwärtsbewegung der Märkte einen garantierten Ertrag realisieren wollen.

Vor Kursverlusten gänzlich verschont werden Anleger allerdings auch dann nicht in jedem Fall, wenn die untere Kursschwelle während der Laufzeit unverletzt bleibt. Dieses Risiko besteht, wenn das Zertifikat während der Laufzeit über die Börse zu Kursen über dem Emissionspreis erworben wird. Darüber hinaus müssen die nicht erhaltenen Dividenden während der Laufzeit vom Ertrag abgezogen werden. Die Ausschüttung bleibt beim Emissionshaus, damit wird der Bonus finanziert. Das gilt neben einem Zertifikat auf eine einzelne Aktie auch bei Kursindizes wie EuroStoxx 50 oder Nikkei 225. Bei deren Berechnung werden anfallende Dividenden nicht berücksichtigt.

– Vier Szenarien eines Kursverlaufs

Nach der Emission kann sich der Kurs des gewählten Basiswerts in verschiedene Richtungen entwickeln. Entsprechend verläuft auch der Kurs des Zertifikats, das jederzeit über die Börse verkauft werden kann. Der Bonus bezieht sich allerdings immer erst auf den Fälligkeitstermin, so dass dieser Aufschlag während der Laufzeit nur teilweise im Börsenkurs enthalten ist, je nach Wahrscheinlichkeit der Auszahlung und Dauer.

1. **Freundlicher Börsenverlauf:** Innerhalb der Laufzeit steigen Index oder Aktie laufend an. Der untere Schwellenwert kommt daher nie in Sichtweite. Bei Fälligkeit ergibt sich ein Kursanstieg von stolzen 50 %, der über dem zugesagten Bonus liegt. **Ergebnis:** Der Anleger partizipiert in voller Höhe am Kursanstieg und erhält bei Fälligkeit neben dem Nennwert auch den prozentualen Zuschlag ausbezahlt. Damit liegt die Rendite etwas schlechter als bei einem Direktinvestment, da hier auch noch die zwischenzeitlichen Ausschüttungen kassiert worden wären.

2. **Seitwärts verlaufende Börse:** Index oder Aktienkurs schwanken um das Ausgangsniveau ohne nennenswert die Richtung nach oben oder unten einzuschlagen. Der untere Schwellenwert kommt daher nie in Sichtweite. Bei Fälligkeit liegt der Kurs in etwa auf den Wert beider Emission. **Ergebnis:** Der Anleger erhält bei Fälligkeit neben dem Nennwert den zugesagten Bonus ausbezahlt. Damit liegt die Rendite deutlich besser als bei einem Direktinvestment. In seitwärts bewegenden Märkten spielt das Bonus-Zertifikat seine Stärken aus.

3. **Einbruch und nachfolgende Erholung:** Szenario: Index oder Aktienkurs fallen zu Beginn der Laufzeit drastisch und sogar unter den Schwellenwert. Anschließend setzt eine deutliche Kurserholung ein, bei Fälligkeit liegt der Kurs etwas über dem Emissionsniveau. **Ergebnis:** Der Anleger erhält bei Fälligkeit neben dem Nennwert die Kurssteigerung. Damit liegt die Rendite in etwa bei dem des Direktinvestments, auch wenn der Bonus verlorenging. Allerdings kassiert der Zertifikatbesitzer keine Dividenden.

4. **Schwach verlaufende Börse:** Szenario: Index oder Aktienkurs fallen permanent und auch unter den Schwellenwert. Hiervon erholt sich der Kurs nicht mehr. **Ergebnis:** Bei Fälligkeit erhält der Anleger entweder den unter dem Einstandspreis liegenden Indexkurs ausbezahlt oder die Aktie geliefert. Damit liegt die negative Rendite auf dem Niveau des Direktinvestments.

- Unterformen des Bonus-Zertifikats:
  - **Flex Bonus:** Diese Produkte vereinen zwei Boni und Sicherheitsvarianten in einem Zertifikat. Das erste Bonus verbindet die Chance auf eine hohe Prämie (z.B. 60 %) mit einer moderaten Sicherheitsschwelle (z.B. Kursverluste bis 20 %). Hält diese Untergrenze nicht stand, wandelt sich das Zertifikat in eine defensive Struktur mit einer tiefen Schwelle (z.B. Verluste bis 40 %) und einem geringeren Bonus (z.B. 20 %).
  - **Extra Bonus:** Diese Variante bietet dem Anleger die Chance auf eine vorzeitige Rückzahlung inklusive Extra-Bonus, wenn der Basiswert während der Laufzeit das Bonusniveau erreicht oder übersteigt.
  - **Bonus Plus:** Hier hat der Anleger die Chance, überproportional von steigenden Kursen über den Bonus hinaus zu partizipieren. Zum Beispiel erhält er 130 % der tatsächlichen Performance für die Wertentwicklung, die über dem Bonusbetrag liegt.
  - **Bonus Cap:** Bei Zertifikaten mit einer Obergrenze werden Kursgewinne des Basiswerts über das Bonusniveau hinaus nicht an den Anleger ausbezahlt. Häufig ist diese Variante mit einer sehr niedrigen Sicherheitsschwelle kombiniert, so dass hier die Sicherheit vor dem Maximalertrag liegt.
  - **Reverse Bonus:** Die Bonusschwelle liegt hier nicht unter, sondern über dem aktuellen Kursniveau. Anleger gewinnen also, wenn der Kurs nicht über ein gewisses Niveau steigt.
  - **Korridor Bonus:** Hier gibt es eine Prämie, wenn der Kurs sowohl nach oben als auch nach unten die definierte Schwelle nicht überschreitet.

Steuerliche Behandlung

Bonus-Zertifikate werden nicht anders eingestuft als herkömmliche → *Zertifikate*. Da es trotz des Bonus und der Schutzschwelle theoretisch zu einem Totalverlust kommen kann, liegt keine Finanzinnovation vor. Somit werden lediglich Veräußerungsvorgänge erfasst, bei denen zwischen Anschaffung und Veräußerung oder Einlösung nicht mehr als ein Jahr liegt. Der Bonus gilt hier zusammen mit dem Nennwert als Verkaufspreis. Bei dieser Berechnung greift das Halbeinkünfteverfahren nicht.

Steuer-Hinweis

Die Erträge aus Bonus-Zertifikaten werden im Rahmen der seit Juli 2005 geltenden EU-Zinsrichtlinie nicht über Kontrollmitteilungen oder Quellensteuerabzug erfasst. Die ausländischen Staaten behandeln auch diese Variante als Derivat und somit fallen keine Zinseinnahmen an.

Fazit: Drei Vorteile sind bei einem Bonus-Zertifikat hervorzuheben. Hinzu kommt die Steuerfreiheit nach einem Jahr, die jedoch nahezu bei allen Varianten der Zertifikate gilt.

- Im Vergleich zu Discount-Zertifikaten partizipieren Anleger an einer positiven Kursentwicklung des Basiswerts in voller Höhe. Ein Cap ist nicht vorgesehen. Für den Investor besteht insoweit (Ausnahme Dividenden) kein Unterschied zum Direktinvestment.
- Das Verlustrisiko ist geringer als bei der direkten Anlage. Denn über das Bonus-Zertifikat erhalten Anleger nur dann weniger als den Emissionskurs, wenn der Basiswert deutlich und unter den Absicherungskurs fällt. Und auch hier ist noch nicht alles verloren, da sich der Basiswert bis zur Fälligkeit wieder erholen kann.
- Attraktive Rendite in Seitwärtsmärkten über den dann fälligen Bonus.

Branchenfonds

Es handelt sich hierbei um Investmentfonds, die das eingezahlte Kapital gemäß den Anlagegrundsätzen in Aktien einer bestimmten Branche eines oder mehrerer Länder investieren, etwa

- Fonds, die ausschließlich in eine Branche im Inland Aktien investieren (z.B. inländische Kreditinstitute),
- Fonds, die ausschließlich in eine Branche mehrerer Staaten investieren (z.B. Technologie-Fonds),
- Fonds, die in mehreren Staaten und mehrere Branchen investieren (z.B. Wachstumsfonds).

Der Vorteil für den Anleger liegt in der breiten Streuung der Wertpapiere innerhalb der von ihm favorisierten Branche, ohne auf einzelne Werte oder Länder setzen zu müssen. In den letzten Jahren haben die Branchenfonds in Folge der zunehmenden Internationalisierung der Unternehmen und dem Handel im Euro-Raum den Länderfonds den Rang abgelaufen. Steuerlich ergeben sich keine Unterschiede zu herkömmlichen → *Investmentfonds*.

Fazit: Durch Themen- oder Basket-Zertifikate haben die Branchenfonds eine große Konkurrenz erhalten. Die Derivate sind meist kostengünstiger und in der Wertentwicklung transparenter. Ein negativer Effekt dieser Art von Investmentfonds sollte Anleger zur Vorsicht mahnen: Ist eine Branche gerade in, werden hierauf reihenweise Branchenfonds aufgelegt. Doch zu diesem Zeitpunkt haben sich die Kurse der einzelnen Aktien bereits stark nach oben entwickelt – kein guter Einstiegszeitpunkt.

Break-Aktienanleihen

Bei dieser Sonderform ist die Anleihe neben dem üblichen Basispreis für eine Aktie auch noch mit einem Break-Preis ausgestattet. Überschreitet der Aktienkurs dieses Break während der Laufzeit, wandelt sich das Wertpapier in eine herkömmliche Anleihe, der Nennwert wird also in jedem Fall neben den garantierten Zinsen zurückgezahlt. Das Risiko von Kursverlusten und der damit verbundenen Lieferung bei Aktien entfällt. Dies ist eine Alternative, wenn statt auf seitwärts tendierende Märkte auf einen Aufschwung gesetzt wird. Damit partizipieren Anleger zusätzlich von Kursanstiegen. Dafür sind die Zinssätze etwas geringer.

- Überschreitet der Aktienkurs während der Laufzeit einmal das Break, wird stets der Nennwert zurückgezahlt. Dann spielt keine Rolle, ob der Basispreis bei Fälligkeit über dem Aktienkurs liegt.
- Liegt der Aktienkurs bei Fälligkeit über dem Basispreis, spielt der Break-Preis keine Rolle mehr.

Aktien werden nur geliefert, wenn der Kurs am Verfallstag unter dem Basiswert liegt und während der Laufzeit nie das Break erreicht hat.

Steuerlich handelt es sich dennoch um eine herkömmliche → *Aktienanleihe* mit der Folge, dass es sich um eine Finanzinnovation handelt.

Anlage-Hinweis

Bei diesem Angebot kann es sogar zu Kursgewinnen kommen, wenn das Break bereits frühzeitig während der Laufzeit durchbrochen wird. Dann sorgen die hohen Zinsen und die Rückzahlung zum Nennwert für Kurse deutlich über 100 %.

Briefmarken

Die Geldanlage in Briefmarken bedingt neben den möglichen Wertsteigerungsaspekten in erster Linie den Spaß am Sammeln generell und an den bunten Marken speziell. Dabei muss der potentielle Sammler davon ausgehen, dass Briefmarken zuerst einmal nur Geld kosten, bis eine Sammlung aufgebaut worden ist. Wenn man die Vergangenheit auf dem Briefmarkenmarkt beleuchtet, fällt auf, dass nur Marken Gewinn versprachen, die aus den vorigen Jahrhunderten stammen oder in Zeiten großer Not ausgegeben wurden, als die Menschen andere Sorgen hatten, als Briefmarken zu sammeln. Diese Notzeiten sind vorbei. Marken werden von den einzelnen Postverwaltungen in ausreichender Stückzahl ausgegeben, so dass hierbei zumindest kurzfristig keine Gewinne in Aussicht stehen.

Briefmarken zählen wie Edelmetalle und Edelsteine zu den Sachwerten, die insbesondere in Zeiten großer Inflation Gewinne versprechen. In den letzten Jahren kann man jedoch nicht gerade von Inflationsfurcht reden. Als weitere negative, preisbestimmende Tatsache kann man erkennen, dass immer weniger Jugendliche das Briefmarkensammeln zu ihrem Hobby erklären, so dass die Nachfrage immer geringer wird.

Briefmarken werfen keine laufenden Erträge ab, daher ergeben sich auch keine steuerpflichtigen Einnahmen. Veräußerungserlöse sind im Rahmen von privaten Veräußerungsgeschäften steuerpflichtig – binnen Jahresfrist. Bei der Erb- und Schenkungsteuer ist der Wert der Sammlung als sonstiges Vermögen mit dem gemeinen (Verkehrs-)Wert anzusetzen, es wird jedoch ein Freibetrag pro Erwerber im Zusammenhang mit anderen erworbenen körperlichen Gegenständen gewährt.

Fazit: Das Sammeln von Briefmarken stellt in den meisten Fällen keine empfehlenswerte private Kapitalanlage dar.

Bundesanleihe

Dieses seit 1952 emittierte Wertpapier hat eine zentrale Stellung am deutschen Kapitalmarkt. Gibt der Bund eine neue Anleihe aus, so sind deren Konditionen eine maßgebende Orientierung für den gesamten in Euro notierenden Rentenmarkt. Das gesamte ausstehende Volumen an Bundesanleihen beläuft sich auf rund 540 Mrd. €. Die Laufzeit liegt zwischen zehn und 30 Jahren. Jeder Anleger kann Bundesanleihen in unbegrenzter Höhe mit einer Stückelung von 0,01 € erwerben, entweder bei der Emission oder täglich über die Börse. Es findet ein sehr reger Handel statt, so dass stets marktgerechte Kurse gelten. Bundesanleihen sind besonders bei privaten Investoren sehr beliebt.

Dem Zustrom macht es auch keinen Abbruch, dass sich die Renditen bei den meisten Angeboten derzeit auf einem historischen Tiefststand befinden und sogar für eine Bundesanleihe mit zehnjähriger Laufzeit kaum mehr als 3 % zu erzielen sind. Ende Mai 2005 wurde eine neue zehnjährige Bundesanleihe mit einem historisch niedrigen Kupon von nur noch 3,25 % begeben. Und es gibt sogar Neues zu vermelden: Der Bund brachte am 01.06.2005 die erste deutsche Dollar-Anleihe seit dem Zweiten Weltkrieg und die erste Fremdwährungsanleihe der Bundesrepublik überhaupt mit fünf Jahren Laufzeit auf den Markt. Im Frühjahr 2006 folgte als weitere Neuerung die Emission der ersten inflationsindexierten Bundesanleihe.

Die Rückzahlung erfolgt zum Nennwert, es ergeben sich für die Besteuerung keine Besonderheiten im Vergleich zu herkömmlichen → *Anleihen*. Bundesanleihen werden auch als → *Floater* und seit 1997 als gestrippte Anleihen (→ *Stripped Bonds*) ausgegeben, was die Börsenliquidität in diesen Sonderformen deutlich erhöht.

Steuer-Hinweis

Seit Juli 2005 wirkt die EU-Zinsrichtlinie. Ausgenommen hiervon sind Anleihen, die vor März 2001 emittiert wurden, sofern hierauf anschließend keine Folgeemission erfolgt ist. 25 vor diesem Termin ausgegebene Bundesanleihen wurden formal aufgestockt, so dass auch hier Quellensteuer oder Kontrollmitteilungen wirken.

Anlage-Hinweis

Bundesanleihen können nicht über die Finanzagentur (ehemalige Bundeswertpapierverwaltung) gekauft, dort aber verwaltet werden. Hierzu muss dann der Bank zusammen mit dem Kaufauftrag die Order zur Eintragung in das Bundesschuldenbuch erteilt werden.

Fazit: Bundesanleihen stellen bei guter Schuldnerbonität und liquidem Börsenhandel ein Grundinvestment in jedem Rentendepot dar. Nahezu alle Laufzeiten können jederzeit geordert werden, so dass für jeden Anlagehorizont etwas dabei ist. Mehr als marktgerechte Renditen sind allerdings nicht zu erwarten. Viele Papiere notieren derzeit deutlich über 100 %, der Kursverlust bis zur Fälligkeit kann steuerlich jedoch nicht geltend gemacht werden. Das drückt die Nachsteuerrendite noch weiter.

Bundeskassenscheine

Es handelt sich um kurzlaufende Inhaberschuldverschreibungen, auch cash bills genannt, die seit dem Herbst 1999 vom Bund emittiert werden. Sie werden als Diskontpapier ausgegeben, haben eine Laufzeit zwischen sieben und 364 Tagen und werden nicht an der Börse notiert.

Der Mindestanlagebetrag beläuft sich auf 5 Mio. €, so dass Bundeskassenscheine eher für den institutionellen Anleger und Geldmarktfonds von Bedeutung sind.

Bundesobligationen

Es handelt sich um börsennotierte Inhaberschuldverschreibungen, die der Bund seit 1975 mit einer Laufzeit von fünf Jahren emittiert. Damit liegt das Wertpapier mit mittelfristigem Anlagehorizont zwischen Finanzierungsschätzen (bis zwei Jahre) und Bundesschatzbriefen (bis sieben Jahre). Mit rund 170 Mio. € an ausstehendem Volumen beträgt der Anteil der Bundesobligationen am Gesamtverkauf der Bundeswertpapierverwaltung derzeit bei 30 % und liegt über dem Absatz von Bundesschatzbriefen Typ A. Anleger sehen hier eine attraktive Mischung aus Sicherheit, überschaubarer Laufzeit, hoher Liquidität und relativ guter Verzinsung. Die Zinszahlung erfolgt jährlich, die Rückzahlung zum Nennwert. Da die Papiere an der Börse gehandelt werden, ist ein An- und Verkauf zu marktkonformen Bedingungen jederzeit möglich. Die Zinsen aus Bundesobligationen – auch als Bobls bezeichnet – unterliegen als Kapitaleinnahme der Besteuerung und dem 30%igen Zinsabschlag. Es ergeben sich keine Besonderheiten gegenüber herkömmlichen → *Anleihen.*

Anlage-Hinweis
Über die Finanzagentur (ehemalige Bundeswertpapierverwaltung) lässt sich jeweils nur die zuletzt emittierte Serie der Bundesobligationen ordern. Voraussetzung hierfür ist die Eröffnung eines Schuldbuchkontos, wobei Einrichtung und Verwaltung ebenfalls kostenlos erfolgen. Ältere Serien sind nur über die Bank und somit nicht kostenfrei erwerbbar.

Fazit: Bundesobligationen stellen wie alle Bundeswertpapiere ein solides Grundinvestment im Rentenbereich dar, wobei durch den Börsenhandel in alle Laufzeiten bis zu fünf Jahren investiert werden kann.

Bundesschatzanweisungen

Die festverzinslichen Wertpapiere des Bundes mit einer Laufzeit von zwei Jahren werden an der Börse gehandelt und bei Fälligkeit zum Nennwert zurückgezahlt. Die Zinsen unterliegen als Kapitaleinnahme der Besteuerung sowie dem Zinsabschlag. Es ergeben sich keine Besonderheiten gegenüber herkömmlichen → *Anleihen.*

Bundesschatzbriefe

Es handelt sich um mittelfristige Schuldverschreibungen des Bundes, die im Sprachgebrauch auch „Bundesschätzchen" oder „Buschas" genannt werden und die älteste Daueremission des Bundes darstellen. Sie dürfen nur von natürlichen Personen und gemeinnützigen Einrichtungen aus dem Inland erworben werden und erfreuen sich beim deutschen Sparer größter Beliebtheit. Sie werden vom Bund als Daueremission begeben, der Erwerb im Tafelgeschäft ist ausgeschlossen.

Im Gegensatz zu den Bundesobligationen wird diese Anleiheart nicht an der Börse gehandelt. Sie können bereits nach Ablauf einer einjährigen Sperrfrist mit einem monatlichen Höchstbetrag von 5.000 € pro Person jederzeit zurückgegeben werden. Dies erfolgt zum Nennwert zuzüglich aufgelaufener Zinsen, Kursschwankungen ergeben sich somit nicht. Damit entgehen Sparern mögliche steuerfreie Kurssteigerungen in Zinssenkungsphasen. Der Zinssatz steigt mit fortschreitender Laufzeit an, so dass im letzten Anlagejahr die höchsten Zinsen gezahlt werden. Aus diesem Grund ist die Quote der vorzeitigen Rückgabe äußerst gering.

Anlage-Tipp

Eine vorzeitige Rückgabe lohnt immer dann, wenn sich der Umtausch in höherverzinsliche Schätzchen auszahlt. Dabei muss die neue Gesamtrendite in Vergleich mit der verbliebenen der alten Schatzbriefe gebracht werden. Aber durch die Neuanlage beginnt eine neue Sperrfrist zu laufen.

Bundesschatzbriefe werden in zwei Typen ausgegeben:

Typ A: Die Stückelung beträgt 50 €, die Laufzeit sechs Jahre. Erwerb und Rückzahlung erfolgen in Höhe des Nominalbetrags, die Zinsen werden jährlich ausgezahlt und steigen kontinuierlich an. Die Erträge sind jährlich als Kapitaleinnahmen zu versteuern und unterliegen dem Zinsabschlag. Erträge aus der Rückgabe stellen Einnahmen nach § 20 Abs. 2 Nr. 4c EStG dar.

Typ B: Die Stückelung beträgt 50 €, die Laufzeit sieben Jahre. Die Zinsen fließen dem Anleger erst im Zeitpunkt der Endfälligkeit oder bei vorzeitiger Rückgabe an die Bundeswertpapierverwaltung in einem Betrag zu und steigen kontinuierlich an. Die Erträge sind zum Ende der Laufzeit oder bei einer vorherigen Rückgabe als Kapitaleinnahmen nach § 20 Abs. 2 Nr. 4a EStG zu versteuern und unterliegen auch zu diesem Zeitpunkt dem Zinsabschlag. Die Höhe berechnet sich aus der Differenz zwischen dem Kaufpreis und den Einnahmen bei Fälligkeit oder vorzeitiger Einlösung. Als Alternative können Sie bei der Besteuerung auch die Emissionsrendite verrechnen. Hier gelten dieselben Vor- und Nachteile wie bei Zerobonds, nur dass die Laufzeit nicht so lange ist und die Papiere nicht an der Börse gehandelt werden.

Zinsabschlag: Bei nicht für einen marktmäßigen Handel bestimmten schuldbuchfähigen Wertpapieren wie Bundesschatzbriefen bemisst sich der Zinsabschlag gem. § 43a Abs. 2 Satz 6 EStG nach dem im Rückzahlungsbetrag enthaltenen Kapitalertrag ohne jeden Abzug. Besitzzeiten des Rechtsvorgängers bleiben bei der Bemessung des Zinsabschlags unberücksichtigt.

Beispiel

Zins- und Renditevergleich

Laufzeit in Jahren	Zinsen nominal (in %)	Rendite nach dem x. Jahr (in %)	
		Typ A	Typ B
1. Jahr	2,75	2,75	2,75
2. Jahr	3,00	2,87	2,87
3. Jahr	3,50	3,08	3,08
4. Jahr	4,00	3,30	3,31
5. Jahr	4,50	3,52	3,55
6. Jahr	4,75	3,70	3,75
7. Jahr	4,75	–	3,89

Welcher Typ ist nun günstiger? Bei Typ A wird jährlich versteuert, abzüglich Zinsabschlag verbleibt weniger Kapital zur Wiederanlage. Bei Typ B erfolgt die Zinsansammlung zunächst steuerfrei, bei Fälligkeit oder vorzeitiger Rückzahlung ist der höhere (Gesamt-)Ertrag voll zu versteuern. Dies kann zu einem Überschreiten des Sparerfreibetrags führen, der möglicherweise bei jährlicher Besteuerung jedes Jahr unterschritten wird.

Die Schatzbriefe werden wie alle anderen Wertpapiere im Depot einer Bank oder Sparkasse verwahrt. Dass hierbei Gebühren und Spesen berechnet werden, ist selbstverständlich. Es besteht jedoch die Möglichkeit, Bundesschatzbriefe gebührenfrei bei der Finanzagentur (ehemalige Bundeswertpapierverwaltung) verwalten zu lassen.

Anlage-Tipp
Ein vergleichbares Angebot mit weiteren Vorzügen bieten die hierzulande eher unbekannten Bundesschätze aus Österreich. Sie haben leicht höhere Zinsen als deutsche Bundesschatzbriefe, werden flexibel und ebenfalls gebührenfrei über die Bundesfinanzagentur in Wien (www.bundesschatz.at) verwaltet und bieten eine größere Vielfalt an Laufzeiten. So sind Bundesschätze von einem, drei, sechs, zwölf Monaten und zwei, fünf sowie zehn Jahren im Angebot, die Mindestanlage beträgt lediglich 100 €. Die Kontoeröffnung bei der Bundesfinanzagentur ist vergleichbar mit der bei der hiesigen Bundeswertpapierverwaltung. Die Kontoführung kann anschließend online erfolgen. Allerdings ist hier zu beachten, dass die Erträge der EU-Zinsrichtlinie unterliegen und somit Quellensteuer anfällt.

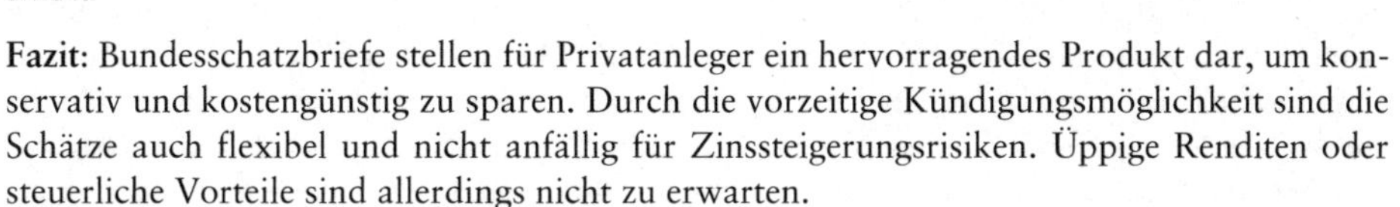

Fazit: Bundesschatzbriefe stellen für Privatanleger ein hervorragendes Produkt dar, um konservativ und kostengünstig zu sparen. Durch die vorzeitige Kündigungsmöglichkeit sind die Schätze auch flexibel und nicht anfällig für Zinssteigerungsrisiken. Üppige Renditen oder steuerliche Vorteile sind allerdings nicht zu erwarten.

Bundeswertpapiere

Dies ist der Sammelbegriff für Wertpapiere, die vom Bund herausgegeben werden. Bundeswertpapiere sind besonders bei privaten Investoren sehr beliebt. Dem Zustrom macht es auch keinen Abbruch, dass sich die Renditen bei den meisten Angeboten derzeit auf einem historischen Tiefststand befinden. 2004 konnte die ehemalige Bundeswertpapierverwaltung (jetzt Deutsche Finanzagentur) für 1,7 Mrd. € Papiere absetzen – eine Steigerung im Vergleich zum Vorjahr um 50 %. Derzeit sind Bundesobligationen der Favorit, gefolgt vom Bundesschatzbrief.

Ein Grund für den reißenden Absatz ist die sehr gute Bonität des Bundes. Ein Aspekt, der in wirtschaftlich eher mauen Zeiten immer wichtiger wird. Nicht zuletzt die Kursstürze bei General Motors oder Ford zeigen, dass Rentenwerte nur dann relativ sicher sind, wenn auch die Bonität stimmt. Anleger, die vor Jahren wegen der hohen Rendite reihenweise auf Argentinien-Bonds gesetzt haben, können hiervon ein Lied singen. Statt üppiger Verzinsung gab es drei Jahre lang überhaupt keine Ausschüttung und anschließend eine drastische Kürzung des Nennwerts durch Umtausch der Anleihen in neue Angebote des Südamerikanischen Staates. Bundeswertpapiere sind im Einzelnen:

- Bundesschatzbriefe
- Finanzierungsschätze
- Bundesobligationen
- Bundesanleihen
- Bundesschatzanweisungen
- Unverzinsliche Schatzanweisungen (U-Schätze, Bubills)

Als weiteres gemeinsames Merkmal für Bundeswertpapiere gilt die relativ hohe Rendite bei bester Schuldnerbonität sowie die gute Marktliquidität und ein breit gefächertes Angebot für jeden Anlegergeschmack. Die Ausgabe der Wertpapiere erfolgt als Werterecht, effektive

Stücke werden nicht emittiert. Bundeswertpapiere sind mündelsicher gem. § 1807 Abs. 1 Nr. 2 BGB und für eine Anlage des gebundenen Vermögens geeignet.

Anlage-Tipp

Ein besonderer Vorteil für private Sparer ist der gebührenfreie Kauf über die Deutsche Finanzagentur (ehemalige Bundeswertpapierverwaltung) in Bad Homburg (Bahnhofstraße 16–18, 61352 Bad Homburg v.d. Höhe, Telefon: 0800 2225510, Fax: 0800 2225590, Mail: bwp@deutsche-finanzagentur.de, Internet: www.deutsche-finanzagentur.de). Voraussetzung hierfür ist die Eröffnung eines Schuldbuchkontos, wobei Einrichtung und Verwaltung ebenfalls kostenlos erfolgen. Das Formular gibt es im Internet, es kann auch telefonisch angefordert werden. Der ausgefüllte und von einem Kreditinstitut bestätigte Vordruck wird dann wieder zur Finanzagentur geschickt, dann kommt postwendend die persönliche Kontonummer. Zu welchen Konditionen Anleger in Bundeswertpapiere investieren können, erfahren sie unter www. bundeswertpapiere.com beim entsprechenden Infodienst in Frankfurt, Tel: 069 95114260, Fax 069 95114160 sowie unter dem Faxabruf 0800 2225580.

Seit dem 01.08.2006 sind die Aufgaben der BWpV auf die Deutsche Finanzagentur GmbH übergegangen (Bundesschuldenwesenverordnung vom 19.07.2006). Im Zuge dessen wird die BWpV aufgelöst und die Finanzagentur des Bundes organisatorisch und personell zusammengeführt. Für die Inhaber von Schuldbuchkonten bedeutet dies aber keine Veränderung. Das Schuldbuch des Bundes soll ab Mitte 2007 von der Finanzagentur in Frankfurt geführt werden. An den Emissionsbedingungen, den Bedingungen für die Schuldbuchkontoführung und am Verkauf von Bundeswertpapieren wird sich nichts ändern. Es ist eher zu erwarten, dass im Zusammenhang mit der Neukonzeption auch ein Ausbau der Angebotspalette für Privatanleger verbunden ist.

Fazit: Bundeswertpapiere als Oberbegriff für mehrere Anleiheformen sind ein solides Investment, da sie immer eine marktgerechte Verzinsung bieten. Durch die Kündigungsmöglichkeiten bei Bundesschatzbriefen ist hier der kurzfristige Ausstieg ohne Kursverluste möglich, was diesem Produkt Vorteile verschafft.

Bund-Future

Er ist derzeit unter besonderer Beobachtung, seit er im Jahre 2005 historische Höhen erklommen hatte. Dies lag an den extrem niedrigen Zinssätzen, für eine zehnjährige Bundesanleihe gab es deutlich weniger als 4 % Zinsen. Wer zu Jahresbeginn 2005 Bund-Futures erworben hat, konnte enorme Gewinne einstreichen. Allerdings ist das Rentenbarometer mittlerweile wieder von seinem Höhenflug zurückgekehrt, da anziehende Inflationsraten, Rohstoffpreise und Leitsätze der Zentralbanken für ein höheres Marktzinsniveau gesorgt haben.

Der erst Ende des Jahres 1990 eingeführte Bund-Future (richtiger Name: Euro-Bund-Future) ist ein Zinsterminkontrakt, der auf eine fiktive oder genauer „synthetische“ deutsche Bundesanleihe mit 6%iger Verzinsung und einer Restlaufzeit von 8,5 bis 10,5 Jahren standardisiert ist. In den Future einlieferbar sind effektive Anleihen in Form eines Korbs von lieferbaren Bundesanleihen, die am Liefertag eine Restlaufzeit von mindestens 8,5 und maximal 10,5 Jahren haben. Der Zinssatz spielt keine Rolle.

Es handelt sich um einen Terminkontrakt (Abschluss auf einen festen Termin) auf den deutschen Rentenmarkt, der an den Terminbörsen in Deutschland (Eurex) oder in London (LIFFE) gehandelt wird. Ein Kontraktwert und somit der Mindesthandelswert beträgt 100.000 €. Der Bund-Future dient der Spekulation auf Zinsveränderungen am deutschen Kapitalmarkt und dem Absichern von Zinsänderungsrisiken (Hedging). Fallender Zinssatz bedeutet steigenden Future-Kurs und umgekehrt, wie bei den Anleihekursen. Bei erwarteten steigenden Zinsen tritt man somit als Verkäufer des Bund-Futures auf, bei steigenden als Käufer.

Der Bund-Future ist der weltweit am meisten gehandelte Finanzterminkontrakt überhaupt mit einem auf Euro lautenden Basiswert. An den Terminbörsen in London und Frankfurt werden Umsätze im Bund-Future getätigt, der einem Mehrfachen des Umsatzes in Bundesanleihen an allen deutschen Börsenplätzen zusammen entspricht. Eine Lieferverpflichtung aus einer Short-Position in einem Euro-BUND-Future-Kontrakt kann nur durch bestimmte Schuldverschreibungen – nämlich Bundesanleihen – mit einer Laufzeit von 8,5 – 10,5 Jahren erfüllt werden. Die Schuldverschreibungen müssen ein Mindestemissionsvolumen von 5 Mrd. € aufweisen.

Die Notierung erfolgt in Prozent, wobei 0,01 % ein Tick ausmacht, der somit jeweils 10 € wert ist. Im Gegensatz zu Optionsgeschäften ist dieser Terminkontrakt kein Recht, sondern eine Verpflichtung. Der Verkäufer eines Euro-Bund-Future-Kontrakts hat die Verpflichtung, am Liefertag Anleihen im Nominalwert von 100.000 € zu liefern, und der Käufer hat die Verpflichtung, diese Anleihen abzunehmen. Durch Glattstellung des Kontrakts vor dem Liefertag hat der Investor die Möglichkeit, von dieser Verpflichtung freizukommen.

Der Bund-Future wird mit drei Fälligkeitsterminen börsentäglich zwischen 8.00 und 19.00 Uhr fortlaufend an der EUREX gehandelt, und zwar in den drei nachfolgenden Monaten des Zyklus März, Juni, September und Dezember. Somit beträgt die längste Laufzeit eines Kontrakts neun Monate. Als Liefertermin gilt der zehnte Kalendertag des Liefermonats (bei Feiertag in Hessen der nächste Börsentag); der letzte Handelstag des Future-Kontrakts ist der zweite Börsentag vor dem jeweiligen Liefertermin. Die Notierung des Kontrakts erfolgt in Prozent per 100 € Nominalwert, wobei zwei Nachkommastellen ausgewiesen werden, analog zum Handel mit Bundesanleihen.

Anlage-Tipp

Der Handel mit dem Bund-Future läuft an der EUREX bis 19.00 Uhr. Am letzten Tagesstand kann jeder Anleger ablesen, wie sich der gesamte Rentenmarkt und somit die Zinssätze nachbörslich weiterentwickelt haben (und vermutlich den Folgetag beginnen werden). Die täglich um die Mittagszeit nur einmal ermittelte Umlaufrendite gibt lediglich Auskunft über die Tendenz an der Präsenzbörse, Einflüsse von den zeitlich später einsetzenden US-Rentenmärkten können hierbei noch keine Rolle spielen.

Beispiel 1

Verlauf des Bund-Futures bei steigenden Zinsen

Anleger A setzt auf fallende Zinsen und kauft einen Kontrakt, B erwartet steigende Zinsen und verkauft einen Kontrakt.

	Anleger A (↓)	**Anleger B (↑)**
Kurs bei Beginn	105,50 %	105,50 %
Kaufpreis (ohne Spesen)	105.500 €	105.500 €
Kurs bei Laufzeitende	101,50 %	101,50 %
Wert	101.500 €	101.500 €
Gewinn/Verlust	– 4.000 €	+ 4.000 €

Beispiel 2
Verlauf des Bund-Futures bei fallenden Zinsen

Anleger A setzt auf fallende Zinsen und kauft einen Kontrakt, B erwartet steigende Zinsen und verkauft einen Kontrakt.

	Anleger A (↓)	**Anleger B (↑)**
Kurs bei Beginn	105,50 %	105,50 %
Kaufpreis (ohne Spesen)	105.500 €	105.500 €
Kurs bei Laufzeitende	110,50 %	110,50 %
Wert	110.500 €	110.500 €
Gewinn/Verlust	+ 5.000 €	– 5.000 €

Beispiel 3
Absicherung eines Rentendepots

Der Wert des Rentendepots beträgt 990.000 €. Der Besitzer verkauft zehn Bund-Futures, um drohenden Zinsanstiege abzusichern. Die Laufzeit beträgt sechs Monate, der Kurs des Futures 96 %.

	Rentendepot	**Bund-Future**
Marktwert zum Beginn	990.000 €	960.000 €
Kurs bei Laufzeitende	95,00 %	93,00 %
Wert zum Ende	950.000 €	930.000 €
Gewinn/Verlust	– 40.000 €	+ 30.000 €
Zinsen für sechs Monate rund	30.000 €	
Gesamtgewinn	+ 20.000 €	

Ergebnis: Das Depot wurde ohne Verluste abgesichert. Der Anleger kassiert weiterhin laufende Zinsen und wartet, bis die Kurse der Anleihen bei Laufzeitende gegen 100 % tendieren und Kursverluste ausgeglichen sind.

Umgekehrt funktioniert das Beispiel, wenn ein Investor fallende Zinsen erwartet und eine spätere Wiederanlage seiner Anleihen eine geringere Rendite bringt. Dann lohnt der Kauf von Bund-Futures. Durch den Ertrag aus dem Bund-Future werden dann die Zinsverluste durch die Reinvestition ausgeglichen. Fallen die Zinsen wider Erwarten nicht, entsteht zwar kein Gewinn aus dem Termingeschäft, dafür ist aber eine Anlage in höherverzinsliche Wertpapiere möglich.

Beispiel 4
An- und Verkauf als Time-Spread-Geschäft

Kauf Bund-Futures Juni zu	115,00 %
Verkauf Bund-Futures September zu	114,85 %
Spread	− 0,15 %
Verkauf Juni-Futures zu	115,20 %
Kauf September-Futures zu	115,00 %
Spread	+ 0,20
Gewinn 5 x 10 € x 10 Kontrakte	500 €

Private Gewinne oder Verluste, die aus dem Handel mit dem Bund-Future anfallen, stellen stets steuerpflichtige Veräußerungsgeschäfte gem. § 23 Abs. 1 Nr. 4 EStG dar, da die maximale Laufzeit auf die nächsten drei Jahresquartale beschränkt ist, also immer unter einem Jahr liegt. Verluste können mit anderen Veräußerungsgewinnen – auch aus Erträgen, die nicht vom Terminmarkt stammen – verrechnet werden und sind vor- und rücktragsfähig. Kommt es entgegen der ursprünglichen Differenzerzielungsabsicht ausnahmsweise zu einer Lieferung von Anleihen durch die Glattstellung einer Short-Position, liegt für den Verkäufer eines Future-Kontrakts vorrangig ein Veräußerungsgeschäft vor. Für den Käufer dieses Futures liegen bei einer weiteren Veräußerung der erworbenen Bundesanleihen ebenfalls Einnahmen aus der Veräußerung der Anleihen vor, sofern diese Veräußerung innerhalb eines Jahres erfolgt.

Steuer-Hinweis
Häufige Terminmarktgeschäfte begründen auch in größerem Umfang keinen Gewerbebetrieb, sofern sich der Anleger nicht wie ein Händler verhält (BFH v. 30.07.2003 – X R 7/99, BStBl II 2004, 408; v. 20.12.2000 – X R 1/97, BStBl II 2001, 706, FG München v. 15.03.2006 – 1 K 2294/03, EFG 2006, 1322). Ausführliche Informationen zu privaten Termingeschäften: BMF-Schreiben vom 27.11.2001 (IV C 3 – S 2256 – 265/01, BStBl I 2001, 986, DStR 2002, 172, DB 2002, 116) sowie unter
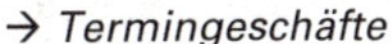
→ *Termingeschäfte*

Fazit: Solche Terminmarktgeschäfte können, müssen nicht hochspekulativ sein, wie die vorherigen Beispiele zeigen. Eine Grundvoraussetzung ist jedoch, dass der Anleger in diesem Bereich erfahren ist und Verluste einkalkuliert. Für den Bund-Futures als Zinstermingeschäft spricht, dass er sehr transparent ist, faire Kurse aufweist und einer der am meisten beachteten Rentenkontrakte weltweit ist. Für Kleinanleger sind zur Spekulation auf Zinsveränderungen eher Optionsscheine geeignet. Die sind durch den Börsenhandel einfacher zu praktizieren und das Verlustrisiko ist auf den Kapitaleinsatz beschränkt.

Buxl-Future

Der Euro-Buxl-Future ist ein Zinsterminkontrakt, der auf fiktive synthetische deutsche Bundesanleihen mit einer langen Restlaufzeit im 30-jährigen Bereich standardisiert ist. Es handelt sich um einen Terminkontrakt (Abschluss auf einen festen Termin) auf den deutschen Rentenmarkt; der Mindesthandelswert beträgt 100.000 €, wobei die Notierung in Prozent erfolgt; 0,01 % entspricht dabei 10 €. Der Buxl-Future soll eine Ergänzung zu den kurz-, mittel- und langfristigen Kontrakten (EURIBOR, Bobl- und Bund-Future) darstellen. Eine Lieferverpflichtung aus einer Short-Position in einem Kontrakt des Euro-Buxl-Future kann nur durch Bundesanleihen mit einer entsprechenden Restlaufzeit erfüllt werden. Die Anleihen müssen ein Mindestemissionsvolumen von 10 Mrd. € aufweisen. Für die Spekulation in kürzere Laufzeiten gibt es den → *Bobl-Future* (fünf Jahre) sowie den → *Bund-Future* (zehn Jahre).

Im September 2005 erfolgte eine Umstellung im Buxl-Future als Reaktion auf das steigende Angebot an Rentenwerten mit besonders langer Laufzeit. Maßgebend für den Kurs sind Anleihen mit einer Restlaufzeit zwischen 24 und 35 Jahren sowie einem Kupon von 4 %.

Private Gewinne oder Verluste, die aus dem Handel mit dem Buxl-Future anfallen, stellen stets steuerpflichtige Veräußerungsgeschäfte gem. § 23 Abs. 1 Nr. 4 EStG dar, da die maximale Laufzeit auf die nächsten drei Jahresquartale beschränkt ist, also immer unter einem Jahr liegt. Verluste können mit anderen Veräußerungsgewinnen – auch aus Erträgen, die nicht vom Terminmarkt stammen – verrechnet werden und sind vor- und rücktragsfähig.

Callable Bonds

Es handelt sich um Anleihen, die während ihrer Laufzeit und vor Endfälligkeit vom Schuldner (Emittent) gekündigt werden können (Gegensatz zu Puttable Bonds). Der Preis und die möglichen Kündigungszeitpunkte sind in den Anleihebedingungen festgelegt. Dabei kann die Kündigung jederzeit oder (Regelfall) zu fest vorgegebenen Zeitpunkten innerhalb der maximalen Anleihelaufzeit erfolgen. Zinsen aus dieser Anleiheart stellen Einnahmen aus Kapitalvermögen dar und unterliegen dem Zinsabschlag. Kursgewinne oder -verluste aufgrund der vorzeitigen Kündigung sind nur im Rahmen eines privaten Veräußerungsgeschäfts binnen Jahresfrist steuerpflichtig.

Fazit: Eine mögliche Kündigung durch den Emittenten ist zumeist eine schlechte Konditionsvereinbarung für den Sparer. Denn diese Bestimmung taucht zumeist in variablen Zinspapieren auf. Die Kündigung erfolgt dann immer, wenn sich die Zinssätze stark nach oben bewegen. Bei Festverzinslichen nimmt der Schuldner die Option immer dann war, wenn der Kapitalmarktzins deutlich gefallen ist. Dann kann er seine Schulden durch eine Kündigung günstiger finanzieren. Enthalten ist sie i.d.R. in Hybridanleihen, die entweder keine Fälligkeit oder eine hundertjährige Laufzeit aufweisen. Hier kann der Schuldner nach Ablauf der Festzinsphase (meist nach zehn Jahren) kündigen, da anschließend eine hohe variable Verzinsung gelten würde. Für Anleger bedeutet das Kündigungsrisiko, dass er Geld zu einem Zeitpunkt bekommt, in dem kein Liquiditätsbedarf besteht. Zudem besteht das Reinvestitionsrisiko, zu schlechteren Konditionen wieder anlegen zu müssen. Dafür erhält er von Beginn an einen höheren Zinskupon.

Capped Floater

Bei dieser Sonderform von variabel verzinsten Anleihen ist der Zinssatz mit einer Obergrenze (Cap) versehen (Gegenstück zu Dropped Lock Floatern mit einer Untergrenze). Wie bei normalen Floatern steigt der Zinssatz bei allgemein steigendem Geldmarktzins, allerdings nur bis zu einem vereinbarten Höchstzinssatz (Zinsdeckel), und verharrt dort, bis die Zinsen wieder fallen oder die Anleihe fällig geworden ist. Sie dient dem Emittenten zur Risikoabsicherung, um bei stark steigendem Marktzins nicht gleichfalls einen hohen Zinssatz auszahlen zu müssen.

Capped Floater sind regelmäßig mit einem höheren Zinssatz ausgestattet als vergleichbare Floater, da sie für den Anleger einen Nachteil beinhalten. Die Renditedifferenz zwischen normalen und gekappten Floatern bestimmt sich nach der Zinsobergrenze: Je niedriger die Grenze zum aktuellen Zinssatz und je länger die Restlaufzeit, umso höher ist der aktuelle Renditevorteil, der sich aber schnell ins Negative, in einen Zinsnachteil, umwandeln kann.

Anlage-Tipp

Capped Floater sind normalen Floatern vorzuziehen, wenn

- die Zinsobergrenze (Cap) deutlich vom aktuellen Zinssatz entfernt ist,
- keine deutlichen Zinssteigerungs- und Inflationsgefahren drohen,
- Anleger der Meinung sind, ein Ansteigen bis zur Obergrenze sei innerhalb der Laufzeit unwahrscheinlich,
- der Renditevorteil erheblich ist, je nach Laufzeit zwischen 0,3 und einem Prozentpunkt.

Die Zinsen sind zu versteuern und unterliegen dem Zinsabschlag. Dabei kann es aufgrund der mehrfachen jährlichen Auszahlung auch zu einem mehrfachen Zinsabschlag und somit zu einer Einschränkung des Zinseszinseffekts kommen. Bei Capped Floatern ist der Ertrag von einem ungewissen Ereignis, nämlich dem Referenzzins abhängig, und die Zinszahlung erfolgt in unterschiedlicher Höhe. Folge: Auch Kurserträge sind als Kapitaleinnahmen zu erfassen. Mangels Emissionsrendite ist stets der Kursertrag zugrunde zu legen.

Fazit: Diese Floaterform hat je nach Marktsituation seine Reize. Sie ist in vielen Fällen sogar besser als die Bedingung, dass der Emittent eine Anleihe kündigen kann. Bei den Capped Floatern bleibt zumindest der begrenzte hohe Zinssatz bis zur Fälligkeit erhalten.

Capped Warrants

Die auch als „gekappte Optionsscheine" bezeichneten Warrants bestehen aus zwei sich ergänzenden und miteinander verbundenen Optionsscheinen, bei denen der Ertrag aus der Differenz von Bezugswerten besteht. Die Beschaffung der zugrunde liegenden Wertpapiere ist anders als bei herkömmlichen Optionsscheinen ausgeschlossen. Verbunden werden jeweils ein Call und ein Put in der Weise miteinander, dass der Anleger auf jeden Fall eine feste Rückzahlung erhält. Durch die Kombination von zwei Optionen sichert sich der Käufer, der bis zur Ausübung am Verfallstag sowohl Call als auch Put innehat, einen im Voraus bestimmbaren Ertrag. Aus Steuersicht sind folgende Fälle möglich:

- **Erwerb von zwei auf Barausgleich gerichteten Optionsscheinen** durch den identischen Emittenten erfüllen die Tatbestandsmerkmale des § 20 EStG, wenn aufgrund ihrer Bepreisung sicher ist, dass der Anleger einen Kapitalertrag erzielen wird (BMF v. 10.11.1994 – IV B 3 – S 2256 – 34/94, BStBl, 816, Rdnr. 22). Beide Scheine werden dann steuerlich als ein einheitliches Instrument behandelt.
- **Erwerb nur einer Option:** Wird nur einer der beiden Scheine über die Börse erworben, besteht kein Unterschied zur steuerlichen Behandlung von Optionsscheinen. Es können lediglich private Veräußerungsgeschäfte vorliegen.
- **Verkauf beider Scheine gleichzeitig:** Verkauft der Anleger beide Scheine gemeinsam, erzielt er stets einen Kapitalertrag. Die Einnahmen werden in diesem Fall nach der Marktrendite ermittelt. Dies gilt unabhängig davon, ob die Scheine gemeinsam oder getrennt erworben worden sind.
- **Getrennte Veräußerung:** Werden der gemeinsam erworbene Call und Put innerhalb von zwölf Monaten nach Anschaffung getrennt veräußert, liegt hinsichtlich des Optionsrechts ein Veräußerungsgeschäft vor. Kapitaleinkünfte liegen nicht mehr vor, da durch die einseitige Veräußerung die garantierte Rückzahlung verlorengeht.

Eine weitere Variante der Capped Warrants ist ein herkömmlicher Optionsschein, der mit einer Gewinnobergrenze versehen ist. Anleger partizipieren somit an Kursaufschwüngen nur begrenzt. Dafür ist die Kaufprämie deutlich geringer. Das Risiko des Totalverlusts ist aber auch bei diesen Scheinen gegeben, wenn der Kurs des Bezugswerts bei Fälligkeit unter dem Basiswert liegt.

Beispiel

Emission eines Capped Warrants auf den DAX zum Basispreis von 4.600 Punkten und einer Obergrenze von 5.200 Punkten. Liegt der Index bei Fälligkeit innerhalb dieses Rahmens, profitiert der Anleger überproportional wie bei normalen Optionsscheinen. Steigt der DAX stärker, ist der Gewinn auf 5.200 Punkte beschränkt, fällt er unter 4.600 Punkte, ist alles verloren.

Steuerlich ergeben sich bei dieser Variante keine Unterschiede zu herkömmlichen → *Optionsscheinen.*

Fazit: Diese Scheine eignen sich zur Spekulation auf Seitwärts- und leichte Aufwärtsbewegungen. Allerdings gibt es bessere Alternativen. Für stark steigende Kurse ist ein herkömmlicher Call-Optionsschein besser und für leicht schwankende Märkte ein Discount-Zertifikat auf diesen Bezugswert.

Cash-Flow-Notes

Bei dieser festverzinslichen Anleihe kann der Anleger die Zinsauszahlungsbeträge selbst bestimmen. Durch diese Wahloption besteht die Möglichkeit, die Versteuerung und die Fälligkeit der Zinsen nach persönlichen Gesichtspunkten zu gestalten. Dabei wird dem Anleger ein Zinssatz für die gesamte Laufzeit vorgegeben, beispielsweise 50 %, den er innerhalb von zehn Jahren in Form von zehn Zinsscheinen einlösen darf. Möchte er sofort seine Zinsen, so fällt der Anleihekurs natürlich beträchtlich in seinem Wert, da nunmehr neun Jahre lang keinerlei Zinsen gezahlt werden. Eine Veräußerung bringt enorme Kursverluste. Je länger er mit der Auszahlung wartet, desto höher steigt der Kurs, vergleichbar einem Zerobond. Auch eine Verteilung der Zinszahlungen innerhalb der Laufzeit ist möglich.

Anlage-Tipp

Durch die Verwahrung der Zinskupons erhöht sich die Rendite durch den Zinseszinseffekt auf die nicht ausgeschütteten Beträge, eine sofortige Inanspruchnahme mindert die Rendite. Die Wahl der Auszahlung sollte aber in das Jahr gelegt werden, in dem das geringste steuerliche Einkommen vorhanden ist.

Kursgewinne werden nach der Marktrendite besteuert, da die Emissionsrendite bei dieser Anleiheart wohl nur sehr schwierig zu ermitteln ist und vom ausgebenden Kreditinstitut bei der Neuemission noch nicht festgesetzt werden kann. Die Zinsen stellen zusätzliche Kapitaleinnahmen dar.

Fazit: Diese nicht allzu häufig anzutreffende Variante von Anleihen bietet eine Spielwiese für Steuertaktiker. Ohne diesen Effekt erweist sich positiv, dass der Besitzer die Erträge je nach finanziellem Bedarf abfordern kann.

Certificate of Deposit (CD)

Es handelt sich um eine kurzfristige Geldanlage mit Laufzeiten von wenigen Tagen und maximal einem Jahr. Diese Papiere werden von Kreditinstituten ausgegeben und sind nicht börsenfähig. Im Gegensatz zum vergleichbaren Festgeld ist eine jederzeitige Kündigung möglich. Dieser Vorteil wird allerdings durch niedrigere Zinssätze wieder ausgeglichen. Insbesondere Geldmarktfonds investieren einen Teil der Anlagegelder in CDs. Die Verzinsung richtet sich nach den Geldmarktsätzen des entsprechenden EURIBOR-Satzes. Steuerlich ergeben sich keine Besonderheiten zu herkömmlichen Anleihen. Kursgewinne sind nicht möglich.

Commercial Papers (CP)

Es handelt sich um abgezinste Anleihen mit Laufzeiten von wenigen Tagen und maximal zwei Jahren. Diese Papiere werden von Banken und Unternehmen ausgegeben und sind nicht börsenfähig. Commercial Papers (CPs) werden nicht einlagengesichert, bei Konkurs des Schuldners ergibt sich für den Gläubiger ein Totalverlust. Insbesondere Geldmarktfonds und institutionelle Großanleger investieren einen Teil ihrer Anlagegelder in CPs, da durch die hohe Mindestanlagesumme die privaten Kleinanleger ausgeschlossen sind. Die Berechnung der Einnahmen erfolgt nach den Grundsätzen von → *Zerobonds*.

Condor-Anleihen

Es handelt sich um festverzinsliche Wertpapiere, dessen Rückzahlung an einen Index gekoppelt wird. Steigt oder fällt der entsprechende Index am Rückzahlungstag über oder unter den festgelegten Stand, wird nur ein Teil des Nennwerts der Anleihe zurückgezahlt. Für dieses Risiko erhält der Anleger einen über dem Marktzins liegenden Zinssatz, der auf jeden Fall ausgezahlt wird. Die Condor-Anleihe ähnelt der Aktienanleihe mit der Abhängigkeit an einen Aktienkurs, nur erhält der Anleger bei der Condor-Anleihe keine Wertpapiere ausgezahlt.

CONF-Future

Dieser Future ist ein Zinsterminkontrakt, der auf eine fiktive synthetische langfristige Schuldverschreibung der Schweizer Eidgenossenschaft mit einer Restlaufzeit von acht bis 13 Jahren standardisiert ist. Es handelt sich um einen Terminkontrakt (Abschluss auf einen festen Termin) auf den Schweizer Rentenmarkt; der Mindesthandelswert beträgt 100.000 CHF, wobei die Notierung in Prozent erfolgt; 0,01 % entspricht dabei 10 CHF. Eine Lieferverpflichtung aus einer Short-Position in einem Kontrakt des Futures kann nur durch Anleihen der Schweizer Eidgenossenschaft mit einer Restlaufzeit von acht bis 13 Jahren erfüllt werden. Die Anleihen müssen ein Mindestemissionsvolumen von 500 Mio. CHF aufweisen.

Anlage-Hinweis

Die Handelszeit ist kürzer als bei Futures auf deutsche Anleihen und geht nur von 8.30 bis 17.00 Uhr.

Container-Fonds

Bei dieser Form der geschlossenen Fonds beteiligen sich Anleger an einer Gesellschaft, die neue Container erwirbt, um sie anschließend an Reedereien zu vermieten. Nach einigen Jahren werden die Container dann verkauft und der Fonds liquidiert. Die Risiken bei dieser Beteiligungsform liegen darin, dass die Mieten nicht wie erhofft fließen und der spätere Verkauf nur geringe Erlöse einbringt. Auf der anderen Seite kann das Investment von rund sechs Jahren ordentliche Renditen bringen.

Der Fonds erzielt Einkünfte gem. § 22 Nr. 3 EStG aus der Vermietung von beweglichen Gegenständen. Der spätere Verkauf der Container bleibt steuerfrei, da die Spekulationsfrist abgelaufen ist. Entscheidend für die Nachsteuerrendite ist, dass die Gesellschaft vermögensverwaltend tätig ist. Ansonsten würden die Verkaufserlöse im Rahmen der Gewerblichkeit erfasst. Hierbei spielt eine wichtige Rolle, dass die Vermietung und damit die Nutzung des Vermögens im Vordergrund steht. Der BFH (v. 22.01.2003 – X R 37/00, BStBl II, 464) und die Verwaltung (R 15.7 Abs. 3 EStR) haben hierzu Grundsätze zur Abgrenzung aufgestellt.

§ 15b EStG spielt nur eine Rolle, wenn die Fonds in der Anfangsphase negative Einkünfte von mehr als 10 % des Kapitals erzielen. Sind es weniger, kommt der begrenzte Verlustausgleich des § 22 EStG zur Anwendung. Der hat immerhin den kleinen Vorteil, dass die negativen Einnahmen mit anderen Einkünften aus § 22 EStG verrechnet werden können. Bei § 15b EStG gelingt dies nur beim gleichen Modell.

Werden die Fonds hingegen jenseits der Grenze aufgelegt, sind sie gewerblich konzipiert. Denn über den Sitz im Ausland kommt es dann über das jeweilige DBA zu einer Freistellung über den Progressionsvorbehalt im Inland und die Anleger können die Freibeträge im jeweiligen Staat nutzen. Diese jährliche Ausnutzung ist steuerlich günstig, auch wenn der spätere Verkauf der Container erfasst wird.

Contracts for Difference

Mit diesen unter der Abkürzung CFDs geläufigen Kontrakten wetten Investoren auf die Differenz zwischen dem Kurs, zu dem sie einen Basiswert kaufen und später verkaufen. Über CFDs können risikofreudige Privatanleger auf eine Aktie, einen Index oder Rohstoffe setzen. Dabei kann eine Spekulation auf steigende oder auf fallende Kurse erfolgen. Wann der Investor seine eingegangene Position schließt, bleibt ihm überlassen. Zu diesem Zeitpunkt erhält er den Differenzbetrag zu seinem Einstandspreis ausbezahlt. Dabei wird der Basiswert nicht selbst erworben, sondern lediglich eine Sicherheitsleistung als Margin bezahlt, ähnlich wie bei → *Futures*.

Die Geschäfte werden nicht über übliche Börsengeschäfte abgewickelt. Vielmehr bieten spezielle Broker solche Produkte auf speziell für diese Zwecke eingerichteten Handelsplattformen an. Hierzu muss der Anleger ein separates Konto eröffnen. Die Anbieter verdienen über die Provisionen je Geschäft und den Transaktionsgebühren. Zudem werden i.d.R. Zinsen auf die kreditfinanzierten Positionen verlangt, die über Nacht gehalten werden. Wie auch bei herkömmlichen Terminmarktgeschäften kann es nicht nur zu einem Totalverlust kommen, das Minus kann deutlich über die eingezahlte Margin hinausgehen.

Steuerlich handelt es sich um Termingeschäfte nach § 23 Abs. 1 Nr. 4 EStG, die auf einen Differenzausgleich ausgelegt sind. Somit werden Gewinne und Verluste steuerlich erfasst, wenn zwischen Erwerb und Beendigung des Rechts nicht mehr als ein Jahr liegt.

Convertible Floater

Es handelt sich um variabel verzinsliche Anleihen (Floater), bei denen der Emittent im Rahmen der Anleihebedingungen die Möglichkeit hat, von einem variablen in einen festen Zinssatz zu wechseln. Diese Wahl wird er insbesondere in Zeiten niedriger Zinsen nutzen, um sich diesen Zinssatz für die gesamte Restlaufzeit zu konservieren. Während der Zeit bis zur Umwandlung gelten die Ausführungen zu → *Floatern*, danach die Ausführungen zu den herkömmlichen festverzinslichen → *Anleihen*. Der Emittent hat den Vorteil, im Gegensatz zu herkömmlichen Floatern auf eine feste Verzinsung zu wechseln, der Anleger den Nachteil, dass er an fallenden Zinsen partizipiert, den anschließenden Anstieg aber nicht nutzen kann.

Für den Anleger ergeben sich im Verhältnis zum herkömmlichen Floater nur Nachteile. Aufgrund der niedrigeren Kurse eignen sie sich nur in Zeiten steigender Zinsen zum Kauf.

Die Zinsen sind Einnahmen aus Kapitalvermögen und unterliegen bei Überschreiten des Freistellungsbetrags dem Zinsabschlag. Es ergeben sich keine Besonderheiten zu herkömmlichen Floatern. Eine Besteuerung der Kursdifferenz kommt als Kapitaleinnahme in Betracht, da es sich um Finanzinnovationen handelt. Der Wechsel auf eine festverzinsliche Anleihe stellt keine erneute Anschaffung dar (BFH v. 10.07.2001 – VIII R 22/99 (NV), BFH/NV 2001, 1555).

Cool-Warrants

Bei diesem Chance of optimal leverage-Warrant handelt es sich um einen Kauf-Optionsschein nach europäischem Recht, der neben dem Optionsrecht mit einem zusätzlichen Rückzahlungsanspruch ausgestattet ist. Dieser Anspruch wird aber nur dann aktiviert, wenn der Kurs des Basiswerts sich während der gesamten Laufzeit über einem bestimmten Niveau hält, ansonsten erlischt der Anspruch. Da Cool-Warrants bei der Emission deutlich mehr kosten als herkömmliche Optionsscheine, ist der Kapitaleinsatz für den Anleger höher und die Kursbewegung dieser Scheine schwerfälliger. Steuerlich ergeben sich keine Unterschiede zu herkömmlichen → *Optionsscheinen.*

Corporate Bonds

Hinter diesem Begriff verbergen sich Unternehmensanleihen. Der Emittent ist somit kein Staat wie bei Bundesanleihen, sondern eine Kapitalgesellschaft. Das Ausfallrisiko ist i.d.R. wahrscheinlicher, daher zahlen die Unternehmen höhere Zinsen. Die Renditedifferenz zu Staatsanleihen wird Spread genannt. Dieses ist umso höher, je schlechter die Bonität einer Gesellschaft bewertet wird. In den letzten Jahren sind Corporate Bonds bei Privatanlegern angesichts niedriger Zinssätze sehr beliebt geworden. Dabei haben viele von ihnen mehr auf den Zinskupon als auf die Bonität geachtet. Und sinkt diese, fallen die Anleihenkurse stark.

Checkliste zur Anlage-Strategie bei Corporate Bonds	
Sie sind grundsätzlich eine interessante Beimischung für jedes Rentendepot. Lukrativ werden sie, wenn einige Regeln beachtet werden:	
Anleger sollten nur auf Unternehmensanleihen setzen, die mindestens das Rating Baa3 besitzen.	❑
Lohnend ist der Kauf, wenn das Spread zu Staatsanleihen hoch ist, ihr Risiko also angemessen bezahlt wird.	❑
Bonds mit hoher Rendite und vergleichsweise guter Bonität sollten zur Vorsicht mahnen. Hier steht meist eine Abstufung bevor.	❑
Nicht alles auf eine Anleihe setzen, sondern streuen: nach Regionen, Branchen, Bonität und Laufzeit.	❑
Spekulanten setzen auf Firmen, bei denen sie eine Verbesserung der Bonität erwarten. Das sichert langfristig hohe Zinsen; zusätzlich locken Kursgewinne.	❑
Als Alternative bieten sich Rentenfonds an, die auf Unternehmensanleihen setzen. Durch die breite Streuung wird das Ausfallrisiko deutlich gemindert.	❑

Steuerlich ergeben sich keine Besonderheiten zu herkömmlichen → *Anleihen*. Die Zinsen sind Kapitaleinnahmen und unterliegen dem Zinsabschlag. Realisierte Kurserträge sind nur innerhalb eines Jahres relevant. Fällt die Rückzahlung aus, ist dies ein nicht steuerbarer Vorgang auf der Vermögensebene.

Steuer-Hinweis

Einige Corporate Bonds sind mit besonderen Konditionen ausgestattet, etwa einem höheren Zins bei einer Bonitätsherabstufung des Emittenten oder nachrangiger Tilgung. In diesen Fällen gelten die Anleihen als Finanzinnovationen.

Fazit: In ein Rentendepot gehören nicht nur Staatsanleihen. Daher sollten Unternehmensbonds hier durchaus einen Platz finden. Oft weisen diese Papiere sogar bei identischer Bonitätseinstufung eine bessere Verzinsung auf als vergleichbare Länderanleihen. Zu beachten ist, dass einige Corporate Bonds nur eine geringe Börsenliquidität aufweisen. Dies gilt vor allem bei Fremdwährungsanleihen. Kauf- und Verkaufsaufträge sollten daher limitiert werden.

Count-Down-Floater

Es handelt sich um variabel verzinsliche Anleihen (Floater), bei denen sich die Aufschläge auf den Referenzzinssatz jährlich verringern, wodurch die Nominalverzinsung der Anleihe mit der Laufzeit abnimmt. Sie eignen sich für den Anleger, der in den ersten Jahren der Laufzeit eine niedrige Steuerprogression vorzuweisen hat und ähneln in den Anlagegrundsätzen der Step-down-Anleihe.

Die Zinsen sind als Kapitaleinnahme zu versteuern und unterliegen dem Zinsabschlag. Dabei kann es aufgrund der mehrfachen jährlichen Auszahlung auch zu einem mehrfachen Zinsabschlag und somit zu einer Einschränkung des Zinseszinseffekts kommen. Bei Count-Down-Floatern erfolgt die Besteuerung wie bei Finanzinnovationen. Auf einen Veräußerungsgewinn wird Zinsabschlag einbehalten. Allerdings besteht auch die Möglichkeit der Erfassung von Verlusten als negative Einnahmen aus Kapitalvermögen.

Fazit: Diese Variante kann je nach Markt- und Steuersituation die bessere Alternative als herkömmliche Floater darstellen.

Covered Bonds

Diese von Hypothekenfinanzierern aus den USA begebenen Anleihen sind von der Struktur an den deutschen → *Pfandbrief* angelehnt. Einzige Ausnahme bildet die fehlende Insolvenzsicherheit. Seit 2006 sind auch Covered Bonds in Deutschland notiert.

Covered Warrants

Besondere Form von Optionsscheinen (auch „gedeckte Optionsscheine" oder „Scheine auf den Deckungsbestand" genannt). Sie werden abweichend von normalen Optionsscheinen nicht von der Aktiengesellschaft selbst emittiert, sondern von Banken oder Wertpapierhandelshäusern, die vorher einen entsprechenden Bestand dieser Aktien erworben haben und sie bis zur Fälligkeit der Warrants durch Hinterlegung auf einem Sperrdepot nicht veräußern können. Um für diesen Eigenbestand der Kreditinstitute einen zusätzlichen Erlös zu erzielen, werden diese Positionen für einen Zeitraum durch Ausgabe von Optionsscheinen „veroptioniert". Diese Aktien stehen dem Kapitalmarkt während der Laufzeit der Scheine nicht zur

Verfügung und sind somit „gedeckt". Steuerlich ergeben sich keine Unterschiede zu herkömmlichen → *Optionsscheinen.*

Fazit: Aus Anlagegesichtspunkten hat diese Form von Optionsscheinen keine Nachteile. Wichtiger ist, ob der Emittent stets faire Börsenkurse stellt und die Differenz zwischen An- und Verkaufspreis gering ist.

Cross Currency Warrant

Es handelt sich um Optionsscheine auf Devisen, bei denen sich ein doppelter Währungseffekt ergibt, da die beiden maßgebenden Devisen nicht auf Euro lauten. Ähnlich der Doppelwährungsanleihe bezieht sich die Spekulation neben dem Verhalten der beiden Währungen untereinander auch auf das Verhältnis zum Euro, da diese Warrants auch an deutschen Börsen notieren.

Dachfonds

Es handelt sich um Investmentfonds, die das Fondsvermögen nicht direkt in Wertpapiere, sondern in andere Fondsanteile anlegen. Pro Einzelfonds dürfen höchstens 20 % des Kapitals eingesetzt werden. Doppelte Kostenbelastungen ergeben sich für den Anleger nicht, da der Ausgabeaufschlag und die Verwaltungsgebühr nur einmal berechnet werden dürfen. Durch die Aufteilung eines Anlagebetrags auf mehrere Einzelfonds ergibt sich eine höhere Risikostreuung und ein entsprechend vermindertes Risiko. Es handelt sich im engeren Sinne um eine standardisierte Vermögensverwaltung ohne nennenswerten Mindestanlagebetrag.

Steuerlich ergeben sich keine Unterschiede zu herkömmlichen Investmentfonds. Seit 2004 hat das Produkt eine zusätzliche Attraktivität erhalten. Denn die Deutschen dürfen seitdem in die spekulativen Hedge-Fonds investieren – Privatanleger allerdings nur über Dachfonds.

Fazit: Ob diese Konstruktion aus Anlagesicht Sinn macht, ist umstritten. Denn die passende Auswahl der Fonds kann der Sparer selbst übernehmen oder gleich auf einen weltweit investierenden Fonds setzen.

Darlehen

Laut BGB sind Darlehen schuldrechtliche Verträge, in denen sich der Geber zur Übertragung von vertretbaren Sachen – i.d.R. Geld – in das Vermögen des Nehmers und dieser zur Rückgabe von Sachen gleicher Art und Güte verpflichtet. Die Zinsen aus schuldrechtlichen Verträgen auf privater Ebene stellen Kapitaleinnahmen dar, unterliegen aber nicht dem Zinsabschlag. Dies gilt auch für Darlehen, wenn das Geld aufgrund eines Kaufvertrags geschuldet wird. Zinsabschlag fällt unter Privatpersonen nicht an. Doch nicht immer liegen Kapitaleinkünfte vor:

- Besteht ein Privatdarlehen in der Hingabe von Gegenständen, liegen sonstige Einkünfte nach § 22 Nr. 3 EStG vor, auch wenn die Zinszahlung in Geld erfolgt. Folge: Der Sparerfreibetrag kann nicht genutzt werden, es gilt jedoch eine Freigrenze von 256 €.
- Erträge aus Gesellschafterdarlehen stellen bei Personengesellschaften gewerbliche Sonderbetriebseinnahmen dar.
- Zinsen aus Arbeitnehmer-Darlehen stellen Arbeitslohn dar, sofern das Darlehen zur Sicherung des Arbeitsplatzes gegeben worden ist.

DAX-Future

Der im November 1990 an der EUREX eingeführte Terminkontrakt auf den Deutschen Aktienindex DAX gibt Anlegern die Möglichkeit, auf den breiten inländischen Aktienmarkt zu spekulieren. Der Kontraktwert liegt bei 25 € pro Indexpunkt, die minimale Änderung bei 0,5 DAX-Punkten, was somit je 12,50 € ausmacht. Bei einem DAX-Stand von 3.500 Punkten lautet der Kontraktwert also auf (25 x 3.500) 87.500 €. Als Liefermonate gelten die jeweils nächsten drei Quartalsmonate eines Zyklus, also März, Juni, September und Dezember. Die Schlussabrechnung erfolgt am dritten Freitag des entsprechenden Liefermonats. Der tägliche Handelszeitraum an der EUREX liegt zwischen 9.00 Uhr und 19.30 Uhr.

Der Anleger muss jedoch an seine Bank lediglich Gebühren als sogenannte Margin entrichten und einen Teil der Kontraktsumme als Sicherheit hinterlegen. Diese beträgt meist mindestens 10 % des Kontraktwerts und richtet sich hauptsächlich nach der Bonität des Bankkunden. Erst bei Fälligkeit oder vorzeitigem Verkauf (Glattstellung) wird der Differenzbetrag in bar fällig oder als Gewinn ausgezahlt.

Beispiel 1

Spekulation auf Kursveränderungen

A geht von steigenden, B von fallen DAX-Ständen aus. Aktueller Stand ist 5.000 Punkte. A kauft und B verkauft 20 Futures im Wert von jeweils 2,5 Mio. € (20 Kontrakte x 25 € Kontraktwert x 5.000 DAX-Punkte). Nach zwei Wochen werden die Futures bei einem DAX-Stand von 5.080 bzw. 4.950 Punkten glattgestellt.

- **DAX 5.080**: A erzielt einen Gewinn von (25 Ticks x 80 Punkte) 2.000 €/pro Kontrakt, insgesamt also 80.000 €. B erzielt einen Verlust in gleicher Höhe.
- **DAX 4.950**: A erzielt einen Verlust von (25 Ticks x 50 Punkte) 1.250 €/pro Kontrakt, insgesamt 50.000 €. B erzielt einen Gewinn.

Ergebnis: Trotz der relativ geringen Schwankung des Index von 1,6 % sind die absoluten Wertveränderungen des Futures enorm. Entwickelt sich der Index entgegen der gewünschten Richtung, muss der Anleger zusätzlich den Differenzbetrag als Margin bis zum nächsten Tag nachschießen. Hat der Anleger das erforderliche Guthaben nicht, wird die Bank den Kontrakt postwendend auflösen, da sie hierzu berechtigt ist.

Beispiel 2

Absicherung von derzeit niedrigen Kursen

A erwartet in einem Jahr aus Lebensversicherung und Fälligkeit von Anleihen insgesamt 1 Mio. €, die er am deutschen Aktienmarkt einsetzen möchte. Er rechnet bis dahin mit steigenden Kursen, so dass der die derzeit günstigen Kurse (DAX-Stand 5.000) durch den Kauf von DAX-Futures absichert. Er erwirbt acht Kontrakte (25 x 5.000 x 8 = 1 Mio. €), um den Anlagebetrag abzusichern. Steigt die Börse wie erwartet, kann er mit den Gewinnen aus dem Future die höheren Kurse finanzieren. Fallen die Aktien, ist sein Einsatz zwar teilweise verloren, dafür kann er aber billig einsteigen.

Beispiel 3

Absicherung eines Aktiendepots

Ein Anleger hat verstärkt in deutsche Aktien investiert, ist aber unsicher über die künftige Kursentwicklung. Er verkauft daher DAX-Futures, um sein Depot abzusichern. Fällt der DAX, werden die Depotverluste durch die Futures-Gewinne ausgeglichen, im umgekehrten Fall wurde eine Versicherungsprämie dafür gezahlt, dass das Depot an den Wertsteigerungen teilhaben durfte.

Als privates Termingeschäft unterliegen die Spekulationen binnen Jahresfrist der Steuer. Verluste können mit anderen privaten Veräußerungsgeschäften verrechnet werden und sind rück- und vortragsfähig.

Fazit: Wie aus den Beispielen ersichtlich, handelt es sich um eine zum Teil äußerst risikoreiche Spekulation mit oftmals hohen Einsätzen. Sollte der DAX wider Erwarten in die andere Richtung tendieren, sind gerade bei der reinen Spekulation auf Aktienindex-Trends große Verluste zu beklagen. Geht die Spekulation auf, erzielt man schnelle und überdurchschnittliche Gewinne. Zur Absicherung eines Aktiendepots stellt der DAX-Future hingegen ein konservatives Angebot dar. Für den Privatanleger ist es je nach Neigung günstiger, spekulativ in Optionsscheine oder konservativ in Index-Zertifikate zu investieren, die sich auf den DAX beziehen.

DAX-Option

Es handelt sich um eine Option auf den DAX-Future.

	DAX-Future	**DAX-Option**
Zahlungsstrom	Bei Abschluss eines Kontrakts erfolgt eine Marginzahlung mit täglicher Gewinn- und Verlustrechnung und der Nachschusspflicht bei Unterdeckung	Die gezahlte Optionsprämie ist der Preis für den Kauf der Option
Position	Es besteht eine feste, rechtliche Verpflichtung für Käufer und Verkäufer	Wahlrecht für den Käufer und Verpflichtung auf Lieferung für den Stillhalter
Margin	Verpflichtung für Käufer und Verkäufer	Die Pflicht besteht nur für ungedeckte Short-Positionen

Ausführlich → *Termingeschäfte.*

Derivate

Unter diesem Begriff versteht man Finanzkontrakte, deren Erfolg sich vom Wert anderer Basisinvestments wie Aktien, Anleihen, Edelmetalle oder Devisen ableitet. Es handelt sich um Instrumente, mit denen ein Anleger auf fallende/steigende Kurse spekulieren oder eine Absicherung seines Depots erreichen kann. Dabei gibt es insbesondere vielfältige Formen von Termin- und Optionsgeschäften sowie Zins- und/oder Währungstauschoperationen. Derivate können an den Börsen gehandelt oder außerbörslich von Marktteilnehmern abgeschlossen werden. Über derivative Finanzinstrumente können beispielsweise Zinsentscheidungen ohne direkte Auswirkung auf die Liquidität eines Unternehmens getroffen werden. Der Anwender von Zinsderivaten hat die Möglichkeit, Zinsrisiken abzusichern, ohne Liquidität bewegen zu müssen.

Eine Grobunterteilung der Derivate lässt sich wie folgt vornehmen:

- Terminkontrakte, wie z.B. DAX/Bund-Futures, Optionen auf Index oder einzelne Aktien,

- Zertifikate,
- Aktienanleihen,
- Investmentfonds wie z.B. Future- oder Hedge-Fonds,
- Optionsscheine,
- Spezialanleihen, wie z.B. Doppelwährungsanleihen, Kombizinsanleihen, Revers Floater.

Vom Grundsatz her sind Derivate sinnvoll, können sie doch (insbesondere unternehmerische) Risiken abdecken, die sich in der Zukunft ergeben könnten. Die Hauptfunktion der Derivate ist der Risikotransfer von risikoscheuen zu weniger risikoscheuen Marktteilnehmern. Exporteure und institutionelle Anleger können sich gegen unliebsame Schwankungen absichern; Spekulanten übernehmen diese Risiken und versuchen, ihrerseits Gewinne zu erzielen. Das Wachstum an derivativen Finanzinstrumenten nimmt ständig zu, insbesondere im Handelsvolumen.

Anlage-Hinweis
Nicht alle Derivate gelten als spekulativ. So bieten etwa Garantie- oder Discount-Zertifikate sowie Aktienanleihen ein geringeres Risiko als die vergleichbaren Basisprodukte und eignen sich auch für konservative Anleger.

Als Termingeschäft unterliegt die Veräußerung von Derivaten i.d.R. nur im Rahmen eines Spekulationsgeschäfts der Besteuerung. Sofern laufende Erträge oder eine Garantierückzahlung gewährt werden, liegen Kapitaleinnahmen vor. Derivate ohne Rückzahlungsgarantie unterliegen nicht der EU-Zinsrichtlinie.

Fazit: Derivate haben in den vergangenen Jahren bei Privatanlegern deutlich an Beliebtheit gewonnen. Denn mit den einzelnen Produkten wie Aktienanleihen oder Zertifikaten lassen sich in allen Börsensituationen ordentliche Renditen erzielen. Ein Argument, dass besonders in Niedrigzinsphasen sticht. Die Banken werfen immer neue Produktideen auf den Markt, was insoweit vorteilhaft ist, als die massive Konkurrenz für faire Angebote und Preise sorgt.

Derivate-Fonds

Dies sind Fonds, die überwiegend oder ausschließlich in Optionsscheine, Optionen, Futures oder ähnliche Instrumente investieren. Diese Anlageform kann spekulativ sein, wenn die eingesetzten Derivate wesentlich stärker schwanken als ihr zugrunde liegender Basiswert. Die Fonds können aber auch konservativ ausgerichtet sein, wenn sie auf eher risikoarme Zertifikatformen setzen.

Steuerlich ergeben sich keine Unterschiede zu → *Investmentfonds*. Zumeist bleiben große Teile der Erträge steuerfrei, da die Fonds nur selten Kapitaleinnahmen erzielen.

Fazit: Je nach Ausrichtung sind diese Produkte oft durch ihre breite Streuung für Privatanleger besser geeignet als das Direktinvestment in einzelne Derivate.

Devisentermingeschäfte

Dies sind Geschäfte mit ausländischen Währungen auf Termin. Dabei spekuliert der Anleger auf einen Gewinn in Form von Kursdifferenzen einer Währung im Vergleich zu einer Gegenwährung. Der Bezug des Währungsbetrags ist von vorneherein ausgeschlossen, es handelt sich mehr um Spekulation mit Wettcharakter.

Das Termingeschäft ist binnen Jahresfrist steuerpflichtig. Verluste können mit anderen privaten Veräußerungsgeschäften verrechnet werden und sind rück- und vortragsfähig.

Differenzgeschäfte

Das sind Börsentermingeschäfte über Wertpapiere oder Waren, bei dem der Gewinn oder Verlust aus der Ausnutzung von Kursschwankungen erzielt wird. Diese Geschäfte beziehen sich meist auf zugrundeliegende Basiswerte, die von ihrer Ausstattung her nicht lieferbar sind, also nicht effektiv gehandelt werden können.

Es handelt sich ebenfalls um einen Begriff aus dem Steuerrecht. Hier gilt der Kauf und Verkauf von Future-Kontrakten als Differenzgeschäft, wenn sie nicht durch Lieferung erfüllt, sondern durch ein gegenläufiges Geschäft glattgestellt werden. Dieser Begriff war insoweit bedeutsam, als Differenzgeschäfte im privaten Bereich im Gegensatz zu Spekulationsgewinnen vor dem Jahre 1999 nicht steuerbar waren. Erst seitdem erfolgt die Besteuerung über § 23 Abs. 1 Nr. 4 EStG.

Digital-Optionsschein

Alles oder nichts heißt es bei diesen Wertpapieren. Liegt der Kurs des Basiswerts bei Fälligkeit (europäische Option) oder während der Laufzeit (amerikanische Option) über (Call-Variante) oder unter (Put) einem vorher vereinbarten Preis, gibt es einen festen Betrag. Wird diese Schwelle erreicht, verfällt der Schein hingegen wertlos. Also entweder Festpreis oder überhaupt nichts. Steuerlich ergeben sich keine Unterschiede zu herkömmlichen → *Optionsscheinen.*

Direktversicherungen

Durch das Alterseinkünftegesetz hat sich die steuerliche Behandlung geändert. Bis Ende 2004 konnten die Beiträge zur Direktversicherung bis maximal 1.752 € pro Jahr pauschal mit 20 % versteuert werden. In der späteren Rückzahlungsphase bleibt die Kapitalauszahlung komplett steuerfrei. Ab 2005 bleiben die Beiträge zur Direktversicherung nach § 3 Nr. 63 EStG bis zu jährlich 4 % der Beitragsbemessungsgrenze steuerfrei. Hinzu kommt ein weiterer Festbetrag von 1.800 €, wenn die Zusage nach 2004 erteilt wird. Dafür ist der komplette Rentenbetrag in der Auszahlungsphase nach § 22 Nr. 5 EStG steuerpflichtig, die Option Kapitalauszahlung ist schädlich.

Wurde die Zusage bereits vor 2005 erteilt, können die Beiträge auch weiterhin nach dem alten Verfahren, also pauschal, versteuert werden. Hierzu mussten Arbeitnehmer gem. § 52 Abs. 6 EStG bis Ende Juni 2005 per Antrag beim Arbeitgeber auf die Steuerfreiheit verzichten (BMF v. 17.11.2004 – IV C 4 – S 2222 – 177/04, BStBl I, 1065). Handelt es sich um rein arbeitgeberfinanzierte Beiträge und wird die Pauschalsteuer nicht auf den Arbeitnehmer abgewälzt, wird eine Verzichtserklärung bereits angenommen, wenn der Arbeitnehmer nicht ausdrücklich widersprochen hatte.

Wurde dieser Antrag nicht ausgeübt, gelten die ab 2005 eingezahlten Beiträge auch bei Altverträgen bis zur Höhe von jährlich 4 % der Beitragsbemessungsgrundlage als steuerfrei, und die hierauf entfallenden späteren Rentenleistungen sind in voller Höhe steuerpflichtig. Bei Altfällen, in denen der Versicherungsvertrag lediglich eine Kapitalauszahlung durch Einmalbetrag vorsieht, kann der Arbeitgeber die Beiträge auch ohne Antrag weiterhin pauschal besteuern, § 52 Abs. 52a EStG.

Rechtslage bis Ende 2004

Unter dem Begriff „Direktversicherung des Arbeitnehmers“ versteht man ganz allgemein eine Lebensversicherung, die der Arbeitgeber bezahlt, bei der aber der Arbeitnehmer (oder seine Hinterbliebenen) einen Rechtsanspruch auf die Versicherungsleistung erwirbt, also die versicherte Person ist. Die Versicherung wird so behandelt, als hätte sie der Arbeitnehmer selbst abgeschlossen und würde die Beiträge entrichten. Bei der Direktversicherung beteiligt sich der Staat direkt an der privaten Altersvorsorge des Arbeitnehmers – und das über den Höchstbetrag hinaus, der als Sonderausgaben in der Einkommensteuererklärung zur Verfügung steht. Die Direktversicherung darf nicht vor Ablauf des 59. Lebensjahres ausgezahlt werden und eine vorzeitige Kündigung durch den Arbeitnehmer muss ausgeschlossen sein. Bei der Direktversicherung kann es sich um eine Versicherung gegen laufende Prämienzahlungen oder gegen Einmalzahlung handeln. Es kann sich um folgende Versicherungsarten handeln:

- Risikoversicherungen, die nur für den Todesfall eine Leistung vorsehen,
- Rentenversicherungen mit und ohne Kapitalwahlrecht gegen einmalige oder laufende Beitragsleistung,
- Kapitalversicherungen gegen einmalige oder laufende Beitragsleistung,
- fondsgebundene Lebensversicherungen,
- Unfallzusatzversicherungen und Berufsunfähigkeitszusatzversicherungen, die im Zusammenhang mit Lebensversicherungen abgeschlossen worden sind, und
- selbständige Berufsunfähigkeitsversicherungen und Unfallversicherungen mit Prämienrückgewähr, bei denen der Arbeitnehmer einen Anspruch auf die Prämienrückgewähr hat.

Eine Direktversicherung liegt nur vor, wenn der Arbeitnehmer der Versicherungsnehmer ist und die Versicherung auf das Leben dieser Person abgeschlossen wird. Hat der Arbeitnehmer die Versicherung zuvor selbst abgeschlossen, kann der Arbeitgeber zu einem späteren Zeitpunkt als Versicherungsnehmer in diese Versicherung einsteigen. Ab diesem Zeitpunkt sind die Voraussetzungen für die Anerkennung als Direktversicherung erfüllt.

Steuerlich begünstigt sind Lebensversicherungen auf das Leben des Arbeitnehmers, die vom Arbeitgeber bei einem in- oder ausländischen Versicherungsunternehmen abgeschlossen worden sind und bei denen der Arbeitnehmer oder seine Hinterbliebenen hinsichtlich der Versicherungsleistung ganz oder teilweise bezugsberechtigt sind. Interessant ist die Direktversicherung durch die pauschale Lohnversteuerung von nur 20 %. Hinzu kommen eine ebenfalls pauschalierte Kirchenlohnsteuer je nach Bundesland zwischen 4,5 % und 7 % der Lohnsteuer und der Solidaritätszuschlag von 5,5 % der Lohnsteuer, so dass die Gesamtbelastung etwa bei 22 % liegt.

Die Lohnsteuerpauschalierung für Beiträge zur Direktversicherung sind auf einen Betrag von jährlich 1.752 € oder monatlich 146 € je Arbeitnehmer begrenzt. Übersteigende Beträge müssen wie normaler Arbeitslohn besteuert werden. Einen Anspruch auf die pauschalierte Besteuerung durch den Arbeitgeber hat der Arbeitnehmer aber nicht. Die Durchführung der Pauschalierung ist auf das erste Dienstverhältnis beschränkt.

Anlage-Tipp

Die Pauschalierung von Beiträgen zur Direktversicherung kann sowohl durch zusätzliche Leistungen des Arbeitgebers als auch durch Verzicht des Arbeitnehmers auf Teile seines Lohns zugunsten von Versicherungsbeiträgen erfolgen. Eine Barlohnumwandlung ist für die Sozialversicherung nicht möglich, sie kommt daher bei Arbeitnehmern vorteilhaft in Betracht, die über der Beitragsbemessungsgrenze liegen. Eine Steuerersparnis ergibt sich auch, wenn beispielsweise das 13. Monatsgehalt (Weihnachtsgeld/Sonderzuwendung) mit einem Einmalbetrag von 1.752 € in die Direktversicherung eingezahlt wird.

Mit der vom Arbeitgeber zu zahlenden pauschalen Lohnsteuer ist die Lohnsteuer für die Direktversicherungsbeiträge voll abgegolten. Der pauschal besteuerte Arbeitslohn und die pauschale Lohnsteuer bleiben bei einer Veranlagung zur Einkommensteuer außer Ansatz. Die Beträge brauchen in den entsprechenden Steuererklärungen nicht angegeben zu werden. Die pauschale Lohnsteuer wird weder auf die Einkommensteuer noch auf die Jahreslohnsteuer angerechnet.

Rechtslage ab 2005

Ab 2005 werden Beiträge in eine Direktversicherung den übrige Altersversicherungsformen Pensionskasse und Pensionsfonds angeglichen. Gemäß § 3 Nr. 3 EStG bleiben maximal 4 % der Beitragsbemessungsgrundlage in der gesetzlichen Rentenversicherung steuerfrei. Voraussetzung hierfür ist, dass

- es sich um Beiträge des Arbeitgebers aus dem ersten Dienstverhältnis handelt,
- eine kapitalgedeckte Altersversorgung aufgebaut wird und
- die Auszahlung der Versicherungsleistung in Form einer Rente erfolgt.

Voraussetzung für die Steuerfreiheit ist, dass die Auszahlung der zugesagten Alters-, Invaliditäts- oder Hinterbliebenenversorgungsleistungen in Form einer lebenslangen Rente oder eines Auszahlungsplans mit anschließender lebenslanger Teilkapitalverrentung vorgesehen ist. Von einer Rente oder einem Auszahlungsplan ist auch noch auszugehen, wenn bis zu 30 % des zu Beginn der Auszahlungsphase zur Verfügung stehenden Kapitals außerhalb der monatlichen Leistungen ausgezahlt werden. Die Entnahme des Teilkapitalbetrags führt zur Besteuerung nach § 22 Nr. 5 EStG.

Beinhaltet die Direktversicherung auch die Option Kapitalauszahlung, ist dies für die Steuerfreiheit nicht schädlich. Entscheidet sich der Arbeitnehmer zugunsten einer Einmalkapitalauszahlung, so sind von diesem Zeitpunkt an die Voraussetzungen des § 3 Nr. 63 EStG nicht mehr erfüllt und die Beitragsleistungen zu besteuern. Erfolgt die Ausübung des Wahlrechts innerhalb des letzten Jahres vor dem altersbedingten Ausscheiden aus dem Erwerbsleben, können die Beitragsleistungen aus Vereinfachungsgründen weiterhin nach § 3 Nr. 63 EStG steuerfrei belassen werden. Bei Auszahlung ist der Einmalkapitalbetrag, soweit er auf steuerfrei geleisteten Beiträgen beruht, gem. § 22 Nr. 5 Satz 1 EStG vollständig zu besteuern, wobei die Fünftel-Regelung des § 34 EStG nicht in Betracht kommt.

Wird die Zusage nach 2004 erteilt, erhöht sich der steuerfreie Betrag um weitere 1.800 €. Dieser Zuschlag ist aber sozialversicherungspflichtig. In der späteren Auszahlungsphase werden die Renten in voller Höhe versteuert, § 22 Nr. 5 EStG. Kapitalauszahlungen bleiben nur steuerfrei, wenn der Vertrag vor 2005 abgeschlossen wurde.

Bei Beendigung des Arbeitsverhältnisses können Abfindungen und Guthaben aus Zeitkonten gem. § 3 Nr. 63 Satz 4 EStG steuerfrei in den Aufbau der Altersversorgung investiert werden. Dafür unterliegt die spätere Auszahlung der nachgelagerten Besteuerung. Pro Jahr der Betriebszugehörigkeit dürfen 1.800 € umgewandelt werden. Allerdings zählen hierbei nur Jahre ab 2005, was diese Wahlmöglichkeit erst einmal unattraktiv macht. Zumindest gilt in diesen Fällen weiterhin die Möglichkeit der pauschalen Besteuerung mit 20 % nach bisherigem Recht. Wird eine Abfindung in Raten in eine Direktversicherung gesteckt, bleiben die Beträge so lange steuerfrei, bis die Höchstgrenze erreicht wird. Das ist besonders positiv, da für Abfindungen in mehreren Teilbeträgen die Steuervergünstigung nach der Fünftel-Regel nicht greift.

Steuer-Tipp

Der Maximalbetrag gilt jetzt bezogen auf jedes erste Dienstverhältnis. Beim Jobwechsel sind die Maximalgrenzen pro Arbeitgeber erneut in voller Höhe und daher mehrmals im Jahr ausschöpfbar.

Fazit: Die Direktversicherung steht nunmehr auch steuerlich in Konkurrenz zu den anderen Angeboten der betrieblichen Altersvorsorge, wie etwa den Pensionsfonds. Die Steuerfreiheit in der Sparphase ist nach neuem Recht besonders bei hoher Progression günstig. Die bis Ende 2004 geltende Regelung mit einer Pauschalversteuerung kommt in vielen Fällen per saldo besser weg, da die spätere Auszahlung entweder überhaupt nicht (Kapitalwahl) oder nur mit dem geringen Ertragsanteil (Rentenwahl) besteuert wird. Für Arbeitnehmer ist eine Direktversicherung jedoch günstiger als eine Rürup-Rente. Beide werden nachgelagert besteuert, doch bei Rürup wirkt sich die Einzahlung steuerlich nur wenig aus.

Disagio

Solche Abgelder ergeben sich aus der Differenz zwischen dem (niedrigeren) Kurswert eines Wertpapiers und dem (höheren) Rückzahlungskurs. Das Disagio erhöht die Rendite einer Anleihe, da der – zumeist steuerfreie – Unterschiedsbetrag mit in die Berechnung der Gesamtrendite einfließt.

Da nur die Zinsen versteuert werden und das Disagio steuerlich nicht berücksichtigt wird, eignen sich Anleihen mit Abgeld besonders für Anleger mit einem hohen persönlichen Steuersatz. Denn nach Ablauf von zwölf Monaten ist der Kursgewinn auf jeden Fall steuerfrei. Anleihen über dem Nennwert, also mit Agio, eignen sich eher für denjenigen, der seinen steuerfreien Sparerfreibetrag noch nicht ausgeschöpft hat und somit durch einen höheren laufenden Zinsbetrag mehr vorzeitige Liquidität erhält.

Beispiel

Steuervorteile durch ein Disagio

Der Zinskupon ist	**Normal**	**Hoch 2**	**Gering**
Nominalzins	6,5 %	8,5 %	5,5 %
Kaufkurs der Anleihe	100 %	109 %	94 %
Rückzahlung in sechs Jahren	100 %	100 %	100 %
Rendite der Anleihe	6,5 %	6,5 %	6,5 %
Anlagebetrag	100.000 €	100.000 €	100.000 €
Nominalwert	100.000 €	91.700 €	106.300 €
Die Steuerrechnung			
Zinsertrag pro Jahr	6.500 €	7.794 €	5.846 €
Zinsen insgesamt	39.000 €	46.767 €	35.079 €
Steuersatz	50 %	50 %	50 %
Steuerbetrag	19.500 €	23.384 €	17.540 €
Kursveränderungen	0 €	– 8.300 €	+ 6.300 €
Zuzüglich Zinsen nach Steuer	19.500 €	23.384 €	17.540 €
Gesamtertrag	19.500 €	15.084 €	23.840 €

Ergebnis: Schon ein um 1 % geminderter Nominalzins im Vergleich von Angebot 3 zu Angebot 1 bringt einen Mehrertrag von 4.340 €.

Aber Vorsicht: Die Steuerfreiheit gilt nur für normal verzinste Anleihen innerhalb einer bestimmten Bandbreite, berechnet am Tag der Neuemission. Bei Zerobonds oder abgezinsten Sparbriefen beispielsweise setzt sich der gesamte Zinsertrag aus der Differenz zwischen dem Abgeld und dem später auszuzahlenden Nennwert zusammen. Ein Disagio bei der Emission entsteht, wenn ein festverzinsliches Wertpapier unter seinem Nennwert ausgegeben wird. Dieses Abgeld behandelt das Finanzamt als steuerpflichtige Kapitaleinnahme in Höhe des Differenzbetrags. Folge: Kursgewinne sind nach einem Jahr nicht mehr steuerfrei, und die Rendite vermindert sich. Dann fällt bei Verkauf oder Fälligkeit auch Zinsabschlag auf das erzielte Kursplus an. Doch nicht jedes Abgeld führt sofort zur Steuerpflicht: Aus Vereinfachungsgründen entfällt die Besteuerung, wenn folgende Disagiosätze bei der Neuemission nicht überschritten werden (BMF v. 24.11.1986 – IV B 4 – S 2252 – 180/86, BStBl I, 539, OFD Kiel v. 08.06.1999 – S 2252 A – St 111, FR 1999, 1083):

Laufzeit	Disagio in %	Laufzeit	Disagio in %
sechs Monate	0,5	4 bis 6	3
Bis ein Jahr	0,99	6 bis 8	4
Ein bis zwei Jahre	1	8 bis 10	5
Zwei bis vier Jahre	2	über 10 Jahre	6

Wird eine Anleihe binnen Jahresfrist nach der Erstemission aufgestockt, ist dieses Disagio nicht maßgebend. Erst bei längeren Zeiträumen muss der Prozentsatz erneut überprüft werden (BMF v. 15.03.2000 – IV C 1 – S 2252 – 87/00, DB 2000, 647, DStR 2000, 687).

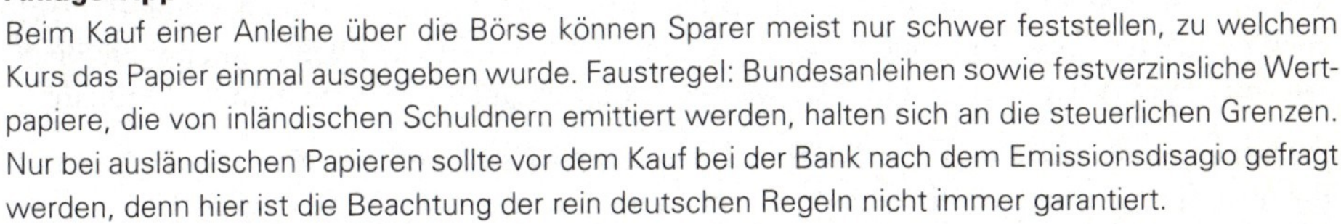

Anlage-Tipp

Beim Kauf einer Anleihe über die Börse können Sparer meist nur schwer feststellen, zu welchem Kurs das Papier einmal ausgegeben wurde. Faustregel: Bundesanleihen sowie festverzinsliche Wertpapiere, die von inländischen Schuldnern emittiert werden, halten sich an die steuerlichen Grenzen. Nur bei ausländischen Papieren sollte vor dem Kauf bei der Bank nach dem Emissionsdisagio gefragt werden, denn hier ist die Beachtung der rein deutschen Regeln nicht immer garantiert.

Mit welchem Abschlag ein festverzinsliches Wertpapier innerhalb der Laufzeit erworben wird, spielt hingegen keine Rolle. So bleibt der Kursgewinn einer zehnjährigen Anleihe zum Kaufpreis von 90 % steuerfrei, wenn die Emission nicht unter 94 % erfolgt ist.

Discount-Aktienanleihen

Bei dieser Sonderform der Aktienanleihe drückt sich das Kursrisiko nicht im höheren (steuerpflichtigen) Zinskupon, sondern in einem Kursabschlag auf den Anleihekurs aus.

Produkt	Rendite	Rückzahlung
Aktienanleihe	Hoher Zinskupon	Aktien oder Nennwert
Discount-Anleihe	Abschlag auf den Nennwert	Aktien oder Nennwert

Die Discountvariante hat einen stärker ausgeprägten Aktiencharakter. Die Höhe des Discounts hängt von folgenden Faktoren ab:

- Je höher der Basispreis der zugrunde liegenden Aktie über dem aktuellen Kurs der Aktie liegt, desto höher ist der Discount,
- je höher die Volatilität der Aktie, umso höher der Discount,
- je länger die Laufzeit, desto höher der Discount.

Beispiel

Eine Discount-Anleihe im Nennwert von 1.000 € mit zwölfmonatiger Laufzeit kostet bei Emission 850 € und ist mit zehn Aktien unterlegt. Der umgerechnete Kaufreis pro Aktie beträgt also 85 €; der Aktienkurs am gleichen Tag (angenommen) 93 €. Am Ende der Laufzeit gibt es den Nennbetrag, wenn der Aktienkurs über 100 € liegt. Liegt er darunter, werden zehn Aktien ins Depot gebucht. Durch den Discount ist die Rendite stets besser als bei der Direktinvestition in die Aktie.

Anleger profitieren bis zum Erreichen des Nennwerts an der positiven Entwicklung der zugrunde liegenden Aktie. Im Gegensatz zum Basisprodukt kostet die Investition in eine Discountanleihe einen geringeren Kapitaleinsatz, da sich der Kaufkurs unter pari bewegt.

Steuerlich ergeben sich keine Unterschiede zu herkömmlichen → *Aktienanleihen.*

Discountfonds

Diese Investmentfonds investieren in → *Discount-Zertifikate* und wollen über den verbilligten Kaufpreis bei den Aktien auch Renditen in seitwärts tendierenden Märkten erzielen. Im Vergleich zur Direktanlage besteht der Vorteil darin, dass der Fonds zwischen unterschiedlichen Laufzeiten, Discounthöhen, Caps und einer Fülle von Aktien wählen kann. Sie bieten konservativen Anlegern eine gute Alternative zur Direktanlage in Aktien und Zertifikate.

Steuerlich ergibt sich der Vorteil, dass der Fonds keine steuerpflichtigen Erträge erzielt, da die über die Abschläge realisierten Gewinne unabhängig von der Haltedauer steuerfrei bleiben. Anleger müssten die Papiere zumindest ein Jahr halten.

Discount-Zertifikate

Mit Fonds, Index-Zertifikaten oder dem Direkterwerb von Aktien lässt sich nur Geld verdienen, wenn die unterliegenden Märkte steigen oder die Dividendenzahlungen über den Kursverlusten liegen. Doch was ist, wenn die Börsen nachgeben oder seitwärts tendieren? Anleger müssen in diesen Situationen nicht zwangsläufig auf jegliche Renditeperspektiven verzichten. Denn über Discount-Zertifikate gewinnen sie immer dann, wenn die Kurse nicht dramatisch einbrechen, und im Vergleich zur direkten Aktienanlage fast immer.

Kein Wunder, dass Schuldverschreibungen in Form von Zertifikaten immer beliebter werden. Der Trend hat sich durch die Änderungen bei der Rentenbesteuerung und die Einführung der EU-Zinsrichtlinie ab Juli 2005 noch verstärkt, der Markt wächst rasant weiter.

Derzeit notieren rund 20.000 verschiedene Discounts an den deutschen Börsen. Der Umsatz liegt derzeit im Monatsdurchschnitt bei rund 3,2 Mrd. €. Vom Mitte 2006 insgesamt erreichten Investitionsvolumen in Zertifikate i.H.v. 100 Mio. € entfallen rund 8 % auf Discount-Zertifikate.

Das Geheimnis dieser großen Nachfrage lässt sich auch mit Renditezahlen belegen. Anleger, die auf diese Papiere setzen, fahren im Schnitt zu rund 80 % besser, als hätten sie die zugrunde liegende Aktie erworben. Nach einer Studie der Deutschen Bank erzielen Anleger mit Discount-Zertifikaten in drei Viertel der Fälle eine positive Rendite, mit Aktien selbst nur in rund der Hälfte.

Die Funktion von Discounts

Die börsennotierten Papiere werden mit einem Abschlag auf den aktuellen Kurs eines bestimmten Basiswerts ausgegeben. Dies können Aktien, Indizes und neuerdings auch Bundesanleihen sein. Der Besitzer erhält bei Fälligkeit Aktien oder einen Kursausgleich in bar. Der große Vorteil liegt im meist zweistelligen Abschlag. Der Kurs des Basiswerts kann bis zur Höhe des Discounts fallen, ohne dass Anleger Verluste verbuchen. Bewegt sich eine Aktie überhaupt nicht, ergibt sich bereits ein stattlicher Ertrag. Steigt der Basiswert moderat, summieren sich Gewinn aus dem Kursplus und der verbilligte Kaufpreis. Steigen Aktie oder Index beispielsweise um 5 %, macht das i.d.R. einen Ertrag von rund 15 % aus.

Als Gegenleistung für den Discount haben Zertifikat eine Obergrenze, das Cap: Liegt der Kurs bei Fälligkeit über diesen Wert, erhält der Anleger nur das Cap ausgezahlt; der Gewinn ist somit begrenzt. Kursverluste hingegen muss er in vollem Umfang tragen. Durch den eingeräumten Discount ist das Minus aber in jedem Fall deutlich geringer als bei einem Direktinvestment. Discount-Zertifikate unterscheiden sich von klassischen Index-Zertifikaten bzw. Aktien dadurch, dass sie einerseits eine begrenzte Laufzeit (i.d.R. drei bis 18 Monate) haben und andererseits die Rückzahlung von vorneherein auf einen Höchstbetrag (das Cap) begrenzt ist. Daraus ergeben sich zur Fälligkeit zwei Szenarien:

1. Der Bezugswert notiert auf oder über dem Höchstbetrag: Das Discount-Zertifikat wird zum Höchstbetrag zurückgezahlt.
2. Der Bezugswert notiert unter dem Höchstbetrag: Der Anleger bekommt meist den Bezugswert geliefert und bei Indexprodukten den aktuellen Kurs ausbezahlt.

Als Ausgleich für das limitierte Renditepotential ist ein Discount-Zertifikat stets billiger als sein Bezugswert (Aktie oder Index). So könnte z.B. ein in 13 Monaten fälliges und mit einem Höchstbetrag von 100 € ausgestattetes Discount-Zertifikat nur 75 € kosten, während die entsprechende Aktie zu diesem Zeitpunkt bei 90 € notiert. Der Abschlag auf den aktuellen Kurs beträgt also 15 € oder 16,66 %.

– Gewinnpotential

Anleger erhalten einen Abschlag auf den Aktienkurs, was eine lukrative Alternative zur Direktanlage darstellt. Damit ergeben sich folgende Anlagestrategien:

- Die Aktie kann bis zur Höhe des Discounts fallen, ohne dass ein Verlust verbucht wird.
- Verharrt der Kurs, errechnet sich in Höhe des Abschlags eine meist zweistellige Rendite.
- Steigt der Basiswert moderat an, resultiert der Gewinn aus Kursplus und Discount.
- Das Zertifikat hat eine Obergrenze – das Cap. Liegt der Aktienkurs bei Fälligkeit darüber, erhält der Besitzer den Cap in bar ausgezahlt; der Gewinn ist somit begrenzt.

- Kursverluste hingegen trägt er voll, was sich durch den Kursabschlag bei Emission aber nur mit einem Puffer auswirkt.
- Während der Laufzeit ausgeschüttete Dividenden verbleiben beim Emittenten.

Beispiel

Ein Zertifikat kostet 10 €, die zugrunde liegende Aktie zum gleichen Zeitpunkt 12,50 €. Das Cap beträgt 15 €. Der Aktienkurs bei Fälligkeit liegt bei

14 €	Der Anleger erhält die Aktie und verbucht einen Gewinn von 4 € = 40 %. Der Aktionär hätte 1,50 € verdient.
20 €	Der Anleger kassiert 15 €, das gibt einen Gewinn von 5 €. Beim Direktinvestment hätte er 7,50 € verdient.
9 €	Der Anleger erhält die Aktie und erzielt ein Minus von 1 €. Beim Direktinvestment hätte er 3,50 € verloren.
12,50 €	Beim Zertifikat ergibt sich ein Plus in Höhe des Abschlags von 2,50 €, beim Aktionär ein Nullsummenspiel.
10 €	Der Anleger erhält die Aktie und hat nichts verdient. Beim Direktinvestment hätte er 2,50 € verloren, allerdings möglicherweise eine Dividende kassiert.

Damit ist die Perspektive klar; das Zertifikat kann im besten Fall von 10 auf 15 € steigen. Mehr als diese 50 % Rendite sind nicht drin. Der Clou ist aber, dass die Aktie dafür bis zur Fälligkeit des Discount-Zertifikats nur um 2,50 € und somit 20 % von 12,5 auf 15 € steigen muss. Und selbst wenn die Aktie bei Fälligkeit wieder bei 12,5 € notiert, also per saldo unverändert, verdient das Discount-Zertifikat noch Geld. Es ist dann eben diese 12,5 € wert, doch angesichts des Einstiegskurses von 10 € ergibt das immer noch 25 % Plus. Ein Direktinvestment hätte mit ±0 geendet.

– Chance/Risiko-Verhältnis

Auf der anderen Seite wirkt der Discount als Verlustpuffer. Denn erst wenn die Aktie im vorherigen Beispiel bis zur Fälligkeit um über 25 % auf unter 10 € gefallen ist, hat das Discount-Zertifikat weniger Wert als heute. Doch auch unterhalb dieser Verlustschwelle schneidet das Zertifikat stets besser ab als die Aktie selbst. Nur wenn die Aktie stark zulegt – mehr als 50 %, die maximale Rendite des Discount-Zertifikats, wäre eine Direktanlage die bessere Lösung gewesen.

Die entscheidende Stellschraube für das Chance-Risiko-Profil ist somit der Höchstbetrag. Je höher dieser liegt, umso größer ist die Rendite-Chance; je kleiner er gewählt wird, umso größer fällt der Risikopuffer aus. Mit einem Discount-Zertifikat, dessen Höchstbetrag sehr deutlich unter dem aktuellen Kurs des Bezugswerts liegt, können Anleger selbst bei stark fallenden Kursen noch attraktive Renditen erwirtschaften.

Eigentlich sind Discount-Zertifikate die verbriefte Form des Stillhaltergeschäfts: Man kauft den Bezugswert und verkauft gleichzeitig eine Kauf-Option. Die dabei vereinnahmte Prämie entspricht dem Discount. Die Investition in Discount-Zertifikate ist also umso attraktiver, je stärker die Börsen schwanken – hohe Volatilitäten sorgen für hohe Optionsprämien und stattliche Discounts. Außerdem ist zu beachten, dass das beschriebene Chance/Risiko-Profil nur gilt, wenn das Discount-Zertifikat bis zur Fälligkeit gehalten wird.

Steuerliche Komponente
Da während der Laufzeit keine Zinsen gezahlt werden, fallen auch keine steuerpflichtigen Einnahmen i.S.d. § 20 EStG an (BMF v. 27.11.2001 – IV C 3 – S 2256 – 265/01, Tz. 49, BStBl I, 986). Sofern die dem Zertifikat zugrunde liegende Aktie eine Dividende ausschüttet, bleibt dies in diesem Wertpapier unberücksichtigt. Das ist aber steuerlich interessant, da die erwarteten Dividenden während der Laufzeit des Zertifikats bereits im Abschlag berücksichtigt werden. Denn je mehr Ausschüttung, umso größer das Disagio bei der Emission.

Checkliste zu den Vor- und Nachteilen der Discount-Zertifikate	
Der in der Höhe begrenzte Gewinn unterliegt nur innerhalb von zwölf Monaten gem. § 23 Abs. 1 EStG der Besteuerung.	❑
Die im Discount berücksichtigte Dividende bleibt steuerfrei.	❑
Bewegen sich Aktie oder Index wenig, ergibt sich beim Zertifikat dank des Abschlags immer noch ein Gewinn.	❑
Ein Verlust wird erst erzielt, wenn der Aktienkurs unter den Discountpreis sinkt.	❑
Auf Veräußerungsvorgänge bei Zertifikaten greift das Halbeinkünfteverfahren nach § 3 Nr. 40 EStG nicht.	❑
Der Sparerfreibetrag wird durch Zertifikate nicht in Anspruch genommen.	❑
Zinsabschlag wird nicht erhoben.	❑
Werden bei Fälligkeit Aktien geliefert, ist der Vorgang nach einem Jahr steuerfrei.	❑
Für die erhaltenen Papiere beginnt eine neue Spekulationsfrist. Maßgebend ist hierbei der Kurs bei Einbuchung ins Depot.	❑
Zertifikate in Auslandsdepots unterliegen nicht der EU-Zinsrichtlinie.	❑
Durch die ab 2008 geplante Abgeltungsteuer werden auch Zertifikate unabhängig von der Haltedauer erfasst. Allerdings werden auch Aktien erfasst, so dass die Vorteile des Discounts bleiben werden.	❑

Anlage-Tipp
Alternativ kommen → ***Outperformance-Zertifikate*** in Frage. Während das Discount als Risikopuffer bei Verlusten wirkt, gewinnt dieses Produkt bei steigenden Börsen. Aktien- und Zertifikatkurs sind bei Emission identisch. Liegt der Wert bei Fälligkeit darüber, gibt es Bares mit Zuschlag, beispielsweise den Gewinn zu 125 %. Dafür partizipieren Anleger im Verlustfalle ab dem ersten Euro. Eher spekulative Aktienanleger sollten zu dieser Variante greifen.

Anlagestrategien mit Discount-Zertifikaten

Da Zertifikate keine Zinsen oder Dividenden abwerfen, ergibt sich die Rendite aus dem Unterschied zwischen Kaufkurs und dem

- Aktienkurs im Zeitpunkt der Lieferung, also bei Fälligkeit,
- Wert der Rückzahlung, wenn das Cap erreicht wurde,
- Verkaufskurs, sofern das Zertifikat während der Laufzeit verkauft wird.

Aufgrund des Caps ist der Gewinn stets nach oben begrenzt, dies drückt sich auch in den laufenden Börsenkursen aus. Dieser maximale Gewinn berechnet sich nach der Formel

$$\text{Maximaler Gewinn} = \frac{\text{Rückzahlungswert} - \text{Kaufpreis}}{\text{Kaufpreis}} \times 100$$

Beispiel

Eine Aktie notiert bei 12 €, das hierauf basierende Discount-Zertifikat kostet zur gleichen Zeit 10 €. Das Cap liegt bei 15 €.

Aktien-kurs	Art der Rück-zahlung	Wert in €	Gewinn in %	Alternative: Aktiengewinn (in %)
1	Aktie	1	– 90,0	– 91,7
8	Aktie	8	– 20,0	– 33,3
10	Aktie	10	0,0	– 16,7
11	Aktie	11	10,0	– 8,3
12	Aktie	12	20,0	0,0
13	Aktie	13	30,0	8,3
15	Aktie	15	50,0	25,0
17	Cap	15	50,0	41,7
20	Cap	15	50,0	66,7
25	Cap	15	50,0	108,3
30	Cap	15	50,0	150,0

Ergebnis: Dieses einfache Szenario zeigt deutlich, dass das Zertifikat in fast allen Fällen die Direktanlage in Aktien schlägt. Die Aktie ist nur dann rentabler, wenn sie den beim Zertifikat möglichen Maximalgewinn übersteigt. Im Beispiel sind dies 18,01 €.

Anlage-Hinweis

Bei dieser Berechnung muss jedoch die während der Laufzeit erwartete Dividende berücksichtigt werden. Die erhält nämlich nicht der Anleger, sondern der Emittent. Der Wert der Ausschüttung muss also bei der Direktanlage noch hinzugerechnet werden.

Das Renditeplus erzielt das Zertifikat über den Abschlag. Je höher der Discount ist, umso größer kann der Vorteil im Vergleich zur Direktanlage ausfallen. Wovon ist nun die Höhe des Discounts abhängig?

- Die Höhe der erwarteten Dividende aus dem Basiswert
- Länge der Laufzeit

- Liegt das Cap weit über dem Aktienkurs, sind die Gewinnaussichten sehr hoch. In diesem Fall ist der Abschlag geringer.
- Notiert die Aktie hingegen um den Wert des Caps herum, verfügt das Zertifikat über einen hohen Abschlag.
- Liegt der Aktienkurs deutlich über dem Höchstbetrag, ist die Wahrscheinlichkeit einer Barauszahlung für den Anleger sehr hoch. Er kann daher nur eine ordentliche Rendite erzielen, wenn die Aktie bis zur Fälligkeit noch stark fällt. Der Discount, bezogen auf den aktuellen Aktienkurs, ist dann sehr hoch. Dies spielt aber keine Rolle, da dieser Wert für den Zertifikatbesitzer nicht maßgebend ist. Hier orientiert sich der maximale Gewinn eher an Zinskonditionen, der Abschlag vom Cap pendelt sich in diesen Größenordnungen ein.

Anlage-Tipp

Zertifikate, bei denen der Aktienkurs schon weit über dem Cap liegt, sind für konservative Anleger interessant. Zwar erreicht die Rendite kaum mehr als Festgeldcharakter, dafür kann sie aber nach einem Jahr steuerfrei vereinnahmt werden.

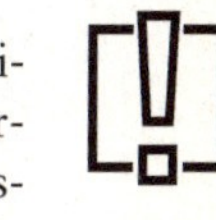

Fazit: Discountanleihen stellen i.d.R. die bessere Alternative als der Direkterwerb von Aktien dar. Allerdings sind sie nur für Anleger geeignet, die ohnehin in ein bestimmtes Unternehmen investieren wollen und die spätere Stellung als Aktionär nicht ausschließen. Die Discounts bergen durch den Abschlag weniger Risiken als Aktien und auch steuerliche Vorteile. Allerdings bieten die Emittenten nicht auf alle Unternehmen solche Zertifikate an.

Diskontierung

Diskonte sind Beträge, die an Stelle von Zinsen von demjenigen einbehalten werden, der eine Anweisung vor Fälligkeit der Forderung ankauft oder in Zahlung nimmt. Der Diskont ist dabei der Preis, den der abgebende Gläubiger dafür zahlen muss, dass er über den Geldwert seiner Forderung bereits vor Fälligkeit verfügen kann und das Risiko des Forderungsausfalls abgibt. Die Diskontbeträge stellen Kapitaleinnahmen dar, sofern dieser Vorgang beim annehmenden Gläubiger im Privatbereich durchgeführt wird.

Dividenden

Hierbei handelt es sich um den ausgeschütteten Gewinnanteil pro Aktie, deren Höhe und Auszahlung auf Vorschlag der Aktiengesellschaft auf der Hauptversammlung von den Aktionären festgelegt wird. Hierüber wird dann gesondert abgestimmt. Die Dividendenhöhe richtet sich meist nach Ertragskraft und Dividendenpolitik der Gesellschaft sowie nach erwarteten Konjunktur- und Zukunftsaussichten. Im Regelfall schüttet die Firma jährlich einen Teil ihres erwirtschafteten Gewinns aus. Aus unternehmerischen Gesichtspunkten kann die Gesellschaft auch beschließen, den erwirtschafteten Gewinn nicht auszuschütten und ihn stattdessen zu thesaurieren, um ihn für geplante neue Investitionen oder als Rücklage bei erwarteter künftiger Verschlechterung der Geschäftslage einzusetzen.

Für den Aktionär ist die Gewinnausschüttung neben der Aussicht auf Kurssteigerung die zweite Einnahmequelle. Bei „dividendenfreundlichen“ Aktiengesellschaften ist die Dividendenrendite (Dividende im Verhältnis zum Börsenkurs) mit der von Anleihen vergleichbar. Deutsche und viele ausländische Firmen schütten einmal, amerikanische viermal (Quartalsdividende), niederländische, britische oder spanische beispielsweise durch eine Vorabdividende zweimal jährlich aus.

Bei Gesellschaften, deren Wirtschaftsjahr vom 01.01. bis zum 31.12. eines Jahres (Regelfall) geht, erfolgt die Dividendenausschüttung meist zwischen April und Juli des Folgejahres. Man spricht in diesem Zusammenhang auch von der Dividendensaison. Da eine Reihe von Firmen abweichende Wirtschaftsjahre haben, findet eigentlich in jeder Woche mindestens eine Hauptversammlung und somit eine Dividendenausschüttung statt. Bei der mehrmaligen Ausschüttung handelt es sich um eine Vorauszahlung auf das Jahresergebnis, das meist im Herbst des laufenden Wirtschaftsjahres für die Dividende im Frühjahr des nächsten Jahres gezahlt wird. Bei deutschen Gesellschaften wird dieses Verfahren nicht praktiziert, da insbesondere eine Vorabausschüttung vor Ablauf des Wirtschaftsjahres bei Aktiengesellschaften nicht zulässig ist (wohl aber bei einer GmbH). Auch Bonus- oder Sonderausschüttungen gehören mit zur Dividende. Hierbei handelt es sich zumeist um einmalig angefallene Vorgänge wie Veräußerungsgewinne oder Ausschüttungen aufgrund von Firmenjubiläen oder steuerlichen Besonderheiten.

Am Ausschüttungstag wird die entsprechende Aktie an den Börsen exD gehandelt, es erfolgt der Dividendenabschlag vom Kurs, der von der Höhe der Ausschüttung abhängt. Der Tag nach der Hauptversammlung (= Ausschüttungstermin) eignet sich als Kauftag besonders für Anleger mit hohem Steuersatz, die dann nicht erhaltene Dividende spiegelt sich im entsprechend niedrigeren Kaufkurs wider. Bei Quartalsausschüttungen amerikanischer Firmen merkt man meist nichts vom Abschlag, da er kaum ins Gewicht fällt.

Steuerlich herrschen seit 2001 für Aktiengesellschaften und seit 2002 für ihre Aktionäre völlig neue Verhältnisse – bedingt durch die Unternehmensteuerreform. Die wesentliche Neuerung: Während zuvor die Dividenden von Aktionären nach dem Anrechnungsverfahren besteuert wurden, erfolgt dies nun im Halbeinkünfteverfahren.

Checkliste zum Halbeinkünfteverfahren bei Dividenden	
Aktionäre müssen die erhaltenen Ausschüttungen über § 20 Abs. 1 Nr. 1, § 3 Nr. 40d EStG nur noch zur Hälfte versteuern. Daher stammt der Begriff Halbeinkünfteverfahren. Die übrigen 50 % sind steuerfrei.	❑
Erfasst werden sowohl normale Gewinnausschüttungen als auch Vorab- und Sonderdividenden.	❑
Der Steuerzeitpunkt richtet sich nach dem Zufluss auf dem Konto des Anlegers; für welches Geschäftsjahr die Ausschüttung erfolgt, spielt keine Rolle.	❑
Vom Zuflussprinzip gibt es zwei Ausnahmen beim Alleingesellschafter (Ausschüttungsbeschluss) und beherrschenden Aktionär (Gutschrift auf Verrechnungskonto der AG). Dies trifft führ Privatanleger aber i.d.R. nicht zu und findet eher bei GmbH-Gesellschaftern Verwendung.	❑
Besteht die Dividende aus der Rückzahlung des steuerlichen Einlagekontos nach § 27 KStG, ist dies keine Kapitaleinnahme.	❑
Der steuerfreie Anteil unterliegt nicht dem Progressionsvorbehalt und erhöht somit auch nicht die Steuerprogression für die übrigen zu versteuernden Einkünfte. Lediglich zur Berechnung der Kirchensteuer und den Bezügen von volljährigen Kindern werden diese 50% berücksichtigt.	❑

Checkliste zum Halbeinkünfteverfahren bei Dividenden (Fortsetzung)	
Die von der Kapitalgesellschaft gezahlte Körperschaftsteuer wird beim Gesellschafter weder als Einnahme angesetzt noch auf die Steuerschuld angerechnet.	❑
Das Halbeinkünfteverfahren gilt auch für Dividenden von ausländischen Aktiengesellschaften.	❑
Ausgaben, die mit Dividenden zusammenhängen, können nur noch zur Hälfte als Werbungskosten abgezogen werden.	❑
Die halbierte Besteuerung bei Dividenden wirkt sich auch bei in- und ausländischen Investmentfonds aus. Voraussetzung allerdings: Die Gesellschaft macht die Beteuerungsgrundlagen gem. § 5 InvStG bekannt.	❑
Der Sparerfreibetrag von 750 € pro Person wird nur von den steuerpflichtigen Dividenden abgezogen und verdoppelt sich faktisch in dieser Hinsicht. Damit können Anleger bis zu 1.500 € – Ehepaare 3.000 € – an Ausschüttungen kassieren, ohne dass die Bank Steuern einbehält.	❑
Die Kapitalertragsteuer beträgt 20 % für inländische Dividenden oberhalb des Freistellungsbetrags. Sie wird dann allerdings gem. §§ 43 Abs. 1 Nr. 1, 43a Abs. 1 Nr. 1 EStG vom vollen Betrag berechnet, also vom steuerfreien und steuerpflichtigen Teil.	❑
Liegt der individuelle Steuersatz des Aktionärs unter 40 %, kommt es über die Veranlagung zu einer Erstattung zu viel einbehaltener Kapitalertragsteuer.	
Bei Dividenden von jenseits der Grenze fällt zwar keine Kapital-, dafür aber eine Quellensteuer an, deren Satz sich nach der vollen Ausschüttung richtet. Hier erfolgt eine Berücksichtigung über § 34c EStG.	❑
Werden Dividenden durch die Ausgabe neuer Aktien gezahlt, unterliegen diese Stock-Dividenden als Kapitaleinnahmen ebenfalls dem Halbeinkünfteverfahren.	❑
Ab 2007 erfolgt über § 20 Abs. 1 Nr. 1 Satz 4 EStG eine geänderte Zuordnung bei Leerverkäufen um den Ausschüttungstermin.	❑

Steuer-Hinweis

Die ausgeschüttete Dividende kann auch steuerfrei bleiben, wenn die AG einen Teil des Eigenkapitals (Rücklagen oder Grundkapital) zurückzahlt. Das kann auch durch Herabsetzung des Grundkapitals geschehen, hierzu ist jedoch ein Beschluss der Hauptversammlung erforderlich. Die steuerfreie Ausschüttung wird nicht auf den Sparerfreibetrag angerechnet und sollte auch nicht auf der Jahresbescheinigung auftauchen. Im Falle einer Herabsetzung des Nennwerts mindert die steuerfreie Dividende die Anschaffungskosten der Aktie entsprechend. In diesem Fall ist allerdings die nicht steuerbare Dividende nicht in die Beurteilung der Überschusserzielungsabsicht einzubeziehen, so dass Finanzierungsaufwand für den Aktienerwerb nicht als Werbungskosten abziehbar ist (FG München v. 18.06.2004 – 9 V 958/04).

Fazit: Dividenden machen durchschnittlich 40 % des Anlagenerfolgs bei Aktien aus. Eine Reihe von Aktien haben höhere Dividendenrenditen als Anleihen und bieten auch noch die Aussicht auf Kurserträge. Diese positive Aspekte von Ausschüttungen werden oft unterschätzt. Darüber hinaus ist der Kursverlauf von Aktien mit dauerhaft hoher Dividende i.d.R. besser als bei vergleichbaren Werten ohne oder mit geringer Ausschüttung.

Dividendenscheine (Kupons)

Dividendenscheine sind ein Bestandteil einer Aktie. Sie dienen der Auszahlung der Dividende. Sie werden von der Aktie abgetrennt und – sofern die Aktie nicht im Depot einer Bank verwahrt wird – bei einem Bankinstitut gegen Erhalt der Dividende eingelöst. Die Kupons können auch selbständig veräußert werden. Die eigene Verwahrung von Aktien und Einlösung der Scheine erfordert vom Anleger einen größeren Verwaltungsaufwand als die Verwaltung in einem Bankdepot. Das einlösende Institut verlangt jedes Mal eine Gebühr und alle Termine (Dividendenzahlung oder Ausübung von Bezugsrechten) sind selbst zu überwachen. Bei Verwahrung in einem spesengünstigen Girosammeldepot führt die Bank automatisch alle anfallenden Transaktionen aus und informiert den Anleger darüber. Die Verwahrung von Aktien im Tafelgeschäft ist in jedem Falle ungünstiger als die Depotverwahrung.

Unter steuerlichen Gesichtspunkten ergeben sich drei Varianten:

1. **Veräußerung von Aktie mit Kupon:** Bei diesem Regelfall wird die Aktie über die Börse mit allen zugehörenden Dividendenscheinen veräußert. Außer einem Veräußerungsgewinn fallen keine weiteren steuerpflichtigen Einnahmen an. Die im Verkaufspreis enthaltene anteilige Jahresdividende wird nicht gesondert herausgerechnet. Das gilt selbst bei einer Veräußerung am Tag vor dem Ausschüttungstermin. Der Käufer hat im Zeitpunkt der Dividendengutschrift den vollen Betrag als Einnahme zu versteuern, unabhängig von der Besitzzeit. Eine Verrechnung wie bei Anleihen über die Stückzinsen erfolgt nicht.
2. **Veräußerung von Dividendenscheinen ohne Aktien:** Beim Veräußerer ergeben sich Einnahmen aus Kapitalvermögen in Höhe des Veräußerungserlöses. Kapitalertragsteuer wird über § 43 Abs. 1 Nr. 1 EStG erst bei Zahlung ab dem Jahr 2005 erhoben. Für den Erwerber liegt eine steuerpflichtige Einnahme bei Dividendenausschüttung vor. Bei der Kapitalertragsteuer wird nicht zwischen Tafelgeschäft und Depotverwahrung unterschieden. In beiden Fällen unterliegt die Gewinnausschüttung dem 20 %igen Kapitalertragsteuerabzug.
3. **Veräußerung von Aktien ohne Kupon:** Der erzielte Veräußerungserlös unterliegt der Spekulationsbesteuerung. Bei Dividendenzahlung ist beim Veräußerer der Betrag als Einnahme aus Kapitalvermögen zu versteuern, ohne Rücksicht auf die nicht mehr vorhandenen Aktien.

Beim Tafelgeschäft kann der Anleger den Geldfluss und damit auch den steuerlichen Zufluss steuern, indem er die Dividendenscheine zu einem späteren Zeitpunkt einlöst. Erst dann hat er die Verfügungsmacht über das ausgezahlte Bargeld. Allein die Fälligkeit führt nicht zu einem Zufluss nach § 11 EStG. Lösen Erben fällige Dividendenscheine aus dem Nachlass ein, fließen die Zinsen folglich den Erben zu.

Dividendenstripping

Dies ist die gezielte Veräußerung von Aktien kurz vor dem Ausschüttungstermin mit unmittelbarem Rückkauf danach. Dieses Verfahren zielt im Wesentlichen auf die Vermeidung der

Besteuerung der Kapitalerträge und bis 2001 auf das Körperschaftsteuerguthaben ab. Dieses Geschäft beruht auf dem Sachverhalt, dass unmittelbar nach der Dividendenausschüttung (ex-Tag) der Börsenkurs i.d.R. um den Ausschüttungsbetrag sinkt.

Funktion des Strippings	Aktionär 1	Aktionär 2
Verkauf zum Kurs von 50 €	+ 50 €	– 50 €
Dividende		+ 3 €
Rückkauf zu 48 €	– 48 €	+ 48 €
ergibt insgesamt	+ 2 €	+ 1 €

Bei dem Ankauf von Aktien „cum Dividende" und der Veräußerung „ex Dividende" in engem zeitlichen Zusammenhang über eine Bank, die das Geschäft über die Börse ausführt, handelt es sich um zwei voneinander unabhängige Geschäfte, die nicht zum Gestaltungsmissbrauch nach § 42 AO führen (Hessisches FG v. 30.08.2005 – 4 K 2557/99, EFG 2006, 277, Revision unter I R 85/05).

Doppel-Aktienanleihe

Es handelt sich um eine Aktienanleihe, die sich auf gleich zwei Basiswerte bezieht. Der Emittent hat die Möglichkeit, Aktien von zwei verschiedenen Unternehmen anstelle des Nominalbetrags zu zahlen. Im Gegensatz zur herkömmlichen Aktienanleihe geht der Anleger das Risiko ein, vom Kursverlauf zweier Aktien abhängig zu sein. Dafür ist der Zinskupon höher als beim herkömmlichen Produkt – statt 20 beispielsweise 30 %. Geliefert wird bei Fälligkeit der Basiswert, der am stärksten gefallen ist.

Szenario bei Fälligkeit	Der Anleger erhält
Beide Aktien liegen unter dem Basispreis	die am meisten gefallene Aktie
Eine Aktie liegt über, die andere unter dem Basiswert	die Aktie unter dem Basiswert
Beide Aktien liegen über dem Basispreis	den Nennbetrag

Interessant ist diese doppelte Aktienanleihe für Anleger, die in beiden Aktien während der Laufzeit keine nennenswerten Kursschwankungen erwarten und sich hierfür eine hohe Zinszahlung garantieren lassen. Außer dem größeren Kursrisiko ergeben sich keine Besonderheiten zu herkömmlichen Aktienanleihen. Den höchsten Verlust erleidet der Anleger, wenn die angediente Aktie an Wert verloren hat, die andere jedoch Kursgewinne erzielt hat. Im Gegensatz zur normalen Aktienanleihe wird nicht der garantierte Höchstbetrag wie bei Kurssteigerung, sondern die im Wert gefallene Aktie gezahlt.

Steuerlich ergeben sich keine Besonderheiten zu herkömmlichen → *Aktienanleihen*. Die Zinsen stellen Kapitaleinnahmen dar, die angedienten Aktien sind im Falle einer Veräußerung als Spekulationsgeschäft steuerpflichtig. Ein Kursminus aus der Anleihe kann – unabhängig von der Laufzeit – als negative Kapitaleinnahme geltend gemacht werden.

Fazit: Diese Papiere bieten höhere Risiken und Chancen im Vergleich zu normalen Aktienanleihen, was je nach Anlegergeschmack interessant sein kann. Allerdings stammen die beiden Bezugswerte zumeist aus völlig unterschiedlichen Branchen, so dass Investoren selten zwei passende Aktien für die gleiche Strategie finden werden.

Doppel-Discount-Zertifikate

Bei diesem Two-Asset-Discount-Zertifikat handelt sich um ein Discount-Zertifikat, dem im Unterschied zur herkömmlichen Ausgabe zwei Aktien zugrunde liegen. Der Emittent besitzt das Wahlrecht, dieses Zertifikat entweder zum Nennbetrag oder durch Lieferung einer der beiden Aktien zu tilgen. Eine Lieferung des Wertpapiers erfolgt in den Fällen, in denen zum Ende der Laufzeit (Fälligkeit) zumindest der Kurs eines der beiden Aktien unterhalb des vereinbarten Basispreises liegt. Notieren beide Werte darunter, erhält der Anleger die Aktie mit dem geringeren Wert. Die Entscheidung liegt ausschließlich beim Emittenten. Damit steigt die Wahrscheinlichkeit, dass die Rückzahlung nicht zum Höchstbetrag, sondern durch Lieferung einer der beiden Basiswerte erfolgt.

Dafür liegt der Preisabschlag höher als bei den normalen Discountpapieren, meist über 25 %. Eine maximale Rendite für den Anleger wird erzielt, wenn bei Fälligkeit die Kurse beider Aktien leicht oberhalb ihres Basispreises liegen. Liegen beider darunter, wird der Wert geliefert, der prozentual am stärksten unter seinem Basiswert notiert, also die kursmäßig schlechtere Aktie.

Szenario bei Fälligkeit	Der Anleger erhält
Beide Aktien liegen unter dem Basispreis	die am meisten gefallene Aktie
Eine Aktie liegt über, die andere unter dem Basiswert	die Aktie unter dem Basiswert
Beide Aktien liegen über dem Basispreis	den Höchstbetrag

Anlage-Tipp

Die Anlage in ein doppeltes Discount-Zertifikat ist dann ratsam, wenn Aktionäre ohnehin beide Aktien erwerben und langfristig halten möchten. In diesem Fall zahlen sie einen deutlich geringeren Betrag als beim Direkterwerb. Als Gegenleistung entgehen ihnen lediglich starke Kursanstiege. Optimal ist die Anlage in Werte, bei denen sie von einem leichten Kursanstieg ausgehen. Hier erhöht sich sein Gewinn im Vergleich zur Direktanlage durch den Preisabschlag. Schlecht sieht es für Anleger aus, wenn sich der Kursverlauf beider Aktien entgegengesetzt bewegen sollte. An der Kurssteigerung partizipieren sie nicht, den Verliererwert hingegen erhalten sie.

Steuerlich ergeben sich keine Unterschiede zu → *Discount-Zertifikaten.* Sofern bei Fälligkeit Aktien erworben werden, stellt deren Wert bei Einbuchung ins Depot den Verkaufspreis für das Zertifikat und gleichzeitig die Anschaffungskosten für die Aktien dar. Eine Veräußerung der Aktien innerhalb von weiteren zwölf Monaten stellt dann einen steuerpflichtigen Vorgang dar.

Fazit: Ein lukratives Angebot in Zeiten mit seitwärts tendierenden oder leicht steigenden Aktienbörsen. Dann kann über den hohen Abschlag eine üppige Rendite vereinnahmt werden, die auch noch steuerfrei bleiben kann. Das Risiko besteht darin, dass sich einer der beiden Aktien abwärts bewegt.

Doppelwährungsanleihen

Bei dieser Anleiheart erfolgen Emission und Zinszahlung in einer anderen Währung als die Rückzahlung. Sie haben eine Mittelstellung zwischen inländischen und Fremdwährungsanleihen. Grund für die Ausgabe von Doppelwährungsanleihen ist meist, dass der Schuldner die Ausgabe und Zinszahlung in einer fremden, niedrigverzinslichen (Hart-)Währung begibt, die Einlösung aber in der schwächeren „Heimatwährung" erfolgt, somit für ihn kein Währungsrisiko zum Rückzahlungstermin besteht. Da für weichere Währungen ein höherer Zinssatz am Kapitalmarkt gezahlt werden muss, liegt die Ausgabe in einer stabilen, niedrigverzinslichen Währung auf der Hand. Das Aufwertungsrisiko der „Zinswährung" trägt somit der Anleger, der einen Rückzahlungsverlust selbst tragen muss.

Beispiel
Eine US-Gesellschaft emittiert eine Doppelwährungsanleihe in Euro. Die jährliche Zinszahlung wird in Euro gezahlt, bei Fälligkeit erfolgt die Rückzahlung zum Nennwert in US-$. Da das Zinsniveau im Euro-Raum unter dem in den USA liegt, muss das Unternehmen weniger Zinsen zahlen. Der Dollar ist aus Sicht der Gesellschaft abwertungsverdächtig, daher, erfolgt die Rückzahlung in der Heimatwährung.

Die Zinsen unterliegen als Kapitaleinnahme nach § 20 Abs. 1 Nr. 7 EStG der Besteuerung sowie dem Zinsabschlag. Sollten die Zinszahlung nicht in Euro erfolgen, ist der am jeweiligen Auszahlungstag gültige Devisenumrechnungskurs maßgebend. Eine Finanzinnovation und somit eine Kursgewinnbesteuerung erfolgt nur, wenn die Anleihe besondere Ausstattungsmerkmale nach § 20 Abs. 2 Nr. 4 ESta aufweist.

Aus Sicht des Anlegers liegt der Vorteil zum einen in der höheren Rendite sowie der Spekulation auf einen günstigeren Kursverlauf der Rückzahlungswährung. Sollte der US-$ im Beispiel zum Laufzeitende wider Erwarten nicht gefallen oder sogar gegen den Euro gestiegen sein, kommen Währungsgewinne hinzu. Doppelwährungsanleihen eignen sich für den risikofreudigen Investor als Depotbeimischung. Für den vermögenden Privatanleger bietet sich als Alternative die Streuung des Anleihedepots auf mehrere Fremdwährungsanleihen an. Hier verteilt man Devisenrisiko, Fälligkeitstermine und Laufzeiten – und das bei gleichen Chancen.

Double-Chance-Zertifikat

Verluste des Basiswerts in einfacher Höhe hinnehmen, am Kursplus in doppelter Höhe partizipieren. Solche Renditeaussichten bietet diese Variante des Zertifikats. Liegt der Kurs des Basiswerts bei Fälligkeit über dem Emissionspreis, gibt es den Anstieg in doppelter Höhe.

Beispiel
Ausgabe zu 100. Liegt der Basiswert bei Fälligkeit über diesem Kurs, gibt es das Plus in doppelter Höhe, maximal aber 40 %.

Kurs bei Fälligkeit	Zertifikat		Aktie	
	Rückzahlung	Rendite (in %)	Rückzahlung	Rendite (in %)
150	140	+ 40	150	+ 50
130	140	+ 40	130	+ 30
105	110	+ 10	105	+ 5
90	90	– 10	90	– 10

Fazit: Dieses Produkt eignet sich für Anleger, die leicht steigende Kurse des Basiswerts erwarten. Ist eher mit schwankenden oder leicht fallenden Kursen zu rechnen, lohnt eher das Discount-Zertifikat.

Dropped Lock Floater

Dies sind variabel verzinsliche Anleihen, deren Zinssatz mit einer Untergrenze, dem Floor, versehen ist (Gegenstück zum Capped Floater mit einer Obergrenze). Wie bei normalen Floatern fällt der Zinssatz bei allgemein fallendem Geldmarktzins, allerdings nur bis zu einem vereinbarten Mindestsatz. Dort verharrt er, bis die Zinsen wieder steigen oder die Anleihe fällig geworden ist. Die Absicherung nach unten dient dem Anleger, da der Zinssatz dieses Floaters nicht unbegrenzt fallen kann.

Anlage-Tipp

Befindet sich das Floor nahe am derzeitigen Marktniveau, ist diese Anleiheform normalen Floatern vorzuziehen. Der Grund: Der Zinssatz der Anleihe kann sich für Anleger nichts mehr negativ entwickeln. In einer Hochzinsphase eignen sich Dropped Lock Floater nicht unbedingt, da der Zinssatz fallen wird und die Untergrenze noch weit entfernt sein dürfte. Sollte man sich allerdings über die weitere Entwicklung unschlüssig sein, bieten sich Dropped Lock Floater an; man partizipiert weiterhin an hohen, vielleicht noch weiter steigenden Zinsen. Kippt der Zinstrend, ist immer noch ausreichend Zeit, auf andere Anleiheformen umzusteigen. Vielleicht ist die Untergrenze auch gar nicht so weit entfernt und der Floater kann behalten werden.

Die Zinsen sind zu versteuern und unterliegen dem Zinsabschlag. Dabei kann es aufgrund der mehrfachen jährlichen Auszahlung auch zu einem mehrfachen Zinsabschlag und somit zu einer Einschränkung des Zinseszinseffekts kommen. Dropped Lock Floater erfüllen die Voraussetzungen einer Finanzinnovation mit der Folge, dass auch Kursveränderungen als Kapitaleinnahmen – negativ und positiv – steuerlich zu erfassen sind. Auf eine vorzeitige Veräußerung mit Gewinn wird ein Zinsabschlag einzubehalten. Eine Emissionsrendite kann für Floater nicht ermittelt werden.

Fazit: Je nach aktueller Zinssituation und erwarteter Entwicklung ist diese Variante besser als herkömmliche Floater. Durch die Absicherung nach unten handelt es sich um eine konservative Anlageform.

Dual-Anleihe

Es handelt sich um eine Anleihe, die mit einem Rückzahlungswahlrecht des Schuldners ausgestattet ist. Dieser hat das Recht, an einem zuvor festgelegten Zeitpunkt die Anleihe entweder in Euro oder einer anderen Währung zurückzuzahlen. Der Wechselkurs ist bereits bei der Emission festgeschrieben worden. Der Schuldner wird sich im Zweifel für die Währung entscheiden, die bei Fälligkeit schwächer ist. Die Zinsen stellen Kapitaleinnahmen dar, die dem Zinsabschlag unterliegen. Ein Kursverlust bei Rückzahlung stellt einen Verlust auf der Vermögensebene dar.

Fazit: Ein eher spekulatives Investment. Währungsverluste können die gesamten Zinserträge wieder zunichte machen. Anders als bei herkömmlichen Fremdwährungsanleihen besteht keine Aussicht auf Devisengewinne, da der Emittent die Anleihe in diesem Fall in Euro tilgt.

Dual-Index-Floater

Anleihen, bei denen sich die Verzinsung an den höheren Satz von zwei Referenzzinssätzen variabel angleicht. Durch den Vergleich mit zwei Zinssätzen ergibt sich ein Vorteil zu herkömmlichen Floatern. Erhaltene Zinsen aus diesen Floatern unterliegen als Kapitaleinnahme der Besteuerung. Als Finanzinnovation sind auch Kurserträge steuerpflichtig.

Edelmetalle

Anlagen in Gold, Silber oder Platin werfen keine laufenden Erträge ab, steuerliche Einnahmen fallen demnach nicht an. Die Anlage kann in physischer Form (Barren, Münzen) oder durch anteilige Beteiligung an einem Edelmetallkonto bzw. Goldsparplan erfolgen. Die Anlage dient dem Schutz vor Inflation und erzielt Gewinne ausschließlich durch Kurssteigerungen des entsprechenden Edelmetalls. Die Kursnotierungen lauten in US-$ und werden hauptsächlich in London und New York festgestellt. Hierdurch ist der Kursverlauf des Goldes für einen Inländer auch sehr stark vom Kurs des US-$ abhängig.

Gegenüber anderen Sachwerten wie etwa Immobilien haben Edelmetalle und hier insbesondere das Gold den Vorteil, dass sie leicht zu transportieren sind und im Ernstfall schnell zu Geld gemacht werden können – egal in welcher Währung. Als physischer Erwerb von Gold bieten sich Goldmünzen besser als vergleichbare Barren an, da sie weltweit als Ersatz von Bargeld anerkannt werden und fälschungssicher sind. Hierbei haben Sie die Auswahl zwischen sogenannten bullion coins wie American Eagle (USA), Britannia (England), Krügerrand (Südafrika), Nugget (Australien), Maple Leaf (Kanada) und dem Philharmoniker (Österreich).

Anlage-Tipp

Wer in Edelmetalle investieren möchte, sollte alternativ auf Minenaktien setzen, deren Kursverlauf sich meist parallel zum Edelmetallkurs bewegt, zusätzlich aber Erträge in Form von Dividenden abwirft. Allerdings sind die Kursausschläge deutlich ausgeprägter als beim Gold selbst, dies allerdings in beide Richtungen. Auch bei Minenwerten ist man vom Wechselkurs abhängig, da es keine deutsche Gesellschaft gibt, die Edelmetalle fördert. Neben der reinen Gold-Kursbewegung partizipieren Aktionäre vom Gewinnwachstum des Unternehmens.

Der Erwerb von Gold(-münzen) ist umsatzsteuerfrei, die Banken verlangen jedoch als Verkaufsgebühr einen Ausgabeaufschlag auf den inneren Metallwert (pro Unze etwa 6,9 %, beim Krügerrand nur 4,5 %), ähnlich dem Erwerb bei Investmentfondsanteilen. Dabei gilt: Je kleiner die Goldeinheit (z.B. 1/10 Unze), umso höher sind die Gebühren. Bei einer Zehntel-Münze müssen Sie bereits mit Gebühren von rd. 22 % rechnen.

Fazit: Gold als Barren oder Münze machen sich zwar gut in den heimischen vier Wänden, aus Anlagegesichtspunkten ist jedoch ein Investment über Aktien, Fonds oder Zertifikate besser. Wer es spekulativ will, kann auf den Goldpreis über Optionsscheine setzen.

Edelsteine

Bei Edelsteinen wird im allgemeinen Sprachgebrauch meist ausschließlich von Diamanten gesprochen. Der Nachteil im Vergleich zu Gold oder Platin liegt hauptsächlich in einem nicht vorhandenen öffentlichen Handelsmarkt mit für jedermann gültigen Preisen. Ein transparenter An- und Verkauf ist für den privaten Investor nur schwer möglich. Eine vorliegende Expertise wird für den einen Käufer ausreichend sein, der andere übt daran Kritik. Aus Anlagegesichtspunkten erscheint es weniger sinnvoll, auf Edelsteine zu setzen. Bei der Investition in Sachwerte bieten sich da eher Edelmetalle an.

Eigenanteile

Unter bestimmten Bedingungen dürfen Aktiengesellschaften (inländische bis zu 10 % des Grundkapitals) ihre eigenen Aktien aufkaufen. Das kann Sinn machen, wenn die Firma für vorhandene Gelder keine bessere Anlagealternative hat. Der Rückkauf signalisiert dem Anleger, dass die AG vom Erfolg des Unternehmens und dem positiven Kursverlauf der eigenen Aktien überzeugt ist, sie also derzeit für unterbewertet hält.

Anlage-Tipp

Da durch einen Rückkauf anschließend weniger Anteile im Umlauf sind, muss die Gesellschaft weniger Gesamtdividende ausschütten und der Gewinn pro ausstehender Aktie steigt. Dies führt dann wiederum zu einem geringeren Kurs/Gewinn-Verhältnis und kann für anziehende Kurse sorgen. Dieser positive Aspekt verpufft allerdings, wenn die AG die Aktien für Mitarbeiteroptionen einsammelt. Dann fließen sie bei Ausübung wieder auf den Markt.

Emerging Market Bonds

Dies sind Anleihen aus den sogenannten Schwellenländern. Diese Bonds zeichnen sich durch hohe Zinskupons und Renditen aus. Dies resultiert aus dem niedrigeren Rating der Emittenten. Die werden i.d.R. nur in Euro gehandelt, so dass sie kein Währungsrisiko beinhalten.

Emissionsaufgeld

Emittiert eine Gesellschaft Optionsanleihen mit Aufgeld und werden die Optionen anschließend nicht ausgeübt, liegt steuerlich eine Zuführung zum Eigenkapital und damit eine steuerfreie Einlage vor (BFH v. 30.11.2005 – I R 3/04, DB 2006, 130). Aus Sicht des Privatanlegers sind die Anschaffungskosten in den Preis für die Schulverschreibung und das Optionsrecht aufzuteilen, → *Optionsanleihe*.

Emissionsdisagio

Dies ist ein Abschlag auf den Nennwert oder den Ausgabekurs bei Neuemission einer festverzinslichen Anleihe, meist zur Feinabstimmung auf den Marktzins. Bei einer festen Verzinsung bewirkt ein Disagio eine Erhöhung der Effektivverzinsung und somit der Rendite, vor und nach Steuern. Näheres → *Disagio*.

Emissionsdiskont

Der Abschlag auf den Nennwert einer Anleihe erfolgt nicht direkt bei der Emission (Emissionsdisagio), sondern im Zeitraum zwischen Beschluss der Ausgabe und tatsächlichem Ausgabezeitpunkt durch Anpassung an den Marktzins. Dies gilt auch, wenn Anleihen nach der Erstemission aufgestockt werden. Ein Diskont ist nur dann steuerpflichtig, wenn er bestimmte Abschlagsgrößen überschreitet. Dies gilt sowohl für die Erstemission als auch bei Aufstockungen innerhalb eines Jahres (BMF v. 15.03.2000 – IV C 1 – S 2252 – 87/00, DB 2000, 647, DStR 2000, 687).

Emissionsrendite

Diese mathematische Berechnungsgrundlage spielt in der Steuererklärung eine wichtige Rolle, wenn Finanzinnovationen im Depot liegen und diese nicht von der Ausgabe bis zur

Fälligkeit permanent dort gehalten werden. Gemäß § 20 Abs. 2 Nr. 4 Satz 1 EStG sind die Einnahmen i.S.d. § 20 Abs. 2 Nr. 4 Buchst. a) bis d) EStG steuerpflichtig, soweit sie der rechnerisch auf die Besitzzeit entfallenden Emissionsrendite entsprechen. Der Begriff Emissionsrendite ist im Gesetz nicht definiert. Es handelt sich um die Rendite, die bei der Emission des Wertpapiers bzw. bei der Begründung der Forderung von vornherein zugesagt und bis zur Einlösung des Wertpapiers/der Forderung mit Sicherheit erzielt werden wird (BMF v. 30.04.1993 – IV B 4 – S 2252 – 480/93, BStBl I, 343).

Die Emissionsrendite wird

- errechnet, um die prozentuale Einnahme pro Jahr auszuweisen, die rechnerisch auf die Zeit eines Wertpapierbesitzes entfällt,
- bis zur Fälligkeit mit Sicherheit erzielt,
- von Kursveränderungen nicht beeinflusst,
- nach finanzmathematischen Formeln ermittelt,
- vom Emittenten bei Ausgabe bekanntgegeben und nach der bei Fälligkeit zu erzielenden Gesamtrendite bemessen,
- berechnet aus den Faktoren: Emissions- und Einlösedatum, Emissions- und Rückzahlungskurs des Wertpapiers sowie Anschaffungs- und Veräußerungszeitpunkt des Anlegers.

Die Berechnung der Emissionsrendite ist schwierig und wird vom Finanzamt nur angesetzt, wenn Anleger den Wert vorgeben und detailliert ausrechnen. Doch die Mühe lohnt sich – vor allem dann, wenn in einem Verkauf von Finanzinnovationen hohe Kursgewinne stecken. Die würden dann in vollem Umfang als Kapitaleinnahme versteuert, wenn Anleger nicht die Emissionsrendite ansetzten. Diese Rechenaufgabe lohnt sich für die vergangenen Jahre ganz besonders.

Berechnungsformel
Da das Finanzamt Anleger bei der Berechnung nicht unterstützt, müssen sie auf andere Hilfen zurückgreifen. So etwa auf den jeweiligen Emissionsprospekt des Schuldners der Finanzinnovation. Der berechnet die Rendite bei der Ausgabe, die Kreditinstitute sowie einige Zeitungen veröffentlichen den Wert. Anleger sollten sich den Wert von ihrer Hausbank berechnen lassen, sobald sie die in Frage kommenden Wertpapiere verkaufen oder bei Fälligkeit einlösen. Dann können sie diese Unterlage der Steuererklärung beifügen und verhindern unnötig hohe Kapitaleinnahmen. Für die Bemessung des Zinsabschlags kann die Emissionsrendite allerdings nicht verwendet werden. Für die hausinterne Berechnung (oder wenn die Rendite nicht bekannt ist) kann von folgenden Formeln ausgegangen werden:

$$(1 + R/100)^n = K_n/K_0$$

Dabei ist

R = die gesuchte Emissionsrendite

K_n = der Rücknahmewert des Wertpapiers

K_0 = der Emissionswert des Wertpapiers

n = die Gesamtlaufzeit des Wertpapiers

Die vorgenannte Formel ist aber nur zu verwenden, wenn das Wertpapier von der Emission bis zur Fälligkeit durchgehalten wird. Eine zwischenzeitliche Rendite (Anschaffung und/oder Veräußerung zwischen Emission und Fälligkeit) errechnet sich nach einer Hilfsformel, die aus der Emissionsrendite abgeleitet ist. Sie geht vom bei Emission geltenden Aufzinsungsfaktor aus und wird auf den Übertragungszeitpunkt aufgezinst.

Rechnerischer Anschaffungs-/Veräußerungskurs = Emissionskurs x Aufzinsungsfaktor F

$$F = q^n \times ((R \times T/360 \times 100) + 1)$$

Dabei ist

F = der Aufzinsungsfaktor

q^n = der Aufzinsungsfaktor für volle Jahre

R = die angegebene Emissionsrendite

T = Jahresbruchteil in Tagen (Monate und Tage)

Steuer-Tipp
Die exakte Berechnung der Emissionsrendite mit vielen Beispielen ergibt sich aus Schreiben der Finanzverwaltung: BMF vom 24.01.1985 – IV B 4 – S 2252 – 4/85, BStBl I, 77 und vom 01.03.1991 – IV B 4 – S 2252 – 12/91, BStBl I, 422. Weitere Erläuterungen sind aus der umfangreichen Verfügung der OFD Kiel vom 03.07.2003 – S 2252 A – St 231, StEK EStG § 20/308.

Die Berechnung der Einnahmen nach der Emissionsrendite gelingt auch bei Anleihen in fremder Währung. Denn beispielsweise bei einem Zerobond in US-$ lässt sich sehr wohl die Emissionsrendite berechnen – in fremder Währung. Anleger müssen die vorgenannte Rechnung jeweils in Fremdwährung vornehmen und den ermittelten Steuerkurs dann in Euro umrechnen. Maßgebend ist der jeweilige Kurs bei An- und Verkauf.

Kursertrag oder Emissionsrendite dürfen stets alternativ angesetzt werden. Nachfolgend die Entscheidungshilfen:

Checkliste zum Ansatz von Markt- oder Emissionsrendite	
Sind die Marktzinsen beim Erwerb und der Fälligkeit oder einem Verkauf identisch, gibt es keinen Unterschied zwischen Markt- und Emissionsrendite. Die Bewegungen während der Laufzeit sind für die Berechnungen unerheblich. Da die Ermittlung der Marktrendite einfacher ist, kommt sie zum Ansatz.	❑
Sinkt das Zinsniveau, werden bei einer Veräußerung auch Kursgewinne realisiert. Diese sind bei der Marktrendite in voller Höhe zu versteuern, bleiben bei der Emissionsrendite hingegen ohne Ansatz.	❑
Sind die Zinsen per saldo gestiegen, führt dies zu fallenden Anleihekursen. Beim Verkauf sind dann bei der Emissionsrendite Erträge zu versteuern, die effektiv nicht angefallen sind. In diesem Fall ist es günstiger, die Einnahmen nach der Marktrendite zu ermitteln.	❑
Werden die Zerobonds von Emission bis Fälligkeit gehalten, bringen beide Methoden dasselbe Ergebnis. Folglich lohnt die Berechnung der Emissionsrendite nicht.	❑
Bei Fremdwährungsanleihen fließen Devisenveränderungen nicht in die Berechnung der Emissionsrendite ein. Folge: Ein Währungsplus bleibt unversteuert auf der Vermögensebene. Bei einer schwachen Anlagewährung lohnt hingegen die Versteuerung des in Euro umgerechneten Ertrags.	❑

Siehe auch → *Marktrendite.*

Energiefonds

Geschlossene Fonds, die in Wind-, Bio- oder Solarenergie investieren, waren die Verlierer des Jahres 2004 und sind auch anschließend nicht mehr zum Renner geworden. Schlechte Leistungsbilanzen, falsche Prognosen, Reparaturkosten und hohe Versicherungsprämien machten Fonds mit Fokus auf erneuerbare Energien trotz Einspeiseverpflichtungen nicht zu einem Favoriten bei den Anlegern. Generell wird die Investition in erneuerbare Energien durch das EEG gefördert. Hiernach sind Energieversorgungsunternehmen verpflichtet, aus Wind- oder Sonnenkraft erzeugten Strom zu bestimmten Einspeisevergütungen vorrangig abzunehmen. Die Anbieter kalkulieren mit hohen Fremdkapitalquoten und daher auch Verlustzuweisungen in der Anfangsphase nahe 100 %. Ob anschließend die prognostizierten Renditen von bis zu 8 % realisierbar sind, ist meist unsicher.

Aufgrund der hohen Anfangsverluste sind die gewerblichen Energiefonds vom § 15b EStG stark betroffen, wonach bei Steuersparmodellen nur noch eine langfristige Verrechnung von negativen Einkünften mit Gewinnen aus dem gleichen Fonds möglich ist. Dies ist dann die Chance für Initiatoren, die mit ordentlichem wirtschaftlichen Konzept schnell in die schwarzen Zahlen kommen und Verluste dann zügig verrechnen lassen. Die ersten Angebote lassen erkennen, dass die Initiatoren nunmehr auf die langfristige Steuerfreiheit der Erträge abzielen. Durch die hohen Anfangsverluste kommt es dazu, dass es über eine Laufzeit von mehr als zehn Jahren nicht zu steuerpflichtigen Gewinnen kommt.

Fazit: Aus Renditeaspekten sind andere geschlossene Fonds attraktiver und auch zumeist besser kalkulierbar. Doch einzelne Konzepte sind durchaus erfolgsversprechend, mit ein wenig grünem Gewissen sollte sich insbesondere ein Investment in die Solarenergie langfristig auszahlen, da es seit 2004 höhere Einspeisevergütungen gibt und keine Größenbegrenzung mehr vorgesehen ist. Das macht die aktuellen Projekte rentabler.

Entschädigungsfonds

Diese Wertpapiere werden ab dem Jahr 2004 mit Zinsen bedient, § 8 VermG. Entschädigte, die ihre Anleihe bis zur Fälligkeit 2008 behalten, müssen keine Kursveränderungen versteuern. Für zwischenzeitliche Erwerber handelt es sich hingegen um Finanzinnovationen (BMF v. 09.10.1998 – IV C 1 – S 2121 – 1/98, BStBl I, 1226; v. 02.10.2001 – IV C 1 – S 2121 – 4/01, BStBl I, 779).

Erstattungszinsen

Ein Steuerguthaben verzinst das Finanzamt nach Ablauf von 15 Monaten mit einem jährlichen Zinssatz von 6 %. Diese Erstattungszinsen gem. § 233a AO gehören zu den Einkünften aus Kapitalvermögen nach § 20 Abs. 1 Nr. 7 EStG. Hierzu zählen die Erstattungszinsen nicht nur aus der Einkommensteuer, sondern auch die aus anderen Steuerarten. Maßgebend ist immer das Jahr, in dem die Beträge überwiesen werden, § 11 Abs. 1 EStG.

Hierbei spielt es keine Rolle, dass der Steuerzahler dazu gezwungen ist, dem Fiskus das Kapital im Voraus zu überlassen. Als unproblematisch gilt auch die fehlende Einkünfteerzielungsabsicht. Entscheidend ist nämlich, dass die Erstattungszinsen als Entgelt für einen entgangenen Ertrag angesehen werden, der ansonsten bei einem anderen Kapitaleinsatz angefallen wäre (BFH v. 08.11.2005 – VIII R 105/03, BFH/NV 2006, 527).

Steuer-Hinweis
Da das Finanzamt über die Höhe der zugeflossenen Erstattungszinsen informiert ist, sollten diese Kapitaleinnahmen penibel in der Steuererklärung erfasst werden.

Sofern Nachzahlungszinsen an den Fiskus zu entrichten sind, können diese nicht geltend gemacht werden. Sie gehören zu den nicht abziehbaren Aufwendungen i.S.d. § 12 Nr. 3 EStG. Entsprechend sind auch Rückzahlungen von beglichenen Nachzahlungszinsen zu beurteilen. Hierbei handelt es sich nicht um steuerpflichtige Erstattungszinsen, sondern um die Minderung zuvor festgesetzter Nachzahlungszinsen, die nicht von § 20 Abs. 1 Nr. 7 EStG erfasst werden.

Nachzahlungszinsen werden jedoch ausnahmsweise verrechnet, wenn sie wegen des gleichen Sachverhalts wie Erstattungszinsen anfallen. Das ist der Fall, wenn ein Steuerbescheid noch einmal geändert wird, und zwar zu Ungunsten. Die Rückzahlung der erhaltenen Erstattungszinsen gilt als negative Kapitaleinnahme. Maßgebend hierbei ist das Jahr der Zahlung gem. § 11 Abs. 2 EStG, auch wenn dieses vom ursprünglichen Erstattungszeitraum abweicht (OFD Magdeburg v. 27.08.2003 – S 2252 – 68 – St 214, DB 2003, 2040).

Euribor-Future

Der Euribor-Future ist ein kurzfristiger Zinsterminkontrakt, der auf eine Laufzeit von einem Monat (Einmonats-Euribor) oder drei Monate (Dreimonats-Euribor) festgelegt ist. Basiswert ist der Interbanken-Zinssatz für Ein- bzw. Dreimonats-Termingelder in Euro, der auf Basis des Euribor (**Eur**opean **I**nter**b**ank **O**ffered **R**ate) standardisiert ist. Es handelt sich um einen Terminkontrakt (Abschluss auf einen festen Termin) auf den deutschen Rentenmarkt, der an der Deutschen Terminbörse (EUREX) gehandelt wird. Der Mindesthandelswert beträgt 3 Mio. € (ein Monat) bzw. 1 Mio. (drei Monate) und eignet sich somit eher für institutionelle Anleger.

Der Euribor-Future dient der Spekulation auf kurzfristige Zinsveränderungen am deutschen Kapitalmarkt und zum Absichern von nicht absehbaren Zinsänderungsrisiken (Hedging). Fallender Zinssatz bedeutet steigenden Future-Kurs und umgekehrt. Bei steigenden Zinsen tritt man somit als Verkäufer des Futures auf und umgekehrt.

Die einzelnen Monatskontrakte haben eine Laufzeit von je einem Monat und laufen jeweils für die folgenden sechs Monate, so dass immer sechs verschiedene Futures gleichzeitig gehandelt werden. Die Dreimonatskontrakte haben eine Laufzeit von je einem Monat und laufen jeweils für die folgenden drei Monate sowie die nächsten elf Quartalsmonate, so dass immer 14 verschiedene Futures gleichzeitig gehandelt werden mit einer maximalen Laufzeit von drei Jahren.

Die Erfüllung erfolgt durch Barausgleich, fällig am ersten Börsentag nach dem letzten Handelstag, der Handel in Prozent mit drei Dezimalstellen auf der Basis 100 abzüglich gehandeltem Zinssatz. Ein Tick beträgt 0,005 %; dies entspricht einem Wert von 12,50 €.

Private Gewinne oder Verluste, die aus dem Handel mit einem Future anfallen, stellen steuerpflichtige Veräußerungsgeschäfte dar, sofern zwischen An- und Verkauf weniger als zwölf Monate liegen. Nur beim Dreimonats-Future ist eine Steuerfreiheit möglich, da eine Laufzeit über ein Jahr angeboten wird. Zu einer Lieferung von Anleihen durch die Glattstellung einer Short-Position kann es beim Euribor-Future im Gegensatz zum Bund-Future nicht kommen.

Euribor-Konten

Euribor-Konten sind Konten, deren Verzinsung in einem bestimmten Turnus (monatlich, quartalsweise oder halbjährlich) an den aktuellen Euribor-Satz angepasst wird. Der EURIBOR (**Euro**pean **I**nter**b**ank **O**ffered **R**ate) bezeichnet den Durchschnittsatz, zu dem Banken im Inland untereinander kurzfristiges Geld ausleihen. Er wird auch „Interbankensatz" genannt, börsentäglich aus dem Durchschnitt der Zinssätze aller Banken ermittelt.

Diese Anlageform ähnelt dem Sparen in Festgeldern oder Floatern und ist somit unmittelbar an die aktuelle Zinsentwicklung gekoppelt. Der Vorteil liegt in der leicht höheren Verzinsung als beim Festgeld oder sonstigen, vergleichbaren Sparkonten, im fairen, transparenten Zinssatz, da die Verzinsung des Guthabens sich immer nach dem Marktzins richtet und nicht nach Entscheidungen bzw. Gutdünken des einzelnen Bankinstituts, den fehlenden Spesen sowie dem fehlenden Kursrisiko.

Vielfach wird auch ein Mindestzinssatz – ein Floor – garantiert, damit die Verzinsung auf keinen Fall unter das eines des Sparbuchs fallen kann. Der weitere Vorteil liegt darin, dass im Gegensatz zum Festgeld oftmals über das angesparte Kapital wie bei einem Girokonto verfügt werden kann. Sofern ein Teilbetrag benötigt wird, erfolgt die Verzinsung für den Restbetrag weiter; eine Kündigung ist nicht erforderlich.

Anlage-Tipp

Bei fallenden Marktzinsen lohnt sich eher die EURIBOR-Anlage mit längerer Anpassungsfrist (quartalsweise oder sogar halbjährlich), während bei steigendem Zins die monatliche Anpassung für den Anleger günstiger ist. Für die langfristige Geldanlage ist diese Anlagemöglichkeit nicht geeignet, eher zum Zwischenparken.

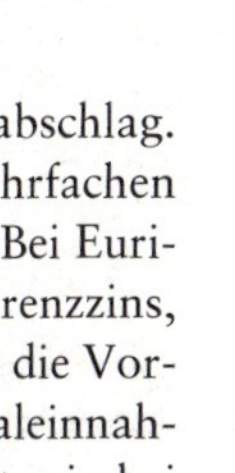

Die Zinsen sind als Kapitaleinnahme zu versteuern und unterliegen dem Zinsabschlag. Dabei kann es aufgrund der mehrfachen jährlichen Auszahlung auch zu einem mehrfachen Steuereinbehalt und somit zu einer Einschränkung des Zinseszinseffekts kommen. Bei Euribor-Konten ist der (Zins-)Ertrag von einem ungewissen Ereignis, nämlich dem Referenzzins, abhängig und die Zinszahlung erfolgt in unterschiedlicher Höhe. Damit erfüllen sie die Voraussetzungen von Finanzinnovationen. Folge: Auch Kursgewinne wären als Kapitaleinnahmen zu erfassen. Da es sich jedoch um variabel verzinste Anleihen handelt, greift wie bei → *Floatern* eine Ausnahmeregelung. So wird aus Vereinfachungsgründen die besondere Besteuerung nicht angewendet.

Euribor-Option

Es handelt sich um eine Option auf den dreimonatigen Euribor-Future . Sie gibt dem Käufer das Recht, während der Laufzeit der Option einen Kontrakt zum festgelegten Basispreis zu kaufen/verkaufen. Eine Option entspricht dabei einem Euribor-Future. Die Option ist im Gegensatz zum Future ein Recht, aber keine Verpflichtung. Bei Ausübung bekommt der Ausübende einen Terminkontrakt geliefert (Call) bzw. liefert beim Put selbst einen Kontrakt. Die Ausübung der Option ist jederzeit möglich, letztmalig am letzten Handelstag.

Als Termingeschäft unterliegt die Veräußerung einer Euribor-Option der Steuerpflicht. Verluste können mit anderen privaten Veräußerungsgeschäften verrechnet werden und sind rück- und vortragsfähig. Ausführlich → *Termingeschäfte.*

Euro-Bonds

Die Ausgabe solcher Anleihen ist für weltweit tätige Großunternehmen ein wichtiges Finanzierungsinstrument geworden. Es handelt sich hierbei um (fest-)verzinsliche Wertpapiere, die nicht im Heimatland des Emittenten, sondern an ausländischen Börsen und vorrangig über den Finanzplatz London ausgegeben werden. Steuerlich unterscheiden sich die Eurobonds nicht von herkömmlichen Anleihen. Sie werden als Kapitaleinnahmen erfasst und unterliegen dem Zinsabschlag, sofern die Werte in einem inländischen Depot lagern.

Steuer-Hinweis

Eurobonds könnten in Zukunft eine noch wichtigere Rolle spielen. Sie unterliegen wie andere Anleihen nicht der EU-Zinsrichtlinie, sofern sie vor März 2001 emittiert worden sind. Darüber hinaus sind sie jedoch auch befreit, wenn ihre Ausgabebedingungen eine Bruttozinsklausel enthalten. Die besagt, dass der Emittent mögliche Quellensteuerbeträge auf die Zinsausschüttungen übernimmt. Sofern Österreich, Luxemburg und Belgien nicht auf Kontrollmitteilungen umsteigen müssen, sind diese Bonds auch weiterhin nach 2010 privilegiert.

Euro-Schatz-Future

Der Euro-Schatz-Future (= kurzfristiger Bund-Future) ist ein Zinsterminkontrakt, der auf eine fiktive kurzfristige Schuldverschreibung des Bundes mit 1,75- bis 2,25-jähriger Laufzeit und einem Kupon von 6 % standardisiert ist. Es handelt sich um einen Terminkontrakt (Abschluss auf einen festen Termin) auf den deutschen Rentenmarkt, der an der deutschen Terminbörse (EUREX) zwischen 8.00 Uhr und 19.00 Uhr gehandelt wird.

Der Mindest-Handelswert und auch ein Kontrakt beträgt 100.000 €. Der Euro-Schatz-Future dient der Spekulation auf Zinsveränderungen am deutschen Kapitalmarkt und zum Absichern von Zinsänderungsrisiken (Hedging). Fallender Zinssatz bedeutet steigenden Future-Kurs und umgekehrt. Bei steigenden Zinsen tritt man somit als Verkäufer des Schatz-Futures auf und umgekehrt.

Eine **Lieferverpflichtung** aus einer Short-Position in einem Euro-Schatz-Future-Kontrakt kann nur erfüllt werden durch:

- Bundesschatzanweisungen, die eine ursprüngliche Laufzeit von höchstens 2 1/4 Jahren und eine Restlaufzeit von mindestens 1 3/4 Jahren haben,
- Bundesobligationen,
- vierjährige Bundesschatzanweisungen,
- Bundesanleihen.

Die Schuldverschreibungen müssen ein Mindestemissionsvolumen von 5 Mrd. € aufweisen.

Die Notierung des Schatz-Futures wird durch Angebot und Nachfrage bestimmt und richtet sich hauptsächlich nach der Marktzinsentwicklung. Bei einem Zinsanstieg sinkt der Kurs des Zinsfutures. Ein Renditerückgang führt zu anziehenden Kursen, sodass eine Absicherung gegen sinkende Zinsen erreichbar ist. Die Notierung erfolgt in Prozent vom Nominalwert; 0,01 % ist ein Tick, der 10 € ausmacht. Beispiele zur Anwendung → *Bund-Future* mit den entsprechenden Anwendungsmöglichkeiten für kurzfristige Anlagen.

Private Gewinne oder Verluste, die aus dem Handel mit einem Future anfallen, stellen stets steuerpflichtige Veräußerungsgewinne gem. § 23 Abs. 1 Nr. 4 EStG dar, da die maximale

Laufzeit auf die nächsten drei Jahresquartale beschränkt ist, also immer unter einem Jahr beträgt.

Kommt es entgegen der ursprünglichen Differenzerzielungsabsicht ausnahmsweise zu einer Lieferung von oben genannten Anleihen durch die Glattstellung einer Short-Position, liegt für den Verkäufer eines Future-Kontrakts vorrangig ein Veräußerungsgeschäft vor. Für den Käufer dieses Futures liegen bei einer weiteren Veräußerung der erworbenen Bundesanleihen ebenfalls Einnahmen aus der Veräußerung der Anleihen vor, sofern diese Veräußerung innerhalb eines Jahres erfolgt.

EU-Zinsrichtlinie

Am 20./21.06.2000 wurden im portugiesischen Santa Maria da Feira die Grundsteine zur Mitte 2003 verabschiedeten Zinsrichtlinie (Richtlinie 2003/48/EG im Bereich der Besteuerung von Zinserträgen, Amtsblatt der EU, L 157/38 vom 26.06.2003) gelegt. Sie trat zum 01.07.2005 in Kraft, mit einem halben Jahr Verspätung aufgrund innenpolitischer Schwierigkeiten in der Schweiz. Aber immerhin wurde sie Wirklichkeit, was viele Beobachter lange Zeit nicht für möglich gehalten hatten. Die Zinsrichtlinie wirkt in 25 EU-Staaten sowie auch auf die aus Anlegersicht wichtigsten Drittländer. Ziel ist, Zinserträge von jenseits der Grenze wirkungsvoll zu erfassen und effektiv im Wohnsitzstaat des Anlegers zu besteuern. Dies gelingt, indem die Länder einen automatischen Informationsausgleich einführen. Vorerst machen nur 22 EU-Staaten mit, während Österreich, Luxemburg und Belgien übergangsweise eine Quellensteuer für Anleger mit abweichendem Wohnsitzstaat erheben. Dieses Verfahren wenden auch Drittstaaten wie die Schweiz, Liechtenstein, Monaco oder Andorra an. Sie beugen sich damit der Übermacht der EU-Länder, ohne ihr Bankgeheimnis preiszugeben. Gleiches gilt für die abhängigen Off-Shore-Finanzplätze wie Jersey oder Guernsey. Demgegenüber haben sich andere assoziierte Gebiete für die Teilnahme am Informationsaustausch entschieden.

Steuer-Hinweis

Für die Pflicht zur Auskunftserteilung oder zum Steuerabzug ist es unerheblich, wo der eigentliche Schuldner der Zinsen niedergelassen ist. Hierfür wird vielmehr an die Zahlstelle bzw. den Sitz der Bank angeknüpft. So ist beispielsweise die Brasilienanleihe in einem österreichischen Depot betroffen, nicht aber eine österreichische Anleihe bei einer Bank in Brasilien.

Die betroffenen Länder im Überblick

Diese Staaten versenden **Kontrollmitteilungen**

Dänemark	Litauen
Deutschland	Malta
Estland	Niederlande
Finnland	Réunion
Frankreich	Martinique
Griechenland	Polen
Großbritannien	Portugal mit Madeira und Azoren
Irland	Slowakei
Italien	Slowenien
Lettland	Spanien (mit Kanarischen Inseln)

Schweden	Tschechien
Ungarn	Zypern (nur griechischer Teil)
Cayman-Inseln	Montserrat
Anquilla und Aruba	Gibraltar
Guadeloupe	Französisch-Guayana

Diese Staaten erheben eine **Quellensteuer**

Belgien [1]	Britische Jungferninseln [1]
Österreich [1]	Guernsey [1]
Luxemburg [1]	Jersey [1]
Liechtenstein [2]	Sark [1]
Turks- und Caicosinseln [1]	Alderney [1]
Andorra [3]	Isle of Man [1]
Schweiz [2]	Niederländische Antillen [1]
Monaco [2]	San Marino [2]

Nicht von der Richtlinie **betroffene Staaten** (Beispiele, nicht abschließend)

Norwegen	Serbien-Montenegro
Island	Kroatien
Grönland	Rumänien
Färöer-Inseln	Bulgarien
Türkei	Russland
Zypern (nur türkischer Teil)	Asiatische Länder wie Singapur oder Hongkong

Grundsätze zur Richtlinie

Die EU-Zinsrichtlinie wird über die → *Zinsinformationsverordnung* (ZIV) vom 26.01.2004 (BGBl I, 128, BStBl I, 297) in deutsches Recht transferiert. Das BZSt ist die deutsche Kontrollinstanz, § 45e EStG, erhält Kontrollmitteilungen und abgeführte Quellensteuer aus den anderen Ländern und verschickt die Meldungen der heimischen Banken über die Grenze. Im Ausland gefertigte Kontrollmitteilungen können sowohl ans Wohnsitzfinanzamt des Anlegers als auch an Sozialleistungsträger weitergegeben werden. Die Gesetzgeber der übrigen Länder haben vergleichbare Vorschriften und teilweise auch schon Anwendungsschreiben erlassen, so etwa

- Österreich: EU-Quellensteuergesetz (EU-QuStG) sowie die entsprechenden Durchführungsrichtlinien, GZ. BMF-010221/0370-IV/8/2005
- Schweiz: Zinsbesteuerungsgesetz (ZBStG) sowie die Anwendung über eine Wegleitung der Eidgenössischen Steuerverwaltung zur EU-Zinsbesteuerung (Steuerrückbehalt und freiwillige Meldung) vom 24.06.2005.

1 Kontrollmitteilung statt Quellensteuer über Bescheinigung des Wohnsitzfinanzamts oder Ermächtigung der Bank durch den Anleger.
2 Kontrollmitteilung statt Quellensteuer über Ermächtigung der Bank durch den Anleger.
3 Kontrollmitteilung statt Quellensteuer über Bescheinigung des Wohnsitzfinanzamts.

Generell von der Zinsrichtlinie erfasst wird der nutzungsberechtigte Zinsempfänger. Eine betroffene Person liegt vor, wenn fünf Voraussetzungen erfüllt sind:

- Es muss sich um eine natürliche Person handeln,
- diese muss in einem EU-Mitgliedstaat ansässig sein,
- das Konto liegt in einem anderen Land als dem Wohnsitzstaat,
- sie muss eine Zinszahlung erhalten
- und muss daran nutzungsberechtigt sein.

Diese Kriterien müssen kumulativ erfüllt sein. Fehlt eines der Kriterien, so greift das Regime der EU-Zinsbesteuerung nicht.

Betroffen von der Zinsrichtlinie sind grundsätzlich nur natürliche Personen, also weder GmbH, AG, KGaA, Stiftung, Trust, Genossenschaft, Verein noch Institute des öffentlichen Rechts. Bei den natürlichen Personen sind einige Sonderfälle zu beachten:

- **Einzelfirma**: Sie wird wie eine natürliche Person behandelt, da das Unternehmen als alleinigem Inhaber einer einzelnen natürlichen Person zuzuordnen ist.
- **Gemeinschaftskonten**: Sofern mindestens ein Vertragspartner ein nutzungsberechtigter Zinsempfänger ist, unterliegt diese Beziehung grundsätzlich der EU-Zinsbesteuerung. Der Zahlstelle ist es jedoch freigestellt, die EU-Zinsbesteuerung auf betroffene Personen zu beschränken. In diesem Falle ist eine Aufteilung der Zinszahlungen gemäß der Anzahl der Vertragspartner vorzunehmen („nach Köpfen") und die Abrechnung entsprechend auszugestalten. Ausnahme: Die Zahlstelle ist über eine abweichende Berechtigungsquote informiert.
- **Ehegatten** oder nichteheliche **Lebensgemeinschaften**, die Gemeinschaftskonten und/oder -depots unterhalten, fallen unter die Zinsrichtlinie.
- Ab Todestag des Erblassers bilden die Erben eine **Erbengemeinschaft**. Die Erbengemeinschaft entsteht ohne weiteres, d.h. selbst ohne Kenntnis der Erben vom Tod des Erblassers und ohne dass die Erben bestimmte Handlungen vornehmen oder Erklärungen abgeben müssen. Für die Zwecke der EU-Zinsbesteuerung bleibt die letzte Ansässigkeit des Erblassers maßgebend. Sie gilt unverändert bis zum Zeitpunkt fort, in dem der Zahlstelle die Erbteilung gemeldet wird.
- **Personengesellschaften**: Eine gewerbliche KG, OHG oder GBR ist für die Zwecke der EU-Zinsbesteuerung der juristischen Person gleichgestellt. Nicht gewerbliche Personengesellschaften folgen den Regeln für die Gemeinschaftskonten.
- **Nießbrauch**: Für Zwecke der EU-Zinsbesteuerung ist auf den Nutznießer und nicht auf den Eigentümer abzustellen.
- **Treuhandschaft**: Für Zwecke der EU-Zinsbesteuerung ist der Treugeber und nicht der Treuhänder nutzungsberechtigt. Ist bei der Konto- oder Depotführung eine andere Person als der Konto- oder Depotinhaber wirtschaftlicher Eigentümer, ist dessen Identität festzustellen. Hier reicht die Vorlage einer Kopie des Passes oder amtlichen Personalausweises durch den Treuhänder aus; eine persönliche Identifizierung ist nicht erforderlich.
- **Juristische Personen**: Sie sind vom Abkommen grundsätzlich nicht erfasst. Die Gesellschafter oder Aktionäre einer juristischen Person sind im Zusammenhang mit der EU-Zinsbesteuerung ohne Relevanz, auch wenn sie natürliche Personen sind.
- Zinsen aus **Tafelgeschäften** fallen unter den Begriff der Zinszahlung. Werden von einer Bank Zinszahlungen in bar vorgenommen, so müssen Identität und Adressangabe in jedem Fall und unabhängig vom Betrag festgestellt werden. Eine Adressangabe in einem EU-Mitgliedstaat führt immer zu Quellensteuer oder Kontrollmitteilung.

- Bei einem **Trust** gilt der Trustee entweder als Nutzungsberechtigter i.S.d. Zinsrichtlinie oder er ist selber die Zahlstelle. Ausschüttungen von Trustvermögen stellen keine Zinszahlungen dar, es sein denn, der Trustee ist Zahlstelle.

Versand von Kontrollmitteilungen
22 EU-Staaten, darunter Deutschland, haben sich zu einem Informationsaustausch verpflichtet. Das bedeutet, dass sie von der Richtlinie betroffene Kapitalerträge von EU-Bürgern mit abweichendem Wohnsitz über die Grenze melden. Hierbei teilt die Zahlstelle (z.B. die Bank) der zuständigen Behörde folgende Informationen mit:

- Identität und Wohnung des wirtschaftlichen Eigentümers,
- Namen und Anschrift der Zahlstelle,
- Kontonummer des wirtschaftlichen Eigentümers,
- Gesamtbetrag der Zinsen oder Erträge.

Auch die EU-Staaten, die selbst den Quellensteuerabzug anwenden, erhalten automatisch Auskünfte über die Zinserträge, die seine Gebietsansässigen in den 22 EU-Mitgliedstaaten erzielen, die am automatischen Auskunftsaustausch teilnehmen.

Beispiel
Ein Luxemburger kassiert Zinsen in Trier und ein Deutscher Kapitalerträge im Großherzogtum: Luxemburg hält Quellensteuer ein, Deutschland versendet Kontrollmitteilungen.

Checkliste der Vorgehensweise bei Kontrollmitteilungen	
Die Auskunftspflicht der Richtlinie erstreckt sich auf Auskünfte über den Empfänger der Zinszahlungen, den wirtschaftlichen Eigentümer. Weist der Kontoinhaber nach, dass er nicht wirtschaftlicher Eigentümer ist, muss die Bank die Identität des richtigen Besitzers feststellen.	❑
Betroffen sind nur natürliche Personen, deren Wohnsitz in einem anderen EU-Staat als dem Anlageland liegt. Auf juristische Personen greifen die neuen Kontrollen nicht.	❑
Gibt eine Person mit einem in der EU ausgestellten Pass/Personalausweis an, in einem Drittstaat ansässig zu sein, muss dies durch einen Nachweis über den steuerlichen Wohnsitz belegt werden, der von der zuständigen Behörde dieses Drittstaates ausgestellt wurde. Wird dieser Nachweis nicht vorgelegt, gilt der Wohnsitz als in dem EU-Mitgliedstaat belegen, in dem der Pass oder ein anderer amtlicher Identitätsausweis ausgestellt wurde.	❑
Kreditinstitute ermitteln die Identität des Kunden. Bei ab 2004 eingegangenen Kontenbeziehungen sind neben Namen und Anschrift auch eine Steuer-Identifikationsnummer oder Geburtsdatum und -ort laut Pass oder Personalausweis festzuhalten. Da die erforderliche Steuernummer bei Deutschen (nach §§ 139a ff.: AO soll ein bundeseinheitliches Ordnungsmerkmal erstellt werden) noch nicht vorliegt, begnügen sich die Banken mit dem Geburtsdatum.	❑
Dann melden die Banken der zuständigen Behörde im eigenen Land sämtliche Zinserträge ihrer ausländischen EU-Kunden.	❑

Checkliste der Vorgehensweise bei Kontrollmitteilungen (Fortsetzung)	
Die Kontrollmeldung umfasst neben den Anlegerinformationen auch Bankdaten, Kontonummer sowie die Höhe der Zinserträge. Die Zahlungen sind zu splitten in die unterschiedlichen Zinsarten.	❑
Die Behörde übermittelt die gesammelten Daten mindestens einmal jährlich an das im Wohnsitzland des Anlegers zuständige Amt und zwar binnen sechs Monaten nach dem Ende des Steuerjahres. Das ist in Deutschland das BZSt.	❑
Von dort aus gelangen die Informationen an die entsprechenden Finanzbehörden.	❑

Beispiel
Ein Anleger aus Aachen unterhält im benachbarten Maastricht ein Anleihedepot. Die niederländische Bank leitet die Informationen über seine Zinserträge an die zuständige Landesbehörde weiter. Seine Daten werden einmal jährlich mit den übrigen gesammelten Angaben über die Erträge deutscher Anleger an das Bonner Bundesamt übermittelt. Dieses sortiert das Material und stellt es den Landesbehörden zur Verfügung, im Beispielsfall also dem Finanzministerium NRW. Von dort auch erfolgt dann die Verteilung an die zuständigen Wohnsitzfinanzämter.

Abzug von Quellensteuer
Österreich, Belgien und Luxemburg dürfen erst einmal auf Kontrollmeldungen verzichten und die Richtlinie mittels eines Steuerabzugs umsetzen. Vor Juli 2005 fällige Zinsen unterliegen nicht dem System der EU-Zinsbesteuerung, auch wenn sie nach diesem Zeitpunkt gutgeschrieben oder ausbezahlt werden. Solange diese Länder keine Meldung durchführen, beträgt der Quellensteuersatz für Zinszahlungen

- ab dem 01.07.2005 bis und mit 30.06.2008: 15 %
- vom 01.07.2008 bis 30.06.2011: 20 %
- ab dem 01.07.2011: 35 %

Da die persönlichen Daten zwar wie bei den Kontrollmitteilungen erfasst, aber nicht weitergeleitet werden, fallen dort investierende Anleger steuerlich nicht negativ auf, erhalten aber netto weniger auf dem Auslandskonto ausgezahlt. Die von diesen Staaten erhobene Quellensteuer hat keine Abgeltungswirkung im Inland, sondern wird bei der Veranlagung über die Anlage KAP geltend gemacht und gem. § 14 ZIV uneingeschränkt und dem Zinsabschlag vergleichbar auf die deutsche Einkommensteuer angerechnet. Dazu ist eine entsprechende Steuergutschrift vom Quellenstaat vorzulegen. Dabei entfallen für deutsche Anleger die Begrenzungen des § 34c EStG sowie die Möglichkeit des Werbungskostenabzugs. Das bedeutet, das die im Ausland einbehaltene Quellensteuer stets von der festgesetzten Einkommensteuer abgezogen wird, auch wenn die Kapitaleinnahmen zu keiner Abgabenlast führen.

Die einzelnen Länder erhalten als Verwaltungsaufwand 25 % der einbehaltenen Beträge und leiten nur den Rest an den Wohnsitzstaat weiter. Die Schweiz sowie die übrigen Drittstaaten mit der Option Quellensteuer lehnen sich an dieses Modell an.

Beispiel zu Abzug und Weiterleitung der Quellensteuer

Ein Anleger aus Köln erzielt in Eupen 5.000 € Zinsen.

Jahr der Zinszahlung	2006	2011
Bruttozinsertrag	5.000 €	5.000 €
abzüglich 15/35 % Quellensteuer	– 750 €	– 1.750 €
Auszahlungsbetrag	4.250 €	3.250 €
Belgien behält 25 % der Steuer	187,50 €	437,50 €
Belgien leitet weiter	562,50 €	1.312,50 €
Zu versteuern in Deutschland	5.000 €	5.000 €
Fällig Einkommensteuer (Satz 30 %)	1.500 €	1.500 €
abzüglich Quellensteuer	– 750 €	– 1.750 €
Festgesetzte Einkommensteuer	750 €	– 250 €

Schweizer Banken haben von ihren Kunden aus den EU-Staaten im zweiten Halbjahr 2005 umgerechnet 89 Millionen € Quellensteuer eingenommen. Luxemburg kassierte im gleichen Zeitraum 48 €, Belgien 9,70 €, Österreich 9,50 € und Liechtenstein 2,5 Mio. €. Das BZSt erhält beispielsweise 15,4 Mio. € von den Eidgenossen, 6,8 Mio. aus Österreich, 12,9 Mio. € aus Luxemburg, 1,1 Mio. € aus Liechtenstein, aus Andorra 23.400 € und von der Kanalinsel Guernsey 81.800 €. Anleger können den Steuerabzug vermeiden, indem sie sich für die Option Kontrollmeldungen entscheiden. Hierzu ist der Depotbank im Quellenstaat eine Bescheinigung des Wohnsitzfinanzamts vorzulegen.

Die Übergangsregelung Quellensteuer dürfen die drei EU-Länder allerdings nur befristet anwenden. Sie endet, wenn sämtliche in der Richtlinie aufgeführten Drittstaaten wie die Schweiz, Liechtenstein und Andorra den Quellensteuerabzug einführen sowie Auskünfte nach dem OECD-Musterabkommen erteilen und auch die USA sich zu solchen Mitteilungen verpflichtet. Voraussetzungen, die im ersten Schritt noch nicht einmal von der Schweiz erfüllt werden und auch nicht in Sicht sind. Allerdings wird die Option Steuerabzug durch die ansteigenden Sätze zunehmend unattraktiver. Erst wenn die Schweiz ihr Bankgeheimnis lockert und ausländischen Finanzverwaltungen Auskünfte über Kapitalerträge auf Ersuchen im Verwaltungsverfahren (nicht im Strafverfahren) erteilt, ist die Umstellung auf Kontrollmitteilungen in Österreich, Luxemburg und Belgien angesagt.

Einordnung der einzelnen Kapitalerträge

Unabhängig davon, ob die von deutschen Anlegern jenseits der Grenze kassierten Kapitalerträge von der Richtlinie betroffen sind oder nicht, besteht im Inland eine Steuerpflicht nach den heimischen Gesetzen. Ob und in welcher Form Kapitalerträge betroffen sind, geht neben der EU-Zinsrichtlinie als Ausgangsvorschrift als Ergänzung auch aus den näheren Bestimmungen zu den erfassten Zinserträgen aus den nationalen Bestimmungen hervor.

Vor dem 01.07.2005 fällig gewordene Zinsen sowie erfolgte Veräußerungsgeschäfte unterliegen dem System der EU-Zinsbesteuerung grundsätzlich nicht, auch wenn sie nach diesem Zeitpunkt gutgeschrieben oder ausbezahlt werden. Kontrollmitteilungen oder Steuerabzüge wirken nur auf bestimmte Zinserträge, wobei die Herkunft des Schuldners keine Rolle spielt. Zinsen i.S.d. Richtlinie sind Entgelte für die Überlassung von Kapital zur Nutzung und Rückzahlung, und in Abgrenzung zu Gesellschaftsverhältnissen und Dividenden nicht Gewinne aus der Kapitalüberlassung, bei der der Überlassende ein Unternehmerrisiko übernimmt. Dies beinhaltet insbesondere:

- auf ein Konto eingezahlte oder einem Konto gutgeschriebene Zinsen aus Forderungen jeglicher Art (Anleihen und Schuldverschreibungen) einschließlich mit diesen Papieren verbundene Prämien und Gewinne,
- beim Verkauf oder der Rückzahlung von Forderungen aufgelaufene oder kapitalisierte Zinsen. Darunter fallen insbesondere Zerobonds sowie bei über pari rückzahlbaren Anleihen die Differenz zwischen Ausgabe- und Rückzahlungspreis,
- Stückzinsen auf periodische Zinsen,
- Zinszahlungen bei Ausschüttungen von Anlagefonds sowie Zinszahlungen, die beim Verkauf oder der Rückzahlung von Anteilen an Anlagefonds realisiert werden, sofern bestimmte Grenzwerte von zinstragenden Anlagen innerhalb des Anlagefonds überschritten werden.

Grundsätzlich sind dies aus Sicht des BMF (v. 13.06.2005 – IV C 1 – S 2000 – 352/04, BStBl I, 716) Einkünfte aus Kapitalvermögen nach § 20 Abs. 1

- Nr. 4 EStG als stiller Gesellschafter oder aus partiarischem Darlehen
- Nr. 5 EStG Zinsen aus Hypotheken und Grundschulden
- Nr. 7 EStG Erträge aus sonstigen Kapitalforderungen aller Art
- Abs. 2 EStG (Finanzinnovationen) mit Ausnahme von dessen Satz 1 Nr. 2 Buchst. a) EStG (Verkauf von Dividendenscheinen)
- Zinsen aus Tafelgeschäften

Steuer-Hinweis

Der vom BMF vorgegeben Zinsbegriff ist nicht unumstritten. Insbesondere dürften nicht alle Finanzinnovationen unter den Begriff fallen. Die Anwendungsregeln in den anderen Ländern weichen auch teilweise von der deutschen Sichtweise ab. Sie sehen einen Teil der im Inland steuerpflichtigen Finanzinnovationen nicht als Zinsertrag an und lassen daher solche Kursgewinne außen vor. Ein Beispiel sind die Index-Zertifikate, bei denen der Emittent einen gewissen Rückzahlungsbetrag garantiert. Darüber hinaus wird der Zinsbegriff jenseits der Grenze viel differenzierten an den einzelnen Kapitalprodukten und nicht pauschal aus dem Gesetzeswortlaut abgeleitet.

Für eine Reihe von Wertpapieren gibt es Besonderheiten.

Da die Zinsrichtlinie die Fragen im Zusammenhang mit der Besteuerung von Renten und Versicherungsleistungen unberührt lässt, sind die Erträge aus **Lebensversicherungen** nach § 20 Abs. 1 Nr. 6 EStG nicht erfasst.

Dividenden sind nicht betroffen, hier greift die bisher bereits erhobene Quellensteuer unverändert weiter. Und auch darüber hinaus spart die Richtlinie eine Reihe von Kapitalprodukten entweder generell oder zeitlich befristet aus.

Bei **Investmentfonds** ist der Unterschied zwischen Renten- und den übrigen Fonds sowie ausgeschütteten und thesaurierten Beträgen wichtig. Faustregel: Aktienfonds, Hedge- und sonstige Terminmarktfonds sowie offene und geschlossene Immobilienfonds sind nicht betroffen. Thesauriert der Fonds seine Erträge, greifen Quellensteuer oder Kontrollmitteilungen erst im Falle von Einlösung oder Verkauf.

Checkliste zur Anwendung der Richtlinie bei Fonds	
Investiert der Fonds ausschließlich in von der Richtlinie nicht betroffene Produkte, unterliegen die Erträge weder Kontrollen noch Quellensteuer.	❑
Weist eine Fondsgesellschaft die in einer Ausschüttung enthaltenen Zinsen separat aus, ist nur dieser Betrag, ansonsten die komplette Summe betroffen.	❑
Beträgt der Anleiheanteil im Fonds maximal 15 %, sind die ausgeschütteten Erträge komplett ausgenommen. Maßgebliches Kriterium für den Prozentsatz ist die in den Vertragsbedingungen des Fonds vorgesehene Anlagemischung.	❑
Liegen der Zahlstelle keine Informationen über den Anteil der Zinszahlungen an den gesamten Erträgen vor, gilt der Gesamtbetrag der betreffenden Erträge als Zinszahlung.	❑
Erträge aus der Veräußerung von Fondsanteilen bemessen sich nach der Differenz von An- und Verkaufswert. Diese unterliegen nicht der Richtlinie, wenn der Rentenanteil höchstens 40 % beträgt und die Gesellschaft eine Aufteilung ihres Vermögens vornimmt. Dieser Satz sinkt ab 2011 auf 25 %.	❑
Liegen mehr als 40 % Anleihen im Depot, ist bei Einlösung oder Verkauf nur der auf Zinsen entfallende Ertragsanteil betroffen. Das gilt, wenn die Gesellschaft ihr Vermögen entsprechend trennt.	❑
Fehlen Informationen zur Anlagequote, ist davon auszugehen, dass der Anteil über 40 % liegt und somit bei Rückgabe oder Verkauf Kontrollmitteilungen oder Quellensteuern anfallen.	❑
Die Richtlinie spricht nicht von Fonds, sondern vom Organismus für gemeinsame Anlagen (OGAW), was i.d.R. für in der EU residierende Fondsgesellschaften zutrifft. Bei nicht in der EU domizilierten Fonds wird stets der gesamte Ertrag von der Zinsbesteuerung erfasst.	❑
In Bezug auf Investmentfonds geht Frankreich über die Erfordernisse der Richtlinie hinaus. Hier wird jedweder Zinsanteil gemeldet, der in einer Ausschüttung enthalten ist. Das gilt auch bei thesaurierenden Fonds. Hier werden Veräußerungserlöse in vollem Umfang als Zins definiert und somit grenzüberschreitend gemeldet, wenn die 40-%-Grenze überschritten ist.	❑

Nicht unter den Begriff der **Zinsen** fallen

- Zahlungen auf Beteiligungsrechte (Dividenden),
- Erträge aus Genossenschaftsanteilen,
- Leistungen von Vorsorgeeinrichtungen sowie weitere Leistungen, denen kein Darlehensschuldverhältnis zugrunde liegt,
- Zinsen auf Privatdarlehen,
- Verzugszinsen.

Grandfathering-Anleihen sind in- und ausländische Bonds, die von der Richtlinie im Rahmen der Besitzstandswahrung für einen Übergangszeitraum ausgenommen sind. Das gilt grundsätzlich für Rentenwerte, die vor dem 01.03.2001 ausgegeben oder bei denen die zugehörigen Emissionsprospekte vor diesem Datum genehmigt wurden. Der Übergangszeitraum endet grundsätzlich am 31.12.2010. Die Besitzstandswahrung hängt allerdings noch davon ab, ob nach dem 01.03.2001 Folgeemissionen (Aufstockungen) der betreffenden Wertpapiere getätigt wurden:

- Ist keinerlei Aufstockung erfolgt, so ist die Besitzstandswahrung ohne weiteres gegeben.
- Erfolgt bei Länderanleihen (auch außerhalb der EU) eine Aufstockung, so wird die gesamte Emission nicht von der Besitzstandsklausel erfasst.
- Bei anderen Schuldnern sind Aufstockungen vor dem 01.03.2002 unschädlich. Spätere Folgeemissionen unterliegen der Zinsbesteuerung, nicht aber die Erstemission.

Das Angebot an Grandfathering-Anleihen hat sich drastisch verkleinert. Deutschland und andere EU-Staaten haben vor März 2001 ausgegebene Papiere formal aufgestockt. Durch diesen nachträglichen Widerruf des Bestandsschutzes müssen im EU-Ausland ansässige Investoren die Zinserträge daraus nunmehr versteuern. Somit können Anleger kaum noch befreite Anleihen setzen, die von einem EU-Staat emittiert worden ist. Verblieben sind Rententitel von Drittländern sowie Industrieunternehmen.

Allerdings gilt diese Vergünstigung des Bestandsschutzes längstens bis Ende 2010. Sollte die Ausnahme Quellensteuer bereits vorher auf Kontrollmitteilung umgestellt werden, verkürzt sich die Frist entsprechend. Dies ist derzeit nicht realistisch. Aber auch 2011 sind noch Alternativen in Sicht. Wenden Österreich, Belgien und Luxemburg dann immer noch die Quellensteuerregelung an, sind Anleihen in Depots dieser Ländern für deutsche Anleger weiterhin privilegiert. Gleiches gilt für die meist aus London stammenden Eurobonds, die beispielsweise in den Emissionsbedingungen eine Bruttozinsklausel enthalten. Diese Papiere wären in allen Staaten nicht betroffen.

Der Begriff Zinsrichtlinie drückt es bereits aus: **Weiteres Kapitalvermögen** wird nicht erfasst. Das gilt neben Aktien auch für Zertifikate, Optionsscheine, Futures und sämtliche Veräußerungsgeschäfte. Darüber hinaus sind auch Veräußerungen von Kombizinsanleihen in den Jahren ohne Zinsertrag sowie Wandelanleihen nicht betroffen.

Zertifikate sind in heimischen Depots der Renner und zunehmend auch jenseits der Grenze. Denn unabhängig davon, ob sich die Derivate an Aktien-, Öl-, Edelmetall- oder Anleihekursen orientieren: Zertifikate werden nicht von der Richtlinie erfasst. Bei den umfassenden Angeboten der Zertifikate über die verschiedensten Varianten wie Turbo, Discount, Speed, Garantie, Fallschirm oder Bonus ist sowohl für den konservativen als auch den spekulativen Anleger etwas dabei. Daher kommen sie im Auslandsdepot als Richtlinien-Ersatz sowohl für Aktien als auch für Anleihen oder Rentenfonds in Betracht.

Zins-Zertifikate sind verschont, die sich an einem Rentenindex orientiert. Bei diesem eher risikoarmen Investment werden die rechnerischen Zinserträge dem Indexstand zugeschlagen, Anleger kassieren diese somit indirekt über den Kurszuwachs. In österreichischen Depots gilt dies aber nur, wenn sich der Index aus mindestens fünf unterschiedlichen Emittenten zusammensetzt. Der Anteil einer einzelnen Anleihe darf nicht mehr als 80 % des Index betragen. Bei Zertifikaten auf Fondsindices unterbleibt der Quellensteuerabzug, wenn sich der Index aus mindestens fünf unterschiedlichen Fonds zusammensetzt.

Übersicht über EU-quellensteuerpflichtige Einkünfte

In € oder Fremdwährung notiertes verzinsliches Kapitalvermögen	**Ertrag**	**EU-Steuerpflicht**
Geldeinlagen bei Banken (z.B. Girokonten, Termineinlagen, Festgelder, Sparbücher, Sparbriefe, Kapitalsparbücher)	Zinsen (inkl. Prämien, Boni), bei vorzeitiger Auflösung stellen Vorschusszinsen rückgängig gemachte Zinsen dar	Ja
Wertpapierleihegeschäfte über Forderungen	Ausgleichszahlung Leihegebühr	Nein
Pensionsgeschäfte (Kostgeschäfte), egal ob Mitgliedschaftsrechte oder Forderungswertpapiere Gegenstand sind	Ausgleichszahlung Unterschiedsbetrag zwischen Kauf- und Rückkaufpreis	Nein
Währungs- oder Zinsswaps	Ausgleichszahlung	Nein
Zerobonds (Nullkuponanleihen)	Unterschiedsbeträge bei Fälligkeit oder Verkauf sowie mögliche Stückzinsen	Ja
Schuldverschreibungen, Anleihen, Aktienanleihen, Pfandbriefe, Schatzscheine, Kassenobligationen, Certificates of Deposits, Commercial Papers	Kupon-Zinsen, Stückzinsen, Unterschiedsbetrag, unabhängig davon, ob private oder public placements vorliegen	Ja
Optionsanleihen	Zinsen Kursgewinne	Ja Nein
Optionsanleihen	Wert des Optionsrechts	Nein
Forderungswertpapiere, egal ob periodische Zinsen anfallen oder nicht (Zerobonds), die unter die Grandfathering-Bestimmung fallen	Kupon-Zinsen oder Stückzinsen, Unterschiedsbeträge	Nein
Obligationsähnliche Genussrechte, sofern sie nicht in wirtschaftlicher Betrachtungsweise als Indexpapiere zu qualifizieren sind	Ausschüttungen, Unterschiedsbeträge	Ja
Echte stille Gesellschaften	Gewinnanteile	Ja
Forderungen gegenüber Wirtschaftsbeteiligten, die Nichtbanken sind	Egal ob die Zinsen laufend oder einmalig anfallen; Zinsen, mit Ausnahme von Verzugszinsen	Ja
Mitgliedschaftsrechte (z.B. Aktien, GmbH-Anteile, Genossenschaftsanteile)	Ertrag (z.B. Ausschüttungen)	Nein
Anspruch als Begünstigter einer Privatstiftung	Zuwendung	Nein
Versicherungsvertrag	Versicherungsleistung	Nein
Derivate (z.B. Futures, Optionen, Swap-Handel), egal ob sie verbrieft sind oder nicht	Erlöse bzw. Einnahmenüberschüsse	Nein
Ausschüttender Fonds, - 15-%-Grenze überschritten	Zinsenbestandteil der tatsächlichen Ausschüttung, soweit diese nicht aus Grandfather-Papieren stammen	Ja
Ausschüttender Fonds, - 15-%-Grenze nicht überschritten	Ausschüttungsbetrag	Nein
Thesaurierender Fonds, - 40-%-Grenze überschritten	Zinsenbestandteil der ausschüttungsgleichen Erträge, soweit diese nicht aus Grandfather-Papieren stammen	Ja
Thesaurierender Fonds, - 40-%-Grenze nicht überschritten	Ausschüttungsgleicher Betrag	Nein
Offene Immobilien- Investmentfonds	Ausgeschüttete oder thesaurierte Erträge	Nein

Exchange Traded Funds (ETF)

Eine Reihe von Studien wollen bewiesen haben: Fondsmanager schlagen auf lange Sicht gesehen noch nicht einmal den Index, in deren Umfeld sie agieren. Kein Wunder, dass immer mehr Anleger ihre Wertpapierauswahl selbst in die Hand nehmen oder auf erfolgreichere oder zumindest kostengünstigere Indexprodukte setzen. Hier hat sich in den letzten Jahren neben den Zertifikaten eine weitere Anlageform vor allem in Deutschland ihren Weg geebnet, der Exchange Traded Funds. Diese ETF sind zwar nicht besser als der Markt, wollen dieses aber auch nicht sein. Aber sie spiegeln einen Indexverlauf zumindest wider und weisen damit keine schlechtere Performance auf. Somit können sie im Durchschnitt die meisten herkömmlichen Fonds übertrumpfen. Geringe Kosten und permanenter Börsenhandel sprechen zudem für diese Fondsvariante.

Die vorgeblich schlechten Ergebnisse der Fondsmanager lassen sich im Wesentlichen an zwei Merkmalen festhalten. Da sind einmal die Kosten für die Verwaltung, die fortlaufend an der Performance knabbern. Und zum anderen verhalten sich die aktiv gemanagten Fonds äußerst prozyklisch und verschenken damit Rendite. Kippt die Börse nach einer Hausse-Bewegung, sind sie voll investiert und nehmen den gesamten Abwärtstrend mit. Geht es nach einer Baisse-Phase wieder aufwärts, haben sie meist noch reichlich Cash im Vermögen und verschenken damit einen Teil der Rendite.

Bei Produkten, die sich lediglich an der Entwicklung eines Index orientieren, spielen beide Kriterien keine Rolle. Verwaltungskosten fallen mangels aktivem Management kaum an, der Fonds ist stets voll investiert und gibt daher die Kursentwicklung des zugrunde liegenden Index eins zu eins wider. Ein Ergebnis, dass die meisten Aktienfonds nicht bieten können. Die Orientierung nach einem gewünschten Kursbarometer gelingt optimal durch Index-Zertifikate, die Börsenentwicklungen im gewünschten Segment widerspiegeln. Als Alternative kommen auch Exchange Traded Funds in Frage, die das investierte Vermögen stur in die Wertpapiere stecken, die in einem bestimmten Index enthalten sind. Vereinfacht ausgedrückt: Bei den ETF ist kein Fondsmanager vorhanden, der in seiner Auswahl daneben greifen, allerdings auch keine glückliche Hand beweisen kann.

Checkliste der Vorteile von Indexprodukten	
Da das aktive Management entfällt, sinken die Kosten.	❑
Die Produkte garantieren ein deckungsgleiches Chance-/Risikoverhältnis wie der zugrunde liegende Index. Damit sind sie oft deutlich besser als aktiv gemanagte Fonds, die diese Hürde meist nicht meistern. Allerdings ist auch keine Outperformance möglich.	❑
Eine Risikostreuung ist gewährleistet, da ohne Strategie nur indexorientiert investiert wird.	❑
Da der Index abgebildet wird, ist die Kursentwicklung transparent.	❑
Durch die steigende Zahl von Anbietern und Fonds an deutschen Börsen sinken allgemein Gebühren und die Spannen zwischen An- und Verkaufspreis (Spread).	❑
Dividenden der im jeweiligen Index enthaltenen Aktien kommen beim Anleger an.	❑

Exchange Traded Funds sind an der Börse gehandelte Fonds, auch landläufig unter dem Begriff Index-Aktien bekannt. Es handelt sich um eine in Deutschland relativ neue Wertpapierart, die erst seit April 2000 gehandelt wird. Im Jahr 2003 wurde an der Frankfurter Börse ein XTF-Segment eingeführt. Die inländischen Börsenumsätze steigen rasch. Die Zahl der ETF in Europa beträgt gut 200, mehr als die Hälfte davon werden an der Deutschen Börse mit einem Umsatz im Monatsdurchschnitt von rund 5 Mrd. € gehandelt. Dabei wird über dieses Segment ein Fondsvermögen von mehr als 30 Mrd. € verwaltet.

Bei den ETF handelt es sich um ganz normale Investmentfonds, die dem InvG sowie dem InvStG unterliegen. Der große Unterschied liegt im Börsenhandel. Während herkömmliche Fonds lediglich zu einem Kurs pro Tag ge- und verkauft werden können, ist dies bei ETF jederzeit – sogar als Intraday-Handel – über die Börse möglich. Wie beim Aktienkauf sind Limit- oder Stopp-/Loss-Orders üblich.

Die Fondsgesellschaft investiert ihr Vermögen exakt in die Wertpapiere, die auch im entsprechenden Index enthalten sind. Die Manager müssen dabei nicht nach besonders lukrative Aktien Ausschau halten, sondern stur die Index-Zusammenstellung beachten. Dabei spielen Kapitalmaßnahmen der einzelnen Gesellschaften genauso eine Rolle wie eine geänderte Zusammensetzung der Indizes. Daneben erhält der Fonds dann noch Dividendenzahlungen. Diese eher mäßige Aktivität der Manager schlägt sich positiv auf die Gebühren nieder. Permanente Umschichtungen des Depots entfallen, was die Transaktionskosten senkt. Die jährlich anfallenden Gebühren bewegen sich bei rund 0,5 % und damit in etwa bei der Hälfte von herkömmlichen Fonds. Durch die steigende Konkurrenz tendieren marktbreite ETF auch bereits zu 0,1 %. Ausgabeaufschläge gibt es nicht, lediglich das im Vergleich eher minimale Spread (Differenz zwischen Geld- und Briefkurs) ist zu bezahlen.

Da es sich um ganz normale Investmentfonds handelt, gelten steuerlich ab 2004 die Grundsätze des InvStG. Das bedeutet, dass die im Fonds selbst realisierten Kursgewinne für den Privatanleger steuerfrei bleiben, Verluste allerdings auch nicht verrechnet werden können. Der Verkauf des Fonds innerhalb eines Jahres ist im Rahmen des § 23 EStG steuerpflichtig, das Halbeinkünfteverfahren gilt nicht. Die vom Fonds ausgeschütteten oder thesaurierten Dividenden stellen für den Besitzer Kapitaleinnahmen dar, die zur Hälfte steuerpflichtig sind. Einige ETF bilden den Index nicht über Wertpapiere, sondern Derivate ab. Hier müssen dann die indirekt vereinnahmten Dividenden nicht zur Steuerpflicht führen.

Nicht nur Aktien können mit diesen Fonds abgebildet werden, auch Renten, Immobilien, Rohstoffe oder Edelmetalle sind möglich. Will ein ETF beispielsweise auf Anleihen oder Pfandbriefe setzen, ist der eb.rexx maßgebend, ein Rentenindex, der sich an den Kursen tatsächlich gehandelter Anleihen orientiert. Dabei wird der Index für unterschiedliche Laufzeiten ermittelt, Fonds können somit mehrere Produktvarianten anbieten. Bei längeren Laufzeiten ergibt sich der Vorteil, dass die bei Rentenfonds üblichen Ausgabeaufschläge vermieden werden. Im Vergleich zu Geldmarktfonds als Parkfunktion im Kurzfristbereich sind die Vorzüge hingegen kaum vorhanden.

ETF, die auf Gold setzen, müssen sich große Tresore anschaffen. Denn sie investieren ihr Vermögen in physische Gold- oder Silbervorräte. Diese Form ist besonders in den USA und Großbritannien beliebt, hier haben ETF rund 400 Tonnen Gold in ihrem Besitz. Damit partizipieren diese Fonds unmittelbar vom Goldkurs – aber auch vom US-$, da die Unze in dieser Währung gehandelt wird. In Deutschland sind noch keine Gold-ETF zugelassen, daher setzen herkömmliche Investmentfonds nicht direkt auf das Edelmetall, sondern auf

Minenaktien. Deren Kursverlauf hängt zwar auch vom Wert des Goldes ab, aber auch von unternehmerischen Gesichtspunkten.

Steuer-Hinweis

Bei ausländischen ETFs mit ausschließlicher Anlage in physischen Edelmetallen handelt es sich nicht um ein ausländisches Investmentvermögen i.S.d. § 2 Abs. 8 InvG, da es sich bei physischen Edelmetallen um keine im § 2 Abs. 4 InvG genannten Vermögensgegenstände handelt. Insofern unterliegen diese ausländischen ETFs auch nicht den Vorgaben des InvStG.

Vergleich von ETF und Index-Zertifikat

Index-Zertifikate weisen dem Grunde nach die gleiche Performance wie ETF auf, da sie die gleiche Anlagestrategie verfolgen. Dennoch sind beide Wertpapierarten unterschiedlich, auch unter steuerlichen Gesichtspunkten. Ein Verkaufsargument der Anbieter von ETF ist der Bonitätsaspekt. Die in Fonds investierten Gelder fließen in ein Sondervermögen und bleiben unabhängig von der Bonität der Anlagegesellschaft erhalten. Zertifikate hingegen als Inhaberschuldverschreibungen sind dem Risiko ausgesetzt, dass der Emittent insolvent wird. Dieser Vorteil pro ETF ist zwar richtig, doch die Banken als Ausgeber von Zertifikaten genießen durchweg ein gutes Rating. Das Ausfallrisiko ist also zu vernachlässigen.

Ein weiterer Aspekt ist die Behandlung von Dividenden. Die fließen Fondsbesitzern in jedem Fall zu, entweder durch Ausschüttung oder mittels Thesaurierung in einen Kurszuwachs. Bei Zertifikaten geschieht dies nur, sofern sie auf einen Performance-Index setzen. Denn in diesem Fall werden Ausschüttungen sofort wieder dem Indexstand zugeschlagen. Hierzu zählt etwa DAX, MDAX, SDAX.

Produkt	**ETF**	**Index-Zertifikat**
Verschiedene Papiere	über 150	Mehr als 500, ständig zunehmend
Varianten	Keine	Möglich mit Garantie, Discount, Speed oder Fallschirm
Wertpapierart	Investmentfonds	Schuldverschreibung
Sicherheit	Fondsvermögen	Bonität Emittent
Handel	Börse	Börse
Börsenliquidität	Hoch	Hoch
Referenz	1:1 zum Index, abzüglich der Gebühren	1:1 zum Index
Laufzeit	Unbegrenzt	Je nach Emissionsbedingung begrenzt oder ohne Fälligkeit
Dividenden	Fließen ins Vermögen ein	Kommen dem Besitzer nur beim Performance-Index zugute
Spesen	Übliche Börsengebühren	Übliche Börsengebühren
Laufende Gebühren	Bis zu 0,5 % p.a.	Keine
Anbieter	Fondsgesellschaft	Emittent, i.d.R. Banken

Zertifikate spielen gegenüber den ETFs aber eine Vielzahl von Vorteilen aus, was sich auch am zunehmenden Zuspruch unter deutschen Privatanlegern ausdrückt. Handelt es sich beispielsweise um einen Performance-Index, fließen dem Privatanleger die Dividendenzuschläge steuerfrei zu, wenn er seine Papiere mindestens zwölf Monate behält. Bei den Fonds sind die Ausschüttungen stets zur Hälfte steuerpflichtig und unterliegen der Kapitalertragsteuer. Darüber hinaus können Anleger über Zertifikate durch eine Vielzahl von Angeboten auch riskante oder konservative Strategien eingehen. Sparer, die sich für den Kauf eines Zertifikats interessieren, können pro Index aus einer Vielzahl von Produkten und Emittenten auswählen. Beim ETF gibt es durchweg nur ein Papier pro Index.

Fazit: ETF sind herkömmlichen Index-Fonds wegen der geringeren Gebühren und der höheren Transparenz vorzuziehen. Besser ist jedoch sowohl aus Anlage- als auch aus Steuersicht der Kauf von Index-Zertifikaten.

Express-Zertifikat

Dieses Produkt zielt nicht auf ein langfristiges Investment. Ein Index wird mit seinem Kurs bei Emission als Startwert definiert. Hinzu kommen dann mehrere Beobachtungszeitpunkte während der Laufzeit, meist einmal pro Jahr. Liegt der Index nun am ersten Beobachtungstag zumindest auf dem Ausgangsniveau, wird das Zertifikat fällig und der Anleger erhält neben dem Nennwert einen Zuschlag. Der beläuft sich nach einem Jahr auf mehr als der marktkonforme Zins für diesen Zeitraum.

Wird der Startwert hingegen nicht erreicht, verlängert sich die Laufzeit um zumindest ein weiteres Jahr. Hier gibt es dann eine höhere Rendite, sollte der Index seinen Ausgangskurs erreicht oder übertroffen haben. Wenn nicht, geht dieses Spiel bis zur Fälligkeit so weiter, jeweils mit einem erhöhten Zuschlag. Bei Laufzeitende gibt es zumindest den Nennwert, wenn der Index nicht unter eine zuvor definierte Schutzbarriere gefallen ist und das Ausgangsniveau nicht erreicht wurde. Erst bei stärkeren Kursverlusten partizipiert der Anleger an den Verlusten, indem er den Nennbetrag nur anteilig zurückerhält.

Beispiel

Ein Express-Zertifikat auf den EuroStoxx 50 wird nach einem Jahr zu 107 % zurückgezahlt, sollte das Börsenbarometer auf oder über dem Startwert von 3.000 Punkten liegen. Wenn nicht, gibt es nach zwei Jahren 114 , nach drei 121 und nach vier Jahren bei Fälligkeit 128 %. Notiert der Index hier unter dem Ausgangsniveau, erhalten Anleger lediglich den Nennwert zu 100 % zurück. Sofern der EuroStoxx 50 während der Laufzeit allerdings einmal mehr als 50 % auf unter 1.500 Punkte gefallen ist, gibt es lediglich die Wertentwicklung bei Laufzeitende. Hat der Index während der Laufzeit einmal 60 % verloren und steht nun bei Fälligkeit auf 2.400 Punkte, erhalten Anleger 80 %.

Steuerlich ergeben sich keine Unterschiede zu herkömmlichen → *Zertifikaten*. Der mögliche Expressertrag sowie die Rückzahlung zum Nennwert in gewissen Kursbereichen gelten nicht als Garantiezusage, so dass keine Finanzinnovation vorliegt.

Fazit: Express-Zertifikate eignen sich für freundliche Börsenzeiten. Dann wird kurzfristig eine hohe Rendite erzielt, die auch noch steuerfrei bleiben kann. Durch die Kursabsicherung nach unten handelt es sich um eine konservative Geldanlage. Bei seitwärts tendierenden Aktienmärkten sind aber andere Zertifikate oder auch Aktienanleihen zu bevorzugen.

Fallschirm-Zertifikat

Es handelt sich eigentlich um ein ganz normales Zertifikat. Steigt der Kurs des Basiswerts (Aktie, Index, Basket), partizipieren die Besitzer analog. Geht der Kurs nach unten, wird der Fallschirm aktiviert. Der sichert das Kapital bis zu einem bestimmten Kursniveau in voller Höhe und darunter zumindest teilweise. Die Garantiezusage bezieht sich dabei auf den Fälligkeitstermin.

Beispiel

Ein Zertifikat bezieht sich auf eine Aktie. Der Ausgabepreis liegt bei 10 €. Beträgt der Wert bei Fälligkeit mehr als 10 €, gibt es den kompletten Kurswert als Rückzahlungsbetrag. Liegt er zwischen 10 € und 8 €, gibt es in jedem Fall 10 €. Liegt der Wert unter 8 €, ergibt sich ein prozentual langsam ansteigender Verlust: Bei 8,90 € beispielsweise gibt es noch 9,50 € und bei 8 € immerhin 8,40 €.

Der Emittent finanziert seine Zusagen durch die während der Laufzeit anfallenden Dividenden, die er einstreichen darf. Im Vergleich zum Discount-Zertifikat wird das Papier exakt zum Aktienkurs ausgegeben. Steuerlich ergeben sich keine Unterschiede zu herkömmlichen → *Zertifikaten*. Der Fallschirm gilt nicht als Garantiezusage, so dass keine Finanzinnovation vorliegt.

Fazit: Ein konservatives Investment, bei dem lediglich die ausfallende Dividendenzahlung zu berücksichtigen ist. Das Zertifikat eignet sich für Anleger, die von steigenden Kursen im Bezugswert ausgehen, mögliche Rückschläge in gewissem Umfang aber absichern wollen.

Festgelder

Solche Termingelder dienen meist der kurzfristigen Geldanlage und werden zum Parken von flüssigen Mitteln oder als Liquiditätsrücklage verwendet. Bei der Anlage kann der Investor bestimmen, ob der eingezahlte Geldbetrag zu einem bestimmen Termin oder erst auf besondere Anweisung ausgezahlt wird. Die Zinsen werden in beiden Fällen laufend gezahlt und bis zur Fälligkeit meist dem Guthaben zugeschlagen. Neben Konten in Euro sind hier verschiedene Währungen im Angebot, vom US-$ über den polnischen Zloty bis hin zum mexikanischen Peso. Die Festgeldzinsen sind steuerpflichtige Einnahmen aus Kapitalvermögen und unterliegen dem Zinsabschlag. Bei monatlicher Auszahlung kommt daher pro Festzinsanlage der Zinsabschlag zwölf Mal zum Einsatz und mindert immer wieder den Zinseszinseffekt um die einbehaltenen Steuern.

Steuer-Tipp

Anleger können die Laufzeit des Festgeldes und somit auch den Besteuerungszeitpunkt selbst wählen. Wird beispielsweise im November Festgeld angelegt, muss der Ertrag bei einmonatiger Laufzeit noch im alten, bei zweimonatiger erst im folgenden Jahr versteuert werden. Sofern im alten Jahr noch Luft beim Sparerfreibetrag ist, lohnt daher ein Fälligkeitstermin vor Silvester.

Bei Festgeld in ausländischer Währung spielen Kursveränderungen eine wichtige Rolle. Wird das beispielsweise in US-$ geparkte Geld jeden Monat erneut fällig, ist auch ein Devisengewinn als Spekulationsgeschäft steuerpflichtig (siehe BMF v. 25.10.2004 – IV C 3 – S 2256 – 238/04, Tz. 42 ff. mit Beispiel, BStBl I, 1034). Dies gilt allerdings nicht, wenn die Anlage sofort wieder in der gleichen Währung angelegt wird. Dann spielen Plus oder Minus in der Währung beim Finanzamt keine Rolle (BFH v. 02.05.2000 – IX R 73/98, BStBl II, 614). Wird das Festgeld dann erst nach Jahresfrist wieder in Euro getauscht, liegt ein Kursgewinn außerhalb der Spekulationsfrist.

Fazit: Soll kurzfristig Geld geparkt werden, sollte Festgeld erste Wahl sein. Der Sparer weiß von vorneherein, welche Rendite ihn erwartet, auch wenn die nicht besonders hoch ist. Gebühren fallen nicht an, Kursrückschläge sind ausgeschlossen und einfach ist die Anlage auch noch. Als Alternative kommen auch Geldmarktfonds in Betracht. Die haben zumindest den Vorteil der täglichen Verfügbarkeit. Zudem muss nicht die Bank gewechselt werden, wenn der Sparer auf ein anderes Angebot umsteigen möchte. Bei Festgeldern hingegen muss er ein Konto bei einem anderen Kreditinstitut eröffnen.

Financial Futures

Sammelbegriff für börsenmäßig gehandelte Finanzterminkontrakte, denen insbesondere festverzinsliche Wertpapiere bzw. Zinssätze (Zins-Futures), Indizes (Aktienindex-Futures, Zinsindex-Futures) oder Fremdwährungen (Devisen-Futures) zugrunde liegen. Die vertragliche Vereinbarung sieht i.d.R. vor, eine bestimmte (standardisierte) Menge des Kontraktgegenstands zu einem bestimmten Zeitpunkt (Liefertag) und zu einem bei Vertragsabschluss festgelegten Preis zu kaufen oder zu verkaufen.

Beide Vertragspartner gehen eine bindende Liefer- bzw. Abnahmeverpflichtung ein; Finanzterminkontrakte werden häufig aber nicht physisch erfüllt (bei Index-Futures ist dies auch nicht möglich), sondern es erfolgt eine Zahlung der Differenz zwischen dem Marktpreis des Basisinstruments und dem vereinbarten Preis (Barausgleich). Vor Fälligkeit kann eine Glattstellung durch ein Gegengeschäft bewirkt werden.

Steuerlich ergeben sich keine Unterschiede zu herkömmlichen → *Termingeschäften*. Sie unterliegen als privates Veräußerungsgeschäft der Besteuerung.

Finanzierungsschätze

Die nicht börsenfähigen Schatzanweisungen des Bundes mit einer Laufzeit von einem oder zwei Jahren können nicht vorzeitig zurückgegeben werden. Der Verkaufspreis liegt unter dem Rückzahlungskurs, daher sind die Papiere mit Zerobonds vergleichbar. Die Mindestordergröße beträgt 500 €, die Schätze sind in 0,01 € gestückelt. Die Zinsen ergeben sich aus der Differenz zwischen Kauf- und Rückgabepreis. Finanzierungsschätze werden in monatlich neu aufgelegten Ausgaben verkauft.

Beispiel
Renditeberechnung bei Finanzierungsschätzen

Anlagezeitraum	1 Jahr	2 Jahre
Verkaufszinssatz	3,10 %	3,14 %
Einzahlung	484,50 €	468,60 €
Wert bei Fälligkeit	500,00 €	500,00 €
Zinsertrag	15,50 €	31,40 €
Rendite, bezogen auf den Kaufpreis p.a.	3,20 %	3,30 %

Steuerlich werden die Papiere wie Zerobonds behandelt.

- Bei Fälligkeit ist die Differenz zwischen An- und Verkaufspreis als Einnahme aus Kapitalvermögen zu erfassen und unterliegt dem Zinsabschlag.
- Sofern die Finanzierungsschätze vorher veräußert werden, liegt in Höhe der bis dahin rechnerisch aufgelaufenen Zinsen eine steuerpflichtige Einnahme vor. Hierzu können Anleger entweder den Kursgewinn deklarieren oder den Ertrag nach der Emissionsrendite berechnen.
- Werden Finanzierungsschätze während einer Daueremission mit unterschiedlichen Ausgabepreisen begeben, führt dies beim Anleger entsprechend dem Kaufdatum zu einem unterschiedlichen Ertrag. In diesen Fällen muss deshalb für jede Emission eine einheitliche Bemessungsgrundlage für die Erhebung der Kapitalertragsteuer bestimmt werden. Hierbei erlaubt die Finanzverwaltung, dass für die Erhebung des Zinsabschlags und die Ausstellung der Steuerbescheinigungen der höchste Ausgabekurs (= niedrigste Ausgabeabschlag) je Begebungsmonat zugrunde gelegt wird.
- Bei nicht für einen marktmäßigen Handel bestimmten schuldbuchfähigen Wertpapieren des Bundes wie Finanzierungsschätzen bemisst sich der Zinsabschlag gem. § 43a Abs. 2 Satz 6 EStG nach dem im Rückzahlungsbetrag enthaltenen Kapitalertrag ohne jeden Abzug. Besitzzeiten des Rechtsvorgängers bleiben bei der Bemessung des Zinsabschlags unberücksichtigt.

Fazit: Rund 3 % für eine zweijährige Anlage klingt nicht gerade attraktiv, ist aber für konservative Papiere marktkonform. Als Alternative bieten sich Tagesgeldkonto oder Geldmarktfonds an, die bieten allerdings auch nicht mehr. Dafür können Anleger hierbei täglich über ihr Guthaben verfügen.

Finanzinnovation

Veräußerungsgeschäfte im privaten Bereich sind grundsätzlich nur steuerpflichtig, wenn es sich um eine wesentliche Beteiligung (§ 17 EStG) oder ein Spekulationsgeschäft (§ 23 EStG) handelt. Dieses Prinzip gilt aber nicht für die sogenannte Finanzinnovation. Das Finanzamt verwendet den Begriff seit 1994 als Sammelbezeichnung für eine Reihe von Geldanlagen, die darauf abzielen, steuerpflichtige Einnahmen in steuerfreie Kursgewinne umzuwandeln. Das ist bei Wertpapieren der Fall, die zwar keine oder nur geringe Zinsen und ähnliche Erträge aufweisen, durch ihre Konstruktion mit großer Wahrscheinlichkeit aber Kursgewinne versprechen. Sie laufen auch unter dem Begriff Kursdifferenzpapiere. Denn es sind Kapitalanlagen, die in ihrer Kursentwicklung eine Vergütung für die Kapitalüberlassung enthalten. Kursänderungen sind daher nicht ausschließlich auf Marktwerteinflüsse, sondern auf die Kapitalnutzung zurückzuführen.

Beispiel

Ein Emittent gibt ein Wertpapier zu 960 € aus. Zu diesem Zeitpunkt steht der DAX bei 4.000 Punkten. Der Anleger erhält nach 13 Monaten 1.000 € zurück, sollte der DAX nicht über 12.000 Punkten liegen. Ansonsten verfällt das Papier wertlos. Diese Konstruktion macht die steuerlich besondere Behandlung deutlich. Der Schuldner bietet eine marktkonforme Verzinsung (4 % für gut ein Jahr), wandelt diesen Ertrag aber in einen steuerfreien Kursgewinn um. Die Bedingung, dass sich der DAX innerhalb eines Jahres mehr als verdreifacht, ist so unrealistisch, dass der Ertrag garantiert ist. Somit handelt es sich um eine zinsähnliche Einnahme.

Nach § 20 Abs. 1 Nr. 7 EStG sind Erträge aus sonstigen Kapitalforderungen jeder Art steuerpflichtig, wenn die Rückzahlung des Kapitalvermögens oder ein Entgelt für die Überlassung des Kapitalvermögens zur Nutzung zugesagt oder gewährt worden ist, auch wenn die Höhe des Entgelts von einem ungewissen Ereignis abhängt. Dies gilt unabhängig von der Bezeichnung und der zivilrechtlichen Ausgestaltung der Kapitalanlage. Dies bedeutet, dass zum Zeitpunkt der Emission aufgrund der Ausgestaltung der Kapitalanlage eine wirtschaftliche Vergleichbarkeit zu den Fällen mit ausdrücklicher oder stillschweigender Vereinbarung gegeben sein muss. Eine rückschauende Betrachtung, ob eine sichere Kapitalrückzahlung bzw. ein sicherer Kapitalertrag vorliegt, ist nicht möglich.

Es ergeben sich drei Möglichkeiten, die zu einer Steuerpflicht nach § 20 Abs. 1 Nr. 7 EStG führen können:

1. Sowohl die Rückzahlung des Kapitals als auch der Kapitalertrag ist gesichert. Das sind Erträge aus festverzinslichen Wertpapieren mit gleichmäßiger oder ungleichmäßiger Verzinsung sowie Auf- und Abzinsungspapiere.
2. Die Rückzahlung des Kapitals ist gesichert, ein Kapitalertrag ist jedoch unsicher.
3. Ein Kapitalertrag ist gesichert, die Rückzahlung des Kapitals ist jedoch unsicher.

Grundsatz: Die Vorschrift des § 20 Abs. 1 Nr. 7 EStG setzt für die Annahme von Einkünften aus Kapitalvermögen nicht die vollständige Rückzahlung des überlassenen Kapitalvermögens voraus. Die Erträge gehören nach dieser Vorschrift auch dann zu den Einkünften aus Kapitalvermögen, wenn nur die teilweise Rückzahlung des Kapitalvermögens zugesagt worden ist. Sofern keine der drei vorgenannten Sachverhalte vorhanden sind, liegt keine Steuerpflicht gem. § 20 Abs. 1 Nr. 7 EStG vor.

Da die gesetzliche Formulierung „unabhängig von der Bezeichnung und der zivilrechtlichen Ausgestaltung der Kapitalanlage" auf eine wirtschaftliche Betrachtungsweise abstellt, kommt dem Erfordernis der sicheren Kapitalrückzahlung und/oder des sicheren Kapitalertrags eine entscheidende Bedeutung zu. Nicht die Bezeichnung oder zivilrechtliche Ausgestaltung der Kapitalanlage, sondern allein der wirtschaftliche Inhalt der Vereinbarung ist maßgebend für die einkommensteuerrechtliche Behandlung, so dass die Bezeichnungen einiger Finanzprodukte deren einkommensteuerrechtlicher Behandlung widersprechen können.

Gesetzlicher Hintergrund für die Einstufung als Finanzinnovation ist § 20 Abs. 2 Nr. 4 EStG. Eingefügt wurde dieser Passus durch das Steuerbereinigungs- und Missbrauchsbekämpfungsgesetz. Dies war eine Reaktion auf die Einführung des Zinsabschlags im Jahre 1993, den Kreditinstitute durch die Umwidmung von Erträgen legal umgehen wollten. Durch die Einstufung als Finanzinnovation wurde diesen neuen Produkten zwar nicht Einhalt geboten, sie unterlagen nunmehr jedoch dem Zinsabschlag und der Einnahmebesteuerung. Dabei lassen sich vier verschiedene Varianten ableiten.

Checkliste der gesetzlichen Einstufung als Finanzinnovation	
§ 20 Abs. 2 Nr. 4a: Auf- und Abzinsung: Diese Papiere zeichnen sich dadurch aus, dass während der Laufzeit keine oder nur geringe Zinszahlungen erfolgen. Das Entgelt für die Kapitalüberlassung liegt in der Differenz zwischen Emissionspreis und dem Betrag bei Fälligkeit. Hierzu zählen Zerobonds, Bundesschatzbriefe Typ B sowie niedrig verzinste Anleihen, die mit einem steuerschädlichen Emissionsdiscount ausgegeben worden sind.	❑
§ 20 Abs. 2 Nr. 4b: Trennung: Hierbei werden Schuldverschreibungen erfasst, bei denen die Zinskupons vom Wertpapier getrennt werden. Klassisches Beispiel hierfür sind gestrippte Anleihen (Stripped Bonds).	❑
§ 20 Abs. 2 Nr. 4c: Flat-Handel: Diese Papiere zeichnen sich dadurch aus, dass beim An- und Verkauf keine Stückzinsen in Rechnung gestellt werden oder die Höhe des Ertrags von einem ungewissen Ereignis abhängt. Hierunter fallen Aktien-, Umtausch-, Hybrid-, strukturierte und inflationsindexierte Anleihen sowie Capped und Range Warrants sowie Garantiezertifikate.	❑
Weiterhin fallen unter diesen Buchstaben Anleihen, deren Erträge vom allgemeinen Marktzinsniveau (Floater) oder der Bonität des Emittenten (Rating-Anleihe) abhängig sind.	❑
§ 20 Abs. 2 Nr. 4d: Unterschiedliche Erträge: Die Zinsen werden in unterschiedlicher Höhe oder für unterschiedlich lange Zeiträume gezahlt, etwa bei Gleit- und Kombizinsanleihen, Step-Up- und Step-Down-Bonds.	❑

Bei Einnahmen gem. § 20 Abs. 2 Nr. 4 EStG wird der Kursertrag der Besteuerung unterworfen, der durch die besondere Ausgestaltung der Papiere verlagert worden ist. Ein solcher besitzanteiliger Ertrag wird mittels einer Emissionsrendite berechnet. Hiernach soll nur der Kurszuwachs erfasst werden, der auf die Nutzungsüberlassung entfällt und nicht die Veränderung durch Markteinflüsse. Die → *Emissionsrendite* ist der Ertrag, der bei Ausgabe eines Wertpapiers als Rendite versprochen worden ist, bei Fälligkeit also mit Sicherheit erzielt wird. Es gibt jedoch Produkte, bei denen sich die Rendite erst im Nachhinein herausstellt, etwa bei Floatern. Denn hier ist die Zinsentwicklung nicht vorhersehbar, für den Zinskupon aber entscheidend. Grundsätzlich ist als Alternative die Besteuerung nach der → *Marktrendite*, also dem Kursertrag möglich. Lange Zeit war aber strittig, ob sie nur angesetzt werden kann, wenn es eine Emissionsrendite gibt, oder in jedem Fall.

Der BFH hat die ursprüngliche Gesetzesfassung wörtlich genommen und sah die Existenz einer Emissionsrendite als notwendige Vorraussetzung für die alternative Marktrendite an (Urt. v. 24.10.2000 – VIII R 28/99, BStBl II 2001, 97). Folge: Floater und ähnliche Papiere bleiben in Hinblick auf ihren Kursertrag unversteuert. Der Gesetzgeber hat umgehend mit einer Neufassung des § 20 Abs. 2 Nr. 4 Satz 2 EStG reagiert. Nunmehr hat die Besteuerung nach der Marktrendite immer dann zu erfolgen, wenn entweder keine Emissionsrendite besteht oder nicht nachgewiesen wird. Diese Neuregelung ist gem. § 52 Abs. 37b EStG rückwirkend anzuwenden (OFD Magdeburg v. 04.07.2002 – S 2252 – 43 – St 214, StEK EStG § 20/290). Strittig ist noch, ob dies zulässig ist (FG Rheinland-Pfalz v. 28.10.2002 – 1 K 1807/99, EFG 2003, 314, Revision unter VIII R 97/02 sowie FG Nürnberg v. 17.12.2003 – III 44/2002).

In diesem Zusammenhang wurde auch gesetzlich eine Änderung der Berechnungsmodalitäten für Fremdwährungspapiere eingeführt. Auswirkung hat diese Regelung auf Kurserträge aus Finanzinnovationen, die nicht in Euro notieren. Hier ergibt sich nunmehr eine günstigere Steuerrechnung, sofern Währungsgewinne angefallen sind. Denn die Differenz zwischen Anschaffungskosten und Einlösungs- oder Verkaufsbetrag hat in der Fremdwährung zu erfolgen. Erst anschließend wird der Unterschiedsbetrag in Euro umgerechnet. Maßgebend ist der Umrechnungskurs im Versteuerungszeitpunkt. Diese Neuregelung ist ebenfalls rückwirkend anzuwenden, § 52 Abs. 37b EStG. Strittig ist noch, ob dies zulässig ist (FG Düsseldorf v. 03.06.2004 – 12 K 6536/02 E, EFG 2006, 570, Revision unter VIII R 43/05).

Steuer-Hinweis

Die Besteuerung von privaten Veräußerungsgeschäften nach § 23 EStG erfolgt bei Papieren in Fremdwährung weiterhin nach dem alten Verfahren. An- und Verkaufspreis sind zuerst umzurechnen, so dass sich Währungsschwankungen steuerlich hier auswirken.

Beispiel

Berechnung von Währungsgewinnen bei Finanzinnovationen

Kauf eines US-$-Floaters zu	10.000 $
Euro-Kurs beim Kauf	1,00 €
Verkauf nach zwei Jahren zu	10.300 $
Euro-Kurs beim Verkauf	0,90 €
Kursgewinn	300 $
Die Rechnung lautete bisher	
Kaufpreis in € (10.000 €/1)	10.000 €
Verkaufspreis (10.300 €/0,90)	11.444 €
Zu versteuern	1.444 €
Die neue Rechnung lautet	
Kursgewinn in US-$	300 €
Zu versteuern (300/0,90 €)	333 €
Vorteil der neuen Regel	1.111 €

Diese neue Währungsrechnung ist aber nicht in jedem Fall günstiger. Fällt nämlich die Anlagewährung bis zum Verkauf oder zur Fälligkeit, konnte bislang ein höherer Verlust geltend gemacht werden.

Beispiel

Berechnung von Währungsverlusten bei Finanzinnovationen

Kauf eines US-$-Floaters zu	10.000 $
Euro-Kurs beim Kauf	0,95 €
Verkauf nach zwei Jahren zu	9.700 $
Euro-Kurs beim Verkauf	1,15 €
Kursverlust	300 $

Die Rechnung bisher

Kaufpreis in € (10.000 €/0,95)	10.526 €
Verkaufspreis (9.700 €/1,15)	8.435 €
Verrechenbarer Verlust	- 2.091 €
Die neue Rechnung	
Kursverlust in US-$	- 300 €
Zu versteuern (300/1,15 €)	- 260 €
Nachteil der neuen Regel	1.831 €

Die Besteuerung von Finanzinnovationen ist im Vergleich zu herkömmlichen Wertpapieren nicht immer negativ. Denn über § 20 EStG gibt es die unbeschränkte Verlustverrechnung. Dies macht sich insbesondere bei → *Aktienanleihen* positiv bemerkbar, die kaum Gewinnpotential beinhalten. Den Ansatz eines verrechenbaren Verlusts will die Finanzverwaltung jedoch in zwei Fällen nicht anerkennen, sondern der Vermögensebene zuordnen:

1. **Zahlungsausfall**: Ergeben sich bei einer Finanzinnovation Kursverluste in Folge der Zahlungsunfähigkeit oder des Zahlungsverzugs des Schuldners, handelt es sich steuerlich um nicht relevante Verluste auf der Vermögensebene. Denn nach Auffassung der Finanzverwaltung unterstellt die Marktrendite eine den Emissionsbedingungen entsprechende Erfüllung der beiderseitigen Verpflichtungen von Schuldner und Gläubiger (OFD Berlin v. 28.05.1998 – St 449 – S 2252 – 2/95, FR 1998, 1139).
2. **Argentinien-Bonds**: Diese werden zwar seit der Zahlungseinstellung flat gehandelt, gelten aber laut BMF (v. 14.07.2004 – IV C 1 – S 2252 – 171/04, DB 2004, 1584, BStBl I, 611) nicht als Finanzinnovation. Begründung: Sie waren bei der Emission normale Anleihen, die spätere Neueinstufung ist irrelevant.

Steuer-Hinweis

Zu diesem Sachverhalt sind jedoch drei Revisionen beim BFH anhängig: FG Berlin vom 22.04.2004 – 1 K 1100/03 EFG, 2004, 1450, Revision unter VIII R 48/04, FG Münster vom 16.06.2004 – 10 K 2963/03 E, EFG 2004, 1688, Revision unter VIII R 62/04 sowie FG Köln vom 15.07.2004 – 13 K 6946/01, EFG 2004, 1598 Revision unter VIII R 67/04. Zu klären ist hier insbesondere, ob sich die einschränkende Verwaltungsauffassung zu Verlusten mit dem Gesetzeswortlaut deckt, wonach der Unterschied zwischen Kauf- und Verkaufspreis als Kapitalertrag gilt.

Für die Berechnung der Kapitaleinnahmen wird die Marktrendite angesetzt, wenn der Anleger die Emissionsrendite nicht nachweist. Hier ist als Kapitalertrag der Unterschied zwischen dem Entgelt für den Erwerb und den Einnahmen aus der Veräußerung, Abtretung oder Einlösung der Wertpapiere und Kapitalforderungen anzusehen (§ 20 Abs. 2 Nr. 4 Satz 2 EStG). Der steuerpflichtige Kapitalertrag kann regelmäßig anhand der Bankenabrechnungen über den An- und Verkauf der Wertpapiere berechnet werden. Da die Marktrendite nach § 20 Abs. 2 Nr. 4 EStG der Unterschied zwischen Anschaffungskosten und Verkaufspreis ist, kann der Kapitalertrag positiv oder negativ sein. Das heißt, durch den Ansatz der Marktrendite werden unter Umständen realisierte marktbedingte Kursschwankungen der betreffenden Kapitalforderung und Wechselkursschwankungen in die Besteuerung nach § 20 EStG einbezogen.

Auch bei der Bemessung des Zinsabschlags wird die Marktrendite verwendet, eine Emissionsrendite ist – anders als bei der späteren Veranlagung – hier nicht zulässig, §§ 20 Abs. 2 Nr. 4 i.V.m. 43a Abs. 2 EStG. Bei Wertpapieren in ausländischer Währung ist der Unterschiedsbetrag in der ausländischen Währung zu ermitteln (§ 43a Abs. 2 Satz 7 EStG), wenn sie nach dem 31.12.2001 erworben wurden (§ 52 Abs. 55 EStG). Der Kursgewinn unterliegt dem Zinsabschlag, ein Verlust mindert jedoch nicht den Stückzinstopf und kann daher nur im Rahmen der Steuererklärung geltend gemacht werden. Sollte die depotführende Bank während der Besitzdauer gewechselt haben, errechnet sich die Bemessungsgrundlage aus 30 % der Einnahmen aus Verkauf oder Einlösung, unabhängig davon, ob überhaupt ein Gewinn angefallen ist, § 43a Abs. 2 EStG.

Im Fall der Geschäftsstellenveräußerung von einem Kreditinstitut an ein anderes kann auf die Bemessung des Zinsabschlags nach der Ersatzbemessungsgrundlage verzichtet werden, wenn das die Geschäftsstelle erwerbende Kreditinstitut sämtliche Kauf- und Verkaufsverträge sowie Bestandsveränderungen im Depot des Kunden kennt und somit in der Lage ist, den Differenzbetrag gem. § 43a Abs. 2 Satz 2 EStG zu errechnen (OFD Frankfurt v. 11.07.2006 – S 2406 A – 1 – St 54, DB 2006, 1869). Dies gilt auch, wenn eine Bank das Wertpapierdepot von der Verwahrbank übernimmt.

Beispiel

Berechnung der Ersatzbemessungsgrundlage bei Finanzinnovationen

Kauf Garantiezertifikat zu	1.000 €
Verkauf über eine andere Bank zu	1.050 €
Berechnung Zinsabschlag	
Verkaufswert 1.050 € x 30 %	315 €
x 30 % Zinsabschlag	95 €
Bemessung Kapitaleinnahmen	
Verkauf 1.050 € – Kauf 1.000 €	50 €

Ergebnis: Der einbehaltene Zinsabschlag ist höher als die gesamte zu versteuernde Kapitaleinnahme.

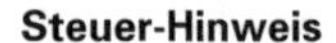

Steuer-Hinweis

Lagern mehrere Finanzinnovationen gleicher Art im Depot, galt beim Verkauf bis Ende 2005 das Lifo-Verfahren (BMF v. 02.03.2001 – IV C 1 – S 2204 – 2/01, DStR 2001, 1161, DB 2001, 1587). Hiernach gelten die Papiere als zuerst verkauft (first out), die zuletzt erworben wurden (last-in). Da bei Verkäufen nach § 23 EStG seit 2005 hingegen das Fifo-Verfahren Pflicht ist, wird diese neue gesetzliche Verwendungsreihenfolge bei Verkäufen ab 2006 auch bei Finanzinnovationen angewendet, und zwar sowohl für den Zinsabschlag als auch für die Kapitaleinnahmen (BMF v. 28.10.2005 – IV C 1 – S 2406 – 7/05, FinMin Schleswig-Holstein v. 31.03.2006 – IV A 7 – S 0632 – 6/06, FR 2006, 439).

Ob die Banken die einzelnen Verfahren bis 2005 und ab 2006 auch in der Jahresbescheinigung anwenden, müssen Anleger selbst kontrollieren. Denn die Kapitalerträge und somit Verkäufe von Finanzinnovationen werden nur in einer Summe als Kapitaleinnahmen zur Anlage KAP aufgelistet.

Beispiel
Berechnung zu FiFo- und LiFo-Verfahren für den Zinsabschlag

Ein Anleger hat für 20.000 € Aktienanleihen im April zum Kurs von 92 % erworben. Im August kauft er weitere 10.000 € zum Kurs von 101 %. Anschließend verkauft er Papiere im Nennwert von 10.000 € zum Kurs von 98 %. Entscheidend für die Höhe der Kapitaleinnahmen ist das Jahr des Verkaufs.

Verkauf der Aktienanleihen	2005	2006
Verfahren	LiFo	FiFo
Verkaufserlös 10.000 € x 98 %	9.800 €	9.800 €
Anschaffungskosten 10.000 € x 101 / 92 %	– 10.100 €	– 9.200 €
Gewinn = Kapitaleinnahme	– 300 €	600 €
30 % Zinsabschlag	–	90 €

Wird ein Wertpapier innerhalb der Jahresfrist verkauft, unterliegt dieser Erlös der Besteuerung gem. § 23 EStG. Damit unterliegen binnen Jahresfrist verkaufte Finanzinnovationen gleich zwei steuerlichen Vorschriften. Doch die Erfassung von Spekulationsgewinnen geht der Anwendung des § 20 EStG nach, § 23 Abs. 2 EStG. Dies gilt aber nur dann, wenn der Veräußerungsgewinn hierdurch vollständig erfasst worden ist. Dies ist bei der Besteuerung nach der Marktrendite der Fall, da hier sämtliche Kursbewegungen berücksichtigt werden. Bei der Emissionsrendite hingegen fallen kapitalmarktbedingte Kursveränderungen unter den Tisch. Wird also eine Finanzinnovation binnen Jahresfrist verkauft und die Kapitaleinnahme nach der Emissionsrendite berechnet, muss der nicht berücksichtigte Kursgewinn noch nach § 23 EStG erfasst werden.

Beispiel
Spekulationsgewinn bei einer Finanzinnovation

Kauf eines Zerobonds	7.000 €
Verkauf nach elf Monaten zu	7.800 €
Verkaufserlös	800 €
Erlös nach der Emissionsrendite	250 €
Kapitaleinnahmen	250 €
Spekulationsgewinn (700 € – 300 €)	550 €

Ergebnis: Durch diese Rechnung wird der gesamte Kursertrag versteuert. Somit würde der mühelose Ansatz der Marktrendite ausreichen, die Berechnung der Emissionsrendite bringt in diesem Fall keine Vorteile. Dies gilt aber nicht in jedem Fall, da es sich bei der Aufteilung um zwei verschiedene Einkunftsarten handelt. Liegt nämlich der separat berechnete Spekulationsgewinn unter der Freigrenze von 512 €, wird er steuerlich nicht erfasst. Auf der anderen Seite kann bei den Kapitaleinnahmen der Sparerfreibetrag berücksichtigt werden.

Steuer-Hinweis

In Hinsicht auf Finanzinnovationen sind noch zwei wichtige Revisionen beim BFH anhängig:

Auch Rating-Anleihen, deren Zinssatz ansteigt, wenn die Bonität des Emittenten schlechter eingestuft wird, gelten als Finanzinnovation. Erfasst werden soll jedoch keine marktbedingte Kursveränderung, was in diesem Fall aber erfolgt. Nach dem FG Niedersachsen (v. 25.11.2004 – 11 K 269/04, EFG 2005, 662, Revision unter VIII R 6/05) dürfen durch den Kapitalmarkt beeinflusste Kursbewegungen nicht als Kapitaleinnahme erfasst werden.

Garantiezertifikate stuft die Finanzverwaltung auch dann noch Finanzinnovationen vor, wenn nur die teilweise Rückzahlung zugesagt wird (BMF v. 16.03.1999 – IV C 1 – S 2252 – 87/99, BStBl I, 433). Bei eher geringfügigen Zusicherungen lässt das FG München (v. 04.05.2004 – 2 K 2385/03, EFG 2005, 1868, Revision unter VIII R 53/05) diese Einstufung nicht mehr zu, da hier kein Erhalt des Vermögens mehr gesichert wird.

Steuer-Tipp

Zur steuerlichen Einstufung einzelner Produkte als Finanzinnovation sowie zur Berechnung der Kapitaleinnahmen gibt es umfangreiche Erläuterungen der OFD Kiel (v. 03.07.2003 – S 2252 A – St 231, StEK EStG § 20/308) sowie der OFD Frankfurt (v. 23.10.2003 – S 2252 A – 42 – St II 3.04, StEd 2003, 756 und v. 25.10.2005 – S 2406 A – 1 – St II 1.04, DB 2005, 2608).

Fazit: Finanzinnovationen sind zwar steuerlich kompliziert, Kursgewinne können nicht steuerfrei vereinnahmt werden und belasten den ab 2007 gesunkenen Sparerfreibetrag. Auf der anderen Seite werden Verluste berücksichtigt. Aus Anlagegesichtspunkten spricht nichts gegen solche Angebote, wie etwa Garantiezertifikate, Aktienanleihen oder Floater. Denn Finanzinnovationen sind nicht zu verwechseln mit spekulativen Kapitalmarktprodukten. Die gehören aufgrund ihrer Wesensart gerade nicht hierzu. Steuerliche Entlastung ist zudem über die ab 2008 geplante Abgeltungsteuer in Sicht, deren Satz in vielen Fällen unter der Progression des Anlegers liegen dürfte.

Floater

Steigen die Kapitalmarktzinsen, ärgern sich Anleihenbesitzer über fallende Kurse. Anleger, die variable Rentenpapiere im Depot haben, freuen sich hingegen über anziehende Kupons und haben mit Kursverlusten wenig bis überhaupt nichts zu tun. Diese Aussicht versprechen Floating Rate Notes, kurz Floater genannt. Dies sind börsenfähige Schuldverschreibungen mit mittlerer bis langer Laufzeit, die eine variable Verzinsung bieten. Der Zinssatz wird in regelmäßigen Abständen an den aktuellen Geldmarktzins angepasst. Steigt das Zinsniveau, erhöht sich auch der Satz der Anleihe, meist alle drei oder sechs Monate. Einige Emittenten lassen sich mit der Anpassung auch ein ganzes Jahr Zeit. Entsprechend umgekehrt läuft es bei sinkenden Zinsen. Floater entwickeln sich zunehmend als echte Alternative zu Festverzinslichen und füllen vermehrt die Kurszettel des Rentenmarkts. Zumal neben vielen Unternehmen auch der Bund als Emittent auf dem Rentenmarkt auftritt und Bundesanleihen mit variablem Zinssatz anbietet.

Als Referenz- oder Basiszins dient meist der Drei-Monats-EURIBOR (European Interbank Offered Rate), seltener der LIBOR (London Interbank Offered Rate). Die Geldmarktsätze EURIBOR und LIBOR sind die Zinssätze, zu denen Banken in Ländern der Europäischen Währungsunion bzw. in London bereit sind, Gelder bei anderen Banken kurzfristig anzulegen. Für diese Zinssätze gibt es laufend Kurse am Terminmarkt, die auch für Anleger transparent sind. Die Zinsanpassung der Floater erfolgt zu einem bestimmten Termin, der dort ermittelte Satz gilt dann für den folgenden Drei- oder Sechsmonatszeitraum. Meist wird der Zinssatz mit einem Auf- oder Abschlag vom Referenzzins angepasst, also beispielsweise EURIBOR + 0,25 %. Je höher der Bonus, umso schlechter die Bonität des Schuldners. Bei einigen Floatern ist die variable Zinsanpassung nach oben oder unten begrenzt, andere Papiere bieten steigende Kupons bei sinkenden Zinsen und umgekehrt. Angebotsvielfalt und Varianten kennen nahezu keine Grenzen, zumal auch Fremdwährungsanleihen notiert werden.

Nur im kurzen Zeitraum zwischen den Anpassungen kommt es zu Kursbewegungen bei Floatern. Zum Angleichungstermin tendiert der Kurs wieder gegen 100 %, da die Anleihe dann marktkonform verzinst wird. Wird ein Aufschlag auf den EURIBOR gezahlt, notiert das Papier leicht über 100 % – gutes Rating des Emittenten vorausgesetzt. Ein hohes Agio spricht eher für schlechte Bonität des Schuldners. Die Zinsauszahlung erfolgt anders als bei Festverzinslichen mehrmals im Jahr, im Zeitpunkt der Zinsanpassung, also viertel- oder halbjährlich. Allerdings müssen sich Anleger bewusst sein, dass sie lediglich Kupons für kurze Laufzeiten erhalten, die je nach Marktverfassung deutlich unter denen von Langläufern liegen können.

Die Grundform der Floater ist besonders für den Anleger empfehlenswert, der eine geldmarktgerechte Verzinsung anstrebt, mit steigenden Zinsen rechnet und jederzeit ohne Kursverluste liquide bleiben möchte. Denn sämtliche Zinsanstiege führen automatisch zu höheren Kuponauszahlungen und ein Kursrisiko ist unabhängig vom Verkaufszeitpunkt kaum vorhanden. Argumente, die gerade in der aktuellen Markterwartung trumpfen.

Anlage-Hinweis
Im Gegensatz zu den ebenfalls risikoarmen Festgeldern oder Geldmarktfonds fallen bei Floatern die üblichen Bankspesen an. Die machen eine Mehr-Rendite zumindest bei kurzfristigem Anlagehorizont mehr als zunichte. Erst bei Laufzeiten ab drei Jahren lohnt daher i.d.R. der Einstieg.

Wichtig ist – wie bei herkömmlichen Anleihen – die Schuldnerbonität. Die Vor- und Nachteile von Floatern liegen eng zusammen und bestimmen sich grundsätzlich nach dem erwarteten Trend der Marktzinsen, dem Anlagehorizont und der Ausgestaltung. Denn die variablen Papiere befinden sich in Konkurrenz zu festverzinslichen Anleihen mit über die Laufzeit garantiertem Kupon. Besitzer von Floatern haben bei fallendem Zins das Nachsehen. Die Investition in Floater lohnt sich besonders

- wenn mit steigenden Zinsen gerechnet wird
- bei erwarteter Zinssenkung durch den Kauf von Reverse Floatern
- beim Wunsch nach einer marktgerechten Verzinsung
- zur Depotbeimischung von liquiden Mitteln
- als Alternative zu Festgeld oder Geldmarktfonds
- wenn ein jederzeitiger Verkauf ohne Kursrisiko eingeplant wird.

Anlage-Hinweis
Floater können auf Dauer trotz marktgerechter Verzinsung keinen kompletten Werterhalt garantieren. Denn die Preissteigerungsrate kann vom kurzfristigen Zinssatz abweichen – in beide Richtungen. Zudem bleibt der Nennwert konstant, hier bieten sich eher → ***Inflationsindexierte Anleihen*** an.

Checkliste der Chancen und Risiken bei Floatern	
Verzinsung: Diese ist i.d.R. stets marktgerecht zum Kurzfristniveau. Auch bei langen Laufzeiten sind daher keine hohen Renditen möglich.	❑
Zinsrisiko: Bei anziehendem Geldmarktzins steigt, bei fallendem sinkt der variable Zinssatz der Anleihe – und dies zeitnah.	❑
Kündigungsrecht: Bei einigen Floatern hat der Emittent das Recht, die Anleihe vorzeitig zu kündigen. Nachteil: Er macht davon i.d.R. Gebrauch, wenn der Kupon deutlich angestiegen ist.	❑
Kursschwankung: Sie ist im Vergleich zu Festverzinslichen gering, da sich der Kupon binnen kurzer Zeit dem aktuellen Zinsniveau angleicht. Grundsatz: Je öfter die Zinsanpassung, umso geringer die Kursvolatilität.	❑
Kursverluste: ergeben sich nur in begrenztem Umfang. Größere Ausschläge sind bei Fremdwährungen oder Rückzahlungsrisiken möglich.	❑
Kursgewinne: Diese Erträge bei sinkenden Zinsen sind nahezu ausgeschlossen, und steuerfrei sind sie meist auch nicht.	❑
Rendite: Diese lässt sich vorab nicht verbindlich errechnen, ist aber ohne den Spesenaspekt stets höher als bei Festgeld oder Geldmarktfonds.	❑
Zinseszinsen: Die unterjährige Auszahlung bringt Vorteile.	❑
Spesen: Die fallen beim An- und Verkauf in üblicher Höhe an.	❑
Marktliquidität: Sie ist bei Floatern ohne besondere Ausgestaltung hoch; es werden neben Bundesanleihen auch eine Vielzahl von Bonds angesehener Unternehmen angeboten.	❑

Steuerliche Behandlung

Die bis zu viermal pro Jahr gezahlten Zinsen sind steuerpflichtige Kapitaleinnahmen nach § 20 Abs. 1 Nr. 7 EStG und unterliegen dem Zinsabschlag. Wegen der kurzen Dauer zwischen zwei Ausschüttungsterminen fallen nur geringe Stückzinsen an. Bei Anleihen in fremder Währung ist der am Zahlungstag in Euro umgerechnete Kurs maßgebend. Beim Verkauf ist steuerlich zu unterscheiden, ob es sich um normale Floater mit lediglich regelmäßiger Zinsanpassung an einen Referenzwert oder um Papiere mit besonderer Ausstattung handelt.

Bei variablen Anleihen ist der Ertrag von einem ungewissen Ereignis, dem Zinsverlauf abhängig; Kapitaleinnahmen fließen in unterschiedlicher Höhe zu. Floater erfüllen somit die Voraussetzungen einer Finanzinnovation. Folge: Kursgewinne stellen unabhängig von Fristen nach § 20 Abs. 2 Satz 1 Nr. 4 EStG Kapitaleinnahmen dar. Maßgebend ist dabei die Marktrendite (Differenz zwischen An- und Verkaufspreis), da eine Emissionsrendite nicht ausgegeben werden kann. Diese Tatsache sorgte für heftige Irritationen.

Der BFH entschied am 24.10.2000 (VIII R 28/99, BStBl II 2001, 97), dass Floater mangels Emissionsrendite nicht als Finanzinnovation eingestuft werden dürfen. Das BMF reagierte postwendend mit einem Nichtanwendungserlass (v. 07.02.2001 – IV C 1 – S 2252 – 26/01, BStBl I, 149). Der anschließende geänderte Gesetzespassus in § 20 Abs. 2 Satz 2 EStG besagt nunmehr, dass die Marktrendite auch bei Papieren ohne Emissionsrendite gelten soll. In Bezug auf nicht in Euro notierenden Wertpapieren wurde gleichzeitig der 2. Halbsatz nachgeschoben, wonach Gewinne oder Verluste zuerst in dieser Währung ermittelt und erst anschließend umgerechnet werden sollen (siehe Beispiel zu → *Finanzinnovationen*). Beide Neuregelung gelten gem. § 52 Abs. 37b EStG rückwirkend. Strittig ist noch, ob dies zulässig ist (FG Rheinland-Pfalz v. 28.10.2002 – 1 K 1807/99, EFG 2003, 314, Revision unter VIII R 97/02 sowie FG Düsseldorf v. 03.06.2004 – 12 K 6536/02 E, EFG 2006, 570, Revision unter VIII R 43/05).

Steuer-Hinweis

Normale Floater, die sich lediglich eins zu eins auf einen Referenzzins beziehen, behandelt die Finanzverwaltung aus Vereinfachungsgründen wie herkömmliche Anleihen. Dazu dürfen die Papiere allerdings nicht flat gehandelt werden, sondern müssen wie allgemein üblich Stückzinsen separat ausweisen (BMF v. 20.01.1994 – IV B 4 – S 1980 -5/94, FR 1994, 206).

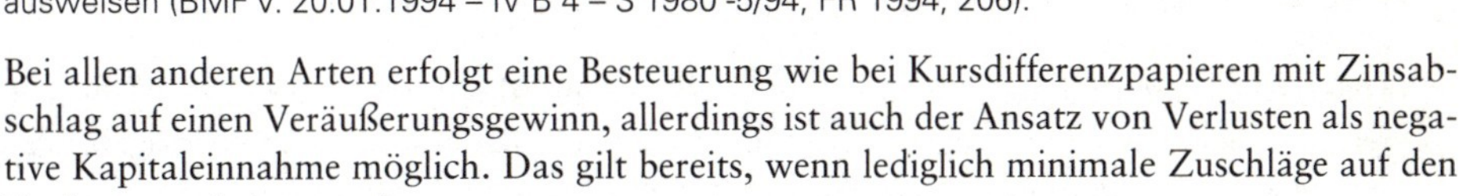

Bei allen anderen Arten erfolgt eine Besteuerung wie bei Kursdifferenzpapieren mit Zinsabschlag auf einen Veräußerungsgewinn, allerdings ist auch der Ansatz von Verlusten als negative Kapitaleinnahme möglich. Das gilt bereits, wenn lediglich minimale Zuschläge auf den Euribor angeboten werden.

Checkliste zur Besteuerung von Floatern	
Die meist unterjährig gezahlten Zinsen sind bei Zufluss als Kapitaleinnahme zu versteuern und unterliegen dem Zinsabschlag.	☐
Stückzinsen werden wie bei Festverzinslichen berechnet.	☐
Bei normalen Floatern sind Kursgewinne nur binnen Jahresfrist als Spekulationsertrag zu erfassen. Das sind die Papiere, die ohne Zu- oder Abschlag nur an die Kurzfristzinssätze angepasst werden.	☐
Bei Floatern mit Sonderregeln schwankt der Zins stärker oder ist von anderen Ereignissen abhängig. Bei dieser Finanzinnovation sind Kurserträge stets als Kapitaleinnahme zu erfassen und unterliegen dem Zinsabschlag. Da wegen der schwankenden Zinsen keine Emissionsrendite ausgegeben werden kann, muss stets die Differenz zwischen Kauf- und Verkaufskurs angesetzt werden.	☐
Die Zinsen bei Währungsfloatern sind mit dem am Tag der Zahlung in Euro umgerechneten Wert steuerpflichtig.	☐
Der Verkauf in Fremdwährung wird steuerlich wie folgt behandelt: Wert bei Fälligkeit oder Verkauf in Fremdwährung – Wert beim Kauf in Fremdwährung = Differenzbetrag x Kurs zum Euro im Verkaufszeitpunkt = Steuerliche Kapitaleinnahme Diese Regelung ist günstig, sofern die Fremdwährung nach dem Kauf gestiegen ist.	☐

Neben herkömmlichen Floatern (Zinsanpassung exakt an den Referenzwert) gibt es eine Reihe von Sonderformen, die alle als Finanzinnovation gelten. Es ist für jeden Anlagegeschmack und erwartete Marktsituationen das richtige Produkt im Angebot.

- **Zu- und Abschläge** auf den Euribor sind die Regel. In Hochzinszeiten werden bei der Emission eher Ab- und in Niedrigzinsphasen Zuschläge auf den Basiszins geboten.
- Bei **Reverse Floatern** entwickelt sich der Kupon in entgegengesetzter Richtung zum Referenzzins. Je höher der Marktzins, umso geringer wird der Kupon. Die Investition lohnt sich insbesondere bei der Erwartung von fallenden Zinsen.
- **Capped Floater** begrenzen die laufende Zinsanpassung nach oben durch eine Höchstgrenze, das Cap. Sie sind in Hochzinsphasen interessant, dann haben fallende Sätze keine Auswirkung mehr auf die Höchstgrenze.
- **Floor-Floater** bieten Anlegern einen Schutz, indem eine Begrenzung nach unten durch einen garantierten Minimalzinssatz, das Floor, erfolgt.
- **Minimax-Floater** kombinieren Cap und Floor, bieten somit vereinbarte Maximal- und Minimalzinssätze.
- Bei **Convertible Floatern** wechselt die variable ab einem bestimmten Zeitpunkt in eine feste Verzinsung. Geschieht dies auf hohem Marktniveau, ist dieser Kupon auf Dauer gesichert.
- **Deferred Coupon Floater** bieten in den ersten Anlagejahren keine und in den Folgejahren über dem Marktzins liegende Kupons. Sie eignen sich besondere in Niedrigzinsphasen oder für Anleger mit aktuell hoher und später fallender Steuerprogression.
- Bei **Step-Down-** sowie **Step-Up-Floatern** liegt die Verzinsung zuerst über (Down) oder unter (Up) dem Marktzinssatz, nach einigen Jahren werden unter- oder überdurchschnittliche Zinssätze gewährt. Hier kann die eigene Steuerprogression ideal ausgenutzt werden.
- **Drop-Lock-Floater** wandeln sich bei Unterschreiten eines bestimmten Mindestzinssatzes in eine nicht mehr rückgängig zu machende Festzinsanleihe um.
- **Mismatch-Floater** sind eigentlich ganz normale variable Anleihen, nur erfolgt die Zinsanpassung jeden Monat. Kursausschläge sind daher minimal.
- **Perpetual-Floater** haben theoretisch eine ewige Laufzeit.
- **Index-linked Floater** sind variabel verzinsliche Anleihen, die in bestimmten Abständen oder zu bestimmten Zeitpunkten an eine indexbezogene Marktrendite angepasst werden.

Fazit: Variabel verzinste Anleihen bieten immer eine marktgerechte Verzinsung und wenig Kursrisiken. Dafür ist die Aussicht auf steuerfreie Kursgewinne wie bei Festverzinslichen nicht möglich. Für konservative Anleger und einen mittelfristigen Horizont gehören die Papiere aber in jedes Rentendepot.

Floor-Fonds

Es handelt sich um Investmentfonds, bei denen der Anleger einen garantierten Mindestbetrag erhält. Der Rücknahmepreis (Floor) fällt somit nicht unter einen bestimmten Betrag. Es handelt sich hierbei meist um Fonds, die einen Großteil des Vermögens in Rentenpapiere mit relativ geringem Kursrisiko investieren. Im Vergleich zu Garantiefonds, die mindestens einen festen Betrag zum Ende der Laufzeit garantieren, wird hier ein fester Prozentsatz vom Tageskurs versichert. Der private Anleger kann vergleichbare Absicherungen durch direkte Investitionen nur erreichen, wenn er aufgrund eines umfangreichen Vermögens breit streuen kann. Steuerlich ergeben sich keine Besonderheiten zu herkömmlichen → *Investmentfonds.*

Fazit: Ertragreich ist dieses Angebot nicht, da ein Teil des Geldes für die Absicherung verwendet wird.

Fondsgebundene Lebensversicherung

Bei dieser Kapitallebensversicherung fließen die Sparbeiträge nicht in den Deckungsstock der Versicherungsgesellschaft, sondern in Investmentanteile. Diese werden dann als Sondervermögen geführt, in das auch die erzielten zwischenzeitlichen Erträge wie Dividenden, Zinsen und Kursgewinne eingezahlt werden. Eine fondsgebundene Police ist wie die herkömmliche Lebensversicherung eine Kombination aus Hinterbliebenenschutz und Sparplan. Nur die nach Abzug von Verwaltungskosten und Risikoschutz verbleibende Sparrate fließt in Investmentfonds. Die Auswahl der Fonds erfolgt entweder durch die Versicherung oder den Kunden selbst. Dabei kann der Versicherungsnehmer die Fondsauswahl für die laufenden Einzahlungen i.d.R. ändern (Switchen) oder bereits investierte Sparanteile in andere Fonds umschichten (Shiften).

Fondsgebundene Policen unterscheiden sich von konventionellen Lebensversicherungen also dadurch, dass die Höhe der Leistungen direkt von der Wertentwicklung der in einem besonderen Anlagestock angesparten Investmentanteilen abhängt. Eine der Höhe nach garantierte Leistung gibt es bei der fondsgebundenen Lebensversicherung i.d.R. nicht, selbst der Verlust des gesamten eingesetzten Kapitals ist bei ungünstiger Börsenlage möglich.

Stirbt der Versicherungsnehmer vor Ablauf der Police, erhält der Begünstigte auf jeden Fall die vereinbarte Todesfallleistung. Ist der Wert der Fondsanteile zu diesem Zeitpunkt höher, wird der höhere Betrag ausgezahlt. Erlebt der Versicherte den Versicherungsablauf, wird in jedem Fall der Wert der Fondsanteile gezahlt, eine Mindestauszahlung wie im Todesfall erfolgt nicht. Der Erfolg der Police hängt wesentlich von der Börsenentwicklung ab. Während herkömmliche Lebensversicherungen maximal 35 % in Aktien investieren dürfen, können fondsgebundene Produkte sämtliche Anlagegelder in Aktienfonds investieren. Somit ist keine Mindestrendite gesichert. Es gibt somit keine Mindestverzinsung, lediglich eine vertraglich vereinbarte Summe für den Todesfall.

Durch das Alterseinkünftegesetz gilt die Steuerfreiheit nur noch für Verträge, die vor dem 01.01.2005 abgeschlossen wurden. Spätere Policen sind gem. § 20 Abs. 1 Nr. 6 EStG steuerpflichtig. Zur Hälfte, wenn die Auszahlung frühestens zum 60. Lebensjahr terminiert ist, und sonst in voller Höhe. Hierbei gelten die gleichen Voraussetzungen zu den Einnahmen aus Kapitalvermögen wie bei konventionellen Lebensversicherungen. Allerdings gelten für Fondspolicen zwei Besonderheiten (BMF v. 22.12.2005 – IV C 1 – S 2252 – 343/05, BStBl I 2006, 92):

- Umschichtungsvorgänge während der Laufzeit über Switchen oder Shiften stellen keinen Zufluss dar.
- Erhält der Versicherungsnehmer bei Laufzeitende statt einer Geldzahlung die Übertragung der Fondsanteile, ist als Versicherungsleistung der Rücknahmepreis anzusetzen. Maßgebend ist der Betrag, mit dem die Versicherungsleistung bei einer Geldzahlung berechnet worden wäre.

Fazit: Aus steuerlicher Sicht ist die direkte Anlage in Aktien- oder offene Immobilienfonds günstiger, besonders bei ab 2005 abgeschlossenen Verträgen. Denn hier bleiben große Teile der Erträge steuerfrei. Zusätzlich kann dann eine Risikolebensversicherung abgeschlossen werden. Inwieweit sich dies durch die Einführung einer Abgeltungsteuer ändert, ist noch nicht absehbar. Entscheidend ist hier, wie die Erträge aus Lebensversicherungen behandelt werden sollen.

Fondsschließung

Derzeit ist bei den inländischen Fondsgesellschaften ein Trend hin zu einer deutlichen Verschlankung ihres Angebots erkennbar. Eine Reihe von Fonds wird geschlossen, andere verschmolzen. Ein Hauptgrund für diese Maßnahme ist das geringe Geldvolumen in einigen Sondervermögen. Das macht ein weiteres Bestehen sehr kostenintensiv und daher nicht mehr lukrativ. Besitzer solcher Fonds müssen von der Anlagegesellschaft rechtzeitig über diese Absicht informiert werden. Zudem hat sie ihnen ein kostenloses Umtauschangebot zu unterbreiten. Dies machen die Firmen ohnehin, da sie ja ihre bisherigen Kunden ungern verlieren, sondern mit ähnlichen Produkten ihres Hauses bedienen möchten.

Steuerlich ist eine Verschmelzung oder der Tausch von Fonds seit 2004 unproblematisch. Nach § 14 Abs. 4 InvStG gilt die Übertragung des Vermögens eines Investmentfonds in einen anderen Fonds derselben Gesellschaft nicht als Verkauf. Dies gilt sowohl für inländische Investmentanbieter als auch für Fonds aus dem Ausland. Ein solcher Vorgang löst kein privates Veräußerungsgeschäft aus, die alten Anteile gelten als zu den ursprünglichen Anschaffungskosten verkauft. Für die erworbenen Investmentwerte beginnt keine neue Spekulationsfrist, sie gelten zum Termin der alten Fonds als angeschafft (BMF v. 02.06.2005 – IV C 1 – S 1980 – 1 – 87/05, Tz. 237 ff., BStBl I, 728).

Diese steuerneutrale Regelung gilt grundsätzlich nicht, wenn Anleger innerhalb eines Umbrella-Modells von einem Unterfonds in einen anderen übergehen. Dies sind Sondervermögen mit Teilfonds, bei denen der Besitzer je nach Wunsch oder Börsenlage mal hin und her wechselt. In diesem Fall ergibt sich stets ein Verkauf und ein neuer Erwerb.

Forex-Fonds

Diese eher selten anzutreffende Variante der Foreign Exchange Fonds setzt auf Terminmarktgeschäfte mit Devisen. Dabei sollen die Kursschwankungen an den weltweiten Devisenmärkten ausgenutzt werden. Ein ideales Produkt für spekulative Privatanleger, da sie direkt auf Währungsschwanken nur schwer setzen können. Alternativ kommen hier höchstens Optionsscheine in Betracht, hier geht es dann aber nur um die Wechselkurse zwischen zwei Währungen.

Steuerlich gibt es bei dieser Fondsart wenig zu tun, da von den Managern getätigte Terminmarktgeschäfte generell steuerfrei bleiben und dies sogar weit über die Erfassung des § 23 EStG hinaus geht.

Forwards

Sie werden im Gegensatz zu Futures außerbörslich gehandelt und bezeichnen ein individuell abgeschlossenes Festgeschäft. Steuerlich ergeben sich aber keine Unterschiede zu herkömmlichen Terminmarktgeschäften.

Freiaktien (Gratisaktien)

Es handelt sich um neue Anteile, die ein Aktionär ohne Gegenleistung aufgrund einer Kapitalerhöhung (-umwandlung) erhält, deshalb auch Gratis-, Zusatz- oder Berichtigungsaktien genannt. Doch leider erhält der Aktionär von der Aktiengesellschaft nichts geschenkt. Es handelt sich lediglich um die Umwandlung von angesammelten Gewinnrücklagen in Stamm- oder Nennkapital. Und die bisherigen Rücklagen gehörten ja auch bereits anteilig dem Aktionär. In der Bilanz erfolgt nur eine Umbuchung, Gewinne oder mehr Firmenvermögen ergeben sich nicht.

Da nach der Emission der Freiaktien insgesamt mehr Anteile der Aktiengesellschaft existieren, fällt der Aktienkurs am Ausgabetag um den Bezugsrechtsabschlag (exB). Da die Gesellschaft jedoch meist eine gleichbleibende Dividende zahlen, ergibt sich hieraus ein Vorteil durch die Erhöhung der Gesamtrendite. Außerdem liegt der Börsenkurs in den meisten Fällen leicht über dem rechnerischen Abschlag. Was nicht außer Acht gelassen werden sollte: Nur erfolgreiche Unternehmen können ausreichend Gewinnrücklagen ansammeln, um das Kapital aus Gesellschaftsmitteln zu erhöhen. Oftmals liegt der Aktienkurs einige Monate nach der Ausgabe von Freiaktien wieder auf dem Niveau vor der Ausgabe.

Beispiel

Anleger besitzt	100 Aktien
Bezugsverhältnis für die Gratisaktien	4 zu 1
Kurs vor Kapitalerhöhung	40 €
Kurs nach Kapitalerhöhung	33 €
Dividende unverändert	1 €
Aktienwert vor Erhöhung (100 x 40)	4.000 €
Dividende bisher	100 €
Aktienwert nach Erhöhung (125 x 33)	4.125 €
Dividende neu	125 €
Vorteil Gratisaktie	250 €

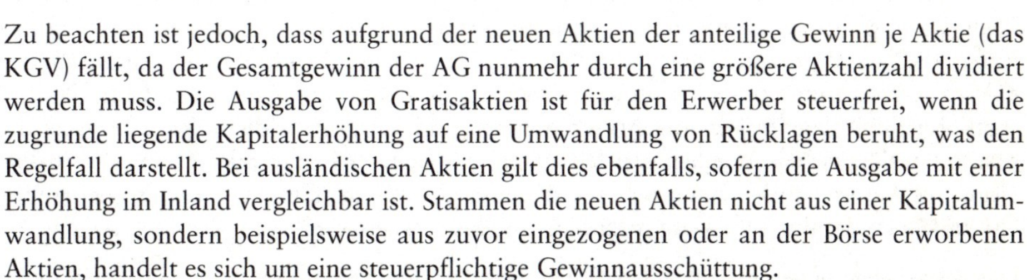

Zu beachten ist jedoch, dass aufgrund der neuen Aktien der anteilige Gewinn je Aktie (das KGV) fällt, da der Gesamtgewinn der AG nunmehr durch eine größere Aktienzahl dividiert werden muss. Die Ausgabe von Gratisaktien ist für den Erwerber steuerfrei, wenn die zugrunde liegende Kapitalerhöhung auf eine Umwandlung von Rücklagen beruht, was den Regelfall darstellt. Bei ausländischen Aktien gilt dies ebenfalls, sofern die Ausgabe mit einer Erhöhung im Inland vergleichbar ist. Stammen die neuen Aktien nicht aus einer Kapitalumwandlung, sondern beispielsweise aus zuvor eingezogenen oder an der Börse erworbenen Aktien, handelt es sich um eine steuerpflichtige Gewinnausschüttung.

Steuerlich führt die Kapitalerhöhung aus Gesellschaftsmitteln nach §§ 207 ff. AktG beim Aktionär gem. § 1 KapErhG bei inländischen und § 7 KapErhG bei ausländischen AG nicht zu Einkünften aus Kapitalvermögen. Dennoch sind einige Aspekte zu beachten (BMF v. 25.10.2004 – IV C 3 – S 2256 – 238/04, BStBl I, 1034):

- Die Gratisaktien werden nicht im Zeitpunkt ihrer Gewährung oder Ausgabe angeschafft. Vielmehr führt die Kapitalerhöhung aus Gesellschaftsmitteln zu einer Abspaltung eines Teils der ursprünglichen Anschaffungskosten. Die bisherigen Anschaffungskosten der Altaktien vermindern sich um den Teil, der durch die Abspaltung auf die Gratisaktien entfällt.
- Als Zeitpunkt der Anschaffung der Gratisaktien gilt der Zeitpunkt der Anschaffung der Altaktien. Der Gewinn aus der Veräußerung von Gratisaktien innerhalb eines Jahres nach der Anschaffung der Altaktien ist ein steuerpflichtiger privater Veräußerungsgewinn i.S.d. § 23 Abs. 1 Satz 1 Nr. 2 EStG.
- Liegt die Altaktie bereits mehr als ein Jahr im Depot, kann die neu erhaltene Aktie sofort steuerfrei verkauft werden.

Steuer-Hinweis

Gratisaktien sind nicht mit den → ***Bonusaktien*** zu verwechseln. Obwohl beide kostenlos ausgegeben werden, stammt die Bonusaktie – etwa von der Deutschen Telekom oder Post – nicht aus einer Kapitalumwandlung, sondern aus dem Besitz eines anderen Aktionärs. In diesem Fall liegen Kapitaleinnahmen nach dem Halbeinkünfteverfahren vor.

Fazit: Gibt eine AG Freiaktien aus, deutet dies i.d.R. auf positive wirtschaftliche Perspektiven hin.

Freigenuss-Scheine

Es handelt sich, ähnlich wie bei Freiaktien, um die Umwandlung von Gesellschaftskapital in Genussrechtskapital durch die Ausgabe von neuen Genuss-Scheinen an die bisherigen Eigentümer ohne Bezahlung. Sofern es sich um Genuss-Scheine mit Beteiligung am Liquidationsgewinn handelt, gehören die gewährten Freianteile zu den Kapitaleinnahmen und unterliegen der 25 %igen Kapitalertragsteuer.

Freistellungsauftrag

→ *Kapitalertragsteuer.*

Fremdwährungsanleihen

Unter diesem Begriff laufen Anleihen, bei denen Nennwert und gezahlte Zinsen in einer Nicht-Euro-Währung valutieren. Die Zinsen werden am Zuflusstag umgerechnet und in Euro zum Tagesdevisenkurs gutgeschrieben. Zwischen dem Euro-Raum und den internationalen Kapitalmärkten bestehen oftmals erhebliche Rendite- und Zinsunterschiede. Hauptmotiv für die Anlage in Fremdwährungsanleihen sind dabei meist die höheren Zinsen, die sich mit ausländischen Anleihen erzielen lassen. Als weiterer Ertragsfaktor kann die Spekulation auf Aufwertungsgewinne der Fremdwährung zum Euro hinzukommen. Dabei erhöht ein starker Devisenkurs die Gesamtrendite um einen steuerfreien Kurs-(Währungs-)gewinn.

Das Risiko liegt, neben den allgemeinen Vor- und Nachteilen von Anleihen, in der nicht vorhersehbaren Entwicklung und Schwankung des Währungskurses. Ein Anleger muss sich also nicht nur fragen, wie sich der Kapitalmarktzins künftig entwickeln wird, sondern auch, wie die Aussichten am Devisenmarkt sind. Für Spekulanten mit kurzfristigem Anlagehorizont eignen sich Fremdwährungsanleihen ideal zur Aufbesserung der Performance. Da auch am Devisenmarkt bei den Kursausschlägen oftmals übertrieben wird, kann dies der Anleger ausnutzen. Er genießt für kurze Zeit die höheren Zinsen und fährt zusätzlich noch einen (steuerfreien) Währungsgewinn ein. Dies eignet sich längerfristig insbesondere beim US-$, dem Aus-$, dem Can-$ sowie spekulativ bei einigen osteuropäischen und südamerikanischen Währungen.

Privatanleger sollten jedoch beachten, dass insbesondere bei kleinen Anlagebeträgen die Spesen sehr hoch sein können und zusätzlich Umtauschgebühren anfallen. Diese Kosten müssen in die Währungsspekulation einbezogen werden müssen. Günstiger ist oftmals die Devisenspekulation bei kleinem Einsatz in Währungsoptionsscheine und Anlage des restlichen Geldes in Euro-Anleihen.

Anlage-Tipp

Oftmals rentieren sich Fremdwährungsanleihen, auch wenn die Währung fallen sollte, da der Zinsvorteil sehr hoch ist und Devisenverluste mehr als ausgeglichen werden. Dieser kritische Wechselkurs ergibt sich aus einer Formel, mit der jeder Anleger selbst ausrechnen kann, bis zu welchem Kursverfall sich eine Fremdwährungsanleihe lohnt:

$$\text{Kritischer Kurs} = \left(\frac{1 + \text{inländischer Zinssatz}}{1 + \text{ausländischer Zinssatz}}\right)^{\text{Anlagedauer in Jahren}}$$

Folgende Überlegungen sind bei Fremdwährungsanleihen vorzunehmen:

- In die Berechnung des kritischen Wechselkurses fließt die steuerliche Auswirkung nicht ein. Je höher der persönliche Steuersatz, umso spekulativer wird die Anlage in fremder Währung. Denn die höheren Zinsen werden voll versteuert, die Währungsverluste können nicht gegengerechnet werden.
- Bei hoher Steuerlast kann auch der Erwerb von Zerobonds in fremder Währung in Betracht gezogen werden.
- Bei Kurzfristanlagen ist das Risiko bedeutend höher, da der Zinsvorteil nur in geringem Maße zu Buche schlägt, kurzfristige Währungsverluste aber denkbar und Nebenkosten immer vorhanden sind.
- Je höher die Zinsdifferenz zum Euro-Kapitalmarkt, umso günstiger ist die Anlage.
- Zu beachten ist der relative Abstand zum Euro-Zinssatz. Beim Verhältnis 5 % zu 10 % beträgt die Differenz nominal zwar nur 5 %, der Zinsvorteil aber 100 %. Bei einem Verhältnis 10 % zu 15 % ist die Differenz weiterhin 5 %, relativ aber nur noch 50 %.
- Je später der Kursverfall eintritt, umso besser ist die Gesamtrendite, da die ersten Zinszahlungen zum höheren Kurs ausgezahlt werden.

Steuerlich ergeben sich keine Besonderheiten zu herkömmlichen → *Anleihen*. Währungsverluste/-gewinne sind steuerlich nur im Rahmen des § 23 EStG berücksichtigt, sind ansonsten unbeachtlich und werden nicht den erhaltenen Zinsen gegengerechnet. Das gilt auch für Erlöse aus Finanzinnovationen. Die Zinsen sind mit dem jeweils bei Zufluss in Euro umgerechneten Wert als Kapitaleinnahme zu deklarieren.

Fazit: Wer als Kleinanleger auf fremde Währungen setzen möchte, macht dies besser über entsprechende Rentenfonds. Denn bei ihnen selbst ist keine ausreichende Streuung des Risikos möglich und die Gebühren fressen einen Teil der Rendite. Vermögende hingegen sollten nicht nur auf Euro-Anleihen setzen, so dass sie diese Bonds im Depot haben sollten.

Fremdwährungsgeschäfte

Zu den Wirtschaftsgütern, die Gegenstand eines privaten Veräußerungsgeschäfts sein können, gehören auch Geldbestände in fremder Währung. Das Fremdwährungsguthaben ist ein selbständiges Wirtschaftsgut (BFH v. 02.05.2000 – IX R 73/98, BStBl II, 614). Werden Euro in eine Fremdwährung umgetauscht, wird damit das Wirtschaftsgut Fremdwährungsguthaben angeschafft. Der Rücktausch dieses Fremdwährungsguthabens in Euro sowie der Umtausch dieses Guthabens in eine andere Fremdwährung innerhalb eines Jahres nach der Anschaffung sind private Veräußerungsgeschäfte i.S.d. § 23 Abs. 1 Satz 1 Nr. 2 EStG. In der Zwischenzeit in der Fremdwährung angefallene Zinsen führen beim Umtausch nicht zu einem privaten Veräußerungsgeschäft, da sie nicht angeschafft wurden, sondern zugeflossen sind.

Wird ein bestehendes Fremdwährungsguthaben zur Anschaffung von Wertpapieren verwendet, ist dies eine Veräußerung des Wirtschaftsguts Fremdwährung und eine Anschaffung des Wertpapiers. Dieser Kauf innerhalb eines Jahres nach der Anschaffung der Fremdwährung führt zu einem privaten Veräußerungsgeschäft. Für die Ermittlung des Veräußerungsertrags ist der Wert des erworbenen Wirtschaftsguts im Zeitpunkt des Erwerbs in Euro als Veräußerungserlös anzusetzen. Als Anschaffungskosten gilt der Umtauschbetrag, der zur Anschaffung des Fremdwährungsguthabens aufgewendet wurde.

Beispiel

Erwerb am 22.01.2001 von 10.000 US-$ zum Kurs von 0,88 € als Festgeld. Am 01.06.2001 werden 100 Aktien zum Preis von 25 US-$ je Aktie über das bestehende Fremdwährungsguthaben bezahlt. Der Kurs des US-$ zum Zeitpunkt der Einbuchung der Aktien in sein Depot beträgt 0,95 €. Am 01.10.2001 werden die Aktien zum Preis von jeweils 30 US-$ veräußert. Der Veräußerungserlös fließt wieder dem Fremdwährungsguthaben zu. Der Kurs des US-$ im Zeitpunkt der Gutschrift des Veräußerungserlöses beträgt 0,92 €. Ergebnis:

- Mit dem Aktienkauf wird das Fremdwährungsguthaben i.H.v. 2.500 US-$ veräußert. Der dabei erzielte steuerpflichtige Veräußerungsgewinn beträgt (0,95 €/$ – 0,88 €/$) x 2.500 $ = 175 €.
- Mit Kauf und Verkauf der Aktien innerhalb eines Jahres wird ebenfalls ein privates Veräußerungsgeschäft getätigt. Bei der Ermittlung des Veräußerungsgewinns oder -verlusts sind sowohl die Anschaffungskosten als auch der Veräußerungserlös zum jeweiligen Zeitpunkt von der Fremdwährung in die Eigenwährung umzurechnen. Der Veräußerungsgewinn beträgt 100 x 30 $ x 0,92 €/$ – 100 x 25 $ x 0,95 €/$ = 385 €.
- Durch den Verkauf der Aktien werden am 01.10.2001 3.000 US-$ zum Kaufpreis von (3.000 $ x 0,92 €/$ =) 2.760 € angeschafft.

Die Begründung einer Forderung in Fremdwährung und anschließende Einlösung ist kein privates Veräußerungsgeschäft, wenn das Fremdwährungsguthaben nicht in eine andere Währung umgetauscht wird (BFH v. 02.05.2000 – IX R 73/98, BStBl II 2002, 614).

Full-Index-Link-Anleihe

Bei dieser Anleiheform handelt es sich um ein sehr spekulatives Produkt. Die Rückzahlung der gesamten Anlage ist an einen Index gekoppelt. Je nach Indexstand bei Laufzeitende erhält der Anleger entweder seine Einlage inklusive Zinsen zurück oder gar nichts. Im Erfolgsfall liegt die Rendite deutlich über der von herkömmlichen Anleihen, ein Ausgleich für das hohe Risiko.

Als Termingeschäft unterliegt die Veräußerung bzw. Rückzahlung nur binnen Jahresfrist der Besteuerung. Es handelt sich aufgrund des möglichen Totalverlusts nicht um eine Finanzinnovation. Eine Besteuerung als Kapitaleinnahme kommt nur hinsichtlich der gezahlten Zinsen bei Laufzeitende in Betracht, da die Rückzahlung nicht gesichert ist. Ausnahme: Der

Indexstand ist so gewählt, dass ein Totalverlust bei Emission nahezu ausgeschlossen werden kann.

Fazit: Ein riskantes Geschäft für eine Anleihe. Besser und konservativer fahren Anleger mit Index-Zertifikaten oder Aktienanleihen.

Fundierungsschuldverschreibungen

In den 20er-Jahren des vorigen Jahrhunderts nahm das Deutschen Reich Anleihen auf, die zur Zahlung der Reparationsschulden aus dem 1. Weltkrieg verwendet wurden. Die Schulden wurden jedoch nie zurückgezahlt. Durch die Wiedervereinigung lebten diese Anleihen und die Zinsrückstände gemäß dem Londoner Schuldenabkommen von 1953 wieder auf, der Bund zahlte die rückständigen Zinsen allerdings nicht sofort zurück. Vielmehr wurden die ausstehenden Zahlungen in Schuldverschreibungen fundiert. Diese Fundierungsschuldverschreibungen werden am deutschen Rentenmarkt gehandelt.

Futures

Es handelt sich um rechtsverbindliche Geschäfte auf einen bestimmten zukünftigen Termin, bei denen im Gegensatz zu Optionsgeschäften für Käufer und Verkäufer die Verpflichtung besteht, das zugrunde liegende Basisobjekt (etwa Öl, Schweinebäuche, Kaffee, Zucker, Weizen oder Gold) zu erwerben oder zu verkaufen. In Deutschland ist der Handel mit Futures an der EUREX derzeit nur in Finanzgeschäften (Bund-Future, Euribor-Future oder DAX-Future) möglich. Der Handel mit Waren ist hauptsächlich im Ausland wie an der Börse in Chicago möglich. In Deutschland bestehen Kassabörsen, die jedoch hinsichtlich ihres Handels für Futtermittel und Getreide nur regionale Bedeutung haben.

Der Begriff des Future-Handels hat bei vielen Bürgern einen zweifelhaften Ruf, nicht zuletzt durch die vielen unseriösen Anlageberater, die unerfahrene Anleger oft in nicht nachvollziehbare Terminkontrakte locken mit dem Ergebnis eines Totalverlusts. Doch dieses Vermögensminus hat wenig mit einem Future, sondern mit dem unseriösen Berater zu tun. Für viele große internationale Firmen ist die Absicherung ihrer Geschäfte über Future-Kontrakte die beste Möglichkeit, künftige Unsicherheiten an den Weltmärkten abzufangen.

Als Motiv für die Investition in Futures gelten insbesondere die Spekulation auf steigende/fallende Kurse des Basiswerts, die Absicherung des eigenen Bestands, die der Sicherung von aktuellen Kursen und die Ausnutzung von Kursdifferenzen am Termin- und Kassamarkt des Basiswerts. Die Anlage kann enorm spekulativ sein, da nur ein Teilbetrag des Kontrakts eingezahlt werden muss, der Anleger aber in voller Höhe an Kursbewegungen partizipiert.

Beispiel
Ein Anleger investiert in Weizen und kauft einen Terminkontrakt im Wert von 200.000 €. Der Weizenpreis und daher auch der Future steigen um 20 %. Der Anleger hat nur 15 % als Einschuss hinterlegt, so dass er auf seine Einlage von 30.000 € einen Gewinn von 40.000 € oder 133 % erzielt. Würde der Weizenpreis um 20 % auf 160.000 € fallen, hätte der Anleger (40.000 € Verlust – 30.000 € Einlage) 10.000 € nachzuschießen.

Steuerlich ergeben sich keine Unterschiede zu herkömmlichen → *Termingeschäften.*

Garantie-Aktienanleihen

Diese Sonderform der → *Aktienanleihe* reduziert das Verlustrisiko, indem massive Kurseinbrüche nicht vom Besitzer zu tragen sind. Denn neben dem Basispreis gibt es auch noch einen Garantiebetrag. Liegt der Aktienkurs bei Fälligkeit unter diesem Wert, kommt es zur Rückzahlung des Nennwerts.

- Liegt der Aktienkurs bei Fälligkeit unter der Garantie, spielt der Basispreis keine Rolle mehr. Anleger erhalten in jedem Fall den Nennwert und keine Aktien.
- Das Papier bietet eine Kapitalgarantie von rund 70 % – 80 %.
- Aktien werden nur geliefert, wenn der Kurs am Verfallstag unter dem Basiswert und über dem Garantiekurs liegt.

Steuerlich ergeben sich keine Unterschiede zu herkömmlichen → *Aktienanleihen.*

Fazit: Garantie-Aktienanleihen sind eine Alternative für Anleger, die einen Kursrutsch ausschließen wollen, normale Verluste aber einkalkulieren. Auch bei diesem Produkt sind die Zinssätze etwas geringer als beim Ursprungsprodukt.

Garantiefonds

Es handelt sich um Investmentfonds, die innerhalb einer festgesetzten Laufzeit entweder die Rückzahlung des eingezahlten Kapitals oder eines bestimmten Prozentsatzes davon – beispielsweise 90 % – versprechen. Die Garantie wird erfüllt, indem das Kursrisiko an den Aktienmärkten durch entsprechende Options- oder Absicherungsstrategien begrenzt wird. Die Renditen werden durch gleichzeitig erworbene Anleihen erwirtschaftet, durch die dann dem Anleger ein Garantiebetrag gewährt werden kann.

Das Prinzip: Der größte Teil des Anlagekapitals wird in festverzinsliche Wertpapiere oder Zerobonds investiert. Die Quote ist abhängig von der zugesagten Garantie. Je höher diese ist, umso mehr Kapital muss in Anleihen fließen und umso weniger steht für spekulative Investments zur Verfügung.

Diese Sicherheit sowie der Wegfall von Risiko kosten Geld und damit Rendite. Ein Anleger nimmt nicht voll an einem Börsenaufschwung teil, Kursverluste werden durch den Garantiebetrag aufgefangen. Wer erst nach der Emission in Garantiefonds einsteigt, kann auch Verluste machen. Liegt der Kurs beispielsweise bei 110 € und werden lediglich 100 € garantiert, ist ein Verlust von 10 € plus Ausgabeaufschlag möglich.

Anlage-Tipp

Je mehr Sicherheit geboten wird, umso niedriger ist die Rendite. Die Rückzahlungsgarantie wird meist nur auf einen bestimmten Zeitpunkt, die Rückzahlung der Anteile gewährt. Bei vorzeitiger Veräußerung können Verluste entstehen. Für einen langfristigen Anleger sind diese Fonds aufgrund der niedrigen Rendite nicht geeignet, für kurzfristige durch den Fondsaufschlag und die möglichen Verluste auch nicht.

Die Besteuerung erfolgt wie bei herkömmlichen → *Investmentfonds*. Die Zusicherung einer festen Rückzahlung ändert hieran nichts. Insbesondere liegt, anders als bei → *Garantiezertifikaten*, nicht der Besteuerungstatbestand des § 20 Abs. 2 Nr. 4 EStG als Finanzinnovation vor. Denn durch die Bestimmungen des Investmentsteuerrechts kommt es zu einer vollständigen Verdrängung von § 20 EStG (BFH v. 27.03.2001 – I R 120/98, BFH/NV 2001, 1539). Die Einlösung einer Rücknahmegarantie durch die Kapitalanlagegesellschaft außerhalb der

Spekulationsfrist des § 23 EStG ist folglich nicht steuerbar. Durch den hohen Investitionsgrad in Rentenpapiere ist der steuerpflichtige Anteil an den Einnahmen – im Gegensatz zu Aktienfonds – jedoch sehr hoch.

Fazit: Ob eine solche Absicherung auch für sehr konservative Sparer sinnvoll ist, bleibt fraglich. Zumal sie nur bei Fälligkeit gilt und in der Zwischenzeit Kursrisiken bestehen. Vergleichbare Renditen bei jederzeitiger Verfügbarkeit bieten hier Festgelder oder Geldmarktfonds.

Garantie-Optionsscheine

Während Optionsscheine i.d.R. das Risiko des Totalverlusts haben, gibt es auch Produkte mit einer Untergrenze, dem Floor. In diesem Fall erhält der Anleger am Verfallstag entweder die ursprünglich gezahlte Optionsprämie oder einen Teil davon zurück. Dafür ist das Gewinnpotential bei diesen Scheinen begrenzt. Sie eignen sich für Investoren, die überdurchschnittliche Gewinnchancen mit Sicherheit verbinden wollen.

Steuerlich gelten diese Optionsscheine im Gegensatz zu den herkömmlichen Warrants als Finanzinnovation, da zumindest eine Teilrückzahlung des eingesetzten Kapitals gewährleistet ist. Gewinne und Verluste fallen daher unter § 20 EStG und gelten als Kapitaleinnahmen.

Fazit: Wer auf Sicherheit setzen möchte, fährt zumeist mit Garantiezertifikaten besser. Optionsscheine sollten daher eher in ihrer ursprünglichen Form für spekulative Investments vorbehalten werden – mit Steuervorteilen.

Garantieprodukte

Weiterhin an der Börse aktiv bleiben, aber möglichst kein Risiko eingehen und zumindest das eingesetzte Kapital zurückerhalten: Diese Sichtweise hegen viele private Anleger, seit sie im Jahr 2000 durch die Aktienbaisse rote Zahlen eingefahren haben. Eine Möglichkeit, sich gegen Risiken zu schützen, bieten Garantieprodukte, die derzeit große Absatzerfolge vermelden können. Solche Garantieprodukte werden in Form von herkömmlichen Investmentfonds oder über Zertifikate angeboten. Sie stellen auf der einen Seite eine Rendite in Aussicht, versprechen auf der anderen Seite aber auch eine Rückzahlung des eingesetzten Kapitals. Zwar gilt diese Garantie nicht börsentäglich, aber zumindest zum zuvor festgelegten Fälligkeitstermin.

Die versprochene Rückzahlungsgarantie bei Fälligkeit gewährleisten die Emittenten im Prinzip durch drei verschiedene Grundkonzepte:

1. Die Gelder werden am Aktienmarkt investiert und gleichzeitig durch Verkaufsoptionen oder Futures gegen Verluste abgesichert.
2. Das Kapital wird am Rentenmarkt investiert und in Höhe der erwarteten Zinsen werden Kaufoptionen am Aktienmarkt geschrieben. Hierüber sollen dann die Rendite-Chancen genutzt werden.
3. Mit dem Vermögen werden Zerobonds gekauft. Der Nennwert bei Fälligkeit entspricht dabei exakt dem bei Laufzeitende garantierten Betrag. Da diese Nullkupon-Anleihen unter pari notieren, kann dieser Discount an der Aktienbörse oder am Terminmarkt eingesetzt werden.

Das Prinzip ist also immer gleich: Es wird exakt soviel Geld in risikoarme Investments gesteckt, dass hierüber der Rückzahlungsbetrag finanziert werden kann. Der hieraus resultierende geringe Betrag wird dann spekulativ eingesetzt, um über die Hebelwirkung eine möglichst hohe Rendite zu erzielen. Geht diese Spekulation nicht auf, ergibt sich im schlechtesten Falle ein Nullergebnis. Dabei sind nicht alle Angebote gleich. So können beispielsweise die Höhe der Kapitalgarantie, der Grad der Partizipation an einem Basiswert und der Einsatz von Derivaten variiert werden:

- Die Kapitalgarantie kann 100 % oder weniger betragen.
- Anleger partizipieren exakt oder weniger an Gewinnen des gewählten Börsenindizes.
- Die eingesetzte spekulative Variante kann auf das Laufzeitende ausgerichtet sein oder jeweils kurzfristig eingesetzt werden, was mehr Flexibilität bedeutet.

Da dem Anleger die Rückzahlung des Kapitals fest zugesagt ist, haben diese Produkte feste Laufzeiten. Es ist nämlich nahezu unmöglich, fortlaufend einen bestimmten Betrag zu garantieren. Das gelingt nur auf einen fixen Termin hin.

Für die Gestaltung und Konstruktion der Garantieprodukte muss der Anleger Gebühren zahlen. Die sind zumeist höher als bei vergleichbaren Aktienfonds oder Index-Zertifikaten. So muss beispielsweise ein Fondsmanager Liquidität für die Rückgabe von Anteilen kurzfristig bereithalten und gleichzeitig für ein ausgewogenes Verhältnis von Kapitalgarantie und versprochener Partizipationsrate sorgen.

Durch diese Vorgehensweise und die höheren Kosten liegt die Rendite immer unter vergleichbaren Direktinvestments, da auch noch die Kapitalgarantie einen Teil hiervon aufzehrt. Dabei gilt das Motto: Je höher die Garantie, umso geringer der maximale Ertrag. Daher kann es sich lohnen, auf Angebote ohne vollen Kapitalschutz zu setzen. Werden beispielsweise nur 90 oder 80 % garantiert, kann der Emittent oder Fondsmanager mehr Gelder in die eigentliche Anlagestrategie setzen. Für den Privatanleger verbleibt aber immer noch ein ausreichendes Ruhekissen, wenn er beispielsweise nie mehr als 10 oder 20 % innerhalb von drei bis fünf Jahren verlieren kann. Dafür erhält er deutlich verbesserte Renditeaussichten.

Anlage-Hinweis

Auch bei 100%iger Garantie ist ein realer Verlust möglich. Denn der Anleger macht bei Fonds beispielsweise ein Minus in Höhe des gezahlten Ausgabeaufschlags. Und der beträgt bis zu 5 %. Darüber hinaus kann sich während der Laufzeit immer eine negative Performance ergeben. Denn die Garantie wirkt erst bei Fälligkeit. Wer vorher verkauft, muss einen Kurs unter dem Einstandswert in Kauf nehmen.

Natürlich gibt es auch positive Entwicklungen. Geht die über die spekulative Geldanlage eingegangene Strategie auf, ergeben sich moderate Gewinne. Tritt das zugrunde liegende Marktszenario ein, legen Fonds oder Zertifikat auch bereits während der Laufzeit zu. Wird das Produkt jetzt verkauft, können vorzeitig Gewinne realisiert werden, ohne die spätere Garantiezusage abzuwarten.

Privatanleger können die Garantieprodukte auch ganz einfach selbst nachbilden, sofern sie auf eine transparente Anlagestrategie setzen. Soll beispielsweise auf die Performance des DAX mit Garantie gesetzt werden, kann der zu investierende Betrag auch selbst in Zerobonds gesteckt werden. Hierbei wird dann die Laufzeit gewählt, die auch für das alternativ in Frage kommende Garantieprodukt maßgebend ist.

Beispiel

Kombinierte Anlage als Schutzmechanismus

Wer 10.000 € einsetzten will, muss für eine sechsjährige Laufzeit rund 8.500 € in Zerobonds investieren. Die restlichen 1.500 € werden nach Herzenslust in deutsche Aktien, Optionsscheine auf den DAX oder Puts/Calls auf den DAX-Futures gesteckt. Geht die Spekulation nicht auf, gibt es bei Laufzeitende die 10.000 € über den Zerobonds – ohne Managementgebühren. Läuft die Börse hingegen in die erwartete Richtung, gibt es über den risikoreichen Einsatz von 1.500 € einen stattlichen Gewinn.

Für das Finanzamt ist eine Garantiezusage ein besonders Ereignis. Denn in diesen Fällen sind sämtliche Anleihen und Zertifikate automatisch Finanzinnovationen. Folge: Die Erträge laufen als Einnahmen aus Kapitalvermögen. Das bedeutet:

- Die laufenden Zinserträge bei Garantieanleihen sind Kapitaleinnahmen.
- Die während der Laufzeit beim Verkauf kassierten Stückzinsen sind steuerpflichtig.
- Die beim Verkauf realisierten Kursgewinne sind unabhängig von Fristen Kapitaleinkünfte.
- Das Plus oder Minus aus der Differenz zwischen Kauf und Rückzahlungsbetrag ist stets dem Finanzamt zu melden.
- Realisierte Kursgewinne unterliegen dem Zinsabschlag.

Fazit: Solche Garantieprodukte sind geeignet für Anleger, die mit sicherem Gefühl und ohne eigenen Aufwand investieren möchten. Bei Zertifikaten besteht zumindest die Aussicht auf gute Renditen, und dies mit Absicherungsmechanismus. Wer allerdings nur das Risiko eines Verlusts vermeiden möchte, fährt mit soliden Anleihen oder Rentenfonds besser.

Garantiezertifikate

Mitte 2006 hatten deutsche Anleger rund 100 Mrd. € in Zertifikaten investiert. Hiervon entfielen mit 51 % mehr als die Hälfte auf Garantiezertifikate, obwohl das Angebot in den übrigen Bereich durch Bonus oder Discount sehr breit gemischt ist. Oberstes Ziel ist der Erhalt des eingesetzten Kapitals und zusätzlich über mehrere Jahre hinweg die Beteiligung an der positiven Kursentwicklung der Aktienmärkte oder anderer Basisprodukte.

Bei Fälligkeit erhalten die Besitzer dieser Zertifikate auf jeden Fall einen bereits beim Kauf feststehenden Mindestrückzahlungsbetrag, eventuell sogar auch noch eine (minimale) Zinszahlung. Diese Zusage zum Laufzeitende ist garantiert und bereits bei Emission bekannt. Diese Zahlungen erhöhen sich um einen zusätzlichen Betrag, sofern sich ein bestimmter Aktienindex oder ein anderes zugrunde liegendes Basisprodukt positiv entwickelt. Garantiezertifikate entsprechen eigentlich einer normalen Anleihe mit Rückzahlung des Nennwerts bei Fälligkeit. Allerdings verzichten die Anleger entweder ganz oder teilweise auf Zinszahlungen oder auf einen kleinen Teil des eingesetzten Geldbetrags. Letzteres ist dann der Fall, wenn die Rückzahlung zu unter 100 % garantiert wird.

Der jeweilige Betrag wird in einen bestimmten Aktienmarkt investiert, meist einen bekannten Börsenindex wie den DAX oder den EuroStoxx 50. Notiert der Index zu vorher festgelegten Stichtagen über einer bestimmten Schwelle, dem Basispreis, so erhalten die Besitzer einen prozentualen Anteil an der Differenz als zusätzliche Zahlung. Das sind die besonderen Renditechancen, die ein Garantiezertifikat attraktiv machen. Notiert der Index unter dem Basispreis, so entfällt die Zahlung des Zusatzbetrags; es bleibt dann bei der garantierten Rückzahlung.

Bei Ausgabe der Zertifikate legt der Emittent den Basiskurs fest, der sich dann zumeist in der Nähe des aktuellen Indexstands bewegt. Dieser Basiskurs stellt dann das Garantieniveau dar. Oberhalb dieses Werts erhalten Anleger bei Fälligkeit zusätzlich zum Garantiepreis eine Partizipation an der positiven Wertentwicklung, die sich nach der festgelegten Bezugsmenge berechnet.

Beispiel

Ermittlung des Rückzahlungspreises

Basiskurs eines Index	4.000	4.000
Indexstand bei Fälligkeit	3.600	4.800
Ausgabepreis	400 € (1/10 des Index)	400 € (1/10 des Index)
Bezugsmenge	0,05	0,05
Rückzahlungswert	400 € (Garantie)	415 € ((4.800 – 4.000) x 0,05)

Garantiezertifikate basteln die Emittenten aus einem Zerobonds und Optionsgeschäften. Nur der nicht in die sichere Anleihe fließende Teil des Geldes kann für eine mögliche Rendite verwendet werden. Daher hängt die Höhe dieser Investition vom Grad der Garantie ab. Liegt sie unter 100 %, müssen weniger Zerobonds gekauft werden. Entsprechend höher liegt die Quote bei Zusagen über dem Emissionspreis. Eine Garantie über 100 % bedeutet aber auf der anderen Seite, dass dem Anleger zumindest eine Grundverzinsung zugesagt wird. Damit wird das Angebot noch konservativer, die Renditeaussichten jedoch geringer.

Beispiel

Auswirkung des Absicherungsfaktors

Garantiezusage	80 %	100 %	110 %
Investition		100.000 €	
Laufzeit		5 Jahre	
Benötigte Sicherheit	8.000 €	10.000 €	11.000 €
Kurs Zerobonds		85 %	
Kapital für Zerobonds	6.800 €	8.500 €	9.350 €
Rest für Spekulation	3.200 €	1.500 €	650 €

Die möglichen Gewinnaussichten sind grundsätzlich von drei Faktoren abhängig:

1. Grad der Absicherung
2. Zinshöhe, denn bei höheren Kupons ist der Kurs des Zerobonds geringer
3. Schwankungsbreite an der Börse, denn hiernach bemisst sich der Kurs am Terminmarkt

Garantiezertifikate können aber auch während der Laufzeit erworben werden.

- Liegt der Kurs unter dem zugesagten Rückzahlungswert, haben die Papiere eher Anleihecharakter. Die enthaltene Option hat nur noch geringen Einfluss auf die weitere Wertentwicklung.

- Liegt der aktuelle Kurs des Zertifikats aber über dem Garantiepreis, sind die Börseneinflüsse stärker. Hier muss der Anleger abwägen, ob ihm die nur teilweise Partizipation beim eingehenden Risiko noch ausreichend ist. Denn die im Zertifikat enthaltene Option hat in diesem Fall eine stärkere Bedeutung.

Checkliste zu Garantiezertifikaten	
Ein klassisches Basisinstrument für risikoscheue Anleger.	❑
Hervorragende Alternative zu Anleihen.	❑
In der Regel 100%ige Rückzahlungsgarantie mit theoretisch unbegrenzten Gewinnchancen.	❑
Teilnahme an sämtlichen Kursaufschwüngen mit begrenztem Risiko.	❑
Je höher der Garantiebetrag, umso geringer partizipieren Anleger an den Kurszuwächsen.	❑
Die Garantie wirkt erst bei Fälligkeit; während der Laufzeit kann der Kurs auch unter diesen Betrag fallen.	❑
Sämtliche Kursgewinne sind als Kapitaleinnahme steuerpflichtig und unterliegen dem Zinsabschlag.	❑

Für die Besteuerung ist Ausgangsbasis das BMF-Schreiben vom 27.11.2001 (IV C 3 – S 2256 – 265/01, BStBl I, 986) sowie eine Verfügung der OFD Kiel vom 03.07.2003 (S 2252 A – St 231, StEK EStG § 20/308). Hieraus ergibt sich, dass Erträge aus Finanzanlagen keine Kapitaleinnahmen i.S.d. § 20 EStG darstellen, wenn die Rückzahlung des investierten Vermögens ausschließlich von einem ungewissen Ereignis wie etwa der Wertentwicklung eines Index abhängt. Bei Zertifikaten kann es jedoch theoretisch zu einem Totalverlust kommen, so dass diese Vorschrift nicht wirkt. Somit werden lediglich Veräußerungsvorgänge erfasst, bei denen zwischen Anschaffung und Veräußerung oder Einlösung nicht mehr als ein Jahr liegt. Bei dieser Berechnung greift das Halbeinkünfteverfahren nicht.

Garantiert ein Zertifikat die vollständige Rückzahlung des Kapitals oder einen unter dem Emissionspreis liegenden Mindestbarausgleich, handelt es sich um eine Finanzinnovation i.S.d. § 20 Abs. 1 Nr. 4 EStG. Daher ist die Marktrendite unabhängig von der Haltedauer als Kapitaleinnahme zu versteuern. Kommt es zu einem Verlust, gilt dieser als negative Einnahme. Das Minus geht aber nicht in den Stückzinstopf für die Berechnung des Zinsabschlags ein, mindert also nicht den Einbehalt für weitere Einnahmen.

Steuer-Hinweis

Garantiezertifikate werden im Rahmen der seit Juli 2005 geltenden EU-Zinsrichtlinie nicht in jedem Land erfasst. Einige ausländische Staaten behandeln auch diese Variante als Derivate und somit fallen keine zinsähnlichen Erträge an.

Sagt der Emittent von Zertifikaten lediglich eine geringe Rückzahlung des Nennwerts zu, liegen nach Auffassung des FG München (v. 04.05.2004 – 2 K 2385/03, EFG 2005, 1868,

Revision unter VIII R 53/05) keine Finanzinnovationen vor. Dann ist kein Erhalt des Vermögens mehr gesichert.

Fazit: Garantiezertifikate sind das richtige Produkt für konservative Anleger, die optimistisch sind und längerfristig von steigenden Kursen an den Aktienmärkten ausgehen, aber trotzdem mit Sicherheit das für Aktien typische Verlustrisiko ausschließen wollen. Natürlich verzichten sie damit auf das volle Gewinnpotential, das ihnen ein vergleichbares Index-Zertifikat bietet, weil die Absicherung einen Teil des eingesetzten Kapitals aufzehrt. Aber dieser Preis sollte es vorsichtigen Anlegern wert sein, die jede Nacht ruhig schlafen wollen.

Geldmarktfonds

Es handelt sich um eine Gattung von Investmentfonds, die das ihnen anvertraute Kapital am Geldmarkt anlegt. Hierunter versteht man vor allem den Markt für kurzfristige Einlagen bei Banken, Guthaben oder Krediten. Gehandelt werden dort meist Tagesgeld, Monatsgeld und bis zu einjährige Termingelder. Zum Geldmarkt zählen aber auch kurzfristige Wertpapiere, sogenannte Geldmarktpapiere, mit einer Laufzeit bzw. Restlaufzeit von bis zu zwölf Monaten. Beispiele hierzu sind unverzinsliche Schatzanweisungen des Bundes, Depositen-Zertifikate, kurzfristige Schuldtitel von Banken oder Unternehmen erster Qualität (Commercial Papers, CPs) sowie abgezinste Wertpapiere und Floater, deren Zinsanpassung mindestens einmal jährlich erfolgt. Die Papiere müssen nicht an der Börse gehandelt werden.

Der Geldmarktfonds darf bis zu 100 % seines Vermögens in diese kurzfristigen Anlageinstrumente investieren, im Gegensatz zu geldmarktnahen Fonds, die maximal 49 % in solche Werte investieren dürfen. Im Gegensatz zu herkömmlichen Rentenfonds sind die Ausgabenaufschläge sehr gering. Meist werden diese Fonds ohne jeglichen Ausgabeaufschlag angeboten, so dass kurzzeitige Käufe und Verkäufe lohnenswert sein können und auch dem Charakter einer Kurzfristanlage entsprechen. Sie bieten sich insbesondere zur kurzfristigen Geldanlage an und stellen eine interessante Alternative zum Festgeld dar.

Geldmarktfonds bieten eine vergleichsweise hohe Verzinsung, da sie das ihnen von den Kleinanlegern anvertraute Geld sammeln und in großen Summen zu höheren Zinssätzen anlegen können als bei Anlagen mit kleinen Festgeldbeträgen. Die Fonds ermöglichen es damit dem Anleger, auch mit kleinen Sparbeträgen eine Rendite zu erlangen, die ansonsten nur Großanlegern angeboten wird. Durch die kurze Laufzeit der investierten Wertpapiere sind keine oder nur geringe Kursrisiken infolge von Zinsänderungen zu erwarten. Simulierte Rückblicke in die Vergangenheit erlauben es den Fondsgesellschaften, eine Renditeversprechung vorzunehmen. Der Kurs bewegt sich zumeist in eine Richtung: Leicht nach oben.

Checkliste der Anlagestrategie mit Geldmarktfonds	
Sie lohnen sich besonders für Anleger, die	
• für ihr Geld eine liquide und trotzdem renditeträchtige Anlageform suchen	❑
• über Fondsgelder ähnlich kurzfristig investieren möchten wie beim Girokonto	❑
• ihre Anlagebeträge jederzeit mobilisieren möchten	❑
• ihre eiserne Reserve gerne zinsgünstig anlegen möchten	❑

Checkliste der Anlagestrategie mit Geldmarktfonds (Fortsetzung)	
• sich hinsichtlich der Anlagedauer nicht festlegen wollen	❑
• sich bisher lediglich auf Festgeld konzentriert haben, dort aber bestimmte Laufzeiten beachten müssen	❑
• eine stabile Wertentwicklung bei gleichzeitigem geringen Kursrisiko wünschen	❑
• eine optimale Ausnutzung des Zinseszinseffekts erzielen wollen	❑
• mit größeren Ausgaben rechnen, der genaue Ausgabezeitpunkt aber noch nicht bekannt ist	❑
• ihr Kapital zwischenparken, um die weitere Entwicklung am Aktien- oder Rentenmarkt abzuwarten	❑
• ein höheres Zinsniveau in der nächsten Zeit erwarten und sich deshalb derzeit noch nicht langfristig binden möchten	❑
• Aktien veräußert und noch keine neue Kaufentscheidung getroffen haben	❑
• sich aufgrund der Ausgabenaufschläge gegen sonstige Renten- und für Geldmarktfonds entscheiden	❑
• nur kleine Beträge sparen können, andere Fonds aus Risikogründen aber meiden möchten	❑

Folgende Punkte sollten in die Kaufentscheidung einbezogen werden:

- Obwohl i.d.R. keine Ausgabeaufschläge berechnet werden, verlangen die Anlagegesellschaften Verwaltungsgebühren. Die mindern das Fondsvermögen und somit die jährliche Rendite.
- Aufgrund der Verwaltungskosten ist es bei größeren Anlagebeträgen sinnvoll, die kostenfreie Alternative Festgeld ins Auge zu fassen. Hier werden bei entsprechend hohen Anlagebeträgen vergleichbare oder sogar höhere Zinssätze geboten als bei Geldmarktfonds, die sich mangels Gebühren als günstigere Renditechance erweisen können. Und die Rendite ist von vornherein auf die letzte Nachkommastelle gesichert.
- Um auf Kosten gänzlich zu verzichten, bieten sich auch EURIBOR-Konten als Anlagealternative an.
- Wegen der enormen Mittelzuflüsse geraten die Fondsgesellschaften in einen Anlagenotstand. Zu beachten sind daher die Anlagegrundsätze des Fonds. Er sollte nicht in Anlagen mit niedriger Bonität anlegen dürfen.
- Hinter einigen Geldmarktfonds steckt ein geldmarktnaher Fonds, der auch in herkömmliche Anleihen und Floater investiert. Hier sind Kursrisiken möglich, die der Anleger eigentlich vermeiden möchte.
- Bei fallendem Markzins sinkt die Rendite der Geldmarktfonds entsprechend. Die noch hohen Zinsen sichern sich Sparer für einen längeren Zeitraum nur durch die Umschichtung in lang laufende Anleihen.

Die Besteuerung unterscheidet sich nicht von der herkömmlicher → *Investmentfonds*. Grundsätzlich werden keine steuerfreien Erträge erzielt.

Fazit: Geldmarktfonds sind wie auch das Festgeld ideale Kurzparkmöglichkeiten mit schneller Verfügbarkeit. Für längerfristige Anlagen sind sie hingegen wenig geeignet. Trotz großer Sicherheit bieten sie zu geringe Ertragschancen.

Gemeinschaftskonten

In einer funktionierenden Ehe haben die Partner oft Gemeinschaftskonten oder -depots eingerichtet. Auch Paare ohne Trauschein oder eingetragene Lebenspartner führen oft gemeinsame Konten. Das führt bei Nichtverheirateten bereits mit Blick auf die Einkommensteuer (kein Freistellungsauftrag möglich, getrennte Steuererklärungen) zu Problemen. Besonders im Erbfall kann es auch für den überlebenden Ehepartner zu unerwarteten und negativen Folgen bei der Erbschaft- und Schenkungsteuer kommen. Denn die vorherigen Zuwächse auf den Gemeinschaftskonten könnten laufende unentgeltliche Zuwendungen sein, die als Schenkung steuerpflichtig sind. Da diese bis zur Kenntnis durch das Finanzamt nicht verjähren, können hier rückwirkend einige Jahrzehnte wieder aufgerollt werden.

Bei der Zurechnung von Kapitaleinnahmen aus Konten, die mehreren Personen gehören, gibt es steuerliche Besonderheiten. Hierbei ist zwischen Ehegattenkonten und Konten sonstiger Gemeinschaften zu unterscheiden. Bei den üblichen Und-/Oder-Konten von Ehepaaren werden alle Erträge je zur Hälfte dem einzelnen Ehegatten zugerechnet. Auf die Kapitalherkunft kommt es nicht an. Allerdings kann das Paar nur bei intakter Ehe einen Freistellungsauftrag für die Gemeinschaftskonten erteilen.

Bei übrigen gemeinsamen Konten werden Kapital und Erträge jeweils anteilig nach gesetzlichen oder vertraglichen Regelungen auf die Personen verteilt. Freistellungsaufträge können nicht erteilt werden, sämtliche Erträge unterliegen ungemindert dem Zinsabschlag und werden erst mit der Steuererklärung anteilig für jeden Eigentümer angerechnet. Das gilt etwa bei Erbengemeinschaften, die aus dem geerbten Kapital gemeinsam ihre Erträge erwirtschaften, bei Partnern einer Lebensgemeinschaft oder eingetragenen Lebenspartnerschaft sowie bei Wohnungseigentümergemeinschaften.

Ein Gemeinschaftskonto kann in Form eines Und-Kontos sowie eines Oder-Kontos bestehen:

- Beim Und-Konto können beide Ehegatten nur gemeinsam über das jeweilige Guthaben verfügen,
- beim Oder-Konto ist jeder einzelne von mehreren Kontoinhabern einzelverfügungsberechtigt, kann also alleine über das Guthaben verfügen.

Haben die kontoführenden Eheleute keine Abreden über das Kontoguthaben getroffen, ist zu klären, wie die Beträge den kontoführenden Eheleuten im Innenverhältnis zuzurechnen sind. Gegenüber der Bank sind die Kontoinhaber beim Oder-Konto regelmäßig Gesamtgläubiger i.S.v. § 428 BGB, d.h., dass die Bank regelmäßig schuldbefreiend nur an denjenigen Kontoinhaber leisten kann, der die entsprechende Anweisung erteilt hat. Dies kann in vielgestaltiger Form eine rechtlich relevante Rolle spielen:

- Ausgleichsansprüche der Ehegatten untereinander,
- Nachlasszugehörigkeit,

- Anfall von Schenkungsteuer,
- Pflichtteilsansprüche.

Beim Oder-Konto kann im Innenverhältnis der Kontoinhaber zueinander nach § 430 BGB ein Ausgleichsanspruch entstehen, wenn ein Ehegatte mehr für sich allein verwendet, als ihm nach den rechtlichen Gegebenheiten zustand. Wird dagegen das Konto nur auf den Namen eines Ehegatten geführt, ergeben sich grundsätzlich keine Ausgleichsansprüche nach § 430 BGB, wenn es gemeinsam zur Ansparung von Geldmitteln genutzt wird, um davon zusammen Anschaffungen zu tätigen. Ist nur ein Ehegatte Kontoinhaber, haben aber beide Mittel darauf angespart, besteht zwischen den Ehegatten eine Bruchteilsgemeinschaft an der Forderung gegenüber der Bank gem. § 741 ff. BGB. Hier ist im Zweifel anzunehmen, dass den Ehegatten im Innenverhältnis gleiche Anteile zustehen.

Hat der Erblasser seinem Ehegatten beim Gemeinschaftskonto durch freigebige Zuwendungen Vermögenswerte zugewendet, wird insoweit den Pflichtteilsberechtigten durch Pflichtteilsergänzungsansprüche gem. § 2325 BGB Rechnung getragen.

Beispiel

Im Jahre 1999 hat der allein verdienende Ehemann ein Gemeinschaftskonto mit seiner Frau eröffnet und ein Guthaben von 400.000 € eingezahlt. Bei seinem Tod im Jahre 2004 beläuft sich das Guthaben auf 430.000 €. Die Ehefrau ist testamentarisch als Alleinerbin eingesetzt, der Sohn soll leer ausgehen.

Pflichtteilsanspruch des Sohnes	25 %
Nachlasswert (halbes Guthaben)	215.000 €
Ergibt Forderung von	53.750 €
Pflichtteilsergänzungsanspruch auf	200.000 €
Ergibt Forderung von	50.000 €
Gesamter Anspruch	103.750 €
Anteil am Nachlasswert	24,13 %

In diesem Zusammenhang sind zwei Verfügungen der OFD Koblenz zu beachten. Die eine vom 18.08.1997 (DStR 1997, 2025) beschäftigt sich mit der Zurechnung von Guthaben auf Gemeinschaftskonten im Erbfall. Grundsätzlich soll die Hälfte des Guthabens zum Nachlass des Verstorbenen gehören. Die zweite Verfügung (v. 19.02.2002 – S 3900 A – St 535 DStR 2002, 591) behandelt die Zuwendungen unter Lebenden. Auch hier gilt der hälftige Blickwinkel. Zahlt nur ein Kontoinhaber ein, soll insoweit eine Schenkung vorliegen.

Haben Ehegatten ein Gemeinschaftskonto eingerichtet, rechnen die Finanzämter das Kontoguthaben grundsätzlich hälftig den Kontoinhabern zu. Damit folgt die Verwaltung der gesetzlichen Vermutung des § 430 (Gesamtgläubiger) und § 742 BGB. Stirbt ein Ehegatte, fällt lediglich der hälftige Kontostand in den Nachlass und gilt somit als Erwerb von Todes wegen. Der überlebende Kontoinhaber kann aber diese Vermutung widerlegen. Dann muss er geltend machen, dass das Kontoguthaben zu mehr als der Hälfte aus seiner Vermögenssphäre stammt. Dies akzeptieren Finanzbeamte i.d.R. aber nur, wenn schriftliche Vereinbarungen zwischen den Eheleuten vorgelegt werden. Ein Indiz für die Vermögenszugehörigkeit könnte sich aus den Angaben aus der Anlage KAP der Einkommensteuererklärung ergeben:

- Werden die Einnahmen auf dem Gemeinschaftskonto nur von einem Partner erklärt, kann dies als Indiz für eine bestehende Abrede in Bezug auf das Innenverhältnis herangezogen werden (FG Düsseldorf v. 19.07.1995 – 4 K 7813/91, EFG 1996, 242).
- Tauchen die Einnahmen in der Erklärung je zur Hälfte auf, lässt sich hieraus nichts hinsichtlich einer getroffenen Vereinbarung ableiten.

Werden Unterlagen vorgelegt, welche die hälftige Regelvermutung widerlegen können, läuft der Überlebende Gefahr, dass die Finanzverwaltung weitergehende Prüfungen darüber anstellt, ob bereits in der Vergangenheit steuerpflichtige Schenkungen zwischen den Eheleuten stattgefunden haben, was unter Umständen zu einer nachträglichen Feststellung von Schenkungsteuer führen kann.

Wird ein Gemeinschaftskonto nur von einem allein verdienenden Ehegatten gespeist, kann in den Verfügungen des anderen Ehegatten über die Beträge bereits eine schenkungsteuerrechtliche Bereicherungen liegen. Im Klartext: Hierbei handelt es sich um freigebige Zuwendungen i.S.d. § 7 Abs. 1 Nr. 1 ErbStG, wenn die Einzahlungen lediglich von einem der Partner vorgenommen werden. Diese sind nicht bereits deshalb von der Schenkungsteuer ausgenommen, weil sie den anderen Ehegatten an den Früchten des ehelichen Zusammenlebens beteiligen.

Diese strikte Sichtweise würde selbst beim Ehegatten-Freibetrag von 307.000 € dazu führen, dass laufende Gehaltseingänge über den Zeitraum von zehn Jahren schnell zu steuerpflichtigen Schenkungen führen würden. So würde der Freibetrag beispielsweise bei einem Monatsgehalt von 10.000 € bereits nach weniger als sechs Jahren überschritten, sofern der jeweils hälftige Betrag maßgebend sein sollte.

Doch eine freigebige Zuwendung setzt voraus, dass es zu einer Bereicherung des Bedachten auf Kosten des Leistenden kommt und dies unentgeltlich geschehen soll (BFH v. 02.03.1994 – II R 59/92, BStBl II, 366). Ob der nicht Einzahlende steuerrechtlich auf Kosten des Einzahlenden bereichert ist, hängt davon ab, ob und wieweit er das anteilige Bankguthaben behalten darf und ob er über den Gesamtbetrag tatsächlich frei verfügen kann. Dies bestimmt sich nach zivilrechtlichen Grundsätzen. Vielen Ehepaaren sind die möglichen zivil- und steuerrechtlichen Konsequenzen überhaupt nicht bewusst. Die gewollte Zuwendung muss das Finanzamt erst einmal nachweisen (FG Niedersachsen v. 14.11.2001 – 3 K 296/96, EFG 2002, 480).

Steuerfrei sind in diesem Zusammenhang lediglich solche Zuwendungen, die für den gemeinsamen Lebensunterhalt gedacht sind. Somit unterliegen Verfügungen eines Gatten für die Lebenshaltung nicht der Ausgleichspflicht. Daher stellen sämtliche Einzahlungen des Alleinverdieners zum Zwecke der Alimentierung der Familie keine steuerbaren Zuwendungen dar. Weiterhin steuerfrei bleibt der Erwerb eines zu eigenen Wohnzwecken genutzten Hauses oder einer Eigentumswohnung (§ 13 Abs. 1 Nr. 4a ErbStG, R 43 Abs. 2 ErbStR). Wird dies aus dem Gemeinschaftskonto finanziert, fällt keine Steuer an. Dabei sind einige Fälle steuerbefreit, die aus Mitteln des Gemeinschaftskontos fließen können:

- Kauf oder Herstellung eines Familienwohnheims
- Mittelbare Grundstückszuwendung, also Kauf eines Objekts durch einen, Zahlung durch den anderen Ehegatten
- Tilgung eines Darlehens, das mit dem Hauserwerb in Zusammenhang steht
- Zahlung von nachträglichen Herstellungs- oder Erhaltungsaufwendungen

Hierbei ist weder eine wertmäßige Begrenzung noch eine Angemessenheit vorgeschrieben. Das Wohnheim kann sogar anschließend veräußert werden.

Bereits die Einrichtung eines Oder-Kontos mit Geldvermögen nur eines Ehegatten oder die Umstellung eines Einzelkontos in ein Gemeinschaftskonto kann eine schenkungsteuerliche Zuwendung i.H.v. 50 % des Guthabens darstellen.

Steuer-Hinweis

Laut FG München vom 10.03.2004 (4 K 324/02) liegt regelmäßig eine Schenkung vor, wenn ein Einzelwertpapierdepot auf ein Gemeinschaftskonto umgeschrieben wird. Diese Sichtweise kann verhindert werden, wenn die Wertpapiere dem Beschenkten schon vor der Umschreibung zur Hälfte zustanden. Dies stellt jedoch eine dem Regelfall abweichende Vereinbarung dar, was die Beteiligten nachweisen müssen.

Eine generelle Ausnahme vom halbierten Ansatz soll nur bestehen, wenn der Kontoinhaber nachweisen kann, dass keine hälftige Teilung des Kontos gewollt war. Diese Meinung vertritt die OFD Koblenz. Die Regelvermutung der hälftigen Zuordnung des Kontoguthabens kann auch von der Finanzverwaltung widerlegt werden, wenn der verstorbene Ehegatte beispielsweise Alleinverdiener war und offensichtlich ist, dass das Kontoguthaben ausschließlich von ihm stammt. Gelingt der Finanzverwaltung dieser Nachweis, unterliegt sogar das gesamte Guthaben der Erbschaftsteuer.

Steuer-Hinweis

In der vorgenannten Verfügung der OFD Koblenz werden die Finanzämter angewiesen, über die ihnen bekannt gewordenen Ehegattenzuwendungen Kontrollmitteilungen an die Erbschaftsteuerfinanzämter zu übermitteln.

Steuerrechtliche Probleme in Bezug auf eine mögliche Schenkung bei Gemeinschaftskonten treten i.d.R. nur bei vermögenden Partnern auf. Ansonsten werden die Kontenzugänge zum großen Teil für den Bedarf der Familie verwendet und der verbleibende Rest erreicht nicht die Freibeträge. Dennoch – auch mit Blick auf die spätere Erbfolge – sollten Unterlagen aufbewahrt werden, die beweisen, aus wessen Einkünften oder Vermögen das gemeinsame Konto gespeist worden ist. Soll eine andere als die hälftige Zuordnung des Vermögens erreicht werden, sollten hierüber entsprechende schriftliche Vereinbarungen getroffen werden. Konsequent sollte auch die einkommensteuerliche Behandlung der auf dem Gemeinschaftskonto anfallenden Zinsen gehandhabt werden. Hat beispielsweise bei der Zusammenveranlagung nur ein Kontoinhaber sämtliche Erträge in der Anlage KAP der Einkommensteuer deklariert, ist die Annahme einer von der Regelvermutung abweichenden Vereinbarung gerechtfertigt.

Anlage-Hinweis

Bei größerem Vermögen und als Alternative zum bürokratischen Nachweis empfiehlt sich eine strikte Kontentrennung. Eine Kontovollmacht für den jeweils anderen Ehegatten über den Tod hinaus wird i.d.R. der Interessenlage der Eheleute gerecht. Eine Lösung, um Pflichtteils- und Pflichtteilsergänzungsansprüchen aus dem Weg zu gehen, ist die Vereinbarung eines Pflichtteilsverzichts.

Auch bei der Einkommensteuer können sich Probleme oder zumindest ein Mehraufwand ergeben. Denn ein Freistellungsauftrag kann nur bei Ehegatten als Kontoinhaber berücksichtigt werden. Die Erträge sind auf die Inhaber nach Köpfen zu verteilen, sofern keine andere Vereinbarung getroffen wurde. Da Unverheiratete für Gemeinschaftskonten keinen Freistellungsauftrag einreichen können, wird vom gesamten Kapitalertrag stets ein Zinsabschlag einbehalten. Gleiches gilt für Konten von Erben- oder Hausgemeinschaften (BMF v.

v. 05.11.2002 – IV C 1 – S 2400 – 27/02, BStBl I, 1346 sowie IV C 1 – S 2401 – 22/02, BStBl I, 1338).

Bei nichtehelichen Lebensgemeinschaften besteht keine Möglichkeit zur Abstandnahme vom Zinsabschlag. Für die Einkünfte muss jedoch nicht notwendigerweise eine gesonderte und einheitliche Feststellung erfolgen, weil es sich um Fälle von geringer Bedeutung handelt. Stattdessen kann die anteilige Zurechnung der Kapitalerträge und des Zinsabschlags auf dem Original der Steuerbescheinigung vermerkt werden. Von der mit diesem Vermerk versehenen Steuerbescheinigung kann eine Ablichtung gefertigt werden. Sowohl auf der Originalbescheinigung als auch auf der Ablichtung haben beide Kontoinhaber zu unterschreiben (OFD Kiel v. 20.05.1999 – S 2400 A – St 141, DB 1999, 1478, FR 1999, 869).

Die Jahresbescheinigung nach § 24c EStG wird für Gemeinschaftskonten/-depots auf den Namen der Inhaber ausgestellt. Die steuerliche Zurechnung der Erträge und ggf. anzurechnender Steuerabzugsbeträge erfolgt dann grundsätzlich im Rahmen der gesonderten Feststellung der Einkünfte aus Kapitalvermögen i.S.d. § 180 AO (BMF v. 31.08.2004 – IV C 1 – S 2401 – 19/04/IV C 3 – S 2256 – 206/04, DB 2004, 2018, BStBl I, 854).

Gemischte Fonds

Gemischte Fonds greifen den ursprünglichen Gedanken des Investmentsparens am stärksten auf. Denn es handelt sich hierbei um Fonds, die das Anlagevermögen sowohl in Aktien als auch in Anleihen investieren – je nach Börsen- und Zinslage. Der Fondsverwalter arbeitet eher wie ein Vermögensverwalter, da er in der Anlageentscheidung nicht auf eine Anlageart beschränkt ist, sondern je nach Kapitallage in die eine oder andere Richtung investiert. Sie eignen sich für den Anleger, der sein Vermögen nicht selbst verwalten möchte und die Entscheidung komplett dem Fondsmanagement überlässt.

Dabei kann folgende Grobeinteilung vorgenommen werden:

- **Flexible Fonds**: Hier entscheidet das Management – getreu den Grundsätzen eines gemischten Fonds –, welche Anlageformen im Fondsvermögen vorhanden sind und wie die einzelne Gewichtung erfolgt. Sie entsprechen dem Grundsatz einer Vermögensverwaltung am ehesten, da sie nicht durch Grundsätze in ihrer Entscheidung gehemmt werden.
- **Defensive Fonds**: Im Fondsvermögen überwiegen die Anlagen in Rentenpapiere, der Aktienanteil geht nie über 50 % hinaus.
- **Dynamische Fonds**: Im Gegensatz zum defensiven Fonds überwiegt hier die Aktienanlage. Der Anteil der Aktien im Depot kann auch schon mal 80 % betragen, liegt aber nie unter 50 %.
- **Neutrale Fonds**: Sie stellen eine Mischung der vorgenannten Fonds dar und investieren das Vermögen je zur Hälfte in Anleihe und Aktien.

Steuerlich ergeben sich keine Unterschiede zu herkömmlichen → *Investmentfonds*.

Fazit: Sollen lediglich kleine Beträge über Sparpläne in Investmentfonds investiert werden, ist die gemischte Variante sicherlich das richtige Produkt. Ohne eigenen Aufwand lässt der Sparer die Fondsgesellschaft über Umschichtungen entscheiden. Bei größeren Volumen ist es allerdings sinnvoller, selbst auf Aktienfonds und Anleihen zu setzen.

Genossenschaftsanteile

Diese Geschäftsanteile, mit denen sich ein Mitglied an einer Genossenschaftsbank beteiligt, sind in Deutschland sehr beliebt. Der Grund: Sie bringen ohne Kursrisiko hohe Erträge und für Kauf, Verkauf und Verwahrung fallen meist keine Kosten an. Eine Genossenschaft ist eine Kapitalgesellschaft mit einer nicht geschlossenen Mitgliederzahl. Im Gegensatz zur Aktiengesellschaft können laufend neue Anteile ausgegeben werden. Die Genossenschaft fördert ein gemeinsames Ziel aller Mitglieder.

Die Höhe der Anteile liegt meist bei 50 € je Stück oder einem Vielfachen hiervon. Im Gegensatz zum Aktionär hat jedes Genossenschaftsmitglied unabhängig von der Anzahl der Anteile nur eine Stimme. Die ausgeschüttete Dividende liegt meist in der Nähe oder leicht über den Renditen von festverzinslichen Wertpapieren und richtet sich nicht unmittelbar nur nach den erzielten Jahresgewinnen wie bei herkömmlichen Dividenden. Kursrisiken bestehen nicht, die Rückzahlung erfolgt bei Kündigung in voller Einlagenhöhe.

Im Konkursfall der Kreditgenossenschaft geht das Risiko über den eingezahlten Betrag hinaus, da für den einzelnen Genossen eine Nachschusspflicht besteht. Dieser Nachteil kann jedoch vernachlässigt werden; bisher ergab sich kein Fall von Nachzahlung, insbesondere, da die Sicherungsfonds der Banken für den Ernstfall ausreichendes Kapital vorweisen würde.

Ausschüttungen auf die Anteile werden als sogenannte Genossenschaftsdividende bezeichnet und steuerlich wie herkömmliche → *Dividenden* behandelt. Das bedeutet: Der Ertrag unterliegt nur zur Hälfte der Besteuerung, die Kapitalertragsteuer beläuft sich auf 20 %. Bei der Beteiligung an einer Genossenschaft gibt es gem. § 17 EigZulG noch eine Besonderheit. 1.200 € sowie für jedes Kind zusätzlich 250 € gibt es jedes Jahr an Eigenheimzulage, sofern der Genosse spätestens im letzten Förderjahr mit der Nutzung einer Genossenschaftswohnung zu eigenen Wohnzwecken beginnt. Diese Förderung ist allerdings für Beitritte ab 2007 gestrichen worden.

Anlage-Tipp

Wer seine vermögenswirksamen Leistungen nicht in Aktien oder Bausparverträge anlegen möchte, dem bietet sich mit der direkten Investition in Genossenschaftsanteilen eine interessante Alternative. Über die erworbenen Scheine darf innerhalb von sechs Jahren allerdings nicht verfügt werden.

Durch das Gesetz zur Einführung der Europäischen Genossenschaft und zur Änderung des Genossenschaftsrechts (BGBl I 2006, 1911) wurde die Gründung, Kapitalbeschaffung und Kapitalerhaltung bei Genossenschaften erleichtert. So sind Sachgründungen zugelassen, es darf ein Mindestkapital eingeführt werden und rein investierende Mitglieder können zugelassen werden. Zudem ist eine Europäische Genossenschaft mit grenzüberschreitender Tätigkeit möglich.

Fazit: Genossenschaftsanteile von Banken bieten i.d.R. eine hohe Verzinsung, die nur zur Hälfte versteuert werden muss. Eine lukrative und konservative Geldanlage, welche die Volksbanken aber meist auf Höchstbeträge beschränken. Darüber hinaus kann über die Einlage nicht jederzeit verfügt werden.

Genuss-Scheine

Diese meist unter dem Begriff Genüsse bekannten Wertpapiere sind für den privaten Anleger eine attraktive Alternative zu Anleihen. Denn sie bieten bei nur leicht höherem Risiko eine bessere Rendite und können steuerlich günstig verwendet werden. Sofern Sparer die gesetzlichen Regeln optimal ausnutzen, können die Erträge alle zwei Jahre steuerfrei vereinnahmt werden. Darüber hinaus ergeben sich auch für den Emittenten einige Vorteile aus der Ausgabe von Genuss-Scheinen. Das gilt etwa für nicht börsennotierte Firmen, die ihre Mitarbeiter am Unternehmen beteiligen möchten.

Im Gegensatz zu Aktien oder Anleihen gibt es keine gesetzlich normierten Regelungen hinsichtlich der Gestaltung von Genuss-Scheinen. Sie gehören eher zu den festverzinslichen Wertpapieren und verbriefen Genussrechten, die eine Gegenleistung für das vom Genuss-Scheininhaber dem Unternehmen – meist eine Kapitalgesellschaft – zeitlich befristet zur Verfügung gestellte Kapital darstellen. Insbesondere beinhaltet dieses verbriefte Recht den Anspruch auf einen Anteil am Reingewinn und die Rückzahlung des Kapitals, in den selteneren Fällen einen Anspruch auf Bezugs-, Options- oder Wandlungsrechte sowie den Anteil am Liquidationserlös eines Unternehmens. Oftmals ist die Möglichkeit eingeräumt, dass bei Verlusten des Emittenten eine Minderung des Kapitalrückzahlungsanspruchs entsteht.

Die Genüsse verbriefen ein Vermögens-, jedoch kein Besitzrecht und nehmen eine „Zwitterstellung“ zwischen Anleihen und Aktien ein. Der Genuss-Scheininhaber ist am Gewinn beteiligt, nimmt manchmal an Kapitalerhöhungen teil und erhält je nach Vertragsgestaltung einen Anteil am Veräußerungserlös der Firma. Dafür darf er nicht an Hauptversammlungen teilnehmen, hat keinerlei Stimm-, Auskunfts- oder Anfechtungsrechte. Die Ausschüttungsbedingungen sind vorab bereits festgelegt und werden nicht, wie bei Dividenden, jährlich neu festgesetzt.

Genuss-Scheine sind i.d.R. Inhaberpapiere, in den Vereinbarungen ist meist eine Nachrangabrede beinhaltet, d.h., andere Gläubiger der Firma gehen im Konkursfalle den Genuss-Scheininhabern vor. Die Erfolgsbeteiligung kann verschieden gestaltet werden. Neben einem festen Prozentsatz vom Nennwert kann die Höhe auch vom Umsatz oder Gewinn des Unternehmens abhängig gemacht werden. Bei konstanten Erträgen ähneln Genuss-Scheine eher Festverzinslichen, bei variablen eher den Aktien. Genuss-Scheine werden wie Anleihen an der Börse in Prozent gehandelt. Deren Ausgestaltung ist aber so vielfältig, dass es zum Kurszettel meist lange Fußnoten mit Bedingungen gibt: Begrenzte/unbegrenzte Laufzeiten, Verzinsung abhängig von Gewinn, Umsatz oder Dividendenhöhe, Kündigungsmöglichkeiten, Rückzahlung zum Nennwert oder basierend an der Wertentwicklung des Unternehmens und vieles mehr.

Anlage-Tipp

Dem Wirrwarr um die verschiedenen Ausgestaltungsmodalitäten können Anleger entgehen, wenn sie auf Genüsse deutscher Kreditinstitute setzen. Deren Modalitäten sind zumeist einfach und mit denen bei festverzinslichen Wertpapieren vergleichbar. Darüber hinaus ist die Wahrscheinlichkeit der Insolvenz zu vernachlässigen.

Die Erträge aus Genüssen sind i.d.R. höher als bei vergleichbaren Aktien oder Anleihen. Dies hat zwei Gründe. Die wirtschaftlichen Vorteile beim Emittenten bedingen bessere Voraussetzungen für eine Ausschüttung als bei Aktien. Gleichzeitig ist das Risiko aus Sicht des Anlegers größer als bei Festverzinslichen. Denn der Ertrag hängt entweder vom Gewinnverlauf des Unternehmens ab oder fällt unter bestimmten Bedingungen sogar komplett aus.

Die Kurse von Genuss-Scheinen unterliegen den allgemeinen Börsenschwankungen. Steigt der Kapitalmarktzins, kommt es zu fallenden Kursen. Gehen die Zinsen nach unten, entwickeln sich die Notierungen nach oben. Ein Risiko besteht für Anleger durch die Nachrangigkeit. Geht der Emittent in die Insolvenz oder Liquidation, erfolgt eine Rückzahlung des Kapitals erst, wenn die Ansprüche der übrigen Gläubiger erfüllt worden sind. Genuss-Scheine können täglich über die Börse an- und verkauft werden.

Grundsätzlich können Genuss-Scheine aus steuerlicher Sicht in drei Kategorien unterteilt werden:

1. Bieten sie neben der Gewinnbeteiligung auch eine Beteiligung am Liquidationserlös, sind die Ausschüttungen mit Dividenden vergleichbar. Die fallen dann unter § 20 Abs. 1 Nr. 1 EStG und unterliegen dem Halbeinkünfteverfahren.
2. Es handelt sich um eine verdeckte Gewinnausschüttung. Dies kann nur eintreten, wenn der Besitzer der Scheine gleichzeitig auch Gesellschafter ist. Dann sind die Erträge zu 50 % steuerpflichtig, die Firma kann keine Betriebsausgaben absetzen.
3. Die Scheine gewähren keine Beteiligung am Liquidationserlös.

Nachfolgend soll nur die dritte Alternative beschrieben werden, da i.d.R. nur diese Papiere an der Börse notiert sind. Die beiden ersten Gestaltungsformen spielen im Verhältnis von Unternehmen zu fremdem Privatanleger keine Rolle.

Die Ausschüttung bei Genuss-Scheinen erfolgt jährlich, doch anders als bei Anleihen fallen bei Erwerb und Verkauf keine Stückzinsen an, die Papiere werden flat gehandelt. Der Kurs steigt – sofern sich das Marktzinsniveau nicht drastisch erhöht – bis zur Ausschüttung an und fällt am Auszahlungstag um den Zinsbetrag. Da aber nur die Ausschüttung als Kapitaleinnahmen versteuert wird, muss lediglich derjenige Anleger Kapitalerträge deklarieren, der die Genüsse an diesem Tag besitzt. Der Ausschüttungsbetrag zählt zu den Zinseinnahmen i.S.d. § 20 Abs. 1 Nr. 7 EStG, das Halbeinkünfteverfahren ist nicht anzuwenden. Abweichend zu Anleihen wird eine 25%ige Kapitalertragsteuer fällig, sofern kein Freistellungsauftrag vorliegt.

Steuer-Hinweis

Die beim Erwerb von Anleihen gezahlten Stückzinsen erhöhen das Freistellungsvolumen für nachfolgende Zinszahlungen des gleichen Jahres. Ein solches Guthaben aus dem Stückzinstopf kann aber nicht mit Ausschüttungen von Genuss-Scheinen verrechnet werden, da es sich mit Zinsabschlag und Kapitalertragsteuer um zwei unterschiedliche Abzugsverfahren handelt.

Werden die Genüsse auch nur einen Tag vor dem Ausschüttungstermin verkauft, fallen weder Zinseinnahmen noch Kapitalertragsteuer an. Denn obwohl die Genüsse flat gehandelt werden, gelten sie nicht als Finanzinnovation (§ 20 Abs. 2 Nr. 4 Satz 5 EStG). Dennoch wird ein Ertrag über die im Verkaufskurs angesammelten Zinsen erzielt. Wegen dem meist jährlich identischen Ausschüttungstermin fällt der Verkauf jedoch zumeist in die einjährige Spekulationsfrist gem. § 23 EStG und löst Steuern auf den Gewinn aus. Private Veräußerungsgeschäfte mit Genuss-Scheinen unterliegen nicht dem Halbeinkünfteverfahren i.S.d. § 3 Nr. 40 EStG.

Steuer-Tipp

Emittenten verknüpfen neu aufgelegte Genüsse oftmals mit einem überlangen Kupon. Das bedeutet, dass der erste Ausschüttungstermin erst nach mehr als einem Jahr geplant wird. Dies liegt vor allem daran, dass der Zinstermin meist mit dem Datum von Haupt- oder Gesellschafterversammlung zusammenfällt. Anleger haben hierbei den Vorteil, dass sie neu emittierte Scheine bereits vor der ersten Ausschüttung steuerfrei veräußern können. Mit Ausnahme der Neuemission ist eine steuerfreie Veräußerung aber nur alle zwei Jahre möglich.

Durch den An- und Verkauf von Genuss-Scheinen alle zwei Jahre kann die Steuerbelastung halbiert werden. Dieses Verfahren gelingt zumindest so lange, bis die geplante Abgeltungsteuer eingeführt wird. Dann werden auch die im Kursgewinn enthaltenen Zinsen nach Ablauf der aktuellen Spekulationsfrist erfasst.

Beispiel
Kauf von Genuss-Scheinen für 100.000 €, Laufzeit sechs Jahre, Zinssatz 4,5 %.

	Ertrag	**Steuerertrag**
1. Jahr: Zinsen	4.500 €	4.500 €
2. Jahr: Kursgewinn	4.500 €	0 €
3. Jahr: Zinsen	4.500 €	4.500 €
4. Jahr: Kursgewinn	4.500 €	0 €
5. Jahr: Zinsen	4.500 €	4.500 €
6. Jahr: Kursgewinn	4.500 €	0 €
Summe	27.000 €	13.500 €
Fällige Steuer (35 %)		4.725 €

Spesen und Solidaritätszuschlag unberücksichtigt

Ergebnis: Bezogen auf die Gesamtrendite muss ein Anleger mit 35 %igem Steuersatz nur 17,5 % Steuern zahlen. Das vorgenannte Vorgehen ist aber nicht immer die richtige Strategie und kann – je nach persönlicher Lage – auch anders ausfallen.

Checkliste zur steuerlich optimalen Vorgehensweise	
Anleger mit hoher Steuerprogression und Kapitaleinnahmen über dem Sparerfreibetrag verkaufen die Genüsse alle zwei Jahre unmittelbar vor dem Ausschüttungstermin und verringern damit die steuerliche Belastung um rund die Hälfte.	❑
Gegensätzlich verhalten sich Sparer, die regelmäßig Spekulationsgewinne, aber keine Kapitaleinnahmen i.S.d. § 20 EStG vorweisen. Sie kaufen die Genüsse kurz vor dem Ausschüttungstermin und stoßen sie anschließend sofort wieder ab. Ergebnis: Der eingeplante Kursverlust kann mit einem Plus aus Aktien, Fonds oder Termingeschäften verrechnet werden, die Ausschüttung bleibt unter dem Sparerfreibetrag und somit steuerfrei. Vorteil: Da das Halbeinkünfteverfahren auch beim Verkauf von Genüssen keine Anwendung findet, mindert das Kursminus in voller Höhe Aktiengewinne, die nur mit 50 % berücksichtigt werden.	❑

Checkliste zur steuerlich optimalen Vorgehensweise (Fortsetzung)	
Wird eine Immobilie mit Gewinn verkauft, ist dies innerhalb eines Zeitraums von zehn Jahren steuerpflichtig. Wer den Kaufpreis kurzfristig zum Erwerb von Genuss-Scheinen verwendet, kann den Spekulationsertrag deutlich mindern. Das gelingt auch, wenn der Verkauf der Genüsse erst im Folgejahr, aber innerhalb der Spekulationsfrist, erfolgen sollte. Der Verlust wird dann ein Jahr zurückgetragen. Zu beachten ist allerdings, dass dann deckungsgleich auch Kapitaleinnahmen anfallen.	❑
Liegen noch vortragsfähige Verluste aus Veräußerungsgeschäften früherer Jahre vor, lohnt der Verkauf von Genüssen kurz vor der Ausschüttung. Der Kursgewinn wird verrechnet und führt zu steuerfreien Einnahmen.	❑
Obwohl Genuss-Scheine flat gehandelt werden, führen Kursverluste mangels Einstufung als Finanzinnovation nicht zu den Kapitaleinnahmen. Bei Erwerb können im Kurs enthaltene Zinsen nicht als negative Kapitaleinnahmen angesetzt werden. Kommt es anschließend zu einer Ausschüttung, ist hingegen der gesamte aufgelaufene Zins als Einnahme aus § 20 EStG zu erfassen, der hierdurch automatisch entstehende entsprechende Kursverlust hingegen nicht. Sparer sollten ihre Fälle wegen einer anhängigen Revision offenhalten (VIII R 30/06, Vorinstanz FG Saarland v. 23.05.2006 – 1 K 420/02).	❑
Die vorgenannten Verfahren lassen sich auch mit Renten- oder Geldmarktfonds praktizieren. Hier wirkt sich die breite Angebotsvielfalt vorteilhaft aus. Mit Genuss-Scheinen wirken sich die steuerlichen Effekte aber stärker aus, da die Rendite höher und kein Ausgabeaufschlag zu beachten ist.	❑

Steuer-Hinweis
Werden Genuss-Scheine in einem ausländischen Depot aufbewahrt, kann die 25 %ige deutsche Kapitalertragsteuer nicht verhindert werden. Denn anders als beim Zinsabschlag wird dieser Abzug wie bei Dividenden auch jenseits der Grenze fällig, da er bereits bei der Auszahlung einbehalten wird. Er kann auch nicht umgangen werden, da ein Freistellungsauftrag nur im Inland möglich ist. Eine Anrechnung ist nur über die Steuererklärung möglich. Erträge aus Genuss-Scheinen unterliegen der EU-Zinsrichtlinie und damit Kontrollmitteilungen oder der Quellensteuer.

Fazit: Vorteilhaft bei Genuss-Scheinen ist die höhere Verzinsung im Vergleich zu Anleihen oder Aktien. Als Nachteile sind die Verlustbeteiligung des Anlegers und die Nachrangigkeit zu sehen; die Bonität des Schuldners ist also besonders wichtig. Nicht außer Acht zu lassen ist die vorzeitige Kündbarkeit durch den Emittenten und die teilweise mangelhafte Liquidität an der Börse. Im Gegensatz zur Anleihe bestehen höhere Kurschancen, aber auch -risiken. Oftmals schreckt den Anleger die fehlende Markttransparenz aufgrund der erwähnten differierenden Ausstattungen ab.

Zusammenfassende Checkliste zu den Genuss-Scheinen	
Gewähren die Genuss-Scheine neben dem Gewinnanteil auch das Recht auf einen Liquidationsgewinn, so sind sie den Aktien gleichgestellt. Die Besteuerung erfolgt dann wie bei Dividenden. Diese Form der Genuss-Scheine ist am Kapitalmarkt nur sehr selten anzutreffen. Die an den inländischen Börsen gehandelten Genuss-Scheine schließen alle die Beteiligung am Liquidationsgewinn aus, da bei dieser Ausgestaltung der Vorteil für den Emittent, den Betrag als Fremdkapital zu bilanzieren, wegfällt.	❑
Bei ausgeschlossener Beteiligung am Liquidationsgewinn (Regelfall) sind die Ausschüttungen wie Zinsen als Kapitaleinnahmen i.S.d. § 20 Abs. 1 Nr. 7 EStG zu versteuern.	❑
Die Ausschüttung unterliegt der 25%igen Kapitalertragsteuer.	❑
Kursgewinne oder Verluste innerhalb von zwölf Monaten unterliegen in voller Höhe den Einkünften aus privaten Veräußerungsgeschäften.	❑
Verluste aus der Herabsetzung von Genuss-Schein-Kapital stellen keine Werbungskosten aus Kapitalvermögen dar, da es sich um einen Verlust im Vermögensbereich handelt. Erfolgt zu einem späteren Zeitpunkt nach der Herabsetzung eine Nachzahlung, sind diese Beträge entsprechend keine Einnahmen.	❑
Kursveränderungen im Zeitpunkt der Einlösung fallen lediglich unter die privaten Veräußerungsgeschäfte i.S.d. § 23 EStG.	❑
Bei der Erbschaftsbesteuerung werden Genuss-Scheine mit ihrem Kurswert am Bewertungsstichtag angesetzt.	❑

Genuss-Scheine-Fonds

Hierbei handelt es sich um Rentenfonds, die überwiegend in → *Genuss-Scheine* investieren. Im Vergleich zur Direktanlage besteht hier der Vorteil der Streuung, da diese nachrangigen Wertpapiere mit Risiken ausgestattet sind. Das reicht von der Zinshöhe, die von Gewinnen abhängig ist, bis hin zum Konkursfall. Zudem haben die Genüsse die Eigenart, dass die Bedingungen unterschiedlich ausgestaltet sind. Über die Fondsvariante können Anleger sich die Suche des optimalen Papiers ersparen und das Risiko mindern. Das kostet aber Gebühren.

Obwohl Genuss-Scheine ohne Stückzins-Ausweis flat gehandelt werden, gelten sie nach ausdrücklicher gesetzlicher Anordnung nicht als Finanzinnovationen, so dass realisierte Kurserträge nicht zu den Kapitaleinnahmen führen. Bei Erwerb können die Fonds daher im Kurs enthaltene Zinsen nicht als negative Kapitaleinnahmen berücksichtigen. Kommt es anschließend zu einer Ausschüttung der Unternehmen, wird hingegen der gesamte aufgelaufene Zins als Einnahme aus § 20 EStG erfasst. Das erfolgt entweder über den Zwischengewinn oder bei späterer Ausschüttung oder Thesaurierung. Der automatisch entstehende entsprechende Kursverlust bei den Genüssen wird hingegen nicht abgesetzt. Dafür entstehen auch keine Einnahmen, wenn Fondsbesitzer ihre Anteile kurz zuvor verkaufen. Das dürfte im Gegensatz zur Direktanlage aber nur schwer umsetzbar sein, da der Fonds eine Reihe von

Papieren im Besitz hat. Fondssparer sollten ihre Fälle wegen einer anhängigen Revision offenhalten (Revision unter VIII R 30/06, Vorinstanz FG Saarland v. 23.05.2006 – 1 K 420/02).

Geschlossene Fondsbeteiligungen

Eine Investition in Schiffe, junge Unternehmen, Immobilien oder Windkraftanlagen macht grundsätzlich Sinn, wenn die Beteiligungsangebote über die Laufzeit eine ansehnliche Rendite erwirtschaften. Das ist bei erfahrenen Initiatoren i.d.R. der Fall, so dass geschlossene Fonds für Vermögen in sechsstelliger Höhe in Betracht kommen. Sie sorgen für einen stabilen Ausgleich zum Aktien- und Rentendepot und sind kaum abhängig vom Auf und Ab an den Börsen.

Inlandsfonds

Zwar hat die drastische Beschränkung der Verrechnung von Anfangsverlusten durch den neu eingeführten § 15b EStG (→ *Steuerstundungsmodell*) einen vorläufigen Schlussstrich unter den jahrelangen Kampf des Gesetzgebers gegen den Ansatz von hohen negativen Einkünften geführt, die geschlossene Fonds ihren Gesellschaftern zuweisen wollen. Doch die Zeiten der erwünschten roten Zahlen gehören aber bei einem Großteil der geschlossenen Fonds bereits längst der Vergangenheit an. So spielen im Vergleich zu früheren Jahren besonders im Bereich der Inlandsimmobilien Verlustzuweisungen kaum noch eine Rolle. Wichtiger für Anleger ist hier, dass die in Aussicht gestellten Renditen selbst bei konservativ gerechneten Modellen angesichts geringer Kapitalmarktzinsen eine lukrative Alternative zu Anleihen und Rentenfonds darstellen. Zwar sind die kalkulierten Jahreserträge nicht immer sicher, die aktuellen Ergebnisse zeigen aber zumeist, dass seriöse Initiatoren ihre Prognosen einhalten oder sogar meist leicht übertreffen.

Steuer-Hinweis

Einen Überblick zu den Regelungen bei geschlossene Fonds und die Behandlung der Aufwendungen in der Investitionsphase bietet der Fondserlass der Finanzverwaltung: BMF v. 20.10.2003 – IV C 3 – S 2253 a – 48/03, BStBl I, 546. Dieses Schreiben ist auch bis zur gesetzlichen Änderung in § 11 EStG die Grundlage dafür, wann ein Disagio sofort als Werbungskosten abzugsfähig ist.

Mit der Umstellung auf renditeorientierte Fonds, die zügig die Gewinnphase erreichen, kommen die Initiatoren den Wünschen der Anleger entgegen. Bedingt durch die ehemaligen wirtschaftlichen Misserfolge, beispielsweise bei Immobilien in den neuen Bundesländern oder zahlreichen Medien- und Windkraftfonds, folgten dem Lockruf der Verlustzuweisung immer weniger Interessenten. Gefordert sind Angebote mit moderater Steuerlast auf die Gewinnaussichten. Das sind beispielsweise → *Schiffs-Fonds* mit der minimalen Belastung über die Tonnagesteuer oder → *Private Equity Fonds*, deren Erträge nahezu steuerfrei bleiben.

Geschlossenen Fonds werden i.d.R. als GmbH & Co. KG aufgelegt. Der einzelne Anleger beteiligt sich als Kommanditist, seine Haftung ist auf die eingezahlte Einlage beschränkt. Gewinne und Verluste werden auf der Ebene der KG ermittelt und dann den einzelnen Gesellschaftern entsprechend der Beteiligungshöhe zugewiesen. Zumindest in der Anfangsphase erzielen die meisten Fonds regelmäßig Verluste, die mehr oder wenig zügig mit positiven Einkünften aus dem gleichen Fonds verrechnet werden können.

Anleger erzielen entweder Einkünfte aus Gewerbebetrieb nach § 15 EStG oder bei vermögensverwaltenden Gesellschaften aus den §§ 20, 21 EStG, was insbesondere bei Immobilien-

und Private Equity Fonds wegen der steuerfreien Veräußerungsgewinne bevorzugt wird. Bei Fondsbeitritten nach dem 10.11.2005 werden alle Anlageformen als Steuerstundungsmodelle eingestuft, deren prognostizierte Verluste in der Investitionsphase 10 % des gezeichneten oder aufzubringenden Kapitals übersteigen. Dann sind diese negativen Einkünfte nur noch mit positiven Einkünften aus demselben Modell in anderen Jahren verrechenbar, nicht jedoch mit anderen Einkunftsarten oder Gewinnen aus anderen geschlossenen Fonds. Diese Begrenzung gilt immer dann, wenn durch modellhafte Gestaltungen Verluste entstehen.

Nicht erfasst über § 15b EStG werden unvorhergesehene Verluste wie etwa Mietausfälle oder Renovierungsmaßnahmen sowie Sanierungsobjekte oder Denkmäler, für die weiterhin erhöhte AfA geltend gemacht werden kann. Darüber hinaus sind laut Gesetzesbegründung vermögensverwaltende Venture-Capital- und Private Equity Fonds nicht betroffen, da sie primär mit der Steuerfreiheit ihrer Renditen werben und nicht primär darauf angelegt sind, ihren Anlegern einen Verlust zuzuweisen.

Grundsätzlich ist bei Erb- und Schenkungsfällen zu unterscheiden, ob der Fonds gewerblich oder vermögensverwaltend tätig ist. Bei Betriebsvermögen ist der auf den einzelnen Anleger entfallende anteilige Steuerbilanzwert als Bemessungsgrundlage nach den §§ 98a, 109 BewG maßgebend. Somit kommen lediglich die Buchwerte zum Ansatz. Besonders in der Anfangsphase kann es vorkommen, dass die Gesellschaft negative Kapitalkonten ausweist. Die können dann dazu verwendet werden, weiteres Vermögen zu verschenken und damit per Saldo immer noch unter den Freibeträgen zu bleiben. Bei unentgeltlichen Erwerben mit positiver Bemessungsgrundlage können Anleger die steuerlichen Vergünstigungen der §§ 13a, 19a ErbStG in Anspruch nehmen. Allerdings gibt es die Vergünstigungen nur, wenn der Erwerber die Anteile zumindest fünf Jahre behält. Bei vermögensverwaltenden Fonds sind die anteiligen Vermögenswerte und Schulden maßgebend. Hierbei kommt es bei Schenkungen zu einem teilentgeltlichen Erwerb.

Steuer-Hinweis

Treuhänderisch gehaltene geschlossene Fonds stellen nach der Auffassung der Finanzverwaltung kein Betriebsvermögen dar (FinMin Baden-Württemberg v. 27.06.2005 – 3 – S 3806/51, DB 2005, 1439). Es handelt sich vielmehr um einen Herausgabeanspruch gegen den Treuhänder. Bemessungsgrundlage als Sachleistungsanspruch ist dann der gemeine Wert der Fondsanteile.

Durch das Gesetz zur Erleichterung der Unternehmensnachfolge sind auch geschlossene Fonds betroffen, da sie nicht generell produktives Betriebsvermögen besitzen. Bei diesen gewerblich geprägten Fonds wird daher ein Teil der Bilanzwerte nicht mehr über die zehnjährige Stundungsregelung begünstigt.

Auslandsfonds

Gesellschaften mit Sitz jenseits der Grenze bieten deutschen Anlegern den Vorteil, dass die erzielten Einkünfte nach dem jeweiligen DBA im Inland nur dem Progressionsvorbehalt unterliegen. Damit bleiben die ausländischen Erträge in Deutschland steuerfrei, erhöhen aber den Steuersatz für die steuerpflichtigen Einkünfte. Grundsätzlich wird der Progressionsvorbehalt bei Unternehmensgewinnen und Mieteinkünften verwendet. Liegen Immobilie oder Sitz einer gewerblichen Gesellschaft jenseits der Grenze, kommt diese Regelung mit wenigen DBA-Ausnahmen zum Einsatz.

Das macht sich besonders bei hohem inländischen Einkommen positiv bemerkbar, da hier die Auswirkung auf die Einkommensteuer nur noch gering ausfällt. In den jeweiligen Staaten, in dem der Fonds seinen Sitz hat oder die Immobilie liegt, können zumeist hohe Freibeträge genutzt werden. Da die beschränkt Steuerpflichtigen im jeweiligen Anlageland zumeist keine anderen Einkünfte erzielen, kann das Freistellungsvolumen komplett für die Fondserträge genutzt werden. Das führt zur Steuerfreiheit von üblichen Beteiligungshöhen und einer moderaten Erfassung der übersteigenden Beträge. Beteiligt sich ein Ehepaar getrennt an einem Fonds, können die Vergünstigungen in der Regel zweifach genutzt werden.

Die in den Fondserträgen einkalkulierten Verkaufserlöse bleiben in den jeweiligen Staaten in der Regel steuerfrei und werden über § 32b EStG nur erfasst, wenn die Spekulationsfrist noch nicht abgelaufen ist. Derzeit kann ein negativer Progressionsvorbehalt nicht berücksichtigt werden, was aber laut EuGH (21.02.06 – C-152/03) gegen EU-Recht verstoßen könnte.

Übersicht über die aktuellen Freibeträge und Steuersätze (Stand 2006)

Land	Freibetrag	Steuersatz	gilt bis Einkünfte von
Frankreich	0	25 %	pauschal
Großbritannien, Alter bis 64	5.035* GBP (7.300 €)	10 %	7.125 GBP
Großbritannien, Alter ab 65	7.280* GBP (10.700 €)	10 %	9.370 GBP
Großbritannien, Alter ab 75	7.420* GBP (11.000 €)	10 %	9.510 GBP
Italien bis Ende 2005	3.000 €	23 %	15.000 €
Kanada	0	23,6 %	35.595 CAD
Niederlande	Steuer bis 41* €	rund 1% der Beteiligungssumme	
Österreich	2.000 €	38,3 %	17.000 €
Polen	660 €	19 %	8.600 €
Slowakei	2.400 €	19 %	unbegrenzte Flat Tax
Südafrika	7.200 ZAR (800 €)	18 %	11.000 €
Tschechien	Steuer bis 252 €	12 %	4.252 €
USA	3.300* US-$ (2.750 €)	10 %	7.550 US-$
VAE (Dubai)	0	0	
Australien	Keine Steuerpflicht des beteiligten Gesellschafters		
Bulgarien	15 % Körperschaftsteuer vom Fonds		
Kroatien	20 % Körperschaftsteuer vom Fonds		
Ungarn	16 % Körperschaft-, 2 % Gewerbe- 4 % Sondersteuer vom Fonds		

* Jährliche Anpassung an die Inflationsraten

Wer nun Fonds aus mehreren Ländern zeichnet, kommt in den Genuss hoher steuerfreier Erträge. Allerdings sind in einigen Ländern wie etwa in den USA steuerliche Pflichten zu erfüllen. Die werden zwar von den Initiatoren im Pakte angeboten, kosten aber zusätzlich und belasten die Rendite. Zudem ist die Situation im Erb- und Schenkungsfall i.d.R. negativ, da es hier zu einer Doppelbesteuerung kommt. Zwar fällt in einigen Ländern keine Steuer an, im Inland wird der unentgeltliche Erwerb jedoch mit dem Verkehrswert erfasst. Zudem entfallen die Privilegien für das Betriebsvermögen. Der BFH hat hierzu allerdings seine Zweifel geäußert (BFH v. 11.04.2006 – II R 35/05, DB 2006, 1414, beim EuGH unter C-256/06).

Zudem ist nicht gewährleistet, dass die einzelnen Staaten ihre hohen Freibeträge auf die lange Laufzeit von rund 15 Jahren beibehalten. So schafft Italien den Freibetrag von 3.000 € für Gebietsfremde ab, der erst kurz zuvor für ausländische Kommanditisten eingeführt worden war. Österreich wollte 2005 den bisherigen Freibetrag von 3.600 € auf 10.000 € anheben, um ihn dann letztendlich auf 2.000 € zu kürzen. In den Niederlanden verzichtete der Fiskus bis Ende 2004 auf die Steuer bei Jahresbeträgen bis 217 €. Diese Freigrenze wurde 2005 drastisch auf 40 € gesenkt, so dass auch Anleger mit geringen Beteiligungssummen in die – immerhin moderate – Steuerpflicht rutschten.

Zu guter Letzt wollte Deutschland das DBA mit den Vereinigten Arabischen Emiraten nicht verlängern, so dass die in Mode gekommenen Dubai-Fonds plötzlich im Inland steuerpflichtig geworden wären. Zar gibt es nun noch einen Aufschub um zwei Jahre, bei den langen Fondslaufzeiten aber nur ein kleines Aufatmen.

Fazit: Bei geschlossenen Fonds hat § 15b EStG für eine gesunde Marktbereinigung hin zu renditestarken Angeboten geführt. Nicht mehr ausschlaggebend ist die Progression des Anlegers, sondern die langfristige Erfolgsaussicht. Weiter zulegen werden Angebote von jenseits der Grenze, die von der geplanten Streichung der Spekulationsfrist nicht betroffen sind. Eine zunehmende Tendenz ist im Segment der Dachfonds zu beobachten, die sich mit den eingesammelten Geldern an mehreren Gesellschaften beteiligen. Dies ist neben den Private Equity auch bei Schiffs- und Immobilienfonds zu beobachten. Der Vorteil liegt hierbei in der Tatsache, dass diese erworbenen Zweitmarktfonds bereits Ergebnisse vorweisen können, was für Sicherheit sorgt. Sofern die teilweise üppigen Freibeträge im Ausland halten, kann sich auch ein Blick über die Grenze lohnen.

Gestrippte Bonds

Seit 1997 können Anleger bei einigen Bundesanleihen die Zinsscheine vom Stammrecht der Anleihe trennen. Nach diesem „Strippen" werden der Stamm und die einzelnen Zinsscheine sowie die komplette Anleihe an der Börse nebeneinander getrennt gehandelt, so dass sie auch einzeln verkauft und erworben werden können. Diese Bonds haben für Anleger einen entscheidenden Vorteil: Sie können Rückzahlungs- und Zinstermine unabhängig von den vorgegeben Laufzeiten selbst bestimmen. Dabei führt der vorzeitige Verkauf des Stammrechts stets zu einem Kursverlust, da es ohne Zinszahlung lediglich noch den Anspruch auf Zahlung des Nominalwerts bei Fälligkeit verbrieft. Gleiches gilt auch für die abgetrennten Zinsscheine, sofern sie vorab veräußert werden.

Nach Antrag auf Trennung bei der Bank sind im Depot dann eine Anleihe sowie mehrere Zinsscheine mit verschiedenen Fälligkeiten vorhanden. Wird beispielsweise eine zehnjährige Bundesanleihe nach gut drei Jahren gestrippt, hat der Sparer ein Stammrecht sowie die verbliebenen sechs Zinskupons im Depot. Die Anleihe selbst wächst im Kurs bis zur Fälligkeit wie ein Zerobonds wieder auf 100 %, der einzelne Zinskupon bis zu seinem Zahltermin auf den Zinsbetrag.

Die Finanzverwaltung (OFD Frankfurt v. 20.01.1997 – S 2252 A – 46 – St II 32, FR 1997, 319) behandelt die möglichen Vorgänge mit den gestrippten Bonds wie folgt:

- Solange die Bundesanleihe nicht getrennt wird, handelt es sich um ein herkömmliches festverzinsliches Papier ohne steuerliche Besonderheiten.
- Die Trennung der Anleihe in die einzelnen Komponenten löst keine Steuerfolgen aus.
- Der Verkauf der einzelnen Zinsscheine gilt als Kapitaleinnahme.
- Die Einlösung des Stammrechts bei Endfälligkeit ist ein Vorgang, der sich auf der nicht steuerbaren Vermögensebene abspielt.
- Die Veräußerung des abgetrennten Stammrechts vor Fälligkeit zu einem abgezinsten Preis ist steuerlich unbeachtlich. Damit kann dieser Verlust nicht geltend gemacht werden.
- Die vereinnahmten Zinsen aus den abgetrennten Zinsscheinen stellen Einnahmen aus Kapitalvermögen dar und unterliegen dem Zinsabschlag.
- Ein Folgeerwerber kauft die gestrippten Bestandteile zu einem abgezinsten Preis. Daher sind für ihn sowohl der spätere Verkauf des Stammrechts als auch der Zinsscheine steuerpflichtige Einnahmen, die mit dem Kursgewinn angesetzt werden. Er wird so behandelt, als hätte er mehrere Zerobonds erworben.

Gewinnobligationen

Nichtbörsennotierte Teilschuldverschreibungen, bei denen neben oder anstatt einer festen Verzinsung eine zusätzliche Verzinsung vereinbart wird, die sich nach der Höhe der Gewinnausschüttung wie etwa der Dividende richtet. Es handelt sich um Anleihen, die mit den Ausschüttungsrisiken von Aktien verbunden sind. Zu beachten ist, dass Zinsen und Dividenden erst dann gezahlt werden, wenn die Forderungen aller anderen Gläubiger erfüllt worden sind. Die Ausgabe von Gewinnobligationen erfolgt durch Beschluss der Hauptversammlung, den Aktionären ist ein Bezugsrecht einzuräumen.

Obwohl sie zu den festverzinslichen Wertpapieren gehören, erfolgt wegen der gewinnabhängigen Komponente der Abzug von 25 % Kapitalertragsteuer. Zins und Gewinnausschüttung gehören zu den Einnahmen aus Kapitalvermögen. Es gelten dieselben Regeln wie bei → *Genuss-Scheinen*, nur sind die Kursausschläge bei Gewinnobligationen geringer.

Gleitzinsanleihe

Bei dieser Anleiheform ist der Zinssatz über die gesamte Laufzeit gestaffelt. Entweder fallen oder steigen die Zinsen mit zunehmender Dauer. Entsprechend reagiert der Anleihekurs gegenläufig und ist bei Emission entweder vergleichbar hoch oder niedrig, erreicht aber über den gesamten Zeitraum nur eine normale Marktrendite. Hierdurch erhält der Anleger die Möglichkeit, den steuerpflichtigen Zinsertrag nach seinen persönlichen Einkommensverhältnissen entweder vorzuziehen (z.B. Student) oder auf einen späteren Zeitpunkt zu verlagern (z.B. angehender Rentner).

Beispiel
Verlauf einer sechsjährigen Gleitzinsanleihe

Laufzeit	aufsteigend	absteigend
1. Jahr	1 %	12 %
2. Jahr	3 %	10 %
3. Jahr	5 %	8 %
4. Jahr	7 %	5 %
5. Jahr	9 %	3 %
6. Jahr	11 %	1 %

Steuerlich sind folgende Sachverhalte zu unterscheiden:

- Die laufenden Zinseinnahmen sind nach § 20 Abs. 1 Nr. 7 EStG beim Zufluss zu versteuern.
- Wer die Anleihe von der Emission bis zur Einlösung behält, muss nichts weiter versteuern. Denn der Emissionskurs entspricht i.d.R. dem Nennwert.
- Wird das Papier allerdings vor Fälligkeit verkauft oder nach Emission erworben, kommt die Besteuerung als Finanzinnovation gem. § 20 Abs. 2 Nr. 4d EStG in Betracht. Die zeitanteilig über den Kursertrag angefallenen Zinsen müssen als Kapitaleinnahme versteuert werden. Alternativ können Anleger auch die Emissionsrendite berechnen.
- Die beim vorzeitigen Verkauf anfallenden Stückzinsen sind ebenfalls als Einnahme zu erfassen.
- Alle Erträge unterliegen dem Zinsabschlag.

Fazit: Höhere Renditen als Festverzinsliche bieten Gleitzinsanleihen nicht. Daher kommen nur Vorteile ins Spiel, wenn die Steuerprogression optimal ausgenutzt werden soll oder Ausschüttungen nur zu bestimmten Zeitpunkten benötigt werden. Risikobehaftet sind diese Papiere nicht, allerdings schwanken die Kurse wegen der aperiodischen Zinstermine heftig.

GmbH-Anteile

Gewinnausschüttungen aus der Beteiligung an einer GmbH führen zu Kapitaleinnahmen gem. § 20 Abs. 1 Nr. 1 EStG, die der 20 %igen Kapitalertragsteuer unterliegen. Hierbei ist das Halbeinkünfteverfahren anzuwenden. Der Verkauf von Anteilen an Kapitalgesellschaften im Privatvermögen führt grundsätzlich nur dann zur Steuerpflicht, wenn zwischen An- und Verkauf nicht mehr als ein Jahr liegt. Dann werden diese Veräußerungsvorgänge als Spekulationsgeschäft i.S.d. § 23 EStG behandelt. Eine Ausnahme gilt nach § 17 EStG, wenn die GmbH-Beteiligung mindestens 1 % beträgt.

Steuer-Hinweis
§ 17 EStG weist Widrigkeiten beim Beteiligungsverkauf ausländischer Kapitalgesellschaften auf. Die wurden bereits 2001 unter der geminderten 1-%-Grenze erfasst, inländische hingegen erst 2002. Das stellt nach einem BFH-Beschluss eine gegen EU-Recht verstoßende diskriminierende Beschränkungen des Kapitalverkehrs dar (BFH v. 14.02.2006 – VIII B 107/04, BStBl II, 523).

Diese Sonderbehandlung des § 17 EStG hat in den letzten Jahren an Bedeutung gewonnen. Bis Ende 1998 lag nur eine wesentliche Beteiligung vor, wenn der Anteil mindestens 25 %

betragen hatte. Die Grenze sank im Jahre 1999 auf 10 % und liegt seit Anfang 2002 nur noch bei 1 %. Somit ist nahezu jeder GmbH-Gesellschafter von dieser Regelung betroffen. Doch diese fristunabhängige Steuerpflicht hat nicht nur Nachteile. Denn anders als bei Spekulationsverlusten darf das Verkaufsminus aus einer wesentlichen Beteiligung auch nach mehr als einem Jahr und vor allem mit anderen Einkunftsarten verrechnet werden.

Steuer-Hinweis

Die Beteiligung an einem Investmentfonds von mehr als 1 % führt nicht zu einer wesentlichen Beteiligung, ein Verkauf nach mehr als einem Jahr bleibt somit steuerfrei, § 8 Abs. 5 InvStG.

Das Gesetz spricht von „mindestens einem Prozent". Entgegen früheren Formulierungen greift daher § 17 EStG bereits, wenn die Beteiligung exakt 1 % beträgt. Nur eine Beteiligungsgrenze von maximal 0,99 % garantiert derzeit einen steuerfreien Verkauf nach mehr als einem Jahr. Bei einem positiven Verkaufsergebnis darf gem. § 17 Abs. 3 EStG ein Freibetrag von 9.060 € (bis 2003: 10.300 €) angesetzt werden. Er gilt allerdings nicht pro Person, sondern pro Firma. Bei einer Beteiligung von 10 % wird lediglich ein Freibetrag von 906 € vom Gewinn abgezogen. Dieser Freibetrag wird nur in voller Höhe gewährt, wenn das Kursplus anteilig nicht mehr als 36.100 € (bis 2003: 41.000 €) beträgt. Der Gewinn nach Freibetrag wird allerdings – wie auch bei Aktienspekulationen – nur zur Hälfte angesetzt, § 3 Nr. 40 Satz 1 Buchst. c) EStG.

Beispiel

Berechnung des Gewinns beim Verkauf eines GmbH-Anteils: Beteiligung von 10 %, der Verkaufsgewinn beträgt 5.000 €.

Gewinn	5.000 €
Höchstgrenze (10 % von 36.100 €)	3.600 €
Übersteigender Betrag	1.400 €
Freibetrag (10 % von 9.060 €)	906 €
– übersteigender Betrag	– 1.400 €
= verbleibt	= 0 €
Gewinn	5.000 €
– Freibetrag	– 0 €
= Maßgebender Gewinn	= 5.000 €
zu versteuern sind 50 %	2.500 €

Positiv zu vermelden ist, dass Verluste – anders als bei Spekulationsgeschäften – mit anderen Einkünften verrechnet werden dürfen, allerdings auch nur zur Hälfte. Ein Minus macht sich somit sofort steuermindernd bemerkbar, GmbH-Gesellschafter brauchen nicht zu warten, bis entsprechende positive Verkaufserlöse anfallen. Ein Minusbetrag entsteht neben dem Verkauf auch bei der Liquidation der Firma in Form des Auflösungsverlusts.

Um einen Verkaufsverlust geltend machen zu können, müssen die Gesellschafter mindestens fünf Jahre lang wesentlich – also mit mindestens 1 % – beteiligt gewesen sein. Hatten sie beispielsweise im Jahre 2002 0,8 % Anteile und kauften 2003 1,5 % hinzu, sind bei einer Veräußerung im Jahre 2004 lediglich die Verluste aus dem Erwerb des Jahres 2003 abzusetzen.

Steuer-Hinweis

Eine Spekulationsbesteuerung geht der Erfassung als gewerbliche Einkünfte vor, § 23 Abs. 2 Satz 2 EStG. Wird also ein Verkauf binnen Jahresfrist getätigt, handelt es sich unabhängig von Beteiligungsverhältnissen immer um ein privates Veräußerungsgeschäft. Dann gibt es für Gewinne statt eines Freibetrags lediglich die Freigrenze von 512 €. Bei Verlusten sollten Gesellschafter daher aus Steuersicht die Jahresfrist abwarten. Denn nur ein Verkauf nach Ablauf von zwölf Monaten nach der Anschaffung kann mit anderen Einkünften verrechnet werden.

Für die beiden Jahre 1997/98 kommt durch die Nichtigerklärung des § 23 Abs. 1 Nr. 1b EStG der Vorrangregelung der Spekulationsbesteuerung keine Bedeutung mehr zu. Daher findet auch bei Verkäufen einer wesentlichen Beteiligung innerhalb der Jahresfrist die gewerbliche Einstufung Anwendung. In einem solchen Fall kommt automatisch die Vorschrift des § 17 EStG zum Tragen, die dann subsidiär anzuwenden ist (BFH v. 14.01.2005 – XI B 129/02, BFH/NV 2005, 1105).

Gewinne aus der Veräußerung von Privatvermögen sind einkommensteuerpflichtig, wenn es sich um eine wesentliche Beteiligung i.S.v. § 17 Abs. 1 Satz 1 EStG handelt. Erforderlich ist hierfür, dass der Veräußerer

- innerhalb der letzten fünf Jahre vor der Veräußerung
- unmittelbar oder mittelbar
- zu mindestens 1 % am Kapital der GmbH oder sonstigen Kapitalgesellschaft beteiligt war.

Für die Berechnung der Beteiligungshöhe sind nicht nur die Anteile am Stammkapital maßgebend, sondern auch Anteile in Form von Genuss-Scheinen oder ähnlichen Beteiligungen sowie Anwartschaften auf solche Beteiligungen, § 17 Abs. 1 Satz 3 EStG. Bei Genuss-Scheinen muss es sich allerdings um verbriefte Forderungen gegen die Gesellschaft handeln, die eine Beteiligung am Gewinn und/oder Liquidationserlös sowie evtl. zusätzliche Rechte vermitteln, etwa eine feste Verzinsung oder Anteile am laufenden Gewinn. Eine bloße Beteiligung am laufenden Gewinn reicht nicht aus; erforderlich ist vielmehr auch eine Beteiligung am Kapital.

Steuer-Hinweis

Hält ein Gesellschafter zusätzlich eine typisch stille Beteiligung, liegt darin keine ähnliche Beteiligung i.S.d. § 17 EStG. Für die Frage, ob der Gesellschafter wesentlich beteiligt ist, wird also nur auf seinen Anteil am Stammkapital abgestellt; die stille Beteiligung bleibt insoweit ohne Bedeutung. Das gilt auch, wenn die stille Beteiligung kapitalersetzenden Charakter hat (BFH v. 28.05.1997 – VIII R 25/96, BStBl II, 724; v. 09.12.2002 – VIII R 20/01, BFH/NV 2003, 601).

Hält ein Gesellschafter zusätzlich noch Genuss-Scheine von der GmbH oder AG, wird dies zumeist nicht in die Berechnung der Beteiligungshöhe einbezogen. Dies gilt auch, wenn der Zins in Form einer Gewinnbeteiligung und das Genussrechtskapital nur nachrangig gezahlt werden. Nur wenn ausnahmsweise auch eine Teilnahme am Liquidationserlös und somit an den stillen Reserven vorgesehen ist, liegt eine Beteiligung am Gesellschaftskapital vor (BFH v. 14.06.2005 – VIII R 73/03, BStBl II, 861).

Die 1-%-Grenze gilt grundsätzlich bei Veräußerungen ab dem 01.01.2002. Dies aber auch nur, wenn das Wirtschaftsjahr der Kapitalgesellschaft, deren Anteile veräußert werden, mit dem Kalenderjahr identisch ist. Bei abweichendem Wirtschaftsjahr der GmbH verschiebt sich die erstmalige Anwendung der gesenkten Beteiligungsgrenze auf den Tag nach Ende des Wirtschaftsjahres im Jahre 2002, § 52 Abs. 34a Satz 1 EStG. Zuvor galt nur eine Beteiligung von mindestens 10 % als wesentlich.

Zu beachten für die Steuerfreiheit ist dabei stets der Fünf-Jahreszeitraum, in dem die Beteiligungsgrenze unterschritten werden muss. Die Frist ist tageweise zu berechnen und stellt nicht auf volle Kalenderjahre ab. Ist beispielsweise durch einen rechtzeitigen Verkauf vor der Gesetzesänderung am 15.12.2001 die Beteiligung unter 1 % verringert worden, endet die Frist am 15.12.2006, erst anschließend kann der verbliebene Anteil steuerfrei veräußert werden.

Beispiel

Die GmbH-Beteiligung betrug bis in den Sommer 2001 8 %. Dann veräußert der Gesellschafter 7,2 %. Im Herbst 2004 trennt er sich von der verbliebenden Beteiligung i.H.v. 0,8 %. Ergebnis: Der Verkauf 2004 ist steuerpflichtig, da es sich noch um eine Beteiligung i.S.v. § 17 Abs. 1 EStG handelt. Denn der Gesellschafter war in den letzten fünf Jahren zu mindestens einem Zeitpunkt mehr als 1 % an der GmbH beteiligt. Keine Rolle spielt, dass die Beteiligung zum Zeitpunkt des Verkaufs bereits weniger als 1 % betragen hatte.

Die Sondervorschrift des § 17 EStG zur Veräußerung von Anteilen an Kapitalgesellschaften hat in den letzten Jahren an Bedeutung gewonnen, seit die Grenze für eine wesentliche Beteiligung von 25 über 10 nun seit Anfang 2002 auf 1 % gesunken ist. Die Herabsetzung der Beteiligungsgrenze führte dazu, dass nunmehr auch bis Ende 1998 oder 2001 eingetretene Wertsteigerungen steuerlich belastet werden, die nach bis dahin geltendem Recht nicht als wesentlich galten. Denn bei der Anwendung der geminderten Relevanzschwelle war keine Übergangsregelung vorgesehen, daher wurden sämtliche Beteiligungen bis 10 % steuerlich verstrickt. Handelt es sich bei der Absenkung der Wesentlichkeitsgrenze um eine unzulässige Rückwirkung?

Steuer-Hinweis

Der BFH hat sich in zwei Urteilen vom 01.03.2005 (VIII R 92/03, BStBl II, 398 und VIII R 25/02, BStBl II, 436) mit der Steuerpflicht des Gewinns aus einer Veräußerung von Geschäftsanteilen an einer GmbH im Jahre 1999 befasst. Dabei ist er der Auffassung, dass die rückwirkende Senkung der Wesentlichkeitsgrenze bei § 17 EStG zulässig und nicht verfassungswidrig ist. Der Sachverhalt ist allerdings noch nicht endgültig geklärt, da hiergegen Klagen beim BVerfG unter 2 BvR 748/05 und 2 BvR 753/05 anhängig sind. Bescheide sind also weiterhin offenzuhalten, die Verwaltung lässt Einsprüche ruhen (OFD Hannover v. 20.07.2005 – S 2244 – 64 – StO 243, DB 2005, 1996).

Für die Bemessung der Beteiligungsgrenze ist nicht nur der direkte Besitz ausschlaggebend. Auch eine mittelbare Beteiligung wird mitgezählt. Dabei handelt es sich um Anteile, die der Gesellschafter indirekt über eine zwischengeschaltete Gesellschaft hält. Die Anteile an dieser KG oder GmbH werden ihm prozentual zugerechnet. Dabei spielt es keine Rolle, ob er die zwischengeschaltete Personen- oder Kapitalgesellschaft beherrscht oder nicht.

Beispiel

Berechnung einer mittelbaren Beteiligung

Beteiligung an der A-GmbH	0,6 %
Beteiligung an KG	25 %
KG hält Anteile an A-GmbH	5 %
Mittelbare Beteiligung an A-GmbH	(25 % von 5 %) = 1,25 %
Wesentliche Beteiligung	1,85 %

Wird aus einer bislang nicht wesentlichen Beteiligung durch den Kauf weiterer Anteile eine wesentliche Beteiligung, müssen beim anschließenden Verkauf auch die Wertsteigerungen versteuert werden, die während des Bestehens der ehemaligen nicht wesentlichen Beteiligung eingetreten sind. Das gilt selbst dann, wenn die wesentliche Beteiligung nur kurzfristig bestanden hat und gegen den Willen des Gesellschafters zustande gekommen ist, BFH vom 05.10.1976, BStBl II 1977, 198.

Beispiel
Berechnung beim Hinzuerwerb

Beteiligung an der A-GmbH	0,6 %
Kauf im Jahre 2003 von weiteren	0,6 %
Verkauf in 2004 von	0,9 %
Beteiligung an A-GmbH	1,20 %
Verkauf ist steuerpflichtig	

Wurden die Anteile durch Schenkung oder Erbschaft, also unentgeltlich erworben, sind die Verhältnisse des Rechtsvorgängers maßgebend. War der innerhalb der letzten fünf Jahre zu mindestens 1 % an der Kapitalgesellschaft beteiligt, gilt dies auch für den Beschenkten oder Erben. Wurden die Anteile durch eine gemischte Schenkung erworben, ist der Vorgang entsprechend dem Verhältnis der tatsächlichen Gegenleistung zum Verkehrswert der übertragenen Anteile in eine voll entgeltliche und eine voll unentgeltliche Anteilsübertragung aufzuteilen.

Beispiel
Berechnung bei einer gemischten Schenkung

Anteil des Vaters an der A-GmbH	2 %
Schenkung an den Sohn	0,9 %
Kaufpreis	900 €
Verkehrswert	9.000 €
Sohn verkauft seinen Anteil zu	10.000 €
Die Rechnung	
Verhältnis entgeltlich/Schenkung	1/10 zu 9/10

Ergebnis: Steuerpflicht des Verkaufs, da die Schenkung zu einer wesentlichen Beteiligung führt, 90 % von 2 % ist 1,8 %.

Der Gewinn aus der Veräußerung einer wesentlichen Beteiligung ermittelt sich als Differenz zwischen Veräußerungspreis abzüglich Anschaffungskosten, Anschaffungsnebenkosten und Veräußerungskosten, § 17 Abs. 2 Satz 1 EStG. Sind die Anteile unentgeltlich erworben worden, sind die Anschaffungskosten des Rechtsvorgängers heranzuziehen. Anschaffungskosten sind hierbei regelmäßig die Kosten, die zum Erwerb der Anteile aufgebracht wurden. Es können jedoch auch nachträglich Anschaffungskosten anfallen, etwa der Verzicht des Anteilseigners auf Forderungen gegen die Kapitalgesellschaft. Gleiches gilt bei Gesellschafterdarlehen, soweit sie kapitalersetzend sind. Dies wird angenommen, wenn der Anteilseigner das Darlehen zu einem Zeitpunkt gewährt, zu dem ein Kreditinstitut aufgrund der kritischen wirtschaftlichen Lage der Kapitalgesellschaft ein Darlehen nicht mehr gewährt hätte. Ebenso kann eine Bürgschaft mit eigenkapitalersetzendem Charakter zu nachträglichen Anschaffungskosten führen. Soweit die Anteile unentgeltlich erworben wurden, sind die Anschaffungskosten des Rechtsvorgängers maßgebend.

Als Veräußerungskosten sind die Aufwendungen absetzbar, die in unmittelbarer sachlicher Beziehung zu dem Veräußerungsgeschäft stehen. Dies sind beispielsweise Anwalts- und Notariatsgebühren, Vermittlungsprovisionen sowie Abstandszahlungen an Dritte zur Abfindung schuldrechtlicher Übertragungsansprüche. Zinsen für Kredite zur Anschaffung von Anteilen sind erst einmal Werbungskosten bei den Einkünften aus Kapitalvermögen. Seit Anwendung des Halbeinkünfteverfahrens ist der Abzug der Darlehenszinsen auf die Hälfte begrenzt. Fallen nach der Veräußerung einer wesentlichen Beteiligung weiterhin Zinsen an, weil der Erlös nicht ausreichte, um die Anschaffungskredite zu tilgen, sind sie nicht als Werbungskosten abziehbar.

Entsteht bei der Veräußerung von Anteilen i.S.v. § 17 Abs. 1 Satz 1 EStG ein Veräußerungsverlust, ist dieser grundsätzlich steuerlich zu berücksichtigen, nach dem Halbeinkünfteverfahren allerdings nur mit 50 %. Dabei besteht keine der Regelung in § 23 EStG vergleichbare Beschränkung der Verlustnutzung. Bei Spekulationsverlusten kann das Minus nur mit gleichartigen positiven Einkünften verrechnet werden, nicht aber mit anderen Einkunftsarten. Denn der hälftige, steuerlich relevante Verlust aus dem Verkauf einer wesentlichen Beteiligung kann

- mit anderen Einkünften desselben Veranlagungszeitraums ausgeglichen oder
- nach § 10d EStG zurück- oder vorgetragen werden.

Allerdings gibt es zwei gesetzliche Einschränkungen. Gemäß § 17 Abs. 2 Nr. 4 EStG bleiben die Verluste unberücksichtigt, wenn

- die Anteile innerhalb der letzten fünf Jahre unentgeltlich erworben wurden. Ausnahme: Der Rechtsvorgänger hätte den Veräußerungsverlust an Stelle des Steuerpflichtigen geltend machen können.
- die Beteiligung an der Kapitalgesellschaft betrug während der gesamten letzten fünf Jahre vor der Veräußerung nicht durchgängig mindestens 1 %, § 17 Abs. 2 Satz 4 Buchst. b) Satz 1 EStG.

Jedoch ist der Veräußerungsverlust zumindest anteilig zu berücksichtigen, wenn zwar die Beteiligung nicht während des gesamten Fünfjahreszeitraums 1 % betragen hat, aber innerhalb der letzten fünf Jahre hinzuerworbene Anteile eine solche Beteiligung begründet haben (§ 17 Abs. 2 Satz 4 Buchst. b) Satz 2 erste Alternative EStG).

Steuer-Hinweis

In Bezug auf den Ansatz von Verlusten sind beim BFH noch eine Reihe von Revisionen anhängig. Zu klären ist die Frage, ob Finanzierungskosten nach Einbringen der wesentlichen Beteiligung in eine andere GmbH oder nach dem Verkauf einer wesentlichen Beteiligung weiterhin als nachträgliche Werbungskosten absetzbar sind. Zudem ist noch strittig, ob bei Verlustgeschäften aus 2001 bereits das Halbeinkünfteverfahren anzuwenden ist (Revisionen: VIII R 38/04, VIII R 65/05, VIII R 28/04, VIII R 64/05, VIII R 25/05 oder VIII R 60/05).

Der Gewinn aus der Veräußerung von Anteilen an einer Kapitalgesellschaft kann bis zu einem Betrag von 500.000 € im Wirtschaftsjahr steuerneutral auf angeschaffte Kapitalgesellschaftsanteile, abnutzbare bewegliche Wirtschaftsgüter oder Gebäude übertragen werden. Ist die Übertragung im gleichen Wirtschaftsjahr nicht möglich, ist die Bildung einer Rücklage möglich. Die wird dann auf entsprechende Investitionen der beiden Folgejahre (Gebäude vier Jahre) übertragen, § 6b Abs. 10 EStG. Durch diese Maßnahme wird die Besteuerung des Veräußerungsgewinns zeitlich erst einmal verschoben. Die stillen Reserven wirken sich dann steuerlich erst beim Verkauf des um die Rücklage geminderten Wirtschaftsguts aus. Wird die Rücklage nicht auf entsprechende Wirtschaftsgüter übertragen, sind 6 % des Betrags pro Jahr gewinnerhöhend hinzuzurechnen.

Bei einer Übertragung auf Gebäude oder bewegliche Wirtschaftsgüter sind nur 50 % des Verkaufsgewinns zu übertragen. Der restliche Teil ist steuerfrei. Werden jedoch Anteile an Kapitalgesellschaften erworben, ist der steuerpflichtige und steuerfreie Betrag zu übertragen.

Fazit: Eine GmbH-Beteiligung ist im Gegensatz zum Aktienkauf keine klassische Geldanlage. Hierzu fehlt vor allen Dingen der Börsenhandel. Dennoch sind beide Formen durch die Beteiligung an einer Kapitalgesellschaft identisch. In Hinsicht auf die GmbH ist jedoch der wirtschaftliche Erfolg einer bestimmten Firma das entscheidende Kriterium, was gleichsam unternehmerische Risiken wie Chancen bietet.

Gold

Für Anleger, die in Edelmetall investieren, bieten sich eine Reihe von Möglichkeiten. Neben dem Kauf von Schmuck, Münzen oder Barren kann man auch über Zertifikate, Minenaktien oder Edelmetallfonds vom Auf und Ab der Kurse profitieren. Wichtig: Der Wert der Feinunze wird in US-$ festgestellt, so dass für deutsche Anleger neben dem Goldpreis auch Währungsschwankungen eine wichtige Rolle spielen.

Checkliste zur Anlage in Gold	
Münzen: Mangels laufender Erträge ist lediglich ein Verkauf von Maple Leaf, Krügerrand oder American Eagle binnen Jahresfrist als Spekulationsgeschäft zu versteuern. Maßgebend ist dann die Differenz, umgerechnet in Euro.	❑
Barren: Hier gilt dasselbe wie für Münzen.	❑
Fonds: Hier gelten dieselben Regeln wie für herkömmliche Investmentfonds. Da die Fonds i.d.R. in Minengesellschaften investieren, sind die Vorschriften für Aktienfonds anzuwenden. Folge: Es gilt das Halbeinkünfteverfahren, sofern die Gesellschaft ihre steuerlichen Veröffentlichungspflichten erfüllen.	❑
Zertifikate: Diese Wertpapiere orientieren sich zumeist an Edelmetallindizes und partizipieren an deren Kursschwankungen. Lediglich Spekulationserträge sind dem Finanzamt zu melden.	❑
Futures: Anleger können eine bestimmte Menge Gold auf Termin kaufen oder verkaufen Das Kursplus oder -minus binnen eines Jahres ist als privates Veräußerungsgeschäft zu versteuern. Da solche Terminkontrakte nur jenseits der Grenze gehandelt werden, fallen üppige Spesen an, die steuerlich gegengerechnet werden können. Maßgebend ist in jedem Fall der in Euro umgerechnete Gewinn oder Verlust.	❑

Gold-Zertifikate

Es handelt sich um Zertifikate, die sich auf die Kursentwicklung des Goldes beziehen. Ein Zertifikat = eine (oder 1/10) Feinunze Gold. Der Vorteil im Vergleich zum Direktinvestment liegt darin, dass keine Lagerkosten entstehen und das Wertpapier über die Börse schneller liquidierbar ist. Dabei ist zu beachten, dass der Goldpreis in US-$ gehandelt wird, die Zertifikate also Währungsschwankungen unterliegen. Daher bieten viele Emissionshäuser währungsgesicherte (Quanto)-Varianten an. Dann entspricht ein Euro immer einem Dollar. Aus Anlegersicht kann sich aber auch das nicht währungsgesicherte Zertifikat lohnen. Denn im Falle einer Abwertung des Euro kämen noch Devisengewinne hinzu.

Steuerlich ergeben sich keine Unterschiede zu herkömmlichen → *Zertifikaten.*

Gratisaktien

Wenn eine Firma Gewinne erwirtschaftet hat, kann sie diese durch Einstellung in die Gewinnrücklagen ansammeln. In diesem Verhältnis erscheint dann das ursprüngliche Stammkapital sehr niedrig. Aus diesem Grunde kann eine Gesellschaft Teile des Gesamtkapitals in Grundkapital umwandeln und hierzu gratis neue Aktien an die bisherigen Aktionäre ausgeben. Es handelt sich um eine rein bilanztechnische Umwandlung. Der einzelne Aktionär erhält zwar ohne zusätzliche Kosten neue Aktien, sein rechnerischer Besitz an der Firma erhöht sich aber nicht, da die umgewandelten Gewinnrücklagen zuvor bereits im Kurswert der alten Aktien enthalten waren. Das Vermögen der Gesellschaft verteilt sich nun auf eine größere Anzahl von Aktien. Dementsprechend vermindert sich auch der Kurs der Aktie nach der Ausgabe der Berichtigungsaktien. Durch die Ausgabe von Gratisaktien ändert sich nichts am Beteiligungsverhältnis der Aktionäre oder am Unternehmenswert. Diese Kapitalerhöhung aus Gesellschaftsmitteln führt zu einer Abspaltung der in den Altaktien verkörperten Substanz und dementsprechend zu einer Abspaltung eines Teils der ursprünglichen Anschaffungskosten (BFH v. 19.12.2000, BStBl II 2001, 345).

Erhöht eine AG ihr Grundkapital aus Gesellschaftsmitteln nach §§ 207 ff. AktG, führt die Zuteilung der neuen Gratisaktien nach § 1 KapErhStG nicht zu Einkünften aus Kapitalvermögen beim Aktionär. Dasselbe gilt bei einer Kapitalerhöhung durch ausländische Gesellschaften, wenn die Voraussetzungen des § 7 KapErhStG vorliegen. Die Freiaktien ergeben zusammen mit den Altaktien einen neuen Durchschnitts-Anschaffungspreis, der auch für die Berechnung von Spekulationsgeschäften berücksichtigt wird.

Motto: Liegt die Altaktie bereits mehr als ein Jahr im Depot, kann die neue Aktie sofort steuerfrei verkauft werden. Ist der Zeitraum kürzer, muss der geminderte Kaufpreis berücksichtigt werden. Sofern im Rahmen der Kapitalerhöhung junge Aktien bezogen werden, ist die steuerliche Behandlung von → *Bezugsrechten* maßgebend.

Steuer-Hinweis

Gratisaktien dürfen nicht mit Bonusaktien verwechselt werden. Obwohl beide auf den ersten Blick kostenlos ausgegeben werden, stammt die Bonusaktie – etwa von der Deutschen Telekom – nicht aus einer Kapitalumwandlung, sondern aus dem Besitz des Altaktionärs. Der Unterschied zwischen jungen Aktien und Gratiswerten besteht in Zeitpunkt der Anschaffung. Während Erstere durch den Bezug einen neuen Kaufzeitpunkt auslösen, ist bei Gratisaktien weiterhin der Kauftermin der Altaktien maßgebend.

Steuerlich sind folgende einfache Regeln maßgebend:

- Die Geltendmachung der Bezugsrechte ist – im Gegensatz zur Kapitalerhöhung gegen Einlage – keine Veräußerung von Bezugsrechten und keine Anschaffung der bezogenen Aktien.
- Der Gewinn aus der Veräußerung von Bezugsrechten oder der hierüber erhaltenen Gratisaktien innerhalb eines Jahres nach der Anschaffung der Altaktien ist ein steuerpflichtiger privater Veräußerungsgewinn i.S.d. § 23 Abs. 1 Satz 1 Nr. 2 EStG.
- Werden Bezugsrechte über die Börse angeschafft und durch deren Ausübung erlangte Aktien innerhalb eines Jahres nach Anschaffung veräußert, ist der dabei erzielte Gewinn ein privater Veräußerungsgewinn.

Beispiel
Steuerliche Behandlung beim Bezug von Gratisaktien

Ein Anleger hat Anfang 2005 100 Aktien zum Kurs von je 20 € angeschafft. Die AG beschließt im Mai 2005 eine Kapitalerhöhung aus Gesellschaftsmitteln. Für je zwei Altaktien wird eine neue Aktie ausgegeben. Im Mai beträgt der Kurs 22 €. Durch die Ausgabe der Gratisaktien sinkt der Kurs der Altaktien auf 14,80 €. Der Anleger erwirbt zu den ihm zugeteilten 100 Rechten weitere 100 zum Kurs von 7 € hinzu. Somit besitzt er am 01.06.2005 (100 Altaktien, 50 Gratisaktien sowie weitere 50 aus dem Zukauf der Rechte) 200 Aktien. Diese verkauft er im November 2005 zum Kurs 24 €.

Der erzielte Veräußerungsgewinn ist insgesamt steuerpflichtig, da die Altaktien noch kein Jahr im Depot lagern. Die durch die zugeteilten Bezugsrechte erlangten Aktien gelten Anfang 2005, die durch die erworbenen Rechte erlangten Aktien gelten mit der Anschaffung im Mai 2005 als angeschafft. Die Anschaffungskosten der ursprünglich angeschafften 100 Aktien entfallen nach Ausübung der Teilrechte auf 200 Aktien.

Der Veräußerungsgewinn beträgt:

Veräußerungserlös	200 x 24		4.800 €
Anschaffungskosten für 150 Aktien	100 x 20	2.000 €	
Anschaffungskosten für 50 Aktien	100 x 7	700 €	2.700 €
Veräußerungsgewinn			2.100 €
Davon zu versteuern 50 %			1.050 €

Hätte der Anleger die Aktien erst im Februar 2005 veräußert, wäre die Spekulationsfrist für 150 Aktien abgelaufen gewesen und der Gewinn steuerfrei geblieben. Das hätte auch für die 50 Gratisaktien gegolten, nicht jedoch für die über die Bezugsrechte erworbenen Papiere.

Beispiel
Steuerliche Behandlung beim Verkauf der Bezugsrechte

Abwandlung: Der Anleger veräußert die ihm zugeteilten 100 Bezugsrechte zum Kurs von 7 €.

Die Anschaffungskosten einer Altaktie von 20 € entfallen zu einem Drittel auf das zugeteilte Recht. Dessen Anschaffungskosten betragen somit 6,66 €. Der Veräußerungserlös beträgt:

Veräußerungserlös	100 x 7	700 €
Anschaffungskosten	100 x 6,66	– 666 €
Veräußerungsgewinn		34 €
zu versteuern		17 €

Die verbliebenen Altaktien haben nunmehr einen Anschaffungspreis von (20 – 6,66) 13,34 €.

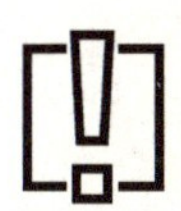

Fazit: Obwohl es sich nur um eine bilanztechnische Maßnahme handelt, lohnt der Bezug von Gratisaktien in den meisten Fällen. Zum einen zeigt die AG, dass sie eine gesunde Bilanz aufweisen kann, und zum anderen gibt es für die Gratisaktien i.d.R. dieselbe Dividende. Damit erhöht sich dann für den Aktionär ohne Aufwand insgesamt die Ausschüttungssumme. Allerdings sinkt der Gewinn pro Aktie entsprechend.

Hebel-Zertifikate

Diese Papiere beteiligen Anleger überproportional stark am Auf und Ab vom Kursverlauf von Aktien, Indizes, Währungen oder Rohstoffen. Im Gegensatz zu Optionsscheinen partizipieren sie aber mit einem festen Hebel an der Kursentwicklung. Der wird am Kauftag festgelegt. Erreicht der Basispreis ein vorher festgelegtes sogenanntes Knock-Out-Level, erhalten Anleger nur noch einen kleinen Restwert zurück, der im Cent-Bereich liegt. Damit kann der Anleger steuerlich immerhin noch Verluste geltend machen.

Fazit: Den großen Gewinnchancen steht das Risiko des Totalverlusts gegenüber. Daher sind Hebel-Zertifikate nur für spekulative Anleger geeignet, die kurzfristige Entwicklungen ausnutzen möchten, aber auch ein herbes Minus verschmerzen können.

Hedge-Fonds

Hedge-Fonds dienen vom Grundsatz her der Absicherung eines Wertpapierdepots. Dazu gehören der Kauf oder Verkauf von Futures und anderen Derivaten sowie der Leerverkauf von Wertpapieren oder Waren. Eine kreditfinanzierte Spekulation, um die Performance zu erhöhen, zählt ebenfalls zu den Instrumentarien eines Hedge-Fonds-Managers. Diese Form von Investmentfonds gibt es jenseits der Grenze schon seit Jahrzehnten. Ziel der Strategie des Managers ist es, unabhängig vom Börsenauf und -ab eine positive Rendite zu entwickeln. Bei herkömmlichen Aktien- oder Rentenfonds sind die Manager bereits erfolgreich, wenn sie den Index schlagen. Hedge-Fonds kann es hingegen gelingen, stets auf der Gewinnerseite zu stehen.

Seit 2004 erlaubt das InvG auch den Vertrieb im Inland und legt damit den Grundstein für steuerlich günstige Voraussetzungen. Bis Ende 2003 waren Fondsmanager durch das Gesetz über Kapitalanlagegesellschaften die Hände gebunden, denn Hedge-Strategien waren in dieser Vorschrift nicht vorgesehen. Daher wurden die Fonds jenseits der Grenze errichtet. Zwar konnten deutsche Anleger solche Produkte erwerben, waren aber mit Blick auf das Finanzamt in Bedrängnis. Entweder versteuerten sie die Erträge dieser als schwarze Fonds eingestuften Papiere, dann waren hohe Pauschalabgaben fällig. Oder die im Auslandsdepot liegenden Werte wurden bei den Angaben zu den Kapitalerträgen einfach unterschlagen. Dies sollte durch die neue Inlandsoffensive anders werden, Hedge-Fonds haben keine Nachteile im Vergleich zu herkömmlichen Aktienfonds und können ihre realisierten Gewinne steuerfrei ausschütten.

Aber der erhoffte Erfolg ist bislang ausgeblieben. Die Mittelzuflüsse bei den bestehenden 47 Fonds im Herbst 2006 von rund 2,4 Mrd. € fallen eher enttäuschend aus. Damit machen Hedge-Fonds nur 0,3 % der gesamten Publikumsfonds in Deutschland aus. Einige Dach- sowie Single-Hedge-Fonds wurden 2006 bereits wieder geschlossen, allerdings sind auch neue aufgelegt worden. Aber auch die Wertentwicklung blieb hinter den Erwartungen zurück. Jahresrenditen über drei Prozent waren die Ausnahme und Durchschnittsergebnisse nur knapp über der Nulllinie eher die Regel, so dass der beim Erwerb bezahlte Ausgabeaufschlag noch nicht einmal hereingeholt wurde. Fast jeder herkömmliche Aktienfonds konnte 2005 eine deutlich bessere Performance vorweisen. Ein Grund hierfür ist, dass die Gesellschaften bei den Gebühren ordentlich zugreifen, über laufende Verwaltungskosten sowie einer Erfolgsprovision. Kein Wunder, dass im Frühjahr 2006 bereits zwei Hedge-Fonds ihren Vertrieb mangels Rentabilität wieder eingestellt haben.

Die einzelnen Strategien
Die Manager können eine Reihe von Techniken und Anlagestrategien anwenden, um auf die erwünschte positive Rendite zu kommen. Nachfolgend die wichtigsten Wesensformen.

– Relative Value-Strategie
Diese Fonds nutzen Fehlbewegungen an einzelnen Märkten. Bei solchen Arbitrage-Geschäften werden Preis-, Kurs- oder Zinsdifferenz bei einem Handelsobjekt ausgemacht, die zur gleichen Zeit an verschiedenen Orten besteht. Das unterwertete Papier wird gekauft und gleichzeitig das überbewertete verkauft.

Zu den verbreitetsten Strategien zählen

- **Convertible Arbitrage** (Wandelanleihen-Arbitrage): Hier sucht der Hedge-Fonds-Manager nach Wandelanleihen, bei denen die Aktie oder die Anleihe unterbewertet sind. Liegt der Preis der Wandelanleihe unter dem, der für Anleihe und Kaufoption aufzuwenden wäre, wird die Anleihe erworben und Aktie und Option leer werden verkauft.
- **Zins-Arbitrage:** Anleihen mit einer höheren Rendite werden gekauft, vergleichbare Bonds mit schlechterer Rendite verkauft. Gleicht sich das Niveau aus, werden beide Positionen glattgestellt. Die Renditedifferenz ist meist nur minimal, die Manager handeln mit hohen Summen und Fremdkapital.
- **Equity-Marktneutral:** Bei dieser Strategie werden Aktien eines Segments oder einer Branche miteinander verglichen. Die niedrig bewertete Aktie wird mittels Call ge- und die hochbewertete über einen Put verkauft. So etwa VW und BMW. Gleiches lässt sich auch mit Stamm- und Vorzugsaktien einer Firma machen.

– Event Driven Strategie
Fonds, die diesen Stil verfolgen, investieren in Firmen, die sich in besonderen Situationen befinden. Dazu zählen Fusionen, Übernahmen, Restrukturierungen und Liquidationen. Diese Strategie hat in letzter Zeit häufig für Schlagzeilen gesorgt. Steht eine Übernahme im Raum, erwerben Hedge-Fonds Aktien der umworbenen Firma. Die hierdurch erhaltenen Stimmrechte werden dazu verwendet, den Kaufpreis in die Höhe zu treiben. Gleichzeitig verkauft der Fonds die Aktien des übernehmenden Unternehmens, da deren Kurse meist fallen. Untersuchungen haben gezeigt, dass bei Bekanntgabe einer Übernahme der Aktienkurs der übernommenen Firma tendenziell steigt, während die Aktie des Käufers fällt.

Eine alte Börsenregel sagt: Die gefallenen Aktien werden die Aufsteiger der Zukunft sein. Diese Weisheit machen sich Fonds zunutze, die in notleidende und krisengeschüttelte Firmen investieren.

– Globale Strategien

Ob Schweinebäuche, Orangen, Gold, Indizes oder auf Rubel und Rand: Die Manager investieren weltweit in Kurs- und Preisänderungen in allen Anlagekategorien. Vielfach handeln sie nach dem Motto „the trend is your friend". Steigt der Markt, wird alles auf Calls gesetzt, fällt er, kommen Puts ins Depot. Da sich ein Börsentrend oft langfristig fortsetzt, bringt diese Strategie große Erfolge. Hierdurch wird allerdings auch erreicht, dass sich wirtschaftlich nicht mehr erklärbare Trends immer weiter fortsetzen. Fällt etwa der US-$ gegen den Euro immer weiter, können auch Hedge-Fonds für diese Tendenz verantwortlich sein.

Aber auch gegenläufige Tendenzen können die Manager locken. Ist ein Land politisch oder wirtschaftlich am Ende, spekulieren einige Hedge-Fonds auf die Sanierung und kaufen verstärkt Aktien aus diesen Staaten oder die Währung. Setzt dann der erhoffte Trend ein, kommt es zu riesigen Kurssprüngen bei den Basiswerten des Landes und Kurszuwächsen im Fonds.

Anlage-Hinweis

Den durchaus positiv klingenden Anlagegrundsätzen stehen natürlich auch Risiken gegenüber. So kann der starke Einsatz von Fremdkapital ebenso zu eminenten Verlusten führen wie die einseitige Erholung eines Landes oder einer Währung.

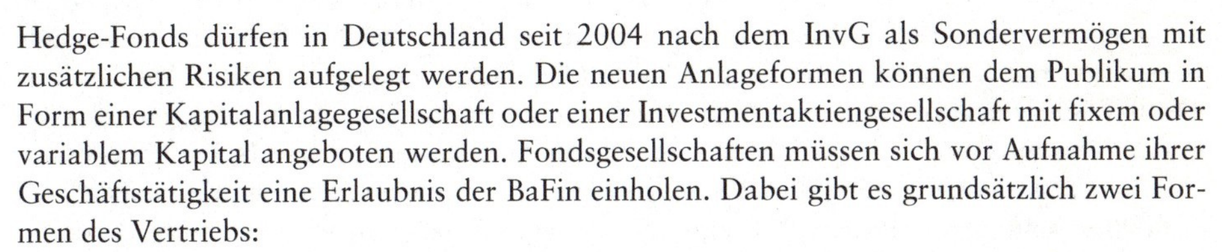

Hedge-Fonds dürfen in Deutschland seit 2004 nach dem InvG als Sondervermögen mit zusätzlichen Risiken aufgelegt werden. Die neuen Anlageformen können dem Publikum in Form einer Kapitalanlagegesellschaft oder einer Investmentaktiengesellschaft mit fixem oder variablem Kapital angeboten werden. Fondsgesellschaften müssen sich vor Aufnahme ihrer Geschäftstätigkeit eine Erlaubnis der BaFin einholen. Dabei gibt es grundsätzlich zwei Formen des Vertriebs:

- Single-Fonds dürfen nur als Privatplatzierung im Rahmen eines Beratungsgesprächs angeboten werden; es besteht ein Werbeverbot.
- Dachfonds dürfen als Publikumsfonds öffentlich vertrieben werden.

Das InvG benutzt nicht den Begriff Hedge-Fonds, sondern Sondervermögen mit zusätzlichen Risiken. Im Prinzip ist alles erlaubt, der Anlagefreiheit sind keine Grenzen gesetzt. Lediglich Immobilien sind Tabu. Der für Privatanleger in Frage kommende Dachfonds investiert in entsprechende Zielfonds, um das Risiko zu mindern. Dabei muss er mindestens fünf Hedge-Fonds im Depot haben, da sich die Maximalanlage auf 20 % pro Fonds begrenzt. Eine Beteiligung an anderen Dachfonds, die wiederum in Hedge-Fonds investieren, ist nicht erlaubt.

Single-Hedge-Fonds

Diese Form kommt für Privatanleger weniger in Frage und ist eher für institutionelle Anleger sowie Firmen gedacht. Denn die Single-Variante darf nicht öffentlich vertrieben werden, sondern nur mittels Privatplatzierung durch Kreditinstitute. Sie werden i.d.R. von einem Manager verwaltet und gehen zumeist nur einer einzigen Strategie nach.

Checkliste der Kriterien für Single-Fonds	
Anlagegrundsätze: Renditeerzielung durch Aufnahme von Krediten, Einsatz von Derivaten oder Leerverkäufen.	❑
Investitionsgrad: Um sie von Private Equity Fonds abzugrenzen, dürfen sie nur maximal 30 % ihres Vermögens in nicht börsennotierte Unternehmen investieren.	❑
Anteilspreisermittlung: Diese muss mindestens einmal pro Kalendervierteljahr erfolgen.	❑
Rückgabe: Anleger müssen ihre Absicht bis zu 40 Tage vor Rückgabetermin erklären.	❑
Angebot: Sie dürfen nur im Rahmen eines Private Placements vertrieben werden. Der Anlageberater darf sie nur bekannten Kunden empfehlen.	❑

Dach-Hedge-Fonds

Sie haben eine höhere Risikostreuung und dürfen öffentlich vertrieben werden – auch an Privatanleger. Anders als bei herkömmlichen Fonds muss bei Hedge-Fonds kein börsentäglicher Kurs ermittelt werden. Notwendig ist dies lediglich einmal pro Quartal. Die ersten in Deutschland zugelassenen Fonds haben sich für die monatliche Ermittlung entschieden. Analog hierzu ist auch die tägliche Rückgabe von Anteilen nicht möglich. Laut InvG muss dies bei Dachfonds nur einmal in 100 Tagen sein, die Fonds werden sich hier jedoch auch dem Monatsturnus anpassen. Will ein Anleger seine Anteile zurückgeben, werden sie bis zum nächstmöglichen Termin gesperrt.

Checkliste der Kriterien für Dachfonds	
Anlagegrundsätze: Investition ist nur in Zielfonds möglich. Das sind deutsche Single-Hedge-Fonds oder Auslandsanteile, deren Anlagepolitik den Anforderungen der inländischen Papiere entsprechen.	❑
Risikohinweis: Anlageberater sind verpflichtet, ihre Kunden auf die Risiken hinzuweisen und müssen sicherstellen, dass die Investition für den Kunden geeignet ist.	❑
Investitionsgrad: Pro Zielfonds darf nur 20 % des Vermögens aufgewendet werden.	❑
Gesellschaft: Es dürfen nur zwei Zielfonds des gleichen Emittenten oder Fondsmanagers im Depot liegen. Die Anlage in Dachfonds ist nicht zulässig.	❑
Bankbestände: Nur 49 % des Vermögens eines Dachfonds darf in Bankguthaben und Geldmarktinstrumente angelegt werden. Ein Grundsatz, der auch für Immobilienfonds gilt.	❑
Leerverkäufe: Dies ist den Single-Fonds vorbehalten. Lediglich zur Währungsabsicherung von gehaltenen Fondsanteilen dürfen Devisenterminkontrakte erworben werden.	❑

Steuerliche Besonderheiten

Grundsätzlich werden Hedge-Fonds steuerlich wie herkömmliche → *Investmentfonds* behandelt. Also muss lediglich der Besitzer die im Fonds angefallenen Erträge versteuern, entweder bei Thesaurierung oder Ausschüttung. Erfüllt der Dach-Hedge-Fonds seine Veröffentlichungspflichten, fallen für den Privatanleger kaum steuerpflichtige Einnahmen ein. Denn nicht zu den Einnahmen zählen Erträge aus Termingeschäften oder Veräußerungsgeschäfte i.S.d. § 23 Abs. 1 Nr. 1–3 EStG. Hedge-Fonds müssen gem. § 5 Abs. 3 Satz 4 InvStG keinen Zwischengewinn ermitteln und bekannt machen. Vor der gesetzlichen Einfügung war dies im Erlassweg geregelt.

Steuer-Hinweis

Die Steuerfreiheit gilt sogar für Stillhalterprämien aus Leerverkäufen, Glattstellungsgeschäfte, verfallene Optionen und Swaps, die bei der Direktanlage als sonstige Einnahme nach § 22 Nr. 3 EStG zu versteuern ist (BMF v. 02.06.2005 – IV C 1 – S 1980 – 1 – 87/05, BStBl I, 728, Tz. 15). Lediglich die im Fonds erhaltenen Dividenden und Zinsen sind steuerpflichtig. In der Regel handelt es sich aber nur um marginale Größenordnungen

Hedge-Fonds sind im Vergleich zu herkömmlichen Fonds bei den Gebühren teuer, teilweise wird eine erfolgsabhängige Provision verlangt. Das kann dazu führen, dass per saldo die Kosten die steuerpflichtigen Erträge übersteigen. Dieses Minus kann steuerlich aber nicht als negative Einnahme genutzt werden, sondern verbleibt als Verlustvortrag auf der Fondsebene. Verkauft der Anleger seine Anteile, unterliegen diese als privates Veräußerungsgeschäft im Rahmen des § 23 EStG der Besteuerung. Das Halbeinkünfteverfahren greift nicht.

Zertifikate als Alternative

Zwar erfreuen sich Hedge-Fonds im Inland seit der „Legalisierung“ durch das InvG hoher medialer Beachtung. Aber der erhoffte Erfolg ist bislang ausgeblieben. Sowohl die Wertentwicklung der bestehenden knapp 50 Fonds als auch die Mittelzuflüsse von bislang rund 2,1 Mrd. € fallen eher enttäuschend aus. Jahresrenditen über 3 % sind die Ausnahme und Durchschnittsergebnisse nur knapp über der Nulllinie eher die Regel, so dass der beim Erwerb bezahlte Ausgabeaufschlag noch nicht einmal hereingeholt wurde. Fast jeder herkömmliche Aktienfonds konnte 2005 eine deutlich bessere Performance vorweisen. Ein Grund hierfür ist, dass die Gesellschaften bei den Gebühren ordentlich zugreifen, über laufende Verwaltungskosten sowie einer Erfolgsprovision. Kein Wunder, dass im Frühjahr 2006 bereits zwei Hedge-Fonds ihren Vertrieb mangels Rentabilität wieder eingestellt haben.

Dadurch ist auch die schon länger auf dem Markt befindliche Zertifikat-Variante nicht verschwunden. Die Zertifikate beziehen sich i.d.R. auf Hedge-Subindizes oder einzelne Strategien. Diese Messgröße ist zwar für den Privatanleger selten transparent, sorgt aber immerhin für eine gewisse Streuung. Ist der Manager eines Hedge-Fonds i.d.R. vom Anlageerfolg von zehn bis zwanzig Einzelfonds abhängig, beziehen sich die Zertifikate auf einen Datenpool von mehreren hundert Fonds.

Meist werden auch steuerliche Vorteile zugunsten der Zertifikate ins Feld geführt. Das gilt aber nur bedingt. Sofern der Hedge-Fonds seine Transparenzpflichten erfüllt, fallen steuerpflichtige Einnahmen nur bei Zinsen und Dividenden an, also in geringem Ausmaß. Aus Zertifikaten fließen keine Erträge, somit ein leichter Vorteil. Der Verkauf von Fonds oder Zertifikat ist gleichermaßen nach einem Jahr außerhalb der Spekulationsfrist. Das Halbeinkünfteverfahren im Fondsbereicht gilt nicht beim Verkauf, wohl aber bei den Dividenden.

Fazit: Hedge-Fonds sind anders als herkömmlich angenommen kein spekulatives Investment, sondern können einen Ausgleichsposten für schlechte Börsentage im Depot bilden. Bei den im Inland zugelassenen Dachfonds kann der Kursausschlag sogar geringer ausfallen als bei Aktienfonds. Steuerlich bieten sie Vorteile. Ob dies auch für die Rendite gilt, müssen die Manager noch unter Beweis stellen. Hierbei ist zu beachten, dass für Anleger erst dann Gewinne herauskommen, wenn die teilweise üppigen Gebühren verdient worden sind. Besonders geeignet sind Hedge-Fonds in Zeiten schwankender Kurse.

Hedge-Zertifikate

Mittels der Absolute-Return-Anlage sollen Gewinne unabhängig von Markttendenzen erzielt werden – und dies auch noch bei geringer Volatilität. Zu einem Shootingstar in diesem Bereich haben sich in den letzten Jahre Hedge-Fonds-Zertifikate entwickelt. Ihr Stern hat sich 2004 kaum verblasst, auch wenn nunmehr Hedge-Fonds in Deutschland zugelassen sind und steuerlich nicht mehr bestraft werden. Der Kursverlauf des Zertifikats bezieht sich auf einen oder mehrere Indizes. Die setzen sich aus einen Korb von Hedge-Fonds zusammen. Alternativ kann als Referenzwert auch ein gemanagtes Portfolio aus vielen verschiedenen Hedge-Fonds dienen.

Im Gegensatz zu den Hedge-Fonds erzielen die entsprechenden Zertifikate keinen laufenden Ertrag. Folge: Es fallen weder Zinsabschlag noch laufende Kapitaleinnahmen an. Es entsteht lediglich dann ein steuerpflichtiger Gewinn, wenn das Zertifikat innerhalb eines Jahres verkauft wird. Das Plus muss dann in voller Höhe angesetzt werden, ein Minus kann komplett mit anderen Gewinnen verrechnet werden – auch mit den halbierten Aktiengewinnen.

Chance-/Risikoanalyse der Hedge-Zertifikate	
Gewinne sind in steigenden und fallenden Märkten möglich.	❑
Derzeit kaum vergleichbare Produkte am deutschen Markt.	❑
Transparenz des Referenzwerts – Index oder Summe von Einzelfonds – ist eher gering.	❑
Hervorragende Alternative zu Direktinvestments am Terminmarkt.	❑
Höhere Managementgebühren als bei normalen Zertifikaten.	❑
Geringere Kosten als bei Hedge-Fonds.	❑
Hohe Liquidität wird durch die Emissionshäuser gewährleistet.	❑
Geringe Mindestanlagesumme.	❑

Fazit: Die Konstruktionen dieser Papiere sind nur schwer nachvollziehbar. Viele Zertifikate beziehen sich gleich auf mehrere Dachfonds, deren Gewichtung regelmäßig verändert wird. Für Anleger, die keine großen Risiken eingehen wollen und hierfür höhere Gebühren in Kauf nehmen, sind Hedge-Fonds-Zertifikate dennoch interessant – aber höchstens zur Beimischung.

Heim-Darlehen

Träger von Alten- und Pflegeeinrichtungen verlangen von Bewerbern um Wohnplätze ein Darlehen, das jährlich mit mindestens 4 % verzinst werden muss. Zusätzlich leisten die Heimbewohner regelmäßig Kautionen. Die Zinsen stehen dem Bewohner zu, sind aber nicht auszuzahlen, sondern erhöhen die Sicherheit.

Diese Vorgänge interessiert auch das Finanzamt (OFD Frankfurt v. 06.12.2001, S 2252 A – 34 – St II 32, DB 2002, 710):

- Werden bei Hingabe der Darlehen Zinsen vereinbart und gezahlt, sind dies Einnahmen aus Kapitalvermögen.
- Wird anstelle einer Darlehensverzinsung ein verbilligter Heimplatz gewährt, so ist dieser Vorteil steuerlich zu erfassen: 4 % des Darlehens werden pauschal als Einnahme angesetzt, auch wenn der vereinbarte Zinssatz höher ist.
- Die Zinsen aus einer Kaution muss der Heimbewohner zu dem Zeitpunkt versteuern, zu dem sie auf das extra eingerichtete Konto fließen.
- Bei vor dem 01.08.1990 abgeschlossenen Heimverträgen wurden Kautionen nicht verzinst. Daher fallen hierfür auch keine steuerlichen Erträge an.

Träger eines Altenheims ist verboten, sich von den Heimbewohnern Geld oder geldwerte Leistungen über das vereinbarte Pflegeentgelt hinaus versprechen oder gewähren zu lassen. Erhalten sie jedoch eine Erbschaft von einem verstorbenen Bewohner, stellt dies eine Betriebseinnahme dar. Die entsteht grundsätzlich erst, wenn feststeht, dass die Erbeinsetzung rechtswirksam war (BFH v. 14.03.2006 – VIII R 60/03).

High Yield Fonds

Diese Rentenfonds investieren in Unternehmens- oder Staatsanleihen mit höherem Risiko – aber auch höheren Ertragschancen. Wichtiges Kriterium für die Bewertung der in solchen Fonds befindlichen Wertpapiere ist das Rating von Anleihen oder Emittenten. High Yield Fonds investieren überwiegend in Anleihen, die geringer als BB+ (→ *Bonität*) eingestuft werden. Das Ausfallrisiko bei solchen Bonds verringert sich allerdings durch die für Investmentfonds gesetzlich vorgeschriebene Streuung der Anlagen, die zudem nicht nur durch die Anlage in unterschiedlichen Bonitäten, sondern i.d.R. auch in einer Branchendiversifikation erfolgt.

Steuerlich ergeben sich keine Unterschiede zu herkömmlichen → *Investmentfonds*. Im Gegensatz zu herkömmlichen Rentenfonds können allerdings steuerfreie Kursgewinne realisiert werden, wenn die Emittenten ihre Anleihen bei Fälligkeit planmäßig zum Nennwert zurückzahlen. Aufgrund der schlechten Bonität notierten diese Papiere beim Kauf zumeist unter 100 %.

Fazit: Für Anleger, die bei ihrer Anlage in Rentenfonds mehr Rendite bei höherem Risiko erwarten, sind Anteile von High Yield Rentenfonds die richtigen. Denn ein Einzelinvestment ist hier meist nicht empfehlenswert und die breite Streuung mischt Risiken und Ertragschancen. Allerdings ist zu beachten, dass diese Fonds meist höhere Gebühren als sonst üblich in Rechnung stellen.

Historische Aktien

Es handelt sich um nicht mehr an den Börsen notierte Anteilsscheine von Firmen, die es in dieser Form gar nicht mehr gibt (Konkurs oder in einer anderen Gesellschaft aufgegangen). Hierbei geht es nur noch um das reine historische Aktienpapier, das wie ein Gemälde oder Briefmarken nur noch Sammlerwert besitzt. Kursfeststellungen erfolgen nicht über die Börse, sondern auf Auktionen oder über spezielle Sammlerkataloge. Diese historischen Aktien, auch „Nonvaleurs" genannt, erfreuen sich immer größerer Beliebtheit. Die Investition kann durchaus lohnend und lukrativ sein. Sie erfordert jedoch, ähnlich der Anlage in andere Sammelgebiete wie Briefmarken, Münzen oder Medaillen, zumindest ein gewisses Maß an Sammelleidenschaft und Sachkenntnis, die über die generelle Aktienanlage hinausgeht.

Gewinne und Verluste aus diesen historischen Papieren sind als privates Veräußerungsgeschäft nach § 23 EStG zu versteuern. Laufende Kapitaleinnahmen kommen nicht vor.

Hybridanleihen

Eine in Frankreich schon lange verbreitete Art von Anleihen hat seit 2005 auch in großem Umfang an heimischen Börsen Einzug gehalten und wird zunehmend auch von Privatanlegern ins Depot gelegt. Große Konzerne von Allianz über Bayer, Henkel, Linde, Postbank bis zu Südzucker haben aktuell solche hybriden Schuldverschreibungen emittiert. Im Vordergrund steht hier ein höherer Kupon als bei herkömmlichen Festverzinslichen, in Zeiten historisch niedriger Zinssätze ein zugkräftiges Argument.

Hybridanleihen werden von den Aufsichtsbehörden und Rating-Agenturen als Eigenkapital anerkannt. Diese Einstufung ist für die Konzerne ein Anreiz, sich über Hybridanleihen Geld zu besorgen. Unternehmen können somit die eigene Bonität stärken, was auch für geringere Zinssätze bei der Kapitalaufnahme sorgt. Eine vergleichbar teure und ungleich aufwendigere Aktienemissionen kann dann entfallen, zumal hier die Ausschüttungen im Gegensatz zu den Zinsen bei Hybridanleihen nicht als Betriebsausgaben gelten. In früheren Jahren haben inländische Banken ihr Eigenkapital eher mit vergleichbaren → *Genuss-Scheinen* erhöht. Für internationale Investoren waren diese aber wenig praktikabel, weil die zeitanteiligen Stückzinsen nicht separat abgerechnet werden. Hybride Anleiheformen hingegen weisen die Stückzinsen taggenau aus. Darüber hinaus verspricht der Rentenmarkt hier mehr Liquidität, so dass auslaufende Genuss-Scheine im Zweifel eher in der neuen Anleiheform ausgegeben werden.

Die Titel haben keine Laufzeitbegrenzung, können aber zu einem vom Emittenten vorher festgelegten Datum gekündigt werden.

Damit Hybridanleihen wie Eigenkapital gelten, müssen Anleger einige Einschränkungen akzeptieren.

- Hybrid- oder Nachranganleihen sind Wertpapiere, die über aktien- und rentenähnliche Eigenschaften verfügen.
- Die Laufzeit ist bis zu 100 Jahre oder sogar endlos. Meist sind diese Bonds mit einem Termin ausgestattet, zu dem sie frühestens gekündigt werden können. Der liegt i.d.R. bei zehn Jahren. Allerdings sind die Emittenten dazu nicht verpflichtet.
- Wird dieser Kündigungstermin nicht wahrgenommen, wandeln sich die bis dahin festverzinslichen Papiere in → *Floater*, allerdings mit deutlichem Aufschlag auf den Referenzzins. Im Regelfall tilgen die Schuldner alle Hybridanleihen zum frühesten Zeitpunkt.

Denn anschließend werden die Papiere für Emittenten durch den erhöhten Renditeaufschlag teuer. Daher sind sie eher mit zehnjährigen Anleihen zu vergleichen

- Die Zinsen können ausgesetzt werden, wenn der Schuldner im Vorjahr einen Bilanzverlust erlitten oder keine Dividende ausgeschüttet hat.
- Die Zahlungen können aufgeschoben werden, wenn die Firma in finanzielle Schwierigkeiten kommt.
- Anleger werden im Insolvenzfall des Schuldners erst nach allen anderen Gläubigern bedient. Bedient würden zunächst Besitzer normaler Anleihen, danach die Inhaber weniger nachrangiger Schuldtitel wie Genuss-Scheine.

Für diese mehr oder weniger überschaubaren Risiken erhält der Anleger im Gegenzug einen spürbar höheren Zinsertrag. Ob ein Kauf lohnt, ist daher von der Höhe des Zusatzertrags, also dem Spread zu Bundes- oder Unternehmensanleihen abhängig. Zudem ist das Studium der Emissionsbedingungen wichtig, da alle Papiere andere Konditionen aufweisen. Neben der Bonitätseinstufung des Schuldners ist besonders wichtig, unter welchen Bedingungen die Zinszahlungen eingestellt werden dürfen. In manchen Fällen ist für die Zinszahlung ein Bilanzgewinn Voraussetzung, in anderen Varianten reicht hierfür ein operativer Gewinn aus.

Anlage-Hinweis

Hybridanleihen sind wegen der Nachrangigkeit und der stärkeren Abhängigkeit von den Ertragskennzahlen der Emittenten schwankungsanfälliger als herkömmliche Festverzinsliche. Das Rating von Hybridanleihen liegt aufgrund höherer Risiken generell unterhalb der jeweiligen generellen Einstufung für den Emittenten. Dies kann bis zu drei Ratingstufen ausmachen.

Steuerlich gelten Hybridanleihen allgemein als Finanzinnovationen gem. § 20 Abs. 2 Nr. 4c EStG. Dies wird auch in den Emissionsprospekten regelmäßig vertreten. Denn die Rückzahlung ist garantiert, die Höhe der Erträge aber von einem ungewissen Ereignis abhängig.

Steuer-Hinweis

Hybride Anleihen weisen aber auch Grundzüge von Genuss-Scheinen auf. Vergleichbare Modalitäten in Bezug auf Nachrangigkeit und Bemessung der Zinsen lassen sich aus den einzelnen Prospekten herleiten. Ein wesentlicher Unterschied ist aber, dass Hybridanleihen im Gegensatz zu Genuss-Scheinen nicht flat gehandelt werden. Vielmehr werden Stückzinsen in Rechnung gestellt. Mangels Rechtsprechung oder Verwaltungserlassen im privaten Bereich kann durchaus je nach Ausgestaltung der nachrangigen Anleihen der Standpunkt vertreten werden, dass es sich wie bei Genüssen nicht um Finanzinnovationen handelt, Gewinne somit nach einem Jahr im Rahmen des § 23 EStG steuerfrei bleiben.

Nach aktueller Börsenlage ist es aber besser, der herrschenden Meinung zur Einstufung als Finanzinnovation zu folgen. Dann wird der Kursertrag für die Berechnung der Einnahmen der Besteuerung unterworfen, der durch die besondere Ausgestaltung der Papiere verlagert worden ist. Die Emissionsrendite kann bei Hybridanleihen aber nicht ermittelt werden, da weder der Kündigungstermin noch der spätere variable Zinssatz bei Ausgabe der Papiere feststeht. Folglich kommt die Besteuerung nach der Marktrendite zum Zuge. Hier wird als Kapitaleinnahme der Unterschied zwischen dem Kauf- und Verkaufspreis eines Wertpapiers angesetzt. Da die Marktrendite nach § 20 Abs. 2 Nr. 4 EStG der Unterschied zwischen Anschaffungskosten und Verkaufspreis ist, kann der Kapitalertrag positiv oder negativ sein. In ersten Halbjahr 2006 haben die Hybrids eher zur Schwäche geneigt, so dass negative Kapitaleinnahmen realisierbar waren.

Fazit: Diese relativ junge Anleiheform stellt ein interessantes Angebot zur Depotbeimischung dar, um höhere Renditen in einem Rentendepot erzielen zu können. Wegen der Nachrangigkeit sollte allerdings strikt auf Schuldner mit guter Bonität gesetzt werden. Anleger sollten Hybridanleihen mit zehnjährigen Festverzinslichen vergleichen und bei deutlich besseren Zinssätzen zugreifen. Allerdings sollten diese nachrangigen Papiere nur zur Depotbeimischung verwendet und auf verschiedene Emittenten gesetzt werden.

Immobilienfonds

In Beton zu investieren, ist grundsätzlich sinnvoll. Besonders bei größerem Vermögen ist eine Streuung in den Anlageformen wichtig, und ein Teil der Gelder sollte immer in Gebäude fließen. Vorteil eines Immobilienfonds ist, dass sich der Anleger an größeren betrieblich genutzten Gebäudekomplexen beteiligen kann, was ihm aus finanziellen Gründen alleine nicht möglich wäre. Allerdings geht dafür ein gewisser Teil der Rendite für Gebühren drauf, was beim Bau oder Kauf einer eigenen Immobilie wegfallen würde. Dafür muss sich der Anleger weder mit Mietern auseinandersetzen noch Verwaltungsaufgaben erledigen.

Für Immobilienbeteiligungen spricht auch der ab 2007 geminderte Sparerfreibetrag, denn die Anteile gewähren steuerliche Vorteile. Hierbei ist zwischen den offenen und den geschlossenen Fonds zu unterscheiden.

- Die **geschlossenen Immobilienfonds** verwenden das eingesammelte Vermögen gezielt für ein oder einige wenige Bauvorhaben (etwa Shopping-Center oder Bürohochhaus) und ziehen die Erträge nur aus diesen Vorhaben. Nach Ablauf der Zeichnungsfrist und Platzierung der Anteile kann man – im Gegensatz zu offenen Fonds – nicht täglich weiteres Kapital einzahlen. Wenn das für das Immobilienvorhaben erforderliche Kapital aufgebracht ist, werden von der Fondsgesellschaft keine Anteile mehr ausgegeben. Der Fonds ist geschlossen. Die Anleger werden meist Personen-Gesellschafter, da die geschlossenen Immobilienfonds als KG, GmbH & Co. KG oder GbR strukturiert sind. Die Kommanditisten haften nur im Rahmen ihrer Einlage, der Gesellschafter einer GBR hingegen auch mit seinem Privatvermögen. Die als Steuersparmodell bezeichneten Immobilienfonds verschieben die steuerliche Belastung in eine spätere Phase; zu einer Steuerersparnis kommt es durch den § 15b EStG (→ *Steuerstundungsmodell*) in den Anfangsjahren mit Verlusten aber nicht mehr. Dafür ist die Belastung während der gesamten Laufzeit eher moderat.
- **Auslandsimmobilienfonds** haben in den letzten Jahren an Bedeutung gewonnen. Jenseits der Grenze locken für deutsche Anleger oft vergleichsweise attraktive Objektrenditen, Steuerfreibeträge sowie niedrige Eingangssteuersätze. Weiterer Vorteil: Seit Einführung des Euro ist das Wechselkursrisiko in vielen Ländern entfallen. Die Besonderheit bei Auslandsimmobilienfonds ist, dass ein Anleger innerhalb bestimmter Grenzen die im Ausland mit dem Fonds erzielten Erträge nahezu steuerfrei erwirtschaften kann. Denn laut DBA gilt das Belegenheitsprinzip: Der Staat, in dem die Immobilie liegt, hat das Besteuerungsrecht. Und in den Ländern, in die Fondsgesellschaften hauptsächlich investieren, gelten meist hohe Steuerfreibeträge und niedrige Eingangssteuersätze. Die im Ausland bereits versteuerten Beträge, selbst wenn sie aufgrund der ausländischen Steuerfreibeträge steuerfrei bleiben, werden im Inland nur im Rahmen des Progressionsvorbehalts berücksichtigt. Verkaufsgewinne werden i.d.R. überhaupt nicht erfasst.
- **Offene Immobilienfonds** unterliegen im Gegensatz zu geschlossenen Modellen denselben steuerlichen Regeln wie herkömmliche Investmentfonds. Die Manager investieren die Anlagegelder in beliebig viele Grundstücksobjekte. Offene Immobilienfonds waren in

Zeiten fallender Aktienmärkte der große Renner, da vor allem auf in der Vergangenheit stets positive Jahresergebnisse verwiesen werden konnte. Die Fondsgesellschaft gibt laufend neue Anteile aus und nimmt diese auch wieder zurück. Die Konstruktion ist mit der herkömmlicher Investmentfonds vergleichbar, der Kurs wird täglich veröffentlicht. Mit offenen Immobilienfonds ist es auch für Kleinanleger möglich, sich an Immobilien im großen Stil zu beteiligen, wenn auch nur häppchenweise. Der Anteilsinhaber ist Teilhaber am Fondsvermögen, nicht aber direkter Miteigentümer eines oder mehrerer Objekte des Fonds.

Fazit: Immobilienfonds lassen sich nicht generell bewerten. Je nach Sitz der Gesellschaft sind ausländische geschlossene Fonds aus steuerlichen Gesichtspunkten zu bevorzugen. Allerdings müssen Initiator und Grundstückslage hervorragend sein. Die offene Variante war zuletzt nicht mehr erste Wahl, durch einige gesundere Bereinigungseffekte kann der Einstieg aber nun wieder günstig sein. Generell bietet eine Anlage in Immobilienfonds einen langfristigen Inflationsschutz. Ein Aspekt, der in Zeiten von geringen Zinsen zu Unrecht vernachlässigt wird.

Immobilienfonds, ausländische

Anleger, die in geschlossene Immobilienfonds investieren, setzen schon seit je her auf eine attraktive langfristige Rendite sowie eine moderate Besteuerung jenseits der Grenzen. Auch die fehlende Verlustverrechnungsmöglichkeit über § 15b EStG tangiert die Auslandsimmobilienfonds nicht. Da der heimische Immobilienmarkt derzeit eher stagnierende Mieten, hohe Leerstandsquoten und Einnahmeausfälle durch insolvente Mieter aufweist, ist es nicht verwunderlich, dass zahlreiche Fondsanbieter ihr Glück jenseits der Grenze versuchen. Ob in den USA, Kanada, Österreich, Frankreich, den Niederlanden oder den EU-Beitrittsländern: Für jedes Land gibt es reihenweise Angebote. Zumeist stellt sich die Immobiliensituation besser dar als in Deutschland, allerdings drohen auch Überhitzungstendenzen bei den Preisen.

Steuerlich werden die Einkünfte zumeist im Anlageland erfasst und unterliegen in Deutschland aufgrund der diversen DBA nur dem Progressionsvorbehalt. Dafür ist es für deutsche Besitzer kaum möglich, Auslandsverluste in der heimischen Steuererklärung zu berücksichtigen. Lediglich die Schweiz bildet mit dem Anrechnungsverfahren eine Ausnahme. Daher kann die steuerliche Belastung nicht generell bewertet werden, da sie pro Land deutlich unterschiedlich ausfällt.

Doch die privaten Investoren lassen sich noch nicht durch die Aussicht auf verbesserte Chancen locken. So setzen sie derzeit eher auf Angebote mit Beteiligungen an Objekten jenseits der Grenze.

Steuerliche Aspekte in den Niederlanden
Da die Niederlande eines der klassischen Länder für ein Immobilieninvestment von deutschen Anlegern jenseits der Grenze ist, gibt es hier reihenweise Initiatoren. Die sind meist schon seit Jahrzehnten auf dem Markt, so dass der Interessent bei seiner Wahl die historischen Ergebnisse miteinbeziehen kann. Laut deutsch-niederländischem DBA werden die Immobilieneinkünfte nur in den Niederlanden besteuert, in Deutschland erfolgt eine Freistellung der Vermietungseinkünfte, die allerdings dem Progressionsvorbehalt unterliegen.

Die Fondsgesellschaft wird in den Niederlanden für einkommensteuerliche Zwecke als transparente Gesellschaft behandelt. Dies bedeutet, dass die steuerpflichtigen Einkünfte den am Fonds beteiligten Anlegern anteilig im Verhältnis ihrer Beteiligungsquote zugerechnet werden. Der Anleger ist grundsätzlich verpflichtet, jährlich eine Steuererklärung abzugeben. Die Besteuerung von Vermögensbesitz, also auch Immobilien, erfolgt nach einem pauschalen Boxensystem:

Nettovermögen (Verkehrswerte Immobilien abz. Fondsschulden)

– Verbindlichkeiten des Anlegers

= Bemessungsgrundlage

x Pauschale Rendite von 4 %

= Besteuerungsgrundlage

x Steuersatz 30 %

x zeitanteiliger Berechnung bei unterjährigem Besitz

= Steuerlast (entspricht 1,2 % der Bemessungsgrundlage)

Liegt die Steuerlast unter 41 € (Stand 2006), wird der Betrag nicht erhoben. Die Besteuerung in den Niederlanden fällt grundsätzlich gering aus. Die Bemessungsgrundlage entspricht i.d.R. der Höhe der Kommanditbeteiligung. Hat der Anleger seinen Anteil fremdfinanziert, mindert der Kredit diese Bemessungsgrundlage entsprechend.

Steuer-Hinweis
Die Nichtveranlagungsgrenze von 41 € ist personenbezogen. Ehepaare sollten daher in Erwägung ziehen, ihre Beteiligung zu splitten und somit den Freibetrag zweifach zu nutzen.

Auf den Veräußerungsgewinn (Verkauf der Immobilie, Veräußerung des Gesellschaftsanteils, Auflösung des Fonds) sind im Nachbarland keine Steuern zu zahlen, im Inland unterliegt das Plus nur dem Progressionsvorbehalt innerhalb von zehn Jahren. Bei der Erb- und Schenkungssteuer besteht kein DBA. Die in den Niederlanden entrichtete Steuer ist daher im Inland anrechenbar. Die Steuer jenseits der Grenze bemisst sich nach dem Verkehrswert der Immobilie abzüglich der Verbindlichkeiten. Der Steuertarif ist ähnlich wie in Deutschland progressiv gestaltet und vom Verwandtschaftsgrad abhängig. Freibeträge sind für ausländische Erwerber nicht vorgesehen.

Steuerliche Aspekte in Österreich
Auch wenn sich die steuerlichen Rahmenbedingungen in Österreich seit 2005 etwas verschlechtert haben, aus Renditegesichtspunkten ergeben sich weiterhin gute und konservative Anlagemöglichkeiten. Zumindest im Vergleich zu Deutschland hat die Alpenrepublik wirtschaftlich bessere Wachstumsraten aufzuweisen. Laut DBA werden die Immobilieneinkünfte nur in Österreich besteuert, in Deutschland erfolgt eine Freistellung der Vermietungseinkünfte (Artikel 6 DBA), die allerdings dem Progressionsvorbehalt unterliegen.

In der Alpenrepublik bleiben für Deutsche ohne Wohnsitz in Österreich seit 2005 Einkünfte bis 2.000 € pro Jahr steuerfrei. Dies bedeutet, dass Beteiligungen bis zur Höhe von rund 35.000 € ohne Abgaben bleiben. Anschließend wirkt ein eher üppiger Steuersatz von 38,33 %.

Der Immobilienverkauf ist in Österreich erst nach zehn Jahren steuerfrei möglich. Bei kürzeren Fristen wirkt der normale Steuersatz und im Inland zusätzlich der Progressionsvorbehalt auf den Verkaufsgewinn. Im Todesfall wird die Erbschaftsteuer laut DBA jenseits der

Grenze fällig. Da Österreich derzeit auf die ihr zustehende Erhebung verzichtet, bleibt das Erbe in Form von Immobilien steuerfrei.

Steuerliche Aspekte in Großbritannien
Wer sich für den Immobilienstandort Großbritannien interessiert, wird i.d.R. nur Angebote aus dem Großraum London vorfinden. Denn Englands Metropole ist wohl das wirtschaftlich bedeutendste Zentrum Europas, zumal es eines der größten Finanzzentren der Welt darstellt. Deutsche Fonds investieren bereits seit Jahren mit Vorliebe in London. Allerdings müssen Investoren das Währungsrisiko beachten. Schwankungen zwischen Pfund und Euro im Rahmen von 20 % sind durchaus möglich. Dieser Aspekt spielt eine wesentliche Rolle, da eine Anlage in einen Investmentfonds meist auf Zeiträume von zehn Jahren und mehr angelegt ist.

Laut DBA werden die Immobilieneinkünfte nur in Großbritannien besteuert, in Deutschland erfolgt eine Freistellung der Vermietungseinkünfte, die allerdings dem Progressionsvorbehalt unterliegen. Der Steuersatz für Einkünfte aus Vermietung und Verpachtung beginnt bei 10 %, wobei es einen attraktiven Freibetrag von umgerechnet 7.300 € (5.035 £) gibt. Anleger über 64 Jahren können sogar über 10.000 € pro Jahr steuerfrei stellen.

Steuer-Hinweis
Der hohe Freibetrag ist personenbezogen. Ehepaare sollten daher in Erwägung ziehen, ihre Beteiligung zu splitten und somit den Freibetrag zweifach zu nutzen.

Steuerliche Aspekte in den USA
Nach wie vor sind die USA die größte Wirtschaftsnation der Welt. Für deutsche Anleger besteht weiterhin die Aussicht auf ordentliche Renditen, die angesichts hoher Freibeträge und niedriger Steuersätze eher nur unterdurchschnittlich mit Abgaben belastet werden. Das Hauptinteresse gilt weiterhin dem Büroimmobilienmarkt in New York als zweitgrößtem der Welt nach Tokio. Wie auch in Großbritannien müssen Anleger das Wechselkursrisiko einkalkulieren.

Bei geschlossenen US-Immobilienfonds werden die jenseits der Grenze erzielten Erträge auch nur dort besteuert. Bei dieser Freistellungsmethode wirken sich die Auslandseinkünfte bei der heimischen Steuererklärung lediglich minimal über den Progressionsvorbehalt auf den Steuersatz für die inländischen Einkünfte aus. Bei Einkommen über 60.000 € wirkt sich dies dann überhaupt nicht mehr aus. In Nordamerika erfolgt die Besteuerung in verschiedenen Progressionsstufen. Dabei bleiben Beträge bis 3.300 US-$ steuerfrei.

Einkommen bis	Steuern	Zusätzlicher Betrag
3.300 $	0	
7.550 $	10 %	
29.700 $	730 $	15 % des Betrags über 7.550 $
71.950 $	4.090 $	25 % des Betrags über 29.700 $
150.150 $	14.652 $	28 % des Betrags über 71.950 $

Steuer-Hinweis
Ehegatten können jeweils den Freibetrag in Anspruch nehmen, wenn sich beide Partner am Fonds beteiligen. Allerdings müssen dann auch zwei Steuererklärungen erstellt werden.

Die Fondsgesellschaft muss vierteljährlich eine Vorauszahlung als Quellensteuer auf die von den Anlegern geschuldete US-Einkommensteuer in Höhe des Höchststeuersatzes von 35 % leisten. Diese Vorauszahlung wird auf die tatsächliche Steuer angerechnet, Überzahlungen werden erstattet. Die Höhe der US-Steuer auf Veräußerungsgewinne hängt von der Haltedauer ab und liegen zwischen 5 und 20 %. Da der Fonds mit dem Verkauf aber auch gleichzeitig meist liquidiert wird, gilt dies als Aufgabegewinn, der nur zu einem Fünftel erfasst wird.

Viele Bundesstaaten in den USA erheben eine separate Einkommensteuer, die allerdings von der Bemessungsgrundlage für die Bundessteuer abgezogen werden kann. So werden in New York beispielsweise 4 % fällig, sofern die Einkünfte nicht höher als 8.000 US-$ sind. Die Fondsbesitzer müssen neben der Gesellschaft alljährlich eine US-Einkommensteuererklärung abzugeben. Zumeist vermittelt die Fondsgesellschaft für diese Aufgabe einen amerikanischen Steuerberater. Besitzer von Anteilen an US-Immobilienfonds benötigen eine Steuernummer. Sie sind dazu verpflichtet, diese zu beantragen.

Im Erbfall besteuert die USA nicht die Erben, sondern den Nachlass. Das führt bei Immobilienfonds dazu, dass der dem Anleger zuzurechnende Anteil am Grundbesitz der Fondsgesellschaft mit dem Verkehrswert angesetzt wird. Aufgrund der hohen Freibeträge, die mindestens 1,5 Mio. US-$ betragen, kommt es allerdings selten zu einer Steuerlast.

Steuerliche Aspekte in Kanada
Steuerpflichtig sind die Mieteinkünfte nach DBA nur in Kanada; sie unterliegen im Inland lediglich dem Progressionsvorbehalt. Gleiches gilt für die Veräußerungsgewinne aus den Immobilien. In Kanada besteht die Besonderheit, dass vorab eine Quellensteuer auf die prognostizierten Mieteinkünfte i.H.v. 25 % verlangt wird, die erst mit der späteren Veranlagung verrechnet wird. Die Steuersätze betragen 23,68 % bis zu einem Einkommen von 35.000 CAD und 32,56 % bis 70.000 CAD. Freibeträge sind in Kanada nicht vorgesehen, so dass in jedem Fall Steuern anfallen.

Der Immobilienverkauf wird zweigleisig erfasst. Übersteigt der Preis die ehemaligen Anschaffungskosten, ist dies als Capital Gain Tax zur Hälfte steuerpflichtig. Die Wertaufholung der in Anspruch genommen AfA wird den laufenden Einkünften zugerechnet. Kanada kennt keinen Verlustvor- oder -rücktrag, so dass negative Einkünfte nur im gleichen Jahr verrechenbar sind. Bei der Erb- und Schenkungsteuer unterliegen unentgeltliche Fondsübergänge sowohl in Kanada als auch im Inland mit dem Verkehrswert der Besteuerung. Die kanadische Abgabe bemisst sich wie eine Immobilienveräußerung und ist daher nicht mit der deutschen Erbschaftsteuer vergleichbar, so dass es zu einer Doppelbesteuerung kommt.

Fazit: Die Investition in Auslandsimmobilienfonds stellt eine lukrative Anlagemöglichkeit dar. Allerdings ist die Auswahl des Initiators, die Lage der Immobilie sowie der langfristige Vermietungsgrad wichtig. Die steuerlichen Erträge werden in den meisten Ländern nur moderat besteuert. Zu beachten ist allerdings die lange Bindungsfrist von zumindest zehn Jahren.

Immobilienfonds, geschlossene

Bis in die 90er-Jahre konnten Anleger mit geschlossenen Immobilienfonds kräftig Steuern sparen, indem sie Verlustzuweisungen von mehr als 100 % einfuhren. Diese vor allem im Osten der Republik in Anspruch genommene Hilfe des Finanzamts stellte sich jedoch im Nachhinein meist als Verlustgeschäft heraus. Denn die hastig und oft nur mit Blick auf die Steuer hergestellten Immobilien waren wirtschaftlich ein Flop und i.d.R. völlig am Bedarf vorbei erstellt worden. Eine Reihe von gesetzlichen Maßnahmen, wie die Beschränkung des Verlustausgleichs sowie die Aktivierung von vielen laufenden Kosten, ließ die bislang hohen Anfangsverluste deutlich schmelzen, Renditeaspekte rückten wieder in den Vordergrund.

Im Gegensatz zu offenen verwenden geschlossene Fonds das eingesammelte Vermögen gezielt für ein oder einige wenige Bauvorhaben und ziehen die Erträge nur aus diesen Vorhaben. Die Investition läuft entweder komplett aus den Einlagen der Gesellschafter (Außenfinanzierung) oder teilweise auch über Kredite (Innenfinanzierung). Dabei steht es den Zeichnern frei, ihre Anteile wiederum persönlich über ein Darlehen zu finanzieren. In Zeiten üppiger Verlustzuweisungen ergab sich der Effekt, dass die negativen Einkünfte durch hohe Kreditaufnahmen das Eigenkapital um ein Vielfaches überstiegen. Damit generierten die Anleger einen Teil ihrer eingesetzten Mittel aus der Steuererstattung.

Nach Ablauf der Zeichnungsfrist und Platzierung der Anteile sind – im Gegensatz zu offenen Fonds – keine weiteren Kapitalzuführungen möglich. Ist das für das Immobilienvorhaben erforderliche Kapital aufgebracht, gibt die Fondsgesellschaft keine Anteile mehr aus, der Fonds ist geschlossen. Die Anleger werden meist Kommanditisten oder GbR-Gesellschafter, da die geschlossenen Immobilienfonds als GmbH & Co. KG oder GbR konstruiert sind. Aus Haftungsgründen ist die KG eher geeignet, wegen § 15a EStG eher die GbR.

Der Handel mit den Fondsanteilen funktioniert nicht über einen Börsenhandel, sondern einen nicht organisierten Zweitmarkt. Besitzer können ihre Anteile nicht laufend zurückgeben. Die Liquidität ist vergleichbar mit der beim Verkauf eines Grundstücks. Oftmals sorgen die Initiatoren selbst für Nachfrage, indem sie potentielle Käufer auf die Warteliste setzen oder einen eigenen Zweitmarkt aufgebaut haben. Lediglich die DAI-Börse Hamburg kann mit einer Handelsplattform für geschlossene Fonds aufwarten, Düsseldorf will nachziehen.

Anlage-Tipp

Der Zweiterwerb ist vor allem für Anleger attraktiv, die nicht auf steuerliche Vorteile setzen, sondern eine angemessene Immobilienrendite anstreben. Zusätzlich haben sie den Vorteil, in ein bereits funktionierendes Gebilde investieren und auf vorliegende Geschäftsberichte zurückgreifen zu können. Neben der Investition in einzelne Beteiligungen gibt es hierbei auch die Möglichkeit, auf Zweitmarktfonds zu setzen. Die kaufen in großem Stil gebrauchte Beteiligungen auf und bündeln diese in einem geschlossenen Fonds.

Die Fondserträge fallen – je nach Konstruktion – meist unter die Einkünfte aus Vermietung und Verpachtung oder seltener aus Gewerbebetrieb. Das gilt dann auch für sämtliche Schuldzinsen. Maßgebendes Kriterium hierfür ist, ob der Fonds vermögensverwaltend oder gewerblich tätig ist. Entscheidend für die Einstufung ist, ob auch andere Leistungen als die Vermietung erbracht oder angeboten werden. In der Regel liegen Einkünfte nach § 21 EStG vor. Der Sparerfreibetrag wirkt in keinem Fall.

Der Verkauf der Anteile an geschlossenen Fonds im privaten Bereich ist steuerpflichtig, sofern er innerhalb der für Immobilien geltenden zehnjährigen Spekulationsfrist anfällt. Dieser Vorgang fällt ab einer gewissen Größenordnung unter die Kriterien für den gewerblichen Grundstückshandel und infiziert somit andere Objekte.

Checkliste zum gewerblichen Grundstückshandel bei Immobilienfonds	
Der Besitzer ist zu mindestens 10 % an der Gesellschaft beteiligt.	❑
Der Verkehrswert der eigenen Anteile beträgt mehr als 250.000 €.	❑
Der anteilige Wert der vom Fonds verkauften Immobilie beträgt mehr als 250.000 €.	❑
Beim Verkauf der Fondsanteile beläuft sich die Beteiligung auf 10 % oder der Wert der Anteile übersteigt 250.000 €. In diesem Fall ist der Wert der im Fonds enthaltenen Grundstücke unerheblich.	❑

Besondere Auswirkungen hat diese Sichtweise bei Immobilienfonds jenseits der Grenze. Während deutsche Verwalter die zehnjährige Haltedauer wegen der Spekulationsfrist einhalten, ist dies bei Auslandsfonds nicht der Fall. Somit kann der kurzfristige Verkauf von Immobilien bei Ihnen als Anleger durch Überschreitung der vorgegebenen Werte zu einer Veräußerung i.S.d. Drei-Objekt-Grenze führen.

Die früher ausgewiesenen großen Minusbeträge der geschlossenen Fonds gehören schon lange der Vergangenheit an, da Gesetzgeber und Finanzverwaltung reihenweise Steine in den Weg geräumt haben. Damit ist es kaum noch möglich, hohe Anfangsverluste wirkungsvoll zu verrechnen, dafür aber wirtschaftlich sinnvollere Projekte zu konstruieren.

Checkliste: Sieben Steuerhürden zum Verlustabzug	
Handelt es sich um eine Verlustzuweisungsgesellschaft i.S.d. § 2b EStG, kann das Minus generell nicht mit anderen Einkünften verrechnet werden. Dies liegt vor, wenn kein Totalgewinn erzielbar ist und die Gesellschaft mit Steuervorteilen wirbt, H 134b EStR. Diese Vorschrift spielt bei den Immobilienfonds aber kaum noch eine Rolle und ist über die Ablösung durch den § 15b EStG ab dem 11.11.2005 entfallen.	❑
Beteiligte Kommanditisten können Verluste gem. § 15a EStG nur in Höhe ihrer Einlage ansetzen und den Restbetrag vortragen. GbR-Gesellschafter sind hiervon nicht betroffen.	❑
Negative Einkünfte – sofern sie bis Ende 2003 entstanden sind – dürfen nur begrenzt mit positiven Einkünften verrechnet werden. Diese Mindestbesteuerung des § 2 Abs. 3 EStG ist 2004 entfallen.	❑
Übersteigen die Fondsverluste eines Jahres die positiven Einkünfte, sind sie bis zu 511.500 € rücktragsfähig.	❑
Das nicht aufgebrauchte Minus kann ab 2004 bis zu 1 Mio. € komplett und der überschießende Betrag zu 60 % vorgetragen werden, § 10d EStG.	

Checkliste: Sieben Steuerhürden zum Verlustabzug (Fortsetzung)	
Maßgegend für die Einordnung der Kosten ist der Bauherren- und Fondserlass. Hiernach sind eine Reihe von Aufwendungen den Anschaffungs- oder Herstellkosten zuzuordnen, sofern der Beteiligte keine Herstellereigenschaft besitzt.	❑
Bei einem Fondsbeitritt ab dem 11.11.2005 sind gem. § 15b EStG Verluste generell nicht mehr verrechenbar, sofern sie mehr als 10% der Einlage betragen (→ *Steuerstundungsmodell*).	❑

Der neue Bauherren-Erlass (BMF v. 20.10.2003 – IV C 3 – S 2253a – 48/03, DB 2003, 2406, DStR 2003, 1974, FR 2003, 1196, BStBl I, 546) beschränkt zusätzlich die Möglichkeiten, Aufwendungen sofort geltend zu machen. Eine Reihe von üblicherweise in der Anfangsphase verstärkt anfallenden Nebenkosten werden dem aktivierungspflichtigen Bereich zugeordnet. Mittels Abschreibung können sie dann kaum noch die kalkulierten Erträge übersteigen, sondern langfristig nur mindern. Entscheidendes Kriterium für den Kostenfaktor ist, ob der Fonds als Erwerber oder Hersteller gilt. Im steuerlich günstigeren zweiten Fall treten die Fondsbesitzer wie Bauherren auf und entscheiden mit über die Art und Weise der Investitionen. Dann verursachen sie vermehrt Betriebsausgaben oder Werbungskosten, ohne jedoch an die Abzugsgrößen früherer Jahre heranzukommen.

Die Erwerbereigenschaft ist aber bisher eher die Ausnahme. In der Regel geben die Fonds das Vertragswerk sowie die Eckpunkte der geplanten Investition vor. Dies führt laut Erlass (a.a.O., Tz. 33 ff.) automatisch zu einer Erwerbereigenschaft, da die Gesellschafter keinen wesentlichen Einfluss auf die Entscheidungen des Fonds haben. Hierzu reicht bereits aus, dass die Standortwahl vor dem Beitritt gefallen ist. Erwirbt die Gesellschaft eine bereits nutzungsfähige Immobilie, handelt es sich stets um einen Erwerberfonds. Dies führt dann automatisch zu Anschaffungskosten. Das gilt neben einem Kaufpreis auch für:

- Baubetreuungskosten,
- Geschäftsführer- und Haftungsvergütungen,
- Vermittlungsprovisionen, die 6 % des Eigenkapitalanteils übersteigen, und komplett bei fehlenden Einflussmöglichkeiten,
- Treuhandgebühren,
- Nennwertaufschlag,
- Gebühren für Beratung, Bearbeitung und Finanzierungsvermittlung.

Keine Rolle spielt, ob der Gesellschafter die Kosten trägt oder sie aus dem Fondsvermögen geleistet werden. Als Werbungskosten oder Betriebsausgaben gelten weiterhin die klar abgrenzbaren Finanzierungskosten, was beim Damnum auf 5 % der Kreditsumme beschränkt ist (BMF v. 05.04.2005 – IV A 3 – S 2259 – 7/05, BStBl I, 617).

Steuer-Hinweis

Ist der Fondsbesitzer hingegen selbst in den Entscheidungsprozess eingebunden, können die Vermittlungsprovisionen bis zu 6 % des Eigenkapitals und Geschäftsführervergütungen sofort abgesetzt werden. Der Fondserlass ist grundsätzlich auf alle noch offenen Steuerfälle anzuwenden. Lag der Anlegerbeitritt vor 2004, dürfen die zuvor geltenden Regeln noch angewendet werden.

Fazit: Die Investition in inländische Immobilienfonds stellt gerade wegen der wegfallenden Verlustzuweisungsmöglichkeiten und dem gesunkenen Sparerfreibetrag eine lukrative Anlage dar. Denn die Initiatoren bemühen sich, zügig ordentliche positive Ergebnisse vorweisen zu können. Ein antizyklischer Einstieg in den derzeit eher schwierigen wirtschaftlichen Zeiten kann günstige Preise und langfristig ordentliche Erträge bescheren. Steuerliche Aspekte sind eher zweitrangig.

Immobilienfonds, offene

Die Welt der offenen Immobilienfonds präsentierte sich jahrelang rosarot. Ganz gleich, ob die Börsen einbrachen oder der Rentenmarkt von einem Zinstief ins nächste fiel, die Fonds meldeten permanent anständige Ergebnisse mit geringem steuerpflichtigen Anteil. In Zeiten fallender Aktienmärkte und mickriger Zinsen waren offene Immobilienfonds der große Renner. Zudem ist die geringe Korrelation mit Aktien und Renten eines der Hauptmotive von privaten Anlegern, in offene Immobilienfonds zu investieren. Hinzu kommen stabile Renditen, steuerlich vorteilhafte Eigenschaften, Inflationsschutz und die Liquidität der Fondsanteile. Die Gesellschaften gerieten aufgrund der hohen Mittelzuflüsse teilweise in Anlagenotstand, hierbei half schon der Verweis auf in der Vergangenheit stets positive Jahresergebnisse. Keine Gesellschaft geriet je in die roten Zahlen.

Doch die Zeiten hatten sich ab Herbst 2003 deutlich verschlechtert. Wirtschaftliche Schwierigkeiten sorgten zum Teil für Jahresrenditen unter 1 %. Einige Fonds konnten massive Anteilsrückgaben der Besitzer nur mit Mühe bewältigen. Drei offene Immobilienfonds wurden wegen ungewöhnlich hoher Abflüsse und damit verbundener Liquiditätsengpässe sogar geschlossen, so dass Anleger weder Papiere zurückgeben noch neue erwerben konnten.

Sie sind zwar zwischenzeitlich wieder geöffnet, so dass die Besitzer wieder an ihr Geld kommen können. Einige Fonds haben ihre Manager ausgetauscht, andere ihre Grundstücksbewertung realistischen Größen angepasst und einen Teil des Bestands verkauft. Diese aktuelle Marktbereinigung können Sparer nutzen, um antizyklisch in Immobilienfonds einzusteigen, die einen Großteil ihrer Gelder in heimische Objekte investiert haben. Denn im Gegensatz zu Bürokomplexen jenseits der Grenze waren besonders deutsche Gebäude von wirtschaftlichen Flauten getroffen. Hier könnte nunmehr eine Trendwende einsetzen. Aussichtsreich sind hier Gesellschaften, die viele neue Immobilien mit langen Mietverträgen im Portfolio haben.

Offene Immobilienfonds unterliegen im Gegensatz zu geschlossenen Modellen den gesetzlichen Regeln für herkömmliche → *Investmentfonds*. Aktien- oder Rentenfonds weisen daher dieselben Anlagegrundsätze und Steuerkriterien auf. Die Manager investieren die Gelder in beliebig viele Grundstücksobjekte diesseits und jenseits der Grenze. Dafür gibt das ab 2004 geltende Investmentgesetz (InvG) die Grundsätze vor und löst das bisherige Gesetz über Kapitalanlagegesellschaften (KAGG) ab.

Checkliste der Anlagegrundsätze laut InvG	
Eine Immobilie darf maximal 15 % des Fondsvermögens ausmachen.	❑
Eine breite Streuung ist einzuhalten, § 73. Immobilien, die mehr als 10 % am Vermögenswert ausmachen, dürfen insgesamt 50 % des Portfolios nicht überschreiten.	❑
Fonds dürfen auch in andere Immobiliengesellschaften investieren, § 68.	❑

Checkliste der Anlagegrundsätze laut InvG (Fortsetzung)	
Der Fremdwährungsanteil darf 30 % betragen, § 67.	❑
Der maximale Investitionsgrad für Geldmarktpapiere liegt bei 49 %.	❑
Täglich verfügbare Mittel von mindestens 5 % müssen vorgehalten werden, § 80.	❑
Reichen die liquiden Mittel nicht für die Rückzahlung aus, kann der Fonds diese bis zu zwei Jahre zurückstellen, § 81.	❑

Die Fondsgesellschaft gibt laufend neue Anteile aus und nimmt diese auch wieder zurück. Bislang funktionierte dies reibungslos wie bei anderen Fonds auch. Der Kurs wird börsentäglich veröffentlicht. Mit offenen Immobilienfonds ist es auch für Kleinanleger möglich, sich am Grundbesitz im großen Stil zu beteiligen, wenn auch nur häppchenweise. Der Anteilsbesitzer ist Teilhaber am Fondsvermögen, nicht aber direkter Miteigentümer eines Fondsobjekts.

Steuerliche Behandlung
Seit Beginn des Jahres 2004 gelten die Vorschriften des Investmentsteuergesetzes (InvStG). Das macht sich insbesondere in vier Punkten bemerkbar:

1. Die Zwischengewinne bei An- und Verkauf sind bei Immobilienwerten eher unbedeutend, da die Mieterträge hiervon nicht erfasst werden.
2. Vom Fonds vereinnahmte Dividenden aus Immobilienaktiengesellschaften unterliegen dem Halbeinkünfteverfahren.
3. Der Ansatz von Werbungskosten wurde neu reglementiert.
4. Verluste auf Fondsebene kommen nicht mehr beim Anleger an.

Die Ausschüttung besteht durch Mieten und Kapitalerträge nur teilweise aus steuerpflichtigen Einnahmen. Der steuerfreie Ertrag ergibt sich aus der AfA auf die Immobilien und dem anschließenden Verkaufserlös. Ohne Abgabe bleiben auch Erträge von Grundstücken jenseits der Grenze, auf deren Besteuerung laut Doppelbesteuerungsabkommen verzichtet wird. Der Auslandsertrag unterliegt aber dem Progressionsvorbehalt. Dieser Aspekt tritt immer mehr in den Vordergrund, da die Fonds ihre Chancen verstärkt in Paris, Warschau oder London sehen.

Die Erträge offener Immobilienfonds sind Einnahmen aus Kapitalvermögen i.S.d. § 20 Abs. 1 Nr. 7 EStG, obwohl es sich eigentlich zumindest teilweise um Mieten handelt. Veräußerungsgewinne innerhalb von zehn Jahren sind steuerpflichtig, § 2 Abs. 3 Nr. 2 InvStG. Hier genießen Immobilien- im Gegensatz zu Aktien- oder Rentenfonds keine Privilegien. Diese Vorschrift beachten auf deutsches Publikum fokussierte Fondsmanager i.d.R. und planen Verkäufe erst für steuerfreie Zeiten.

Die Zehnjahresfrist gilt aber nicht für Fondsbesitzer. Sie können ihre Anteile – wie herkömmliche Investmentfonds – nach zwölf Monaten steuerfrei verkaufen, unabhängig vom Investitionsgrad des Fonds in Immobilien. Das Halbeinkünfteverfahren findet keine Anwendung. Neu geregelt ist der Ansatz von Werbungskosten, § 3 Abs. 3 InvStG.

Checkliste zur Berechnung der Werbungskosten laut InvStG	
Kosten, die wirtschaftlich auf steuerpflichtige Einnahmen entfallen, sind im ersten Schritt direkt zuzuordnen.	❑
Soweit Aufwendungen mit steuerfreien ausländischen Einnahmen im Zusammenhang stehen, werden sie nicht berücksichtigt.	❑
Von den hiernach verbliebenen Kosten gelten für Privatanleger 10 % pauschal als nicht abzugsfähig. Damit soll der Tatsache Rechnung getragen werden, dass Spekulationsgewinne innerhalb des Fonds i.d.R. steuerfrei bleiben.	❑
Anschließend sind die auf das Halbeinkünfteverfahren bezogenen Kosten herauszufiltern, bei Immobilienfonds eher die Ausnahme. Diese Aufwendungen können dann mit 50 % als Werbungskosten angesetzt werden.	❑
Nur der verbliebene Restbetrag ist voll abzugsfähig.	❑
Der neue Pauschalabschlag wirkt beispielsweise auf Verwaltungsgebühren, nicht aber auf direkt zuzuordnende Kosten wie die AfA.	❑

Negative Erträge des Investmentvermögens kommen ab 2004 nicht mehr beim Anleger an, § 3 Abs. 4 InvStG. Sie finden lediglich als Verlustvortrag Verwendung – auf Fondsebene. Damit entsteht nun eine Verschiebung der Verlustnutzung. Aufgrund der natürlichen Fluktuation kommen eine Reihe von bei der Entstehung des Minusbetrags investierte Anleger nicht mehr in den Genuss der Verrechnung mit späteren Erträgen.

Beispiel

Ansatz der Verlustverrechnung

Steuerpflichtige Erträge pro Anteil in 01	10 €
Darauf entfallende Werbungskosten inkl. AfA	13 €
Ausschüttung inkl. Auslandsertrag von 5 €	3 €
Zu versteuern 01	0 €
Steuerpflichtige Erträge pro Anteil in 02	10 €
Darauf entfallende Werbungskosten inkl. AfA	7 €
Ausschüttung inkl. Auslandsertrag von 5 €	8 €
Zu versteuern in 02 (Einkünfte 3 – Verlustvortrag 3)	0 €

Ergebnis: Besitzt bei der Ausschüttung 02 ein anderer Anleger die Anteile, profitiert er vom Ergebnis 01 des Vorbesitzers.

Steuer-Hinweise

- Immobilienfonds in ausländischen Depots sind von EU-Zinsbesteuerung ausgenommen. Für in Ausschüttungen enthaltene Zinsanteile werden – je nach Lageland – weder Kontrollmitteilungen noch Quellensteuern fällig. Bei Fondsrückgabe oder Ausschüttung spielt daher keine Rolle, bis zu welchem Grad der Fonds in Rentenwerte investiert ist.
- Zahlt die Gesellschaft wie etwa jüngst die Deutsche Bank einen Ausgleich für die zwischenzeitliche Fondsschließung, stellt dies keine Kapitaleinnahme dar. Die Zahlung mindert lediglich die Anschaffungskosten der Anteile (BMF v. 17.03.2006 – IV C 1 – S 1980 – 1 – 12/06, DStR 2006, 847).

Fazit: Die Wolken hatten sich zwischenzeitlich verdüstert. Zwar ist noch nicht absehbar, inwieweit die einzelnen Fondsanbieter auf Dauer ordentliche Erträge erwirtschaften können. So sprechen immer noch teilweise hohe Bewertungen der Gebäude und fehlende Transparenz eher gegen einen Kauf. Vorteil im Vergleich zur geschlossenen Variante ist allerdings die Streuung auf mehrere Immobilien, was weniger Risiko bedeutet. Hinzu kommt die tägliche Rückgabemöglichkeit der Anteile. Generell sind offene Immobilienfonds ein grundsolides Basisinvestment, was in der Gunst der Privatanleger wieder zulegen sollte.

Income Trusts

Diese Income Trusts oder kurz ITs sind mit → *REITs* vergleichbar, investieren jedoch statt in Immobilien in Firmen mit hohem Cash-Flow aus den Sektoren Pipeline, Öl und Gas. Die erwirtschafteten Erträge werden voll ausgeschüttet und eine Besteuerung erfolgt wie bei REITs erst auf der Ebene des Anlegers. Die Wertentwicklung der ITs war in der Vergangenheit durchweg besser als die der entsprechenden Indizes. Da sie nur an den Börsen Kanadas gehandelt werden, sind heimische Anleger bislang kaum investiert. Es gibt aber marktbreite Zertifikate, die sich auf den Income Trust-Index beziehen.

Index-Aktien

Diese in Deutschland relativ neue Wertpapierart bezieht sich wie Zertifikate auf den Verlauf von Indizes. Diese Werte werden offiziell als → *Exchange Traded Funds* bezeichnet.

Index-Anleihen

Die Verzinsung hängt bei diesem Produkt, anders als bei Floatern, nicht von einem Referenzzins, sondern von einem Börsenindex oder einer anderen Messgröße wie etwa den Rohstoffpreisen oder einem Aktienkorb ab. Die Rückzahlung des Nennwerts ist hierbei i.d.R. garantiert, nur die Höhe des Ertrags ist ungewiss. Bei einigen Papieren ist auch der Rückzahlungspreis von der Bezugsgröße abhängig. Neben den Zinsen sind auch Kursgewinne als Kapitaleinnahmen zu versteuern, da es sich bei Index-Anleihen um → *Finanzinnovationen* handelt. Mangels Emissionsrendite ist steuerlich hierbei stets der gesamte Kursertrag zu erfassen.

Zu unterscheiden sind diese Anleihen von → *Index-Zertifikaten.* Deren Ertrag hängt zwar auch von der Kursentwicklung einer Bezugsgröße ab. Allerdings gibt es keine laufende Verzinsung und auch der Rückzahlungsbetrag variiert je nach Verlauf des Index. Daher stellen die Zertifikate i.d.R. keine Finanzinnovation dar.

Fazit: Index-Anleihen stellen eine konservative Anlageform dar, um an einer positiven Börsenentwicklung zu profitieren. Der Chance auf höhere Zinsen steht hierbei das Risiko entgegen, bei schlechter Kursentwicklung lediglich unterdurchschnittliche Erträge erzielen zu können. Durch die garantierte Kapitalrückzahlung gehört das Produkt aber eher zu den sicheren Anlageformen.

Index-Fonds

Es handelt sich um Investmentfonds, die genau in die Aktien oder Rentenwerte investieren, aus denen sich der Index zusammensetzt. Als Hintergrund für diesen Anlagengrundsatz gilt, dass der private Anleger aufgrund nicht vorhandener ausreichender Geldmittel unmöglich sein Kapital in die gesamte Breite eines Aktien- oder Rentenmarkts investieren kann. Daher bieten Fondsgesellschaften ihm diese Möglichkeit an. Der Kurs der Anteile bewegt sich parallel zum zugrundeliegenden Index. Hierdurch wird die Wahrscheinlichkeit reduziert, dass die Wertentwicklung des Fonds schlechter verläuft als der gesamte Markt. Auf der anderen Seite ergibt sich natürlich auch keine Möglichkeit, eine Überperformance zu erreichen.

Die Anlage in solche Index-Fonds bietet auf der einen Seite natürlich die Möglichkeit, in einen Markt zielgerichtet zu investieren. Auf der anderen Seite stellt sich natürlich die Frage, warum die Anlagegesellschaft für diese schematische, computergesteuerte Anlageweise Gebühren und Ausgabeaufschläge berechnet.

Anlage-Tipp

Wer auf die Bewegungen eines bestimmten Markts spekulieren möchte, der ist bei den Index-Optionsscheinen oder Index-Zertifikaten besser aufgehoben. Es sind keine Aufschläge zu entrichten und man kann auch auf fallende Kurse setzen. Vorteil der Fonds: Die Laufzeit ist nicht begrenzt, man kann eine Baisse auch schon einmal aussitzen.

Zu beachten ist bei der Wertentwicklung eines Index-Fonds auf jeden Fall, dass sich eine Performance niemals absolut parallel zum Index entwickeln kann. Ein Index stellt immer eine mathematische Konstruktion dar, die von einigen Grundvoraussetzungen ausgeht. Beispielsweise wird unterstellt, dass

- beim Erwerb der Wertpapiere keine Transaktionskosten anfallen,
- Aktien und Renten auch zu Bruchteilen erworben werden können,
- Dividenden und Zinsen sofort und kostenfrei reinvestiert werden,
- keinerlei steuerliche Beschränkungen vorliegen und Ausschüttungen brutto vereinnahmt werden. Ausländische Dividenden beispielsweise können aber niemals sofort in voller Höhe reinvestiert werden,
- weiterhin muss der Fonds immer einen Mindestbestand an Barmitteln vorhalten, der nicht an der indexkonformen Wertentwicklung teilnimmt.

Steuerlich ergeben sich keine Unterschiede zu herkömmlichen → *Investmentfonds*.

Fazit: Index-Fonds sind zwar kein schlechtes Investment, aber es gibt bessere Alternativen. ETF sowie Index-Zertifikate sind preisgünstiger und transparenter.

Index-Optionsscheine

An der Börse gehandelte Optionsscheine, die sich auf einen steigenden oder fallenden Aktienindex (Call/Put) beziehen, etwa den DAX, den französischen CAC 40, den amerikanischen S&P-500, den britischen FT-SE 100 oder den japanischen Nikkei 225. Abweichungen zu anderen Optionsscheinen ergeben sich nur hinsichtlich der Tatsache, dass eine Wandlung durch den Bezug des zugrunde liegenden Werts bei Index-Scheinen nicht möglich ist (Cash

Settlement). Die Ausübung erfolgt durch Barausgleich der Differenz zwischen Indexwert und Basiskurs.

Index-Optionsscheine eignen sich hervorragend zur Spekulation auf die Bewegung einer bestimmten Börse, von Rohstoffen oder anderen Basisinvestments mit wenig Kapitaleinsatz – und das sowohl auf steigende als auch auf fallende Kurse. Weiterhin sind sie sinnvoll zum Absichern (Hedging) eines Aktiendepots im entsprechenden Land gegen fallende Kurse. Wie bei Aktienindex-Optionen und Futures wird auf den Kursverlauf einer Börse gesetzt. Dabei liegt die Laufzeit des Optionsscheins erheblich über der von Optionen. Der Anleger hat also mehr Zeit zu warten, ob seine Spekulation aufgeht. Weiterhin ist der Mindesteinsatz deutlich geringer.

Beispiel
Zwei Index-Optionsscheine (OS) werden zur gleichen Zeit gehandelt.

	Call-OS	Put-OS
Verhältnis	1 zu 100	1 zu 100
Basispreis	3.000	3.200
aktueller DAX	3.258	3.258
Kurs	3,53 €	0,84 €
innerer Wert	2,58 €	– 0,58 €

Die Möglichkeiten:

- Steigt der DAX bis zum Laufzeitende auf 3.450 Punkte, kostet der Call rechnerisch 4,50 €, so dass bezogen auf den Einsatz ein Gewinn von 27,5 % erzielt würde, obwohl der DAX nur 5,9 % angezogen hat. Der Put ist wertlos, es sind 100 % Verlust entstanden.
- Beim gleichzeitigen Erwerb von Put und Call wären 4,37 € eingesetzt worden, um 4,50 € zu erzielen; außer Spesen wohl nichts gewesen. Erst bei höherem Indexstand käme es zu einem richtigen Gewinn.
- Wenn der DAX bis zum Laufzeitende auf 3.000 Punkte fällt, kostet der Put rechnerisch 2,00 €, so dass bezogen auf den Einsatz ein Gewinn von 138 % erzielt würde, obwohl der DAX nur 7,9 % verloren hat. Der Call ist wertlos, es sind 100 % Verlust entstanden.
- Beim gleichzeitigen Erwerb wären weiterhin 4,37 € eingesetzt worden, um jetzt 2,00 € zu erzielen; diesmal ein großer Gesamtverlust.

Die Besteuerung erfolgt wie bei herkömmlichen → *Optionsscheinen* nur im Rahmen von privaten Veräußerungsgeschäften.

Fazit: Wer spekulativ auf das Auf oder Ab einer Börse setzen möchte, kommt an diesen Optionsscheinen kaum vorbei. Zumal sie einfach und täglich handelbar sind. Der Chance auf hohe Gewinne steht immerhin das Risiko eines Totalverlusts gegenüber.

Index-Plus-Zertifikate

Wer von der Kursentwicklung eines breiten Aktienmarkts profitieren will, kann dieses Ziel optimal mit Index-Zertifikaten umsetzen. Die bilden aber nur jeweils den Kursverlauf von einem Index ab. Ärgerlich ist hierbei, wenn sich der ausgewählte Index eher mäßig ent-

wickelt und andere Börsenbarometer im gleichen Zeitraum nach oben geschnellt sind. Gegen diese eher unerfreuliche Situation gehen Index-Plus-Zertifikate vor. Sie setzen beispielsweise wie ein herkömmliches Index-Zertifikat auf den Kursverlauf des EuroStoxx 50, Anleger können aber noch einen zweiten Index beimischen. Entwickelt sich dieser Alternativwert besser als der EuroStoxx, gibt es diese Performance als Bonus obendrauf. Weist der Zweitindex hingegen ein Minus aus, müssen Anleger dies nicht verkraften, dann ist nur die Entwicklung des EuroStoxx 50 maßgebend.

Steuerlich ergeben sich keine Unterschiede zu herkömmlichen → *Zertifikaten.*

Fazit: Für Anleger, die an der Wertentwicklung eines Aktienindizes teilhaben wollen, sich aber eine zusätzliche Chance eröffnen möchten, ist dieses Zertifikat sicherlich ein Kauf wert. Zumal der ausgewählte Zweitindex nur im Gewinnfalle zählt, also kein zusätzliches Risiko besteht. Nachteil hierbei ist allerdings, dass die während der Laufzeit ausgeschütteten Dividenden der im Index enthaltenen Unternehmen beim Emittenten verbleiben, was aber bei vielen Zertifikaten üblich ist.

Index-Zertifikate

Nur wenige Fondsmanager schlagen auf Dauer einen Referenzindex. Hinzu kommen noch Ausgabeaufschlag und Verwaltungsgebühren. Da ist es wenig verwunderlich, dass ein passives Vermögensmanagement über Index-Zertifikate effizienter und preiswerter ist. Statt auf eine Reihe von Einzelaktien aus einem Aktien-, Renten- oder Rohstoffindex zu spekulieren, haben Anleger hierüber die Möglichkeit, einen ganzen Markt abzudecken. Diese Partizipations-Zertifikate werden in Deutschland immer populärer. Alleine 70 % aller Zertifikate orientieren sich an einem Index, meist DAX oder EuroStoxx, und zunehmend auch an Rohstoffbarometern. Der Hintergrund: Immer mehr Investoren nehmen ihre Anlageentscheidung selbst in die Hand, profitieren von geringen Gebühren sowie den Vorteilen der Besteuerung und sind enttäuscht von den eher negativen Erfolgsquoten der Fondsmanager, die hierfür auch noch Geld verlangen.

Der Kurs dieser Wertpapiere hängt unmittelbar vom Verlauf des zugrundeliegenden Index ab. Der Anleger profitiert also bei steigenden und verliert bei fallenden Kursen. Index-Zertifikate konkurrieren mit Index-Fonds, Index-Optionsscheinen oder Index-Aktien, sind aus steuerlicher Sicht aber am attraktivsten. Pluspunkte ergeben sich aber auch aus den Möglichkeiten, mit geringem Einsatz in ein Land oder eine ganze Region zu investieren, sowie dem fairen Preis, da weder Aufgeld noch Ausgabeaufschlag zu zahlen sind.

Zumeist bilden die Zertifikate den zugrundeliegenden Index 1:1 oder 1:10 ab. Die Besitzer können den Kursverlauf der Papiere leicht verfolgen und über eine Reihe von Banken auch über Sparpläne investieren. Viele Angebote haben kein Laufzeitende, Anleger können somit dauerhaft auf eine oder mehrere Börsen setzen.

Checkliste zu Index-Zertifikaten	
Der Kurs dieser Wertpapiere hängt unmittelbar vom Verlauf des zugrundeliegenden Index ab. Anleger profitieren also bei steigenden und verlieren bei fallenden Kursen.	❑
Index-Zertifikate konkurrieren mit Index-Fonds oder Index-Aktien, sind aus steuerlicher Sicht aber attraktiver.	❑
Vorteile ergeben sich aus der Möglichkeit, mit geringem Einsatz in ein Land oder eine ganze Region zu investieren und weder Aufgeld noch Ausgabeaufschlag zahlen zu müssen. Das wird derzeit durch Neuemissionen auf die Indizes der EU-Beitrittsstaaten praktiziert.	❑
Permanente Vergleichsmöglichkeit mit dem aktuellen Indexstand.	❑
In vielen Indizes wie etwa dem DAX werden Dividendenabschläge dem Kurs wieder zugerechnet. Anleger profitieren hiervon indirekt, ohne Kapitaleinnahmen versteuern zu müssen.	❑
Ständiger Börsenhandel möglich.	❑

Eine Steuerpflicht nach § 20 Abs. 1 Nr. 7 EStG ist bei klassischen Index-Zertifikaten nicht gegeben, da bei der Kapitalanlage die Rückzahlung des Kapitalvermögens oder ein Entgelt für die Überlassung des Kapitalvermögens zur Nutzung weder zugesagt noch gewährt wird und der Ertrag ausschließlich von einem ungewissen Ereignis, nämlich dem Kursverlauf eines Bezugswerts abhängt. Die Anlage kann theoretisch zu einem Totalverlust führen. Derartige Geschäfte stellen lediglich Termingeschäfte gem. § 23 Abs. 1 Nr. 4 EStG oder private Veräußerungsgeschäfte nach § 23 Abs. 1 Nr. 2 EStG dar. Das gilt auch für → *Zins-Zertifikate*, die sich auf einen Rentenindex beziehen.

Ist jedoch zumindest eine teilweise Rückzahlung des eingesetzten Kapitals oder ein Entgelt für die Kapitalüberlassung garantiert, führt dies bei Veräußerung oder Einlösung zur Steuerpflicht nach § 20 Abs. 2 Nr. 4 EStG. In diesem Fall können auch realisierte Verluste als negative Kapitaleinnahmen geltend gemacht und mit anderen Einkünften verrechnet werden.

Steuer-Hinweis

Zertifikate ohne Garantiezusagen fallen grundsätzlich nicht unter die EU-Zinsrichtlinie. In Österreich gilt jedoch die Besonderheit, dass Erträge aus Index-Zertifikaten steuerpflichtige Kapitaleinkünfte darstellen, auch wenn sich der Rückzahlungspreis nur nach der Wertentwicklung eines Bezugswerts wie einem Index richtet. Hier gilt die Differenz zwischen Ausgabe- und Einlösewert als Zinsen. Die Durchführungsrichtlinien zur EU-Quellensteuer durchbrechen dieses Prinzip aber für Anleger aus anderen EU-Staaten:

- Bei Zertifikaten mit Kapitalzusagen gelten jene Ertragsanteile als Zinsen, für die Garantien vereinbart sind.
- Index-Zertifikate mit Bezug auf Aktien, Währungen oder Rohstoffe sind nicht betroffen.
- Bei Zertifikaten auf Rentenindizes gilt eine 5 + 80-Regel: Ein Quellensteuerabzug entfällt, wenn sich der Index aus mindestens fünf unterschiedlichen Bezugswerten (Anleihen oder Fonds) zusammensetzt und der Anteil einer Komponente nicht mehr als 80 % betragen darf.

Fazit: Index-Zertifikate sind wohl die preiswerteste und auch die transparenteste Möglichkeit, von Auf und Ab eines Börsenindex zu profitieren. Einziger Nachteil im Vergleich zu Fonds ist das Risiko der Schuldnerbonität. Bei den am deutschen Markt agierenden großen Bankhäusern ist dies jedoch zu vernachlässigen.

Inflationsindexierte Anleihe

Steigen die Lebenshaltungskosten oder erhöhen die Zentralbanken den Leitzins, zieht regelmäßig auch das Marktniveau an. Dies hat dann fallende Anleihekurse zur Folge. Anleger entziehen sich diesem Risiko, indem sie ihre Gelder beispielsweise in kurzfristigen Anlageformen parken oder → *Floater* mit variabler Zinsanpassung ins Depot nehmen. Hierdurch partizipieren sie von den steigenden Zinssätzen durch kontinuierlich angenäherte Kupons. Das vermeidet dann größere Kurseinbußen. Ansonsten bietet der Rentenmarkt aber wenig Alternativen gegen steigende Zinsen.

Ein probates Gegenmittel sind in diesem Fall inflationsindexierte Anleihen, auch Linker genannt In Großbritannien gibt es sie seit 1981, in den USA seit 1997 und in Frankreich seit 1998. Hierzulande wurde das Produkt erstmals im März 2006 über eine neue Bundesanleihe gegen steigende Preise eingeführt. Aufgrund der ersten Emission des Bundes rücken diese Papiere mit Kapitalschutz zunehmend auch in den Fokus von Privatanlegern.

Inflationsgeschützte Anleihen zahlen wie klassische Anleihen regelmäßig Zinsen an die Anleger und am Ende der Laufzeit das Geld zurück. Allerdings sind Zins und Tilgung bei der kapitalindexierten Variante über einen Index an die Inflationsentwicklung gekoppelt. Der Nennwert wird nach einer vorher festgelegten Zeitspanne oder fortlaufend um die aktuelle Inflationsrate fortgeschrieben, erhöht sich also. Dieses Verfahren sorgt dafür, dass der Kaufkraftverlust eines Investments fortlaufend wieder aufgefangen wird. Der Kupon bemisst sich jeweils nach dem angepassten Nennwert und ergibt in Folge dessen permanent steigende Zinssätze bei anziehender Inflation und einen höheren Rückgabewert bei Fälligkeit.

Beispiel

Anleihe Nennwert	10.000 €
Kupon	3 %
Inflationsrate nach einem Jahr	4 %
Angepasster Nennwert	10.400 €
Zinsen (3 % von 10.400 €)	312 €
Rendite im ersten Jahr	3,12 %

Die Anpassung erfolgt gewöhnlich nur nach oben. Kommt es zu fallenden Preisen, sinkt der einmal erreichte Nennwert lediglich bis auf sein Ausgangsniveau zurück. Anleger, die solche Anleihen bei der Emission erwerben, können somit bei Fälligkeit keine Verluste, sondern eigentlich nur Kursgewinne erzielen. Wer allerdings die Papiere während der Laufzeit erwirbt, geht das Kursrisiko von Rückschlägen ein. Da Käufer der inflationsindexierten Anleihen von einer permanent anziehenden Preissteigerungsrate ausgehen, kalkulieren sie auch mit ständig steigenden Zinsen und somit Renditen. Diese ermitteln sich nicht nur aus dem jährlichen Kupon, sondern auch aus dem erhöhten Nennwert zum Ende der Laufzeit.

Beispiel
Bei Emission des Anleihe betragen Zinskupon und Inflationsrate jeweils 3 %

Jahr	Nennwert (in %)	Zinsen (in %)	Rendite (in %)
Emission 2006	1.000		
2007	1.030	30,90	3,090
2008	1.061	31,83	3,183
2009	1.093	32,78	3,278
2010	1.126	33,77	3,377
2011	1.159	34,78	3,478
2012	1.194	35,82	3,582
2013	1.230	36,90	3,690
2014	1.267	38,00	3,800
2015	1.305	39,14	3,914
2016	1.344	40,32	4,032
Summe Zinsen		354,23	
Kursgewinn		344,00	
Summe der Erträge		698,23	69,823

Bei einem festverzinslichen Papier mit gleicher Laufzeit wie im Beispielsfall könnten rund 450 € Zinsen vereinnahmt werden, bei Fälligkeit keine Kursgewinne und während der Laufzeit sogar Verluste. Die Absicherung gegen die Inflation bieten die Emittenten nicht kostenlos an. Sie justieren den Zinssatz unter dem von Kupons vergleichbarer festverzinslicher Anleihen mit gleicher Laufzeit. Steigen die Lebenserhaltungskosten während der Laufzeit wider Erwarten nicht oder nur geringfügig, fahren Investoren mit herkömmlichen Festverzinslichen besser.

Anlage-Hinweis

Kaufinteressierte müssen über die gesamte Laufzeit von steigenden Inflationsraten ausgehen, sonst sind die Renditen der Festverzinslichen höher. Der aufgelaufene Anleihegewinn stellt eine Kapitaleinnahme dar, so dass die Nachsteuerrendite aus dem Kursplus geringer ausfällt. Bei herkömmlichen Rentenpapieren ist ein Verkauf nach einem Jahr steuerfrei, was besonders in Zeiten fallender Zinsen und Kaufkursen von unter 100 % lukrativ ist.

Checkliste zu den Anlagegrundsätzen	
Inflationsindexierte Anleihen schützen durch die permanente Anpassung des Nennwerts vor Geldentwertung.	❑
Die Höhe der ausgezahlten Zinsen steigt i.d.R. laufend an.	❑
Zinsrisiken bestehen wie bei herkömmlichen Anleihen, durch die Inflationsanpassung sind sie aber deutlich geringer.	❑
Deflation führt nicht zu einem geminderten Nennwert.	❑
Durch den ansteigenden Nennwert können die Erträge zum Teil in die Zukunft verschoben werden. Bei sinkendem Sparerfreibetrag ein gutes Argument.	❑
Die geringen Zinsen während der Laufzeit lassen das Freistellungsvolumen im Gegensatz zu Zerobonds nicht verpuffen.	❑
Je höher die Inflation während der Laufzeit, umso größer die Rendite aus Zinsen und Kursertrag.	❑
Die Volatilität ist geringer als bei herkömmlichen Anleihen.	❑
Der Referenz-Preisindex muss nicht immer der Inflation entsprechen. Einige Emittenten nehmen bestimmte Werte aus dem Warenkorb heraus. Anleger sollten daher immer den Verkaufsprospekt studieren.	❑

Bei den Linked Bonds bestimmen sich die Börsenkurse nach Angebot und Nachfrage. Dabei ist durchaus realistisch, dass die Papiere infolge drohender Inflation oder verstärkter Beliebtheit vermehrt nachgefragt werden. Das hat zur Folge, dass der Kurs steigt, ohne dass sich die Zinsen wesentlich ändern. Diese Situation führt dann zu einer geringen Rendite, in den Folgejahren müssen die Index-Anleihen erst einmal den Zinsabstand zu Festverzinslichen aufholen, bevor überhaupt ein Mehrertrag erreichbar ist.

Anlage-Tipp

Der deutsche Markt für inflationsorientierte Anleihen ist für Privatanleger nicht sehr üppig, obwohl es mit den USA, Frankreich oder Italien große Emittenten gibt. Empfehlenswert ist neben den Anleihen des Bundes und der Europäischen Entwicklungsbank daher auch, auf entsprechende Fonds zu setzen. Solange der deutsche Markt kein ausreichendes Angebot gewährleistet, ist der indirekte Kauf über Fonds eine sinnvolle Alternative.

Die laufenden Zinsen aus inflationsindexierten Anleihen stellen bei Zufluss Einnahmen aus Kapitalvermögen i.S.d. § 20 Abs. 1 Nr. 7 dar und unterliegen dem Zinsabschlag. Der Gesetzgeber behandelt die Papiere als → *Finanzinnovationen*, da die Höhe der Erträge zwar von einem ungewissen Ereignis abhängen, die Rückzahlung aber garantiert ist, § 20 Abs. 2 Nr. 4c i.V.m. Satz 4 EStG. Damit sind Kursgewinne über alle Laufzeiten hinweg als Kapitaleinnahme zu versteuern. Da die Emissionsrendite zu Beginn nicht bekannt ist, muss stets die Marktrendite angesetzt werden. Bei Verkauf oder Fälligkeit wird Zinsabschlag fällig.

Diese steuerlichen Grundsätze haben auch Fonds zu beachten, die in inflationsindexierte Anleihen investieren. Damit erhöhen sich die steuerpflichtigen Kapitaleinnahmen um die aufgelaufenen Kursgewinne. Diese Beträge fließen auch in den Zwischengewinn ein. Bei herkömmlichen Festverzinslichen können die Fondsmanager hingegen die Anleihen ohne Beachtung von Haltefristen verkaufen, ohne dass sich für die Fondsbesitzer steuerpflichtige Erträge nach § 23 EStG ergeben.

Steuer-Tipp

Eine steuerliche Belastung des i.d.R. permanent anwachsenden Kursplus der Inflationsanleihe entsteht erst bei Fälligkeit oder Verkauf. Diesen Grundsatz nutzen Anleger, die während der Laufzeit eine hohe und gegen Ende hin eine geringere Progression erwarten. Damit gelingt es, die Besteuerung exakt auf den Zeitpunkt zu bestimmen, in dem die Einkünfte voraussichtlich geringer sein werden. Der Sparerfreibetrag wird während der Laufzeit von den anfallenden Zinsauszahlungen in Anspruch genommen, so dass er in keinem Fall ungenutzt bleibt.

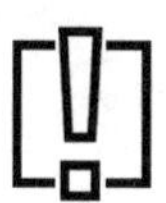

Fazit: Inflationsorientierte Anleihen bieten langfristig Sicherheit gegen Preisanstiege und sind damit ein konservatives Produkt. Allerdings ist der Markt für Privatanleger derzeit nicht sehr liquide. Daher ist zu empfehlen, auf entsprechende Fonds zu setzen. Solange der deutsche Markt kein ausreichendes Angebot gewährleistet, ist der indirekte Kauf über Fonds eine sinnvolle Alternative. Solche Linker können eine interessante Anlagemöglichkeit im Rahmen der Altersvorsorge darstellen.

Inhaberaktien

Wer eine Aktie besitzt, ist Inhaber. Name und Anschrift bleiben anonym. Die AG weiß somit nicht, wer ihre Besitzer sind. Möchte die Firma hingegen Namen, Adresse und Beruf ihrer Aktionäre wissen, geben sie Namensaktien heraus. Steuerlich ergeben sich keine Unterschiede zu herkömmlichen → *Aktien*. Beschließt eine AG die Umwandlung von Inhaber- in Namensaktien, stellt dieser Gattungswechsel keinen Aktientausch dar und führt weder zu einem privaten Veräußerungsgeschäft nach § 23 Abs. 1 Satz 1 Nr. 2 EStG noch zu einer Anschaffung der neuen Namensaktien. Mögliche Zuzahlungen erhöhen lediglich die ursprünglichen Anschaffungskosten.

Instandhaltungsrücklage

Kapital von den Mitgliedern einer Wohnungseigentümergemeinschaft für künftige Instandhaltungen wirft i.d.R. Zinsen ab. Sie gehören bei jedem einzelnen Eigentümer anteilig zu den Einnahmen aus Kapitalvermögen, sofern aus der Wohnung keine Mieteinnahmen fließen. Dabei ist ausreichend, wenn der Verwalter die anteiligen Einnahmen jedem Miteigentümer mitteilt. Wird die entsprechende Eigentumswohnung vermietet, liegen Einnahmen aus Vermietung und Verpachtung vor. Da die Gemeinschaft keinen Freistellungsauftrag erteilen kann, wird auf alle Erträge Zinsabschlag fällig. Der einzelne Eigentümer kann die einbehaltene Steuer bei seiner Steuererklärung nur geltend machen, wenn ihm eine Aufteilung der Zinsen sowie eine Kopie der Steuerbescheinigung durch den Verwalter vorliegt (BMF v. 05.11.2002 – IV C 1 – S 2401 – 22/02, BStBl I, 1338). Das gilt auch bei Mieteinkünften.

Zum Abzug der Instandhaltungsrücklage als Werbungskosten siehe OFD Frankfurt v. 30.03.2000 – S 2211 A – 12 – St II 23, DB 2000, 1102, FR 2000, 685.

Investment-Clubs

Privater Zusammenschluss von mehreren Kapitalanlegern mit dem Zweck der gemeinsamen Geldanlage, meistens in Aktien. Auf der Grundlage eines von der Deutschen Schutzvereinigung für Wertpapierbesitz entwickelten Muster-Gesellschaftsvertrags können sich Sparer zu Investment-Clubs zusammenschließen. Jedes Mitglied zahlt einen vorher bestimmten Betrag ein und wird anteilig am gesamten Vermögen beteiligt. Der Club wird in Form einer bürgerlich-rechtlichen Gesellschaft (BGB-Gesellschaft) geführt und hat den Vorteil, dass durch ein größeres Geldvolumen eine breitere Anlagestreuung möglich ist und dadurch das Risiko für jeden einzelnen sinkt.

Die Entscheidungen innerhalb der Gesellschaft finden gleichberechtigt durch die Gesellschafter statt. Da es sich bei Investment-Clubs meist um einen Zusammenschluss von Privatanlegern zwecks gemeinsamer Wertpapieranlage mit Risikostreuung handelt, ist i.d.R. davon auszugehen, dass keine gewerbliche Tätigkeit vorliegt. Viele Banken und insbesondere die Sparkassen halten Informationsbroschüren zum Führen von Investment-Clubs bereit, helfen mit Rat und Tat bei der Gründung und bieten kostenlose Konten- und Depotverwaltungen an. Insbesondere den jüngeren Geldanlegern soll hierdurch der Weg zum Aktiengeschäft erleichtert oder geebnet werden.

Der Club muss eine einheitliche und gesonderte Feststellungserklärung anfertigen. Freistellungsaufträge sind grundsätzlich nicht möglich, deshalb wird von jedem erhaltenen Cent Einnahme Zinsabschlag oder Kapitalertragsteuer einbehalten.

Steuer-Tipp

Sparclubs mit Einnahmen aus Kapitalvermögen können bei Fällen von geringer Bedeutung i.S.d. § 180 Abs. 3 Satz 1 Nr. 2 AO auf die Durchführung eines Feststellungsverfahrens verzichten. Das ist immer dann der Fall, wenn die Einnahmen den für das Jahr geltenden Sparerfreibetrag nicht überschreiten. Dann kann der Verwalter die Erträge auf die Beteiligten aufteilen (FinMin Schleswig-Holstein v. 13.02.2004 – VI 313 – S 2252 – 281, DB 2004, 1585).

Da es sich bei den Investment-Clubs meist um einen Zusammenschluss von Privatanlegern zwecks gemeinsamer Wertpapieranlage mit Risikostreuung handelt, liegt keine gewerbliche Tätigkeit vor (OFD Hannover v. 19.08.2002 – G 1401 – 23 – StO 231/G 1401 – 7 – StH 241, FR 2002, 1097, BB 2002, 2368, StEd 2002, 755). Je nach Ausgestaltung kann es aber sein, dass der Club einer Erlaubnis nach dem Kreditwesengesetz bedarf.

Investmentfonds

Das Angebot an Investmentfonds-Produkten ist im Inland nahezu grenzenlos. Hierzulande können Anleger aus über 7.600 Aktien-, Renten- und Geldmarktfonds sowie gemischten Fonds und offenen Immobilienfonds mit unterschiedlichen Strategien an Chancen weltweit partizipieren. Zum Vergleich: 1955 gab es lediglich 19 Aktienfonds, 1959 kam der erste offene Immobilienfonds und erst 1966 Rentenfonds hinzu. Geldmarktfonds wurden erst 1994 zugelassen. Ab diesem Zeitpunkt entwickelte sich die Angebotspalette dann rasant. Hinzu kamen Lauf-, Garantie-, Länder-, Branche-, Regionen- und ab 2004 Hedge-Fonds.

Steuerlich gesehen herrscht seit 2004 eine nahezu neue Welt. Das Gesetz zur Modernisierung des Investmentwesens unterteilt sich seitdem in das InvG sowie das InvStG. Die bis dahin geltenden Vorschriften des Gesetzes über Kapitalanlagengesellschaften und des Auslandsinvestment-Gesetzes wurden zusammengeführt und die darin enthaltenen steuerlichen Regelungen separat zusammengefasst. Dabei hat der deutsche Gesetzgeber auf zwei Änderungsrichtlinien der EU zu den Organismen für gemeinsame Anlagen in Wertpapieren (OGAW) reagiert, geht aber oft über den dort festgehaltenen Mindeststandard hinaus. Eine Unterscheidung zwischen in- und ausländischen Investmentfonds fällt grundsätzlich weg. Somit fallen auch ausländische Investmentfonds, also solche mit Sitz oder Verwaltung jenseits der Grenze, unter das Investmentsteuergesetz.

Anlagegrundsätze

Investmentfonds sind Sondervermögen, die von einer Kapitalanlagegesellschaft verwaltet werden. Das Fondsvermögen kann aus Aktien, Optionsscheinen, festverzinslichen Wertpapieren, anderen Fondsanteilen, Immobilien, Festgeld, Derivaten und/oder Geldmarktpapieren bestehen. Stille Beteiligungen, Edelmetalle und Terminkontrakte auf Waren dürfen nur Single-Hedge-Fonds auflegen, die nicht an Privatanleger vertrieben werden dürfen. Dabei müssen die Fondsmanager eine Reihe von Vorschriften zur Risikobegrenzung beachten. Motto hierbei: Nicht alles auf eine Karte setzen, sondern eher streuen.

Das Sondervermögen liegt auf einem gesperrten Depot bei einem Kreditinstitut. Wer sich an einem Investmentfonds beteiligt, erhält Anteilsscheine, die das Miteigentumsrecht an dem Fonds verbriefen. Diese Anteilsscheine können als effektive Stücke ausgegeben, in einem Depot verwaltet oder auf einem Konto bei der Kapitalanlagegesellschaft gutgeschrieben werden. Das Fondsvermögen wird börsentäglich neu ermittelt und anteilig für die ausgegebenen Anteile umgerechnet. Dieser Anteilswert wird als Rücknahmepreis bezeichnet, da man zu diesem Kurs seinen Fondsanteil zurückgeben kann und den entsprechenden Gegenwert erhält. Mit dem Ausgabepreis bezeichnet man den meist höheren Kurs, zu dem die Anteile erwerbbar sind. Durch den Differenzbetrag, auch Ausgabeaufschlag genannt, erhält die Fondsgesellschaft einmalig eine Vertriebsgebühr. Weitere Spesen für An- und Verkauf fallen i.d.R. nicht an, sofern die Fonds nicht über die Börse gehandelt werden.

Checkliste der Vorschriften im InvG	
Förmliche Zulassung der BaFin zum Geschäftsbetrieb, § 7	❑
Bei Auslandsfonds Anhörung der BaFin vor Geschäftserlaubnis, § 8	❑
Elektronische Meldepflicht der Vermögensaufstellung sowie jedes getätigten Börsengeschäftes, § 10	❑
Startkapital von mindestens 730.000 € und bei Immobilienfonds von 2,5 Mio. €. Darüber hinaus muss der Fonds ständig Eigenmittel i.H.v. einem Viertel der jährlich anfallenden Kosten aufweisen, § 11	❑
Einführung vom EU-Pass für grenzüberschreitende Zweigstellen, § 12	❑
Fonds dürfen einige Geschäfte nur mit Zustimmung der Depotbank durchführen, § 26	❑
Fonds sollen ihre Stimmrechte bei Hauptversammlungen einer AG selbst ausüben, § 32	❑

Checkliste der Vorschriften im InvG (Fortsetzung)	
Teilfonds in einer Umbrella-Konstruktion sind zugelassen, § 34	❑
Verschmelzung von Fonds sind möglich, § 40	❑
Verhinderung der doppelten Kostenbelastung bei Anlagen in Fonds verbundener Gesellschaften, § 50	❑
Fonds sollen vermehrt auch bei fallenden Börsen profitieren und auf Derivate setzen, § 51	❑
Erhöhung der Anlagegrenze für einige Anleihen, § 60, sowie für Zielfonds, § 64	❑
Immobilienfonds müssen alle im Jahr getätigten An- und Verkäufe in einer Anlage zur Vermögensaufstellung angeben, § 79	❑
Gemischte Fonds dürfen nicht mehr direkt in Immobilien investieren, § 84	❑
Ein Investmentfonds ist auch in Form einer AG mit variablem Kapital möglich, § 96	❑
Zulassung von Hedge-Fonds, § 112. Nur die Konstruktion als Dachfonds ist für den öffentlichen Vertrieb an Privatanleger zugelassen, § 113	❑
Der Zeitraum für die Anteilspreisermittlung und die Rücknahme von Anteilen kann ausgeweitet werden, § 116.	❑

Laut InvG handelt es sich bei Investmentvermögen um „Vermögen zur gemeinschaftlichen Kapitalanlage, das nach den Grundsätzen der Risikomischung in Vermögensgegenständen angelegt ist“. Keine Rolle spielt die Finanzierung, das Vermögen kann also aus Eigen- oder Fremdkapital gebildet werden. Erwerbbare Vermögensgegenstände sind

1. Wertpapiere
2. Geldmarktinstrumente
3. Derivate
4. Bankguthaben
5. Immobilien
6. Immobiliengesellschaften
7. Investmentfonds-Anteile
8. Stille Beteiligungen
9. Edelmetalle
10. Terminkontrakte auf Waren
11. Unternehmensbeteiligungen

Anlagen nach den Nummern 8–11 sind nur inländischen Single-Hedge-Fonds und vergleichbaren Auslandsfonds erlaubt.

Die Tätigkeit der Fondsmanager muss ausschließlich im Interesse der Anleger und unabhängig von der Weisung Dritter liegen. Aufgrund ihrer Größe könnten Fonds durch gezielte An- oder Verkäufe die Börsenkurse beeinflussen. Dies ist jedoch genauso untersagt wie die Ausnutzung von Insiderinformationen. Die Fondsgesellschaft muss in regelmäßigen Abständen eine Vermögensaufstellung an die BaFin übersenden und zusätzlich jedes Wertpapiergeschäft. Diese Pflicht erfüllt i.d.R. die Depotbank. Damit sollen die Anlagegrundsätze überwacht werden – und dies permanent. Mit der Verwaltung des Fondsvermögens muss zwingend ein anders Kreditinstitut beauftragt werden, das im Inland sitzt. Die Depotbank nimmt auch die Ausgabe und Rücknahme von Anteilen vor, bewertet das Vermögen und errechnet die Ausgabe- und Rücknahmepreise.

Innerhalb des Fonds fallen nicht nur Wertpapiererträge, sondern auch Kosten an. Dies sind neben den üblichen Transaktionsgebühren auch die Verwaltungs- und Bankkosten. Hierbei gibt es durch die Einführung einer Gesamtkostenquote jetzt mehr Transparenz für den Anleger. Die Quote wird einheitlich ermittelt und weist das Verhältnis der im Jahr angefallenen Kosten zum Vermögen aus.

$$\text{Gesamtkostenquote} = \frac{\text{Kosten des Jahres in €}}{\text{Durchschnittliches Fondsvermögen}} \times 100$$

Zusätzlich auszuweisen ist die erfolgsabhängige Verwaltungsvergütung, ein Posten, der durch die nunmehr zugelassenen Hedge-Fonds stärker in den Blickpunkt rücken wird.

Fonds dürfen nur in richtlinienkonformes Vermögen i.S.d. §§ 46 ff. InvG investieren. Das sind etwa Wertpapiere, die an einer Börse innerhalb der EU oder EWR zum Börsenhandel zugelassen sind. Auf Derivate auf Wertpapiere darf ebenfalls gesetzt werden, das Risikopotential darf sich allerdings hierdurch maximal verdoppeln. Leerverkäufe sind hingegen nicht zulässig. Vom gleichen Emittent dürfen sich lediglich 5 % des Vermögens im Fondsdepot befinden, bei abweichenden Vertragsbedingungen maximal 10 %. Handelt es sich beim Gläubiger um einen EU- oder EWR-Staat, steigt die Quote auf 35 %, bei Kreditinstituten aus solchen Ländern auf 25 %. Die Beteiligung an anderen Fonds ist auf jeweils 20 % limitiert.

Steuerliche Behandlung

Das Gesetz zur Modernisierung des Investmentwesens und zur Besteuerung von Investmentvermögen nimmt unter anderem auch die Vorschriften des bis Ende 2003 geltenden Gesetzes über Kapitalanlagengesellschaften und das Auslandsinvestment-Gesetz auf. Eine Unterscheidung zwischen in- und ausländischen Investmentfonds fällt grundsätzlich weg. Steuerlich maßgebend ist das InvStG sowie das ausführliche Anwendungsschreiben der Finanzverwaltung (BMF v. 02.06.2005 – IV C 1 – S 1980 – 1 – 87/05, BStBl I, 728).

Steuer-Hinweis

Für im Rahmen der privaten Altersvorsorge nach § 82 EStG erworbene Fonds gilt die nachgelagerte Besteuerung nach § 22 Nr. 5 EStG. Hinweise hierzu: BMF v. 17.11.2004 – IV C 4 – S 2222 – 177/04/IV C 5 – S 2333 – 269/04, BStBl I, 1065.

Dem Anleger fließen die Erträge aus den Investmentfonds – Dividenden, Zinsen, Veräußerungsgewinne, Terminmarktgeschäfte oder Mieten – jährlich in Form einer Ausschüttung oder Thesaurierung zu. Diese unterliegen dann entsprechend dem persönlichen Einkommensteuersatz des einzelnen privaten Anlegers als Einkünfte aus Kapitalvermögen (auch bei Immobilienfonds) der Besteuerung. Keine Rolle spielt dabei, ob die Einnahmen aufs Konto fließen oder der Fonds sie thesauriert. Denn auch wenn Erträge nicht ausgeschüttet werden, gelangen sie indirekt in ihren Besitz – durch einen höheren Kurswert der Anteile.

Allerdings ist nicht in jedem Fall die gesamte Ausschüttung zu versteuern. Vom Fonds selbst erzielte Veräußerungsgewinne, nach DBA steuerfreie Auslandserträge und Terminmarktgeschäfte sowie Optionsprämien aus Leerverkäufen nach § 22 Nr. 3 EStG sind steuerfrei, unabhängig von der Besitzdauer. Im Gegenzug können Anleger auch die realisierten Kursverluste der Fondsmanager nicht geltend machen. Doch nicht alles bleibt steuerfrei: Immobilienverkäufe binnen zehn Jahren muss der Besitzer versteuern, was zumindest bei inländischen Fonds kaum vorkommt.

Der Investmentfonds selbst ist von der Körperschaft- und der Gewerbesteuer befreit, die erzielten Erträge werden von Privatanlegern als Einnahmen aus Kapitalvermögen versteuert. Motto: Der Besitzer erhält die Fondserträge nicht über Umwege, sondern direkt aus den investierten Wertpapieren. Das gilt für Zinsabschlag, Kapital- und Quellensteuer; die Gesellschaft hat hierauf keinerlei Anrechnungsanspruch.

Der Verkauf von Fondsanteilen ist innerhalb der Spekulationsfrist i.S.d. § 23 EStG als privates Veräußerungsgeschäft steuerpflichtig. Dabei greifen das Halbeinkünfteverfahren sowie die Spezialvorschrift des § 17 EStG auch dann nicht, wenn es sich um einen reinen Aktienfonds handelt, § 8 Abs. 5 InvStG.

Einnahmen aus Investmentfonds entstehen sowohl aus den ausgeschütteten als auch aus den thesaurierten Beträgen. Landen die Erträge auf dem Anlegerkonto, ist das der maßgebende Steuerzeitpunkt. Bei thesaurierenden Fonds erfolgt trotz der fehlenden Ausschüttung eine jährliche Versteuerung zum Ende des Wirtschaftsjahres der Fondsgesellschaft. Das ist nur selten der 31. Dezember. Die Gesellschaft muss dann die erwirtschafteten Beträge je Anteil extra in einem gesonderten Feststellungsverfahren feststellen. Schüttet ein Fonds nur teilweise aus, gelten ihm i.d.R. zu diesem Zeitpunkt auch die anteilig thesaurierten Beträge als zugeflossen. In diesem Fall kommt es also nicht auf das Geschäftsjahr an.

Versteuern muss derjenige Inhaber, der Fondsanteile am Ausschüttungstag besitzt, unabhängig davon, wie lange die Anteile zuvor im Besitz waren. Diese stichtagsbezogene Besteuerung erscheint nicht nur auf den ersten Blick ungerecht. Denn erwirbt ein Anleger Fondsanteile erst einen Tag vor der Ausschüttung oder Thesaurierung, muss er den gesamten Betrag des abgelaufenen Jahres versteuern. Dieses negative Ergebnis wird durch das Gegenrechnen von Zwischengewinnen verhindert; per saldo wurde hierdurch nur der Ertrag versteuert, der auch anteilig auf die Zeit des Besitzes entfällt.

Die Erträge setzen sich nicht nur aus den eingenommenen Zinsen, Gewinnen und Dividenden zusammen. Die aus dem Fondsvermögen einbehaltenen Managementgebühren mindern diese Einnahmen und nur der Saldo kommt beim Anleger an. Diese Aufwendungen sind ab 2004 nicht in voller Höhe als Werbungskosten absetzbar.

Checkliste: Steuerpflicht bei den unterschiedlichen Verwaltungsarten				
Verwaltung in*		Ausschüttung		So werden die Fondserträge besteuert
D	A	Ja	Nein	
x		x		Die Erträge sind bei Ausschüttung steuerpflichtig, Zinsen in voller Höhe und Dividenden zur Hälfte. Ist der Freistellungsauftrag überschritten, fallen Zinsabschlag oder Kapitalertragsteuer an. Der Anleger erhält dann nur den Nettobetrag, kann die Abzugsbeträge aber über seine Steuererklärung verrechnen.
x			x	Zum Ende des Fondsgeschäftsjahres wird der steuerpflichtige Ertrag ermittelt, den der einzelne Besitzer zu versteuern hat. Die fälligen Steuerabzüge werden aus dem Fondsvermögen bezahlt und mindern den Wert der Anteile. Liegt ein Freistellungsauftrag vor, erhält der Anleger diese Beträge erstattet, was aber keinen Einfluss auf den geminderten Kurs des Fonds hat.
	x	x		Die Erträge sind im Jahr der Ausschüttung steuerpflichtig. Dividenden bleiben mit 50 % steuerfrei.
				❑ Liegen die Fonds in einem inländischen Depot, werden Zinsabschlag und Kapitalertragsteuer fällig, sofern kein Freistellungsauftrag vorliegt oder der Betrag bereits ausgeschöpft ist.
				❑ Liegen die Anteile in einem Depot jenseits der Grenze, erfolgt kein Abschlag auf die Zinserträge. Es fallen aber 20/25 % Kapitalertragsteuer auf inländische Dividenden und Ausschüttungen von Genuss-Scheinen an. Mangels Freistellungsauftrag fällt der Einbehalt ab dem ersten Euro an. Dieser deutsche Steuerabzug gilt als ausländische Quellensteuer und kann daher nur über § 34c EStG angerechnet werden.
				❑ Ausländische Quellensteuer wird stets einbehalten. Sie wird über die Steuererklärung verrechnet.
	x		x	❑ Werden die Papiere in einem inländischen Depot verwahrt, fällt bei Veräußerung oder Rückgabe Zinsabschlag oder Kapitalertragsteuer an, sofern der Freistellungsbetrag überschritten ist. Bemessungsgrundlage ist hierbei der ab 1994 oder einer späteren Depoteinbuchung aufgelaufene Ertrag. Da Anleger die jährlich thesaurierten Einnahmen bereits zuvor versteuert haben, kommt es zu einer Korrektur erst über die spätere Veranlagung.

Checkliste: Steuerpflicht bei den unterschiedlichen Verwaltungsarten (Fortsetzung)				
Verwaltung in*		Ausschüttung		So werden die Fondserträge besteuert
D	A	Ja	Nein	
	x		x	❑ Auf die Dauer des Besitzes wird nur dann abgestellt, wenn die auszahlende Stelle in den Erwerbsvorgang eingeschaltet war und anschließend den Investmentanteil verwahrt (§ 7 Abs. 1 Nr. 3 Satz 2 InvStG).
				❑ Werden die Anteile als Tafelpapiere im Inland verkauft, werden auf den Kurswert 35 % Zinsabschlag fällig. Diese überhöhte Zahlung erhalten Anleger über die Steuererklärung zurück, sofern sie die jährlichen Erträge zuvor versteuert haben.
				❑ Liegen die Fonds jenseits der Grenze, fällt kein Zinsabschlag an. Gleiches gilt bei einem Verkauf im Ausland. Dennoch sind die Erträge in der Steuererklärung anzugeben.

*D/A: Fondsgesellschaft sitzt im Inland (D) oder im Ausland (A).
Ja/Nein: Die Erträge werden ausgeschüttet (Ja) oder thesauriert (Nein).

Ausländische Quellensteuern fallen beim Zufluss ausländischer Erträge - meist Dividenden, selten bei Zinsen - an den Fonds an und verbleiben in dem jeweiligen ausländischen Staat. Diese Auslandsabgabe kann wie folgt verwendet werden:

- Die Gesellschaft mindert den Fondsertrag um die Quellensteuer über den Abzug wie Werbungskosten. Dann kann der Besitzer nichts mehr zusätzlich geltend machen.
- Die von ausländischen Fondsgesellschaften einbehaltene Kapitalertragsteuer auf inländische Dividenden gilt als ausländische Quellensteuer, § 4 Abs. 2 Satz 7 InvStG.
- Der Fondsanleger kann sich diese Abgabe bei seiner Einkommensteuerveranlagung nach § 34c EStG anrechnen lassen oder wie Werbungskosten von den Einnahmen abziehen. Hierzu ist die Anlage AUS auszufüllen, für jeden Fonds eine eigene Spalte. Dabei ist jedoch zu beachten, dass die Quellensteuer nach § 4 Abs. 3 InvStG nicht anrechnungsfähig oder abziehbar ist, soweit sie auf steuerfreie Erträge entfällt. Demnach dürfen die ausländischen Steuern auf Dividenden aufgrund der Anwendung des Halbeinkünfteverfahrens nur hälftig berücksichtigt werden (BMF v. 02.06.2005 – IV C 1 – S 1980 – 1 – 87/05, Rdnr. 82, BStBl I, 728).
- Eine Erstattung aufgrund von Freistellungsauftrag oder NV-Bescheinigung ist nicht möglich.
- Eine fiktive Quellensteuer kann auch anteilig auf von Fonds vereinnahmte Erträge geltend gemacht werden.

Ergibt sich ein negativer Ertragssaldo (Einnahmen minus Kosten), kommt dieses Minus ab 2004 nicht mehr beim Anleger an. Der Verlustvortrag bleibt bei der Fondsgesellschaft und wird dann in den Folgejahren mit erzielten Überschüssen verrechnet. Dies bedeutet, dass nicht in jedem Fall der Fondsbesitzer den Verlust ansetzen kann, der ihn auch erwirtschaftet hat. Vor 2004 konnte die Fondsgesellschaft negative ausschüttungsgleiche oder thesaurierte Erträge ausweisen, die der Anleger dann als Verlust mit seinen Einkünften verrechnen konnte.

Depotbanken erstellen einmal jährlich eine Steuerbescheinigung. Hieraus ergeben sich Zinserträge, in- sowie ausländische Dividendenanteile sowie einbehaltene Steuerabzugsbeträge. Für die steuerliche Behandlung spielt ab 2004 grundsätzlich keine Rolle mehr, in welchem Land der Fonds verwaltet wird.

Steuer-Hinweis

Investmentfonds als Organismus für gemeinsame Anlagen (OGAW) unterliegen nur zum Teil der EU-Zinsrichtlinie. Aktien-, Immobilien-, Hedge- sowie gemischte Fonds mit einem geringen Rentenanteil sind ausgenommen.

Seit 2005 ist gem. § 1 Abs. 4 InvStG wieder ein Zwischengewinn auszuweisen, der ähnlich den Stückzinsen das Entgelt für die dem Anteilsinhaber während seiner Besitzzeit noch nicht zugeflossenen oder als zugeflossen geltenden Einnahmen des Investmentvermögens beinhaltet. Der Zwischengewinn wird für die Besteuerung nach § 20 EStG sowie für die Bemessung des Zinsabschlags herangezogen und dem SolZ unterworfen, wenn Investmentanteile zwischen zwei Ausschüttungsterminen veräußert werden. Er dient weiterhin zur Einnahmeberechnung von thesaurierenden Fonds. Der Zwischengewinn, der beim Kauf des Investmentanteils bezahlt wird, stellt eine negative Einnahme aus Kapitalvermögen dar, der im Zeitpunkt des Erwerbs von den sonstigen Kapitaleinnahmen abgezogen werden kann. Durch diese Zwischengewinnbesteuerung ist die Fondsanlage der Direktanlage gleichgestellt. Vorteil: Anleger müssen den über eine Ausschüttung oder Thesaurierung am Geschäftsjahresende zugeflossenen steuerpflichtigen Zinsanteil nur noch pro rata temporis versteuern.

Um alle Vorteile optimal ausnutzen zu können, stellt die nachfolgende Liste die Fondsanlage unter steuerlichen Gesichtspunkten dar. Denn die echte Rendite zeigt sich erst nach Abzug der Ansprüche vom Finanzamt. Dabei spielen die persönlichen Verhältnisse des Anlegers eine wichtige Rolle. Und je nach steuerlicher Situation passt ein anderer Fondstyp.

Checkliste: Anlagestrategien mit Fonds unter Steueraspekten

Die Situation	Die Anlagestrategie	
Hohe Einkommen und Steuersätze: Spitzenverdiener müssen darauf achten, dass der Fonds möglichst geringe steuerpflichtige und hohe steuerfreie Einnahmen erzielt	**Wenig Risiko:** Steuerlich attraktiv sind Genuss-Schein-Fonds. Zwar sind die Ausschüttungen steuerpflichtig. Doch dies versuchen die Fondsmanager zu umgehen, indem sie die Papiere vor dem Ausschüttungstermin steuerfrei verkaufen und den Ertrag über den Kursgewinn erzielen. Langfristanleger sollten auf offene Immobilienfonds setzen. Hier bleiben große Teile des Ertrags steuerfrei - vor allem, wenn der Fonds auf Objekte im Ausland setzt. Nicht empfehlenswert sind Renten- sowie Geldmarktpapiere, da hier nahezu sämtliche Einnahmen versteuert werden müssen.	❑

Checkliste: Anlagestrategien mit Fonds unter Steueraspekten (Fortsetzung)		
Die Situation	**Die Anlagestrategie**	
Hohe Einkommen und Steuersätze: Spitzenverdiener müssen darauf achten, dass der Fonds möglichst geringe steuerpflichtige und hohe steuerfreie Einnahmen erzielt	**Höheres Risiko:** Mit deutlich unter dem Nennwert notierenden Anleihen vermeiden Rentenfonds steuerliche Belastungen. Bei der Anlage in Schuldner mit geringer Bonität winken steuerfreie Kursgewinne. Und im Gegensatz zum Kauf einzelner Werte kann der Fonds durch eine breite Mischung das Risiko eines Konkurses verteilen. Weiterhin lohnen Aktienfonds. Denn anders als bei der Direktanlage schlagen Spekulationsgewinne des Fonds steuerlich nicht zu Buche. Spitzenverdiener sollten als Alternative zu Aktienfonds aber auch ein Investment in Zertifikate ins Auge fassen, hier fallen noch nicht einmal Dividenden an. Geschlossene Immobilienfonds spielen für hohe Einkommensgruppen eine wichtige Rolle. Sie mindern die Steuerlast oft deutlich, obwohl die Verlustzuweisung durch verschärfte Regeln eingeschränkt worden ist. Ab 2004 kommen auch Terminmarktfonds wegen ihrer zumeist steuerfreien Erträge in Frage. Das gilt auch für die neu zugelassenen Hedge-Fonds; die Investition ist über Dachfonds möglich.	❑
Geringes Einkommen: Hier sollte das Motto eher lauten, auf hohe laufende Erträge zu setzen.	**Wenig Risiko:** Für diese Einkommensgruppe lohnen Rentenfonds, die gezielt auf hohe Zinsen setzen. Die sind zwar komplett steuerpflichtig, doch dank der geringen steuerlichen Belastung bleibt netto mehr übrig als bei Anlagen in marktübliche Anleihen. Als kurzfristige Parkmöglichkeit bieten sich Geldmarktfonds an. Für Geringverdiener sind auch Aktienfonds interessant, die auf hohe Dividendenrenditen setzen. Hier ist die Kursschwankung nicht so stark, dafür gibt es höhere Ausschüttungen. Offene Immobilienfonds sind ebenfalls lukrativ. Sie haben relativ wenig Kursschwankungen und bringen solide Erträge. **Höheres Risiko:** Für diesen Anlegertyp sind Aktienfonds erste Wahl. Mögliche Kursgewinne erhöhen zumeist nicht das Einkommen und bieten auf lange Sicht die besten Renditechancen. Dabei sorgt ein Mix aus spekulativen und konservativen Anlagen für ein überschaubares Risiko. Interessant sind auch Rentenfonds, die auf extrem hohe Zinserträge aus sind und dabei eine schlechte Schuldnerbonität in Kauf nehmen. Denn durch die breite Streuung ist das Ausfallrisiko insgesamt minimal, und die laufenden Erträge nach Steuern erhöhen mit stattlichen Summen das Einkommen.	❑ ❑

Checkliste: Anlagestrategien mit Fonds unter Steueraspekten (Fortsetzung)		
Die Situation	**Die Anlagestrategie**	
Freibeträge werden nicht ausgeschöpft: Hierbei kann es sich sowohl um den Sparerfreibetrag als auch die übrigen noch nicht ausgenutzten Freibeträge handeln – etwa bei Kindern. Spekulanten mit Steuerblick	**Wenig Risiko:** Wird der Freistellungsauftrag von 1.421 € nicht überschritten, brauchen sich Anleger keine Gedanken um die Rendite nach Steuern zu machen. Sie setzen stets auf den Ertrag, den der Fonds brutto abwirft. Ist noch Luft beim Sparerfreibetrag, lohnen daher auch Renten- und Geldmarktfonds. Die Steuerreform macht die Aktienanlage interessant. Denn die Dividenden sind nur zur Hälfte steuerpflichtig. Ehepaare kassieren bis zu 5.684 € Dividenden pro Jahr, ohne den Freibetrag zu überschreiten. Liegen die Erträge darüber, werden hiervon nur 50 % zu einer geringen Progression versteuert.	❑
	Mehr Risiko: Rentenfonds, die auf Hochzinswährungen setzen, sind lukrativ. Die jährlich üppigen Erträge liegen deutlich über den Euro-Sätzen und Währungsgewinne sind auch noch drin.	❑
Spekulanten mit Steuerblick	Anleger mit häufigen Transaktionen an der Börse sind stets von der Spekulationssteuer bedroht. Nur wer Gewinne laufen lässt und Verluste sofort realisiert, bleibt verschont. Für Kurzfrist-Aktionäre sind Aktienfonds lukrativer als die Direktanlage. Denn das Hin und Her im Fonds müssen die Besitzer nicht versteuern. Wer sich damit zufrieden gibt, dass der Fondsmanager agiert, greift beim breiten Angebot der Fondsgesellschaften zu.	❑
	Aufatmen können Spekulanten, die mit Calls, Puts oder Futures ihr Glück versuchen. Denn Termingeschäfte binnen Jahresfrist innerhalb von Fonds bleiben ab 2004 steuerfrei. Diese positive Regel gilt auch für Hedge-Fonds. Der Eigenhandel an der EUREX ist aber weiterhin dem Finanzamt zu melden, was die Fondsanlage lukrativ macht.	❑
Langfristanleger	Dieser Typ möchte die Altersvorsorge oder die spätere Ausbildung der Kinder absichern. In der Regel geschieht dies durch regelmäßige monatliche Einzahlungen. Spekulationserträge sind für diese Anleger mit langem Zeithorizont kein Thema. Wichtiger sind da die ärgerlichen Ausgabeaufschläge, die bei Aktienfonds schon mal 5 % vom Kurswert betragen.	❑
	Im Gegensatz hierzu locken Gesellschaften mit Anteilen ohne Agio (Trading-Fonds), dafür aber höheren Managementgebühren. Aus Steuersicht sind Ausgabeaufschläge unattraktiv, da sie die laufenden Einnahmen nicht mindern. Die Kosten im Fonds hingegen werden direkt mit den Einnahmen verrechnet, so dass die Fondsbesitzer nur den Nettoertrag bescheinigt bekommen.	❑

Checkliste: Anlagestrategien mit Fonds unter Steueraspekten (Fortsetzung)		
Die Situation	**Die Anlagestrategie**	
Langfristanleger	Um die Rendite auf Dauer zu steigern, sollten Anleger eher auf Aktienfonds setzen. Die haben in den letzen Jahrzehnten auf lange Sicht deutlich höhere Zuwächse als Rentenfonds gebracht. Hinzu kommt noch der steuerliche Aspekt. Während die Zinsen nahezu komplett und jedes Jahr zu versteuern sind, ist es bei den Dividenden nur die Hälfte. Und sämtliche Kursgewinne werden sorgen- und steuerfrei für die Zukunft angespart.	❑
	Rentenfonds sollten für Langfristanleger nicht unbedingt erste Wahl sein. Denn was die Manager über die Jahre hinweg an Gebühren kassieren, können Sie auch selbst preiswert durch den Kauf von Bundesanleihen oder Zerobonds gestalten.	❑

Steuerliche Besonderheiten

– Übertragung von Fondsvermögen

Neu geregelt ist in § 14 Abs. 1 InvStG die Übertragung des Vermögens eines Investmentfonds in einen anderen Fonds derselben Gesellschaft. Dies gilt ab 2004 für inländische Investmentanbieter und rückwirkend auch für Fonds aus dem Ausland. Ein solcher Tausch löst keinen privaten Veräußerungsgewinn aus, die Anteile gelten als zu den ursprünglichen Anschaffungskosten verkauft. Für die erworbenen Werte beginnt aber – analog zu § 13 Abs. 2 UmwStG – eine neue Spekulationsfrist. Diese Regelung zum steuerneutralen Tausch von Investmentanteilen gilt grundsätzlich nicht, wenn der Anleger innerhalb eines Umbrella-Fonds (Sondervermögen mit Teilfonds) von einem (Unter-)Fonds in einen anderen (Unter-)Fonds wechselt.

– Thesaurierte Erträge ausländischer Investmentvermögen

Grundsätzlich wird im Fall der Veräußerung oder Rückgabe des ausländischen Investmentanteils der Steuerabzug vom Kapitalertrag auf die gesamten thesaurierten Erträge erhoben, die nicht durch Einbehalt des vollen Zinsabschlags vom Ausschüttungsteil der Quellensteuer unterlegen haben. Auf die Dauer des Besitzes des Investmentanteils wird nur dann abgestellt, wenn die auszahlende Stelle in den Erwerbsvorgang eingeschaltet war und anschließend den Investmentanteil verwahrt (§ 7 Abs. 1 Nr. 3 Satz 2 InvStG). Aus Billigkeitsgründen wird auf den Tag der Übertragung des Depots von einem einzelnen Kreditinstitut auf eine zentrale Stelle abgestellt, so dass für den Zinsabschlag insoweit kein Wechsel der auszuzahlenden Stelle eingetreten ist (OFD Frankfurt v. 11.07.2006 – S 2406 A – 1 – St 54, DB 2006, 1869). Zudem gibt es für nach 2003 beginnende Fondsgeschäftsjahre eine Erleichterung beim Zinsabschlag. Der berechnet sich nun auch im Erb- und Schenkungsfall erst ab dem Erwerb und nicht generell auf nach 1993 als zugeflossen geltende Erträge, sofern die Anteile nach dem Übergang bei der gleichen Depotbank verbleiben.

– Amnestie und thesaurierende Auslandsfonds

Wurden Erträge eines thesaurierenden ausländischen Investmentfonds nach dem StraBEG versteuert, ergeben sich hier gravierende Nachteile in Bezug auf den Zinsabschlag, die von der Finanzverwaltung auch nicht ausgeräumt werden (OFD München v. 27.04.2005 – S 0702a B – 19 St 313, DStR 2005, 1189, OFD Düsseldorf v. 30.09.2005 – S 2298 – 8 – St 222 KS 2298 A – St 212, FR 2005, 1118). Erträge thesaurierender ausländischer Investmentfonds gelten mit Ablauf des Geschäftsjahres als zugeflossen (§ 17 Abs. 1 AuslInvestmG, § 2 Abs. 1 InvStG). Sie sind daher jährlich als Einnahmen aus Kapitalvermögen zu erfassen. Die thesaurierenden Erträge unterliegen jedoch erst bei Verkauf/Rückgabe der Anteile dem Zinsabschlag. Maßgebende Bemessungsgrundlage sind die im Zeitraum der Verwahrung als zugeflossen geltenden, noch nicht dem Steuerabzug unterworfenen Erträge (§ 18a Abs. 1 Nr. 3 AuslInvestmG, § 7 Abs. 1 Nr. 3 InvStG). Die nach dem StraBEG anzugebende Einnahme war jedoch ohne Anrechnung von Abzugsteuern zu ermitteln. Da amnestierte Einnahmen auch nicht in einer Einkommensteuer-Festsetzung berücksichtigt werden, scheidet deren Anrechnung auf die Einkommensteuer nach § 36 EStG aus.

Steuer-Hinweis

Für Besitzer von ausländischen thesaurierenden Investmentfonds empfiehlt es sich, die Anteile im Ausland zu veräußern bzw. zurückzugeben. Dann entfällt der Zinsabschlag auf die teilweise bereits im Rahmen der Amnestie versteuerten Beträge. Allerdings sollte wegen der EU-Zinsrichtlinie darauf geachtet werden, dass auch im Ausland bei der Veräußerung keine Quellensteuer einbehalten wird, sondern das Meldeverfahren in Anspruch genommen werden kann. Ansonsten entfällt nämlich auch die Anrechnung der Quellensteuer über die ZIV entsprechend.

– Veröffentlichungspflichten

Die Unterscheidung von Auslandsfonds in weiße, graue und schwarze Fonds gibt es nicht mehr; die drakonische Strafsteuer ist entweder entfallen oder zumindest abgemildert worden. Der Gesetzgeber verwendet ab 2004 den Begriff „transparente Fonds". Voraussetzung hierfür ist, dass die Fondsgesellschaft bei Ausschüttung oder Thesaurierung detaillierte steuerliche Angaben über die Zusammensetzung der Erträge vornimmt. Zusätzlich sind die Bekanntmachungs- und Nachweispflichten zu erfüllen. Damit werden die meisten bisherigen grauen Fonds steuerlich privilegiert und können beispielsweise das Halbeinkünfteverfahren anwenden. Aus Sicht des Finanzamts sind ab 2004 drei verschiedene Fondstypen zu unterscheiden:

- **Transparente Fonds:** Diese veröffentlichen alle erforderlichen Steuerdaten.
- **Semi-transparente Fonds:** Werden die steuerlichen Pflichten zum Teil nicht erfüllt, muss die gesamte Ausschüttung als Kapitaleinnahme versteuert werden. Sowohl das Halbeinkünfteverfahren als auch die Steuerfreiheit für ausländische Erträge – etwa im Immobilienbereich – gelten nicht.
- **Intransparente Fonds:** Für diese bisher unter der Rubrik „schwarze Fonds" laufenden Anteile hat sich die Pauschalbesteuerung deutlich verbessert. Neben der Ausschüttung müssen 70 (bisher 90) % des Kursgewinns eines Jahres zusätzlich versteuert werden, mindestens aber 6 (vormals 10) % des Rücknahmepreises. Die bis 2003 geltende Pauschalsteuer von 20 % bei Rückgabe ist entfallen.

Eine weitere Verbesserung erfahren im Ausland verwaltete Fonds bei der Steueranrechnung. Konnten inländische Besitzer die im Fonds angefallenen Quellensteuern bis Ende 2003 nicht verwenden, ist dies ab 2004 möglich. Somit kann die jenseits der Grenze bezahlte Abgabe bei der eigenen Steuererklärung entweder angerechnet oder als Werbungskosten abgezogen werden.

– Widrigkeiten bei den ehemals schwarzen Fonds

Erfüllen Investmentfonds ihre Veröffentlichungspflichten nicht, erfolgt eine pauschale und zumeist deutlich überhöhte Besteuerung der Erträge. Dieses war bis Ende 2003 im AuslInvestG als Strafbesteuerung für schwarze Fonds angeordnet und gilt seit 2004 gem. § 6 InvStG für intransparente Fonds. Diese Vorschriften sind nach Auffassung des FG Berlin (v.

08.02.2005 – 7 K 7396/02, EFG 2005, 1094, Revision unter VIII R 20/05 von der Finanzverwaltung zurückgenommen) EU-rechtswidrig, da sie restriktiv ausländische Investmentfonds benachteiligen und damit gegen das Gebot des freien Kapitalverkehrs zwischen den Mitgliedstaaten verstoßen. Der BFH erkennt in seinem Beschluss (v.14.09.2005 – VIII B 40/05, BFH/NV 2006, 508) ernstliche Zweifel an der Vereinbarkeit von § 18 Abs. 3 AuslInvestmG mit Art. 3 Abs. 1 GG. In der anhängigen Revision unter VIII 2/06 (Vorinstanz FG Düsseldorf v. 22.12.2005 – 12K 5252/02, EFG 2006, 866) wird dieser Sachverhalt weiterverfolgt.

Die deutsche Regelung hält Anleger davon ab, Anteile von Investmentgesellschaften mit Sitz in einem anderen EU-Staat zu kaufen. Ferner behindert sie ausländische Fondsgesellschaften, hierzulande Kapital einzusammeln. Zwar dürfen Staaten Steuerpflichtige mit unterschiedlichem Wohn- oder Anlageort unterschiedlich behandeln. Doch darf dies weder zur willkürlichen Diskriminierung noch zur verschleierten Beschränkung des freien Kapital- und Zahlungsverkehrs führen. Da Kapitalerträge von Investmentfonds unabhängig vom Sitz der Gesellschaft jedoch grundsätzlich vergleichbar sind, verstößt der einseitige Ansatz der Pauschalsteuer gegen den Grundsatz der Verhältnismäßigkeit. Hiergegen war die EU-Kommission vorgegangen und hatte die Mitgliedsstaaten aufgefordert, eine Gleichbehandlung bis 2004 anzuwenden. Dem ist auch Deutschland durch das InvStG gefolgt.

Checkliste: Überblick über die Besteuerung der Erträge aus Investmentfonds

Anleger hat Fonds	im Privatvermögen	im Betriebsvermögen	als Kapitalgesellschaft
inländische und ausländische Dividenden	thesauriert: gelten als zugeflossen mit Ablauf des Fondsgeschäftsjahres zur Hälfte steuerpflichtig ausgeschüttet: zur Hälfte steuerpflichtig §§ 1 Abs. 3, 2 Abs. 1, 2 Abs. 2	thesauriert: gelten als zugeflossen mit Ablauf des Fondsgeschäftsjahres zur Hälfte steuerpflichtig ausgeschüttet: zur Hälfte steuerpflichtig §§ 1 Abs. 3, Abs. 1, 2 Abs. 2	thesauriert: gelten als zugeflossen mit Ablauf des Fondsgeschäftsjahres steuerfrei ausgeschüttet: steuerfrei §§ 1 Abs. 3, 2 Abs. 1, 2 Abs. 2
inländische und ausländische Zinsen	thesauriert: gelten als zugeflossen mit Ablauf des Fondsgeschäftsjahres; voll steuerpflichtig ausgeschüttet: voll steuerpflichtig §§ 1 Abs. 3, 2 Abs. 1	thesauriert: gelten als zugeflossen mit Ablauf des Fondsgeschäftsjahres; voll steuerpflichtig ausgeschüttet: voll steuerpflichtig §§ 1 Abs. 3, 2 Abs. 1	thesauriert: gelten als zugeflossen mit Ablauf des Fondsgeschäftsjahres; voll steuerpflichtig ausgeschüttet: voll steuerpflichtig §§ 1 Abs. 3, 2 Abs. 1

Checkliste: Überblick über die Besteuerung der Erträge aus Investmentfonds (Fortsetzung)			
Anleger hat Fonds	**im Privatvermögen**	**im Betriebsvermögen**	**als Kapitalgesellschaft**
Veräußerungsgewinne aus Wertpapieren (insbesondere Renten und Aktien) und GmbH-Anteilen	thesauriert: gelten nicht als zugeflossen ausgeschüttet: steuerfrei §§ 1 Abs. 3, 2 Abs. 1, 2 Abs. 3	thesauriert: gelten nicht als zugeflossen ausgeschüttet: voll steuerpflichtig hinsichtlich der Veräußerungsgewinne aus Renten zur Hälfte steuerpflichtig hinsichtlich der Veräußerungsgewinne auf Aktien u. GmbH-Anteilen §§ 1 Abs. 3, 2 Abs. 1, 2 Abs. 3	thesauriert: gelten nicht als zugeflossen ausgeschüttet: voll steuerpflichtig hinsichtlich der Veräußerungsgewinne aus Renten steuerfrei hinsichtlich der Veräußerungsgewinne auf Aktien u. GmbH-Anteilen §§ 1 Abs. 3, 2 Abs. 1, 2 Abs. 3
Gewinne aus Termingeschäften i.S.d. § 23 Abs. 1 Nr. 4 EStG	thesauriert: gelten nicht als zugeflossen ausgeschüttet: steuerfrei §§ 1 Abs. 3, 2 Abs. 1, 2 Abs. 3	thesauriert: gelten nicht als zugeflossen ausgeschüttet: voll steuerpflichtig §§ 1 Abs. 3, 2 Abs. 1, 2 Abs. 3	thesauriert: gelten nicht als zugeflossen ausgeschüttet: voll steuerpflichtig §§ 1 Abs. 3, 2 Abs. 1, 2 Abs. 3
Optionsprämien	thesauriert: gelten nicht als zugeflossen ausgeschüttet: steuerfrei §§ 1 Abs. 3, 2 Abs. 1	thesauriert: gelten nicht als zugeflossen ausgeschüttet: voll steuerpflichtig §§ 1 Abs. 3, 2 Abs. 1	thesauriert: gelten nicht als zugeflossen ausgeschüttet: voll steuerpflichtig §§ 1 Abs. 3, 2 Abs. 1
Erträge aus Leerverkäufen von Wertpapieren	thesauriert: gelten nicht als zugeflossen ausgeschüttet: steuerfrei §§ 1 Abs. 3, 2 Abs. 1, 2 Abs. 3	thesauriert: gelten nicht als zugeflossen ausgeschüttet: voll steuerpflichtig hinsichtlich der Veräußerungsgewinne aus Renten zur Hälfte steuerpflichtig hinsichtlich der Veräußerungsgewinne auf Aktien u. GmbH-Anteilen §§ 1 Abs. 3, 2 Abs. 1, 2 Abs. 3	thesauriert: gelten nicht als zugeflossen ausgeschüttet: voll steuerpflichtig hinsichtlich der Veräußerungsgewinne aus Renten steuerfrei hinsichtlich der Veräußerungsgewinne auf Aktien u. GmbH-Anteilen §§ 1 Abs. 3, 2 Abs. 1, 2 Abs. 3

Checkliste: Überblick über die Besteuerung der Erträge aus Investmentfonds (Fortsetzung)			
Anleger hat Fonds	**im Privatvermögen**	**im Betriebsvermögen**	**als Kapitalgesellschaft**
inländische Mieten	thesauriert: gelten als zugeflossen mit Ablauf des Fondsgeschäftsjahres; voll steuerpflichtig ausgeschüttet: voll steuerpflichtig §§ 1 Abs. 3, 2 Abs. 1	thesauriert: gelten als zugeflossen mit Ablauf des Fondsgeschäftsjahres; voll steuerpflichtig ausgeschüttet: voll steuerpflichtig §§ 1 Abs. 3, 2 Abs. 1	thesauriert: gelten als zugeflossen mit Ablauf des Fondsgeschäftsjahres; voll steuerpflichtig ausgeschüttet: voll steuerpflichtig §§ 1 Abs. 3, 2 Abs. 1
ausländische Mieten (DBA mit Freistellungsmethode = Regelfall)	thesauriert: gelten als zugeflossen mit Ablauf des Fondsgeschäftsjahres; steuerfrei mit Progressionsvorbehalt ausgeschüttet: steuerfrei mit Progressionsvorbehalt §§ 1 Abs. 3, 2 Abs. 1, 4 Abs.1	thesauriert: gelten als zugeflossen mit Ablauf des Fondsgeschäftsjahres; steuerfrei mit Progressionsvorbehalt ausgeschüttet: steuerfrei mit Progressionsvorbehalt §§ 1 Abs. 3, 2 Abs. 1, 4 Abs.1	thesauriert: gelten als zugeflossen mit Ablauf des Fondsgeschäftsjahres; steuerfrei ausgeschüttet: steuerfrei §§ 1 Abs. 3, 2 Abs. 1, 4 Abs.1
ausländische Mieten (DBA mit Anrechnungsmethode = Ausnahme, insb. Schweiz und Spanien)	thesauriert: gelten als zugeflossen mit Ablauf des Fondsgeschäftsjahres; voll steuerpflichtig; Steueranrechnung/ Steuerabzug ausgeschüttet: steuerpflichtig; Steueranrechnung/ Steuerabzug §§ 1 Abs. 3, 2 Abs. 1, 4 Abs. 2	thesauriert: gelten als zugeflossen mit Ablauf des Fondsgeschäftsjahres; steuerpflichtig; Steueranrechnung/ Steuerabzug ausgeschüttet: steuerpflichtig, Steueranrechnung/-abzug §§ 1 Abs. 3, 2 Abs. 1, 4 Abs. 2	thesauriert: gelten als zugeflossen mit Ablauf des Fondsgeschäftsjahres steuerpflichtig; Steueranrechnung/ Steuerabzug ausgeschüttet: steuerpflichtig Steueranrechnung/ Steuerabzug §§ 1 Abs. 3, 2 Abs. 1, 4 Abs. 2
Veräußerungsgewinne aus inländischen Grundstücken	thesauriert: gelten nur als zugeflossen, wenn die Veräußerung innerhalb der Zehnjahresfrist stattgefunden hat voll steuerpflichtig	thesauriert: gelten nur als zugeflossen, wenn die Veräußerung innerhalb der Zehnjahresfrist stattgefunden hat voll steuerpflichtig	thesauriert: gelten nur als zugeflossen, wenn die Veräußerung innerhalb der Zehnjahresfrist stattgefunden hat voll steuerpflichtig

Checkliste: Überblick über die Besteuerung der Erträge aus Investmentfonds (Fortsetzung)			
Anleger hat Fonds	**im Privatvermögen**	**im Betriebsvermögen**	**als Kapitalgesellschaft**
Veräußerungsgewinne aus inländischen Grundstücken *(Fortsetzung)*	ausgeschüttet: steuerfrei, wenn die Veräußerung außerhalb der Zehnjahresfrist stattgefunden hat, sonst steuerpflichtig §§ 1 Abs. 3, 2 Abs. 1, 2 Abs. 3	ausgeschüttet: voll steuerpflichtig §§ 1 Abs. 3,2 Abs. 1, 2 Abs. 3	ausgeschüttet: voll steuerpflichtig §§ 1 Abs. 3,2 Abs. 1, 2 Abs. 3
Veräußerungsgewinne aus ausländischen Grundstücken (DBA mit Freistellungsmethode)	thesauriert: gelten nur als zugeflossen, wenn die Veräußerung innerhalb der Zehnjahresfrist stattgefunden hat; steuerfrei mit Progressionsvorbehalt ausgeschüttet: steuerfrei mit Progressionsvorbehalt, wenn die Veräußerung innerhalb der Zehnjahresfrist stattgefunden hat, sonst steuerfrei ohne Progressionsvorbehalt §§ 1 Abs. 3, 2, 4 Abs. 1	thesauriert: gelten nur als zugeflossen, wenn die Veräußerung innerhalb der Zehnjahresfrist stattgefunden hat; steuerfrei mit Progressionsvorbehalt ausgeschüttet: steuerfrei mit Progressionsvorbehalt §§ 1 Abs. 3, 2, 4 Abs. 1	thesauriert: gelten nur als zugeflossen, wenn die Veräußerung innerhalb der Zehnjahresfrist stattgefunden hat; steuerfrei ausgeschüttet: steuerfrei §§ 1 Abs. 3, 2 Abs. 1, 2 Abs. 3, 4 Abs. 1
Veräußerungsgewinne aus ausländischen Grundstücken (DBA mit Anrechnungsmethode)	thesauriert: gelten nur als zugeflossen, wenn die Veräußerung innerhalb der Zehnjahresfrist stattgefunden hat; steuerpflichtig Steueranrechnung/ Steuerabzug ausgeschüttet: steuerfrei, wenn die Veräußerung innerhalb der Zehnjahresfrist stattgefunden hat, sonst steuerpflichtig Steueranrechnung/ Steuerabzug (§§ 1 Abs. 3, 2 Abs. 1, 2 Abs. 3, 4 Abs. 2)	thesauriert: gelten nur als zugeflossen, wenn die Veräußerung innerhalb der Zehnjahresfrist stattgefunden hat; steuerpflichtig Steueranrechnung/ Steuerabzug ausgeschüttet: steuerpflichtig Steueranrechnung/ Steuerabzug (§§ 1 Abs. 3, 2 Abs. 1, 2 Abs. 3, 4 Abs. 2)	thesauriert: gelten nur als zugeflossen, wenn die Veräußerung innerhalb der Zehnjahresfrist stattgefunden hat; steuerpflichtig Steueranrechnung/ Steuerabzug ausgeschüttet: steuerpflichtig Steueranrechnung/ Steuerabzug (§§ 1 Abs. 3, 2 Abs. 1, 2 Abs. 3, 4 Abs. 2)

Checkliste: Überblick über die Besteuerung der Erträge aus Investmentfonds (Fortsetzung)			
Anleger hat Fonds	**im Privatvermögen**	**im Betriebsvermögen**	**als Kapitalgesellschaft**
Beteiligungserträge aus der Beteiligung an Personengesellschaften, insbesondere Grundstückspersonengesellschaften	Der Beteiligungsertrag ist bei vermögensverwaltenden Personengesellschaften steuerlich so zu werten wie die Einkünfte, die auf Ebene der Personengesellschaft erzielt werden, d.h. Behandlung wie Zinsen, wie Mieten, etc. – bei gewerblichen oder gewerblich geprägten Personengesellschaften erzielt der Fonds gewerbliche Einkünfte	Der Beteiligungsertrag ist bei vermögensverwaltenden Personengesellschaften steuerlich so zu werten wie die Einkünfte, die auf Ebene der Personengesellschaft erzielt werden, d.h. Behandlung wie Zinsen, wie Mieten, etc. – bei gewerblichen oder gewerblich geprägten Personengesellschaften erzielt der Fonds gewerbliche Einkünfte	Der Beteiligungsertrag ist bei vermögensverwaltenden Personengesellschaften steuerlich so zu werten wie die Einkünfte, die auf Ebene der Personengesellschaft erzielt werden, d.h. Behandlung wie Zinsen, wie Mieten, etc. – bei gewerblichen oder gewerblich geprägten Personengesellschaften erzielt der Fonds gewerbliche Einkünfte
Inländische Dividenden von Grundstückskapitalgesellschaften	wie sonstige Dividenden (siehe 1.) §§ 1 Abs. 3, 2 Abs. 1, 2 Abs. 2	wie sonstige Dividenden (siehe 1.) §§ 1 Abs. 3, 2 Abs. 1, 2 Abs. 2	wie sonstige Dividenden (siehe 1.) §§ 1 Abs. 3, 2 Abs. 1, 2 Abs. 2
ausländische Dividenden aus Grundstückskapitalgesellschafen; Schachteldividende	Die Ausschüttung der Dividenden ist nach § 4 Abs. 1 InvStG steuerfrei in voller Höhe (mit Progressionsvorbehalt). §§ 1 Abs. 3, 2 Abs. 1, 4 Abs. 1	Die Ausschüttung der Dividenden ist nach § 4 Abs. 1 InvStG steuerfrei in voller Höhe (mit Progressionsvorbehalt). §§ 1 Abs. 3, 2 Abs. 1, 4 Abs. 1	Die Ausschüttung der Dividenden ist nach § 4 Abs. 1 InvStG steuerfrei. §§ 1 Abs. 3,2 Abs. 1, 4 Abs. 1
ausländische Dividenden aus (insb. Grundstücks-) Kapitalgesellschaften	wie sonstige Dividenden (siehe 1.) §§ 1 Abs. 3, 2 Abs. 1, 2 Abs. 2	wie sonstige Dividenden (siehe 1.) §§ 1 Abs. 3,2 Abs. 1, 2 Abs. 2	wie sonstige Dividenden (siehe 1.) §§ 1 Abs. 3,2 Abs. 1, 2 Abs. 2

Steuer-Tipp

Informationen zu Investmentfonds gibt es über das Internet:

- www.bzst.bund.de: Unter der Rubrik „Ausländische Investmentfonds“ befinden sich Informationen über die verschiedenen Fondsarten sowie Links zu weiterführenden Seiten.
- www.ebundesanzeiger.de: In der Rubrik „Veröffentlichungen betreffend Kapitalanlagen“ gibt es Informationen über Fondspreise und zu Veröffentlichungen der Fonds.
- www.bafin.de/datenbanken/kg.pdf: Verzeichnis der Kapitalanlagegesellschaften.

- www.bafin.de/datenbanken/invest.pdf: Hier ist eine Liste der ausländischen EU-Investmentfonds veröffentlicht, die ihre Anteile in der Bundesrepublik Deutschland öffentlich vertreiben dürfen.
- www.bafin.de/datenbanken/inland_sondervermoegen.pdf: Liste der genehmigten inländischen Hedge-Fonds.
- www.bafin.de/datenbanken/ausl_hedge.pdf: Liste der ausländischen Dach-Hedge-Fonds, die ihre Anteile in der Bundesrepublik Deutschland öffentlich vertreiben dürfen.
- www.bvi.de: Unter der Rubrik „Investmentfonds/Steuern", Überschrift „Steuern und Fonds – FAQ" befindet sich ein Link zu einer Steuer-Informationsbroschüre, welche die steuerlich relevanten Daten ausgewählter Fonds enthält.

Darüber hinaus stellen die einzelnen Anbieter auf ihren Internetseiten die Emissionsprospekte sowie Rechenschaftsberichte ihrer Fonds zum Download bereit. Eine marktbreite Suche gelingt auch über die Seiten der bekannten Direktbroker, die zumeist die Daten der einzelnen Fonds hinterlegt haben.

Fazit: Trotz der Vielzahl von steuerlichen Besonderheiten sind Investmentfonds generell für Privatanleger eine gute Investitionsmöglichkeit, breit und bequem auf verschiedene Märkte, Branchen oder Regionen zu setzen. Sparpläne ab monatlich 50 € ermöglichen, bereits mit kleinen Beträgen auf Dauer ein stattliches Vermögen anzusammeln. Doch nicht jede Fondsart ist gleichermaßen geeignet. Während Aktienfonds langfristig ordentliche und zumeist steuerfreie Renditen aufweisen, sind Rentenfonds wegen der Gebühren nicht immer die geeignete Wahl. Hier kann der Direkterwerb von Anleihen oft günstiger sein. Immobilienfonds sind zwar grundsätzlich eine solide Anlage, aktuell jedoch mit Bewertungsproblemen behaftet. Lohnend können hingegen Hedge-Fonds zur Depotbeimischung sein, zumal viele Privatanleger nicht selbst am Terminmarkt spekulieren möchten.

Jahresbescheinigung

Nach § 24c EStG haben Kreditinstitute oder Finanzdienstleistungsinstitute, die nach § 45a EStG zur Ausstellung von Steuerbescheinigungen berechtigt sind, für alle bei ihnen geführten Wertpapierdepots und Konten eine zusammenfassende Jahresbescheinigung nach amtlich vorgeschriebenem Muster auszustellen. Diese Liste muss die für die Besteuerung nach den §§ 20 und 23 Abs. 1 Nr. 2–4 EStG erforderlichen Angaben enthalten. Die Vorschrift wurde durch das Steueränderungsgesetz 2003 eingefügt und gilt ab dem 01.01.2004 (§ 52 Abs. 39a EStG). Nunmehr erhalten Anleger jährlich zwei Übersichten, die bisher bereits übliche Steuerbescheinigung zur Anrechnung von Zinsabschlag und Kapitalertragsteuer sowie die neue zusammenfassende Jahresbescheinigung zum Sortieren der relevanten Erträge für die alljährliche Steuererklärung.

Die erste Übersicht kam Anfang 2005 ins Haus und umfasste sämtliche Vorgänge nach Silvester 2003. Hierbei gab es im Bereich der Veräußerungsgewinne noch einige Ausnahmeregelungen. Die zweite Bescheinigung für 2005 musste dann den Bereich des § 23 EStG umfassend berücksichtigen und erstmals zwingend das FiFo-Verfahren anwenden. Dabei ergaben sich in der Praxis eine Reihe von Fehlern und Ungereimtheiten, da die Jahresbescheinigung nicht alle rechtlichen Normen und Ausnahmen sowie aktuelle Rechtsentwicklungen beinhalten kann und die Banken ihren Ausstellungspflichten teilweise unterschiedlich nachkamen. Für den Kunden ergab sich damit die Besonderheit, die bescheinigten Werte zu überprüfen und erst nach Korrekturen in die Steuererklärung einzutragen. Sofern die Jahresbescheinigung als Anlage beigelegt wurde, mussten die Differenzen zudem erläutert werden.

Nach der Gesetzesbegründung soll § 24c EStG eine Hilfestellung für alle Anleger zur Ausfüllung der Anlagen KAP, SO und AUS für die Einkommensteuererklärung sein. Doch der wirkliche Hintergrund für die neue Jahresbescheinigung gleicht eher der Einführung von Kontrollmitteilungen durch die Hintertür. Denn die Pflicht zum Ausstellen von Jahresbescheinigungen fällt zeitlich genau in die Phase, in denen auch sämtliche Staaten im Rahmen der → *EU-Zinsrichtlinie* Kontrollen einführen und die Finanzverwaltung über den → *Kontenabruf* auf den gespeicherter Datenpool bei den Kreditinstituten zugreifen kann. Diesem umfassenden Zugriff wurde bis Ende März 2005 die Möglichkeit der strafbefreienden Erklärung vorgeschaltet, mit dem Bürger mittels Amnestie vor Einführung umfassender Kontrollmechanismen reinen Tisch schaffen konnten.

In der Veranlagungspraxis haben bislang bereits viele Anleger die Jahresbescheinigung der Steuererklärung beigelegt oder zumindest die Daten kritiklos in die Anlagen KAP, SO und AUS eingetragen. Hier sind dann auch einige Fehler übernommen worden, die sich aus der Komplexität des Steuerrechts ergeben. Die Bescheinigung kann nicht sämtliche Sonderfälle fehlerfrei auflisten. Daher ist eine Prüfung, inwieweit die Kreditinstitute die Daten korrekt ermittelt haben, nicht von vorneherein negativ zu werten.

Steuer-Hinweis

Aktuell ist das Prüfungsrecht der Finanzbehörden nach § 50b EStG auf alle bislang ausgestellten Jahresbescheinigungen nach § 24c EStG ausgeweitet worden (§ 52 Abs. 58c EStG). Die Angaben konnten zuvor nur bei dem einzelnen Anleger im Rahmen der Veranlagung geprüft werden. Laut Gesetzesbegründung ist eine Überprüfung der Jahresbescheinigung bei der ausstellenden Stelle wegen der Bedeutung des § 24c EStG für das Ausfüllen der Anlagen KAP, AUS und SO erforderlich. Zu beachten ist allerdings, dass es keine Rechtsgrundlage gibt, wonach die Behörden die Vorlage der Jahresbescheinigung vom Bankkunden verlangen könnten.

Nunmehr wird der Finanzverwaltung eine Kontrollmöglichkeit beim erstellenden Institut eröffnet und im Ergebnis eine weitere Möglichkeit zur Einsichtnahme geschaffen. Hierdurch könnten auch Kundendaten transparent werden, die aber grundsätzlich durch § 30a AO (steuerliches Bankgeheimnis) geschützt sind. Danach dürfen Prüfungsergebnisse i.d.R. nicht an das Wohnsitzfinanzamt übermittelt werden, wohl aber, wenn sich ergibt, dass die Bescheinigungen im Einzelfall unrichtig sind. Sofern es bei der ausschließlichen Prüfung der banktechnischen Abwicklung bleibt, kann es durch die Maßnahme der Finanzbehörden allerdings auch zur Fehleranalyse und Optimierung des Verfahrens kommen. Sofern es 2008 zur Einführung der Abgeltungsteuer auf alle Kapitalerträge kommen sollte, stellt sich allerdings die Frage, inwieweit jetzt noch ein solcher umfangreicher Prüfmechanismus aufgebaut werden muss. Es ist aber kritisch abzuwarten, in welche Richtung sich diese neue Prüfmöglichkeit entwickeln wird.

Die Bescheinigungspflichten

Nach der Gesetzesbegründung soll § 24c EStG eine Hilfestellung für alle Anleger zur Ausfüllung ihrer Einkommensteuererklärung sein; die Einführung erfolgt also zum Nutzen der Steuerpflichtigen. Diese Geste ist zwar lobenswert und macht die Anlagen KAP, SO und AUS für eine Reihe von Privatanlegern sicherlich nicht mehr zu einer eher unüberwindbaren Hürde. Zumal die Bescheinigung nach amtlich vorgeschriebenem Muster den Steuerformularen entspricht (BMF v. 31.08.2004 – IV C 1 – S 2401 – 19/04/IV C 3 – S 2256 – 206/04, BStBl I, 854, ab dem Jahr 2006: BMF v. 06.09.2006 – IV C 1 – S 2252 a – 10/06). Abweichungen sind unzulässig, nicht benötigte Spalten müssen zwingend aufgeführt und zusätzliche separate Erläuterungen dürfen als Ergänzungen im Anhang aufgeführt werden (BMF v. 23.11.2004 – IV C 1 – S 2401 – 33/04/IV C 3 – S 2256 – 265/04, DB 2005, 18). Diese strikte Auffassung erscheint zumindest fragwürdig, da die Jahresbescheinigung der persönlichen Steuererklärung eines jeden Anlegers dienen soll.

Schon bisher haben Kreditinstitute auf Wunsch des Kunden Erträgnisaufstellungen geliefert. Diese konnten sämtliche Konten und Depots oder auch nur einzelne hiervon je nach Auftrag des Kunden abbilden. Im Unterschied dazu verpflichtet § 24c EStG nunmehr zur Ausstellung solcher Bescheinigungen – und zwar auch dann, wenn die Erträge offensichtlich deutlich unter dem Sparerfreibetrag bleiben oder eine NV-Bescheinigung vorliegt. Neu und gravierend ist insbesondere, dass sich die Bescheinigung auch auf die Einkünfte aus dem Verkauf von Wertpapieren und dem Handel am Terminmarkt erstreckt. Dies war bisher nie Inhalt einer solchen Erträgnisbescheinigung. Verkäufe von Wertpapieren wurden dort bislang erfasst, wenn sie im Rahmen von Einkünften aus Kapitaleinkünften steuerpflichtig waren, also bei Finanzinnovationen.

Der neue § 24c EStG ist erstmals auf Kapitalerträge anzuwenden, die nach dem 31.12.2003 zufließen, sowie auf Veräußerungsgeschäfte, bei denen die Veräußerungen auf einen nach dem 31.12.2003 rechtswirksam abgeschlossenen obligatorischen Vertrag oder gleichstehenden Rechtsakt beruht, sowie auf Termingeschäfte, bei denen der Erwerb des Rechts auf einen Differenzausgleich nach dem 31.12.2003 erfolgt. Bei einem Depotwechsel sind bei Veräußerungsvorgängen sowie Termingeschäften nur die Daten der Veräußerung oder Glattstellung mitzuteilen. Der Anleger muss seine Anschaffungskosten dann selber ermitteln und nachweisen.

Steuer-Hinweis

Das vom BVerfG beanstandete Erhebungsdefizit bei Spekulationsgewinnen für 1997/98 wird durch die Einführung der neuen Vorschrift in jedem Fall behoben sein. Durch die nunmehr lückenlose Erfassung ist die Besteuerung von Wertpapiergeschäften nicht mehr verfassungswidrig. Das gilt nach Auffassung des BFH (v. 29.11.2005 – IX R 49/04, BStBl II 2006, 178) auch für die Jahre ab 1999, weil das beanstandete normative Erhebungsdefizit durch die Kombination von Kontenabrufverfahren und Jahresbescheinigung nicht mehr besteht und die Instrumente auch zeitlich rückwirkend verwendet werden können. Hiergegen ist allerdings Beschwerde beim BVerfG (2 BvR 294/06) eingelegt worden. Aus diesem Grund gelten Steuerbescheide in Hinsicht auf Gewinne gem. § 23 EStG auch weiterhin nur vorläufig.

Aussteller und Adressaten der Bescheinigungen

Verpflichtet zur Ausstellung der Jahresbescheinigung sind Kredit- und Finanzdienstleistungsinstitute, die nach § 45a EStG zur Ausstellung von Steuerbescheinigungen berechtigt sind. Betroffen sind danach insbesondere Kreditinstitute, die nach § 45a EStG zur Ausstellung von Steuerbescheinigungen berechtigt sind, also Banken oder Bausparkassen. Fondsgesellschaften zählen gem. § 1 KWG zu den Finanzdienstleistungsunternehmen und fallen als solche unter die von § 24c EStG erfassten Finanzdienstleistungsinstitute. Versicherungsunternehmen jedoch sind weder Kreditinstitute noch Finanzdienstleistungsinstitute und fallen demzufolge nicht unter den Anwendungsbereich von § 24c EStG.

Weiterhin zählen hierzu Unternehmen, die Finanzdienstleistungen für andere gewerbsmäßig erbringen. Das sind beispielsweise die Anlagevermittlung, die Finanzportfolioverwaltung, das Finanztransfergeschäft und das Kreditkartengeschäft. Diese beiden Gruppen von Instituten sind aber nur dann zur Ausstellung der Bescheinigungen verpflichtet, wenn sie nach § 45a EStG zur Ausstellung von Steuerbescheinigungen berechtigt sind. Für Kapitalerträge i.S.v. § 43 Abs. 1 Satz 1 Nr. 1–4, 7a und 7b EStG sind dies die genannten Institute, wenn sie gleichzeitig Schuldner dieser Kapitalerträge sind. Für Kapitalerträge nach § 43 Abs. 1 Satz 1

Nr. 7 und 8 sowie Satz 2 (im Wesentlichen Zinsen) sind die genannten Institutsgruppen dann zur Bescheinigung der Kapitalertragsteuer berechtigt, wenn sie die Eigenschaft der auszahlenden Stelle nach § 43b EStG haben. Ist Schuldner der Kapitalerträge ein drittes Unternehmen, werden diese aber über ein Kreditinstitut oder ein Finanzdienstleistungsinstitut für Rechnung dieses Schuldners gezahlt, so sind Letztere nach § 45a Abs. 3 ebenfalls zur Ausstellung der Kapitalertragsteuerbescheinigung berechtigt.

Unabhängig von der Verknüpfung mit der Berechtigung zur Ausstellung von Steuerbescheinigungen sind zur Erteilung der Jahresbescheinigung über Kapitalerträge auch Wertpapierhandelsunternehmen und Wertpapierhandelsbanken verpflichtet. Dies sind Kreditinstitute oder Finanzdienstleister im Finanzkommissions- und -emissionsgeschäft bzw. sonstigem Wertpapiergeschäft i.S.v. § 1 Abs. 1a Nr. 1–4 KWG. Verpflichtet zur Ausstellung der Bescheinigung sind die genannten Institute nur dann, wenn und insoweit bei ihnen Wertpapierdepots oder -konten geführt werden.

Der Begriff des Kontos ist § 154 AO zu entnehmen. Ein Depot ist ein Konto, auf dem Wertpapiere verzeichnet sind. Der Begriff des Kontos ist damit nicht banktechnisch zu verstehen, sondern im abgabenrechtlichen Sinne: Eine in ihrem jeweiligen Stand buch- und rechnungsmäßig erfolgende Festhaltung einer vertraglich vereinbarten laufenden Geschäftsverbindung. Laut Verwaltungsanweisung ist die Bescheinigung von der konto- bzw. depotführenden Filiale des Instituts zu erteilen ist. Bei getrennter Verwaltung des Konten-(Einlagen-) und des Depotbereichs ist es zulässig, wenn das Institut zwei verschiedene Bescheinigungen ausstellt. Bei Fondsgesellschaften ist die Bescheinigung für jedes Depotkonto des einzelnen Fonds auszustellen.

Die Ausstellpflicht nach § 24c EStG gilt aber nur, wenn die betroffenen Institute als Zahlstellen der Gläubiger von Kapitalerträgen oder Hinterleger von Wertpapieren fungieren. Nicht betroffen sind daher

- Kapitaleinnahmen von Privatpersonen (kein Kreditinstitut)
- Tafelgeschäfte (keine Hinterlegung)
- Devisen- und Warentermingeschäfte, etwa an der EUREX (nicht in einem Wertpapier verbrieft)

Die Bescheinigungen sind dem Gläubiger der Kapitalerträge oder dem Hinterleger der Wertpapiere zu übermitteln.

- Gläubiger der Kapitalerträge ist derjenige, dem einkommensteuerrechtlich zuzurechnen ist.
- Hinterleger i.S.d. Depotgesetzes ist im Regelfall der Inhaber des Wertpapierdepots. Er ist mit dem Verfügungsberechtigten i.S.v. § 154 AO identisch und damit nicht unbedingt derjenige, dem einkommensteuerrechtlich die Erträge oder Veräußerungsgewinne zuzurechnen sind.

Laut BMF reduziert sich die Verpflichtung zur Ausstellung der Bescheinigung auf unbeschränkt einkommensteuerpflichtige natürliche Personen. Dies ist insoweit nicht nachvollziehbar, als auch beschränkt steuerpflichtige und juristische Personen ein Interesse an der Bescheinigung haben werden, sofern sie tatsächlich nur eine Hilfestellung darstellen sollte. Folge: Dem Gesetzgeber geht es in Wirklichkeit darum, die schwarzen Schafe unter den Anlegern herauszufiltern, die auf ihre Kapitalerträge auch Einkommensteuer zahlen müssen.

Bei Gemeinschaftskonten werden Konten oder Depots von Ehegatten, eingetragenen Lebenspartnern oder nichtehelichen Lebensgemeinschaften durch die Bescheinigung abgedeckt. Adressat ist somit das jeweilige Paar, sofern es sich um gemeinschaftliche Konten oder Depots handelt. Die müssen dann, sofern sie nicht zusammen zur Einkommensteuer veranlagt werden, die aufgelisteten Kapitalerträge selbständig verteilen und in der jeweiligen Steuererklärung angeben. Das gilt laut Tz. 2.2 des Erlasses auch für die übrigen Personengemeinschaften, deren Kapitalerträge im Rahmen einer einheitlich und gesonderten Feststellungserklärung aufgeteilt werden. Betroffen hiervon ist etwa die Erbengemeinschaft. Für besondere Konten wie Notar-Anderkonten, Wohnungseigentümergemeinschaften und Treuhandfälle soll das BMF-Schreiben vom 05.11.2002 (IV C 1 – S 2401 – 22/02, BStBl I, 1338) gelten.

- Bei Wohnungseigentümergemeinschaften verteilt der Verwalter die Erträge wie bisher schon beim Zinsabschlag auf die Inhaber und leitet eine Kopie der Jahresbescheinigung weiter.
- Bei Mietkautionen geht die Bescheinigung an den Vermieter, der sie den Mietern zur Versteuerung der Erträge aushändigt.
- Hinsichtlich von Nießbrauchs-, Treuhand- oder Anderkonten ist in analoger Weise die Jahresbescheinigung auf den jeweiligen Konto- oder Depotinhaber auszustellen. Die Liste beim Notar-Anderkonto geht an den Notar, der sie an den Berechtigten weiterleitet.

Die Bescheinigung wird unabhängig der Vorlage von Freistellungsauftrag oder NV-Bescheinigung erstellt. Bei betrieblichen Konten besteht keine Verpflichtung zur Ausstellung der Bescheinigung, da nur private Erträge nach §§ 20, 23 EStG betroffen sind. Doch auch dem Unternehmer würde eine solche Übersicht sicherlich helfen, seinen steuerlichen Gewinn einfacher zu ermitteln.

Steuer-Hinweis

Bei Konten von Kindern oder Rentnern wird oft zur NV-Bescheinigung gegriffen, um den Zinsabschlag oberhalb des Freistellungsbetrags zu vermeiden. Steht eine Verlängerung des bis zu drei Jahre geltenden Bescheids an, wird das Finanzamt nunmehr verstärkt Jahresbescheinigungen anfordern, um sich ein Bild über die Einnahmen in der Vergangenheit zu machen.

Die zu bescheinigenden Erträge

Das Gesetz spricht davon, dass die Bescheinigung die für die Besteuerung nach den §§ 20 und 23 Abs. 1 Satz 1 Nr. 2–4 EStG erforderlichen Angaben zu machen sind. Nicht betroffen sind somit Verkäufe von Immobilien (§ 23 Abs. 1 Nr. 1 EStG). Die Verpflichtung zur Ausstellung entfällt lediglich, wenn die Kapitalerträge im Jahr maximal 10 € ausmachen und gleichzeitig kein privates Veräußerungsgeschäft zu bescheinigen ist. Auf dem amtlich vorgeschriebenen Muster ist jeder Wertpapierverkauf zu bescheinigen. Die Bescheinigung weist sämtliche steuerpflichtigen Wertpapierverkäufe auf, und zwar jedes Geschäft gesondert. Selbst wenn per saldo nur Gewinne unterhalb der Freigrenze von 512 € anfallen, kann die Liste sehr umfangreich werden. Denn es werden nicht nur die Anzahl der Transaktionen transparent, sondern auch die Art der gehandelten Papiere. Hieraus lässt sich auf einen Blick erkennen, ob der Anleger ein Trader ist und kurzfristig an- und verkauft. Ein Vergleich mit den Steuerdaten des Vorjahres sowie Rückfragen hierzu sind vorprogrammiert.

Checkliste der zu bescheinigenden Veräußerungsdaten	
Namen des Wertpapiers mit Wertpapierkennnummer bzw. ISIN,	❑
Zeitpunkt von An- und Verkauf (bei Depotwechsel nur Verkauf erlaubt),	❑
Anschaffungs- und Veräußerungspreis,	❑
Transaktionskosten im Zusammenhang mit der Veräußerung,	❑
das hieraus resultierende Plus oder Minus (Veräußerungsergebnis).	❑
Handelt es sich um Aktien, die dem Halbeinkünfteverfahren unterliegen, ist dies zusätzlich zu vermerken.	❑
Ähnliche Angaben werden bei Termingeschäften verlangt.	❑

Besondere Probleme ergaben sich hier bei Währungskursschwankungen und girosammelverwahrten Wertpapieren. Bei girosammelverwahrten Wertpapieren galten nach der BFH-Rechtsprechung aus dem Jahre 1993 die Papiere als zuerst verkauft, die bereits aus der Spekulationsfrist herausgefallen sind (BFH v. 24.11.1993 – X R 49/90, BStBl II 1994, 591). Anschließend wird ein Durchschnittswert der Wertpapiere ermittelt, die sich noch innerhalb der einjährigen Spekulationsfrist befinden. Die gelten nun anschließend als verkauft. Eine solche Wertermittlung war für ein Masseverfahren wie das der Erteilung von Jahresbescheinigungen nach § 24c nicht tauglich. Vor allem dann nicht, wenn Anleger häufig Aktien an- und verkaufen, nach jeder Transaktion also erneut ein Durchschnittswert ermittelt werden musste und einige Papiere fortwährend aus der Spekulationsfrist herausfielen.

Daher gilt ab 2005 ausschließlich das FiFo-Verfahren (§ 23 Abs. 2 Satz 2 EStG). Diese Sichtweise wird auch für Fremdwährungsbeträge angewendet. Die zuerst gekauften Aktien gelten somit ab sofort immer zuerst als aus dem Depot veräußert. Für das Jahr 2004 gab es eine Übergangsregelung (BMF v. 05.04.2005 – IV A 3 – S 2259 – 7/05, BStBl I, 617). Bei der Ermittlung des Gewinns aus privaten Wertpapierveräußerungsgeschäften ist für diesen VZ weiterhin die sogenannte Durchschnittswertmethode anzuwenden. Dabei wird aber nicht beanstandet, wenn Banken in den Jahresbescheinigungen für 2004 nur Veräußerungsdaten bescheinigen oder von vorneherein nur Werte nach der FiFo-Methode ermitteln. Bei der Erstellung der Jahresbescheinigungen nach § 24c EStG ab dem VZ 2005 müssen die Institute das neue Berechnungsverfahren (FiFo-Methode) anwenden. Abweichende Berechnungsmethoden oder Einzelnachweise nach einer anderen Berechnungsmethode sind nicht mehr zulässig.

Steuer-Hinweis

Die Bescheinigung von Spekulationsgeschäften ist für die Banken gar nicht so einfach. Oft stammen die Wertpapiere von Umwandlungen aus Aktienanleihen, Zertifikaten, Splits oder Kapitalerhöhungen. Um in diesem Bereich zumindest für ein wenig Klarheit zu sorgen, hat das BMF am 25.10.2004 (IV C 3 – S2256 – 238/04, BStBl I, 1034) ein umfassendes Schreiben zur Behandlung von privaten Veräußerungsgeschäften veröffentlicht. Dies ist zum Teil aber bereits wieder überholt, enthält es doch weder die Regelungen zum FiFo-Verfahren noch die neue Behandlung von → ***Bezugsrechten***.

Zu bescheinigen ist auch der Aufwand, der mit der Konto- oder Depotführung oder der Transaktion zusammenhängt, also etwa Depotgebühren, Kosten der Erträgnisaufstellung, Beratungsgebühren. Dies würde dem Anleger zwar eine zusätzliche Hilfestellung bei den Werbungskosten geben, ist mit dem Wortlaut des § 24c EStG aber nicht vereinbar. Immerhin erspart es in vielen Fällen den Nachweis per Einzelbeleg. Über die einkommensteuerrechtliche Beurteilung dieser Aufwendungen als Werbungskosten und deren Zuordnung zu der jeweiligen Einkunftsart wird aber erst im Rahmen der Einkommensteuerveranlagung entschieden.

Der Jahresbescheinigung müssen die Banken auch ein amtlich vorgegebenes Hinweisblatt beifügen. Dies soll dem Steuerpflichtigen den Hintergrund des neuen Formulars näher bringen. Doch zuerst wird an die Anleger appelliert, nicht in der Bescheinigung enthaltene Erträge in der Steuererklärung anzugeben. So wird etwa auf Stock-Dividenden, Bonus- oder Treueaktien verwiesen, die steuerpflichtig sind. In Bezug auf Finanzinnovationen wird der private Anleger auf die Besonderheiten der Besteuerung hingewiesen sowie auf die Möglichkeit, die Emissionsrendite anzusetzen. Die Erläuterung irritiert viele Steuerzahler aber mehr, als ihnen Hilfestellung zu geben. Auch die Auswirkungen der steuerlichen Behandlung von thesaurierenden Investmentfonds wird gestreift, ohne dass Anleger nutzbringende Hilfe erwarten.

Steuer-Hinweis

Für betriebliche Konten und Depots besteht keine Bescheinigungspflicht. Ob es sich um ein betriebliches oder privates Konto handelt, muss aber von den ausstellenden Banken nicht geprüft werden. Nur wenn vom Kunden angezeigt wurde oder dem Institut aus anderen Gründen eindeutig bekannt ist, dass es sich um ein betriebliches Konto oder Depot handelt, werden die Erträge daraus nicht in die Bescheinigung aufgenommen. In den amtlichen Hinweisen zur Jahresbescheinigung wird ausdrücklich darauf hingewiesen, vor der Übernahme der bescheinigten Daten zu prüfen, ob die Erträge anderen Einkunftsarten zuzuordnen sind.

Zusammenspiel von Jahresbescheinigung und anderen Kontrollmaßnahmen

Die Bedeutung und Tragweite von § 24c EStG erschließt sich erst, wenn zusätzlich § 93b AO beachtet wird. Diese Vorschrift wurde mit dem Gesetz zur Förderung der Steuerehrlichkeit geschaffen und knüpft an § 24c des KWG an. Hiernach haben die Kreditinstitute seit Juli 2002 elektronische Listen der von ihnen geführten Konten und Depots vorzuhalten. Dieser Datenpool wurde anlässlich der Terroranschläge vom 11.09.2001 kreiert, um Gelder von Terroristen leichter enttarnen zu können. Auf diese Daten kann neben der BaFin auch das BZSt nach § 93b Abs. 2 AO im Onlinewege zugreifen. Die Vorschrift bestimmt weiter, dass dies auch auf Ersuchen der Finanzbehörden, also insbesondere der Veranlagungsfinanzämter, geschehen kann. Damit haben die Finanzbehörden erstmals die Gelegenheit, zentral in Erfahrung zu bringen, wo ein bestimmter Steuerpflichtiger im Inland seine Konten und Depots führt. Es besteht dann die Möglichkeit, vom Steuerpflichtigen die nach § 24c EStG erstellten Bescheinigungen anzufordern, womit sich die Behörde dann ein vollständiges Bild über die in Deutschland geführten Konten und Depots des Steuerpflichtigen machen kann.

Zwar muss der Anleger die ihm erteilte Jahresbescheinigungen nicht zwingend aufbewahren, soweit er nicht buchführungspflichtig ist. Der Sachbearbeiter im Finanzamt wird jedoch in vielen Fällen – als Zusatzbeleg zur Steuererklärung – eine Kopie der neuen Auflistung anfordern. Kommt der Anleger dieser Aufforderung nicht nach, macht er sich verdächtig, und der Beamte forscht auf anderen Wegen weiter. Das kann er auch dann, wenn der Steuerpflichtige die erwünschte Bescheinigung vorlegt. Denn damit ist noch nicht in vollem Umfang gewährleistet, dass auch die Unterlagen zu sämtlichen seiner Konten und Depots erfasst sind. Diesen Überblick könnte sich das Finanzamt ab April 2005 über den neuen Datenpool verschaffen. Hierüber erfährt es zwar nur die Daten über vorhandene oder bereits gekündigte Kontoverbindungen. Diese Information wird dann mit den vorgelegten Bescheinigungen abgeglichen und die noch fehlenden nachgefordert. Damit schließt sich der inländische Erfassungskreis.

Steuer-Hinweise

Die Nichtvorlage der Jahresbescheinigung auf Anfordern des Finanzamts stellt einen hinreichenden Anlass für weitere Ermittlungen dar (BFH v. 07.09.2005 – VIII R 90/04, BStBl II 2006, 61, unter B. I. 4. c, DStR 2005, 1984, beim BVerfG unter 2 BvR 2077/05). Ohne Vorlage kann das Finanzamt daher über den Kontenabruf der in einer Jahresbescheinigung enthaltenen Daten selbst ermitteln.

Dieses Zusammenspiel von Kontenabruf und Jahresbescheinigung hält auch der BFH für erforderlich, auch zum Einstieg in die Ermittlung früherer Zeiträume. Denn nur unter dieser Voraussetzung wird die Spekulationsbesteuerung ab dem Jahr 1999 als verfassungsgemäß eingestuft (BFH v. 29.11.2005 – IX R 49/04, BStBl II 2006, 178, beim BVerfG unter 2 BvR 294/06 anhängig).

Darüber hinaus bewahrt die Bank schon wegen §§ 146 f. AO ein Doppel der erteilten Bescheinigungen nach § 24c EStG auf. Auf dieses kann dann nach Maßgabe von § 97 AO seitens der Finanzbehörden zurückgegriffen werden, sofern sich der Anleger nicht auskunftsbereit zeigt. Dieser beschriebene Weg der Ermittlungsmöglichkeit kann im Rechtsstaat nur beschritten werden, wenn die Voraussetzungen für Ermittlungsmaßnahmen im Einzelfall vorliegen, also ein hinreichender Anlass für konkrete Nachfragen bei Dritten gegeben ist.

Steuer-Hinweis

Die Finanzbehörden haben noch ein weiteres Mittel, den Umfang der bestehenden Kontenverbindungen zu überprüfen. Denn gem. § 45 d EStG müssen Banken und Fondsgesellschaften dem BZSt melden, was sie aufgrund von vorliegenden Freistellungsaufträgen ohne Steuerabzug ausbezahlt haben. Gespeichert werden neben den Erträgen auch Kontoinhaber und Bankverbindung. Auf diese Daten können neben den Finanzämtern auch Sozialämter zugreifen. Das tun sie bereits heute intensiv, Finanzbeamte rund 300.000 mal pro Jahr und Mitarbeiter von Sozialleistungsträgern stellen jährlich rund 3 Mio. Anfragen auf Kontenabgleich.

Die Jahresbescheinigung im Praxiseinsatz

Die Jahresbescheinigung ist zwar nicht zwingend der Steuererklärung beizulegen. Doch durch das den Steuerformularen angepasste Aussehen werden viele Anleger die Werte aus Vereinfachungsgründen unverändert übernehmen. Allerdings sind zumeist Korrekturen, individuelle Zusatzberechnungen, Nachweise erforderlich, zumindest aber ein kritisches Hinterfragen der aufgelisteten Daten.

Im der Jahresbescheinigung beiliegenden Hinweisblatt werden bereits standardisiert auf einige Punkte hingewiesen. So ersetzt die Liste nicht die Steuerbescheinigung, bei Stock-Dividenden, Treue- und Bonusaktien sind fehlende Einnahmen zu erklären, bei Investmentfonds sind Anschaffungs- und Veräußerungspreis um hierin enthaltene Zwischengewinne zu bereinigen und Einkünfte aus Stillhaltergeschäften gem. § 22 Nr. 3 EStG sind mangels Auflistung in der Anlage SO gesondert zu erfassen.

Checkliste praxisrelevanter Fehlerquellen in der Jahresbescheinigung	
Nur Geschäfte innerhalb der **Spekulationsfrist** sind aufzulisten. Um zusätzliche Gewinnausweise auszuschließen, sind An- und Verkaufsdaten zu prüfen, wobei der Zahlungszeitpunkt unerheblich ist.	❑
Ob und inwieweit Banken die **FiFo-Methode** anwenden, ist anhand der Einzelabrechnungen nachzuvollziehen.	❑
Die Praxis der **Ausstellungsmodalitäten** reicht vom automatischen Versand an alle Kunden bis hin zur Erstellung nur nach vorheriger Anforderung. Anleger sollten auf automatische Zusendung bestehen, wobei auch ein Email-Ausdruck ausreichend ist.	❑
Es kommt vor, dass nur Erträge ausgewiesen sind, von denen auch **Zinsabschlag** oder Kapitalertragsteuer erhoben wurde. Gefehlt haben i.d.R. Stock-Dividenden, Treue- und Bonusaktien, obwohl insoweit ebenfalls Kapitaleinnahmen vorliegen.	
Gezahlte **Stückzinsen** und Zwischengewinne fehlen manchmal. Dies ist nicht leicht zu erkennen, da diese negativen Kapitaleinnahmen summarisch für die Anlage KAP bescheinigt werden.	❑
Ausgewiesen werden auf der Jahresbescheinigung auch Kapitalertragsteuer und Zinsabschlag. Für die Anrechnung ist weiterhin eine **Steuerbescheinigung** nach § 45a EStG nötig.	❑
Für ausländische **Quellensteuer** ist keine ordnungsgemäße Steuerbescheinigung notwenig, hier reichen korrekt ausgewiesene Daten.	
Fiktive Quellensteuer wird i.d.R. nicht in der Jahresbescheinigung aufgeführt. Zum Abzug dieser Abgabe muss daher der Zinsbeleg und in Einzelfällen sogar der laut DBA benötigte Nachweis erbracht werden.	
Bei **Finanzinnovationen** werden die Verkaufserlöse nach der Marktrendite bei den Kapitaleinnahmen aufgeführt. Oft ist jedoch die alternativ mögliche Emissionsrendite günstiger, die Anleger selbst ermitteln und nachweisen müssen. Zu überprüfen ist, ob die Bank den Verkauf der Finanzinnovation nicht zusätzlich oder ausschließlich bei den Einkünften nach § 23 EStG erfasst hat.	❑
Bei einem **Depotwechsel** vermerkt die Bank keine Anschaffungsdaten. Ob und in welcher Höhe ein privates Veräußerungsgeschäft vorliegt, ist selbst zu ermitteln. Sofern Finanzinnovationen veräußert werden, gilt für den Zinsabschlag die Ersatzbemessungsgrundlage gem. § 43a Abs. 2 Satz 3 EStG. Hier ist eine Minderung auf die tatsächlichen Kapitaleinnahmen erforderlich.	❑
Kapitaleinnahmen auf **Firmenkonten** sind der Gewinnermittlung zuzuordnen, auch wenn sie in der Jahresbescheinigung aufgeführt werden. Hierbei ist die Besonderheit zu beachten, dass die Banken die Erträge nach dem Zuflussprinzip des § 11 EStG bescheinigen, in die GuV gehören sie hingegen nach dem Entstehungsprinzip. Bei Wertpapierverkäufen von betrieblichen Konten fehlen zudem die Geschäfte außerhalb der Jahresfrist.	❑

Checkliste praxisrelevanter Fehlerquellen in der Jahresbescheinigung (Fortsetzung)	
Aufgeführt werden auch **Ausgaben**, nicht aber Kontoführungs- und Buchungsgebühren, Porto- und Finanzierungskosten sowie besondere Entgelte. Diese Kosten müssen zusätzlich berücksichtigt werden.	❑
Bei einer **Kapitalerhöhung** gegen Einlage hat die Verwaltung ein neues, mehrstufiges Berechnungsverfahren vorgegeben (BMF v. 20.12.2005 – IV C 3 – S 2256 – 255/05, BStBl I 2006, 8). Diese Schritte sowie Korrekturen bei den Anschaffungskosten sind zu prüfen.	❑
Der **Anschaffungszeitpunkt** ist bei Ausübung von Wandel-, Options-, Umtausch- und Aktienanleihen zu kontrollieren. Die Einbuchung ins Depot ist irrelevant.	❑
Bei **Stock-Dividenden** hat der BFH neue Grundsätze vorgegeben (v. 14.02.2006 – VIII R 49/03).	❑
Bei thesaurierenden **Investmentfonds** kann es zu einer Doppelerfassung bei §§ 20 und 23 EStG kommen, wenn die Anteile innerhalb der Spekulationsfrist verkauft werden. Bei thesaurierenden Auslandsfonds gilt dies für das Jahr des Verkaufs oder der Rückgabe.	❑
REITs sind keine Investmentfonds und unterliegen daher auch nicht dem InvStG. Zu überprüfen ist, ob die Erträge dem Halbeinkünfteverfahren zugeordnet sind.	❑
Fremdwährungskonten werden von Landesbanken oder externen Dienstleistern gesondert abgewickelt. Für 2004 war eine gesonderte Jahresbescheinigung zugelassen. Ab 2005 sind Kapitalerträge sowie Veräußerungsgeschäfte im Fremdwährungsbereich von den Depotbanken zu integrieren. Die Umsetzung muss geprüft werden.	❑
Im **Todesjahr** des Kunden müssen die bescheinigten Erträge auf Erblasser und Rechtsnachfolger verteilt werden.	❑

Muss die Bank eine fehlerhafte Jahresbescheinigung korrigieren, enthält § 24c EStG anders als § 45a Abs. 6 EStG für Steuerbescheinigungen keine Verpflichtung, das Original vom Kunden zurückzufordern oder eine Meldung ans Finanzamt zu machen. Für die Ausstellung von Jahresbescheinigungen darf keine Gebühr erhoben werden, wohl aber für die Ausgabe von Duplikaten und Ersatzbescheinigungen.

Junge Aktien

→ *Aktien, junge* und → *Bezugsrechte.*

Junk-Bonds

Bezeichnung für Anleihen, bei denen der Emittent oder der Schuldner eine sehr schlechte Bonität vorweist. Sie werden auch als „Müll-, Ramsch- oder Schrottanleihen" bezeichnet. Wegen des enormen Ausfallrisikos des gesamten Kapitals, etwa durch möglichen Konkurs oder Zahlungsunfähigkeit des Schuldners, sind Junk-Bonds mit sehr hohen Renditen ausgestattet. Diese beträgt teilweise mehr als 20 % und resultiert zum einen durch den deutlich höheren Zinssatz, den der Emittent dem Anleger bieten muss, zum anderen aber auch durch die niedrigen Anleihekurse, die sich wegen der schlechten Bonität im Laufe der Zeit entwickelt haben.

In Bezug auf Anleihen und Schuldnerbonität muss der Anleger zwischen Chance (höhere Zinsen) und Risiko (Zweifel an der Kreditwürdigkeit) abwägen und seine persönliche Entscheidung treffen. Das Rating bietet hierbei einen Anhaltspunkt für das Risiko eines Zahlungsausfalls. Ob die Rendite attraktiv genug ist, muss jeder Anleger für sich selbst entscheiden. Weiterhin gilt: Das Rating kann sich während der Laufzeit jederzeit verändern. Dabei spielt auch die Laufzeit eine wichtige Rolle. Eine mittlere Bonität stellt beispielsweise nur ein geringes Risiko dar, sofern die Laufzeit der Anleihe nur zwei Jahre beträgt. Sind es hingegen zehn Jahre, liegt das durchschnittliche Ausfallrisiko schon bei 20 %.

Anlage-Hinweis

Auch für den risikofreudigen Anleger eignet sich die Investition in Junk-Bonds nur, wenn er seinen Anlagebetrag auf mehrere Emittenten streut und hierdurch das theoretisch mögliche 100%ige Ausfallrisiko vermindert oder sogar ausschließt. Besser ist zumeist die Geldanlage in einem Fonds, der ganz oder teilweise in Junk-Bonds investiert.

Bei größerem Vermögen kann es durchaus sinnvoll sein, einen kleinen Teil in Junk-Bonds zu investieren, um hiermit die Rendite zu dynamisieren. Denn wird der Emittent nicht insolvent, sind traumhafte Renditen zu erzielen. Da die Kurssteigerungen einen Großteil des Gewinns ausmachen, ist der steuerfreie Ertrag sehr hoch. Nach dem Krieg galten Anleihen des Deutschen Reiches als Junk-Bonds. Wer hierauf setzte, wurde reich. Dasselbe galt in den 80er-Jahren für Chrysler-Anleihen, die alle zurückgezahlt wurden und traumhafte Renditen aufwiesen. Derzeit erfüllen Anleihen von General Motors oder Ford die Voraussetzungen der Junk-Bonds.

Beispiel
Optimierung der Nachsteuerrendite mit Junk-Bonds

Verglichen werden die Renditeaussichten von zwei Anleihen auf Euro-Basis mit einer Laufzeit bis Mitte des Jahres 2011. Hierbei handelt es sich um eine General-Motors-Anleihe (ISIN XS0187751150) mit schlechter sowie eine Bundesanleihe (ISIN DE0001135184) mit bester Bonität.

Emittent der Anleihe	Bund	GM
Der Nominalzins beträgt	5,00 %	5,375 %
Die Anleihe notiert an der Börse zu	112,07 %	87,50 %
Rendite über die Laufzeit von sechs Jahren	2,79 %	8,12 %
Anleger investiert einen Betrag von	100.000 €	100.000 €
Dafür erhält er einen Nominalwert von	89.230 €	114.286 €
Zinsertrag pro Jahr	4.461 €	6.143 €
Ergibt Zinsen über die Laufzeit	22.307 €	30.714 €
Steuerbetrag (Satz des Anlegers 40 %)	– 8.923 €	– 12.286 €
Kursveränderungen zwischen Kauf und Fälligkeit	– 10.770 €	+ 14.286 €
Zuzüglich Zinsen nach Steuer	13.384 €	18.429 €
Nettoertrag nach Steuern	2.614 €	32.714 €

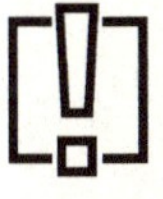

Ergebnis: Die drastische Differenz ergibt sich aus der Tatsache, das der Kursgewinn aus der GM-Anleihe steuerfrei vereinnahmt werden kann, der Verlust aus der Bundesanleihe hingegen steuerlich unter den Tisch fällt.

Die gezahlten Zinsen aus den Junk-Bonds unterliegen als Kapitaleinnahme der Besteuerung sowie dem Zinsabschlag. Es ergeben sich insoweit keine Besonderheiten zu herkömmlichen → *Anleihen*. Mögliche Kapitaltotalverluste und ausfallende Zinszahlungen sind steuerlich unbeachtlich, da sie sich auf der Vermögensebene bewegen. Kursgewinne und -verluste sind lediglich im Rahmen von privaten Veräußerungsgeschäften steuerpflichtig.

Steuer-Tipp

Eine Beteiligung des Finanzamts an den Verlusten kann nur dann erfolgen, wenn Anleger nicht bis zum Ausfall warten, sondern zuvor an der Börse diese – wertlose – Anleihe noch binnen Jahresfrist veräußern. Und sei es zu einem noch so geringen Kurs.

Fazit: Das Risiko kann sich lohnen. Wer allerdings lediglich auf einen Emittenten setzt, geht vergleichbare Gefahren wie beim Aktieninvestment ein. Als Depotbeimischung sind Junk-Bonds geeignet, sie sollten allerdings nur einen kleinen Rentenanteil ausmachen.

Kapitaleinkünfte

Steuerpflichtige Einnahmen aus Kapitalvermögen erzielt derjenige, der einem Schuldner im eigenen Namen und für eigene Rechnung Kapitalvermögen zur Nutzung überlässt. (BFH v. 29.11.1982 – GrS 1/81, BStBl II 1983, 272, v. 07.09.2005 – VIII R 80/99, BFH/NV 2006, 57). Das ist i.d.R. derjenige, der den Vertrag über die Eröffnung des Kontos mit der Bank abgeschlossen hat, weil dieses Rechtsverhältnis die Grundlage für die Überlassung des Kapitalvermögens zur Nutzung gegen Entgelt bildet (BFH v. 31.10.1989 – VIII R 210/83, BStBl II 1990, 532). Bei Eigenkonten gilt die Tatsachenvermutung, dass derjenige, der ein Konto auf seinen Namen errichtet, auch der Inhaber der Forderung ist. Abreden, die nicht Teil dieser Kontoeröffnungsvereinbarungen sind, vielmehr ausschließlich in der Sphäre des Bankkunden liegen, sind zivilrechtlich und auch steuerrechtlich grundsätzlich unbeachtlich (BFH v. 03.11.1976 – VIII R 170/74, BStBl II 1977, 206, v. 24.04.1990 – VIII R 170/83, BStBl II, 539).

Weiterhin gehören hierzu Zinsen, Entgelte und Vorteile, die bei wirtschaftlicher Betrachtung für die Überlassung von Kapitalvermögen zur Nutzung erzielt werden. Kapitalerträge liegen nicht vor, wenn weder die Kapitalrückzahlung garantiert noch eine Verzinsung sicher ist. Dann können höchstens private Veräußerungsgeschäfte entstehen.

Die Erfassung privater Kapitaleinnahmen hat in den vergangenen Jahren einen immer breiteren Raum eingenommen, § 20 EStG hat ständigen Zuwachs bekommen. Dies liegt zum großen Teil an den seit 1993 zunehmenden Angeboten an Finanzinnovationen, die der Gesetzgeber möglichst allumfassend als Kapitaleinnahme erfassen möchte. Einige gravierende Neuerungen sind derzeit besonders zu beachten:

- Der bereits 2004 abgesenkte Sparerfreibetrag ist ab 2007 auf 750 € je Person gesunken.
- § 15b EStG gilt jetzt über § 20 Abs. 2b EStG auch für die Kapitaleinkünfte.
- Die geplante Abgeltungsteuer wirft ihren Schatten voraus, indem vorweggenommene Werbungskosten nicht mehr sofort abzugsfähig sind, sofern sie modellhaften Charakter haben (§ 20 Abs. 2b Satz 2 EStG).
- Hinsichtlich der Dividendenbesteuerung bei Leerverkäufen hat sich ab 2007 eine Änderung in § 20 Abs. 1 Nr. 1 EStG ergeben.
- § 20 Abs. 1 Nr. 6 EStG, wonach alle ab 2005 abgeschlossenen Kapitallebensversicherungen zumindest zur Hälfte der Besteuerung unterliegen, brachte einen Einschnitt in die Versicherungsbranche.

- Nicht auf Lebenszeit abgeschlossene Privatrenten unterliegen bei Abschluss ab 2007 den Kapitaleinnahmen.

Zurechnung der Einkünfte
Kapitaleinkünfte werden grundsätzlich demjenigen zugerechnet, der als Inhaber das Vermögen verwertet. Auf das zivilrechtliche Eigentum kommt es nicht an. In diesem Zusammenhang spielt die Zurechnung auf Kinder eine besondere Rolle, wenn Eltern ihr Vermögen auf ihre Kinder übertragen haben. Denn in diesem Fall kann innerhalb der Familie sowohl der Sparer- als auch der Grundfreibetrag mehrfach verwendet werden, ein größerer Teil der Kapitaleinnahmen bleibt steuerlich unbelastet. Die Vermögensübertragung muss endgültig sein. Dieser Vorgang wird dahingehend kritisch geprüft, ob Ursache für die Verlagerung auf den Nachwuchs ein Gestaltungsmissbrauch ist. Das wäre der Fall, wenn sich die Eltern das Recht der Verwendung der Kapitalerträge vorbehalten hätten und die Ursache für die Übertragung ausschließlich in einer Steuerminimierung läge.

Checkliste der Bedingungen zur Zurechnung bei den Kindern	
Das Kind muss der Bank gegenüber als Gläubiger der Konten und Depots benannt werden.	❑
Hinsichtlich der Übertragung sollte eine schriftliche Vereinbarung getroffen werden.	❑
Über die Konten dürfen nur die Kinder Verfügungsmacht haben.	❑
Die laufenden Erträge aus dem übertragenen Vermögen müssen auf das Konto des Nachwuchses fließen.	❑
Die getroffenen Vereinbarungen sollten zusammen mit den Kontounterlagen aufbewahrt werden.	❑
Eltern und Nachwuchs handeln auch getreu den Vereinbarungen.	❑

Bei minderjährigen Kindern sind die Eltern als gesetzliche Vertreter grundsätzlich verfügungsberechtigt. Deshalb muss dem Finanzamt dargelegt werden, dass das Kapital unmittelbar ab Einzahlung sofort dem Kind zusteht. Besser – aber nicht notwendig – ist die Benennung eines Verfügungsberechtigten, etwa eines Ergänzungspflegers. Richten die Eltern zwar ein Konto auf den Namen des Kindes ein, verwalten dieses Vermögen aber wie ein eigenes Konto, so sind die Erträge weiterhin den Eltern zuzurechnen. Das gilt etwa, wenn Vater oder Mutter munter mit dem übertragenen Geld an der Börse spekulieren.

Sofern alle Vorschriften eingehalten werden, ist das übertragene Vermögen für die Eltern aber noch nicht endgültig außer Sichtweite. Steht beispielsweise der Kauf eines Mopeds oder ein neues Jugendzimmers an, darf das Geld dazu verwendet werden. Allerdings sollte der vom Konto abgehobene Betrag nahezu gleich mit dem Kaufpreis sein und die Belege sollten aufbewahrt werden.

Auch Darlehensverhältnisse zwischen Eltern und Kindern können zum Zufluss der Kapitaleinnahmen führen. Dies gilt selbst dann, wenn die Darlehensbeträge aus zuvor von den Eltern geschenkten Mitteln herrühren. Sofern die Vereinbarung fremdüblich ist, besteht auch bei einem kurzen Zeitabstand zwischen Schenkung und Darlehensgewährung unwiderlegliche Vermutung für die gegenseitige Abhängigkeit der beiden Verträge (BFH v. 18.01.2001 – IV R 58/99, BStBl II, 393). Die Beurteilung, ob eine gegenseitige Abhängigkeit der beiden Verträge vorliegt, ist anhand der gesamten Umstände des jeweiligen Einzelfalles zu beurteilen (BMF v. 30.05.2001 – IV A 6 – S 2144 – 52/01, BStBl I, 348).

Kapitalerträge im Erbfall
Hier treten die Nachfolger in die Rechte und Pflichten des Verstorbenen ein. Gehen Wertpapiere oder Sparbücher auf die Erben über, werden diesen sämtliche Zinsen und Dividenden zugeordnet (BFH v. 11.08.1971 – VIII R 76/70, BStBl II 1972, 55 sowie FG Baden-Württemberg v. 10.11.2003 – 10 K 234/01, EFG 2004, 406). Folge: Die Erben müssen alle nach dem Tod zugeflossenen Erträge versteuern. Eine zeitanteilige Aufteilung auf Erblasser und Erbe ist nicht möglich (siehe hierzu FinMin Schleswig-Holstein v. 16.02.2004 – VI 313 – S 2252 – 280, DB 2004, 1342, DStR 2004, 1128). So muss beispielsweise der Sohn die kompletten Zinsen versteuern, auch wenn der Vater einen Tag vor dem Zinstermin verstirbt. Lediglich Kapitalerträge, die am Todestag zufließen, dürfen noch dem Verstorbenen zugerechnet werden.

Dies kann gravierende Auswirkung bei den Erben haben. Besonders dann, wenn sie im Gegensatz zum Verstorbenen eine hohe Steuerprogression vorweisen. So muss etwa die gut verdienende Tochter sämtliche Erträge aus einem Zerobonds mit 30 Jahren Laufzeit versteuern, auch wenn die Kursgewinne 29 Jahre lang bei der Mutter aufgelaufen sind. Zusätzlicher Nachteil: Bei den Erben mindern diese Kapitalerträge in vollem Umfang die Freistellungsbeträge, auch wenn der Verstorbene sie für das Jahr noch nicht in Anspruch genommen hat. Der nicht verbrauchte Betrag des Verstorbenen ist verloren.

Sofern mehrere Personen Erben werden, geht das Kapitalvermögen insgesamt auf sie über. Sie bilden dann eine Erbengemeinschaft. Bis zur Erbauseinandersetzung – Aufteilung des Nachlassvermögens – fließen die Einnahmen innerhalb der Erbengemeinschaft den Beteiligten anteilig zu. Ein Freistellungsbetrag kann nicht gewährt werden, hierzu müssen die Gelder erst auf die einzelnen Personen verteilt sein. Der überlebende Ehegatte kann jedoch den – dann verminderten Freistellungsbetrag – weiter nutzen.

Steuer-Hinweis
Zur ertragsteuerlichen Behandlung der Erbengemeinschaft und ihrer Auseinandersetzung gibt es ein ausführliches Verwaltungsschreiben (BMF v. 14.03.2006 – IV B 2 – S 2242 – 7/06, BStBl I, 253). Grundsätzlich bestimmen die Miterben über die Verwendung des Vermögens, ihnen fließt der Vermögensertrag zu. Sie erzielen damit gemeinsam Einkünfte nach § 20 EStG, die ihnen grundsätzlich nach ihren Erbanteilen zugerechnet werden. Die Einkunftserzielung durch die Erbengemeinschaft und damit die Zurechnung der laufenden Einkünfte an die Miterben findet ihr Ende, soweit sich die Miterben hinsichtlich des gemeinsamen Vermögens auseinandersetzen. Bei der Erbauseinandersetzung über Privatvermögen führt eine Teilung ohne Abfindungszahlungen nicht zur Entstehung von Anschaffungskosten oder Veräußerungserlösen, § 23 EStG findet daher keine Anwendung.

Gemeinschaftskonten
Bei der Zurechnung von Einnahmen aus Konten, die mehreren Personen gehören, ist zwischen Ehegattenkonten und Konten sonstiger Gemeinschaften zu unterscheiden. Bei den üblichen Und-/Oder-Konten von Ehepaaren werden alle Erträge je zur Hälfte dem einzelnen Ehegatten zugerechnet. Auf die Kapitalherkunft kommt es nicht an. Allerdings kann das Paar nur bei intakter Ehe einen Freistellungsauftrag für die Gemeinschaftskonten erteilen. Bei übrigen gemeinsamen Konten werden Kapital und Erträge jeweils anteilig nach gesetzli-

chen oder vertraglichen Regelungen auf die Personen verteilt. Freistellungsaufträge können nicht erteilt werden, sämtliche Erträge unterliegen ungemindert dem Zinsabschlag und werden erst mit der Steuererklärung anteilig für jeden Eigentümer angerechnet.

Steuer-Hinweis

Vorsicht ist bei Gemeinschaftskonten von Ehegatten geboten, auf die nur ein Partner einzahlt. Hier unterstellt das Finanzamt eine laufende unentgeltliche Zuwendung an den anderen Gatten und setzt Schenkungsteuer fest.

Die für das Jahr 2004 erstmalig ausgestellten Jahresbescheinigungen der Kreditinstitute versenden die neue Übersicht ebenfalls an die Personengemeinschaft, sofern diese Kontoinhaber ist. Die dort aufgelisteten Beträge und Aufwendungen müssen die einzelnen Beteiligten dann entsprechend ihrer Quote für die eigene Steuererklärung verteilen. Sofern es sich nicht nur um Mini-Erträge (Fälle von geringer steuerlicher Bedeutung) handelt, muss die Gemeinschaft beim Finanzamt eine einheitliche und gesonderte Gewinnfeststellung einreichen. Dort werden Kapitaleinnahmen, Werbungskosten und Steuerabzugsbeträge in der Summe aufgelistet und auf die einzelnen Beteiligten verteilt. Diese aufgeteilten Beträge können dann in den einzelnen Einkommensteuererklärungen angesetzt werden.

Nießbrauch

Ein Nießbrauch, der zumeist bei der Übertragung von Immobilien eine Rolle spielt, ist auch beim Kapitalvermögen möglich. Dabei werden grundsätzlich derjenigen Person die Einnahmen zugerechnet, die zur Nutzung des Vermögens berechtigt ist. Der Nießbrauchbesteller hingegen bleibt nur Eigentümer der Wertpapiere. So sieht es die Finanzverwaltung jedoch nicht in allen Fällen. In steuerlicher Hinsicht müssen dem Nießbraucher die Zinsen oder Dividenden aufgrund einer gesicherten Rechtsposition zufließen. Hierbei ist zu unterscheiden, ob ein Zuwendungsnießbrauch vorliegt, also ein Nießbrauch, der vom Eigentümer für den Berechtigten bestellt worden ist, oder ob ein Vorbehalts- oder Vermächtnisnießbrauch gegeben ist (BMF v. 23.11.1983 – IV B 1 – S 2253 – 90/83, BStBl I, 508, OFD Hannover v. 23.03.1999 – S 2252 – 29 – StO 223/S 2252 – 44 – StH 234, FR 1999, 671).

Checkliste zum Nießbrauch bei Kapitalvermögen	
Vorbehaltsnießbrauch: Er liegt vor, wenn jemand einen Gegenstand zuwendet und sich den Nießbrauch hieran vorbehält. Behält sich der Übertragende von Kapitalvermögen den Nießbrauch vor, sind ihm die Einnahmen zuzurechnen. Anrechenbare Steuern und der Steuerabzug betreffen nur ihn. Nur hinsichtlich der Erbschaftsteuer erfolgt eine Übertragung.	❑
Vermächtnisnießbrauch: Dieser ist gegeben, wenn ein Erbe aufgrund testamentarischer Anordnung einem Dritten einen Nießbrauch einräumen muss. In diesem Fall hat der Vermächtnisnehmer und nicht die Erben den Ertrag steuerlich zu erfassen.	❑
Entgeltlicher Zuwendungsnießbrauch: Hierbei bestellt der Besitzer einem Dritten gegen Bezahlung den Nießbrauch an seinem Kapital. Steuerliche Folgen: Der Inhaber muss das Entgelt im Jahr der Zahlung als Kapitaleinnahme versteuern. Für den Nießbraucher liegen keine steuerpflichtigen Einnahmen vor.	❑

Checkliste zum Nießbrauch bei Kapitalvermögen (Fortsetzung)	
Unentgeltlicher Zuwendungsnießbrauch: Der Kapitalinhaber bestellt beispielsweise den Kindern unentgeltlich einen Nießbrauch an seinem Kapital. In diesem Fall erzielt der Inhaber weiterhin Einnahmen aus Kapitalvermögen, auch wenn ihm die Zinsen und Dividenden nicht mehr zufließen (BFH v. 14.12.1976 – VIII R 146/73, BStBl II 1977, 115. Somit bleibt diese Form des Nießbrauchs ohne steuerliche Auswirkung.	❑
Hinweis: Die dargestellte Behandlung des Zuwendungsnießbrauchs entspricht zwar der Auffassung der Finanzverwaltung, dürfte aber – bei entsprechender Ausgestaltung des Nießbrauchs – mit der neueren BFH-Rechtsprechung nicht mehr zu vereinbaren sein.	❑

Treuhandverhältnisse

Bei Einkünften aus Kapitalvermögen verwirklicht grundsätzlich derjenige den Tatbestand der Einkunftserzielung, der das Kapitalvermögen im eigenen Namen und auf eigene Rechnung gegen Entgelt zur Nutzung überlässt. Bei Eigenkonten gilt eine Tatsachenvermutung, dass derjenige, der ein Konto auf seinen Namen errichtet, auch Inhaber der Forderung ist. Eine abweichende Zurechnung kann es bei Treuhandverhältnissen geben, hier gehören die Einkünfte gem. § 39 Abs. 2 Nr.1 AO dem Treugeber. Hierbei muss der Treuhänder nach § 159 Abs. 1 AO auf Verlangen nachweisen, wem die Rechte gehören. Anderenfalls ist das Finanzamt berechtigt, ihm das Vermögen zuzurechnen (BFH v. 27.09.2006 – IV R 45/04, DStR 2006, 2030).

Nach der BFH-Rechtsprechung ist dabei ein strenger Maßstab anzulegen (v. 15.07.1997 – VIII R 56/93, BStBl II 1998, 152). Aus den schuldrechtlichen Vereinbarungen muss sich eindeutig ergeben, dass die mit der rechtlichen Inhaberstellung verbundene Verfügungsmacht im Innenverhältnis zugunsten des Treugebers in einem Maße eingeschränkt ist, dass die rechtliche Inhaberschaft als leere Hülle erscheint (BFH v. 20.01.1999 – I R 69/97, DStR 1999, 973). Wesentliches Kriterium für eine abweichende Zurechnung des Wirtschaftsguts ist die Weisungsbefugnis des Treugebers gegenüber dem Treuhänder und die damit korrespondierende Weisungsgebundenheit des Treuhänders gegenüber dem Treugeber. Zusätzlich muss das Treuhandverhältnis im vorhinein klar und eindeutig vereinbart und dann auch vereinbarungsgemäß durchgeführt werden. Wichtig hierbei ist die klare Trennung von Eigenvermögen und Treugut (Hessisches FG v. 18.01.2001 – 13 K 490/99 und FG München v. 02.04.2003 – 9 K 3107/00).

Vermögensübertragung gegen Versorgungsleistungen

Der BFH hat sich im Jahre 2003 mit zwei Beschlüssen zur Vermögensübergabe gegen wiederkehrende Bezüge geäußert und dabei die bisherige Verwaltungspraxis in ein neues Licht gerückt. Das BMF hat sich mit Schreiben vom 16.09.2004 (IV C 3 – S 2255 – 354/04, BStBl I, 922) durch einen überarbeiteten Rentenerlass geäußert. Wichtig für die Kapitaleinnahmen: Als existenzsichernde Wirtschaftseinheit gilt nunmehr auch Kapitalvermögen, also Wertpapiere, Festgeld oder ein Sparbuch. Hierzu reicht es auch aus, wenn diese Werte vereinbarungsgemäß zur Tilgung von Schulden verwendet werden (BFH v. 01.03.2005 – X R 45/03, DStR 2005, 1174, DB 2005, 1605).

Wiederkehrende Leistungen im Zusammenhang mit einer Vermögensübertragung im betrieblichen oder privaten Bereich sind steuerlich besonders interessant, wenn es sich um Versorgungsleistungen handelt. Dann sind die Zahlungen als Sonderausgaben absetzbar, der

Empfänger versteuert im Gegenzug die Einnahmen. Diese im Familienkreis zwischen Eltern und Kindern beliebte Variation lohnt besonders, wenn der Übergebende eine geringere Steuerprogression als der Zahlende aufweist. Grundvoraussetzung für die Anerkennung von Versorgungsleistungen ist, dass das übertragene Vermögen ertragsbringend und existenzsichernd ist. Die vereinbarten Zahlungen müssen aus den laufenden Nettoerträgen der übergebenden Wertpapiere erzielbar sein. Nur dann ist der Sonderausgabenabzug möglich.

Beispiel

Eine 50-jährige Mutter lebt von geerbten Anleihen im Wert von rund 400.000 €. Die werfen pro Jahr rund 16.000 € Zinsen ab. Sie schenkt die Papiere dem minderjährigen Sohn, der hierfür eine lebenslange Rente von monatlich 1.250 € zusagt.

Berechnung der Schenkungsteuer

Jahreswert der dauernden Last	15.000 €
Wert des Kapitalvermögens	400.000 €
Kapitalisierter Rentenwert auf die Laufzeit	– 214.740 €
– Freibetrag	– 205.000 €
Steuerpflichtiger Erwerb für Sofortbesteuerung	0 €

Berechnung der Einkommensteuer 2005	Mutter	Sohn
Sonstige Einkünfte	15.000 €	0 €
Zinseinnahmen	0 €	16.000 €
– Sparerfreibetrag	0 €	– 1.370 €
– Werbungskosten-Pauschbetrag	– 102 €	– 51 €
– Sonderausgaben, außerg. Belastung	– 2.400 €	– 15.000 €
Zu versteuern	12.498 €	0 €
Fällige Steuer	931 €	0 €

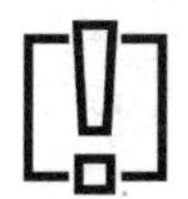

Ergebnis: Die Wertpapiere werden ohne Schenkungsteuer übertragen. Der Sohn finanziert die Mutter aus seinen Zinserträgen, ohne dass generationsübergreifend nennenswerte Steuerbeträge anfallen.

Zeitpunkt der Besteuerung

Die Steuerpflicht von Kapitaleinkünften richtet sich nach dem Zu- und Abflussprinzip, § 11 EStG. Einnahmen werden bei Erhalt versteuert und Werbungskosten erst dann angesetzt, wenn sie gezahlt werden. Das ist i.d.R. die Gutschrift oder Belastung auf dem Konto oder eine Barzahlung. Von diesem Grundsatz gibt es jedoch einige Ausnahmefälle:

- Bei **abgezinsten Sparbriefen** erfolgt der Zufluss der Kapitaleinnahmen bei Fälligkeit, der Rückgabe oder einem vorzeitigen Verkauf. Dies führt zu einem Zusammenballen von Einnahmen und somit einer höheren Progression.

- **Ausschüttungen** von Kapitalgesellschaften fließen an dem Tag zu, der im Ausschüttungsbeschluss als Auszahlungstag bestimmt ist. Bei deutschen AG ist dies normalerweise der Tag nach der Hauptversammlung. Bei beherrschenden Gesellschaftern liegt der Zufluss schon mit dem Gewinnverwendungsbeschluss vor.
- **Bausparzinsen** fließen jährlich zu, auch wenn keine Auszahlung erfolgt.
- Bei **betrieblichen Erträgen** gilt im Rahmen einer Bilanz anstatt des Zuflussprinzips das Datum des Anspruchs. Bei der Einnahme-Überschuss-Rechnung gelten dieselben Regeln wie beim Privatanleger.
- Bei **Auslandsdividenden** ist der Tag der Ausschüttung und nicht das Datum maßgebend, an dem der Dividendenanspruch entsteht. So überweisen US-Firmen i.d.R. erst einen Monat später, selbst wenn der Anleger die Aktien dann gar nicht mehr besitzt.
- Bei **Zerobonds** erfolgt der Zufluss bei Fälligkeit oder vorzeitigem Verkauf.
- **Thesaurierte Erträge** bei Investmentfonds rechnen steuerlich zu dem Kalenderjahr, in dem sie durch die Fondsgesellschaft eingenommen worden sind. Der Zufluss liegt an dem Tag vor, an dem das Wirtschaftsjahr der Fondsgesellschaft endet.
- Bei **Stückzinsen** ist der Tag maßgebend, an dem Kauf oder Verkauf abgerechnet wird, i.d.R. zwei bis drei Tage nach der Transaktion.

Berechnung der Einkünfte aus Kapitalvermögen
Erfasst werden nur Erträge, die zu keiner anderen Einkunftsart gehören. Auch Kursveränderungen fallen nicht hierunter, sie können aber Einkünfte aus privaten Spekulationsgeschäften darstellen. Von dieser Regel gibt es jedoch eine Reihe von Ausnahmen. Kursgewinne von Finanzinnovationen, bei denen die laufenden Erträge durch Kursveränderungen ersetzt werden, fallen unabhängig von Fristen unter die Kapitaleinnahmen. Bei der Besteuerung des Kapitals geht es strikt nach dem Nominalwertprinzip, eine Geldentwertung wird nicht berücksichtigt. Die Einkünfte werden aus der Differenz von Einnahmen und Ausgaben ermittelt. Dabei wird die Steuer bereits vorab in Form von Zinsabschlag oder Kapitalertragsteuer erhoben, sofern der Freistellungsauftrag überschritten ist. Fließen die Kapitalerträge jenseits der Grenze zu, etwa auf ein Auslandskonto, wird kein Zinsabschlag fällig, obwohl die Einnahmen gleichermaßen im Inland steuerpflichtig sind. Im Ausland einbehaltene Quellensteuer kann jedoch im Rahmen der Einkommensteuererklärung geltend gemacht werden. Das gilt auch für die deutsche Kapitalertragsteuer, die jenseits der Grenze auch von inländischen Anlegern gezahlt werden muss.

Checkliste zur Ermittlung der Kapitaleinkünfte 2006/2007	
	Einnahmen, die über § 3 Nr. 40 EStG nur zur Hälfte besteuert werden und der 20%igen Kapitalertragsteuer unterliegen • Ausländische Dividenden • Dividenden deutscher Firmen • Dividendenerträge aus Investmentfonds • Ausschüttungen einer GmbH • Erträge aus Genossenschaftsanteilen
+	Zur Hälfte erfasste Kapitaleinnahmen Erträge aus nach 2004 abgeschlossenen Lebensversicherungen unter bestimmten Bedingungen (Auszahlung ab 60. Lebensjahr, zwölf Jahre Laufzeit)

Checkliste zur Ermittlung der Kapitaleinkünfte 2006/2007 (Fortsetzung)	
+	Voll besteuerte Erträge mit Abzug von 25 % Kapitalertragsteuer • Zinsen aus Wandelanleihen • Erträge aus Genuss-Scheinen • Erträge aus Lebensversicherungen mit Abschluss nach 2004 • Zinsanteile aus steuerschädlich verwendeten Kapitallebensversicherungen mit Abschluss vor 2005
+	Einnahmen, die dem Zinsabschlag unterliegen • Zinsen aus Sparguthaben, Termingeld oder laufenden Konten • Zinsanteile von Investmentfonds • Erträge offener Immobilienfonds mit Ausnahme von Dividenden • Zinsen aus Bausparguthaben • Erhaltene Stückzinsen beim Verkauf von Anleihen • Ausgewiesener Zwischengewinn beim Verkauf von Investmentfonds • Zinsen aus Anleihen • Realisierte Kurserträge aus Finanzinnovationen • Zinsen aus Tafelpapieren
+	Einnahmen, die keinem inländischen Steuerabzug unterliegen • Zinsen aus privaten Darlehen • Zinsen, die auf ausländische Konten fließen
=	Zwischensumme
–	Gezahlte Stückzinsen
–	Ausgewiesene Zwischengewinne
=	Summe der Einnahmen (positiv oder negativ)
	Negative Einnahmen werden ausgeklammert, sofern sie unter § 15b EStG fallen
–	Werbungskosten • Aufwendungen, die in voller Höhe abziehbar sind • Kosten, die nur zur Hälfte angesetzt werden • Quellensteuer auf Antrag • Mindestens Pauschbetrag von 51 €, Ehepaare 102 €
=	Zwischensumme
–	Sparerfreibetrag von 1.370 €, Ehepaare 2.740 € (ab 2007: 750/1.500) €, jedoch maximal die positive Zwischensumme
=	Einkünfte aus Kapitalvermögen

Kapitalertragsteuer

Erhält ein Anleger über ein inländisches Konto oder Depot Kapitalerträge, hält das Finanzamt vor der Auszahlung bereits die Hand auf. Denn er möchte als Steuervorauszahlung bereits einen Teil seiner ihm zustehenden Einnahmen in der Staatskasse behalten. Sind die Gelder hingegen jenseits der Grenze deponiert, entfällt der Vorwegabzug. Ursache für die Einführung des Zinsabschlags war eine Entscheidung des BVerfG (v. 27.06.1991 – 2 BvR 1493/89, BStBl II, 654), was die Ungleichheit der Zinsbesteuerung festgestellt hatte. Ab 1993 wurde deshalb eine Steuerabzugsverpflichtung innerhalb Deutschlands für die Kapitalerträge eingeführt. Als Gegenreaktion führten die Banken Finanzinnovationen ein, bei denen die Erträge auf die Vermögensebene verlagert wurden und damit nicht dem Zinsabschlag unterlagen. Der Gesetzgeber reagierte ab dem Jahr 1994; nunmehr unterliegen dem Zinsabschlag auch die Einnahmen aus Finanzinnovationen i.S.d. § 20 Abs. 2 Satz 1 Nr. 2b, Nr. 3 und 4 EStG.

Die Steuer auf Kapitalvermögen wird neben der Erhebung über die Steuererklärung durch einen vorweggenommenen Abzug vom Ertrag fällig. Ähnlich wie die Lohn- und Kirchensteuer auf den Arbeitslohn ist die Kapitalertragsteuer eine vorausgezahlte Einkommensteuer, die dann einbehalten und abgeführt wird, wenn die Erträge entstehen. Sie wird auf die Einkommensteuerschuld des Gläubigers angerechnet (§ 36 Abs. 2 Satz 2 Nr. 2 EStG). Rechtsgrundlagen für den Kapitalertragsteuerabzug sind:

- § 43 EStG Abzugspflichtige Kapitalerträge
- §§ 43a–43b EStG Bemessung der Kapitalertragsteuer
- § 44 EStG Entrichtung der Kapitalertragsteuer
- § 44a EStG Abstandnahme vom Steuerabzug
- §§ 44b–45 EStG Erstattung der Kapitalertragsteuer
- § 45a EStG Anmeldung und Bescheinigung
- §§ 45b–45c EStG Erstattung aufgrund von Sammelanträgen
- § 45d EStG Mitteilungen an das Bundeszentralamt für Steuern
- § 45e EStG Ermächtigung für ZIV
- § 7 InvStG

Zu unterscheiden ist zwischen Zinsabschlag und Kapitalertragsteuer. Die Unterschiede liegen in der Höhe des Steuersatzes, der Art der Erträge und dem Personenkreis, der die Steuer einbehalten muss. In beiden Fällen kommt jedoch noch der 5,5%ige Solidaritätszuschlag hinzu. Folgende Steuersätze werden bei der Kapitalertragsteuer verwendet:

- 20 % Kapitalertragsteuer für Dividenden und Ausschüttungen einer GmbH sowie von Genossenschaftsbanken – auch im Tafelgeschäft,
- 25 % Kapitalertragsteuer bei Wandelanleihen und Genuss-Scheinen,
- 30 % für (Zinsabschlag),
- 35 % für Zinsen und ähnliche Einnahmen aus Tafelgeschäften,
- 10 % bei Ausschüttungen von Betrieben öffentlichen Rechts.

Dieser Steuerabzug wird auch vorgenommen, wenn die Kapitalerträge bei Unternehmern oder Selbständigen anfallen. Die Kapitalertragsteuer ist weder von Erklärungspflichten noch von der persönlichen Progression abhängig. Sie wird aber im Steuerbescheid wie die Lohnsteuer auf die fällige Einkommensteuer angerechnet oder erstattet.

Maßgebend für den Steuerabzug sind grundsätzlich die Kapitalerträge ohne jeden Abzug (§ 43a Abs. 2 Satz 1 EStG), also vor Betriebsausgaben oder Werbungskosten. Werden Gewinnausschüttungen im Halbeinkünfteverfahren besteuert, unterliegen die Kapitalerträge einschließlich des nach § 3 Nr. 40 EStG steuerfreien Anteils der Kapitalertragsteuer. Für steuerfreie Erträge nach § 8b Abs. 1 KStG ist ebenfalls Kapitalertragsteuer einzubehalten.

Die Kapitalertragsteuer entsteht in dem Zeitpunkt, in dem die Kapitalerträge dem Gläubiger zufließen (§ 44 Abs. 1 EStG). Zum Steuerabzug ist der Schuldner der Erträge bzw. in den Fällen des Zinsabschlags die auszahlende Stelle verpflichtet.

Bei den Finanzinnovationen nach § 20 Abs. 2 Satz 1 Nr. 4 EStG ist die Bemessungsgrundlage für den Zinsabschlag entweder die Marktrendite oder die Ersatzbemessungsgrundlage (§ 43a Abs. 2). Als Einnahmen aus Kapitalvermögen kann alternativ – sofern ermittelbar – auch die Emissionsrendite angesetzt werden.

- Die Marktrendite ist der Kursertrag und bemisst sich nach der Differenz zwischen Verkaufs- und Ankaufspreis. Spesen werden nicht berücksichtigt.
- Hat das Kreditinstitut keine Kenntnis vom Erwerbspreis des Anlegers (etwa bei Depotwechsel), wird der Zinsabschlag nach einer Ersatzbemessungsgrundlage berechnet. Die beträgt pauschal 30 % des Veräußerungspreises. In diesen Fällen weichen die Bemessungsgrundlage für den Zinsabschlag und der anzusetzende Kapitalertrag in jedem Falle voneinander ab. Hierauf wird in den Steuerbescheinigungen regelmäßig hingewiesen.

Bei der Kapitalertragsteuer zahlt bereits der Schuldner der Erträge die Abzüge für den Anleger, also etwa AG und GmbH oder der Emittent einer Wandelanleihe. Beim Zinsabschlag kommt das Geld erst einmal in voller Höhe bei der Bank an. Diese führt dann die Steuer für den einzelnen Anleger ans Finanzamt ab. Über sämtliche Abzugsbeträge stellt die Bank eine Steuerbescheinigung nach amtlich vorgeschriebenem Muster aus, § 45a Abs. 2 EStG. Nur bei Vorlage dieser Bescheinigung rechnet das Finanzamt die einbehaltene Steuer bei der Erklärung an.

Steuer-Hinweis

Erteilen Kreditinstitute die Steuerbescheinigungen ausschließlich in elektronischer Form als pdf-Datei, reicht dies für die Steueranrechnung nach § 36 Abs. 2 Nr. 2 EStG nicht aus (OFD Münster v. 18.05.2005, DB 2005, 1143). Denn Voraussetzung für die Anrechnung der einbehaltenen Kapitalertragsteuer ist die Vorlage der Steuerbescheinigung im Original. Zur Ausstellung nach amtlich vorgeschriebenem Muster sind der Schuldner der Kapitalerträge oder die auszahlende Stelle verpflichtet.

In einigen Fällen verzichtet die Finanzverwaltung gem. § 43 Abs. 1 Nr. 7 EStG im Vorhinein auf den Abschlag.

Checkliste zu Erträgen ohne Steuerabzug	
Privatdarlehen, wenn eine Privatperson als Schuldner Zinsen zahlt	❑
Zinsen aus Girokonten und Sichteinlagen, soweit kein höherer Zins als 1 % gezahlt wird	❑
Interbankengeschäft, wenn auch der Gläubiger der Kapitalerträge ein Kreditinstitut ist	❑
Bausparkassenzinsen, wenn der Bausparer Arbeitnehmer-Sparzulage oder Wohnungsbauprämie erhält	❑
Bausparzinssätzen bis zu 1 %	❑

Checkliste zu Erträgen ohne Steuerabzug (Fortsetzung)	
Zinsen bis zu 10 € pro Guthaben und Jahr. Die Regelung gilt nur bei einmaliger Auszahlung	❑
Vorlage eines Freistellungsauftrags	❑
Vorlage einer Nicht-Veranlagungsbescheinigung	❑
Kapitalerträge, bei denen Gläubiger und Schuldner bei Zufluss dieselbe Person sind	❑
Ausländische Anleger, mit Ausnahme des Tafelgeschäfts. Bei ausländischen Personengesellschaften ist nur dann kein Zinsabschlag einzubehalten, wenn alle Gesellschafter Steuerausländer sind.	❑

Die Berücksichtigung von Kapitalertragsteuer erfolgt auch bei bestandskräftigen Bescheiden, da die Anrechnungsverfügung ein selbständiger Verwaltungsakt ist, der nach § 130 Abs. 1 AO zurückgenommen und dann mit anderen Beträgen neu erlassen werden kann. Die Korrektur ist an keine Frist gebunden, da der Zahlungsverjährung nur festgesetzte und fällig gestellte Ansprüche unterworfen sind (BFH v. 18.07.2000 – VII R 32, 33/99, BStBl II 2001, 133). Die Anrechnung nimmt das Finanzamt auch dann vor, wenn zwar nachträglich Einkünfte aus Kapitalvermögen erklärt werden, eine Änderung des Einkommensteuerbescheids jedoch wegen Unterschreitens des Sparerfreibetrags unterbleibt. Denn von einem Erfassen der Kapitaleinnahmen ist auch auszugehen, wenn diese im Ergebnis unbesteuert bleiben (OFD Frankfurt v. 06.06.2006 – S 2299 a A – 3 – St 216). Die nachträgliche Anrechnung der Kapitalertragsteuer scheidet lediglich bei eingetretener Festsetzungsverjährung aus.

Steuer-Hinweis

Ausführliche Hinweise zu nachträglich bekannt gewordenen steuerabzugspflichtigen Kapitalerträgen: OFD München vom 19.05.2004 – S 0351 – 31 St 312, StEK AO 1977 § 173/69, LfSt Bayern vom 22.09.2005 – S 0450 – 4 St 41 M, StEd 2005, 698.

Der Freistellungsauftrag

Kapitalertragsteuer, Zinsabschlag sowie der hierauf entfallende SolZ stellen Vorauszahlungen auf die Jahressteuer dar. Bei der alljährlichen Erklärung werden Freibeträge berücksichtigt, die Anleger gem. § 44a Abs. 1 Nr. 1 EStG bereits bei der Auszahlung in Anspruch nehmen können. Das gelingt mit Hilfe eines Freistellungsauftrags. Die maximale Höhe des Betrags ergibt sich aus dem Sparerfreibetrag von 750 € sowie dem Werbungskosten-Pauschbetrag von 51 € pro Person. Der Freistellungsauftrag gilt ab dem Ausstellungsdatum und verlängert sich stillschweigend, solange wie der Bank keine andere Weisung erteilt wird. Sofern also keine gravierenden finanziellen oder persönlichen Änderungen vorliegen, gilt ein einmal erteilter Auftrag immer weiter und bedarf keines weiteren Aufwands. Änderungen können jederzeit vorgenommen werden. Anlass dazu ist beispielsweise eine Vermögensumschichtung oder ein Bankwechsel. Bei Scheidung oder dauerndem Getrenntleben ist das Ex-Ehepaar zur Änderung verpflichtet.

Steuer-Hinweis

Wegen des von 1.370 auf 750 € geminderten Sparerfreibetrags dürfen Kreditinstitute gem. § 52 Abs. 55f EStG vor 2007 eingereichte Freistellungsaufträge ab dem Jahreswechsel nur noch zu 56,37 % berücksichtigen. Ein Freistellungsauftrag nach dem ab 2007 geltenden Muster (BMF v.

04.08.2006 – IV C 1 – S 2056 – 3/06) braucht in diesem Fall nur erteilt zu werden, wenn der Kunde das reduzierte Freistellungsvolumen unter Beachtung der neuen Freistellungsgrenze ändern möchte. Sofern der Freistellungsauftrag den gesamten Sparerfreibetrag und Werbungskosten-Pauschbetrag ausweist, darf der Werbungskosten-Pauschbetrag in voller Höhe berücksichtigt werden.

Eine rückwirkende Änderung oder Erteilung des Freistellungsauftrags ist möglich, jedoch von der einzelnen Bank abhängig. Sie muss bisherige Erträge anders behandeln und ausgestellte Steuerbescheinigungen ändern. Eine rückwirkende Änderungspflicht der Banken besteht nicht, zu viel gezahlte Beträge werden aber in jedem Fall durch die spätere Steuererklärung ausgeglichen. Der Freistellungsbetrag von 801 € (Ehepaare 1.602 €) kann auf beliebig viele Kreditinstitute verteilt werden. Zinsen aus Tafelpapieren sind nicht vom Zinsabschlag ausgenommen, selbst wenn ein Freistellungsauftrag vorliegt. Eine Änderung des Freistellungsauftrag darf auch online erfolgen (BMF v. 13.12.2005 – IV C 1 S 2404 – 31/05, BStBl I, 1051).

Damit die Anleger nicht Freistellungsaufträge in beliebiger Höhe einreichen, hat die Finanzverwaltung durch die Mitteilungspflicht der Banken nach § 45d EStG ein Kontrollinstrument eingeführt. Hiernach besteht eine Verpflichtung, dem BZSt bis zum 31. Mai des jeweiligen Folgejahres eine Reihe von Daten der Anleger auf elektronischem Wege zu übermitteln:

- Vor- und Zuname sowie Geburtsdatum der Person(en),
- Anschrift des Anlegers,
- Höhe des Betrags, für den aufgrund eines Freistellungsauftrags vom Steuerabzug Abstand genommen worden ist – getrennt nach Zinsen und Dividenden,
- Namen und Anschrift des Bankinstituts.

Anhand dieser Informationen kann das jeweilige Wohnsitzfinanzamt erkennen, ob jemand Kapitaleinnahmen oberhalb des Freistellungsvolumens ohne Steuerabzug erhalten hat. Nicht bekannt wird hingegen auf diesem Weg jede Kontenverbindung. Denn sofern die Erträge komplett ohne Freistellung vereinnahmt wurden, erfolgt keine Meldung.

Steuer-Hinweis

Die Datenbank im Bonner Bundeszentralamt hat sich in den letzten Jahren zu einer Fundgrube für Finanzbeamte gemausert. So gibt es grundsätzlich vier Möglichkeiten, inländische Sparer zu überprüfen:

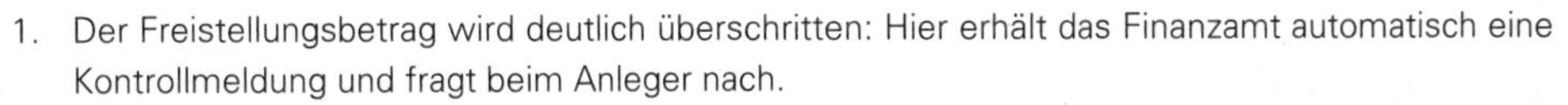

1. Der Freistellungsbetrag wird deutlich überschritten: Hier erhält das Finanzamt automatisch eine Kontrollmeldung und fragt beim Anleger nach.
2. Der Finanzbeamte loggt sich bei der Bearbeitung Ihrer Steuererklärung in die Datenbank ein und gleicht die Angaben ab. Er kann beispielsweise erkennen, bei welcher Bank ein Anleger Konten hat.
3. Mit diesen Informationen ausgestattet werden die Beamten dann bei Steuerzahlern gezielt nachfragen.
4. Gibt es vom Anleger keine ausreichenden Auskünfte, wendet sich das Finanzamt direkt an das oder die Kreditinstitute und fordert gezielt die erwünschten Informationen ab.

Die dem Halbeinkünfteverfahren unterliegenden Dividenden werden nur mit ihrem steuerpflichtigen Anteil auf das jeweils vom Steuerpflichtigen seiner Bank erteilte Freistellungsvolumen angerechnet (§ 44a Abs. 1 Nr. 1 EStG). Übersteigt der steuerpflichtige Teil der Dividende das Freistellungsvolumen, ist auch die steuerfreie Hälfte einzubeziehen.

Beispiel

Dividende	3.600 €
abzüglich steuerpflichtige Hälfte	1.800 €
– Freistellungsvolumen 2007	– 801 €
verbleiben einkommensteuerpflichtig	999 €

Die verbleibenden einkommensteuerpflichtigen Kapitalerträge von 999 € und die entsprechenden nach § 3 Nr. 40 EStG steuerfrei bleibenden Kapitalerträge i.H.v. ebenfalls 999 €, insgesamt also 1.998 €, unterliegen dem Kapitalertragsteuerabzug (§ 43 Abs. 1 Satz 1 Nr. 1a EStG).

Dividende	3.600 €
– Freistellungsvolumen (doppelte Wirkung)	1.602 €
verbleiben kapitalertragsteuerpflichtig	1.998 €

Damit ergibt sich eine Kapitalertragsteuer i.H.v. 20 % von 1.998 €, also 399,60 €.

Die Nicht-Veranlagungsbescheinigung

Neben dem Freistellungsauftrag besteht mit der Nicht-Veranlagungsbescheinigung eine weitere Möglichkeit, den Zinsabschlag und die Kapitalertragsteuer zu vermeiden. Sie kann von allen Anlegern vorgelegt werden, bei denen aufgrund ihrer niedrigen Gesamteinnahmen – nicht nur Kapitaleinnahmen – keine Einkommensteuer anfällt. Die Bescheinigung ist günstiger als ein Freistellungsauftrag, da sie nicht auf 1.421 € pro Jahr beschränkt ist. Zumeist können Rentner oder Kinder eine solche Bescheinigung erhalten, da die Einkünfte dieser Personen oft unter dem steuerfreien Existenzminimum liegen. Für das Jahr 2007 kommt eine NV-Bescheinigung in Betracht, wenn ein lediger Anleger ausschließlich Kapitalerträge von nicht mehr als 8.501 € hat.

Zinseinnahmen	8.501 €
– Werbungskosten-Pauschbetrag	– 51€
– Sparerfreibetrag	– 750 €
– Sonderausgaben-Pauschbetrag	– 36 €
– Grundfreibetrag	– 7.664 €
= verbleibt	0 €

Zuständig für die Ausstellung der Bescheinigung ist das Wohnsitzfinanzamt des Anlegers. Hierzu gibt es ein separates Formular NV 1A, auf dem die voraussichtlichen Einnahmen und Ausgaben darzulegen sind. Aufgrund dieser Angaben erteilt das Finanzamt dann die Bescheinigung. Ändern sich die Einkommensverhältnisse, besteht die Pflicht, die Bescheinigung an das Finanzamt zurückzugeben. Nach § 44a Abs. 2 EStG ist die NV-Bescheinigung unter dem Vorbehalt des Widerrufs mit einer Geltungsdauer von höchstens drei Jahren auszustellen; sie muss am Schluss eines Kalenderjahres enden. Anschließend muss sie erneut beantragt werden.

Das Finanzamt stellt grundsätzlich einen Bescheid aus. Sollten Konten bei mehreren Banken bestehen, benötigt jedes Institut eine Bescheinigung. Dann müssen mehrere Ausfertigungen beantragt werden, das Finanzamt stellt dann mehrere Bescheinigungen gleichen Inhalts aus.

Wurde der Bank zuvor bereits einen Freistellungsauftrag erteilt, ist er durch die Nicht-Veranlagungsbescheinigung wirkungslos geworden.

Übersicht Freistellungsauftrag – NV-Bescheinigung

	Freistellungsauftrag	**NV-Bescheinigung**
Gültigkeit	Unbefristet bis zum Widerruf oder bei Änderungen	Maximal drei Jahre oder bis zum Widerruf
Aussteller	Anleger	Finanzamt
Anspruchsberechtigte	Alle inländischen Steuerzahler	Inländische Steuerzahler, die nachweisen, dass keine Steuern anfallen
Verfahren	Formulareinreichung bei den entsprechenden Banken	Abgabe der Erklärung NV 1A beim Wohnsitzfinanzamt, Vorlage der ausgestellten Bescheinigung bei den Banken
Höchstbeträge	Begrenzt auf 801 € oder 1.602 € bei Ehepaaren	Unbegrenzte Freistellung von Kapitalertragsteuer und Zinsabschlag
Wirkung	Kein Steuerabzug in Höhe des Freistellungsbetrags	Kein Steuerabzug auf sämtliche Beträge
Einfluss auf ausländische Quellensteuer	Nein	Nein

Sonderfälle bei Zinsabschlag und Freistellungsbescheinigung

- Nicht dauernd getrennt lebende **Ehegatten** können nur gemeinsam Freistellungsaufträge erteilen. Der gemeinsame Freistellungsauftrag kann sowohl für Gemeinschaftskonten als auch für auf den Namen nur eines der Ehegatten geführte Konten oder Depots erteilt werden.
- Hat ein Kontoinhaber **geheiratet**, verliert der von diesem allein erteilte Freistellungsauftrag mit dem Tag der Heirat für eine Abstandnahme vom Zinsabschlag seine Wirksamkeit. Liegt anschließend kein Ehegatten- Freistellungsauftrag vor, hat das Kreditinstitut den Zinsabschlag einzubehalten.
- Erhält die Bank Kenntnis davon, dass für Ehegatten die Voraussetzungen für eine Zusammenveranlagung nicht mehr vorliegen, hat es den Freistellungsauftrag nicht mehr zu berücksichtigen und einen Steuerabzug vorzunehmen. Erfährt das Kreditinstitut erst verspätet von der Scheidung eines Kontoinhabers, so besteht eine Verpflichtung zur Nachholung des Zinsabschlags nicht.
- Kapitalerträge sind steuerlich grundsätzlich nur bis zum **Tode** zuzurechnen, anschließend sind die Erben Gläubiger. Ein Freistellungsauftrag ist nur bis zum Todestag zu berücksichtigen. Das gilt auch für Gemeinschaftskonten von Eheleuten, die auf den Namen des Verstorbenen geführt werden.
- Ein Freistellungsauftrag kann per **Fax** eingereicht werden.
- Partner einer nichtehelichen **Lebensgemeinschaft** können für gemeinsame Konten keinen Freistellungsauftrag erteilen. Das Kreditinstitut hat für alle Erträge Zinsabschlag einzu-

behalten. Für die Anteile am Zinsertrag und am Zinsabschlag wäre grundsätzlich eine einheitliche und gesonderte Feststellung durchzuführen, worauf jedoch i.d.R. verzichtet werden kann. Die anteilige Zurechnung der Beträge ist auf der Originalbescheinigung und auf einer Kopie zu vermerken; diese sind von beiden Partnern zu unterschreiben und dem Finanzamt vorzulegen (BMF v. 05.11.2002, BStBl I, 1338, Rdnr. 52-55).

- Eingetragene **Lebenspartnerschaft**. Hier gelten die gleichen Regeln wie bei der Lebensgemeinschaft.
- **Erbfall:** Ab dem Todestag oder sobald das Kreditinstitut vom Tode erfährt, verliert der Freistellungsauftrag seine Gültigkeit. Mit dem Tod eines Ehegatten entfällt die Wirkung eines gemeinsam erteilten Freistellungsauftrags für Gemeinschaftskonten der Ehegatten sowie für Konten, die auf den Namen des Verstorbenen lauten. Der gemeinsame Freistellungsauftrag ist bis zum Ende des laufenden Veranlagungszeitraums noch für Kapitalerträge wirksam, bei denen die alleinige Gläubigerstellung des Verwitweten feststeht (BMF-Schreiben v. 05.11.2002, BStBl I, 1338, Rdnr. 25–26).
- Die Steuerbescheinigung wird bei **Treuhand-**, Ander- und Nießbrauchskonten regelmäßig auf den (zivilrechtlichen) Gläubiger ausgestellt. Die Anrechnung des Zinsabschlags und die Versteuerung der Kapitalerträge erfolgen hingegen beim steuerrechtlichen Gläubiger. Dieser hat daher auch Anspruch auf Aushändigung der Steuerbescheinigung.
- Bei Zinsen aus **Instandhaltungsrücklagen** wird im Allgemeinen von einer gesonderten Feststellung abgesehen. Der Verwalter teilt die anteiligen Einnahmen und Abzugsbeträge den einzelnen Wohnungseigentümern mit.
- Zinsen aus **Mietkautionen** sind dem Mieter zuzurechnen. Hat der Vermieter ein Treuhandkonto eröffnet und den Mieter benannt, wird die Steuerbescheinigung auf den Mieter ausgestellt. Der Vermieter ist verpflichtet, dem Mieter die Steuerbescheinigung auszuhändigen.
- Die einer **Personengesellschaft** zufließenden Kapitalerträge unterliegen den allgemeinen Grundsätzen. Ein Freistellungsauftrag darf nicht erteilt werden. Die Einnahmen aus Kapitalvermögen, die Werbungskosten und die Steuerabzugsbeträge sind grundsätzlich nach § 180 Abs. 1 Nr. 2a AO einheitlich und gesondert festzustellen. Die Besteuerungsgrundlagen werden bei den einzelnen Gesellschaftern berücksichtigt. Bei diesen wird auch der Sparerfreibetrag angesetzt. Von der einheitlich und gesonderten Feststellung der Besteuerungsgrundlagen kann abgesehen werden, wenn es sich um einen Fall geringer Bedeutung handelt.
- Für Konten loser **Personenzusammenschlüsse** (Kegelverein, Sparclubs) wird kein Zinsabschlag einbehalten, wenn diese aus mindestens sieben Personen bestehen und bei denen der Kapitalertrag 300 € pro Kalenderjahr und 10 € pro Person nicht übersteigt. In diesen Fällen muss der Kontoinhaber dem Kreditinstitut jeweils jährlich (vor Zufluss der Erträge) die Anzahl der Mitglieder mitteilen. Ein Freistellungsauftrag darf nicht erteilt werden. Diese Regelung gilt nicht für Grundstücks-, Erben- und Wohnungseigentümergemeinschaften.
- Von der Körperschaftsteuer befreite **Körperschaften** (etwa gemeinnützige Vereine) können keinen Freistellungsauftrag erteilen). Nicht steuerbefreite Körperschaften können einen Freistellungsauftrag erteilen, wenn das Konto auf ihren Namen lautet. Das gilt auch für nicht rechtsfähige Vereine. Die Bank hat sich in diesen Fällen anhand der Satzung der Personengruppe zu vergewissern, dass die Wesensmerkmale eines Vereins vorliegen.

- Für Kapitalerträge, die nach einem Erbfall zugeflossen sind, berechtigt eine auf den Namen des Erblassers ausgestellte NV-Bescheinigung nicht zur Erstattung der Kapitalertragsteuer an die Erben. Die dem Erblasser erteilte NV-Bescheinigung verliert mit dem Todestag ihre Gültigkeit.
- Mit der **Auflösung einer Bankverbindung** liegt keine wirksame Erklärung des Kunden vor, dass er den Freistellungsauftrag bis zur Höhe des bereits ausgenutzten Betrags herabsetzt. Eine Herabsetzung ist nur schriftlich wirksam. Allerdings läuft der erteilte Freistellungsauftrag mit Ablauf des Jahres aus, in dem die Geschäftsverbindung beendet wurde.

Steuer-Hinweis

Die Steuererhebung auf Kapitaleinkünfte könnte in den Jahren ab 2003 gegen den Gleichheitsgrundsatz verstoßen. Zu den Erhebungsdefiziten bei den Zinsen liegen dem BVerfG zwei Verfahren (2 BvR 620/03) vor. Zwar hat der BFH entschieden, dass keine verfassungswidrigen Defizite vorliegen (v. 07.09.2005 – VIII R 90/04, BStBl II 2006, 61). Aber auch hiergegen wurde Verfassungsbeschwerde eingelegt (2 BvR 2077/05). Hinzu kommt der Beschluss des FG Köln (v. 22.09.2205 – 10 K 1880/05, EFG 2005, 1378, beim BVerfG unter 2 BvL 14/05), wonach im Rahmen der Amnestie nacherklärte Kapitaleinnahmen unzulässig besser behandelt werden als ehrlich deklarierte Einkünfte.

Kapitalherabsetzung

Die Herabsetzung des Nennkapitals einer AG stellt keine anteilige Veräußerung der Aktien dar. Erfolgt keine Auskehrung des Herabsetzungsbetrags an die Besitzer, ergibt sich auch keine Auswirkung auf die Anschaffungskosten. Wird jedoch der Kapitalherabsetzungsbetrag ausgezahlt, mindert dieser Betrag die Anschaffungskosten. Soweit der Auskehrungsbetrag auf einen Sonderausweis nach § 28 Abs. 1 Satz 3 KStG (Umwandlung von sonstigen Rücklagen mit Ausnahme von Einlagen) entfällt, ist dies als Einkünfte aus Kapitalvermögen nach § 20 Abs. 1 Nr. 2 EStG zu behandeln. Insoweit ergibt sich keine Minderung der Anschaffungskosten.

Beispiel

Kauf von 200 Aktien zu Kurs von 100 € am 30.10.2004 erworben. Am 10.01.2005 beschließt die AG, ihr Kapital von 800 auf 600 Mio. € herabzusetzen. Je Aktie werden 20 € ausgezahlt, wovon 5 € zu Bezügen i.S.d. § 20 Abs. 1 Nr. 2 EStG führen. Die Anschaffungskosten der von A erworbenen 200 Aktien ermitteln sich nach der Kapitalherabsetzung wie folgt:

Anschaffungskosten vor Kapitalherabsetzung	200 x 100 €	20.000 €
Ausgezahlter Betrag	4.000 €	
Minderung der Anschaffungskosten	200 x 15 € (20 € – 5 €) €	– 3.000 €
Kapitalertrag § 20 Abs. 1 Nr. 2 EStG	1.000 €	
Anschaffungskosten nach Kapitalherabsetzung		17.000 €

Werden einer AG unentgeltlich Aktien zur Einziehung im Rahmen einer Kapitalherabsetzung überlassen, so leistet die AG keine Kapitalrückzahlungen. Ihr Vermögen ändert sich nicht. Beim Aktionär verteilen sich die Mitgliedschaftsrechte nach der Kapitalherabsetzung auf weniger Aktien als zuvor. Die Einziehung der Aktien bewirkt daher einen Substanzzuwachs bei den verbliebenen Aktien. Sofern alle Aktionäre im Verhältnis ihrer Beteiligung zu der Kapitalherabsetzung beitragen, ändern sich die Beteiligungsverhältnisse nicht. In diesem Fall ist die Kapitalherabsetzung durch Einziehung unentgeltlich zur Verfügung gestellter Aktien sowohl für die Gesellschaft als auch für die Aktionäre im wirtschaftlichen Ergebnis neutral (BFH v. 10.08.2005 – VIII R 26/03, BStBl II 2006, 22). Eine solche Kapitalherabsetzung entspricht spiegelbildlich einer Kapitalerhöhung aus Gesellschaftsmitteln. In diesem Fall entfallen nach §§ 220 AktG, 3 KapErhStG die bisherigen Anschaffungskosten anteilig auch auf die neuen Anteile. Diese Regelung ist in diesem Fall analog anzuwenden. Die Buchwerte der unentgeltlich überlassenen und eingezogenen Aktien sind im Zeitpunkt der Überlassung den verbleibenden Aktien anteilig zuzuschlagen.

Kapitallebensversicherung

Diese bekannteste Form der Lebensversicherung sichert die Hinterbliebenen ab und sorgt gleichzeitig für die eigene Altersvorsorge. Stirbt der Versicherte vor Vertragsablauf, erhalten die Erben oder Begünstigten die garantierte Versicherungssumme sowie zusätzlich die erwirtschafteten Überschussanteile. Erlebt der Versicherte den Fälligkeitszeitpunkt, bekommt er diesen Betrag. Die Garantiesumme für den Erlebens- und Todesfall ist zumeist gleich hoch. Individuelle vertragliche Gestaltungen sind jedoch möglich.

Neben gleichbleibenden Beiträgen kann auch eine Dynamisierung der Prämien vereinbart werden. Dann steigen Beiträge und Versicherungssumme in regelmäßigen Abständen an. Sofern hierbei Höchstgrenzen eingehalten werden, ist die Anpassung nicht steuerschädlich. Allerdings steigen die Beiträge bei der dynamischen Variante schneller als die garantierte Versicherungssumme. Das liegt an der Tatsache, dass der Risikoschutz mit zunehmendem Alter des Versicherten teurer und hierdurch der Anteil für die Altersvorsorge geringer wird. Daher ist es oft ratsam, die Dynamisierung ab einem gewissen Alter zu beenden.

Details zu Anlage- und Steuergrundsätzen → *Lebensversicherung*.

Kapitalrückzahlung

Es handelt sich um die Rückzahlung von überlassenem Kapital, z.B. bei Endfälligkeit von Anleihen. Bei einigen Anleiheformen sind im Rückzahlungsbetrag auch die aufgelaufenen Zinsen enthalten, z.B. bei Zerobonds. Eine weitere Form von Kapitalrückzahlung kann in der Rückzahlung einer zuvor erhaltenen Gewinnausschüttung eines Anteilseigners bzw. Aktionärs bestehen.

Die Rückzahlung eines Anleihe-Nennbetrags ist nicht steuerbar, da es sich um einen Vorgang auf der Vermögensebene handelt. Sollten im Rückzahlungsbetrag zumindest teilweise aufgelaufene Zinsen enthalten sein, liegen Einnahmen aus Kapitalvermögen vor, die nach der Emissionsrendite oder Marktrendite errechnet werden. Zahlt ein Anteilseigner eine Ausschüttung, die nicht auf einem den gesellschaftsrechtlichen Vorschriften entsprechenden Gewinnverteilungsbeschluss für ein abgelaufenes Wirtschaftsjahr beruht, aufgrund einer im Zeitpunkt der Ausschüttung entstandenen Verpflichtung ganz oder teilweise zurück, liegen negative Einnahmen aus Kapitalvermögen vor.

Kassenobligationen

Bezeichnung für festverzinsliche Wertpapier von Kreditinstituten und der öffentlichen Hand mit einer maximalen Laufzeit von vier Jahren. Es ergeben sich keine steuerlichen Besonderheiten zu normalen → *Anleihen*.

Katastrophen-Anleihen

Diese auch unter dem Begriff Cat-Bonds bekannte Anleiheform verknüpft den Ertrag mit einer in den Emissionsbedingungen definierten Naturkatastrophe wie Erdbeben, Überschwemmung, Wirbelsturm oder Brand. Die Papiere versichern zwar nicht gegen Katastrophen, sondern verlieren in diesem Fall sogar an Wert. Denn tritt der Schaden ein, gibt es keine Zinsen mehr oder die Rückzahlung fällt aus. Versichert werden Regionen in stark bebauten und wohlhabenden Ländern, da Schadensfälle hier zu hohen Kosten führen. Abgesichert werden dabei nur Schäden, die nicht von menschlicher Seite verursacht werden, daher sind Terroranschläge ausgeschlossen. Für das Risiko werden dem Anleger vom Emittenten (meist Versicherungen) über dem Marktniveau liegende Zinssätze angeboten. Die Spekulation geht auf, wenn das Naturereignis während der Laufzeit nicht stattfindet.

Steuerlich ist zu unterscheiden, ob eine zumindest teilweise Rückzahlung des eingesetzten Kapitals garantiert wird. Ist dies nicht der Fall, handelt es sich um eine herkömmliche Anleihe, ein möglicher Verlust liegt auf der Vermögensebene. Bekommt der Anleger sein Geld zum Teil in jedem Fall zurück, liegt eine → *Finanzinnovation* vor. Dann können Verkaufs- oder Einlösungsverluste als negative Kapitaleinnahmen nach § 20 Abs. 2 Nr. 4 geltend gemacht werden. Die ausbezahlten Zinsen sind auf jeden Fall steuerpflichtig. Für deutsche Anleger ist hier allerdings zu beachten, dass diese Fonds die steuerlichen Transparenzpflichten nicht erfüllen und daher eine Pauschbesteuerung nach § 6 InvStG angewendet wird.

Fazit: Privatinvestoren ist es derzeit kaum möglich, Katastrophen-Anleihen direkt zu erwerben. Daher empfiehlt sich der Umweg über Investmentfonds.

Kaufpreisraten

Zinsen, die in privat veranlassten Kaufpreisraten enthalten sind, stellen Kapitaleinnahmen dar. Dies gilt auch dann, wenn im Kaufvertrag von einer unverzinslichen Forderung ausgegangen wird oder der Zinsausschluss ausdrücklich vereinbart worden ist (Aufteilung der Rate in Zins- und Tilgungsanteil), oder bei Verzugszinsen, die aufgrund verspäteter Zahlung der Rate gezahlt werden müssen.

Zur Veräußerung von Betrieben und Anteilen an Kapitalgesellschaften gegen wiederkehrende Leistungen siehe BMF vom 03.08.2004 – IV A 6 – S 2244 – 16/04, BStBl I, 1187.

KfW Privatpapiere

Mit diesen Wertpapieren bietet die KfW seit Anfang 2004 Privatanlegern wöchentlich Anleihen zu aktuellen Marktkonditionen an. Jede Woche wird mindestens ein neues KfW Privatpapier angeboten. Neue Angebote erscheinen am Montag und können bis Freitag Vormittag zu einem festen Emissionspreis gezeichnet werden. Die Lieferung erfolgt dann jeweils am folgenden Mittwoch. Privatpapiere werden mit unterschiedlichen Laufzeiten, einem fixen Kupon und einer Stückelung von 1.000 € begeben. Es fallen keine Stückzinsen an. KfW Privatpapiere sind durch die Bundesrepublik Deutschland garantiert und besitzen das höchste Rating (triple A) von Fitch Ratings, Moody´s und Standard & Poor´s.

Steuerlich ergeben sich keine Unterschiede zu herkömmlichen → *Anleihen*. Bei Kauf fallen allerdings keine negativen Kapitaleinnahmen an, da die Papiere ohne Stückzins ausgegeben werden.

Fazit: Eine konservative Anlage, ähnlich den Bundesanleihen. Hohe Renditen oder sonstige Vorteile sind nicht erkennbar.

Knock-In-Zertifikate

Es handelt sich um Discount-Zertifikate, die mit einem zusätzlichen Schutz für Anleger ausgestattet sind. Denn erreicht der Kurs der zugrundeliegenden Aktie während der Laufzeit nicht die vorher festgelegte untere Knock-In-Schwelle, gibt es auf jeden Fall den Nennwert zurück. Wird die Schwelle hingegen unterschritten, wandelt sich das Papier in ein normales Discount-Zertifikat. Der Vorteil hat natürlich seinen Preis. Der Abschlag auf den Aktienkurs ist bei der Emission geringer. Steuerlich ergeben sich keine Unterschiede zu der Discountvariante, der Gewinn bleibt nach einem Jahr steuerfrei.

Kombi-Rente

Eine kreditfinanzierte Privatrente, unter dem Begriff Kombi-Rente geläufig, ist auf den ersten Blick ein rundum gelungenes Modell, das langfristig der Altersvorsorge dient und bereits vorzeitig Steuern spart. Hierbei wird entweder eine sofort beginnende oder eine ab einem künftigen Fixtermin beginnende Leibrente vereinbart. Die hierfür benötigte Einmalzahlung wird über einen Kredit finanziert. Meist kommt auch noch ein Fondsvertrag hinzu, über den die Tilgungsleistungen angespart werden. Eine Risikolebensversicherung zur Absicherung des Kredits rundet das gesamte Geschäft dann ab. Aus Steuersicht erscheint lukrativ, dass die Rente nur mit dem Ertragsanteil als steuerpflichtige Einnahme gilt, die Kreditzinsen hingegen in voller Höhe absetzbar sind, sofern über die Laufzeit ein positiver Ertrag kalkulierbar ist. Dieses Modell hat auch durch das Alterseinkünftegesetz nicht seinen Charme verloren. Denn die steuerlich anzusetzenden Ertragsanteile haben sich ab 2005 geändert, da nunmehr ein geringerer Diskontierungsfaktor unterstellt wird. So beträgt der Satz beim 65. Lebensjahr nur noch 18 anstatt bisher 27 %.

Steuer-Hinweis

Die begrenzte Verlustverrechnung bei Steuersparmodellen nach § 15b EStG (→ ***Steuerstundungsmodell***) hat auch Einfluss auf die Kombi-Rente, indem sich die Schuldzinsen erst einmal nicht auswirken, auf Jahre hinaus konserviert und erst bei den Rentenzahlung verrechnet werden. Denn auch dieses aus mehreren Einzelbausteinen zusammengesetzte Produkt hat einen modellhaften Charakter und ist daher von der Vorschrift betroffen, sofern Versicherte einen solchen Vertrag ab dem 11.11.2005 abgeschlossen haben.

Deutsche sowie ausländische Versicherungsgesellschaften bieten kreditfinanzierte Rentenversicherungen ohne Kapitalwahlrecht gegen Einmalbetrag an, bei denen die Rentenzahlungen sofort beginnen. Der Versicherungsnehmer erwirbt durch die Einmalzahlung den Anspruch auf eine lebenslange Rente. Die Einmalzahlung wird größtenteils fremdfinanziert. Das Darlehen hat i.d.R. eine feste Laufzeit von acht bis 15 Jahren; die Zinsbindungsfrist kann kürzer sein. Häufig wird für das Darlehen eine Tilgungsaussetzung vereinbart. Die Tilgung soll dann in diesen Fällen durch eine separat abgeschlossene Lebensversicherung oder einen Investmentplan erfolgen. Die Laufzeit dieser Kapitalanlagen entspricht deshalb regelmäßig der Laufzeit des Darlehens. Vielfach werden Lebensversicherung oder Investmentplan gegen Einmalbetrag abgeschlossen, der dann wie schon die Rente selbst fremdfinanziert wird.

Merkmal der Kombimodelle ist, dass die Werbungskosten in den ersten Jahren die steuerpflichtigen Einnahmen regelmäßig übersteigen. Positive Einkünfte werden erst nach Tilgung des Darlehens erzielt. Voraussetzung für die Anerkennung von Werbungskostenüberschüssen ist grundsätzlich, dass der Steuerpflichtige die geltend gemachten Aufwendungen in der Absicht tätigt, auf die voraussichtliche Dauer der Nutzung der Einkunftsquelle einen Totalüberschuss zu erzielen.

Die gesamten Einnahmen aus der Rentenversicherung sind mit dem sich aus der Tabelle zu § 22 Nr. 1 Satz 3 EStG ergebenden Ertragsanteil zur Einkommensteuer heranzuziehen. Für die Überschussprognose ist die Summe der steuerpflichtigen Ertragsanteile der Summe der voraussichtlichen Werbungskosten, jeweils bezogen auf die Dauer der voraussichtlichen Rentenlaufzeit, gegenüberzustellen. Die Höhe der voraussichtlichen Renteneinnahmen kann entsprechend den Angaben des Versicherers (garantierte Rente zuzüglich der voraussichtlichen Überschussanteile) ermittelt werden.

Die Schuldzinsen sowie der auf den Kredit entfallende Teil der Provision kann generell nur dann als Werbungskosten abgezogen werden, wenn sich über die gesamte Laufzeit hinweg ein Überschuss der Einnahmen über die Werbungskosten ergibt. Hierzu hat der BFH mit Urteil vom 16.09.2004 (X R 29/02, BStBl II 2006, 234) nachvollziehbare Grundsätze aufgestellt.

- Als **Zeitraum für die Überschussprognose** gilt grundsätzlich die Gesamtdauer der vereinbarten Leibrenten. Maßgebend hierbei sind nur die bei Vertragsabschluss bekannten Verhältnisse.
- Als **Einnahme** einzubeziehen sind auch die Renten, die einem Dritten nach dem Tod des Versicherten zufließen sollen. Denn der zu leistende Einmalbeitrag berechnet sich nach der Bezugsperson mit der statistisch höchsten Lebenserwartung. Diese Einschätzung erhöht sowohl die kalkulierten Einnahmen als auch die Laufzeit.
- Grundsatz für die zu erstellende Überschussprognose sind die gesamten künftigen steuerpflichtigen Einnahmen. Dies bedeutet, das nur der Ertragsanteil maßgebend ist, der sich entweder nach dem Alter des Versicherten oder einer kürzeren Laufzeit der Rente ergibt.
- Hinzu kommen die Einkünfte, die ein **Hinterbliebener** anschließend noch erzielen wird. Die Ertragsanteile haben sich durch das Alterseinkünftegesetz ab 2005 vermindert, maßgebend für die Hochrechnung ist der Satz aus dem Jahr des Rentenbeginns. Ob und mit welchem Prozentsatz eine nicht garantierte Überschussbeteiligung einzurechnen ist, ließ der BFH offen, da für den Fall nicht bedeutend.
- Als **Werbungskosten** sind alle künftig zu zahlenden Schuldzinsen sowie sonstige auf den Kredit entfallenden Gebühren anzusetzen. Besteht die Möglichkeit, das Darlehen vorzeitig zu tilgen, spielt diese theoretische spätere Zinsminderung für die Prognoserechnung keine Rolle.
- Für Jahre ohne Zinsbelastung, also nach Ende der vereinbarten Finanzierungsphase, muss zumindest der **Werbungskosten-Pauschbetrag** von 102 € nach § 9a Nr. 3 EStG angesetzt werden.

Ergibt die Differenz aus den kalkulierten steuerpflichtigen Einnahmen und der Summe der Werbungskosten über die gesamte Laufzeit der Rente ein positives Ergebnis, ist die Einkunftserzielungsabsicht nachgewiesen. Folglich können die Aufwendungen abgesetzt werden.

Für die Ermittlung des Ertragsanteils ist das bei Beginn der Rente vollendete Lebensjahr des Versicherungsnehmers maßgebend. Bei Rentenversicherungsmodellen wird oftmals eine Rentendauer vereinbart, die von der Lebenszeit mehrerer Personen (z.B. Ehegatten oder ein

Elternteil + Kind) abhängt. Versicherungsrechtlich handelt es sich hierbei um Renten für verbundene Leben. Der Ertragsanteil von Lebensversicherungs-Verbundrenten ist stets nach § 55 Abs. 1 Nr. 3 EStDV (vollendetes Lebensjahr der ältesten Person, wenn das Rentenrecht mit dem Tod des zuerst Sterbenden erlischt; vollendetes Lebensjahr der jüngeren Person, wenn das Rentenrecht mit dem Tod des zuletzt Sterbenden erlischt) zu ermitteln.

Regelmäßig werden für den Abschluss der Verträge diverse Gebühren (z.B. Kreditvermittlungsprovisionen, Informations- und Abwicklungshonorar) in Rechnung gestellt. Für die Abzugsfähigkeit als Finanzierungskosten reicht es nicht aus, dass Gebühren als Kreditvermittlungskosten abgerechnet werden. Die Modellanbieter vermitteln nicht nur die Finanzierung, sondern auch die Versicherungsabschlüsse sowie ggf. die zur Tilgung eingesetzten Investmentfonds. Die Gebühren sind daher im Zweifelsfall im Verhältnis der vermittelten Kapitalanlagen und des Kredits aufzuteilen, wobei der auf den Kredit entfallende und damit als Finanzierungskosten abzugsfähige Anteil 2 % des Darlehensbetrags nicht überschreiten darf (OFD Düsseldorf v. 09.09.2005 – S 2210 – 12 – St 221S 2210 A – St 215). Darüber hinausgehende Beträge werden nicht zum Abzug zugelassen und fallen auf die Anschaffung für die Rente. Der BFH hat zur Frage der Abziehbarkeit von Kreditvermittlungsgebühren und sonstigen Vermittlungsprovisionen bei derartigen Rentenmodellen mit Urteil vom 30.10.2001 – VIII R 29/00 ähnlich entschieden.

In seinem Urteil vom 16.09.2004 (X R 19/03, BFH/NV 2005, 120) vertritt der BFH ebenfalls die Auffassung, dass ein Großteil der Provision für das Konzept der Kombi-Rente gezahlt wird und daher nicht als Werbungskosten abzugsfähig ist. Keine Rolle spielt dabei, was der Vermittler in solchen Fällen üblicherweise bescheinigt oder in seiner Rechnung ausweist. Denn seine Auffassung von tendenziell eher kostenloser Erstellung des Gesamtkonzepts und einer hohen Gebühr für die Darlehensvermittlung entspricht nicht den wirtschaftlichen Gegebenheiten und ist daher für die Besteuerung irrelevant. Der BFH kann über die 2-%-Grenze nun in einer anhängigen Revision (VIII R 15/05, Vorinstanz FG Münster v. 12.12.2002 – 14 K 3126/99 E) erneut entscheiden.

Steuer-Hinweis

Ausführlich zu steuerlichen Behandlung von Renten- und Lebensversicherungen gegen finanzierten Einmalbetrag äußert sich eine umfangreiche Verfügung der OFD Düsseldorf (v. 09.09.2005 – S 2210 – 12 – St 221 S 2210 A – St 215, FR 2005, 1054). Hier werden auch die Modelle der einzelnen Anbieter vorgestellt. Dieses Schreiben ist allerdings ohne Einschränkung nur für Kombi-Renten verwendbar, die nicht von § 15b EStG betroffen sind.

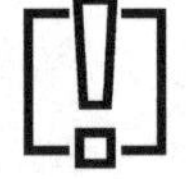

Fazit: Eine fremdfinanzierte Rente konnte bis zur Einführung von § 15b EStG durchaus Sinn machen, wenn die einzelnen Komponenten und die steuerlichen Voraussetzungen stimmten. Da es seitens der Finanzverwaltung und vom BFH in jüngster Zeit einige Klarstellungen gegeben hat, war die Kombi-Rente durchaus ein Baustein in der Altersversorgung. Wer lediglich ein fortwährendes Einkommen benötigt, setzte allerdings preiswerter und unkomplizierter auf herkömmliche Rentenversicherungen. Derzeit gibt es wegen der begrenzten Verlustverrechnung keine neuen Angebote mehr.

Kombizinsanleihen

Bei dieser Anleihe ist der Zinssatz über die gesamte Laufzeit gestaffelt. So werden in den ersten Jahren keine und mit zunehmender Dauer hohe Zinssätze gezahlt. Entsprechend reagiert der Anleihekurs: Er ist bei Emission niedrig und steigt bis zur einsetzenden Zinszahlung auf deutlich über 100 % an und fällt dann bis zum Ende der Laufzeit wieder auf 100 %. Die

Anleihe ist zwar insgesamt nicht außergewöhnlich hoch verzinst. Doch durch die Gestaltung können Sie als Anleger die Erträge auf einen späteren Zeitpunkt mit geringerer Steuerprogression verlagern – etwa als angehender Rentner. Zusätzlich tritt in den ersten Jahren noch ein Steuerstundungseffekt ein.

Beispiel
Ausstattung einer Kombizinsanleihe:

1.–5. Jahr: Zinssatz 0 %, 6.–10. Jahr: Zinssatz 13 %

Kaufkurs bei Emission	100 %	Wer hier kauft und bis zur Fälligkeit durchhält, kassiert über die Dauer der Laufzeit nur marktübliche Zinsen. Ein Verkauf vor Beginn der Zinszahlung führt zu Einnahmen über den Kursgewinn.
Kurs nach fünf Jahren	140 %	Anleger mit niedrigen Steuersätzen steigen jetzt ein. Sie kassieren die hohen Zinsen entweder steuerfrei oder nur mit geringen Abgaben belegt.
Kurs bei Fälligkeit	100 %	Das Finanzamt behandelt die Kombizinsanleihen als Finanzinnovation. Folglich sind neben den laufenden Zinsen auch die Kursveränderungen als Kapitaleinnahme zu versteuern – und dies unabhängig von Fristen.

Steuerlich handelt es sich bei Kombizinsanleihen um → *Finanzinnovationen*, wobei auch eine Emissionsrendite möglich ist.

Fazit: Wenn die persönliche Steuerkonstellation passt, sind diese Anleihen einen Kauf wert. Sofern sie bis zur Fälligkeit gehalten werden sollen, sind sie konservativ. Während der Laufzeit hingegen ergeben sich heftige Kursschwankungen.

Kontenabruf

Seit dem 01.04.2005 dürfen Finanzämter auf Kontendaten nach § 93 Abs. 7 AO zugreifen. Diese Regelung ermöglicht es der Finanzbehörde, unter bestimmten Voraussetzungen die Existenz von bisher nicht bekannten inländischen Konten oder Depots festzustellen. Über den Kontenabruf lässt sich zwar nur in Erfahrung bringen, bei welchem Kreditinstitut ein bestimmter Steuerpflichtiger ein Konto oder ein Depot unterhält. Diese Informationen bieten dann aber in Kombination mit der → *Jahresbescheinigung* den Einstieg in weitere Ermittlungen zur Erforschung von Kontenständen und -bewegungen.

Die Ausgangslage
Finanzbehörden müssen bei Erfüllung ihrer verfassungsrechtlichen Verpflichtung zur gleichmäßigen Besteuerung auch in der Lage sein, die Angaben zu den Einkünften aus Kapitalvermögen und Spekulationserträgen zu überprüfen. Das BVerfG sieht gerade in diesem Bereich eine effektive Kontrolle der Angaben von Sparern als ein verfassungsrechtliches Gebot an. Findet sie nicht statt, kann dies wegen Verfehlung der Gleichheit im Belastungserfolg zur Verfassungswidrigkeit der Besteuerungsgrundlage führen (BVerfG v. 27.06.1991 – 2 BvR 1493/89, BStBl II, 654 und v. 09.03.2004 – 2 BvL 17/02, BStBl II 2005, 56).

Zwar konnten die Finanzbehörden Kreditinstitute schon zuvor nach §§ 93 Abs. 1, 30a Abs. 5 AO um Auskunft bitten, wenn die Sachverhaltsaufklärung nicht zum Ziel geführt oder keinen Erfolg versprochen hat. Dies setzte aber voraus, dass Konten oder Depots bei dem betreffenden Kreditinstitut bekannt waren. Der Kontenabruf eröffnet nunmehr die

Möglichkeit, zunächst zu erfahren, bei welchen Kreditinstituten Anleger Konten unterhalten, und so seine Angaben zu den Einkünften zu überprüfen. Er dient damit der Sicherstellung der Besteuerung von Kapitaleinkünften, fördert die gleichmäßige Festsetzung und Erhebung von Steuern und ist ein weiterer Baustein zur Sicherung der Steuergerechtigkeit, so das BVerfG kurz vor Einführung des Kontenabrufs (v. 22.03.2005 – 1 BvR 2357/04, 1 BvQ 2/05, BVerfGE 2005, 284, DStRE 2005, 482, NJW 2005, 1179).

Hiermit wurde die einstweilige Anordnung gegen den automatisierten Abruf von Kontostammdaten abgelehnt. Zwar handelt es sich nur um einen vorläufigen Beschluss. Doch die Begründung des BVerfG lässt darauf schließen, dass Karlsruhe in seinem entgültigen Urteil ähnlich entscheiden wird und dem Gesetzgeber höchstens dazu auffordert, die bislang nur im Erlasswege verfügten Selbsteinschränkung der Finanzverwaltung in die AO einzubinden. Damit würde sich das Gericht allerdings zu seiner eigenen neuesten Rechtsprechung in anderen Fällen in Widerspruch setzen, wonach heimliche Eingriffe nur unter sehr engen Voraussetzungen möglich sind, die in den Fällen der vorliegenden Art nicht gegeben sind.

Das BMF hat bislang drei Stellungnahmen zum Kontenabruf veröffentlicht:

- Fragen-Antworten-Katalog vom 15.02.2005
- Fragen-Antworten-Katalog vom 09.02.2006
- Schreiben vom 10.03.2005 – IV A 4 – S 0062 – 1/05, BStBl I, 422 durch Änderung des Anwendungserlasses zur Abgabenordnung

Nach § 24c KWG haben Banken bereits seit Juli 2002 elektronische Listen der von ihnen geführten Konten und Depots vorzuhalten. Der Datenpool wurde anlässlich der Anschläge vom 11.09.2001 durch das 4. Finanzmarktfördergesetz kreiert, um Terroristengelder leichter enttarnen zu können, und gilt ab dem 01.04.2003. Hierbei sind unverzüglich folgende Daten zu speichern:

- die Nummer eines Kontos oder Depots, das der Verpflichtung zur Legitimationsprüfung i.S.d. § 154 Abs. 2 Satz 1 AO unterliegt,
- der Tag der Errichtung,
- der Tag der Auflösung,
- der Name sowie bei natürlichen Personen der Tag der Geburt des Inhabers,
- der Name von Verfügungsberechtigten,
- Name und die Anschrift eines abweichend wirtschaftlich Berechtigten.

Die BaFin darf einzelne Daten aus dieser Datei abrufen, insbesondere im Hinblick auf unerlaubte Bankgeschäfte oder Finanzdienstleistungen oder den Missbrauch der Institute durch Geldwäsche oder betrügerische Handlungen (§ 24c Abs. 2 KWG). Die BaFin erteilt den für die Verfolgung und Ahndung von Straftaten zuständigen Behörden oder Gerichten auf Ersuchen Auskunft aus der Datei, soweit dies für die Erfüllung der gesetzlichen Aufgaben dieser Stelle erforderlich ist. Abfrageberechtigt sind somit auch die Bußgeld- und Strafsachenstellen sowie die Steuerfahndungsstellen der Finanzämter.

Steuer-Hinweis

Zwar ermöglicht § 93b AO der Finanzverwaltung seit dem April 2005 den Zugriff auf diese Datenbank, wenn der Kontenabruf zur Festsetzung oder Erhebung von Steuern erforderlich ist. Ein Kontenabruf für allgemein-strafrechtliche Zwecke darf aber weiterhin nur nach § 24c KWG erfolgen.

Der Kontenabruf ab April 2005
Auf den Datenpool nach § 24c KWG kann durch Gesetz zur Förderung der Steuerehrlichkeit auch das BZSt im Onlinewege zugreifen, ohne dass die Kreditinstitute oder deren Kunden etwas davon merken. Dies kann auf Ersuchen der Finanzbehörden geschehen. Damit besteht die Möglichkeit, zentral in Erfahrung zu bringen, wo ein bestimmter Steuerpflichtiger im Inland seine Konten und Depots führt. Einzelne Kontenbewegungen oder Kapitalerträge sind zwar nicht gespeichert – hierbei ist die Jahresbescheinigung dienlich. Die Daten bringen jedoch mittels einer Rasterabfrage über alle Banken umfassendes Informationsmaterial. Der neuen Abfrage hat der Gesetzgeber die strafbefreiende Erklärung vorgeschaltet. Die Amnestiemöglichkeit endet am 31.03.2005, exakt einen Tag vor dem ersten möglichen Datenzugriff.

Grundsätzlich soll die Kontenabfrage helfen, geltendes Recht durchzusetzen, und kann weder willkürlich noch heimlich erfolgen. Der Betroffene soll in jedem Fall über einen durchgeführten Kontenabruf informiert werden, auch wenn sich durch den Abruf keine Abweichungen zu den Angaben herausgestellt haben. Es darf bezweifelt werden, ob dies angesichts der Massenhaftigkeit der Abrufe geschieht.

An Dritte soll mit Auskunftsersuchen erst herangetreten werden, wenn die Sachverhaltsaufklärung durch die Beteiligten selbst nicht zum Ziel führt oder keinen Erfolg verspricht (§ 93 Abs. 1 Satz 3 AO). Dies ist der Fall, wenn die Aufklärung zwar versucht worden ist, aber letztlich nicht gelungen ist. Die Sachaufklärung durch die Beteiligten verspricht keinen Erfolg, wenn sie nach den Umständen des Einzelfalls oder nach den bisherigen Erfahrungen der Finanzbehörde mit den Beteiligten nicht zu erwarten ist.

In diesem Fall ist das Auskunftsersuchen unmittelbar an denjenigen zu richten, der über die entsprechenden Kenntnisse verfügt. Ein Auskunftsersuchen an einen Dritten kann aber auch geboten sein, wenn eine Auskunft des Beteiligten aufgrund konkreter Umstände von vorneherein als unwahr zu werten wäre. Die Auswahl hat nach pflichtgemäßem Ermessen zu erfolgen. Dabei ist auch eine Interessenabwägung zwischen den besonderen Belastungen, denen ein Auskunftsverpflichteter ausgesetzt ist, und dem Interesse der Allgemeinheit an der möglichst gleichmäßigen Festsetzung und Erhebung der Steueransprüche vorzunehmen.

§ 30a AO steht einem Auskunftsersuchen an Kreditinstitute zwar nicht entgegen, das sogenannte Bankgeheimnis ist zivilrechtlicher Natur. Es konnte daher auch bisher schon gesetzlich zulässigen Ermittlungsmaßnahmen der Finanzbehörden im Einzelfall nicht entgegenstehen (§ 30a Abs. 5 Satz 1 AO). § 30a AO ist aber eine Ermittlungsbeschränkung steuerlicher Natur und basiert auf der verfassungsrechtlichen Vorgabe, dass es keine Ermittlungen um jeden Preis geben darf, sondern nur unter rechtsstaatlichen Voraussetzungen. Dies ist bei der Erschaffung des Kontenabrufs „vergessen" worden.

Die Finanzbehörden können nach § 93 Abs. 7 AO im Einzelfall bei den Kreditinstituten Bestandsdaten zu Konten- und Depotverbindungen abrufen. Die Kreditinstitute haben dafür zu sorgen, dass ein jederzeitiger Abruf der Daten möglich ist und diese ständig aktualisiert werden, §§ 93b AO i.V.m. § 24c KWG. Ein Kontenabruf ist im gesamten Besteuerungsverfahren möglich, auf die die AO unmittelbar anwendbar ist. Somit ist er auch im Haftungs-, Erhebungs-, Rechtsbehelfs- oder Vollstreckungsverfahren zulässig. Ein Kontenabruf nach § 93 Abs. 7 AO kann im Einzelfall erfolgen, wenn

- dies zur Festsetzung oder Erhebung von Steuern erforderlich ist,

- ein Auskunftsersuchen an den Steuerpflichtigen nicht zum Ziele geführt hat oder keinen Erfolg verspricht und
- der Kontenabruf im Einzelfall erforderlich ist.

Ein Kontenabruf steht im Ermessen der Finanzbehörde und kann nur anlassbezogen und zielgerichtet erfolgen und muss sich auf eine eindeutig bestimmte Person beziehen. Bei der Ausübung des Ermessens sind die Grundsätze der Gleichmäßigkeit der Besteuerung, der Verhältnismäßigkeit der Mittel, der Erforderlichkeit, der Zumutbarkeit, der Billigkeit und von Treu und Glauben sowie das Willkürverbot und das Übermaßverbot zu beachten. Danach muss vor allem im Einzelfall ein hinreichender Anlass für Ermittlungen gegeben sein.

Steuer-Hinweis

Die Erforderlichkeit für den Start eines Kontenabrufs setzt keinen begründeten Verdacht voraus, dass steuerrechtliche Unregelmäßigkeiten vorliegen. Es genügt, wenn aufgrund konkreter Momente oder allgemeiner Erfahrungen ein Kontenabruf angezeigt ist. Ein Kontenabruf ist auch zulässig, um Konten oder Depots zu ermitteln, hinsichtlich derer der Steuerpflichtige zwar nicht Verfügungsberechtigter, aber wirtschaftlich Berechtigter ist. Dies gelte auch dann, wenn der Verfügungsberechtigte nach § 102 die Auskunft verweigern könnte, etwa bei Anderkonten von Anwälten. Denn ein Kontoabruf erfolgt bei dem Kreditinstitut und nicht bei dem Berufsgeheimnisträger. Diese Auffassung übersieht aber, dass die Banken in diesen Fällen als sogenannte Hilfsperson ein eigenes Auskunftsverweigerungsrecht nach § 102 Abs. 2 AO haben.

Der Kontenabruf erfolgt bei den Kreditinstituten auf Ersuchen der zuständigen Finanzbehörde im automatisierten Verfahren durch das BZSt, das damit keine Amtshilfe, sondern lediglich technische Unterstützung leistet. Die ersuchende Finanzbehörde trägt die Verantwortung, dass Datenabruf und -übermittlung zulässig sind (§ 93b Abs. 3 AO). Das BZSt überprüft lediglich die Plausibilität des Ersuchens (AEAO zu § 93, Nr. 2.4).

Die Finanzbehörde soll zunächst dem Beteiligten Gelegenheit geben, Auskunft über seine Konten und Depots zu erteilen und entsprechende Unterlagen wie Konto-, Depotauszüge oder Jahresbescheinigungen nach § 24c EStG vorzulegen. Dieser Weg muss nicht eingeschlagen werden, wenn hierdurch der Ermittlungszweck gefährdet wird. Dann sowie bei mangelnder Erfolgsaussicht einer Sachaufklärung durch den Beteiligten erfolgt direkt ein Kontenabruf. Bereits im Ermittlungsverfahren ist der Beteiligte darauf hinzuweisen, dass die Finanzbehörde das betroffene Kreditinstitut nach § 93 Abs. 1 Satz 1 um Auskunft ersuchen kann, wenn ihre Zweifel durch die Auskunft nicht ausgeräumt werden. Auch insoweit zeigt die Massenhaftigkeit der Nutzung dieses Instruments, dass sich die Praxis der Finanzbehörden um diese Voraussetzung offenbar nicht schert.

Steuer-Hinweis

Stellt sich beim Kontenabruf heraus, dass bisher nicht bekannte Konten oder Depots vorhanden sind, kann das Finanzamt die betreffenden Banken zur Auskunft hinsichtlich von Guthabenständen und Kontenbewegungen verpflichten.

Hat sich durch einen Kontenabruf herausgestellt, dass Konten und Depots vorhanden sind, die der Steuerpflichtige nicht angegeben hat, wird er mit dieser Tatsache konfrontiert und um Aufklärung gebeten. Damit wird er also über die Durchführung des Kontenabrufs informiert. Ergibt sich keine Diskrepanz zwischen den Erklärungen des Steuerpflichtigen und dem Ergebnis eines in seinem Fall durchgeführten Kontenabrufs, soll der Steuerpflichtige im Steuerbescheid über die Durchführung eines Kontenabrufs informiert werden.

Steuer-Hinweis

Da aufgrund des Kontenabrufs noch keine Tat entdeckt ist (§ 371 Abs. 2 Nr. 2 AO), ist zu diesem Zeitpunkt noch eine strafbefreiende Selbstanzeige möglich.

Die Vorgehensweise in der Praxis

Von April bis Dezember 2005 hatten die Finanzbehörden die Abfrageoption noch nicht intensiv genutzt. Die geringe Zahl von 8.989 Abrufen resultierte aber vor allem auf der Tatsache, dass die technischen Möglichkeiten für ein automatisches Verfahren noch nicht vorhanden waren. So mussten die Sachbearbeiter manuell ein Formular ausfüllen, vom Vorgesetzten unterschreiben lassen und dann an das BZSt übermitteln. Nach einer Überprüfung auf Plausibilität konnte dann der Abruf von Bonn aus starten. In den ersten drei Monaten 2006 wurden über das BZSt 6.475 Abrufe gestartet, was bereits auf eine steigende Tendenz hinweist. Somit kann die Finanzverwaltung für das erste Jahr nach Einführung insgesamt 15.464 Kontenabrufe nach § 93 Abs. 7 und 8 AO vermelden. Anlässlich des BFH-Verfahrens zur Spekulationsbesteuerung für 1999 wurde bekannt, dass allein im dritten Quartal 2005 in Rheinland-Pfalz bei jeder zweiten von 102 Kontenabfragen unbekannte Konten und Depots festgestellt wurden. Dies bedeutet aber noch nicht, dass sich auf diesen Bankverbindungen relevante Kapitalerträge befunden haben. Es ist eher zu vermuten, dass über den Abruf Kontenguthaben für die Vollstreckung gefunden werden sollten.

Das System wird sukzessive automatisiert, sodass die Voraussetzungen für eine tägliche Abfrage im vierstelligen Bereich geschaffen werden. Hierbei sind bis zu 5.000 tägliche Abrufe pro Kreditinstitut geplant. Mit dieser Zahl könnten die Finanzämter theoretisch pro Jahr die Kontoverbindungen von rund 1,2 Mio. Bürgern ausforschen. Hinzu kommen noch maximal 10.000 Abrufe für die BaFin.

Steuer-Hinweis

Diese technische Aufrüstung soll notwendig sein, da der BFH die Spekulationsbesteuerung ab dem Jahr 1999 nur unter der Voraussetzung als verfassungsgemäß eingestuft hat, dass die Kontenabfrage nach Überwindung der hinnehmbaren Anfangsschwierigkeiten künftig reibungsloser funktioniert (BFH v. 29.11.2005 – IX R 49/04, BStBl II 2006, 178, beim BVerfG unter 2 BvR 294/06 anhängig). § 93 Abs. 7 AO ist nämlich nach Auffassung des BFH das geeignete Kontrollinstrument, um die zuvor erkannten Erhebungsdefizite bei der Besteuerung von Börsengeschäften zu beseitigen. Vergleichbares trifft auch auf die Erfassung von Kapitaleinnahmen zu (BFH v. 07.09.2005 – VIII R 90/04, BStBl II 2006, 61, beim BVerfG unter 2 BvR 2077/05 anhängig).

Diese Sichtweise negiert aber, dass bei einer solch großen Anzahl von Abfragen unmöglich ein hinreichender Anlass vorgelegen haben kann. Das Bundesverfassungsgericht müsste hieraus erkennen, dass die Finanzbehörden ihr Ermessen tatsächlich in der Praxis nicht gesetzeskonform ausüben und den Gesetzgeber zu Konkretisierungen der Voraussetzungen zwingen.

Neben den Anfragen der Finanzämter für Zwecke der Steuerfestsetzung sind auch Kontenabrufe über die Bundesanstalt für Finanzdienstleistungsaufsicht BaFin zur Verfolgung von Straftaten möglich, und dies bereits vor April 2005. Im abgelaufenen Jahr wurden auf diesem Weg 62.410 Anfragen gestartet (2004 rund 39.000), worunter auch Ermittlungen von Steuerfahndungsstellen fallen. Die sind nämlich nicht nach § 93 Abs. 7 AO, sondern gem. § 24c KWG vorzunehmen.

Nach § 93 Abs. 8 AO können auch Sozialbehörden das Kontenabrufverfahren nutzen. Auf Ersuchen von Behörden oder Gerichten kann ein Kontenabruf erfolgen, wenn ein anderes

Gesetz an Begriffe des EStG anknüpft. In anderen Fällen als den in der nachfolgenden Checkliste aufgeführten ist ein Kontenabruf nach § 93 Abs. 8 AO nicht zulässig. Bei der Bemessung des Arbeitslosengeldes II ist zwar das Einkommen des Antragstellers zu berücksichtigen, dieser Begriff wird aber abweichend vom EStG definiert (§ 11 SGB II). Es liegt somit kein Anknüpfen an Begriffe des EStG vor.

Checkliste der Fälle für einen Kontenabruf im außersteuerlichen Bereich	
Bei der Berechnung der Einkünfte, die nach § 82 Abs. 1 SGB XII zu dem bei der Gewährung von **Sozialhilfe** zu berücksichtigenden Einkommen gehören, bestimmen sich die Einkünfte aus Kapitalvermögen nach § 20 Abs. 1–3 EStG.	❑
Im Rahmen der gesetzlichen Kranken-, Unfall- und Rentenversicherung einschließlich der Alterssicherung der Landwirte sowie der sozialen Pflegeversicherung (**Sozialversicherung**) ist das Gesamteinkommen die Summe der Einkünfte i.S.d. Einkommensteuerrechts.	❑
Bei der sozialen **Wohnraumförderung** basiert das maßgebende Gesamteinkommen auf der Summe der positiven Einkünfte i.S.d. § 2 Abs. 1, 2 und 5a EStG.	❑
Bei der **Ausbildungsförderung** und der Aufstiegsförderung basiert das maßgebende Einkommen auf der Summe der positiven Einkünfte i.S.d. § 2 Abs. 1 und 2 EStG.	❑
Bei der Gewährung von **Wohngeld** basiert das maßgebende Gesamteinkommen auf der Summe der positiven Einkünfte i.S.d. § 2 Abs. 1, 2 und 5a EStG.	❑
Bei der Gewährung von **Erziehungsgeld** basiert das Einkommen auf der nicht um Verluste in einzelnen Einkommensarten zu vermindernde Summe der positiven Einkünfte i.S.d. § 2 Abs. 1 und 2 EStG.	❑
Die Leistungen zur **Unterhaltssicherung** sind um die einkommensteuerpflichtigen Einkünfte des Wehrpflichtigen zu kürzen, die er während des Wehrdiensts erhält.	❑

Aus Sicht der Finanzverwaltung soll der Umgang mit dem Kontenabruf wie folgt ablaufen:

- Abgabe der Steuererklärung.
- Der zuständige Sachbearbeiter hat bei der Überprüfung Zweifel an einigen Angaben in der Steuererklärung. Er hält weitere Auskünfte für erforderlich.
- Er fordert den Steuerpflichtigen auf, seine Angaben zu diesen Punkten zu vervollständigen. Dabei weist er ihn auf die Möglichkeit des automatisierten Kontenabrufs hin.
- Äußert sich der Steuerpflichtige nicht oder unzureichend, wird die Kontenabfrage eingeleitet.
- Das Finanzamt wendet sich dazu an das BZSt.
- Von dort wird die automatische Kontenabfrage durchgeführt, das Finanzamt bekommt folgende Informationen über Konten- und Depotverbindungen: Nummern von Konten und/oder Depots, Tag der Einrichtung und Tag der Auflösung dieser Konten und/oder Depots, Name des Inhabers und/oder des Verfügungsberechtigten und ggf. Name und Anschrift eines anderen wirtschaftlich Berechtigten.

- Der Betroffene wird über die vollzogene Kontenabfrage in Kenntnis gesetzt und um weitere Sachaufklärung gebeten.
- Bleibt die erneut aus, hat das Finanzamt die Möglichkeit, sich an die fraglichen Kreditinstitute zu wenden, die ihm jetzt bekannt sind, und von dort weitere Auskünfte anzufordern.

Die Sichtweise des BFH ergibt sich aus dem Urteil vom 29.11.2005 (IX R 49/04, IX R 49/04, BStBl II 2006, 178). Hiernach werden die von den Kreditinstituten angelegten Dateien auch für Sachverhalte der Vergangenheit verwendet, etwa um Spekulationsgeschäfte des Jahres 1999 zu ermitteln. Denn in die Datei des Kreditinstituts werden auch Depotnummern aufgenommen, die bereits im Jahr 1999 oder vorher errichtet worden ist (§ 24c Abs. 1 Nr. 1 KWG). Da die Festsetzungsfrist bei hinterzogenen Steuern nach § 169 Abs. 2 Satz 2 AO zehn Jahre beträgt und die Steuer auf nicht erklärte Veräußerungsgeschäfte regelmäßig objektiv hinterzogen ist (BFH v. 04.05.2004 – VII R 64/03, BFH/NV 2004, 1516), können die Finanzbehörden noch weit in die Vergangenheit ermitteln. Anlass hierfür können spätere Veranlagungsarbeiten sein, wenn beispielsweise bei der Veranlagung der Einkommensteuer für das Jahr 2004 erfahren wird, dass der Steuerpflichtige auch im Jahr 1999 ein Depot unterhalten, aber keine Erträge erklärt hatte.

Ideal ist der Datenzugriff aus Sicht der Finanzbehörden in Kombination mit der Steuerbescheinigung nach § 24c EStG. Denn die hierüber dokumentierten Tatsachen können als wirksames Instrumentarium eingesetzt werden. Zwar muss das Kreditinstitut die Jahresbescheinigung dem Kunden ausstellen und die Finanzbehörden gelangen in den Besitz dieser Bescheinigung nur dann, wenn sie vom Steuerpflichtigen vorgelegt wird. Tut er das nicht, bleibt dem Finanzamt nur der Weg über den Kontenabruf.

Die Finanzbehörden können über den Kontenabruf herausfinden, ob der Steuerpflichtige über Depots verfügt sowie ganz konkret die einzelnen Kontenbewegungen überprüfen. Daher sind die Vollzugsmöglichkeiten durch die Möglichkeit des Kontenabrufs effektiver ausgestaltet, so dass nicht mehr von einem Vollzugsdefizit ausgegangen werden kann.

Bei der Diskussion um ein mögliches Aussetzen oder gar die Abschaffung der Kontenabrufmöglichkeit für steuerliche Zwecke ist Folgendes zu beachten:

- Die Steueramnestie könnte vom BVerfG auf den Vorlagebeschluss des FG Köln (v. 22.09.2005 – 10 K 1880/05, EFG 2005, 1378, beim BVerfG unter 2 BvL 14/05) hin für verfassungswidrig erklärt werden, da ohne Kontenabruf die Rechtfertigung für die Amnestie entfiele. Nach § 79 Abs. 2 BVerfGG hätte dies für die meisten der über 50.000 strafbefreienden Erklärungen wegen der eingetretenen Bestandskraft keine rechtliche Auswirkung.
- Etliche Tausend haben aber Einspruch gegen ihre eigene Anmeldung eingelegt wegen der angeblichen Verfassungswidrigkeit der Besteuerung privater Veräußerungsgewinne aus Wertpapieren. Diese Einspruchsverfahren ruhen. In diesen Fällen dürfte eine Verfassungswidrigkeit der Amnestie zur Nachversteuerung und Bestrafung führen.
- Nach Auffassung des BFH hängt die Verfassungsmäßigkeit der Besteuerung der privaten Veräußerungsgewinne von der tatsächlichen Durchführbarkeit des Kontenabrufs ab. Entfiele diese Möglichkeit, wäre die Besteuerung der privaten Veräußerungsgewinne danach wohl verfassungswidrig.
- Entsprechendes müsste für die Besteuerung von Zinsen gelten, für die ohne Kontenabruf letztlich keine ausreichende Verifikationsmöglichkeit bestehen würde.

Fazit: Die Kontenabrufe dienen laut BMF lediglich der gleichmäßigen Besteuerung aller Bürger. Ehrliche Steuerzahler sollten sich also freuen, dass durch die Kontrollmaßnahmen schwarze Schafe entdeckt werden und somit mehr Geld in die Staatskasse fließt. Doch ob Freude aufkommen wird, darf eher bezweifelt werden, können die Finanzbehörden doch ohne Wissen von Anleger oder Kreditinstitut Bankdaten online abfragen. Immerhin ist auf dem Erlasswege geregelt, dass Bürger im Nachhinein über eine Abfrage in Kenntnis gesetzt werden. Das reicht aber nicht, denn Ermittlungsvoraussetzungen müssen durch den Gesetzgeber angeordnet werden. Fallen Sie auf, erfahren Sie über die kritischen Nachfragen von Finanzbeamten oder gar durch einen Besuch der Steuerfahndung, dass Ihre Bankdaten durchleuchtet worden sind. Redliche Anleger erhalten diese Information im Nachhinein über den Steuerbescheid – vielleicht oder auch nicht. Bis der nächste ins Haus steht, können allerdings einige Monate vergangen sein. Ob es zum Zeitpunkt der Benachrichtigung nicht bereits zu spät ist, eine Selbstanzeige abzugeben, ist unsicher.

In der Sache wird hier Rasterfahndung betrieben, ohne dass die gesetzlichen Voraussetzungen dafür vorliegen oder auch nur normiert worden sind. Hilft das BVerfG nicht ab, so bleibt nur der Weg zum Europäischen Gerichtshof für Menschenrechte in Straßburg.

Kontokorrentkonten

Es handelt sich um Girokonten oder sogenannte Sichteinlagen. Es ist Ausgangsbasis der Geschäftsbeziehung zwischen dem Bankkunden und dem Kreditinstitut. Mit Kontokorrentkonten kann man nicht nur Gelder ein- und auszahlen, sondern auch in gewissen Grenzen Kredite in Anspruch nehmen. Die Gebühren der Banken sind sehr unterschiedlich und reichen von der kostenlosen Kontenführung bis zu Beträgen von mehreren tausend Euro im Jahr.

Sofern ein Guthaben verzinst wird, unterliegen die Zinsen dem Zinsabschlag. Bei Zinsen aus Kontokorrentkonten ist der Zinsabschlag nicht auf der Grundlage des Saldos am Ende des jeweiligen Abrechnungszeitraums, sondern von den einzelnen Habenzinsbeträgen vor der Saldierung zu erheben. Buchungs- sowie Kontoführungsgebühren und Sollzinsen können nicht von einem positiven Habenzins abgezogen werden, selbst wenn die Aufwendungen höher als der Guthabenzins sind (BMF v. 26.10.1992 – IV B 4 – S 2000 – 252/92, Tz. 3.4, BStBl I, 693).

Der Abschlag entfällt, wenn der Zinssatz unter einem Prozentpunkt liegt (§ 43 Abs. 1 Nr. 7bb EStG) oder darüber hinaus der Jahresertrag bei einmaliger Zinszahlung maximal 10 € beträgt (§ 43 Abs. 1 Nr. 7dd EStG). Kontogebühren stellen Werbungskosten aus Kapitalvermögen dar, wenn über das betreffende Konto Wertpapierabrechnungen erfolgen. Bei mehrfacher Verwendung sind die Kosten aufzuteilen.

Korridor-Bonus-Zertifikat

Diese relativ neue Form von derivativen Produkten ist eine Mischung aus → *Bonus-Zertifikat* und → *Reverse-Bonus-Zertifikat.* Bei diesem Korridorpapier verdienen Anleger, wenn sich der Kurs des Basiswerts wie etwa DAX oder EuroStoxx 50 in vorgegebenen Bahnen bewegen. Weder die untere noch die obere Korridorschwelle dürfen während der Laufzeit verletzt werden. Bei der Emission liegen die Puffer in beide Richtungen bei rund 30 %. Der zugesagte Bonus ist mit rund 50 % deutlich höher als bei normalen Zertifikaten, da Anleger einem doppelten Risiko durch zu stark steigende oder fallende Kurse ausgesetzt sind.

Wird nun die obere Grenze verletzt, wandelt sich das Papier in ein Reverse-Zertifikat um. Jeder Punkt, den der Index dann bei Fälligkeit über seinem Startniveau liegt, führt zu einem identischen Verlust. Bei Unterschreiten des unteren Kurspuffers verhält sich das Zertifikat wie ein normales Indexpapier. Interessant sind diese Korridor-Zertifikate vor allem für spekulative Anleger, die immer dann aktiv werden, wenn sich der Basiswert einem der beiden Schwellen nähert. Dann notieren die Zertifikate unter dem Emissionskurs und bieten somit attraktive Renditechancen, bei erhöhtem Risiko eines Schwellenbruchs. Zudem bieten diese Papiere bei seitwärts tendierenden Börsen einen höheren Bonus als normale Zertifikate.

Steuerlich ergeben sich keine Unterschiede zu herkömmlichen → *Zertifikaten.* Der Bonus führt nicht zur Einstufung als Finanzinnovation.

Korridor-Optionsscheine

Mit Optionsscheinen setzen Anleger i.d.R. mit Puts auf fallende und mit Calls auf steigende Kurse und erzielen über die Hebelwirkung überproportionale Gewinne. Bewegen sich die Märkte aber nur wenig, ist mit diesen Warrants kaum Geld zu gewinnen. Geht der Trend in die andere Richtung, kommt es sogar zu einem Totalverlust. Diesen Grundsatz verfolgen aber nicht alle diese Papiere. So umgehen Korridor-Optionsscheine diese riskante Variante. Sie setzen als Kombination aus einem Optionsschein und einer Anleihe auf eher seitwärts tendierende Kurse. Der Anleger bekommt aufgrund des Optionsscheins täglich einen bestimmten Betrag gutgeschrieben, sofern der Korridor des Bezugswerts innerhalb des vereinbarten Bereichs liegt. Näheres → *Bandbreiten-Optionsscheine.*

Kursdifferenzpapiere

Andere Bezeichnung für → *Finanzinnovationen.*

Laufzeitfonds

Es handelt sich um eine besondere Form von Rentenfonds, die zu einem fest vorgegeben Zeitpunkt aufgelöst werden und alle Gelder des Fonds an die Anteilseigner ausschütten. Laufzeitfonds stellen die Ausgabe von neuen Anteilen i.d.R. nach einem gewissen Zeitraum nach der Neuauflage wieder ein und thesaurieren die Erträge sofort wieder. Die Fondsgesellschaft garantiert bereits zum Auflegungszeitpunkt den Wert, den der Fonds am Laufzeitende mindestens erreichen wird. Starke Kursschwankungen ergeben sich nicht, da die Wahl der Anleihen so getätigt wird, dass alle Wertpapiere spätestens zum Ende des Fonds fällig geworden sind, also ohne Kursrisiko zu 100 % ausgezahlt werden.

Da die Laufzeit zu einem bestimmten, fest vorgegebenen Zeitpunkt endet, birgt diese Anlagemöglichkeit einige Nachteile in sich. Die Fondsgesellschaft muss alle Wertpapiere verkaufen, ob der Zeitpunkt nun günstig ist oder nicht. Und: Je näher der Endzeitpunkt rückt, umso geringer wird die Anlagepalette, in die die Fondsgesellschaft investieren kann. Da viele Anleger auch bereits vor dem Endzeitpunkt ihre Anteile zurückgeben, ist der Verkaufszwang gegen Fondsende besonders hoch, und das unabhängig von jeder Börsenlage.

Fazit: Vorteile bietet diese Fondsart für Anleger, die auf ein bestimmtes Ziel zu einem bestimmten Termin hin sparen, z.B. den Kauf eines neuen Autos. Da der Fonds keine neuen Gelder während der Laufzeit annimmt und somit auch keine neuen Rentenanlagen vornehmen muss, eignet sich der Erwerb ausschließlich in Hochzinsphasen, in der durch die einmalige Wertpapieranlage bis zum Fondsende eine gute Rendite gesichert wird.

Leasingfonds

Das Leasinggeschäft ist weltweit eine Wachstumsbranche. Außerhalb der Immobilien werden aktuell rund ein Viertel aller wirtschaftlichen Investitionen über Leasing getätigt. Damit hat sich dieser Bereich zu einer bedeutenden Alternative zum üblichen Bankkredit entwickelt. Das größte Segment stellen Kfz dar, gefolgt von Produktions- und Büromaschinen. Für den Leasingnehmer liegen die Vorteile auf der Hand. Die eigene Liquidität wird geschont und eine 100%ige Fremdfinanzierung erreicht. Die Raten lassen sich aus den erwirtschafteten Erträgen bestreiten und die Gegenstände erscheinen mangels wirtschaftlichem Eigentum nicht in der Bilanz. Im Gegenzug müssen auch keine Verbindlichkeiten ausgewiesen werden, eine Verbesserung der Eigenkapitalquote, die in Hinblick auf Basel II punktet.

Diese Situation nutzen Fonds auf der Geberseite. Sie investieren Anlegergelder und Fremdmittel in Pkw, Nutzfahrzeuge, Maschinen oder medizinische Geräte, aber auch GWG wie Handys, Bierkästen oder Backbleche. Diese erworbenen Wirtschaftsgüter werden dann der Wirtschaft über Leasingverträge zur Verfügung gestellt.

Steuerlich handelt es sich i.d.R. um gewerblich geprägte Gesellschaften, die in der Anfangsphase vor allem durch die degressive AfA, den GWG und Finanzierungskosten negative Einkünfte erzielen. Somit sind die Fonds von § 15b EStG (→ *Steuerstundungsmodell*) betroffen, die Gewinnphase wird aber relativ zügig erreicht. Nach rund fünf bis sieben Jahren sollten die Verluste verrechnet sein, so dass bei Anlegern ab diesem Zeitpunkt steuerliche Belastungen eintreten.

Beliebt sind auch Leasingfonds mit Sitz im Ausland. Hier können deutsche Beteiligte dann jeweils den jährlichen Freibetrag und i.d.R. moderate Steuersätze nutzen.

Fazit: Bei Fondsauflegung ist die Rendite nicht absehbar und beruht eher auf Wahrscheinlichkeitsprognosen. Bei erfahrenen Initiatoren und angesichts des eher wachsenden Leasingmarkts sind die angegeben Erwartungen aber durchaus realistisch. Da es sich hierbei nicht um Verlustzuweisungsmodelle, sondern wirtschaftlich sinnvolle Gesellschaften handelt, sind die Angebote und Prospekte durchaus mehr als nur einen flüchtigen Blick wert.

Lebensversicherung

Der Streit um das Für und Wider einer solchen Geldanlage, insbesondere in Form der Kapitallebensversicherung, besteht schon seit Jahrzehnten ohne eindeutiges Ergebnis. Immerhin wurden in Deutschland bis Ende 2004 92 Mio. Policen abgeschlossen, jeder zweite Haushalt besitzt zumindest einen Vertrag. 2005 vereinnahmten deutsche Lebensversicherer 75,2 Mrd. € Beitragseinnahmen, ein Zuwachs im Vergleich zum Vorjahr um 6,9 %. Den starken Anstieg verdankt die Branche dem erfolgreichen Neugeschäft bis Silvester 2004, als wegen der entfallenden Steuerfreiheit ab dem Jahreswechsel noch viele neue Policen abgeschlossen wurden. Das starke Bedürfnis nach diesem Anlageprodukt ist unverkennbar.

Der einst strahlende Anlagestern hat in der letzten Zeit allerdings ein wenig von seinem Glanz verloren. Wegfallende Steuervergünstigungen sowie sinkende Garantiezinsen haben eine Diskussion um die Renditen der Lebensversicherungen ausgelöst. Der Garantiezins beträgt von 2004 bis Ende 2006 noch 2,75 %, sinkt aber für ab 2007 abgeschlossene Neuverträge auf 2,25 %. Bis 2001 waren es noch 4,0 %, bis Ende 2003 dann 3,25 %. Maßgebend für die gesamte Laufzeit ist jeweils der Satz, der beim Vertragsabschluss galt. Jenseits aller Diskussionen über die Höhe der Garantie bleibt es allerdings dabei, dass überhaupt eine Garantie über einen langen Zeitraum ausgesprochen wird, die – unabhängig von der Entwicklung der biometrischen und Kapitalmarktrisiken aufrechterhalten bleibt – oft über dreißig Jahre oder noch länger.

Dass der Garantiezins auf ein verändertes Kapitalmarktniveau reagieren muss – wie es auch erheblich kurzfristigere Anlageprodukte tun – ist unvermeidlich. Die für länger bestehende Verträge fortbestehende Garantieverzinsung von 4,0 % ist nach heutigen Maßstäben durchaus beachtlich; dass sich die Verzinsung auf den sogenannten Sparanteil der Versicherungsprämie bezieht, während andere Prämienanteile das Todesfallrisiko und die Verwaltungskosten abzudecken haben, ist zwar vielleicht nicht jedem Kunden bewusst, liegt aber in der Natur des aus den Komponenten Risikoabdeckung und Sparvorgang zusammengesetzten Produkts einer kapitalbildenden Lebensversicherung.

Anlage-Hinweis

Das BVerfG hat mit drei Urteilen vom 26.07.2005 (1 BvR 782/94, 1 BvR 957/96, 1 BvR 80/95) entschieden, dass für die Versicherten nicht hinreichend transparent die Ergebnisbeteiligung dargelegt wird und das Schicksal der sogenannten stillen Reserven verdeutlicht werden müsse; das Gericht hat dem Gesetzgeber auferlegt, bis Ende 2007 neue Regelungen zu schaffen, um die Interessen der Versicherten besser zu schützen und mehr Einblick in die Ergebnisbeteiligung zu geben.

Bei der kapitalbildenden Lebensversicherung erfolgt neben der Risikoabsicherung ein verzinsliches Ansparen von Teilen des eingezahlten Beitrags. Der Versicherte oder seine Nachkommen erhalten auf jeden Fall eine Versicherungssumme ausgezahlt. Die eingezahlte Prämie ist kalkulatorisch aufgeteilt in einen Risiko-, Verwaltungskosten- und einen Sparanteil. Der Risikoanteil wird benötigt, wenn der Versicherungsnehmer vor Ablauf der Laufzeit verstirbt. Bis zu diesem Zeitpunkt sind an die Versicherungsgesellschaften ja noch nicht ausreichend Gelder eingezahlt worden, um aus diesem Teil die Versicherungssumme an die Begünstigten auszahlen zu können. Die Höhe des Risikoanteils hängt vom Alter des Versicherungsnehmers und der Laufzeit des Vertrags ab. Der Sparanteil steht dem Versicherungsnehmer nach Ablauf der Laufzeit inkl. Zinsen und Gewinnanteilen zur Verfügung.

Der Verwaltungskostenanteil deckt die Provision des Vertreters, die Werbemaßnahmen der Versicherungsgesellschaft und die Verwaltungskosten. Da die Provision sofort beim Vertragsabschluss fällig wird, kalkulieren die Gesellschaften in den ersten Versicherungsjahren meist einen hohen Verwaltungskostenanteil. Daher kann es sein, dass der Versicherte bei vorzeitiger Kündigung seines Vertrags in den ersten Jahren weniger als das eingezahlte Geld zurückerhält. Dieser als Rückkaufswert bezeichnete Betrag steigt zu Beginn langsam an und zeigt den Wert an, den der Versicherungsnehmer bei sofortiger Vertragsauflösung erhalten würde oder mit dem er den Versicherungsvertrag beleihen könnte.

Die bisherige Verrechnungsmethodik der gerade bei Abschluss des Vertrags anfallenden Verwaltungskosten („Abschlussprovisionen") dürfte in Nachfolge der oben zitierten Entscheidungen des Bundesverfassungsgerichts zur Entlastung frühzeitig kündigender Versicherungsnehmer verändert werden; die genaue Regelung hierzu bleibt dem Gesetzgeber vorbehalten, der im Rahmen des neuen Versicherungsvertragsgesetzes bis spätestens Ende 2007 eine Entscheidung des Parlaments herbeiführen muss.

Lebensversicherungen werden in verschiedenen Varianten angeboten:

- **Fondsgebundene** Lebensversicherung: Eine Unterform der Kapitallebensversicherung ist die fondsgebundene Lebensversicherung, bei der die Ansparteile in Investmentfonds angelegt werden. Bei Fälligkeit der Versicherungssumme kann der Begünstigte wählen, ob er die Summe in bar ausgezahlt haben möchte oder die angesparten Fondsanteile erhalten möchte.

- Lebensversicherung mit **Beitragsdepot**: Hier wird ein einmaliger, höherer Geldbetrag an das Versicherungsunternehmen auf ein Sparkonto überwiesen. Von diesem Konto nimmt die Versicherung dann monatlich die Beiträge, das Konto mindert sich also laufend; der jeweils verbleibende Restbetrag wird aber verzinst. Der Vorteil lag bis Ende 2004 in der Tatsache, dass diese Form der einmaligen Zahlung steuerlich begünstigt war, da es sich um normale, laufende Einzahlungen handelt. Für ab 2005 abgeschlossene Policen ist das Depot nicht mehr notwenig, da Einmalzahlungen steuerlich nicht anders als laufende Beiträge behandelt werden. Der Ertrag aus dem Beitragsdepot unterliegt bei ab 2006 abgeschlossenen Verträgen dem Zinsabschlag (BMF v. 28.04.2005 – IV C 1 – S 2400 – 10/05, BStBl I, 669).
- **Risikoversicherung**: Bei einer Versicherung ohne Sparanteil (Risikolebensversicherung, Berufsunfähigkeitsversicherung, Erwerbsunfähigkeitsversicherung, Pflegeversicherung ergeben sich keine Einnahmen gem. § 20 EStG, weder durch die Kapital- noch aus Rentenzahlungen bei Unfall oder Invalidität. Bei einer Rente ergibt sich jedoch eine Besteuerung gem. § 22 EStG.
- Lebenslängliche **Todesfallversicherung**: Hierbei wird die versicherte Summe im ungewissen Zeitpunkt des Todes fällig. Sie ist oft mit einer Deckung der Beerdigungskosten verbunden.
- **Sonstige** Lebensversicherungen: Es handelt sich um Ausbildungs- und Aussteuerversicherungen sowie Unfallversicherungen mit Prämienrückgewähr.
- **Verbundene Leben**: Hier erfolgt die Auszahlung, wenn alle versicherten Personen die Fälligkeit erleben.
- **Termfix**: Die Versicherungssumme gibt es zu einem festen Termin. Verstirbt der Versicherte vorher, werden lediglich die Prämienzahlungen eingestellt.
- Private **Rentenversicherung**: Hierbei wird nur der Erlebensfall abgesichert. Stirbt der Versicherungsnehmer vor dem Eintrittsalter, verfällt ohne Sondervereinbarungen die gesamte Versicherungssumme. Zum Ausgleich dafür sind die Prämien deutlich niedriger, und die Besteuerung erfolgt nur mit dem Ertragsanteil. Dies könnte für Anleger ohne Nachwuchs interessant sein.
- **Direktversicherung**: Der Arbeitgeber schließt für seine Arbeitnehmer eine Lebensversicherung ab und zahlt die Beiträge für den Versicherungsnehmer. Vorteil: Aufgrund der pauschalierten Lohnversteuerung von nur 20 % (Zusage bis Ende 2004) kommt der Arbeitnehmer preiswert zu einer steuerfreien Altersabsicherung. Bei Zusagen ab 2005 und nach Wahl auch bei den übrigen Direktversicherungen können die Beiträge jetzt steuerfrei eingezahlt werden, dafür ist die spätere Auszahlung steuerpflichtig.

Steuerliche Behandlung für vor 2005 abgeschlossene Verträge

Die Erträge aus einer Kapitallebensversicherung bleiben unter bestimmten Voraussetzungen steuerfrei. Die Beiträge können hingegen – wegen der Höchstbeträge bei den Sonderausgaben – nur selten steuerlich wirksam geltend gemacht werden. Und wenn doch, dann nur mit 88 %. Der wichtigste Punkt, die Steuerfreiheit der Erträge, wird jedoch nicht in jedem Fall erreicht. Hierzu muss der Versicherte einige Voraussetzungen beachten, die von den Gesellschaften aber i.d.R. eingehalten werden.

Checkliste zu Kapitallebensversicherungen bis Ende 2004 **Die Erträge aus Lebensversicherungen sind unter folgenden Voraussetzungen steuerfrei:**	
Kapitalwahlrecht: Bei vereinbartem Kapitalwahlrecht, also der Möglichkeit zur Auszahlung der Versicherungssumme auf einen Schlag, muss die vereinbarte Laufzeit der Versicherung mindestens zwölf Jahre betragen. Vor Ablauf von zwölf Jahren seit Vertragsabschluss darf weder die Versicherungssumme ausgezahlt werden, noch darf der Versicherte vom Vertrag zurücktreten. Bei vorzeitiger Auflösung ist die Gesellschaft verpflichtet, diesen Vorfall dem Wohnsitzfinanzamt des Versicherten zu melden und 25 % Kapitalertragsteuer einzubehalten.	☐
Beiträge: Sie müssen laufend – mindestens einmal jährlich – bezahlt werden und nicht nur in einem Einmalbetrag. Das gilt für einen Zeitraum von fünf Jahren.	☐
Todesfallschutz: Der muss während der gesamten Laufzeit mindestens 60 % der Summe der für die gesamte Laufzeit zu zahlenden Beträge betragen. Diese Einschränkung gilt für Versicherungen, die ab 01.04.1996 abgeschlossen worden sind.	☐
Verkauf: Wird eine Police vor Ablauf von zwölf Jahren an einen Dritten verkauft, ist dies nicht schädlich.	☐
Absicherung von **Krediten:** Die Steuerfreiheit besteht nur, wenn die Lebensversicherungsansprüche zur der Finanzierung von Wirtschaftsgütern eingesetzt werden, die der Einnahmeerzielung dienen.	☐

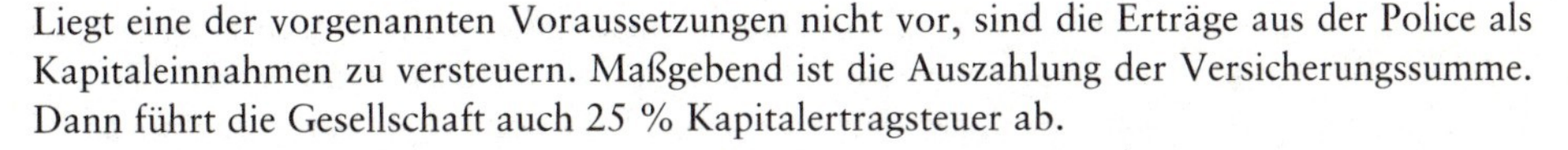

Liegt eine der vorgenannten Voraussetzungen nicht vor, sind die Erträge aus der Police als Kapitaleinnahmen zu versteuern. Maßgebend ist die Auszahlung der Versicherungssumme. Dann führt die Gesellschaft auch 25 % Kapitalertragsteuer ab.

Steuer-Hinweis

Die Zinsen aus vor 2005 abgeschlossenen Versicherungen sind steuerpflichtig, wenn die Voraussetzungen für den Sonderausgabenabzug nicht erfüllt sind. Dies ist gem. § 10 Abs. 2 EStG der Fall, wenn die Ansprüche aus dem Vertrag der Tilgung oder Sicherung eines Darlehens dienen, dessen Finanzierungskosten Werbungskosten sind. Diese Regelung dient dem Ziel, die steuerbegünstigte Investitionsfinanzierung über Policendarlehen (Aufblähung der Schuldzinsen als Betriebsausgaben bzw. Werbungskosten, Steuerfreiheit der angesparten Versicherungszinsen und Sonderausgabenabzug der Prämien) einzuschränken und damit die Steuerfreiheit der Zinsen auf den eigentlichen Vorsorgeförderungszweck der Lebensversicherung zurückzuführen. Diese steuerschädliche Verwendung gilt auch

- beim Erwerb von Aktienfonds unter Einsatz einer Lebensversicherung. Aktienfonds gehören nicht zu den privilegierten Wirtschaftsgütern, weil das zulässige Vermögen eines solchen Investmentfonds auch Kapitalforderungen umfassen darf (FG Köln v. 24.11.2005 – 10 K 1364/02, EFG 2006, 492, Revision unter VIII R 1/06).
- wenn zwar ein begünstigtes Wirtschaftsgut angeschafft, dies aber erst einmal über das Girokonto vorfinanziert wird. Kommt der Ausgleich der Kontokorrentverbindlichkeit erst kurze Zeit später über einen mit einer Lebensversicherung besicherten Kredit, fehlt es bezüglich der Anschaffung des Wirtschaftsguts an einer begünstigten unmittelbaren Investition (FG Baden-Württemberg v. 25.01.2006 – 5 K 21/06, Revision unter VIII R 15/06).

- bei Absicherung eines Avalkredits, da es sich insoweit um ein Darlehen i.S.d. § 10 Abs. 2 Satz 2 EStG handelt (FG München v. 22.03.2005 – 13 K 1565/03, Revision unter VIII R 27/05).
- wenn das zum Erwerb einer fremdvermieteten Wohnung aufgenommene Darlehen die Anschaffungskosten dieses Grundbesitzes nur leicht übersteigt. Das führt in vollem Umfang zur Steuerpflicht der Zinsen nach § 20 Abs. 1 Nr. 6 EStG, da eine Aufteilung in einen schädlichen und einen unbeachtlichen Teil nicht in Betracht kommt (BFH v. 12.10.2005 – VIII R 19/04, BFH/NV 2006, 288). Die Finanzverwaltung hat bei übersteigenden Beträgen eine Bagatellgrenze von 2.550 € eingeführt. Soweit die erstmaligen Finanzierungskosten diesen Betrag nicht übersteigen, liegt insgesamt keine schädliche Verwendung vor.
- wenn Darlehensmittel zur Finanzierung von Herstellungskosten eines Wohnhauses nach ihrem Eingang auf einem gesonderten Baukonto für kurze Zeit zur Erzielung von Zinserträgen fest angelegt werden (BFH v. 13.07.2004 – VIII R 61/03, BFH/NV 2005, 184).
- für die Finanzierung von Umlaufvermögen. Zwar verbleibt die Steuerfreiheit der Erträge aus einer beliehenen Lebensversicherung, wenn das Darlehen im betrieblichen Bereich ausschließlich zur Anschaffung von Wirtschaftsgütern des Anlagevermögens verwendet wird. Der teilweise Einsatz zur Finanzierung von Umlaufvermögen führt aber zur Steuerpflicht der Erträge insgesamt (FG Berlin v. 16.08.2004 – 8 K 6100/02).
- bei der Umschuldung eines sogenannten Altdarlehens, was das FG Köln (v. 22.06.2006 – 10 K 3478/02, Revision unter VIII R 40/06) im Gegensatz zur Finanzverwaltung allerdings bezweifelt.

Erhalten Versicherte bei Fälligkeit statt der Auszahlungssumme eine Rente, sind diese laufenden Zahlungen mit ihrem Ertragsanteil als sonstige Einkünfte nach § 22 EStG steuerpflichtig, der rechnerische Tilgungsanteil bleibt hingegen steuerfrei. Die Besteuerung des Zinsanteils im Rentenbetrag erfolgt auch dann, wenn die Lebensversicherung grundsätzlich steuerfrei ist. Der Ertragsanteil richtet sich nach der Laufzeit der Rente, bei Zahlung bis zum Tod nach dem Alter bei Rentenbeginn. Häufig entscheiden sich Versicherungsnehmer während der Laufzeit für eine zuvor nicht vereinbarte Beitragserhöhung. Hierbei stellt sich dann aus steuerlicher Sicht die Frage: Neuer Vertrag oder lediglich eine Änderung des alten?

- Wird der Beitrag erst nach Ablauf von zwölf Jahren erhöht, ohne dass sich die Laufzeit verändert, bleibt der ursprünglich abgeschlossene Vertrag steuerlich begünstigt.
- Die aus dem neuen, erhöhten Vertrag resultierenden Erträge sind nur steuerfrei, wenn die Laufzeit für diese Beiträge erneut mindestens zwölf Jahre beträgt.
- Kommt es nach Ablauf von zwölf Jahren zu einer Vertragsverlängerung, ohne dass sich die monatlichen Beiträge ändern, bleibt der ursprüngliche Versicherungsvertrag steuerlich begünstigt. Voraussetzung: Die Restlaufzeit des Vertrags beträgt mindestens zwölf Jahre.
- Von vornherein vereinbarte Beitragserhöhungen – etwa eine Dynamisierung – fallen nicht unter die Rubrik Neuvertrag. Das gilt selbst dann, wenn Sie die laufende Erhöhung unterbrechen dürfen. Setzen Sie mehr als zwei Jahre hintereinander aus, darf aus steuerlichen Gründen anschließend nicht mehr zur laufenden Erhöhung gewechselt werden. Dies wäre dann ein Neuvertrag, was die Versicherungen aber i.d.R. beachten.

Steuer-Tipp

Wird die Versicherung im Todesfall ausgezahlt, unterliegt sie mit ihrem vollen Wert der Erbschaftsteuer. Und dies unabhängig davon, was der Verstorbene bis zu diesem Zeitpunkt einbezahlt hat. Wird die Versicherung jedoch vor Fälligkeit verschenkt, zeigt sich das Finanzamt großzügig: Nur zwei Drittel der eingezahlten Prämien oder der Rückkaufswert werden angesetzt, § 12 Abs. 4 BewG.

Faustregel: Der Rückkaufswert ist in den ersten, die Prämien sind in den letzten Jahren der Laufzeit günstiger.

Die Steuerfreiheit gilt auch für ausländische Lebensversicherungen, sofern das Unternehmen seinen Sitz im EU/EWR-Raum hat und das Geschäft im Inland betreiben darf. Das gilt auch für Lebensversicherungen, wenn keine Erlaubnis zum Geschäftsbetrieb im Inland besteht (FG Baden-Württemberg v. 14.10.2004 – 3 K 399/01, EFG 2005, 442 sowie BFH v. 01.03.2005 – VIII R 47/01, BStBl II 2006, 365). Denn für die Anwendung des § 20 Abs. 1 Nr. 6 Satz 2 EStG kommt es lediglich darauf an, ob der betreffende Versicherungsvertrag generell zu den nach § 10 Abs. 1 Nr. 2b EStG begünstigten Vertragstypen gehört. Die Finanzverwaltung wendet das Urteil in allen noch offenen Fällen an (OFD Münster v. 15.08.2006, Einkommensteuer Kurzinformation Nr. 17/2006, DB 2006, 1813). Bei Vertragsabschlüssen ab 2005 stellt sich diese Rechtsfrage aufgrund der Neuregelungen durch das Alterseinkünftegesetz nicht mehr, hier kommt es bei in- und ausländischen Policen gleichermaßen zu steuerpflichtigen Kapitaleinnahmen.

Dies hat insoweit eine aktuelle Brisanz, als viele Sparer noch bis Ende 2004 eine Versicherung jenseits der Grenze abgeschlossen haben. Die Police sollte die Steuerfreiheit auf Jahre konservieren und auch die Auswirkungen der EU-Zinsrichtlinie umgehen. Für alle Verträge ab 2005 sind die neuen Regelungen des § 20 Abs. 1 Nr. 6 EStG n.F. maßgebend. Hiernach kommt es zu einer generellen Besteuerung von Versicherungsleistungen, unabhängig davon, ob diese bei einer inländischen oder ausländischen Gesellschaft abgeschlossen wurden.

Steuer-Hinweis

Zinsen aus einer Kapitallebensversicherung, die nach Ablauf eines Zeitraums von mehr als zwölf Jahren nach Vertragsabschluss bei Weiterführung des Versicherungsvertrags gezahlt werden, sind in entsprechender Anwendung des § 20 Abs. 1 Nr. 6 Satz 2 EStG steuerfrei (BFH v. 12.10.2005 – VIII R 87/03, BStBl II 2006, 251).

Abschluss ab 2005

Bei Neuverträgen findet durch das Alterseinkünftegesetz steuerlich eine völlige Umgestaltung statt. Wie bei Ausschüttungen von Kapitalgesellschaften wird das Halbeinkünfteverfahren angewendet, allerdings nur, wenn bestimme Voraussetzungen erfüllt werden. Ansonsten ist der gesamte Kapitalertrag in voller Höhe steuerpflichtig.

Steuer-Hinweis

Auch Altverträge können in die Steuerpflicht rutschen, und dies gleich aus zwei Gründen:

- Die vereinbarten **Beitragsanpassungen** liegen über den von der Finanzverwaltung vorgegeben Grenzen (BMF v. 22.12.2004 – IV C 1 – S 2252 – 343/05, BStBl I 2006, 92, Tz. 92). Erlaubt ist eine jährliche Erhöhung von bis zu 20 %. Darüber hinaus sind auch fixe Beträge unschädlich, etwa wenn der Jahresbeitrag nach fünf Jahren nicht über 4.800 € steigt oder die jährliche Erhöhung maximal 250 € beträgt.
- Die ursprünglich vereinbarte **Vertragslaufzeit** oder ein anderes wesentliches Merkmal (Versicherungssumme, Prämie, Zahlungsdauer) der Police wird **verlängert**. Wird ein Vertrag verlängert, führt dies steuerrechtlich zu neuen Verträgen; unabhängig davon, ob es sich dabei bürgerlich-rechtlich um Neuverträge oder um die bloße Verlängerung bestehender Policen handelt (BFH v. 06.07.2005 – VIII R 71/04, BStBl II 2006, 53). Beträgt die neue Laufzeit nun weniger als zwölf Jahre, ist die erforderliche Mindestlaufzeit unterschritten, die Zinsen aus den Sparanteilen sind steuerpflichtig. Gleiches gilt unabhängig von Laufzeiten, wenn die Änderung erst ab 2005 vorgenommen wird.

In diesen Fällen sind die insgesamt auf die Beitragsänderungen entfallenden Vertragsbestandteile steuerlich als gesonderter neuer Vertrag zu behandeln. Der neue Vertrag gilt in dem Zeitpunkt als abgeschlossen, zu dem der auf den Erhöhungsbetrag entfallende Versicherungsbeginn erfolgt. Wenn die Beitragshöhe in 2005 oder 2006 gesenkt wird und nunmehr die Grenzen nicht überschritten werden, ist kein Gestaltungsmissbrauch und steuerlich kein gesonderter neuer Vertrag anzunehmen.

Checkliste zu den Änderungen bei Lebensversicherungen	
Behandlung der **Beiträge:**	
Versicherungen mit Kapitalwahlrecht und Abschluss vor 2005 fallen zu 88 % unter die sonstigen Vorsorgeaufwendungen.	❑
Rentenversicherungen mit Auszahlung frühestens ab dem 60. Lebensjahr können als begünstigte Vorsorgeaufwendungen gelten und dann den Höchstbetrag von 20.000 € nutzen. Sie dürfen allerdings nicht vererbbar sein, angespartes Vermögen geht im Todesfall verloren.	❑
Die übrigen Policen ohne Kapitalwahlrecht werden wie Krankenversicherungsbeiträge als Sonderausgaben abgezogen.	❑
Ab 2005 abgeschlossene Verträge mit Kapitalwahlrecht sind nicht mehr begünstigt.	❑
Behandlung der **Auszahlungen:**	
Bei Verträgen bis 2004, auf die auch schon Beiträge geflossen sind, bleibt es beim derzeitigen Rechtsstand.	❑
Die Versicherungssumme ist unter den gleichen Voraussetzungen wie bisher steuerfrei.	❑
Leibrenten werden weiterhin nach den Ertragsanteilen besteuert. Der Satz ab 2005 ist allerdings geringer als der bisher gültige Ertragsanteil, da ein niedriger Diskontierungsfaktor unterstellt wird.	❑
Verträge ab 2005 sind unabhängig von Laufzeiten steuerpflichtig.	❑
Bei Kapitalwahlrecht stellen die vereinnahmten Erträge aus der Lebensversicherung unabhängig von der Laufzeit Einnahmen aus Kapitalvermögen dar. Die ermitteln sich aus der Differenz zwischen Auszahlungsbetrag und Summe der eingezahlten Beiträge.	❑
Beträgt die Laufzeit mindestens zwölf Jahre und ist die Fälligkeit erst ab dem 60. Lebensjahr terminiert, greift das Halbeinkünfteverfahren. 50 % der errechneten Einnahmen bleiben damit steuerfrei und unterliegen nicht dem Progressionsvorbehalt. Damit wurde ein Kompromiss zwischen kompletter Steuerfreiheit und -pflicht genau in der Mitte gefunden.	❑
Auf die Kapitaleinnahmen aus ab 2005 abgeschlossenen Policen wird gem. § 43 Abs. 1 Nr. 4 EStG eine 25%ige Kapitalertragsteuer fällig.	❑
Fondsgebundene Versicherungen werden nach der gleichen Berechnung besteuert.	❑
Rentenauszahlungen aus begünstigten Lebensversicherungen werden wie Leibrenten besteuert. Maßgebend für den steuerpflichtigen Anteil ist das Jahr der Erstauszahlung.	❑

Beispiel
Bei einem ledigen Selbständigen wird nach Ablauf von zwölf Jahren eine Lebensversicherung in Höhe von 200.000 € fällig. Hierzu hat er Prämien von insgesamt 140.000 € aufgewendet. Sein übriges Einkommen beläuft sich auf 120.000 €.

Vertrag wird geschlossen	**2004**	**ab 2005**	
Auszahlung erfolgt	belanglos	Alter 50	Alter 65
Auszahlungsbetrag	200.000 €	200.000 €	200.000 €
Darin enthaltener Kapitalertrag	60.000 €	60.000 €	60.000 €
Davon steuerpflichtig	0 €	60.000 €	30.000 €
Übriges Einkommen	120.000 €	120.000 €	120.000 €
Zu versteuerndes Einkommen	120.000 €	180.000 €	150.000 €
Einkommensteuer	42.486 €	67.686 €	55.086 €
Steuer auf übriges Einkommen	42.486 €	42.486 €	42.486 €
Steuer auf den Kapitalertrag	0 €	25.200 €	12.600 €
Nettorendite	60.000 €	34.800 €	47.400 €

Ergebnis: Neue Versicherungen erhöhen durch die geballten Einnahmen in einem Veranlagungszeitraum die Progression drastisch. Stehen Versicherte zu diesem Zeitpunkt noch im Berufsleben, ist das Produkt nahezu uninteressant geworden.

Für das Halbeinkünfteverfahren bei Versicherungen ist nicht Voraussetzung, dass für mindestens fünf Jahre Beitragszahlungen geleistet werden. Ebenfalls muss der Todesfallschutz nicht mehr 60 % der Beitragssumme betragen. Werden mit einer Police auch Risiken wie Invalidität oder Erwerbsunfähigkeit abgesichert, dürfen die hierauf entfallenden Beitragsanteile für die Berechnung der steuerpflichtigen Kapitaleinnahmen nicht von der Auszahlungssumme abgezogen werden.

Die private Rentenversicherung ist aus Steuersicht günstiger geworden. Unabhängig vom Abschlussdatum ist von der späteren Rentenzahlung lediglich der Ertragsanteil als sonstige Einnahme zu versteuern. Dieser Satz sinkt ab 2005 aufgrund eines geringeren Diskontierungsfaktors deutlich. Maßgebend ist das Alter des Bezugsberechtigten zu Laufzeitbeginn:

Alter bei Rentenbeginn	50	55	60	65
Ertragsanteil bis 2004	43 %	38 %	32 %	27 %
Ertragsanteil ab 2005	30 %	26 %	22 %	18 %

Zwar zählen die geleisteten Beiträge für ab 2005 abgeschlossene Rentenpolicen ebenfalls nicht mehr zu den Sonderausgaben. Doch bei regelmäßigen Einzahlungen in einen Rentenfonds mindert die jährlich anfallende Steuerlast in Höhe der individuellen Progression die Rendite. Der für die Auszahlung zur Verfügung stehende Betrag ist daher mit der Fondsvariante deutlich geringer als bei der Versicherung. Bei einer Rentenpolice müssen die Versicherten immer das (frühzeitige) Todesrisiko einkalkulieren. Daher ist eine Rendite nicht von vorneherein prognostizierbar und nur bei langer Lebensdauer entsprechend hoch. Umgekehrt trägt der Versicherer bei langer Rentenzahlungsdauer das sogenannte Langlebigkeitsrisiko.

Steuer-Hinweis

Ab 2007 abgeschlossene private Rentenversicherungen führen nur dann zur Besteuerung nach § 22 EStG mit dem Ertragsanteil, wenn es sich um lebenslange Zahlungen handelt. Ansonsten liegen etwa bei abgekürzten Zeitrenten oder einer vorzeitigen Kündigung des Vertrags gegen Abfindung nach 2006 Kapitaleinnahmen nach § 20 Abs. 1 Nr. 6 EStG in voller Höhe vor.

Steuerliche Einzelheiten

Rund ein Jahr nach Geltung des Alterseinkünftegesetzes hatte die Finanzverwaltung einen Anwendungserlass zur steuerlichen Behandlung von Versicherungen veröffentlicht (BMF v. 22.12.2005 – IV C 1 – S 2252 – 343/05, BStBl I 2006, 92). Nachfolgend werden die wichtigsten Details in Kürze aufgeführt. Der Grundsatz: Bei Kapitallebensversicherungen mit Vertragsdatum ab dem 01.01.2006 sind die Erträge nach § 20 Abs. 1 Nr. 6 EStG unabhängig von Laufzeiten steuerpflichtig. Hierbei gilt die Differenz zwischen Rückzahlungsbetrag und der Summe der geleisteten Beiträge als Kapitaleinnahme, die auch der Kapitalertragsteuer unterliegt. Die Einnahmen werden bei einer Vertragslaufzeit ab zwölf Jahren nur zur Hälfte erfasst, wenn der Versicherte bei Auszahlung mindestens 60 Jahre alt ist. Die Auszahlung im Todesfall sowie der Verkauf der gebrauchten Police an Dritte unterliegt weiterhin nicht der Einkommensteuer.

- Generell unterliegen der neuen Steuerpflicht Kapitalversicherungen mit Sparanteil, unabhängig von Mindesttodesfallschutz, Laufzeit und Dauer der Prämienzahlung, Rentenversicherungen, sofern das Kapitalwahlrecht ausgeübt wird, sowie Unfallversicherungen mit garantierter Beitragsrückzahlung.
- Auszahlungen von Risikolebens-, Unfall-, Berufs- und Erwerbsunfähigkeits- sowie die Pflegeversicherung fallen nicht unter die Kapitaleinnahmen. Bei einer Unfall- oder Invaliditätsrente kommt jedoch der Besteuerung mit dem Ertragsanteil nach § 22 Nr. 1 EStG in Betracht.
- Bei der klassischen Kapitallebensversicherung kommt es zu Einnahmen nach § 20 Abs. 1 Nr. 6 EStG, wenn die versicherte Person den Auszahlungstermin erlebt. Bei Verträgen mit lebenslangem Todesfallschutz wie Erbschaftsteuer-, Vermögensnachfolge- oder Sterbegeldversicherungen führt nur der vorzeitige Abruf der Leistung zu steuerpflichtigen Einnahmen.
- Wird bei einer Kapitalversicherung die mögliche Rentenzahlung gewählt, liegen steuerpflichtige Kapitalerträge zu dem Zeitpunkt vor, in dem die Auszahlung zu leisten wäre. Somit verbleiben für die Verrentung nur die nach Abzug von Kapitalertragsteuer verbleibenden Gelder. Die Rente ist anschließend mit dem Ertragsanteil zu versteuern.
- Der Besteuerung unterliegen im Erlebensfall oder bei Rückkauf alle Versicherungsleistungen, die aufgrund des Vertrags zu erbringen sind. Bei einer nachträglichen Vertragsverlängerung liegen zum ursprünglichen Fälligkeitszeitpunkt noch keine Einnahmen vor.
- Liegt der ausbezahlte Rückkaufswert bei Kündigung unter den geleisteten Beiträgen, kommt es zu negativen Kapitaleinnahmen.
- Steuerpflichtig ist grundsätzlich der Versicherungsnehmer oder sein Rechtsnachfolger. Bei Einräumung eines Bezugsrechts hat der Begünstigte die erzielten Erträge zu versteuern.

- Als Versicherungsleistung gelten die zugeflossenen Gelder, also angesammelte Sparanteile, Garantieverzinsung und Überschüsse. Gegenzurechnen sind die eingezahlten Prämien, wozu auch Ausfertigungs- und Abschlussgebühr sowie Versicherungsteuer gehören. Abzuziehen hiervon sind erstattete Provisionen von Vermittler oder Gesellschaft. Für die Berechnung ist unerheblich, wer die Beiträge zuvor gezahlt hat.
- Kommt es beim frühzeitigen Rückkauf zu einem negativen Unterschiedsbetrag, wird die Einkunftserzielungsabsicht überprüft. Hierbei wird als Ertrag von der Hälfte der Differenz ausgegangen.
- Bei Auszahlung ab dem 60. Lebensjahr und nach Ablauf von zwölf Jahren wird nur die Hälfte des Unterschiedsbetrags als Kapitaleinnahme angesetzt. Maßgebend ist der im Versicherungsschein genannte Versicherungsbeginn, wenn er in den folgenden drei Monaten ausgestellt wird und der erste Beitrag gezahlt ist. Bei Versicherungen auf verbundene Leben wird das Lebensalter jedes Beteiligten geprüft, eine Aufteilung der Erträge erfolgt nach Köpfen.
- Da für nach 2004 abgeschlossene Lebensversicherungen kein Sonderausgabenabzug mehr in Betracht kommt und die Erträge generell nach § 20 EStG zu versteuern sind, ist es unerheblich, ob eine Police der Tilgung oder Sicherung eines Darlehens dient. Daher ist die Prüfung einer steuerschädlichen Verwendung nicht mehr erforderlich, Versicherungsunternehmen brauchen auch keine Anzeigen nach § 29 EStDV mehr vorzunehmen (OFD Münster v. 31.07.2006, Einkommensteuer Kurzinfo Nr. 016/2006). Der halbierte Ansatz der Einnahmen ist auch bei solchen Policendarlehen möglich.
- Werden wesentliche Vertragsmerkmale geändert, führt dies zu einem Neubeginn in Bezug auf die Anpassungen. Das gilt jedoch nicht bei Änderung des Versicherungsnehmers, bereits im Ursprungsvertrag vereinbarten Anpassungen sowie nachträglich veränderter Versicherungslaufzeit oder Beitragszahlungsdauer, soweit die Gesamtvertragsdauer von zwölf Jahren beibehalten wird.
- Durch den Versicherungsvertrag veranlasste Aufwendungen wie etwa Schuldzinsen sind als Werbungskosten abziehbar. Das gilt aber nicht für die Abschlusskosten. Auch beim hälftigen Ansatz der Einnahmen besteht der volle Werbungskostenabzug.
- Dem Steuereinbehalt von 25 % unterliegen auch Teilleistungen. Bemessungsgrundlage ist der volle oder halbe Unterschiedsbetrag. Die Kapitalertragsteuer wird nur von inländischen Versicherungsunternehmen erhoben.
- Für vor 2005 abgeschlossene Versicherungsverträge gilt § 20 Abs. 1 Nr. 6 EStG in der Fassung für 2004, was i.d.R. für Steuerbefreiung auf Altpolicen sorgt. Bei Vorratsverträgen, die zwar noch 2004 abgeschlossen wurden, bei denen der Versicherungsbeginn aber erst nach März 2005 liegt, kommt der Vertragsabschluss erst zu dem Zeitpunkt zustande.

Fazit: Ob eine Lebensversicherung eine gute Geldanlage darstellt, ist unter Berücksichtigung der individuellen Verhältnisse und der Leistung des gewählten Unternehmens zu beurteilen. Eine schlechte Investition ist es auf jeden Fall, wenn der Versicherte nicht bis zum Vertragsende durchhält und kündigt. Zur Vorsorge für das Alter ist sie trotz steuerlich schlechterer Rahmenbedingungen weiterhin als Basisinvestment geeignet. Immerhin lässt sich die (halbierte) Besteuerung in die Zukunft verlagern, so dass die Zinseszinsen bis dahin abgabenfrei auflaufen können. Unklar ist derzeit, inwieweit Kapitallebensversicherungen in die Regeln einer etwaigen zukünftigen Abgeltungsteuer einbezogen werden.

Lebensversicherungs-Fonds

Geschlossene Fonds, die in US-amerikanische, britische oder deutsche Zweitmarkt-Lebensversicherungen investieren, werden bei den deutschen Privatanlegern immer beliebter. Denn hier werden Nachsteuerrenditen geboten, die mit vergleichbaren konservativen Kapitalmarktprodukten kaum erreicht werden. Der Marktanteil im Bereich der geschlossenen Beteiligungsangebote lag Ende 2005 bei über 13 %, eine Steigerung im Vergleich zum Vorjahr um 31 %.

Das Aufkaufvolumen für die Fonds ist groß und sehr vielfältig. In Deutschland kündigt fast jeder zweite Versicherte seine Police vor Fälligkeit; bei mehr als 90 Mio. Verträgen ist das eine enorme Summe. 2005 wurden Lebensversicherungen im Wert von 11,5 Mrd. € storniert. Dabei hat der Handel mit gebrauchten Lebensversicherungen im ersten Halbjahr 2006 um 260 % auf knapp 500 Mio. € zugenommen, für das Gesamtjahr rechnet die Branche mit einem Volumen von 1,3 Mrd. €. In Großbritannien halten sogar 75 % der Versicherten nicht bis zum Laufzeitende durch. In den USA beläuft sich das Volumen der gehandelten Versicherungssummen auf rund 6 Mrd. US-$.

Den Versicherten stehen i.d.R. drei Möglichkeiten zur Verfügung, wenn sie die Absicherung über eine Lebensversicherung nicht mehr benötigen, das eigentliche Sparmotiv also hinfällig geworden ist:

- Der Vertrag kann bei der Gesellschaft gekündigt werden. Dann gibt es den bis dahin aufgelaufenen Rückkaufswert ausgezahlt.
- Für ältere Verträge bieten die Lebensversicherer Beitragsfreistellung oder -stundung als Alternative zur Kündigung an, dann behalten die Kunden die Schlussgewinne.
- Die laufende Police wird auf dem Zweitmarkt verkauft. Das führt meist zu einem Ergebnis, das über dem aktuellen Rückkaufswert liegt.

Die Lebensversicherungs-Fonds profitieren nun von solchen Aufkäufen, da die bezahlten Kaufpreise immer noch unter dem inneren Wert der einzelnen Policen liegen. Diese stille Reserve können sie aber nur realisieren, wenn sie weiterhin die Beiträge zahlen und dann bei Fälligkeit neben der Versicherungssumme auch noch die Überschussbeteiligungen erhalten. Denn grundsätzlich werfen Lebensversicherungspolicen nur dann attraktive Renditen ab, wenn sie bis zum Ende der Vertragslaufzeit durchgehalten werden oder zuvor bereits der Versicherungsfall eingetreten ist.

In den USA läuft das Geschäft deutlich anders, zumindest wenn es um Risikolebensversicherungen geht. Die werden oft von Erkrankten verkauft, um beispielsweise über den Erlös den Krankenhausaufenthalt oder eine Spezialbehandlung finanzieren zu können. Hier steht zwar die Auszahlungssumme fest, nicht jedoch der Auszahlungszeitpunkt. Bei herkömmlichen Kapitallebensversicherungen steht hingegen der Fälligkeitszeitpunkt sowie die ungefähre (prognostizierte) Ablaufleistung fest. Die Fonds, die auf Risikolebensversicherungen setzen, kalkulieren somit mit dem frühen Ableben des Versicherten. Denn je eher der stirbt, umso schneller gibt es Geld und eine entsprechend höhere Rendite. Diese durchaus zynische Konstellation liegt, soweit ersichtlich, keinem deutschen Fondskonzept zugrunde.

Fonds, die in Zweitmarkt-Kapitallebensversicherungspolicen investieren, sind (derzeit selten) als vermögensverwaltende oder i.d.R. als gewerblich geprägte Gesellschaften konzipiert. Dabei spielt es eine wesentliche Rolle, wo der Fonds seinen Sitz hat. Liegt der jenseits der Grenze, etwa in Großbritannien oder Österreich, sollen gewerbliche Einkünfte generiert werden, die dann im Inland nur über den Progressionsvorbehalt erfasst werden. US-Fonds waren lange Zeit als vermögensverwaltende Gesellschaften konzipiert. Hier steht die Ablaufleistung, nicht aber der Auszahlungszeitpunkt fest. Die Erträge stammen grundsätzlich nur aus den Todesfall-Leistungen. Durch die Einstufung der Finanzverwaltung als gewerbliche Fonds sind neue Konzepte direkt auf dieses Modell umgestiegen.

Der Fonds erwirbt die gebrauchten Versicherungen unter dem inneren Wert und zahlt die Prämien weiter. Diesem Aufwand stehen dann entweder die bei Fälligkeit erhaltenen Ablaufleistungen oder ein Erlös bei einem vorzeitigen Verkauf über den Zweitmarkt gegenüber. Denn die Fonds veräußern einen Teil ihres Policenbestands nach einigen Jahren wieder, um Liquidität für die Ausschüttungen an die Anleger zu generieren. Die Beteiligten erhalten mit der Ausschüttung dann neben dem Ertrag auch bereits einen Teil ihrer Einlage zurück.

Die Investition in britische Policen brachte in der Vergangenheit bessere Renditen, da die dortigen Versicherer im Gegensatz zu ihrer deutschen Konkurrenz weniger Anlagerestriktionen unterliegen und damit viel stärker als die deutsche Konkurrenz am Aktienmarkt investieren können. Dafür bevorzugen die deutschen Konzerne eher das konservative Prinzip des Kapitalerhalts. Dies hat den Vorteil stetiger Erträge mit geringeren Schwankungen innerhalb der einzelnen Jahre. Deutsche Versicherungsfonds gehen im Durchschnitt von Nachsteuerrenditen i.H.v. rund 6 % aus. Die Anlage als solche ist auch risikolos, da die deutschen Lebensversicherer für den Fall eines Konkurses abgesichert sind und die Fonds meist nur in Policen erster Adressen investieren.

Bei Fonds, die in britische Lebensversicherungen investieren, kommen zumeist bessere Ergebnisse heraus. Das liegt daran, dass die Steuerlast für den in Großbritannien beschränkt steuerpflichtigen deutschen Anleger eher gering ist und bei einer Beteiligung von bis zu rund 15.000 € wegen des Grundfreibetrags überhaupt nicht anfällt.

Beispiel
Renditerechnung eines britischen Fonds

Zeichnungssumme	14.000 €	25.000 €	50.000 €	100.000 €
Investition inkl. 5 % Agio	14.700 €	26.250 €	52.500 €	105.000 €
Prognostizierte Ausschüttungen	34.537 €	61.673 €	123.346 €	246.692 €
abzgl. englische Steuern	0 €	-2.073 €	-11.637 €	-30.991 €
Rückfluss nach Steuern	34.537 €	59.600 €	111.709 €	215.701 €
Nettoüberschuss	19.837 €	33.350 €	59.209 €	110.701 €
Nettoverzinsung p.a.	8,7 %	8,4 %	7,8 %	7,5 %

Zu beachten ist allerdings, dass Fremdwährungsrisiken und -chancen bestehen und vom Wechselkurs des britischen Pfunds zum Euro abhängen. Bei US-Policen handelt es sich um Risikolebensversicherungen. Der Fonds kann somit die Erträge nur durchschnittlich schätzen, da die Auszahlungstermine ungewiss sind. Je früher der Versicherte stirbt, umso höher ist die Rendite. Bürger, die ihre Police verkaufen möchten, müssen sich stets einer Gesundheitsprüfung unterziehen.

Sofern der Fonds seinen Sitz im Inland hat und vermögensverwaltend tätig ist, erzielen Privatanleger in Höhe der rechnungs- und außerrechnungsmäßigen Zinsen Einkünfte aus Kapitalvermögen gem. § 20 Abs. 1 Nr. 6 EStG a.F. Die derzeit auf dem Markt befindlichen Modelle investieren jedoch ausschließlich in vor 2005 abgeschlossene Verträge. Eine Steuerfreiheit kann nicht gewährt werden, da sich diese nicht auf gebrauchte Kapitallebensversicherungen bezieht. Die Besteuerung der an den Fonds ausbezahlten Versicherungsleistungen erfolgt für die Gesellschafter ausschließlich im Zuflusszeitpunkt. Der Fonds als Kommanditgesellschaft wird lediglich als partielles Steuersubjekt zur Überschussermittlung im Rahmen der einheitlichen und gesonderten Gewinnermittlung herangezogen.

Steuer-Hinweis

US-Lebensversicherungspolicen-Fonds sind sich nach Auffassung der Finanzverwaltung gewerblich tätig (OFD Frankfurt v. 24.02.2006 – S 2240 A – 32 – St II 2.02, DB 2006, 587, FinBeh Bremen v. 17.06.2004 – S 2240 – 6083 – 110). Dies erfolgt vor dem Hintergrund, dass die Fonds mit Gewinnerzielungsabsicht unter Beteiligung am allgemeinen wirtschaftlichen Verkehr nachhaltig tätig werden, auch das unternehmerische Risiko tragen, dass Verluste entstehen können, und die Höhe des Fondskapitals und der Geschäftsumfang den Bereich der privaten Vermögensverwaltung überschreiten. Die Tätigkeit der KG ist nicht mit einem Wertpapierhandel vergleichbar, sondern ähnelt vielmehr dem Factoring, da sich die Policen vergleichbar mit der Verwertung von Forderungen verbrauchen.

Deutsche Fonds erzielen entweder Kapitaleinnahmen oder als gewerblich geprägte Personengesellschaften Einkünfte aus Gewerbebetrieb nach § 15 EStG. Nur in der Anfangsphase können Verluste anfallen. Hierbei handelt es sich zumeist um aufgewendete Fremdfinanzierungskosten. Diese negativen Einkünfte können die Anleger i.d.R. zügig mit positiven Einkünften des Fonds aus den Folgejahren verrechnen. Die Einschränkung nach § 15b EStG spielt hier kaum eine Rolle.

Die Aufwendungen für den Kauf der einzelnen Policen, die anschließend bezahlten Prämien sowie die Anlauf- und Verwaltungskosten werden erst einmal als Anschaffungskosten aktiviert. Die Rückflüsse aus der Einlösung der Lebensversicherungen stellen insoweit steuerpflichtige Einkünfte aus Gewerbebetrieb dar, als sie die Anschaffungskosten übersteigen. Bei der Auszahlung der Versicherungssummen wird Kapitalertragsteuer einbehalten, die sich die Anleger anteilig auf ihre persönliche Einkommensteuerschuld anrechnen lassen können.

Eine Befreiung von der Kapitalertragsteuer ist nicht möglich, da § 20 Abs. 1 Nr. 6 EStG eine Steuerfreiheit für gebrauchte Policen nicht vorsieht. Insoweit spielt es für die Versicherungsfonds keine Rolle, dass ab 2005 abgeschlossene Verträge durch das Alterseinkünftegesetz in jedem Fall der Steuerpflicht unterliegen. Anteile an einem Lebensversicherungs-Fonds sind bei der Erbschaftsteuer begünstigt, da die Privilegien für Betriebsvermögen nach §§ 13a, 19a ErbStG gelten. Bewertungsmaßstab für den Pool an Versicherungspolicen sind die Anschaffungskosten, sofern die Firma keine Teilwertabschreibung vorgenommen hat. Allerdings darf es sich hierbei nicht um eine treuhänderische Beteiligung handeln (FinMin Baden-Württemberg v. 27.06.2005 – 3-S 3806/51, DB 2005, 1439, ZEV 2005, 341).

Hat die Fondsgesellschaft ihren Sitz in Großbritannien, wird sie die für deutsche Anleger günstige Form der gewerblichen Prägung wählen. Dann liegen Einkünfte aus Gewerbebetrieb vor, die nach dem DBA in Großbritannien versteuert werden. In Deutschland hingegen sind die Einkünfte steuerfrei und unterliegen lediglich dem Progressionsvorbehalt. Dies hat den Vorteil, dass Anleger in England in den Genuss von Freibeträgen und einer geringen Steuerprogression kommen.

GBP von–bis	Steuersatz
0–5.035	0 %
5.036–7.125	10 %
7.126–37.435	22 %
ab 37.436	40 %

Über diesen Freibetrag gelingt es deutschen Anlegern, jährliche Einnahmen von umgerechnet rund 7.300 € steuerfrei vereinnahmen zu können. Sofern während der Investitionsphase Verluste anfallen, sind diese in Großbritannien vortragbar. Da in Deutschland keine steuerpflichtigen Einnahmen anfallen, kann der Anleger seine Finanzierungskosten nicht geltend machen.

Hat die Gesellschaft ihren Sitz in den USA, steht das Besteuerungsrecht laut DBA den USA zu. Zu versteuern ist hierbei die Differenz zwischen den ausbezahlten Versicherungssummen und den für die jeweiligen Policen insgesamt aufgewendeten Beträgen. Hierbei wird den ausländischen Fondsbesitzern ein Freibetrag von 3.300 US-$ gewährt, der jährlich an den Lebenshaltungsindex angepasst wird. Auch darüber hinaus sind die Steuersätze eher moderat. In Deutschland sind die Einkünfte steuerfrei und unterliegen lediglich dem Progressionsvorbehalt.

Fazit: Lebensversicherungsfonds sind für eine breite Vermögensstreuung eine gute Alternative. Amerikanische Fonds bieten die größten Chancen, gleichzeitig aber auch die meisten Risiken. Ein besseres Verhältnis lässt sich bei den britischen Gesellschaften ausmachen, sofern das Pfund/Euro-Verhältnis den Anlegern keinen Strich durch die Rechnung macht. Solide sind die in deutsche Lebensversicherungen investierenden Fonds, die für konservative Anleger Renditen bringen, die deutlich über denen von Festverzinslichen liegen. Meist sind sie auch besser als die Direktinvestition in eine Police. Bedenken sollten potentielle Investoren, dass sie sich mit einem Einstieg in einen solchen Zweitmarktfonds wie auch bei Immobilien oder Schiffen auf längere Zeiten binden.

Leerverkauf

Bei diesem auch als Short-Selling bezeichneten Handel besteht die Chance, auch bei fallenden Aktienmärkten Gewinne zu erzielen. Da nunmehr auch heimische Direktbanken diesen Dienst anbieten, stehen Leerverkäufe jetzt auch privaten Investoren zur Verfügung. Hierbei verkauft ein Anleger Aktien, die er nicht besitzt, in der Annahme, sie später zu einem günstigeren Preis zurückzukaufen. Die Papiere leiht sich der Leerverkäufer bei seiner depotführenden Bank. Geht die Rechnung auf, ist die Differenz zwischen höherem Verkaufspreis und niedrigerem Rückkaufspreis der Gewinn der Transaktion. So ist es möglich, von fallenden Notierungen zu profitieren, ohne Derivate wie → *Optionsscheine* einsetzen zu müssen. Steigt das Wertpapier hingegen, muss es teurer zurückgekauft werden.

Voraussetzung für solche Leerverkäufe ist eine gültige Finanztermingeschäftsfähigkeit, wie sie auch für den Handel mit Optionsscheinen und Zertifikaten benötigt wird, sowie der Abschluss einer speziellen Zusatzvereinbarung. In dieser Vereinbarung erfolgt auch die notwendige Risikoaufklärung, da bei sehr stark steigenden Kursen ein entsprechendes Verlustrisiko besteht. Dabei bestimmt die jeweilige Bank die Spielregeln, innerhalb welchen Zeitrahmens offene Positionen bei solchen Leerverkäufen wieder eingedeckt werden müssen.

Steuerlich handelt es sich um ein privates Veräußerungsgeschäft gem. § 23 Abs. 1 Nr. 3 EStG, bei dem die Veräußerung des Wertpapiers früher erfolgt als der Erwerb. Insoweit spielt hier die Spekulationsfrist keine Rolle. Sofern Aktien in zeitlicher Nähe zum Ausschüttungstermin leer verkauft werden, kommt es über § 20 Abs. 1 Nr. 1 Satz 4 EStG zu einem sonstigen Bezug, wenn die Aktien mit Dividendenberechtigung erworben, aber ohne Dividendenanspruch geliefert werden.

Liquidation

Die Liquidation einer AG oder GmbH ist keine Veräußerung der Anteile an dieser Kapitalgesellschaft i.S.d. § 23 Abs. 1 Satz 1 Nr. 2 EStG (BFH v. 19.04.1977 – VIII R 23/75, BStBl II, 712). Ist der Steuerpflichtige an der Kapitalgesellschaft jedoch wesentlich i.S.d. § 17 Abs. 1 Satz 1 EStG beteiligt, liegt ein Fall des § 17 Abs. 4 EStG vor. Soweit aber im Rahmen der Liquidation Auszahlungen über das Nenn- oder Grundkapital hinaus erfolgen, hat der Beteiligte Einkünfte aus § 20 Abs. 1 Nr. 2 EStG zu versteuern, die dem Halbeinkünfteverfahren unterliegen. Hierbei handelt es sich um bislang nicht ausgeschüttete Gewinne aus den Rücklagen oder stillen Reserven.

Lock-In-Zertifikate

Bei diesem Produkt ist der Kurswert eines Indizes nicht nur bei Fälligkeit maßgebend. Vielmehr sichert der Emittent den Anlegern während der Laufzeit einmal erreichte Höchststände zu, loggt sie also ein. Somit partizipieren Besitzer zu 100 % an dem höchsten, monatlich festgestellten Indexstand des Basiswerts. Dies hat den Vorteil, dass sich Kursschwankungen positiv bemerkbar machen, allerdings nur die Anstiege. Der höchste Stand, der dabei während der gesamten Laufzeit festgestellt wird, ist Anlegern bei der Auszahlung sicher. Sind alle monatlich festgestellten Indexwerte niedriger als der Referenzwert vom Beginn der Laufzeit, zahlt der Emittent Besitzern des Zertifikats zumindest ihr eingesetztes Kapital zurück. Verluste machen Anleger erst dann, wenn der Basiswert zu irgendeinem Zeitpunkt während der Laufzeit deutlich unter eine Kursuntergrenze fällt. Die liegt i.d.R. bei 50 % des Startwerts. Dann wird die Lock-In-Funktion außer Kraft gesetzt und das Produkt bewegt sich analog zum Basiswert, wie ein normales Index-Zertifikat.

Steuerlich ergeben sich keine Unterschiede zu herkömmlichen → *Zertifikaten*. Durch die Kapitalgarantie werden Lock-In-Zertifikate nicht zu Finanzinnovationen, da immer noch theoretisch ein Totalverlust möglich ist.

Fazit: Diese Variante bietet deutliche Vorteile im Vergleich zu Index-Zertifikaten. Denn die Besitzer müssen nicht auf Kursanstiege zum Laufzeitende hin setzen. Das Verlustrisiko ist gering und ein mögliches Minus fällt nicht höher aus als bei Index-Zertifikaten. Anleger müssen allerdings während der Laufzeit auf Dividenden verzichten. Die verwendet der Emittent, um die angebotenen Zusagen über Optionen finanzieren zu können.

Marktrendite

Haben → *Finanzinnovationen* keine Emissionsrendite oder können Anleger diese dem Finanzamt nicht nachweisen, wird als Kapitaleinnahme der Unterschied zwischen dem Kauf- und Verkaufspreis eines Wertpapiers angesetzt. Da die Marktrendite nach § 20 Abs. 2 Nr. 4

EStG der Unterschied zwischen Anschaffungskosten und Verkaufspreis ist, kann der Kapitalertrag positiv oder negativ sein. Das heißt, durch den Ansatz der Marktrendite werden unter Umständen realisierte marktbedingte Kursschwankungen der betreffenden Kapitalforderung und Wechselkursschwankungen in die Besteuerung nach § 20 EStG einbezogen. Die steuerpflichtige Marktrendite kann i.d.R. anhand der Abrechnungen der Kreditinstitute über den An- und Verkauf berechnet werden. Die Marktrendite wird i.d.R. auch als Bemessungsgrundlage für den Zinsabschlag angesetzt.

Diese Methode hat Vor- und Nachteile: Bei Minusgeschäften kann der Verlust mit anderen Einnahmen verrechnet werden – unabhängig von Fristen. Gewinne hingegen sind auch außerhalb des Spekulationszeitraums Kapitaleinnahmen. Da der Nachweis der Emissionsrendite und deren besitzzeitanteilige Ermittlung sowohl für den Steuerpflichtigen als auch für die Finanzverwaltung auf erhebliche Schwierigkeiten stößt, wollte der Gesetzgeber mit der Marktrendite eine leichtere Form der Ertragsermittlung zulassen. Hierbei nimmt der Gesetzgeber in gewissem Umfang in Kauf, dass sich Wertveränderungen auf der Vermögensebene, verursacht durch den Kapitalmarkt (z.B. Zinsniveauänderungen), auch ertragsteuerlich niederschlagen. Bei der Ermittlung der Marktrendite bleiben etwaige mit dem Erwerb oder der Veräußerung im Zusammenhang stehende Nebenkosten wie z.B. Bankprovisionen und Spesen außer Betracht.

Veräußerungs-Bruttoerlös
– Veräußerungskosten
– Anschaffungskosten
– Anschaffungsnebenkosten
= Differenzbetrag (Marktwert)

Auch bei der Bemessung des Zinsabschlags wird die Marktrendite verwendet, eine Emissionsrendite ist – anders als bei der späteren Veranlagung – hier nicht zulässig, §§ 20 Abs. 2 Nr. 4 i.V.m. 43a Abs. 2 EStG. Der Kursgewinn unterliegt dem Zinsabschlag, ein Verlust mindert jedoch nicht den Stückzinstopf und kann daher nur im Rahmen der Steuererklärung geltend gemacht werden.

Beispiel
Verluste beim Zinsabschlag

Kauf 20.000 Aktienanleihen zu	100 %
Verkauf zu	90 %
Erhaltene Zinsen beim Verkauf	500 €
Kursertrag (90 – 95) – 5 % x 10.000	– 2.000 €
Zinsertrag	+ 500 €
Kapitaleinnahmen	– 1.500 €
Zinsabschlag (30 % von 500)	150 €

Die Anschaffungskosten ergeben sich vorrangig aus dem Preis der Erstanschaffung.

Lagern mehrere Wertpapiere gleicher Art im Depot, gilt beim Verkauf bis Ende 2005 das Lifo-Verfahren (BMF v. 02.03.2001 – IV C 1 – S 2204 – 2/01, DStR 2001, 1161). Hiernach gelten die Papiere als zuerst verkauft (first-out), die zuletzt erworben wurden (last-in). Ab 2006 ist das FiFo-Verfahren analog zu § 23 EStG anzuwenden (BMF v. 28.10.2005 – IV C 1 – S 2406 – 7/05, FinMin Schleswig-Holstein v. 31.03.2006 – IV A 7 – S 0632 – 6/06, FR 2006, 439).

Nicht immer ist die Emissionsrendite, sondern die Marktrendite günstiger. Sie ergibt sich aus dem Unterschied zwischen Kauf- und Verkaufspreis und wird ohnehin ohne Nachweis der Emissionsrendite angewendet. Werden beispielsweise Zerobonds von der Ausgabe bis zur Fälligkeit gehalten, ergeben beide Rechnungen des gleiche Ergebnis.

Checkliste zum Ansatz von Markt- oder Emissionsrendite	
Sind die Marktzinsen beim Erwerb und der Fälligkeit oder einem Verkauf identisch, gibt es keinen Unterschied zwischen Markt- und Emissionsrendite. Die Bewegungen während der Laufzeit sind für die Berechnungen unerheblich. Da die Ermittlung der Marktrendite einfacher ist, kommt sie zum Ansatz.	❑
Sinkt das Zinsniveau, werden bei einer Veräußerung auch Kursgewinne realisiert. Diese sind bei der Marktrendite in voller Höhe zu versteuern, bleiben bei der Emissionsrendite hingegen ohne Ansatz.	❑
Sind die Zinsen per Saldo gestiegen, führt dies zu fallenden Anleihekursen. Beim Verkauf sind dann bei der Emissionsrendite Erträge zu versteuern, die effektiv nicht angefallen sind. In diesem Fall ist es günstiger, die Einnahmen nach der Marktrendite zu ermitteln.	❑
Werden die Zerobonds von Emission bis Fälligkeit gehalten, bringen beide Methoden dasselbe Ergebnis. Folglich lohnt die Berechnung der Emissionsrendite nicht.	❑
Bei Fremdwährungsanleihen fließen Devisenveränderungen nicht in die Berechnung der Emissionsrendite ein. Folge: Ein Währungsplus bleibt unversteuert auf der Vermögensebene. Bei einer schwachen Anlagewährung lohnt hingegen die Versteuerung des in Euro umgerechneten Ertrags.	❑

Medienfonds

Die Beteiligung an Film- und Fernsehproduktionen gehörte in früheren Jahren zu den beliebtesten Modellen. Dieser Trend hat sich aktuell nicht mehr fortsetzen können und ist eher zum Erliegen gekommen. Ein Grund hierfür ist, dass viele Emissionen früherer Jahre ihre Ausschüttungsprognosen nicht halten konnten. Die Chancen im Filmbereich sind zwar generell hoch, denn neben Kinoproduktionen sprechen auch die steigende Zahl privater TV-Sender sowie neue Technologien mit Vermarktungsmöglichkeiten über DVD oder Internet für erweiterte Absatzchancen. Auf der anderen Seite ist die Filmproduktion aber ein sehr risikobehaftetes Geschäft, denn Tops und Flops von Filmen sind stark vom Publikumsgeschmack abhängig und sind nur schwer kalkulierbar.

Somit stehen hohe Ertragschancen den Erlös- und Herstellungsrisiken gegenüber. Eine Investition in einen Medienfonds stellt daher eine unternehmerische Beteiligung dar, bei der sich der Anleger dieser hohen Chancen, aber auch Risiken klar bewusst sein sollte. Aktuell werden am Markt vermehrt Fondsbeteiligungen mit speziellen Sicherheitskonzepten angeboten. Mittels Erlösgarantien durch Vorabverkäufe der produzierten Filme, aber auch sonstiger Bankgarantien soll das unternehmerische Risiko für den Anleger reduziert werden.

Medienfonds sind zumeist nicht wegen üppiger Renditen, sondern wegen ihrer hohen Verlustzuweisungen im Fokus der Anleger. Während geschlossene Immobilienfonds im Gegensatz zu früheren Jahren nunmehr zügig schwarze Zahlen anstreben und bei Schiffs-Fonds durch die Tonnagesteuer ohnehin kein negatives Ergebnis möglich ist, blieben neben Energie- nur noch Medienfonds, um über Verluste das Einkommen zu senken. Rund 100 % Verlustzuweisungen sind möglich, bei Fremdfinanzierung bezogen auf das Eigenkapital sogar bis zu 180 %.

Für Medienfonds sind neben dem § 2b EStG drei Erlasse von Bedeutung. Das sind:

- BMF v. 05.07.2000 – IV A 5 – S 2118 b – 111/00, DB 2000, 1480, BStBl I, 1148, FR 2000, 840
- BMF v. 23.02.2001 – VI A 6 – S 2241 – 8/01, DStR 2001, 436, BStBl I, 175, FR 2001, 373
- BMF 05.08.2003 – IV A 6 – S 2241 – 81/03, DStR 2003, 1440, DB 2003, 1765, BStBl I, 406, FR 2003, 926

Hierin hat die Finanzverwaltung die Anforderungen an die rechtliche und wirtschaftliche Ausgestaltung eines Medienfonds präzisiert und verlangt in Hinblick auf den Abzug von Kosten generell eine stärkere Einbindung der Gesellschafter in die einzelnen Filmprojekte. Damit herrscht zwar Rechtssicherheit, doch musste sich die Branche umstellen. Gefordert ist der anlegerbestimmte Fonds, bei dem es keine vorgefertigten Verträge geben darf. Der Investor muss Einfluss nehmen auf Filmherstellung und -auswahl. Dies setzen die aktuellen Angebote durch Blind Pools um, aus den Reihen der Anleger gewählte Beiräte entscheiden nun über die Filmproduktion.

Da Medienfonds vorrangig wegen hoher Verlustzuweisungen und nicht dauerhafter Renditen gezeichnet wurden, kam der Vertrieb durch das In-Kraft-Treten des § 15b EStG (→ *Steuerstundungsmodell*) erst einmal zum Erliegen. Denn die nach bisherigen Steuerregeln prognostizierten Renditen halbieren sich nunmehr. Ob der Markt sich wieder erholen wird, hängt von den künftigen wirtschaftlichen Konzepten der Initiatoren ab. Zumindest wird die Investition in Hollywood-Filme deutlich nachlassen und der Fokus hin zu heimischen Produktionen gegen. Die will die Bundesregierung laut Koalitionsvertrag fördern, auch mit entsprechenden Angeboten für Anleger.

Fazit: Für konservativ ausgerichtete Anleger sind Medienfonds wegen wirtschaftlicher und steuerlicher Unsicherheiten weniger geeignet. Sie kamen eher für Gutverdiener mit hoher Progression in Betracht, bei denen sich ein Teil der Rendite aus der Steuerersparnis ergibt. Derzeit sieht es eher so aus, also ob Medienfonds in Deutschland keine Zukunft mehr haben.

Mezzanin-Kapital

Eine mezzanine Finanzierung bewegt sich zwischen voll haftendem Eigen- und Fremdkapital wie etwa ein Bankkredit. Der Begriff stammt aus dem italienischen Wort mezzo (halb) und beschreibt ein Zwischengeschoss. In der Regel handelt es sich um eine Fremdfinanzierung mit Beteiligung an Gewinn und Verlust, nachrangiger Haftung, keiner oder minderer Besicherung und langen Laufzeiten. Die Vergütungshöhe des Kapitalgebers richtet sich nach dem

Erfolg des Unternehmens, nur in guten Zeiten gibt es zinsähnliche Erträge. Mezzanine Finanzierungen helfen, die Eigenkapitalquote und damit die Bonität zu verbessern. Das sorgt bei Banken wiederum für günstigere Kreditbedingungen.

Privatanleger können sich an solchen Krediten über → *Genuss-Scheine* und → *Hybridanleihen* beteiligen.

Mietkaution

Geldbeträge, die der Mieter dem Vermieter als Sicherheit leistet, werden als Kaution verzinslich angelegt. Die Zinsen erhöhen den Sicherungsbetrag und stehen dem Mieter zu. Sie sind beim Mieter als Kapitaleinnahmen zu dem Zeitpunkt zu versteuern, zu dem sie auf dem Mietkonto gutgeschrieben werden. Die Erträge unterliegen dem Zinsabschlag. Einen Freistellungsauftrag kann der Mieter nicht erteilen, da das Sparkonto i.d.R. nicht auf seinen Namen lautet.

Weiß die Bank den Namen des Mieters, kann sie eine Steuerbescheinigung über den einbehaltenen Zinsabschlag ausstellen. Sofern sie den Mieternamen nicht kennt, erteilt sie die Steuerbescheinigung an den Vermieter mit dem Vermerk „Treuhandkonto". Dieser muss die Bescheinigung weiterreichen (BMF v. 05.11.2002 – IV C 1 – S 2401 – 22/02, BStBl I, 1338).

Werden die Kautionen mehrerer Mieter auf demselben Konto angelegt – etwa bei einer Wohngemeinschaft –, muss der Vermieter eine Feststellungserklärung für die Kapitaleinkünfte der Mieter abzugeben. Sieht das Finanzamt wegen Geringfügigkeit von dieser Sonderpflicht ab, muss der Vermieter sämtlichen beteiligten Mietern die anteiligen Kapitalerträge sowie den anteiligen Zinsabschlag mitteilen. Diese Unterlage kann jeder einzelne Mieter dann seiner Einkommensteuererklärung beifügen.

Minimax-Floater

Variabel verzinsliche Anleihen, deren Zinssatz sowohl mit einer Untergrenze als auch mit einer Obergrenze versehen ist (Kombination von Capped- und Drop-Lock-Floater). Wie bei normalen Floatern schwankt der Zinssatz mit dem allgemein fallenden Geldmarktzins, allerdings nur bis zu einem vereinbarten Mindest-/Höchstsatz, und verharrt dort, bis die Zinsen wieder steigen/fallen oder die Anleihe fällig geworden ist. Sie dient dem Anleger bei fallendem, dem Emittenten bei steigendem Marktzins. Je näher Zinsober- und -untergrenze beieinander liegen, desto mehr entspricht der Minimax-Floater einer normalen festverzinslichen Anleihe.

Anlage-Tipp

Wenn sich die Zinsuntergrenze nahe am derzeitigen Zinssatz befindet, ist diese Anleiheform dem normalen Floater vorzuziehen. In einer Hochzinsphase eignen sich Minimax-Floater nicht, da der Zinssatz fallen wird und die Untergrenze noch weit entfernt sein dürfte.

Bei Minimax-Floatern ist der Ertrag von einem ungewissen Ereignis, nämlich dem Referenzzins abhängig und die Zinszahlung erfolgt in unterschiedlicher Höhe. Sie erfüllen somit die Voraussetzungen der §§ 20 Abs. 2 Nr. 4c und Nr. 4d EStG mit der Folge, dass als → *Finanzinnovationen* auch Kursgewinne unter den Kapitaleinnahmen zu erfassen sind.

Fazit: Nennenswerte Vorteile lassen sich bei diesen Floatern nicht erkennen. Zu erwähnen ist allerdings, dass sie im Vergleich zu herkömmlichen variabel verzinsten Anleihen Kursrisiken, aber kaum -chancen bieten.

Minus-Stückzinsen

Hierbei handelt es sich um steuerpflichtige Zinsen, die dem Zeichner einer Anleihe in Form eines Nachlasses vom Zeichnungsbetrag oder als Vorwegzins dafür gewährt werden, dass er die Anleihe vor dem eigentlichen Zinszahlungszeitraum übernimmt. Es handelt sich um steuerpflichtige Kapitaleinnahmen, die dem 30%igen Zinsabschlag unterliegen. Minus-Stückzinsen sind nicht mit negativen Stückzinsen zu verwechseln, die ein Anleger beim Erwerb einer Anleihe zu zahlen hat und die als negative Kapitaleinnahme behandelt werden.

Beispiel

Firma A&B emittiert am 02.01.2002 eine 8%ige festverzinsliche Anleihe, deren Ausgabekurs 100 % ist. Zinszahlungszeitraum ist ab dem 02.01.2003, Auszahlung jeweils der 1. Januar. Anleger S erwirbt die Anleihe im Nennwert von 1 Mio. € bereits am 01.12.2001 für 99,20 %. S hat im Jahre 2001 hieraus (0,80 % x 1 Mio. €) 8.000 € als Kapitaleinnahmen i.S.d. § 20 Abs. 1 Nr. 7 EStG zu versteuern.

Mismatch-Floater

Variabel verzinste Anleihe, wobei der zugrundeliegende Basis- oder Referenzzins keinen direkten Einfluss auf die Verzinsung des Floaters im Zeitpunkt der Zinsfeststellung hat. Der Zins kann beispielsweise aus dem Durchschnitt von mehreren verschiedenen Zinssätzen, einem identischen Satz zu verschiedenen Zeitpunkten oder mit einigen mathematischen Berechnungsfaktoren errechnet werden. Die abweichende Zinsfeststellung kann dabei, je nach Marktkonstellation, über/unter der Rendite von herkömmlichen Floatern liegen.

Nachhaltigkeitsfonds

Diese Form von Investmentfonds setzt auf die ethische Verantwortung und nachhaltige Strategien von Unternehmen. Nachhaltigkeitsfonds investieren die von den Anlegern eingesammelten Gelder nach sozialen, ethischen und ökologischen Aspekten. Die Philosophie der Fonds geht dabei von selbst vorgegebenen Zielrichtungen aus. Die Firmen, in die sie investieren, dürfen weder Rüstungsgüter herstellen, Tierversuche durchführen oder auf Kinderarbeit setzen. Hinzu kommen je nach Gesellschaft noch weitere Ausschlusskriterien hinzu.

Die auch unter dem Begriff Ökofonds bekannten Anteile unterscheiden sich in Umwelttechnologie-, Nachhaltigkeits- und ethisch orientierten Fonds. Umwelttechnologiefonds legen ihren Schwerpunkt auf Techniken, die eine saubere und gesunde Umwelt schaffen sollen. Dies gelingt etwa durch die Erzeugung von Solar- und Windenergie oder Wasseraufbereitung. Ethische Fonds arbeiten mit Negativlisten, anhand derer Firmen ausgesondert werden.

Steuerlich ergeben sich keine Unterschiede zu herkömmlichen → *Investmentfonds*. Hierbei ist allerdings zu beachten, dass nicht alle Gesellschaften auf diesem Gebiet die Transparenzpflichten des InvStG erfüllen.

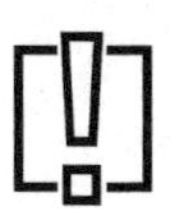

Fazit: Da Nachhaltigkeitsfonds meist höhere Verwaltungsgebühren als herkömmliche Aktienfonds verlangen, ist dies nichts für Kurzfristanleger – zumal sich Nachhaltigkeit meist erst langfristig auszahlt. Wer auf solche Zukunftsaspekt in Zusammenhang mit einem guten Gewissen setzt, fährt mit dieser Form von Investmentfonds sicherlich auf Dauer gut. Durch die Investition in eine Vielzahl von Unternehmen in mehreren Bereichen wird dieses Risiko minimiert und auf einen langfristig positiv erscheinenden Trend gesetzt.

Namensaktien

Wer eine Aktie besitzt, ist Inhaber. Name und Anschrift bleiben anonym. Die AG weiß somit nicht, wer ihre Besitzer sind. Das gilt bei Inhaberaktien. Manche Firmen möchten Namen, Adresse und Beruf ihrer Aktionäre wissen. Sie geben Namensaktien heraus, beim Aktienkauf wird der Erwerbername der Gesellschaft mitgeteilt und in das Aktionärsbuch eingetragen. Zur rechtmäßigen Übertragung ist eine schriftliche Absichtserklärung (Zession) beizufügen. Dieses umständliche Verfahren wird in der Praxis dadurch vereinfacht, dass die Namensaktie mit einer Blankozession der Hausbank der Aktiengesellschaft versehen ist. Dieses Kreditinstitut übernimmt dann die Pflicht, die Namen der jeweiligen Eigentümer der Gesellschaft mitzuteilen. Bei **vinkulierten Namensaktien** darf die Gesellschaft kontrollieren, wer ihre Aktien kauft, und sogar den Erwerb einem kaufbereiten Investor verbieten.

Steuerlich ergeben sich keine Unterschiede zu herkömmlichen → *Aktien*. Beschließt eine AG die Umwandlung von Inhaber- in Namensaktien, hat dieser Gattungswechsel lediglich eine Änderung bestehender Mitgliedschaftsrechte der Aktionäre zur Folge. Dies stellt keinen Aktientausch dar und führt weder zu einem privaten Veräußerungsgeschäft nach § 23 Abs. 1 Satz 1 Nr. 2 EStG noch zu einer Anschaffung der neuen Namensaktien. Mögliche Zuzahlungen erhöhen lediglich die ursprünglichen Anschaffungskosten.

Nicht-Veranlagungsbescheinigung

→ *Kapitalertragsteuer*

Nießbrauch an Kapitalvermögen

Diejenige Person, zu deren Gunsten Kapitalvermögen mit Nießbrauch belastet wird, ist zur Nutzung des Vermögens berechtigt und ihr stehen die Erträge aus dem Kapital (Zinsen, Dividenden) zu (§§ 1068, 1030 ff. BGB). Der Nießbrauchbesteller bleibt Eigentümer der Wertpapiere.

Die Finanzverwaltung folgt dieser zivilrechtlichen Auffassung jedoch nicht in allen Fällen. Grundvoraussetzung ist, dass die Kapitaleinnahmen beim Nießbraucher aufgrund einer gesicherten Rechtsposition zufließen. In diesem Fall muss der Empfänger eine Mitverfügung über den Kapitalstamm besitzen und die Einkünfte können ihm nicht willkürlich entzogen werden. Für die steuerliche Behandlung des Nießbrauchs bei den Einkünften aus Kapitalvermögen kommt es insbesondere darauf an, ob ein Zuwendungsnießbrauch vorliegt, also ein Nießbrauch, der vom Eigentümer dem Berechtigten bestellt worden ist, oder ob ein Vorbehalts- oder Vermächtnisnießbrauch gegeben ist:

- **Vorbehaltsnießbrauch**: Ein Vorbehaltsnießbrauch liegt vor, wenn jemand einen Gegenstand zuwendet und sich den Nießbrauch hieran vorbehält. Behält sich der Übertragende von Kapitalvermögen den Nießbrauch vor, sind ihm die Einnahmen zuzurechnen. Anrechenbare Steuern und der Steuerabzug betreffen nur ihn.
- **Vermächtnisnießbrauch**: Ein Vermächtnisnießbrauch liegt vor, wenn im Erbfall ein Erbe aufgrund einer testamentarischen Verfügung einem Dritten (Vermächtnisnehmer) ein Nießbrauchsrecht einräumen muss. In diesem Fall hat der Erblasser seine Erben verpflichtet, dass eine andere Person die Erträge aus dem geerbten Kapitalvermögen erhält. Für diesen Vorfall hat die dritte Person – und nicht die Erben – den Ertrag steuerlich zu erfassen. Es gelten somit dieselben Regelungen wie beim Vorbehaltsnießbrauch.

- **Entgeltlicher Zuwendungsnießbrauch**: Der Kapitalinhaber bestellt einem oder mehreren Dritten entgeltlich einen Nießbrauch an seinem Kapital. Dabei stehen das Nießbrauchsrecht und der Wert der Gegenleistung in einem wirtschaftlichen Gleichgewicht. Das Entgelt für die Bestellung stellt für den Inhaber im Jahr des Zuflusses Einnahmen aus Kapitalvermögen dar. Anrechenbare KSt kommt beim Nießbrauchbesteller in Betracht, maximal in Höhe von 3/7 des Nießbrauchsentgelts. Eine Anrechnung kann aber grundsätzlich nur gewährt werden, wenn der Anspruch spätestens im Jahr nach dem Zufluss des Entgelts für den Nießbrauch fällig wird, § 36 Abs. 2 Nr. 3d EStG. Für den Nießbraucher stellen alle Kapitalerträge lediglich eine Einziehung von Forderungen dar, die nicht besteuert werden (BMF v. 23.11.1983, BStBl I, 508).
- **Unentgeltlicher Zuwendungsnießbrauch**: Der Kapitalinhaber bestellt einem oder mehreren Dritten, z.B. innerhalb der Familie, unentgeltlich einen Nießbrauch an seinem Kapital. Der Inhaber bzw. Nießbrauchbesteller erzielt Einnahmen aus Kapitalvermögen aus den Zinserträgen, auch wenn ihm die Erträge nicht zufließen (BFH v. 22.08.1990, BStBl II 1991, 38). Dies gilt auch für die anrechenbaren Steuern. Der Nießbrauch selbst ist ohne steuerliche Auswirkungen.

Grundsätzlich werden bürgerlich-rechtliche Gestaltungen zwischen nahen Angehörigen steuerrechtlich nur anerkannt, wenn sie klar vereinbart, ernsthaft gewollt und tatsächlich durchgeführt werden. Somit können aus einer Nießbrauchbestellung zugunsten naher Angehöriger steuerrechtliche Folgerungen nur dann gezogen werden, wenn

- ein bürgerlich-rechtlich wirksames Nießbrauchrecht begründet worden ist und
- die Beteiligten die zwischen ihnen getroffenen Vereinbarungen auch tatsächlich durchführen.

An der tatsächlichen Durchführung fehlt es, wenn äußerlich alles beim Alten bleibt und etwa nur die Erträge an den Nießbraucher abgeführt werden (BFH v. 11.03.1976 – IV R 119/72, BStBl II, 421, v. 11.03.1976 – VIII R 225/71, BStBl II, 613 und v. 13.05.1980 – VIII R 75/79, BStBl II 1981, 297). In jedem Falle scheidet eine Zurechnung von Einkünften für den Nießbraucher aus, wenn die bezogenen Erträge an den Besitzer weitergeleitet werden müssen, ohne dass dieser rechtlich in irgendeiner Weise auf die Verwaltung des Vermögens Einfluss nehmen kann (BFH v. 24.08.2005 – VIII B 4/02, BFH/NV 2006, 273).

Bestellen Eltern ihren minderjährigen Kindern einen Nießbrauch, können diese nur dann Einkünfte erzielen, wenn zu ihren Gunsten ein bürgerlich-rechtlich wirksames Nutzungsrecht begründet worden ist. Durch die Bestellung eines Nießbrauchs erlangt der Nießbraucher nicht lediglich einen rechtlichen Vorteil i.S.d. § 107 BGB. Wegen Verstoßes gegen § 181 BGB ist darum ein wirksames Nutzungsrecht nicht begründet worden, wenn Eltern ihren minderjährigen Kindern ohne Mitwirkung eines Pflegers den Nießbrauch eingeräumt haben (BFH v. 13.05.1980 – VIII R 75/79, BStBl II 1981, 297).

Daher ist auch in den Fällen des Bruttonießbrauchs die Mitwirkung eines Ergänzungspflegers erforderlich. Die Anordnung einer Ergänzungspflegschaft ist nur für die Bestellung, nicht für die Dauer des Nießbrauchs erforderlich. Die Bestellung des Nießbrauchs ohne Mitwirkung eines Ergänzungspflegers ist in diesen Fällen jedoch einkommensteuerrechtlich anzuerkennen, wenn das Vormundschaftsgericht die Mitwirkung eines Ergänzungspflegers für entbehrlich gehalten hat (BMF v. 09.02.2001 – IV C 3 – S 2253 – 18/01, BStBl I, 171).

Notar-Anderkonten

Das sind Konten, auf denen der Notar Gelder seiner Mandanten verwahrt, wie etwa den hinterlegten Kaufpreis bei einem Grundstückserwerb. Die Erträge dieser Konten sind den einzelnen Mandanten zuzurechnen und unterliegen dem Zinsabschlag. Die Bank stellt eine Steuerbescheinigung auf den Namen des Notars als Kontoinhaber aus und vermerkt das Anderkonto. Der Notar leitet die Bescheinigung an die Berechtigten weiter, die sie beim Finanzamt vorlegen können.

Ökofonds

Diese Investmentfonds investieren vorwiegend in Unternehmen, die auf den Zukunftsthemen Alternative Energien, Umweltschutz und Wasser aktiv sind. Dabei stammen die Gesellschaften auch aus Schwellenländern, so dass Fremdwährungsrisiken bestehen. Die Manager versuchen, Marktentwicklungen, Umweltneuerungen, Wirtschafts- und Marktrends sowie neue Umweltgesetze zu nutzen, um Erträge zu erzielen. Dabei ist das gute Gewissen bei deutschen Anlegern auf dem Vormarsch, das von Ökofonds verwaltete Vermögen hat sich innerhalb von drei Jahren auf 12,4 Mrd. € mehr als verdoppelt. Siehe auch → *Nachhaltigkeitsfonds.*

Ombudsmann

Gibt es Unstimmigkeiten mit der Bank, ist nicht immer direkt der Gang vor Gericht notwendig. Hier kommt der Ombudsmann als unabhängiger und neutraler Schlichter zwischen Kreditinstituten und deren Privatkunden ins Spiel. Das Ombudsmannverfahren gilt für private Banken und private Hypothekenbanken. Sparkassen, Volks- und Raiffeisenbanken sind nicht angeschlossen, bieten aber eigene Beschwerdestellen. Jeder Privatkunde kann sich an den Ombudsmann wenden. Bei grenzüberschreitenden Vorgängen steht der Ombudsmann auch Gewerbetreibenden zur Verfügung. Der Ombudsmann ist für den Kunden kostenlos; er hat nur seine eigenen Kosten wie Porto und Telefon zu tragen.

Wenn ein Kunde meint, durch das Verhalten seiner Bank einen Nachteil erlitten zu haben, kann er den streitigen Vorgang dem Ombudsmann vorlegen. Er wird jedoch nicht tätig, wenn sich bereits ein Gericht mit dem Vorgang beschäftigt, wenn der Beschwerdeführer die Staatsanwaltschaft eingeschaltet hat oder wenn der Anspruch bereits verjährt ist. Der Kunde schreibt an die entsprechende Kundenbeschwerdestelle und schildert den Sachverhalt. Hält die Beschwerdestelle die Eingabe für unzulässig, legt sie diese dem Ombudsmann zur Entscheidung über die Zulässigkeit vor. Ansonsten wird eine Stellungnahme der zuständigen Bank eingeholt. Bereinigt die betroffene Bank den Vorgang nicht, wird der Fall dem Ombudsmann vorgelegt. Dieser entscheidet dann in einem schriftlichen Verfahren. Sofern der Streitwert nicht über 5.000 € liegt, ist der Spruch bindend für die Bank. Der Kunde kann sein Anliegen auf jeden Fall gerichtlich weiterverfolgen, die Bank nur bei höherem Streitwert. Auch in Österreich und der Schweiz gibt es vergleichbare Stellen, an die sich deutsche Anleger wenden können.

Angaben im Überblick

Beschwerde-Schlichtungsstelle	Telefon	Internet: www
Beschwerdestelle Bundesverband deutscher Banken	030 16630	bankenombudsmann.de
Beschwerdestelle Genossenschaftliche Banken	030 20210	bvr.de
Bundesverband Öffentlicher Banken Deutschlands (etwa Sparkassen), Kundenbeschwerdestelle	030 81920	voeb.de
Schweizerischer Bankenombudsmann	+41 432661414	bankingombudsmann.ch
Schlichtungsstelle Österreichische Kreditwirtschaft	+43 15054298	bankenschlichtung.at

Optionsanleihen

Feste und garantierte Zinsen über die gesamte Laufzeit, eine Rückzahlung des Nennwerts und darüber hinaus die Möglichkeit, Aktien zu einem bei Ausgabe bereits festgelegten Kurs erwerben zu können: Dies ist der Charme von Optionsanleihen, zumal der Anleger diese Bezugsmöglichkeit nicht ausüben muss. Optionsanleihen sind festverzinsliche Wertpapiere mit einem festem Rückzahlungstermin, die von Aktiengesellschaften herausgegeben werden, um sich am Kapitalmarkt Geld von Anlegern zu beschaffen. Bei der Emission ergeben sich folgende Varianten:

- **Niedrige Verzinsung:** Die Verzinsung dieser festverzinslichen Anleihen liegt deutlich unter dem Zinssatz, den die Firma für ein herkömmliches Darlehen aufbringen müsste, teilweise erfolgt keine Verzinsung. Dafür wird die Anleihe ohne Agio ausgegeben, es handelt sich um ein (im Zinsabschlag enthaltenes) verdecktes Aufgeld.
- Es erfolgt eine **marktgerechte Verzinsung**. In diesem Fall wird ein offenes Aufgeld auf den Nominalwert verlangt. (z.B. Ausgabe zu 130 %, Verzinsung zu marktgerechten 5,5 %, allerdings bezogen auf den Nennwert von 100 %).
- **Kombination**. Die Ausgabe erfolgt über pari und mit niedrigem Zinssatz, also etwa zu 110 % und einer Verzinsung von 2 %. Diese Variante kombiniert also das offene mit dem verdeckten Aufgeld, ist aber eher die Ausnahme.

Angesichts solcher Ausstattungen würde niemand solche Anleihen erwerben, da herkömmliche Bonds mit besseren und marktkonformen Zinskupons ausgestattet sind. Daher haben diese Papiere einen zusätzlichen Bonus. Die Emittenten geben dem Anleger die Möglichkeit, über der Anleihe beigefügte Optionsscheine zusätzlich Aktien der Firma zu einem festgelegten Bezugskurs erwerben zu können – und das unabhängig vom späteren Börsenkurs bei Ausübung. Neben dem Recht auf den Aktienerwerb kann die Option auch im Erwerb von weiteren Anleihen oder Genuss-Scheinen bestehen. Dieses Zusatzrecht bezahlen Anleger durch das Aufgeld, das entweder verdeckt (Ausgabekurs = Nennwert, niedrige Verzinsung) oder offen (Agio auf den Nennwert) ausgewiesen wird. Der Besitzer erwartet also nicht nur eine feste Verzinsung, sondern auch eine Steigerung des Aktienkurses über den festgelegten Bezugswert.

Anlage-Hinweis

Den Anspruch auf den Bezug von Aktien gibt es auch bei anderen Anleiheformen. Entscheidender Unterschied: Die Möglichkeit zum Aktienbezug läuft bei Optionsanleihen separat, der Nennwert wird auch bei Ausübung gezahlt.

- Bei der Wandelanleihe darf der Anleger den Nennwert in Aktien wandeln. Die Anleihe erlischt in diesem Moment.
- Bei der Umtauschanleihe hat der Besitzer die Möglichkeit, Aktien eines anderen Unternehmens statt des Emittenten zu beziehen.
- Bei der Aktienanleihe darf der Emittent statt dem Anleger wählen, ob er Aktien oder den Nennwert zurückzahlt.

Der Ersterwerber kann eine Optionsanleihe bei der Emission nur gemeinsam mit dem Bezugsrecht erwerben. Dabei sind Anleihe und Optionsschein zwei eigenständige Wertpapiere, die zusätzlich losgelöst voneinander an der Börse gehandelt werden können. Dabei können einer Anleihe auch mehrere Optionsscheine beigefügt sein. Der Anleger kann – muss aber nicht – die Scheine trennen, wandeln, verkaufen oder bei der Anleihe belassen. Die Laufzeit der Option kann kürzer sein als die der Anleihe. Aus dieser Wahlmöglichkeit des Anlegers ergeben sich nach der Emission drei Arten, die Bestandteile der Optionsanleihe über die Börse zu erwerben und zu verkaufen:

- Anleihen ohne Optionsschein (ex warrant oder „o.O."),
- Anleihen mit Schein (cum warrant), sowie
- der abgetrennte Optionsschein (naked warrant).

Die laufenden Zinsen stellen Kapitaleinnahmen i.S.d. § 20 Abs. 1 Nr. 7 EStG dar. Sie unterliegen dem Zinsabschlag und nicht wie bei Wandelanleihen der Kapitalertragsteuer. Die steuerliche Einordnung der übrigen Komponenten wie Einlösung der Anleihe und Verkauf der Option ergeben sich anhand von Urteilen. Entscheidend ist die Frage, ob es sich bei der Anleihe um ein abgezinstes Papier handelt, Kursgewinne also stets als Einnahme gewertet werden müssen. Hinsichtlich der übrigen Besteuerungsgrundlagen gibt das BFH-Urteil vom 16.05.2001 (I R 102/00, BStBl II, 710) die Richtung vor, was durch ein weiteres Urteil vom 01.07.2003 (VIII R 9/02, BStBl II, 883) bestätigt wird.

Danach ist der Kaufpreis nicht in jedem Fall in Anteile für Anleihe und Option aufzuteilen. Vielmehr muss ein Blick in den Emissionsprospekt geworfen werden. Danach ist eine minderverzinste Optionsanleihe nur dann ein abgezinstes Wertpapier, wenn in den Anleihebedingungen keine Regelung enthalten ist, die darauf schließen lässt, dass der Ausgabepreis ausschließlich für die Anleihe aufzuwenden ist (H 20.2 EStH). Damit gibt der Prospekt das Entscheidungskriterium vor. Damit sind nun zwei Varianten möglich:

1. Der Prospekt gibt keine eindeutigen Hinweise: Dann handelt es sich um ein Abzinsungspapier, der Kaufpreis entfällt auf beide Wertpapiere.
2. Laut Prospekt entfällt der Preis ausschließlich auf die Anleihe. Die gilt dann als herkömmliches festverzinsliches Papier, die Option bekommt der Anleger gratis als Zinsersatz dazu.

In beiden Fällen ist der Kaufpreis der Anleihe aufzuteilen. Bei der 2. Variante handelt es sich bereits bei Emission um Kapitaleinnahmen, bei Variante 1 erst bei Fälligkeit oder vorzeitigem Verkauf.

Beispiel

Kauf einer Optionsanleihe 2004 zu	10.000 €	
Auf die Anleihe entfallen	80 %	
Rückzahlung bei Fälligkeit 2014	10.000 €	
Angaben im Prospekt	Nur für Anleihe	Keine Angaben
Kapitaleinnahme in 2004	2.000 €	0 €
Gewinn aus der Rückzahlung 2014		2.000 €

Ergebnis: Die Höhe der Einnahmen ist in beiden Fällen gleich, lediglich der Besteuerungszeitpunkt differiert.

Diese unterschiedliche Behandlung hat auch Auswirkungen auf die Erwerber, die eine Optionsanleihe ohne Schein über die Börse erwerben. Beim Kauf eines abgezinsten Wertpapiers haben sie sämtliche Kurserträge als Kapitaleinnahmen zu versteuern. Entfällt hingegen der gesamte Emissionspreis auf die Anleihe, sind Kursgewinne nur im Rahmen eines Spekulationsgeschäfts steuerpflichtig, selbst wenn die Anleihe deutlich unter pari erworben wurde. Denn maßgebend für die Einstufung als Disagiopapier ist lediglich der Abschlag bei Emission.

Übt der Inhaber des Optionsscheins das Optionsrecht aus, so schafft er nach dem BMF-Schreiben vom 25.10.2004 (IV C 3 – S 2256 – 238/04, BStBl I, 1034) im Zeitpunkt der Ausübung den Basiswert an. Der Kaufpreis und die Anschaffungsnebenkosten des Optionsscheins gehören zu den Anschaffungskosten des Basiswerts (vgl. Rdnr. 15 des BMF-Schreibens v. 27.11.2001, BStBl I, 986).

Wurde der Optionsschein zusammen mit der Anleihe erworben, sind die Anschaffungskosten der Optionsanleihe aufzuteilen in Anschaffungskosten für Anleihe und Optionsrecht. Die Aufteilung der Anschaffungskosten der Optionsanleihe richtet sich beim Ersterwerb nach den Angaben im Emissionsprospekt, soweit dort ein gesondertes Aufgeld für das Optionsrecht ausgewiesen und die Anleihe mit einer marktgerechten Verzinsung ausgestattet ist.

In anderen Fällen kann der Steuerpflichtige die Anschaffungskosten der Anleihe unter Zugrundelegung der Emissionsrendite oder der Rendite einer vergleichbaren Anleihe ohne Optionsrecht ermitteln. Werden die Anschaffungskosten weder nachgewiesen noch berechnet, ist eine Aufteilung der einheitlichen Anschaffungskosten nach dem Verhältnis der Börsenkurse vorzunehmen, die für die Anleihe ohne Optionsschein und den Optionsschein im Zeitpunkt des Erwerbs gelten.

- Wird die Anleihe cum veräußert, handelt es sich rechtlich um den Verkauf von zwei Wertpapieren. Die Option kann lediglich im Rahmen des § 23 EStG erfasst werden. Maßgebender Anschaffungspreis ist der bei Emission auf diesen Teil entfallende Preis, der sich aus der Formel oder einem offen ausgewiesenen Agio ergibt. Bei der Anleihe ist zu unterscheiden, ob es sich um ein abgezinstes Papier handelt oder nicht. Bei der Abzinsungsvariante kommt es in Höhe der Kursdifferenz zu Kapitaleinnahmen i.S.d. § 20 Abs. 2 Nr. 4a EStG. Wurde das Aufgeld offen ausgewiesen oder geben die Emissionsbedingungen einen ausschließlichen Kaufpreis für die Anleihe, handelt es sich nicht um Kapitaleinnahmen. Lediglich ein privates Veräußerungsgeschäft binnen Jahresfrist kann vorkommen.

- Beim Verkauf der Anleihe ex handelt es sich stets um Kapitaleinnahmen i.S.d. § 20 Abs. 2 Nr. 4a EStG. Die Höhe kann nach der Emissions- oder der Marktrendite ermittelt werden.
- Wird die Option hingegen ausgeübt, ist der Vorgang erst einmal steuerlich unerheblich. Für die ins Depot gebuchten Aktien beginnt allerdings eine neue, einjährige Spekulationsfrist. Maßgeblicher Anschaffungspreis sind die Bezugskosten der Aktie zuzüglich dem Wert der Option.
- Verfällt die Option wertlos, handelt es sich um einen nicht steuerbaren Vorgang auf der Vermögensebene.
- Der zwischenzeitliche Erwerb und die Einlösung der Anleihe durch einen Zweiterwerber wird nach den steuerlichen Kriterien behandelt, die sich für herkömmliche Anleihearten ergeben. Bei niedrig verzinsten Anleihen erfolgt die Besteuerung nach den Vorschriften für auf-/abgezinste Anleihen. Handelt es sich um eine marktübliche Verzinsung, können Gewinne nur im Rahmen des § 23 EStG anfallen, wenn zwischen Erwerb und Einlösung nicht mehr als ein Jahr liegt.

Fazit: Optionsanleihen mit und ohne Schein bieten auf konservative Art die Möglichkeit, eine Zusatzrendite zu vereinnahmen. Der deutsche Kurszettel bietet allerdings keine allzu große Auswahl an Papieren und die Umsätze sind hier auch nicht sehr hoch.

Optionsprämie

Die beim Kauf einer Option gezahlte Prämie stellt Anschaffungsnebenkosten eines Calls dar, bei einem Put ist sie unbeachtlich. Wird die Option veräußert, liegen sonstige Einkünfte gem. § 22 Nr. 3 EStG vor. Die anschließend im Rahmen eines Glattstellungsgeschäfts gezahlte Prämie darf als Werbungskosten bei den sonstigen Einkünften verrechnet werden (BFH v. 29.06.2004 – IX R 26/03, BStBl II, 995).

Optionsscheine

Mit kleinen Einsätzen hohe Gewinne einfahren. Diese lukrative Aussicht bieten Optionsscheine. Dieses Ergebnis tritt aber nur ein, wenn der Käufer die Kursentwicklung bestimmter Wertpapiere, Indizes oder Rohstoffe richtig voraussieht. Denn geht die Spekulation daneben, können Anleger mit Optionsscheinen auch einen Totalverlust erleiden. Mehr als der eingesetzte Kaufpreis steht allerdings nicht auf dem Spiel, eine Nachschusspflicht ist nicht vorgesehen. Doch nicht nur die Spekulation auf die Zukunft ist möglich. Auch die Absicherung eines Wertpapierdepots kann über Optionsscheine erfolgen. Denn mit ihnen kann man nicht nur auf steigende, sondern auf fallende Märkte setzen.

Diese Wertpapiere, auch Warrants genannt, gehören zu den derivativen Finanzinstrumenten. Sie verbriefen gegen Zahlung einer Prämie das Recht – aber nicht die Pflicht –, eine bestimmte Menge eines vorher festgelegten Basiswerts zu kaufen (Call-Optionsschein) oder zu verkaufen (Put-Optionsschein). Als Basiswerte kommen insbesondere Aktien, Anleihen, Zinsen, Währungen, Rohstoffe, Indizes oder sonstige Baskets in Frage. Optionsscheine eröffnen die Möglichkeit, mit geringem Kapitaleinsatz von unterschiedlichen Marktentwicklungen zu profitieren. Sie verschaffen ein theoretisch unbegrenztes Gewinnpotential bei gleichzeitiger Begrenzung des Risikos auf den eigenen Kapitaleinsatz. Als Absicherungsinstrument eingesetzt begrenzen sie das einem Portfolio innewohnende Risiko, ohne dass auf Gewinnchancen verzichtet werden muss.

Anlage-Hinweis

Grundsätzlich ist der Kauf eines Optionsscheins nur dann sinnvoll, wenn Anleger mit einer erheblichen Kursbewegung des Basiswerts nach oben oder unten innerhalb der Laufzeit rechnen. Gehen sie hingegen lediglich von einer Seitwärtsbewegung aus, werden fast ausschließlich negative Ergebnisse erzielt. Für dieses Szenario sind eher Discount-Zertifikate oder Aktienanleihen geeignet.

Man unterscheidet zwei Typen von Optionsscheinen:

- Der **Call**-Optionsschein (Kaufoption). Der Käufer dieses Optionsscheins hat das Recht, den Basiswert innerhalb eines bestimmten Zeitraums zu einem vorher festgelegten Preis zu kaufen. Der Inhaber eines Call-Scheins profitiert von steigenden Kursen des Basiswerts. Fällt der Basiswert wider Erwarten, verliert der Optionsschein an Wert.
- Der **Put**-Optionsschein (Verkaufsoption). Der Käufer dieses Optionsscheins hat das Recht, den Basiswert innerhalb eines bestimmten Zeitraums zu einem vorher festgelegten Preis zu verkaufen. Der Inhaber eines Put-Scheins profitiert von fallenden Kursen des Basiswerts. Steigt hingegen der Basiswert wider Erwarten, verliert der Optionsschein an Wert.

Käufer von Call und Put haben unterschiedliche Erwartungen hinsichtlich der Preisentwicklung des Basiswertes und setzen vor allem darauf, dass sich der Basiswert in eine bestimmte Richtung entwickelt. Haben Sie die Entwicklung richtig eingeschätzt, so wird das Investment profitabel sein. Im gegenteiligen Fall wird es dagegen an Wert verlieren, was im Einzelfall den Verlust der eingesetzten Optionsprämien bedeuten kann.

Für die Kursfeststellung der Optionsscheine sorgt neben dem Verhältnis von Angebot und Nachfrage auch der Emittent als sogenannter Market Maker. Dieser kümmert sich während der Laufzeit der Scheine um einen funktionierenden Markt und stellt ständig verbindliche An- und Verkaufskurse, zu denen der Anleger die Warrants kaufen bzw. verkaufen kann. In dem Spread zwischen Geld- und Briefkurs liegt dann die Handelsspanne des Emissionshauses als Gebühr für die permanente Kursstellung.

Optionsscheine sind Spekulationspapiere, der aktuelle Kurs steht in enger Verbindung zur Kursnotierung des Basiswerts. Dabei ist allerdings der Preis des Optionsscheins im Verhältnis zu dem des Basiswerts i.d.R. geringer. Jede Preisveränderung beim Basiswert löst meist eine prozentual stärkere Veränderung im Preis des Optionsscheins aus. Durch diese Hebelwirkung (Leverage-Effekt) partizipiert ein Optionsscheininhaber überproportional an Kursgewinnen des Basiswerts und leidet entsprechend auch an Kursverlusten. Umgekehrt verhält es sich bei Put-Scheinen, hier erzielt der Optionsscheininhaber überdurchschnittliche Gewinne bei Kursverlusten des Basiswerts. Insoweit kann der Anleger aufgrund seiner künftigen Kurserwartung für den Basiswert entweder Put-Scheine (Erwartung fallender Kurse) oder Call-Scheine (Erwartung steigender Preise) erwerben.

In den letzten Jahren werden Optionsscheine zunehmend von Kreditinstituten ausgegeben, die nicht wie bei den traditionellen Scheinen i.V.m. der Emission einer Optionsanleihe begeben werden und kein Recht auf Lieferung beinhalten. Vielmehr werden Naked Warrants oder Covered warrants ausgegeben, die sowohl als Call wie auch als Put ausgestattet sein können. Hierbei unterscheidet man zwischen den folgenden Arten:

- **Aktien**-Optionsscheine, die das Recht zum Kauf/Verkauf von Aktien bzw. zum Erhalt einer Ausgleichszahlung in bar bei Über-/Unterschreiten eines bestimmten Aktienkurses verbriefen. Der Besitzer von Aktien-Optionsscheinen ist von der Kursentwicklung der zugrundeliegenden Aktie abhängig.
- **Zins**-Optionsscheine, die das Recht zum Kauf/Verkauf von Anleihen bzw. zum Erhalt einer Ausgleichszahlung in bar bei Über-/Unterschreiten eines bestimmten Anleihekurses verbriefen. Der Besitzer von Zins-Optionsscheinen ist von der Kursentwicklung der zugrundeliegenden Anleihe abhängig, die im Wesentlichen vom allgemeinen Zinsniveau gesteuert wird. Inhaber von Call-Optionsscheinen profitieren dabei von sinkenden Zinsen (= steigende Anleihekurse) und umgekehrt.
- **Währungs**-Optionsscheine, die das Recht zum Kauf oder Verkauf eines bestimmten Betrags einer definierten Währung bzw. zum Erhalt einer Ausgleichszahlung in bar bei Über- oder Unterschreiten eines bestimmten Währungskurses verbriefen. Der Besitzer von Währungs-Optionsscheinen ist von der Wechselkursentwicklung der zugrundeliegenden Währung abhängig. Inhaber von Call-Optionsscheinen profitieren dabei von steigenden Wechselkursen und umgekehrt.
- **Rohstoff**-Optionsscheine, die das Recht zum Erhalt einer Ausgleichszahlung in bar bei Über-/Unterschreiten eines bestimmten Rohstoffpreises verbriefen. Der Besitzer dieses Optionsscheins ist von der Kursentwicklung des zugrundeliegenden Rohstoffs (meist Edelmetalle oder Öl) abhängig. Inhaber von Call-Optionsscheinen profitieren dabei von steigenden Kursen und umgekehrt.
- **Index**-Optionsscheine, die das Recht zum Erhalt einer Ausgleichszahlung in bar bei Über-/Unterschreiten eines bestimmten Indexstands verbriefen. Der Besitzer dieses Optionsscheins ist von der Kursentwicklung des zugrundeliegenden Index (meist Aktien- oder Rentenindex) abhängig. Inhaber von Call-Optionsscheinen profitieren dabei von steigenden Kursen (Indexständen) und umgekehrt.
- **Basket**-Optionsscheine, die den Inhaber zum Kauf/Verkauf eines genau definierten Korbs von Basiswerten berechtigen. Der Korb (basket) besteht meistens aus Aktien verschiedener Unternehmen einer Branche eines oder mehrerer Länder.
- **Warrant**-Optionsscheine, die zum Bezug von anderen Optionsscheinen berechtigen. Durch die doppelt vorhandene Hebelwirkung werden sie Turbo genannt.

Anlage-Hinweis

Geschäfte mit Optionsscheinen werden als Börsentermingeschäfte qualifiziert. Der private Anleger muss hierzu börsentermingeschäftsfähig sein (§ 53 Abs. 2 Börsengesetz). Dazu muss sich der Einzelne ausreichend über das gesamte Thema informieren und der Bank ein Merkblatt „Wichtige Informationen über die Verlustrisiken bei Börsentermingeschäften" unterzeichnen.

Optionsscheine bieten sich für denjenigen Anleger an, dem die Aktienanlage nicht spekulativ genug ist. Sie können aber auch zur Kursabsicherung verwendet werden. Sie sind an den Finanzmärkten stark im Kommen, der Kurszettel wird täglich dank der Emissionsfreude der Kreditinstitute größer. Mit Optionsscheinen lassen sich enorme Gewinnchancen realisieren, aber auch Verluste bis hin zum Totalverlust sind immer wieder möglich. Ein Spieler arbeitet immer gegen den Anleger: die Zeit!

Beispiel

Anleger A investiert insgesamt 10.000 € und kauft 50 XY-Aktien zu je 200 €, bzw. alternativ 250 XY-Optionsscheine zu je 40 €.

- **Der Aktienkurs steigt stark an und notiert nach zwei Jahren bei 300 €:** Der Anleger erzielt durch die Aktieninvestition einen Gewinn von (50 x 100) 5.000 € oder 50 %. Der rechnerische Kurs des Optionsscheins beträgt (300 – 180) 120 €, der Gewinn beträgt somit (250 x 80) 20.000 € oder 200 %. (In der Praxis kann der Kurs und somit der Gewinn noch höher liegen, da der Optionsscheinkurs in einem solchen Fall deutlich über dem inneren, rechnerischen Wert liegt.)
- **Der Aktienkurs fällt stark ab und notiert nach zwei Jahren bei 100 €:** Der Anleger erzielt durch die Aktien einen Verlust von (50 x 100) 5.000 € oder – 50 %. Der Kurs des Optionsscheins ist wertlos und wird sich in der Praxis unter 1 € bewegen. Der Verlust beträgt somit 10.000 € oder 100 %. Die Aktie kann vom Anleger weiter behalten werden und er kann auf künftig wieder anziehende Kurse hoffen. Der Optionsschein wird wertlos bleiben, der Zeitablauf rückt immer näher bzw. steht unmittelbar bevor.
- **Der Aktienkurs bewegt sich kaum und notiert nach zwei Jahren bei 198 €:** Bei der Aktieninvestition wird aufgrund von zwei möglichen Dividendenzahlungen vielleicht ein kleiner Gewinn anfallen, der Optionsschein wird bei 18 € notieren, rein rechnerisch ein mittlerer Verlust von (250 x 22) 5.500 € oder 55 %.

Dieses vereinfachte Beispiel zeigt gleichzeitig die Chancen und Risiken mit Optionsscheinen auf. Man nennt das die sogenannte Hebelwirkung. Je nach Konstellation kann der Hebel noch extremer sein, beispielsweise wenn der Bezugswert unter dem aktuellen Kurswert liegt. Die Dynamik entwickelt sich dann überproportional bei positivem Kursverlauf. Allerdings sind die Chancen auf den Eintritt des Ereignisses deutlich geringer, die Wahrscheinlichkeit eines Totalverlusts ist ungleich höher.

Zwei entscheidende **Nachteile** beinhaltet der Optionsschein.

- Es werden keine Dividenden gezahlt.
- Die Laufzeit ist begrenzt.

Die Zeit arbeitet täglich gegen den Anleger. Während man bei Kursverlusten getrost über Jahre hinweg auf der Aktie sitzen bleiben kann, Dividenden kassiert und von besseren Zeiten überzeugt ist, hat man beim Optionsschein keine Wahl. Selbst bei einer erstklassigen Aktie mit ausgezeichneten Zukunftschancen ist am Laufzeitende Schluss und ein möglicher Verlust unwiderruflich. Optionsscheine sind nichts für langfristig orientierte Anleger, sondern eignen sich für kurzfristige Spekulationen. Optionsscheine können aber auch dazu verwendet werden, lediglich auf Kursbewegungen zu setzen, unabhängig von der Richtung.

Beispiel

A weiß nicht, in welche Richtung sich der DAX von seinem aktuellen Stand i.H.v. 4.000 Punkten zukünftig bewegen wird. Er erwirbt jeweils die gleiche Anzahl von Call- und Put-Scheinen, die jeweils ein Anrecht auf 1/10 der Differenz von 4.000 DAX-Punkten garantieren und beide je 2 € kosten, also mit Aufgeld gehandelt werden. Steigt der DAX, gewinnt der Call, und der Put wird wertlos. Sofern aber der DAX fällt, gewinnt der Put, und der Call wird wertlos. Dabei kann ein Anleger Gewinne aber nur dann einfahren, wenn der DAX stark schwankt, sich also eindeutig in die eine oder andere Richtung bewegt.

DAX-Stand	Call-Kurs	Put-Kurs	Gesamtgewinn
3.800 ± 200	0,00	20,00	16,00
3.850 ± 150	0,00	15,00	11,00
3.900 ± 100	0,00	10,00	6,00
3.950 ± 50	0,00	5,00	1,00
3.985 ± 15	0,00	1,50	– 2,50
4.000 ± 0	0,00	0,00	– 4,00
4.015 ± 15	1,50	0,00	– 2,50
4.050 ± 50	5,00	0,00	1,00
4.100 ± 100	10,00	0,00	6,00
4.150 ± 150	15,00	0,00	11,00
4.500 ± 500	50,00	0,00	46,00

Ergebnis: Ein Verlust fällt nur an, wenn der sich der DAX innerhalb der Laufzeit zwischen 3.960 und 4.040 Punkten bewegt, also in einer engen Bandbreite. Die Gewinnwahrscheinlichkeit ist somit hoch. Das Verlustrisiko ist auf 100 % beschränkt, der Gewinn unbegrenzt denkbar.

Steuerlich sind bei Optionsscheinen verschiedene Vorgänge möglich (BMF v. 27.11.2001 – IV C 3 – S 2256 – 265/01, BStBl I, 986):

- Erfolgt eine Veräußerung des Optionsscheins innerhalb von zwölf Monaten nach dem Kauf über die Börse, handelt es sich um ein privates Veräußerungsgeschäft i.S.d. § 23 Abs. 1 Nr. 2 EStG.
- Wird der Optionsschein durch Ausgleich über Cash-Settlement ausgeübt (z.B. bei Index- oder Zins-OS), handelt es sich um ein steuerbares Differenzgeschäft nach § 23 Abs. 1 Nr. 4 EStG.
- Wird der Optionsschein innerhalb von zwölf Monaten ausgeübt, indem der zugrundeliegende Basiswert (z.B. eine Aktie) zum Bezugskurs erworben wird, bleibt das Geschäft auf den Optionsschein in allen Fällen steuerfrei. Denn die Ausübung stellt einen steuerlich unbeachtlichen Vorgang auf der privaten Vermögensebene dar.
- Werden die über den Optionsschein erworbenen Wertpapiere innerhalb von zwölf Monaten nach dem Zeitpunkt der Ausübung wieder veräußert, liegt ein steuerpflichtiges Veräußerungsgeschäft auf das Wertpapier vor. Der gezahlte Optionsscheinpreis, die Spesen sowie der Bezugskurs (Ausübungspreis) sind als Anschaffungskosten zu berücksichtigen, d.h. sie mindern als Werbungskosten gem. § 23 Abs. 4 EStG den Veräußerungsgewinn.
- Werden die über den OS erworbenen Wertpapiere in einem längeren Zeitraum als zwölf Monate nach der Ausübung veräußert, ergibt sich kein steuerpflichtiger Vorgang.
- Veräußerung außerhalb des Spekulationszeitraums: Wird der Schein nach Ablauf der Zwölf-Monatsfrist veräußert, ist der Gewinn mit dem Optionsschein in allen Fällen steuerfrei. Bei Ausübung des Rechts durch Lieferung des Basiswerts beginnt für die spätere Veräußerung eine neue Frist. Wird der Schein mit Verlust veräußert, so kann der Verlust

steuerlich nicht berücksichtigt werden; insbesondere eine Verrechnung mit Gewinnen ist nicht möglich.

- Bietet der Emittent Sonderkonditionen wie eine Mindestrückzahlung, handelt es sich um Finanzinnovationen. Dann unterliegt der Verkauf der Besteuerung nach § 20 EStG.
- Wird der Optionsschein vom Anleger wertlos verfallen gelassen, akzeptiert die Finanzverwaltung mangels Verkauf keinen privaten Veräußerungsverlust nach § 23 EStG, sondern sieht einen nichtsteuerbaren Vorgang auf der Vermögensebene. Daher gilt hier der allgemeine Rat, das Wertpapier unmittelbar vor Fälligkeit noch für ein paar Cent über die Börse zu verkaufen.

Steuer-Hinweis

Zwei FG (Rheinland-Pfalz v. 19.05.2005 – 4 K 1678/02, EFG 2005, 1701 sowie Baden-Württemberg v. 05.05.2003 – 14 K 190/02, EFG 2004, 907) widersprechen der bisherigen Verwaltungsauffassung. Durch den eingefügten § 23 Abs. 1 Satz 1 Nr. 4 EStG zählen Optionsscheine zu den Termingeschäften. Somit ist nicht eine Veräußerung der maßgebende Faktor für die Vollendung des steuerlich relevanten Vorgangs, sondern die Beendigung des Rechts. In beiden Urteilen war diese Sichtweise jedoch nicht relevant, da es sich noch um Anschaffungsvorgänge aus dem Jahr 1998 gehandelt hatte.

Das FG Münster (v. 07.12.2005 – 10 K 5715/04 F, EFG 2006, 669, Revision unter IX R 11/06) kommt für das Jahr 2000 und somit bei Anwendung der geänderten Rechtslage zu einem vergleichbaren Ergebnis. Der Verfall eines Optionsrechts stellt ein privates Veräußerungsgeschäft dar, weil das Gesetz auf die Beendigung des Rechts abstellt. Diese Voraussetzung kann mittels Barausgleich, Ausübung oder eben einen Verfall durch Zeitablauf erfolgen. Bei Termingeschäften kommt es im Gegensatz zu Wertpapieren nicht auf die Veräußerung, sondern nur auf die Beendigung an. Erzielt ein Anleger im Laufe eines Jahres mit Optionen Gewinne und auch Verluste durch Verfall, bemisst sich die steuerliche Leistungsfähigkeit nur aus dem Saldo sämtlicher Geschäfte. Rechtssicherer ist allerdings weiterhin, die nahezu wertlosen Scheine binnen Jahresfrist mit Verlust über die Börse zu verkaufen. Dabei sollte allerdings der Verkaufserlös zumindest die Transaktionskosten überschreiten, um einen Gestaltungsmissbrauch auszuschließen.

Fazit: Für die spekulative Geldanlage sind Optionsscheine erste Wahl. Durch diese Papiere kann einfach, kostengünstig und transparent auf eine Vielzahl von börsenrelevanten Kursen gesetzt werden – und dies auf dem Weg nach oben oder nach unten. Sie sind für Privatanleger meist die bessere Wahl als die Spekulation über Optionen oder Futures am Terminmarkt. Durch das breite Angebot von Emittenten werden stets marktgerechte Börsenkurse gestellt.

Outperformance-Zertifikate

Wer mit Aktien hohe Gewinne erzielen möchte, muss normalerweise zu spekulativen Titeln greifen. Solche Aktien sind aber neben ihren überdurchschnittlichen Gewinnchancen auch mit entsprechend hohen Risiken behaftet. Outperformance-Zertifikate bieten für dieses Problem die passende Lösung. Die Zertifikate besitzen einen Basispreis und eine Partizipationsrate, die deutlich über eins – mitunter sogar in der Region von zwei – liegt. Dieser Faktor verstärkt am Laufzeitende die Gewinne oberhalb des Basispreises. Sollte der Basiswert bei Fälligkeit jedoch unter dem Basispreis notieren, erhält der Anleger einfach den zugrundeliegenden Titel. Das Risiko ist also auf das des Basiswerts beschränkt. Anleger setzen also auf eine massive Aufwärtsbewegung im Bezugswert und gehen hierbei das gleiche Risiko wie bei der Direktanlage ein. Die Funktionsweise im Überblick:

- Jedes Outperformance-Zertifikat bezieht sich auf einen Basiswert. Der Basispreis liegt bei der Emission meist exakt auf dem Niveau der zugrundeliegenden Aktie.
- Es gibt eine Partizipationsrate. Die legt fest, um welchen Faktor die Gewinne des Basiswerts oberhalb des Basispreises am Laufzeitende erhöht werden, beispielsweise um 150 %.
- Am Laufzeitende entscheidet sich der Erfolg. Notiert der Basiswert über dem Basispreis, erhält der Investor die Differenz zwischen dem aktuellen Kurs des Basiswerts und dem Basispreis, gewichtet mit der Partizipationsrate, zusammen mit dem Basispreis ausgezahlt. Notiert der Basiswert unter dem Basispreis, wird dem Investor als Rückzahlung des Zertifikats unter Berücksichtigung des Bezugsverhältnisses der Basiswert geliefert. Bei Indizes erfolgt eine Auszahlung des Kurswerts in bar.

Beispiel

Die Ausgabe des Zertifikats erfolgt zu 10 €. Die Aktie, auf die sich der Wert bezieht, kostet ebenso viel. Die Partizipationsrate beträgt 1,5 bei Aktienkursen oberhalb von 10 € bei Fälligkeit.

Aktie notiert bei	Anleger erhält
8	Aktie zu 8 €
14	16 € (14 – 10) x 1,5 +10
15	22,5 €
20	30 €

Ergebnis: Das Outperformance-Zertifikat bietet größere Chancen in der Gewinnzone ohne erhöhte Verlustrisiken.

Wie schnell ein Zertifikat dabei der Aktie davonläuft, entscheidet die Höhe der Partizipationsrate. Liegt sie beim Faktor 2, verdoppelt sich das Gewinnpotential, zumal es keine Obergrenze gibt. Von einem starken Aufwärtstrend des Basiswerts kann der Anleger somit komplett profitieren. In der Verlustzone unterhalb des Basispreises ist dagegen keine Hebelwirkung auf die Zertifikats-Performance vorhanden. Damit gibt es eigentlich keinen Grund, Aktien den Outperformance-Zertifikaten vorzuziehen. Doch der Emittent macht dieses Angebot nicht kostenlos. Er kassiert die von den Firmen während der Laufzeit ausgeschütteten Dividenden und finanziert hiermit den Extraertrag. Die Höhe der Partizipationsrate ist daher abhängig von der erwarteten Ausschüttung. Auf dividendenlose Aktien werden Anleger vergeblich Outperformance-Zertifikate finden.

Wer also kein Interesse an der Dividende hat, sondern überdurchschnittlich an Kursanstiegen profitieren möchte, liegt mit diesen Zertifikaten richtig. Ein weiterer Vorteil ist der Steueraspekt. Während die Ausschüttungen zur Hälfte steuerpflichtig sind, ist der überdurchschnittliche Kursgewinn nach einem Jahr steuerfrei. Denn Outperformance-Zertifikate gelten nicht als Finanzinnovation.

Beispiel
Ein Outperformance-Zertifikat wird zu 10 € emittiert. Die Aktie notiert auf dem gleichen Niveau, die Partizipationsrate liegt bei 1,5.

Kurs bei Fälligkeit (in €)	Wert Zertifikat (in €)	Ergebnis in %	Aktien-ertrag (in €)	Ergebnis in %	Vorteil Zertifikat in %
7	7	– 30	7	– 30	0
11	11,5	15	11	10	5
13	14,5	45	13	30	15
15	17,5	75	15	50	25
19	23,5	135	19	90	45
23	29,5	195	23	130	65
27	35,5	255	27	170	85
31	41,5	315	31	210	105
35	47,5	375	35	250	125

Bei Emission liegen Zertifikat- und Basispreis sowie der aktuelle Aktienkurs ungefähr auf einem Niveau. Damit bietet die Partizipationsrate die entscheidende Information, indem sie verrät, wie stark die Kursgewinne des Basiswerts oberhalb des Basispreises am Laufzeitende gehebelt werden. Derweil entsprechen die Risiken des Zertifikats denen des Basiswerts. Somit ist hier entscheidend:

- Die Laufzeit: Sie sollte dem Anlagehorizont angepasst sein, da die Hebelwirkung erst bei Fälligkeit greift.
- Die Partizipationsrate: Sie sollte so hoch sein, dass sich der Verzicht auf die Dividenden nach Steuern lohnt.
- Die Erwartung: Der Basiswert wird innerhalb der Laufzeit deutlich im Kurs zulegen. Ansonsten sind andere Zertifikate wie etwa die Bonus- oder Discount-Variante günstiger.
- Das Risiko: Das Verlustpotential ist mit dem der Aktie identisch. Wer lieber auf Sicherheit gehen will, sollte andere Produkte wählen.

Die Partizipationsrate baut sich nach und nach während der Laufzeit auf und kommt erst bei Fälligkeit vollständig zum Tragen. Während der Laufzeit ergibt sich die Preisbildung aber aus dem Zusammenspiel vom aktuellen Aktienkurs abzüglich der diskontierten, erwarteten Dividendenzahlungen während der Laufzeit und zuzüglich des Bruchteils von Calls zum aktuellen Preis. Letztlich ist eine Haltedauer bis zur Fälligkeit nötig, um das Chance/Risiko-Profil eines Outperformance-Zertifikats vollständig zu nutzen. Natürlich können die Papiere aber auch vorher jederzeit verkauft werden.

Steuerlich ergeben sich keine Unterschiede zu herkömmlichen → *Zertifikaten*. Da die Rückzahlung des investierten Vermögens ausschließlich vom ungewissen Ereignis der Wertentwicklung einer Aktie abhängt, handelt es sich nicht um Finanzinnovationen.

Beispiel

Kauf von 100 Outperformance-Zertifikaten auf eine Aktie zu je 25 €. Bei Fälligkeit nach acht Monaten gibt es 30 € in bar oder die Aktien, wenn der Kurs darunter liegt.

Kurs bei Fälligkeit beträgt	32 €	20 €
Anleger erhält	Bargeld	Aktien
Verkaufserlös	3.000 €	2.000 €
– Anschaffungskosten	– 2.500 €	– 2.500 €
– Bankspesen	– 100 €	– 100 €
Veräußerungserlös nach § 23 EStG	400 €	– 600 €

Steuer-Hinweis

Outperformance-Zertifikate werden im Rahmen der seit Juli 2005 geltenden EU-Zinsrichtlinie nicht erfasst. Die ausländischen Staaten behandeln auch diese Variante als Derivate und somit fallen keine Zinserträge an.

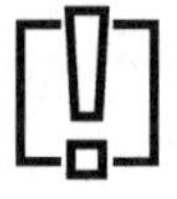

Fazit: Diese Unterform der Zertifikate eignet sich hervorragend für konservative Aktionäre, die statt einer Dividende lieber erhöhte und nach einem Jahr steuerfreie Kursgewinne einstreichen wollen. Allerdings müssen sie während der Laufzeit von einer positiven Kursentwicklung der Aktie ausgehen.

Partiarisches Darlehen

Verzinsliches Darlehen, dessen Zinshöhe auch vom Gewinn eines Unternehmens abhängig ist. Die Vereinbarungen sind in etwa vergleichbar mit einer stillen Gesellschaft. Beim partiarischen Darlehen steht jedoch die Kreditgewährung im Vordergrund. Die Zinsen stellen Einnahmen aus Kapitalvermögen dar (§ 20 Abs. 1 Nr. 4 EStG) und unterliegen dem 25%-igen Abzug von KapESt (§§ 43 Abs. 1 Nr. 3, 43a Abs. 1 Nr. 1 EStG). Dies gilt auch dann, wenn im Rahmen eines partiarischen Darlehens eine gewinnunabhängige Vergütung gezahlt wird.

Penny Stocks

Dies sind Aktien von jungen, kleinen Kapitalgesellschaften – vor allem in den USA und Kanada. Die Firmen haben noch keine Börsenzulassung, veräußern ihre Aktien daher außerhalb der Börse (OTC, over the counter). Ihr Kurswert liegt nicht über 5 US-$, und sie dürfen – im Gegensatz zu Aktien generell – nicht beliehen werden. Von vielen dubiosen Vertriebskanälen werden diese Aktien angeboten.

Pfandbriefe

Festverzinsliche Wertpapiere, die von Hypothekenbanken, öffentlich-rechtlichen Kreditinstituten und Schiffspfandbriefbanken ausgegeben werden. Sie bestehen bereits seit dem Jahre 1770 und dienen der Refinanzierung von Hypothekenkrediten im Wohnungsbau und werden im Grundbuch durch erstrangige Hypotheken und/oder Grundschulden gesichert. Ihre Laufzeiten betragen bis zu 25 Jahre, aufgrund der extrem hohen Absicherungen ist der Pfandbrief eine beliebte Kapitalanlage zum Aufbau einer Altersvorsorge. Für den privaten Anleger sollte daher der Pfandbrief zum Grundstock eines Rentendepots gehören.

Die Bonität von Pfandbriefen ist erstklassig, seit dem Jahre 1900 ist es nicht mehr zum Konkurs einer Hypothekenbank gekommen. Die dem Pfandbrief als Sicherheit zur Verfügung stehenden Immobilien dürfen nur bis zu 60 % des Beleihungswerts beliehen werden; Laufzeit der Hypothekenkredite und des Pfandbriefs müssen aufeinander abgestimmt sein. Sollte eine Hypothekenbank in Konkurs gehen, müssen die Ansprüche der Pfandbriefgläubiger vor denen aller anderen Gläubiger erfüllt werden.

Seit dem 19.07.2005 wirkt das Gesetz zur Neuordnung des Pfandbriefrechts. Danach können nunmehr auch Kreditinstitute solche konservativen Papiere ausgeben, die das Hypothekengeschäft nicht als Spezialbank betreiben. Für Anleger hat dies den Vorteil, dass sie künftig direkt oder über Fonds auf ein breiteres Angebot an Pfandbriefen zugreifen können und auch der Börsenhandel liquider wird. Pfandbriefe haben den Vorteil, dass sich im Vergleich zu Bundesanleihen kleine Zinsvorteile ohne ein höheres Risiko bieten.

Anlage-Hinweis

Marktbreit lässt sich auf Pfandbriefe über einen börsennotierten Fonds setzen, den eb rexx Jumbo Pfandbriefe. Das Vermögen deckt die 25 größten deutschen Jumbo-Papiere ab, deren Restlaufzeit von 1,5–10,5 Jahren reicht. Dies bietet für konservative Anleger eine Alternative, zumal auch die laufenden Gebühren im Vergleich zu herkömmlichen Rentenfonds gering sind.

Die soliden und leicht höher als Bundesanleihen verzinsten Pfandbriefe haben steuerlich keine Besonderheiten im Vergleich zu herkömmlichen → *Anleihen*. Kursgewinne bleiben nach einem Jahr steuerfrei, was in diesem Segment eine besondere Rolle spielt. Denn eine Reihe von Pfandbriefen notieren unter ihrem Nennwert.

Fazit: Pfandbriefe sind grundsolide und kommen neben Anleihen von Schuldnern mit bester Bonität für konservative Sparer mit langfristigem Horizont in Betracht.

Pflichtwandelanleihe

Es handelt sich um eine spezielle Form der herkömmlichen → *Wandelanleihe*, die an deutschen Börsen seltener anzutreffen ist. Hierbei hat der Anleger die Möglichkeit, den Nennwert der Anleihe während bestimmter Zeiträume oder zu fixen Terminen in Aktien des Schuldners zu tauschen. Diese Option wird er immer dann wahrnehmen, wenn der Aktienkurs entsprechend gestiegen ist und über dem Nennwert liegt. Im Gegensatz zur klassischen Wandelanleihe muss der Besitzer die Anleihe allerdings bei Fälligkeit zwingend in Aktien tauschen, er wird also Aktionär und bekommt sein Geld nicht zurück. Damit trägt er das Kursrisiko, dafür bietet der Emittent deutlich höhere Zinskupons.

Der Charme eines echten Wandlers geht allerdings verloren, da der Anleger Börsenabschwünge nicht einfach aussitzen kann. Daher ist dieses Papier eher mit einer → *Aktienanleihe* vergleichbar, hier trägt der Besitzer ebenfalls das Kursrisiko, hat allerdings auch Aussicht auf Rückzahlung des Nennwerts. Zwar kann der Bezug der Aktien durch einen Verkauf der Anleihe vor Laufzeitende vermieden werden. Allerdings orientiert sich der Kurs ebenfalls am Verlauf des zugrundeliegenden Basiswerts, so dass ein Abschlag einzukalkulieren ist.

Steuerlich handelt es sich im Gegensatz zum echten Wandler um eine Finanzinnovation nach § 20 Abs. 2 Nr. 4c EStG, die ausgeschütteten Erträge sowie realisierte Verkaufserlöse unterliegen dem Zinsabschlag und nicht der Kapitalertragsteuer. Der Kapitalertrag wird mit der

Marktrendite erfasst, da eine Emissionsrendite nicht bestimmt werden kann. Die bei Einlösung erhaltenen Aktien stellen je nach Kursverlauf positive oder negative Kapitaleinnahmen dar. Maßgebend ist die Differenz zwischen Kaufkurs der Anleihe und Summe der erhaltenen Aktienwerte. Mit dem Tag der Ausübung des Wandelrechts beginnt für die Aktien eine neue Spekulationsfrist, die Einbuchung ins Depot ist unmaßgeblich. Maßgebender Anschaffungspreis ist der Betrag, mit dem die erhaltenen Aktien als Veräußerungserlös bei den Kapitaleinnahmen angesetzt wurden.

Fazit: Interessant sind Pflichtwandelanleihen für Anleger, die ohnehin in Aktien des Schuldners investieren möchten. Über die hohen Zinssätze kommen sie dann per saldo preiswerter an die Anteilswerte. Zudem hat dieser Wandler den Vorteil, dass der Besitzer von steigenden Börsenkursen profitiert, was bei der Aktienanleihe nicht der Fall ist. Allerdings kann er den Wandlungsgewinn nicht steuerfrei einstreichen.

Privatdarlehen

Kredite zwischen Privatpersonen unterliegen nicht dem Zinsabschlag. Die Erträge sind aber als Einnahmen aus Kapitalvermögen zu versteuern. Genauer hin schaut das Finanzamt besonders bei Darlehen zwischen nahen Angehörigen. Die Frage: Wird das Darlehen nur gewährt, um Steuern zu sparen, oder ist es wirtschaftlich sinnvoll – und wäre es so auch mit fremden Dritten vereinbart worden? Wird ein zinsloses Darlehen gewährt, kann es dennoch zu Kapitaleinnahmen kommen. Das gilt etwa in den Fällen, in denen ein Verkauf mit einem Kredit gekoppelt ist. Dann wird nämlich nur der abgezinste Betrag als Kaufpreis angesetzt und der Rest ist als laufender Zinsertrag steuerpflichtig.

Private Equity Fonds

Die Beteiligung an Unternehmen in der frühen (Venture Capital) oder späteren (Private Equity) Entwicklungsphase hat bei Privatanlegern deutlich an Zuspruch gewonnen, seit Investitionen ab 10.000 € über Dachfonds möglich sind. Solche Fonds werden meist von einem oder mehreren Initiatoren gegründet. Ziel ist es, mit den bei Kapitalanlegern eingesammelten Geldern

- junge Unternehmen
- wachsende Mittelständler
- die Ausgliederung von Unternehmensteilen oder
- die Nachfolge in Unternehmen

zu finanzieren. Dabei dient der Fonds als Mittler zwischen den Kapitalanlegern einerseits und den zu finanzierenden Unternehmen im Portfolio andererseits. Von den Fonds werden Eigenkapital- und eigenkapitalähnliche Beteiligungen an den Portfolio-Gesellschaften erworben. Nach Erreichen des durch die Finanzierung beabsichtigten Ziels wie Umwandlung in Aktiengesellschaften und die Platzierung der Unternehmen an der Börse oder Ausgliederung von Unternehmensteilen werden die Anteile an den Gesellschaften veräußert.

Über Dachfonds setzen Investoren indirekt auf zumeist mehr als 100 Gesellschaften, in der Hoffnung auf unternehmerische Erfolge. Der Vorteil liegt in der Risikostreuung und in der Möglichkeit, unabhängig vom Verlauf der Aktien- und Rentenbörsen positive Renditen zu erzielen. Die liegen im langjährigen Durchschnitt bei rund 12 % p.a., wobei das voraussichtliche Ergebnis bei Fondsauflegung nicht möglich ist. Die Erträge resultieren aus von den Unternehmen gezahlten Ausschüttungen sowie Gewinnen aus späteren Verkäufen und Börsengängen. Zumindest bei größeren Vermögen ist es ratsam, einen Teil der Gelder in Private Equity Fonds zu investieren, um die Abhängigkeit von den Börsenkursen zu minimieren.

2005 lag der Marktanteil innerhalb der geschlossenen Fonds mit einem platzierten Eigenkapital von 1,1 Mrd. € bei rund 10 %, eine Verdoppelung im Vergleich zu 2004. Ein Ende des Wachstums ist nicht absehbar, allerdings wird es nicht mehr in diesem steilen Tempo weitergehen. Deutsche Private Equity Fonds haben im ersten Halbjahr 2006 rund 850 Mio. € eingesammelt, lediglich ein Anstieg von knapp 50 % im Vergleich zur Vorjahresperiode.

Private Equity Fonds werden i.d.R. in Form einer Personengesellschaft und hier als GmbH & Co. KG gegründet. Die Komplementär-GmbH ist meist am Vermögen der KG nicht beteiligt. In- und ausländische private und institutionelle Anleger beteiligen sich als Kommanditisten direkt oder über Treuhänder an den Fonds. Auch die Initiatoren beteiligen sich als Kommanditisten an den Fonds. Sie bringen neben ihrem Kapital regelmäßig auch immaterielle Beiträge wie Erfahrungen oder Kontakte ein. Die Tätigkeit des Fonds besteht im Erwerb von Beteiligungen, dem Einziehen von Dividenden und Zinsen und nach Erreichen des Finanzierungszwecks der Veräußerung der im Wert erheblich gestiegenen Beteiligungen. Die Beteiligungen werden im Durchschnitt 3–5 Jahre gehalten, der Fonds hat im Durchschnitt eine Laufzeit von 8–12 Jahren.

Anlage-Tipp

Geschlossene Private Equity Fonds sind wegen der relativ hohen Kosten, der langen Fondslaufzeiten und der geringen Transparenz nicht für alle Investoren das richtige Angebot. Interessant sind hier Zertifikate, die auf den Listed Private Equity Index (LPX) setzen. Damit sind geringe Einstiegssummen sowie eine börsentägliche Handelbarkeit möglich. Der LPX basiert auf den Daten rund 300 börsennotierter Private-Equity-Gesellschaften, aus denen die 50 größten und liquidesten herausgefiltert werden.

Die steuerlichen Besonderheiten bei geschlossenen Private Equity Fonds ergeben sich aus vier Schreiben:

- BMF v. 16.12.2003 – IV A 6 – S 2240 – 153/03, DB 2004, 103, DStR 2004, 181, BStBl I 2004, 40
- OFD München v. 15.10.2004 – S 2241 – 55 St 41/42, StEd 2005, 13, DB 2005, 77
- FinMin Schleswig-Holstein v. 15.09.2004 – S 2241 – 279, FR 2005, 223
- OFD Magdeburg v. 05.04.2006 – S 2240 – 58 – St 214, DStR 2006, 1505

Die Dachfonds sind i.d.R. vermögensverwaltend tätig, da sie die von Finanzverwaltung und BFH geforderten Voraussetzungen beachten:

- Die Gesellschaft muss sich im Wesentlichen aus Eigenmitteln finanzieren, die kurzfristige Zwischenfinanzierung von ausstehenden Kapitaleinlagen ist jedoch unschädlich.
- Der Fonds muss seine Beteiligungen zumindest mittelfristig halten. Hierbei geht die Finanzverwaltung von Fristen zwischen drei und fünf Jahren aus, da bei kurzfristigen Anlagen keine Fruchtziehung aus zu erhaltenden Substanzwerten anzunehmen ist.
- Die erhaltenen Einnahmen sind größtenteils an die Gesellschafter auszuschütten. So dürfen die erzielten Veräußerungserlöse nicht reinvestiert werden.
- Die Gesellschaft darf nicht über eine umfangreiche Organisation verfügen. Betreibt der Fonds ein eigenes Büro und hat er Beschäftigte, ist dies unschädlich, wenn dies nicht das Ausmaß dessen übersteigt, was bei einem privaten Großvermögen üblich ist. Die Größe des verwalteten Vermögens begründet für sich allein betrachtet noch keinen Gewerbebetrieb.

- Der Fonds darf Beteiligungen an den Portfolio-Gesellschaften nicht gegenüber einer breiten Öffentlichkeit anbieten oder auf fremde Rechnung handeln. Unschädlich sind Veräußerungen der Beteiligungen oder Börsengänge der Portfolio-Gesellschaften.

Da die Anbieter lediglich die aktiv handelnden Fonds auswählen und von deren unternehmerischem Know-How abhängig sind, ist der Ausschluss von gewerblichen Einkünften realisierbar. Die vermögensverwaltende Einstufung hat den Vorteil, dass Anleger lediglich Einkünfte aus § 20 EStG erzielen, die Dividenden unterliegen dem Halbeinkünfteverfahren.

Die innerhalb des Fonds realisierten Verkaufserlöse bleiben nach Ablauf der Jahresfrist in § 23 EStG steuerfrei. Das gilt sowohl für Unternehmensverkäufe durch den Fonds als auch eine Fondsveräußerung durch den Anleger. Eine wesentliche Beteiligung gem. § 17 EStG kommt regelmäßig nicht in Betracht, da für die Wesentlichkeitsgrenze nicht die Ebene der Gesellschaft, sondern der anteilige Besitz des einzelnen Anlegers maßgebend ist (BFH v. 09.05.2000 – VIII R 41/99, BStBl II, 686). § 15b EStG tangiert Private Equity Fonds nicht, da es mangels Fremdfinanzierung nicht zu nennenswerten Verlusten in der Investitionsphase kommt. Sofern Anleger ihre Investition fremd finanzieren, sind die Schuldzinsen nicht als Sonderwerbungskosten abzugsfähig. Denn sie stehen i.V.m. mit überwiegend steuerfreien Einkünften.

Steuer-Hinweis

Durch das Gesetz zur Förderung von Wagniskapital (30.07.2004, BGBl I, 2013) wurde die Besteuerung des Carried Interest begünstigt, also die erhöhte Gewinnbeteiligung der Private-Equity-Manager. Nach § 18 Abs. 1 Nr. 4 EStG liegen bei Vergütungen für Leistungen zur Förderung des Gesellschafts- oder Gemeinschaftszwecks selbständige Einkünfte vor, die über § 3 Nr. 40a EStG dem Halbeinkünfteverfahren unterliegen.

Fazit: Eine generelle Bewertung ist nicht möglich, zu viel hängt vom Geschick des Initiators ab. Um auf die Dynamik junger Unternehmen zu setzen, gibt es jedoch kaum bessere Alternativen, um abseits der Aktienmärkte an der Entwicklung von Gesellschaften teilzuhaben. Sofern allerdings die Spekulationsfrist wegfällt, kommt es in diesem Beteiligungsbereich zu einer Renditeminderung. Entscheidend werden die Übergangsregelungen für bestehende Fonds sein.

Protect-Aktienanleihen

Sie zeichnen sich dadurch aus, dass das eingesetzte Kapital des Anlegers zu einem gewissen Prozentsatz – dem sogenannten Mindestrückzahlungskurs – garantiert wird. Damit ist das Verlustpotential für den Anleger begrenzt. Denn anders als bei normalen Aktienanleihen erfolgt die Lieferung der zugrundeliegenden Aktien nur dann, wenn ihr Kurs am Fälligkeitstag zwischen dem Mindestkurs und dem Basispreis liegt.

- Notiert der Aktienkurs oberhalb des Basispreises, erhält der Anleger den Nominalbetrag zurückgezahlt.
- Bei einem Aktienkurs zwischen Nominalwert und Mindestpreis wird die Aktie geliefert.
- Liegt der Aktienkurs unter dem Mindestkurs, wird ein festgelegter Mindestrückzahlungskurs gezahlt.
- Die Zinsen werden unabhängig vom Kursverlauf in jedem Fall gezahlt, sind aber i.d.R. geringer als bei herkömmlichen Aktienanleihen.

Die Protectanleihe schützt den Investor also bei stark fallenden Aktienkursen. Die Zinsen sind im Jahr der Zahlung zu versteuern und unterliegen dem Zinsabschlag. Werden bei Fälligkeit statt des Nennwerts Aktien geliefert oder der Mindestrückzahlkurs gezahlt, ergibt sich für den Anleger ein Verlust. Der kann auch nach Ablauf der Spekulationsfrist mit anderen Kapitaleinnahmen verrechnet werden.

Die erhaltenen Aktien werden zum Zeitpunkt der Einbuchung ins Depot wie ein Kauf behandelt. Folge: Es beginnt eine neue Spekulationsfrist. Wird die Protectanleihe vor Fälligkeit über die Börse verkauft, ist das Plus oder Minus unabhängig von Fristen als Kapitaleinnahme zu deklarieren. Es ergeben sich steuerlich keine Unterschiede zu herkömmlichen → *Aktienanleihen.*

Fazit: Der Schutz kostet Zinsen. Da bereits herkömmliche Aktienanleihen für einen Aktionär nicht sehr spekulativ sind, spricht wenig für diese Schutzvariante.

Protect-Discount-Zertifikate

Diese Variante des klassischen → *Discount-Zertifikats* bietet nur geringere Abschläge auf den aktuellen Kurs, dafür aber einen zusätzlichen Risikopuffer. Dieser Protect-Kurs liegt unter dem aktuellen Wert des Zertifikats. So lange der Kurs der Basiswerts während der Laufzeit nicht unter diese Schutzgrenze fällt, erhält der Anleger stets das Cap ausgezahlt.

Beispiel

Kauf eines Protect-Discounts zum Kurs von 100 €. Die Aktie notiert bei 110, der Grenzbetrag liegt bei 80 und das Cap bei 120 €. Folgende Szenarien sind denkbar:

Verlauf des Aktienkurses	Aktienkurs bei Fälligkeit	Rückzahlung
Die Aktie notiert während der Laufzeit immer über dem Cap	150 €	Cap von 120 €
Die Aktie notiert während der Laufzeit immer über dem Cap	82 €	Cap von 120 €
Die Aktie ist unter den Protect-Wert gefallen	150 €	Cap von 120 €
Die Aktie ist unter den Protect-Wert gefallen	100 €	Aktie, 100 €
Die Aktie notiert während der Laufzeit und bei Fälligkeit unter dem Protect-Wert	75 €	Aktie, 75 €

Steuerlich ergeben sich keine Unterschiede zu herkömmlichen → *Zertifikaten.* Trotz Discount und Teilschutz im Verlustfall handelt es sich nicht um eine Finanzinnovation.

Protect-Upside-Aktienanleihen

Sie zeichnen sich durch einen Zusatzbonus im Vergleich zu herkömmlichen Protect-Aktienanleihen aus. Denn liegt der Kurs des Basiswerts bei Fälligkeit über dem Basispreis, erhalten Anleger nicht nur den Nennwert zurück, sondern partizipieren zusätzlich vom Kursplus, beispielsweise zu 50 %. Dafür gibt es deutlich weniger Zinsen als bei der normalen Variante. Der Mindestrückzahlungskurs ist weiterhin garantiert. Damit ist das Verlustpotential für den Anleger begrenzt, die Gewinnaussicht hingegen nicht.

- Notiert der Aktienkurs oberhalb des Basispreises, erhält der Anleger den Nominalbetrag plus einen Prozentsatz des übersteigenden Betrags ausgezahlt.

- Bei einem Aktienkurs zwischen Nominalwert und Mindestpreis wird die Aktie geliefert.
- Liegt der Aktienkurs unter dem Mindestkurs, wird ein festgelegter Mindestrückzahlungskurs gezahlt.
- Die Zinsen werden unabhängig vom Kursverlauf in jedem Fall gezahlt, sind aber i.d.R. geringer als bei herkömmlichen Aktienanleihen.

Steuerlich ergeben sich keine Unterschiede zu herkömmlichen → *Aktienanleihen.*

Prozesskostenfonds

Gegenstand dieser geschlossenen Fonds in der Rechtsform einer GmbH & Co KG ist die Finanzierung von Prozesskosten Dritter. Finanziert werden grundsätzlich sämtliche Prozesse, die auf Leistung von Geld oder geldwerten Ansprüchen gerichtet sind. Kommt ein Finanzierungsvertrag zustande, trägt die Gesellschaft sämtliche Kosten des Verfahrens. Den Prozess selbst führt der Kläger als mutmaßlicher Anspruchsinhaber mit einem Anwalt seines Vertrauens.

Zur Prüfung der Erfolgsaussichten, Prozessbegleitung und Prozesskostenfinanzierung bedient sich der Fonds eines Geschäftsbesorgers, der Initiator für das Fondsmodell und Gründungsgesellschafter ist. Nach dem abgeschlossenen Geschäftsbesorgungs- und Prozessfinanzierungsvertrag übernimmt der Geschäftsbesorger für den Fonds auch die Prozessbeschaffung. Nach Beendigung des jeweiligen Prozesses steht dem Fonds ein Anteil von 30 % des Prozesserlöses zu.

Die Fonds kalkulieren hierbei mit einer Erfolgsquote bei den übernommenen Fällen von deutlich über 50 %, woran die Beteiligten durch die erwarteten positiven Gerichtsurteile verdienen. Die Fonds kalkulieren selten mit Laufzeiten von deutlich mehr als fünf Jahren. Die Einkünfte gelten steuerlich als gewerblich, lediglich im ersten Jahr fallen negative Einnahmen an, die innerhalb der Laufzeit mehr als kompensiert werden. Siehe hierzu: OFD Münster v. 22.07.2005 – S 2170 – 118 – St 12 – 33, DB 2005, 1657.

Fazit: Die Wahrscheinlichkeit von gewonnenen Prozessen lässt die in Aussicht gestellte Rendite realistisch erscheinen. Allerdings gibt es auf diesem Markt nur wenige Anbieter, die sich ihre Arbeit auf verschiedenen Ebenen gut bezahlen lassen.

Prozesszinsen

Die erhaltenen Zinsen, die aufgrund eines gerichtlichen Verfahren zufließen, sind Kapitaleinnahmen.

Publikumsfonds

Es handelt sich um Investmentfonds, die einem breiten Anlegerpublikum zum Erwerb zur Verfügung stehen. Alle gängigen Fonds der Kapitalanlagegesellschaften werden als Publikumsfonds aufgelegt. Im Gegensatz hierzu stehen beispielsweise Spezialfonds, die das Vermögen weniger Anleger (z.B. Pensionsfonds oder Versicherungen) verwalten oder als Single-Hedge-Fonds aufgelegt werden.

Puttable Bonds

Es handelt sich um Anleihen, die während ihrer Laufzeit und vor Endfälligkeit vom Gläubiger (Anleihebesitzer) gekündigt werden können (Gegensatz zu Callable Bonds). Der Preis und die möglichen Kündigungszeitpunkte sind in den Anleihebedingungen festgelegt. Dabei kann die Kündigung jederzeit oder (Regelfall) zu fest vorgegebenen Zeitpunkten innerhalb der maximalen Anleihenlaufzeit erfolgen.

Diese Anleihe spielt ihren Vorteil aus, wenn die Kapitalmarktzinsen sinken. Dann kann der Anleger sein Geld aus dem Investment abziehen und in Papiere mit höherer Verzinsung wechseln. Steuerlich ergeben sich keine Besonderheiten, die Zinsen sind Einnahmen aus Kapitalvermögen und unterliegen dem Zinsabschlag.

Quanto-Zertifikate

Diese Zertifikate schützen vor Währungsrisiken, wenn der Bezugswert nicht in Euro notiert. Das können einzelne Aktien, Indizes, Wertpapierkörbe und vor allem Rohstoffe sein. Setzt beispielsweise ein Index-Zertifikat auf den amerikanischen S&P 500, wird bei der Quanto-Variante der Kursverlauf exakt nachgebildet. Bei Gold ist es üblich, eine Währungsabsicherung einzubauen, das Edelmetall notiert in US-$.

Diese Absicherung kostet Gebühren, die von den Emittenten vom Kurswert der Zertifikate abgeschlagen werden oder gleich bei Neuausgabe in einem Aufgeld eingerechnet sind. Dies ist teurer, wenn das ausländische Zinsniveau höher als im Euro-Raum ist und sich der Basiswert gegenläufig zur Währung bewegt. Das ist beim Goldpreis der Fall, der eher steigt, wenn der Dollar fällt. Die Absicherung von Franken oder Yen ist hingegen preiswert, da hier das Zinsniveau unter dem des Euro liegt. Dafür ist dies wegen der eher geringen Risiken meist aber auch nicht nötig. Grundsätzlich sollten Anleger beim Kauf von Zertifikaten die Quanto-Variante vorziehen, wenn sie die entsprechende Währung während der Laufzeit eher schwächer erwarten und sofern sie auf Edelmetalle setzen.

Steuerlich spielt ein Quanto keine Rolle, da bei Zertifikaten der in Euro umgerechnete Kurs bei An- und Verkauf ohnehin maßgebend ist.

Quellensteuer

Für Kapitalerträge wird die Besteuerung in fast allen DBA gleich geregelt. Die Einnahmen werden im Wohnsitzstaat besteuert, das auszahlende Land behält eine pauschale Quellensteuer ein, wenn ausländische Anleger dort Kapitalerträge kassieren. Ein Freistellungsauftrag verhindert diese Abgabe nicht. Nach Abzug der Quellensteuer bekommen Anleger lediglich den Nettobetrag auf dem heimischen Konto gutgeschrieben. Die Auslandsabgabe kann beim deutschen Finanzamt geltend gemacht werden: entweder durch Verrechnung oder als Werbungskosten. Dieser Satz beträgt maximal 15 %. Doch einige Staaten wie Frankreich oder Österreich berechnen höhere Sätze. Hier muss der die 15 % übersteigende Betrag im Erstattungsverfahren vom ausländischen Quellenstaat zurückgefordert werden. Hierzu ist eine Bescheinigung des Wohnsitzfinanzamtes notwendig, aus der auch die Höhe der Kapitalerträge hervorgeht. Diese wird dann mit dem Antragsformular des jeweiligen Landes an die zuständige Finanzbehörde gesendet. Die Vordrucke der wichtigsten Staaten händigen hiesige Banken aus.

Steuer-Tipp

Viele Kreditinstitute nehmen ihren Kunden die Laufarbeit ab, oft erst auf konkrete Nachfragen. Dann können sämtliche Formalien per Generalvollmacht oder bezogen auf ausgewählte Länder über die Bank laufen. Lohnend ist dies bei den Niederlanden, Österreich oder der Schweiz. Bei exotischen

Ländern und auch Italien werden die Banken nur im Einzelfall aktiv und lassen sich den Aufwand extra bezahlen.

Übersicht der Quellensteuer verschiedener Länder (Angaben in %)

Land	Dividenden		Zinsen	
	Steuersatz	Anrechnung	Steuersatz	Anrechnung
Australien	–	–	10	10
Belgien	25	15	25	15
Dänemark	25	15	–	–
Finnland	15	15	–	–
Frankreich	25	–	25	–
Großbritannien	–	–	20	–
Italien	27	15	12,5	10
Irland	–	–	–	–
Japan	15	15	–	–
Kanada	15	15	–	–
Kroatien	–	–	15	15
Luxemburg	20	15	–	–
Niederlande	25	15	–	–
Norwegen	25	15	–	–
Österreich	25	15	–	–
Portugal bis 2005	25	15	25	15
ab 2006	20	20	15	15
Schweden	15	15	–	–
Schweiz	35	15	35	–
Spanien	15	15	–	–
Südafrika	–	–	–	–
Ungarn bis 8/2006	–	–	–	–
ab 9/2006	10	10	20/0	0
USA	15	15	–	–

Steuer-Hinweis
Deutsche Aktionäre von Sanofi-Aventis können ein vereinfachtes Verfahren zur Ermäßigung der französischen Kapitalertragsteuer auf den im Inland anrechenbaren Satz von 15 % anwenden. Hierzu versenden die Depotbanken vor dem jeweiligen Ausschüttungstermin ein Vollmachtsformular (FinMin Brandenburg v. 22.08.2006 – 35 – S 1301 FRA – 2/04).

Die USA hat für ausländische Anleger eigentlich schärfere Vorschriften eingeführt. Ist dem US-Fiskus der Investor nicht namentlich bekannt, fallen automatisch 30 % Quellensteuer an. Deutschland genießt jedoch einen Sonderstatus. Hiesige Banken erreichen als „Qualified Intermediary" eine Befreiung für den Aufschlag. Vorsicht ist jedoch geboten, wenn Sie US-Papiere jenseits der Grenze deponiert haben. Denn dieses Privileg können nicht alle Länder und somit auch nicht die dort ansässigen Kreditinstitute erreichen. Fragen Sie daher unbedingt nach.

Die einbehaltenen ausländischen Steuerbeträge berücksichtigt das Finanzamt in zwei verschiedenen Verfahren. Zwischen beiden können Anleger wählen:

- **Steueranrechnung**: Hierbei wird die Quellensteuer (ohne Antrag) gem. § 34c Abs. 1 EStG auf die deutsche Einkommensteuer angerechnet. Dies ist jedoch begrenzt auf die Höhe der inländischen Steuer, die anteilig auf die ausländischen Einkünfte entfällt. Zusätzlich ist eine Verrechnung nur maximal in Höhe der gesamten Einkommensteuer möglich. Dabei wird die höchstmögliche Anrechnung für jeden einzelnen ausländischen Staat gesondert ermittelt und errechnet sich nach der Formel:

$$\frac{\text{Tarifliche ESt} \times \text{ausländische Einkünfte}}{\text{Summe der in- und ausländischen Einkünfte}}$$

- **Steuerabzug**: Die Quellensteuer wird wahlweise gem. § 34c Abs. 2 EStG bei der Ermittlung der Einkünfte abgezogen, faktisch wie Werbungskosten geltend gemacht. Dann mindert die volle Auslandsabgabe beispielsweise die halbierte Dividendeneinnahme. Anders als bei der Anrechnung erfolgt somit kein Abzug von der Steuerlast, sondern von den Einnahmen. Beim Abzug der Quellensteuer von den Dividendeneinnahmen greift § 3c Abs. 2 EStG nicht, so dass stets der volle Betrag mindernd berücksichtigt wird. Das gilt aber nur bei Zufluss bis Ende 2006. Ab 2007 darf die Quellensteuer allerdings nur mit 50 % mindernd berücksichtigt werden.

Anleger haben die Wahl zwischen Anrechnungs- und Abzugsverfahren: Das Wahlrecht gilt pro Staat und pro Investmentfonds mit ausländischen Erträgen und wird in der Anlage AUS bei der Einkommensteuererklärung ausgeübt. Dabei ist es i.d.R. sinnvoll, sich pro Jahr bei sämtlichen Quellensteuerbeträgen für eines der beiden Verfahren zu entscheiden. Bis 2000 war grundsätzlich das Anrechnungsverfahren günstiger. Durch das neue Halbeinkünfteverfahren lohnt sich zwischen 2001 und 2006 in vielen Fällen der Ansatz der Quellensteuer bei den Werbungskosten. Motto: Halbierte Erträge gegen vollen Kostenabzug.

Checkliste zu Anrechnung oder Abzug	
Vorteil Anrechnung: Die Verrechnung der Quellensteuer mit der Einkommensteuer lohnt sich	
• bei hoher Steuerprogression,	☐
• bei Kapitaleinnahmen über dem Sparerfreibetrag,	☐
• bei Quellensteuerbeträgen unter dem Werbungskosten-Pauschbetrag von 51 €.	☐
Vorteil Abzug: Der Ansatz der Quellensteuer als Werbungskosten lohnt sich, wenn	
• keine Einkommensteuer anfällt,	☐
• die Einkünfte gering sind,	☐
• die ausländischen Einkünfte negativ sind und dennoch eine Quellensteuer angefallen ist,	☐
• die positiven Auslandserträge mit negativen Inlandseinkünften verrechnet werden sollen,	☐
• keine ausländischen Einkünfte vorliegen,	☐
• die Quellensteuer nicht der deutschen Einkommensteuer entspricht; in diesen Fällen ist nämlich die Anrechnung untersagt,	☐
• die ausländischen Kapitaleinkünfte wegen des Sparerfreibetrags nicht versteuert werden müssen, die Quellensteuer bei der Anrechnung also verloren ginge.	☐

Beispiel 1
Auswirkungen von Abzug und Anrechnung

Einkommen	Gering	Hoch
Zu versteuerndes Einkommen	10.000 €	100.000 €
Enthaltene Auslandsdividenden	12.000 €	12.000 €
Davon zu versteuern	6.000 €	6.000 €
Quellensteuer	1.800 €	1.800 €
Anrechnung		
Einkommensteuer Grundtabelle	611 €	38.623 €
– Anrechenbare Quellensteuer	– 367 €	– 1.800 €
= Fällige Einkommensteuer	= 244 €	= 36.823 €
Abzug		
Einkommen	10.000 €	100.000 €
– Quellensteuer	– 1.800 €	– 1.800 €
= Zu versteuerndes Einkommen	8.200 €	98.200 €
= Fällige Einkommensteuer	204 €	37.750 €
Vorteil Abzug	+ 40 €	– 927 €

Sofern die ausländische Dividende unter den Freibeträgen bleibt, wirkt sich nur der Abzug als Werbungskosten aus:

Beispiel 2
Auswirkungen von Abzug und Anrechnung

	Abzug	Anrechnung
Auslandsdividende	5.500 €	5.500 €
Zu versteuern	2.750 €	2.750 €
– Quellensteuer	– 1.200 €	0 €
– Sparerfreibetrag	– 1.370 €	– 1.370 €
= Kapitaleinkünfte	0 €	1.200 €
+ Übrige Einkünfte	+ 20.000 €	+ 20.000 €
= Zu versteuern	20.000 €	21.200 €
Einkommensteuer	3.235 €	3.584 €
– Anrechenbare Quellensteuer	–	– 203 €
= Fällige Steuer	3.235 €	3.381 €

Investmentfonds fließen die ausländische Kapitalerträge gemindert um die Quellensteuer zu. Sie dürfen ihren Anlegern diese Auslandsabgabe bescheinigen, sofern sie die Quellensteuer nicht bereits im Fondsvermögen als Werbungskosten abziehen. Bei Ausweis können Sparer die Quellensteuer somit wie bei der Direktanlage geltend machen. Bis Ende 2003 galt dies nur für im Inland verwaltete Fonds. Diese Einschränkung ist ab 2004 durch § 4 Abs. 2 InvStG entfallen. Für ausländische Investmentfonds, die Dividenden aus Deutschland erhalten, gilt die hierauf einbehaltene Kapitalertragsteuer als Quellensteuer. Denn Deutschland gilt insoweit als Ausland.

Quellensteuer, fiktiv

Angesichts der derzeit mageren Zinssätze bei Anleihen mit guter Schuldnerbonität schauen sich immer mehr Anleger nach renditestarken Alternativen um. Neben Rentenpapieren mit schlechtem Rating des Emittenten kommen für konservative und auch spekulative Sparer mit hoher Steuerprogression Anleihen mit fiktivem Steuerabzug in Betracht. Hier kann eine Quellensteuer pauschal von der eigenen Steuerschuld abgezogen werden, obwohl sie überhaupt nicht anfällt. Dieser fiktive Abzug gelingt mit einer Reihe von Länderanleihen. Doch der Markt trocknet langsam aus. Zuerst fiel Argentinien wegen Zahlungsunfähigkeit aus der Liste der Anbieter heraus, bei einigen anderen Staaten ist die steuerliche Vergünstigung nur noch befristet erlaubt. Zuletzt hatte die Bundesregierung das DBA mit Brasilien zum 31.12.2005 gekündigt, die Anrechnung war aber noch bei Zinszuflüssen bis Ende 2006 möglich (BMF v. 06.01.2006 – IV B 3 – S 1301 – BRA – 77/05).

Die Anrechnung fiktiver ausländischer Steuerbeträge gilt für eine Reihe von Entwicklungsländern – aber auch für Portugal, die Türkei, China oder Griechenland –, um die Geldanlage in diesem Land für einen deutschen Investor attraktiver zu machen. Die Voraussetzungen für den Abzug der fiktiven Steuer sind in den einzelnen DBA unterschiedlich geregelt. Bei Anleihen aus solchen Ländern werden zwischen 10 und 20 % der Zinsen als fiktive Abgabe mit der eigenen Steuerschuld verrechnet, obwohl sie gar nicht anfällt, Anleger also auch nicht belastet werden. Das Finanzamt berücksichtigt somit einen Fiktivbetrag genauso wie die tatsächlich einbehaltene Quellensteuer auf Dividenden. Dabei ist das Risiko zumeist auf die Bonität des Staates begrenzt, da diese Papiere in Euro und an heimischen Börsen notieren. Durch den Steuervorteil erhalten Anleger dann vom Finanzamt faktisch einen Renditezuschuss.

Anlage-Hinweis

Kaufinteressierte Sparer sollten jedoch vier Dinge beachten, die bei fiktiven Anleihen eine wichtige Rolle spielen:

1. Die Banken offerieren diese Bonuspapiere eher ungern und erst auf hartnäckige Nachfragen. Ihre Vorsicht begründet sich mit der Zahlungseinstellung bei Argentinien-Bonds; auch ein Land mit fiktiver Anrechnungsmöglichkeit. Hier warten deutsche Sparer schon seit drei Jahren vergeblich auf Zinszahlungen.
2. Die eigene Suche nach fiktiven Papieren, etwa über Internet, funktioniert eher mühselig über die entsprechende Länderauswahl. Aber die Online-Recherche oder die Anfrage bei der Hausbank lohnt sich, denn im Ergebnis kommt ein saftiger Steuerbonus heraus.
3. Die Liquidität an der Börse ist nicht bei allen Papieren hoch. Viele Internetportale weisen zu den einzelnen Anleihen die Umsatzhäufigkeit aus. Diese sollten Anleger vor einer Kaufentscheidung beachten. Bei Papieren ohne oder mit dünnem Umsatz drohen bei unlimitierten Kauforders Zufallskurse.
4. Bei Ländern mit guter Bonität liegen die Renditen bei fiktiven Anleihen oft unter denen von herkömmlichen Festverzinslichen. Hier lohnt der Kauf nur, wenn die Steueranrechnung in voller Höhe gelingt.

Ausländische Steuern, die der deutschen Einkommensteuer entsprechen, können nach § 34c EStG auf die deutsche Einkommensteuer angerechnet werden. In welcher Höhe diese Anrechnung dem Grunde nach möglich ist, wird im jeweiligen DBA geregelt. Bei den Kapitaleinnahmen sind es i.d.R. 15 %. Übersteigt die einbehaltene Quellensteuer den zulässigen Grenzwert, muss der Anleger die Erstattung des übersteigenden Betrags im ausländischen Staat beantragen. Diese Vorgehensweise bezieht sich auf die tatsächlich gezahlte ausländische Quellensteuer. In verschiedenen DBA ist allerdings auch die Anrechnung einer fiktiven Steuer zugelassen. Der Anleger kann in diesem Fall den im DBA genannten Steuersatz auf seine inländische Steuer anrechnen, obwohl er im ausländischen Staat keine Quellensteuer entrichtet hat. Die Voraussetzungen für die Anrechnung fiktiver Quellensteuern sind in den einzelnen DBA unterschiedlich und im Inland über § 34c Abs. 6 EStG geregelt. In den derzeit bestehenden Abkommen sind bei den Vorschriften zur Anrechnung fiktiver Quellensteuer im Wesentlichen vier Fallgruppen zu unterscheiden (BMF v. 12.05.1998 – IV C 6 – S 1301 – 18/98, BStBl I, 554):

Checkliste der Länder mit fiktiver Steuer laut DBA	
DBA-Verweis: Die Anrechnung fiktiver Quellensteuer hängt davon ab, dass ein Staat ausdrücklich auf die Quellensteuer bei Zinsen verzichtet (Ägypten und Spanien).	❑
Wirtschaftliche Entwicklung: Die Anrechnung hängt davon ab, dass das Land zur Förderung der wirtschaftlichen Entwicklung auf die Quellensteuer bei Zinseinnahmen verzichtet. Der Nachweis erfolgt i.d.R. über die Bank, die mit der Emission betraut war. Näheres ergibt sich aus dem BMF-Schreiben vom 12.05.1998, BStBl I, 554. Dies gilt beispielsweise bei der Elfenbeinküste, Griechenland, Israel, Jamaika, Kenia, Malta, Tunesien, Türkei, Venezuela oder Zypern.	❑
Begrenzung: Liegt der Höchststeuersatz im Auslandsstaat unter dem Anrechnungshöchstsatz, darf maximal der nationale Satz fiktiv angerechnet werden. Der stellt die Obergrenze der fiktiven Anrechnung dar. In der Regel ist der ausländische allgemeine Steuersatz höher als der angegebene fiktive Quellensteuersatz.	❑
Keine Einschränkung: Bei einigen Ländern ist keine besondere Voraussetzung nötig, hier wird auf Zinsen stets der laut DBA festgelegte fiktive Betrag angerechnet. Die aus Anlegersicht wichtigsten sind nachfolgend aufgeführt.	❑

Fiktive Quellensteuersätze in den einzelnen Ländern

DBA-Staat	Dividenden in %	Zinsen in %
Ägypten	maximal 15	maximal 15
Argentinien	20	20
Bangladesch	15	15
Bolivien		20
Brasilien[7)]	20	20
China[1)]	10	15
Côte d'Ivoire	15	15
Ecuador		20
Griechenland		10
Indien[2)]		10
Indonesien		10
Iran	20	
Irland	18	0
Israel	25	maximal 15

DBA-Staat	Dividenden in %	Zinsen in %
Jamaika	maximal 15	maximal 10 o. 12,5
Kenia	maximal 15	15
Korea[5)]	15	15
Liberia		10
Luxemburg	15	0
Malaysia	18	maximal 15
Malta[6)]	20	
Marokko	15	10 oder 15
Mauritius	15	
Mexiko	10	10 oder 15
Mongolei	10	10
Philippinen	20	15
Portugal	15	15
Singapur		10
Sri Lanka	maximal 20	maximal 15
Trinidad/Tobago	maximal 20	maximal 15
Türkei	maximal 10	maximal 10
Tunesien	15	10
Uruguay		20
Venezuela[3)]	15	5
Vietnam[4)]	10	5
Zypern	15	10

1) Das DBA mit der Volksrepublik China gilt nicht für Hongkong, Macau und Taiwan.
2) Die fiktive Steueranrechnung wird letztmalig im Jahr 2008 gewährt.
3) Die fiktive Steueranrechnung wird längstens bis 19.08.2007 gewährt.
4) Die fiktive Steueranrechnung wird längstens bis 27.12.2006 gewährt.
5) Ab dem Jahr 2004 entfällt die fiktive Quellensteueranrechnung.
6) Die fiktive Steueranrechnung wird letztmals im VZ 2011 gewährt.
7) Ab dem Jahr 2007 entfällt die fiktive Quellensteueranrechnung.

Beispiel
Vorteile der fiktiven Steuer

	Bundesanleihe	Ecuador-Anleihe
Anlagebetrag	100.000 €	100.000 €
Zinssatz	6 %	8 %
Die Rechnung		
Kapitaleinnahmen	6.000 €	8.000 €
– Freibeträge	– 1.421 €	– 1.421 €
= Kapitaleinkünfte	4.579 €	6.579 €
Steuer (40 %)	1.832 €	2.632 €
– Fiktivsteuer (20 % der Zinsen)	0 €	– 1.600 €
Steuer insgesamt	1.832 €	1.032 €
Nettoertrag	4.168 €	6.968 €
Nettorendite	4,17 %	7,97 %

Doch Anleihen mit einem fiktiven Steuerbonus eignen sich nicht für alle Steuerzahler. Denn die Steuer wird – wie bei der normalen Quellensteuer auf Dividenden – nicht immer voll angerechnet. Daher lohnen solche Papiere für Anleger mit geringen Einkünften oder Zinseinnahmen unterhalb des Sparerfreibetrags meist nicht. Hier geht der fiktive Anrechnungsbetrag teilweise oder ganz ins Leere.

Abziehen können Sparer die fiktive Steuer nur, wenn sie am Tag der Zinszahlung auch Besitzer der Anleihe sind (BMF v. 08.10.1996 – IV C 6 – S 1301 – 41/96, BStBl I, 1190). Haben Anleger das Papier vor dem Termin verkauft, müssen sie die erhaltenen Stückzinsen ohne Steuerbonus deklarieren. Daher lohnt es in vielen Fällen, den Verkauf bis nach dem Zinstermin zu verschieben. Im Gegensatz zur herkömmlichen Quellensteuer kann die fiktive Steuer nicht wahlweise von den Einnahmen, also als Werbungskosten, abgezogen werden, § 34c Abs. 6 Satz 2 EStG. Haben Investmentfonds Anleihen mit fiktiver Steuer im Depot, können die Besitzer diese ebenfalls anrechnen lassen.

Steuer-Hinweise
Die fiktive Steueranrechnung auf die Ausschüttung funktioniert auch, wenn der Sparer die Anleihe kurz zuvor erwoben und dabei Stückzinsen gezahlt hat. Diese negativen Einnahmen mindern nicht das Abzugspotential. Allerdings muss die fiktive Quellensteuer zumindest so hoch sein, wie die auf die Zinsen entfallende Einkommensteuer. Damit gelingt die Vollanrechnung nicht, wenn das Papier einige Tage vor der Ausschüttung erworben wird, da hier nahezu keine Kapitaleinnahmen anfallen.

Fazit: Fiktive Anleihen können mit Hilfe des Finanzamtes stattliche Renditen ins Depot bringen. Maßgebend ist jedoch die Schuldnerbonität. Viele Anleger halten diese Papiere von der Emission bis zur Fälligkeit, das verhindert einen regen Börsenhandel.

Quellensteuer, Zinsrichtlinie

Seit Juli 2005 gilt die EU-Zinsrichtlinie. Sie dient grundsätzlich der grenzüberschreitenden Kontrolle von Geldgeschäften privater Anleger. 22 der 25 EU-Staaten versenden Kontrollmitteilungen an die Finanzbehörden des Wohnsitzlandes. Österreich, Luxemburg, Belgien sowie an der Maßnahme beteiligte Drittstaaten wie die Schweiz, Liechtenstein, Andorra, die Kanalinseln sowie assoziierte Gebiete in Übersee halten eine anonyme Quellensteuer ein. Der Satz beträgt 15 %, steigt Mitte 2008 auf 20 % und im Juli 2011 auf 35 %. Davon verbleibt ein Viertel als Verwaltungsgebühr im jeweiligen Land, der Restbetrag wird an die einzelnen EU-Wohnsitzstaaten der Bankkunden abgeführt, in Deutschland an das BZSt.

Die erhobene Quellensteuer hat keine Abgeltungswirkung, sondern wird bei der Veranlagung über die Anlage KAP (nicht AUS wie die Quellensteuer auf Dividenden) in voller Höhe geltend gemacht. Die Anrechnung erfolgt gem. § 14 ZIV uneingeschränkt und dem Zinsabschlag vergleichbar auf die deutsche Einkommensteuer, faktisch wie eine Vorauszahlung. Dazu ist eine entsprechende Steuergutschrift (§ 14 Abs. 2 ZIV) vom Quellenstaat vorzulegen. Die Quellensteuer wirkt nur auf von der Richtlinie erfasste zinsähnliche Kapitalerträge; Dividenden, Veräußerungs- und Terminmarktgewinne, Einnahmen aus Immobilien-, Aktien-, Hedge-Fonds und Lebensversicherungen sind nicht betroffen. Das gilt auch für Konten von juristischen Personen, Stiftungen oder Trusts.

Die Quellensteuer lässt sich zudem vermeiden, wenn Anleger ihrer Depotbank eine vom Wohnsitzfinanzamt ausgestellte Bescheinigung zur Abstandnahme vom Quellensteuerabzug einreichen. Dann erfolgen statt dem Steuereinbehalt die Versendungen von Kontrollmitteilungen über das BZSt ans Wohnsitzfinanzamt. Dann wird das Verfahren angewendet, dass in 22 EU-Staaten ohnehin gilt.

Ob und ab wann die drei EU-Staaten zu Mitteilungen verpflichtet sind und demnach auch keinen anonymen Steuerabzug mehr vornehmen, hängt in erster Linie vom künftigen Verhalten der Schweiz ab. Sofern die Eidgenossen auf Anfrage Auskunft in einfachen Fiskalsachverhalten wie Steuerhinterziehung geben, entfällt innerhalb der EU das Privileg zum Einbehalt der anonymen Quellensteuer.

Ausführlich → *EU-Zinsrichtlinie.*

Rainbow-Zertifikate

Ob die getroffenen Anlageentscheidungen richtig waren, stellt sich leider erst im Nachhinein heraus. Rainbow-Zertifikate versuchen, dieses Problem zu lösen, und stellen den Besitzer nachträglich so, als hätte er den Schwerpunkt seiner Auswahl auf die am besten gelaufene Anlageform gesetzt. Das Prinzip ist einfach: Investoren setzen bei Emission auf unterschiedliche Produktarten. Am Ende der Laufzeit wird die Anlageform mit der besten Performance am stärksten gewichtet. Das können etwa Aktienindizes mehrerer Regionen wie etwa die USA, Asien und Europa sein, oder aber Aktien, Anleihen und Rohstoffe. Durch die breite Streuung sinkt das Anlagerisiko. Für die Berechnung des Rückzahlungsbetrags am Ende der Laufzeit zählt die Performance der einzelnen Anlageklassen dann nicht in gleichem Umfang. Die mit der besten Performance wird am stärksten gewichtet, und die mit der schlechtesten entsprechend nur minimal.

Es gibt aber auch Angebote, die am Ende nur die stärkste Anlageform berücksichtigen und die weniger erfolgreichen bei der Berechnung des Rückzahlungsbetrags außer Acht lassen. Der Emittent finanziert diese Zusicherung, indem Anleger entweder nicht in voller Höhe an der Performance partizipieren oder die schlechteste Entwicklung geht zumindest in kleinem Umfang mit in die Berechnung ein. Rainbow-Zertifikate bieten durch ihre Streuung eher ein geringes Verlustrisiko auf, so dass sie für konservative Anleger geeignet sind. Besonders attraktiv an diesem Produkt ist, das zu Beginn keine Entscheidung für eine bestimmte Anlageform getroffen werden muss.

Steuerlich ergeben sich keine Unterschiede zu herkömmlichen → *Zertifikaten*. Die Zusicherung der überproportionalen Gewinnaussichten beim besser laufenden Basiswert führt alleine noch nicht zur Einstufung als Finanzinnovation. In einigen Fällen sind die Rainbow Produkte aber mit einer Teilgarantie gegen Kapitalverlust ausgestattet. Dann kommt es zu einer Eintufung der Kurserträge unter § 20 Abs. 2 Nr. 4 EStG.

Fazit: Die Regenbogen-Strategie simuliert optimal, dass der Sparer bereits am Anfang der Investition die richtige Verteilung nach der erfolgreichsten Anlageform vorgenommen hat. Denn es erfolgt eine Übergewichtung der besten Performance und eine Untergewichtung der schlechtesten.

Range Warrants (Korridor-Optionsscheine)

Kombination von mehreren Optionsscheinen, mit denen der Käufer das Recht auf Zahlung eines bestimmten, über dem Optionspreis liegenden Betrags (Ausübungsbetrag) durch den Emittenten erwirbt, wenn der Kurs des Bezugswerts innerhalb einer bestimmten Bandbreite liegt. Liegt der Kurs außerhalb dieser Bandbreite, erhält er nur das eingezahlte Kapital (den Optionsscheinpreis) zurück. Durch den i.d.R. gemeinsamen Erwerb von zwei Scheinen ist die Wahrscheinlichkeit des Gewinns sehr hoch. Ausführlich → *Bandbreiten-Optionsschein.*

Rating-Anleihen

Einige Unternehmen mit hohem Schuldenstand, etwa im Bereich der Telekommunikation, weisen nur eine mäßige Bonität auf. Um ihre Anleihegläubiger nicht der Gefahr einer Ratingabstufung auszusetzen, wird der Zinskupon flexibel gehalten. Anleger erhalten über die gesamte Laufzeit hinweg erst einmal eine feste Basisverzinsung. Sollte das Unternehmen von der Bonität her schlechter eingestuft werden, gibt es einen vorher bereits festgelegten Aufschlag. Somit besteht die Aussicht auf einen Mehrertrag.

Bei diesen Papieren handelt es sich um → *Finanzinnovationen* nach § 20 Abs. 2 Nr. 4c oder d EStG, da die Zinsen von einem ungewissen Ereignis abhängen und in unterschiedlicher Höhe gezahlt werden. Somit gelten die realisierten Kurserträge neben den laufenden Zinsen als Kapitaleinnahmen und unterliegen dem Zinsabschlag.

Steuer-Hinweis

Nach Ansicht des FG Niedersachsen (v. 25.11.2004 – 11 K 269/04, EFG 2005, 662, Revision unter VIII R 6/05) fallen die Gewinne nicht unter § 20 EStG, da es sich um eine herkömmliche Anleihe und lediglich um kapitalmarktbedingte Kursschwankungen handelt.

REITs

Real Estade Investment Trusts (REITs) wurden 1960 erstmals in den USA eingeführt und weisen dort zurzeit eine Marktkapitalisierung von mehr als 200 Mrd. € auf. Mittlerweile sind die Vorzüge von REITs als Anlageform für Immobilien auch in Australien und Japan sowie diesseits des Atlantiks im Kommen und derzeit in 20 Staaten wie etwa Frankreich, Belgien und den Niederlanden verbreitet. Eine Reihe dieser REITs werden auch an deutschen Börsen gehandelt, so dass der Kauf problemlos möglich ist. Die zunehmende Beliebtheit der REITs resultiert vor allem aus der Tatsache, dass die Erträge weitestgehend dem Auszahlungsprofil eines Direktinvestments in Immobilien entsprechen.

Es handelt sich um börsennotierte Immobilienfonds in Form von Aktiengesellschaften, die insoweit von der Körperschaftsteuer befreit sind, als sie ihre Gewinne ausschütten. Lediglich auf Anlegerebene findet eine Ertragsbesteuerung statt. Um diese steuerlichen Privilegien nutzen zu können, muss der Trust je nach Sitzland zwischen 65 % und 100 % seiner Gewinne an die Anteilseigner ausschütten. In Deutschland ist die Einführung von G-REITs in 2007 geplant und wird von Immobilienunternehmen begrüßt. Sparer können aber auch auf Umwegen auf solche Trusts setzen:

- REITs-Fonds als herkömmliche Investmentfonds investieren in solche Gesellschaften.
- Zertifikate auf Indizes, die den Kursverlauf von REITs nachbilden.

Bei REITs erfolgt die Kursfestsetzung über Angebot und Nachfrage an der Börse, die Gesellschaften müssen keine Gelder für Rücknahmen und somit Liquidität bereit halten. Die Werthaltigkeit der gehaltenen Immobilien zeigt sich über den Börsenkurs und nicht wie bei Immobilienfonds über Gutachten. Gegenüber offenen Fonds besitzen REITs insbesondere den Vorteil, dass Mittelzu- und -abflüsse keinen direkten Einfluss auf die Anlagepolitik haben. Hohe Kapitalaufkommen führen bei ihnen deshalb nicht zum Anlagenotstand und damit verbunden dem Zwang, in wenig rentable Objekte zu investieren. Auf der anderen Seite entfällt die Gefahr, dass sich das Management zu einem ungünstigen Zeitpunkt von Immobilien trennen muss, nur weil Anleger ihr Geld zurückhaben wollen. Eine bessere Performance ist die Folge. Anleger können sich direkt an ausländischen REITs beteiligen, wenn sie am Erfolg dieses Immobilieninvestments teilhaben wollen. An der Börse München notieren 30 verschiedene US-REITs.

Anlage-Hinweis

REITs weisen grundsätzlich üppige Ausschüttungen auf. So belief sich die Dividendenrendite von US-Werten zeitweise auf 8 %. Da machte es Sinn, diese Immobilienwerte auf Kredit mit geringeren Zinssätzen zu erwerben. Aufgrund gestiegener Kurs sind die Renditen aber eher auf 4 % gefallen, so dass sogar herkömmliche Anleihen mithalten können. Zudem könnten die eher überhitzten amerikanischen Immobilienpreise eher für eine Kurskorrektur sorgen.

Diese ausländischen Immobilienaktien gelten nicht als Investmentfonds und umgehen daher die hohe Pauschbesteuerung nach § 6 InvStG (BMF v. 02.06.2005 – IV C 1 – S 1980 – 1 – 87/05, BStBl I, 728), sofern die Anteile der Immobilienunternehmen an einer Börse zugelassen sind und in ihrem Sitzstaat keiner Investmentaufsicht unterliegen. Dies hat den Vorteil, dass die hohe Ausschüttung sowie ein Spekulationsgewinn dem Halbeinkünfteverfahren unterliegen, Gewinne nach einem Jahr steuerfrei bleiben. Es ergeben sich daher keine steuerlichen Besonderheiten im Vergleich zu herkömmlichen Aktien. Es handelt sich auch dann noch um Dividenden, wenn Mieterträge oder Gewinne aus Immobilienverkäufen ausgeschüttet werden. Allerdings fällt auf die Ausschüttungen auch Quellensteuer an. Nicht unter den Investmentbegriff fallen derzeit belgische REITs, die einer Investmentaufsicht in ihrem Sitzstaat unterliegen.

Steuer-Hinweis

Nach dem Gesetzentwurf zur Einführung von deutschen REITs soll das Halbeinkünfteverfahren grundsätzlich nicht gelten. Das benachteiligt dann die ausländischen Werte, die derzeit noch wie Aktien behandelt werden.

Fazit: Grundsätzlich sind REITs ein lukratives und konservatives Investment. Dieses Ergebnis wird sich allerdings erst dann herumsprechen, wenn die Rahmenbedingungen für German Real Estate Investment Trusts geschaffen sind und die ersten G-REITs an der Börse notieren.

Rentenfonds

Diese Unterform der Investmentfonds investiert die Anlagegelder ausschließlich oder überwiegend in festverzinsliche Wertpapiere wie Pfandbriefe, Kommunalobligationen, Anleihen, Euro-Anleihen ausländischer Aussteller und Fremdwährungsanleihen. 1966 wurden die ersten deutschen Rentenfonds aufgelegt. Sie dürfen neben Festverzinslichen bis zu 10 % in Schuldscheindarlehen und nichtnotierte Wertpapiere anlegen sowie maximal 49 % in Geldmarktpapiere mit einer Restlaufzeit von bis zu zwölf Monaten.

Während bei Aktienfonds die Risikostreuung im Vordergrund steht, ist dieser Sicherheitsgedanke bei Rentenfonds generell nicht ersichtlich. Denn innerhalb der einzelnen Anleihearten gibt es normalerweise kein erhebliches Risikogefälle und fast alle Anleihearten sind direkt am Markt in kleiner Stückelung auch für den Kleinsparer verfügbar. Dennoch haben Rentenfonds ihren Marktanteil gefunden. Neben Sicherheit und Bequemlichkeit spielt hier auch die schwer zu beurteilende Zinsentwicklung eine Rolle. Hier wird dann auf die Arbeit der Fondsmanager zurückgegriffen.

Zu unterscheiden ist zwischen national und international anlegenden Rentenfonds. Bei internationalen Fonds sollen die höheren Zinsen an ausländischen Märkten sowie Wertsteigerungen durch Währungskursgewinne genutzt werden. Darüber hinaus unterscheiden sich die Fonds in unterschiedliche Laufzeitenstrukturen der im Sondervermögen befindlichen Rentenpapiere. Je nach Ausrichtung ergeben sich dann geringe (kurze Restlaufzeit oder variable Verzinsung) oder höhere (Laufzeiten über fünf Jahre) Kursrisiken durch Zinsveränderungen am Kapitalmarkt.

Bei Rentenfonds fallen i.d.R. ausschließlich steuerpflichtige Zinseinnahmen an. Die Vorteile von steuerfreien Kursgewinnen kann diese Fondsart kaum für sich in Anspruch nehmen. Keine Rolle spielt, ob die Erträge ausgeschüttet oder thesauriert werden. Liegen sie in einem inländischen Depot, fällt Zinsabschlag an. Die vom Fonds eingesammelten Erträge fließen bis zum Ausschüttungstermin in den Zwischengewinn ein. Eine Steuerstundung wie etwa bei Zerobonds ist nicht möglich, da Investmentfonds bereits den zeitanteiligen Zinsertrag gem. § 3 Abs. 2 Nr. 2 InvStG periodengerecht verbuchen müssen. Im Rahmen der EU-Zinsrichtlinie werden die Erträge i.d.R. bei Ausschüttung oder Verkauf eines thesaurierenden Fonds erfasst.

Steuer-Hinweis

Als Alternative bieten sich Rentenfonds **mit eingebauter Nachsteueroptimierung** an. Diese generieren ihre Erträge zum großen Teil aus realisierten Kursgewinnen bei Anleihen, die innerhalb des Fonds gem. § 2 Abs. 3 InvStG nicht steuerpflichtig sind. Sie weisen optisch zwar nur eine enttäuschende Performance auf, die sogar unter der von herkömmlichen Angeboten bleibt. Jedoch wendet sich das Blatt für **Anleger mit hoher Progression**, denn über die Steuerbelastung geht von der Rendite kaum noch etwas verloren. Damit fällt das Nachsteuerergebnis um bis zu 50 % besser aus als bei den üblichen Rentenfonds.

Steuerlich ergeben sich keine Unterschiede zu herkömmlichen → *Investmentfonds.*

Fazit: Aufgrund der laufenden Verwaltungsgebühren sowie des Ausgabeaufschlags eignet sich diese Fondsart weniger, zumal die Direktanlage in Anleihen einfach und bereits mit kleinen Beträgen möglich ist. Lediglich zur Risikostreuung in verschiedene Währungen oder bei Schuldnern mit schlechter Bonität ist der Umweg über einen Rentenfonds ratsam. Zum kurzfristigen Geldparken bieten sich die Unterform der Geldmarktfonds an. Steuerliche Vorteile können nur Rentenfonds ausspielen, die gezielt auf niedrig verzinste Anliehen mit Kursgewinnpotential setzen.

Rentenversicherung

Die private Rentenversicherung ist eine Variante der Lebensversicherung. Hierbei wird eine garantierte lebenslange Rente in vereinbarter Höhe garantiert. Stirbt der Versicherte frühzeitig, fällt das Kapital i.d.R. nicht in den Nachlass, sofern keine Sondervereinbarungen getroffen werden. Diese Rentenpolice wird in zwei verschiedenen Konzepten angeboten:

- **Aufgeschobene Rentenzahlung:** Bei dieser klassischen Form spart der Versicherte das Kapital durch regelmäßige Beiträge an, zusätzliche Einmalbeträge sind möglich. Zu einem fest vereinbarten Zeitpunkt wird das angesparte Versicherungsguthaben als Rente ausgezahlt.
- **Sofortrente:** Bei einer Einmalbeitragsversicherung beginnt die Rentenauszahlung direkt im Zeitpunkt des Vertragsabschlusses. Die Höhe der eingezahlten Summe bestimmt dann auch die Rentenhöhe. Eine Kündigung des Vertrags ist nicht mehr möglich. Diese Variante wird oft gewählt, wenn eine Kapitallebensversicherung oder ein anderer Sparvertrag fällig geworden sind.

Anlage-Hinweis

Rentenzahlungen sind auch bei der Rürup- oder Riester-Rente möglich. Hierbei sind allerdings besondere Voraussetzungen zu beachten, die dann zu Zulagen oder erhöhtem Sonderausgabenabzug führen. Die private Rentenversicherung ist eine individuelle Sparform.

Möglich ist eine Zusatzabsicherungen als Berufsunfähigkeits-, Unfall- oder Pflegezusatzversicherung. Hierfür wird dann ein Teil der Beiträge verwendet und steht nicht für die spätere Rentenauszahlung zur Verfügung. Eine weitere Option ist der Hinterbliebenenschutz. Sieht der Vertrag eine Rentengarantiezeit vor, wird die Zahlung nach dem Tod des Versicherten nicht eingestellt. Alternativ ist auch eine Hinterbliebenenrente möglich, dann erhält die mitversicherte Person eine private Rente nach dem Tod des Hauptversicherten. Diese Absicherung schlägt sich allerdings in leicht reduzierten Rentenauszahlungen nieder.

Maßgebend für die Bemessung von Beiträgen und Rentenhöhe ist die Lebenserwartung des Versicherten im Zeitpunkt der Auszahlung. Eine hervorragende Rendite bieten die Lebensversicherungen, wenn der Begünstigte sehr alt wird. Stirbt er hingegen frühzeitig, ergibt sich ohne Garantiezeiten ein schlechtes Geschäft.

Das Alterseinkünftegesetz hat zwar die Besteuerung von Lebensversicherungen kräftig durcheinandergewirbelt. Bei der Rentenpolice ändert sich aber nur wenig. Die Beiträge von vor 2005 abgeschlossenen Policen sind als sonstige Versicherungsaufwendungen absetzbar, wirken sich i.d.R. aber nicht aus. Daher stört es kaum, dass die Prämien von Verträgen ab 2005 steuerlich nicht mehr berücksichtigt werden. Günstig wirkt sich hingegen die Besteuerung in der Auszahlungsphase aus. Hier ist lediglich der 2005 gesunkene Ertragsanteil gem. § 22 Nr. 1 Satz 3a, Doppelbuchst. bb) EStG zu versteuern

Die Leistungen aus einer Rentenversicherung mit Kapitalwahlrecht fallen jedoch unter § 20 Abs. 1 Nr. 6 EStG, wenn sie nicht in Form von Rentenzahlungen erbracht werden. Dies ist sowohl bei einmaliger Kapital- als auch bei mehreren Teilauszahlungen der Fall (BMF v. 22.12.2005 – IV C 1 – S 2252 – 343/05, BStBl I 2006, 92).

Die Besteuerung mit dem Ertragsanteil setzt voraus, dass gleichbleibende oder steigende wiederkehrende Bezüge zeitlich unbeschränkt für die Lebenszeit der versicherten Person vereinbart werden. Hintergrund für diese Einschränkung ist die Vermeidung von Umgehungsmöglichkeiten. Sonst könnte die Auszahlung der Rente wie Raten auf das angesparte Kapital gestaltet werden und es würde zu einer günstigen abgekürzten Leibrente mit geringem Ertragsanteil kommen.

Daher sind Leibrenten mit einer vertraglich vereinbarten Höchstlaufzeit (abgekürzte Leibrenten) und wiederkehrende Bezüge, die nicht auf die Lebenszeit, sondern auf eine festgelegte Dauer zu entrichten sind (Zeitrenten), nach § 20 Abs. 1 Nr. 6 zu versteuern. Verlängerte Leibrenten (Mindestzeitrenten) fallen allerdings nur dann unter die Vorschrift des § 20 Abs. 1 Nr. 6 EStG, wenn die Rentengarantiezeit über die verbleibende mittlere Lebenserwartung der versicherten Person bei Rentenbeginn hinausgeht. Im Umkehrschluss erfolgt also eine Besteuerung mit dem Ertragsanteil nach § 22 EStG, wenn die versicherte Person den Ablauf der Mindestzeit statistisch gesehen überleben wird.

Steuer-Hinweis

Reine Risikopolicen wie Risikolebens-, Berufsunfähigkeits-, Erwerbsunfähigkeits- oder Pflegeversicherungen fallen nicht unter die Kapitaleinkünfte, auch nicht bei abgekürzten Leibrenten. Aus solchen Risikoversicherungen gezahlte Leibrenten unterliegen jedoch der Ertragsanteilsbesteuerung des § 22 Nr. 1 Satz 3 Buchst. a) Doppelbuchst. bb) EStG. Sofern eine Zeitrente gezahlt wird, unterliegt diese nach § 22 Nr. 1 Satz 1 EStG den sonstigen Einkünften.

Handelt es sich hingegen um eine Kapitallebensversicherung mit Rentenwahlrecht, fällt diese nach Auffassung der Finanzverwaltung auch dann unter § 20 Abs. 1 Nr. 6 EStG, wenn die Option Rente ausgeübt wird. Hierin wird eine Verfügung über den Auszahlungsbetrag (Vermögensverwendung) gesehen. Dies bedeutet, dass Kapitaleinnahmen in dem Zeitpunkt steuerlich zufließen, in dem die Kapitalleistung im Erlebensfall zu leisten wäre. Somit wird auch Kapitalertragsteuer von 25 % fällig, für die anschließende Rentenzahlungen steht nur das um den Abzug geminderte Restkapital zur Verfügung. Die Rente wird dann über § 22 EStG mit dem Ertragsanteil erfasst.

Liegt hingegen eine Rentenversicherung mit Kapitalwahlrecht vor, sind lediglich Kapitalleistungen nach § 20 Abs. 1 Nr. 6 EStG steuerpflichtig. Dies gilt für eine Gesamtauszahlung und auch Teilleistungen. Hier ist ein versicherungsmathematischer Barwert zu ermitteln und der Teilkapitalauszahlung gegenüberzustellen.

Anlage-Hinweis

Wird eine Einmalzahlung in die Rentenversicherung investiert, wird die Auszahlung steuerlich nur sehr moderat erfasst. Wer das Geld in andere Kapitalanlagen steckt, muss auf die anfallenden Erträge laufend Abgaben zahlen. Die fallen meist höher als die Steuer auf den Ertragsanteil an. Allerdings kann bei der Rente kein Sparerfreibetrag genutzt werden. Dieser Aspekt spielt eine Rolle, wenn dieser Freibetrag nicht ohnehin durch andere Kapitalerträge ausgenutzt wird.

Fazit: Eine private Rentenversicherung ist eine konservative und berechenbare Anlage mit laufenden Einnahmen – bis ans Lebensende. Verluste oder ein vorheriger Kapitalverzehr sind ausgeschlossen, steuerlich ist die Behandlung günstig. Allerdings hat der Versicherte keinen Zugriff auf das Kapital und ohne Hinterbliebenenschutz erlöschen alle Ansprüche mit dem Tod. Wer steuerliche Vorteile in der Ansparphase möchte, sollte sich die Voraussetzungen für eine Rürup- oder Riester-Rente anschauen. Die sind aber nicht so flexibel und werden nachgelagert in voller Höhe besteuert.

Reverse-Bonus-Zertifikat

Im Vergleich zu der seit Jahren üblichen Bonusvariante liegt die Bonusschwelle hier nicht unter, sondern über dem aktuellen Kursniveau bei Emission. Und wenn diese Marke während der Laufzeit niemals berührt oder überschritten wird, erhalten Anleger mindestens den dann garantierten Bonusbetrag. Sollte der Basiswert stark einbrechen, sind sogar deutlich höhere Gewinne möglich. Denn am Ende der Laufzeit spiegelt sich jeder Prozentpunkt, den der Wert gegenüber seinem Startkurs verloren hat, beim Zertifikat in einem Prozent Kursplus wider.

Eine unbegrenzte Gewinnchance gibt es hier aber nicht. Denn keine Aktie und kein Index können mehr als 100 % verlieren. Dementsprechend ist auch das maximale Potential auf eine Verdoppelung begrenzt. Andererseits führt ein Kursanstieg des Index oder der Aktie um 100 % und mehr zum Totalverlust. Denn auch hier reagiert das Zertifikat „reverse“ eins zu eins auf die Kursentwicklung des Basiswerts.

Steuerlich ergeben sich keine Unterschiede zu herkömmlichen → *Zertifikaten.*

Reverse-Express-Zertifikate

Gewinne einstreichen, auch wenn die Börsen auf Talfahrt gehen, ist das Motto dieses Papiers. Defensiv eingestellte Anleger können mit Reverse-Express-Zertifikaten auf stagnierende und fallende Kurse setzen und haben die Chance, mit dieser Strategie überdurchschnittliche Renditen zu erwirtschaften. Dieses Produkt koppelt die vorzeitige Rückzahlung des eingesetzten Kapitals plus Bonus daran, dass der Basiswert an einem der definierten Bewertungstage auf dem vorgegebenen Vergleichswert oder darunter notieren muss. Bei klassischen → *Express-Zertifikaten* ist es genau umgekehrt.

Liegt der Basiswert oberhalb des Vergleichswerts, verlängert sich die Laufzeit des Zertifikats im Zwölfmonatsabstand. Mit jeder Überprüfung und erneuten Verlängerung der Laufzeit steigt die Höhe des Bonusbetrags. Kommt es bis zum Laufzeitende zu keiner vorzeitigen Rückzahlung und notiert der Basiswert zu diesem Zeitpunkt oberhalb des Vergleichswerts, aber innerhalb des bei Emission definierten Sicherheitspuffers, entfällt der Bonus. Das Zertifikat wird zum Nominalwert zurückbezahlt. Notiert der Basiswert aufgrund seines starken Wertanstiegs oberhalb des Sicherheitspuffers, müssen Anleger Verluste hinnehmen.

Beispiel

Ein Reverse-Express-Zertifikat auf den EuroStoxx 50 wird nach einem Jahr zu 107 % zurückgezahlt, sollte das Börsenbarometer auf oder unter dem Startwert von 3.000 Punkten liegen. Wenn nicht, gibt es nach zwei Jahren 114, nach drei 121 und nach vier Jahren bei Fälligkeit 128 %. Notiert der Index hier über dem Ausgangsniveau, erhalten Anleger lediglich den Nennwert zu 100 % zurück. Sofern der EuroStoxx 50 während der Laufzeit allerdings einmal mehr als 50 % auf über 4.500 Punkte gestiegen ist, gibt es lediglich die Wertentwicklung bei Laufzeitende. Hat der Index während der Laufzeit einmal 60 % gewonnen und steht nun bei Fälligkeit auf 3.600 Punkten, erhalten Anleger 80 %.

Steuerlich ergeben sich keine Unterschiede zu herkömmlichen → *Zertifikaten.* Der mögliche Expressertrag sowie die Rückzahlung zum Nennwert in gewissen Kursbereichen gilt nicht als Garantiezusage, so dass keine Finanzinnovation vorliegt.

Fazit: Reverse-Express-Zertifikate eignen sich für eher leicht fallende Börsenzeiten. Dann wird kurzfristig eine hohe Rendite erzielt, die auch noch steuerfrei bleiben kann. Durch die Kursabsicherung nach oben handelt es sich um eine konservative Geldanlage. Bei seitwärts tendierenden Aktienmärkten sind aber andere Zertifikate oder auch Aktienanleihen zu bevorzugen.

Reverse Floater

Sonderform von variabel verzinslichen Anleihen. Wie der Name schon andeutet, entwickelt sich der Zinsertrag in entgegengesetzter Richtung zum Referenzzinssatz, steht somit in negativer Korrelation zum aktuellen Zins. Die Ermittlung des Zinssatzes erfolgt durch Subtraktion des Referenzzinssatzes von dem in den Anleihebedingungen vorgegebenen Festzins. Als Basiszins dient der EURIBOR oder der LIBOR (Frankfurt bzw. London Interbank Offered Rate).

Beispiel

Konditionen: Verzinsung von 13 %, vierteljährlicher Abzug des EURIBOR-Satzes. Steigt der EURIBOR-Satz auf 9 %, ergibt sich eine (13 – 9) 4%ige Verzinsung, beim einem Fall des EURIBOR-Satzes auf 5 % beträgt der variable Zinssatz (13 – 5) 8 %.

Aufgrund der Gegenläufigkeit von Anleiheverzinsung und aktuellem Marktzins ergeben sich (im Gegensatz zu normalen Floatern) extrem starke Kursschwankungen an der Börse. Die Kursausschläge verlaufen gleichgerichtet, sind jedoch stärker ausgeprägt als bei normalen festverzinslichen Anleihen, als Faustformel geht man von doppelt so hohen Schwankungen aus. Die Investition lohnt sich insbesondere bei der Erwartung von fallenden Zinsen. Diese Floater sollten in der Nähe des unteren Marktzinses veräußert werden. Das Risiko für einen Anleger ist besonders hoch, wenn sich der Anstieg der langfristigen Marktzinsen anbahnt, auch wenn die kurzfristigen (noch) fallen sollten. Die Verzinsung richtet sich zwar nach den Kurzfristzinsen, die Kursbewegung allerdings nach dem langfristigen Marktzins. Noch spekulativer sind die Reverse Floater, die mit doppeltem Satz ausgestattet sind. Hier ist die Volatilität dreimal so hoch wie bei normalen Anleihen.

Beispiel

Konditionen: Verzinsung von 19 %, vierteljährlicher Abzug des doppelten EURIBOR-Satzes. Steigt der EURIBOR-Satz auf 9 %, ergibt sich eine (19 – 2 x 9) 1%ige Verzinsung, bei einer Absenkung des EURIBOR-Satzes auf 5 % ein Zinssatz von (19 – 2 x 5) 9 %.

Die Zinsen sind gem. § 20 Abs. 1 Nr. 7 EStG zu versteuern und unterliegen dem Zinsabschlag. Bei Floatern ist der (Zins-) Ertrag von einem ungewissen Ereignis, nämlich dem Referenzzins abhängig und die Zinszahlung erfolgt in unterschiedlicher Höhe. Sie erfüllen somit die Voraussetzungen einer → *Finanzinnovation*.

Steuer-Hinweis

In einer dem BFH unter VIII R 97/02 vorliegenden Revision geht es um die Frage, ob Kursgewinne beim Verkauf von Reverse Floatern steuerpflichtig sind, sofern die Spekulationsfrist abgelaufen ist (Vorinstanz FG Rheinland-Pfalz v. 28.10.2002 – 1 K 1807/99, EFG 2003, 314).

Fazit: Je nach Marktsituation sind diese Papiere interessant. Aktuell sind sie aufgrund der geringen Kapitalmarktzinsen weniger aussichtsreich und werden auch kaum emittiert.

Reverse-Protect-Discount-Zertifikate

Diese Variante des klassischen → *Discount-Zertifikats* bietet Abschläge auf den aktuellen Kurs einer Aktie und einen zusätzlichen Risikopuffer gegen steigende Kurse. Dieser Protect-Kurs liegt über dem aktuellen Wert des Zertifikats. So lange der Kurs der Basiswerts während der Laufzeit nicht über diese Schutzgrenze von rund 40 % steigt, erhält der Anleger stets den Höchstbetrag ausgezahlt. Wird der Protect-Level jedoch berührt, hängt die Rückzahlung bei Fälligkeit vom Kurs des Basiswerts ab.

Beispiel

Kauf eines Reverse-Protect-Discounts zum Kurs von 100 €. Die Aktie notiert bei 110 €, der Grenzbetrag liegt bei 130 € und das Cap bei 80 €. Folgende Szenarien sind denkbar:

Verlauf des Aktienkurses	Aktienkurs bei Fälligkeit	Rückzahlung
Die Aktie notiert während der Laufzeit immer unter dem Cap	125 €	Cap von 120 €
Die Aktie notiert während der Laufzeit immer unter dem Cap	90 €	Cap von 120 €
Die Aktie ist über den Protect-Wert gestiegen	80 €	Cap von 120 €
Die Aktie ist über den Protect-Wert gestiegen	140 €	Zahlung 70 €

Steuerlich ergeben sich keine Unterschiede zu herkömmlichen → *Zertifikaten*. Trotz Discount und Teilschutz im Gewinnfall handelt es sich nicht um eine Finanzinnovation.

Reverse-Protect-Outperformance-Zertifikate

Bei dieser Konstruktionen verdienen Investoren, wenn die Kurse fallen oder stagnieren. Es erfolgt eine partielle Absicherung gegen Kursgewinne und eine überproportionale Gewinnmöglichkeit an fallenden Kursen. Notiert der Basiswert wie etwa ein Aktienindex während der Laufzeit nie auf oder über dem Protect-Niveau, erhalten Anleger bei Fälligkeit mindestens den Nennwert zurück. Fällt der Index im Vergleich zum Startwert, gibt es die Differenz mit dem Faktor 1,5 oder 2 ausbezahlt. Wird die obere Kursgrenze jedoch überschritten, verliert das Reverse-Zertifikat entsprechend dem Unterschied zwischen Kurs bei Fälligkeit und Emission. Somit eignet sich dieses Papier nur für Anleger, die während der Laufzeit des Zertifikats fallende Kurse erwarten.

Steuerlich ergeben sich keine Unterschiede zu herkömmlichen → *Zertifikaten*. Trotz überproportionaler Gewinnchance bei fallenden Kursen und einem Teilschutz im Gewinnfall handelt es sich nicht um eine Finanzinnovation.

Riester-Rente

Diese freiwillige Sparform für Arbeitnehmer und Beamte gibt es bereits seit Januar 2002 durch das Altersvermögensgesetz (AVmG). Da das Alterseinkünftegesetz zu einer stärkeren Steuerbelastung auf Renten und Lebensversicherungen und günstigeren und einfacheren Regeln bei der privaten Altersvorsorge führt, rückt die Riester-Rente verstärkt ins Blickfeld. Anfang Juli 2006 gab es rund 6,5 Mio. staatlich geförderte Altersvorsorgeverträge, ein Zuwachs von 1,1 Mio. neuen Verträgen alleine im ersten Halbjahr 2006. Stark im Kommen sind hierbei Riester-Fondsverträge, Ende Juni 2006 verwaltete die Investmentbranche bereits über 800.000 Riester-Depots, ein Zuwachs innerhalb von sechs Monaten um 237.000.

Erfolgreicher ist allerdings die Versicherungsbranche, die Mitte 2006 bereits zwei Millionen Verträge verwaltete und im ersten Halbjahr über 882.000 Riester-Renten neu abschließen konnte.

Zulagen und Steuervorteile bringen Riester-Produkten Renditen, die vergleichbare konservative Anlagen kaum vorweisen können. Das angesparte Vermögen setzt sich dabei aus eigenen Beiträgen und Zulagen zusammen, deren Höhe vom Familienstand und der Anzahl der Kinder abhängig sind. Darüber hinaus können sich die Beiträge auch noch als Sonderausgaben auswirken.

Steuer-Hinweis

Das Schreiben zur Förderung der privaten Altersvorsorge und der betrieblichen Altersversorgung (BMF v. 17.11.2004 – IV C 4 – S2222 – 177/04 / IV C 5 – S2333 – 269/04, BStBl I, 1065) klärt Zweifels- und Detailfragen zur Riester-Rente.

In den Genuss von Zulage und Sonderausgaben kommen grundsätzlich gesetzlich Pflichtversicherte, Besoldungsempfänger sowie deren Ehepartner, § 10a Abs. 1 EStG. Wer wegen Arbeitslosigkeit bei der Agentur für Arbeit als Arbeitssuchender gemeldet ist oder eine Auszeit für die Kindererziehung nimmt, hat Anspruch. Hinzu kommen noch Wehr- und Zivildienstleistende sowie Bezieher von Vorruhestandsgeld. Selbständige hingegen erhalten keine Förderung. Für sie bieten sich Zahlungen für eine Rürup-Rente oder eine Erhöhung ihrer Beiträge für die berufsständische Versorgungseinrichtung an. Beide Formen der Altersvorsorge werden vom Staat ab diesem Jahr besonders gefördert. Denn in beiden Fällen werden Beiträge steuerlich i.H.v. bis zu 20.000 € berücksichtigt, als Sonderausgaben dürfen hiervon für 2005 allerdings nur 60 % abgezogen werden. Der Satz steigt dann bis zum Jahr 2040 auf 100 % an.

Ist nur ein Ehegatte zulagenberechtigt und zahlt in einen eigenen Vertrag oder die betriebliche Altersversorgung ein, kann der andere Partner in den Genuss der mittelbaren Förderung kommen und einen eigenen Vertrag abschließen. Das trifft etwa bei nicht Erwerbstätigen oder Selbständigen zu, wenn der Partner Arbeitnehmer ist.

Die Förderung funktioniert ähnlich wie beim Kindergeld. Berechtigte erhalten vorab einen Zuschuss und anschließend je nach Einkommen über die Steuerveranlagung des Jahres einen darüber hinausgehenden Betrag als Sonderausgaben angerechnet.

Die Zulage beläuft sich 2006 auf 114 € und erreicht 2008 in der Endstufe 154 € jährlich. Pro Sohn oder Tochter gibt es eine Kinderzulage von 138 €, die sich bis 2008 auf 185 € erhöht. Die Zulagen werden direkt an das Sparinstitut überwiesen und als Anlageguthaben verbucht. Im zweiten Schritt sind die Beiträge plus Zulagen bis zu 1.575 € als Sonderausgaben absetzbar, zusätzlich zu den übrigen Vorsorgeaufwendungen. Die Zulage wird nur dann in voller Höhe gewährt, wenn Mindesteigenbeträge erbracht werden. Die liegen 2005 bei 2 % der Einnahmen und maximal 1.050 € (2006: 3 %, max. 1.575 €) € abzüglich der Zulagen, die als Sparleistung gelten. Mindestens ist aber ein Sockelbeitrag zu entrichten. Der beträgt ab 2005 einheitlich 60 €; in den Vorjahren variierte er noch um die Kinderanzahl.

Anlage-Hinweis

Ehepaare können den Höchstbetrag jeweils für ihre eigenen Beiträge verwenden. Ist ein Partner nur mittelbar begünstigt, werden die summierten Beiträge nur beim Arbeitnehmer-Partner berücksichtigt. Motto: Doppelte Zulage, aber nur einfache Steuervergünstigung. In welcher Höhe der mittelbar begünstigte Partner anspart, spielt keine Rolle. Er kann sich sogar ausschließlich mit den jährlichen Zulagen begnügen.

Förderung gibt es nur für bestimmte Verträge. Die hierzu aufgestellten Kriterien mindern sich erfreulicherweise ab 2005 von elf auf fünf.

- Weiterhin muss eine lebenslange Altersversorgung frühestens ab dem 60. Lebensjahr vorgesehen sein,
- die Abschluss- und Vertriebskosten müssen vertraglich über mindestens fünf (zuvor zehn) Jahre verteilt werden,
- die Auszahlung muss als monatliche Leibrente oder in Raten bis zum 85. Lebensjahr erfolgen,
- der Anbieter muss garantieren, dass bei der ersten Auszahlung zumindest das eingezahlte Kapital zur Verfügung steht.
- Während der Sparphase besteht der Anspruch, den Vertrag ruhen zu lassen, ihn auf eine andere Riester-Police zu übertragen oder auch gegen Auszahlung zu kündigen.
- Für ab 2006 abgeschlossene Policen zwingend Unisex-Tarife, Männer finanzieren die längeren Lebenserwartungen der Frauen mit.

Für die Auszahlung muss der Anspruchsberechtigte beim Anbieter einen Antrag auf Zulage einreichen, mit Angaben zum Einkommen, Familienstand und Kinderanzahl. Hier gibt es ab 2005 Erleichterungen: Wird der Anbieter einmal zur Beantragung der Zulage bevollmächtigt, müssen Sparer bis auf Widerruf oder Änderung der persönlichen Verhältnisse keine Formulare ausfüllen, um die Zulage kümmert sich der Anbieter. Über das aktuelle Sparguthaben, die bisher gesammelten Beiträge und Zulagen stellt das Institut jährlich eine Bescheinigung aus.

Laut Gesetz dürfen Leistungen frühestens ab dem 60. Lebensjahr oder einem vorherigen Bezug der Altersrente fließen. Eine frühere Inanspruchnahme ist jederzeit zulässig, dann wird das bis dahin angesparte Kapital ausbezahlt. Das ist unschädlich, sofern das Guthaben umgehend in eine andere Riester-Police eingezahlt wird. Soll das Ersparte aber anderweitig verwendet werden, ist dies mit Sanktionen verbunden: Sämtliche bisher beanspruchten Zulagen und Steuerermäßigungen werden zurückgefordert. Zusätzlich ist die Auszahlung wie herkömmliche Kapitaleinnahmen zu versteuern. Ausnahme: Im Falle einer Scheidung darf der Riester-Vertrag auf den Ex-Partner übertragen oder das Guthaben für dessen Rentenanwartschaft verwendet werden.

Anlage-Hinweis

Während der Laufzeit sammeln sich die Erträge inklusive Zulagen ohne Steuerbelastung oder Zinsabschlag an. Bei einer vorzeitigen Verwendung wird der Sparer dann so gestellt, als hätte er in eine herkömmliche Kapitalanlage investiert. Das kann sogar zur Steuerfreiheit führen, sollte die Sparpolice die Eigenschaft von vor 2005 abgeschlossenen Lebensversicherungen beinhalten.

Die regulären Auszahlungsbeträge, die sich aus Zulagen, Beiträgen und Sparerträgen zusammensetzen, sind in voller Höhe als sonstige Einkünfte steuerpflichtig, § 22 Nr. 5 EStG. Wurden Beiträge über die geförderte Höchstgrenze hinaus in den Riester-Vertrag eingezahlt, sind die hieraus stammenden Renten nur mit dem Ertragsanteil steuerpflichtig. Die Aufteilung hierzu nimmt der Anbieter anhand der Vorgaben laut BMF-Schreiben vom 11.11.2004 (IV C 3 – S 2257b – 47/04, BStBl I, 1061) vor.

Um den Produkten neuen Schwung zu verleihen, wurden die Auszahlungsmodalitäten erleichtert und bieten für Sparer mehr Möglichkeiten:

- Die Renten können in einem Jahresbetrag ausbezahlt werden, unabhängig von der Höhe.

- Bei Monatsrenten unter 24,15 € kann sogar die gesamte Sparsumme auf einen Schlag ausbezahlt werden, ohne Sanktionen.
- Die ab der ersten Auszahlung anfallenden Erträge im Sparvertrag dürfen sofort neben der Rente ausgeschüttet werden.
- Als weitere Option darf stets 30 % des zu Beginn der Auszahlungsphase angesparten Guthabens sofort überwiesen werden.

Ab Abschluss eines Riester-Vertrags ab 2006 erhalten Männer bei gleichen Beiträgen keine höhere Auszahlung mehr. Denn die Versicherungsunternehmen müssen für Frauen und Männer einheitliche Unisex-Tarife aufstellen. Zuvor waren die Rentenleistungen für Männer höher, da ihre Lebenserwartung niedriger ist als die von Frauen.

Steuer-Hinweis

Am 19.12.2005 hatte die EU-Kommission Deutschland förmlich ersucht, seine Vorschriften in Bezug auf die Altersvorsorgezulage zu ändern (IP/06/32). Dem war der Gesetzgeber nicht gefolgt. Als Folge hieraus hat die Kommission vor dem EuGH Klage gegen Deutschland erhoben (Az. 2003/2067). Nach ihrer Ansicht verstoßen drei Regelungen gegen EU-Recht, und zwar gegen die Gleichbehandlung von Gebietsansässigen und -fremden sowie gegen die Freizügigkeit von Unionsbürgern.

- Ausländische Arbeitnehmer, die weniger als 90 % ihres Familieneinkommens in Deutschland verdienen, kommen nicht in den Genuss der Zulage, obwohl sie Sozialversicherungsbeiträge entrichten.
- Das angesparte Kapital kann für die Finanzierung eines in Deutschland belegenen Eigenheims verwendet werden. Das benachteiligt Grenzgänger, eigene vier Wände in ihrem Wohnsitzstaat zu kaufen.
- Die Zulage muss zurückgezahlt werden, wenn Arbeitnehmer nach dem Erwerbsleben in ihr Heimatland zurückkehren oder als Rentner ins Ausland umziehen.

Die Bundesregierung hält die vorgebrachten Bedenken für unbegründet, so dass sich aus ihrer Sicht kein Änderungs- und Handlungsbedarf ergibt (BMF v. 04.07.2006, PM Nr. 84/2006).

Fazit: Die Erleichterungen durch das Alterseinkünftegesetzes haben sich bereits positiv auf den Absatz von neuen Riester-Policen ausgewirkt. Besonders für Geringverdiener und Großfamilien bieten sie hervorragende Renditen – und dies mit wenig Eigenleistungen. Durch die steuerliche Zusatzkomponente bei höherer Progression ist die Riester-Rente aber für alle Nichtselbständigen und ihre Ehepartner eine Investition wert. Zumal die Förderbeträge in den kommenden Jahren weiter ansteigen.

Rohstoff-Zertifikate

Die steigenden Rohstoffpreise haben in den vergangenen Jahren zu einem steigenden Interesse an Rohstoffen geführt. Hierbei lassen sich mit Energie, Basis- sowie Edelmetallen und landwirtschaftlichen Rohstoffe vier börsengehandelte Gruppen feststellen. Hierzu gibt es spezielle Indizes wie GSCI oder DJ AIG, auf deren Wertentwicklung Zertifikate setzen. Rohstoffe werden nur an Terminmärkten gehandelt, so dass der Index jeweils auf fortlaufende Kontrakte setzen muss. In der Vergangenheit haben Rohstoffe einen jährlichen Ertrag von über 9 % jährlich erbracht. Allerdings sind die Schwankungen größer als bei Aktien. Da Rohstoffe in US-$ notieren, werden die Zertifikate ohne und mit (Quanto) Währungsabsicherung angeboten.

Steuerlich ergeben sich keine Unterschiede zu herkömmlichen → *Zertifikaten.*

Fazit: Generell gelten die Vorzüge, die Zertifikate ohnehin schon besitzen. Positiv zu erwähnen ist, dass Rohstoffe nahezu keine Korrelation mit Aktien oder Anleihen aufweisen. Die Wertentwicklung verläuft daher in den verschiedenen Konjunkturphasen meist unabhängig oder sogar gegensätzlich. Das bringt eine Stabilität im Depot.

Rolling-Zertifikate

Diese relativ neue Wertpapierart ist eine Unterform der Discount-Zertifikate. Sie haben i.d.R. keine Laufzeitbegrenzung, eignen sich daher auch zur permanenten Einzahlung über Sparpläne. Entscheidendes Kriterium ist jedoch der Cap, die Obergrenze, bis zu der Anleger an Kurszuwächsen partizipieren. Das Cap wird jeden Monat an den aktuellen Kurs des Basiswerts (Aktie, Basket oder Index) angepasst. Somit muss der Anleger nicht permanent auf den Fälligkeitszeitraum achten, auf der anderen Seite ist der gewährte Discount deutlich geringer als bei herkömmlichen Produkten.

Eine weitere Anlagestrategie basiert auf dem Grundsatz, dass das Rolling-Papier kontinuierlich in Discount-Zertifikate auf einen Index mit einer Restlaufzeit von einem Monat investiert. Die Idee: Anleger können den Ertrag maximieren, da zwölf Discounts i.d.R. deutlich mehr Gewinne abwerfen als ein Zertifikat mit einer einjährigen Laufzeit. Und das funktioniert wie folgt: Einmal im Monat wird in ein Discount-Zertifikat mit einer Laufzeit von einem Monat investiert. Der Erlös des abgelaufenen Engagements wird in ein neues Zertifikat investiert. Dabei kann – zumindest gleichbleibende Kurse vorausgesetzt – durch das jedes Mal ausgenutzte Discount ein höherer Betrag in das neue Engagement investiert werden. Liegt der Kurs unter dem Einstandspreis mit Rabatt, steht im folgenden Monat weniger Geld zur Verfügung. Für die rollende Arbeit verlangen die Emissionshäuser allerdings eine Managementgebühr, die bei herkömmlichen Discounts nicht anfällt. Auf der anderen Seite erspart sich der Anleger die Spesen, die für eine permanente Wiederanlage erforderlich wäre.

Steuerlich ergeben sich keine Unterschiede zu herkömmlichen → *Zertifikaten.*

Fazit: Die rollierenden Zertifikate eignen sich hervorragend für die Langfristanlage über Sparpläne und bieten die Aussicht auf steuerfreie Gewinne. Sie sind faktisch die Alternative zu Discount-Zertifikaten, wenn auf Dauer mit kleinen Beträgen an den Aktienmärkten Geld verdient werden soll.

Rürup-Rente

Das seit Beginn des Jahres 2005 geltende Alterseinkünftegesetz legt nicht nur den Hebel auf eine nachgelagerte Besteuerung um, sondern bietet auch eine neue Möglichkeit, für das Alter über eine private kapitalgedeckte Rentenversicherung zu sparen. Diese steuerlich privilegierte Alternative ist eher unter dem Namen seines Begründers Bert Rürup bekannt und soll für die jüngere Generation die Rentenlücke ausfüllen, die im Alter anfallen wird. Ähnlich wie auch bereits bei Riester sichert die Rürup-Rente das Langlebigkeitsrisiko ab und verfügt über steuerliche Vorteile, die den Rückzug des Staates aus der Rentenversicherung kompensieren soll. Eine Reihe von Versicherungen bieten die neue Rürup-Rente an, zumal sie von vielen Vermittlern als Ersatz für den wegbrechenden Markt bei den Kapitallebensversicherungen gesehen werden.

Steuer-Hinweis

Die Einzelheiten ergeben sich aus dem Anwendungsschreiben zum Alterseinkünftegesetz (BMF v. 24.02.2005 – IV C 3 – S 2255 – 51/05, BStBl I, 429).

Gefördert werden ab 2005 gem. § 10 Abs. 2b EStG Beiträge zu privaten kapitalgedeckten Leibrentenversicherungen, bei denen die erworbene Anwartschaft

- nicht beleihbar,
- nicht vererblich,
- nicht veräußerbar,
- nicht übertragbar,
- nicht kapitalisierbar und
- frühestens ab dem 60. Geburtstag in Form einer monatlichen lebenslangen Leibrente ausgezahlt wird.

Begünstigte Beiträge für die eigene kapitalgedeckte Altersversorgung nach § 10 Abs. 2b EStG liegen vor, wenn Beitragszahler, versicherte Person und Leistungsempfänger identisch sind. Bei zusammen veranlagten Ehegatten spielt keine Rolle, wer die Zahlungen erbringt (R 86a EStR). Über die Versicherung können auch Berufs- und Erwerbsunfähigkeit sowie Hinterbliebene abgesichert werden. Allerdings dürfen für diese Fälle nur Rentenzahlungen vorgesehen sein und maximal 50 % der Beiträge auf die Zusatzleistungen entfallen. Ansonsten gehören die Aufwendungen für die ergänzende Absicherung zu den übrigen Versicherungsleistungen.

Das Guthaben darf zwar nicht vererbt werden. Erlaubt ist aber eine vereinbarte Hinterbliebenenleistung an den überlebenden Ehegatten und den Nachwuchs, solange Anspruch auf Kindergeld besteht. Gestattet ist bei Ehegatten auch ein Vertrag, der eine lebenslange Leibrente bis zum Tod des Letztversterbenden vorsieht. Darüber hinaus darf der Vertrag keine Übertragung der Ansprüche vorsehen. Dies gilt allerdings nicht für Scheidungsfolgen oder bei einem Wechsel des Versicherers. Begünstigt sind auch über eine betriebliche Altersversorgung erbrachte Beiträge, die ganz normal der Lohnbesteuerung unterlegen haben.

Diese Altersvorsorgeaufwendungen können im Jahr 2006 zu 62 % als Sonderausgaben steuermindernd geltend gemacht werden. Danach erfolgt eine jährliche Steigerung dieses Anteils um jeweils zwei Prozentpunkte, so dass im Jahr 2025 dann 100 % der Altersvorsorgebeiträge als Sonderausgaben steuerlich abzugsfähig sind (§ 10 Abs. 3 EStG). Ab 2005 gilt ein einheitlicher Höchstbetrag der als Sonderausgaben abziehbaren Altersvorsorgeaufwendungen von 20.000 € für alle Steuerpflichtigen, der sich bei zusammen veranlagten Ehegatten auf 40.000 € verdoppelt. Dabei spielt es keine Rolle, welcher Partner die Zahlungen leistet.

Der Ansatz des Höchstbetrags im Jahr 2006 mit 62 % ist bei Arbeitnehmern um den steuerfreien Arbeitgeberanteil zur Rentenversicherung zu kürzen (§ 10 Abs. 3 Satz 4 und 5 EStG). Dies hat zur Folge, dass bei Arbeitnehmern vom Sonderausgaben-Höchstbetrag 2006 i.d.R. nur ein kleiner Rest übrig bleibt, der steuermindernd für eine Basisrente eingesetzt werden kann. Dies macht das Beispiel auf der folgenden Seite deutlich.

Beispiel
Rechnung der Altersvorsorgebeiträge bei Arbeitnehmern

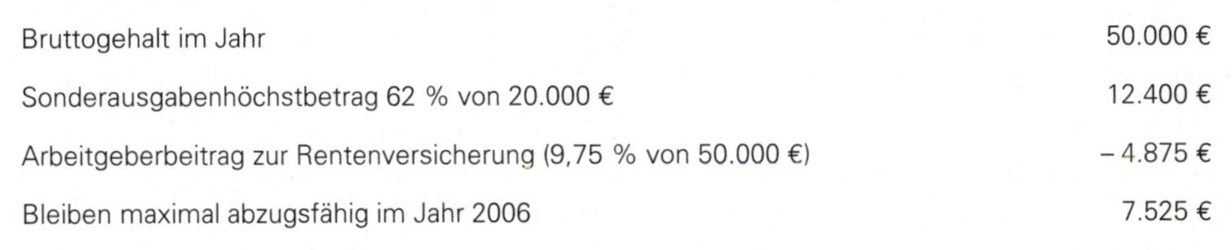

Bruttogehalt im Jahr	50.000 €
Sonderausgabenhöchstbetrag 62 % von 20.000 €	12.400 €
Arbeitgeberbeitrag zur Rentenversicherung (9,75 % von 50.000 €)	– 4.875 €
Bleiben maximal abzugsfähig im Jahr 2006	7.525 €

Beiträge des Arbeitnehmers zur gesetzlichen Rentenversicherung (AN+AG-Anteil) 19,5 % von 50.000 €	9.750 €
Davon sind im Jahr 2005 62 % abzugsfähig	6.045 €
abzüglich des Beitrags vom Arbeitgeber	– 4.875 €
Steuermindernd wirken sich von den Rentenversicherungsbeiträgen im Jahr 2005 also nur aus	1.170 €
Der Arbeitnehmer kann noch zusätzlich absetzen:	
Höchstbetrag	7.525 €
abzüglich Abzug aus den Rentenversicherungsbeiträgen	– 1.170 €
Noch verfügbar für die Basisrente	6.450 €

Ergebnis: Wenn der Arbeitnehmer den restlichen Abzugsbetrag von 6.450 € voll ausschöpfen will, muss er 10.403 € für eine Basisrente ausgeben, da im Jahr 2006 nur 62 % der Versicherungsbeiträge steuerlich abzugsfähig sind.

Deshalb eignet sich die Basisrente vor allem für Unternehmer und Freiberufler, die keine oder nur geringe Beiträge in die gesetzliche Rentenversicherung oder an berufständige Versorgungseinrichtungen einzahlen. Diese Selbständigen können ab Januar 2005 bis zu 20.000 € für eine private Leibrentenversicherung in Form der Basisrente ausgeben. Von diesen Beiträgen sind dann im Jahr 2006 lediglich 62 % als Sonderausgaben abzugsfähig, so dass bei Spitzenverdienern ein wesentlicher Anteil der Beiträge für die private Leibrentenversicherung durch die Steuerersparnis finanziert wird. Wenn der Beitrag für die Basisrente in Form einer privaten Leibrentenversicherung z.B. 20.000 € beträgt, sind davon 62 % = 12.400 € steuerlich abzugsfähig.

Beispiel

Rechnung der Altersvorsorgebeiträge bei Selbständigen 2006

Beiträge in eine Rürup-Police 2006	20.000 €
Sonderausgabenhöchstbetrag 62 % von 20.000 €	12.400 €
Spitzensteuersatz inkl. Kist und SolZ	46 %
Steuerersparnis	5.704 €
Nettoeigenleistung	14.296 €

In den Folgejahren erhöht sich der als Sonderausgaben abzugsfähige Satz um jährlich 2 %, so dass der Anteil der Beiträge, der aus der Steuerersparnis finanziert wird, von Jahr zu Jahr ansteigt. Im Jahr 2015 sind die Beiträge z.B. i.H.v. 80 % steuerlich abzugsfähig und ab dem Jahr 2025 sind die Beiträge für die private Leibrentenversicherung dann zu 100 % als Sonderausgaben abzugsfähig.

Beispiel
Rechnung der Altersvorsorgebeiträge bei Selbständigen 2015 und 2025

Beitragsjahr	**2015**	**2025**
Beiträge in eine Rürup-Police 2015	20.000 €	20.000 €
Sonderausgabenhöchstbetrag 80 % von 20.000 €	16.000 €	20.000 €
Spitzensteuersatz inkl. Kist und SolZ	46 %	46 %
Steuerersparnis	7.360 €	9.200 €
Nettoeigenleistung	12.640 €	10.800 €

Der Höchstbetrag wird bei Personen, die ganz oder teilweise ohne eigene Beitragsleistungen Ansprüche auf Altersversorgung erwerben, um den fiktiven Arbeitgeber- und Arbeitnehmeranteil zur Rentenversicherung gekürzt. Hierzu zählt auch der beherrschende Gesellschafter-Geschäftsführer einer GmbH, dem eine betriebliche Altersversorgung zugesagt worden ist oder der Anwartschaftsrechte über nach § 3 Nr. 63 EStG steuerfreie Beiträge erwirbt. Die Kürzung beim Geschäftsführer erfolgt auch ohne Pensionszusagen, wenn steuerfreie Beiträge an eine Pensionskasse, einen Pensionsfonds oder für eine Direktversicherung gezahlt werden. Dabei spielt es keine Rolle, ob es sich um arbeitgeberfinanzierte Beiträge oder eine Entgeltumwandlung handelt.

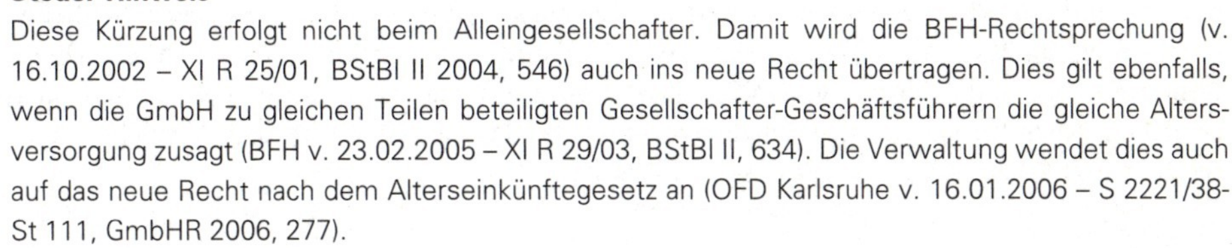

Steuer-Hinweis
Diese Kürzung erfolgt nicht beim Alleingesellschafter. Damit wird die BFH-Rechtsprechung (v. 16.10.2002 – XI R 25/01, BStBl II 2004, 546) auch ins neue Recht übertragen. Dies gilt ebenfalls, wenn die GmbH zu gleichen Teilen beteiligten Gesellschafter-Geschäftsführern die gleiche Altersversorgung zusagt (BFH v. 23.02.2005 – XI R 29/03, BStBl II, 634). Die Verwaltung wendet dies auch auf das neue Recht nach dem Alterseinkünftegesetz an (OFD Karlsruhe v. 16.01.2006 – S 2221/38-St 111, GmbHR 2006, 277).

Hinsichtlich der Besteuerung der Basisrente enthält das Alterseinkünftegesetz einen Stufenplan. Hiernach unterliegen gem. § 22 EStG im Jahr 2005 Auszahlungen zu 50 % der Einkommensteuer. Der steuerbare Anteil der Rente wird für jeden neu hinzukommenden Rentnerjahrgang bis zum Jahr 2020 jährlich um zwei Prozentpunkte und danach jährlich um einen Prozentpunkt erhöht. Folglich sind die Leibrenten, die erst im Jahr 2040 beginnen, erstmals in voller Höhe steuerpflichtig. Anders als beim kontinuierlich ansteigenden Abzug der Vorsorgebeiträge wirkt der fortlaufende Zuschlag nicht generell, sondern lediglich auf die jeweils hinzukommenden Rentnerjahrgänge. Der einmal ermittelte Prozentsatz wird im Jahr nach dem Renteneintritt in einen Freibetrag umgerechnet und anschließend festgeschrieben.

Steuer-Hinweis
Private Leibrentenversicherungen werden als Basisrente in die nachgelagerte Besteuerung nur einbezogen, wenn die Anwartschaften nicht beleihbar, nicht vererblich, nicht veräußerbar, nicht übertragbar und nicht kapitalisiert sind . Andere private Rentenversicherungen unterliegen weiterhin der Ertragsanteilsbesteuerung.

Die Rürup-Rente ist vor allem für Selbständige interessant, da sie die Beitragsleistungen in hohem Maße als Sonderausgaben absetzen können. Hier gilt das Motto: in der Ansparphase kräftig Abgaben sparen und die Steuerpflicht in den Ruhestand bei geringer Progression verlegen. Dieses Argument lockt derzeit viele Freiberufler und Unternehmer zum Abschluss einer Rürup-Police. Doch die Vorteile wirken sich 2005 bei Beiträgen von bis zu 4.448 € und bei Ehepaaren bis zum doppelten Betrag oftmals überhaupt nicht aus. Grund hierfür ist eine sogenannte Günstigerprüfung. Denn das Finanzamt rechnet ab diesem Jahr bei den Sonderausgaben zweigleisig. Ist der Abzug sämtlicher Versicherungsaufwendungen nach altem Recht günstiger, wird dieser Betrag abgezogen. Generell konnten im Vorjahr Selbständige 5.069 € für sämtliche Versicherungsaufwendungen geltend machen.

Ab 2005 gibt es für Krankenkasse, Haftpflicht- und Lebensversicherung einen Höchstbetrag von 2.400 €, den Selbständige spielend erreichen. Haben sie keine Beiträge für die Altersvorsorge geleistet, werden nunmehr im Rahmen der Günstigerprüfung die 5.069 € nach altem Recht abgezogen. Wer jetzt eine Rürup-Police abschließt, kann von den Beiträgen erst einmal 60 % geltend machen. Belaufen sie die Zahlungen auf 4.448 €, sind dies 2.669 €. Diese werden dann zusammen mit dem Betrag von 2.400 € für die übrigen Versicherungen abgezogen und ergeben mit 5.069 € exakt den Betrag, den es ohnehin nach der Günstigerrechnung gibt. Die Rürup-Beiträge verpuffen also steuerlich, werden aber in der späteren Auszahlungsphase als Einnahmen angesetzt. Dieser Negativeffekt lässt sich vermeiden, indem Selbständige deutlich höhere Beiträge sparen oder noch ein paar Jahre mit dem Vertragsabschluss warten. Dann darf die Rente deutlich stärker abgesetzt werden und der Verpuffungseffekt mindert sich deutlich, bis er 2019 komplett entfällt.

Auch Rentner sind von der negativen Rechnung betroffen. Sie gelten als die heimlichen Profiteure der Rürup-Police, indem sie eine Einmalzahlung in 2006 mit 62 % steuerlich geltend machen und die sofort beginnende Rente auf Lebenszeit nur mit 52 % versteuern. Schließen sie den Vertrag 2007 ab, setzen sie sogar 64 % ab und versteuern zwei Punkte mehr. Dieser Renditeturbo für die ältere Generation lässt sich mit vergleichbaren Sparprodukten nicht erreichen. Auch für sie gilt die Günstigerregelung, so dass sie für die übrigen Versicherungen bis zu 5.069 € nach altem Recht absetzen können.

Steuer-Hinweis

Diese steuerlich negative Regelung durch die Günstiger-Prüfung hat der Gesetzgeber ab 2006 über eine Änderung des § 10 Abs. 4a EStG korrigiert. Die zusätzlichen Beiträge für die Basis- bzw. Rürup-Rente werden immer mit mindestens dem sich nach § 10 Abs. 3 Satz 4 und 6 EStG ergebenden Satz als Vorsorgeaufwendungen berücksichtigt. Hierbei kommt ein Erhöhungsbetrag zur Anwendung, wenn das Abzugsvolumen nach altem Recht höher ist als das Abzugsvolumen nach neuem Recht.

Wer als Rentner oder Selbständiger bei einer Einmalzahlung auch noch den Ehepartner mit ins Boot nimmt, erzielt über eine Einmalzahlung eine hohe Steuerentlastung und konserviert auf Lebenszeit moderate Abgabenlasten. Infrage kommt hier beispielsweise die Auszahlung einer fälligen Lebensversicherung. Der Betrag bleibt nicht nur steuerfrei, über die Wiederanlage des Geldes in einen Rürup-Vertrag gibt es auch noch einen Zuschuss vom Finanzamt. Und zahlt die Lebensversicherung hohe Beträge aus, werden die Gelder gesplittet, so dass in jedem Jahr eine Rürup-Police gegen Einmalzahlung und sofort beginnender Rente abgeschlossen wird.

Gegenüberstellung der einzelnen Vorsorgearten

	Rürup	**Riester**	**Privatrente**	**Direktversicherung**
Besonders geeignet für	Rentner, Selbständige	Gering- sowie Spitzenverdiener mit Kindern	Anleger mit hohem Steuersatz im Alter	Gutverdiener mit privater Krankenversicherung
Beitragszahlung	maximal 20.000 €	Derzeit 1.575 €	Unbegrenzt	1.752 € bei Altzusagen und 4.320 € bei Zusagen ab 2005
Flexibilität	Lebenslange Vertragsbindung, Beginn ab 60, nur Rente	Lebenslange Vertragsbindung, Beginn ab 60, 30 % Kapitalauszahlung möglich	Einmalauszahlung oder lebenslange Rente, Endalter flexibel	Lebenslange Vertragsbindung, Beginn ab 60, bei Neuzusagen nur Rente
Steuerliche Behandlung der Beiträge	62 % von maximal 20.000 € förderfähig	Zulagen für Erwachsene und Kinder und bei hoher Progression Steuerersparnis	Einzahlungen aus versteuertem Einkommen	Jahresbeiträge bis 4.320 € steuerfrei, davon bis 2008 nur 2.520 € sozialabgabenfrei
Besteuerung der Auszahlung	Steuerpflichtiger Anteil steigt von 50 auf 100 %	Volle Steuerpflicht	Nur der Ertragsanteil ist steuerpflichtig, Kapitalauszahlungen zu 50 oder 100 % steuerpflichtig	Volle Steuerpflicht, sofern Beiträge steuerfrei
Sozialbeiträge	Keine	Keine	Keine	Volle gesetzliche Krankenkassenbeiträge

Ergebnis: Im Gegensatz zu Selbständigen besitzen Arbeitnehmer die Möglichkeit, vier Sparformen zu wählen. Dabei sollte die betriebliche Altersvorsorge erste Wahl sein, wenn im späteren Ruhestand Beitragszahlungen in die private Krankenversicherung gezahlt werden. Denn in diesem Fall erfolgt keine Belastung der Auszahlung mit Kranken- und Pflegeversicherungsbeiträgen. Gesetzlich krankenversicherte Arbeitnehmer sollten zuerst einen Riester-Vertrag ins Auge fassen. Diese Versicherung ist deutlich flexibler als die Basisrente und bietet in der Sparphase gute staatliche Zuschüsse.

Fazit: Nahezu alle Versicherungen bieten jetzt die neue Basisrente an. Zudem dürfen ab 2006 Fondsgesellschaften und Banken vergleichbare Sparpläne anbieten. In der Regel sind auch die Bausteine Berufsunfähigkeit sowie Hinterbliebenenschutz enthalten. Bei den einzelnen Angeboten gibt es erhebliche Unterschiede, sowohl bei der garantierten als auch der prognostizierten späteren Rente. Zahlt ein 30-jähriger Mann bis zu seinem 65. Lebensjahr monatlich 200 € in eine Basisrente ein, erhält er zwischen rund 460 und 540 € garantiert.

Prognostiziert wird ihm sogar eine Auszahlung im ersten Jahr zwischen 600 € und knapp 1.100 €. Die Differenzen nehmen ab, je älter der Versicherte zu Beginn ist. Frauen dürfen aufgrund ihrer höheren Lebenserwartung mit geringeren Beträgen rechnen. Eine Aussage zur Rendite ist nur schwer möglich, da diese vom später tatsächlich erreichten Lebensalter abhängig ist. Inklusive stattlicher Zuschüsse in der Sparphase sind aber bis zu 6 % möglich.

Sachdividenden

In Fall von Stock-Dividenden erfolgt die Ausschüttung nicht in bar, sondern durch Ausgabe von zusätzlichen Aktien der Gesellschaft. Dabei kann sich der Aktionär i.d.R. zwischen einer Bardividende und dem Bezug von kostenlosen Anteilen entscheiden. Dieses Verfahren wird häufig in den Niederlanden praktiziert, ist aber auch in Deutschland zulässig. Bei Erhalt der Aktien stellt der Zufluss eine steuerpflichtige Dividendeneinnahme dar. Dabei wird unterstellt, dass mit der erhaltenen Dividende die neuen Papiere gekauft werden (verkürzter Zahlungsweg). Es handelt sich auch dann nicht um steuerfreie Einnahmen, wenn die erhaltenen Dividenden aus einer Umstellung von Rücklagen in Nennkapital stammen (BFH v. 14.02.2006 – VIII R 49/03, BStBl II, 520). Damit sind Stock-Dividenden anders zu behandeln als Gratisaktien, die über eine Erhöhung des Nennkapitals durch Umwandlung von Rücklagen entstehen.

Wie bei der Ausschüttung gilt auch bei Sachdividenden das Halbeinkünfteverfahren. Bemessungsgrundlage für die Einnahmen gem. § 20 Abs. 1 Nr. 1, Abs. 2 Satz 1 Nr. 1 EStG ist die Höhe der Ausschüttung; der Kurswert der erhaltenen Aktien spielt keine Rolle. Im Umkehrschluss bedeutet dies, dass ein über der Dividende liegender Kurswert der bezogenen Aktien nicht als Vorteil besteuert wird. Sofern sich der Vorgang bei einer inländischen AG abspielt, fällt auch auf die Stock-Dividende Kapitalertragsteuer an. Da es sich um einen Sachbezug handelt, muss der Aktionär diesen Betrag der Bank zur Verfügung stellen (§ 44 Abs. 1 Satz 7 EStG).

Gleichzeitig beginnt eine neue, einjährige Spekulationsfrist für die neuen Aktien. Stock-Dividenden gelten dabei in dem Zeitpunkt als angeschafft, in dem die Gesellschaft die Ausschüttung beschließt. Denn zum Termin des Ausschüttungsbeschlusses werden wirtschaftliche Verhältnisse geschaffen, die einem Kaufvertrag gleichstehen. Der Auszahlungstag, der die dingliche Übereignung bewirkt, ist nicht maßgebend.

Beispiel

Eine AG bietet ihren Gesellschaftern durch Beschluss vom 01.06.2001 entweder 1.000 € Bruttodividende oder alternativ 100 Freiaktien an. Die notieren bei Depoteinbuchung am 20.06.2001 zu einem Börsenkurs von 10,50 €. Der Aktionär muss die Hälfte von 1.000 € als Kapitaleinnahme versteuern, auch wenn er einen Gegenwert von (100 x 10,50 €) 1.050 € und somit einen zusätzlichen Vorteil von 50 € erhält. Die 10 € je Aktie (Dividende / erhaltene Stücke) stellen auch seine Anschaffungskosten i.S.v. § 23 EStG dar, die Spekulationsfrist beginnt am 01.06.2001.

Trotz der Einnahmebesteuerung ergeben sich durch die Wahl der Stock-Dividenden Vorteile. Zum einen fällt keine ausländische Quellensteuer an, so dass es weder zu einem Verlust der Anrechnung über die Höchstbetragsrechnung nach § 34c EStG kommt noch ein Erstattungsantrag jenseits der Grenze für 10 % der Quellensteuer notwendig wird. Zum anderen werden die Papiere meist zu einem Vorzugspreis angeboten.

Saisonstrategiezertifikate

Hierbei handelt es sich um Index-Zertifikate, die auf den von der Deutschen Börse berechneten DAXplus Seasonal Strategy Index setzen. Dieser pausiert in den historisch schwachen Börsenmonaten August und September, in denen der DAX im Durchschnitt 3,4 % verliert. In dieser Sommerzeit wird der Index unverändert mit dem letzten Schlusskurs des Monats Juli eingefroren, um dann ab Oktober wieder den DAX abzubilden. Seit dem DAX-Start im Januar 1988 hätte dieser Saisonindex eine durchschnittliche jährliche Rendite von 20,3 % erreicht. Wäre er zu diesem Zeitpunkt wie auch der DAX mit 1.000 Punkten gestartet, stünde er heute bei mehr als 22.000 Punkten. Aus Anlegersicht sollte immer das Zertifikat gewählt werden, das auf den Performance-Index setzt. Hier werden die von den enthaltenen 30 Gesellschaften ausgeschütteten Dividenden dem Kurswert zugeschlagen. Das ist beim Kursindex nicht der Fall. Eine Garantie auf vergleichbare Gewinnhöhen in der Vergangenheit besitzen diese Saisonzertifikate natürlich nicht, aber immerhin die Wahrscheinlichkeit von besserer Performance als der DAX selbst.

Steuerlich ergeben sich keine Unterschiede zu herkömmlichen → *Zertifikaten*, da es sich lediglich um eine Variante eines normalen Indexpapiers handelt.

Schatzanweisungen

Schuldbuchforderungen gegen den Bund, die in das Schuldbuch der Bundesschuldenverwaltung eingetragen werden. Effektive Stücke werden nicht ausgegeben. Unverzinsliche Schatzanweisungen nennt man U-Schätze, verzinsliche Kassenobligationen. Die Zinsen der verzinslichen Anweisungen stellen Einnahmen aus Kapitalvermögen dar und unterliegen dem Zinsabschlag. Die rechnerischen Zinsen (Erwerbs- und Einlösewert) sind bei unverzinslichen Schatzanweisungen als abgezinste Anleihen zu versteuern und berechnen sich nach der Emissionsrendite oder der Marktrendite.

Schiffs-Fonds

Derzeit stoßen im Bereich der geschlossenen Fondsangebote Schiffe auf ein großes Interesse. Die Initiatoren berichten über einen regen Anlegerzuspruch, das angebotene Kapital ist schnell gezeichnet. 2005 wurde Eigenkapital von 2,8 Mrd. € platziert, eine Steigerung im Vergleich zum Vorjahr um knapp 13 %. Das liegt an der stetig zunehmenden Nachfrage nach Transportkapazitäten in der internationalen Seeschifffahrt, seit Jahren guten Renditen und den steuerlich interessanten Vorteilen. Geringe Zinssätze an den Rentenmärkten sowie die Unsicherheit über die steuerliche Entwicklung in Hinblick auf die Verlustverrechnung bei anderen Beteiligungsmodellen wie Medien- oder Energiesparfonds sorgen dafür, dass neu aufgelegte Schiffsangebote innerhalb kürzester Zeit vollständig gezeichnet werden. Aufgrund des anhaltenden Wachstums bei Seetransporten sind allerdings auch die Kaufpreise für neue Schiffe gestiegen, was sich auf die Rendite der neu aufgelegten Fonds mindernd auswirkt.

Der private Anleger beteiligt sich mit seiner Einlage entweder als Kommanditist direkt oder über einen Treuhänder an einer Schiff-GmbH & Co KG. Die treuhänderische Verwaltung hat den Vorteil, dass sich der Anleger nicht um die formalen Dinge während der Laufzeit kümmern muss und sein Name nicht im Handelsregister auftaucht. Allerdings gibt es hier Nachteile bei der unentgeltlichen Übertragung, da hier der Verkehrswert als Sachleistungsanspruch maßgebend ist (FinMin Baden-Württemberg v. 25.06.2005, 3 – S 3806/51, DB 2005, 1493).

In beiden Fällen wird der Anleger jedoch zum begrenzt haftenden Mitunternehmer. Zwar zahlt er regelmäßig in der Startphase seine Einlage mit der Folge, keiner Haftung Dritter mehr ausgesetzt zu sein. Die Einlage wird jedoch im Rahmen der jährlichen Ausschüttungen jeweils in Teilen wieder zurückgezahlt. Insoweit lebt die Haftung dann wieder auf. Die GmbH als persönlich haftender Gesellschafter leistet i.d.R. keine Kapitaleinlage, übernimmt aber zumeist die Geschäftsführung und erhält hierfür sowie für die Haftungsübernahme eine Tätigkeitsvergütung sowie zum Schluss eine Abwicklungsgebühr.

Das Schiff wird nach der Anschaffung an eine Reederei verchartert und meist nach mehr als zehn Jahren wieder veräußert. Anschließend wird der Fonds liquidiert und die verbliebenen Gelder an die Anleger ausgezahlt. Überschüsse werden jährlich an die Anleger ausgezahlt. Die setzen sich zusammen aus

	Chartereinnahmen
+	Erlöse aus dem Verkauf des Schiffs
+	Zinserträge aus vorhandenem Guthaben
–	Schiffsbetriebskosten
–	Verwaltungskosten
–	Schuldzinsen
–	Tilgung der Schiffshypothek
–	Einbehaltene Liquiditätsreserve
=	Auszahlung in der Anlagewährung

Grundsätzlich gibt es zwei Möglichkeiten, den steuerlichen Gewinn zu ermitteln. Entweder erfolgt eine Bilanzierung nach allgemeinen Grundsätzen wie bei herkömmlichen Personengesellschaften oder der Fonds nutzt die Tonnagesteuer nach § 5a EStG.

Bis 2005 war es noch möglich, im Rahmen eines **Kombinationsmodells** in den ersten beiden Jahren eine herkömmliche Gewinnermittlung durchzuführen und anschließend auf die Tonnagebesteuerung zu wechseln. Damit können Verluste in der Investitionsphase und die Vorteile der Tonnagesteuer nacheinander genutzt werden. Neu aufgelegte Schiffs-Fonds müssen sich ab dem Wirtschaftsjahr 2006 entscheiden: Entweder steuerliche Verluste oder Tonnagesteuer. Ein späterer Wechsel ist dann kurzfristig nicht mehr möglich. Somit sind die Kombimodelle nur noch für Fonds möglich, bei denen die Anschaffung des Schiffs auf einem vor 2006 abgeschlossenen Kaufvertrag beruht. Wann das Schiff geliefert wird, spielt dann keine Rolle mehr.

Im Jahr des Übergangs zur Tonnagesteuer ist für die vorhandenen stillen Reserven des Schiffs eine Rücklage zu bilden. Diese wird dann später beim Verkauf des Schiffs aufgelöst und ist dann steuerpflichtig. Dabei spielt es keine Rolle, welcher Veräußerungsgewinn später erzielt wird. Daher kann es später vorkommen, dass aufgrund mäßiger Preisentwicklung nur ein geringes Plus erzielt wird, zum Zeitpunkt des Wechsels in die Tonnagesteuer aber hohe (steuerpflichtige) stille Reserven vorliegen. Dann versteuern Anleger einen fiktiven Gewinn, der überhaupt nicht entstanden ist.

Seit dem Jahr 1999 haben Schifffahrtsgesellschaften die Möglichkeit, eine pauschalierte Gewinnermittlung nach § 5a EStG durchzuführen. Der steuerlich maßgebende Ertrag bemisst sich hierbei nicht nach den tatsächlich erzielten Jahresergebnissen, sondern anhand der im internationalen Schiffsverkehr eingesetzten Tonnage. Der im Wirtschaftsjahr erzielte Gewinn beträgt für das Finanzamt pro Tag des Betriebs und für jedes im internationalen Verkehr betriebene Handelsschiff für jeweils volle 100 Nettotonnen:

0,92 €	bei einer Tonnage bis zu 1.000 Nettotonnen,
0,69 €	für die 1.000 Nettotonnen übersteigende Tonnage bis zu 10.000 Nettotonnen,
0,46 €	für die 10.000 Nettotonnen übersteigende Tonnage bis zu 25.000 Nettotonnen,
0,23 €	für die 25.000 Nettotonnen übersteigende Tonnage.

Unternehmen können gem. § 5a Abs. 3 EStG zur Tonnagesteuer optieren. Dies muss ab 2006 in dem Jahr geschehen, in dem das Schiff in Dienst gestellt wird. Die pauschale Tonnagesteuer führt dann dazu, dass es in der Investitionsphase keine steuerlichen Verluste mehr gibt, sondern über die gesamte Laufzeit hinweg nur moderat zu versteuernde Einnahmen – unabhängig von den tatsächlich erwirtschafteten Erträgen. Die steuerliche Bemessungsgrundlage liegt im Durchschnitt bei 0,2 – 0,3 % des Kommanditkapitals. Faustregel: Für eine übliche Beteiligung i.H.v. 15.000 € müssen Anleger mit einer jährlichen Einkommensteuerlast von 20 € rechnen.

Die Gewinnermittlung auf Basis der Tonnagesteuer kann an Stelle der Ermittlung des Gewinns nach § 5 EStG nur durchgeführt werden, wenn

- die Bereedung dieser Handelsschiffe im Inland durchgeführt wird,
- sich die Geschäftsleitung der Gesellschaft im Inland befindet und
- das Schiff im Wirtschaftsjahr überwiegend in einem inländischen Seeschiffsregister eingetragen ist.

Der Schiffsbetreiber ist an die Gewinnermittlung nach der Tonnagesteuer vom Beginn des Wirtschaftsjahres an, in dem er den Antrag stellt, zehn Jahre lang gebunden. Nach Ablauf dieses Zeitraums kann er den Antrag mit Wirkung für den Beginn jedes folgenden Wirtschaftsjahres bis zum Ende dieses Jahres unwiderruflich zurücknehmen. An die Gewinnermittlung nach allgemeinen Vorschriften ist der Steuerpflichtige ab dem Beginn des Wirtschaftsjahres, in dem er den Antrag zurücknimmt, erneut zehn Jahre gebunden. (Siehe ausführlich: BMF v. 12.06.2002 – IV A 6 – S 2133 a – 11/02, BStBl I, 614.

Steuer-Hinweis

Spätere Gewinne aus dem Verkauf des Schiffs oder der Erlös aus der Anteilsveräußerung durch den Anleger sind bereits mit der Tonnagesteuer abgegolten. Sofern die Schiffsbeteiligung auf Kredit erworben wird, gelten diese Schuldzinsen nicht als Sonderbetriebsausgaben.

Trotz pauschaler und einfacher Gewinnermittlung erstellen die Gesellschaften Steuerbilanzen. Die haben Bedeutung für die Erb- und Schenkungsteuer. Die jährlich vom Fonds an die Anleger ausgeschütteten Beträge beinhalten neben den realisierten Jahresgewinnen auch Teile der Kommanditeinlage. Somit handelt es sich jeweils um Entnahmen von Liquiditätsüberschüssen, also Gelder, die von der Gesellschaft für den weiteren Geschäftsbetrieb nicht mehr benötigt werden. Diese Auszahlungen sind unabhängig von der Höhe nicht steuerpflichtig, maßgeblich ist lediglich die pauschale Tonnagesteuer.

Zu beachten ist für Kommanditisten (unabhängig von einer direkten oder treuhänderischen Beteiligung) jedoch § 15a EStG. Diese Vorschrift findet auch bei der Tonnagenbesteuerung Anwendung. Soweit durch die laufenden Entnahmen beim Gesellschafter ein negatives Kapitalkonto entsteht, findet eine Gewinnfiktion in der Höhe statt, in der sich durch die Auszahlungen ein negatives Kapitalkonto ergibt oder erhöht. Maßgebend sind hierbei die Bilanzansätze. Im Unterschied zu anderen geschlossenen Fondsbeteiligungen kann bei Schiffen ein negatives Kapitalkonto schnell entstehen. Denn die jährlich hohen Ausschüttungen bestehen in Teilen aus Rückzahlungen der Einlage.

Diese Gewinnfiktion des § 15a EStG vermeiden die meisten Fondskonzepte bereits bei der Gründung. Vorgesehen ist nämlich im Handelsregistereintrag, dass in Höhe der Auszahlung eine unmittelbare Außenhaftung nach § 172 HGB auflebt. Diese zivilrechtliche Haftungsinanspruchnahme sorgt dann dafür, dass die Anwendung von § 15a EStG umgangen werden kann. Im Falle einer Krise muss der Anleger dann allerdings auch Gelder nachschießen.

Die Gesellschaft erzielt Einkünfte aus Gewerbebetrieb, die Kommanditisten sind hieran als Mitunternehmer beteiligt. Für die Erzielung von Einkünften ist eine Überschussprognose Voraussetzung. Dies gilt auch bei der Tonnagesteuer. Grundlage hierfür sind aber nicht die pauschal ermittelten Minigewinne, sondern das auf der herkömmlichen Gewinnermittlung basierende Ergebnis. Hierbei darf der kalkulierbare spätere Veräußerungsgewinn einbezogen werden. Die Gewinnerzielungsabsicht stellt aktuell kein Problem dar, weisen die Gesellschaften aufgrund wirtschaftlich günstiger Zeiten positive Ergebnisse aus, ein Totalgewinn lässt sich mit großer Wahrscheinlichkeit immer darstellen.

Die Beteiligungsgesellschaft unterliegt auch der Gewerbesteuer. Die Belastung ist allerdings zu vernachlässigen, da auch in diesem Fall der nach § 5a EStG ermittelte Gewinn als Bemessungsgrundlage gilt. Das führt dazu, dass von der Gemeinde nur moderate Forderungen zu erwarten sind. Umsätze für die Seeschifffahrt sind gem. § 4 Nr. 2 UStG von der Umsatzsteuer befreit. Dennoch bleibt der Vorsteuerabzug gem. § 15 Abs. 3 Nr. 1a UStG erhalten.

Die Tonnagesteuer ist eine von mehreren Vergünstigungen für die deutsche Schifffahrt, die auf einer vereinbarten Einflaggungsinitiative vom Verband Deutscher Reeder, der Bundesregierung, der deutschen Küstenländer und der Gewerkschaft beruht. Das „Maritime Bündnis für Ausbildung und Beschäftigung in der Seeschifffahrt", das im Jahr 2000 geschlossen wurde, sollte der jahrelangen Tendenz der Ausflaggung gegensteuern. Hierbei hatten sich die Reeder verpflichtet, bis Ende Dezember 2005 mindestens 100 Schiffe wieder einzuflaggen. Dabei handelt es sich meistens um Boote, die früher unter deutscher Flagge fuhren und zwischenzeitlich ausgeflaggt wurden, um Kosten zu sparen. Aktuell verläuft die Einflaggung deutscher Schiffe positiv. Bis Mitte 2005 waren 82 der vorgesehenen 100 Schiffe wieder eingeflaggt, was ein wesentlicher Punkt der Bestandsgarantie für die Tonnagesteuer ist. Die Bundesregierung hat sich in ihrem Koalitionsvertrag eindeutig dafür entschieden, an der Tonnagesteuer festhalten zu wollen.

Im Erb- oder Schenkungsfall ist der auf den einzelnen Anleger entfallende anteilige Steuerbilanzwert als Bemessungsgrundlage nach den §§ 98a, 109 BewG maßgebend, sofern er die Beteilung nicht nur als Treugeber hält. Somit kommen wie bei herkömmlichem Betriebsvermögen lediglich die Bilanzansätze und somit die Buchwerte zum Ansatz. Dies hat die positive Konsequenz, dass stille Reserven steuerlich nicht erfasst werden. Zwei Faktoren sorgen dafür, dass es während der Laufzeit sogar zu negativen Steuerwerten kommt:

- Der Buchwert des Schiffs liegt deutlich unter dem aktuellen Verkehrswert, da es über mindestens zwölf Jahre degressiv abgeschrieben wird.
- Teile der Einlage werden bereits frühzeitig wieder an die Anleger zurückgeführt.

Dieses negative Kapitalkonto kann dann dazu verwendet werden, weiteres Vermögen zu verschenken und damit per saldo immer noch unter den Freibeträgen zu bleiben. Eine solche sogenannte Huckepackschenkung nutzen viele Eltern, um dem Nachwuchs bereits frühzeitig Vermögen ohne steuerliche Belastung zukommen zu lassen.

Beispiel

Der Vater möchte seinem Sohn 600.000 € schenken. Als Alternative kann er den Filius verpflichten, mit einem Teil des Geldes einen gewerblichen Schiffs-Fonds zu erwerben.

Vater verschenkt	Fonds	Geld
Kapitalvermögen insgesamt	600.000 €	600.000 €
davon soll in Fonds investiert werden	– 250.000 €	0 €
Verbleibendes Kapital	350.000 €	600.000 €
Steuerwert der Fondsanteile	– 150.000 €	0 €
Steuerlich maßgebender Wert	200.000 €	600.000 €
abz. Freibetrag	– 205.000 €	– 205.000 €
steuerpflichtiger Erwerb	– 5.000 €	395.000 €
Fällige Schenkungsteuer	0 €	59.250 €

Ergebnis: Die mittelbare Schenkung lässt die Ansprüche des Fiskus ins Leere gehen.

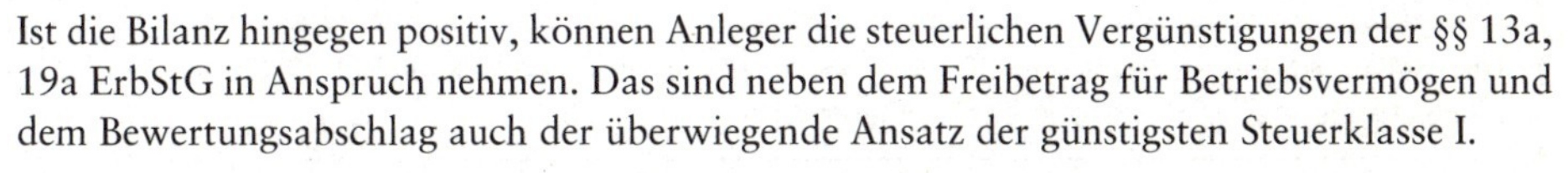

Ist die Bilanz hingegen positiv, können Anleger die steuerlichen Vergünstigungen der §§ 13a, 19a ErbStG in Anspruch nehmen. Das sind neben dem Freibetrag für Betriebsvermögen und dem Bewertungsabschlag auch der überwiegende Ansatz der günstigsten Steuerklasse I.

Allerdings gibt es die Vergünstigungen nur, wenn der Erwerber die Anteile zumindest fünf Jahre behält. Denn die steuerlichen Privilegien Abschlag und Freibetrag entfallen rückwirkend, wenn

- die Beteiligung innerhalb von fünf Jahren verkauft wird,
- die Gesellschaft aufgegeben wird oder
- die vom Erwerber innerhalb dieses Zeitraums insgesamt getätigten Entnahmen die Summe seiner Einlagen und der zuzurechnenden Gewinnanteile um mehr als 52.000 € übersteigt.

Die günstige steuerliche Behandlung bringt große Vorteile im Vergleich zum Kapitalvermögen. Dies können beispielsweise Eltern nutzen, um Gelder auf dem Umweg über Schiffsbeteiligungen auf die Kinder zu übertragen.

Beispiel

Bei einer Beteiligung an einem Schiff über 1 Mio. € beträgt der steuerlich maßgebende Bilanzwert nach drei Jahren rund 400.000 €. Der Übertrag auf Sohn oder Tochter bringt steuerliche Vorteile.

	Schiffsbeteiligung	Kapitalvermögen
Eingesetztes Kapital	1.000.000 €	1.000.000 €
Steuerwert	400.000 €	1.000.000 €
– Freibetrag § 13a ErbStG	– 225.000 €	– €
Verbleibt	175.000 €	1.000.000 €
– Bewertungsabschlag 35 %	– 61.250 €	– €
Verbleibt	113.750 €	1.000.000 €
– Persönlicher Freibetrag	– 113.750 €	– 205.000 €
Steuerpflichtiger Erwerb	0 €	795.000 €
Erbschaftsteuer	0 €	119.250 €

Steuer-Hinweis

Diese Vorteile gewährt die Finanzverwaltung allerdings ab Juli 2005 nur noch bei einer direkten Kommanditbeteiligung. Bei Treuhandverhältnissen soll es sich nicht mehr um begünstigtes Betriebsvermögen handeln (FinMin Baden-Württemberg v. 27.06.2005 – 3-S 3806/51, DB 2005, 1439, ZEV 2005, 341).

Checkliste der Chancen und Risiken	
Risiken	
Steigt die Anlagewährung im Vergleich zum Euro, werden die aufgenommenen Darlehen teurer als prognostiziert.	❑
Fällt die Anlagewährung, fallen die kalkulierten Chartereinnahmen deutlich geringer aus.	❑
Die Zinssätze bei der Hypothek können ansteigen.	❑
Die Mieten können ausfallen, wenn trotz fester Verträge ungewöhnliche Ereignisse eintreten, bei denen die Reederei kündigen darf.	❑
Wird das eingesetzte Geld während der langen Laufzeit benötigt, werden am kaum funktionierenden Zweitmarkt nur unterdurchschnittliche Preise erzielt.	❑
Der einkalkulierte Veräußerungserlös oder Schrottwert des Schiffs fällt deutlich geringer aus, da sich die Marktsituation in einigen Jahren verschlechtert hat.	❑
Die Schiffsbetriebskosten können steigen.	❑
Das bestellte Schiff kann nicht termingerecht geliefert werden. Dies führt zu Einnahmeausfällen.	❑
Die derzeit günstige steuerliche Situation kann sich verändern. Insbesondere in Hinblick auf die Erbschaftsteuer sind künftig deutlich höhere Wertansätze möglich.	❑

Checkliste der Chancen und Risiken (Fortsetzung)	
Chancen	
Fällt die Anlagewährung im Vergleich zum Euro, werden die aufgenommenen Darlehen billiger als prognostiziert.	❑
Steigt die Anlagewährung, fallen die kalkulierten Chartereinnahmen deutlich höher aus.	❑
Die Zinssätze bei der Hypothek können fallen.	❑
Der einkalkulierte Veräußerungserlös oder Schrottwert des Schiffs kann deutlich höher ausfallen, als vorab prognostiziert wurde.	❑
Die Schiffsbetriebskosten können fallen.	❑
Die derzeitige steuerliche Behandlung von Schiffen macht eine hohe Nachsteuerrendite möglich.	❑
Rückrechnungen aus der Vergangenheit zeigen, dass Schiffe ein lohnendes Investment sein können.	❑

Schneeball-System

Bei einem sogenannten Schneeball-System täuschen betrügerische Anlagegesellschaften ihren Kunden gewinnbringende Geschäfte aus den ihnen anvertrauten Geldern vor. Üblicherweise werden die Erträge als Gutschriften auf Konten verbucht. Die Beträge können theoretisch auf Anforderung ausbezahlt werden, liegen zur weiteren Gewinnmaximierung jedoch zumeist als Buchbetrag fest. Im sogenannten Ambros-Fall hatte der BFH entschieden, dass es für die Entscheidung für eine Wiederanlage ohne Belang ist, ob diese Entscheidung bei Kenntnis eines Betrugs anders ausgefallen wäre (BFH v. 10.07.2001 – VIII R 35/00, BStBl II, 646). Denn der Anleger hat sich in freier Wahl gegen die Auszahlung und für eine Wiederanlage entschieden, um im eigenen Interesse fortan höhere Renditen erzielen zu können. Daher sind solche Scheinrenditen als Kapitaleinnahmen anzusetzen.

Somit liegen generell steuerpflichtige Erträge vor, solange die Kunden Auszahlungen erhalten oder mit einem Geldfluss rechnen können. Generell handelt es sich bei den ausgezahlten oder gutgeschriebenen Beträgen um Kapitaleinnahmen nach § 20 EStG, sofern kein bestimmtes Geschäft vorgetäuscht wird. Soll es hingegen um den Handel an der Terminbörse gehen, liegen steuerpflichtige private Veräußerungsgeschäfte aus § 23 EStG vor. Durchschaut der Kapitalanleger das Geschäft oder vermutet er ein vorliegendes Schneeball-System, liegen noch insoweit Kapitaleinkünfte vor, als Auszahlungen erfolgen (BFH v. 14.12.2004 – VIII R 5/02, BStBl I 2005, 739 und VIII R 81/03, BStBl II 2005, 746). Die hiergegen eingelegte Verfassungsbeschwerde wurde nicht zur Entscheidung angenommen.

Side Step Zertifikate

Dieses Zertifikat ist das richtige Produkt bei kraftlosen Aktienmärkten und geringen Zinssätzen. Denn mit diesem Papier erzielen Anleger Renditen deutlich über dem Marktzinsniveau, selbst wenn sich ein Aktienindex nicht bewegt.

Beispiel

Liegt der EuroStoxx 50 ein Jahr nach der Emission nicht unter dem Kurs bei Ausgabe des Zertifikats, gibt es den Nennwert plus 7 % Zinsen zurück. Schlägt der Index sein Ausgangsniveau nicht, wird ein Jahr später erneut bewertet. Liegt er nunmehr mindestens auf Höhe des Emissionskurses, gibt es 14 % Zinsen plus den Nennwert. Wenn nicht, läuft das Zertifikat weiter. Entweder bis zum Zeitpunkt, zu dem das Ausgangsniveau erreicht wird, oder bis zur Fälligkeit. Beträgt die Laufzeit beispielsweise fünf Jahre, sind (5 x 7) 35 % Zinsen drin. Liegt der EuroStoxx50 allerdings unter seinem Ausgangskurs, gibt es keine Zinsen, sondern lediglich den Indexstand in bar.

Steuerlich betrachtet handelt es sich nicht um eine Finanzinnovation, da der Ertrag nicht sicher ist. Somit sind lediglich die Kursgewinne binnen Jahresfrist zu versteuern. Das gilt auch für die Zinsen. Die sind nur, ähnlich dem Bonus-Zertifikat, im Rahmen eines steuerpflichtigen Veräußerungsgeschäfts zu erfassen.

Fazit: Ein kalkulierbares Risiko, dass ein gewählter Indexstand während der gesamten Laufzeit zumindest in einem Jahr das Ausgangsniveau erreicht. Die Aussicht auf hohe zinsähnliche und steuerfreie Erträge macht das Produkt attraktiv.

Solarenergiefonds

Geschlossene Fonds, die in erneuerbare Energie aus Wind oder Sonne investieren, waren die Verlierer des Jahres 2004 und sind auch anschließend nicht mehr der Renner geworden. Schlechte Leistungsbilanzen, falsche Windprognosen, Reparaturkosten und hohe Versicherungsprämien machten besonders Windenergiefonds trotz Einspeiseverpflichtungen nicht zu einem Favoriten bei den Anlegern. Besser sieht es hingegen bei Solarfonds aus. Die Anlagen haben eine längere Nutzungsdauer und sind mangels Lärmentwicklung flexibler einsetzbar. Seit 2004 haben sich die Rahmenbedingungen durch eine Änderung des EEG verbessert. Solaranlagen erhalten pro Kilowattstunde eine Einspeisevergütung von 43,1 Cent, plus Zuschläge für Dach und Fassaden. Durch den Wegfall einer Größenbegrenzung sind nunmehr rentablere Projekte möglich. Sonnen- ist im Vergleich zur Windenergie deutlich besser planbar, die Jahresschwankungen sind deutlich geringer. Zudem sind die Solaranlagen durch den geringen Anteil an beweglichen Teilen weniger anfällig für Schäden und Abnutzung. Informationen zur Nutzung von Solarenergie unter www.bsw-solar.de.

Allerdings kalkulieren die Anbieter mit Fremdkapitalquoten von 70 %, für Anleger ein großes Risiko. Das bringt immerhin Verlustzuweisungen von bis zu 80 %. Ob die prognostizierten Renditen von 6 – 8 % tatsächlich realisierbar sind, ist meist unsicher. Aufgrund der hohen Anfangsverluste sind Energiefonds von einer Beschränkung der Steuersparmodelle durch § 15b EStG (→ *Steuerstundungsmodell*) besonders betroffen. Doch anders als etwa Medien- oder Wertpapierhandelsfonds werden sie weiterhin ihren Markt finden. Denn mit ordentlichen wirtschaftlichen Voraussetzungen des Konzepts kommen die Gesellschaften schnell in die schwarzen Zahlen, Verluste lassen sich dann zügig verrechnen.

Anlage-Tipp

Statt auf einen geschlossenen Solarfonds zu setzen, können Anleger auch in Aktien investieren, die sich auf dem rasant wachsenden Markt für Solarzellen bewegen. Alternativ bieten sich auch Branchenzertifikate an, die sich auf einen entsprechenden Solar-Index beziehen.

Fazit: Wer ausschließlich auf Rendite und wirtschaftliche Erfolge setzt, fährt mit anderen Beteiligungsangeboten besser. Doch einzelne Konzepte sind durchaus lukrativ, ein wenig grünes Gewissen sollte bei diesem Investment mit von der Partie sein. Solar- werden im Gegensatz zu Windenergiefonds auf Dauer bessere Zukunftsaussichten haben.

Sparbriefe

Diese festverzinslichen Wertpapiere werden nicht an der Börse notiert und können in der Regel nicht vorzeitig zurückgegeben werden. Es handelt sich um eine Mischform von Anleihen und Sparplan. Sie werden in verschiedenen Varianten angeboten:

- **Jährliche Verzinsung:** Die Zinsen werden jährlich ausgeschüttet, Erwerb und Rückzahlung erfolgen zum Nennbetrag.
- **Abgezinster** Sparbrief: Hier werden wie bei Zerobonds während der Laufzeit keine Zinsen gezahlt. In der Differenz von Kaufkurs und Rückzahlungsbetrag zum Laufzeitende sind die Zinsen und Zinseszinsen enthalten.
- **Aufgezinster** Sparbrief: Die Zinsen werden auf den Kaufpreis aufgeschlagen und am Laufzeitende in einem Betrag ausgezahlt. Eine laufende Verzinsung erfolgt – wie beim abgezinsten Sparbrief – nicht.
- **Zinsvariabler** Sparbrief: Bei dieser Art steigt der Zins jährlich an. Der Sparbrief kann sowohl laufend verzinst als auch in der auf- oder abgezinsten Variante angeboten werden. In der abgezinsten Variante steht das Endkapital zu Beginn der Laufzeit noch nicht fest.

Die Zinsen aus den Sparbriefen sind Einnahmen aus Kapitalvermögen und unterliegen dem Zinsabschlag. Liegt eine Auf- oder Abzinsungsvariante vor, sind die Erträge aus dem Kursgewinn steuerpflichtig. Denn hierbei handelt es sich um eine Finanzinnovation. Anleger können dem Finanzamt aber auch die Emissionsrendite nachweisen.

Fazit: Sie sind kostengünstiger als vergleichbare Anleihen, dafür aber nicht jederzeit liquidierbar. Eine Alternative zu Bundesschatzbriefen. Je nach Kreditinstitut und Anlagebetrag sind die Zinssätze bei den Sparbriefen jedoch höher.

Sparbuch

Hier unterscheidet man zwischen Spareinlagen mit gesetzlicher und vereinbarter Kündigungsfrist. Beim klassischen, normalen Sparbuch mit gesetzlicher Kündigungsfrist ist ein Kündigungszeitraum von drei Monaten vorgesehen, der keiner besonderen Vereinbarung bedarf. Bei vereinbarter Kündigungsfrist wird eine längere als die gesetzliche Frist vereinbart, mindestens jedoch sechs Monate.

Beim Sparbuch mit gesetzlicher Kündigungsfrist dürfen kleinere Beträge von bis zu 2.000 € kündigungsfrei innerhalb eines Monats abgehoben werden. Auch die kurzfristige, sofortige Auszahlung von größeren Beträgen ist jederzeit möglich. In diesen Fällen berechnen die Banken Vorschusszinsen. Der beträgt i.d.R. ein Viertel des vereinbarten Habenzinssatzes, bezogen auf die Kündigungsfrist. Vorschusszinsen können im Jahr der Zahlung mit den vereinnahmten Zinsen saldiert werden. Nur auf den Differenzbetrag wird Zinsabschlag fällig.

Die Zinsen sind als Kapitaleinnahmen zu versteuern und unterliegen dem Zinsabschlag. Jahreszinsen, die erst in einem Folgejahr gutgeschrieben werden, gehören noch in die Steuererklärung des alten Jahres.

Fazit: Die klassische Form des Sparbuchs ist eher ein Auslaufmodell, da Fest- oder Tagesgeldkonten flexibler und meist auch noch höher verzinst sind. Als Basisinvestment ist das Sparbuch schon lange nicht mehr geeignet.

Sparkassenobligationen

Nichtbörsenfähige festverzinsliche Wertpapiere, auch Sparschuldverschreibungen genannt. Nach einer gewissen Sperrfrist können die Papiere dem Kreditinstitut zum Rückkauf angeboten werden. Dabei erfolgt die Rückgabe nicht zu offiziellen, sondern zu Bankkursen, die sich allerdings an den aktuellen Marktbedingungen anlehnen. Im Gegensatz zu im Prinzip ähnlichen Sparbriefen werden die Obligationen meist nicht kostenlos vom Kreditinstitut in Verwahrung genommen, darüber hinaus ist auch mit Spesen zu rechnen.

Steuerlich ergeben sich keine Unterschiede zu herkömmlichen → *Anleihen*.

Fazit: Interessant sind diese Obligationen nur, wenn der Emittent besonders attraktive Konditionen bietet.

Spekulationsgeschäfte

Die Veräußerung von Wirtschaftsgütern des Privatvermögens werden steuerlich im Allgemeinen nicht erfasst. Eine Ausnahme hiervon macht § 23 EStG in Bezug auf private Veräußerungsgeschäfte. Der Begriff Spekulationsgeschäft wurde gesetzlich lediglich bis 1998 verwendet. Um in die Steuerpflicht zu geraten, muss jedoch keine Spekulationsabsicht vorliegen. Voraussetzung für die Besteuerung ist die Anschaffung und der Verkauf von privaten Wirtschaftsgütern innerhalb bestimmter Fristen. Der Grundgedanke hierbei ist, dass kurzfristige Werterhöhungen wirtschaftlich eher zur Einnahmeerzielung als zum langfristigen Vermögenszuwachs gerechnet werden. Veräußerungsgeschäfte gehören zu den sonstigen Einkünften, sofern sie nicht einer anderen Einkunftsart zuzurechnen ist. Einzige Ausnahme ist gem. § 23 Abs. 2 Satz 2 EStG der Verkauf von Anteilen an Kapitalgesellschaften i.S.d. § 17 EStG, sofern das Geschäft binnen Jahresfrist ausgeführt wird.

Der Spekulationsbesteuerung unterliegen neben Immobilien Wirtschaftsgüter, die innerhalb eines Zeitraums von zwölf Monaten erworben und veräußert werden. Das sind Wertpapiere, Schmuck, Briefmarken oder Edelmetalle. Optionsgeschäfte fallen ebenfalls darunter, da es sich bei ihnen um selbständige Wirtschaftsgüter handelt. Auch Termingeschäfte auf Waren oder Wertpapiere zählen als Differenzgeschäfte zu den Veräußerungsgeschäften.

Steuer-Hinweis

Nach dem Gesetzeswortlaut ist auch ein Verlust aus dem Verkauf von Pkw oder Hausrat binnen Jahresfrist geltend zu machen. Dies will die Finanzverwaltung aber nicht akzeptieren und lehnt Minusbeträge ab, die bei Wirtschaftsgütern des täglichen Gebrauchs mit üblicher Abnutzung anfallen (OFD München v. 19.07.2002, DStR 2002, 1529; OFD Münster v. 09.01.2002, DB 2002, 243). Hierzu ist aber noch eine Revision zu der Frage anhängig (Hessisches FG v. 25.04.2006 – 12 K 594/03, Revision unter IX 29/06), ob § 23 Abs. 1 Nr. 2 EStG auf alle Wirtschaftsgüter des privaten Gebrauchs oder nur auf solche anwendbar ist, bei denen Wertsteigerungen während der einjährigen Behaltensfrist unabhängig von der Entwicklung des Markts nicht von vornherein ausgeschlossen sind.

Ein privates Veräußerungsgeschäft setzt einen Anschaffungsvorgang voraus. Dies ist der Erwerb eines Wertpapiers von einem Dritten gegen Entgelt. Der unentgeltliche Erwerb durch Erbschaft, Vermächtnis, Pflichtteil oder Schenkung ist keine Anschaffung. Der neue Besitzer erbt faktisch die Anschaffungskosten des Vermögens für die Spekulationsrechnung mit. Erst der anschließende Verkauf löst außer bei Termingeschäften die Besteuerung aus. Welche Motive Anlass für die Veräußerung sind, ist unerheblich. So greift das Finanzamt auch dann auf die Gewinne zu, wenn eine finanzielle Notlage oder Krankheitsgründe für den Verkauf verantwortlich waren.

Die Spekulationsfrist beträgt für Wertpapiere und Termingeschäfte ein Jahr. Keine Frist gibt es bei Fixgeschäften. Hierbei erfolgt der Verkauf von Wertpapieren oder Devisen bereits, bevor sie überhaupt angeschafft werden. Die Steuerfreiheit ist erreicht, wenn die Frist um mindestens einen Tag überschritten wird. Die Jahresfrist nach § 23 Abs. 1 Satz 1 Nr. 2 EStG beginnt in dem Zeitpunkt, in dem das der Anschaffung zugrundeliegende obligatorische Rechtsgeschäft abgeschlossen wird. Für über die Börse erworbene Wertpapiere ist dies die Ausführung des Kaufauftrags und bei einer Neuemission der Tag, an dem über die Zuteilung entschieden wird.

Die Besteuerung erfolgt in dem Jahr, in dem der Verkäufer den Zahlungseingang verbuchen kann. Das ist i.d.R. die Gutschrift auf dem Konto, die einige Tage nach der Börsenausführung erfolgt. Somit sind zwei Zeitpunkte maßgebend: Der Verkauf für die Berechnung der Frist und die Zahlung für das Jahr der Steuerpflicht. Bei einem unentgeltlichen Erwerb gilt als Anschaffungsdatum der Erwerb des Vorbesitzers. Die Fristberechnung bezieht sich grundsätzlich auf jedes einzelne Wertpapier. Diese Regel gilt im Prinzip auch dann, wenn die gleichen Aktien veräußert werden, die nur zu unterschiedlichen Zeitpunkten erworben wurden.

Neben dem üblichen Börsenhandel gibt es einige steuerliche Besonderheiten zu privaten Veräußerungsgeschäften:

- Bei einer Neuemission ist Anschaffungstermin der Tag, an dem über die Zuteilung entschieden wird.
- Beim Aktienerwerb auf Umwegen, etwa über Zertifikate sowie Aktien-, Wandel-, Options- und Umtauschanleihen beginnt die Spekulationsfrist i.d.R. mit der Entscheidung über die anschließende Wertpapierlieferung.
- Beim Bezug von Bonus-, Gratis-, Dividenden- oder jungen Aktien gibt es unterschiedliche Anschaffungsfiktionen, siehe hierzu die einzelnen Stichworte.

Berechnung der Einkünfte aus § 23 EStG

Durch das Richtlinien-Umsetzungsgesetz wurde § 23 Abs. 1 Satz 1 Nr. 2 Satz 2 EStG eingefügt, wonach bei Wertpapieren in Girosammelverwahrung nur noch die sogenannte FiFo-Methode gilt. Die gesetzliche Verwendungsreihenfolge bei privaten Veräußerungsgeschäften fingiert, dass

- die zuerst angeschafften Wertpapiere (first in)
- zuerst veräußert werden (first out).

Diese neue FiFo-Methode ist einfacher als die Durchschnittsberechnung nach der alten Rechtslage (BFH v. 24.11.1993 – X R 49/90, BStBl II 1994, 591). Hauptgrund für die Änderung war die von den Banken für 2004 erstmals zu erstellende Jahresbescheinigung. Hierbei sind auch sämtliche Verkaufsgeschäfte binnen Jahresfrist aufzuführen. Nach der alten Methode hätten die Banken hier bei aktiven Börsianern permanent neue Durchschnittswerte ermitteln müssen, und dies auch noch für jedes Wertpapier einzeln. Für den VZ 2004 ist jedoch weiterhin die bisherige Durchschnittswertmethode anzuwenden. Anleger können aber auch eine Berechnung nach der ab 2005 geltenden FiFo-Methode zugrunde legen, wenn diese für sie zu einem günstigeren Ergebnis führt (BMF v. 05.04.2005 – IV A 3 – S 2259 –

7/05, BStBl I, 617). Dies ist der Fall, wenn Anleger ihren Einstandskurs verbilligen und anschließend mit Gewinn verkaufen. Dann wird der höhere, erste Preis gegengerechnet, ein Plus fällt deutlich geringer aus als bisher oder überhaupt nicht an. Kaufen Aktionäre hingegen teurer nach, bringt die neue Rechnung Nachteile. Denn dann fällt ein steuerlicher Gewinn an, auch wenn wirtschaftlich ein Minus vorliegt. Immerhin: Aktien, die schon mehr als ein Jahr im Depot liegen, gelten als zuerst verkauft und bleiben in beiden Fällen steuerfrei.

Beispiel

Die neue Rechnung nach der FiFo-Methode im Gewinnfall

Ein Anleger kauft im Januar 200 Aktien zu 20 € und im April weitere 200 zu 14 € nach. Im Juli verkauft er die Hälfte des Bestands zu 22 €.

Besteuerungsjahr	bis 2004	ab 2005
Verkaufserlös 200 x 22 €	4.400 €	4.400 €
Durchschnitt (20 + 14) / 2 x 200	– 3.400 €	
First in 20 x 200		– 4.000 €
Spekulationsgewinn	1.000 €	400 €
Vorteil neues Recht		600 €

Beispiel

Die neue Rechnung nach der FiFo-Methode im Verlustfall

Ein Anleger kauft im Januar 200 Aktien zu 14 € und im April weitere 200 zu 20 € nach. Im Juli verkauft er die Hälfte des Bestands zu 16 €.

Besteuerungsjahr	bis 2004	ab 2005
Verkaufserlös 200 x 16	3.200 €	3.200 €
Durchschnitt (20 + 14) / 2 x 200	– 3.400 €	
First In 200 x 14		– 2.800 €
Spekulationsertrag	– 200 €	400 €
Vorteil altes Recht	600 €	

Die FiFo-Methode sorgt in dieser Hinsicht für eine einfachere Ermittlung der realisierten Einkünfte nach § 23 EStG. So werden nunmehr jedem Veräußerungsgeschäft sowohl zeitlich als auch betragsmäßig ein oder mehrere Anschaffungsgeschäfte eindeutig zugeordnet. Dies erleichtert die Entscheidung darüber, ob die Veräußerung innerhalb der Spekulationsfrist (steuerpflichtig) oder außerhalb (nicht steuerbar) liegt. Im Fall der Steuerpflicht sind die feststehenden Anschaffungskosten aus den zugeordneten Erwerben zu berücksichtigen.

Steuer-Hinweise

- Banken durften in der Jahresbescheinigung für das Jahr 2004 entweder nur die Veräußerungsdaten oder alternativ die nach FiFo ermittelten Werte melden. Ab 2005 besteht kein Wahlrecht mehr, FiFo ist dann Pflicht.
- Das FiFo-Verfahren kann im Rahmen des § 17 EStG nicht entsprechend dem § 23 Abs. 1 Satz 1 Nr. 2 EStG angewendet werden. Hier sind vielmehr weiterhin Durchschnittswerte anzusetzen. Jedes einzelne Wertpapier gilt danach als anteilig verkauft (OFD Magdeburg v. 15.05.2006, DStR 2006, 1281, OFD Frankfurt v. 06.06.2006 – S 2244 A – 31 – St 215, FR 2006, 703).

Beispiel

Rechnung nach FiFo: Die einzelnen Erwerbsvorgänge

Anschaffungsdatum	Anzahl	Kaufpreis je Aktie
01.11.2005	100	100 €
01.02.2006	40	90 €
01.08.2006	30	100 €
01.12.2006	30	110 €

Am 10.01.2007 werden 150 Aktien zu je 150 € veräußert.

Anschaffungsdatum	Anzahl	Steuerpflicht
01.11.2005	– 100	Nein
01.02.2006	– 40	Ja
01.08.2006	– 10	Ja
Weiter im Depot		
01.08.2006	20	100 €
01.12.2006	30	110 €

Nach der FiFo-Methode gelten zuerst die am 01.11.2005 angeschafften Aktien als veräußert, und zwar im Beispielsfall außerhalb der Spekulationsfrist (November 2005 zu Januar 2007). Danach folgen nacheinander bis zur Stückzahl der verkauften Aktien die am 01.02.2006 und am 01.08.2006 erworbenen Aktien, die innerhalb der Spekulationsfrist steuerpflichtig veräußert wurden. Die Einnahmen ermitteln sich nun wie folgt:

Veräußerungserlös	22.500 €
davon Veräußerungserlös von 100 Aktien nicht steuerbar	– 15.000 €
abzgl. Anschaffungskosten der am 01.02.2006 erworbenen 40 Stk.	– 3.600 €
abzgl. Anschaffungskosten der am 01.08.2006 erworbenen 10 Stk.	– 1.000 €
zu versteuernde Einkünfte aus § 23 EStG	2.900 €

Bei der ehemaligen Durchschnittsbewertung war die Veräußerungsfrist nur dann gewahrt, wenn der Art und der Stückzahl nach ausgeschlossen werden kann, dass die veräußerten Wertpapiere außerhalb dieser Frist erworben wurden. Bei Käufen in Etappen sind mehrere Rechenschritte erforderlich.

Checkliste zu Etappenkäufen nach Durchschnittsbewertung	
Zuerst werden die Aktien herausgefiltert, die am Verkaufstag bereits über ein Jahr im Depot liegen. Denn die gelten nach der steuerlichen Regel als zuerst verkauft. Auf sie greift das Finanzamt nicht zu. Verluste können nicht mehr geltend gemacht werden, Gewinne bleiben steuerfrei.	❑
Werden mehr Wertpapiere verkauft, ist die Anzahl der Aktien zu ermitteln, die binnen Jahresfrist verkauft werden. Diese fallen in die Spekulationsfrist und sind steuerpflichtig.	❑
Die Anschaffungskosten ergeben sich aus dem Durchschnittspreis der Aktien, die innerhalb eines Jahres angeschafft wurden.	❑
Der Kaufpreis der Aktien, die länger als ein Jahr im Depot liegen, spielt bei der Berechnung des Durchschnittswerts keine Rolle.	❑
Bei späteren Veräußerungen wird der verbleibende Bestand anteilsmäßig fortgeschrieben und darauf dann das gleiche Schema angewendet.	❑

Beispiel
Berechnung nach der Durchschnittswertmethode

Kauf am 01.01.1998 und am 01.08.1998 je 100 Aktien gleicher Art und Güte der X-AG, die in einem Girosammeldepot verwahrt werden. Verkauf am 01.07.1999 von 150 Aktien. Ergebnis: Bei 100 Stück der veräußerten Aktien kann nicht ausgeschlossen werden, dass sie zu den am 01.01.1998 erworbenen Wertpapieren gehören und damit außerhalb der einjährigen Veräußerungsfrist nach § 23 Abs. 1 Satz 1 Nr. 2 EStG erworben wurden. Somit ist im Vz. 1999 ein privates Veräußerungsgeschäft i.S.v. § 23 Abs. 1 Satz 1 Nr. 2 EStG mit 50 Aktien der X-AG verwirklicht. Die Berechnung nach der Durchschnittswertmethode wird wie folgt vorgenommen:

Anschaffungsdatum	Anzahl	Kaufpreis je Aktie
01.11.1999	100	100 €
01.02.2000	40	90 €
01.08.2000	30	100 €
01.12.2000	30	110 €

Am 10.01.2001 werden 150 Aktien zu je 150 € veräußert.

Laut BFH wird ein privates Veräußerungsgeschäft in Hinsicht auf den Verkauf von 50 Aktien verwirklicht, da hinsichtlich 100 Aktien nicht auszuschließen ist, dass sie außerhalb der Veräußerungsfrist gem. § 23 Abs. 1 Satz 1 Nr. 2 EStG (am 01.11.1997) erworben wurden. Die Anschaffungskosten der veräußerten Aktien sind nach Durchschnittswerten zu ermitteln. Damit ergeben sich folgende durchschnittliche Anschaffungskosten:

40 Stück à 90 € =	3.600 €
30 Stück à 100 € =	3.000 €
30 Stück à 110 € =	3.300 €
Summe: 100 Stück	9.900 €
= Durchschnitt 9.900 / 100	99 €

Der Gewinn aus privaten Veräußerungsgeschäften berechnet sich nach § 23 Abs. 3 EStG damit wie folgt:

Veräußerungserlös 50 Aktien à 150 €	7.500 €
Anschaffungskosten 50 Aktien à 99 €	– 4.950 €
Veräußerungsgewinn (§ 23 Abs. 1 Satz 1 Nr. 2 EStG)	+ 2.550 €

Steuer-Hinweis

Bei Finanzinnovationen, bei denen der Kursertrag in Höhe der Marktrendite eine Kapitaleinnahme nach § 20 EStG darstellt, gelten die vorgenannten Grundsätze bei Verkäufen ab 2006. Lagern mehrere Wertpapiere gleicher Art im Depot, galt beim Verkauf bis Ende 2005 das LiFo-Verfahren (BMF v. 02.03.2001 – IV C 1 – S 2204 – 2/01, DStR 2001, 1161). Hiernach galten die Papiere als zuerst verkauft (first out), die zuletzt erworben wurden (last-in). Ab 2006 erfolgt nun eine Anpassung bei Finanzinnovationen an § 23 EStG (BMF v. 28.10.2005 – IV C 1 – S 2406 – 7/05; FinMin Schleswig-Holstein 31.03.2006 – IV A 7 – S 0632 – 6/06, FR 2006, 439).

Bei der Berechnung des Spekulationsertrags sind neben dem Unterschied zwischen Verkaufs- und Kaufpreis auch Werbungskosten zu berücksichtigen.

	Verkaufserlös
–	Ehemalige Anschaffungs- oder Herstellungskosten
=	Gewinn oder Verlust
–	Bankspesen bei An- und Verkauf
–	Sonstige Werbungskosten
=	Spekulationsgewinn/-verlust
x	50 % bei Aktienverkäufen

Zu den Werbungskosten zählen alle durch den Verkauf entstandenen Aufwendungen. Das sind bei Wertpapieren die Spesen sowie Schuldzinsen.

Freigrenze und Verlustverrechnung

Ein Spekulationsgewinn ist nur steuerpflichtig, wenn er mindestens 512 € pro Jahr beträgt, § 23 Abs. 3 Satz 6 EStG. Dabei handelt es sich um eine Freigrenze, die sich faktisch für ein Aktienplus verdoppelt. Da die Gewinne mit Aktien nur noch zur Hälfte besteuert werden, kann der private Aktionär Kursgewinne von 1.023,99 € steuerfrei vereinnahmen. Die Freigrenze gibt es nur einmal pro Person und Jahr und für die Einkünfte aus allen Veräußerungsgeschäften. Erst wenn die Summe aller Gewinne im Jahr unter 512 € liegt, bleiben sie insgesamt steuerfrei.

Die Freigrenze des § 23 Abs. 3 für Spekulationsgeschäfte ist bereits vor der Durchführung eines Verlustrücktrags zu berücksichtigen (BFH v. 11.01.2005 – IX R 27/04, BStBl II, 433 und IX R 13/03, BFH/NV, 1254), was auch der Auffassung der Finanzverwaltung entspricht (BMF v. 25.10.2004 – IV C 3 – S 2256 – 238/04, Tz. 52, BStBl I, 1034).

Beispiel

Gewinn aus § 23 EStG im Vz. 2005:	3.000 €
Verlust aus § 23 EStG im Vz. 2006:	5.000 €
Verlustrücktrag von 2006 nach 2005 (Beschränkung auf):	2.489 €
zu versteuernde Einkünfte in 2005:	511 €

Ergebnis: Die Einkünfte 2003 liegen zwar mit 511 € unterhalb der Freigrenze von 512 €. Gleichwohl werden diese Einkünfte der Besteuerung unterworfen, da die Anwendung der Freigrenze vor Verlustvor-/-rücktrag zu prüfen ist.

Steuer-Hinweis

Liegen die Gewinne kurz vor Jahresende über der Freigrenze, kann eine Realisierung von Verlusten die Steuerfreiheit retten und zugleich für eine Depotbereinigung sorgen. Hierbei liegt allerdings ein Gestaltungsmissbrauch vor, wenn die abgestoßenen Wertpapieren kurze Zeit später in gleicher Stückzahl zurückgekauft werden (FG Schleswig-Holstein v. 14.09.2006 – 5 K 286/03; FG Hamburg v. 09.07.2004 – VII 52/02, EFG 2004, 1775). Diese Einschränkung lässt sich aber in der Praxis sowohl terminlich als auch von der Stückzahl her leicht umgehen.

Nach Auffassung des BFH (v. 22.09.2005 – IX R 21/04, DB 2006, 933, v. 26.04.2006 – IX R 8/04, BFH/NV 2006, 1657 und v. 08.06.2006 – IX B 30/06, BFH/NV 2006, 1689) ist über die Verrechenbarkeit von im Entstehungsjahr nicht ausgeglichenen Verlusten aus privaten Veräußerungsgeschäften erst im Jahr der Verrechnung zu entscheiden, da § 23 EStG kein gesondertes Feststellungsverfahren vorsieht. Dies eröffnet Anlegern entgegen der Verwaltungsauffassung (BMF v. 05.10.2000 – IV C 3 – S 2256 – 263/00, BStBl I, 1383) die Möglichkeit, rote Zahlen aus realisierten Wertpapierverkäufen auch später noch geltend machen und mit aktuell angefallenen Spekulationsgewinnen verrechnen zu können. Das gelingt sogar dann, wenn die Verluste in der Erklärung des Entstehungsjahres nicht angegeben wurden.

Eine Berücksichtigung erfolgt sogar dann noch, wenn der Steuerbescheid schon bestandskräftig ist, in den die Verluste einfließen sollen. Denn insoweit erfolgt eine Berichtigung nach § 174 Abs. 3 AO, wenn der Sachverhalt hier bislang in der erkennbaren Annahme nicht berücksichtigt wurde, weil er in einem anderen Steuerbescheid anzusetzen sei. Eine solche widerstreitende Festsetzung ist gegeben, soweit die Verluste wegen der zuvor angenommenen Notwendigkeit eines Feststellungsverfahrens unberücksichtigt geblieben sind. Allerdings sollten Anleger bedenken, dass die jetzt erst deklarierten roten Zahlen beim Finanzamt auch Anlass dafür sein können, sämtliche möglichen Wertpapierverkäufe alter Jahre genauer unter die Lupe zu nehmen.

Steuer-Hinweis

Diese neue Sichtweise hat allerdings auch zur Folge, dass über rechtliche Streitpunkte oder die Ermittlung der zutreffenden Verluste erst viel später entschieden wird, sollte es im Entstehungsjahr keine Gewinne geben (BFH v. 26.04.2006 – IX R 8/04, BFH/NV 2006, 1657). Somit bleiben zu klärende Sachverhalte unter Umständen über einen langen Zeitraum unbearbeitet liegen. Anleger sollten in jedem Fall ihre Belege aufbewahren, um die roten Zahlen später dokumentieren zu können.

Das Urteil wird allerdings in der Praxis nicht angewendet, da ein verbleibender Verlustvortrag nach dem geänderten § 23 Abs. 3 Satz 9 EStG nach Maßgabe des § 10d Abs. 4 EStG gesondert festzustellen ist. Da dies für alle noch nicht verjährten Bescheide gilt (§ 52 Abs. 39 Satz 5 EStG), werden die Auswirkungen der BFH-Rechtsprechung wieder in die ursprüngliche Verwaltungsauffassung korrigiert. Das ist positiv, da über entstandene Veräußerungsverluste sofort entschieden wird. Anleger müssen damit nicht mit der Geltendmachung warten, bis endlich entsprechende Gewinne anfallen. Auf der anderen Seite bringt das Vorhaben eine Rückwirkung in Hinsicht auf die Börsenverluste alter Jahre mit sich.

Bei der Zusammenveranlagung von Ehegatten rechnet jeder Partner seinen Gesamtgewinn aus privaten Veräußerungsgeschäften getrennt. Jedem steht die Freigrenze gesondert zu. Kann sie einer der Ehepartner nicht ausschöpfen, darf dieser Betrag nicht auf den anderen Ehegatten übertragen werden.

Beispiel

Spekulationsgewinn Ehemann	600 €
Zu versteuern – über Freigrenze	600 €
Spekulationsgewinn Ehefrau	400 €
Zu versteuern – unter Freigrenze	0 €
Einkünfte insgesamt	600 €

Diese Einschränkung gilt allerdings nicht für Gemeinschaftsdepots. Denn in diesem Fall sind nicht nur die Gewinne oder Verluste jeweils zur Hälfte aufzuteilen, sondern auch die Freigrenze.

Beispiel

Spekulationsgewinn 2004	1.000 €
Davon je Partner	500 €
Zu versteuern – unter Freigrenze	0 €

Ein Verlust aus § 23 EStG darf nur mit entsprechenden Gewinnen und nicht mit anderen positiven Einkünften verrechnet werden. Umgekehrt funktioniert der Ausgleich jedoch. So kann etwa der Verlust aus einer Mietimmobilie den Gewinn aus Spekulationsgeschäften mindern. Dabei werden aber in einem ersten Schritt alle Spekulationsgeschäfte untereinander verrechnet: Verluste mit Aktien beispielsweise mit Gewinnen aus Immobilienverkäufen oder Termingeschäften und umgekehrt. Seit 1999 dürfen Verluste, die im Entstehungsjahr nicht ausgeglichen werden können, mit Gewinnen aus privaten Veräußerungsgeschäften des Vorjahres sowie aller folgenden Jahre verrechnet werden. Bis zum VZ 1998 waren Verluste nur mit gleichartigen Gewinnen im selben Vz. ausgleichsfähig.

Steuer-Hinweis

Ausgehend vom Urteil des BVerfG zur Verfassungswidrigkeit der Besteuerung von Spekulationsgewinnen in den Jahren 1997/98 (v. 09.03.2004 – 2 BvL 17/02, BStBl II 2005, 56) können Verluste aus § 23 EStG der Jahre vor 1999 in offenen Altfällen nach den allgemeinen einkommensteuerlichen Regelungen über Verlustausgleich und Verlustabzug berücksichtigt werden (BFH v. 01.07.2004 – IX R 35/01, BStBl II 2005, 26). Dies gilt allerdings nicht für die beiden Jahre 1997/98 (BFH v. 14.07.2004 – IX R 13/01, BStBl II 2005, 125). Die hiergegen eingelegte Verfassungsbeschwerde wurde nicht zur Entscheidung angenommen (2 BvR 1935/04). Zum Verlustausgleich mit anderen Einkünften ab dem VZ 1999 liegen dem BFH mehrere Revisionen vor (IX R 45/04, IX R 31/04, IX R 28/05, IX R 42/05, IX R 43/05). Einspruchsverfahren hierzu ruhen auf Antrag.

Sprint-Zertifikate

Schnell eine hohe Rendite zu erzielen, wenn es an der Börse nur mäßig läuft, das ist das Ziel von Sprint-Zertifikaten. Innerhalb einer schmalen Bandbreite zwischen Basispreis und Cap profitieren sie in doppelter Höhe von positiven Kursentwicklungen des zugrundeliegenden Basiswerts, etwa einer einzelnen Aktie. Das Zertifikat sprintet der Aktie bei leicht steigenden Kursen doppelt so schnell davon. Allerdings kann der Anleger erst zum Fälligkeitstermin diesen Effekt in Anspruch nehmen.

Sprint-Zertifikate sind bei einigen Emittenten auch unter den Begriffen Double-Chance-, Katapult-, Kick-Start-, Runner-, oder Speed-Zertifikat bekannt. Ein Nachteil dieses Speeder ist jedoch, dass die Kursobergrenze sehr schnell erreicht ist und Anleger bei stark anziehenden Kursen den Gewinnen nur noch hinterherschauen können.

Fällt die Aktie unter den Basispreis, verliert das Sprint-Zertifikat in gleicher Höhe wie das Wertpapier. Der Investor bekommt sein Kapital dann entweder in Form der gelieferten Aktie zurück oder als Barwert ausbezahlt. Der Hebel gilt aber zumindest nicht bei Kursverlusten, hieran nehmen Investoren stets eins zu eins teil.

Steuerlich ergeben sich keine Unterschiede zu herkömmlichen → *Zertifikaten.*

Fazit: Sprint-Zertifikate bieten einen Mittelweg zwischen herkömmlichen Zertifikaten und Optionsscheinen. Sie partizipieren nicht unbegrenzt an Kursanstiegen des Bezugswerts, dafür ist der Totalverlust nahezu ausgeschlossen. Ein Investment für Anleger mit leicht positiver Kurserwartung, die das große Risiko scheuen und dafür Abstriche beim Gewinnpotential machen. Sofern die Börsenprognose jedoch optimistischer ist, sind Outperformance-Zertifikate attraktiver. Die haben zwar keinen doppelten Hebel, dafür aber auch keine Gewinnobergrenze.

Squeeze-Out

Bei diesem in Deutschland seit Beginn 2002 geltenden Verfahren darf ein Mehrheitsgesellschafter – mit mindestens 95 % Anteil – die verbliebenen Minderheitsaktionäre zum Verkauf zwingen, § 327a AktG. Die per Gutachten festgelegte Abfindung in bar ist nicht als Kapitaleinnahme, sondern als Aktienverkauf zu werten. Denn für die Annahme eines privaten Veräußerungsgeschäfts ist es ohne Bedeutung, ob die Veräußerung freiwillig oder unter wirtschaftlichem Zwang erfolgt (BFH v. 07.12.1976 – VIII R 134/71, BStBl II 1977, 209).

Folge: Werden oder sind bei einer Gesellschaftsübernahme die verbliebenen Minderheitsgesellschafter rechtlich oder wirtschaftlich gezwungen, ihre Anteile an den Übernehmenden zu übertragen, liegt eine Veräußerung der Aktien an den Übernehmenden vor. Es fällt ein Spekulationsgewinn oder -verlust an, sofern die Zwangsübertragung binnen eines Jahres nach dem Kauf erfolgt ist. Maßgebend ist die Differenz zwischen der gewährten Gegenleistung und den Anschaffungskosten. Wird die Gegenleistung nicht in Geld, sondern durch Lieferung eigener Aktien des Übernehmenden geleistet, ist als Veräußerungspreis der gemeine Wert der übertragenen Wirtschaftsgüter anzusetzen.

Step Down-Anleihe

Anleihe, die in den ersten Jahren mit einem über dem Marktzins liegenden Zins ausgestattet ist und zum Ausgleich in den letzten Jahren der Laufzeit unterdurchschnittlich verzinst wird, (umgekehrter Fall zur → *Step Up-Anleihe*). Der Kurs fällt während der ersten Jahre unter den Ausgabepreis, da immer mehr hohe Zinskupons verbraucht werden, und steigt erst gegen Ende der Laufzeit wieder auf 100 % an.

Beispiel

Anleihe mit einer Laufzeit von zehn Jahren; in den ersten vier Jahren werden jeweils 15 %, dann drei Jahre 8 % und in den letzten drei Jahren jeweils 4,5 % Zinsen gezahlt.

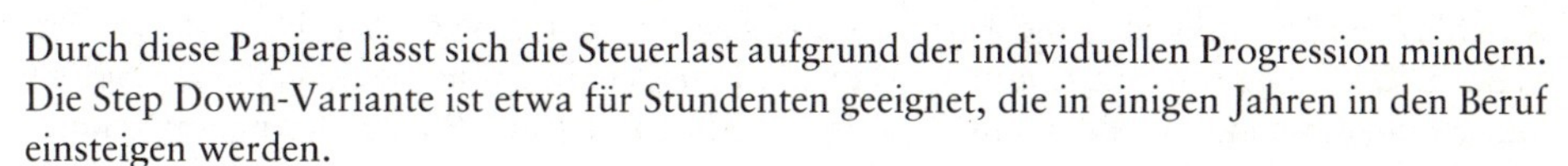

Durch diese Papiere lässt sich die Steuerlast aufgrund der individuellen Progression mindern. Die Step Down-Variante ist etwa für Stundenten geeignet, die in einigen Jahren in den Beruf einsteigen werden.

Steuerlich ergeben sich keine Unterschiede zu herkömmlichen → *Finanzinnovationen*, wobei auch die Emissionsrendite angesetzt werden kann.

Step Up-Anleihe

Anleihe, die in den ersten Jahren mit einem unter dem Marktzins liegenden Zins ausgestattet ist und zum Ausgleich in den letzten Jahren der Laufzeit überdurchschnittlich verzinst wird (umgekehrter Fall zur → *Step Down-Anleihe*). Über die gesamte Laufzeit gesehen bringen die Papiere aber keine bessere Durchschnittsrendite als normale Festverzinsliche. Der Kurs steigt während der ersten Jahre deutlich über 100 % und fällt gegen Ende der Laufzeit wieder auf 100 % ab. Sie dient zur Verschiebung der Zinseinnahmen auf einen beim Anleger niedrigeren Progressionssteuersatz (z.B. bevorstehendes Rentenalter). Interessant sind sie in der Phase der höheren Zinscoupons für Anleger mit niedriger Steuerprogression oder nicht ausgeschöpftem Sparerfreibetrag. Step Up-Anleihen ähneln in der Gestaltung der artverwandten Kombizinsanleihe.

Beispiele

Step Up-Anleihe mit einer Laufzeit von zehn Jahren; in den ersten acht Jahren werden jeweils 2 %, in den letzten beiden Jahren je 33 % Zinsen gezahlt. Andere Produkte bieten eher kontinuierliche Anstiege, die etwa mit 3,2 % beginnen und jedes Jahr um 0,2 % anziehen.

Bei Stufenzinsanleihen sind zwei Sonderaspekte zu beachten:

- Sie sind oft mit einem Kündigungsrecht des Emittenten ausgestattet. Eine vorzeitige Rückzahlung ist hier vor allem in Zeiten fallender Kapitalmarktzinsen wahrscheinlich. Anleger müssen dann ihr Kapital bei niedrigem Zinsniveau wieder anlegen.
- Die zu Beginn geringen Kupons sind auch für Emittenten mit schlechter Bonität interessant. Diese Schuldner müssten bei herkömmlichen Papieren hohe Zinsen bieten. Da die Zinslast bei den Stufenzinsanleihen erst einmal gering ausfällt, belasten sie die Liquidität der Unternehmen anfangs nicht so stark. Das mindert dann auch kurzfristig die Wahrscheinlichkeit eines Zahlungsausfalls.

Stufenzinsanleihen sind ein Mittel gegen den steigenden Zinstrend. Sie schützen zwar nicht vollständig vor fallenden Kursen, weisen aufgrund der ansteigenden Jahreskupons aber zumindest eine geringere Zinssensitivität als herkömmliche Anleihen auf. Somit fallen die Kursabschläge geringer aus.

Steuerlich ergeben sich keine Unterschiede zu herkömmlichen → *Finanzinnovationen*, wobei neben dem realisierten Kurserlös alternativ auch die Emissionsrendite angesetzt werden kann. Die ist aufgrund der bei Ausgabe vorgegebenen Kupons bestimmbar.

Steueramnestie

Die Amnestie über das Strafbefreiungserklärungsgesetz (StraBEG) endete am 31.03.2005. Immerhin flossen über diese Brücke zur Steuerehrlichkeit rund 1,5 Mrd. € in die Staatskasse. Das war zwar deutlich weniger als erhofft, aber immerhin hat die Finanzverwaltung anschließend Kenntnis über die zuvor verschwiegenen Einnahmequellen. Denn die strafbefreiende Erklärung war nicht anonym. Daher könnte sich die Amnestie für einige der 50.000 reuigen Steuersünder als Bumerang erweisen. Neben kritischen Fragen der Finanzbeamten gilt dies besonders in Bezug auf Auslandsstiftungen, Schenkungen sowie Investmentfonds. Zwar sollen nachgemeldete Schwarzgelder außer der moderaten Nachzahlung keine negativen Konsequenzen nach sich ziehen. Dies ist aber nicht in allen Fällen so zu sehen.

Besonders großzügig zeigte sich die Finanzverwaltung in Bezug auf die ausländischen Stiftungen. Doch das Einbringen der Gelder gilt nach Auffassung des FG Rheinland-Pfalz (v. 14.03.2005 – 4 K 1590/03, EFG 2005, 981, Revision unter II R 21/05) entgegen der Verwaltungsauffassung als schenkungsteuerlicher Vorgang. Hierbei geht es um den Verzicht der Finanzverwaltung auf Schenkungsteuer in den Fällen, in denen Anleger Schwarzgelder in eine ausländische Stiftung eingebracht hatten (BMF v. 16.09.2004 – IV A 4 – S 1928 – 120/04). Sofern die hieraus resultierenden Kapitalerträge nacherklärt wurden, sollte sowohl die Gründung als auch die spätere Auflösung nicht als steuerpflichtiger Vorgang gelten, sofern dieses Gebilde nur als Treuhandschaft des Stifters anzusehen ist. Da diese Voraussetzung in den meisten Fällen erfüllt ist, konnten betroffene Stifter ihr Vermögen noch steuergünstig reinwaschen.

Steuer-Hinweis

Aufgrund einer zwischen Bund und Ländern abgestimmten Vorgehensweise (LfSt Bayern v. 30.08.2005 – S 0702 a – 1 St 4106, FR 2005, 1119, DB 2005, 2497) besteht kein Grund zur Beunruhigung. Hiernach ist der Fragen-Antworten-Katalog zum Strafbefreiungserklärungsgesetz keine unverbindliche Handreichung der Finanzverwaltung, sondern eine für die Finanzämter verbindliche Verwaltungsanweisung. Hier ergibt sich die Konsequenz, dass nach Inanspruchnahme der Steueramnestie nunmehr der Vertrauensschutz nach § 176 Abs. 2 AO gilt. Denn die Betroffenen haben darauf vertraut, dass sich aufgrund der verdeckten Treuhandschaft keine steuerlichen Folgen ergeben. Dieser Vertrauensschutz gilt aber nur für im Rahmen der Amnestie deklarierte Stiftungsfälle.

Im Rahmen der Steueramnestie wurden auch eine Reihe von Schenkungen nachgemeldet. Das FG Köln (v. 19.07.2005 – 9 K 1884/05, EFG 2005, 1621, Revision unter II R 40/05) hat nun in diesem Zusammenhang entschieden, dass solche strafbefreiend deklarierten Schenkungen bei nachfolgenden unentgeltlichen Vermögensübergängen gem. § 14 Abs. 1 ErbStG als Vorerwerb gelten. Damit lebt der Amnestievorgang immer dann wieder auf, sofern noch keine zehn Jahre vergangen sind. Bei der Zusammenrechnung beider Erwerbe darf allerdings die zuvor gezahlte Steuer mindernd berücksichtigt werden. Dies ist dann eine fiktive Steuer, die über dem pauschal bezahlten Betrag gemäß StraBEG liegt.

Steuer-Hinweis
Die Finanzämter sind angewiesen, über das StraBEG erklärte Schenkungen gesondert zu erfassen, um sie bei späteren Erwerben nach § 14 ErbStG zu berücksichtigen (OFD Frankfurt v. 28.06.2005 – O 2140 – A – 13-Lz I 3.2, ErbStB 2005, 238). Es ist daher darauf zu achten, dass diese Vorgänge im späteren Erbfall unbedingt anzugeben sind.

Wurden Erträge eines thesaurierenden ausländischen Investmentfonds nach dem StraBEG versteuert, ergeben sich gravierende Nachteile in Bezug auf den Zinsabschlag, die von der Finanzverwaltung auch nicht ausgeräumt werden (OFD Düsseldorf v. 30.09.2005 – S 2298 – 8 – St 222 KS 2298 A – St 212, FR 2005, 1118). Erträge thesaurierender ausländischer Investmentfonds gelten mit Ablauf des Geschäftsjahres als zugeflossen (§17 Abs. 1 AuslInvestmG, § 2 Abs. 1 InvStG). Sie sind daher jährlich als Einnahmen aus Kapitalvermögen zu erfassen. Die thesaurierenden Erträge unterliegen jedoch erst bei Verkauf/Rückgabe der Anteile dem Zinsabschlag. Maßgebende Bemessungsgrundlage sind die im Zeitraum der Verwahrung als zugeflossen geltenden, noch nicht dem Steuerabzug unterworfenen Erträge (§ 18a Abs. 1 Nr. 3 AuslInvestmG, § 7 Abs. 1 Nr. 3 InvStG). Die nach dem StraBEG anzugebende Einnahme war jedoch ohne Anrechnung von Abzugsteuern zu ermitteln. Da amnestierte Einnahmen auch nicht in einer Einkommensteuerfestsetzung berücksichtigt werden, scheidet deren Anrechnung auf die Einkommensteuer nach § 36 EStG aus.

Steuer-Hinweis
Für Besitzer von ausländischen thesaurierenden Investmentfonds empfiehlt es sich, die Anteile im Ausland zu veräußern bzw. zurückzugeben. Dann entfällt der Zinsabschlag auf die teilweise bereits im Rahmen der Amnestie versteuerten Beträge. Allerdings sollte wegen der EU-Zinsrichtlinie darauf geachtet werden, dass auch im Ausland bei der Veräußerung keine Quellensteuer einbehalten wird, sondern das Meldeverfahren in Anspruch genommen werden kann. Ansonsten entfällt nämlich auch die Anrechnung der Quellensteuer entsprechend.

Weitere Aspekte:

- Wurden Spekulationsgewinne im Rahmen der Steueramnestie nacherklärt und die Steuern nachgezahlt, ist insoweit eine Aufhebung der Vollziehung nach § 69 Abs. 3 FGO ausgeschlossen (BFH v. 02.06.2005 – IX B 59/05, BFH/NV 2005, 1498). Das BVerfG hat zwar entschieden, dass die Besteuerung von Spekulationsgewinnen in 1997 und 1998 verfassungswidrig war. Dieses Urteil und seine mögliche Wirkung auf andere Jahre ist aber nur im Einspruchsverfahren und nicht durch den einstweiligen Rechtsschutz zu berücksichtigen. Die fristgerechte Steuerzahlung war Voraussetzung für den Eintritt der Straffreiheit, wegen dieser Wirkung schließt das Gesetz nach § 10 Abs. 4 StraBEG den einstweiligen Rechtsschutz aus. Das gilt beim Antrag auf Aussetzung als auch auf Aufhebung der Vollziehung. Der Gesetzgeber wollte hiermit sicherstellen, dass die durch die Zahlung eingetretene Straffreiheit endgültig ist. Ein Rechtsverlust oder gravierende Nachteile treten nicht ein, da die strafbefreiende Erklärung als Steuerfestsetzung unter Vorbehalt der Nachprüfung gilt. Diese kann über einen Einspruch offen gehalten werden.

- Die Steueramnestie könnte vom Bundesverfassungsgericht auf den Vorlagebeschluss des Finanzgerichts Köln (v. 22.09.2005 – 10 K 1880/05, EFG 2005, 1378, beim BVerfG unter 2 BvL 14/05) hin für verfassungswidrig erklärt werden. Dies hätte für die meisten der strafbefreienden Erklärungen wegen der eingetretenen Bestandskraft keine rechtliche Auswirkung. Etliche Tausend haben aber Einspruch gegen ihre eigene Anmeldung eingelegt wegen der angeblichen Verfassungswidrigkeit der Besteuerung privater Veräußerungsgewinne aus Wertpapieren. Diese Einspruchsverfahren ruhen. In diesen Fällen dürfte eine Verfassungswidrigkeit der Amnestie zur Nachversteuerung und Bestrafung führen. So eine Verlautbarung des BMF vom 09.02.2006 (Fragen und Antworten zum Kontenabruf).
- Hat die Steuerfahndung vor Abgabe einer strafbefreienden Erklärung ein Strafverfahren eröffnet, ist der Ausschluss der Straf- oder Bußgeldbefreiung nach § 7 Nr. 1a StraBEG aus Gründen der Rechtssicherheit sachlich zu begrenzen. Der Umfang der Begrenzung richtet sich in diesem Fall nach dem ermittlungsauslösenden Verdachtsmoment. In zeitlicher Hinsicht beschränkt sich die Sperrwirkung nicht nur auf die im strafrechtlichen Durchsuchungsbeschluss genannten VZ, sondern auch die früheren Steuerjahre, die innerhalb der bei Steuerhinterziehung geltenden steuerlichen Festsetzungsfrist von zehn Jahren liegen (FG München v. 31.05.2006 – 1 K 3948/05, Revision unter X R 31/06).

Steuerstundungsmodelle

Dieser Begriff wurde durch die Einführung von § 15b EStG und des Gesetzes zur Beschränkung der Verlustverrechnung im Zusammenhang mit Steuerstundungsmodellen geprägt. Hiernach sind Verluste aus sogenannten Steuersparfonds nur noch mit späteren Gewinnen derselben Einkunftsquelle verrechenbar, wenn ein Beitritt nach dem 10.11.2005 oder ab diesem Zeitpunkt mit dem Außenvertrieb begonnen wurde. Bei den Kapitaleinkünften gilt § 15b EStG allerdings erst ab dem VZ 2006.

Betroffen sind in erster Linie Verluste aus gewerblichen Steuerstundungsmodellen wie Schiffsbeteiligungen nach dem ehemaligen Kombinationsmodell, Medien-, Windkraft-, Solarenergie-, Leasing- und Wertpapierhandelsfonds. Darüber hinaus sind Verluste aus selbständiger Arbeit, aus typischen stillen Gesellschaften, aus Vermietung und Verpachtung (insbesondere geschlossene Immobilienfonds) und aus sonstigen Einkünften (insbesondere Rentenversicherungsmodelle gegen fremdfinanzierten Einmalbetrag) einbezogen.

Wer einem Fonds seit dem 11.11.2005 beitritt, darf die ihm zugewiesenen roten Zahlen nur noch mit späteren Gewinnen aus dieser Anlage, nicht jedoch mit anderen Einkünften wie Lohn oder gewerblichen Erträgen verrechnen. Erwirtschaften die Fonds anschließend keine oder nur magere positive Ergebnisse, bleiben die Anleger auf ungenutzten Minusposten sitzen. Der sofortige Steuerspareffekt fällt somit weg. Nach § 15b EStG sind bei allen Steuersparfonds, die bezogen auf das Eigenkapital mehr als 10 % Anfangsverluste bieten, diese nur noch mit später entstehenden positiven Einkünften aus derselben Einkunftsquelle verrechenbar. Die negativen Einkünfte werden also erst einmal konserviert. Fallen in den Folgejahren weitere Verluste an, werden auch die zunächst eingefroren und dem bisherigen Minusbetrag zugeschlagen.

Beispiel
Effekt der neuen Steuerstundung

Ein Anleger mit einer Steuerprogression von 40 % beteiligt sich mit 100.000 € an einem Windkraftfonds. Der weist ihm in den ersten Jahren Verluste und anschließend Gewinne zu.

Jahr	Fondseinkünfte	Beitritt 10/2005 Steuerauswirkung	Beitritt 01/2006 § 15b	Steuerauswirkung
2005	– 70.000	– 28.000	– 70.000	0
2006	– 20.000	– 8.000	– 90.000	0
2007	– 8.000	– 3.200	– 98.000	0
2008	4.000	1.600	– 94.000	0
2009	6.000	2.400	– 88.000	0
2010	15.000	6.000	– 73.000	0
2011	18.000	7.200	– 55.000	0
2012	22.000	8.800	– 33.000	0
2013	30.000	12.000	– 3.000	0
2014	5.000	2.000	2.000	800
2015	10.000	4.000	10.000	4.000
Saldo	12.000	4.800		4.800

Ergebnis: Über die Laufzeit gesehen ergeben sich die gleichen steuerlichen Auswirkungen. Durch § 15b EStG entfällt aber der Vorzieheffekt der Steuerentlastung. Macht der Fonds in der Folgezeit nicht ausreichend Gewinne oder hat der Anleger in der Zeichnungsphase eine höhere Progression, wirkt § 15b EStG in jedem Fall negativ.

Die Neuregelung zielt vorrangig auf geschlossene Fonds in der Rechtsform einer Personengesellschaft (meist GmbH & Co. KG) ab. Kapitalgesellschaften sind von der Regelung nicht betroffen. Verluste in Zusammenhang mit Steuerstundungsmodellen dürfen nunmehr weder mit Einkünften aus Gewerbebetrieb noch mit Einkünften aus anderen Einkunftsarten ausgeglichen werden. Sie dürfen auch nicht nach § 10d EStG abgezogen werden. Solche Verluste sind vielmehr nur noch mit späteren Gewinnen aus derselben Einkunftsquelle verrechenbar.

Neben Verlusten aus dem Gesamthands- sind auch (anders als bei § 15a EStG) die Verluste des Sonderbetriebsvermögens von der Verlustabzugsbeschränkung betroffen.

Bei doppel- oder mehrstöckigen Personengesellschaften ist § 15b EStG und somit die Verlustbeschränkung bereits auf der untersten Ebene zu prüfen. Es besteht somit keine Möglichkeit mehr, die Anwendung durch eine mehrstöckige Gestaltung zu umgehen oder abzumildern. Auch Dachfonds, die sich an Steuerstundungsmodellen beteiligen, sind daher von der Regelung betroffen.

Steuer-Hinweis

Bei der ursprünglichen Gesetzeseinführung nicht erfasst wurden Einkünfte aus Kapitalvermögen, also vermögensverwaltenden Private Equity-, Venture Capital- und Lebensversicherungs-Fonds. Da gleichzeitig der § 2b EStG weggefallen ist, hatten die Anbieter diese Vorschrift ebenfalls nicht zu beachten. Über den neu eingefügten § 20 Abs. 2b EStG wird die Verlustbeschränkung des § 15b EStG ab 2006 auch auf Kapitaleinnahmen erweitert. Betroffen hiervon sind insbesondere neu auf den Markt gekommene geschlossene Fonds, die Anleihen auf Kredit erwerben und die Schuldzinsen sowie das Disagio als Werbungskosten absetzen. Hierbei sind Verlustzuweisungen über 250 % möglich. § 20 Abs. 2b EStG gilt ebenfalls für Beitritte ab dem 11.11.2005, allerdings erst für hieraus resultierende Verluste ab dem VZ 2006.

Nach § 15b Abs. 2 EStG liegt ein Steuerstundungsmodell vor, wenn aufgrund einer modellhaften Gestaltung steuerliche Vorteile in Form negativer Einkünfte erzielt werden sollen. Dies ist der Fall, wenn dem Steuerpflichtigen aufgrund eines vorgefertigten Konzepts die Möglichkeit geboten werden soll, zumindest in der Anfangsphase der Investition Verluste mit übrigen Einkünften zu verrechnen. Dabei ist es ohne Belang, auf welchen Vorschriften die negativen Einkünfte beruhen. Die Beteiligung am jeweiligen Steuerstundungsmodell stellt die Einkunftsquelle dar. Die Einkunftsquelle umfasst auch evtl. im Zusammenhang mit dem Steuerstundungsmodell vorhandenes Sonderbetriebsvermögen, soweit dieses Bestandteil des Modells ist.

Eine modellhafte Gestaltung liegt vor, wenn ein Anbieter mit Hilfe eines vorgefertigten Konzepts, das auf die Erzielung steuerlicher Vorteile aufgrund negativer Einkünfte ausgerichtet ist, Anleger wirbt. Das kann mittels eines Anlegerprospekts oder in vergleichbarer Form geschehen. Charakteristisch, aber nicht zwingend notwendig ist eine Bündelung von Verträgen und/oder Leistungen durch den Anbieter (z.B. Vermittlung der Finanzierung der Anlage, Mietgarantien). Weiterhin spricht für die Annahme eines Steuerstundungsmodells, dass der Anleger vorrangig eine kapitalmäßige Beteiligung ohne Interesse an einem Einfluss auf die Geschäftsführung anstrebt.

Nicht betroffen sind übliche unternehmerische Aktivitäten, die ohne die Zielrichtung auf Verlustzuweisungen basieren. Das gilt etwa für:

- Verluste von Existenzgründern. Dieser Fall ist von der Neuregelung nicht betroffen. Es liegt kein Steuerstundungsmodell vor. Die Verluste bleiben in bisherigem Umfang abziehbar.
- Typische Verlustsituationen bei Einkünften aus Vermietung und Verpachtung außerhalb modellhafter Gestaltungen.
- Werbungskosten über Denkmal- oder Sanierungs-AfA.
- Verluste, die bei der Konzeption nicht abzusehen waren (z.B. unerwarteter Mietausfall, Verlust oder Beschädigung des Anlageobjekts).

- Das prognostizierte Minus bei fondsgebundenen Anlagen innerhalb der Verlustphase übersteigt nicht 10 % des gezeichneten und nach dem Konzept auch aufzubringenden Kapitals. Das Sonderbetriebsvermögen ist dabei mit einzubeziehen.

Die Neuregelung erfasst aber auch modellhafte Anlage- und Investitionstätigkeiten einzelner Steuerpflichtiger außerhalb einer Gesellschaft oder Gemeinschaft. Es ist nicht erforderlich, dass mehrere Steuerpflichtige im Hinblick auf die Einkünfteerzielung im weitesten Sinne gemeinsam tätig werden. Es sind demnach auch Investitionen mit modellhaftem Charakter von Einzelpersonen betroffen.

Anfangsphase ist der Zeitraum, bis zu dem nach dem Konzept keine nachhaltig positiven Einkünfte erzielt werden. Für die Modellhaftigkeit spricht ein vorgefertigtes Konzept, das auf die Erzielung steuerlicher Vorteile aufgrund negativer Einkünfte ausgerichtet ist. Typischerweise, wenn auch nicht zwingend, wird das Konzept mittels eines Anlegerprospekts oder in vergleichbarer Form (z.B. Katalog, Verkaufsunterlagen, Beratungsbögen usw.) vermarktet.

Der Gesetzgeber stellt bei der Definition der Einkunftsquelle auf die Beteiligung am jeweiligen Steuerstundungsmodell einschließlich Sonderbetriebsvermögen ab. Maßgeblich ist also nicht das einzelne Investitionsprojekt. Soweit in einem Fonds überschusserzielende und verlustbringende Investments kombiniert werden, sind diese für die Ermittlung der 10-%-Verlustgrenze zu saldieren.

Steuer-Hinweis
Im Unterschied zu § 2b EStG ist die Verlustverrechnung auf die jeweilige Einkunftsquelle beschränkt. Eine Verrechnung mit Gewinnen aus anderen Steuerstundungsmodellen ist nicht mehr möglich. So kann der Verlust aus einem Medienfonds nicht mit Gewinnen aus Immobilienfonds verrechnet werden. Sogar zwei Solarfonds können sich nicht ausgleichen. Dies ist eine deutliche Verschärfung.

Steuerzinsen

Seit 1990 werden Steuernachforderungen und Steuererstattungen nach Ablauf einer zinslosen Laufzeit von 15 Monaten vom Finanzamt verzinst. Der Zinslauf beginnt 15 Monate nach Ablauf des Kalenderjahres, in dem die Steuer entstanden ist. Sie endet mit der Steuerfestsetzung, spätestens nach vier Jahren. Die Erstattungszinsen sind im Jahr ihrer Zahlung Kapitaleinnahmen, sofern sie auf private Steuern entfallen. Zinsabschlag wird nicht erhoben. Zinsen auf Nachforderungen können steuerlich ab dem Jahre 1999 nicht mehr als Sonderausgaben abgezogen werden. Insoweit erfahren die Steuerzinsen eine unterschiedliche Behandlung bei der Einnahme (= Versteuerung) und der Zahlung (kein Abzug möglich).

6 % Zinsen verlangt das Finanzamt pro Jahr – gerade in Niedrigzinsperioden ein üppiger Satz. Daher sollten Steuerzahler überlegen, ob sie auf eine drohende hohe Nachzahlung nicht vorab einen Abschlag leisten. Für diese Summe darf das Finanzamt nämlich keine Zinsen erheben. Und ein möglicher Kurzfristkredit bei der Bank ist sicherlich billiger als der amtliche Fiskalsatz.

Kommt es infolge der Änderung einer Steuerfestsetzung zu einer abweichenden Festsetzung von Erstattungszinsen und damit zu einer Rückzahlung zuvor erhaltener Erstattungszinsen, so handelt es sich insoweit um negative Einnahmen aus Kapitalvermögen, die im Zeitpunkt des Abflusses einkommensteuerlich zu berücksichtigen sind (OFD Magdeburg v. 27.08.2003 – S 2252 – 68 – St 214, DB 2003, 2040, DStR 2003, 1833).

Zugeflossene Erstattungszinsen nach § 233a AO sind steuerpflichtige Einnahmen aus Kapitalvermögen (BFH v. 08.11.2005 – VIII R 105/03, BFH/NV 2006, 527). Denn die Zinsen werden als Gegenleistung dafür gezahlt, dass Steuerzahler dem Fiskus (wenn auch gezwungenermaßen) Kapital überlassen, zu dessen Leistung sie letztlich nicht verpflichtet sind. Daher ist auch nicht relevant, dass keine konkrete Einkunftserzielungsabsicht vorliegt.

Stiftung

Bei Auskehrungen von einer Stiftung ist die steuerliche Behandlung danach zu unterscheiden, ob es sich um eine gemeinnützige oder um eine nicht steuerbefreite Körperschaft handelt:

- Zahlt eine nicht steuerbefreite Familienstiftung Gelder an den Stifter oder seine Angehörigen, zählt dies zu den Kapitaleinnahmen gem. § 20 Abs. 1 Nr. 9 EStG (BMF v. 27.06.2006 – IV B 7 – S 2252 – 4/06, DB 2006, 1464). Dies gilt unabhängig davon, ob es sich um laufende Zahlungen oder Leistungen anlässlich der Stiftungsauflösung handelt. Damit unterliegen die Auskehrungen wie Dividenden und GmbH-Ausschüttungen dem Halbeinkünfteverfahren.
- Zahlungen aufgrund schuldrechtlicher Vereinbarungen hingegen sind den einzelnen Einkunftsarten zuzuordnen und können bei der Stiftung als Betriebsausgaben oder Werbungskosten abgezogen werden.
- Die Übertragung aus dem Privatvermögen des Stifters löst keine Ertragsteuern aus. Dies gilt mangels Entgeltlichkeit auch für die §§ 17 und 23 EStG.
- Die Übertragung von Betriebsvermögen hingegen führt zur Entnahme durch den Stifter und somit zu einer Gewinnrealisierung der stillen Reserven nach § 6 Abs. 1 Nr. 4 EStG. Dieses löst auch eine Gewerbesteuerpflicht aus, wenn nicht der gesamte Betrieb übertragen wird.
- Gemeinnützige Stiftungen werden nicht mit Körperschaft- oder Gewerbesteuer belastet. Sie dürfen ein Drittel ihres Einkommens für angemessene Unterhaltszahlungen an den Stifter und seine nächsten Angehörigen verwenden. Diese Zuwendungen galten als sonstige Einkünfte nach § 22 Nr. 1a EStG und unterliegen im Gegensatz zur Familienstiftung nicht dem Halbeinkünfteverfahren.
- Erfolgen Zahlungen jedoch aufgrund einer Auflage des Stifters, unterliegt dies der Schenkungs- und nicht der Einkommensteuer.

Steuer-Hinweis

Der zusätzliche Abzugshöchstbetrag des § 10b Abs. 1 Satz 3 EStG für Zuwendungen an eine Stiftung von 20.450 € steht bei zusammen veranlagten Ehepaaren jedem Gatten einzeln zu (BFH v. 03.08.2005 – XI R 76/03, BStBl II 2006, 121). Das gilt auch für den Spendenhöchstbetrag nach § 10b Abs. 1a EStG. Eine Verdoppelung der beiden Abzugshöchstbeträge tritt aber nur dann ein, wenn auch jeder der Ehegatten eine maßgebliche Zuwendung geleistet hat (LfSt Bayern v. 19.06.2006 – S 2223 – 15 St 32/St 33). Damit kann ein Partner für seine Zuwendungen nicht den ungenutzten Höchstbetrag des anderen Gatten ausnutzen.

Stille Gesellschaft

Hierbei wird die an einem Unternehmen mit Kapital beteiligte Person nach außen nicht bekannt. Ein typischer stiller Gesellschafter nimmt nur am Gewinn und Verlust der Firma teil, nicht aber am Vermögen und der Liquidation. Die Erträge des stillen Gesellschafters sind Einnahmen aus Kapitalvermögen und unterliegen der Kapitalertragsteuer.

Sofern der Gesellschafter auch am laufenden Verlust beteiligt ist, handelt es sich um negative Einnahmen aus Kapitalvermögen. Der Abzug ist jedoch nach § 15a EStG begrenzt auf die Höhe seiner Einlage und gem. § 15b EStG in der Anfangsphase. Wird diese – etwa durch Konkurs der Gesellschaft – wertlos, kann das Minus nicht berücksichtigt werden.

Nach § 15 Abs. 4 Satz 6 EStG sind Verluste aus stillen Gesellschaften an Kapitalgesellschaften, bei denen der Gesellschafter oder Beteiligte eine Kapitalgesellschaft und als Mitunternehmer anzusehen ist, über § 10d EStG nur mit Gewinnen aus derselben Unterbeteiligung verrechenbar. Die Teilwertabschreibung einer stillen Beteiligung in der Bilanz des Unterbeteiligten ist jedoch nicht von dieser Verlustabzugsbeschränkung betroffen (BMF v. 21.08.2003 – IV A 6 – S 2119 – 8/03).

Steuer-Tipp

Zu den Grundsätzen der steuerlichen Behandlung der stillen Gesellschaft empfehlen sich zwei ausführliche Schreiben der Finanzverwaltung: OFD Erfurt vom 23.10.2003 – S 2241 A – 08 – L 221, FR 2003, 1299 sowie OFD Rostock vom 19.12.1999 – S 2241 – St 23, DStR 2000, 591.

Stock-Dividenden

→ *Sachdividenden*

Stock Options

Gewährt der Arbeitgeber seinem Arbeitnehmer aufgrund des Dienstverhältnisses Aktienoptionsrechte, ist die steuerliche Beurteilung davon abhängig, ob ein handelbares oder ein nicht handelbares Aktienoptionsrecht vorliegt.

- Handelbar in diesem Sinn ist ein Aktienoptionsrecht, das an einer Wertpapierbörse gehandelt wird. Hier ist der Unterschiedsbetrag zwischen dem Geldwert des Optionsrechts und einem möglicherweise vom Arbeitnehmer gezahlten Entgelt als Arbeitslohn zu versteuern.
- Andere Aktienoptionsrechte gelten, auch wenn sie außerhalb einer Börse gehandelt werden, als nicht handelbar. Ein nicht handelbares Aktienoptionsrecht führt weder im Zeitpunkt der Gewährung noch der erstmaligen Ausübbarkeit des Optionsrechts zu einem Lohnzufluss beim Arbeitnehmer. Gegenstand des Lohnzuflusses ist vielmehr die zu einem späteren Zeitpunkt unentgeltlich oder verbilligt überlassene Aktie.

Strategie-Zertifikate

Mit der richtigen Strategie lassen sich die besten Börsenerfolge einfahren. Diese Weisheit benutzen Kreditinstitute, um spezielle Zertifikate zu emittieren. Sie nehmen dem Privatanleger die Arbeit ab und setzen über systematische Investment-Strategien beispielsweise auf die dividenden- oder wachstumsstärksten Aktien eines Index, auf charttechnische Signale oder ein niedriges Kurs-Gewinn-Verhältnis. Die Auswahl der Werte erfolgt meist rein mechanisch und die Kriterien werden in regelmäßigen Abständen überprüft.

Vorteil für den Anleger: Er muss die Depotumschichtungen nicht selbst vornehmen und kann sie – im Gegensatz zur Direktanlage – nach einem Jahr steuerfrei einkassieren. Allerdings werden i.d.R. Managementgebühren fällig.

Steuerlich ergeben sich keine Unterschiede zu herkömmlichen → *Zertifikaten.*

Fazit: Strategie-Zertifikate sind für Anleger geeignet, die mit etwas Risiko langfristig einen genau definierten Investmentansatz verfolgen wollen. Sie sind eine gute und zumeist kostengünstige Alternative zu Investmentfonds.

Stripped Bonds

Hinter diesem Begriff verbergen sich eigentlich ganz normale Anleihen. Bei einer Reihe dieser Papiere – seit 1997 auch bei Bundesanleihen – kann der Anleger die Zinsscheine vom Stammrecht der Anleihe trennen (strippen). Der Stamm und die einzelnen Zinsscheine werden neben der kompletten Anleihe an der Börse getrennt gehandelt, so dass sie auch separat verkauft werden können.

Unter Bond-Stripping versteht man das Trennen der Zinsscheine vom Mantel einer Anleihe. Die einzelnen Zinsscheine und der Mantel werden danach getrennt gehandelt und notiert. Diese sogenannten Strips stellen für sich genommen wirtschaftlich Zero-Bonds mit unterschiedlichen Fälligkeiten dar. Zum Bond-Stripping gehört auch die Möglichkeit, die Strips wieder zur ursprünglichen Anleihe zusammenzuführen.

Diese in den letzten Jahren immer beliebter werdenden Bonds haben für Anleger einen entscheidenden Vorteil: Sie können sämtliche Rückzahlungen und Zinstermine unabhängig von den vorgegebenen Laufzeiten selbst bestimmen. Ein Verkauf des Stammrechts führt dabei stets zu einem Kursverlust, da es keine Zinsen abwirft, sondern nur den Anspruch auf Zahlung des Nominalwerts der Anleihe bei Endfälligkeit verbrieft. Dies gilt auch für die abgetrennten Zinsscheine, sofern sie vorab realisiert werden.

Der Antrag auf Trennung der Zinskupons wird bei der depotführenden Bank gestellt, im Depot sind dann neben der Anleihe mehrere Zinsscheine (je nach Laufzeit) vorhanden. Allerdings ist als Voraussetzung ein Anleihevolumen von mindestens 50.000 € notwendig. Eine Zusammenführung der Anleihe mit den Zinsscheinen ist nicht für Privatanleger, sondern nur durch ein Kreditinstitut möglich. In diesem Fall müssen die Einzelkomponenten zuvor an die Bank veräußert werden. Der Handel aller Zinsscheine im Block ist nicht möglich, sie müssen einzeln veräußert werden. Nur Anleihen, die in einer Globalurkunde verbrieft sind, können zum Bond-Stripping zugelassen werden, so dass Fälle des Tafelgeschäfts nicht vorkommen.

Bei einer Veräußerung der Anleihe ohne Zinsschein richtet sich der Wert nach dem Zinsniveau am Veräußerungstag und der Laufzeit. Der Erwerber zahlt für diese Anleihe lediglich einen abgezinsten Betrag eines vergleichbarem Zerobonds. Bei der Veräußerung der Zinsscheine erhält der Veräußerer ebenfalls nur den abgezinsten Betrag. Die Höhe richtet sich hierbei nach der Laufzeit bis zum Zinstermin und dem Kapitalzins für vergleichbar laufende Anleihen.

Eine Veräußerung der einzelnen Komponenten der gestrippten Anleihe vor Fälligkeit erfolgt regelmäßig zu abgezinsten Preisen. Aus steuerlicher Sicht ist dabei zwischen dem Erstbesitzer, der die Trennung vorgenommen hat, und dem Folgeerwerber zu unterscheiden.

- **Erstbesitzer:** Soweit Steuerpflichtigen Zinsen aus der Einlösung fälliger Zinsscheine einer ungetrennten Anleihe zufließen, unterliegen diese sowohl der Steuerpflicht (§ 20 Abs. 1 Nr. 7 EStG) sowie dem Zinsabschlag (§ 43 Abs. 1 Nr. 7a EStG). Wird die Anleihe veräußert, so werden gezahlte Stückzinsen bei dem Veräußerer nach §§ 20 Abs. 2 Nr. 3, 43 Abs. 1 Nr. 8 EStG erfasst. Die Einlösung des Stammrechts bei Endfälligkeit ist ein Vorgang, der sich auf der nicht steuerbaren Vermögensebene abspielt.

- Bei der **Veräußerung** des isolierten Anleihenmantels (**Stammrecht**) handelt es sich um einen Vorgang der nicht steuerbaren Vermögensebene, so dass der durch die Abgabe zu einem abgezinsten Preis eingetretene Verlust steuerlich unbeachtlich bleibt.
- **Trennung** der Anleihe. Die bloße Trennung der Anleihe in die einzelnen Komponenten durch den Steuerpflichtigen löst einkommensteuerrechtlich und zinsabschlagmäßig keine Folgen aus, da keine Erträge zufließen.
- Die vereinnahmten **Zinsen** aus den Zinsscheinen stellen Einnahmen aus Kapitalvermögen dar und unterliegen dem Zinsabschlag. Es ergeben sich keine Besonderheiten zu herkömmlichen Anleihen, sofern die Anleihe cum im Depot gehalten wird.
- **Folgeerwerber**: Er kauft die gestrippten Bestandteile zu einem abgezinsten Preis. Daher sind für ihn sowohl der spätere Verkauf des Stammrechts als auch der Zinsscheine steuerpflichtige Einnahmen, die mit dem Kursgewinn angesetzt werden. Die Besteuerung erfolgt nach der Marktrendite. Eine Besteuerung nach der Emissionsrendite scheidet aus, da sie bei Ausgaben der Anleihe nicht gegeben wird.
- **Wiederzusammenfügung**: Möchte ein Steuerpflichtiger die Anleihe wieder zusammenfügen, so ist er gezwungen, die einzelnen Komponenten an ein Kreditinstitut zu veräußern, das diese in den Eigenbestand (Depot A) übernimmt und die Wiederzusammenführung durchführt. Dabei wird die Veräußerung an das Kreditinstitut genauso behandelt, wie die Veräußerung der einzelnen Komponenten über den Markt, so dass die besitzzeitanteiligen Erträge des Anlegers sowohl einkommensteuerrechtlich als auch zinsabschlagmäßig erfasst werden.

Steuer-Hinweis

Ausführlich wird die steuerliche Behandlung in zwei Schreiben behandelt: OFD Frankfurt v. 20.01.1997 – S 2252 A – 46 – St II 32, FR 1997, 319 sowie OFD München v. 23.02.1998 – S 2252 – 72 St 41.

Strukturierte Anleihen

Die Anleiheform – Credit Linked Notes – verbrieft die Bonitätsrisiken von mehreren Unternehmen, sogenannten Corporates. Hierbei handelt es sich um ein Produkt, das sich auf einen Korb von mehreren Unternehmensanleihen bezieht. Anleger erhalten Zinskupons deutlich über dem Marktniveau und bei Fälligkeit den Nominalwert, sofern bei keinem der zugrundeliegenden Unternehmen ein Kreditereignis wie Insolvenz, Nichtzahlung oder Restrukturierung von Verbindlichkeiten eintritt. Kommen alle im Korb vorhandenen Firmen ihren Zahlungsverpflichtungen bis zur Fälligkeit nach, handelt es sich um eine ganz normale Anleihe, allerdings mit üppiger und deutlich über dem Marktniveau liegender Verzinsung.

Tritt allerdings ein Kreditereignis ein, gibt es anstelle des Nennwerts die Anleihe der notleidenden Firma oder einen Geldbetrag in Höhe des Kurses dieses Papiers. Maßgebend ist das zuerst ausgefallene Referenzunternehmen. Die bis dahin aufgelaufenen Stückzinsen werden nicht mehr bezahlt. Die Ansprüche werden mit der dann angedienten Anleihe gewahrt. Strukturierte Anleihen beinhalten das Bonitätsrisiko gleich mehrerer Firmen. Als Gegenleistung erhält der Anleger deutlich höhere Zinsen als bei der schlechtesten Anleihe im Korb. Währungsrisiken bestehen allerdings nicht, die Anleihe notiert in Euro. Kursverluste ergeben sich bereits, wenn die Bonität eines der Referenzunternehmen abgestuft wird, selbst wenn die Firma ihren Verpflichtungen weiter nachkommt.

Steuerlich gelten diese strukturierten Anleihen als → *Finanzinnovation*. Denn gem. § 20 Abs. 2 Nr. 4 EStG ist die Höhe des Ertrags ungewiss. Diese steuerliche Behandlung kann sich positiv auswirken, da realisierte Kursverluste im Gegensatz zu einem Minus bei herkömmlichen Anleihen als negative Kapitaleinnahmen verrechenbar sind. Allerdings akzeptiert die Finanzverwaltung diese Verluste nur so lange, bis ein Kreditereignis eingetreten ist. dann soll es sich um einen Vorgang auf der Vermögenseben handeln (BMF v. 14.07.2004 – IV C 1 – S 2252 – 171/04, BStBl I, 611). Wertveränderungen der Kapitalanlage, die sich aus einer (vorübergehenden) Zahlungseinstellung eines Emittenten oder der Eröffnung eines Insolvenzverfahrens eines privaten Unternehmens ergeben, sind im Rahmen des § 20 EStG steuerlich nicht zu berücksichtigen, sondern allenfalls bei den Einkünften aus privaten Veräußerungsgeschäften nach § 23 EStG.

Fazit: Interessant sind solche Papiere für risikofreudige Rentenanleger, die bei einer Laufzeit von bis zu vier Jahren deutlich höhere Zinsen als bei Bundesanleihen erreichen wollen und denen auch die Renditen einzelner Unternehmensanleihen noch zu gering sind. Zur Beimischung in einem ansonsten konservativen Depot sind sie durchaus lohnenswert.

Stückzinsen

Es handelt sich um den rechnerischen Ertragsanteil von festverzinslichen Wertpapieren mit Zinsscheinen, der zeitanteilig auf den Zeitraum zwischen zwei Zinsterminen entfällt. Sie fallen bei Veräußerung von Anleihen vor ihrer Endfälligkeit an und werden dem Veräußerer bis einen Tag vor dem Verkaufstag zugerechnet und stehen dem Käufer erst ab dem Kauftag zu. Stückzinsen werden mit dem Zinssatz, mit dem das Wertpapier zu verzinsen ist, besonders verrechnet und vergütet. Dabei wird jeder Monat banküblich mit 30 Tagen berechnet. Die Formel zur Errechnung lautet:

$$\frac{T \times \text{Nominalzins} \times \text{Nennwert}}{360 \times 100}$$

T = Anzahl der Tage von der letzten Zinszahlung bis zum Verkaufstag

Beispiel

Ein Anleger verkauft seine 6%ige Bundesanleihe (86/2016) am 20.10. an einen Erwerber über die Börse. Zinstermin der Anleihe ist jährlich jeweils der 20.06. Er veräußert 10.000 € zum Kurs von 84 %. Der Veräußerer erhält (Spesen unbeachtlich) 8.400 € Kurswert der Anleihe zuzüglich Stückzinsen i.H.v. (240 Tage x 6 % Jahreszins x 10.000 Nennwert / 360 x 100) 400 €. Der Erwerber muss den gleichen Betrag entrichten, erhält am 20.06. des Folgejahres 600 € Zinsen ausgezahlt, streicht aber saldiert netto nur 200 € ein.

Abwandlung: Die Veräußerung findet am 19.06. statt. Der Veräußerer erhält 8.400 € zuzüglich Stückzinsen i.H.v. 598,33 €. Der Erwerber muss diesen Betrag entrichten, erhält am 20.06. des laufenden Jahres 600 € Zinsen ausgezahlt, streicht aber saldiert netto nur 1,67 € ein.

Abwandlung: Die Veräußerung findet am 21.06. statt. Der Veräußerer erhält 8.400 € zuzüglich Stückzinsen i.H.v. 1,66 €. Der Erwerber muss diesen Betrag entrichten, erhält am 20.06. des folgenden Jahres 600 € Zinsen ausgezahlt, streicht saldiert 598,34 € ein.

Diese Regel können Anleger nutzen, denn Stückzinsen dürfen im Jahr des Kaufs von den Einnahmen abgezogen werden. Für den Erwerber handelt es sich um negative Einnahmen, die mit anderen Kapitalerträgen verrechnet werden können. Verbleibt ein negativer Saldo, kann der Betrag von anderen Einkunftsarten abgezogen werden. Aufgrund dieser Behandlung mindern gezahlte Stückzinsen nicht den Sparerfreibetrag.

Steuer-Hinweis
Die Stückzinsen werden auf der Kaufabrechnung separat ausgewiesen. Die ab 2004 zu erteilende Jahresbescheinigung der Banken nach § 24c EStG listet die Stückzinsen auf, so dass Kaufbelege grundsätzlich nicht mehr benötigt werden. Allerdings lässt sich aus der Bescheinigung nicht erkennen, ob die bezahlten Stückzinsen mindernd berücksichtigt sind, da Kapitaleinnahmen nur in einer Summe ausgewiesen werden. Daher empfiehlt es sich auch weiterhin, die Daten zu kontrollieren und negative Einnahmen weiterhin über die Kaufbelege nachzuweisen.

Für den Verkäufer sind die gesondert in Rechnung gestellten und erhaltenen Stückzinsen Einnahmen aus Kapitalvermögen und unterliegen dem Zinsabschlag. Die Ermittlung erfolgt dabei nach dem Nettoprinzip: Alle vom Anleger im Jahr gezahlten Stückzinsen werden mit Zinserträgen verrechnet und erst danach mit dem Zinsabschlag belegt.

Beispiel
Anleger A hat seiner Bank für den VZ 01 einen Freistellungsauftrag über 1.000 € eingereicht. Im gesamten Jahr 01 werden einige Transaktionen durchgeführt.

Vorfall	**Freistellungs-betrag**		**Zins-abschlag**	**Gutschrift**
Zinseinnahmen	500	500	0	500
Kauf von Wertpapieren mit Stückzinsen	1.400	1.900	0	
Verkauf von Anleihen mit Stückzinsen	2.000	0	30	1.970
Kauf von Wertpapieren mit Stückzinsen	1.000	1.000	0	
Zinseinnahmen	1.500	0	150	1.350

Eine Verrechnung gezahlter Stückzinsen ist nur mit Erträgen aus vergleichbaren Papieren möglich, also Anleihen oder Schuldverschreibungen. Die Verrechnung mit Termingeldern, Sparbüchern und allen Kapitaleinnahmen, die der Kapitalertragsteuer unterliegen, ist nicht möglich. Fazit: Ganz gleich, wie hoch die gezahlten Stückzinsen auch gewesen sind, eine anschließend gezahlte Dividende unterliegt weiterhin dem Abzug.

Kapitalanleger können durch den gezielten Kauf von Wertpapieren am Jahresende ihre persönliche Steuerlast senken und auch Erträge gezielt innerhalb von zwei Jahren verschieben.

Beispiel 1
Steuersparender Einsatz von Stückzinsen zur Minderung übriger Einkunftsarten

Kauf einer Anleihe Ende 12/2006	30.000 €
Gezahlte Stückzinsen	1.450 €
Zinsen 1/2007	1.500 €
Keine weiteren Kapitaleinnahmen	
Die Steuerrechnung 2006	
Minderung der übrigen Einkünfte	– 1.450 €
Ersparte Steuer, 40 %	– 580 €
Die Steuerrechnung 2007	
Zinserträge	1.500 €

– Sparerfreibetrag (Ehepaar) – 1.500 €

= Zu versteuern = 0 €

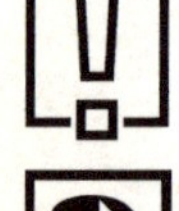

Ergebnis: Der Trick mit den Stückzinsen mindert nicht nur die Steuer auf andere Einkünfte. Die Zinserträge bleiben auch noch steuerfrei.

Beispiel 2
Steuersparender Einsatz von Stückzinsen zur Minderung der Kapitaleinnahmen

Kauf einer Bundesanleihe Ende 12/2006 50.000 €

Gezahlte Stückzinsen 2.800 €

Weitere Kapitaleinnahmen 5.640 €

Die Steuerrechnung 2006

Weitere Kapitaleinnahmen 5.640 €

– Gezahlte Stückzinsen – 2.800 €

= Kapitaleinnahmen = 2.840 €

– Sparerfreibetrag (Ehepaar) – 2.740 €

– Werbungskosten-Pauschbetrag – 100 €

= Zu versteuern 0 €

Ergebnis: Der gezielte Einsatz der Stückzinsen vermeidet die Versteuerung der übrigen Kapitalerträge.

Beispiel 3
Kauf einer Bundesanleihe Ende 12/2006 100.000 €

Gezahlte Stückzinsen 5.600 €

Zinsen 1/2007 6.000 €

Keine weiteren Kapitaleinnahmen

Die Steuerrechnung 2006

Minderung der übrigen Einkünfte – 5.600 €

Ersparte Steuer, 40 % – 2.240 €

Die Steuerrechnung 2007

Zinserträge 6.000 €

– Sparerfreibetrag (Ehepaar) – 1.500 €

– Werbungskosten-Pauschbetrag – 102 €

= Zu versteuern = 4.398 €

Steuer (40 %) 1.759 €

Gesparte Steuer insgesamt 481 €

Ergebnis: Durch die Kombination von Stückzinsen und Sparerfreibetrag ergibt sich per saldo ein Steuersparmodell, obwohl effektiv ein positiver Zinssaldo entsteht.

Dieses interessante und legale Steuersparmodell kann faktisch alle zwei Jahre durchgeführt werden. In einem Jahr erfolgt der Kauf mit abziehbaren Stückzinsen, im anderen Jahr der Verkauf und der Erhalt der steuerfreien Zinserträge. Wird dieses Verfahren jedoch ausschließlich zur steuerlichen Gestaltung benutzt, verweigert das Finanzamt die Anerkennung. Voraussetzung für ein Gelingen: Das Geschäft muss steuerlich und wirtschaftlich zu einem Überschuss führen. Für die Steuerrechnung sind die erhaltenen den gezahlten Stückzinsen gegenüberzustellen und hiervon die Werbungskosten abzuziehen. Im zweiten Schritt ist das Ergebnis auf der Vermögensebene zu prüfen. Hier sind dann auch die Bankspesen sowie Kurserträge einzubeziehen. Kann wirtschaftlich ein Überschuss erzielt werden, liegt kein Gestaltungsmissbrauch vor (BFH v. 27.07.1999 – VIII R 36/98, BStBl II, 769 und OFD Frankfurt v. 01.12.1999 – S 2252 A – 67 – St II 32, FR 2000, 170, DStR 2000, 473; OFD Münster v. 20.01.2000, S 2210 – 45 – St 12 – 31).

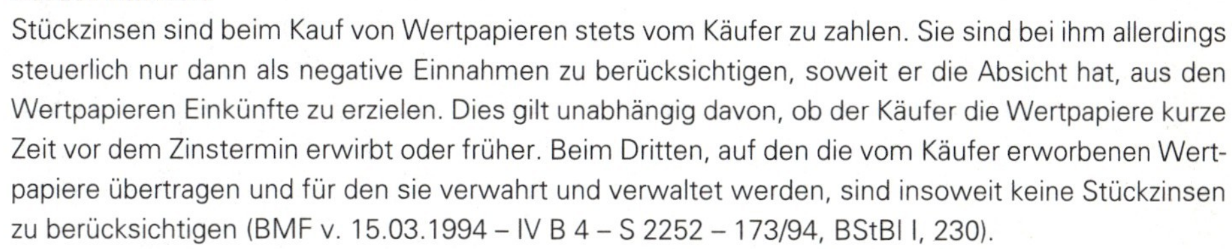

Steuer-Hinweis

Stückzinsen sind beim Kauf von Wertpapieren stets vom Käufer zu zahlen. Sie sind bei ihm allerdings steuerlich nur dann als negative Einnahmen zu berücksichtigen, soweit er die Absicht hat, aus den Wertpapieren Einkünfte zu erzielen. Dies gilt unabhängig davon, ob der Käufer die Wertpapiere kurze Zeit vor dem Zinstermin erwirbt oder früher. Beim Dritten, auf den die vom Käufer erworbenen Wertpapiere übertragen und für den sie verwahrt und verwaltet werden, sind insoweit keine Stückzinsen zu berücksichtigen (BMF v. 15.03.1994 – IV B 4 – S 2252 – 173/94, BStBl I, 230).

Stufenzins-Anlagen

Steigen die Zinssätze, haben Anleihebesitzer ein Problem. Entweder können sie ihre Papiere mit geringer Rendite nicht kündigen oder ein Verkauf führt zu Kursverlusten. Dieses Risiko lässt sich mit Stufenzins-Anlagen umgehen. Bekanntester Vertreter dieser Anlageform ist der Bundesschatzbrief. Er zeichnet sich dadurch aus, dass sein Zins Jahr für Jahr garantiert steigt. Der Anleger ist aber nicht gezwungen, sich für die gesamte Laufzeit festzulegen.

Nach einer anfänglichen Kündigungssperrfrist von einem Jahr können im Abstand von 30 Zinstagen bis zu 5.000 € zurückgegeben werden, ohne dass damit Kosten verbunden sind oder Kursverluste drohen. Wenn es sich also nicht um eine sehr hohe Summe handelt, können Anleger somit nach Ablauf des ersten Jahres mit dem verfügbarem Geld jederzeit auf einen eventuellen Zinsanstieg reagieren. Gibt es am Markt bessere Konditionen, wird umgeschichtet. Wenn nicht, wird die Anlage mit steigendem Zins fortgesetzt. Diese Flexibilität, die uneingeschränkte Sicherheit und die verhältnismäßig guten Konditionen haben den Bundesschatzbrief zu einer attraktiven Geldanlage gemacht.

Eine Reihe von Banken haben inzwischen das Prinzip des Bundesschatzbriefs mit eigenen Produkten übernommen und bieten dabei deutlich günstigere Zinskonditionen. Mit einem solchen Produkt kann der Anleger im ersten Jahr eine Verzinsung wie auf einem guten Tagesgeldkonto erreichen und über sechs Jahre hinweg eine Rendite, wie sie sonst nur mit nicht kündbaren Festanlagen möglich ist.

Steuerlich sind lediglich die zufließenden Zinserträge zu versteuern. Da die Rückgabe zum Nennwert erfolgt, fallen keine Kursgewinne an.

Steuer-Hinweis
Diese Anlageform ist nicht zu verwechseln mit Stufenzinsanleihen, die in den Varianten Step-Up oder Step-Down angeboten werden. Diese Papiere haben teilweise enorme Kursschwankungen und gelten als → *Finanzinnovation*.

Superfonds

Es handelt sich um herkömmliche Investmentfonds, die dem InvG und InvStG unterliegen und bei denen die Manager eine sehr große Entscheidungsvielfalt zwischen den Anlageprodukten haben. Sie können ihr Vermögen in Aktien, Anleihen, andere Fonds, Zertifikate, Immobilien oder Derivate investieren, je nach Marktlage. In welche dieser Produkte sie mit welchem Maximalanteil anlegen, geht aus dem jeweiligen Verkaufsprospekt hervor. Eine generelle Einschätzung der Superfonds ist nicht möglich, da sie unterschiedliche Strategien eingehen.

Auch wenn das Attribut „Super" außerordentliche Erträge verheißt, muss das in der Anlagepraxis nicht der Fall sein. Eine Reihe von Dachfonds sind ähnlich strukturiert, oft mit weniger Kostenbelastung und Wertschwankungen. Wichtig ist eine Information über die bisherige Performance des Fonds, die gewählte Strategie sowie das Know-How des Managers. Hohe Verluste müssen Fondssparer durchaus in Kauf nehmen, da auch Optionen im Vermögen vorkommen können.

Swap-Geschäfte

Bei Swap-Geschäften werden höherverzinste Währungen in niedrig verzinste getauscht und der Wert der Fremdwährung wird bereits im Zeitpunkt auf die Endfälligkeit abgesichert.

Beispiel
A kauft eine dreijährige Yen-Anleihe, die mit 1 % verzinst wird. Der im Zeitpunkt des Rückflusses fällige Yen-Betrag wird am gleichen Tag wertgesichert gegen den Euro als Heimatwährung. Aus der Kursdifferenz ergibt sich ein Währungsgewinn von (angenommenen) 9 %, also 3 % p.a. Jährlich streicht A somit 4 % Ertrag ein, ohne ein Währungs- oder Kursrisiko eingehen zu müssen.

Der Clou dieser Anlageform liegt in der Steuerfreiheit: Von den jährlichen 4 % Erträgen sind nur die Zinsen i.H.v. 1 % als Kapitaleinnahme zu versteuern, da der Kursgewinn außerhalb des Einjahreszeitraums liegt. Diese Anlagevariation lohnt sich nur für Anleger mit hohem Steuersatz, um durch die steuerfreien Einnahmen eine Rendite zu erreichen, die höher verzinste Anlagen nach Steuern nicht ergeben würden.

Die Währungsgewinne ergeben sich aus dem unterschiedlichen Zinsgefüge zwischen den beiden Ländern. Ein Anleger aus dem niedrig verzinslichen Land geht bei einem Währungstermingeschäft einen Kursverlust ein, um sich die höheren Renditen der Fremdwährung zu sichern.

Swing-Anleihe

Bei diesen Wertpapieren hängt der Kupon von der Schwankungsbreite der zugrundeliegenden Aktien am jeweiligen Zahlungstermin ab. Als Basis gibt es einen geringen Zinssatz. Bemessungsgrundlage für einen Zuschlag ist die Wertentwicklung eine Aktienkorbs. Am jeweiligen Ausschüttungstag ist die Kursentwicklung der Aktie entscheidend, die sich am wenigsten von ihrem Ausgangsniveau entfernt hat. Ob das Vorzeichen dabei positiv oder negativ ist, spielt keine Rolle. Diese Performance bestimmt dann den Jahreszinskupon. Ist der Kurs beispielsweise um 4 % gestiegen oder gefallen, gibt es einen Zins in dieser Höhe. Hat sich dieser Wert überhaupt nicht bewegt, wird mindestens der Ausgangskupon von beispielsweise 2 % gezahlt. Sparer gehen also nicht leer aus.

Oft bleibt die einmal erreichte Zinshöhe auch als Mindestgröße bis zur Fälligkeit bestehen, kann sich also nur noch erhöhen. Risiken mit Ausnahme von Zinsen unter dem allgemeinen Marktniveau bestehen nicht, da es am Laufzeitende in jedem Fall den Nennwert zurückgibt. Je stärker die Aktien also während der Laufzeit schwanken, desto größer ist die Rendite. Dabei kann Anlegern die Richtung der Kursentwicklung vollkommen egal sein. Im Vergleich zu herkömmlichen Festverzinslichen sind Swing-Anleihen besser geeignet, wenn der Sparer von volatilen Aktienmärkten ausgeht.

Steuerlich handelt es sich um eine → *Finanzinnovation*, so dass neben den Zinsen auch Kursveränderungen von § 20 EStG erfasst werden.

Tafelgeschäfte

Wertpapiere werden i.d.R. in einem Sammel- oder Einzeldepot bei einem Kreditinstitut aufbewahrt. Eine Order bei der Hausbank sorgt ohne Zusatzanweisung dafür, dass die erworbenen Anlageprodukte automatisch ins Depot fließen und in der Girosammelverwaltung aufbewahrt werden. Dies ist die einfachste und billigste Lösung. Denn zahlreiche in- und ausländische Wertpapiere werden in Globalurkunden ausgestellt, die bei einer Wertpapiersammelbank hinterlegt sind. Bei Transaktionen dieser Papiere erfolgt eine einfache Umbuchung ohne tatsächliche Verlagerung von effektiven Stücken. Dem Anleger gehören nicht etwa ganz bestimmte Stücke, sondern er ist prozentualer Miteigentümer am Gesamtbestand. Erträge werden automatisch gutgeschrieben, Termine von der depotführenden Bank automatisch überwacht.

Viele Papiere (Aktien, Anleihen und Investmentfonds-Anteile) können auf besonderen Wunsch des Anlegers aber auch in Form von effektiven Stücken über den Bankschalter (über die Tafel) ausgehändigt werden. Solche Tafelgeschäfte sind Geschäfte Geld gegen Ware (Wertpapiere) oder Ware gegen Geld (Zug-um-Zug-Geschäfte) ohne Namensnennung des Kunden über den Bankschalter.

Tafelgeschäfte sind Bargeschäfte, die früher an jedem Bankschalter getätigt werden konnten. In den letzten Jahren ist allerdings festzustellen, dass einige Banken aus unterschiedlichsten Gründen diese Geschäfte nicht mehr ausführen. Bei Tafelgeschäften werden einem persönlich nicht bekannten und nicht gem. § 154 AO legitimierten Bankkunden Wertpapiere in effektiven Stücken verkauft bzw. von diesem zurückgekauft. Gegen Vorlage von Zins- oder Dividendenscheinen erhält der Einreichende die Kapitalerträge ausgezahlt. Die Auszahlung kann durch eine Bank im In- oder Ausland erfolgen. Der Einlösende erhält regelmäßig eine Quittung über die Einlösung der Scheine. Diese Quittung beinhaltet natürlich nicht den Namen des Kunden. Dieser bleibt regelmäßig anonym.

Beim Tafelgeschäft werden die Wertpapiere nicht von einer Bank in einem Depot verwahrt, vielmehr verwahrt der Inhaber die Papiere in eigener Regie, zumeist in einem eigenen Bankschließfach oder Tresor. Häufig werden solche Geschäfte aus steuerlichen Gründen getätigt, denn die zufließenden Einnahmen sollen bei der Einkommensteuer nicht erklärt werden. Es können aber auch außersteuerliche Motive hierfür gegeben sein:

- **Einsparung von Depotgebühren:** Insbesondere bei thesaurierenden Investmentfonds ist die Eigenverwahrung beliebt, da keinerlei Zinstermine überwacht werden müssen und Verwaltungsgebühren gänzlich entfallen.
- **Verschenken** der Wertpapiere als effektive Stücke, was besonders bei schmuckvollen Stücken eine besondere Wertigkeit darstellt.
- Zugriffe der Bank infolge einer **Bürgschaftsverpflichtung** wird vermieden.
- **Verstecken** des Vermögens **vor Angehörigen** oder Gläubigern.
- **Anonymität vor dem Ehegatten**, um das Vermögen nicht in eine spätere Zugewinnausgleichsforderung einfließen zu lassen.
- Angst vor einer **Bankenpleite.**
- **Besitzerstolz.**
- Jederzeitige **rasche Verfügbarkeit** über die Wertpapiere. Beispielsweise auf einer Auslandsreise können bei einer fremden Bank effektive Wertpapiere in „Geld" umgewandelt werden, ohne dass die heimische Bank in weiter Ferne eingeschaltet werden muss.
- **Anonymität des Besitzers:** Hierbei ergeben sich aber Einschränkungen durch das Geldwäschegesetz.
- **Steuerumgehungen:** Viele Anleger verwahren Wertpapiere in einem Safe oder daheim auf und lösen die fälligen Zinskupons dann im Ausland, beispielsweise in Luxemburg, der Schweiz und Österreich, ohne Zinsabschlag ein. Insbesondere bei thesaurierenden Fondsanteilen vermeidet man die jährliche Reise und braucht nur bei der Veräußerung die ausländische Bank aufzusuchen. Solange die erhaltenen Zinsen später in der Steuererklärung deklariert werden, ist der Vorgang legal und man vermeidet den Vorwegabzug.
- **EU-Zinsrichtlinie:** Die in einem Auslandsdepot lagernden thesaurierenden Wertpapiere wurden vor dem 01.07.2005 effektiv ausgehändigt, um sie später in einem nicht betroffenen Land einzulösen.
- Die Vermeidung der **Aufdeckung von Vermögen im Todesfall.** Inhalte eines Banksafes werden nicht automatisch im Erbfall den Finanzämtern gemeldet. Es handelt sich in den meisten Fällen um Schwarzgeld, das bereits seit Jahren oder sogar Jahrzehnten illegal dem deutschen Finanzminister vorenthalten worden ist.

Anlage-Hinweis

Viele Anleihen wie Bundes-, Bahn- und Postanleihen werden schon seit Jahren nicht mehr effektiv ausgegeben und können somit nicht als Tafelgeschäft – wohl aber in ein ausländisches Depot – ausgehändigt werden.

Tafelgeschäfte bringen eine Reihe von Nachteilen mit sich. So muss sich der Besitzer um Zins- und Dividendenzahlungen, die Endfälligkeit von Anleihen sowie um die Einlösung von Bezugsrechten selbst kümmern. Er muss die Kupons vom Wertpapier abtrennen und der Bank selbst zur Auszahlung vorlegen, teilweise ist dies mit Reisekosten verbunden. Oftmals wird für die Einlösung von Zins- oder Dividendenkupons eine Gebühr verlangt, die dann den Ertrag mindert. Zu beachten sind auch die Probleme bei den Kosten für die Aufbewahrung der effektiven Stücke sowie Risiken von Diebstahl und Vernichtung.

Beim Tafelgeschäft kann der Anleger den Geldfluss und damit auch den steuerlichen Zufluss der Kapitaleinnahmen steuern, indem er die Zinsscheine zu einem späteren Zeitpunkt einlöst. Erst dann hat er die Verfügungsmacht über das ausgezahlte Bargeld. Allein die Fälligkeit eines Zinsscheins führt – wie auch die Fälligkeit einer Forderung – nicht zu einem

Zufluss nach § 11 EStG. Lösen die Erben fällige Zinsscheine aus dem Nachlass ein, fließen die Zinsen folglich den Erben zu.

Bei Tafelgeschäften mit Rentenpapieren beträgt der Zinsabschlag nicht 30, sondern 35 %. Er entsteht in dem Zeitpunkt, in dem die Kapitalerträge dem Gläubiger zufließen, § 44 Abs. 1 Satz 2 EStG. Auch im Tafelgeschäft hat der Zinsabschlag keinen Abgeltungscharakter. Bemessungsgrundlage sind die Zinsen bzw. bei Einlösung/Verkauf von Finanzinnovationen die Ersatzbemessungsgrundlage i.H.v. 30 % der Einnahmen aus der Veräußerung oder Einlösung des Wertpapiers.

Beispiel 1

Ein Anleger hat im Tafelpapier Zerobonds zum Kurswert von 90.000 € erworben. Bei Fälligkeit löst er die Null-Kupon-Anleihen zum Nennwert von 100.000 € bei einem deutschen Kreditinstitut ein.

Einnahmen aus der Einlösung	100.000
Pauschalbemessungsgrundlage 30 %	30.000
Zinsabschlag 35 %	10.500
Auszahlungsbetrag	89.500

Ergebnis: Obwohl lediglich 10.000 € Kursgewinn angefallen sind, ist der pauschale Zinsabschlag höher. Dies wird über die Steuererklärung korrigiert.

Der Zinsabschlag ist allerdings nur von inländischen Kredit- oder Finanzdienstleistungsinstituten einzubehalten. Bei ausländischen Instituten greift in diesem Fall jedoch die EU-Zinsrichtlinie, sofern die Tafelpapiere nach dem 01.07.2005 eingelöst werden.

Beispiel 2

Der Anleger löst die Null-Kupon-Anleihen zum Nennwert von 100.000 € bei einem Kreditinstitut in Luxemburg ein. Hier wird eine Quellensteuer von 15 % und somit 15.000 € einbehalten. Dieser Betrag wird beim Wohnsitzfinanzamt in Deutschland angerechnet.

Beispiel 3

Der Anleger löst die Null-Kupon-Anleihen zum Nennwert von 100.000 € bei einem Kreditinstitut in Dänemark ein. Der Einlösungsbetrag wird brutto ausgezahlt. Dänemark meldet den Ertrag aufgrund der Legitimation ans Bonner Bundeszentralamt für Steuern.

Nach § 45a EStG ist das inländische Kreditinstitut auf Verlangen des Kunden verpflichtet, eine Steuerbescheinigung nach amtlich vorgeschriebenem Muster zu erteilen. Da aber auf dieser Bescheinigung auch der Name und die Anschrift des Gläubigers anzugeben ist und die Bank über die Bescheinigungen Buch führen muss, wird kaum ein Anleger diese Bescheinigung fordern, es sei denn, er beabsichtigt, die Einnahmen steuerlich zu erklären. Ohne diese Steuerbescheinigung kann aber keine Anrechnung des Zinsabschlags erfolgen. Erteilte Freistellungsaufträge werden bei Erträgen aus Tafelpapieren nicht berücksichtigt, auch wenn der Betrag noch nicht ausgeschöpft sein sollte. Das gilt auch bei Vorlage einer NV-Bescheinigung. Somit werden in jedem Fall Zinsabschlag oder Kapitalertragsteuer einbehalten.

Beispiel

Ein Anleger hat seiner Bank einen Freistellungsauftrag i.H.v. 1.300 € erteilt. Zum Jahresbeginn löst er Zinskupons aus Tafelgeschäften über 1.200 € Zinsen ein. An Zinsabschlag werden 420 € einbehalten. Im späteren Jahresverlauf werden aus seinem Depot Zinsen aus Bundesanleihen i.H.v. 1.000 € gutgeschrieben. Die Bank macht folgende Rechnung auf:

Freistellungsbetrag	1.300 €
davon durch Tafelgeschäft in Anspruch genommen	– 1.200 €
verbleiben	100 €
Zinsen	1.000 €
davon ohne Zinsabschlag	100 €
mit Abschlag	900 €
Zinsabschlag 30 %	270 €
Auszahlungsbetrag	730 €
Zinsabschlag insgesamt	690 €

Ergebnis: Obwohl der Anleger einen Freistellungsbetrag von 1.300 € hatte, werden nur 100 € berücksichtigt. Der zu viel gezahlte Betrag wird über die Steuerveranlagung erstattet.

Bei eigenverwahrten **Aktien** sind die Dividendeneinnahmen dem Anteilseigner zuzurechnen und unterliegen dem Halbeinkünfteverfahren. Bei der Kapitalertragsteuer wird nicht zwischen Tafelgeschäft und Depotverwahrung unterschieden. In beiden Fällen unterliegt die Gewinnausschüttung dem 20%igen Kapitalertragsteuerabzug.

Bei Anteilen an **Investmentfonds** werden die Gewinnanteile durch Ertragsscheine verkörpert. Bei ausschüttenden Investmentfonds fließen die Ausschüttungen wie bei den Rentenpapieren und Aktien mit der Einlösung der Scheine zu. Hierbei ist zu beachten, dass die Ausschüttungen nicht die steuerpflichtigen Einnahmen darstellen. Vielmehr ermitteln sich diese nach den speziellen Regelungen des InvStG. Werden die Ertragsscheine bei einer inländischen Bank eingelöst, muss diese Kapitalertragsteuer einbehalten. Soweit die Ausschüttungen inländischer Fonds mit Dividenden zusammenhängen, unterliegen sie dem Kapitalertragsteuersatz von 20 %, die übrigen steuerpflichtigen Einnahmen sind mit einem Zinsabschlag von 35 % zu versehen.

Bei **thesaurierenden Fonds** werden keine Ertragsscheine eingelöst. Vielmehr werden die Erträge im Fonds direkt wieder angelegt. Erträge aus thesaurierenden inländischen Fonds unterliegen jährlich der Kapitalertragsteuer. In diesen Fällen hat die Kapitalanlagegesellschaft die Steuer zu entrichten. Der Besitzer spürt dies durch einen entsprechenden Kursabschlag, kann dies im Tafelgeschäft dann aber i.d.R. nicht über die Steuererklärung geltend machen. Die thesaurierten Erträge aus ausländischen Fonds unterliegen zum Thesaurierungszeitpunkt nicht dem Kapitalertragsteuerabzug. Dieser ist dafür beim Verkauf der Anteile von der inländischen Bank vorzunehmen. Bemessungsgrundlage bei Tafelgeschäften sind immer die seit 1994 thesaurierten Erträge.

Rechtsprechung zu Tafelgeschäften

- BFH vom 19.01.2006 – VIII B 114/05, BFH/NV 2006, 709: Ein strafrechtlicher Anfangsverdacht lässt sich nicht allein aus der Inhaberschaft von Tafelpapieren herleiten. Er kann im Rahmen einer Gesamtwürdigung aber dann gegeben sein, wenn die Tafelgeschäfte in bar und ohne Bezug zu einer Hausbank abgewickelt und auch die Tafelpapiere nicht in eine Depotverwahrung gegeben werden.
- BFH vom 02.08.2001 – VII B 290/99 BStBl II, 665: Ein hinlänglicher Anlass für die Ausfertigung von Kontrollmitteilungen besteht jedenfalls dann, wenn der Betriebsprüfer bei der Prüfung der bankinternen Konten einer Bank feststellt, dass Bankkunden, obwohl sie

dort ihre Geldkonten führen, Tafelgeschäfte außerhalb dieser Konten anonymisiert in der Art von Bargeschäften abgewickelt haben. Ist der Anlass, der zur Ausfertigung von Kontrollmitteilungen berechtigt, von einer solchen Qualität, dass sich hieraus sogar ein steuerstrafrechtlicher Anfangsverdacht ableiten lässt – wie z.B. bei der anonymisierten Abwicklung von Tafelgeschäften –, entfaltet das sogenannte Bankengeheimnis keine Schutz- oder Vertrauenswirkung für den Bankkunden.

- BFH vom 15.06.2001 – VII B 11/00, BStBl II, 624: Der Anfangsverdacht einer Steuerstraftat ist bei der Durchführung von Tafelgeschäften dann gerechtfertigt, wenn der Bankkunde solche Geschäfte bei dem Kreditinstitut, bei dem er seine Konten und/oder Depots führt, außerhalb dieser Konten und Depots durch Bareinzahlungen und Barabhebungen abwickelt. Der hiernach einer Steuerstraftat verdächtige Bankkunde bzw. sein Erbe muss auch noch nach Eintritt eines Strafverfolgungshindernisses mit einem Vorgehen der Steuerfahndung auf der Grundlage von § 208 Abs. 1 Satz 1 Nr. 2 AO 1977 zwecks Ermittlung der Besteuerungsgrundlagen rechnen, solange jedenfalls hinsichtlich des in Frage stehenden Steuerentstehungstatbestands noch keine Festsetzungsverjährung eingetreten ist. Besteht ein Anfangsverdacht, steht das sogenannte Bankengeheimnis der Auswertung des im Rahmen einer richterlichen Beschlagnahmeanordnung gewonnenen Materials durch die Steuerfahndung, auch in Form der Weitergabe dieses Materials im Wege von Kontrollmitteilungen an die zuständigen Veranlagungsfinanzämter, nicht im Wege.
- BVerfG vom 20.04.2004 – 2 BvR 2043/03, 2 BvR 2104/03, HFR 2004, 1249: Die Einlösung von Zinscoupons bei ausländischen Banken begründet den Verdacht einer Steuerhinterziehung, weil nach In-Kraft-Treten des Zinsabschlaggesetzes im Jahr 1993 bei Couponeinlösungen bei inländischen Banken eine Zinsabschlagsteuer von 35 % einzubehalten wäre, die bei Einlösung bei ausländischen Banken entfällt. Eine erhöhte Wahrscheinlichkeit für das Vorliegen einer Straftat, wie sie die akustische Wohnraumüberwachung voraussetzt, verlangt die Wohnungsdurchsuchung nicht.
- BVerfG vom 01.03.2002 – 2 BvR 972/00, HFR 2002, 544, DStRE 2002, 1091: Identifizieren Beamte der Strafverfolgungsbehörden bei der Durchsuchung einer Bank wegen Geld- und Wertpapiertransfers nach Luxemburg oder der Schweiz auch solche Bankkunden, die zwar Konten bei der durchsuchten Bank unterhielten, jedoch Tafelpapiergeschäfte ohne Auslandsbezug durchführten, so ergibt sich aus dem ursprünglichen auslandsbezogenen Durchsuchungszweck kein Verwertungsverbot für die Tafelgeschäfte ohne Auslandsbezug.
- FG Baden-Württemberg vom 28.03.2003 – 3 K 240/98: Erlangt der Betriebsprüfer im Rahmen der Außenprüfung einer Bank die Namen der Kunden der Bank, die offensichtlich anonymisierte Tafelgeschäfte getätigt haben, in einer nicht durch § 194 Abs. 3 AO gedeckten rechtswidrigen Weise, ist die Fertigung von Kontrollmitteilungen über die jeweiligen Bankkunden und die von ihnen getätigten Tafelgeschäfte gleichwohl zulässig.

Tagesgeldkonten

Hierbei handelt es sich um ein Sparkonto, bei dem es bei täglicher Verfügbarkeit des Guthabens relativ hohe Zinsen gibt. Die Kontoführung ist i.d.R. kostenlos. Im Vergleich zum Sparbuch hat dies den Vorteil, dass Rückzahlungen ohne betragsmäßige Begrenzungen möglich sind. Eine Reihe von Banken und Online-Brokern bieten diese Konten an. Zur flexiblen Kursfristanleihe sind sie durchaus geeignet.

Doch in vielen Fällen dient das Tagesgeldkonto dazu, neue Kunden anzulocken. Denn oftmals werden die attraktiven Zinssätze nur für kurze Zeit gewährt. Die Institute spekulieren darauf, dass sich die Sparer nach dem Übergang zur geringeren Verzinsung nicht die Mühe machen, erneut die Bank zu wechseln. Steuerlich ergibt sich keine Besonderheit, wenn das Konto in Euro geführt wird. Ansonsten kann es neben den Zinsen als Kapitaleinnahmen auch zu Spekulationsgeschäften beim Umtausch in eine Fremdwährung kommen.

Fazit: Tagesgeldkonten sind zur kurzfristigen Geldanlage sehr gut geeignet, risikoarm und flexibel. Ein Bankwechsel, nur um ein paar Zehntel höhere Zinsen zu erreichen, lohnt hierbei aber kaum. Zu beachten ist, dass nicht alle Anbieter von Tagesgeld Mitglied im Einlagesicherungsfonds sind.

Target-Fonds

→ *Zielfonds*

Termingeschäfte

Beim Handel am Terminmarkt haben Anleger die Möglichkeit (aber nicht die Verpflichtung), gegen Zahlung einer Prämie eine bestimmte Ware (Gold, Aktien, Anleihen, Weizen, Öl usw.) oder einen bestimmten Wert (Dollar, Index, Zinssatz) in Zukunft zu kaufen oder zu verkaufen. Während man beim Erwerb von Aktien oder Edelmetallen nur auf Kurssteigerungen spekulieren (hoffen) kann, ist im Optionsgeschäft auch die Gewinnmöglichkeit bei fallenden oder stagnierenden Kursen möglich. Optionsgeschäfte bieten sich an für

- die Absicherung von Risiken aufgrund einer entsprechenden Direktanlage,
- hohe Gewinnmöglichkeiten bei geringerem Kapitaleinsatz als bei der Direktanlage,
- die Spekulation auf fallende Kurse,
- Ausnutzung von Marktbewegungen durch die Verbindung von mehreren Optionsgeschäften miteinander.

Anlagegrundsätze
Im engeren Sinne erwirbt der Käufer bei einem Optionsgeschäft (Optionsnehmer) vom Verkäufer der Option (Optionsgeber oder Stillhalter) gegen Bezahlung einer Prämie das Recht, eine bestimmte Anzahl zum Optionshandel zugelassener Basiswerte am Ende der Laufzeit oder jederzeit innerhalb der Laufzeit der Option (möglich bei EUREX-Optionen) zum vereinbarten Basispreis entweder vom Verkäufer der Option zu kaufen (Kaufoption oder Call) oder an ihn zu verkaufen (Verkaufsoption oder Put).

Diesem Recht des Optionskäufers steht die entsprechende Verpflichtung des Verkäufers der Option gegenüber, die Basiswerte zu liefern oder abzunehmen, wenn der Optionskäufer sein Optionsrecht ausübt. Ist die effektive Abnahme oder Lieferung des Basiswerts aufgrund der Natur der Sache (z.B. Indizes) oder aufgrund der Handelsbedingungen (z.B. bei EUREX Optionen auf Namensaktien oder Kurzfristzinsen) ausgeschlossen, besteht die Verpflichtung des Optionsgebers bei Ausübung der Option durch den Optionskäufer in Zahlung der Differenz zwischen vereinbartem Basispreis und Tageskurs des Basiswerts (Barausgleich oder Cash-Settlement).

Beispiel
Ein Anleger ist der Auffassung, dass der Kurs seiner Aktien bei derzeit 300 € in nächster Zeit rapide ansteigen wird.

Wenn er 50 Aktien erwirbt, erfordert das einen Kapitaleinsatz von (50 x 300 €)	15.000 €
Erwirbt er durch eine Kaufoption (Mindestabschluss 50 Aktien) das Recht, Aktien zum Basiskurs von 300 € zu fordern, zahlt er eine (angenommene) Prämie von 10 € pro Aktie. Der Kapitaleinsatz beträgt (10 x 50 €)	500 €
Steigt die Aktie auf 350 €, ergibt sich mit der Option ein Gewinn (50 € – 10 € Prämie x 50 Stück) von	2.000 €
Bezogen auf den Kapitaleinsatz errechnet sich eine Rendite i.H.v.	400 %
Beim Direkterwerb ergibt sich ein Gewinn von (50 x 50 €)	2.500 €
sowie eine Rendite bezogen auf den Kapitaleinsatz i.H.v.	16,6 %
Fällt die Aktie auf 250 €, ist die Option wertlos und der gesamte	0 €
Kapitaleinsatz verloren. Der Verlust beträgt	– 100 %
Beim Erwerb der Aktie wären (50 Stück x 50 €)	– 2.500 €
verloren, die Rendite beträgt	– 16,6 %

Bewegt sich die Aktie kaum, ergibt sich aus dem Aktienerwerb ein Nullsummenspiel und bei der Option i.d.R. ein Totalverlust.

Hinzugerechnet werden müssen bei Optionsgeschäften jedoch noch Bankspesen und Provisionen, die meist deutlich über den Gebühren für Aktientransaktionen liegen.

In Deutschland wurde der Optionshandel nach heutigem Standard mit dem Start der Deutschen Terminbörse am 26.01.1990 eröffnet, die im September 1998 in die EUREX übergegangen ist. An der Terminbörse EUREX werden täglich Optionen auf die wichtigsten europäischen Aktien und Futures gehandelt. Privatanleger dürfen solche Geschäfte abschließen, wenn sie gem. § 37d WertpapierhandelsG vor Abschluss eines Termingeschäfts über die Verlustrisiken schriftlich informiert worden sind und diees per Unterschrift bestätigen. Als Faustregel gilt, dass für einen privaten Anleger der Handel an der EUREX sinnvoll erscheint, wenn er über ein Wertpapierdepot von mindestens 100.000 € verfügt und seine Bestände absichern will.

An der Deutschen Terminbörse werden folgende EUREX-Produkte standardisiert gehandelt:

Handel von Optionen

- Optionen auf Aktien (DAX-Werte)
- Optionen auf den DAX
- Optionen auf den (Euro) Stoxx
- Optionen auf den DAX-Future
- Optionen auf den Bobl-Future (mittelfristiger Zins)
- Optionen auf den Bund-Future (langfristiger Zins)
- Optionen auf den Buxl-Future
- Optionen auf den Euribor und den Schatz Future
- Optionen auf den (Euro) Stoxx-Future

Handel von Finanzterminkontrakten

- DAX und MDAX-Future
- (Euro) Stoxx 50 Future
- Euribor-Future

- Bund-Future
- Bobl-Future
- LIBOR-Future
- Buxl-Future
- Euro-Schatz-Future

Die Strategien am Optionsmarkt sind sehr zahlreich und variantenreich und bieten praktisch für jeden Anlegertyp und jede Marktsituation eine oder mehrere passende Anlagemöglichkeiten. Grundsätzlich gibt es die vier Optionsvarianten, die im Folgenden näher erläutert werden sollen. Dem Anleger stehen folgende Grundpositionen zur Verfügung:

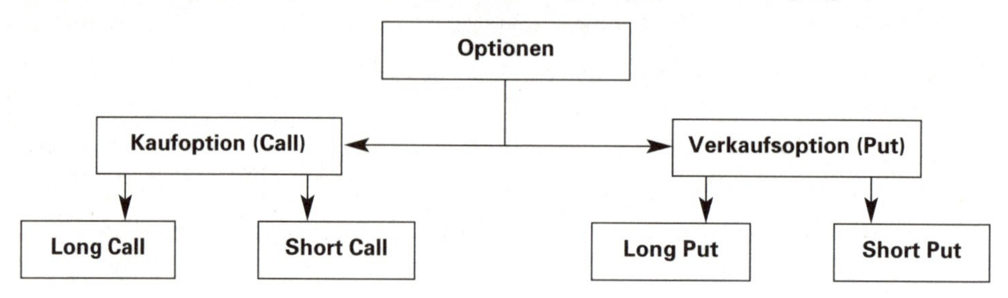

Beim Kauf einer Kaufoption (Long Call) erwirbt der Käufer das Recht,

- einen Basiswert
- zu einem im Voraus festgelegten Preis (= Ausübungspreis, „strike") jederzeit während einer festgelegten Frist (= amerikanische Option) oder zu einem festgelegten Termin (= europäische Option) – vom Stillhalter (in Wertpapieren)

zu kaufen. Wenn der Käufer sein Recht ausübt, ist der Verkäufer der Aktienkaufoption (Stillhalter) verpflichtet, die Aktien zum vereinbarten Preis zu liefern. Der Käufer ist dann zur Abnahme der Aktien und zur Zahlung des Kaufpreises verpflichtet.

Mit der Kaufoption erwirbt der Käufer das Recht, während der gewählten Optionsfrist jederzeit mindestens 50 Aktien oder ein Vielfaches hiervon zum vereinbarten Basispreis zu erwerben. Er kann das Optionsrecht bis zum letzten Tag ausüben oder verfallen lassen oder vor Fälligkeit zum Börsenkurs verkaufen. Er zahlt den Optionspreis an den Verkäufer (Stillhalter). Sofern er die Aktien erwirbt, erhält er alle während der Laufzeit angefallenen Dividenden und Bezugsrechte. Er erwartet steigende Aktienkurse; die Gewinnchance ist unbegrenzt, das Verlustrisiko auf den Prämienbetrag begrenzt. Gewinne fallen durch Kurssteigerung bei Aktie und Optionsschein an, Verluste durch Wertverfall der Optionsprämie, wenn die Aktie fällt.

Beim Kauf einer Verkaufsoption (Long Put) erwirbt der Käufer das Recht,

- einen Basiswert
- zu einem im Voraus festgelegten Preis (Ausübungspreis, „strike")
- jederzeit während der festgelegten Frist (= amerikanische Option) oder zu einem festgelegten Termin (= europäische Option) – dem Stillhalter in Geld verkaufen zu dürfen.

Wenn der Optionskäufer sein Recht ausübt, ist der Verkäufer der Verkaufsoption (= Stillhalter in Geld) verpflichtet, dem Käufer die Aktien zum vereinbarten Preis abzukaufen. Der

Käufer einer Aktienverkaufsoption ist also nach Ausübung der Option der Verkäufer der Aktien.

Mit der Verkaufsoption erwirbt der Käufer das Recht, während der Optionsfrist jederzeit 50 Aktien oder ein Vielfaches hiervon zum vereinbarten Basispreis an den Verkäufer zu veräußern. Er kann das Optionsrecht bis zum letzten Tag ausüben, verfallen lassen oder vor Fälligkeit verkaufen. Er zahlt den Optionspreis an den Verkäufer (Stillhalter) und erwartet fallende Aktienkurse. Die Gewinnchance ist nur durch die Tatsache begrenzt, dass ein Aktienkurs maximal auf 0 € fallen kann. Gewinne fallen bei Aktienverlusten an, da die Aktien teuer veräußerbar ist. Bei steigenden Kursen verfällt der Optionspreis, da er die Aktien nicht veräußert.

Beim Verkauf einer Kaufoption (Short Call) verpflichtet sich der Verkäufer (= Stillhalter in Papieren),

- den Basiswert
- zu einem im Voraus festgelegten Preis (Ausübungspreis, „strike") jederzeit während einer festgelegten Frist (= amerikanische Option) oder
- zu einem festgelegten Termin (= europäische Option) dem Käufer zu verkaufen.

Wenn also der Käufer sein Optionsrecht ausübt, ist der Verkäufer der Aktienkaufoption verpflichtet, die Aktien zum vereinbarten Preis zu liefern.

Es handelt sich hierbei um das Gegenstück zum Long Call, hier aus der Sicht des Verkäufers. Der ist Stillhalter in Wertpapieren und muss sie während der Optionsfrist auf Abruf zum Basiskurs liefern. Er kann das Optionsrecht nicht vor Fälligkeit verkaufen, sondern muss abwarten, was der Käufer macht. Er erhält den Optionspreis vom Käufer und bei Abruf zusätzlich den Basiswert für die zu liefernden Aktien. Er erwartet stagnierende Kurse; Gewinne sind auf die Optionsprämie begrenzt, das Verlustrisiko ist unbegrenzt. Fällt der Aktienkurs, erzielt er einen Gewinn durch die erhaltene Optionsprämie. Steigen die Aktien, ergibt sich trotz Einnahmen aus Prämie und Basiskurs insgesamt ein Verlust.

Beim Verkauf einer Verkaufsoption (Short Put) handelt sich hierbei um das Gegenstück zum Long Put, hier aus der Sicht des Verkäufers, der „Stillhalter in Geld" ist. Er muss die Aktien während der Optionsfrist auf Abruf zum Basiskurs abnehmen. Er kann das Optionsrecht nicht vor Fälligkeit verkaufen, sondern muss abwarten, was der Käufer macht. Er erwartet stagnierende oder steigende Aktienkurse; die Gewinnchance ist auf die Prämienhöhe, der Verlust auf die Differenz von Aktien- und Basiskurs begrenzt. Wenn der Aktienkurs steigt, erzielt er einen Gewinn durch die erhaltene Optionsprämie. Wenn die Aktien fallen sollten, muss er die Aktien zum höheren Basiswert abnehmen und erzielt trotz Einnahmen aus Prämien insgesamt einen Verlust aus diesem Geschäft.

Kurshaltung	Strategie	Chancen	Risiken
sehr positiv	Kauf eines Call	Unbegrenzte Gewinnmöglichkeit	Verlust der Prämie
sehr negativ	Kauf einer Verkaufsoption	Maximal Differenz zwischen Ausübungspreis und Prämie	Verlust der Optionsprämie
stagnierend, leicht steigend	Verkauf eines Put	Vereinnahmte Optionsprämie	Differenz zwischen Ausübungspreis und Prämie
stagnierend, leicht fallend	Verkauf eines Call	Vereinnahmte Optionsprämie	Nahezu unbegrenzt

Weder Optionen noch Futures begründen sofort fällige Ansprüche oder Verbindlichkeiten. In beiden Fällen handelt es sich vielmehr um ein Termingeschäft, beide Seiten vereinbaren die Lieferung (= Erfüllung der vereinbarten obligatio) aber erst für die Zukunft. Bei einer Option wird lediglich ein Recht (keine Pflicht) begründet, zu einem späteren Zeitpunkt kaufen zu dürfen, aber nicht zu müssen. Im Gegensatz dazu stehen feste Vereinbarungen, die für beide Seiten einklagbare erst in der Zukunft fällig werdende Ansprüche und Verbindlichkeiten begründen. Solche unbedingten Termingeschäfte („Im-Voraus-Geschäfte") werden auch als Forwards bezeichnet.

Standardisierte Forwards, die über eine Börse abgewickelt werden, nennt man „Futures". Die Börse braucht dabei nur als Clearingstelle aufzutreten. Ist Vertragsgegenstand eine Aktie, ein Aktienindex, eine Anleihe oder eine Währung, ist dies ein Financial Futures. Ist Vertragsgegenstand eine bestimmte Warenmenge (vertretbare Sachen wie Orangensaft, Schweinehälften oder Rohöl), handelt es sich um einen Commodity Future. Wie bei Optionen können auch bei Futures synthetische Produkte wie Indizes Vertragsgegenstand sein. In solchen Fällen ist der Vertrag nicht auf physische Lieferung gerichtet. Trotzdem wird die Erfüllung fest vereinbart. Dem Käufer geht es dann um die Erzielung eines Differenzgewinns.

Der entscheidende Unterschied zwischen einer Option und einem Future: Den Future kann der Anleger nicht verfallen lassen. Er muss ihn vielmehr unbedingt erfüllen. Eine Nichtausübung wie bei einer Option gibt es nicht. Aus dem unbedingten Geschäft kann sich der Futures-Inhaber nur durch ein Gegengeschäft durch Glattstellung mit Closing-Vermerk lösen.

Ein Future ist eine unbedingte verbindliche Vereinbarung zweier Marktteilnehmer,

- eine bestimmte Menge
- eines bestimmten Guts,
- zu einem in der Zukunft liegenden Zeitpunkt
- zu vorher bestimmtem Preis

zu kaufen, zu bezahlen und abzunehmen bzw. zu verkaufen und zu liefern.

Steuerliche Behandlung

Bis ins Jahr 1998 hinein unterlagen Geschäfte, die nicht auf Lieferung von Wirtschaftsgütern, sondern lediglich auf den Unterschied zwischen den Börsen- oder Marktpreisen gerichtet sind, als Differenzgeschäfte i.S.v. § 764 BGB nicht der Besteuerung nach § 23 EStG. Gleiches galt auch für Termingeschäfte, bei denen der Basiswert nicht lieferbar ist, etwa bei Indizes. Mit § 23 Abs. 1 Nr. 4 EStG im Rahmen des StEntlG wurde diese Lücke ab 1999 geschlossen. Der Besteuerung nach § 23 EStG unterliegen nunmehr auch Termingeschäfte, durch die der Anleger einen Differenzausgleich oder einen durch den Wert einer veränderlichen Bezugsgröße bestimmten Geldbetrag oder Vorteil erlangt. Die steuerliche Behandlung richtet sich grundsätzlich nach einem BMF-Schreiben vom 27.11.2001 (IV C 3 – S 2256 – 265/01, BStBl I, 986, DStR 2002, 172, DB 2002, 116, FR 2002, 104).

– Kauf einer Kaufoption

Der Erwerb der Option hat keine steuerlichen Folgen. Entscheidend ist vielmehr, was später mit den gelieferten Wertpapieren passiert. Der Kaufpreis stellt Anschaffungskosten für das in der Person des Käufers entstandene Wirtschaftsgut Optionsrecht dar. Hinzuzurechnen sind dabei Transaktionskosten und Spesen. Sie gelten als Anschaffungsnebenkosten und sind daher nicht als Werbungskosten absetzbar. Wird die Kaufoption ausgeübt, stellt die Summe aus Bezugswert für den Aktienerwerb, Optionsprämie und Nebenkosten die Anschaffungskosten der Aktie oder eines anderen Wertpapiers dar. Der Vorteil aufgrund des verbilligten Bezugs eines Basiswerts wird steuerlich nicht erfasst. Ein steuerpflichtiger Vorgang liegt erst dann vor, wenn die gelieferten Aktien oder sonstigen Bezugswerte innerhalb eines Jahres nach Ausübung der Option veräußert werden, § 23 Abs. 1 Nr. 2 EStG. Dies bedeutet, dass Gewinne aus Termingeschäften erst einmal steuerfrei realisiert werden. Dies gilt auch für das Folgegeschäft, sollten die Wertpapiere zumindest zwölf Monate im Depot verbleiben.

Beispiel

Aktienkauf über den Call 11/05 zum Basispreis	30 €
Gebühren, Optionsprämie	5 €
Ausübung 1/06 bei einem Kurs von	38 €
1. Sofortiger Verkauf der Aktie zu	39 €
– Anschaffungskosten (Kurs + Kosten)	– 35 €
Veräußerungsgewinn	4 €
Davon steuerpflichtig 50 %	2 €
2. Verkauf der Aktie in 02/07 zu	50 €

Keine Steuerpflicht, Jahresfrist in 01/07 abgelaufen

Erfolgt mangels Lieferung von Wertpapieren ein Barausgleich, ist die Differenz aus Zahlbetrag und Anschaffungskosten innerhalb der Jahresfrist steuerpflichtig. Verfällt die Option durch den Verzicht auf Ausübung, handelt es sich nicht um vergebliche Werbungskosten aus Spekulationsgeschäften, sondern einen nicht steuerbaren Vorgang. Dies wird immer dann der Fall sein, wenn der Börsenkurs unter dem Ausübungspreis liegt.

Steuer-Tipp

Wird eine wertlose Option vor Fälligkeit über die EUREX glattgestellt oder über einen anderen Terminhandel verkauft, entsteht steuerlich bei gleichem finanziellen Verlust zumindest noch ein mit anderen Gewinnen verrechenbarer Veräußerungsverlust.

Bei der Glattstellung (Verrechnung mit einem Gegengeschäft) stellt dieser Vorgang ein Veräußerungsgeschäft dar. Die Differenz zwischen dem gezahlten und der aus dem glattstellenden Abschluss des Stillhaltergeschäfts erzielten Optionsprämie ist unter den weiteren Voraussetzungen des § 23 EStG als Veräußerungsgewinn oder -verlust anzusehen. Damit wird – auf Umwegen – ein direkter Verkauf erfasst, der an der Eurex allerdings nicht möglich ist. Der BFH hat sich am 24.06.2003 (IX R 2/02, BStBl II, 752) sowie erneut am 29.06.2004 (IX R 26/03, BStBl II, 995) dieser Sichtweise angeschlossen.

– Kauf einer Verkaufsoption

Der Erwerb der Option hat keine steuerlichen Folgen. Der Kaufpreis für die Option stellt Anschaffungskosten dar. Wird die Kaufoption ausgeübt, liegt ein Veräußerungsgewinn vor, sofern die Aktien innerhalb der letzten zwölf Monate vor Ausübung erworben wurden. Die Optionsprämie und die Nebenkosten stellen Werbungskosten dar. Müssen die zu liefernden Wertpapiere erst angeschafft werden, liegt stets ein steuerpflichtiges Veräußerungsgeschäft vor.

Beispiel

Ausübungspreis im Juli 2006 zu	30 €
Gebühren, Optionsprämie	4 €
Kauf der Aktien im Mai 2006 zu	20 €
Ausübungspreis	30 €
– Kaufpreis + Gebühren	– 24 €
Gewinn	6 €
Davon steuerpflichtig 50 %	3 €

Verfällt die Option durch den Verzicht auf Ausübung, handelt es sich um einen nicht steuerbaren Vorgang. Ist ein Barausgleich vereinbart, erhält der Berechtigte vom Stillhalter eine Zahlung, sofern der Basispreis unter dem Kurs bei Ausübung der Option liegt. Dies ist steuerpflichtig, wenn zwischen Erwerb und Ausübung maximal ein Jahr liegt.

Bei der Glattstellung (Verrechnung mit einem Gegengeschäft) stellt dieser Vorgang ein Veräußerungsgeschäft dar. Die Differenz zwischen dem gezahlten und der aus dem glattstellenden Abschluss des Stillhaltergeschäfts erzielten Optionsprämie ist unter den weiteren Voraussetzungen des § 23 EStG als Veräußerungsgewinn oder -verlust anzusehen.

– Verkauf einer Kaufoption

Für die Veräußerung eines Put erhält der Stillhalter eine Optionsprämie. Diese stellt eine Einnahme aus sonstiger Leistung gem. § 22 Nr. 3 EStG dar (BFH v. 28.11.1990 – X R 197/87, BStBl II 1991, 300 und v. 29.06.2004 – IX R 26/03, BStBl II, 995), und dies unabhängig von Laufzeiten. Diese besondere Sichtweise rührt aus der Tatsache her, dass der Stillhalter keinen Einfluss auf ein später mögliches Termingeschäft hat. Eine Versteuerung wird jedoch nur dann vorgenommen, wenn die Einnahmen eines Jahres mindestens 256 € betragen.

Wird die Option ausgeübt, liegt ein Veräußerungsgewinn vor, wenn die Aktien innerhalb von zwölf Monaten vor der Ausübung erworben worden sind oder erst zu diesem Zwecke angeschafft werden müssen. In der Regel wird es sich dabei um einen Verlust handeln.

Beispiel

Verkauf eines Call

Optionsprämie	10 €
Aktienkurs bei Ausübung	40 €
Ausübungspreis	20 €
Wirtschaftlicher Verlust	– 10 €
Sonstige Einkünfte	10 €
Aktienverlust	– 20 €
Davon sind 50 % verrechenbar	– 10 €

Steuer-Hinweis

Das Minus aus der Ausübung der Option führt beim Stillhalter zu Verlusten aus Spekulationsgeschäften. Diese dürfen nicht mit den sonstigen Einnahmen aus der Optionsprämie verrechnet werden, selbst wenn sich aus dem gesamten Vorgang ein Nullsummenspiel ergibt. Sinnvoll ist daher, die Stillhaberverpflichtung durch ein Gegengeschäft aufzulösen. Dann kann die hierfür gezahlte Prämie als Werbungskosten mit der erhaltenen Gebühr verrechnet werden.

Die im Rahmen des Glattstellungsgeschäfts vom Stillhalter zu zahlenden Prämien stellen abzugsfähige Werbungskosten dar (BFH v. 29.06.2004 – IX R 26/03, BStBl II, 995). Damit ist letztlich aus Sicht des Stillhalters lediglich die Differenz aus erzielter und zum Zwecke der Glattstellung gezahlter Prämie steuerpflichtig; es tritt damit das gleiche Ergebnis ein, als wenn man § 23 Abs. 1 Nr. 4 EStG auf die Prämie anwenden würde. Diese Saldierung von im Rahmen von Glattstellungsgeschäften geleisteten Zahlungen sind hingegen nicht als Werbungskosten abziehbar, wenn die Glattstellung nicht der Sicherung der erhaltenen Optionsprämien, sondern ausschließlich der Vermögensabsicherung dient (FG Köln v. 16.02.2006 – 2 K 7423/00, EFG 2006, 1061, Revision unter IX R 23/06).

Verfällt die verkaufte Option durch den Verzicht auf Ausübung, ergeben sich für den Stillhalter hieraus steuerlich keine weiteren Auswirkungen.

Steuer-Hinweis

Zwar hat das BVerfG mit Beschluss vom 09.03.2004 Vollzugsdefizite bei der Durchsetzung der Besteuerung von Spekulationsgewinnen für 1997/98 beanstandet und die Steuererhebung für verfassungswidrig erklärt. Doch die sich hieran anschließenden Beschlüsse von Finanzgerichten zu anderen Jahren beziehen sich nur auf Einkünfte aus § 23 EStG. Nach dem Beschluss des FG Münster (v. 05.04.2005 – 8 K 4710/01 E, EFG 2005, 1117) ist auch die Besteuerung von erhaltenen Optionsprämien 1996 verfassungswidrig, da hier die selben Erhebungsdefizite vorliegen. Bescheide sollten in Hinsicht auf die sonstigen Einnahmen nach § 22 Nr. 3 EStG aus drei Gründen offen gehalten werden:

1. Hinsichtlich den sonstigen Einnahmen ergeht kein Vorläufigkeitsvermerk.
2. § 22 Nr. 3 EStG ist für 1997 und 1998 nicht für nichtig erklärt worden.
3. Diese Einnahmen erfasst nicht die neue Jahresbescheinigung, so dass hier durchaus auch noch für 2004 ein Erhebungsdefizit erkennbar ist.

Der Beschluss des FG Münster wurde allerdings als unzulässig abgewiesen (BVerfG v. 18.04.2006 – 2 BvL 8/05).

– Verkauf einer Verkaufsoption

Für den sogenannten Stillhalter in Geld gelten die gleichen Grundsätze wie beim Verkauf einer Kaufoption. Er bindet sich insoweit, dass er bei Ausübung durch den Käufer Aktien (oder sonstige Werte) zum festgelegten Kurs übernimmt. Steuerlich ist diese Variante identisch mit dem Verkauf eines Calls, die Prämie stellt eine sonstige Einnahme dar, die erhaltenen Wertpapiere stellen mit dem Ausübungswert Anschaffungskosten dar. Erst der Verkauf binnen zwölf Monaten ist ein steuerpflichtiges Veräußerungsgeschäft.

Fazit: Terminmarktgeschäfte sind der ideale Tummelplatz für Spekulanten, die sich auf diesem Gebiet auskennen und Totalverluste mit einem Folgeauftrag kompensieren. Auch zur Absicherung von Renten- oder Aktiendepots sind Put und Call oder ein Futures geeignet. Privatanleger setzen aber i.d.R. mit Optionsscheinen einfacher auf die spekulative Karte.

– Futures

Sie unterscheiden sich von Optionen dahin gehend, dass der Future von beiden Partnern eine Verpflichtung zur Erfüllung verlangt. Bei der Option bindet sich lediglich der Veräußerer. In der Regel kommt es nicht zu einer effektiven Erfüllung des Geschäfts, sondern lediglich zu einem Differenzausgleich. Der Empfänger erzielt einen Gewinn und der Zahlende einen Verlust. Dieser Vorgang ist gem. § 23 Abs. 1 Nr. 4 EStG steuerpflichtig, wenn der Kontrakt binnen eines Jahres abgeschlossen wird. Fristbeginn ist hierbei der Abschluss des Verpflichtungsgeschäfts. Wird der Future während der Laufzeit durch ein Gegengeschäft glattgestellt, liegen nach Meinung der Finanzverwaltung zwei separate Veräußerungsgeschäfte vor.

Werden über einen Futures Wertpapiere geliefert, stellen die für den Terminkontrakt geleisteten Zahlungen Anschaffungskosten dar. Maßgebender Fristbeginn ist – anders als bei Optionen – das Abschlussdatum und nicht der Ausübungstag. Diese unterschiedliche Sichtweise resultiert aus der Verpflichtung bei Futures.

– Devisentermingeschäfte

Bei der Spekulation auf Dollar, Pfund oder Yen sind zwei Vorgänge zu unterscheiden. Beim Erfüllungsgeschäft kommt es zur effektiven Devisenlieferung, beim Differenzgeschäft nur zur Zahlung des Unterschiedsbetrags.

Erfüllungsgeschäft: Die Lieferung einer auf Termin erworbenen Devise stellt keinen steuerbaren Vorgang auf der privaten Vermögensebene dar. Es handelt sich lediglich um einen Geldfluss. Erst wenn die Währung innerhalb eines Jahres wieder verkauft wird, liegt ein Geschäft i.S.d. § 23 Abs. 1 Nr. 2 EStG vor. Dabei gilt die Devise als Wirtschaftsgut (BFH v. 02.05.2000 – IX R 73/98, BStBl II, 614). Die steuerliche Rechnung ist im Regelfall gar nicht so einfach, wenn etwa auf dem Konto bereits ein Guthaben in dieser Währung besteht. Dann ist bei einem späteren Verkauf nicht nachvollziehbar, aus welchem Geschäftsvorfall die Fremdwährung stammt.

Differenzgeschäft: Kommt es nicht zur Lieferung, sondern lediglich zu einem Wertausgleich, handelt es sich um einen Vorgang gem. § 23 Abs. 1 Nr. 4 EStG. Maßgebend für die Einjahresfrist ist der Zeitraum zwischen Abschluss des Devisengeschäfts und dem Tag des Barausgleichs.

Total Return Fonds

Diese in Deutschland relativ junge Form von Investmentfonds hatte ihre Geburtsstunde in der Abwärtsentwicklung der Aktienmärkte in den Jahren 2000 – 2002. Dies führte bei Anlegern zu einem höheren Sicherheitsbedürfnis. Diesem Wunsch folgend entstand das Angebot von Total und Absolute Return Fonds. Sie verfolgen das Ziel, mit deutlich niedrigerer bis hin zu gar keiner Bindung an ein spezielles Marktbarometer oder einen Index Renditen zu erreichen, die einen stetigen Ertrag ermöglichen. Die Manager dieser Fonds wählen unter Berücksichtigung der aktuellen Lage an den Märkten die Anlageinstrumente mit den besten Renditeaussichten aus. Sie verändern die Gewichtung ihrer Anlagen je nach Marktlage, indem sie etwa die Anteile von Aktien oder Anleihen erhöhen, senken oder ganz zurückfahren. Der Einsatz von Derivaten sorgt dafür, dass die Ertragschancen erhalten bleiben und Verlustrisiken minimiert werden. Das Angebot von Total Return Fonds richtet sich an Anleger, die weitestgehend eine Loslösung von bestimmten Kapitalmärkten suchen und eine weniger volatile Anlage mit gleichmäßiger Rendite erwarten.

Steuerlich ergeben sich keine Unterschiede zu herkömmlichen → *Investmentfonds.*

Fazit: Total und Absolute Return Fonds sind nicht zuletzt durch massive Werbemaßnahmen zu einem Verkaufsrenner geworden. Jede Fondsgesellschaft bietet diese Art an. Sie kann als konservative Alternative zu Hedge-Fonds gesehen werden, die eine ähnliche Strategie mit spekulativeren Werkzeugen verfolgen. Da der Anleger im Vorhinein nicht weiß, in welche Papiere der Fonds gerade investiert, kann er auch nicht die steuerliche Belastung abschätzen. Als Alternative zu Renten- oder Garantiefonds ist diesem Angebot der Vorzug zu geben.

Touch Down Zertifikate

Dieser aus dem American Football stammende Begriff umschreibt die verschiedenen Strategien, um zum Erfolg zu kommen. Bei diesem auch unter dem Begriff Zielzertifikat geläufigen Produkt gibt es zum Laufzeitende stets 10 €, sollte der Basiswert bei Fälligkeit über (Bull-Variante) oder unter (Bear-Variante) einer Kursschwelle liegen. Ansonsten verfällt das Papier wertlos. Wichtig: Einzig maßgebend ist das Über- oder Unterschreiten des Kurses bei Fälligkeit, die Bewegungen innerhalb der Laufzeit spielen keine Rolle. Durch den Festbetrag ist der Gewinn nach oben begrenzt, fällt aber deutlich höher aus als beim Direktinvestment. Anleger können bei der Auswahl der Papiere zwischen drei Varianten auswählen:

- **Klassisch:** Kursschwelle und Kurs der zugrundeliegenden Aktie sind wie im vorgenannten Beispiel identisch. Hier erzielt der Anleger auch dann einen hohen Ertrag, wenn sich der Kurs der Aktie nicht bewegt.
- **Offensiv:** Die Kursschwelle liegt oberhalb des aktuellen Aktienkurses, ist also aus dem Geld. Der Basiswert muss daher bis zur Fälligkeit noch zulegen, damit der Festbetrag ausgezahlt wird. Für dieses Risiko gibt es eine sehr hohe Gewinnchance.
- **Defensiv:** Die Kursschwelle liegt unterhalb des aktuellen Aktienkurses, ist also im Geld. Der Basiswert kann daher bis zur Fälligkeit noch leicht fallen, trotzdem wird der Festbetrag ausgezahlt. Für dieses verminderte Risiko gibt es geringere Gewinnchancen.

Touch Down Zertifikate werden während der Laufzeit an der Börse gehandelt. Interessant ist hierbei das Kursverhalten, je näher der Fälligkeitstermin rückt. Liegt der Kurs des Basiswerts über (Call) oder unter (Put) dem Basispreis, klettert der Zertifikatkurs mit abnehmender Restlaufzeit. Denn die Wahrscheinlichkeit steigt an, dass bei Fälligkeit 10 € gezahlt werden. Papiere, deren Basispreis noch weit vom aktuellen Kurs entfernt ist, verlieren hingegen mit abnehmender Laufzeit. Hier nimmt die Wahrscheinlichkeit eines Totalverlusts zu.

Steuerlich ist ein Kursgewinn innerhalb eines Jahres als privates Veräußerungsgeschäft i.S.d. § 23 EStG zu versteuern. Dabei spielt keine Rolle, ob das Zertifikat über die Börse verkauft oder der Festbetrag gezahlt wird. Verfällt das Papier hingegen wertlos, handelt es sich um einen Verlust auf der Vermögensebene. Dies lässt sich nur vermeiden, indem das Papier kurz vor Fälligkeit und innerhalb der Spekulationsfrist über die Börse verkauft wird.

Fazit: Die Aussicht auf attraktive und überproportionale Renditen in kurzer Zeit klingen verlockend. Anleger sollten jedoch immer das Risiko im Auge behalten. Wird die erhoffte Zielmarke auch nur knapp verfehlt, ist der komplette Kapitaleinsatz verloren. Diese Zertifikate sind daher nur für spekulativ ausgerichtete Investoren interessant. Der Kapitaleinsatz sollte gering gehalten werden. Im Vergleich zu Optionsscheinen haben Touch Down Zertifikate den Vorteil, dass es hohe Gewinne bereits bei moderaten Kursanstiegen oder -abschwüngen gibt. Bewegt sich der Kurs des Basiswerts allerdings heftig, sind Optionsscheine durch ihre Hebelwirkung besser.

Treuhandkonten

Bei einem Treuhandverhältnis werden die Wirtschaftsgüter gem. § 39 Abs. 1 Nr. 1 AO dem Treugeber als wirtschaftlichen Eigentümer zugerechnet, da der Treuhänder (Verwalter) zwar in eigenem Namen, aber für fremde Rechnung handelt. Werden Wertpapier- oder Sparkonten von einem Treuhänder geführt, so sind die Einnahmen dem Treugeber zuzurechnen. Häufige Fälle von Treuhandverhältnissen finden sich bei Rechtsanwälten, Notaren, Vermögensverwaltern und Testamentsvollstreckern.

Probleme ergeben sich hinsichtlich des Zinsabschlags, da das Konto auf Namen des Treuhänders lautet. Konten, auf denen vom Treuhänder für seinen Treugeber Gelder verwahrt werden, unterliegen dem Zinsabschlag. Das Kreditinstitut hat die Steuerbescheinigung auf den Namen des Treuhänders als Kontoinhaber auszustellen und als „Anderkonto" zu kennzeichnen (BMF v. 05.11.2002 – IV C 1 – S 2401 – 22/02, BStBl I, 1338). Der Treuhänder leitet die Bescheinigung an den Berechtigten weiter, der sie beim Finanzamt vorlegen kann. Entfallen die Zinsen auf mehrere Berechtigte, teilt der Treuhänder Zinsen und Zinsabschlag anteilig auf die einzelnen Treugeber auf und stellt beglaubigte Abschriften aus. Wenn die Aufteilungsverhältnisse für ihn schwer ermittelbar sind, ist dem Finanzamt eine einheitliche und gesonderte Erklärung für die Kapitaleinkünfte der Treugeber (§ 180 Abs. 1 Nr. 2a AO) abzugeben.

Ein vergleichbares Verfahren ist auch bei der Jahresbescheinigung anzuwenden (BMF v. 31.08.2004 – IV C 1 – S 2401 – 19/04/IV C 3 – S 2256 – 206/04, BStBl I, 854). Für Zwecke der EU-Zinsbesteuerung ist der Treugeber und nicht der Treuhänder nutzungsberechtigt. Ist bei der Konto- oder Depotführung eine andere Person als der Konto- oder Depotinhaber wirtschaftlicher Eigentümer, ist dessen Identität festzustellen. Hier reicht die Vorlage einer Kopie des Passes oder amtlichen Personalausweises durch den Treuhänder aus.

Steuer-Hinweis

Oft werden Beteiligungen an geschlossenen Fonds im Rahmen eines Treuhandverhältnisses eingegangen, damit der Anleger nicht im Handelregister eingetragen wird und sich nicht um die aktuelle Geschäftsführung kümmern muss. Im Erb- und Schenkungsfall handelt es sich nach Auffassung der Finanzverwaltung um einen Herausgabeanspruch an den Treugeber, der mit dem gemeinen Wert der Anteile zu bewerten ist (FinMin Baden-Württemberg v. 25.06.2005 – 3 – S 3806/51, DB 2005, 1493). Insoweit entfallen die Vorteile für Betriebsvermögen und der moderate Ansatz von Immobilien. Bei ausländischen Beteiligungen sind die Auswirkungen weniger gravierend, da hier der Verkehrswert ohnehin angesetzt wird.

Twin-Win-Zertifikate

Gewinnen sowohl bei steigenden als auch bei fallenden Kursen gelingt bei dieser Produktart. Liegt der Kurs des zugrundeliegenden Basiswerts am Ende der Laufzeit über dem Startkurs bei Emission, erhöht sich auch der Wert des Zertifikats, allerdings überproportional. Denn der Gewinn wird mit einem über 1 liegenden Faktor multipliziert und dann zusammen mit dem Startkurs an den Anleger ausbezahlt.

Bei fallenden Kursen zahlt der Emittent die Differenz zwischen dem Kurs bei Ausgabe und bei Fälligkeit ebenfalls wie einen Gewinn aus. Diese Zusage gilt aber nur bis zu bestimmten Untergrenzen. Werden diese während der Laufzeit verletzt, wandelt sich das Papier in ein herkömmliches Zertifikat. Dann tragen die Besitzer die Verluste bei Fälligkeit selber.

Aber auch wenn die Untergrenze verletzt wird, muss das noch keine negative Performance bedeuten. Denn der Kurs des Basiswerts kann sich während der Laufzeit erholen und sogar über das Ausgangsniveau steigen. Dann wird sogar wieder die Hebelwirkung aktiviert, der Gewinn wird überproportional ausbezahlt.

Beispiel

Ein Twin-Win-Zertifikat auf den DAX wird beim Stand von 5.000 Punkten zum Nennwert von 100 € emittiert. Bei Fälligkeit in drei Jahren erhält der Anleger bei Notierungen über diesem Wert die Differenz zu 130 % ausgezahlt, Verluste 1 zu 1. Sollte der DAX während der Laufzeit allerdings einmal um mehr als 40 % fallen, gibt es den Unterschied zurück.

- DAX 6.000: Der Anleger erhält 126 € je Zertifikat
- DAX 4.000: Der Anleger erhält 120 € je Zertifikat
- DAX 4.000, während der Laufzeit war der Index um mehr als 40 % gefallen: Es gibt 80 € zurück.

Die attraktiven Auszahlungsprofile wirken wie bei fast allen Zertifikaten aber nur am Laufzeitende. Vorher kann der Kurs deutlich vom inneren Wert abweichen. Liegt das Basisprodukt innerhalb der Laufzeit beispielsweise nur noch knapp oberhalb der unteren Schutzschwelle, ist die Gewinnauszahlung noch gesichert. Dennoch wird sich der Kurs deutlich darunter bewegen, da die Gefahr des Unterschreitens der Barriere besteht und damit die Twin-Win-Zusage erlöscht. Das Zertifikat eignet sich daher nicht für eine Kurzfristspekulation, sondern mit Fokus auf eine Haltedauer bis zur Fälligkeit.

Steuerlich ergeben sich keine Unterschiede zu herkömmlichen → *Zertifikaten*. Die Ertragsaussichten in beiden Richtungen machen das Produkt noch nicht zu einer Finanzinnovation, da immer noch die theoretische Möglichkeit des Totalverlusts besteht.

Fazit: Twin-Win-Zertifikate sind die richtige Wahl für Anleger, die von steigenden Kursen im gewählten Basiswert ausgehen, Rückschläge aber nicht ausschließen. Sie profitieren dann überdurchschnittlich an den Gewinnen und in Maßen auch noch an Verlusten. Wer Verluste hingegen ausschließen möchte, dafür aber an Gewinnen nicht überproportional verdienen kann, wählt eher → *Win-Win-Zertifikate*. Der Basiswert muss sich allerdings während der Laufzeit merklich bewegen. Bei einer Seitwärtstendenz gibt es nichts zu verdienen, hier sind → *Bonus-Zertifikate* die bessere Wahl.

Umbrella-Fonds

Hierbei handelt es sich um Investmentfonds, die als Dach für mehrere Teilfonds mit unterschiedlichen Anlagezielen bestehen. Anders als bei einem Dachfonds gibt es ein übergeordnetes Fondskonzept, unter dessen Schirm sich dann mehrere Subfonds befinden. Der Anleger kann dann zwischen den einzelnen Unterfonds wählen, die von den Gesellschaften verwaltet werden. Hier besteht der Unterschied zu einem herkömmlichen Dachfonds. In diesem Produkt treffen die Fondsmanager die Anlageentscheidungen.

Steuerlich gelten die Regeln von → *Investmentfonds*.

Umtauschanleihe

Es handelt sich um Anleihen, bei denen der Anleger bei Fälligkeit das Wahlrecht hat: Rückzahlung des Nennwerts oder Einbuchung einer im Voraus bestimmten Anzahl von Aktien ins eigene Depot. Im Gegensatz zu Wandelanleihen stammen die gelieferten Aktien von einer anderen Gesellschaft als dem Emittenten. Steuerlich werden diese Papiere wie folgt behandelt:

- Die laufenden Zinsen stellen Kapitaleinnahmen dar und unterliegen dem Zinsabschlag.
- Nimmt der Anleger sein Umtauschrecht wahr, stellt dies ebenfalls eine Kapitaleinnahme dar. Wert für den Kapitalertrag: Die Differenz zwischen dem Börsenkurs der Aktien zum Umtauschzeitpunkt und dem Rückzahlungsbetrag der Anleihe (BMF v. 25.10.2004 – IV C 3 – S 2256 – 238/04, Tz. 9, BStBl I, 1034).
- Für die neuen Aktien beginnt eine neue Spekulationsfrist an dem Tag, an dem das Umtauschrecht ausgeübt wird. Anschaffungskosten sind hier der Börsenkurs bei Fälligkeit der Anleihe.
- Wird die Anleihe vor Fälligkeit veräußert, liegen Kapitaleinnahmen nach § 20 EStG vor, da es sich um eine Finanzinnovation handelt (BMF v. 02.03.2001 – IV C 1 – S 2252 – 56/01, DB 2001, 618, DStR 2001, 576, BStBl I, 206). Diese Regel ist schlecht bei einem positiven und gut bei einem negativen Saldo.
- Beim vorzeitigen Verkauf der Anleihe werden Stückzinsen fällig, die zu den Kapitaleinnahmen zählen.

Beispiel

Kauf einer Umtauschanleihe im Nennwert von 10.000 € zum Kurs von 108 %. Die Anleihe beinhaltet das Recht, 100 Aktien zu beziehen. Der Kurs der Aktie liegt im Zeitpunkt des Umtauschs bei 120 €. Vier Wochen später werden die Aktien zu 115 € verkauft.

Kurs der Aktien (100 x 120)	12.000 €
Anschaffungskosten der Anleihe	– 10.800 €
Kapitaleinnahmen	800 €
Anschaffungskosten der Aktien	12.000 €
Verkaufserlös (100 x 115)	11.500 €
Veräußerungsverlust	– 500 €

Fazit: Sie bieten vergleichbare Vorteile wie Wandelanleihen, nur steuerlich nicht. Da es in vielen Fällen aber keinen Wandler auf die gewünschte Aktie gibt, müssen Anleger mit der Alternative Umtauschanleihe vorlieb nehmen.

Venture-Capital-Fonds

Eine Venture-Capital-Gesellschaft investiert das eingesammelte Fondsvermögen in junge, aufstrebende Unternehmen. Die Unternehmer setzen das eingezahlte Kapital anstatt Bankkredite für ihre betriebliche Weiterentwicklung ein. Der Fonds partizipiert von den wirtschaftlichen Erfolgen der Unternehmen durch die laufenden Erträge und eine spätere Betriebsveräußerung. Die Risikokapitalgesellschaft unterstützt die Betriebe nicht nur in finanzieller, sondern auch in organisatorischer Hinsicht sowie beim Marketing und Vertrieb.

Für den Anleger ergeben sich verschiedene Möglichkeiten, in einen solchen Fonds einzusteigen. Das Risiko steigt bei Gesellschaften, die in Unternehmen investieren, die sich noch in der Gründungsphase befinden. Allerdings ist hier auch die Ertragschance höher. Die größten Erträge ergeben sich, wenn das Unternehmen veräußert wird, beispielsweise durch eine Börsenemission.

Die steuerlichen Besonderheiten ergeben sich aus drei Schreiben:

- BMF vom 16.12.2003 – IV A 6 – S 2240 – 153/03, DB 2004, 103, DStR 2004, 181, BStBl I 2004, 40
- OFD München vom 15.10.2004 – S 2241 – 55 St 41/42, StEd 2005, 13, DB 2005, 77
- FinMin Schleswig-Holstein vom 15.09.2004 – S 2241 – 279, FR 2005, 223

Ausführlich → *Private Equity Fonds.*

Verdeckte Gewinnausschüttung

Sind Gehälter, Schuldzinsen oder sonstige Zuwendungen an einen GmbH-Gesellschafter nicht angemessen oder Vereinbarungen hierüber nicht fremdüblich abgeschlossen, gilt dies als Gewinnausschüttung der GmbH. Folge: Der Gesellschafter muss diese Zahlungen wie eine Dividende als Kapitaleinnahme nach § 20 Abs. 1 Nr. 1 EStG zur Hälfte versteuern und die Gesellschaft hat insoweit keine Betriebsausgaben.

Steuer-Hinweis

Werden Lohn-, Miet- oder Zinszahlungen einer GmbH an den Gesellschafter im Nachhinein als vGA gewertet, drohte bislang eine zusätzliche Belastung, wenn zwar der Körperschaft-, nicht aber der Einkommensteuerbescheid geändert werden kann. Dann kann das Halbeinkünfteverfahren nicht mehr angewendet werden. Nach dem neuen § 3 Nr. 40d EStG wird gewährleistet, dass beim Beteiligten auch dann das Halbeinkünfteverfahren angewendet werden kann, wenn es auf der Gesellschaftsebene erst im Nachhinein zu einer vGA kommt. Bei zugeflossenen Einnahmen kommt es hier zu einer Umqualifizierung der Einkünfte auf der Ebene des Gesellschafters.

Verzugszinsen

Die vereinnahmten Verzugszinsen stellen Kapitaleinnahmen i.S.d. § 20 Abs. 1 Nr. 7 EStG dar. Unerheblich ist, ob die Zahlung freiwillig oder durch gesetzliche Anordnung erfolgt ist (BFH v. 29.09.1981 – VIII R 39/79, BStBl II 1982, 113). Das gilt auch für Zinsen auf erstattete Grunderwerbsteuer als Einnahmen aus sonstigen Kapitalforderungen (BFH v. 08.04.1986 – VIII R 260/82, BStBl II, 557). Wird der Kaufpreis allerdings zur Ablösung eines Kredits für ein Mietshaus verwendet, liegen Einnahmen aus Vermietung und Verpachtung vor.

Video-Games-Fonds

Die Gesellschaften investieren das Anlegergeld in internationale Games-, Spiele- oder Buchlizenzen, wobei die später erreichbare Rendite auf Fondsauflage nicht absehbar ist. Ein Teil des Kapitals wird in Absicherungsmechanismen gesteckt, um Risiken der späteren Fertigstellung und Überschreiten des Budgets abzudecken. Die Chancen liegen in der weltweiten Vermarktung und dem derzeit boomenden Markt für Videospiele. Dem gegenüber steht der schnelle Wandel im Geschmack, neue Games werden schnell zu Ladenhütern, da wieder andere Spiele und Ideen angeboten werden. Geht die Prognose der einzelnen Fonds auf, sind zweistellige Renditen möglich. Allerdings kann sich das Ergebnis auch eher gegen Null bewegen. Ein Investment eher für spekulative Anleger, die einen Teil des Vermögens statt in die üblichen Immobilien- lieber in Video-Games-Fonds stecken möchten.

Die Fonds erzielen gewerbliche Einkünfte nach § 15 EStG. Doch anders als bei → *Medienfonds* sind die Anfangsverluste nicht sehr hoch. Denn die Produktions- und Lizenzierungskosten sind als derivativ erworbene immaterielle Wirtschaftsgüter zu aktivieren. Somit wird oft noch nicht einmal die Aufgriffsgrenze des § 15b EStG von 10 % Verlust, bezogen auf das Eigenkapital, erreicht.

Fazit: Für die spekulative Variante in einer Sammlung von verschiedenen geschlossenen Fonds kann durchaus Platz für Videospiele sein. Anders als bei Medienfonds sind keine steuerlichen Einschränkungen zu beachten, der Fokus liegt nicht auf hohen Verlustzuweisungen. Das eingegangene Risiko kann durchaus mit überdurchschnittlichen Erträgen belohnt werden – bei Investitionen in Filme war dies in der Vergangenheit kaum der Fall.

Vorabausschüttungen

Es handelt sich um Gewinnausschüttungen von Kapitalgesellschaften, die vor Erstellung der Bilanz teilweise im oder nach Abschluss des Wirtschaftsjahres auf den voraussichtlichen Gewinn erfolgen. Für deutsche Aktiengesellschaften ist eine Vorabausschüttung auf den voraussichtlichen Gewinn erst nach Abschluss der Geschäftsjahres möglich, § 59 AktG. Ausländische AG schütten oftmals einen Teil ihrer Erträge bereits vor Abschluss ihres Geschäftsjahres aus. Insbesondere niederländische Firmen geben ihren Aktionären im Herbst des laufenden Geschäftsjahres eine Vorabausschüttung und deuten damit vielfach bereits die Gewinnaussichten an.

Es handelt sich um Kapitaleinnahmen nach § 20 Abs. 1 Nr. 1 EStG im Jahr des Zuflusses. Für die Versteuerung spielt es keine Rolle, für welches Wirtschaftsjahr die Ausschüttung erfolgt ist, maßgebend ist der Zuflusszeitpunkt beim privaten Anleger. Sollte wider Erwarten kein Gewinn in ausreichender Höhe festgestellt werden, ist die Rückzahlung als negative Einnahme bei den vorgenannten Vorschriften anzusetzen. Bei Rückzahlung trotz genügend vorhandenem Gewinn kann der Betrag steuerlich nicht angesetzt werden.

Vorfälligkeitsentschädigung

Die vereinnahmten Zinsen, die der Darlehensgeber für die vorzeitige Rückzahlung der Darlehenssumme neben den normalen Zinsen erhält, stellen Kapitaleinnahmen i.S.d. § 20 Abs. 1 Nr. 7 EStG dar. Wird eine Vorfälligkeitsentschädigung gezahlt, um ein Grundstück lastenfrei zu veräußern, handelt es sich nicht um Werbungskosten für die Geldanlage, auch wenn mit dem Veräußerungserlös Kapitalanlagen nach § 20 Abs. 1 Nr. 7 EStG finanziert werden (BFH v. 06.12.2005 – VIII R 34/04, BStBl II 2006, 265).

Vorschusszinsen

Es handelt sich um Zinsen, die eine Bank nach der Verordnung über die Rechnungslegung der Kreditinstitute von den Anlegern fordert, denen vor Ablauf der Kündigungsfrist Spareinlagen zurückgezahlt werden. Der Vorschusszins wird i.d.R. mit 1/4 des vereinbarten Habenzinssatzes, bezogen auf die Kündigungsfrist, in Rechnung gestellt. In einigen Fällen verzichtet die Bank auf den Vorschusszins, wie beispielsweise bei Wohnsitzwechsel, Übertragung auf ein anderes Sparkonto, Arbeitslosigkeit oder Tod des Kontoinhabers. Vorschusszinsen werden im Jahr der Zahlung mit den vereinnahmten Zinsen i.S.d. § 20 Abs. 1 Nr. 7 EStG saldiert, so dass auch nur auf den Differenzbetrag der Zinsabschlag entrichtet werden muss (BMF v. 05.11.2002 – IV C 1 – S 2400 – 27/02, Tz. 7, BStBl I, 1346).

Vorzugsaktien

Im Vergleich zur verbreiteten Stammaktie ist für die Vorzugsaktionäre i.d.R. eine höhere Dividende nach § 139 Abs. 1 AktG oder eine Mindestausschüttung vorgesehen. Oftmals wird ihnen bei ausfallender Dividende aufgrund von Verlustjahren der Firma garantiert, dass die Ausschüttung in künftigen Gewinnjahren nachgeholt wird (kumulative Dividende). Dafür haben Vorzugsaktionäre kein Stimmrecht auf der Hauptversammlung. Die übrigen Mitgliedschaftsrechte des Aktionärs sind von dieser unterschiedlichen Ausstattung nicht berührt.

Sofern über mehr als zwei Jahre hinweg keine Dividende gezahlt wird und dies auch nicht im Folgejahr erfolgt, erhält der Vorzugsaktionär kraft Gesetzes Stimmrechte – so lange, bis der Rückstand nachgezahlt worden ist. Die Vorzugsaktie ist eher auf dem Rückzug, da einige Firmen diese in Stämme umgewandelt haben und Neuemissionen nicht mehr stattgefunden haben.

Anlage-Tipp

Der Kurs der Vorzüge notiert i.d.R. rund 10 % unter denen der Stämme, und dies bei zumindest gleichbleibender Dividende. Kleinaktionäre sollten daher die preiswertere Alternative bevorzugen. Einziger Nachteil: Bei einer Übernahme ist der neue Besitzer verstärkt an Stimmrechten interessiert. In diesem Fall steigen die Kurse der Stämme ungleich stärker an.

Steuerlich ergeben sich keine Unterschiede zu herkömmlichen → *Aktien*. Beschließt eine AG die Umwandlung von Vorzugs- in Stammaktien, bedeutet dies lediglich eine Abänderung der bestehenden Mitgliedschaftsrechte. Die Umwandlung stellt keinen Aktientausch dar und führt weder zu einem privaten Veräußerungsgeschäft noch zu einem neuen Anschaffungsvorgang. Muss der Vorzugsaktionär allerdings noch eine Zuzahlung leisten, erhöht dies die ehemaligen Anschaffungskosten.

Wandelanleihen

Wandelanleihen, auch Wandelobligationen, Convertible Bonds oder nur kurz Wandler genannt, führen am Rentenmarkt eher ein Schattendasein, da ihre Funktionsweise den meisten Privatanlegern der Papiere eher unbekannt ist. Dabei sind Wandelanleihen ein ideales Investment für konservative Anleger. Sie haben ein gutes Chance/Risiko-Verhältnis, indem sie nur geringes Verlust-, aber hohes Gewinnpotential sowie hervorragende steuerliche Voraussetzungen bieten. Wandelanleihen weisen Charaktereigenschaften von Anleihen und Aktien aus, indem sie einen festen Zinssatz mit einer zusätzlichen Option verbinden. Der Besitzer hat innerhalb der Laufzeit das Recht, die Anleihe in eine bestimmte Anzahl von Aktien des emittierenden Unternehmens zu wandeln. Mit dem Umtausch erlischt der Anspruch auf Rückzahlung des Nominalbetrags der Anleihe. Die Wandlungsfrist endet meist mit dem Laufzeitende der Anleihe, dann erfolgt die Rückzahlung zum Nennwert.

Ein Tausch von Anleihe in Aktien ist meist nur zu fest vorgegebenen Terminen – beispielsweise einmal im Jahr – und somit nicht jederzeit möglich. Vorteilhaft an der Konstruktion ist, dass der Anleger selbst entscheiden kann, ob er seine Anleihe in Aktien umwandeln möchte. Da er hierzu keine Verpflichtung hat, wird er die Wahl grundsätzlich nur bei freundlicher Aktienkursentwicklung vornehmen. Dabei können Besitzer erst dann einen Gewinn verbuchen, wenn der Kurswert aus der Summe der getauschten Aktien höher ist als der Kaufkurs der Wandelanleihe. Bei ähnlichen Produkten wie der Aktienanleihe liegt die Option beim Emittenten, der nutzt sinkende Kurse zum Tausch und zahlt bei steigenden

Aktiennotierungen lediglich den Nennwert. Das bereits vorab in den Emissionsbedingungen fest vorgegebene Umtauschverhältnis (Wandlungsverhältnis) gibt an, wie viele Aktien der Besitzer für einen bestimmten Nominalbetrag beziehen kann. In Einzelfällen ist noch eine Zuzahlung (Bargeldbetrag, der zusätzlich bei Wandlung gezahlt werden muss) vorgesehen. Wandelanleihen stellen eine Form der Wandelschuldverschreibung i.S.d. § 221 AktG dar. Daher bedarf es für eine Ausgabe der Papiere eines Beschlusses durch die Hauptversammlung.

Beispiel zur Funktion

Kauf der Wandelanleihe zum Kurs von 110 %, Laufzeit fünf Jahre, Zinssatz p.a. 1,5 %

Wandelrecht je 5.000 € Nennwert	200 Aktien
Wandlung nach zwei Jahren zum Aktienkurs	29 €
Kurswert der Aktien (200 x 29)	5.800 €
– Kaufpreis (5.000 x 110 %)	– 5.500 €
Gewinn	300 €
+ Zinsen 2 Jahre x 1,5 % x 5.000 €	+ 75 €
Gesamtertrag	375 €

Mit dem Umtausch erlischt das Forderungsrecht aus der Anleihe sowie der Anspruch auf die noch verbliebenen Zinskupons. Der Besitzer wird zum Aktionär, indem er das ihm eingeräumte Recht ausübt. Beim Emittenten einer Wandelanleihe handelt es sich um ein Unternehmen, dessen Aktien börsennotiert sind. Die Emission wird meist mit einer bedingten Kapitalerhöhung der AG versehen, um hieraus die Aktien für eine spätere Wandlung zur Verfügung stellen zu können. Vorteilhaft für das emittierende Unternehmen ist, dass die Anleihe nicht als Fremdkapital bilanziert werden muss.

Man spricht auch von einem Zwitter zwischen Aktie und Anleihe, dem Wesen nach ist die Wandelanleihe jedoch zu den festverzinslichen Wertpapieren zu zählen. Sie ist mit einem Festzins ausgestattet, hat festen Rückzahlungstermin und -satz. Lediglich aus dem Wandlungswert lässt sich der Aktiencharakter ableiten. Die zusätzliche Chance zum Bezug von Aktien über die Wandelanleihe ist nicht kostenlos. Entweder bietet der Emittent der Anleihe eine deutlich niedrigere Rendite, als sie der herrschenden Marktverzinsung entspricht, oder er gibt das Papier mit einem Agio aus. Hierin liegt natürlich auch der zusätzliche Reiz für den Schuldner, eine solche Anleiheart aufzulegen; er spart Schuldzinsen oder vereinnahmt Gelder, die er später nicht in bar, sondern durch Eigenkapital zurückzahlen muss.

Anlage-Hinweis

Zu beachten ist, dass im Zeitpunkt der Wandlung aufgelaufene Stückzinsen der Anleihe verloren gehen. Dieser Aspekt muss vor der Wandlungsentscheidung also mit in die Berechnung aufgenommen werden. Erfolgt die Wandlung beispielsweise kurz vor dem Zinstermin, geht der Kupon für ein ganzes Jahr verloren.

Das Wandlungsrecht ist untrennbar mit der Anleihe verbunden und daher an der Börse nicht separat handelbar. Daher ist der Kapitaleinsatz erheblich höher und der Hebel niedriger als bei Optionsscheinen auf eine Aktie. Die können von der Optionsanleihe getrennt werden. Neben den herkömmlichen Wandlern besteht auch die Möglichkeit, Wandelgenuss-Scheine zu emittieren. Hierbei handelt sich um Genuss-Scheine, die dem Inhaber gegen Zuzahlung eines bestimmten Betrags das Recht einräumen, den Genuss-Schein in eine oder mehrere Aktien des Emittenten zu wandeln. Bei der Wandlung gehen sowohl das Genussrecht als auch die aufgelaufenen Zinsen unter.

Im Vergleich zur Aktienanleihe, die deutlich über dem Marktniveau liegende Zinsen bietet, locken Wandler mit anderen Attributen. Durch die Minderung des Sparerfreibetrags ist der niedrige Zinskupon besonders bei Anlegern mit hoher Progression wieder in den Vordergrund gerückt. Und viele Firmen nutzen die günstige Finanzierung über diese Art der Fremdverschuldung. Weiterer Vorteil im Vergleich zur Aktienanleihe: Bei einer Wandelanleihe hat der Anleger die Wahlmöglichkeit, die entsprechenden Aktien zu beziehen, während beim Konkurrenten diese Option beim Emittenten liegt.

Checkliste: Unterschiede zwischen Aktien- und Wandelanleihe

	Aktienanleihe	**Wandelanleihe**
Zinshöhe	Über Marktniveau	Unter Marktniveau
Recht auf Aktientausch	Emittent	Anleger
Laufzeit	Kurzfristig	Mittelfristig
Zinszahlung	Taggenau	Bei Besitz am Zahlungstag
Art der Aktien	Fremde Firma	Aktien des Emittenten
Kursverlust bei Fälligkeit	Möglich	Rückzahlung = Nennwert
Gewinnpotential	Kaum vorhanden	Unbegrenzt
Steuerliche Einordnung	Finanzinnovation	Herkömmliche Anleihe
Einbehalt auf Zinsen	Zinsabschlag	Kapitalertragsteuer

In den Emissionsbedingungen ist festgelegt, wie viele Aktien ein Anleger bei einer Wandlung erhalten wird. Da der Aktienkurs permanent bekannt ist, kann der Anleihebesitzer jederzeit ausrechnen, welchen Wert die Anleihe hat, wenn er sie aktuell tauschen würde. Daher wird der Kursverlauf von Wandelanleihen maßgeblich vom Kurs der zugrundeliegenden Aktie bestimmt: Steigt der Aktienkurs, erhöht sich grundsätzlich auch der Anleihekurs. Fällt die Aktie, wirkt sich dies automatisch auch negativ auf den Wandler aus. Durch die Zwischenstellung ist das Kursrisiko höher als bei normalen Anleihen, aber niedriger als bei der Direktanlage in die betreffende Aktie. Denn durch die feste Verzinsung ist das Kursrisiko nach unten begrenzt: Der Kurs fällt maximal bis zum Investmentwert. Das ist der Punkt, an dem die Rendite des Wandlers dem Marktzinsniveau vergleichbarer Anleihen entspricht. Je näher die Wandelanleihe zum Investmentwert notiert, umso geringer wird ihr Kurs von dem Kursrückgang der zugrunde liegenden Aktie beeinflusst.

Die Rückzahlung zum Nennwert wirkt sich zusätzlich positiv auf den Kursverlauf der Anleihe aus. Während Aktien unbegrenzt fallen können, steht beim Wandler als Garantie immer noch der Nominalwert im Hintergrund. Den erhalten Anleger in jedem Fall ausbezahlt –

allerdings nur bei Fälligkeit. Während der Laufzeit verbuchen sie Renditeeinbußen durch die geringen Zinserträge. Hinzu kommen noch Verluste, sofern die Anleihe zu Kursen über 100 % gekauft wurde. In den meisten Fällen liegt der Kurs einer Wandelanleihe über dem rechnerischen Wandlungswert und trägt damit ähnlich dem Aufgeld bei Optionsscheinen den Kurschancen Rechnung. Das Aufgeld errechnet sich nach folgender Formel:

$$\text{Aufgeld} = \frac{\text{Nominalwert x (Kurs der Anleihe + Stückzinsen)}}{\text{100 x Zahl der zu beziehenden Aktien} - \text{Aktienkurs}}$$

Motto: Je höher das Aufgeld (Wandelprämie), umso unattraktiver wird die Anleihe, da ein Direktinvestment in die Aktie deutlich billiger kommt. Das gilt insbesondere dann, wenn die Restlaufzeit nur noch gering und die Wahrscheinlichkeit eines Wandlungsgewinns zunehmend unrealistisch ist.

Anlage-Tipp

Der Kauf von Wandelanleihen lohnt besonders, wenn die Zinsen sinken und gleichzeitig die Aktienkurse anziehen. Dann bringt der Wandlerkupon nur geringere Renditenachteile und das Wandlungsrecht Kursgewinne.

Bei Wandelanleihen ist die Steuerbelastung moderat, da i.d.R. nur die geringen Zinsen erfasst werden. Attraktiv ist beispielsweise, dass der Wandlungsvorgang unabhängig von Haltefristen nicht als Kapitaleinnahme oder Veräußerungsgeschäft eingestuft wird.

Checkliste der steuerlichen Vorschriften	
Die Zinsen stellen Einnahmen aus Kapitalvermögen dar, § 20 Abs. 1 Nr. 7 EStG.	❑
Die Zinsen unterliegen der Kapitalertragsteuer i.H.v. 25 % (§§ 43 Abs. 1 Nr. 2, 43a Abs. 1 Nr. 1 EStG), wenn der Freistellungsauftrag ausgeschöpft ist.	❑
Einige Wandler von ausländischen Emittenten unterliegen dem Zinsabschlag, § 43 Abs. 1 Nr. 7a EStG.	❑
Die beim Verkauf erhaltenen Stückzinsen stellen zwar Kapitaleinnahmen dar, unterliegen aber nicht dem Steuerabzug, § 43 Abs. 1 Nr. 8 EStG.	❑
Die beim Erwerb gezahlten Stückzinsen fallen nicht in den Stückzinstopf.	❑
Realisierte Kursgewinne mit Wandlern sind außerhalb der einjährigen Spekulationsfrist steuerfrei; es handelt sich nicht um Finanzinnovationen.	❑
Ein steuerpflichtiges privates Veräußerungsgeschäft i.S.d. § 23 EStG liegt nur bei Veräußerung der Anleihe innerhalb eines Zeitraums von zwölf Monaten nach Erwerb der Anleihe vor.	❑
Verluste aus der Differenz von Kaufpreis und zurückbezahltem Nennwert wirken sich nur im begrenzten Rahmen des § 23 EStG aus.	❑
Wird die Wandelanleihe flat, also ohne Verrechnung von Stückzinsen gehandelt, fallen Kurserträge unter § 20 Abs. 2 Nr. 4c und gelten daher als Kapitaleinnahme. Diese Konstellation ergibt sich oftmals bei Papieren von ausländischen Emittenten.	❑

Checkliste der steuerlichen Vorschriften (Fortsetzung)	
Die Wandlung der Anleihe ist kein steuerrelevanter Vorgang, da sich die Umwandlung auf der Vermögensebene abspielt (BFH v. 30.11.1999 – IX R 70/96, BStBl II 2000, 262). Somit liegen weder Kapitaleinnahmen noch ein Veräußerungsgeschäft vor. Der Erwerb der Anleihe und der spätere Umtausch in Aktien stellen einen einheitlichen Rechtsvorgang dar.	❑
In Höhe des Kurswerts der Anleihe im Zeitpunkt des ursprünglichen Erwerbs inkl. einer möglichen Zuzahlung bei Umwandlung ergeben sich Anschaffungskosten für die neu erworbenen Aktien (BMF v. 25.10.2004 – IV C 3 – S2256 – 238/04, BStBl I, 1034).	❑
Maßgeblicher Anschaffungszeitpunkt für die neuen Wertpapiere ist der Ausübungstermin für die Wandlung der Anleihe in Aktien. Erst wenn die Wandlung schon mehr als ein Jahr zurückliegt, können die ins Depot gebuchten Wertpapiere steuerfrei veräußert werden.	❑

Steuerlich zu differenzieren sind die Wandelanleihen von den sogenannten Umtauschanleihen (Fremdwandelanleihe, Exchangeable). Bei diesen Finanzinnovationen gelten die Kurserträge als Kapitaleinnahmen i.S.d. § 20 Abs. 2 EStG. Auch hier hat der Anleger das Wahlrecht, statt der Rückzahlung des überlassenen Kapitals die Lieferung einer im Voraus bestimmten Anzahl von Aktien zu verlangen. Im Gegensatz zu den Wandlern stammen die gelieferten Aktien allerdings von einer fremden Gesellschaft und nicht vom Emittenten. Das Wahlrecht kann nur bei Fälligkeit ausgeübt werden.

Anlage-Hinweis

In den Medien werden Wandel- und Umtauschanleihen oft verwechselt, meist ist von Wandlern die Rede. In den Kurszetteln können Anleger den Unterschied meist im Ausweis des Emittenten ablesen. Bei Umtauschanleihen steht hier meist Firma A/Firma B, bei Wandlern nur Firma A neben dem Prozentsatz der Verzinsung.

Beispiel zur steuerlichen Berechnung

Emission einer Wandelanleihe zum Kurs von 103 %, Laufzeit fünf Jahre, Zinskupon 0,75 %. Je 1.000 € Nennwert ist ein Tausch in 100 Aktien möglich. Aktueller Kurs der Aktie 8,3 €. Der Anleger wandelt nach zwei Jahren zum Kurs von 10,50 €.

Kurswert der Aktien (100 x 10,5)	1.050 €
– Kaufpreis der Anleihe	– 1.030 €
Kursgewinn	30 €
Erhaltene Zinsen für zwei Jahre 2 x 1.000 x 0,75 %	15 €
Gesamtertrag	45 €

Zu versteuern sind jeweils die ausgezahlten Zinsen

Wandlung nach elf Monaten zu 11 € und Verkauf der Aktien

Kurswert der Aktien (100 x 11)	1.100 €
– Kaufpreis der Anleihe	– 1.030 €
Kursgewinn	70 €

Erhaltene Zinsen	0 €
Gesamtertrag	70 €

Der Aktiengewinn ist innerhalb der Einjahresfrist steuerpflichtig.

Aktienverkauf erst nach 13 Monaten zu 13 €

Kurswert der Aktien (100 x 13)	1.300 €
– Kaufpreis der Anleihe	– 1.030 €
Kursgewinn	270 €
Erhaltene Zinsen	0 €
Gesamtertrag	270 €

Die Wandlung ist nicht steuerbar, der Aktiengewinn steuerfrei

Der Anleger erhält bei **Fälligkeit** den Nennwert, Aktienkurs 9 €

Rückzahlungswert	1.000 €
– Kaufpreis der Anleihe	– 1.030 €
Kursverlust	– 30 €
Erhaltene Zinsen für fünf Jahre 5 x 1.000 x 0,75 %	37,5 €
Gesamtertrag	7,5 €

Zu versteuern sind jeweils die ausgezahlten Zinsen

Verkauf der Anleihe nach zwei Jahren zu 106,5 %, Aktienkurs 14 €

Verkaufspreis	1.065 €
– Kaufpreis der Anleihe	– 1.030 €
Kursgewinn	35 €
Erhaltene Zinsen für zwei Jahre	15 €
Gesamtertrag	50 €

Zu versteuern sind die Zinsen, der Verkauf bleibt steuerfrei

Verkauf der Anleihe nach neun Monaten zu 99 %, Aktienkurs 7 €

Verkaufspreis	990 €
– Kaufpreis der Anleihe	– 1.030 €
Kursverlust	– 40 €
Erhaltene Zinsen	0 €

Der Verkaufsverlust ist verrechenbar.

Fazit: Wandelanleihen sind ein ideales Produkt, um durch konservative Beimischung eine Renditesteigerung ins Depot zu bringen. Die niedrigen Zinsen sind angesichts der aktuellen Marktkonstellation kaum geringer und die Aussicht auf steigende Kurse der Aktie des emittierenden Unternehmens machen Wandler zu einem lukrativen Investment. Hinzu kommt noch die steuerlich positive Komponente, dass der Gewinn aus dem Wandlungsvorgang nicht erfasst wird. Ideal ist auch eine Streuung durch den Kauf von Investmentfonds, die sich auf solche Papiere spezialisiert haben und nicht nur auf dem deutschen Markt aktiv sind.

Wandeldarlehen

Ein Wandeldarlehen mit Aktienoptionsrecht wird von der Finanzverwaltung wie eine → *Umtauschanleihe* als Finanzinnovation nach § 20 Abs. 2 Nr. 4c EStG behandelt. Dies ist allerdings strittig. Zwar handelt es sich bei der Darlehensforderung um eine Kapitalforderung. Deren Zinsertrag ist jedoch fest bestimmt und insoweit nicht ungewiss. Hingegen ergibt sich nicht zwingend, dass ein ungewisser Ertrag aus dem zur Darlehensforderung hinzutretenden Optionsrecht auf den Aktienerwerb folgt. Vielmehr spricht bei wirtschaftlicher Betrachtung vieles dafür, dass ein Verkauf der nicht steuerbaren Vermögenssphäre zuzuordnen ist. Im Entgelt für die Veräußerung ist wirtschaftlich zwar der potentiell aus der Wahrnehmung des Wandlungsrechts zu erzielende Erlös vorweggenommen. Es bestehen Zweifel daran, ob dieser Wandlungsgewinn als Entgelt für die Kapitalüberlassung i.S.d. § 20 Abs. 1 Nr. 7 EStG zu beurteilen ist (BFH v. 23.01.2006 – VIII B 116/05, BFH/NV 2006, 1081). Anders sieht es hingegen das FG Schleswig-Holstein (v. 05.04.2005 – 5 V 285/04), wonach die Veräußerung mit der Marktrendite zu den Kapitaleinnahmen zählt.

Wertpapierhandelsfonds

Dieses Angebot war bis zur Einführung von § 15b EStG (→ *Steuerstundungsmodell*) wohl das einfachste und auch konservativste Produkt im Bereich von geschlossenen Fonds. Denn die Rendite resultiert ausschließlich aus kurzlaufenden Anleihen und ist daher mit herkömmlichen Renten- oder Geldmarktfonds vergleichbar. Interessant war das Angebot für Anleger mit hoher Progression oder in Zeiten sinkender Einkommensteuersätze. Denn diese Handelsfonds weisen im ersten Jahr eine Verlustzuweisung von 100 % aus, in den Folgejahren egalisieren sich Einnahmen und Ausgaben und erst bei Fälligkeit werden positive Einkünfte erzielt.

Per saldo kommt es durch die vom Fonds in Rechnung gestellten Gebühren kaum zu Renditen, die über denen von Rentenfonds liegen. Nach Steuern sieht das Ergebnis allerdings deutlich anders aus, wenn die persönliche Einkommenssituation zum Vorhaben des Beteiligungsangebots passt.

Das Prinzip dieser Beteiligungsform: Ein geschlossener Fonds als gewerblich geprägte GbR investiert gem. § 15 Abs. 3 Nr. 2 EStG in Anleihen, die er nach weniger als einem Jahr wieder verkauft. Das Geld wird inklusive Zinsen sofort reinvestiert. Nach rund acht Jahren wird der Fonds aufgelöst, alle Wertpapiere sind veräußert. Dabei wird i.d.R. in auf Euro laufende Bonds mit guter Schuldnerbonität gesetzt und die Restlaufzeit der Anleihen ist maximal noch mittelfristig. Damit sollen Kursrisiken ausgeschlossen werden, die bei diesem konservativen Modell auch nicht passend wären.

Die Wertpapiere stellen Umlaufvermögen dar, da sie kurzfristig wieder veräußert werden. Der Fonds übt keine originäre gewerbliche Tätigkeit aus und ist mangels Kaufmannseigenschaft auch nicht zur Buchführung verpflichtet. Dies ist auch die Grundlage für die Rendite nach Steuern. Denn die Gesellschaft kann eine Einnahme-Überschussrechnung erstellen. Damit gelten die Anschaffungskosten für die Anleihen sofort als Betriebsausgabe und der spätere Verkauf als Betriebseinnahme.

Da dieses Modell nur wegen der Steuerersparnis Sinn machte, sind Wertpapierhandelsfonds seit dem 11.11.2005 (Geltung der § 15b EStG) vom Markt verschwunden. Zudem ist es durch den ab 2006 geänderten § 4 Abs. 3 EStG nicht mehr möglich, die Anschaffungskosten bei Umlaufvermögen wie Wertpapieren sofort als Betriebsausgabe anzusetzen.

Fazit: Wertpapierhandelsfonds sind ein Relikt der Vergangenheit, lediglich bis zum 10.11.2005 gezeichnete Fonds bestehen noch bis zu ihrer Abwicklung.

Wertpapierleihe

Bei der Wertpapierleihe, auch Wertpapierdarlehen genannt, werden Wertpapiere mit der Verpflichtung übereignet, dass der Entleiher nach Ablauf der vereinbarten Zeit Papiere der gleichen Art, Güte und Menge zurückübereignet und für die Leihdauer ein Entgelt entrichtet. Die Ausleihzeit ist zumeist sehr kurz und die Gebühr richtet sich nach dem aktuellen Geldmarktzins. Es handelt sich eigentlich um einen Kredit auf Provisionsbasis.

Diese Form der Wertpapierübergabe ist anlässlich der Einführung von Terminbörsen verstärkt in Mode gekommen, um z.B. bei Ausübung eines Optionsgeschäfts kurzfristig über die geforderte Wertpapieranzahl zu verfügen. Insbesondere der Leerverkäufer (Verkäufer veräußert Wertpapiere, die er gar nicht besitzt) erhält während der Laufzeit durch die geliehenen Papiere Eigentum an den entsprechenden Wertpapieren. An der EUREX wird ein zentrales Wertpapierleihsystem unterhalten. Steuerlich ist grundsätzlich zu unterscheiden zwischen dem Verleiher und dem Entleiher:

- **Verleiher:** Die Übertragung der Wertpapiere stellt keinen Veräußerungstatbestand dar. Die vereinnahmten Leihgebühren stellen sonstige Einnahmen i.S.d. § 22 Nr. 3 EStG dar. Es handelt sich nicht um Einnahmen aus Kapitalvermögen gem. § 20 Abs. 1 Nr. 7 EStG, da es sich um Einnahmen aus Sachforderungen – und nicht Kapitalforderungen handelt. Auch die vereinnahmten Ausgleichszahlungen für vom Entleiher vereinnahmte Zinsen und Dividenden stellen als Bestandteil des Entgelts sonstige Einnahmen i.S.d. § 22 Nr. 3 EStG dar.
- **Entleiher:** Während der Leihzeit angefallene Zinsen oder Dividenden stellen Einnahmen aus Kapitalvermögen dar (§ 20 Abs. 1 Nr. 1 oder Nr. 7 EStG) und unterliegen dem 20 % bzw. 30%igen Zinsabschlag. Die Rückübertragung am Ende der Leihzeit stellt kein Veräußerungsgeschäft dar.

Die Zahlungen an den Verleiher stellen Werbungskosten aus Kapitalvermögen dar, sofern kein Missverhältnis zwischen erhaltenen Einnahmen und zu leistenden Zahlungen auf Dauer besteht. Wird das Leihgeschäft im Zusammenhang mit einem Optionsgeschäft getätigt, stellt die Leihgebühr Werbungskosten nach § 22 Nr. 3 EStG dar.

Wertpapierpensionsgeschäft

Bei einem echten Wertpapierpensionsgeschäft werden Wertpapiere schuldrechtlich und dinglich auf den Pensionsnehmer übertragen. Dieser zahlt hierfür ein Entgelt und verpflichtet sich gleichzeitig, die übertragenen Wertpapiere zu einem bestimmten oder vom Pensionsgeber noch zu bestimmenden Zeitpunkt zurückzuübertragen (§ 340b Abs. 2 HGB). Die Rückübertragungsverpflichtung erstreckt sich dabei auf die konkreten hingegebenen Stücke und nicht nur wie bei der Wertpapierleihe auf Papiere der gleichen Art, Güte und Menge. In der Praxis verwischt sich dies aber, da Wertpapiere heute ganz überwiegend girosammelverwahrt sind, so dass eine Individualisierbarkeit ausscheidet. Abgrenzungskriterium der beiden Formen bleibt aber, dass beim Pensionsgeschäft ein Kaufpreis gezahlt wird, bei der Leihe nicht.

Beim unechten Wertpapierpensionsgeschäft ist der Pensionsnehmer nur berechtigt – aber nicht verpflichtet – das Pensionsgut zurückzugeben (§ 340b Abs. 3 HGB). In diesem Falle gehen die Pensionsgüter handels- und steuerrechtlich auf den Pensionsnehmer über (§ 340b Abs. 5 HGB). Bei echten Wertpapierpensionsgeschäften i.S.d. § 340 Abs. 2 HGB sind die Erträge dem bürgerlich-rechtlichen Eigentümer (Pensionsnehmer) zuzurechnen, soweit sie ihm nach der Vereinbarung gebühren (BFH v. 29.11.1982, BStBl II 1983, 272). Die Zahlungen stellen Werbungskosten aus Kapitalvermögen beim Nehmer und sonstige Einkünfte i.S.d. § 22 Nr. 3 EStG dar.

Bei Pensionsgeschäften zwischen nahen Angehörigen wird in vielen Fällen ein Nießbrauchscharakter angenommen. Dies gilt beispielsweise, wenn die Wertpapiere unentgeltlich übertragen werden (dann kann aber eine Wertpapierleihe vorliegen) oder bei einem entgeltlichen Vorgang die Gegenleistung mit den wirtschaftlichen Verhältnissen nicht übereinstimmt. In diesen Fällen sind die Erträge weiterhin beim Geber zu versteuern (BMF v. 28.06.1984 – IV B 2 – S 2170 – 44/84 , BStBl I, 394).

Windenergiefonds

Geschlossene Fonds, die in erneuerbare Energie aus Wind oder Sonnenenergie investieren, waren die Verlierer des Jahres 2004. Und auch aktuell sieht es nicht danach aus, dass diese Angebote sich zu einem Renner entwickelt hätten. Schlechte Leistungsbilanzen, falsche Windprognosen, Reparaturkosten und hohe Versicherungsprämien machten Windenergiefonds trotz Einspeiseverpflichtungen nicht zu einem Favoriten bei den Anlegern. Mehr als die Hälfte der bisherigen Emissionen konnten die prognostizierten Ergebnisse später nicht erzielen. Als Ausweg gelten Off-Shore-Anlagen, die Standorte im Meer auswählen. Ob sich diese Angebote am Markt durchsetzen, ist aber derzeit noch nicht absehbar.

Steuer-Hinweis

Der ertragsteuerliche Inlandsbegriff wird ab 2007 dahin gehend erweitert, dass Windkraftanlagen auf See der Einkommen-, Körperschaft- und Gewerbesteuer unterworfen werden können.

Generell wird die Investition in erneuerbare Energien durch das EEG gefördert. Hiernach sind Energieversorgungsunternehmen verpflichtet, aus Windkraft erzeugten Strom zu bestimmten Einspeisevergütungen vorrangig abzunehmen. Ohne diese garantierte Abnahme könnten Windparks nicht rentabel arbeiten. Aber auch die Einspeisungsgarantie durch die Stromunternehmen stellt keine hinreichende Sicherheit dar. Denn diese Einnahmequelle fließt nur dann, wenn auch Energie wie prognostiziert geliefert werden kann. Dies war bei vielen Windkraftfonds in der Vergangenheit das große Problem. Maue Winde über Deutschland, schlechte Windgutachten und falsche Standorte machten der Branche schwer zu schaffen. Hinzu kamen der hohe Verschleiß der Anlagen sowie unerwartete Betriebsunterbrechungen. Ihre steuerlichen Verluste in der ersten Jahren resultieren aus AfA und Ansparrücklage auf die Anlagen sowie Finanzierungskosten. Das die über die Laufzeit mit entsprechenden positiven Einkünften ausgeglichen werden konnten, war in den letzten Jahren nicht die Regel.

Windenergiefonds sind gewerblich tätige Personengesellschaften. Aufgrund der hohen Anfangsverluste sind sie von einer Beschränkung der Steuersparmodelle über § 15b EStG besonders betroffen. Doch anders als etwa Medien- oder Wertpapierhandelsfonds werden sie weiterhin ihren Markt finden. Denn mit ordentlichen wirtschaftlichen Voraussetzungen des Konzepts kommen die Gesellschaften schnell in die schwarzen Zahlen, die hohen Anfangsverluste lassen sich zügig verrechnen und führen per saldo für einen langen Zeitraum zu steuerfreien Ausschüttungen.

Anlage-Tipp
Informationen zur Nutzung von Energie aus Windkraft unter www.wind-energie.de

Fazit: Wer ausschließlich auf Rendite und wirtschaftliche Erfolge setzt, fährt mit anderen Beteiligungsangeboten besser. Doch einzelne Konzepte sind durchaus lukrativ, ein wenig grünes Gewissen sollte bei diesem Investment mit von der Partie sein. Bessere Chancen sind derzeit allerdings bei Solarenergiefonds zu sehen, da hier die Ertragsprognosen zuverlässiger sein können.

Win-Win-Zertifikate

Gewinnen sowohl bei steigenden als auch bei fallenden Kursen, und dies bei vollständiger Kapitalgarantie: Die Umsetzung dieses Wunsches gelingt mit Win-Win-Zertifikaten. Steigen die Kurse des zugrundeliegenden Basiswerts, erhöht sich auch der Wert des Zertifikats entsprechend. Bei fallenden Kursen zahlt der Emittent die Differenz zwischen dem Kurs bei Ausgabe und bei Fälligkeit ebenfalls wie einen Gewinn aus. Bewegt sich der zugrundeliegende Index überhaupt nicht, gibt es den Nennwert zurück.

Allerdings ist nicht die Differenz zwischen Kurs bei Emission und Fälligkeit, sondern die durchschnittliche Performance maßgebend. So wird beispielsweise pro Quartal die Kursbewegung notiert und bei Laufzeitende die Summe der Ergebnisse durch die Anzahl geteilt. Dieser Durchschnittswert wird dann mit dem Ausgangsniveau verglichen und ergibt die endgültige Performance des Zertifikats.

Steuerlich handelt es sich um ein → *Garantiezertifikat* und somit um eine Finanzinnovation nach § 20 Abs. 2 Nr. 4c EStG, da die Rückzahlung garantiert und nur die Höhe des Ertrags von einem ungewissen Ereignis abhängig ist.

Fazit: Win-Win-Zertifikate sind die richtige Wahl für Anleger, die von schwankenden Kursen im gewählten Basiswert ausgehen, wobei die Richtung völlig unerheblich ist. Allerdings gibt es den Zuwachs nur bei Fälligkeit, und durch die Durchschnittsberechnung wird die Kursentwicklung geglättet. Wer Verluste hingegen nur in Maßen ausschließen, dafür aber an Gewinnen überproportional verdienen möchte, wählt eher → *Twin-Win-Zertifikate.*

Zerobonds

Keine laufenden Zinsen, dennoch sichere Erträge, ansehnliche Renditen, hervorragende Einsatzmöglichkeiten sowie lukrative Steuervorteile. Dies sind die Attribute von Zerobonds. Diese Nullkupon-Anleihen haben Laufzeiten zwischen zehn und 30 Jahren. Sie werfen einen Ertrag in Form von Kurssteigerungen ab, der sich aus der Thesaurierung der aufgelaufenen Zinsen ergibt. In der Regel ist der Rückzahlungskurs identisch mit dem Nennwert und die Ausgabe erfolgt unter pari, also zu einem niedrigeren Kurs. Einige Papiere werden auch zum Nennwert emittiert und entsprechend aufgezinst. Der Ertrag resultiert aus der Differenz zwischen Emissions- oder späterem Kaufkurs und dem Verkaufs- bzw. Einlösungspreis. Dieser Zinseszinseffekt bewirkt eine attraktive Rendite ohne Wiederanlagerisiko oder Steuerbelastung der laufenden Zinszahlungen. Lediglich bei Fälligkeit oder Verkauf wird in einer

Summe Kasse gemacht. Diese von Zinssatz und Laufzeit abhängigen Effekte ergeben sich aus nachstehender Tabelle.

Laufzeit/Zinssatz	1 Jahr	5	10	20	30
5 %	95,24	78,35	61,39	37,69	23,14
6 %	94,34	74,73	55,84	31,18	17,41
7 %	93,46	71,30	50,83	25,84	13,14
8 %	92,59	68,06	46,32	21,45	9,94
10 %	90,91	62,09	38,55	14,86	5,94

Um einen 30-jährigen Zerobonds im Nennwert von 100.000 € zu erwerben, investiert ein Anleger bei einem Zinssatz von 6 % somit 17.410 € (Kurs 17,41 %).

Da Zeros börsentäglich gekauft werden können, sind theoretisch alle Laufzeiten von einem Tag bis zu dreißig Jahren darstellbar. Der Kurs richtet sich – gute Bonität des Emittenten vorausgesetzt – stets nach dem aktuellen Kapitalmarktzins und kann während der Laufzeit stark schwanken. Nullkupon-Anleihen sind deutlich volatiler als Festverzinsliche mit gleicher Laufzeit. Der Kurs steigt bei fallenden und sinkt bei anziehenden Sätzen. Je länger die Frist bis zur Fälligkeit, umso heftiger die Ausschläge. Neben Anleihen von Banken und Unternehmen können seit 1997 auch Bundesanleihen als Zerobonds erworben werden. Die Funktion der Nullkupon-Anleihen basiert auf simplen mathematischen Berechnungen, ist für jeden Anleger leicht nachvollziehbar und entwickelt ihren eigenen Charme.

Checkliste der Vorteile von Zerobonds	
Keine permanente Wiederanlage von Zinszahlungen nötig.	❑
Auszahlungstermin lässt sich auf lange Sicht exakt steuern.	❑
Verkauf ist jederzeit möglich.	❑
Effektiver Einsatz von Zinseszinsen – ohne Steuerlast.	❑
Risikoarme Spekulation auf fallende Zinssätze.	❑
Genaues Timing des Besteuerungszeitpunkts.	❑
Gezielte Verlagerung der Steuerlast.	❑
Optimaler Einsatz von vorweggenommenen Werbungskosten.	❑
Höhere Nachsteuerrendite als bei festverzinslichen Anleihen.	❑

Fallende Zinsen gleich steigende Rentenkurse. Diese Gleichung ist speziell bei Zerobonds zu beobachten, denn Kursausschläge bei Anleihen sind umso heftiger, je geringer der Kupon ist. Kursgewinne machen sich bei Zeros daher besonders ausgeprägt bemerkbar. Anleger, die auf sinkende Kapitalmarktzinsen setzen, können durch den Kauf von Zerobonds relativ konservativ spekulieren. Sinken die Sätze wie erwartet, sind die Kursgewinne jederzeit realisierbar. Geht die Rechnung nicht auf, wird das Wertpapier bis zum Laufzeitende gehalten. Diese garantierte Rendite ist bereits beim Kauf bekannt. Natürlich kann sich auch ein empfindliches Kursminus ergeben, besonders zu Beginn der Laufzeit. Dies trifft aber nur Besitzer, die ihre Papiere während der Laufzeit veräußern wollen oder müssen. Ansonsten handelt es sich lediglich um temporäre Buchverluste.

Die Steuerpflicht greift bei Zerobonds nur im Zeitpunkt der Fälligkeit oder bei einem vorzeitigen Verkauf. Anleger haben es somit selbst in der Hand, diesen Zeitpunkt zu bestimmen, was einige lukrative Gestaltungsmöglichkeiten zulässt. Mangels laufender Zinsen ergeben sich Kapitaleinnahmen lediglich in Form von realisierten Kursveränderungen, i.d.R. -gewinnen. Diese stellen unabhängig von Laufzeiten stets Einnahmen aus Kapitalvermögen i.S.d. § 20 EStG dar, private Veräußerungsgeschäfte i.S.d. § 23 EStG fallen nicht an.

Der Gesetzgeber erfasst Kapitalerträge bei Zerobonds insoweit, als sie auf die Zeit des Besitzes entfallen. Maßgebend ist § 20 Abs. 2 Nr. 4a in Verbindung mit Satz 4 EStG. Der Erlös ist in einen steuerpflichtigen Zinsanteil, die Emissionsrendite, und einen Vermögensanteil aufzuteilen. Weisen Steuerpflichtige die Emissionsrendite nicht nach, gilt der Kursgewinn als sogenannte Marktrendite als Kapitaleinnahme. Bei dieser Art der Besteuerung werden auch Kurs- und Währungsänderungen einbezogen. Der bei Verkauf oder Fälligkeit erhobene Zinsabschlag berechnet sich stets von der Marktrendite. Die Emissionsrendite weist die prozentuale Einnahme pro Jahr aus, die rechnerisch auf die Zeit eines Wertpapierbesitzes entfällt. Sie wird vom Kursveränderungen nicht beeinflusst und vom Emittenten bei Ausgabe bekannt gegeben.

Die Berechnung der Emissionsrendite ist schwierig und wird vom Finanzamt nur angesetzt, wenn der Steuerpflichtige den Wert vorgibt und detailliert ausrechnet. Doch die Mühe lohnt sich. Vor allem, wenn im Verkauf von Zerobonds hohe Kursgewinne stecken. Die würden sonst komplett als Kapitaleinnahme versteuert. Aufgrund des Dauerzinstiefs weisen viele Zeros derzeit hohe Gewinne aus. Sofern diese realisiert werden, kann mittels der Emissionsrendite ein großer Teil vom Kursplus steuerfrei bleiben. Nicht immer ist die Emissionsrendite, sondern in einigen Fällen auch die Marktrendite günstiger. Sie ergibt sich aus dem Unterschied zwischen Kauf- und Verkaufspreis und wird ohnehin ohne Nachweis der Emissionsrendite angewendet. Werden Zerobonds von der Ausgabe bis zur Fälligkeit gehalten, ergeben beide Rechnungen des gleiche Ergebnis.

Steuer-Hinweis

Übertragen Anleger oder Erben ihre Zerobonds auf ein anderes Depot, berechnet sich der Zinsabschlag bei Verkauf oder Fälligkeit pauschal mit 30 % vom Kurswert – und nicht von den tatsächlich erzielten Erträgen, § 43a Abs. 2 Satz 3 EStG.

Checkliste zum Ansatz von Markt- oder Emissionsrendite	
Sind die Marktzinsen beim Erwerb und der Fälligkeit oder einem Verkauf identisch, gibt es keinen Unterschied zwischen Markt- und Emissionsrendite. Die Bewegungen während der Laufzeit sind für die Berechnungen unerheblich. Da die Ermittlung der Marktrendite einfacher ist, kommt sie zum Ansatz.	❑
Sinkt das Zinsniveau, werden bei einer Veräußerung auch Kursgewinne realisiert. Diese sind bei der Marktrendite in voller Höhe zu versteuern, bleiben bei der Emissionsrendite hingegen ohne Ansatz.	❑
Sind die Zinsen per saldo gestiegen, führt dies zu fallenden Anleihekursen. Beim Verkauf sind dann bei der Emissionsrendite Erträge zu versteuern, die effektiv nicht angefallen sind. In diesem Fall ist es günstiger, die Einnahmen nach der Marktrendite zu ermitteln.	❑
Werden die Zerobonds von Emission bis Fälligkeit gehalten, bringen beide Methoden dasselbe Ergebnis. Folglich lohnt die Berechnung der Emissionsrendite nicht.	
Bei Fremdwährungsanleihen fließen Devisenveränderungen nicht in die Berechnung der Emissionsrendite ein. Folge: Ein Währungsplus bleibt unversteuert auf der Vermögensebene. Bei einer schwachen Anlagewährung lohnt hingegen die Versteuerung des in Euro umgerechneten Ertrags.	❑

Während die Besteuerung in die Zukunft verschoben wird, können bei den Einkünften aus Kapitalvermögen bereits ab dem ersten Tag Werbungskosten geltend gemacht werden. Das nutzen Steuerzahler mit hoher Progression, die einen Teil der Zerobonds fremdfinanzieren. Die Schuldzinsen mindern im Extremfall 30 Jahre lang die übrigen Einnahmen, sofern sich per saldo ein wirtschaftlicher Gewinn ergibt. Die Summe der Zinsen muss geringer als der insgesamt erzielte Ertrag sein. Eine Voraussetzung, die sich leicht bewältigen lässt.

Beispiel
Einsatz von Schuldzinsen

Kauf eines 30-jährigen Zerobonds zu	16,50 %
Kapitaleinsatz bei Nennwert 1.000.000 €	165.000 €
Tilgungsfreies Darlehen 165.000 € zu 5,8 % Zinsen	9.570 €
Werbungskosten über 30 Jahre	287.100 €
Steuerminderung (Satz 40 %)	– 114.840 €
Zu versteuern nach 30,5 Jahren	835.000 €
Steuer (Satz 35 %) von 835.000 €	292.250 €
Steuerlast insgesamt	177.410 €
Bezogen auf den Zinsertrag	21,25 %

Ergebnis: Ohne jeglichen eigenen Kapitaleinsatz liegt die steuerliche Belastung der Zinseinkünfte bei 21 % – und das bei hoher Progression. Daraus resultiert eine Nettorendite (nach

Abzug von Zinsen und Steuern) von mehr als 370.000 €. Hinzu kommt noch ein Zinseszinseffekt durch vorab gesparte Steuern. Da die Einnahmen deutlich über den vorab entstanden Werbungskosten liegen, ist das wirtschaftlich ertragreiche Modell steuerlich nicht zu beanstanden.

Steuer-Hinweis

Bei geringer Investition – etwa einem Nennwert 50.000 € – könnte der Ertrag in der Zukunft sogar komplett unter den Freibeträgen liegen. Dennoch sind die Schuldzinsen absetzbar. Allein ausschlaggebend ist der finanzielle und nicht der steuerliche Effekt.

Für die Erträge aus Zerobonds kann nicht die ermäßigte Besteuerung für außerordentliche Einkünfte beansprucht werden. Voraussetzung für § 24 Nr. 3 EStG ist, dass die Nutzungsvergütungen und Zinsen für die Inanspruchnahme von Grundstücken für öffentliche Zwecke geleistet werden. Ebenso wenig ist ein Vergleich mit Vergütungen für mehrjährige Tätigkeiten i.S.d. § 34 Abs. 2 Nr. 4 EStG angezeigt. Hierfür ist eine nicht entlohnte aktive Tätigkeit erforderlich, die bei einer Kapitalanlage nur bedingt gegeben ist. Bei der Überlassung von Geld arbeitet wesentlich nicht der Anleger, sondern das eingesetzte Kapital; dies bringt die entsprechenden Erträge.

Fazit: Zerobonds sind das ideale Produkt, um den Zinseszinseffekt und steuerliche Vorteile optimal auszunutzen. Sie eignen sich hervorragend zur Langfristanlage, da sich ihr Besitzer nicht um die Wiederanlage der Zinsen kümmern muss. Mit den Zeros lassen sich auch Garantiekomponenten konstruieren, indem die Differenz zum Nennbetrag zur Spekulation verwendet wird. Auf der anderen Seite führen sie zu einer geballten Besteuerung, haben Kursschwankungen und bieten keine laufenden Erträge.

Zertifikate

Schuldverschreibungen in Form von Zertifikaten werden immer beliebter. Mitte 2006 hatten deutsche Anleger für rund 100 Mrd. € solche Wertpapiere in ihren Depots. Dabei haben sie die Wahl zwischen mehr als 100.000 verschiedenen Produkten von über 30 Emittenten. Damit haben die Zertifikate innerhalb weniger Jahre bereits ein Fünftel des Geldes eingesammelt, das in Investmentfonds steckt. Besonders gefragt sind Discount-Zertifikate sowie Papiere mit einem Kurspuffer, also Garantie oder Bonus. Neben der Vielzahl an verschiedene Papiere bringen auch attraktive Steuervorteile dieses Produkt immer mehr nach vorne. Anleger können somit aus einer Fülle von Zertifikaten mit unterschiedlicher Ausstattung auswählen, finden flexible Handelsmöglichkeiten und kommen meist in den Genuss von Steuerfreiheit. Zertifikate

- werden zumeist von Banken als Emittenten begeben
- besitzen einen Rückzahlungsbetrag, der nach vorgegeben Regeln von der Kursentwicklung eines Basiswerts abhängig ist
- sind rechtlich Inhaberschuldverschreibungen
- haben begrenze (Fälligkeit) oder unbegrenzte Laufzeiten (open end)
- sind täglich an der Börse handelbar
- besitzen jederzeit einen aktuellen Wert

Der Begriff Zertifikat ist lediglich eine Sammelbezeichnung für besonders strukturierte Wertpapiere und rechtlich nicht geschützt. Somit können Emittenten ihre Produkte nach Belieben als Zertifikate herausbringen. Es handelt sich um Inhaberschuldverschreibungen, deren Ertrag sich nach vorher festgelegten Kursentwicklungen bemisst. Aktien- und Index-

Zertifikate haben vergleichbaren Fonds bei Privatanlegern einen großen Marktanteil abgenommen, Garantiezertifikate waren besonders in Zeiten schwacher Börsen der Renner. Fondsgesellschaften beklagen eine massive Abwanderung bei Aktienfonds. Zuletzt ist sogar die Tendenz erkennbar, dass Fonds verstärkt auf Zertifikate in ihrem Sondervermögen setzen. Für diesen Trend gibt es verschiedene Gründe:

- Fondsmanager schlagen oft noch nicht einmal den Index.
- Die Fondsgebühren sind höher als bei Zertifikaten.
- Beim Erwerb von Fonds fallen i.d.R. Ausgabeaufschläge an.
- Mit Zertifikaten lassen sich Indexstände eins zu eins abbilden, bei Fonds muss stets der Rücknahmewert beachtet werden.
- Fonds können i.d.R. nur einmal täglich an- und verkauft werden, Zertifikate hingegen permanent.
- Zertifikate bieten Puffer, Speed, Garantie, Fallschirm, Doublechance, Discount oder andere Gestaltungsmöglichkeiten. Solche Varianten sind auf der Fondsebene kaum zu finden.
- Die steuerliche Behandlung ist in den meisten Fällen günstiger als bei Investmentfonds.

Eine Reihe von Zertifikaten werden in Form von Sparplänen – meist ab 100 € monatlich – angeboten. Dies ist möglich bei Papieren, die keinen Fälligkeitstermin aufweisen. Bislang war dies ein Vorteil von Investmentfonds. Zertifikate werden permanent an der Börse gehandelt. Sofern keine rege Nachfrage besteht, sorgen die Emissionshäuser ständig für Kauf- und Verkaufskurse. In diesem Bereich holen die Investmentfonds erst langsam auf.

Anlage-Tipp

Einige Börsen sowie Kreditinstitute vertreiben Zertifikate bereits während der Zeichnungsphase. Das Verfahren unterscheidet sich insoweit von der Neuemission bei Aktien, dass es weder zu Überzeichnungen kommt noch eine Preisspanne besteht. Der Ausgabekurs ist fix und die Emissionshäuser können die Nachfrage nahezu beliebig befriedigen. Allerdings verlangen die Banken meist einen Ausgabeaufschlag. Wird das Zertifikat hingegen anschließend über die Börse erworben, entfällt dieser Aufschlag, hier richtet sich der Preis lediglich nach den üblichen Kursschwankungen. Dafür fallen Transaktionskosten an, die bei der Erstausgabe entfallen. Somit ist die Höhe des Agios dafür entscheidend, ob sich ein vorzeitiger Kauf lohnt.

Checkliste zu den Arten von Zertifikaten	
Folgende Zertifikate sind derzeit am Kapitalmarkt gängige Produkte:	
Index: Diese Zertifikate beziehen sich direkt auf den Kursverlauf eines Index.	❑
Strategie: Hier stellt der Emittent eine Anlagestrategie (etwa Wachstum oder Sicherheit) vor, nach der Aktien ausgewählt werden. Auf den Kursverlauf dieser Werte bezieht sich das Zertifikat.	❑
Themen: Eine bestimmte Branche oder ein Aktienkorb ist maßgebend für die Kursentwicklung.	❑
Discount: Bei der Emission liegt der Preis deutlich unter dem Kurs des Bezugswerts. Dafür sind die Gewinnaussichten begrenzt.	❑

Checkliste zu den Arten von Zertifikaten (Fortsetzung)	
Bonus: Sollte der Bezugswert nicht unter eine festgelegte Kursuntergrenze fallen, gibt es bei Fälligkeit neben dem Nennwert noch eine Bonuszahlung.	❑
Rainbow: Hier partizipieren Anleger überproportional von Kursgewinnen und erhalten bei leichten Verlusten immer noch den vollen Nennwert zurück.	❑
Speed: Unter diesem Motto laufen Zertifikate, deren Wertentwicklung sich überproportional zu einem Bezugswert entwickelt.	❑
Fallschirm: Hierbei wird eine Schutzgrenze geboten, unterhalb derer ein Anleger nicht mehr an Verlusten beteiligt ist.	❑
Rolling: Diese Zertifikate haben keine Laufzeitbegrenzung. Entweder wird der Basiskurs monatlich angepasst oder das Papier bezieht sich auf ein neues Zertifikat.	❑
Hedge: Sie beziehen sich am Kursverlauf eines auf den Erfolg von Hedge-Fonds basierenden Index.	❑
Zinsen: Bei diesem Zertifikat werden die aufgelaufenen Erträge im Kurs thesauriert, es handelt sich um eine vergleichbare Anlage wie Tagesgeld. Die Zinszahlung orientiert sich am Referenzsatz in der jeweiligen Anlagewährung. Vorteil: Die Papiere können börsentäglich veräußert werden.	❑
Garantie: Bei Fälligkeit wird unabhängig vom Kursverlauf stets ein Rückzahlungspreis (meist der Emissionskurs) garantiert.	❑
Express: Liegt der Kurs des Bezugswerts an einem von mehreren Beobachtungsterminen auf oder über dem Startniveau, endet die Laufzeit vorzeitig und die in Aussicht gestellte Rendite wird erreicht. Ansonsten verlängert sich die Laufzeit und die Ertragsaussichten erhöhen sich.	❑
Airbag: Anleger profitieren unbegrenzt an der Aufwärtsentwicklung des Bezugswerts, allerdings mit reduzierter Partizipationsrate. Als Ausgleich hierfür bieten sie eine Schutzbarriere. Fällt der Kurs nicht stärker, gibt es stets den Nennwert zurück.	❑
Sprint: Innerhalb einer bestimmten Kursspanne profitieren die Besitzer überproportional von der Kursentwicklung des Basiswerts, allerdings nur bis zu einer Obergrenze.	❑
Outperformance: Anleger profitieren von Kursaufschwüngen unbegrenzt und überproportional und verzichten lediglich auf die Dividende.	❑
Swing: Maßgebend ist die Kursentwicklung des Bezugswerts, in welcher Richtung die verläuft, ist unerheblich.	❑

Für die steuerliche Einordnung der Zertifikate sind das BMF-Schreiben vom 27.11.2001 (IV C 3 – S 2256 – 265/01, BStBl I, 986) sowie die Verfügung der OFD Kiel vom 03.07.2003 (S 2252 A – St 231, StEK EStG § 20/308) maßgebend. Hieraus ergibt sich, dass Erträge aus

Finanzanlagen keine Kapitaleinnahmen i.S.d. § 20 EStG darstellen, wenn die Rückzahlung des investierten Vermögens ausschließlich von einem ungewissen Ereignis wie etwa der Wertentwicklung eines Index abhängt. § 20 Abs. 2 Nr. 4c EStG greift nur, wenn die Höhe der Erträge von einem ungewissen Ereignis abhängt. Bei Zertifikaten kann es jedoch theoretisch zu einem Totalverlust kommen, so dass diese Vorschrift nicht wirkt. Somit werden lediglich Veräußerungsvorgänge erfasst, bei denen zwischen Anschaffung und Veräußerung oder Einlösung nicht mehr als ein Jahr liegt. Maßgeblicher Wert ist hierbei

- die Differenz zwischen dem Verkaufspreis oder dem Barausgleichbetrag und den Anschaffungskosten oder
- bei Lieferung des Basiswerts der Kurs zum Zeitpunkt der Einbuchung ins eigene Depot. Dann beginnt eine neue Spekulationsfrist.

Bei dieser Berechnung greift das Halbeinkünfteverfahren nicht.

Beispiel

Kauf von 100 Discount-Zertifikaten auf eine Aktie zu je 25 €. Bei Fälligkeit nach acht Monaten gibt es 30 € in bar oder die Aktien, wenn der Kurs darunter liegt.

Kurs bei Fälligkeit beträgt	32	20
Anleger erhält	Bargeld	Aktien
Verkaufserlös	3.000 €	2.000 €
– Anschaffungskosten	– 2.500 €	– 2.500 €
– Bankspesen	– 100 €	– 100 €
Veräußerungserlös nach § 23 EStG	400 €	– 600 €

Garantiert ein Zertifikat die vollständige Rückzahlung des Kapitals oder einen unter dem Emissionspreis liegenden Mindestbarausgleich, handelt es sich um eine Finanzinnovation i.S.d. § 20 Abs. 1 Nr. 4 EStG (BMF v. 16.03.1999 – IV C 1 – S 2252 – 87/99, BStBl I, 433 sowie FG Münster 21.07.2003 – 4 K 1599/00 E, EFG 2003, 1662, Revision unter VIII R 79/03). Daher ist die Marktrendite unabhängig von der Haltedauer als Kapitaleinnahme zu versteuern. Der Zinsabschlag bemisst sich ebenfalls nach der positiven Marktrendite. Kommt es zu einem Verlust, gilt dieser als negative Einnahme. Das Minus geht aber nicht in den Stückzinstopf für die Berechnung des Zinsabschlags ein, mindert also nicht den Einbehalt für weitere Einnahmen.

Hinweis

Zertifikate fallen nicht unter das InvStG, da sie nicht den formellen Investmentfondsbegriff erfüllen. Das BMF (v. 02.06.2005 – IV C 1 – S 1980 – 1 – 87/05, BStBl I, 728) hat hierzu klargestellt, dass dies aber auch dann gilt, wenn in- oder ausländische Emittenten ausländische Fondsvermögen, die an sich unabhängig von der Rechtsform dem InvStG unterliegen, lediglich abbilden. Derartige Schuldverschreibungen gelten als Zertifikate, die nach einem Jahr steuerfrei sind. Das Risiko der Pauschalbesteuerung entfällt daher.

Fazit: Mit Zertifikaten setzen Privatanleger auf die kostengünstige Alternative zu Investmentfonds und erreichen schon mit kleinen Beträgen oder Sparplänen eine Streuung ins Depot. Diese Sparform ist im Vergleich zu vielen Fonds mit weniger Kostenaufwand verbunden. Ideal sind Sparpläne, die sich auf einen Performance-Index beziehen. Hier werden ausgeschüttete Dividenden im Gegensatz zu Kursindizes sofort wieder dem Indexstand zugeschlagen, die Rendite ist auf längere Sicht gesehen immer besser. Wie bei der Fondsanlage profitieren Langfristanleger auch bei Zertifikaten vom Cost-Average-Effekt. Je nach Kursstand werden vom gleichen Monatsbetrag mal weniger und mal mehr Zertifikatanteile erworben und ergeben über die Anlagedauer einen günstigen Durchschnittskurs. Über den angesparten Wert der Zertifikate kann bei Auszahlung steuerfrei verfügt werden. Allerdings ist die voraussichtliche Endsumme auch nicht annähernd vorhersehbar. Denn der Ertrag hängt stark vom Kursverlauf des Basiswerts gegen Ende der Laufzeit ab.

Steuer-Hinweis

Zertifikate sind auch in ausländischen Depots ein Renner geworden, denn die EU-Zinsrichtlinie nimmt diese Papiere nahezu vollständig aus. Damit meiden Anleger durch den Kauf von Zertifikaten jenseits der Grenze sowohl Quellensteuerabzug als auch Kontrollmitteilungen. Auch die im Inland als Finanzinnovation geltenden Garantiezertifikate sind in einigen Ländern, wie etwa der Schweiz, ausgenommen.

Zertifikatefonds

Diese Unterform der Investmentfonds setzt auf den neuen Trend der Privatanleger hin zu Zertifikaten. Das liegt vor allem daran, das diese Derivate Varianten bieten, die Fonds bislang verschlossen waren. Während mit Fonds meist nur bei steigenden Kursen Geld zu verdienen ist, stehen mit Bonus-, Discount-, Barriere-, Garantie- oder Outperformance-Zertifikaten Produkte zur Verfügung, mit auch bei seitwärts tendierenden oder leicht fallenden Marktphasen Gewinne erzielen. Nunmehr können diese Erträge auch über Investmentfonds generiert werden.

Die Fonds setzen vor allem auf Bonus- und Discount-Zertifikate. Hier gibt es dann eine positive Kursentwicklung, auch wenn die Börsen nicht anziehen. Der Vorteil für Privatanleger im Vergleich zur Direktanlage liegt darin, dass er den Markt nicht permanent beobachten muss. Fonds verfügen zudem über eine größere Risikostreuung als Einzelinvestments und sind in ihrer rechtlichen Ausstattung als Sondervermögen besser abgesichert. Zertifikate hingegen gelten als Inhaberschuldverschreibungen und sind im Konkursfall des Schuldners nicht geschützt. Die Absicherung kostet allerdings Gebühren und auch zusätzliche Transaktionskosten, die bei der Direktanlage nicht in dem Maße anfallen.

Steuerlich handelt es sich um herkömmliche Investmentfonds, die dem InvStG unterliegen. Mangels laufender Ausschüttung gibt es derzeit nur steuerfreie Gewinne, wenn die Manager die Zertifikate verkaufen oder bei Fälligkeit einlösen. Dafür dürfen Verluste auch nicht verrechnet werden. Der Besitzer eines Zertifikats muss hingegen die Spekulationsfrist aussitzen, bis er das Finanzamt an seinen Erträgen nicht mehr beteiligen muss.

Zielfonds

Wer langfristig oder über Sparpläne in Investmentfonds investieren möchte, ist mit dieser noch jungen Variante sicher aufgehoben, die auch unter dem begriff Target-Fonds bekannt ist. Dieses Produkt berücksichtigt die Stärken und Schwächen von Aktienfonds gleichermaßen. Soll auf einen festen Zeitpunkt hin gespart werden, bringen sie zwar im Durchschnitt hohe Renditen, bei Auszahlung kann die Börse aber gerade einen Tiefpunkt haben.

Diesen Negativeffekt berücksichtigen Zielfonds. Hierbei handelt es sich um gemanagte Fondssparpläne, die beim Vermögensaufbau helfen und zugleich das Risiko begrenzen. Dafür wird das Kapital vom Fondsmanagement zunächst überwiegend in die chancenreichen Aktien investiert. Mit dem nahenden Laufzeitende wandert das Fondsvermögen sukzessive in Rentenwerte wie Anleihen und den Geldmarkt. Diese sind zwar nicht so ertragreich, dafür aber auch weniger riskant. Je länger der Fälligkeitszeitpunkt noch entfernt ist, umso höher ist der Aktienanteil. Rückt der Auszahlungstermin näher, wird zunehmend in konservative Anleihen umgeschichtet. Zum Schluss befinden sich dann nur noch Rentenwerte im Fondsdepot. Somit verwandelt sich das Produkt während der Laufzeit von einem Aktien- über einen gemischten schließlich in einen Rentenfonds. Alternativ kann ein solcher Zielfonds auch als Dachkonstruktion konzipiert sein, dann wird anstatt auf Aktien und Anleihen auf die entsprechenden Fonds gesetzt.

Diese Strategie sorgt für eine bequeme Sparform mit geringem Risiko. Im Gegensatz zu Garantiefonds sind zwar Verluste nicht ausgeschlossen, aber eher unwahrscheinlich. Dafür sind die Renditen deutlich besser. Die Zielfonds haben feste Laufzeiten, ein Ein- und Ausstieg in der Zwischenzeit ist jedoch möglich. Solche Umschichtungen nehmen auch Fonds vor, die im Rahmen der Riester-Rente zertifiziert sind. Denn nur durch diese Methode ist ein Kapitalerhalt und gleichzeitig die Aussicht auf ordentliche Renditen möglich.

Steuerlich ergeben sich keine Unterschiede zu herkömmlichen → *Investmentfonds*. Die steuerpflichtigen Kapitaleinnahmen erhöhen sich aufgrund des zunehmenden Rentenanteils während der Laufzeit.

Fazit: Ein Angebot für bequeme Anleger, die sich nicht selbst um das Investment kümmern möchten, über Jahre hinweg attraktive Erträge wünschen und nicht auf den Kapitalerhalt ihrer Einzahlungen verzichten möchten. Zielfonds sind lukrativer als viele Garantieprodukte, ohne dass das Risiko deutlich erhöht wird. Sie berücksichtigen im Gegensatz zu herkömmlichen Dachfonds nicht nur die aktuelle Marktlage, sondern auch den Lebenszyklus des Sparers. Dies ist insbesondere bei Altersvorsorge interessant, wenn es nicht vorrangig um möglichst hohe Renditen, sondern vor allem um Kapitalerhalt gehen soll.

Zielzertifikate

→ *Touch Down Zertifikate*.

Zinsabschlag

→ *Kapitalertragsteuer*.

Zinsdifferenzgeschäft

Hierbei handelt es sich um den Ertrag aus der Wertpapieranlage auf Kredit. Die Differenz zwischen den Kapitaleinnahmen und den Schuldzinsen führt unter steuerlichen Gesichtspunkten zum Ertrag. Für einen Kapitalanleger lohnt sich ein Zinsdifferenzgeschäft, sofern er sich hierdurch ein eigenes, individuelles Steuersparmodell erstellt. Er erwirbt eine Anleihe mit niedrigem Zinskupon, die angesichts von inzwischen gestiegenen Kapitalmarktzinsen deutlich unter 100 % notiert. Ein Teil des Kaufpreises wird über Kredit finanziert. Die Schuldzinsen sind als Werbungskosten von den Zinseinnahmen abziehbar, der Tilgungsgewinn bleibt steuerfrei. Bei hoher Steuerprogression wird hierdurch die Gesamtrendite nach Steuern deutlich erhöht.

Beispiel

Kauf einer Bundesanleihe zu 92,5 %, der Zinskupon beträgt 6 % und die Laufzeit acht Jahre. Der Kauf des Nennbetrags von 100.000 € wird zu 65 % mit einem Zins von 8,5 % fremdfinanziert.

Kaufpreis (100.000 € x 92,5 %)	92.500 €
Davon fremdfinanziert 65 %	– 60.125 €
Ergibt Eigenkapital	= 32.375 €
Jährliche Zinseinnahmen	6.000 €
– Zu zahlende Schuldzinsen	– 5.110 €
= Überschuss-Saldo	= 890 €
Rendite, bezogen auf Eigenkapital	2,74 %
Rendite nach 50 % Steuern	1,37 %
Jährlicher Kursgewinn	937 €
Rendite, bezogen auf Eigenkapital	2,90 %
Rendite nach Steuern	4,27 %
Entspricht Bruttoverzinsung	8,54 %
Normale Anlagenverzinsung	6,5 – 7 %
Rendite nach Steuern	ca. 3,5 %
Mehrgewinn nach Steuern	rd. 0,8 %
Mehrgewinn vor Steuern	rd. 2 %

Diese Anlagekonstruktion ist risikolos. Der Anleger muss aber unbedingt darauf achten, dass die Schuldzinsen inklusive aller Spesen über die Dauer der Laufzeit insgesamt unter der Summe der Zinseinnahmen liegen. Nur unter dieser Voraussetzung erkennt das Finanzamt die Schuldzinsen als Werbungskosten im Zusammenhang mit den Kapitalerträgen an. Ansonsten ist eine solche Konstruktion wirtschaftlich auch ohne Steuervorteile nicht sinnvoll.

Die Zinsen unterliegen als Kapitaleinnahme zunächst dem 30%igen Zinsabschlag und anschließend der Besteuerung im Rahmen der Steuererklärung. Die gezahlten Schuldzinsen können als Werbungskosten aus Kapitalvermögen gegengerechnet werden – und zwar in voller Höhe. Der Kursgewinn aus der Anleihe bleibt steuerfrei.

Zinsindexierte Anleihen

Bei dieser Form der → *inflationsindexierten Anleihe* erfolgt keine Inflationsanpassung des Nennwerts. Hier wird der Inflationsschutz ausschließlich über die Erhöhung der Zinskupons um die Preissteigerungsrate der jeweiligen Periode sichergestellt. Dabei gibt es höhere laufende Zinszahlungen, da keine Aussicht auf Zuwächse beim Nennbetrag bestehen. Damit kann kein Teil der Kapitalerträge in die Zukunft verschoben werden, zudem ist diese Variante volatiler in der Kursbewegung als kapitalindexierte Anleihen. Sie stellen daher die schlechtere Alternative als Inflationsschutz dar. Steuerlich handelt es sich um Finanzinnovationen, da die Höhe der Erträge von einem ungewissen Ereignis abhängig ist.

Zinsinformationsverordnung (ZIV)

Seit Juli 2005 gilt die → *EU-Zinsrichtlinie*, die über § 45e EStG in nationales Recht umgesetzt wurde. Hiernach werden die heimischen Regelungen über eine Rechtsverordnung angewendet, dies ist die Zinsinformationsverordnung, kurz ZIV (v. 26.01.2004, BGBl I, 128, BStBl I, 297, geändert am 22.06.2005, BGBl I, 1692). Die ZIV ist ebenfalls am 01.07.2005 in Kraft getreten ist (BGBl I, 1695). Darüber hinaus wurde gesetzlich geregelt, dass das BZSt in Bonn die zuständige deutsche Instanz ist, die Kontrollmitteilungen und Quellensteuer aus den anderen Ländern erhält und entsprechende Meldungen der heimischen Banken über die Grenze versendet. Im Ausland gefertigte Kontrollmitteilungen können sowohl ans Wohnsitzfinanzamt des Anlegers als auch an Sozialleistungsträger weitergegeben werden (§ 45e Satz 2 EStG).

Da Deutschland die EU-Zinsrichtlinie anders als etwa Luxemburg und viele Drittstaaten nicht über Quellensteuer, sondern mittels Kontrollmitteilungen anwendet, behandelt die ZIV grundsätzlich die Vorgehensweise, wann und in welchen Fällen ein Informationsaustausch stattzufinden hat und welche Daten diese Meldungen erhalten müssen. Deutschland versendet auch Kontrollmitteilungen an Österreich, Belgien und Luxemburg, obwohl diese drei EU-Staaten den Quellensteuerabzug anwenden.

Die ZIV ist in ersten Linie für heimische Kreditinstitute wichtig. Daneben noch für Anleger aus anderen EU-Staaten, die Konten oder Depots in Deutschland haben. Weniger interessant ist die Verordnung für deutsche Sparer mit Bankverbindungen jenseits der Grenze. Denn hier sind die jeweils nationalen Umsetzungsverordnungen von Bedeutung. Dennoch können auch in diesen Fällen aus der ZIV Rückschlüsse auf die Vorgehensweise in anderen Ländern geschlossen werden. Zur ZIV sind bislang folgende Verwaltungsschreiben veröffentlicht worden:

- BMF vom 06.01.2005 – IV C 1 – S 2000 – 363/04, BStBl I, 29
- BMF vom 13.06.2005 – IV C 1 – S 2000 – 352/04, BStBl I, 716
- BMF vom 12.10.2005 – IV C 1 – S 2402 a – 46/05
- OFD Rheinland vom 05.01.2006 – S 2402 a – 1000 – St 2, DB 2006, 188
- BMF vom 27.01.2006 – IV C 1 – S 2402a – 4/06

Gemäß der ZIV kann wirtschaftlicher Eigentümer nur die einzelne natürliche Person sein. Es ist dabei unerheblich, ob die Zinserträge gewerbliches Einkommen oder private Kapitalerträge darstellen, so dass auch Zinszahlungen an Einzelunternehmer erfasst werden. Kapitalgesellschaften und andere juristische Personen sind hingegen ausgenommen. Um die effektive Besteuerung der natürlichen Person zu gewährleisten, ist es erforderlich, die Zahlungsvorgänge herauszustellen, bei denen die empfangende natürliche Person selbst von der Zahlung begünstigt ist und sie selbst vereinnahmt hat. Zur Vereinfachung wird der Empfänger der Zinszahlung i.d.R. als wirtschaftlicher Eigentümer angesehen. Dabei kann dahinstehen, ob der Empfänger die Zahlung vereinnahmt oder ob die Zinszahlung zu seinen Gunsten erfolgt.

Die im Marktbereich tätigen Mitarbeiter müssen bereits im Kundengespräch, spätestens jedoch bei der Erfassung der Kundenstammdaten die Kunden identifizieren, die unter die Regelungen der ZIV fallen. Die Feststellung des wirtschaftlich Berechtigten stellt die Grundlage für den korrekten und vollständigen Umgang hinsichtlich der Legitimations- und Datenhaltungsanforderungen nach der ZIV dar. Das beinhaltet ab 2004 die nach §§ 154 AO, 1 Abs. 5 GwG benötigten Daten, also Name laut Personalausweises oder Pass nebst

Registriernummer und ausstellende Behörde, Geburtsdatum und -ort, Staatsangehörigkeit und Anschrift. Hinzu kommt die vom Wohnsitzstaat erteilte Steuer-Identifikationsnummer, sofern der jeweilige Mitgliedstaat eine solche Nummer vergibt. In Deutschland wird die Vergabe der nach § 139b AO vorgesehenen Identifikation in 2007 angestrebt.

Steuer-Hinweis

Bei Personen, die der erweiterten unbeschränkten Steuerpflicht nach § 1 Abs. 2 EStG unterliegen, ist für Zwecke der Zinsinformationsverordnung von einem Wohnsitz im Inland auszugehen, so dass hier eine Verpflichtung zur Datenübermittlung entfällt. Das Gleiche gilt für Zinszahlungen an deutsche Beschäftigte internationaler Einrichtungen, wenn sie aufgrund zwischenstaatlicher Vereinbarungen wie unbeschränkt Steuerpflichtige behandelt werden. Nicht ZIV-relevant sind Einrichtungen, bei denen mindestens eine Person Steuerinländer ist und daher Zinsabschlagspflicht besteht. Denn laut BMF (v. 05.11.2002 – IV C 1 – S 2400 – 27/02, BStBl I, 1346) kann bei Personengesellschaften nur dann vom Zinsabschlag abgesehen werden, wenn es sich bei allen Gesellschaftern um Steuerausländer handelt.

Eine Einrichtung kann die Anwendung der ZIV durch den Nachweis vermeiden:

- Die Gewinne unterliegen der Unternehmensbesteuerung (Steuerbescheid oder Musterbescheinigung lt. Anlage 111/1).
- Es handelt sich um eine juristische Person.
- Es handelt sich um einen zugelassenen richtlinienkonformen Investmentfonds (OGAW).
- Es gilt die Ausnahmeregelung für gewerbliche oder berufliche Treuhänder (Anderkonten von Rechtsanwälten und Notaren).

Grundsätzlich ist auf die Daten zum Zeitpunkt des Zuflusses abzustellen. Die Mindestauskünfte zur Zinszahlung, welche die Zahlstelle zu erteilen hat, sind auf den Gesamtbetrag der Zinsen oder Erträge und den Gesamtbetrag des Erlöses aus der Abtretung, Rückzahlung oder Einlösung beschränkt worden. Im Unterschied zur Jahresbescheinigung nach § 24c EStG erfolgt die Meldung nach der ZIV bis zum 31. Mai des Folgejahres grundsätzlich kontobezogen. Gezahlte Stückzinsen werden nicht mindernd berücksichtigt, es wird der Bruttobetrag der Zinsen gemeldet.

Abweichungen der Bemessungsgrundlagen bei Zinsabschlag und ZIV		
Geschäftsvorfall	**Zinsabschlag**	**ZIV**
Veräußerung von Finanzinnovationen	Differenz oder Ersatz-Bemessungsgrundlage	Veräußerungserlös
Ausschüttungen von Investmentfonds	ZASt-pflichtiger Anteil	Zinsanteil, falls bekannt; sonst: Gesamtausschüttung
Veräußerung von Anteilen an Investmentfonds mit Forderungsanteil > 40 %	Zwischengewinn oder Ersatz-Bemessungsgrundlage, evtl. akkumulierter Ertrag bei ausländischen Thesaurierungsfonds	Veräußerungserlös

Zinsphasen-Anleihe

Bei diesen Papieren wechselt der Zinssatz über die gesamte Laufzeit hinweg mindestens zweimal. So wird zuerst ein fester Kupon gewährt, der wechselt in einen variablen Zins und anschließend wieder in einen Festzins. Je nach Markterwartung des Anlegers kann dieses Angebot durchaus lukrativ sein. Steuerlich handelt es sich um eine → *Finanzinnovation.*

Zinsrichtlinie

→ *EU-Zinsrichtlinie* sowie → *Zinsinformationsverordnung.*

Zins-Zertifikate

Zertifikate boomen derzeit in Deutschland. Immer mehr Privatanleger wollen an den Börsenentwicklungen indirekt über solche Derivate partizipieren. Im Rentenbereich ist das Angebot eher mager. In diesem Bereich werden drei verschiedene Produktarten angeboten. Es gibt Angebote, die Festgeld ähneln, und solche, die sich auf Rentenkurse beziehen.

1. **Discount-Zertifikate auf Bundesanleihen**: Sie sind relativ neu am Markt und werden nur von einigen Bankhäusern angeboten. Da der Emittent keine Rückzahlung garantiert, greift die Steuer nur auf Kursgewinne innerhalb eines Jahres. Diese Produkte werden nicht als Finanzinnovation eingestuft. Das schont den Sparerfreibetrag, während Käufer der Anleihe sämtliche Zinsen versteuern oder auf den Freistellungsbetrag anrechnen müssen. Diese Aussicht ist besonders lohnend, da Anleger den Abschlag faktisch als Zinsersatz vereinnahmen.
   Die Kursschwankungen von Bundesanleihen sind im Vergleich zu Aktien eher überschaubar. Ein Verlustgeschäft mit dem Zertifikat ergibt sich nur, wenn der Rentenkurs unter den Discountkaufpreis und somit drastisch fällt. Discounts auf Renten spielen gegenüber Papieren auf Aktien sogar noch ein Plus aus. Sie vermeiden die Steuerpflicht auf Zinsen zu 100 %, während es bei Dividenden nur die Hälfte ist. Aus Anlagesicht fahren Investoren im Vergleich zur Direktanlage nur schlechter, wenn der Anleihekurs deutlich nach oben springt. Für diesen Fall gibt es die bei den Discounts übliche Gewinnbegrenzung. Diese Aussicht erscheint beim aktuellen Zinstief eher unrealistisch.
2. **Index-Zertifikate auf Rentenindizes:** Ihr Kursverlauf richtet sich an Rentenindizes wie etwa den REX Performance-Index, dem Eb.rexx oder den IBOXX. In die Indexberechnung gehen sowohl Kursänderungen als auch Zinserträge der dem Index zugrunde liegenden Wertpapiere ein. Der Investor kann durch den Kauf entsprechender Zertifikate genau definierte Rentenstrategien nachbilden. Da bei diesen Indizes die ausgezahlten Zinsen der zugrundeliegenden Anleihen wie auch beim DAX dem Kurs hinzugerechnet werden, können diese Zinsen auf Umwegen nach der einjährigen Haltedauer steuerfrei vereinnahmt werden.
3. **Zins-Zertifikate**: Sie sammeln die Zinsen im Kurs an und stellen eine Alternative zu Tagesgeldkonten dar und orientieren sich an einem bestimmten Referenzsatz in der jeweils gewählten Anlagewährung. Die Zinsen werden täglich in Euro dem Kurs gutgeschrieben.

Steuerlich ist zu unterscheiden zwischen Zertifikaten, die lediglich Zinsen aus verschiedenen Währungen ansammeln, und solchen, die auf Indizes oder Wertpapiere setzen. Bei Ersteren werden die Erträge wie ganz normale Zinseinnahmen behandelt. Denn es handelt sich um Finanzinnovationen nach § 20 Abs. 2 Nr. 4 EStG. Da keine Emissionsrendite ermittelt werden kann (die Zinshöhe schwankt wie bei Floatern und ist zum Ausgabetermin nicht absehbar), ist stets der Kursertrag unanhängig von der Haltedauer als Kapitaleinnahme zu versteuern. Die Bemessungsgrundlage errechnet sich als die Differenz von Anschaffungskosten und Veräußerungspreis oder Rückgabepreis.

Die Zertifikate thesaurieren zwar ihre Zinserträge. Anders als bei Investmentfonds wird aber nicht einmal jährlich ein ausschüttungsgleicher Ertrag festgelegt. Die Besteuerung erfolgt, ähnlich wie bei Zerobonds, erst beim späteren Verkauf. Damit besteht für Privatanleger die Möglichkeit, das Besteuerungsjahr selbst wählen zu können. Sofern Kursverluste anfallen oder die Zinserträge durch fallende Wechselkurse gemindert werden, gilt dieses Minus als negative Kapitaleinnahme. Würde hingegen eine herkömmliche Fremdwährungsanleihe gekauft, können Devisenverluste nur innerhalb eines Jahres berücksichtigt werden, und dann auch nur nach § 23 EStG. Allerdings sind auch Wechselkursgewinne unabhängig von der Laufzeit als Kapitaleinnahmen zu versteuern.

Bei Zertifikaten auf Rentenkursbarometer wie den REX Performance-Index (REXP) oder den europäischen IBOXX sieht die steuerliche Behandlung anders aus. Grundsätzlich stellen die Gewinne laut Finanzverwaltung keine Kapitaleinnahmen dar, wenn die Rückzahlung des investierten Geldes nur von einem ungewissen Ereignis wie der Wertentwicklung eines Index abhängt (BMF v. 27.11.2001 – IV C 3 – S 2256 – 265/01, BStBl I, 986). Bei Zertifikaten kann es theoretisch zu einem Totalverlust kommen, so dass eine Einstufung nach § 20 Abs. 2 Nr. 4c EStG als Finanzinnovation nicht wirkt. Als einzige Aussage der Finanzverwaltung lässt sich bislang zu Rentenzertifikaten finden, dass es sich um ertraglose Kapitalanlagen handelt (OFD Düsseldorf v. 28.10.2004 – S 2210 A – St 212 – D, DB 2004, 2450).

Möglich wäre auch das Argument des Gestaltungsmissbrauchs nach § 42 AO. Der liegt vor, wenn eine Gestaltung ausschließlich der Steuerminderung dienen soll und durch wirtschaftliche oder sonstige außersteuerliche Gründe nicht zu rechtfertigen ist. Allerdings wollen die Anleger einen Gewinn erzielen, indem sie über das Zertifikat breit in verschiedene Anleihen investieren. Somit sind die Üblichkeit und vor allem ein wirtschaftlicher Hintergrund gegeben. Da spielt es dann keine Rolle, dass die Papiere auch steuerliche Vorteile haben, indem die Gewinne über § 23 EStG nach einem Jahr steuerfrei gestellt werden können.

Besonders interessant ist diese Einstufung für Zins-Zertifikate, weil hier die ausgezahlten Zinsen der zugrundeliegenden Anleihen oder Indizes automatisch wieder dem Kurs zugeschlagen werden. Im Gegensatz zu Aktienprodukten ist ein Rentenindex deutlich weniger schwankungsanfällig, da er sich auf Anleihen mit bester Schuldnerbonität bezieht. Lediglich das Zinsänderungsrisiko (steigende Marktzinnsätze = fallende Anleihenkurse) ist zu beachten. Somit partizipieren Anleger, die auf einen Rentenindex setzen, indirekt an den ausgezahlten Zinsen und könnten diese Erträge nach Ablauf der Spekulationsfrist steuerfrei vereinnahmen. Ein Verfahren, dass auch bei DAX, MDAX sowie einigen anderen Aktienindizes wie dem EuroStoxx 50 oder dem Stoxx 50 Performance-Index angewendet wird, indem hier die Dividende der einzelnen Aktienwerte hinzugerechnet wird.

Steuer-Hinweis

Zins-Zertifikate ohne Garantiezusagen fallen grundsätzlich nicht unter die EU-Zinsrichtlinie. In Österreich gilt jedoch die Besonderheit, dass Erträge aus Index-Zertifikaten steuerpflichtige Kapitaleinkünfte darstellen, auch wenn sich der Rückzahlungspreis nur nach der Wertentwicklung eines Bezugswerts-Index richtet. Hier gilt die Differenz zwischen Ausgabe- und Einlösewert als Zinsen. Die Durchführungsrichtlinie zur EU-Quellensteuer durchbricht dieses Prinzip aber für Anleger aus anderen EU-Staaten:

- Bei Zertifikaten mit Kapitalzusagen gelten jene Ertragsanteile als Zinsen, für die Garantien vereinbart sind.
- Bei Zertifikaten auf Rentenindizes gilt eine 5 + 80-Regel: Ein Quellensteuerabzug entfällt, wenn sich der Index aus mindestens fünf unterschiedlichen Bezugswerten (Anleihen oder Fonds) zusammensetzt und der Anteil einer Komponente nicht mehr als 80 % betragen darf.

Fazit: Zins-Zertifikate sind ein interessantes Investment. Anleger, die solche Produkte über mehr als ein Jahr im Depot halten, kassieren die eingerechneten Zinsen auf Umwegen steuerfrei. Die Aussicht auf Kursgewinne ist zwar im Vergleich zu Aktienpapieren nur moderat, das gilt aber ebenfalls für das Verlustrisiko. Eine Rendite über dem Festgeldzinsniveau, die dann auch noch steuerfrei bleibt, ist aber mindestens erzielbar.

Zwischengewinn

Bei diesem Begriff aus dem Bereich der Investmentfonds handelt es sich bis 2003 und wieder ab 2005 um das Entgelt für die dem Anteilsinhaber während seiner Besitzzeit noch nicht zugeflossenen oder als zugeflossen geltenden Einnahmen des Investmentvermögens, § 1 Abs. 4 InvStG. Der Zwischengewinn wird für die Besteuerung nach § 20 EStG sowie für die Bemessung des Zinsabschlags herangezogen und dem Solidaritätszuschlag unterworfen, wenn Investmentanteile zwischen zwei Ausschüttungsterminen veräußert werden. Er dient weiterhin zur Einnahmeberechnung von thesaurierenden Fonds. Ein negativer Zwischengewinn darf nicht ausgewiesen werden. Der Zwischengewinn ist ein Nettowert. Von den Einnahmen sind die zugehörigen abzugsfähigen Werbungskosten abzusetzen.

Der Zwischengewinn, der beim Kauf des Investmentanteils bezahlt wird, stellt wie gezahlte Stückzinsen eine negative Einnahme aus Kapitalvermögen dar, die im Zeitpunkt des Erwerbs von den sonstigen Kapitaleinnahmen abgezogen werden kann. Durch diese Zwischengewinn-Besteuerung ist die Fondsanlage der Direktanlage gleichgestellt. Vorteil: Anleger müssen den über eine Ausschüttung oder Thesaurierung am Geschäftsjahresende zugeflossenen steuerpflichtigen Zinsanteil nur noch pro rata temporis versteuern.

Checkliste zur Zusammensetzung des Zwischengewinns	
Der Zwischengewinn setzt sich zusammen aus den dem Investmentfonds im laufenden Geschäftsjahr zugeflossenen Einnahmen i.S.d. § 20 EStG, z.B.:	
• Erträge aus der Einlösung oder Veräußerung von Zinsscheinen und Nullkupon-Anleihen,	❑
• Zinsen aus inländischen und ausländischen Bankguthaben,	❑
• Erträge aus Geldmarktpapieren,	❑
• Erträge aus Genuss-Scheinen,	❑
• Zinsen aus Wandelanleihen,	❑
• Erträge aus Finanzinnovationen,	❑
• Zinserträge von anderen Fonds	❑
• sowie Ansprüche des Fonds auf vorgenannte Einnahmen.	❑

Checkliste zur Zusammensetzung des Zwischengewinns (Fortsetzung)	
Nicht im Zwischengewinn enthalten sind:	
• in- und ausländische Dividendenerträge,	❑
• realisierte und buchmäßige Veräußerungsgewinne des Fonds,	❑
• Optionsprämien,	❑
• Termingeschäfte,	❑
• Mieteinnahmen.	❑

Diese Zwischengewinnbesteuerung hat zur Folge, dass bei Renten- und Geldmarktfonds keine steuerfreien Erträge mehr durch den Verkauf der Anteile kurz vor dem Ausschüttungstag realisiert werden können. Aktien- und Hedge-Fonds sind von der Besteuerung des Zwischengewinns nur betroffen, soweit sie Erträge aus sonstigen Wertpapieren oder Festgeldern erhalten haben. Es sind folgende Sachverhalte zu unterscheiden:

- **Ankauf:** Beim Ankauf von Investmentanteilen gezahlte Zwischengewinne können im Jahr der Zahlung von den Einnahmen aus Kapitalvermögen wie Stückzinsen abgezogen werden. Dabei spielt das Jahr der Ausschüttung durch den Fonds keine Rolle. Dies gilt auch für thesaurierende Investmentfonds. Für die am Jahresende noch vorhandenen Fondsanteile erhält der Anleger von der Bank oder Investmentgesellschaft einen Nachweis über die insgesamt gezahlten Zwischengewinne auf Erwerbe.
- **Verkauf:** Beim Verkauf der Fondsanteile wird vom Zwischengewinn der Zinsabschlag einbehalten, sofern kein Freistellungsauftrag oder keine NV-Bescheinigung vorliegt. Die depotführende Stelle richtet hierbei einen sogenannten „Stückzinstopf" ein. In diesen Topf wird beim Erwerb von Fondsanteilen der im Kaufpreis enthaltene Zwischengewinn gutgeschrieben. Dieses Guthaben wird bei einer Ausschüttung oder beim Verkauf auf den zu zahlenden Zinsabschlag angerechnet.
- **Eigenverwahrte Anteile:** Beim Verkauf von eigenverwahrten Fondsanteilen wird vom Zwischengewinn ein Zinsabschlag von 35 % einbehalten. Eine Verrechnung mit gezahlten Zwischengewinnen ist nicht möglich; die Vorlage eines Freistellungsauftrags hat keinen Einfluss auf den Einbehalt der Steuer. Eine Erstattung kommt nur im Rahmen der Steuerveranlagung in Betracht.
- **Steuerpflicht:** Die Steuerpflicht der Zwischengewinne erstreckt sich auf deutsche und ausländische (ausschüttende und thesaurierende) Fonds gleichermaßen, unabhängig davon, ob die Anteile im In- oder Ausland verwahrt werden oder ein Fall der Depot- oder Eigenverwahrung vorliegt, wenn die Anteile im Inland verkauft oder zurückgegeben werden. Wer seine Investmentanteile im Ausland veräußert, ist vom Zinsabschlag auf den Zwischengewinn nicht betroffen, da ausländische Stellen nicht als Steuereinzugsstelle benutzt werden können.

Ermittlung des steuerlichen Zwischengewinns

Die Ermittlung des Zwischengewinns ist abhängig von der Ausschüttungsform sowie der Lage der Fondsgesellschaft. Im Einzelnen:

Bei **ausschüttenden Fonds** werden alle Zinsansprüche berücksichtigt, die dem Anleger noch durch eine Ausschüttung zugeflossen sind. Mit der Ausschüttung fließen dem Anleger die bis dahin im Zwischengewinn enthaltenen Erträge steuerlich zu. Der Zwischengewinn vermindert sich also am Ausschüttungstag um diese Beträge.

Bei **inländischen thesaurierenden Fonds** erfolgt die Ermittlung identisch den ausschüttenden Fonds. Hierzu gehören die Erträge, die dem Anleger noch nicht als ausschüttungsgleicher Ertrag steuerlich zugeflossen sind. Am ersten Börsentag des neuen Geschäftsjahres gilt der Ertrag als dem Anleger steuerlich zugeflossen, der Zwischengewinn mindert sich um diesen fiktiv zugeflossenen Ertrag und baut sich mit dem Beginn des neuen Jahres wieder neu auf.

Bei **ausländischen thesaurierenden Fonds** baut sich ein Zwischengewinn fortlaufend auf, da (anders als bei inländischen Fonds) am Geschäftsjahresende kein Zinsabschlag aus dem Fondsvermögen erfolgt. Der kumulierte Zwischengewinn kann bei Verkauf der Fondsanteile im Inland zu einem entsprechend hohen Zinsabschlag führen. Dies gilt auch dann, wenn der Fondsinhaber die jährlichen Erträge bereits versteuert hat. Die hierdurch hervorgerufene Überbesteuerung kann im Rahmen der Einkommensteuerveranlagung für das Veräußerungsjahr korrigiert werden. Insoweit besteht jedoch ein zeitlicher Liquiditätsnachteil.

Beispiel 1

Kauf von 1.000 Anteilen eines Rentenfonds zum Preis von je 90 €. Im Kaufpreis sind Zwischengewinne von 5,23 € enthalten. Die Anteile werden am 23.12.2001 erworben, im Januar 02 werden 5,50 € ausgeschüttet.

Ergebnis: In 01 liegen negative Einnahmen aus Kapitalvermögen von (1.000 x 5,23) 5.230 € vor. In 02 sind (1.000 x 5,50) 5.500 € als positive Einnahmen aus Kapitalvermögen zu versteuern.

Beispiel 2

Abwandlung zu 1, die Fonds werden im Januar 02 kurz vor der Ausschüttung zu 92,50 € veräußert. Hierin sind 5,49 € Zwischengewinn enthalten.

Ergebnis: Die negativen Einnahmen in 01 verbleiben unverändert. In 02 sind Veräußerungsgewinnen nach § 23 EStG von ((92,50 – 5,49) – (90,00 – 5,23)) 2,24 € pro Anteil zu versteuern. Der Zwischengewinn i.H.v. 5.490 € ist als Kapitaleinnahme anzusetzen und unterliegt dem Zinsabschlag. Als Kapitaleinnahmen werden saldiert insgesamt lediglich (5.490 – 5.230) 260 € versteuert.

Beispiel 3

Abwandlung zu 2: Die Anteile werden erst im Jahr 02 erworben.

Ergebnis: Die negativen Einnahmen im Jahre 02 betragen – 5.230 €. Entgegengerechnet werden die erzielten Zwischengewinne von 5.490 €, so dass per saldo wie in Beispiel 2 exakt 260 € als Kapitaleinnahmen angesetzt werden. Der Veräußerungsgewinn beträgt unverändert 2,24 € pro Anteil.

Beispiel 4

Abwandlung zu 3: Die Anteile werden 13 Monate nach dem Erwerb im Jahr 01 zu 100 € verkauft, enthaltener Zwischengewinn 8 €. Eine erneute Ausschüttung ist noch nicht erfolgt.

Ergebnis: Die negativen Einnahmen von –5.230 € werden mit dem erzielten Zwischengewinn von 8.000 € verrechnet, so dass per saldo 2.770 € als Kapitaleinnahmen angesetzt werden. Ein Veräußerungsgewinn wird nicht angesetzt, da die Zwölfmonatsfrist überschritten ist.

8 Werbungskosten bei der Kapitalanlage

Wie bei den übrigen Überschusseinkünften können die Aufwendungen für die Kapitalanlage mindernd berücksichtigt werden. Da der Pauschbetrag lediglich 51 € pro Person beträgt und bei Spekulationseinkünften überhaupt nicht vorgesehen ist, lohnt das Sammeln einzelner Belege. Bei der Geldanlage spielen regelmäßig zwei Faktoren eine Rolle: Die Erzielung von Einnahmen wie Zinsen und Dividenden sowie die Realisierung von Kurserträgen. Beide Ziele werden steuerlich in unterschiedlichen Einkunftsarten erfasst, somit sind auch die Kosten grundsätzlich aufzuteilen oder direkt zuzuordnen. Eine weitere Splittung der Kosten erfolgt aufgrund des Halbeinkünfteverfahrens. Sind die Einnahmen nur zur Hälfte steuerpflichtig, gilt das gleichzeitig auch für die entsprechenden Kosten.

8.1 Grundsätze zu Aufwendungen für die Geldanlage

Werbungskosten sind Aufwendungen zum Erwerb, zur Sicherung und Erhaltung der Einnahmen, § 9 Abs. 1 Satz 1 EStG. Dieser Grundsatz gilt auch bei der Geldanlage. Sie sind bei den Einnahmen aus Kapitalvermögen nur dann anzusetzen, wenn die Ausgaben objektiv im Zusammenhang mit den Kapitalerträgen stehen und subjektiv ihrer Förderung dienen. Der Werbungskostenabzug bleibt auch, wenn die Aufwendungen gleichzeitig der Sicherung und Erhaltung des Kapitalstamms dienen. Lediglich Kosten, die auf Vermögen entfallen, das nicht zur Erzielung von Kapitaleinkünften angelegt ist oder bei dem Kapitalerträge nicht mehr zu erwarten sind, können nicht als Werbungskosten berücksichtigt werden, R 20.1 Abs. 1 EStR.

Für die Anerkennung ist es unerheblich, ob die Kosten notwendig, vergeblich, üblich oder zweckmäßig sind. Da auch jenseits der Grenze vereinnahmte Kapitalerträge i.d.R. zu erfassen sind, entfällt die Aufteilung in steuerfreie und -pflichtige Einnahmen. Keine Werbungskosten sind die Anschaffungskosten, Nebenkosten sowie Veräußerungskosten für die Kapitalanlage (BFH v. 30.10.2001 – VIII R 29/00, BStBl II 2006, 223, v. 20.04.2004 – VIII R 4/02, BStBl II, 597, v. 12.10.2005 – VIII B 38/04, BFH/NV 2006, 288). Sie können auch nicht im Wege der AfA berücksichtigt, jedoch bei der Bemessung von privaten Veräußerungsgeschäften einbezogen werden.

Werbungskosten sind im Zeitpunkt der Zahlung zu berücksichtigen. Das gilt auch dann, wenn Einnahmen erst im Folgejahr fließen oder lediglich erwartet werden. So kann die Fahrt zur Hauptversammlung geltend gemacht werden, auch wenn keine Ausschüttung in Sicht ist (FG Saarland v. 31.05.2001 – 1 K 114/00, EFG 2001, 1186). Von den Werbungskosten abzugrenzen sind negative Kapitaleinnahmen. Die fallen an, wenn Anleger Gewinnausschüttungen zurückzahlen oder beim Erwerb von Wertpapieren Stückzinsen oder Zwischengewinn aufwenden. Bei den Kapitaleinkünften gilt die Besonderheit, dass auf die Einnahmen bereits vorab Zinsabschlag oder Kapitalertragsteuer fällig wird. Dabei spielt die Höhe von Werbungskosten keine Rolle. Lediglich der Pauschbetrag ist in das Freistellungsvolumen eingearbeitet.

Steuer-Hinweis

Arbeitnehmer können Werbungskosten aus der Kapitalanlage als Freibetrag auf der Lohnsteuerkarte eintragen lassen. Dabei ist noch nicht einmal eine Antragsgrenze zu beachten (R 111 Abs. 4 LStR). Die Höhe der Einnahmen bleibt dabei außer Betracht, die werden beim Zufluss über den Steuerabzug berücksichtigt.

Anleger müssen zwischen den Ausgaben für die laufenden Erträge i.S.d. § 20 EStG und den Veräußerungsgeschäften i.S.d. § 23 EStG unterscheiden. Werbungskosten können nur dann von den Kapitaleinnahmen abgezogen werden, wenn mit dieser Anlage auch Erträge i.S.d. § 20 EStG erzielt werden oder überhaupt möglich sind. Sonst liegen Aufwendungen im Zusammenhang mit Veräußerungsgeschäften vor, die entweder einen Gewinn mindern oder lediglich in der nicht steuerbaren Privatsphäre anfallen. So sind beispielsweise Kosten für Termingeschäfte nicht bei den Kapitaleinkünften zu berücksichtigen, da keine laufenden Einnahmen anfallen.

Eine Reihe von Werbungskosten können sowohl bei den Kapitaleinnahmen als auch bei den Veräußerungsgeschäften angesetzt werden. So kann das Fachbuch über die Optimierung von Einnahmen oder Kursgewinnen informieren, das Internet auf der Suche nach renditestarken Anleihen oder Aktien mit Kurspotential behilflich sein. Die Grenzen sind hier fließend. Anleger können also oft den für sie günstigeren Ansatz wählen, sofern Erträge aus beiden Einkunftsarten erzielt werden.

Checkliste zur Zuordnung der Werbungskosten	
Die Zuordnung der Kosten zu den **Spekulationseinkünften** lohnt, wenn	
• hierdurch die gesamten Veräußerungsgewinne unter die Freigrenze von 512 € fallen,	❑
• der Werbungskosten-Pauschbetrag zusätzlich genutzt werden kann,	❑
• sowohl Kapital- als auch Veräußerungsgewinne vorliegen und die Aufteilung der Aufwendungen schwierig ist,	❑
• sich weitere Werbungskosten bei den Kapitaleinkünften nicht auswirken, da sich dann der Sparerfreibetrag verringert oder keine steuerlichen Auswirkungen mehr hat.	❑
Die Zuordnung zu den **Kapitaleinnahmen** lohnt, wenn	
• keine privaten Veräußerungsgeschäfte vorliegen und die Kosten zu begrenzt abziehbaren Verlusten i.S.d. § 23 Abs. 3 Satz 7 EStG führen,	❑
• die Aufwendungen die Verluste noch erhöhen,	❑
• der Werbungskosten-Pauschbetrag bereits überschritten ist,	❑
• keine oder negative Kapitaleinnahmen vorliegen,	❑
• weder Kapital- noch Spekulationseinkünfte für das entsprechende Jahr bestehen.	❑

Nach dem 2001 eingeführten Halbeinkünfteverfahren können einige Aufwendungen nur noch zu 50 % geltend gemacht werden. Wird die entsprechende Einnahme gem. § 3 Nr. 40 EStG nur zur Hälfte besteuert, gilt das entsprechend auch für die Ausgaben, § 3c Abs. 2 EStG. So werden die Kosten für das Anleihedepot weiterhin voll angesetzt, für das Aktiendepot nur noch zur Hälfte. Bei der Berechnung eines Veräußerungserlöses ist dies noch einfach durchzuführen. Die Ermittlung von Gewinn oder Verlust erfolgt mit den kompletten Werten, erst das Endergebnis wird zu 50 oder 100 % angesetzt. Da in diesen Fällen ohnehin

Kosten und Ertrag jedem Wertpapier einzeln zugeordnet werden müssen, ergibt sich kein zusätzlicher Aufwand.

Bei Aufwand für Aktien oder GmbH-Anteile, bei denen keine Ausschüttung erfolgt, kommt es auf die zu erwartenden Einnahmen an. Ob Erträge im Jahr der Zinszahlung fließen, spielt keine Rolle. Da die Einnahmen in jedem Fall nur halbiert anzusetzen sind, können die Kosten auch nur mit 50 % geltend gemacht werden. Die potentielle Aussicht auf Erzielung solcher Einkünfte reicht aus.

In den meisten Fällen lagern in einem Depot Aktien und Anleihen. Hier muss streng genommen eine Aufteilung nach den einzelnen Erträgen vorgenommen werden. Dies kann unterbleiben, wenn die Aufwendungen aus solchen gemischten Kosten pro Jahr maximal 500 € betragen (BMF v. 12.06.2002 – IV C 1 – S2252 – 184/02, BStBl I, 647). In diesen Fällen folgt die Finanzverwaltung der Aufteilung des Anlegers. Die ordnen die Kosten daher im Zweifel den Anleihen zu. Diese Vereinfachung gelingt aber nicht mehr, wenn die Kosten über 500 € liegen oder eindeutig zuzuordnen sind. So gehört etwa die Fahrt zur Hauptversammlung und der Kredit auf ein Aktiendepot eindeutig zu den Dividenden und zählt nur noch zur Hälfte. Hier bedarf es einer detaillierten Liste mit sachgerechter Verteilung. Mühelos lassen sich pro Jahr immerhin 51 € über den Werbungskosten-Pauschbetrag absetzen. Der mindert sich auch nicht, wenn nur zur Hälfte steuerfreie Dividenden vorliegen.

Checkliste zur Aufteilung der Werbungskosten	
Werbungskosten, die durch eine einzelne Kapitalanlage veranlasst sind, sind ausschließlich dieser Kapitalanlage zuzuordnen.	❑
Aufwendungen, die nicht unmittelbar zugeordnet werden können (Depot- und Beratungsgebühren sowie ein Verwalterhonorar) sind aufzuteilen in Anlagen, deren Erträge dem Halbeinkünfteverfahren unterliegen, sowie die übrigen Wertpapiere.	❑
Ist eine Zurechnung nicht oder nur schwer möglich, dürfen Anleger den Aufteilungsmaßstab schätzen, etwa mittels Depotauszug oder Jahresbescheinigung.	❑
Entsprechend hat auch die Aufteilung bei Fonds zu erfolgen. Maßstab hier ist der jeweilige Anteil am Fondsvermögen oder das Verhältnis der Erträge.	❑

Steuer-Hinweis

Beim BFH ist unter VIII R 69/05 noch eine Revision zu der Frage anhängig, ob Werbungskosten im Zusammenhang mit Aktien oder einer GmbH-Beteiligungen über § 3c Abs. 2 EStG zu Recht nur zur Hälfte absetzbar sind. Das könnte insoweit gegen das GG verstoßen, weil das Halbeinkünfteverfahren eine Doppelbelastung von Gewinnausschüttungen auf der Ebene von Gesellschafter und Beteiligtem vermeiden soll. Ein halbierter Kostenansatz bringt aber eine möglicherweise unzulässige Benachteiligung.

Über die von den Banken erstellte Jahresbescheinigung gem. § 24c EStG werden Aufwendungen zur Anlage KAP bescheinigt, die mit der Konto- und Depotführung entstanden sind. Das sind Depotgebühren, Kosten der Erträgnisaufstellung, Beratungsgebühren sowie Entgelte für Verwaltungsdienstleistungen. Das amtliche Muster verlangt hierbei die Angabe der Aufwendungen in einer Gesamtsumme, eine Aufschlüsselung in Einzelpositionen erfolgt nicht. Nicht bescheinigt werden hingegen Kontoführungs- und Buchungsgebühren, Porto- und Finanzierungskosten sowie Schuldzinsen.

Generell muss der Bankkunde aber selber entscheiden, ob es sich überhaupt um Werbungskosten handelt, da die Aufwendungen ohne nähere Erläuterungen in einer Summe anzugeben sind. Zudem lässt sich keine Zuordnung zu Aktien- oder Rentenpapieren erkennen. Somit ist die Jahresbescheinigung zwar nicht hinderlich oder im Einzelfall sogar als Beleg bei der optimalen Zuordnung der Kosten für die Steuererklärung nutzbar. Die Arbeit nimmt sie Anlegern aber nicht ab.

Keine Arbeit haben Sparer auch mit einer ab 2005 abgeschlossenen Kapitallebensversicherung. Auch wenn die nach Ablauf von zwölf Jahren und einem Alter ab 60 nur zur Hälfte vom Fiskus erfasst wird: Die Kosten können stets voll abgesetzt werden (BMF v. 22.12.2005 – IV C 1 – S 2252 – 343/05, Tz. 81, BStBl I 2006, 92). Wird also die Police zum Teil über Kredit finanziert, können die fälligen Schuldzinsen sofort abgesetzt werden, auch wenn die zu 50 % steuerpflichtigen Einnahmen erst in Jahrzehnten fließen.

Steuer-Hinweis

Nach dem neuen § 20 Abs. 2b EStG ist die beschränkte Verlustverrechnung des § 15b EStG nunmehr auch bei den Kapitaleinkünften anzuwenden. Betroffen hiervon sind vermögensverwaltende Lebensversicherungsfonds, die allerdings kaum auf dem Markt sind. Eher tangiert werden Wertpapierfonds, die ihre Käufe fremdfinanzieren und über ein Disagio hohe Anfangsverluste generieren. Mit Blick auf die ab 2009 geplante Abgeltungsteuer sind auch vorweggenommene Werbungskosten betroffen, wenn die positiven Einkünfte nicht der tariflichen Einkommen-, sondern etwa der künftigen Abgeltungssteuer unterliegen.

8.2 Werbungskosten-Einzelaufstellung in ABC-Form

Nachfolgend werden die Kosten in alphabetischer Reihenfolge erläutert, die im Zusammenhang mit der Kapitalanlage entstehen können.

Abschlussgebühren für einen Bausparvertrag sind Werbungskosten, wenn die Guthabenzinsen dieses Vertrags zu den Kapitaleinnahmen zählen. Das ist dann der Fall, wenn der Vertragsabschluss nicht aus dem alleinigen Grund erfolgt ist, das Bauspardarlehen zu erlangen und die Mittel zur Erzielung von Einkünften aus Vermietung und Verpachtung zu verwenden, H 20.1 EStH. Weiterhin muss auf Dauer gesehen ein Überschuss aus Zinsgutschriften zu erwarten sein (BFH v. 01.10.2002 – IX R 12/00, BStBl II 2003, 398).

Abschlusskosten für eine Lebensversicherung sind Anschaffungskosten für den Erwerb einer Kapitalanlage und zählen nicht zu den Werbungskosten. Das gilt umso mehr, als die Abschlusskosten im Versicherungsvertrag nicht festgelegt sind und ihre Berechnung nicht im Einzelnen nachvollziehbar ist (BFH v. 12.10.2005 – VIII B 38/04, BFH/NV 2006, 288). Das gilt auch bei einer Leibrentenversicherung gegen Einmalbeitrag, wenn die Versicherung den Risiko- und Kostenanteil ausweist (FG München v. 01.02.2006 – 10 K 3128/03). Verwaltungskostenanteile wie Provisionen und Verwaltungsaufwand sind Teil der Aufwendungen für die Beschaffung der Vermögensanlage.

AfA auf die Anschaffungskosten eines Wertpapiers sind für Privatanleger nicht möglich. Ein Wertverlust führt weder zu Werbungskosten noch zu negativen Einnahmen, auch wenn ein Wertpapier wertlos geworden ist.

Abwertungsverlust: Fällt der Kurs von Kapitalanlagen in ausländischer Währung, so stellt dies keine Werbungskosten dar. Das gilt auch bei Finanzinnovationen, wenn der Kursertrag als Einnahme erfasst wird. Der verminderte Wert kann lediglich bei einem privaten Veräußerungsgeschäft den ursprünglichen Anschaffungskosten gegenübergestellt werden.

Ein **Agio** (Kaufkurs über Nennwert) beim Erwerb einer verzinslichen Schuldverschreibung stellt zusätzliche Anschaffungskosten für die Schuldverschreibungen dar. Diese Differenz führt beim späteren Verkauf nicht zu Werbungskosten (BFH v. 05.08.2005 – VIII B 133/04, BFH/NV 2005, 2187).

Beiträge für einen **Aktionärsverein**, der sich die Wahrung von Aktionärsinteressen zum Ziel gesetzt hat, sind Werbungskosten. Beispiel hierfür ist die Deutsche Schutzvereinigung für Wertpapierbesitz.

Ankaufsspesen: Die von der Bank für den Kauf von Wertpapieren in Rechnung gestellten Gebühren sind keine Werbungskosten. Es handelt sich um Anschaffungsnebenkosten des Wertpapiers. Betroffen hiervon sind alle beim Erwerb in Rechnung gestellten Bankspesen, Maklergebühren, Ausgabeaufschläge sowie Provisionen. Sie werden lediglich zur Ermittlung von Spekulationsgewinnen benötigt. Bei der Berechnung der Marktrendite für Finanzinnovationen berücksichtigt die Finanzverwaltung mit dem Erwerb oder der Veräußerung im Zusammenhang stehende Nebenkosten wie Bankprovisionen und Spesen nicht gewinnmindernd (OFD Frankfurt v. 23.10.2003 – S 2252 A – 42 – St II 3.04).

Anschaffungskosten, einschließlich der Nebenkosten einer Vermögensanlage, gehören nicht zu den abzugsfähigen Werbungskosten bei den Einkünften aus Kapitalvermögen (BFH v. 30.10.2001 – VIII R 29/00, BStBl II 2006, 223, v. 20.04.2004 – VIII R 4/02, BStBl II, 597, v. 12.10.2005 – VIII B 38/04, BFH/NV 2006, 288). Sie können auch nicht im Wege der AfA berücksichtigt werden.

Arbeitsmittel für die Geldanlage sind als Werbungskosten abziehbar; Kaufpreise bis 410 € netto sofort im Jahr der Zahlung und ansonsten über die AfA. In Frage kommt beim Anleger etwa der Computer für Aktiencharts, Kontakt zum Online-Broker oder die Verwaltung des Vermögens, Anlagesoftwareprogramme oder die Büroausstattung nebst Schreibmaterial. Diese Aufwendungen sind auch dann abziehbar, wenn sie im Arbeitszimmer deponiert sind und das heimische Büro steuerlich nicht anerkannt ist.

Kosten für ein **Arbeitszimmer** können auch bei der Kapitalanlage geltend gemacht werden. Erfolgt im heimischen Büro die Verwaltung von Vermögen und Einnahmen, steht dem Abzug von Werbungskosten grundsätzlich nichts im Wege. Anleger, deren Betätigung ausschließlich im Arbeitszimmer stattfindet, haben unbegrenzten Werbungskostenabzug. Das gilt etwa für Rentner oder Schüler, die keine weiteren Einkünfte haben, sowie für Verwalter ihres eigenen Vermögens, die keiner anderen Tätigkeit nachgehen. Trifft diese Voraussetzung zu, müssen sie noch nachweisen, dass sie für die Geldanlage überhaupt ein heimisches Büro benötigen. Bei umfangreichem Vermögen, vorhandenen Räumlichkeiten und hohen Einnahmen dürfte dies kein Problem darstellen. In anderen Fällen trägt der Anleger die Beweislast, dass die Verwaltung der Einnahmen eines separaten Zimmers bedarf.

Im Regelfall wird das häusliche Arbeitszimmer aber nicht den Mittelpunkt der Tätigkeit darstellen, da der Anleger einer Beschäftigung nachgehen dürfte. Hier greift dann bis Ende 2006 die 50-%-Regel. Hat der Steuerzahler mehrere Jobs oder ist er zusätzlich selbständig tätig, werden diese Beschäftigungen bei der Prüfung dieser Grenze mitberücksichtigt. Für den Mittelpunkt der gesamten Betätigung ist nach dem qualitativen Schwerpunkt zu beurteilen

(BMF v. 07.01.2004 – IV A 6 – S 2145 – 71/03, BStBl I, 143). Fallen beispielsweise sämtliche Anlageentscheidungen von zu Hause aus, ist hierin ein inhaltlicher Schwerpunkt zu sehen. Das gelingt beispielsweise durch intensives Literatur- und Zeitschriftenstudium oder die Internetrecherchen im heimischen Arbeitszimmer. Wird noch eine weitere Tätigkeit über die Kapitalverwaltung hinaus ausgeübt, muss auch diese Beschäftigung schwerpunktmäßig von zu Hause aus betrieben werden. Ansonsten scheidet der unbegrenzte Abzug der Kosten für das Arbeitszimmer aus (BMF v. 14.09.2004 – IV B 2 – S 2145 – 7/04, BStBl I, 861).

Steuer-Hinweise

- Nutzen mehrere Personen das Arbeitszimmer gemeinsam, können beide Partner die von ihnen getragenen Aufwendungen separat geltend machen. Etwa der Ehemann als Arbeitnehmer und die Ehefrau als Anlegerin. Dabei erfolgt die Abzugsbeschränkung ab 2005 und bis Ende 2006 objektbezogen und somit unabhängig von der Zahl der nutzenden Personen auf 1.250 € je Arbeitszimmer.
- Ab 2007 sind die Aufwendungen für das Arbeitszimmer nur noch abzugsfähig, wenn es den Mittelpunkt der beruflichen Tätigkeit darstellt. Somit muss schon eine umfangreiche private Vermögensverwaltung und keine hauptberufliche auswärtige Tätigkeit vorliegen. Arbeitet ein Arbeitnehmer aber beispielsweise ausschließlich im heimischen Büro und erledigt er von hier aus auch seine Finanzen, sind die Kosten weiterhin absetzbar, anteilig bei beiden Einkunftsarten.

Auffüllkredit: Bei Aufnahme eines Darlehens, um damit einen Bausparvertrag aufzufüllen, können die Schuldzinsen Werbungskosten sein. Das gilt jedoch nur dann, wenn die Guthabenzinsen auf die gesamte Laufzeit gesehen über den Kreditzinsen liegen. Ist der Saldo negativ, werden weder die Einnahmen noch die Ausgaben steuerlich berücksichtigt. In diesem häufigen Fall fehlt es an der Gewinnerzielungsabsicht. Um dieser Regel zu entgehen, lohnt es sich, den Bausparvertrag einem Mietobjekt zuzuordnen. Dann sind die Schuldzinsen auch dann absetzbar, wenn der Vertrag nur eine geringe Rendite bringt. Hier ist dann der gesamte Vermietungszeitraum maßgebend.

Der bei Fondskauf zu entrichtende **Ausgabeaufschlag** stellt keine Werbungs-, sondern Anschaffungskosten dar. Er fließt gewinnmindernd in die Ermittlung eines privaten Veräußerungsgeschäfts ein. Einrichtungsgebühren und Eintrittsgelder sind wie Ausgabeaufschläge ebenfalls Aufwendungen, die der Sparer für den Erhalt der Verfügungsgewalt über die Fondsanteile erbringt. Sie stellen damit lediglich Anschaffungskosten dar (FG Niedersachsen 13.07.2006 – 11 K 579/03).

Auch das beim Erwerb einer stillen Beteiligung an den Geschäftsinhaber entrichtete Ausgabeaufgeld gehört zu den Anschaffungskosten der stillen Beteiligung und ist nicht als Werbungskosten bei den Einkünfte aus Kapitalvermögen abziehbar (BFH v. 23.02.2000 – VIII R 40/98, BStBl II 2001, 24).

Die **Bankspesen** für die Verwaltung von Wertpapieren stellen abzugsfähige Werbungskosten dar, sofern es sich nicht ausschließlich um Termingeschäfte oder Veräußerungserlöse handelt. Liegt ein reines Aktiendepot vor, können die Kosten nur zur Hälfte geltend gemacht werden. Absetzbar ist auch eine Gebühr, die Banken für die Bearbeitung von Anträgen in Rechnung stellen, etwa um Teile der Quellensteuer jenseits der Grenze erstattet zu bekommen.

Steuer-Hinweis

Die bei Kreditinstituten anfallenden Kosten sind ab 2004 auf der Jahresbescheinigung gelistet. Allerdings nur in einer Summe, so dass Anleger weiterhin den Belegnachweis benötigen.

Eine **Begutachtung** von Unternehmenswerten und ihren Potentialen, die nach dem Gesamtbild der Umstände ganz überwiegend durch eine beabsichtigte Anschaffung der Unternehmen oder ihrer Anteile veranlasst sind, stellen Anschaffungskosten der Vermögensanlage dar und keine Werbungskosten (FG Köln v. 25.08.2005 – 1 K 5536/02, EFG 2006, 654, Revision unter VIII R 62/05).

Bei **Beratungskosten** handelt es sich um Werbungskosten, wenn die Beratung zum Zweck des Erwerbs von ertragbringenden Wertpapieren anfällt. Bei Hinweisen in Bezug auf Wertsteigerungen liegen keine Werbungskosten vor. Auch die Fahrt zum Berater kann mit 0,30 € je gefahrenem Kilometer angesetzt werden. Beratungskosten zur Gründung einer Kapitalgesellschaft sind Anschaffungskosten. Auch ein Abzug als Auflösungsverlust kommt nicht in Betracht, da dies allenfalls für eine Vorgesellschaft, nicht aber für einer Vorgründungsgesellschaft in Betracht kommt (BFH v. 20.04.2004 – VIII R 4/02, BStBl II, 597). Beratungsaufwendungen für die Begutachtung von Unternehmen und ihrem Potential für eine beabsichtigte Anschaffung von Anteilen hieran stellen Anschaffungskosten der Vermögensanlage und keine Werbungskosten dar (FG Köln v. 25.08.2005 – 1 K 5536/02, Revision unter VIII R 62/05).

Beteiligungsverluste fallen auf der privaten Vermögensebene an und sind daher keine Werbungskosten. Das gilt auch, wenn Anleger einem Betrüger zum Opfer gefallen sind. Das Minus wird auch nicht als außergewöhnliche Belastung anerkannt.

Betreuungsvergütungen für einen ausschließlich zur Vermögenssorge bestellten Vormund oder Betreuer stellen keine außergewöhnlichen Belastungen, sondern Werbungskosten bei den mit dem verwalteten Vermögen erzielten Einkünften dar, sofern die Tätigkeit weder einer kurzfristigen Abwicklung des Vermögens noch der Verwaltung ertraglosen Vermögens dient (BFH v. 14.09.1999 – III R 39/97, BStBl II 2000, 69).

Bewirtungskosten sind grundsätzlich auch bei der Kapitalanlage absetzbar, wenn eine private Veranlassung ausgeschlossen ist und der Bewirtungsbeleg ordnungsgemäß ausgefüllt wurde. Denkbar sind sie etwa bei Bewirtung des Anlageberaters. Die Aufwendungen sind gem. §§ 4 Abs. 5 Nr. 2, 9 Abs. 5 EStG nur zu 70 % abzugsfähig.

Börsenbriefe sind absetzbar, wenn nicht der Spekulationsgedanke im Vordergrund steht. So sind Zeitschriften, die ausschließlich über Optionen berichten, bei den Spekulationsgeschäften, und solche, die über den Rentenmarkt informieren, bei den Kapitaleinkünften abzugsfähig.

Buchführungskosten für die Verwaltung der Kapitaleinnahmen sind Werbungskosten. Das gilt etwa für die Kosten eines Steuerberaters oder Buchhalters. Absetzbar ist auch die Anschaffung einer Finanzbuchhaltungssoftware.

Aufwendungen für **Charts** und für entsprechende Zeitschriften gehören zu den Werbungskosten. Wegen des Bezugs zu Spekulationsgeschäften müssen Anleger allerdings nachweisen, dass sie nicht nur auf die Kursgewinne, sondern auch auf Dividendenerträge setzen.

Beim **Computer** gelten die bei Arbeitnehmern anzuwendenden Regeln. Ist die Nutzung für die Geldanlage naheliegend, können ohne Nachweis 50 % der Kosten abgesetzt werden. Darüber hinausgehende Anteile werden nur dann berücksichtigt, wenn die entsprechende Nutzung zumindest für drei Monate im Jahr nachgewiesen wird. Liegt der private Anteil bei maximal 10 %, können sämtliche Kosten geltend gemacht werden.

Die **Depotgebühr** für die Verwahrung von ertragbringenden Wertpapieren stellt als Verwaltungsaufwand Werbungskosten dar. Dem Abzug steht nicht entgegen, dass diese Gebühren gleichzeitig auch der Sicherung des Vermögens oder sogar Kurssteigerungen dienen. Denn kann bei einer Kapitalanlage auf Dauer ein Überschuss der steuerpflichtigen Einnahmen über die Ausgaben erwartet werden, so sind Aufwendungen für die Verwaltung des Depots grundsätzlich auch dann in vollem Umfang Werbungskosten, wenn neben den steuerpflichtigen Einnahmen auch steuerfreie Vermögensvorteile erzielt werden (BFH v. 04.05.1993 – VIII R 7/91, BStBl II, 832).

Dieser Auffassung folgt auch grundsätzlich die Finanzverwaltung, R 20.1 EStR. Somit sind die Aufwendungen steuerlich nicht in Kosten für Kapital- und Spekulationsanlage aufschlüsseln, wohl aber in Bezug auf das Halbeinkünfteverfahren. Bei Gebühren bis zu 500 € im Jahr folgt das Finanzamt den Angaben des Anlegers.

Das **Disagio** einer voll rückzahlbaren Anleihe hat Zinscharakter. Ein Damnum bei einer Darlehensaufnahme zählt zu den Werbungskosten, wenn es sich um einen Wertpapierkredit handelt. Der Abzug erfolgt im Jahr des Abschlags, wobei das Disagio bei ab 2004 begebenen Darlehen maximal 5 % der Kreditsumme betragen darf und einen Zinsfestschreibungszeitraum von mindestens fünf Jahren haben muss (BMF v. 20.10.2003 – IV C 3 – S 2253a – 48/03, BStBl I, 546, Rdnr. 15). Sonst muss der darüber hinausgehende Betrag anteilig über die gesamte Laufzeit geltend gemacht werden. Der Ansatz gelingt auch, wenn im gleichen Jahr noch keine Einnahmen fließen. Selbst beim Kauf eines langlaufenden Zerobonds auf Kredit kann das Abgeld sofort abgesetzt werden. Die Summe der während der Laufzeit kalkulierten Erträge muss lediglich über sämtlichen Kosten liegen.

Steuer-Hinweis

Diese Regelung war bislang auf dem Erlasswege geregelt (BMF v. 15.12.2005 – IV C 3 – S 2253 a – 19/05, BStBl I, 1052) und ist nunmehr in § 11 EStG gesetzlich klargestellt worden. Allerdings ist der neue § 20 Abs. 2b EStG zu beachten, wonach ein Steuerstundungsmodell gem. 15b EStG auch dann vorliegt, wenn die positiven Einkünfte nicht der tariflichen Einkommensteuer (= der späteren Abgeltungsteuer) unterliegen.

Erbauseinandersetzung: Wird ein erhaltenes Depot unter den Erben verteilt, fallen bei der Bank des Verstorbenen i.d.R. hohe Auflösungs- und Transaktionsgebühren an. Die gelten als Vermögenskosten und stehen somit nicht unmittelbar mit Einnahmen im Zusammenhang. Auch der aufgenommene Kredit, um weichende Erben oder Vermächtnisnehmer abzufinden, fällt in den Privatbereich.

Erträgnisaufstellung: Stellt die Bank für die Erstellung eine Gebühr in Rechnung, können die Kosten geltend gemacht werden. Dies gilt auch für eine Jahressteuerbescheinigung. Alternativ können die Kosten bei einer Belastung bis Ende 2005 auch bei den Sonderausgaben (Steuerberaterkosten) angesetzt werden.

Fachliteratur: Bücher sind grundsätzlich als Werbungskosten abziehbar, wenn es sich um rein fachbezogene Lektüre handelt. Der Verwendungszweck muss unmittelbar der Ertragsicherung bei der Kapitalanlage dienen. Das gilt etwa für Bücher, die über Anleihen, Rentenfonds oder die Geldanlage allgemein informieren. Grundsätzlich gelingt der Kostenansatz problemlos. Nicht als Werbungskosten anerkannt werden überregionale Tageszeitungen trotz ihres umfangreichen Wirtschaftsteils. Auch Wirtschaftszeitschriften (Capital, Wirtschaftswoche oder Focus Money) akzeptiert das Finanzamt nicht. Beim Bezug von Handelsblatt, Financial Times Deutschland, FTD, NZZ oder Wall Street Journal werden Finanzbeamte wegen des Sport- und Kulturteils zunehmend kritischer (Hessisches FG v. 06.06.2002 – 3 K 2440/98, EFG 2002, 1289, Revision unter VI R 65/02, FG Brandenburg v. 04.04.2002 – 3 K 2613/01, EFG 2002, 1085, FG Rheinland-Pfalz v. 14.06.2001 – 1 K 2442/99, FG Düsseldorf v. 17.01.2001 – 9 K 5608/00 F).

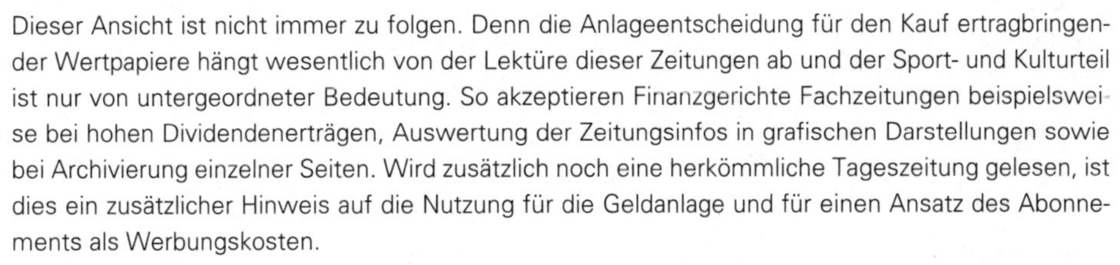

Steuer-Hinweis

Dieser Ansicht ist nicht immer zu folgen. Denn die Anlageentscheidung für den Kauf ertragbringender Wertpapiere hängt wesentlich von der Lektüre dieser Zeitungen ab und der Sport- und Kulturteil ist nur von untergeordneter Bedeutung. So akzeptieren Finanzgerichte Fachzeitungen beispielsweise bei hohen Dividendenerträgen, Auswertung der Zeitungsinfos in grafischen Darstellungen sowie bei Archivierung einzelner Seiten. Wird zusätzlich noch eine herkömmliche Tageszeitung gelesen, ist dies ein zusätzlicher Hinweis auf die Nutzung für die Geldanlage und für einen Ansatz des Abonnements als Werbungskosten.

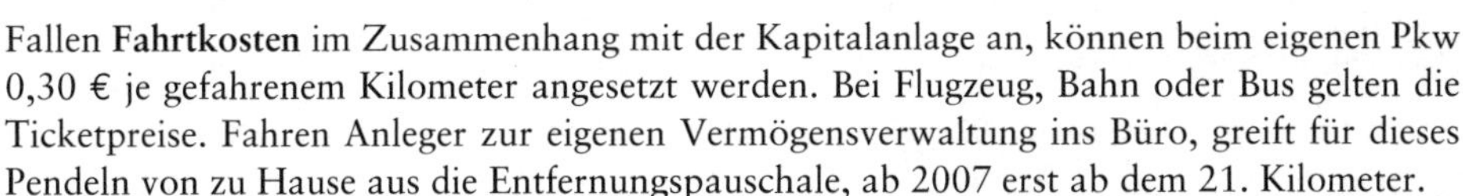

Fallen **Fahrtkosten** im Zusammenhang mit der Kapitalanlage an, können beim eigenen Pkw 0,30 € je gefahrenem Kilometer angesetzt werden. Bei Flugzeug, Bahn oder Bus gelten die Ticketpreise. Fahren Anleger zur eigenen Vermögensverwaltung ins Büro, greift für dieses Pendeln von zu Hause aus die Entfernungspauschale, ab 2007 erst ab dem 21. Kilometer.

Fernsehgerät: Werden Bloomberg, N-TV oder N24 für die Geldanlage benötigt, sind Werbungskosten absetzbar, wenn eine private Mitbenutzung völlig ausgeschlossen werden kann. Das Gerät muss im Arbeitszimmer stehen und für die Familie mindestens ein weiterer Fernseher vorhanden sein.

Finanzierungskosten → *Schuldzinsen*

Fondsgebühren: Die gezahlten Ausgabenaufschläge beim Fondskauf gelten nicht als Werbungskosten. Ab 2004 hat sich die Berechnung der innerhalb des Fonds angefallenen Aufwendungen verändert. Hier schreibt § 3 Abs. 3 InvStG vor, wie die Managementgebühren aufzuschlüsseln sind. Nach dieser vierstufigen Methode können Anleger nur noch einen Teil der Aufwendungen aus dem Fonds als Werbungskosten geltend machen (BMF v. 02.06.2005 – IV C 1 – S 1980 – 1 – 87/05, BStBl I, 728, Tz. 56 ff.).

Checkliste: Ansatz der im Fonds entstandenen Gebühren	
Stehen die Kosten mit steuerfreien Einnahmen (etwa Auslandsimmobilien) in Zusammenhang, sind sie nicht abzugsfähig. Aufteilungsmaßstab ist das betroffene im Verhältnis zum gesamten Vermögen des Fonds.	❑
Vom verbleibenden Aufwand sind pauschal 10 % abzuziehen. Die können nicht geltend gemacht werden.	❑
Der Restbetrag ist aufzuteilen im Verhältnis der Wertpapiere mit und ohne Anwendung des Halbeinkünfteverfahrens.	❑
Hat der Fonds ausländische Quellensteuer vereinnahmt, kann er diese Summen als Werbungskosten berücksichtigen.	❑

Beispiel zu den Werbungskosten bei Fonds

Gemischter Fonds mit folgendem Bestand

Auslandsimmobilien	20.000 €
Aktien	10.000 €
Anleihen	30.000 €
Gesamtwert	60.000 €
Angefallene Kosten	2.000 €
Davon AfA	800 €
Die Rechnung	
Kosten insgesamt	2.000 €
Nicht abzugsfähiger Auslandsanteil	– 800 €
Vom Rest 10 % (10 % von 1.200)	– 120 €
Verbleibt	1.080 €
Aktienanteil (10.000 zu 60.000)	16,66 %
Kosten hierauf (1.080 x 16,66 %)	180 €
Hiervon die Hälfte abzugsfähig	90 €
Kosten für Anleihen (1.080 – 180)	900 €
Absetzbar insgesamt	990 €

Ergebnis: Von den insgesamt angefallenen Kosten sind weniger als die Hälfte als Werbungskosten abzugsfähig.

Liegen die Werbungskosten über den Einnahmen des Jahres, kommen beim Fondsbesitzer keine negativen Einnahmen an. Das Minus wird vielmehr auf Fondsebene auf das nächste Jahr als dort verrechenbarer Verlustvortrag übertragen, § 3 Abs. 4 InvStG. Die Aufwendungen, die dem Anleger selbst entstehen – etwa die Depotgebühr für die Fondsanteile – sind darüber hinaus als Werbungskosten absetzbar und berühren die Rechnung der Fondsgesellschaft nicht.

Fortbildungskosten: Sofern die Kenntnisse über die Vermögenserträge vertieft werden sollen, handelt es sich um Werbungskosten. Anleger müssen hierbei nachweisen, dass sich die Themen überwiegend mit der Erzielung von Kapitalerträgen befassen. Dann sind neben den Seminargebühren auch die Reisespesen (Fahrt- und Übernachtungskosten sowie Verpflegungspauschalen) absetzbar. Der Aufwand sollte jedoch in einem angemessenen Verhältnis zum gesamten Vermögen stehen.

Fremdwährungsverluste zählen nicht zu den Werbungskosten.

Die Fahrtkosten zur **Haupt- oder Gesellschafterversammlung** sind zur Hälfte absetzbar. Gleiches gilt auch für die Übernachtung und Verpflegungskosten. Dabei spielt es grundsätzlich keine Rolle, ob die Gesellschaft eine Dividende ausschüttet oder nicht oder der Besuch der Hauptversammlungen vornehmlich aus Gründen der Sicherung der Wertigkeit des Aktienstammrechts erfolgt. Die Abzugsfähigkeit der Fahrtaufwendungen scheitert allenfalls dann, falls sie die Erträge aus den gehaltenen Aktien über Jahre hinweg nachhaltig bei weitem übersteigen (FG Saarland v. 31.05.2001 – 1 K 114/00, EFG 2001, 1186).

Gebühren für einen **Internetanschluss** sind Werbungskosten, soweit sie zu den Einkünften nach § 20 EStG gehören. Die Kosten sind grundsätzlich in einen durch Kapitaleinnahmen veranlassten und einen privaten Anteil aufzuteilen.

Erwerbsbedingte **Kinderbetreuungskosten** für den Nachwuchs bis zum 14. Lebensjahr können gem. § 9 Abs. 5 EStG seit 2006 wie Werbungskosten abgezogen werden, wenn die Eltern einer auf Erzielung von Einkünften gerichteten Tätigkeit nachgehen. Unter Bezugnahme auf die Abgrenzungskriterien des ehemaligen § 33c EStG ist für die Erwerbstätigkeit entscheidend, dass die Arbeitskraft in nicht unerheblichem Umfang der Erzielung von Einnahmen gewidmet ist. Allein die Erzielung von Einkünften aus Kapitalvermögen reicht wie bisher jedoch nicht aus. Erforderlich ist zwingend ein aktives Tun, also etwa eine umfangreiche Vermögensverwaltung. Ob die Betreuung wegen der Erwerbstätigkeit erforderlich ist, wird aber nicht im Einzelnen geprüft.

Steuer-Hinweis

Sofern die Kinderbetreuung als Werbungskosten absetzbar ist, müssen Anleger den Pauschbetrag von 51 € einbeziehen. Denn die Ausklammerung erfolgt ausdrücklich nur bei Arbeitnehmern.

Konkurs: Vermögensverluste durch die Insolvenz des Kapitalschuldners stellen keine Werbungskosten dar; es handelt sich um Verluste auf der Vermögensebene. Das gilt auch für Aufwendungen zur Konkursabwendung sowie entstehende Abwicklungskosten. Lediglich im Rahmen des § 17 EStG können Verluste aus wesentlicher Beteiligung entstehen.

Kontoführungsgebühren sind Werbungskosten, wenn das Konto zur Erzielung der Kapitaleinnahmen dient – etwa die Zinsen und Dividenden darauf fließen. Werden gleichzeitig andere Kontenbewegungen durchgeführt, so sind die Kosten nach dem Verhältnis aufzuteilen, z.B. beruflich/privates Kapitalvermögen. Ein pauschaler Ansatz von 16 € wie bei Arbeitnehmern ist möglich, da dieser Betrag nicht nur bei den Einkünften gem. § 19 EStG gilt (FG München v. 22.09.2005 – 10 K 1667/03).

Im privaten Bereich können **Kursverluste** lediglich die Spekulationserträge mindern, sofern sie binnen eines Jahres realisiert werden. Handelt es sich bei den Wertpapieren um Finanzinnovationen, zählt das Minus hingegen als negative Kapitaleinnahme. Verluste aus einer wesentlichen Beteiligung sind im Rahmen des § 17 Abs. 2 Satz 4 EStG zu berücksichtigen.

Mietgebühren für Schließfächer sind abziehbare Werbungskosten. Einem Abzug steht nicht entgegen, dass diese Gebühren gleichzeitig der Sicherung des Vermögens dienen. Werden im Safe nur Unterlagen oder Schmuck aufbewahrt, kommt der Ansatz als Werbungskosten nicht in Betracht.

Schuldzinsen für ein **Mitarbeiterdarlehen** sind bei Kapitaleinnahmen abziehbar, wenn der Arbeitnehmer den Erwerb von Aktien seines Arbeitgebers fremdfinanziert. Diese Zuordnung gilt auch, wenn damit die arbeitsvertragliche Voraussetzung für eine höher dotierte Position erfüllt werden (BFH v. 05.04.2006 – IX R 111/00, DB 2006, 1534). Denn Schuldzinsen für Kredite, die Arbeitnehmer für die Finanzierung einer Beteiligung an der Gesellschaft aufwendet, sind grundsätzlich nicht durch den Beruf, sondern durch die angestrebte Gesellschafterstellung veranlasst und deshalb unter § 20 EStG zu berücksichtigen; der wirtschaftliche Zusammenhang der Aufwendungen mit den Kapiteleinkünften steht weiterhin im Vordergrund. Dies hat die negative Konsequenz, dass später eintretende Kursverluste auch nur zu negativen Einkünften nach §§ 23 oder 17 EStG führen und die Aufwendungen in Höhe des Sparerfreibetrags verpuffen. Anders sieht es nur in wirtschaftlich schlechten Situationen aus, wenn der Arbeitnehmer über die Finanzierung den Arbeitsplatz erhalten will. Hier sind die Kapitaleinnahmen nebensächlich.

Nachträgliche Aufwendungen aus der Zeit nach Ende der Kapitaleinnahmen sind generell nicht mehr abziehbar. Sollten beispielsweise noch Schuldzinsen nach dem Verkauf der mit Kredit angeschafften Wertpapiere anfallen, handelt es sich um einen Vorgang in der Privatsphäre. Denn der Gesetzgeber verlangt, dass der Kredit mit den verkauften Wertpapieren getilgt wird. Ist dies mangels ausreichender Kurserlöse nicht möglich, darf der Zins aus dem verbleibenden Darlehen dennoch nicht angesetzt werden. Die Finanzverwaltung geht von einer privaten Veranlassung für den Wertpapierverkauf und somit der Beendigung der Einnahmequelle aus (BFH v. 09.08.1983 – VIII R 276/82, BStBl II 1984, 29).

Finanzierungskosten in Zusammenhang mit einer Beteiligung gem. § 17 EStG können bis zur Veräußerung der Beteiligung, zum Eintritt der Vermögenslosigkeit oder bis zur Löschung der Kapitalgesellschaft im Handelsregister als Werbungskosten bei den Einkünften aus Kapitalvermögen abgezogen werden. Als letzter Zeitpunkt gilt der Termin, in dem ein Auflösungsverlust/-gewinn oder ein Veräußerungsverlust/-gewinn entstanden ist (BFH v. 19.04.2005 – VIII R 45/04, BFH/NV 2005, 1545).

Nachzahlungszinsen i.S.v. § 233a AO auf Steuerzahlungen sind nicht als Werbungskosten bei den Kapitaleinkünften abziehbar. Das gilt auch dann, wenn die Steuerpflichtigen es auf das Entstehen der Zinsen haben ankommen lassen, um zunächst eine Kapitalanlage mit dem später für die Steuernachzahlung verwendeten Geldbetrag finanzieren zu können (FG Sachsen-Anhalt v. 19.01.2005 – 2 K 842/03).

Negative Einnahmen stellen keine Werbungskosten dar, sondern sind von den positiven Einnahmen abzuziehen. Hierzu zählen etwa bezahlte Stückzinsen beim Kauf von Anleihen sowie Zwischengewinne beim Fondserwerb. Vorteil: Hieraus ergibt sich keine Minderung des Werbungskosten-Pauschbetrags.

Bei **Prozesskosten** handelt es sich um Werbungskosten, soweit die Aufwendungen mit der Erlangung, Einziehung, Verteidigung oder Besteuerung von Kapitaleinnahmen zusammenhängen. Das gilt beispielsweise für einen Schadensersatzprozess zur Erstreitung von Zinsverlusten. Ein Abzug ist nicht möglich, wenn es im Verfahren um die Anschaffung oder den Verkauf von Vermögen geht, etwa bei Erbauseinandersetzung oder Insolvenz.

Die jenseits der Grenze einbehaltene **Quellensteuer** kann in der Steuererklärung wahlweise auf die Einkommensteuerschuld angerechnet oder als Werbungskosten von den Einnahmen abgezogen werden, § 34c EStG. Beides gelingt bis Ende 2006 in voller Höhe, auch wenn die dem Ansatz zugrundeliegenden Aktienerträge nur zur Hälfte besteuert werden. Die Wahl erfolgt im Rahmen der Einkommensteuererklärung über die Anlage AUS und kann theoretisch für jedes Land und jeden Investmentfonds anders ausgeübt werden. Die Gebühren, die zum Eintreiben der im Ausland verbliebenen Quellensteuer entrichtet werden müssen, können als Werbungskosten geltend gemacht werden.

Steuer-Hinweise

- Die ab Juli 2005 im Rahmen der EU-Zinsrichtlinie einzubehaltende Quellensteuer wird lediglich angerechnet; ein Abzug als Werbungskosten ist nicht vorgesehen.
- Bei Zufluss ab 2007 erfolgt der Abzug von Quellensteuer auf Dividenden wie Werbungskosten nach § 34c Abs. 2 nur noch zur Hälfte.

Reisekosten, die eindeutig nur mit dem Kauf oder Verkauf von Wertpapieren zusammenhängen, sind keine Werbungskosten. Sie können nur abgesetzt werden, wenn der Reisezweck der Erzielung von Erträgen dient. Eine Anerkennung durch das Finanzamt ist besonders dann schwierig, wenn hohe Aufwendungen nur geringen Kapitaleinnahmen entgegenstehen. In diesem Fall nehmen die Beamten eine private Mitveranlassung an und streichen dann die kompletten Kosten. Typische Reisekosten sind Fahrten zur Hauptversammlung – auch bei Kleinaktionären -, zur Bank, um Zinsscheine einzulösen oder für Beratungsgespräche, zum Vermögensverwalter oder zu Seminaren, um Vorträgen über Ertragssteigerungen beizuwohnen. Fallen die Reisekosten im Zusammenhang mit Aktienerträgen an, können sie insgesamt nur zur Hälfte geltend gemacht werden.

Steuer-Hinweis

Der BFH hält nicht mehr am Aufteilungs- und Abzugsverbot aus § 12 Nr. 1 EStG fest. Vielmehr sind gemischte Aufwendungen trennbar, sofern hierzu ein objektiver Maßstab zur Verfügung steht und der Bezug zur Einkunftsquelle nicht von untergeordneter Bedeutung ist (BFH v. 20.07.2006 – VI R 94/01). Der 6. Senat hat deshalb den Großen Senat angerufen und ihm die Frage zur Entscheidung vorgelegt, ob Aufwendungen für die Hin- und Rückreise bei gemischt veranlassten Reisen in Werbungskosten und nicht abziehbare Aufwendungen für die private Lebensführung aufgeteilt werden können (GrS 1/06). Wegen weiterer anhängiger Revisionen und diesem Beschluss sollten Anleger entsprechende Fälle offen halten. Ein Aufteilungskriterium kann hierbei der Zeitfaktor spielen. Eindeutig zuzuordnende Aufwendungen wie etwa Seminargebühren sind ohnehin voll absetzbar.

Die **Rückzahlung** einer Gewinnausschüttung fällt unter die Rückzahlung einer Einlage. Dies bedeutet, das weder Werbungskosten noch negative Kapitaleinnahmen vorliegen. Muss der Gesellschafter für die zeitweilige Kapitalüberlassung Zinsen zahlen, sind diese jedoch als Werbungskosten absetzbar.

Die **Rückzahlung von Aufwendungen** führt über § 11 EStG im Jahr des Abflusses zu Kapitaleinnahmen und nicht zu negativen Werbungskosten (BFH v. 28.03.1995 – IX R 41/93, BStBl II, 704; v. 19.02.2002 – IX R 36/98, BStBl II 2003, 126).

Schuldzinsen stellen als Finanzierungsaufwand Werbungskosten dar, soweit sie mit einer Einkunftsart in wirtschaftlichem Zusammenhang stehen. Wird ein Kredit zum Erwerb einer Kapitalanlage aufgenommen, ist ein wirtschaftlicher Zusammenhang mit den Einkünften aus Kapitalvermögen gegeben, wenn bei der Kapitalanlage nicht die Absicht der Erzielung steuerfreier Vermögensvorteile eindeutig im Vordergrund steht. Hat der Sparer neben der Absicht, auf Dauer gesehen einen Überschuss zu erzielen, auch die Erwartung oder Hoffnung, mit der Kapitalanlage steuerfreie Vermögensvorteile zu realisieren, steht dies dem vollumfänglichen Abzug der Schuldzinsen als Werbungskosten nicht entgegen. Dies gilt immer dann, wenn die Absicht, steuerfreie Wertsteigerungen zu realisieren, nur mitursächlich für die Anschaffung der ertragbringenden Kapitalanlage ist (BFH v. 30.03.1999 – VIII R 70/96 (NV), BFH/NV 1999, 1323).

Das bedeutet für Anleger: Schuldzinsen sind in voller Höhe als Werbungskosten anzusetzen, wenn der aufgewendete Kredit zum Kauf von ertragbringenden und nicht ausschließlich wertsteigernden Wertpapieren erfolgt ist. Der Ansatz erfolgt zur Hälfte, wenn es sich um Aktien oder GmbH-Anteile handelt. Keine Rolle spielt, ob eine Fremdfinanzierung erforderlich ist oder eine Zahlung aus Eigenmitteln möglich wäre. Generell kann für Abgrenzungsfragen davon ausgegangen werden, dass ein Abzug zulässig ist, wenn über die gesamte Anlagedauer ein Überschuss der Einnahmen über die Schuldzinsen erwartet werden kann. Dabei kommt es auf jede einzelne Kapitalanlage an, eine Prognose muss daher für jedes Wertpapier separat erfolgen. Nicht maßgebend ist ein Überschuss im gleichen Jahr.

Steuer-Hinweis

Werden herkömmliche Anleihen auf Kredit erworben, die unter ihrem Nennwert notieren, sind die Schuldzinsen voll abzugsfähig und müssen nicht auf Einnahmen und steuerfreie Kursgewinne verteilt werden (BFH v. 08.07.2003 – VIII R 43/01, BStBl II, 937). Diese positive Regel kann auch auf Aktien übertragen werden. Fallen hier Dividenden und Kursgewinne an, kann das Darlehen den Kapitaleinnahmen zugerechnet werden.

Besonders lukrativ ist eine Darlehensaufnahme im Zusammenhang mit Wertpapieren, die erst in späteren Jahren steuerpflichtige Einnahmen abwerfen – etwa Zerobonds. Kaufen Investoren beispielsweise eine Nullkupon-Anleihe mit Fälligkeit in 30 Jahren, können die Schuldzinsen innerhalb der ersten 29 Jahre ohne entsprechende Einnahmen als Werbungskosten abgezogen werden. Das gelingt in voller Höhe, wenn insgesamt über die Anlagedauer gesehen ein positiver Saldo erwirtschaftet wird. Der tritt ein, wenn der Kapitalertrag im dreißigsten Jahr höher ist als die Summe aller Zinsen. Da sich der wirtschaftliche Erfolg schon beim Kauf kalkulieren lässt, kann das Finanzamt schon von Beginn an vom Abzug der Werbungskosten überzeugt werden. Ob sich steuerlich über die Jahre gesehen überhaupt eine Belastung ergibt, spielt keine Rolle. Wirken sich beispielsweise die Zinsen in Jahren mit hoher Progression aus und erfolgt die Rückzahlung erst im Rentenalter, sind die Kosten dennoch absetzbar.

Etwas anders ist die Sichtweise für Kredite, die zur Anschaffung von Aktien verwendet werden. Da die Firmen jährlich über eine Dividende entscheiden, ist eine langfristige Prognose schwierig. Im Normalfall sind die Zinsen – aufgrund des Halbeinkünfteverfahrens zur Hälfte – geltend zu machen, auch wenn keine Ausschüttung in Sicht ist. Das gilt sogar dann, wenn die Firma derzeit Verluste einfährt. Kritisch wird es lediglich, sofern mit einer längeren Durststrecke zu rechnen ist. Das ist etwa der Fall, wenn die AG beschlossen hat, ihre Erträge auf Dauer zu thesaurieren. Doch auch hier ist der BFH (v. 21.01.2004 – VIII R 2/02, BStBl II, 551) sehr wohlwollend eingestellt: Zinsen seien selbst dann noch Werbungskosten, wenn

- die Aufwendungen nicht durch entsprechende Einnahmen gedeckt sind,
- nicht klar ist, ob überhaupt Gewinnausschüttungen erzielt werden,
- weder Kapitalerträge noch Wertsteigerungen aus der Beteiligung zu erwarten sind.

Ein vergleichbares Urteil des FG Düsseldorf (v. 20.10.2005 – 15 K 5087/03 e, EFG 2006, 92) kommt zum Ergebnis, dass die Kreditzinsen auch bei dividendenlosen Aktien absetzbar sind, wenn es sich um eine Beteiligung i.S.v. § 17 EStG handelt. Denn ein solcher Erwerb ist regelmäßig auf eine gewinnbringende Anlage gerichtet.

Diese Urteile beziehen sich zwar auf den Kredit zum Erwerb einer wesentlichen Beteiligung. Doch der Tenor lässt sich auch für den Aktienerwerb des Kleinanlegers verwenden. Zumal eindeutig die Auffassung vertreten wird, dass der Werbungskostenabzug nur dann ausscheidet, wenn persönliche Gründe oder Neigungen den Kauf oder Besitz einer Kapitalbeteiligung begründen. Anders ist die Sichtweise, wenn innerhalb einer kurzen Kreditlaufzeit keine Einnahme absehbar ist. Wird ein Darlehen beispielsweise nur deshalb aufgenommen, um eine Neuemission zu zeichnen und nach dem Börsengang die Schuld durch Verkauf der Aktien sofort zurückzuzahlen, liegen keine Werbungskosten i.S.d. § 20 EStG vor (FG Hamburg v. 04.09.2003 – VI 176/02, EFG 2004, 182).

Bei einer Kreditaufnahme für mehrere Anschaffungen sind die Zinsen entsprechend aufzuteilen. Bei einem in seinem Bestand wechselnden Wertpapierdepot muss grundsätzlich jede einzelne Kapitalanlage separat beurteilt werden. Eine Verrechnung untereinander ist nicht möglich. Wird das auf Kredit finanzierte Wertpapier verkauft, können die Zinsen nicht mehr abgesetzt werden.

Für die Anerkennung von Schuldzinsen stellt das Finanzamt aber nicht ausschließlich auf die erstmalige Verwendung der Darlehensmittel ab. Wird beispielsweise eine fremdfinanzierte Immobilie verkauft und mit dem Erlös eine Kapitalanlage erworben, sind die angefallenen Kreditzinsen ab diesem Zeitpunkt als Werbungskosten bei den neuen Wertpapieren und somit einer anderen Einkunftsart zu berücksichtigen (FG Düsseldorf v. 13.11.2002 – 16 K 1831/00 E, Revision unter VIII R 34/04).

Steuerberatungsgebühren sind nur dann als Werbungskosten zu berücksichtigen, wenn sich die Beratung ausschließlich mit der steuerlichen Behandlung von Kapitaleinnahmen beschäftigt, etwa das Ausfüllen der Anlage KAP und AUS. Ansonsten stellen die Kosten Sonderausgaben dar. Sofern die gesamten Steuerberatungskosten im Jahr unter 520 € liegen, brauchte bis einschließlich 2005 aus Vereinfachungsgründen keine Aufteilung in Werbungskosten oder Sonderausgaben vorgenommen zu werden. Um den Werbungskosten-Pauschbetrag auszunutzen, war daher i.d.R. der gesamte Abzug als Sonderausgabe sinnvoll. Ab 2006 ist der Abzug von privaten Steuerberatungskosten nicht mehr möglich, § 10 Abs. 1 Nr. 6 EStG wurde für Zahlungen nach 2005 aufgehoben. Die Aufwendungen sind daher bei der jeweiligen Einkunftsart geltend zu machen.

Stückzinsen stellen keine Werbungskosten, sondern negative Einnahmen aus Kapitalvermögen dar. Ein Werbungskosten-Pauschbetrag wird also beim Ansatz von negativen Stückzinsen nicht gekürzt.

Testamentsvollstreckerkosten können nur dann als Werbungskosten angesetzt werden, wenn es sich um eine reine Kapitalvermögensverwaltung handelt. Ein Testamentsvollstrecker kann grundsätzlich in zwei verschiedenen Bereichen tätig sein.

1. Er übt eine Abwicklungsvollstreckung aus. Damit löst er den Nachlass lediglich für die Erben auf. Dies sind keine Werbungskosten, sie können aber bei der Erbschaftsteuer abgezogen werden.
2. Er ist als Dauervollstrecker eingesetzt. Diese Aufwendungen akzeptiert das Finanzamt, sofern die Tätigkeit mit Kapitaleinnahmen aus dem Nachlass in wirtschaftlichem Zusammenhang steht.

Veräußerungskosten stellen keine Werbungskosten dar. Sie mindern bei der Ermittlung eines Spekulationsgewinns oder eines Ertrags nach § 17 EStG den Verkaufserlös.

Verbandsbeiträge, etwa an die Schutzgemeinschaft der Kapitalanleger, stellen Werbungskosten dar, wenn der Verband die Interessen von Anlegern vertritt, die Erträge aus Kapitalvermögen erzielen. Handelt es sich um die Aktienanlage, zählen die Beiträge nur zur Hälfte.

Vermögensverwaltung: Lässt der Anleger sein Kapitalvermögen durch eine Bank, einen Vormund, einen Betreuer oder einen unabhängigen Berater verwalten, so ist der Abzug der Verwaltungskosten als Werbungskosten nicht eindeutig zu klären. Nach Meinung der Finanzverwaltung sind die Verwaltungskosten in voller Höhe als Werbungskosten zu berücksichtigen, wenn der Verwalter sowohl möglichst hohe Erträge als auch Wertsteigerungen erzielen soll. Dabei kann von denselben Grundsätzen ausgegangen werden, die auch für den Ansatz von Schuldzinsen gelten. Das Honorar kann somit angesetzt werden, sofern bei der gesamten Kapitalanlage auf Dauer ein Überschuss der steuerpflichtigen Einnahmen über die Ausgaben zu erwarten ist und Kurszuwächse nicht eindeutig im Vordergrund stehen. Konsequenz: Das Honorar für den klassischen Vermögensverwalter stellt i.d.R. Werbungskosten dar. Nur wenn er nahezu ausschließlich an der Terminbörse agiert, dürfte der Ansatz nicht gelingen.

Steuer-Hinweis

Die Verwaltungskosten sind jedoch nicht abziehbar, wenn ein erfolgsabhängiges Honorar vereinbart wird. In diesem Fall hängt die Gebühr von der – steuerfreien – Wertsteigerung des verwalteten Depots ab. Dies gilt auch dann, wenn der Verwalter gleichzeitig Kapitaleinnahmen erzielt. Ausführlich hierzu: OFD Düsseldorf v. 28.10.2004 – S 2210 A – St 212, DB 2004, 2450, DStR 2005, 329.

Versicherung: Ganz gleich, ob das Depot gegen Verluste oder die Geldanlage gegen Rechtsstreitigkeiten abgesichert wird, die Beiträge fallen in den Bereich der privaten Lebensführung und sind damit nicht als Werbungskosten absetzbar.

Vorfälligkeitsentschädigungen bezwecken den Ausgleich des dem Darlehensgeber aufgrund der vorzeitigen Beendigung des Kreditvertrags entstandenen Schadens und sind somit Nutzungsentgelt für das auf die verkürzte Laufzeit in Anspruch genommene Fremdkapital (BFH v. 25.02.1999 – IV R 55/97, BStBl II, 473). Sie gehören zum ertragsteuerrechtlichen Schuldzinsenbegriff mit der Folge, dass sie nur dann als Werbungskosten anzuerkennen sind, wenn sie i.S.v. § 9 EStG im wirtschaftlichen Zusammenhang mit einer Einkunftsart stehen, also durch die Erzielung steuerbarer Einnahmen veranlasst sind (BFH v. 14.01.2004 – IX R 34/01, BFH/NV 2004, 1091). Maßgebend hierfür ist die Frage, ob der Grund für die Gebühr der einkommensteuerrechtlich relevanten Erwerbssphäre zuzurechnen ist.

In der Regel gehören sie zu den Veräußerungskosten. Das gilt auch dann, wenn ein Grundstück lastenfrei verkauft werden soll und mit dem Erlös die neue Einkunftsquelle Kapitalanlagen nach § 20 Abs. 1 Nr. 7 EStG finanziert wird. Die Gebühren stellen keine Werbungskosten dar (BFH v. 06.12.2005 – VIII R 34/04, BStBl II 2006, 265).

Zinsbegrenzung: Durch solche Vereinbarungen sichern sich Anleger gegen Zinsrisiken nach oben beim Kredit – Cap – und nach unten bei Anleihen – Floor – ab. Hierfür wird jeweils eine Gebühr an die Bank fällig. Solche Prämien können als Werbungskosten abgezogen werden, denn das Cap schützt den Schuldner vor dem Risiko einer zu hohen Zinsbelastung und ein Floor den Gläubiger vor zu geringen Zinserträgen.

Der **Zwischengewinn** beim Kauf von Investmentfonds stellt wie die Stückzinsen negative Einnahmen und keine Werbungskosten dar.

9 Kapitalvermögen im Erb- und Schenkungsfall

Unentgeltlich erworbener Grundbesitz wird gem. § 12 Abs. 3 ErbStG nur moderat mit dem Ertragswert und Betriebsvermögen nach § 12 Abs. 5 ErbStG mit den Bilanzwerten erfasst. Das lässt oft Raum für Gestaltungsmöglichkeiten und ergibt zumeist eine steuerliche Bemessungsgrundlage deutlich unter dem Verkehrswert. Kapitalvermögen hingegen wird stets mit dem gemeinen Wert erfasst, was sich bei Wertpapieren aus dem aktuellen Börsenkurs und bei Sparguthaben aus Kontostand nebst aufgelaufenen Zinsen im Besteuerungszeitpunkt ergibt. Hinzu kommt, dass inländische Kreditinstitute sämtliche Konten- und Depotbestände ab einer Größenordnung von 2.500 € zu melden haben. Damit wird Kapitalvermögen von den Regelungen des BewG und ErbStG im Vergleich zu anderen Vermögensarten benachteiligt. Ein Grund hierfür ist, dass Wertpapiere und Sparguthaben deutlich liquider als Immobilien oder Unternehmen sind.

9.1 Das maßgebende Stichtagsprinzip

Für die Wertermittlung ist der Todeszeitpunkt maßgebend, § 11 ErbStG. Dies ist bei Kapitalvermögen meist einfach ermittelbar, da Guthabenstände der Konten und Börsenkurse der Wertpapiere täglich festgestellt werden. Diese statische Sichtweise gilt auch, wenn erhebliche Wertdifferenzen zwischen Zufluss und Stichtag bestehen. Insbesondere bei Aktien kommt es oft zu erheblichen Kursschwankungen bis zu dem Termin, an dem Erben Transaktionen durchführen können. Bei einer Steuer, die an Einmaltatbestände anknüpft, ist eine andere Regelung nicht möglich. Damit stellt die Erbschaftsteuer eine Momentaufnahme dar, nicht das Ergebnis einer dynamischen Betrachtung.

Der BFH hat die Vorgehensweise nach dem Stichtagsprinzip mehrfach gebilligt (v. 22.09.1999 – II B 130/97, BFH/NV 2000, 320), auch wenn zwischen Todes- und Verfügungstag längere Zeiträume verstrichen und erhebliche Wertverluste oder Forderungsausfälle eingetreten sind (BFH v. 13.05.1998 – II R 98/97, BFH/NV 1998, 1376 und auch FG München v. 10.08.2005 – 4 K 1705/05). Ein nachträglicher Ausfall oder Wertminderungen ist auch kein rückwirkendes Ereignis gem. § 175 Abs. 1 Satz 1 Nr. 2 AO (BFH v. 18.10.2000 – II R 46/98, BFH/NV 2001, 420). Das Argument: Kursanstiege müssen entsprechend auch nicht versteuert werden. Möglich sei in solchen Fällen höchstens ein Billigkeitserlass nach 227 AO. Urteile der FG Köln (v. 23.10.1997 – 9 K 3954/89, EFG 1998, 1603) und München (24.07.2002 – 4 K 558/02, ZEV 2003, 127) liefern hierzu konkrete Anhaltspunkte, wenn es zu massiven Wertpapierkursverlusten gekommen ist und die Verfügungsmöglichkeit für längere Zeit ausgeschlossen war.

So kommt ein Erlass in Frage, wenn

- es sich um eine außergewöhnliche Fallgestaltung handelt und die reguläre Steuerfestsetzung eine sachliche Unbilligkeit unter dem Gesichtspunkt des Übermaßverbots und der verfassungsmäßigen Erbrechtsgarantie darstellt,
- die tatsächliche Verfügungsgewalt über ein Depot für längere Zeit ausgeschlossen war und ein in dieser Zeit eingetretener Wertverlust daher nicht durch Verkauf oder andere Maßnahmen (etwa Sicherungsgeschäfte) verhindert werden konnte,
- die Erbschaftsteuer bezogen auf den verbliebenen Wert eine Quote ergibt, die entweder den Höchststeuersatz der eigenen Steuerklasse oder den Satz der schlechteren Steuerklasse übersteigt,

- das dem Erwerber wegen fehlender Verfügungsmöglichkeit tatsächlich verbleibende Vermögen weniger als die Hälfte des Vermögens beträgt, das der Gesetzgeber dem Erwerber bei korrekter Anwendung des Erbschaftsteuergesetzes und nach Abzug der Erbschaftsteuer belassen will.

Steuer-Tipp

Um Handlungs- und Gestaltungsengpässe bei den Nachkommen von vorneherein zu vermeiden, bietet sich die über den Tod hinaus erteilte Bankvollmacht an. Diese löst erst einmal keinen steuerpflichtigen Erwerb aus. Wird hingegen zu diesem Zweck mit der Bank ein Vertrag zugunsten Dritter auf den Todesfall abgeschlossen, erwirbt der Begünstigte die Guthaben. Leitet er diese anschließend ohne rechtliche Verpflichtung an die Erben weiter, kommt ein zusätzlicher Schenkungsvorgang hinzu (R 10 Abs. 1 ErbStR).

Im Hinblick auf einen Kursverfall geerbter Wertpapiere seit dem Todestag des Erblassers kommt eine niedrigere Erbschaftsteuerfestsetzung wegen sachlicher Unbilligkeit nach § 163 AO aber nicht Betracht, wenn nur ein untergeordneter Teil der im Depot des Erblassers enthaltenen Wertpapiere einen erheblichen Kursverslust erlitten hat und zudem andere Wertpapiere in dem Depot seither Kursgewinne erzielt haben (FG München v. 14.02.2001 – 4 K 153/98). Das gilt in diesem Fall auch dann, wenn Optionsscheine zwischenzeitlich fast vollständig wertlos geworden sind und der Erbe in seinem Verfügungsrecht etwa wegen einer vom Erblasser angeordneten Testamentsvollstreckung beschränkt war.

Der Kursverfall von Aktien nach dem Erbfall rechtfertigt auch dann keinen Erlass, wenn der Vermächtnisnehmer wegen § 20 Abs. 6 ErbStG erst später darüber verfügen konnte (FG München v. 24.07.2002 – 4 K 558/02). Hierbei handelt es sich um die Fälle, in denen die Bank das Depot bis zur Vorlage einer steuerlichen Unbedenklichkeitsbescheinigung des Finanzamts wegen der Haftung nicht sofort den ausländischen Erben herausgeben kann.

9.2 Der Wertansatz von Kapitalvermögen

Für die Wertermittlung ist gem. § 11 ErbStG der Zeitpunkt der Entstehung der Steuer maßgebend. Dies ist nach § 9 ErbStG bei Erwerben von Todes wegen der Todeszeitpunkt, sofern keine Besonderheiten wie etwa ein aufschiebender Erwerb vorliegen. Sofern ein Pflichtteil geltend gemacht wird, entsteht die Steuer erst in diesem Zeitpunkt. Das ist aber in Bezug auf das Kapitalvermögen unerheblich, da lediglich die Forderung an den Nachlass mit dem Nennwert berücksichtigt wird. Dies gilt selbst dann, wenn es an Erfüllungs statt Wertpapiere gibt (BFH v. 07.10.1998 – II R 52/96, BStBl II 1999, 23). Bei Schenkungen unter Lebenden entsteht die Steuer mit dem Zeitpunkt der Ausführung der Zuwendung.

Steuer-Hinweis

Die Banken melden den Stand vom Vortodestag (BMF v. 02.03.1989 – IV C 3 – S 3844 – 1206/88, DB 1989, 605 und BMF v. 12.06.1989 – IV C 3 – S 3844 – 172/88, DStZ/E 1989, 203). Diese Daten übernehmen Erben aus Vereinfachungsgründen oft für die Steuererklärung. Bei erheblichem Aktienbestand kann sich die Mühe lohnen, die Kurse vom Folgetag zu ermitteln.

Der Ansatz von Kapitalvermögen erfolgt mit dem gemeinen Wert, § 12 ErbStG, was bei den meisten Wertpapieren dem Börsenkurs entspricht. Da laut § 11 BewG der niedrigste an einer deutschen Börse notierte Kurs maßgebend ist, kann sich Fleißarbeit auszahlen. Mittels Internet oder Bankenhilfe lässt sich bei nahezu jeder Aktie oder Anleihe der geringst mögliche Wert ermitteln.

Die stichtagsbezogene Wertermittlung ist bei Kapitalvermögen meist einfach möglich, da Guthabenstände der Konten und Börsenkurse der Wertpapiere werktäglich festgestellt werden.

- Für Wertpapiere und Schuldbuchforderungen, die am Besteuerungszeitpunkt an einer deutschen **Börse notiert** sind, gelten die nach § 11 Abs. 1 BewG maßgebenden Kurse vom Besteuerungszeitpunkt. Das gilt, wenn der Börsenkurs außergewöhnlich hoch oder niedrig ist. Berücksichtigt werden auch Briefkurse, wenn erwiesen ist, dass ihnen ein Kaufangebot innerhalb der Dreißigtagefrist des § 11 Abs. 1 Satz 2 BewG zugrunde liegt (BFH v. 21.02.1990 – II R 78/86, BStBl II, 490).
- Sachleistungsansprüche im Privatvermögen und damit zusammenhängende, noch nicht erfüllte Verpflichtungen zur Gegenleistung sowie Sachleistungsverpflichtungen und damit zusammenhängende, noch nicht erfüllte Ansprüche auf Gegenleistung sowie Erwerbsrechte sind mit dem gemeinen Wert anzusetzen. Das gilt bereits ab dem Zeitpunkt des Vertragsabschlusses. Auf **Termingeschäfte wie Optionen oder Futures** bezogen bedeutet dies, dass hier als gemeiner Wert der Kurs an der EUREX oder einer anderen Terminbörse maßgebend ist.
- **Bundesschatzbriefe** des Typs A sind mit dem Nennwert und des Typs B mit dem Rückzahlungswert zu bewerten.
- **Finanzierungsschätze des Bundes** sind abgezinste Wertpapiere, da sie unter ihrem Nennwert emittiert werden. Hier ist wie bei anderen Diskontpapieren der Wert bis zum Fälligkeitszeitpunkt aus dem Ausgabebetrag zuzüglich der aufgelaufenen fiktiven Zinsen taggenau zu berechnen. Die Rechenschritte ergeben sich aus R 110 Abs. 2 ErbStR sowie H 110 ErbStH. Ein besonderer Ansatz von Stückzinsen ist nicht mehr erforderlich.
- **Abgezinste Sparbriefe** sind mit dem Rückzahlungswert anzusetzen. Ist der nicht bekannt, ist er entsprechend der Regelung bei Finanzierungsschätzen zu ermitteln.
- **Zerobonds** sind mit dem um die aufgelaufenen Zinsen erhöhten Wert anzusetzen, was dem Börsenkurs entspricht. Nichtnotierte Zerobonds sind in Anlehnung an die Kursnotierungen von in Ausstattung und Laufzeit vergleichbaren Anleihen zu bewerten. Alternativ ist auch eine Berechnung wie für Finanzierungsschätze möglich.
- **Investmentfonds** werden mit ihrem Rückgabewert (ohne Ausgabeaufschlag) angesetzt, die neue Gattung von ETFs hat hingegen einen Börsenkurs. Da Fondsanteile zunehmend auch minütlich an den Börsen Berlin und Hamburg gehandelt werden, dürfte der geringere Börsenkurs entgegen der Gesetzesfassung zulässig sein.
- **Genuss-Scheine** werden flat gehandelt. Somit ist im Börsenkurs zum Besteuerungszeitpunkt auch der bis dahin aufgelaufene Zins enthalten.
- **Strukturierte Anleihen** zeichnen sich dadurch aus, dass die Höhe des Zinskupons von der Wertentwicklung eines Basiswerts abhängt und auch ausfallen kann. Daher werden diese Papiere flat, also ohne Stückzins gehandelt. Da die wahrscheinliche oder zu erwartende Zinshöhe aber im Kurs enthalten ist, müssen die aufgelaufenen Zinsen nicht separat zugeschlagen werden.
- **Konten mit negativem Saldo** werden als Nachlassverbindlichkeit erfasst.
- **Immobilienfonds** sind zwischen offenen und geschlossenen zu trennen. Erstere werden wie herkömmliche Investmentfonds angesetzt, maßgebend ist der Rücknahmekurs.
- **Geschlossene Fonds** stellen Anteile an Personengesellschaften dar. Sofern es sich um Betriebsvermögen handelt, kommen diese Grundsätze sowie die Vergünstigungen des § 13a ErbStG zum Ansatz. Bei vermögensverwaltenden Gesellschaften wie etwa Immo-

bilienfonds wird eine Bedarfsbewertung nach § 138 Abs. 5 BewG für Grundstücke durchgeführt (R 124 Abs. 5 ErbStR). Bei Auslandsfonds ist der Verkehrswert maßgebend.

- **Treuhänderisch gehaltene geschlossene Fonds** stellen bei der Erb- und Schenkungsteuer kein Betriebsvermögen dar (FinMin Baden-Württemberg v. 27.06.2005 – 3-S 3806/51, DB 2005, 1439). Es handelt sich vielmehr um einen Herausgabeanspruch gegen den Treuhänder. Bemessungsgrundlage als Sachleistungsanspruch ist dann der gemeine Wert der Fondsanteile. Dies gilt bei allen Fondsbeitritten ab dem 01.07.2005. Sofern Fondsbesitzer ihrer Beteiligung vor dem 01.07.2005 beigetreten sind, bleibt es bei der alten Rechtslage noch bis zum 30.06.2006.
- Bei **Derivaten** wie Aktienanleihen, Zertifikaten oder Optionsscheinen als börsennotierte Wertpapiere sorgen die Emissionshäuser laufend für Angebot und Nachfrage. Die übliche Preisspanne zwischen Geld- und Briefkurs sollten Erben bei der Wertermittlung beachten und stets den Geldkurs berücksichtigen. Die Depotbank wird bei ihrer Meldung nicht auf solche Feinheiten eingehen. Hat der Erblasser größere Bestände solcher Derivate im Depot, lohnt die Auflistung der günstigen Geldkurse.
- **Wertpapiere im Betriebsvermögen** werden ebenfalls mit dem aktuellen Kurs (§ 12 Abs. 5 ErbStG und somit abweichend vom Buchwert erfasst. Sie kommen in den Genuss steuerlicher Vergünstigungen.
- Bei **Lebensversicherungen** ist **im Erbfall** stets die Auszahlungssumme in voller Höhe maßgebend. Ob die Police in den Nachlass fällt oder einen Erwerb gem. § 3 Abs. 1 Nr. 4 ErbStG darstellt, ergibt sich aus den Vertragsbedingungen, etwa zugunsten Dritter oder besonderen Vereinbarungen zwischen Versicherungsnehmer und Begünstigtem. Für die Bewertung der unentgeltlichen Zuwendung ist dies allerdings unerheblich.
- Noch **nicht fällige Ansprüche aus Lebens-, Kapital- oder Rentenversicherungen** werden nach § 12 Abs. 4 BewG mit zwei Dritteln der eingezahlten Prämien oder alternativ mit dem Rückkaufswert angesetzt.

Steuer-Hinweis

Die beliebte Absicherung mittels Lebensversicherungen führt in vielen Todesfällen zu hohen Versicherungsauszahlungen. Während bei einer Schenkung steuergünstig eingezahlte Prämien oder Rückzahlungswerte gelten, ist im Erbfall stets die Auszahlungssumme maßgebend. Besonderheiten ergeben sich durch die Gestaltung als Vertrag zugunsten Dritter außerhalb der Erbfolge sowie zwischen Versicherungsnehmer und Begünstigtem. Ob die Versicherungsbeträge in den Nachlass fallen oder als Erwerb gem. § 3 Abs. 1 Nr. 4 ErbStG gelten, spielt steuerrechtlich keine Rolle – auch nicht für den Zugewinn i.S.d. § 5 ErbStG. Besteht Identität zwischen Versicherungsnehmer und Bezugsperson, handelt es sich nicht um einen steuerpflichtigen Erwerb. Bei verbundenen Lebensversicherungen zählt der Auszahlungsbetrag beim Tod der erstversterbenden versicherten Person nur anteilig als steuerpflichtiger Erwerb. Maßgebend ist das Verhältnis der Prämienzahlungsverpflichtung – i.d.R. und bei Ehepaaren stets hälftig, R 9 ErbStR.

9.3 Kapitalvermögen in einer Erbengemeinschaft

Hat der Erblasser Einkünfte aus Kapitalvermögen gehabt, wird dieses Vermögen nach dem Erbfall durch die Erbengemeinschaft zur Nutzung oder zum Gebrauch überlassen. Die Miterben bestimmen über die Verwendung des Vermögens, ihnen fließt der Vermögensertrag zu. Sie verwirklichen damit gemeinsam den Tatbestand der Einkunftserzielung nach § 20 EStG. Die erzielten Einkünfte werden ihnen grundsätzlich nach ihren Erbanteilen zugerechnet. Die Einkunftserzielung durch die Erbengemeinschaft und damit die Zurechnung der laufenden Einkünfte an die Miterben findet ihr Ende, soweit sich die Miterben hinsichtlich des gemeinsamen Vermögens auseinandersetzen (BMF v. 14.03.2006 – IV B 2 – S 2242 – 7/06, BStBl I, 253).

In den Fällen der Auseinandersetzung von Erbengemeinschaften ist eine steuerlich unschädliche Rückwirkung auf den Zeitpunkt des Erbfalls in engen Grenzen anzuerkennen, da die Erbengemeinschaft eine auf Teilung angelegte gesetzliche Zufallsgemeinschaft ist. Bei der Auseinandersetzungsvereinbarung wird i.d.R. eine rückwirkende Zurechnung laufender Einkünfte für sechs Monate anerkannt. Die Frist beginnt mit dem Erbfall. In diesen Fällen können die laufenden Einkünfte daher ohne Zwischenzurechnung ab dem Erbfall ungeschmälert dem die Einkunftsquelle übernehmenden Miterben zugerechnet werden.

Liegt eine Teilungsanordnung des Erblassers vor und verhalten sich die Miterben tatsächlich bereits vor der Auseinandersetzung entsprechend dieser Anordnung, ist eine rückwirkende Zurechnung laufender Einkünfte auch über einen längeren Zeitraum, der sich an den Umständen des Einzelfalls zu orientieren hat, vorzunehmen. Soweit laufende Einkünfte rückwirkend zugerechnet werden, ist die Auseinandersetzung steuerlich so zu behandeln, als ob sich die Erbengemeinschaft unmittelbar nach dem Erbfall auseinandergesetzt hätte.

Zu der Frage, ob bei der Auseinandersetzung eine Anschaffung von Wertpapieren vorliegt und somit die Spekulationsfrist des § 23 EStG neu zu laufen beginnt, sind Besonderheiten zu beachten:

- Auch bei der Erbauseinandersetzung über Privatvermögen führt eine Teilung ohne Abfindungszahlungen nicht zur Entstehung von Anschaffungskosten oder Veräußerungserlösen.
- Eine Schuldübernahme führt auch insoweit nicht zu Anschaffungskosten, als sie die Erbquote übersteigt. Dies bedeutet gleichzeitig, dass Nachlassverbindlichkeiten einen wertmäßigen Ausgleich unter den Miterben bei einer Teilung und damit einen unentgeltlichen Rechtsvorgang ermöglichen. Dabei kommt es nicht darauf an, ob die übernommenen Verbindlichkeiten in einem Finanzierungszusammenhang mit zugeteilten Nachlassgegenständen stehen.
- Wird im Rahmen einer Erbauseinandersetzung ein Nachlass real geteilt und erhält ein Miterbe wertmäßig mehr, als ihm nach seiner Erbquote zusteht, und zahlt er für dieses Mehr an seine Miterben eine Abfindung, liegt insoweit ein Anschaffungs- und Veräußerungsvorgang vor. In Höhe der Abfindungszahlung entstehen Anschaffungskosten.
- Keine Anschaffungskosten liegen vor, soweit eine Abfindungszahlung dem Wert übernommener liquider Mittel des Nachlasses (z.B. Bargeld, Bankguthaben, Schecks) entspricht, weil es sich wirtschaftlich um einen Leistungsaustausch „Geld gegen Geld“ handelt, der einer Rückzahlung der Abfindungszahlung gleichsteht.

10 Hitliste der Kapitalmarktprodukte für jeden Anlegertyp

Die Aussicht auf hohe Renditen ist meist gepaart mit einem überdurchschnittlichen Risiko. Dafür ist die Steuerbelastung meist gering. Umgekehrt sieht es bei konservativen Produkten aus, hier werden die sicheren Erträge i.d.R. steuerlich voll erfasst und Verluste sind eher die Ausnahme. Zwischen beiden Eckpunkten müssen sich Anleger bewegen, wenn sie eine ausgewogene Depotstruktur und zufriedenstellende Nettorenditen erzielen möchten. Nachfolgend eine Auflistung der im Ratgeber vorgestellten Geldanlageformen mit ihrer Einstufung.

Sehr konservative Anlageformen

Nur durchschnittliche Rendite mit wenig Risiko und kaum Steuervorteilen

1. Kontokorrentkonten
2. Tagesgeldkonten
3. Sparbuch
4. Pfandbriefe
5. Bankschuldverschreibung
6. Geldmarktfonds
7. Bundeswertpapiere (Bundesanleihe, -schatzbriefe, -obligationen)
8. KfW-Privatpapiere
9. Kassenobligationen
10. Genossenschaftsanteile
11. Anleihen
12. Laufzeitfonds
13. Rentenfonds
14. Stufenzinsanleihe
15. Schatzanweisungen
16. Kapitallebensversicherung

Konservative Produkte

Zusätzliche Renditechancen und steuerliche Gestaltungsmöglichkeiten, jedoch ohne überdurchschnittliches Risikopotential

1. Riester-Rente
2. Wandelanleihe
3. Umtauschanleihe
4. Abzinsungspapiere
5. Betriebliche Altersvorsorge

6. Bausparen
7. Zielfonds
8. Garantiezertifikate
9. Hybridanleihen
10. Annuitäten-Bonds
11. Zerobonds
12. Rentenversicherung
13. Rürup-Rente
14. Direktversicherung
15. Strukturierte Anleihen
16. REIT
17. Total Return Fonds
18. Zins-Zertifikate
19. Auslandsanleihen
20. Lock-In-Zertifikate
21. Wertpapierhandelsfonds
22. Zinsdifferenzgeschäft
23. Dachfonds
24. Side Step Zertifikate
25. Kombizinsanleihe
26. Genuss-Scheine
27. Fondsgebundene Lebensversicherung
28. Discount-Zertifikate
29. Pflichtwandelanleihe
30. Optionsanleihe
31. Aktienanleihe
32. Fallschirm-Zertifikat
33. Knock-In-Zertifikate
34. Inflationsindexierte Anleihen
35. Garantie-Optionsscheine
36. Geschlossene Immobilienfonds
37. Zinsindexierte Anleihen

Geldanlagen mit ausgewogener Balance

Positive Ertragsaussichten und Risiken halten sich die Waage und bringen Steuervorteile

1. Step Down (Up) Anleihe
2. Bonus-Zertifikate
3. Rolling-Zertifikate
4. Gemischte Fonds
5. Offene Immobilienfonds
6. High Yield Fonds
7. ETF
8. Aktienfonds
9. Bandbreiten-(Korridor)-Optionsschein
10. Nachhaltigkeitsfonds
11. Lebensversicherungsfonds
12. Express-Zertifikat
13. Aktien
14. Kombi-Rente
15. Schiffs-Fonds
16. Container-Fonds
17. Leasingfonds
18. Venture-Capital-Fonds
19. Swap-Geschäfte
20. Reverse-Express-Zertifikat

Eher spekulativ ausgerichtete Anlageformen

Mehr Rendite und Steuerchancen sind möglich, bei zugleich hinnehmbaren Risiken

1. Reverse Floater
2. Outperformance-Zertifikate
3. Basket-Zertifikate
4. Reverse-Bonus-Zertifikate
5. Derivate-Fonds
6. Strategie-Zertifikate
7. Saisonstrategiezertifikate
8. Index-Plus-Zertifikate

9. Hedge-Zertifikate
10. Superfonds
11. Index-Zertifikate
12. Hedge-Fonds
13. Solarenergiefonds
14. Video-Games-Fonds
15. Prozesskostenfonds
16. Private Equity Fonds
17. Sprint-Zertifikate
18. Windenergiefonds
19. Katastrophen-Anleihen

Produkte für sehr spekulativ ausgerichtete Anleger

Hohe Gewinn- und Verlustmöglichkeiten und Aussicht auf Unterstützung vom Finanzamt

1. Touch Down Zertifikate
2. Rohstoff-Zertifikate
3. Anleihen mit fiktiver Quellensteuer
4. Devisentermingeschäfte
5. Hebel-Zertifikate
6. Bund-Future
7. DAX-Future
8. Optionsscheine
9. Index-Optionsscheine
10. Capped Warrants
11. Energiefonds
12. Medienfonds
13. Termingeschäfte